BEGEGNUNGEN

FRANKFURT
UND DIE ANTIKE

BEGEGNUNGEN

FRANKFURT
UND DIE ANTIKE

HERAUSGEGEBEN VON

MARLENE HERFORT-KOCH
URSULA MANDEL
ULRICH SCHÄDLER

Gedruckt mit Unterstützung der Vereinigung von
Freunden und Förderern der Johann Wolfgang Goethe-
Universität Frankfurt am Main

Die Deutsche Bibliothek – CIP-Einheitsaufnahme
Begegnungen: Frankfurt und die Antike /
hrsg. von Marlene Herfort-Koch –
Frankfurt am Main: Arbeitskreis Frankfurt und die Antike
c/o Archäologisches Institut
der Johann Wolfgang Goethe-Universität
ISBN 3-9803946-0-3
NE: Herfort-Koch, Marlene [Hrsg.]

[Hauptbd.]. – 1994
ISBN 3-9803946-1-1

Impressum:
Satz und Druck: Druckerei Imbescheidt KG,
Frankfurt am Main
Bindearbeiten: Buchbinderei Hofmann, Darmstadt
Layout und Satz: Reinhard Köster, Frankfurt am Main
Umschlaggestaltung: Frank Pompé, Frankfurt am Main
Abbildung auf dem Umschlag: Portal des Frankfurter
Hauptfriedhofs, Photo: Ulrich Schädler
Vertrieb: Arbeitskreis »Frankfurt und die Antike«
c/o Archäologisches Institut
der Johann Wolfgang Goethe-Universität
Senckenberganlage 31
60054 Frankfurt am Main

HANS VON STEUBEN ZU EHREN

Inhalt

Vorwort

Dieses Buch ist Hans von Steuben gewidmet, seit 1973 Professor für Klassische Archäologie an der Frankfurter Universität, der in diesem Jahr seinen 65. Geburtstag feiert.

In Hans von Steubens wissenschaftlichem Leben nehmen Fragen der Antikenrezeption einen besonderen Rang ein. Sein langjähriger Aufenthalt in Rom mag seine Sinne dafür geschärft und sein Verständnis für das Fortwirken der griechisch-römischen Antike bis heute vertieft haben. In seinen Frankfurter Jahren war es ihm ein Anliegen, die Bedeutung der antiken Kultur einem breiteren Publikum bewußt zu machen, sei es durch Feuilletonbeiträge, durch die Einrichtung des öffentlichen »Freitagskolloquiums« zu neuen Funden und Forschungen oder, über den Frankfurter Wirkungskreis hinaus, durch die Herausgeberschaft von »Beck's Archäologischer Bibliothek«.

Es erschien uns reizvoll, auch einmal nach dem Verhältnis Frankfurts zur Antike zu fragen: Begegnungen mit der Antike in der Stadt der Banken und der Messen? Niemand würde Frankfurt heute noch mit Athen vergleichen, wie das Henri Estienne in seinem Lobgedicht auf die Frankfurter Messe aus dem Jahr 1574 tat. Und dennoch: Die Spuren des Interesses, das Frankfurter Bürger an der Antike zeigten, lassen sich überall in der Stadt und ihrer Geschichte ausmachen, wenn sie auch oft unscheinbar und verwischt sind. Sie alle zu verfolgen bleibt eine Aufgabe, zu der dieses Buch anregen möchte. Den Autorinnen und Autoren, die damit begonnen haben, indem sie sich mit Mut und Spaß auf zum Teil unerforschtes, zum Teil ihnen ungewohntes Terrain begaben, gilt unser besonderer Dank.

Darüber hinaus wollen wir nicht versäumen, all denen zu danken, die durch ihr freundliches Entgegenkommen, sei es die Überlassung von Photographien und Dokumenten, die Erteilung von Publikationserlaubnissen, sei es die Ausleihe von Exponaten, sowie durch wichtige Hinweise und Anregungen zur Realisierung unseres Vorhabens beigetragen haben: Gerrit Walther und Katharina Becker, Archiv der Johann Wolfgang Goethe-Universität Frankfurt; Werner Wenzel und Gerhard Powitz, Stadt- und Universitätsbibliothek Frankfurt; dem Institut für Stadtgeschichte Frankfurt, insbesondere seinem Leiter Dieter Rebentisch; Gisela Förschner, Kurt Wettengl und Ulrike May, Historisches Museum Frankfurt; Michael Kolloth, Margret Stuffmann und Hans-Joachim Ziemke, Städelsches Kunstinstitut; Jürgen Grumann und Wolfgang Winter, Städelschule Frankfurt; Peter C. Bol, Liebieghaus - Museum Alter Plastik Frankfurt; Walter Meier-Arendt und Dagmar Stutzinger, Museum für Vor- und Frühgeschichte Frankfurt; Siegmar von Schnurbein, Römisch-Germanische Kommission des Deutschen Archäologischen Instituts, Frankfurt; Edmund Brumme, Galerie Brumme, Frankfurt; Kunsthandlung J.P. Schneider, Frankfurt; Renate Frobel und Robert Westermann, Brauerei Binding, Frankfurt; Maria Meyer-Gebel, Geheimes Preußisches Staatsarchiv, Berlin; Klaus Junker, Archiv des Deutschen Archäologischen Instituts, Berlin; Wilfried Geominy, Akademisches Kunstmuseum der Universität Bonn; Georg Daltrop, Katholische Universität Eichstätt; Christof Boehringer, Archäologisches Institut der Universität Göttingen; Michael Davidis, Deutsches Literaturarchiv Marbach; Alfred Bernhard-Walcher, Kunsthistorisches Museum Wien.

Wilhelm Schmidt von der Stadt- und Universitätsbibliothek Frankfurt danken wir für die verständnisvolle Zusammenarbeit. Für die zuverlässige und engagierte Mitarbeit bei der Druckvorbereitung danken wir insbesondere Jutta Kerber. Henrike Hartmann verdanken wir die zügige Bearbeitung von Photoaufträgen. Für tatkräftige Hilfe bei der Vorbereitung der Ausstellung sind wir Eva Reuß und den Studierenden des Archäologischen Instituts der Universität Frankfurt verpflichtet.

Die Verwirklichung der Ausstellung und Begleitpublikationen verdanken wir im wesentlichen der finanziellen Unterstützung der Vereinigung von Freunden und Förderern der Johann Wolfgang Goethe-Universität. Für großzügige finanzielle Hilfe danken wir außerdem dem Hessischen Ministerium für Wissenschaft und Kunst, dem Präsidenten der Johann Wolfgang Goethe-Universität, der Georg und Franziska Speyerschen Studienstiftung, der Binding Brauerei AG, der Industrie- und Handelskammer Frankfurt sowie Johann Philipp Freiherrn von Bethmann. Darüber hinaus haben folgende Freunde Hans von Steubens und Gönner des Archäologischen Instituts der Frankfurter Universität durch Spenden ihre Verbundenheit mit dem Jubilar zum Ausdruck gebracht:

Giulia Baratta, Rom
Birgit Becker-Wieland, Kleinostheim
C.H. Becksche Verlagsbuchhandlung, München
Helmut Bender, Passau
Gertrud Beudtner, Frankfurt am Main
Horst Blanck, Rom
Erika Bleibtreu, Wien
Berthold Böhm, Frankfurt am Main
Christof und Ursula Boehringer, Göttingen
Jürgen Borchhardt, Wien
Sophia Boriskovskaja, Sankt Petersburg
Ludmilla und Alexandra Davidova, Sankt Petersburg
Wolfgang Decker, Köln
Deutsch-Griechische Gesellschaft, Frankfurt
Jutta Dröll, Dreieich
Hannelore und Michael Eisner, Darmstadt
Elisabeth Faulstich, Frankfurt am Main
Wilhelm Faust, Frankfurt am Main
Burkhard Fehr, Hamburg
Otto Feld, Freiburg
Lore und Otto Herman Frey, Marburg
Volkmar Fritz, Jerusalem
Peter Funke, Münster
Gudrun und Hans-Joachim Gehrke, Freiburg
Jutta und Karl Häuser, Kronberg
Ulrich Hausmann, Tübingen

Willibald Heilmann, Mühlheim
Ursula Höckmann, Mainz
Fernande und Tonio Hölscher, Heidelberg
Michaela Hoffmann, Frankfurt am Main
Christiane und Hans-Markus von Kaenel, Frankfurt a. M.
Maria Regina Kaiser, Frankfurt am Main
Renate Kastenbein-Tölle, Bochum
Jutta Kerber, Frankfurt am Main
Eberhard und Wilhelm Kinkelin, Reutlingen
Brigitte und Gerhard Koberg, Bad Homburg
Wolfgang Koenigs, Istanbul
Alexander Kruglov, Sankt Petersburg
Erika Kunze-Götte, Bern
Christa Lichtenstern, Frankfurt am Main
Astrid Lindenlauf, Berlin
Amalie von Mettenheim, Frankfurt am Main
Günter und Ingrid Mecklenburg, Bad Homburg
Michaela Fuchs und Hugo Meyer, München/Princeton
Elisabeth Müller-Wiener, Darmstadt
Inge Neidhardt, Frankfurt am Main
Alexander von Normann, München
Ramazan Özgan, Konya
Anastasia Pekridou-Gorecki, Roßbach
Maria Radnoti-Alföldy, Frankfurt am Main
Mahmoud Rashad, Frankfurt am Main
Eva Reuss, Darmstadt
Eberhard Ruschenbusch, Dieburg
Lieselotte Saurma, Frankfurt am Main
Thomas Schäfer, Göttingen
Bertram Schefold, Frankfurt am Main
Ingeborg Scheibler, München
Wolfgang Schiering, Heidelberg
Norbert Schiffer, Frankfurt am Main
Barbara Schmidt-Dounas, Thessaloniki
Gerda Schwarz, Graz
Olga Sokolova, Sankt Petersburg
C. und D. Steland, Göttingen
Ingeburg von Steuben, Frankfurt am Main
Julie von Steuben, München
Nina von Steuben, Frankfurt am Main
Reinhard Stupperich, Mannheim
Christa Verhein, Kronberg
Ulrich Werz, Frankfurt am Main
Elli Zander, Raubling

MARLENE HERFORT-KOCH

„Frankfurter Athen". Bemerkungen zu einigen Zimelien der Frankfurter Buchkunst

„Franckfurt Athen nichts gibt bevorn/ Daselbst hast all Griechisch Authorn:/Also dass allda die Buchgass/Jetzt billich ist, was Athen was./Denn nicht allein von allen Enden,/Ihr Bücher schicken die Scribenten:/Sonder kombt hin manch glehrter mann,/In die Mess in eigner Person:/Von dem du sollich sach kannst hören,/Das er in Schrifften nicht thut lehren:/Als wann du hörtest in Athen,/Platonem oder Socraten.“[1]

So sieht der Student im Jahre 1596 die Buch- und Messestadt - treffendere einführende Worte zum Thema Antike und Frankfurter Buchkunst als die Gleichstellung von Frankfurt und Athen, im besonderen in der Anspielung auf die Akademie, lassen sich wohl kaum finden. Tatsächlich ist Frankfurt im 16. und 17. Jh. nicht nur Standort der bedeutendsten Büchermesse Europas und damit attraktiver Anziehungspunkt für die in einem lebendigen Austausch stehenden Autoren, sondern selbst auch wichtiger Druckort.[2] Die hier ansässigen Verleger und Drucker wie Christian Egenolff (seit 1530 in der Stadt), Peter Braubach (tätig 1540-1567), Hermann Gülfferich (tätig 1542-1554), dessen Erben sich mit Georg Rab und Sigismund Feyerabend in den Jahren 1562-1571 zur „Frankfurter Cumpanei" zusammenschlossen, und nach deren Auflösung schließlich der führende Großverleger Sigismund Feyerabend (bis zu seinem Tod 1590) stehen für agile, geschäftstüchtige

Unternehmer, denen Frankfurt die rasante Entwicklung zur Metropole des Buchhandels und Buchdrucks verdankt.

In ihren Verlagsprogrammen stellen sich den theologischen und juristischen Schriften, praktischen, unterhaltenden oder populärwissenschaftlichen Titeln auch klassische Autoren zur Seite. Spezialisiert auf griechische und lateinische Dichter der Antike war vor allem Peter Braubach, der als erster Frankfurter griechische Lettern benutzte. Deren klare Typographie machte seine Drucke von Pindar, Aristophanes, Apollonius, Euripides, Demosthenes, Sophokles, Aristoteles oder Theokrit, Cicero, Plinius d.Älteren weithin berühmt.[3]

Die größten Erfolge mit Drucken antiker Autoren waren jedoch der „Cumpanei" und S. Feyerabend beschieden. Grundlage der Beliebtheit war der aufwendige Buchschmuck mit prächtigen Illustrationen wie etwa die reichen Titelrahmen oder Verlagssignets. Für diese Arbeiten konnten die namhaftesten Holzschneider der Zeit wie Tobias Stimmer, Virgil Solis oder Jost Ammann gewonnen werden. Bevorzugt wurden Ovids Metamorphosen und Werke der Historiker Livius, Flavius Josephus, Plutarch. Dabei reichte das Angebot von den üppig ausgestalteten, großformatigen Prachtausgaben in luxuriösen Einbänden bis hin zu schlichten Drucken im Oktavformat, die sich an eine

---

1) M. Mangold, Marckschiff oder Marckschiffer Gespräch von der Frankfurter Meß (1596) Kap. 31.

2) Für eine monographische Buchgeschichte Frankfurts muß immer noch auf F. Lübbecke, Fünfhundert Jahre Buch und Druck in Frankfurt am Main (1948) verwiesen werden. Speziell zur Messe s. D. Skala, Vom neuen Athen zur literarischen Provinz. Die Geschichte der

Frankfurter Büchermesse bis ins 18. Jahrhundert, in: Brücke zwischen den Völkern. Zur Geschichte der Frankfurter Messe I (1991) 195ff.

3) H. von Schade, Peter Braubach in Frankfurt (1540-1567). Ein Werkverzeichnis, Archiv für Geschichte des Buchwesens 21, 1980, 849-964 bes. 851.

weniger gut betuchte Kundschaft richteten. Zunehmend wurden zudem deutsche Übersetzungen auf den Markt gebracht, so daß hinsichtlich Preis und Bildung weite Interessentenkreise abgedeckt werden konnten.

Die Ausgabe von Flavius Josephus' „Historien und Bücher: Von alten Jüdischen Geschichten, zwentzig, sampt einem von seinem Leben: Vom Jüdischen Krieg, und der Statt Jerusalem endtlicher zerstörung, siben: Vom alten Herkommen der Jüden wieder den Apion von Alexandria, zwey: Von den Machabeern, oder vom Regiment der Vernunfft, eins. Alles auß dem ursprünglichen Griechischen Exemplar...und lieblichen Figuren gezieret" (1563)[4] mag als ein typisches Beispiel für die reiche Titelblattgestaltung im Verlagsprogramm der „Cumpanei" von der Hand Jost Ammans stehen (Abb.1)[5]. Der wappenförmige Titel wird umrahmt von wucherndem Rollwerk, in das oben und unten je zwei Putten und in die Ecken biblische Szenen gesetzt sind: links oben Abraham und Isaac, rechts oben Jacob mit dem Engel ringend, links unten Simon und rechts unten Bathesora. Wie alle diese Figuren des Blattes namentlich durch eine Beischrift im Rollwerk bezeichnet sind, so sind auch die beiden zu Seiten des Titels angebrachten Kriegerfiguren benannt - links als Vespasian, rechts als Titus. Trotz ihrer antik anmutenden Rüstung unterscheiden sie sich jedoch in ihrer Ikonographie ansonsten nicht von der ebenfalls als gerüstet wiedergegebenen Figur des Simon und von anderen Kriegerfiguren Jost Ammanns. Die als Vespasian bezeichnete Figur findet sich mit nur geringfügigen Abänderungen wieder in der Kriegerfigur vor dem Kaiser im Titelblatt „Kriegsrat des Kaisers"

(1566)[6] und der Titus benannte Krieger rechts ist in leicht veränderter Variation auf verschiedenen Titelblättern und Signets zu entdecken.[7] Auch die übrigen Figuren tauchen in anderen Zusammenstellungen zu Werken verschiedensten Inhalts bei Feyerabend auf.[8]

Das entspricht dem üblichen Verfahren der Ammannschen Titelrahmenkompositionen: ein Gesamtprogramm scheint nicht immer ersichtlich, viele Einzelfiguren sind ganz allgemein gehalten und damit beliebig versetzbar und austauschbar. Biblische Themen und antike Figuren, die sich häufig nur durch Beischriften als solche zu erkennen geben, können unbekümmert miteinander kombiniert werden. Auch ein Bezug der figürlichen Titelblattgestaltung zum Buchinhalt muß nicht unbedingt gegeben sein. Daß dieser Buchschmuck weniger Illustration als viel eher Dekoration ist, liegt sicherlich in dem technischen Aspekt der vielfach verwendbaren Bildstöcke begründet, aber auch in den unbestimmten Vorstellungen von der Antike. Die Kenntnis vom Klassischen Altertum konnte sich hauptsächlich auf die schriftliche Überlieferung stützen denn auf eine persönliche Anschauung von Denkmälern. So nimmt es nicht wunder, wenn die eher vagen Vorstellungen geprägt sind von zeitgenössischen Bildern und Formen. Ähnliches läßt sich auch für die Verlagssignets feststellen, die zwar vorzugsweise antike Motive aufgreifen, diese jedoch ganz im Stil der Zeit gestalten; bei Feyerabend ist es die Fama, die in unzähligen Varianten wiederkehrt.[9]

Erst die seit der Mitte des 16. Jhs. erscheinenden Kunsttopographien trugen wesentlich zur Verbreitung

---

4) Nach Ausweis der Zwischentitel im Jahr 1562 verlegt.

5) Ilse O'Dell, Jost Ammanns Buchholzschnitte für Sigmund Feyerabend. Repertorien zur Erforschung der frühen Neuzeit 13 (1993).

6) ebenda Abb. 81.

7) ebenda Nr. a26 mit Abb. S. 147, Nr. c4 Abb. S. 203, Nr. f46-49 mit Abb. S. 306f.

8) Links oben Abraham und Isaak sind vergleichbar der Bibel O'Dell Nr. a12. Bathesora erscheint wie eine Variation des Fama-Signets.

9) vgl. P. Heitz, Frankfurter und Mainzer Drucker- und Verlegerzeichen bis in das 17. Jh. (1896).

der Kenntnisse über antike Kunst bei. Vor allem die Stichwerke Ulisse Aldrovandis „Le statue di Roma" (Venedig 1556) und „Antichità della cità die Roma" (Venedig 1558) dienten einerseits als Grundlage archäologischer Studien und andererseits als Vorlagen für die im Gefolge entstehenden Darstellungen der Stadt Roms. Diese starke Verpflichtung gegenüber Aldrovandi gilt auch für das zu den frühesten in Deutschland verlegten Werken dieser Gattung zählende „Romanae urbis topographia et antiquitates" von Jean Jacques Boissard, in 6 Teilen in den Jahren 1597-1602 bei Theodor de Bry in Frankfurt gedruckt. de Bry, der eine stattliche Anzahl von topographischen Werken in sein Verlagsprogramm aufgenommen hatte, war selbst Kupferstecher - bekannt sind seine Vorlageblätter für Goldschmiedearbeiten - und steuerte zu diesem Buch eine Reihe von Stichen bei. Die zweite Auflage erschien im Jahr 1627 unter dem Titel „Topographia Romae cum tabulis Geographicis, imaginibus Antiquae et Nouae Urbis, Insriptionibus, marmoribus, aedificiis Sepulchris, et quicquid est a Ueneranda antiquitate" bei Matthias Merian, dem Schwiegersohn Theodor de Brys. Auf Wunsch der Leser schloß sich 1681 die deutschsprachige Ausgabe an „Topographia Urbis Romae. Das ist: Eigentliche Beschreibung der Stadt Rom, sampt allen Antiquitäten, Pallästen, Amphitheatris oder Schauplätzen, Obeliscis, Pyramiden, Lustgärten, Bildern, Begräbnüssen, Oberschrifften und dergleichen, so in und umb der Stadt Rom gefunden, und in vier Tagen ordentlich beschauet und gesehen werden können."

In dem Titel der letzten Ausgabe kommt das besondere Anliegen Boissards im Unterschied zu Aldrovandi zum Ausdruck: sein Werk ist als eine Art Reiseführer konzipiert, dessen einzelne Programmpunkte bzw. Empfehlungen es dem Rombesucher ermöglichen, die Hauptsehenswürdigkeiten der Stadt in vier Tagen besichtigen zu können. Boissard kannte Rom aus eigenem Aufenthalt in den Jahren 1555 bis 1561 und hatte dort bei Führungen von Studenten und Gelehrten die Erfahrung gemacht, daß eine schriftliche Fixierung auch von weiterführenden Auskünften zu den einzelnen Monumenten ein dringendes Desiderat darstellte. Die jeweils etwa 100 Stiche - von denen einige auf Fälschungen beruhen[10] - sind in den drei Editionen hinsichtlich ihrer Auswahl unterschiedlich; gerade in der deutschsprachigen Ausgabe fällt die Nichtberücksichtigung von Inschriften zugunsten attraktiverer Denkmäler wie Skulpturen auf, wohl aus verlegerischem, sprich verkaufsförderndem Interesse.

Ein Blick auf das Titelblatt der Ausgabe von 1627 macht indes deutlich, daß neben der starken Abhängigkeit von Aldrovandi ein weiteres Werk vorbildhaft gewirkt hat, nämlich „Die Römischen Helden", eine 10-blättrige Serie gestochen von Hendrik Goltzius aus dem Jahr 1586.[11] Deren Titelblatt „Roma"[12] liefert die Vorlage für die „Topographia Romae" (Abb.2), wird jedoch - so etwa in der spiegelbildlichen Darstellung - leicht verändert. Hier thront Roma mit Victoria, der Siegesgöttin, in der ausgestreckten Rechten auf einem Tropaeum, das wiederum auf einem hohen Podest, in das der ausführliche Titel eingelassen ist, aufgebaut ist.[13] Davor lagern der

---

10) s. A. Rumpf, Archäologie (1953) 51; zu seiner Sammlung lokaler römischer Denkmäler in Metz s. J.B. Keune, Fälschungen römischer Inschriften zu Metz und die neuesten Funde in der Trinitarierstraße. Jean Jacques Boissard, Jahrbuch der Gesellschaft für lothringische Geschichte und Altertumskunde 8, 1896, 1-118.

11) s. hierzu W.L. Strauss (Hrsg.), Hendrik Goltzius 1558-1617. The Complete Engravings and Woodcuts I (1977) Nr. 230-239 mit Abb.

12) ebenda Nr. 230.

13) Die Länge des Titels bedingt die Umgestaltung des Thrones: das Untergestell wird zu seiner Aufnahme vergrößert, dadurch entfällt der rundaltarähnliche Aufsatz des Originalkupfers. Außerdem werden die hohen Schilfkolben gekappt, um nicht in den Text hineinzuragen.

zu Roma emporblickende, in Rückansicht dargestellte Flußgott Tiber und die Wölfin mit den zwei saugenden Kindern Romulus und Remus. Damit werden also direkte Hinweise auf die Stadt Rom gegeben, während die seitlich des Unterbaus dargestellten weiblichen Figuren als Personifikationen der Kontinente Afrika - durch das Krokodil gekennzeichnet - und Europa - mit Stier zur Seite - auf die Größe des Imperiums anspielen. Die auf der Vorlage vorhandene dritte Personifikation Asien fehlt hier; ihr Begleittier, der Löwe, ist allerdings noch im Rücken der Afrika zu erkennen. Durch die Verkleinerung der Tafel entfällt auch das oberhalb der Asia angebrachte Wappen Hollands; das Pendant, das Reichswappen über der Europa, ist allerdings - wenn auch in vereinfachter Form - beibehalten worden, ohne in diesem Zusammenhang ohne weiteres verständlich zu sein. Das Kupfer von Goltzius trug nämlich anstelle des Titels auf dem Frankfurter Blatt eine Widmung an Rudolph II., und erst in dieser Verbindung erhält das Reichswappen seine sinnvolle Bedeutung.

Die Vorliebe des Frankfurter Verlages für das Abkupfern aus der Serie „Römische Helden" ist an einem weiteren Titelblatt faßbar, dem berühmten „Emblemata nobilitati...Stam Vnd Wapenbuchlein" in der Ausgabe des Jahres 1593. In dem Titelrahmen erscheinen seitlich wiederum Szenen nach Goltzius: links Muscius Scaevola und rechts Publius Horatius, die in dem de Bry'schen Titelkupfer aber nicht wie in der Vorlage namentlich bezeichnet und damit historisch nicht fixiert werden und sich so in das an Personifikationen und Allegorien reich gestaltete Blatt einfügen können.[14]

Insgesamt gesehen erweist sich der Kunstverlag de Bry als typisches Kind seiner Zeit. Einerseits wird versucht, die Annäherung an die Antike durch eine möglichst genaue Beschreibung bzw. Bestandsaufnahme der monumentalen Hinterlassenschaften zu erleichtern und damit die Grundlagen für eine wissenschaftliche Auseinandersetzung zu schaffen - soweit es der Absatz zuläßt -, andererseits zeigt der Buchschmuck, vor allem die antikisierenden Titelblätter mit ihrer Fülle von allegorischen Figuren, deutlich die Tradition der Renaissance.

An die Blütezeit des Frankfurter Buchdrucks im 16. und 17. Jh. kann in der Folgezeit nicht angeschlossen werden. Die Zentren der klassizistischen Buchkunst liegen bei Göschen in Leipzig, Cotta in Tübingen, Perthes in Hamburg und bei Gessner in Zürich. In Frankfurt sind es nur vereinzelte Verleger, die sich der Antike annehmen, so etwa Friedrich Wilmans, der eher mit dem „Taschenbuch...Der Liebe und Freundschaft gewidmet", einem der erfolgreichsten Almanache der Zeit, oder den „Mahlerischen Ansichten des Rheins von Mainz bis Düsseldorf" als mit dem fehlerhaften Druck „Trauerspiele des Sophokles. Übersetzt von Friedrich Hölderlin" (1804) in die Buchgeschichte eingegangen ist. [15]

Umso mehr ist das Verdienst der Andreäischen Buchhandlung hervorzuheben, „Robert Woods Versuch über das Originalgenie des Homers aus dem Englischen" (1773) zu verlegen. Wood, der sich schon als Autor der auf Autopsie beruhenden „Ruins of Balbec" (London 1757) und der „Ruins of Palmyr and Balbec" (1753) einen Namen gemacht hatte, beeinflußte damit das damalige Homerbild nachhaltig[16]. Er setzte den gelehrten

---

14) s. Ingrid Höpel, Emblem und Sinnbild: vom Kunstbuch zum Erbauungsbuch (1987) 84ff. mit Abb. 13-15; Strauss a.a.O. Nr. 231, 233 mit Abb. Zu weiteren Emblembüchern mit antikisierenden Titelblättern nach Boissard, s. Höpel a.a.O. 100f. mit Abb. 19-21.

15) Ein liebenswertes Porträt von Wilmans hat P. Raabe gezeichnet in: Bücherlust und Lesefreuden. Beiträge zur Geschichte des Buchwesens im 18. und frühen 19. Jh. (1984) 165-207.

16) Zur Würdigung von Wood s. M. Wegner, Altertumskunde (1951) 103ff.

antiquarisch-archäologischen Studien sein persönliches Erlebnis der griechischen Landschaft entgegen. Mit dem Homer in der Hand durchstreifte er die vermuteten Schauplätze der Epen, um *„die Iliade und Odyssee in eben den Gegenden zu lesen, wo Achill stritt, Ulysses reiste, und Homer sang."* Vor dem Hintergrund der in diesen Jahren leidenschaftlichen diskutierten 'Homerischen Frage' sind Woods Ausführungen als ein warmherziges Plädoyer für die Einheit der Epen zu verstehen. *„Sie [diese Originalmethode] ist für die Einheit der Zeit, des Ortes, der Handlung und Charaktere, sonderlich in der Epopee, um desto wichtiger, weil man in einem so weitläuftigen Plan, wo bey den Erzählungen und Beschreibungen mit Willen der zu sorgfältig historische und geographische Ton vermieden wird, so leicht in Widersprüche verfallen kann. Ich mache daraus den Schluß, daß je mehr wir das Zeitalter, Vaterland und Reisen unsers Dichters untersuchen, wir immer mehr bemerken, wie seine Scenen und Landschaften der Natur abgeborgt sind, seine Sitten und Charaktere dem Leben, seine Personen und Begebenheiten (sie mögen Fabel oder Wahrheit seyn) der Tradition und Leidenschaften und Empfindungen der Erfahrung, die er von ihren Wirkungen bey andern hatte, und nach seinem eigenen Gefühle berichtigte und verbesserte."* (S. 307)

Die verwickelte Druckgeschichte ist einer kurzen Erwähnung wert.[17] Grundlage der deutschen Übersetzung ist der nur in 7 Exemplaren erschienene Privatdruck von 1769, wovon sich einer im Besitz des Orientalisten J.D.

Michaelis in Göttingen befand und dort die Aufmerksamkeit von niemand geringerem als Chr.G. Heyne fand. Dessen günstige Rezension forcierte die Publikation in Deutschland und wurde der Übersetzung vorangestellt. Die wohlwollende, Goethe zugeschriebene Besprechung,[18] die ausdrücklich auch die bibliophilen Werte des Bandes hervorhebt, mag als Beleg für den großen Zuspruch gelten. Erst 1775, also nach der deutschen Ausgabe, erschien die überarbeitete offizielle Edition; bei Andreä wurden daraufhin im Jahr 1778 die „Zusätze und Veränderungen wodurch sich die neue Ausgabe von Robert Woods Versuch über das Originalgenie des Homers von der alten auszeichnet nebst der Vergleichung des alten und gegenwärtigen Zustands der Landschaft von Troja aus dem Englischen" herausgegeben.

Ein kleiner Ausblick auf die zeitgenössische Frankfurter Buchkunst in ihrer Begegnung mit der Antike ist aufs engste mit dem Lyriker, Buchgestalter und Verleger Gotthard de Beauclair (1907-1992) verbunden. Über Jahrzehnte verantwortlich für die buchkünstlerische Gestaltung im Leipziger Insel-Verlag, konnte er in Frankfurt seit 1951 als Leiter der von der Schriftgießerei Stempel AG eingerichteten Trajanus-Presse und seit 1962 im eigenen Verlag Ars librorum seine Vorstellungen von bibliophilen Drucken klassischer Autoren verwirklichen.[19] Typisch für seine Werke ist das gelungene Zusammenspiel von Typographie und Illustration unter Verwendung von hochwertigstem

---

17) Nachdruck der Ausgaben von 1769 und 1775 in der Reihe „Anglistica & Americana. A Series of Reprints Selected by B. Fabian u.a. 174 (1976) mit kurzem Abriß der Druckgeschichte im bibliographischen Anhang. Kurioserweise ist das in Frankfurt einsehbare Exemplar der englischen Fassung ein Raubdruck (Dublin 1776), der bis auf das fehlende Titelkupfer und weitere fehlende Kupfer im Text mit der Ausgabe von 1775 identisch ist.

18) Frankfurter Gelehrte Anzeigen Nr. 33 vom 23. April 1773. Wiederabdruck in: Goethes Sämtliche Werke, Weimarer Ausgabe I 37,

204ff. *„Druck und Papier machen der Andreä'schen Buchhandlung Ehre."*

19) G. de Beauclair, Äsopische Fabeln. Älteren Überlieferungen nacherzählt und hrsg. von G. de Beauclair mit 18 von den Originalstöcken gedruckten Linolschnitten von Imre Reiner (Trajanus-Presse 1968); Ars librorum: Apulejus, Amor und Psache (4. Druck 1963). Platon, Das Gastmahl oder über die Liebe (12. Druck 1965). Sophokles, Antigone (16. Druck 1967). Aristophanes, Die Frösche (18. Druck 1968).

Papier bei sorgfältigster Bindearbeit. Das Bild gewinnt in diesen Drucken mehr und mehr an kraftvoller Wirkung - Künstlernamen wie Eduard Bargheer, Oskar Kokoschka und Imre Reiner stehen für den hochrangigen Buchschmuck - und dominiert schließlich in den großformatigen Graphikmappen, so etwa Max Peiffer Watenpuhls „Griechenland" (Edition Beauclair 1968), in einmaliger Auflage von 100 Exemplaren erschienen, bestehend aus 7 Farblithographien mit Impressionen mittelmeerischer Landschaft. Daß die hohen Anforderungen, die de Beauclair an seine Arbeiten stellte, auch internationale Anerkennung fanden, wird durch die Auszeichnung der „Frösche" des Aristophanes (Trajanus-Presse 1961) mit Holzschnitten von Imre Reiner *(Abb. 3)* als einer der 12 buchkünstlerisch bedeutendsten Drucke Europas und Amerikas nach 1945 eindrucksvoll belegt. Die vorbildliche Gestaltung einer zweiten Ausgabe der „Frösche", dem 18. Ars Librorum Druck aus dem Jahr 1968 mit Radierungen von Oskar Kokoschka, wurde mit der Prämierung als eines der schönsten deutschen Bücher des Jahres gewürdigt.

SALOME THOMAS

Der Frankfurter Rechtsgelehrte Johann Fichard in Rom

Als Johann Fichard (1512-1581)[1] 24-jährig Ende April 1536 aus Frankfurt zu seiner Italienreise aufbrach, folgte er dem Bildungsideal seiner Zeit: zur „grand tour" für die humanistisch gebildeten Juristen gehörten bis zur Hälfte des 16. Jhs. die Hochschulen Oberitaliens, für die Rhetoriker die Roms. Die Grundlage seiner Bildung[2] hatte Fichard an einer der neuen humanistischen Schulen Frankfurts[3] erworben, an denen die zukünftigen Juristen und Diplomaten erzogen wurden. Die hier geweckte Begeisterung und Verehrung für die Antike hatte er in altphilologischen Studien neben seinem Hauptstudium der Jurisprudenz an den Universitäten Heidelbergs und Freiburgs weitergepflegt. Zwei Gründe hatten ihn zu seiner Reise nach Italien bewogen: er wollte die mit seiner frühzeitigen Promotion im Alter von nur 19 1/2 Jahren verbundenen Wissenslücken an den Hochschulen Italiens schließen und die für die angestrebte diplomatische Laufbahn notwendigen Erfahrungen im Ausland sammeln. Von den bekanntesten Juristen Frankfurts, die längere Zeit in Italien verbrachten, ist Fichard der einzige,

der über seine Reise durch Italien Aufzeichnungen hinterließ[4]. Diese in lateinischer Sprache verfaßten Reisenotizen sind uns dank der Veröffentlichung[5] im Jahre 1815 durch den Historiker Johann Carl von Fichard, genannt Baur von Eyseneck (1773-1829)[6], zugänglich geworden. Das Original ist heute verschollen[7].

Nicht zur Veröffentlichung bestimmt, waren sie die flüchtigen Notizen seiner an Ort und Stelle gemachten Beobachtungen. Fichard hat sie nach seiner Rückkehr aus Italien Ende September 1537 neu geordnet und unter dem Titel „Italia" zusammengestellt[8]. Bewahrt hat die „Italia", die einzig der persönlichen Erinnerung dienen sollte, den Charakter der Privatheit und der Eile in der Knappheit ihrer Form[9].

Schon dem Umfang ihrer Darstellung nach ist Rom gegenüber den übrigen Städten hervorgehoben: Fichard widmete ihr 60 Seiten von insgesamt 130. Gemäß der Bedeutung dieser Stadt für den gelehrten Reisenden des Cinquecento als caput mundi sowohl des klassischen Altertums als auch der Christenheit stellt er seinen

---

1) Über Johann Fichard: R.Jung, Dr. Johann Fichard 1512-1581. Archiv für Frankfurts Geschichte und Kunst 3,2 (1889) 209-260. Für das folgende bes. 210.215.225.

2) Das Hauptgewicht dieser Ausbildung lag neben Grammatik und Lektüre der antiken Schriftsteller auf Rhetorik und Dialektik nach dem Vorbild Ciceros, dessen Nachahmer Erasmus v. Rotterdam die „Affen Ciceros" nannte: F.Gregorovius, Geschichte der Stadt Rom VIII (1908) 305.

3) F.Bothe, Geschichte der Stadt Frankfurt am Main (1966) 255.

4) Jung a.a.O. 229.

5) Frankfurtisches Archiv für ältere deutsche Litteratur und Geschichte. Hrsg. J.C. v.Fichard, genannt Baur von Eyseneck. Dritter Theil (Frankfurt am Main 1815) 1-130. Im folgenden abgekürzt: Fichard.

6) J.C. v.Fichard, Nachfahre aus der 2. Generation des Neffen des letzten direkten Nachfolgers, der um 1770 gestorben war. Nach dem Historiker J.C. v.Fichard, nicht nach Dr. Johann Fichard, trägt die Fichardstraße in Frankfurt ihren Namen.

7) Jung a.a.O. 251 Anm. 1.

8) Die Neuordnung seiner Notizen nach der Reise, das Fehlen jeglicher Zeitangaben machen deutlich, daß es sich in der vorliegenden Form nicht um ein Reisetagebuch handeln kann, wie wiederholt behauptet wurde: so A. Michaelis, Geschichte des Statuenhofes im Vaticanischen Belvedere, Jahrb. DAI 55, 1890, 33 (im folgenden abgekürzt: Michaelis 1890) und G. Daltrop, Zur Aufstellung antiker Statuen in der Villetta di Belvedere des Vatikans, Boreas 6, 1983, 227.

9) Fichard 3.

„*Observationes antiquitatum et aliarum rerum magis memorabilium Romae*" seine literarischen Quellen und ein Verzeichnis der Päpste von Pius II. (1458-64) bis Paul III. (1534-49), unter dessen Pontifikat sein Besuch fällt, voran. Seine Quellen sind die Schriftsteller über die alte Stadt, die Antiquare und Topographen des 15. und 16. Jhs.: der Humanist Pomponius Laetus[10], Franciscus Albertinus[11], Andreas Fulvius[12], Fabius Calvus[13], Flavius Blondus[14] und Bartholomaeus Marlianus[15]. Sie alle zeichnen sich darin aus, daß sie sich dem Impuls der humanistischen Bewegung folgend, von der Ruinenbetrachtung nach Art der Mirabilien abgewandt hatten. Nicht mittelalterliche Legendenbildung, sondern die klassischen Autoren waren jetzt zur Grundlage der Beschreibung der Ruinenstadt geworden.

In seinem Vorwort hat Fichard die Intention dargelegt, der er auf seinen Wegen durch Rom gefolgt war. Von der Betrachtung der gegenwärtigen Gestalt der Stadt und ihrem Zustand ausgehend, wollte er die antiken Orte mit den Resten ihrer Anlagen zu seiner Erinnerung festhalten[16]. Als Grundlage für sein Vorhaben nannte er

gleich zu Beginn Marlians Topographie des alten Rom, die er als die modernste und sorgfältigste bevorzugte[17]. Doch war trotz aktuellster topographischer Führer die Quellenlage für den archäologisch Interessierten immer noch unklar genug. Man bedenke, daß sich zwar unter den wiederaufgefundenen alten Schriftstellern auch die Reste des unvergessenen Regionenbuches (Notitia Regionum) befanden[18], daß aber die Fragmente der „Forma Urbis Romae", des severischen Stadtplans Roms, noch nicht gefunden waren[19]. Das geschah erst ab 1562. Die Unsicherheit der Überlieferung, bedingt durch die Jahrhunderte während Verödung der Stadt, wurde durch die Bautätigkeit der Päpste seit dem Quattrocento verstärkt, mit der vor allem Aufräumungs- und Abbrucharbeiten verbunden waren, die wiederum große Terrainveränderungen zur Folge gehabt hatten[20]. Was aus den Akten der Curie von 1450-1550 über die Verpachtung des Forums, Colosseums etc. durch die Päpste zur Gewinnung von Baumaterial zu schließen ist, wird durch Fichard bestätigt. Er zitiert Marlianus[21], der die Veränderung der Gestalt der Stadt hervorhebt. Sie sei

---

10) H. Jordan, Topographie der Stadt Rom im Altertum I 1 (1878) 79. Im folgenden abgekürzt: Jordan.

11) Opusculum de mirabilibus novae et veteris urbis Romae, (Rom bei Mazzochi 1510, geschrieben 1509). Jordan 81 Anm. 8; L. Schudt, Le guide di Roma (1930) 95-96. Im folgenden abgekürzt: Schudt.

12) Antiquitates urbis Romae (Rom 1527); Jordan 81 (mit Anm. 9); Schudt 140f.

13) Antiquae urbis Romae cum regionibus simulacrum (Rom 1532); Jordan 82.

14) Roma instaurata (1474); Opera (Basel 1531); Gregorovius VII, 572; Jordan 78; Schudt 139.

15) Antiquae urbis Romae Topographia (Rom und Lyon 1534); Urbis Romae Topographia (Rom 1544); Jordan 82.

16) Fichard 15: „*...presentem solum urbis formam statumque, tum ea loca, quae ex veteribus vel aedificiis vel templis vel universis denique ruinis hodie supersunt, visuntur et cognoscuntur coniecturis certis, hic obiter memoriae ergo annotare volui.*"

17) ebenda: „*Quandoquidem Topographiam antiquae Romae complures retroactis annis, omnium vero novissime et diligentissime Joan. Bartholomaeus Marlianus patricius Mediolanensis conscripsit...*"

18) Jordan 77.

19) F. Coarelli, Rom. Ein archäologischer Führer (1975) 134; G. Carettoni - A.M. Colini - L. Cozza - G. Gatti, La pianta marmorea die Roma antica. Forma urbis Romae (1960) 73; E. Rodriguez Almeida, Forma urbis marmorea: Aggiornamento generale 1980 (1981) I 95.

20) Jordan 66f. Anm. 45-47.

21) Fichard 15: „*....Marlianus...scribit, formam urbis adeo esse mutatam, ut pristini situs vestigium vix retineat,...putat propter aedificiorum ingentes ruinas, quibus pluribus in locis montibus valles ita sunt aequatae, ut ubi montes ipsi incipiant aut desinant non facile possit dignosci...*"

so groß, daß kaum eine Spur ihrer ursprünglichen Lage geblieben sei.

Fichards Rundgänge in der Stadt folgten *„eo ordine"*, also in einer bestimmten Reihenfolge[22]. Wir erkennen darin den Giro der alten Indulgentien und Mirabilien[23], deren Ordnungsschema er modifiziert von den Antiquaren und Topographen übernommen hatte. Wie diese beginnt Fichard mit einem Überblick, der sich seinem Prinzip der Reihenfolge nicht einfügen würde[24]: nach allgemeinen Bemerkungen über die Stadt wie über ihren Umfang, die Mauern und Türme läßt er die Stadttore mit ihren antiken und 'modernen' Namen nebeneinandergestellt folgen. Nach demselben Prinzip führt er die Hügel der Stadt und ihre Brücken auf. Hierauf folgen kurze Angaben über den Tiber, seinen Ursprung, seinen Verlauf, seine Tiefe und über seine Überschwemmungen. Daran schließt Fichard den Abschnitt über die Tempel und Kirchen im allgemeinen und eine Aufzählung der einzelnen Kirchen in der Reihenfolge nach ihrer Bedeutung an. Mit dem Abschnitt über die Gestalt der Stadt beschließt er seinen allgemeinen Überblick[25], um sich dann ihrer Beschreibung im einzelnen zuzuwenden.

Ergänzend zu Fichards Beschreibung bietet es sich an, hier die Federzeichnungen des Niederländers Marten van Heemskerck, eines Schülers Jan van Scoreels[26] heranzuziehen, der in der Zeit von 1532 bis etwa 1535/36 [27] in Rom seinen Studien nachging und in seinem Skizzenbuch Ansichten Roms, seiner Hügel und seiner Ruinen vereinigte. Der besondere Wert seiner Zeichnungen liegt für den Archäologen in der nahezu getreuen Wiedergabe des Zustandes der Stadt zu dieser Zeit, so daß wir aus seiner Dokumentation Aufklärung schlechthin erwarten dürfen.

Fichard beginnt seine Rundgänge mit dem *„mons dignissimus et sanctissimus"* - dem Capitolinischen Hügel[28]: um einen weiten Platz[29] gruppieren sich die Paläste der Senatoren und Konservatoren und die Kirche Ara Coeli. Fichard sah das Kapitol vor seiner baulichen Neuordnung durch Paul III. und seinen Architekten Michelangelo: die Reiterstatue des Marc Aurel war noch nicht vom Lateran hierher auf den Platz überführt worden. Dies veranlaßte Paul III. 1538. Fichard blickte noch auf mittelalterliche Fassaden. Zwar erwähnt er nicht die zweistöckige Loggia des Senatorenpalastes von 1300, wie sie Heemskerck in seiner Ansicht des Kapitolsplatzes, von Ara Coeli aus gesehen, wiedergibt *(Abb. 4)*[30], doch erkennt man deutlich auf der Skizze die von mächtigen Wangen eingefaßte Anhöhe, die zum Eingang des als Gerichtshof dienenden Palastes hinaufführte, *„eher für Maultiere als für Menschen gemacht"*[31]. Die von

---

22) ebenda 16: *„Ut tamen non omnino sine scopo erremus et incerti vagemur."*

23) Schudt 19.135. Im Kapitel „De templis et sacellis in genere" führt Fichard zuerst die sieben Hauptkirchen und dann die übrigen Kirchen Roms auf. Er folgt darin den „Indulgentiae ecclesiarum urbis Romae".

24) Fichard 16: *„...ea quae ordine concipi non possunt, primo annotabo,..."*.

25) ebenda 16-24. Ein kurzer geschichtlicher Abriß von der Gründung Roms bis zur Kaiserzeit, wie wir ihn bei Fulvius und Marlianus am Anfang ihrer Topographien finden, fehlt bei Fichard.

26) A. Michaelis, Römische Skizzenbücher Marten van Heemskercks, Jahrb. DAI 6, 1891, 129. Scoreel war unter Hadrian VI. (1522-23) Custode des Belvedere gewesen.

27) Michaelis 1890, 33 Anm. 114. Dagegen: Chr. Hülsen - H. Egger, Die Römischen Skizzenbücher von Marten van Heemskerck II (1916) 15-18. Im folgenden abgekürzt: Hülsen - Egger II. Egger setzt den Aufenthalt Martens in die Zeit von Juli 1532 bis Frühling/Sommer 1535.

28) Fichard 26-32.

29) Fichard 27. 30: *„satis lata planies"*, *„maxima campana"*.

30) Hülsen - Egger II 41f. Fol. 72.

31) Fichard 27.

Heemskerck nur andeutungsweise wiedergegebene Löwen - Pferde - Gruppe auf der linken Wange des Aufganges findet bei Fichard keine Erwähnung. Ausführlich hingegen widmet er sich der Beschreibung des Konservatorenpalastes und seines Antikenbestandes: hier hebt er die Portiken hervor, desgleichen den eleganten Innenhof und die anschließenden Gärten, dann die beiden überlebensgroßen Statuen der Flußgötter vor der Palastfassade, die noch die durch ihre Attribute belegten ursprünglichen Namen Tigris und Nil tragen[32], ehe der Tigris in der Folge des Statuenprogramms Pauls III. in einen Tiber umgewandelt wurde[33] und beide Statuen ihren endgültigen Platz 1549 vor Michelangelos doppelläufiger Treppe zum Senatorenpalast fanden. Unter dem letzten Bogen des äußeren Portikus war der bronzene Kolossalkopf aufgestellt, der, wie Fichard unter Berufung auf Lampridius angibt, von der Kolossalstatue Neros stammte und für die Statue des Commodus wiederverwendet wurde. Über dem Haupteingang auf Konsolen sieht Fichard noch die Bronze-Wölfin, die im Zuge der restitutio Capitolii durch Sixtus IV. 1471 vom Lateran auf das Kapitol gebracht worden war[34] und die Marlianus bereits 1544 „im Portikus des Innenhofes nahe der Aula" wiederfindet[35]. Diese Anordnung der Statuen, wie sie Fichard beschrieben hat, bestätigt Heemskercks Kapitolansicht[36] (Abb. 4). Deutlich zeigt sich aber auch das Mißverhältnis zwischen den einfach wirkenden mittelalterlichen Bauwerken und der Größe ihres Statuenschmuckes.

Im Innern des Palastes zur Rechten am Eingang sah Fichard die vergoldete Bronzestatue des Herkules, die 1471 auf dem Forum Boarium in den Ruinen der Ara Maxima gefunden worden war[37]. Im Hof nahe dem Herkules befanden sich die Fragmente eines Fußes und zweier Unterschenkel und der Kopf des Marmorkolosses des Konstantin aus der Maxentius Basilika[38]. Unter den zahlreichen Reliefs im Erdgeschoß des Palastes hebt Fichard diejenigen hervor, die aus der Kirche S.Martina hierher gebracht worden waren[39]. In der Frage, ob es sich um die Darstellung des Triumphes über die Parther durch L.Verus Antoninus oder den über die Daker durch M.Antoninus handelt, spiegelt sich die ganze Unsicherheit seiner antiquarischen Quellen wider. Im Obergeschoß des Palastes, wo „sehr kunstfertig ausgeführte"[40] marmorne Männer- und Frauenstatuen zu sehen waren, erweckten unter den in Nischen aufgestellten alten Götter- und Menschenstatuen Fichards besonderes Interesse die Marmorstatue eines Satyrn (mit Bocksfüßen) und die Bronzestatue des Camillus und des sog. Dornausziehers[41].

Als Jurist vergißt er nicht die Funktion des Konservatorenpalastes zu erwähnen: hier wurden staatsrechtliche Angelegenheiten verhandelt, nicht die

32) ebenda 27: „...quorum alterum Sphynga Aegypti peculiare animal, alterum tygridem Armeniae truculentam feram."

33) R. Lanciani, Storia degli scavi di Roma II (1903) 70: „...che per ignoranza di un male consigliere e stato mutato nell'imagine del Tevere, mutando la faccia del Tigre in lupa et agiuntogli Romolo e Remo al petto...". Im folgenden abgekürzt: Lanciani II.

34) H. v.Steuben, Das Museo Clementino, in: H. Beck - C. Bol - W. Prinz - H. v.Steuben (Hrsg.), Antikensammlungen des 18.Jhs. (1981) 159.

35) Bartholomaeus Marlianus a.a.O. Kap. IX 26.

36) Hülsen - Egger II Fol. 72.

37) R. Lanciani, Storia degli scavi di Roma I (1989) 94 Abb. 35, 106 Abb. 42. Fichard folgt hier Andreas Fulvius fast wörtlich.

38) ebenda 106 Abb. 41-42. P.G.Hübner, Le statue di Roma I (1912) 77. Im folgenden abgekürzt: Hübner.

39) Lanciani a.a.O. I 277 Abb. 166, 122 Abb. 53 Lage von S. Martina. T. Buddensieg, Zum Statuenprogramm im Kapitolsplan Pauls III, Zeitschr. für Kunstgesch. 32, 1969, 182f.

40) Fichard 29.

41) Lanciani a.a.O. I 94 Abb. 34.

Aburteilung gewöhnlicher Straffälliger, wie das im Senatorenpalast geschah[42]. Deren Bestrafung wurde auf dem Platz vor den Palästen durchgeführt. In diesem Zusammenhang nennt er auch den Tarpeischen Felsen. Von Ara Coeli auf dem anderen höher gelegenen Teil des Kapitols, gemeint ist die Arx, weiß Fichard nicht sicher die antiken Vorgängerbauten anzugeben. Dies zeigt die Unsicherheit seiner antiquarischen Quellen, die einmal das Haus des Octavius Augustus, einmal den Tempel des Iuppiter Feretrius als Vorläuferbau nennen. Beim Aufstieg an der Westseite über die 128-stufige Treppe zu der Franziskanerkirche findet Fichard zur Linken zahlreiche Marmorreliefs aufgestellt: sie erinnern ihn an antike Sarkophagdarstellungen. Ausdrücklich erwähnt er auch das Grab des Flavius Blondus hinter dem obersten Treppenabsatz.

An der Südseite der Kirche, rechts der kürzeren Treppe, die auf den Kapitolsplatz führt, ragte der kleine Marmorobelisk auf zusammengesetztem, nicht zu ihm gehörigen Unterbau auf, wie ihn auch Heemskerck auf mehreren seiner Kapitolsansichten *(Abb. 4)* wiedergegeben hat[43], jeweils mit seiner antiken Basis im Hintergrund. Es ist der Obelisk, der 1582 durch „Schenkung des Volkes" an Ciriaco Mattei (1545-1614) ging, in dessen Sammlung auf dem Celio er den Mittelpunkt des sog. „Teatro" vor der Osteite der Villa bildete[44]. Wenn nun Fichard über den kapitolinischen Obelisken urteilt, daß er „*nichts sei gegenüber dem vati-*

kanischen"[45], da er diesem an Größe und Qualität des Materials nachstehe, so folgt er darin den Beurteilungskriterien seiner Zeit, die die Antiken nach Technik, Material und Größe bewerteten[46].

In diesem Sinne müssen wir auch Fichards Vermerk über die liegende Kolossalstatue des sog. „Marforio"[47] verstehen, die er im Bereich des Comitium gesehen hatte[48], nachdem er unter Erwähnung der Palme im Garten von Ara Coeli[49] seinen Weg vorbei am Senatorenpalast zur Rechten, dem Tullianum und den Carceres zur Linken die Treppe hinunter zum nördlichen Teil des Forum Romanum genommen hatte. Mit dem Blick auf den dreitorigen, „*sehr eleganten*" Septimius-Severus-Bogen, bei dem Fichard die starke Erdanschüttung am äußeren Durchgang vermerkt, und den acht hochaufragenden Säulen des Saturn-Tempels am Fuße des Kapitols, in denen er die Reste des Concordia-Tempels zu erkennen glaubt, beschließt er das Kapitel „*mons Capitolinus*"[50]. Fichard hat auf dem „*allerheiligsten Hügel*" erstaunlicherweise nicht die Frage nach dem Hauptheiligtum der offiziellen römischen Staatsreligion, der kapitolinischen Trias, gestellt, obwohl dessen Geschichte und auch die Existenz weiterer kleinerer Heiligtümer auf dem Kapitol durch Ovid, Livius, Plinius und Tacitus bekannt war und obwohl seine antiquarische Quelle Franciscus Albertinus darüber im 2. Buch seines Opusculums ausführlich mit Quellenangabe berichtet[51]. Bei Fichard findet sich nicht einmal ein Verweis auf

---

42) Fichard 50: „*Rei publicae incolumitati, urbisque decoro et necessitatibus consulere*".

43) Hülsen - Egger II Fol. 16.50.72.

44) E. Schröter, Ein Zeichnungskabinett im Palazzo Mattei di Giove in Rom, in: H. Beck - P.C. Bol - W. Prinz - H. v.Steuben (Hrsg.) a.a.O. 51.

45) Fichard 31.

46) Buddensieg a.a.O. 180f. Auch Fichard hebt die Vergoldung des Herakles, seine goldenen Äpfel oder die Größe der Fußnägel des kolossalen Fußfragmentes hervor.

47) Hülsen - Egger II Fol. 79v.80r. Taf. 125; dies. I. Fol. 19. Lanciani a.a.O. I 73 und 74 Abb. 27, 122 Fig. 53. Heute befindet sich die Statue im Hofe des Museo Capitolino.

48) Fichard 32: „*prope viam in angulo quarundam aedium*".

49) Hülsen - Egger II Fol. 50.

50) Über den Zustand des Septimius-Severus-Bogens gibt Heemskercks Forum-Ansicht nahe von der Südecke des Tabulariums aus Aufschluß. s. Hülsen - Egger II 54-55 Taf. 125 Fol. 79v.80r.

51) Albertinus a.a.O. Lib. sec.: De Capitoliis.

diese. Offenbar genügte ihm die moderne Funktion der kapitolinischen Bauwerke als Repräsentationsbauten des *populus Romanus*, sah er in Verwaltung, Rechtssprechung, Exekutive und schließlich in der Kirche Ara Coeli als „*templum*" das Fortleben des alten römischen Staates.

Anders auf dem Forum Romanum, das er in seinem Kapitel über das Tal zwischen Kapitol und Palatin behandelt[52]. Hier ragten noch die Reste der antiken Monumente aus den hohen Erdanschüttungen heraus. Das unbebaut gebliebene Gelände des Forums diente „*an bestimmten Stellen*" als Kuhweide. Unsicherheit in der Auslegung der Monumente herrschte daher sowohl unter den Antiquaren als auch den Topographen. Fichards Rundgang über das Forum steht denn auch unter den Vorzeichen: „*Marlianus vermutet...*", „*Pomponius setzt...*", „*Marlianus/Fulvius glaubt...*"[53].

Als erstes dieser Monumente führt Fichard jene Brücke des Caligula an, die der Kaiser nach Sueton[54] über den Augustus-Tempel[55] hinweg vom Palatin zum Kapitol hatte bauen lassen. Von den achtzig riesigen Säulen, die diese Brücke getragen haben sollen, glaubte Fichard je drei am Fuße des Palatin und des Kapitol zu erkennen - „*aus blendend weißem Marmor...und mit geraden Kanneluren*"[56]. Folgen wir der Zeichnung Heemskercks (*Abb. 5*)[57], so kann Fichard nur die drei Säulen des Castor-Pollux-Tempels am Fuße des Palatins und die des Vespasianus-Titus-Tempels unterhalb des Kapitols gemeint haben. Den Tempel Castors und Pollux' dagegen

verbindet er mit dem Rundbau des sog. Romulus-Tempel auf der gegenüberliegenden Seite des Forums neben dem Tempel des Antoninus und der Faustina, den er durch die Inschrift als einziges Monument auf dem Forum richtig identifiziert. Zur Zeit von Fichards Besuch diente dieser Rundbau mit seinen Bronzetüren als Vestibulum zu der an seiner Rückseite anschließenden Kirche SS.Cosma e Damiano aus dem 6. Jh. n. Chr. Den Romulus-Tempel hingegen nimmt Fichard an der Stelle an, wo sich die Rundkirche S.Teodoro zu Füßen des Palatins befindet[58]. Hier könnte es sich um eine Verwechslung der beiden Rundbauten durch Fichard handeln. In diesem Bereich am Westabhang des Palatin lokalisiert er das Lupercal.

Ein Problem bietet Fichards Zuweisung der riesigen Marmorsäule in der Mitte des Forums gegenüber von San Adriano an den „*vergoldeten Bronzebogen*" des Domitian. Bei der Marmorsäule kann es sich nur um die Phokas-Säule handeln. Zweifelsohne liegt hier eine Vermischung von Nachrichten einmal über das vergoldete, bronzene Reiterstandbild des Domitian auf dem mittleren Forum vor, zum anderen die über einen Bogen an ganz anderer Stelle, nämlich im nördlichen Marsfeld, Ecke Via delle Vite - Via Lata, also auf dem heutigen Corso in der Höhe der Ara Pacis. Blondus und Fulvius überliefern den Namen dieses Bogens mit *arcus Domitiani*. Vermutlich wegen der Nähe des Tempels des Divus Hadrianus im Marsfeld nordöstlich des Pantheon zum „*arcus Domitiani*"[59] unterlief Marlianus, dem

---

52) Fichard 32-37.

53) ebenda 53 bzw. 34.

54) Sueton, Calig. 22: „*Super templum Divi Augusti ponte transmisso Palatium Capitoliumque coniunxit...*", um dem Kapitolinischen Iuppiter nahe zu sein. Chr. Hülsen, Topographie der Stadt Rom im Alterthum I 3 (1907) 80. Im folgenden abgekürzt: Hülsen.

55) Die große Ziegelruine des Templum Divi Augusti hinter dem Castor-Pollux-Tempel am Fuße des Palatin gibt Heemskerck wieder. Hülsen - Egger II 27 Fol. 38.

56) Fichard 33.

57) Hülsen - Egger II Fol. 12 zeigt die Ansicht des Forum und Kapitol von der Nordspitze des Palatin aus: im Vordergrund die drei Säulen des Dioskurentempels, dahinter die des Saturntempels und rechts davon die drei Säulen des Titus-Vespasianus-Tempels. - Fol. 56 zeigt dieselbe Ansicht vom Titus-Bogen aus.

58) Hülsen - Egger II Fol. 38 und 38v.

59) Hülsen 465.

Fichard folgt, die Verwechslung mit San Adriano am Comitium. Die Reiterstatue des Domitian war nach der Ermordung des Kaisers 96 n.Chr. zerstört worden, aber die Nachricht über sie - aus Bronze, vergoldet - lebte weiter und ging bei Marlianus in einen „*vergoldeten Bronzebogen*" auf dem Forum ein. Nahe diesem vermeintlichen Bogen befindet sich nach Fichards Angabe der lacus Curtius.

An der Stelle des Vesta-Tempels befand sich eine Kirche, S.Maria Gratiarum. Fichard erwähnt sie und die Nova via, die aber unter dem Erdreich verborgen gewesen sein muß. Sie führte am Nordabhang des Palatin entlang zum Titus-Bogen. An ihr lag der Bezirk der Vestalinnen, der bei Fichard aber keine Erwähnung findet[60].

Weithin sichtbar waren hingegen die riesigen Ruinen des nördlichen Seitenschiffes der Maxentius-Basilika, die seit dem 15. Jh. bis zum Anfang des 19. Jhs. mit dem Templum Pacis verwechselt wurde[61]. Entsprechend dieser Verwechslung hält Fichard Vespasian für den Erbauer. Was die Größenangaben anlangt, verweist er auf Marlianus, der seinem Text auch einen Grundriß der Basilika beigefügt hatte. Fichard sah noch Fragmente „*von unglaublicher Größe*", die er aber nicht näher bestimmte. Besonders beeindruckte ihn die einzige damals noch in situ aufrecht stehende Säule: „*Sie ist von allen noch in Rom aufrecht stehenden Säulen die größte und schönste*". Paul V. ließ 1613 diese letzte kolossale Säule aus Pavonazzetto auf den Platz von S.Maria Maggiore aufstellen.

An die Maxentius-Basilika schließt sich östlich die Kirche S. Maria Nova an. Sie ist die von Papst Leo IV. in der Mitte des 9. Jhs. vom Fuße des Palatins neben der Ziegelruine des Tempels des Divus Augustus verlegte S. Maria Antiqua. Zwar waren durch die Anlage der Kirche in ihren an der Rückseite anschließenden Gärten die Apsiden der beiden Cellae des zur Zeit Hadrians errichteten Doppeltempels der Venus und Roma erhalten, doch waren die Namen der dort verehrten Gottheiten über die Jahrhunderte in Vergessenheit geraten. Dies zeigt die Bemerkung Fichards, daß Pomponius Laetus in den Resten des einstigen Prachtbaus den Tempel der Concordia und des Aesculap, Fulvius den der Isis und des Serapis, Marlianus den des Sol und der Luna vermutete.

Südöstlich der Gärten von S. Maria Nova verließ Fichard das Gebiet des Forums durch den Titus-Bogen. An diesem „*ältesten aller noch bestehenden Bögen*" hebt er neben dem (pentelischen) Marmor die beiden Durchgangsreliefs mit den Szenen des Triumphzuges nach dem Sieg über Judäa 71 n.Chr. hervor: „*die Formen des siebenarmigen Kandelabers wirken wie gemalt*"[62].

Das dem Titus-Bogen gegenüberliegende Colosseum zwischen Caelius und Esquilin befand sich in einem ähnlichen Zustand wie wir es heute kennen: vierstöckig, die Außenfassaden aus Travertin, als Steinbruch seit der Rückkehr der Päpste aus Avignon im 15. Jh. benutzt[63], „*auf der Seite, die zur Stadt blickt, ist es nicht nur (seiner Verkleidung) beraubt, sondern beinahe zerstört*"[64]. So sei z.B. die Cancelleria größtenteils aus Spolien des Amphitheaters erbaut worden. Als Fichard seine Ausmaße bestaunte und es sich in unversehrtem Zustand in seinem Statuenschmuck vorzustellen versuchte, besaß es noch eine große Arena, in der von den Römern in der „heiligen Woche des Paschalis"

---

60) Das Ausmaß der Erdanschüttungen in diesem Bereich läßt die Forumsansicht Heemskercks Fol. 56 (s.o.) gut erkennen.

61) Hülsen 11f. bes. 13.

62) Fichard 34.

63) Hülsen 286 Anm. 13.

64) Fichard 25.

Passionsspiele abgehalten wurden, obwohl die Marmorstufen und auch die Sitze in der Cavea größtenteils zerstört waren[65].

Nahe dem Colosseum und vor dem Bogen des Constantin befanden sich die Reste des von Domitian erbauten riesigen Prachtbrunnens, der Meta Sudans, aus Ziegelwerk, wie Fichard bemerkt, und in der Form einer kegelförmigen Spitzsäule. Seine Höhe, von der weniger als die Hälfte erhalten war, betrug damals noch weit über 2 m. Das Wasser des Brunnens diente den Zuschauern bei den Spielen im nahen Amphitheater zum Löschen des Durstes. Die Form des Brunnens, die Spitzsäule, spielte auf ihre Funktion im Circus an: die Meta war Ziel- und Wendepunkt[66].

Über den dreitorigen Constantin-Bogen, dessen außerordentlich guten Erhaltungszustand und besondere Schönheit Fichard hervorhebt, bemerkt er nur knapp und ganz allgemein Triumphszenen in den Durchgängen, schwebende Victorien mit Tropaia in den Zwickeln des mittleren Durchgangs und Trophäen tragende Soldaten. Die erstaunlich knappe Bemerkung angesichts des reichen Figuralschmucks des Bogens läßt sich nur mit mangelnder Information durch seine Quellen erklären, bedenkt man, daß der Constantin-Bogen literarisch nicht einmal in den Regionenbüchern Erwähnung fand[67]. Dagegen weist Fichard auf die besondere Wertschätzung des Bogens durch die Maler und Bildhauer hin. Ein ansprechendes Motiv gibt eine Zeichnung Heemskercks[68] wieder: der Betrachter schaut von seinem Standpunkt im Innern des Mitteldurchgangs zugleich auf das Colosseum vor und das Septizonium hinter diesem Bogen *(Abb. 6)*.

Dem von Alexander Severus errichteten Prachtbau nahe der Südspitze des Palatin, dem Septizonium, schenkte Fichard größere Aufmerksamkeit als zuvor dem Constantin-Bogen. Von dem heute als riesige, dreiteilige Brunnenanlage mit bühnenähnlicher Prunkfassade rekonstruierten Bau stand zur Zeit, als Fichard in Rom weilte, nur noch seine Ostecke aufrecht[69]. Aus den drei übereinander angeordneten Säulenreihen, die Fichard sah, und dem Namen - Septizonium - schloß er, der allgemein vorherrschenden Meinung folgend, auf einen siebenstöckigen Riesenbau : vor einer in Vor- und Rücksprüngen gegliederten Wand waren Säulen gestellt, deren Höhe sich mit jeder Säulenreihe nach oben verkürzte, die sieben jeweiligen Zonen bildend. Aus den drei vorhandenen Zonen glaubte er die Gesamthöhe des Bauwerks errechnen zu können. Im mittleren und oberen Stockwerk der Ruine befanden sich mittelalterliche Einbauten eines Hauses[70], die gelaßartige Räume bildeten, in denen, wie Fichard erwähnt, Asche aufbewahrt wurde. Das Septizonium war also nach Aufgabe des mittelalterlichen Hauses eine Zeitlang als eine Art Grabbau genutzt worden.

Fichards Anmerkungen vermitteln nur eine sehr vage Vorstellung von diesem Bauwerk. Erst Heemskercks Zeichnungen[71] geben uns Auskunft über sein Aussehen. Die eigenartige Ruine ist in zahlreichen Architekturzeichnungen überliefert[72]. Erst mit Hilfe dieser Architekturzeichnungen konnte, nachdem das Fragment 38 der Forma Urbis und mit ihm der Grundriß des Septizoniums gefunden worden war, der severische Bau als die heute bekannte Brunnenanlage in drei Stock-

---

65) Die von Fichard verwendeten Bezeichnungen „*Harena*" für Arena und „*gradus*" für Stufen stammten aus den Restaurationsinschriften des 5. Jhs. s.Hülsen 292 Anm. 25.

66) Hülsen 24 verweist darauf, daß sie „*den Treffpunkt von vier oder vielleicht fünf augusteischen Regionen bezeichnete*".

67) Hülsen 25.

68) Hülsen - Egger II Fol. 56v.

69) Hülsen 100-102.

70) Hülsen - Egger II 55 Taf. 127; Fol. 14 und 85.

71) ebenda.

72) Hülsen 102 Anm. 139 verweist auf Zeichnungen Serlios, Gamuccis, Scamozzis, Duperac bei Lafreri.

werken mit Säulenstellung (150 Säulen), aus deren drei halbrunden Nischen sich das Wasser in ein riesiges Wasserbecken ergoß, rekonstruiert werden. Den Charakter des bühnenartigen Aufbaus der Prunkfassade bestätigen auch Fichards Bemerkungen[73]. Die baufällig gewordene Ruine ließ Sixtus V. 1586 abreißen[74].

Den altehrwürdigsten aller römischen Hügel, den Palatin, benennt Fichard mit seinem mittelalterlichen Namen palazzo maggiore. Der von Ruinen, Gärten und Vignen bedeckte Hügel war bis Mitte des 16. Jhs. weitgehend unerforscht. Die eingestürzten riesigen Palastbauten auf der Mitte des Hügelplateaus bildeten z.T. ein schwer zugängliches Trümmerlabyrinth. Erst die gegen Mitte des 16. Jhs. einsetzenden Ausgrabungen durch die Besitzer des Hügels, den Cardinal Alessandro Farnese (Enkel Pauls III.), die römischen Familien Paolostati und Ronconi, hatten die wissenschaftliche Beschäftigung mit den Ruinen und die erste Planaufnahme durch Panvinius zur Folge[75]. Es wundert daher nicht, daß Fichard das unübersehbare Ruinenfeld[76] als *„ungeheuer große Ruinen"* eines einzigen Palastbaues, nämlich den des Kaisers Nero, bezeichnet und aus der Unzahl der Bögen und Gewölben, die teilweise noch ihre Dekorationen trugen, keine Vorstellung der Raumabfolgen des Palastes gewinnen konnte[77].

Fichards Rundgänge durch die Stadt ließen sich fortsetzen: seine Kapitel über das Tal zwischen Palatin und Aventin, über die Hügel Aventin, Viminal und Quirinal, über Vatikan und die Ebene der Stadt würden das Bild Roms mit seinen antiken Denkmälern vor der Mitte des Cinquecento zwar vervollständigen, doch lassen seine „observationes" im Hinblick auf ihren Quellenwert eine Beurteilung schon jetzt zu: das bisher Behandelte läßt erkennen, daß Fichards observationes als archäologische Quelle für die topographische Forschung über das antike Rom wie auch für die Überlieferungsgeschichte der antiken Denkmäler nur bedingt und nur im Zusammenhang mit seinen Quellen dienen können. Während er einerseits in seinen selbständigen Beobachtungen über die Beschreibungen der Denkmäler in seinen Quellen hinausgeht, vermitteln andererseits seine größtenteils sehr knappen Bemerkungen nur Einblicke, die der Ergänzung durch eben diese Quellen[78] und der Zeichnungen Heemskercks bedürfen. Seine Bemerkungen über den Erhaltungszustand der Denkmäler - des Colosseums, der Meta Sudans, des Constantin-Bogens, des Septizoniums - aber sind um so wertvoller, als sie in einer Zeit fortlaufender urbanistischer Maßnahmen durch die Päpste als historisches Dokument dienen. Weiter vermitteln seine observationes den bildungsgeschichtlichen Stand seiner Zeit: seine Beobachtungen in Verbindung mit den von ihm verwendeten Quellen spiegeln die ganze Unsicherheit in der Beurteilung der Überreste des Altertums wider, die zu den für uns so phantastisch wirkenden Zuweisungen wie auf dem Forum Romanum führen konnten. Im kritischen Abwägen der Meinungen der Antiquare und Topographen[79] und im Blick für das Wesentliche erkennen wir den Juristen.

Anders dürfen wir dagegen Fichards Bedeutung für die Geschichte der römischen Antikensammlungen im 16. Jh. bewerten. Hier hat er durch A. Michaelis, R. Lanciani, G. Hübner, Chr. Hülsen, G. Daltrop, U. Geese

---

73) Fichard 37: *„Memento, columnae erant peraltae et tenues"*.

74) Hülsen 103 Anm. 139 zur Wiederverwendung und Rekonstruktion des Baus.

75) Hülsen 29f.

76) Fichard 37: *„Protenduntur ruinae illae latissime"*.

77) Fichard 37.

78) Dazu gehören außer den genannten Antiquaren und Topographen die antiken Schriftsteller Sueton, Livius, Plinius, die Scriptores Historiae Augustae.

79) Fichard 41. 55.

wissenschaftliche Anerkennung gefunden[80]. Über die berühmteste Sammlung, den Statuenhof des Belvedere, gab Fichard[81] in seiner Beschreibung den ersten vollständigen Bericht des Statuenbestandes. Waren päpstliche Sammlungen der Öffentlichkeit zugänglich, so bedurfte es hochrangiger Vermittlung, um in die Paläste der Kardinäle zu gelangen. Wir verdanken Fichard die Kenntnis fünf privater Antikensammlungen[82]: die des Andrea und des Lello della Valle, Sassi, Angelo Colocci, Palazzo S. Giorgio und eine unbekannte Sammlung mit der Statuengruppe des Cicero und seiner Tochter. In allen Fällen beruhen seine Berichte auf eigener Beurteilung. Sie gehen über Albertinis reine Zusammenstellung der römischen Paläste mit ihrem Statuenschmuck weit hinaus. Da Fichard die Paläste z.T. namentlich nicht nennt, sind wir wiederum auf Zeichnungen angewiesen, um die Sammlungen den Besitzern zuweisen zu können.

---

80) Michaelis 1890 bes. 33.; ders. a.a.O. (s.o. Anm. 26) 218-238; Lanciani II 64; G. Hübner, Le Statue di Roma I (1912) 12,28.; Chr. Hülsen, in: Hülsen - Egger I und II; Daltrop a.a.O. (s.o. Anm. 8) 227; U. Geese, Antike als Programm - Der Statuenhof des Belvedere im Vatikan, in: Natur und Antike in der Renaissance, Kat. Liebieghaus (1985) 24f.

81) Fichard 48-50.

82) Fichard 68-70.

ANKE REPP-ECKERT

Adam Elsheimer (1578-1610) – ein Frankfurter Maler in Rom

Der in Frankfurt am Main am 18.3.1578 geborene und seit 1600 in Rom ansässige Maler Adam Elsheimer gehört zu den berühmtesten Malern des deutschen Frühbarocks, obwohl er nur ein kleines Œuvre hinterließ, von dem heute 30 Gemälde, 10 Kupferstiche und Radierungen, 20 Zeichnungen und 6 Gouachen überliefert sind[1]. Carel van Mander[2], Giulio Mancini[3], Giovanni Baglione[4] und Joachim von Sandrart[5] widmeten ihm in ihren Künstler-Viten jeweils ausführliche Lebensbeschreibungen, wobei sie ausnahmslos auf die in Rom entstandenen Werke Bezug nehmen, auf jene kleinformatigen Kupfertafeln mit melancholisch-poetischen Landschaften, mit Nachtstücken und künstlich beleuchteten Innenraumszenen, die auch heute noch wesentlich die Vorstellung vom Schaffen des Adam Elsheimer bestimmen. Diese stilistisch und kompositorisch eigenständigen biblischen und mythologischen Historien trugen ihm die Achtung vor allem seiner Malerkollegen ein. Im Inventar des flämischen Malers Karel Oldrago von 1619 werden Bilder von Elsheimer erwähnt, Peter Paul Rubens (1577-1640) besaß die Gemälde „Judith und Holofernes", um 1601/02, und „Die Verspottung der Ceres", um 1608, und in Paul Brils (1554-1626) Besitz befanden sich „Die drei Marien am Grab", um 1603, und „Die Steinigung des Hl.

Stephanus", um 1603/05. Mit beiden Künstlern war Elsheimer in Rom befreundet, und gemeinsam mit ihnen, mit Rubens' Bruder Philipp und mit Kaspar Schoppe (Scioppius) gehörte er zu dem humanistischen Zirkel um den aus Bamberg stammenden Arzt Johannes Faber[6]. Der Kupferstecher Hendrick Goudt (nach 1580-1648), der 1604 aus Utrecht nach Rom gekommen war und mindestens bis 1609 in Elsheimers Haushalt gelebt hatte, erwarb die meisten Werke des Deutschen und hatte durch sieben Reproduktionsstiche nach ihnen für die Verbreitung und Bekanntheit von Elsheimers Kompositionen auch außerhalb Roms gesorgt. In Rom wurden 1608 „Der kleine Tobias", um 1607/08, und 1610 „Die Verspottung der Ceres" veröffentlicht. Fünf Gemälde, die Goudt selbst besessen hatte – „Der Große Tobias", um 1609, „Aurora", um 1606, „Jupiter und Merkur bei Philemon und Baucis", um 1608/09, „Die Flucht aus Ägypten", 1610, und die verlorene kleine ovale Kupfertafel „Salome erhält den Kopf Johannes des Täufers" –, stach er nach seiner Rückkehr nach Holland 1612 bis 1613[7].

Goudt soll Elsheimers Lebensunterhalt in Rom finanziert und ihn dann wegen zögerlicher Bilderlieferungen ins Schuldengefängnis gebracht haben, wo Elsheimer sich dann vermutlich seine todbringende Krank-

---

1) Keith Andrews, Adam Elsheimer. Werkverzeichnis der Gemälde, Zeichnungen und Radierungen (1985), im Folgenden: Andrews 1985; ders., Adam Elsheimer. Paintings-Drawings-Prints (1977).

2) Carel van Mander, Het Leven der Doorluchtighe Nederlandtsche en Hoogduytsche Schilders (Haarlem 1604) zit. nach Andrews 1985, 53.

3) Giulio Mancini, Considerazioni sulla Pittura (1614-21) zit. nach Andrews 1985, 53.

4) Giovanni Baglione, Le Vite dei Pittori, Scultori, Architetti ed

Intagliatori dal Pontificato di Gregorio XIII. del 1572 fino à tempi di Papa Urbano VIII. nel 1642 (Rom 1642) zit. nach Andrews 1985, 53f.

5) Joachim von Sandrart, Academie der Bau-, Bild- und Mahlerey-Künste (Nürnberg 1675) zit. nach Andrews 1985, 54f.

6) Andrews 1985, 20. Faber und Bril waren Trauzeugen bei Elsheimers Hochzeit am 22.12.1606, s. ebenda 47.

7) ebenda 40-42.

heit zuzog[8]. Auf diesen Umstand weist Rubens in einem berühmten Nachruf auf Elsheimer in seinem Brief vom 14. Januar 1611 aus Antwerpen an Johannes Faber in Rom hin: „*Ich habe von Ihnen zwei Briefe sehr verschiedenen Wesens und Inhalts bekommen: der erste ganz burlesk und unterhaltend, aber der zweite, jener vom 18. Dezember, Träger eines der grausamsten Nachrichten, nämlich des Todes unseres geliebten Adam, der mich auf das Schmerzlichste traf. Nach einem solchen Verlust sollte sich unsere ganze Zunft in tiefe Trauer hüllen. Es wird ihr nicht leicht gelingen, einen Ersatz für ihn zu stellen, und meiner Meinung nach gab es auf dem Gebiet der kleineren Figuren, der Landschaften und so vieler anderer Sujets niemals einen, der es ihm gleichgetan hätte. Er ist in der ganzen Kraft seines Könnens gestorben und adhuc sua messis in herba erat (Seine Ernte stand noch in ihrem Keimen [Ovid, Heroides 17.263]). Man hätte von ihm Dinge erwarten können nunquam visae vivendae; in summa ostenderunt terris hunc tantum fata (Dinge, die keiner gesehen hat und die keiner je sehen wird; kurz das Schicksal hat ihn der Welt nur kurz vorgezeigt [cf. Aeneis 6.869]). Was mich anbelangt, so war mir das Herz nie so von Schmerz zerrissen als beim Empfang dieser Nachricht, und nie mehr werde ich die, die ihn zu so einem Elende gebracht haben, mit Freundesblicken betrachten. Ich bitte Gott, er möge Adam seine Faulheit verzeihen, durch die er die Welt vieler erlesener Dinge beraubt, sich selbst viel Elend geschaffen und sich sozusagen in die Verzweiflung getrieben hat, da er sich doch mit eigenen Händen ein so großes Vermögen hätte schaffen, sich doch die Achtung der ganzen Welt hätte erringen können. ...*"[9]

Die von Elsheimer in Rom ab 1600 gemalten Kabinettbilder muten hinsichtlich ihrer selbständigen, von der Nachahmung künstlerischer Vorbilder freien Kompositionen und ihrer naturalistischen Lichtdarstellungen umso erstaunlicher an, betrachtet man sie vor dem Hintergrund der vorher in Frankfurt und Venedig entstandenen Werke, biblischen Historien, die noch deutlich von der Kenntnis der altdeutschen Malerei und Graphik geprägt sind. In Frankfurt lernte Elsheimer das Malerhandwerk vermutlich bei dem dort ansässigen Philipp Uffenbach (1566-1636), einem im Stil der deutschen Malerei und Graphik des frühen 16. Jhs. arbeitenden Künstler.

Das früheste Gemälde von Elsheimer, „Die Hexe", um 1596/97, ist die malerische Umsetzung eines Kupferstichs Albrecht Dürers von 1507[10], und die Mitteltafel des Hausaltars mit sechs Szenen aus dem Leben der Jungfrau Maria, „Die Krönung Mariens", um 1597/98, zeigt kompositorische Anklänge an Dürers „Heller Altar" für die Dominikaner-Kirche in Frankfurt[11]. Auch für die anderen beiden in Deutschland entstandenen Bilder, „Die Bekehrung des Saulus", um 1598/99, und „Jakobs Traum", um 1597/98, lassen sich frei verarbeitete Vorlagen aus der altdeutschen Graphik finden[12].

Wohl über München, wo er mit der Kunst Albrecht Altdorfers (1480-1538) in Berührung gekommen sein muß, reiste Elsheimer um 1599 nach Venedig. Dort schloß er sich dem deutschen Maler Hans Rottenhammer (1564-1625) an, einem Maler von kleinformatigen Kupfertafeln religiösen, mythologischen und allegorischen Inhalts, der für seine Landschaftshintergründe manchmal Paul Bril und Jan Breughel d. Ä. (1568-1626) in Rom als Mitarbeiter hinzuzog. Vier Gemälde aus dieser Zeit sind über-

---

8) ebenda 40.

9) Otto Zoff, Die Briefe des Peter Paul Rubens (1918) s. Andrews 1985, Dokument 18, S. 50f.

10) ebenda 12 Kat. Nr. 1 Taf. 37 Abb. 4 u. 5.

11) ebenda 13 Kat. Nr. 2 Taf. 40 Abb. 6 u.7.

12) ebenda 14f. Kat. Nr. 4 u. 3 Taf. 47 u. 46.

liefert: „Der Hl. Christophorus", um 1598/99, St. Petersburg, Eremitage[13], „Die Sintflut", um 1599, Frankfurt,
Städelsches Kunstinstitut[14], „Die Heilige Familie mit dem
Johannesknaben", um 1599, Berlin-Dahlem, Staatl. Muse-
en Preuss. Kulturbesitz[15], und „Die Taufe Christi", um
1599, London, National Gallery[16]. Lassen die beiden letztgenannten Kupfertafeln mit ihren Engelreigen im Himmel
und den waldreichen Landschaftshintergründen noch die
Tradition der altdeutschen Malerei vor allem von Albrecht
Altdorfer erahnen, so zeugen „Der Hl. Christophorus" und
„Die Sintflut" von einer selbständigen Verarbeitung der
Werke venezianischer Meister wie Tintoretto (1518-1594)
und Jacopo Bassano (1510/19-1592).

"Der Hl. Christophorus" ist Elsheimers erstes
Nachtstück mit drei sichtbaren Lichtquellen, dem Hei-
ligenschein des Christus, dem hinter aufgerissenen
Wolken durchscheinenden Mond und der Fackel eines
Einsiedlers links im Mittelgrund. Die nur 22,6 x 16,7 cm
messende Kupfertafel erinnert mit ihrem von diagonalen
Kompositionslinien beherrschten Bildaufbau, der mächtigen, muskulösen Gestalt des Christophorus und der
dunklen, erdigen Farbigkeit, aufgehellt lediglich von in-
szenatorisch eingesetzten Lichtreflexen, deutlich an die
großformatigen biblischen Historien von Tintoretto. Der
strahlenartige Nimbus des Christus-Knaben ist ein direk-
tes Zitat nach Tintoretto[17]. Trotz des kleinen Formats
wirkt Elsheimers Komposition monumental, weil die
mächtige Figur des Christophorus ganz in den Vordergrund gerückt ist und drei Viertel der gesamten Bildfläche einnimmt.

Auch bei den nachfolgenden Gemälden beherrschen die themagebenden Figuren den Vordergrund und
erzeugen damit jene Nahsichtigkeit und barocke Monumentalität, die ein typisches Merkmal von Elsheimers
Kupfertafeln sind.

Die Vorliebe des Künstlers für Nachtstücke mit
sichtbar gemachten, natürlichen wie künstlichen Lichtquellen findet hier ihren ersten Ausdruck und ist demnach eher durch die Erfahrung der venezianischen Malerei des Cinquecento als durch die immer wieder behauptete Kenntnis der Gemälde Caravaggios in Rom angeregt
worden.

Auch die vielfigurige, reliefartig angelegte „Sintflut" ist ins nächtliche Dunkel versetzt, das von einer
links außerhalb der Bildfläche liegenden Lichtquelle
beleuchtet wird. In der Literatur des öfteren mit einer
„Sintflut" von Jacopo Bassano verglichen, mit der
Elsheimers Bild eigentlich nur die verdichtete Men-
schenmenge in Vorder- und Mittelgrund gemein hat[18],
verrät dieses Gemälde hier deutlicher die nordische Herkunft des Künstlers, der vermutlich mit den flämischen
„Katastrophen-Darstellungen" des Hieronymus Bosch,
Pieter Bruegel d.Ä., Gillis Mostaert und Jan Brueghel
d.Ä. vertraut war, die Themen wie „Das Jüngste Gericht", „Sodom und Gomorrha" oder „die Sintflut" bei
Dunkelheit mit dramatischen Feuersbrünsten und Wetter-
leuchten am Himmel dargestellt haben. Augenfällig wird
die Nähe zu flämischen Nachtstücken auch bei den
bereits in Rom entstandenen Kompositionen „Brand
Trojas", um 1600/01, München, Alte Pinakothek[19], und

---

13) ebenda Kat. Nr. 5 Taf. 48.

14) ebenda Kat. Nr. 6 Taf. 49.

15) ebenda Kat. Nr. 7 Taf. 50.

16) ebenda Kat. Nr. 8 Taf. 51.

17) vgl. z.B. die Fresken für die Scuola di San Rocco in Venedig, 1567;

Carlo Bernari, Pierluigi de Vecchi, L'opera completa del Tintoretto
(1970) Taf. XXVIII.

18) Jacopo Bassano, Die Sintflut (Kopie), um 1580, München, Alte
Pinakothek; Andrews 1985, 17 Abb. 13.

19) ebenda Kat. Nr. 11 Taf. 54.

„Paulus auf Malta", um 1600, London, National Gallery[20]. Beim „Paulus auf Malta" ist erstmals jene Betonung des landschaftlichen Elements zu erkennen, das sich zu einem einflußreichen Hauptmerkmal der elsheimerischen Malerei in Rom entwickelte. Dichtgedrängt agieren kleinformatige Figuren auf der vordersten Bildebene, hinterfangen von einer mittels kühner Lichteffekte dramatisch gestalteten stürmischen Küstenlandschaft, deren Silhouette vom rechten zum linken Bildrand in einer diagonalen Kompositionslinie abfällt. Die Horizontlinie liegt etwas oberhalb der Bildmitte, so daß hier schon Elsheimers Überwindung der manieristischen Überschaulandschaft anklingt.

Die in zehn Jahren in Rom, von 1600 bis 1610, entstandenen kleinformatigen Gemälde auf Kupfer lassen sich in drei Gruppen gliedern: biblische Historien und Andachtsbilder für den privaten Gebrauch, Interieurs mit biblischer oder mythologischer Thematik, stets von künstlichen Lichtquellen erhellt, und die tageszeitlich bestimmbaren Landschaften mit biblischer oder mythologischer Staffage, die Elsheimers Ruhm begründet haben. Elsheimers Themenwahl entsprach dem humanistischen Bildungsgut der Zeit, wobei zu vermuten ist, daß die Wahl entlegener Historien, wie „Die Auffindung und Verherrlichung des Wahren Kreuzes"[21], „Il Contento (Die Zufriedenheit)"[22] und „Die Drei Reiche der Welt"[23], dem Einfluß des Kreises um Johannes Faber zu verdanken sind. In Rom fand erstmals auch die Mythologie Eingang in Elsheimers Kunstschaffen, die Begegnung mit den dort sichtbaren antiken Bauwerken und Plastiken hinterließ jedoch keine bedeutsamen Spuren in seinem Werk. Nicht konkret bestimmbare Antikenbezüge finden sich nur in wenigen Gemälden: Der rechte Bildrand des Gemäldes „Der Hl. Laurentius vor seinem Martyrium" (Abb. 7), um 1600/01, London, National Gallery, wird von der auf einem hohen Sockel stehenden Statue des Herkules gerahmt, die auf die antike Skulptur eines jungen Satyrs zurückzugehen scheint, der von Pflanzen überwucherte Tempel links dahinter erinnert an den Vespasianstempel, jedoch mit verändertem Reliefschmuck, und die im Hintergrund sichtbaren Gebäude wurden allgemein mit den Grabmälern entlang der Via Appia oder Via Latina in Verbindung gebracht[24].

Die stilistisch dem Hl. Laurentius nahestehende Komposition „Die Steinigung des Hl. Stephanus" (Abb. 8), um 1603/04, Edinburgh, National Gallery of Scotland, ehemals im Besitz von Paul Bril, wird ebenfalls am rechten Bildrand von einem statuarisch anmutenden Steinewerfer begrenzt, dessen gestreckter Körper sich an Darstellungen des Marsyas anlehnt[25]. Die darüber sichtbare Ruine eines Triumphbogens läßt sich ebensowenig topographisch bestimmen wie die Gebäudereste im Hintergrund – auch hier soll nur die verallgemeinernde Vorstellung einer historischen Vergangenheit hervorgerufen werden. Die Figur des befremdlich steif wirkenden Steinewerfers und des vom linken Bildrand heranschwebenden großen Engels wurden auf einer Kopie oder Replik, heute im Wallraf-Richartz-Museum in Köln,

---

20) ebenda Kat. Nr. 10 Taf. 53.

21) ebenda Kat. Nr. 16 Taf. 59-66.

22) ebenda Kat. Nr. 19 Taf. 77.

23) ebenda 36 Kat. Nr. 22 Taf. 81.82 Abb. 47.

24) ebenda Kat. Nr. 9 Taf. 52. – Die Haltung des linken Armes und der vorgeschobene Bauch entsprechen dem „Ausruhenden Satyr", G. E. Rizzo, Prassitele (1932) Taf. 48ff. bes. 54; das Motiv der nach hinten

eingestützten Hand gehört allerdings auch zu bekannten antiken Herakles-Typen, vgl. LIMC IV s.v. Herakles (O. Palagia) Abb. 583-585 Herakles des Polyklet, Abb. 702ff. Herakles Farnese u. Varianten.

25) ebenda Kat. Nr. 15 Taf. 58. Die Figur des Steinwerfers wiederholt Elsheimer als Malermodell vermutlich in der Haltung des Marsyas in dem Kupfertäfelchen „Das Reich der Minerva", um 1607/08, Cambridge, Fitzwilliam Museum, s. ebenda Kat. Nr. 22b Taf. 82. – Zum antiken Vorbild s. H. Meyer, Der weiße und der rote Marsyas (1987).

weggelassen, was die kompositorische Konzentration auf den Märtyrer zur Folge hat[26].

Auch das vielfigurige, reliefartig angelegte und im Hintergrund mit Ruinen und einem Portikusfragment ausgestattete Gemälde „Il Contento", um 1607, Edinburgh, National Gallery of Scotland (*Taf. 1*), läßt nicht die Bestimmung antiker Reliefs und Gebäude in Rom zu, obwohl die Komposition deren Kenntnis verrät[27]. Das Bildthema ist dem Roman des Spaniers Alemán, „Guzman de Alfarache" (Madrid 1599, italienische Übersetzung 1606), entnommen und behandelt Jupiters Zorn über die Genußsucht der Menschen und deren mangelnde Bereitschaft zur Verehrung der Götter. Während im Mittelgrund rechts Menschen vor einer antiken Kulisse dem Spiel und Sport nachgehen, entführt Merkur im Vordergrund dem Volk die Göttin der Zufriedenheit genau in dem Moment, in dem Jupiter aus einem Tempel am linken Bildrand mit drohender Gebärde herabschwebt. Diese Szene wie auch der friesartig gestaltete Zug von Tieren und Menschen, die versuchen, der Entführung der Göttin Einhalt zu gebieten, liegt im Halbdunkel, lediglich von künstlichem Licht erhellt, dessen Quelle jedoch durch den Kopf eines bärtigen Mannes verdeckt wird.

Durch die unterschiedlichen Lichtverhältnisse – dunkler Vordergrund mit künstlicher Beleuchtung und Mittel- und Hintergrund in hellem Tageslicht – trennt Elsheimer die Bildgründe überdeutlich, so daß der Eindruck von einem Bild im Bild entsteht. Die bildparallele, friesartige Anordnung der Figuren gehört zu den konstanten Kompositionsprinzipien in Elsheimers Kunst und ist dann auch in seinen Landschaftsgemälden wiederzufinden.

Das Gemälde wurde von Nikolaus Knüpfer um 1650 kopiert und das Thema dann 1651 mit kompositorischen Anlehnungen erneut aufgegriffen[28]. Rubens schuf um 1620/30 ein Gemälde, bei dem er als Teilkopie die Hauptfiguren der linken Bildhälfte Elsheimers aufgriff[29]. Ihn faszinierte die Lichtdarstellung des deutschen Malers, vor allem das verschattete, eine Fackel oder Kerze verdeckende, leicht nach hinten geneigte Profil, dem er in seinem Bild eine zentrale Stellung zukommen läßt. Das Motiv des nur im Schattenriß erkennbaren Profils eines bärtigen Mannes ist seitenverkehrt auch das Hauptmotiv in Rembrandts berühmtem „Emmausmahl", um 1628/30, wo sich Christus nur durch die ihn hinterfangende Aureole den Jüngern zu erkennen gibt[30].

Das Interieur „Judith und Holofernes" (*Abb. 9*), um 1601/03, London, Wellington House[31], einst in Rubens' Besitz, zeigt am oberen Bildrand einen antik anmutenden Fries mit Putten, die eine Raubkatze zu einem Zirkus führen – auch hier kein Antikenzitat, sondern ein Hinweis auf die historische Vergangenheit des Dargestellten. Elsheimer schildert in einem eng begrenzten, nur durch den Schein zweier Kerzen erhellten Innenraum die grausame Köpfung des Holofernes durch Judith.

Holofernes liegt in perspektivisch verkürzter Schräglage auf einem Bett, den blutenden Kopf dem Betrachter zugewandt, den er mit aufgerissenen Augen an-

---

26) Wallraf-Richartz-Museum Köln, Inv. Nr. Dep. 460. Ekkehard Mai, Zu einer „Steinigung des Hl. Stephanus" aus Privatbesitz im Wallraf-Richartz-Museum Köln, in: Wallraf-Richartz-Jahrb. 45, 1984, 305-310.

27) Andrews 1985 Kat. Nr. 19 Taf. 77.

28) ebenda 184 Abb. 67 u. 68.

29) London, Courtauld Institute, um 1620-30, ebenda 184 Abb. 69.

30) Rembrandt, „Christus in Emmaus", um 1629, Paris, Musée Jacquemart-André; Christian Tümpel, Rembrandt. Mythos und Methode (1986) Kat. Nr. 41 Abb. S. 44.

31) Andrews 1985 Kat. Nr. 12 Taf. 55; ders., Judith and Holofernes by Adam Elsheimer, in: Apollo 48, 1973, 207-209.

blickt, während Judith rechts neben ihm stehend den Kopf an den Haaren festhält und zum letzten todbringenden Messerhieb ausholt. Verglichen mit Rubens' bewegungsreicher Darstellung desselben Themas in ähnlicher Figurenanordnung[32], wirkt Elsheimers Komposition stilllebenhaft erstarrt, gleich so wie das kunstvolle Arrangement von Prunkkanne, Glasgefäßen, Kerze und Trauben auf dem Tisch am rechten Bildrand. Das Gemälde besticht nicht durch eine überzeugende, dem Bildgegenstand angemessene Dramatik, sondern durch die kunstvolle Lichtregie und die naturalistische Wiedergabe der flackernden Kerzen, die von den Stilleben der Deutschen Gottfried von Wedig (1583-1641) und Georg Flegel (1566-1638) als symbolisch zu deutende Kompositionselemente bekannt sind[33]. Wie bei seinem italienischen Zeitgenossen Michelangelo da Caravaggio (1573-1610) ist die Lichtdarstellung für Elsheimer ein wesentliches Kompositionselement für seine auf naturnahe Sachlichkeit abzielende Historienmalerei, wobei dies weniger auf den Einfluß Caravaggios als auf die Kenntnis der venezianischen, flämischen und deutschen Malerei zurückzuführen ist.

Einen bedeutsamen Beitrag zur Malereigeschichte leistete Elsheimer mit seinen nahsichtigen, auf Vorder- und Mittelgrund beschränkten Landschaftskompositionen, die der manieristischen Überschau- und Weltlandschaft, der noch Jan Breughel d.Ä. und Paul Bril verhaftet waren, eine völlig neue, nun ausschnitthafte Natursicht gegenüberstellten. Basis für diese folgenreichen

Neuerungen in der Landschaftsmalerei waren ein unvoreingenommenes Naturstudium und die Kenntnis der idealen Landschaftskompositionen von Annibale Carracci (1560-1609)[34]. Berühmtheit erlangte Elsheimer laut Joachim von Sandrart mit der nur 11,6 x 18,4 cm messenden Kupfertafel „Tobias und der Erzengel", um 1607/08, Frankfurt, Historisches Museum, von der er schrieb: *„Die Landschaft ist so schön, der im Wasser erscheinende Wiederglanz des Himmels so natürlich, die Reisende und Thiere dermassen wol gebildet, dass dergleichen wahre Manier vorhin niemals gesehen, und dahero in ganz Rom von nichts dann von Elzheimers neu-erfundener Kunst im Mahlen geredet worden"*[35]. Das Gemälde war 1608 von Hendrick Goudt gestochen und somit recht früh einem breiteren Publikum bekannt geworden[36].

Beherrschendes Bildelement ist eine den Horizont verstellende, dichte, diagonal von rechts nach links abfallende Baumreihe, die Tobias, Raphael und dem Hündchen als Hintergrundfolie dient und kompositorisch die Bewegungsrichtung der im Vordergrund einen steinigen Weg an einem Seeufer entlangwandernden Figuren unterstreicht. In der linken Bildhälfte tritt die Baumreihe in den Mittelgrund zurück und gibt den Blick auf ein vor ihr liegendes stilles Gewässer frei, in dem sich der Himmel, die kugelförmig gestalteten Bäume und die am Ufer entlangziehenden Hirten mit ihrem Vieh naturgetreu spiegeln. Die Landschaft mit Tobias und dem Engel ist tageszeitlich bestimmbar und – der biblischen Erzählung entsprechend – in den frühen Abend versetzt, die Sonne ist

---

32) Das Gemälde ist heute nur durch einen Kupferstich von Cornelis Galle bekannt, Andrews 1985, 29 Abb. 30.

33) vgl. z.B. G.v. Wedig, „Abendliche Mahlzeit", Darmstadt, Hessisches Landesmuseum; G. Flegel, „Nächtliche Mahlzeit", Köln, Wallraf-Richartz-Museum. Zu Flegel s. jetzt auch den Katalog der Ausstellung Frankfurt 1993/4, K. Wettengl (Hrsg.), Georg Flegel 1566-1638, Stilleben.

34) Anke Repp, Goffredo Wals. Zur Landschaftsmalerei zwischen Adam Elsheimer und Claude Lorrain (1986) 35f.

35) Zit. nach Andrews 1985, 54.

36) ebenda Kat. Nr. 20 Taf. 78; Andrews 1977 (s. Anm. 1) Taf. 72.74.

bereits hinter den großen Laubbäumen in der rechten Bildhälfte verschwunden, und folgerichtig treiben die Hirten im Mittelgrund ihr Vieh nach Hause.

Wie die großformatigen Landschaften Annibale Carraccis ist dieses kleine Bild aus waagerechten, senkrechten und diagonalen Kompositionslinien aufgebaut. Der tektonische Bildaufbau mit niedrigem Augpunkt ist ein konstantes Merkmal in Elsheimers Landschaftsmalerei ebenso wie die kugelförmige, geschlossene Silhouette der Laubbäume, denen aufgetupfte hellfarbige 'Lichter' eine gewisse Lebendigkeit verleihen. Das kräftige Lokalkolorit läßt Elsheimer als einen der nordischen Tradition der Landschaftsmalerei verhafteten Künstler erkennen, wenngleich er deren klare farbliche Trennung der Bildgründe aufgegeben hat.

Als seitenverkehrte Kompositionsvariante, in der Gestaltung der Waldlandschaft jedoch aufgelockerter, erscheint die „Landschaft mit Latona und den Bauern aus Lykien", um 1607/08, die, ebenfalls von Sandrart erwähnt[37], seit den 30er Jahren als verschollen galt und nun vor kurzem aus dem englischen Kunsthandel vom Wallraf-Richartz-Museum angekauft worden ist[38].

Elsheimers Kunst kulminiert in dem 1609 entstandenen Gemälde „Die Flucht nach Ägypten", München, Alte Pinakothek[39], in dem die kompositorischen Neuerungen im Landschaftsfach zu einer idealen Verbindung mit der naturalistischen Natur- und Lichtdarstellung gebracht worden sind. Die Komposition gleicht den oben genannten Waldlandschaften – auch hier verstellt eine als

Diagonale gestaltete dichte Reihe von kugelförmigen Laubbäumen die Horizontlinie und dient den Staffagefiguren als Hintergrund -, jedoch nimmt der großartig gemalte nächtliche Sternenhimmel mit dem Vollmond an der rechten Seite die Hälfte der Bildfläche ein. Wenn auch in ihrer Zusammenschau astronomisch unkorrekt[40], gelingt Elsheimer als erstem Künstler eine naturalistische Darstellung der Gestirne und des Mondes am nächtlichen Himmel, der sich im rechten Drittel der Bildfläche in einem stillen Gewässer spiegelt und mit diesem Kunstgriff für eine Steigerung der Leuchtkraft der natürlichen Lichtquelle sorgt. Auf der mittleren Bildachse im Vordergrund reiten bzw. wandern Maria, das Christuskind und Josef parallel zum unteren Bildrand nach links, wo sich in den Mittelgrund gerückt drei Hirten mit ihrem Vieh im Dunkel des Waldes um ein Lagerfeuer gruppiert haben. Josef trägt eine Fackel in der linken Hand, deren Licht allein die heilige Familie aus der sie abschirmenden Dunkelheit heraushebt. Die Staffagefiguren sind in Elsheimers Landschaften nicht nur themagebend, sondern wesentliche Stimmungsträger und mit diesen untrennbar verbunden. Der klare, tektonische, mittels der Lichtquellen und der Silhouette der Baumkronen vertikal dreigeteilte Bildaufbau verschmilzt durch die eigengewichtige Himmelsdarstellung zu einer Einheit, die dem Naturalismus einer akribisch-miniaturhaften Feinmalerei auf Kupfer eine Idealität verleiht, die auf nachfolgende Landschafter in Italien einen nachhaltigen Einfluß ausgeübt hat[41]. Elsheimers Fähigkeit zur naturalistischen Darstel-

---

37) Andrews 1985, 54.

38) ebenda Kat. Nr. 21A Taf. 80; I Bamboccianti. Niederländische Malerrebellen im Rom des Barock, Ausstellung Wallraf-Richartz-Museum Köln/Centraal Museum Utrecht (1991) 1991 Kat. Nr. 13.

39) Andrews 1985, 38-40 Kat. Nr. 26 Taf. 86; Rubens bot sich in dem Brief an J. Faber vom 14.1.1611 an, das in Elsheimers Nachlaß befindliche Gemälde in Antwerpen zu verkaufen. s. ebenda 51.

40) ebenda 190 zur These von A. Ottani Cavina, Elsheimer habe auf Schriften Keplers und Galileos zurückgegriffen.

41) Luigi Salerno, Pittori di paesaggio del Seicento a Roma I (1977) 112-115, zu den einzelnen Künstlern ebenda 114-217; Anke Repp-Eckert, Entstehung und Entwicklung der italianisierenden Malerei im ersten Drittel des 17. Jahrhunderts, in: I Bamboccianti (s.o. Anm. 38) 65-79.

lung natürlicher und künstlicher Lichtquellen mit ihren Licht- Schatten-Effekten hat mit diesem Gemälde eine nicht zu überbietende Perfektion erreicht. Rubens, Rembrandt und Claude Lorrain sind bei Darstellungen desselben Themas von Elsheimer beeinflußt worden[42], und heute sind neun Kopien des Bildes bekannt, das vermutlich Hendrick Goudt nach Elsheimers Tod erworben und 1613 im Kupferstich veröffentlicht hat[43].

Elsheimers Landschaften sind schon zu seinen Lebzeiten und nach seinem Tod kopiert worden[44], es entwickelte sich eine vielfältige Gruppe von Nachfolgern[45], und über die Reproduktionsstiche von Goudt hatte er auch gewissen Einfluß auf die Ausbildung der nahsichtigen holländischen Landschaftsmalerei im zweiten Jahrzehnt des 17. Jhs.[46]. Eine Abhandlung über die Bedeutung seiner Lichtdarstellung muß noch geschrieben werden – es sei hier zum Abschluß nur noch darauf hingewiesen, daß er einen nicht zu unterschätzenden Einfluß auf Rembrandt und seinen Kreis sowie auf den vor zwei Jahren in Milwaukee unter dem Untertitel „Maler der Nacht" ausgestellten Delfter Maler Leonaert Bramer (1596-1674) hatte[47].

42) Peter Paul Rubens, „Die Flucht nach Ägypten", 1614, Kassel, Staatliche Kunstsammlungen. Zum Einfluß von Elsheimer auf Rubens: Michael Jaffé, Rubens and Italy (1977) 53f. – Rembrandt, „Die Ruhe auf der Flucht nach Ägypten", 1647, Dublin, National Gallery of Ireland; Rembrandt. Der Meister und seine Werkstatt, Ausstellung Berlin/Amsterdam/London 1991/92, Bd. Gemälde, Kat. Nr. 38. – Claude Lorrain, „Nächtliche Landschaft", um 1635-45, Zeichnung, London, British Museum, Inv. Nr. Oo.6-65; Marcel Roethlisberger, Claude Lorrain. The Drawings, 2 Bde. (1968) Kat. Nr. 70.

43) Aufgelistet bei Andrews 1985, 190.

44) ebenda 41f.

45) vgl. Anm. 41. Adam Elsheimer. Werk, künstlerische Herkunft und Nachfolge, Ausstellung Städelsches Kunstinstitut Frankfurt a.M.

1966/67. – J.G. van Gelder – Ingrid Jost, Elsheimers unverteilter Nachlaß, in: Simiolus 1966/67, 136-152.

46) Dutch Landscape. The Early Years, Haarlem and Amsterdam 1590-1650, Ausstellung The National Gallery London 1986, 21. – Masters of 17th-Century Dutch Landscape Painting, Ausstellung Amsterdam / Boston / Philadelphia 1987, 29.

47) Leonaert Bramer (1596-1674). A Painter of the Night, Ausstellung The Patrick and Beatrice Haggerty Museum of Art, Milwaukee, Wisconsin, 1992.

KURT WETTENGL

Zwei Stilleben des Heinrich van der Borcht

Im Historischen Museum Frankfurt wird eine nur 20 mal 25 cm große Kupfertafel Heinrich van der Borchts aufbewahrt. Auf der dargestellten Tischplatte arrangierte der Künstler Münzen, Gemmen, Skulpturen und Gefäße zu einem Stilleben. Das Gemälde entstand höchstwahrscheinlich in Frankfurt. Der Maler, Heinrich van der Borcht, war als dreijähriges Kind mit seinen Eltern 1586 aus den spanisch besetzten Niederlanden in die Stadt am Main gekommen. Wie sein späterer Lehrmeister Martin van Valckenborch d. Ä. gehörte er hier zu dem großen Kreis der niederländischen Exulanten, die wegen der politischen und religiösen Spannungen ihre Heimat verlassen hatten. Nach einer Ausbildung in der Werkstatt Martin van Valckenborchs bereiste van der Borcht Italien, von wo er Gemmen und Medaillen mitgebracht haben soll. Nach der Rückkehr von dieser Studienreise lebte er zunächst mehrere Jahre in der flämischen Kolonie Frankenthal (Pfalz) und ließ sich dann endgültig in Frankfurt am Main nieder, wo er 1660 starb.

Drei Skulpturen beherrschen das kleine Stilleben (*Abb. 10*): Links liegt ein Kopf, der Ähnlichkeiten zu Ptolemaios I. erkennen läßt[1]. Die geschwungene Linie des Halsansatzes und eine gewisse Flächigkeit des im Profil wiedergegebenen Kopfes sprechen dafür, daß er

nach einem Münzporträt gemalt ist. Dies deutet darauf hin, daß nicht alle auf dem Stilleben dargestellten Gegenstände existiert haben müssen, sondern sich der Künstler durchaus die Freiheit nahm, Objekte in Anlehnung an Vorbilder aus anderen Gattungen zu erfinden, wobei er Form, Material und Größe abänderte. Rechts neben dem Gefäß, an dem dieser Kopf aufzuliegen scheint, steht eine weibliche Halbfigur mit einem seitlich geknöpften Gewand, die zwar antikisiert wirkt, aber weder antik ist noch ein antikes Vorbild kopiert. Das Diadem und die Haartracht weisen sie als Göttin aus. Mit ihrer rechten Hand drückt sie leicht auf ihre rechte Brust. Dieses Motiv des Milchspritzens findet sich beispielsweise bei der „Venus-Caritas" des Pier Jacopo Alari-Bonacolsi, gen. Antico, aus der Zeit um 1500[2]. Van der Borchts Darstellung könnte durch solche Venusstatuetten angeregt sein. Das Gewand der bekleideten Venus breitet sich muschelartig aus. Dieses Motiv ist möglicherweise eine Anspielung auf den Mythos, wonach die Göttin aus einer Muschel geboren ist[3].

Am rechten Bildrand steht eine ebenfalls nicht antike Büste auf einem hölzernen Sockel. Die drastische Expressivität des Gesichtszuges könnte durch eine Antaeus-Darstellung der Renaissance angeregt sein. Die An-

1) In der Literatur bisher als Alexanderkopf bezeichnet. Für wichtige Hinweise zur Identifikation der dargestellten Plastiken danke ich den Herausgebern. Zu dem Gemälde s. Stilleben in Europa, Ausst. Kat. Münster / Baden-Baden 1979/80, 106f. Kat. Nr. 66; Münzen in Brauch und Aberglauben, Ausst. Kat. Germanisches Nationalmuseum Nürnberg (1982) Kat. Nr. 304; V. Schmidt-Linsenhoff - K. Wettengl, Bürgerliche Sammlungen in Frankfurt 1700 - 1830, Historisches Museum Frankfurt/M (1988) 78f.; K. Wettengl (Hrsg.), Georg Flegel (1566 - 1638). Stilleben, Ausst. Kat. Historisches Museum Frankfurt/M (1993) Kat. Nr. 137.

2) H. Beck - P. C. Bol (Hrsg.), Natur und Antike in der Renaissance, Ausst.Kat. Liebieghaus Museum alter Plastik, Frankfurt/M (1985) 420f. Kat. Nr. 116. Anticos Bronzestatuette geht auf ein noch nicht identifiziertes Vorbild zurück. Ein antikes Vorbild für van der Borchts Venus konnte nicht identifiziert werden.

3) s. E. Wind, Heidnische Mysterien in der Renaissance² (1984) 303f. In der bisherigen Literatur zu van der Borchts Gemälde blieb die weibliche Skulptur ebenso unidentifiziert wie die männliche Büste auf dem Sockel.

strengung des Herkules und den Schmerz des Riesen Antaeus schilderte zum Beispiel Antonio del Pollaiuolo in einer Bronzestatuette, die heute im Bargello aufbewahrt wird[4].

Während das Glasgefäß sowie die zwei Tongefäße im Hintergrund – möglicherweise römisch-antike Stükke – durch die Skulpturen weitgehend verdeckt werden, sind die Münzen und Gemmen im Vordergrund fast ohne Überschneidung auf der steil ansteigenden Tischplatte zum Betrachter hin ausgerichtet. Die detaillierte Wiedergabe selbst der Münzlegenden und die differenzierte Farbgebung legen die Annahme nahe, daß van der Borcht Originale als Vorlagen für die Abbildung der Münzen verwendete. Am linken Bildrand liegt eine Münze mit dem bärtigen, mit Lorbeer bekränzten Kopf des Zeus von Olympia, rechts daneben ein römischer Sesterz Marc Aurels, dessen Legende „TR(ibunicia) P(otestate) XXIX" auf das Jahr 175 n.Chr. verweist. An das muschelartige Gewand der Venus stößt eine Tetradrachme Alexanders des Großen mit der Darstellung des Stammvaters der Argeaden, Herakles. Am linken Bildrand erkennen wir eine Tetradrachme aus der Zeit des Lysimachus (323-281) mit dem Kopf des verstorbenen Alexander des Großen, rechts neben dem Kameo mit dem Doppelporträt liegen ein Denar des Domitian mit der Beischrift „CAESAR AVGVSTVS DOMITIANVS", eine Didrachme von Korinth mit dem Kopf der Athena sowie eine Drachme aus Dyrrachium mit der Darstellung einer Kuh, die ihr Kalb säugt. Am unteren Bildrand sind ein Denar mit der Darstellung einer weiblichen Figur und der Legende „TRANQVILLITAS AVGVSTI", rechts daneben eine Tetradrachme des Eumenes I. (263-241), König von Pergamon, mit der Darstellung des Kopfes seines Vorgängers Philetairos (284-263) erkennbar. Weiter rechts ein Denar mit dem Porträt der Faustina minor, der Gemahlin Marc Aurels, mit Diadem, daneben ein Denar mit der Personifikation der Pax Trajani. Die zwei Kameen rechts neben den Münzen sind in der Darstellung zu ungenau, um sie identifizieren zu können. Der Kameo mit dem Doppelporträt eines Kaiserpaares könnte ein antikes Original der frühen Kaiserzeit wiedergeben.

Das Gemälde van der Borchts befand sich möglicherweise immer in Frankfurter Besitz. Im späten 18. und frühen 19. Jh. jedenfalls gehörte es zur Sammlung des hier ansässigen Konditormeisters Johann Valentin Prehn, von dort kam es im frühen 19. Jh. in städtischen Besitz. In der Sammlung Prehns war das „Stilleben mit Sammlungsgegenständen" in das „Kleine Gemäldekabinett" einbezogen, in dem der Sammler im Laufe von etwa vierzig Jahren über 800 kleinformatige Gemälde zusammentrug. Dieses Gemäldekabinett gehörte zur umfassenderen Sammlung des Konditormeisters auf der Zeil. Deren Aufbau folgte dem inzwischen überholten Konzept der Universalsammlung[5], das von der Renaissance bis in das 18. Jh. vorherrschend war: Als Abbild der Welt wurden hier „Naturalia" (Pflanzen, Steine, präparierte Tiere), „Artificialia" (kostbare Gegenstände des Kunsthandwerks, Malerei, Plastik) und „Antiquitas" (Münzen, genealogische Quellen, antike Statuen) zusammengeführt. Auch Prehn besaß neben „Artificialia" und „Natu-

---

4) H. Beck – P. C. Bol a.a.O. 134 mit Abb. 82.

5) vgl. zur Universalsammlung J. von Schlosser, Die Kunst- und Wunderkammern der Spätrenaissance. Ein Beitrag zur Geschichte des Sammelwesens (1978, nach der 2. Ausgabe von 1923) sowie H. Bre-

dekamp, Antikensehnsucht und Maschinenglauben. Die Geschichte der Kunstkammer und die Zukunft der Kunstgeschichte (1993) mit weiterer neuerer Literatur zum Thema 103 Anm. 13.

ralia" eine „Antiquitas"-Sammlung, deren Umfang sich heute leider nicht mehr genau bestimmen läßt[6]. Immerhin gehörten hierzu beispielsweise 136 Holzschnitte mit den Medaillons alter römischer Kaiser[7]. Als gemalte „Antiquitas"-Sammlung ergänzte van der Borchts Stilleben Johann Valentin Prehns Sammlung von antikisierten und vielleicht auch antiken Gegenständen.

Neben dem Frankfurter Gemälde gibt es ein größeres und signiertes „Stilleben mit Sammlungsgegenständen" Heinrich van der Borchts in der Staatlichen Eremitage in St. Petersburg (*Abb. 11*). Das Rundbild ist ebenfalls auf Kupfer gemalt und hat einen Durchmesser von 34,5 cm[8]. Das zentrale Motiv des Bildes ist die Marmorgruppe der Venus mit dem Amor. Die nackte Venus mit dem Pfeilköcher wandelt ein antikes Vorbild der nackten Venus mit dem Schwertband ab. Eine überlebensgroße Replik der Venus des Armata-Typus aus Rom, die heute im Louvre aufbewahrt wird, könnte van der Borcht bekannt gewesen sein[9]. Gegenüber diesem Exemplar ist die gemalte Gruppe jedoch in mehrfacher Hinsicht verändert: So ist z.B. das Standmotiv mit dem Amor an der rechten Seite der Venus spiegelbildlich wiedergegeben, an der Stelle des Köchers hält die Venus im Louvre im angewinkelten linken Arm ein Schwert. Auch der als kniender Bogenschütze dargestellte Amor entspricht nicht dem antiken Vorbild. Auf dem Gemälde steht links neben dieser Gruppe eine zweite Venus aus Ton, die sich die Haare trocknet. Dieses schon in der

Antike häufige Thema der gerade dem Meer entstiegenen Göttin war in Kunst und Literatur der Renaissance sehr beliebt[10]. Die stark gebückte Haltung und die gegenüber den antiken „Anadyomene"-Typen veränderte Haltung der Arme zeigen, daß die Plastik kein antikes Vorbild kopiert. Rechts steht auf einer flachen, reich profilierten Holzbasis eine Bronzestatuette des blitzschleudernden Zeus – vermutlich eine antikisierende Arbeit der Renaissance, die aber als antike Statuette gelten soll. So wurde z.B. eine oberitalienische Bronzestatuette des Zeus vom Anfang des 16. Jhs. im späten 16. Jh. als Zeugnis der Antike in das Amerbachsche Kabinett in Basel aufgenommen[11]. Vor der gerahmten Zeichnung eines weiblichen Bildnisses im Profil erkennen wir die männliche Büste, die uns bereits auf dem Frankfurter Stilleben begegnete. Zu Füßen der „Venus armata" liegt eine kleine, männliche Figur ohne Standplatte. Ihre rötliche Färbung soll suggerieren, daß sie aus einer Koralle geschnitten ist. Am linken Bildrand steht auf zylindrischem Sockel ein kleiner, trunkener, urinierender Herkules aus Bronze. Das Motiv und die Größe stimmen recht genau mit einer 6 cm kleinen antiken Bronzestatuette in Paris überein[12]. Vielleicht besaß der Künstler eine solche antike Statuette.

Wie bei dem Frankfurter Stilleben ordnete van der Borcht auf dem St. Petersburger Gemälde verschiedene Gefäße aus unterschiedlichen Materialien im Hintergrund an. Abgesehen von dem römischen Glas links han-

---

6) Prehns Sammlung wurde 1829 größtenteils versteigert. Zur Auktion erschien ein Katalog: „Verzeichnis der Gemälde, Handzeichnungen, Kupferstiche und Bücher, welche zur Hinterlassenschaft von Herrn Johann Valentin Prehn gehören, und zu Ende nächster Herbstmesse versteigert werden sollen". Die Antiquitas sind nicht ausführlich aufgeführt, da sie wie manche andere Dinge bereits im Freihandverkauf veräußert worden waren. Zur Sammlung Prehns s. V. Schmidt-Linsenhoff – K. Wettengl a.a.O.

7) Verzeichnis... a.a.O. 91.

8) Ausst. Kat. Stilleben in Europa a.a.O. 106ff. Kat. Nr. 67 Abb. S. 109.

9) vgl. J. Flemberg, Venus Armata. Studien zur bewaffneten Aphrodite in der griechisch-römischen Kunst (1991) bes. 90 Nr. 14 Abb. 40-42. Die Gruppe wurde von G. Symeoni, Illustratione de gli epitaffi et medaglie antiche (1558) 58f. abgebildet.

10) H. Beck – P. C. Bol a.a.O. Kat. Nr. 108.

11) ebenda 292 Abb. 182.

12) vgl. E. Babelon – J.-A. Blanchet, Catalogue des Bronzes Antiques de la Bibliothèque Nationale (1895) 238 Nr. 570: Bronze, Höhe 60 mm (= LIMC IV 2 (1988) s.v. Herakles, Nr. 904).

delt es sich nicht mit Bestimmtheit um antike Stücke. Dem Frankfurter Stilleben vergleichbar sind auch hier im Vordergrund Münzen und geschnittene Steine übersichtlich angeordnet[13].

Insgesamt sind vierzehn Münzen abgebildet, ein mittelalterlicher Brakteat, fünf griechische und römische Münzen: Der Brakteat am linken Bildrand hinter dem Herkules – ein Wetterauer Pfennig vom Ende des 12. Jahrhunderts – zeigt zwei gekrönte Brustbilder von vorne mit Schwert und Schild; rechts daneben eine griechische Münze mit einem bärtigen König aus hellenistischer Zeit. Vor dem Herkules liegt ein Denar der römischen Republik aus der Zeit um 75 v.Chr. mit einem Sichelmond und Sternen, darüber geschoben eine Tetradrachme von ca. 400 v.Chr. mit dem Bild des Herakles oder eines bärtigen hellenistischen Herrschers. Rechts daneben ist eine Didrachme aus Kroton von etwa 300 v.Chr. mit einem bärtigen Zeuskopf, darunter eine Münze aus Sparta mit dem Kopf der Athena von ca. 250 v.Chr. zu sehen. Der rechte Arm der Korallenstatuette überschneidet eine Tetradrachme Makedoniens aus der Zeit der römischen Herrschaft ab 149 v.Chr. Am unteren Bildrand ist ein römischer Denar aus dem Jahre 44 v.Chr. mit dem Porträt des vergöttlichten Julius Caesar capite velato zu sehen. Weiter rechts schließen sich ein Denar aus der Zeit von 40 v.Chr. an, der einen Denar aus der Zeit des Augustus überschneidet, ein Denar aus der Zeit des Trajan (98-117 n.Chr.), auf dessen Rückseite die sitzende Hispania wiedergegeben ist, sowie ein Denar Othos aus dem Jahre 69 n.Chr. Der Denar darüber mit dem Porträt der jüngeren Faustina scheint mit dem auf dem Frankfurter Stilleben identisch zu sein. Schließlich

ist – zwischen den Beinen der Korallenfigur – die Rückseite eines Sesterzen erkennbar. Manche der Münzen finden sich auch auf dem Frankfurter Gemälde.

Im unmittelbaren Vordergrund liegt ein rechteckiges Relief mit der Darstellung einer ruhenden Nymphe, die von einem Silen entdeckt wird. Vergleichbare Darstellungen finden sich auf antiken Sarkophagen[14]. Einem Relief mit einer schlafenden Nymphe und einem Silen begegnet man allerdings auch in einem Holzschnitt aus der „Hypnerotomachia Poliphili", einem „Roman", der 1499 bei Aldo Manuzio in Venedig erschien[15]. Der Kameo eines Behelmten mit wallendem Haar und Brustpanzer ist wohl neuzeitlicher Herkunft. Auch die Darstellung eines mähenden Bauern und einer Bäuerin mit einer Flasche ist nicht antik, sondern steht, wie die Legende „AVGVSTVS SPICAS" erweist, als Allegorie des „Sommers" im Kontext der Monats- oder Jahreszeitenbilder des Spätmittelalters bzw. der Frühen Neuzeit.

Das St. Petersburger Gemälde läßt sich nicht nur als gemalte Sammlung von „Antiquitas" deuten, sondern auch als Allegorie der plastischen Künste, da die verschiedenen Materialien, mit denen ein Bildhauer und Modelleur arbeitet – Ton, Marmor, Bronze, Elfenbein, Koralle – ebenso vorgestellt werden wie dessen unterschiedliche Techniken und Medien – Entwurfszeichnung, Relief, Vase, Skulptur[16].

Antike oder vermeintlich antike Münzen, Kameen und antike Plastiken hatten als Zeugnisse der Vergangenheit in den Kunstkabinetten und den umfassenderen Universalsammlungen einen großen Stellenwert, nicht nur als Gegenstände ästhetischen Interesses, sondern

13) Für die Bestimmung der Münzen auf beiden Gemälden danke ich vielmals Frau Dr. G. Förschner, Historisches Museum Frankfurt/M.

14) s. F. Matz, Die Dionysischen Sarkophage, 3. Teil (1969) Nr. 211 (Vatikan, Belvedere, Cortile Ortagonale) und Nr. 218 (Vatikan, Galleria de Candelabri IV, 30).

15) H. Beck – P. C. Bol a.a.O. (s.o. Anm. 2) 178 Abb. 114.

16) Ausst. Kat. Stilleben in Europa a.a.O. (s.o. Anm. 1) 108.

auch wegen ihrer historischen Aussage. Besonders in den Gelehrtenkabinetten wurden auch Gegenstände antiker Sachkultur gesammelt, wodurch sie sich deutlich von den aristokratischen Antikengalerien unterscheiden[17]. Nicht zuletzt weil van der Borcht in seine beiden Stilleben solche alltäglichen Gebrauchgefäße einbezieht, spiegeln diese Bilder einen bürgerlichen Sammlungstypus, der zu Lebzeiten van der Borchts in Frankfurt vermutlich häufiger anzutreffen war. Im Rahmen der Frankfurter und Hanauer Stillebenmalerei des frühen 17. Jhs. ist die Thematik der beiden „Stilleben mit Sammlungsgegenständen" außergewöhnlich und sicherlich eng mit den spezifischen Sammlungsinteressen van der Borchts verknüpft, die sich auf der Italienreise entwickelt haben dürften[18].

17) *„Die im 17. Jahrhundert populärste archäologische Methode bestand in der auf eingehender Erforschung antiker Sachkultur beruhenden Zivilisationsgeschichte (...). Erst diese methodische Auslegung erklärt es, daß historisch interessierte Sammler ihre Regale unermüdlich mit Opfergeräten, Waffen, Striegeln und Gefäßen anzufüllen pflegten.(...) Gerade das Bemühen um die banalen Dinge des Alltags brachte die Gelehrtenkabinette in unüberbrückbaren Gegensatz zu den aristokratischen Antikengalerien. Deren Statuenreihen vertraten zwar einen höheren ästhetischen Anspruch, doch blieben sie in ihrem antiquarischen Aussagewert eher belanglos."* I. Herklotz, Neue Literatur zur Sammlungsgeschichte, Kunstchronik, 47. Jg., Heft 3, 1994, 122.

18) Ein weiteres Stilleben mit Sammlungsgegenständen van der Borchts ist behandelt in J. Welu (Bearb.), Kat. The Collector's Cabinet, Flemish Paintings from New England Privat Collections, Worcester, Mass. 1984, 26, Kat.Nr.5. Der Aufbau des Stillebens entspricht dem der beiden hier ausführlich besprochenen Werke, viele Motive – Münzen, Kameen, Venus-Caritas, der trunkene Herkules und die beiden Gefäße – wiederholen sich hier.

ANNE KOSSATZ-POMPÉ

Antiken auf Gemälden des achtzehnten Jahrhunderts
oder: Rom, wie es keiner kennt

„Alles wird zunichte, alles verfällt, alles
vergeht. Nur die Welt bleibt bestehen. Nur
die Zeit dauert fort."
D. Diderot,
Ästhetische Schriften I (1968) 149f.

Vier Gemälde des Frankfurter Malers Christian Georg Schütz d.Ä. sollen hier vorgestellt werden. Zwei von ihnen *(Abb.12 und 13)* sind als Pendants komponiert und verbinden eine ideale Rheinlandschaft mit der Darstellung antiker sowie barocker Gebäude[1]. In ähnlicher Weise werden in den beiden anderen Veduten *(Abb. 14 und 15)* antike Ruinen in ideale Landschaften gesetzt[2].

Christian Georg Schütz d. Ä. wurde am 27. September 1718 in Flörsheim am Main geboren und starb am 3. November 1791 in Frankfurt am Main. Er stand am Anfang einer ganzen Malerdynastie, in der sein Sohn durch einen Romaufenthalt als der „Römer" bekannt ist. Schütz und seine Familie nahmen auch über Frankfurt hinaus auf die deutsche Landschaftsmalerei der zweiten Hälfte des 18. Jhs. Einfluß. Neben topographischen Frankfurt-Ansichten und idealen Rheinlandschaften bilden Veduten antiker Architekturen einen Schwerpunkt in seiner Arbeit. Der aufkommende Klassizismus macht sich in seiner Kunst bereits deutlich bemerkbar. Schütz gehörte zum Kreis der Maler, die Goethes Vater in seinem Haus versammelte und war in Frankfurt hoch ange-

sehen. *„In Frankfurt gehörte es bald zum guten Geschmack, die Säle und Prunkzimmer mit Landschaften und Architekturstücken von Schütz und nur von Schütz auf Leinwand in Ölfarben ausschmücken zu lassen."*[3]

Nach seiner Lehrzeit bei dem Frankfurter Freskomaler Hugo Schlegel ging er auf ausgedehnte Kunstwanderschaft, die ihn an die verschiedenen fürstlichen Höfe führte. In Mainz machte Schütz die Bekanntschaft des Italieners Appiani, der mit der Ausmalung der Jesuitenkirche beauftragt war. Neben Appiani, der entscheidenden Einfluß auf den jungen Schütz ausübte, waren es die holländischen Flußlandschaften des Herman Saftleven, die er sich zum Vorbild nahm[4]. Die holländischen Maler waren für die Frankfurter Maler Wegweiser und Vorbild: *„Das Interesse für die Holländer war kein bewußter Rückgriff aus Ratlosigkeit, sondern nur die Fortsetzung einer Tradition: seit sich die holländische Malerei auch nach Frankfurt ausgebreitet und dort eingebürgert hatte, hat es hier Maler gegeben, die sich ihr angeschlossen haben - es sei nur an Abraham Mignon oder an die Mitglieder der Familie Roos erinnert."*[5] Neben den Holländern sind

---

1) Beide Gemälde Öl auf Holz, je 36,8 x 48,5 cm groß, signiert und datiert: Schüz fecit 1776, Privatbesitz.

2) Gemälde Abb. 14 Öl auf Kupfertafel, 36 x 44,2 cm, bezeichnet unten rechts auf einem Stein: Schüz fecit 1776, Privatbesitz; Gemälde Abb. 15 Öl auf Holz, 31 x 36 cm, bezeichnet unten rechts: Schüz fecit, Privatbesitz.

3) F. Gwinner, Kunst und Künstler in Frankfurt am Main (1862, Nachdruck 1975) 309f.

4) Ausstellungskat. J. P. Schneider jr. (1992) 6.

5) H.-J. Ziemke in: Frankfurter Malerei zur Zeit des jungen Goethe. Ausstellungskat. Städtische Galerie im Städelschen Kunstinstitut Frankfurt am Main, 9. Juli bis 29. August 1982, 34.

Schütz' Quellen aber auch im Werk Claude Lorrains zu suchen[6].

Obwohl er nie in Rom war, beginnt Schütz 1760 in seinen Gemälden antike Ruinen und klassische Landschaften darzustellen. In Frankfurt standen ihm dafür ausser den genannten Vorbildern in der Malerei auch Stiche klassischer Landschaften und Stadtansichten Piranesis und anderer Autoren zur Verfügung, die beispielsweise in den Häusern der vornehmen Familien hingen, die zu den Auftraggebern des Malers gehörten.

Die hier gezeigten Gemälde präsentieren Ruinenlandschaften vor der Kulisse einer idealen Rheinlandschaft. Im Falle der Pendants (Abb.12 und 13) stammt die Staffage von dem Frankfurter Maler Johann Ludwig Morgenstern. Es war im 18. und auch noch im 19. Jh. durchaus üblich, daß befreundete Kollegen die Figuren in die Landschaften malten.

Scheint es auf den ersten Blick leicht, die dargestellten Ruinen zu identifizieren, so zeigt sich bei näherem Hinschauen, wie sehr doch die Phantasie des Malers das Dargestellte bestimmte. Auf einem Gemälde (Abb.12) fällt natürlich der antike Rundtempel des Forum Boarium in Rom und die antike Ehrensäule auf. Bei dieser kann es sich sowohl um die Traians-Säule als auch um die Mark Aurel-Säule handeln. Dafür, daß wohl eher die Traians-Säule gemeint ist, spricht die Kuppel einer Barockkirche, die sich rechts am Bildrand erhebt. Eine häufige Romsicht stellt den Blick vom Forum Romanum auf das Forum Traiani mit der Kirche SS Luca e Martina (1640) dar[7]. Schütz hat diesen ihm vermutlich

häufiger begegneten Blick mit Traianssäule und Kirche hier aufgegriffen und an die Stelle des Forum Romanum flugs diverse „antike" Bögen gebaut, die den Blick gleichsam verstellen.

Hinter dem als Riegel und Tor quer ins Bild gelegten Bogen in der Mitte lugt der Rundtempel heraus. Auf den ersten Anschein ganz getreu übernommen, fällt jedoch auf, daß Schütz aus den freistehenden korinthischen Säulen des Tempels Doppelhalbsäulen gemacht hat. Auf ähnliche Unbekümmertheit stößt man bei dem Bogen im Vordergrund, dessen verkröpftes Gebälk von ionischen Kapitellen getragen wird.

Getreu an die Vorlagen hat sich der Maler wieder bei anderen Details gehalten, so zum Beispiel bei den „späten" Ziegelflickungen des quergelagerten Bogens oder bei der Darstellung der schäbigen Hütten, die an den Rundtempel geklebt sind, ein Zustand, der bei der Bauaufnahme des Rundtempels nachvollzogen werden konnte[8].

Noch weniger konkret sind die Gebäudeteile auf dem Pendant-Gemälde (Abb.13). Hier sind Antikes, Südlich-Barockes und auch ein „nördlicher" Kirchturm frei in das Bild komponiert. Obwohl dem Betrachter jeder Gebäudeteil bekannt vorkommt, will eine eindeutige Zuordnung nicht gelingen.

Das dritte Gemälde, wie die beiden beschriebenen 1776 entstanden (Abb.14), zeigt in der linken Bildhälfte ein Ruinen-Ensemble ganz ähnlich dem des Pendant-Bildes (Abb.13). Bauten der verschiedensten Epochen, eine nicht mehr vollständige antike Statue und ein barocker Brunnen stehen da beisammen. Im Hintergrund

---

6) M. Maek-Gérard - P. Waldeis, Nicolas Poussin - Claude Lorrain, Kat. der Ausstellung der Städtischen Galerie im Städelschen Kunstinstitut Frankfurt am Main, 11. Februar bis 10. April 1988, 123, Kat.Nr.L11; Sibylle Ebert-Schifferer (Hrsg.), Von Lucas Cranach bis Caspar David Friedrich. Deutsche Malerei aus der Ermitage. Kat. der Ausstellung vom 5. April bis 9. Juni 1991, Schirn Frankfurt am Main, 221.

7) so z.B. W. Kelsch, Rom in alten Stichen (1975) Blatt 68, Blick von Nordosten auf das Forum Romanum und das Forum Traiani.

8) F. Rakob - W.-D. Heilmeyer, Der Rundtempel am Tiber in Rom (1973) 13ff.

findet der Betrachter dagegen die Ruine des Kolosseums - unbekümmert um die „Realität" und wirkungsvoll in den Raum gesetzt.

Das Kolosseum erscheint ebenso auf dem undatierten Gemälde *(Abb.15)*. Vor einer „antiken" Ruinenlandschaft mit Bogen und nymphäumartiger Nischenarchitektur, in der allerdings auch barocke Monumente erscheinen, entwickelt sich wieder eine ideale Flußlandschaft, in der man - weit hinten und schemenhaft wie eine Fata Morgana - das Kolosseum, die Cestius-Pyramide, auch die Traians-Säule erkennt. Dahinter erhebt sich ein Gebirgsmassiv, wie sie in Schütz' Bildern seit seiner Schweizreise 1762 erscheinen.

INGE EICHLER

Antike Bauwerke und Ruinen gesehen von Frankfurter Romfahrern im 19. Jahrhundert

Es muß schon ein erhebendes Gefühl gewesen sein, wenn ein Künstler zu Beginn des 19. Jhs. nach zähem Ringen um das Reisegeld und nach langer, strapaziöser Wanderung oder Wagenfahrt die Milvische Brücke passierte und römischen Boden unter den Füßen spürte. Kein Wunder, wenn in dieser Situation selbst nüchterne Architekten, wie Friedrich Maximilian Hessemer, ins Schwärmen geraten konnten: *„Ich bin nun hier in Rom; es liegen alle Wunder der Welt nah vor meinen Augen. Wohin sich früher nur meine Sehnsucht erhob, das besitze ich jetzt alles in Wahrheit: Ich bin hier, ich atme diesen himmlischen Himmel...“* [1]

Während im 18. Jh. vorwiegend junge Adelige mit ihren Hofmeistern die sogenannte 'Kavalierstour' durch Städte und Landschaften der Apenninen-Halbinsel absolvierten, suchten im 19. Jh. zunehmend Künstler der verschiedensten Nationalitäten das so reich mit Kunstschätzen gesegnete Land zu Studienzwecken auf. Diese besondere Spezies der Italienreisenden war sich bewußt, daß die überwältigende neue Umgebung für sie auch mit konkreten Verpflichtungen verbunden war: Der Vorzug des Hierseindürfens mußte durch besonderen Fleiß und Anstrengungsbereitschaft abverdient werden! So hatte zum Beispiel der Darmstädter Baudirektor Georg Moller seinem Neffen, dem oben erwähnten F.M. Hessemer, nicht nur genaue Verhaltensregeln gegeben, sondern ihm auch aufgetragen, während seiner Reise ein Tagebuch zu

führen und die jeweils in Augenschein genommenen Bauwerke in Zeichnungen festzuhalten. Dieser Forderung verdanken wir 4 Bände mit Reisebeschreibungen in Briefform, 2 genaue Pläne der Hessemerschen Reiserouten sowie eine Fülle von teils minuziös ausgeführten, teils skizzenhaften Zeichnungen von italienischen Sakral- und Profanbauten aller Epochen, einschließlich antiker Bauwerke.

Mit genauesten Instruktionen reiste auch der Frankfurter Landschafter Carl Morgenstern romwärts. In der Ewigen Stadt angekommen, wurde er weiterhin von seinem Vater Johann Friedrich brieflich ermahnt, seinen Italienaufenthalt nach Kräften zu nutzen: *„So sehe doch alles, was Dir nur möglich ist! Es ist fürs ganze Leben, denn Ruinen, Felsen, Bäume, Wasser geben überall Anlaß zum Studieren! Skizziere, was Du kannst, so bleibt das Gesehene besser im Gedächtnis und vor dem Geiste“* [2]. Derartige Aufforderungen resultierten noch aus anderen Überlegungen: *„Denn von einem Maler, der in Italien war, verlangen Kenner und Liebhaber viel an Kenntnissen“* [3]. Diese Kenntnisse sollten sich nicht nur auf das Gebiet der Malerei und Bildhauerei beschränken, sondern auch antike Bauwerke und Ruinen mit einschließen: *„Du wirst gewiß auch Pompeji und Herkulaneum kennen lernen. Sehe Dich recht darin um, damit Du mir viel erzählen kannst.“* [4]. Carl Morgensterns Vater wünschte ebenfalls, daß der Sohn während seines

---

1) F.M. Hessemer, Reiseberichte, ungedrucktes Manuskript in Maschinenschrift, 4 Bände (im Folgenden: Hessemer, Reiseberichte I-IV), hier: I 255.

2) Joh. Friedr. Morgenstern, Brief vom 12. Oktober 1834 an Sohn Carl in Rom.

3) derselbe, Brief vom 4. Dezember 1834 an Sohn Carl in Rom.

4) derselbe, Brief vom 12. Oktober 1834 an Sohn Carl in Rom.

Italienaufenthaltes neben seiner künstlerischen Arbeit Tagebuch führen sollte. Der nunmehrige Deutschrömer bevorzugte aber ausführlichere Schilderungen innerhalb seiner Korrespondenz. Diesen von Frankfurter Künstlern in Italien verfaßten Briefen verdanken wir eine ziemlich genaue Kenntnis ihrer Interessen, Arbeitsweisen, Erfahrungen und Erlebnisse im fremden Lande.

Das Häuflein der vom Schicksal begünstigten Maler, Kupferstecher, Bildhauer und Architekten, das sich von Frankfurt auf den Weg nach Italien machen konnte, tat das nicht unvorbereitet und unwissend. Die zentrale Lage Frankfurts sowie seine Funktion als Messestadt brachten es mit sich, daß jahrein jahraus viele Fremde hier durchkamen. Zu diesen zählten natürlich auch von Italien heimreisende Künstler, die nach altem Brauch den Frankfurter Kollegen ihre Aufwartung machten. Während derartiger Visiten wurden die Rückkehrer zu möglichst detaillierten Schilderungen ihrer Reiseerlebnisse animiert und ihr Urteil über italienische Kunstwerke aller Epochen erbeten. Solche Berichte wurden manchmal sogar zur allgemeinen Information im „Frankfurter Intelligenzblatt" oder im „Phönix" abgedruckt. Bei den Ateliergesprächen konnten die daheimgebliebenen Künstler durchaus mitreden, denn berühmte italienische Gemälde waren ihnen durch Nachstiche bekannt, ihre Vorstellungen von antiken Bauwerken hatten sie sich anhand von Blättern Piranesis und Gemälden des in Rom arbeitenden Antonio Canale bilden können. Außerdem wurde in Frankfurter Malerkreisen zu Beginn des 19. Jhs. fleißig gelesen. Zum Inventar mainstädtischer Künstlerateliers zählte neben Winckelmanns 1764 erstmals erschienener „Geschichte der Kunst des Altertums" schon aus Lokalpatriotismus Goethes „Italienische Reise" sowie die von ihm betreute Biographie seines

Freundes, des Neapler Hofmalers Jakob Philipp Hackert. Wie aus Johann Friedrich Morgensterns Briefen hervorgeht, war das in die Hackertbiographie aufgenommene Tagebuch Henry Knights, der 1777 gemeinsam mit dem Künstler Sizilien besucht hatte, für Frankfurter von besonderem Interesse.

Das Arbeitsbuch, das die Mitglieder der Malerfamilie Morgenstern führten, setzt uns davon in Kenntnis, daß der junge Carl Morgenstern während seiner Lehrzeit im väterlichen Atelier auch ein Werk Antonio Canales kopieren mußte. Unter der Nr. 49 ist in der Atelierchronik vermerkt: „*Eine colorierte Zeichnung nach Canale, das Colosseum in Rom vorstellend*". Diese am 24. Juni 1828 vollendete Kopie (*Abb. 16*) hat sich erhalten. Sie wird hier erstmals veröffentlicht, um zu beweisen, daß die Beschäftigung mit Baudenkmälern der Antike bei Frankfurter Kunststudenten in den ersten Jahrzehnten des 19. Jhs. durchaus üblich war, auch wenn während der Ausbildung keinesfalls feststand, ob der angehende Maler jemals nach Italien reisen würde. Der junge Morgenstern gehörte zu den Glücklichen. Während seines dreijährigen Aufenthaltes von 1834-37 in Rom und Umgebung sowie auf Sizilien befaßte er sich nochmals mit der Wiedergabe des flavischen Amphitheaters: „*Im Colosseum, zum Beispiel, werde ich einige Sachen malen.*" [5] Bis jetzt läßt sich nur eine einzige, am 1. Juni 1837 gemalte Ölstudie (*Abb. 17*) nachweisen. Sie gibt auf der rechten Bildhälfte einen Einblick in das doppelschalige, monumentale Mauerwerk des gigantischen Bauwerks, liefert zugleich aber auf der linken Bildhälfte das Ambiente mit, das aus der Seitenansicht des Konstantinsbogens und dem Ausblick auf den Palatin besteht. Bei dieser ausschließlich für den Eigenbedarf gemalten Studie strebt der Künstler keine Gesamtansicht wie auf

---

5) Carl Morgenstern, Brief Nr. 59 vom 26. Dezember 1836 aus Rom an seine Eltern.

dem frühen Aquarell mehr an, sondern notiert unbeeindruckt die Zerfallserscheinungen und die das Kolosseum umgebende römische Stadtlandschaft.

Die nach Italien reisenden Frankfurter Maler rekrutierten sich hauptsächlich aus den Kreisen der Landschafts- und Genremaler. Diese beschäftigten sich natürlich vorwiegend mit der italienischen Landschaft und dem italienischen Volksleben. Deshalb hielten sie sich mehr in der Umgebung Roms als in der Stadt selbst auf. Landschafter widmeten sich den Stadtmotiven vornehmlich während der Wintermonate, sofern ihnen ihre dann anstehende Atelierarbeit dazu noch Zeit ließ. Im Frühling waren die Frankfurter wieder in der Campagna zu finden, arbeiteten ab und zu auch in Tivoli, um sich dann während der heißen Sommermonate in die Albaner oder Sabiner Berge zu flüchten. Hier erfreuten sie sich des angenehmen Klimas und lohnender Landschaftsmotive.

Für Landschafter und Genremaler waren antike Ruinen und Bauwerke nicht vorrangig als Kulturdenkmäler, sondern mehr als willkommene Attraktionen innerhalb ihrer Landschaften und Genrebilder von Interesse. Derartige Monumente konnten den ungewöhnlichen, typisch italienischen Charakter der Gemälde verstärken. Um stets geeignete Vorlagen zur Hand zu haben, fertigten Frankfurter Künstler sehr genaue, gewissenhafte Zeichnungen von antiken Objekten an, die sie nicht verkauften. Zur Unterstützung ihres Farbgedächtnisses dienten auf Papier oder Pappe gemalte Ölstudien. Bei diesen vorbereitenden Arbeiten zur Schaffung von Atelierbildern wählten die Maler meist die besterhaltenen Ansichtsseiten antiker Monumente aus, um eine gewisse Vollständigkeit von Tempeln, Theatern oder Aquädukten vorzutäuschen, die späteren Kunden entgegenkommen sollte.

Den Malern war bekannt, daß es einen bestimmten Kanon von Monumenten gab, die deutsche Antikenfreunde schätzten. War auf einem Gemälde das Kolosseum, das Pantheon, das Grabmal des Hadrian, einer der römischen Triumphbogen oder der runde Vesta-Tempel (Forum Boarium und Tivoli) wiedergegeben, so stiegen seine Verkaufschancen beträchtlich. Manchmal wiesen auch bereits länger in Rom weilende Kollegen Neuhinzukommende auf weitere 'bildwirksame' römische Relikte hin, oder die Künstler stießen bei ihren Malausflügen selbst auf Grabbauten, Brücken oder Wasserleitungen, die ihnen zur Ausschmückung ihrer Landschaften geeignet erschienen. Was die Wiedergabe von antiken Resten erschwerte, war ihre oft recht exponierte Lage. Morgenstern klagte in einem Brief: *„Diese Ruinen sind alle sehr weit, kostet demnach viel Zeit..."* [6].

Als Beispiel der Umsetzung einer vor dem Objekt entstandenen Zeichnung in ein Atelierbild seien zwei Wiedergaben Morgensterns vom sogenannten 'Venustempel' von Baiae vorgestellt. Die am 9. November 1835 aufgenommene Zeichnung (*Abb. 18*) des zentralen Saales einer Thermenanlage des 2. Jhs. n. Chr. hält sich genau an die realen Gegebenheiten: An der in Achteckform gestalteten Außenschale sind die Wandvorlagen, welche die – Regenwasser vom Kuppeldach ableitenden – Tonröhren kaschierten, getreulich festgehalten. Gleicherweise sind die Konsolen unterhalb der noch vorhandenen Fensteröffnungen angedeutet. Die Proportionen der interessanten Ruine sind richtig gesehen. Daß diese Zeichnung von einem Landschafter angefertigt worden ist, geht daraus hervor, daß zugleich noch das Ambiente des Bauwerks angedeutet wird. Auf dem später entstandenen Atelierbild (*Abb. 19*) veränderte der Künstler die Proportionen der römischen Ruine derart, daß sie schmaler

---

6) ebenda.

und höher erscheint. Zwischen Pseudotempel und rechtem Bildrand werden zwei Pinien hinzukomponiert, und auf der Wasserfläche sowie im Uferbereich herrscht – als Zugeständnis an die Abnehmer – lebhaftes Treiben von Booten und Menschen. Der Vergleich zwischen der vor dem Objekt geschaffenen Zeichnung und dem im Frankfurter Atelier gemalten Ölbild läßt erkennen, daß die Zeichnung das zuverlässigere Abbild der Ruine gibt.

Wie das Aufwerten reiner Landschaften durch römische Ruinen gehandhabt wurde, läßt sich recht gut an zwei Gemälden von E. W. Pose und Carl Morgenstern studieren. Beide Maler haben sich zudem das gleiche Monument ausgewählt. Da die eintönige römische Campagna dem Künstler zwar große, klare Formen, darüber hinaus aber keine Felsgruppen oder interessante Baumgestalten darbot, mußte die Darstellung auf andere Weise attraktiv gemacht werden. Neben weidenden Tierherden und den sie begleitenden Hirten bot sich hierfür der an der Via Praenestina in der Nähe der Gordiansvilla gelegene „Torre dei Schiavi" an, bei dem es sich um ein im 4. Jh. n. Chr. erbautes Mausoleum handelt. Daß es den beiden Malern nicht vorrangig um den Grabbau ging, läßt seine Plazierung am linken bzw. rechten Bildrand erkennen. Pose (*Taf. 2*) achtet darauf, daß der zerstörte Rundbau genau zwischen den Gebirgszügen im Bildhintergrund, den Sabiner und Herniker Bergen, zu stehen kommt. In der Bildmitte verteilt dieser Maler wirksam einige Trümmerblöcke, die von zwei Hirten als Ausguck genutzt werden, während ihre Rinder rings um die kleine Erhebung weiden. In der Nähe des rechten Bildrandes sind Teile eines Aquädukts zu erkennen, die ganz in die Landschaft eingebettet sind.

Morgenstern schenkte dem Grabbau (*Abb. 20*) mehr Aufmerksamkeit und gestattet uns einen Einblick ins Innere, das damals noch teilweise von der Kuppel überwölbt wurde. Sein Wandaufbau weicht jedoch von den tatsächlichen Formen ab, denn im Erdgeschoß des Innenraumes wechseln in situ rechteckige Nischen mit

runden. Während Poses „Torre" einsam in der Landschaft liegt, umgibt ihn Morgenstern mit verschiedenen Versatzstücken und deutet in der rechten unteren Bildecke auch noch eine im Boden steckende Arkade an. Den bei Pose weit entfernt liegenden Aquädukt holt Morgenstern näher heran und funktioniert ihn zu einer Brücke über einen gewundenen Bachlauf um. Während Pose mit niedrigem Gestrüpp im Vordergrund auskommt, kann Morgenstern nicht ganz auf Bäume verzichten und installiert vorsichtig Pinien an den Bildrändern. Morgensterns Campagnalandschaft ist seine gemalte Version von „Dichtung und Wahrheit"!

Eine besondere Gruppe der Frankfurter Italienfahrer waren die Architekten, zu denen Jakob Friedrich Peipers, Friedrich Wilhelm Ludwig, Otto Cornill, Ludwig Metz und Ludwig Neher gehörten. Auch Friedrich Maximilian Hessemer zählt dazu, obwohl er sich von Darmstadt gen Süden aufmachte. Zurückgekehrt ist er jedoch nach Frankfurt, da ihn in Rom eine Berufung zum Städellehrer erreichte. Hessemer gab seine Italienbegeisterung wie auch seine dort gesammelten Kenntnisse und Erfahrungen an Generationen junger Architekten weiter. Auch Metz und Ludwig wurden von ihm ausgebildet. Aufgrund der Beischrift am Rande einer Zeichnung wissen wir, daß Metz während seiner Studienzeit am Städel italienische Blätter seines Lehrers kopierte. Ist es da verwunderlich, wenn die beiden jungen Architekten als Italienreisende das 'gelobte Land' ein wenig mit Hessemers Augen sahen?

Einige der „Baugesellen" wurden im Süden unversehens zu Landschaftsmalern. Manchmal gerieten sie sogar in einen inneren Zwiespalt, ob sie nicht doch besser Maler geworden wären. Dazu hatte öfters die begeisterte Anerkennung deutschrömischer Malerkollegen beigetragen. Ludwig Metz, der einem begabten Frankfurter Brüdertrio zugehörte, entschied sich bereits vor Antritt seiner Italienreise endgültig für das Landschaftsfach. Otto Cornill wechselte dagegen erst im

Süden zur Malerei über. Sogar der berühmte Architekt Karl Friedrich Schinkel betätigte sich während seiner Italienreisen als Landschaftsmaler, wurde aber trotz großer malerischer Erfolge dem Baufach nicht untreu. Schinkels Aquarelle, die er 1804 auf der Sizilienreise malte, gefielen Joseph Anton Koch so gut, daß er bei Freunden und Bekannten dafür warb: *„Koch, von den ihm bekannten, flüchtigen Skizzen unserer Sizilienreise eingenommen, hat mir eine Menge Künstler ins Haus geführt, welche sie ansehen und kopieren, ... welche mich gegen meinen Willen und meine Bestimmung mehr als Landschaftsmaler, (denn) als Architekt beurteilen."*[7] Auch Hessemers Zeichnungen und Aquarelle wurden bewundert und von seinen römischen Freunden kopiert. Diese suchten ihn zu einem Fachwechsel zu überreden: *„Meine Freunde, der Hofbaumeister Ottmar aus Braunschweig an der Spitze, ... bestürmen mich, ich sollte Maler werden. Wenn mir sonst zu wenig malerisches Talent zugetraut wurde, so steh' ich jetzt gerade im umgekehrten Falle..."*[8]. Aber auch Hessemer sah in der Architektur *„ein höheres Ziel"*, dem er zustreben wollte. Durch seine Erfolge auf malerischem Gebiet wuchs jedoch sein Selbstbewußtsein beträchtlich!

Diese im Baufach geschulten Maler und Zeichner unterschieden sich von professionellen Landschaftern dadurch, daß sie ein echtes Interesse für die von Griechen und Römern hinterlassenen Bauwerke besaßen. Daher wandten sie sich auch unbekannteren, nicht so publikumswirksamen Monumenten zu, um sie zu erforschen, gedanklich zu rekonstruieren und zeichnerisch festzuhalten. Zu ihren Objekten zählten etwa der Janus Quadrifrons-Bogen, der sogenannte Tempel der Minerva Medica und das Grabmal der Constantia in Rom, der Bacchustempel bei der „Grotte der Egeria" in der römi-

schen Campagna, die Basilika in Pompeji, das sog. Grab des Archimedes bei Syrakus. Darüber hinaus bemühten sie sich ernsthaft, der antiken Bautechnik auf die Spur zu kommen. Hessemer erwähnt z.B., daß er in Perugia eines der beiden etruskischen Stadttore vermessen habe und resümierte: *„In den räumlichen Verhältnissen sind die Monumente immer grandios, was ich von Verzierung sah, ist kleinlich und ohne Sorgfalt behandelt."*[9] Er setzte sich auch in Agrigent mit dem Concordia-Tempel auseinander und war enttäuscht, keine genauen Anhaltspunkte für das Vorgehen griechischer Baumeister gefunden zu haben: *„Vergebens habe ich mich bemüht, ein genaues Bild eines griechischen Tempels, wie jeder Stein verfugt, wie jedem Balken sein Auflager gegeben war, mir aus der Anschauung der Natur zu entwickeln."*[10] Hessemer blieb also weiterhin nur *„auf Vermutungen angewiesen!"*

Meinen Feststellungen zufolge waren die malenden und zeichnenden Architekten die sachkundigsten, zuverlässigsten Betrachter antiker Bauwerke und Ruinen. Ihre Wiedergaben, die sich auch durch sichere Beherrschung der Perspektive auszeichnen, dürften sich als brauchbare Dokumente für die wissenschaftliche Forschung erweisen. Das wird durch die meist sehr präzise Beschriftung noch unterstützt. Das Gesagte soll durch einige Bildbeispiele belegt werden, die überwiegend Erstveröffentlichungen sind.

Eine seiner präzisen Zeichnungen hat Ludwig Metz dem sogenannten Tempel der Minerva Medica in Rom (*Abb. 21*) gewidmet. Wie wir inzwischen wissen, handelt es sich bei diesem Zentralbau um die Überreste eines um 320 n. Chr. erbauten Gartensaales in den Parkanlagen der kaiserlichen Villa des P. Licinius Gallienus. 1851/52, als die Zeichnung entstand, war bereits die Kuppel einge-

---

7) Carl Fr. Schinkel, Reisen nach Italien (1982) 60.

8) Hessemer, Reiseberichte I 250.

9) ebenda II 131.

10) ebenda III 108.

stürzt, die den zehneckigen Saal ursprünglich überdacht hatte. Auch von den neun Nischen, die ehemals das Erdgeschoß umgaben, ist nicht mehr viel zu sehen. Vergleicht man das von Süden her aufgenommene Blatt mit einer modernen Photographie aus demselben Blickwinkel, so fällt auf, daß der Kuppelbau um 1850 noch tiefer in der Erde steckte als heutzutage. Seinerzeit war das Monument von Büschen und niedrigen Bäumen sowie von einem aus sechs Arkaden bestehenden Teilstück eines Aquädukts umgeben. In der Nähe des linken Bildrandes ist sogar der Obelisk von der Piazza del Popolo zwischen den Kuppeln von Sta. Maria dei Miracoli und Sta. Maria Monte Santo zu erkennen, ein Fernblick, der sich dem modernen Betrachter nicht mehr bietet. Im Vordergrund der Zeichnung hielt der Künstler in ganz feinen Linien eine Art Brunnenanlage fest. Möglicherweise handelte es sich dabei um ein weiteres Relikt aus den licinianischen Gärten.

Der Vergleich mit dem modernen Photo macht aber auch deutlich, mit welcher Akribie Metz gearbeitet hat, denn nicht das kleinste Detail fehlt! Der gelernte Architekt plazierte das antike Monument in die Mitte seiner Zeichnung und gruppierte die übrigen Bildgegenstände derart darum herum, daß sie den vermeintlichen Tempel nicht verdecken konnten.

Mit dem an der Via Appia Antica gelegenen Grabmal der Caecilia Metella (*Abb. 22*) hat sich Metz mehrmals befaßt. Zur Zeit sind mir vier verschiedene Wiedergaben bekannt. Unser Blatt nahm der Künstler, am Rande der Gräberstraße stehend, von Westen her auf. Der im 1. Jh. n. Chr. aufgeführte Rundbau wurde gegen Ende des 13. Jhs. als Wehrturm in die Burg der Caetani einbezogen. Die dadurch entstandenen Veränderungen überliefert auch die Zeichnung des Exarchitekten. Dabei handelt es sich um eine Aufstockung oberhalb des Bukranienfrieses, von dem Metz nur ein kleines Stück an der linken Begrenzungslinie des Rundbaus wiedergibt. Die aus Ziegelsteinen gemauerte Aufstockung trug einen Zinnenkranz; auf unserem Blatt sind davon lediglich drei Zacken in einer Mauerlücke nahe des rechten oberen Bildrandes zu erkennen. Mit der veränderten Nutzung dürfte auch der hohe Schornstein links oben sowie das knapp unterhalb des Sockelgesimses angebaute Mauerstück mit rundbogiger Pforte nebst zugehörigem Treppenaufgang zusammenhängen. Die sich bis zum rechten Bildrand hinziehende hohe Mauer, ebenfalls eine spätere Hinzufügung, interessierte den Zeichner weniger, weswegen er sie nur mit einigen Linien andeutete. Schon 1851 fehlte im Sockelgeschoß die Verkleidung aus Travertinplatten fast vollständig. Daher ragen drei Reihen von quadratischen Balkenköpfen recht auffällig aus dem Ziegelmauerwerk hervor. Ursprünglich könnten diese als Auflager für die Verkleidung gedient haben.

Daß der Künstler daran dachte, unser Blatt als Vorlage für ein Atelierbild zu nutzen, kann daraus geschlossen werden, daß er die Umgebung des antiken Grabbaues näher charakterisierte und auch zwei Staffagefiguren probeweise den Weg zum Monument hinaufsteigen ließ. Außerdem führte Metz die Via Appia in die Bildtiefe hinein fort und setzte im Hintergrund durch eine mauerumfriedete Klosteranlage (wohl San Sebastiano), eingerahmt durch die beiden Vordergrundbäume, einen weiteren Akzent. So ist auf der Zeichnung die spätere Bildkomposition schon vorformuliert.

Wie bereits erwähnt, hatte Metz während seiner Studienzeit italienische Blätter seines Lehrers kopiert, so etwa Hessemers Wiedergabe des Säulentrümmerfeldes bei Selinunt. Nachdem der junge Künstler sich nun selbst in Sizilien umsehen konnte, fertigte er eine Zeichnung vom sogenannten Tempel der Juno Lacinia (Tempel D) in Agrigent an (*Abb. 23*). Dieser um 460 v. Chr. erbaute Peripteral-Tempel war schon damals weniger gut erhalten als der etwas jüngere Concordia-Tempel, der noch über einen vollständigen Säulenkranz und die Cella verfügte. Für seine Arbeit wählte Metz die Übereckansicht des Tempels, wohl um die Längsfront mit den 13 noch aufrecht stehenden, ein Gebälk tragenden dorischen Säulen in der ganzen Ausdehnung wiedergeben zu können. An der uns zugewandten Schmalseite fehlen drei der Säulen. Der Zeichner füllte die Lücke optisch mit tieferstehenden Säulenschäften; zwei davon sind lediglich linear angedeutet, der dritte wurde genauer ausgearbeitet. Metz gab sich große Mühe, Kanelluren und Kapitelle sowie die den Stylobat bildenden Quader genau zu charakterisieren. Er deutete auch hie und da den Bewuchs an, der sich in den undicht gewordenen Fugen eingenistet hatte. Weiterhin umgab der Zeichner die Tempelruine mit Trümmerstücken und gesellte ihr zwei tieferstehende Bäume zu, deren kugelförmige Kronen einen wohltuenden Kontrast zu den strengen Vertikalen und Horizontalen der Architekturmonumente bilden. Mit seiner Zeichnung überliefert uns der Künstler nicht nur eine zuverlässige Wiedergabe der Tempelruine, sondern fing darüber hinaus das besondere Flair des in der Einsamkeit überdauernden Relikts einer großen Epoche der Menschheitsgeschichte ein.

Ein anderer Hessemerschüler, Friedrich Wilhelm Ludwig, streifte während seines Romaufenthaltes im Frühjahr 1851 in verschiedenen Stadtvierteln umher. Dabei stieß er in der Gegend des ehemaligen Forum Boarium auf ein merkwürdiges Gebilde. Dieses mutete zunächst wie ein Triumphbogen an; bei näherem Zusehen erwies sich jedoch, daß es nach jeder Himmelsrichtung eine gleichartige Fassade ausbildete. Ludwig war auf ein spätantikes Tetrapylon gestoßen, das zu Beginn des 4. Jhs. n. Chr. unter Zuhilfenahme von Spolien errichtet worden war. Um den in der Nähe von San Giorgio in Velabro gelegenen sogenannten Janus Quadrifrons (*Abb. 24*) zeichnen zu können, nahm der junge Architekt in der auf die Kirche zuführenden Straße Aufstellung. Dadurch konnte er noch den Kirchturm sowie den freiliegenden Teil des Arco Argentarii mit auf sein Blatt bekommen. Letztgenannten Bogen hatten die Geldwechsler des antiken Forums zu Ehren des Kaisers Septimius Severus, seiner Gattin Julia Domna und seiner Söhne errichten lassen. Da der frühchristliche Kirchturm von San Giorgio den größten Teil des antiken Bogens überdeckte, sah Ludwig lediglich ein pfeilerartiges Restgebilde. Auf der ihm zugewandten Schmalseite deutete er eines der Figurenreliefs sowie rahmende Schmuckpilaster mit korinthischen Kapitellen an.

Ludwig präsentierte sich aus dem von ihm gewählten Blickwinkel zwar ein interessantes Ensemble, der Janus Quadrifrons erlitt jedoch durch die perspektivische Verkürzung eine gewisse Einbuße. Schon damals war das Bauwerk der korinthischen Säulen beraubt, die einstmals die zwölf, auf zwei Etagen verteilten Muschelnischen gerahmt hatten. Möglicherweise fehlte auch ein pyramidenförmiger Aufsatz, der jedoch nicht gesichert ist. Trotz dieser Reduzierungen wirkt das Tetrapylon imponierend, und Ludwig ist zu danken, daß er das interessante Monument in seiner damaligen Umgebung für die Nachwelt festgehalten hat. Am linken unteren Blattrand notierte Ludwig die Namen aller wiedergegebenen Objekte, wobei er die Geldwechsler fälschlich in Goldschmiede verwandelte!

Ludwigs Blatt mit einem Ausblick über das Forum Romanum (*Abb. 25*) ist allein schon wegen der Vielzahl der wiedergegebenen Monumente interessant, ganz abgesehen vom geschickten Aufbau der Komposition. Auch Ortsunkundigen vermag die Zeichnung eine gute Vorstellung vom ehemaligen Zentrum der antiken Urbs zu vermitteln. An diesem akribisch gezeichneten Blatt muß der Künstler viele Stunden gearbeitet haben.

In den Mittelpunkt seiner Komposition hat Ludwig die acht ionischen Säulen des Saturntempels gestellt. Diese leiten über zur Via Sacra, die sich bis zum Titusbogen im Hintergrund hinzieht. Auf der rechten Blatthälfte kann der Blick über Fundamente und Mauern zu den drei stehengebliebenen Säulen des Dioskurentempels wandern. Diese erheben sich vor der frühchristlichen Kirche Santa Maria Antiqua und den darüberliegenden Farnesischen Gärten. Jenseits der zentralen Säulenreihe ist der dreitorige Septimius Severus-Bogen zu erkennen, dessen linke Seite von einer der drei restlichen Säulen des Vespasian-Tempels überdeckt wird. Neben ihrem antiken Gebälk schiebt sich eine barocke Kuppel mit Laterne ins Bild. Sie gehört zur Künstlerkirche SS. Lucca e Martina, die Pietro da Cortona als Akademiedirektor stiftete und selbst in Form eines griechischen Kreuzes mit konvexer Eingangsfassade von 1634-1650 erbaute. Im Hintergrund unserer Zeichnung erhebt sich links neben dem winzigen Titusbogen ein weiterer Kirchturm, der aus dieser Perspektive scheinbar vom Kolosseum hart bedrängt wird. Er gehört zu Sta. Maria Nova. Ludwigs im Mai 1851 entstandene Wiedergabe des Forum Romanum vermittelt uns auch die Erkenntnis, daß die einstige Keimzelle Roms einem beständigen Wandel unterworfen ist, und daß es an Wunder grenzt, hier am ursprünglichen Ort römische Geschichte und Kultur noch unmittelbar erleben und 'begreifen' zu können!

Wie reagierten nun die Frankfurter Künstler auf die überwältigenden Eindrücke, denen sie in Italien, und vor allem in Rom, beständig ausgesetzt waren? Man nimmt natürlich an, daß Maler wie Architekten das Lob Italiens und seiner Kunstschätze permanent angestimmt hätten, aber weit gefehlt! Die Frankfurter befleißigten sich einer Trotzhaltung und suchten zu beweisen, daß sich deutsche Kunst und deutsche Künstler neben römisch-italienischen Bravourleistungen nicht zu verstecken brauchten: „*Wenn ich an den Dom zu Speyer denke, lieber Gott, keine Kirche in Italien hat solch ein erhabenes Inneres*" [11], behauptete Hessemer, der doch das Pantheon wie auch Sankt Peter kannte und San Vitale in Ravenna sowie

andere frühchristliche Kirchen besucht und gezeichnet hatte! Bezüglich dieser Auffassung weiß er sich im Einklang mit seinen Freunden und Kollegen: „*Alle haben es mir gesagt, und ich selbst habe es sehr wahr gefunden, daß es hier in Rom ganz besonders erquicklich ist, Gegenstände der deutschen Baukunst zu sehen.*" [12]

Auch die Frankfurter Maler lobten Dürer und die altdeutschen Meister in höchsten Tönen. Der gesamte deutschrömische Künstlerkreis nahm den dreihundertsten Todestag des berühmten Nürnbergers zum Anlaß, am 28. April 1828 ein Dürerfest in der Villa Albani zu feiern, das mit Festreden, Gedichten, Gesängen, lebenden Bildern und Illuminationen umrahmt wurde und großes Aufsehen erregte. Bereits 1818 war Julius Schnorr von Carolsfeld, einem der bedeutendsten Nazarener in Rom, aufgefallen, daß „*der Deutsche nie deutscher gewesen, als er es jetzt hier (in Rom) ist.*" [13]

Vielleicht mußten auch die deutschen Künstler als kleine, ganz auf sich gestellte Gemeinschaft in der Fremde, die sich zudem beständig mit Werken von Titanen wie Michelangelo, Raffael, Bernini – um nur einige zu nennen – konfrontiert sah, so reagieren, um das Selbstbewußtsein nicht ganz zu verlieren und der Verzweiflung anheimzufallen! Nicht wenige wurden in Rom aus der Bahn geworfen und waren von dem gleichen Gefühl befallen wie Morgenstern, der ehrlich bekannte: „*Ich verlor den Mut und bekam den fürchterlichsten Katzenjammer!*" [14] Manche träumten auch von einem „*deutschen Rom*" als Gegenpol zur italienischen Kapitale, wie das auch Schnorr von Carolsfeld vorschwebte: „*Obwohl ich die feste Überzeugung habe, es sei zu wünschen, daß einst der Zeitpunkt komme, wo die deutschen Künstler nicht mehr scharenweise nach Rom*

---

11) ebenda 2.

12) ebenda I 238, Brief an Georg Moller, Darmstadt.

13) J. Schnorr v. Carolsfeld, Brief an Rochlitz vom 12. September 1818 aus Rom, in: Künstlerbriefe aus dem 19. Jh. (1914) 158.

14) Brief vom 9.3.1837 an Dr. Alexander Stein.

ziehen, daß *wir in unserem Lande ein deutsches Rom haben, wie es einst wohl Köln gewesen sein mag.*"[15] Damit meinte er nicht die römische Colonia Agrippina, sondern das mittelalterliche Köln zur Zeit Stefan Lochners.

Trotz allen Sträubens und aller Deutschtümelei mußte aber auch Schnorr von Carolsfeld schließlich zugeben, daß *"Rom wirklich der günstigste Ort war, um den deutschen Künstler, dem ein anderer Sinn aufging, in diesem sonderbaren Zeitpunkt aufzunehmen.*"[16] Nach und nach lernte auch die Frankfurter Künstlergruppe begreifen, was sie Rom und Italien zu verdanken hatte. Der nüchterne Carl Morgenstern räumte zumindest ein, *"in einigen 40 Studien und einer guten Portion Zeichnungen etwas gelernt zu haben.*" Ihm fiel auf, daß *"seine Bilder jetzt aber doch besser waren als seine früheren.*"[17] Otto Donner von Richter (*s. hier S. 311 ff.*) hob besonders die animierende Wirkung der kunstträchtigen Umgebung hervor: *"Auf dem Boden Roms, wo schon die alte Kunst ihr Höchstes geleistet hat, wo auch die Heroen unserer neuen deutschen Kunstperiode Schöpfungen hervorbrachten, die sie kaum je übertroffen haben, da müssen sich unwillkürlich die Anforderungen, die der Künstler sich selbst zu stellen verpflichtet ist, aufs Höchste steigern*"[18]. Das Schlußwort soll, wie die Einleitung, F.M. Hessemer gehören, den vor allem die griechischen Tempel Unteritaliens derart fasziniert hatten, daß er wünschte, daß es *"möglich werden könnte, eine so glückliche Vereinigung von Schönheit und Verstand nebst der strengen Konsequenz der Griechen in unsere heutige, unkonsequente Zeit zu übertragen*"[19]. Vor jeder neuen Bauaufgabe stellte er sich von nun an die Frage: *"Wie würde das ein Grieche in unserer Zeit gebaut haben?*"[20]

Anhang

Carl Morgenstern, "Das Colosseum" (*Abb. 16*) Kopie nach Antonio Canale, Aquarell und Feder, 16 x 22 cm, aufgezogen, sign. und dat. rechts unten "C. Morgenstern del 1828," auf dem Passepartout bezeichnet "Colosseum in Rom", Privatbesitz.

Carl Morgenstern, "Das Colosseum in Rom" (*Abb. 17*), Öl auf Karton, auf Leinwand aufgezogen, 26,5 x 40,5 cm, sign. dat. und bez. rechts unten "1. Juny 1837 Colosseum, C .M.", Privatbesitz.

Carl Morgenstern, "Der Venustempel im Golf von Baiae" (*Abb. 18*), Bleistiftzeichnung, 24 x 35,7 cm, unsign. bez. re. unten "Bajae, 9. Nov. 1835", Privatbesitz.

Carl Morgenstern, "Der Venustempel im Golf von Baiae" (*Abb. 19*), Öl auf Leinwand, Kunsthandel.

E. W. Pose, "Campagnalandschaft bei Torre dei Schiavi" (*Taf. 1*), Öl auf Holz, 30 x 42 cm, sign. und dat. re. unten "E. W. Pose, 1854", Kunsthandlg. J. P. Schneider jr., Frankfurt.

Carl Morgenstern, "Campagnalandschaft bei Torre dei Schiavi" (*Abb. 20*), Öl auf Leinwand, 20,5 x 31 cm, sign. re. unten "C. M.", Galerie Uwe Opper, Kronberg.

Ludwig Metz, "Der Tempel der Minerva Medica in Rom" (*Abb. 21*), Bleistiftzeichnung, 28,5 x 44 cm, unsign., wohl 1852 entstanden, bez. re. unten "Tempel Minerva Medica z. Rom", Städelsches Kunstinstitut, Inv. Nr. S.G. 2633.

---

15) Schnorr v. Carolsfeld a.a.O. 157.

16) ebenda.

17) Carl Morgenstern, Brief Nr. 58 vom 31. Oktober 1836 aus Rom.

18) Otto Donner v. Richter, In Rom vor 50 Jahren, in: Jahrb. d. Freien deutschen Hochstifts, 1903, 161.

19) Hessemer, Reiseberichte II 140.

20) ebenda 141.

Ludwig Metz, „Das Grabmal der Cecilia Metella" (*Abb. 22*), Bleistiftzeichnung, 28x39,2 cm, unsign. und undat., (wohl 1852), Städelsches Kunstinstitut, Inv. Nr. S.G. 2607.

Ludwig Metz, „Der Tempel der Juno Lacinia zu Girgenti" (*Abb. 23*), Bleistiftzeichnung, 23,3x26 cm, unsign., bez. links unten „Tempel d. Juno Lacinia z. Girgenti" (wohl 1852), Städelsches Kunstinstitut, Inv. Nr. S.G. 2626.

Friedrich W. Ludwig, „Der Janus Quadrifrons in Rom" (*Abb. 24*), Bleistiftzeichnung, 37,5x27,5 cm, sign. und dat. re. unten ligiert „FWL, 9. April 51", bezeichnet li. unten „S. Giorgio in Velabro, – Bogen der Goldschmiede – Janus Quadrifrons in Rom", Städelsches Kunstinstitut, Inv. Nr. 15867.

Friedrich W. Ludwig, „Das Forum Romanum in Rom" (*Abb. 25*), Bleistiftzeichnung, 33,5x44 cm, sign. re. unten ligiert und dat. „FWL, 4. May 51", links unten bez. „Forum Romanum", Städelsches Kunstinstitut, Inv. Nr. 15867.

HEIKE KOMNICK

Höchster Porzellan und pompejanische Wandmalerei

Diverse Veröffentlichungen zu Klassizismus, Kunsthandwerk und Antikenrezeption setzen sich zwar mit der Dekoration von Porzellan nach antiken Vorbildern auseinander[1], doch konkrete Bezüge zwischen einem antiken Original, dem Porzellandekor und der Stichvorlage können nur selten aufgezeigt werden[2]. Zu dem üblichen antikischen Formenrepertoire und den Dekoren „à l'antique" aus dem Frühklassizismus gehören beispielsweise Portraitköpfe, Girlanden, Ornamentik und einzelne figürliche, aus dem Bildzusammenhang herausgelöste pompejanische Motive. Inhaltlich und formal war das Kunsthandwerk dieser Zeit allgemein geprägt von einer Reaktualisierung der Antike[3].

Zwar ist der Rückbezug auf die Antike als solcher seit der Renaissance eine Konstante in Literatur und Kunst, doch die Borbonischen Ausgrabungen[4] in Herkulaneum, Stabiae und Pompeji sowie die Schriften Winckelmanns[5] vermittelten eine neue, „archäologische" Antikenvorstellung.

Während der Borbonischen Grabungsphase in Kampanien wurden die seinerzeit interessantesten Bildfelder aus den Wandsystemen herausgeschnitten. Die größtenteils in Herkulaneum zwischen 1739 und 1765 geborgenen Wandmalereien gelangten in die Borbonische Sammlung in Portici[6]. Ein Besuch dieser Galerie

Mein Dank für die erhaltenen Anregungen gilt Dr. M. Bauer (Museum für Kunsthandwerk, Frankfurt), Dr. H. Reber (Landesmuseum, Mainz) und Dr. H. Kotsidu (Archäologisches Institut der Universität Frankfurt) sowie P. Stahl (Historisches Museum, Frankfurt), C. Setzepfand (Porzellanmanufaktur Höchst) und A. Giefer (Hoechst AG) für das zur Verfügung gestellte Material und M. Becht für die Photoaufnahmen.

1) G. Schade, Berliner Porzellan. Zur Kunst- und Kulturgeschichte der Berliner Porzellanmanufaktur im 18. und 19. Jahrhundert (1987); C. Keisch, in: Staatliche Schlösser und Gärten Potsdam - Sanssouci. Friedrich II. und die Kunst I (1986) 110ff.; P.W. Meister - H. Reber, Europäisches Porzellan (1980); O. Ferrari, Porcellane Italiane del Settecento (1966).

2) W. Baer, in: W. Arenhövel (Hrsg.), Berlin und die Antike I (1979) 252: „Trotz dieses sehr vielfältigen von der Antike inspirierten Angebots der Berliner Manufaktur (...) kann man doch eigentlich nie von direkten oder gar getreuen Wiederholungen nach antikem Vorbild sprechen (...), sondern nur von allgemeinen, sehr mannigfachen und zurecht phantastischen Variationen zum Thema Antike, ein sehr bezeichnendes Teilbild für das Antikenverständnis und die Antikenbegeisterung der damaligen Zeit." A. Carola-Perrotti, Le porcellane dei Borbone di Napoli (1986); A. Rosenblum, Transformation in late 18th century art[2] (1969) 3-21; S. Ducret, Keramik und Graphik des 18. Jahrhunderts. Vorlagen für Maler und Modelleure (1973).

3) G. Pucci, in: S. Settis (Hrsg.), Memoria dell'antico nell'arte italiana 3 (1986) 253-293; J. Erichsen, Antique und Grec. Studien zur Funktion der Antike und Kunsttheorie des Frühklassizismus (1980); F. Bologna, in: L. Franchi dell'Orto - A. Varone, Pompei wiederentdeckt (1983) 78-92; E. Maek-Gérard, in: H. Beck - P.C. Bol (Hrsg.), Forschungen zur Villa Albani. Antike Kunst und die Epoche der Aufklärung (1982) 1-58.

4) M. Ruggiero, Storia degli scavi di Ercolano (1885); Pompei 1748 - 1980. I tempi della documentazione (1981). In Herkulaneum grub man seit dem Jahre 1738, und in Pompeji begann man 1748 mit den Ausgrabungen.

5) J.J. Winckelmann, Geschichte der Kunst des Altertums (1760); ders., Sendschreiben von den Herculanischen Entdeckungen (1762); ders., Nachrichten von den neuesten Herculanischen Entdeckungen (1764). Er war es auch, der forderte, die Grabungsfunde als Modell für Ornamentik und Form in das Kunstschaffen seiner Zeit zu übernehmen.

6) M. Grant, Eros in Pompeji. Das Geheimkabinett des Museums von Neapel[2] (1977); H. Kammerer-Grothaus, in: H. von Steuben u.a. (Hrsg.), Antikensammlungen im 18. Jahrhundert (1981) 11-20.

war im 18. Jh. nur unter Schwierigkeiten mit königlicher Erlaubnis gestattet[7]. Tatsächlich kritisierten zahlreiche Italienreisende aus jener Zeit, daß Aufseher das generelle Verbot von Notizen bzw. Zeichnungen nach den Antiken streng überwachten. Charles de Bourbon, der spätere Karl III. von Spanien, beauftragte zunächst Ottavio Antonio Bayardi mit der Veröffentlichung der Ausgrabungsfunde[8]. Dann gründete er im Jahre 1755 die Accademia Ercolanense[9], die schließlich das achtbändige Werk „Le Antichità di Ercolano" erarbeitete[10]. Es trug mit seinen zahlreichen Kupferstichen zu einer weiten Verbreitung der Kenntnis von der Antike bei. Vor allem die Wiedergabe von Motiven aus der pompejanischen Wandmalerei, von der bis dahin ja fast gar nichts bekannt war, gab neue Impulse[11]. Eine wahre „Pompeji-Mode"[12] prägte nach 1760 ein Kunsthandwerk mit antikischem Formenrepertoire.

Ohne jenes antiquarische Interesse und die Begeisterung des 18. Jhs. für die pompejanische Wandmalerei läßt sich die Bemalung einer Gruppe von Tellern nicht denken, welche aus der Kurfürstlichen Porzellanmanufaktur in Höchst hervorgegangen ist[13]. All diese

---

7) Winckelmann a.a.O. Winckelmann machte die deutschen Antikenliebhaber auf die Borbonischen Ausgrabungen aufmerksam. Er schrieb über die Schwierigkeiten, eine Besuchserlaubnis für die Sammlung in Portici zu erhalten. Zu seiner Zeit waren dort etwa tausend Bildfelder von pompejanischer Wandmalerei ausgestellt. P. Werner, Pompeji und die Wanddekoration der Goethezeit (1970) 29.

8) A.O. Bayardi, Catalogo degli antichi monumenti dissotterati nella riscoperta città di Ercolano (1755). Auf den noch erhaltenen borbonischen Rahmen sind römische Zahlen angegeben. Urprünglich korrespondierte die fortlaufende Numerierung der Bilder mit dem Katalog von Bayardi. Außerdem sind die Initialen E, P oder S zu erkennen, die auf den Fundort hinweisen. Ottaviano Antonio Bayardi berücksichtigte diese Herkunftsangabe nicht.

9) Soprintendenza Archeologica per le Province di Napoli e Caserta (Hrsg.), Alla ricerca di Iside (1992) 81.

10) Le antichitá di Ercolano esposte. Le pitture antiche d'Ercolano e contorni incise con qualche spiegazione (1757 - 1792); im folgenden zitiert: Le pitture antiche d'Ercolano. Insgesamt sind acht Foliobände unter dem Titel „Le antichità di Ercolano" in der Zeit 1757 bis 1792 erschienen. Das ursprüngliche Vorhaben sah etwa 40 (!) Bände vor. Neben Bronzen, Kandelabern und Öllampen sind größtenteils die Wandbilder als Kupferstich wiedergegeben. Welche Bedeutung die „Antichita di Ercolano" für das Borbonische Königshaus hatte, zeigt bereits die hohe Auflagenzahl der ersten vier Bände über die Malerei mit jeweils 2125 Exemplaren. Da sie anfänglich nur als Staatsgeschenke ausgegeben wurden, waren sie seinerzeit sehr begehrt. Vielleicht kann man im Wettstreit um politisches Ansehen mit anderen europäischen Fürstenhöfen - speziell zwischen Neapel und Rom - ein nicht unbedeutendes Motiv für das Engagement Karls III. an den

Grabungen, der Einrichtung des Museums in Portici und der Publikation durch die Akademie sehen.

11) E. Chevallier, Gazette des Beaux-Arts 1307, 1977, 177-188; C. Grell, Herculanum et Pompéi dans les récits des voyageurs français du XVIIIe siècle (1982); G. Reitz, Pompeji. Die Ausgrabungen in frühen Kupferstichen und Lithographien des 18. und 19. Jahrhunderts (1972); D. Kaspar, in: H. von Steuben u.a. (Hrsg.) a.a.O. 21-29.

12) M. Praz, Gusto neoclassico[2] (1959); Bologna 79; Bologna zitiert aus einem Brief des Abtes Ferdinando Galiani, der 1767 über die „Pompeji-Mode" in Paris bemerkte, *daß heute alles à la grecque gemacht werden muß; dies ist das gleiche wie à Ercolanum ... Es gibt keine Bronzen, Schnitzereien und Malereien ohne Kopien aus Ercolano mehr.*"

13) Die Porzellanmanufaktur des Kurfürstentums Mainz bestand in Höchst vom Jahre 1746 bis 1796. Neben der Produktion von Rokoko-Figuren lag der Schwerpunkt auf den Geräten und Geschirren. Personelle Wechsel und Führungsdefizite brachten unerfreuliche wirtschaftliche Verhältnisse. Als im Zuge der französischen Revolution der Kurfürst Friedrich Karl Josef Freiherr von Erthal mit seinem Hof nach Aschaffenburg flüchtete, führte das Ende der kurmainzischen Wirtschaftspolitik mittelbar zur offiziellen Auflösung der Manufaktur. Das Inventar und die Gebäude kamen 1798 zur Versteigerung, was zur Folge hatte, daß Archivmaterial verstreut und ein Großteil verloren ging. K. H. Esser - H. Reber, Höchster Fayencen und Porzellane. Altertumsmuseum und Gemäldegalerie der Stadt Mainz (1964); L. Baron Döry, Höchster Porzellan aus der Sammlung des Historischen Museums Frankfurt am Main (1963); H. Reber, Höchster Porzellan des 18. Jahrhunderts aus Privatbesitz (1984); ders., Die Kurmainzische Porzellanmanufaktur Höchst II. Fayencen (1986).

Teller tragen die Radmarke[14] in blau und sind über viele Sammlungen und Museen verstreut. Sie zeigen figürliche Szenen nach Wandmalereien aus den Vesuvstädten, die in der Galerie des königlichen Palastes in Portici ausgestellt waren. Gerade die detailgetreue Wiedergabe der kompletten antiken Bildszene begründet die Einzigartigkeit dieser Höchster Teller[15]. Wie außergewöhnlich das malerische Programm dieser Teller ist, unterstreicht ein Vergleich mit den Porzellanerzeugnissen, welche die Manufaktur aus dem Mainzer Kurstaat im 18. Jh. hervorgebracht hat[16].

Stellvertretend soll hier einer dieser Höchster Teller *(Taf.3)* vorgestellt werden und das Verhältnis zwischen seinem Dekor und dem antiken Vorbild *(Abb.26)* anhand der Kupferstiche in den frühen Publikationen zu den Wandmalereien aus Herkulaneum aufgezeigt werden.

Der tiefe Teller trägt unter der Figurenszene den Titel „L'Éducation d'Achille" *(Taf.3)* und befindet sich heute in Privatbesitz[17]. Er gehört einer Gruppe von tiefen bzw. flachen Tellern an, die alle den gleichen Durchmesser haben[18]. Trotz unterschiedlicher Fahnen-gestaltung[19] lassen sich bei den Tellern Übereinstimmungen in der Form und im Dekorationsschema feststellen: Der zwölfpassig geschweifte Rand wird von einem profilierten, vergoldeten Saum abgeschlossen. Diesen Tellertypus[20] kennen wir mit anderer Bemalung bereits aus der Anfangszeit der Höchster Porzellanproduktion. Gold gefaßte Rocailleschnörkel konturieren das leuchtend blaue Schuppenmuster in hell-dunkler Kontrastierung auf der Fahne. Acht zarte verschiedenfarbige Blütenzweige ragen aus den Rocaillen über die Schulter hinab. Die Farben Blau, Altrosa, Gelb und Violett tragen auch die Blüten der Streublümchen im Fond. Die hohe Wertschätzung des auch als „*mosaïque*" bezeichneten Schuppenmusters belegen K. Röder und M. Oppenheim mit der Beobachtung, daß sich „*das mosaique niemals als Dekor von Speiseservicen in den Listen der auf dem Lager befindlichen Waren*" fand, sondern „*wohl nur auf Bestellung gearbeitet*" wurde[21].

Aus diesen formalen Details läßt sich schließen, daß die Tellerserie älteres Formengut wiederverwendet. Die Aufnahme alter Formen in das Herstellungspro-

---

14) H. Reber, Höchster Porzellan aus drei Jahrhunderten[2] (1989) 250ff. Überwiegend sind die Porzellanerzeugnisse aus Höchst mit einem sechsspeichigen, blauen Rad markiert. Das Rad war das Wappenzeichen des Mainzer Kurfürsten. Im 18.Jh. wurde das Porzellan von den deutschen Manufakturen mit dem Wappen des jeweiligen Landesherren, der das Privileg erteilte, gekennzeichnet.

15) Auszug aus Magisterhausarbeit, z. Zt. in Vorbereitung. Die Teller sind bislang nicht als Gruppe zusammengeführt worden. Unter dem Aspekt der Antikenrezeption fehlt auch eine Gegenüberstellung von den antiken Vorbildern, den Kupferstichvorlagen und der Porzellanmalerei.

16) K. Röder - M. Oppenheim, Das Höchster Pozellan auf der Jahrtausend-Ausstellung (1930); Reber a.a.O. (1984); ders., in: Weltkunst 52, 1982, 3251-3258.

17) Mit freundlicher Genehmigung des Autors: H. Reber, Höchster Porzellan aus drei Jahrhunderten[2] (1989) 177; Reber a.a.O. (1984, s.o. Anm.13) Abb. S.172 stellt diesen Teller erstmalig vor.

18) Reber a.a.O. (1989) Abb. S. 176f.; Reber bildet diesen Teller und zwei weitere aus der Gruppe mit antiken Figurenszenen ab. Der Tellerdurchmesser beträgt 25,3cm bis 25,4cm.

19) ebenda. Die abgebildeten Teller zeigen ein blaues Schuppenmuster auf der Fahne. Die dritte Tellerfahne hingegen trägt auf altrosa Grund vier vierpassige Reserven mit Blumen. Diesen Fahnendekor zeigt ein weiterer Teller - ebenfalls dieser Höchster Gruppe zuzuordnen - mit der Bildunterschrift „Une Cérémonie Sacrée des mystères d'Isis" aus dem Historischen Museum in Frankfurt (Inv.Nr.25691); K. Woelcke, Volk und Scholle 1922, 99-101 Abb. 1.

20) Jener Formtyp findet sich mehrfach abgebildet bei Reber a.a.O. (1989, s.o. Anm.17) 73-75, im Katalogteil zu der Produktionsphase von 1756 bis 1765. Der passig geschweifte Rand wiederholt sich sowohl an dem tiefen Teller (Abb. S.74) als auch an der ovalen Schale (Abb. S.75) und da diese - dem Dekor nach zu urteilen - Teil eines großen Tafelservice „*mit bunter Landschaft*" sind, so haben wir hier eine wiederverwendete Form aus dem alten Produktionsbestand vor uns.

21) K. Röder - M. Oppenheim a.a.O. 93.

gramm ist für die Produktionszeit der Höchster Manufaktur häufig zu belegen. Ähnliche Rückgriffe gibt es auch bei anderen Manufakturen in der zweiten Hälfte des 18. Jhs.[22].

In unserem Zusammenhang ist aber weniger die Umrahmung im Stile des Louis XVI. von Interesse, sondern die Figurenszene im Spiegel. Die gold gefaßte Reserve ist bekrönt von einer goldgebundenen Girlande. Oben in der Mitte heben zwei flatternde Taenien die Girlande an. Eine von der unteren Rahmenseite herabhängende zweite Girlande umfaßt den in goldenen Lettern kursiv aufgetragenen Bildtitel „L'Education d'Achille". Im Spiegel dargestellt ist also der kleine Achill mit der Amme und seinem Lehrer Phoenix. Diese Höchster Figurenszene *(Taf.3)* zeigt ein rot gezeichnetes Monochrom auf einem weißen Marmorgrund mit gräulicher Äderung. Unter einer Palme sitzt der alte Phoenix auf einem Felsblock. Er hat nur ein Pantherfell um die Lenden geschlungen. Den rechten Arm hält er um die Schultern des Achill gelegt. Den Knaben auf seinem Schoß weist er mit der ausgestreckten Linken auf einen säulenförmigen Altar hin. Die Amme des Knaben trägt ein Gewand mit Halbärmeln und hat den Mantel schleierartig über den Kopf gezogen, so daß Kinn und Mund verhüllt werden. Sie beugt sich von hinten weit über zu Achill, indem sie den rechten Arm auf die Schultern des Alten legt. Rechts vor dieser Gruppe steht eine weibliche

Figur mit dem Rücken an ein Pferd gelehnt. Sie trägt einen Chiton mit geknöpften Ärmeln sowie einen drapierten, faltenreichen Mantel. Eine Stephane schmückt ihr Haar. Die rechte Hand ist mit ausgestrecktem Zeigefinger in Schulterhöhe erhoben, so als ob sie den kleinen Achill ermahnen wolle. Im Hinblick auf den Rundaltar zwischen den beiden Figurengruppen mag man seinerzeit in dieser Darstellung moralisierend einen Appell zur Frömmigkeit gesehen haben.

H. Reber weist in seiner Erstpublikation dieses Tellers allgemein auf die Vorlage des Bildmotivs hin: *„Szene nach 1782 publizierten Wandbildern aus Pompeji und Herculanum"*[23]. Von den frühen Veröffentlichungen über pompejanische Wandmalerei kommen nur wenige in Betracht, die dieses Motiv auch abbilden. Aus einem Vergleich der Stichwerke resultiert als einzig plausible Vorlage „Les Antiquités d'Herculanum"[24] aus dem Jahre 1781 mit Kupferstichen von François Ange David. Genau am Format des Vorlagenblattes *(Abb.28)* orientiert sich das Maß der goldenen Reserve[25]. Mit größter Detailgenauigkeit ist das Motiv vom Porzellanmaler auf den Teller übertragen worden. Beide Arbeiten aus dem 18. Jh. - Teller und Kupferstich - erwecken die Neugier auf das antike Vorbild.

In seinem Vorwort zum ersten Band der Davidschen Ausgabe gibt Pierre Sylvain Maréchal[26] Informationen zum Aufbewahrungsort der als Kupfer-

22) P.W. Meister - H. Reber, Europäisches Porzellan (1980); M. Newman, Die deutschen Porzellan-Manufakturen im 18. Jahrhundert (1977).

23) Reber a.a.O. (1984, s.o. Anm.13).

24) Antiquité d'Herculanum gravée par F.A. David avec leurs explications par P. Sylvain Maréchal (1781); im folgenden zitiert: Antiquités d'Herculanum. Auf dieses Abhängigkeitsverhältnis weist K. Woelcke in einem Aufsatz über zwei Teller aus dem Bestand des Historischen

Museums in Frankfurt hin, die auch Figurenszenen nach antiken Wandbildern zeigen, s. Woelcke a.a.O.

25) Die Ausmessung der Bilder auf den zwei Tellern im Historischen Museum in Frankfurt (Inv.Nr. X 25691 und X 25229) bestätigt im Vergleich, daß eine millimetergenaue Kopie der Kupferstichvorlage vom Porzellanmaler angefertigt worden ist.

26) Antiquités d'Herculanum I (1781) 3.

stich abgebildeten Antiken. Diese befanden sich seinerzeit in Portici im Palazzo Caramanico und im Palazzo
Reale, den Karl III. in der Zeit von 1738 bis 1752 unweit
der Ausgrabung zwischen der Meeresküste und dem
Vesuv anlegen ließ. Das „Museo delle Pitture"[27] war im
ersten und zweiten Geschoß des Südflügels des Palazzo
superiore untergebracht und über eine Galerie mit dem
„Museo Herculanense" verbunden. Die systematische
Aufhängung der antiken Bilder erfolgte erst 1760.
Bekanntermaßen ist die Borbonische Sammlung, nach
wiederholten Eruptionen des Vesuv und der Flucht von
König Ferdinand IV. - dem Sohn Karls III. - vor den fran-
zösischen Truppen nach Palermo im Winter 1798/99,
verstreut worden. Anfang des 19. Jhs. schließlich transfe-
rierte man die verbliebenen Antiken nach Neapel.
Zusammen mit der Bibliothek und der Sammlung
Farnese bilden sie den Grundstock des „Real Museo
Borbonico"[28]. Eben dort im jetzigen „Museo Nazionale di
Napoli" finden wir das antike Vorbild[29] (Abb.26) für
Davids Kupferstich und den Höchster Teller wieder. Es
gehört zu einer kleinen Gruppe von Bildtafeln aus
Marmor, die in bemalte Wände eingelassen waren.

C. Robert hat erstmals im Jahre 1899 das Motiv
dieses - bei der Borbonischen Ausgrabung in Herculaneum gefundenen - Marmorbildes als eine Darstellung

des „müden Silen" gedeutet[30]. Die neuere Forschung ist
bei dieser Interpretation geblieben. V. von Graeve führt
das römische Marmorgemälde auf ein späthellenistisches
Vorbild zurück[31]. Er hat mit Hilfe von UV-Aufnahmen
ganz neue Erkenntnisse über die Darstellung gewonnen.
In seiner Umzeichnung, die nicht rekonstruiert, lassen
sich Details besser erkennen.

Daß die Szene in einem Heiligtum der Athena
spielt, zeigt die Athenastatuette. Sie steht auf einer Säule
zwischen einer Gruppe von drei Bäumen in dem mit
Blumen bewachsenen Heiligtum. Der Helmbusch und die
über den gegürteten Peplos gelegte Ägis der Athena lassen sich erkennen. Dargestellt ist nach Robert der nach
langer Reise mit seinem Esel auf der Athener Akropolis
erschöpft rastende Silen, der von den Töchtern des
Königs Pandion, Prokne und Philomela, empfangen
wird[32]. Rechts auf einem Felsen sitzt vorgebeugt der alte
bärtige Silen, der nackt ist bis auf ein Fell, das er um
seine Hüften geschlungen hat. Das ausgestreckte linke
Bein hat er über das rechte angewinkelte Bein verschränkt. Er trinkt aus einem Rhyton, das er in der flachen rechten Hand hält. Eine junge Frau, die mit ihrem
Mantel den Kopf umhüllt hat, beugt sich von hinten über
ihn und legt die linke Hand auf seine Schulter. Vor dem
Silen steht eine zweite Frau, den linken Ellenbogen auf

27) ebenda 6; H. Kammerer-Grothaus, in: H. von Steuben u.a.(Hrsg.)
a.a.O. (s.o. Anm. 6) 11-19 Abb. 7.

28) V. Sampaolo, in: Le collezioni del Museo Nazionale di Napoli
(1986) 39-73.

29) Marmorbild „Müder Silen", H 33cm, Br 42cm, FO Herkulaneum,
Neapel, Museo Nazionale, Inv.9561. V. Sampaolo, in: Le collezioni del
Museo Nazionale di Napoli (1986) 172 Abb. 360.

30) C. Robert, Der müde Silen, Hallesches Winckelmannprogramm 23
(1899).

31) V. von Graeve, Dialoghi 2, 1984, 89-113.

32) Robert a.a.O. 7-17. Diese Darstellung gehört nach Robert thema-
tisch in den Zusammenhang des Einzuges des Dionysos in Attika, den
Pausanias I 23,5 bei seiner Beschreibung der Akropolis erwähnt.
Apollodor II 19,7 datiert den Besuch des Dionysos bei Ikarios in die
Zeit des Königs Pandion. Eine attische Lokalsage mag nach Robert die
Vorlage für das Gemälde gewesen sein. Da einschlägige antike
Textquellen fehlen, malt Robert in Anlehnung an die Notiz des
Pausanias die Legende aus: Silen, der alte Erzieher des Dionysos, habe
sich vom Thiasos entfernt und sei allein erschöpft auf der Akropolis
angelangt. Pandions Tochter Prokne, nach Ovid VI 587 Teilnehmerin
an einem Dionysosfest, empfange zusammen mit ihrer Schwester den
auf der Burg von Athen eingetroffenen Silen.

dessen Esel gelehnt. Mit ausgestrecktem Zeigefinger ist die Hand in einer Geste der Nachdenklichkeit an das Kinn geführt. Der rechte Arm liegt über dem Nacken des aufgezäumten Esels. Der um die Arme geschlungene Mantel gleitet über den Nacken des Tieres herab.

Zur Farbigkeit des Marmorbildes gibt es ganz widersprüchliche Angaben. Die Neapler Kupferstichausgabe[33] führt an, daß sich die Umrißlinien kaum erkennen lassen. Pierre Sylvain Maréchal hält sich in wörtlicher Übersetzung an den italienischen Erstdruck[34]. Die wenige Jahre zuvor erschienene kleinere deutsche Publikation von Chr.G. von Murr verarbeitet mit einem Anmerkungsapparat die Erkenntnisse Winckelmanns zu den sog. „Monochromata"[35]. Im 19. Jh. bleiben sowohl W. Helbig[36] als auch H. Roux und L. Barré[37] in ihren Schriften bei der Winckelmannschen Anschauung und ordnen das Marmorbild den Monochromen zu. Erst C. Robert[38] analysierte das Marmorbild neu und ließ ein Aquarell von Gilliéron anfertigen. Aus Farbspuren konnte er die ursprüngliche Farbigkeit zum Teil ermitteln: die niedergebeugte Frau trägt einen violettfarbenen Mantel über einem gelben Gewand. Die bei dem Esel stehende weibliche Figur ist mit einem grünen Chiton und einem ebenfalls violettfarbenen Mantel bekleidet. Am unteren Saum des Chiton befindet sich ein breiter rötlicher Streifen.

Das Bild wurde nach seiner Auffindung bei der Borbonischen Grabung - trotz des schlechten Erhaltungszustandes[39] - weithin bekannt und berühmt. Die erste Veröffentlichung *(Abb.27)*[40] erfolgte bereits 1757 durch die zwei Jahre zuvor von Karl III. gegründete „Accademia Ercolanense". Die Angabe des Maßstabs[41] bei dem Kupferstich sowie die graphische Kenntlichmachung der Fehlstellen am Marmororiginal lassen den antiquarischen Anspruch der Akademie als Herausgeber deutlich werden. Auffällige Abweichungen von dem Marmorbild *(Abb.26)* zeigt der Kupferstich nach der Zeichnung von Camillo Paderni in der Neapler Erstausgabe. Der schlechte Erhaltungszustand mag dazu geführt haben, daß Paderni für seine Arbeit Details kaum erkennen konnte[42]. Wesentliche Veränderungen stellen der kleine, bei dem Silen stehende Junge dar, das Fehlen der zwei Bäume hinter dem Pferd, im Original ein Esel, und die Stephane der stehenden Frau. In der Tafelerläuterung der Kupferstichausgabe wurde sie als Personifikation von Phthia gesehen. Die Athenastatuette ist ersetzt durch ein Gefäß auf dem Altar[43]. Unverständlich ist der linke, von einem Ärmel bekleidete Arm des Alten. Da man auf dem

---

33) Le pitture antiche d'Ercolano I (1757) 11.

34) Antiquités d'Herculanum I (1781) 14.

35) Chr.G. von Murr, Abbildungen der Gemälde und Altertümer in dem Königlich Neapolitanischen Museo zu Portici, welche seit 1738 sowohl in der im Jahr Christi 79 verschütteten Stadt Herculaneum als auch in Pompeji und in den umliegenden Gegenden an das Licht gebracht wurden, nebst ihrer Erklärung von C.G. von Murr nach den Original-Kupferstichen in Contorni von Georg Christoph Kilian[2] I (1793) 1: „... *Zeichnungen auf weißem Marmor sind mit einer einzigen Farbe gemalt (Monochromata) und bestehen aus bloßen Linien von Zinnober oder Messing.*" Zu Winckelmann s. unten mit Anm.56.

36) W. Helbig, Wandgemälde der vom Vesuv verschütteten Städte Campaniens (1868) 327 Nr.1405.

37) H. Roux - L. Barré, Herculanum et Pompéi II (1863) 33f.

38) Robert a.a.O. (s.o. Anm.30) 1ff. Taf.1.

39) Le pitture antiche d'Ercolano I (1757) 11.

40) ebenda 11-12 Taf. 3; Kupferstich von Nicolaus Billy nach einer Zeichnung von Camillo Paderni, H 23cm, Br 30,8cm. Paderni war der Kustode des königlichen Museums in Portici.

41) Der Maßstab zeigt zum Vergleich eine Scala in „Palmo Romano" und „Palmo Napoletano".

42) von Graeve a.a.O. (s.o. Anm.31) 92. V. von Graeve bemerkt, daß „*Paderni in seiner Wiedergabe weit von dem tatsächlichen Darstellungsinhalt abgekommen ist, vielleicht nicht ohne Einfluß seiner wissenschaftlichen Auftraggeber, die allerlei weit hergeholt mythologische Bezüge für die Deutung bemühten und auch einen antrafen, in welcher der Knabe im Arm des Silen seinen Platz fand.*"

43) Les Antiquités d'Herculanum I (1781) 14.

Marmor das Trinkhorn nicht erkannte, wurde die Form in den Kupferstichen als Arm umgedeutet. Der Silen zeigt eine verrenkte Körperhaltung mit einer zu weit vorn angesetzten linken Schulter.

Alle diese Abweichungen hatten zur Folge, daß die Akademie den „müden Silen" nicht erkannte, sondern in der Texterläuterung zu dem Kupferstich auf andere mythische Erzählungen zurückgriff. Die genaue Zuordnung unterblieb, und der Begleittext nennt alternativ drei römische Mythen[44]. Als erste Deutungsmöglichkeit wird die Erziehung des Achill nach Homer[45] genannt. Eine zweite basiert auf einer Neptun-Episode nach Pausanias[46]. Der vor dem Zorn seines Vaters Saturn durch die Mutter gerettete Neptun wäre dann mit einem Schäfer und der Amme dargestellt. Der dritte von der Akademie hinzugezogene Mythos findet sich ebenfalls bei Pausanias[47]. Hiernach könne es sich um eine Zusammenführung des Pferdes Arion mit seiner Mutter Ceres handeln. Bei ihnen sei Arions Schwester „Despoina" oder „Dea Regina" mit den beiden Erziehern, Schäfer und Nymphe. Alle drei Legenden erwähnen anstelle eines Esels ein Füllen[48]. Das erscheint sinnvoll in bezug auf Padernis Neapler Kupferstich, auf dem schließlich ein Pferd zu sehen ist.

Das Interesse an den vier Bänden über die pompejanische Wandmalerei, „Le pitture antiche d'Ercolano", war im Zuge der europäischen Antikenbegeisterung gegen Ende des 18. Jhs. so lebhaft, daß in verschiedene Sprachen übersetzte, gekürzte Buchausgaben gedruckt wurden. Die italienischen Stichvorlagen wurden nicht in gleicher Reihenfolge übernommen. Um die Produktionskosten vergleichsweise niedrig zu halten, reduzierte man das Blattformat. Die Reproduktionen sind verkleinert und seitenverkehrt.

Georg Christoph Kilian[49], der für die deutsche Ausgabe die Kupfertafeln nach den Zeichnungen Padernis gestochen hat, übernimmt in seinem Nachdruck des hier besprochenen Motivs auch das Pferd. Um seine Illustration zu erläutern, wählt der Herausgeber Christoph Gottlieb von Murr die Legende von dem Pferd „Arion"[50] nach der italienischen Ausgabe der herkulanensischen Akademie. Das Kind, welches der Alte umfaßt, wird nicht näher gedeutet.

François Ange David *(Abb.28)* kopierte ebenfalls Padernis' Zeichnung für die französischsprachige Ausgabe[51] der „Antichità d'Ercolano". Pierre Sylvain Maréchal[52] schreibt, daß es schwierig sei, dieses schlecht erhaltene Bild zu erläutern, und übernimmt aus der italienischen Textvorlage die drei fraglichen Legenden, ohne die Angaben der antiken Textquellen zu zitieren und zu kommentieren[53].

Nach diesem Exkurs über das antike Original - und in summarischen Zügen über seine Rezeptionsgeschichte - gilt es wieder auf den Höchster Porzellanteller und sei-

---

44) Le pitture antiche d'Ercolano I (1757) 12.

45) ebenda Anm.5; Homer, Ilias 9, 480.

46) Pausanias 8,8. Le pitture antiche d'Ercolano I (1757) 12 Anm. 6.

47) ebenda Anm.7; Pausanias 8,25.

48) Le pitture antiche d'Ercolano I (1757) 12 Anm. 5.

49) von Murr, Abbildungen der Gemälde und Altertümer ... (1777). Christoph Gottlieb von Murr gab in neun Bänden mit 765 Kupferstichtafeln eine vereinfachte kostengünstigere Ausgabe in deutscher Sprache für den freien Verkauf in Augsburg heraus. Die Kupferstiche sind nur im Umriß wiedergegeben.

50) von Murr a.a.O. (s.o. Anm. 35) II Taf.3. *„Der halb nackende, halb mit einem Felle bekleidete Alte hält ein Kind zwischen seinen Füßen, dessen Erzieher er zu seyn scheint, so wie die Weibsperson die Amme. ... Ceres mit dem Diadem lehnt sich hier auf das Pferd Arion."*

51) Antiquités d'Herculanum I (1781) Taf. 7, Kupferstich, H 6 cm, Br 8,2 cm.

52) Der umfangreiche philologische Anmerkungsapparat wurde weggelassen, und Pierre Sylvain Maréchal integrierte zur besseren Verständlichkeit einige aus den Anmerkungen notwendige Informationen in den Text.

53) Antiquités d'Herculanum I (1781) 14.

nen Maler zurückzukommen. Wie die Kupferstichvorlage aus „Antiquités d' Herculanum" so ist auch das Tellermotiv *(Taf.3)* seitenverkehrt, und es entspricht in seinen Maßen der Bildtafel von François Ange David. Der Porzellanmaler kopierte detailgetreu seine Stichvorlage. Da am Marmorbild eine Ecke bestoßen ist, findet sich eine entsprechende Auslassung auf dem Porzellanbild in der linken unteren Ecke. Für das Tellerbild ist von den drei Deutungsmöglichkeiten „L'Éducation d'Achill" herausgegriffen worden. Zu bedenken ist, daß die von einer Kartusche gerahmte Figurenszene - auch auf den anderen Tellern, soweit bekannt - jeweils eine Bildunterschrift in französischer Sprache in Goldlettern vorweist. Die graphischen Vorlageblätter von David tragen keine Titel und ebensowenig die den Kupferstichen vorangestellten Bilderläuterungen. Diejenige Person, die die Bildauswahl getroffen hat, war also in der Lage, den französischen Text zu studieren und aus der Interpretation den Titel herauszulösen. Mit dem mehrbändigen Kupferstichwerk von David hat sich folglich ein humanistisch Gebildeter auseinandergesetzt, wenn wir nicht annehmen möchten, daß der Porzellanmaler dazu in der Lage war. Jener hat denn auch Informationen über die Farbigkeit der Szenen dem Text entnommen[54].

Weder Davids Bildtafeln noch die anderen genannten Kupferstichbände sind koloriert. Die französischen Tafelerläuterungen von Pierre Sylvain Maréchal geben aber im allgemeinen die Farbangaben getreu der Borbonischen Prachtbände „Le pitture antiche d'Ercolano" wieder. Wie oben schon gesagt, schreibt Maréchal, daß sich eigentlich nur noch die Umrißlinien erkennen lassen[55]. Dies mag für den belesenen Auftraggeber Grund genug gewesen sein, sich auf Winckelmanns Schriften zu besinnen. Im siebten Buch seiner „Geschichte der Kunst des Altertums" schreibt Winckelmann über vier Monochromata in Rot auf weißem Marmor, die er in der Borbonischen Sammlung gesehen hat[56]. Dabei hat Winckelmann fälschlich die klassizistische Konturenmalerei zweier dieser Tafeln auf die ganze Gruppe übertragen. Man kann wohl davon ausgehen, daß Winckelmanns Publikationen dem Antikenliebhaber gegen Ende des 18. Jhs. bekannt waren. Auch Christoph Gottlieb von Murr sah, wie bereits erwähnt, dieses Marmorbild als Monochrom an und brachte es mit Winckelmanns Schrift in Verbindung[57]. Vor diesem Hintergrund läßt sich nachvollziehen, weshalb die Figurenszene im Spiegel des Tellers *„en camaieu"* gemalt ist. Sie sollte in ihrer Farbgebung auf dem Marmorgrund also dem antiken Marmorbild entsprechen.

Da mehrere Fahnendekore bekannt sind, lassen sich nur schwerlich Mutmaßungen über die ursprüngliche Anzahl der Tellerserien und der jeweiligen Stückzahl anstellen. Alleine schon die Tatsache, daß die Porzellane - eine Wiederaufnahme älteren Formengutes - Fehlstellen aufweisen, läßt uns hier an eine Auftragsarbeit eines

---

54) Ein Farbvergleich zwischen dem französischen Begleittext und dem Teller „Une Cérémonie Sacrée des mysteres d'Isis (s.o. Anm. 19) unterstreicht diese These und weitere Vergleiche haben sie bestätigt.

55) Antiquités d'Herculanum I (1781) 14.

56) J.J. Winckelmann, Geschichte der Kunst des Altertums, Buch 7 Kap.4 § 3: *„Von der zwoten Art der Monochromata, oder die allein mit*

rother Farbe gemalet sind, haben sich erhalten die vier oben gedachten Zeichnungen auf Tafeln von weißem Marmor in dem herculanischen Museo"; s. auch ebenda Kap.3 § 17f.

57) Von Murr a.a.O. (s.o. Anm. 35). Christoph Gottlieb von Murr führt die einfarbige Malerei auf die griechische Antike zurück und bezeichnet sie als *„en camaieu"*.

Hausmalers denken. Die Tellergruppe mit Figurenszenen nach den „Antiquités d'Herculanum" weist Fehlstellen[58] im Brand auf. Wegen der Risse unter der Glasur zählen diese Teller zu dem „defekten" Porzellan. In den Warenlisten[59] der Höchster Manufaktur wurde das „defekte" Porzellan von dem „weißechten" unterschieden[63]. Doch die Teller selbst sind nicht als zweite oder dritte Wahl gekennzeichnet[60]. Da „defektes" Porzellan nicht in der Manufaktur bemalt wurde, können diese Exemplare nur in *Hausmalerei*[61] dekoriert worden sein. Folglich werden sie nicht in den Höchster Warenlisten als „bemalte" Porzellane aufgeführt. Das deutet daraufhin, daß der Porzellanmaler die weißen Teller mit Fehlstellen günstig von der Manufaktur erworben hatte.

Nun gilt es, auf den Porzellanmaler dieser Höchster Teller zu sprechen zu kommen. H. Reber weist die Figurenszene im Fond dem in Mainz wohnhaften Johann Heinrich Usinger[62] zu. Das Auktionshaus Christie's schreibt den Teller mit dem Motiv „Venus in der Muschel" dem Maler Joseph Angele zu[63]. Nach einem Vergleich mit gesicherten Arbeiten dieses Höchster Porzellanmalers scheidet diese Möglichkeit aus. Von Usinger wissen wir, daß er von 1772 bis 1784 als freier Maler für die Kurfürstliche Porzellanmanufaktur in Höchst tätig war[64]. Einige seiner gemalten Porzellanstücke hat er mit vollem Namen signiert. Seine Signatur und die Jahreszahl 1784 trägt der Teller mit dem Bild „Un Faun s'efforçant d'embrasser une Nymphe"[65]. Auch dieser Tellerdekor, nach einem pompejanischen Wandbild, gehört zu der angesprochen Tellergruppe. Für deren Entstehungszeitraum ergeben sich also zwei Rahmendaten: 1781 und 1784, das Erscheinungsjahr der Kupferstichvorlage „Antiquités d'Herculanum" und das Ende von Usingers Tätigkeit als Porzellanmaler. Nach Siegfried Ducret erhielt Usinger kein festes Gehalt, sondern als Hausmaler Aufträge von der Manufaktur[66]. Als freier Mitarbeiter könnte er zu Hause in Mainz die Porzellane für einen Antikenliebhaber nach dessen Vorgaben bemalt haben.

Ein kurzer Ausblick auf die europäische Porzellanlandschaft des 18. Jhs. sei am Schluß gestattet. In dem fraglichen Zeitraum entstand nämlich ein „Servizio Ercolanense"[67]. Es war Ferdinand IV., der dieses seinerzeit berühmte Geschirr bei der Königlichen Porzellanmanufaktur Neapel im Jahre 1781 in Auftrag gab. Im August 1782 empfing es sein Vater, Karl III., in

---

58) An der Unterseite der Teller lassen sich im Porzellan deutlich Brandrisse erkennen. In einem Gespräch hat Dr. H. Reber darauf hingewiesen, daß diese Fehlstellen bei allen ihm bekannten Exemplaren dieser Tellergruppe vorliegen.

59) E. Zais, Die Kurmainzische Porzellanmanufaktur zu Höchst (1887).

60) Man hätte dies beispielsweise durch Anschleifen oder Einritzen der Radmarke erzielen können. In Höchst jedoch wurde Porzellan mit Fehlstellen nicht besonders kenntlich gemacht.

61) Die Höchster Manufaktur gab - ebenso wie andere Porzellanmanufakturen - das weiße „defekte" Porzellan zu einem geringen Preis an Hausmaler ab.

62) Reber a.a.O. (s.o. Anm. 17).

63) Christie's East, New York (27.4.1984); R. Valeriani - D. di Castro, Il valore delle porcellane europee. L'analisi critica, storica ed economica (1985) 66f.

64) Johann Heinrich Usinger (1745 - 1813). Er war spezialisiert auf Figuren, Genreszenen, Tiere und mythologische Darstellungen. R. Schäfer, Die Kurmainzische Porzellanmanufaktur zu Höchst a.M. und ihre Mitarbeiter im wirtschaftlichen und sozialen Umbruch ihrer Zeit 1746-1796 (1964); Zais a.a.O. 84; S. Ducret, Keramos 34, 1966, 44-54.

65) Teller „Un Faun s'efforçant d'embrasser une Nymphe", London British Museum, Ducret a.a.O. Abb. 10.

66) ebenda 44.

67) A. Carola-Perrotti, Le porcellane dei Borbone di Napoli (1986); Pucci a.a.O. (s.o. Anm. 3) 276. G. Pucci kommt zu dem Ergebnis, daß das „Servizio Ercolanense" verloren gegangen ist.

Madrid als Geschenk. Diese Auftragsarbeit ist eindeutig zweckbestimmt. Das „Servizio Ercolanense" stellte einen konkreten Bezug her zwischen Auftraggeber, Manufaktur, Porzellanmalerei und Betrachter. Ferdinand IV. ließ dieses einzigartige Service kein zweites Mal herstellen. Der Manufakturdirektor Domenico Venuti, Sohn des Ausgrabungsleiters von Herkulaneum, Marcello Venuti, entwarf die malerische Programmauswahl. Einen illustrierten Prachtband mit ausführlichen Erläuterungen fügte er dem Service bei. Die figürlichen Darstellungen von pompejanischen Wandbildern aus der königlichen Sammlung in Neapel sind nach den Kupferstichen „Le pitture antiche d'Ercolano" gemalt und auch mit Bildunterschrift versehen. Daher möchte man annehmen, daß die Kenntnis um das „Servizio Ercolanense" als Ideenträger für den Höchster Tellersatz[68] Vorbildcharakter gehabt haben mag.

---

68) H. Reber machte freundlicherweise darauf aufmerksam, daß keiner der ihm bekannten Teller Gebrauchsspuren aufweise. Folglich dürfen wir eine Nutzung als Tafelservice ausschließen und annehmen, daß die Verwendung der Teller rein dekorativer Art war.

GISELA FÖRSCHNER

Der Frankfurter Münzenhändler Mayer Amschel Rothschild

Zu dem Thema Klassische Antike in Frankfurt am Main fällt mir zuerst eine Anzahl antiker Münzen aus dem Münzkabinett des Historischen Museums Frankfurt ein. Obwohl keine gesicherten Angaben über deren Herkunft vorliegen, führt eine Spur zu dem Frankfurter Münzenhändler Mayer Amschel Rothschild (23.2.1744-16.9.1812) [1], der sich nebenbei - durch fleißiges Studium - zum versierten Münzenhändler ausgebildet hat, denn ursprünglich übte er den „Wechslerberuf" aus. Bei dem Versuch nachzuweisen, wie lange schon sich jene antiken Münzen in Frankfurt befinden, nutzen uns (Verkaufs-)-Verzeichnisse Frankfurter Münzenhändler, die in der Stadt- und Universitätsbibliothek verwahrt werden [2].

In Mayer Amschel Rothschilds Verzeichnis aus dem Jahr 1783 *(Abb.29)* wird auf den ersten Seiten eine *„Anzahl rarer Cabinetsthaler nach des Herrn von Maday vollständigen Thaler - Cabinet numeriert, welche vor bey stehende Preiße zu haben sind"*, und als Nachtrag werden *„sehr rare Antique Gold=münzen"* zum einen und zum anderen *„Kaiserliche Antique=Münzen in Silber"* angeboten [3]. Die beistehenden Preise verstehen sich in der seinerzeit üblichen Währung nach der Münzkonvention von 1750 in Gulden und Kreuzern, d.h. 1 Gulden galt 60 Kreuzer (abgekürzt fl. und kr.).

Wenn sich im Verzeichnis von 1775 *„eine Parthie von 396 Stück silberne Römische Münzen und 24 Stück goldene Römische Münzen findet"* und angegeben wird, *„es könnte die ganze Parthie in Natura zum Aussuchen, um einen billigen Preiß zugesendet werden"*, dann wird so dem Kunden, dem Münzliebhaber, gedient, indem er kauft, wie gesehen. Damit erübrigt sich die Angabe des Erhaltungszustandes bei dem einzelnen Stück. Heute jedoch ist bei allen Münzangeboten, sei es auf Auktionen oder zu Festpreisen, die sechsstufige Erhaltungsspezifikation unverzichtbar: Polierte Platte (nicht geputzt, sondern hier wurde vor der Prägung der Stempel chemisch bearbeitet, so daß eine Art Spiegelglanz entsteht), Stempelglanz, vorzüglich, sehr schön, schön oder g.e. (gut erhalten, eigentlich gering erhalten) bei jeder Münze oder Medaille anzugeben.

Nachweislich wurden jedes Jahr solche Verkaufsverzeichnisse erstellt. Alle sind in Oktavformat gedruckt, umfassen ca. 8 bis 15 Seiten und konnten mühelos in der Rocktasche mitgeführt werden. Daraus ergibt sich, daß es wohl Mayer Amschel Rothschilds Verdienst war, daß der Handel mit Münzen in Frankfurt nicht nur seinen Anfang, sondern auch einen großen Aufschwung nahm. Selbst heute noch gilt Frankfurt als eine Hochburg des Münzenhandels. Ich kenne weltweit keine Stadt, die in ihren Mauern eine solche Vielzahl von renommierten Münzenhändlern aufweisen kann.

---

1) Knütterscheid, Der Gründer des Rothschildschen Bankhauses als Münzhändler, Mitt. f. Münzsammler, Nr. 9/10, 1924, 91ff.

2) In einem Band zusammengebunden, 21 Verkaufsverzeichnisse für Münzen: Jägersche Buchhandlung, Frankfurt 1769, 32 Seiten; 16 Seiten; Mayer Amschel Rothschild, Frankfurt 1783, 16 Seiten, (geändert in) 1784, 12 Seiten; 1786, 12 Seiten; o.J. 6 Verzeichnisse, zwischen

8 und 12 Seiten; ohne Firmenname, 1775, 30 Seiten; 1780, 40 Seiten; o.J. 34 und 26 Seiten; Georg Christoph Jäger, Nürnberg, o.J., 16 und 8 Seiten; Hayum Anspacher, Fürth, 4 Verzeichnisse o.J., zwischen 4 und 8 Seiten.

3) Madai, David Samuel, Sein Vollständiges Thalercabinett, 3 Bände, 3 Fortsetzungen, Königsberg 1765-1778.

Weil Münzen in der Regel mehrfach hergestellt werden und kein einmaliges Kunsterzeugnis sind, ist es nach der oft nur zweizeiligen Beschreibung der Münzen in den Verzeichnissen Ende des 18. Jhs. nicht hundertprozentig sicher, ob es sich genau um diese oder jene Münze handelt. Dennoch wagen wir den Vergleich, denn die Seltenheit mancher Stücke macht es unwahrscheinlich, daß sich mehrere Exemplare in altem Frankfurter Privatbesitz befanden. Von den 17 antiken Goldmünzen auf den Seiten 13 und 14 des Verzeichnisses von 1783 sind möglicherweise sechs Stücke (S. 13 Nr. 4 und 5, S. 14 Nr. 8, 9, 13 und 17) mit Exemplaren im Münzkabinett des Historischen Museums identisch (Inv.-Nr. 7898, 7941, 7849, 7928, 7919 und 7858). Bei den kaiserlichen antiken Münzen in Silber (S. 15 Nr. 3, 6, 12, 16 und 18) handelt es sich offensichtlich um kaiserzeitliche Denare von Augustus, Vitellius, Vespasian und zweimal Domitian, die mit fünf Stücken des Historischen Museums (Inv.-Nr. 4310, 4648, 4674, 4862 und 4816) identisch sein könnten (Abb.37-41).

Auch heute werden in den Münzangeboten Goldmünzen den Silbermünzen vorangestellt. Welche Ordnungskriterien innerhalb der Goldmünzen bei Mayer Amschel Rothschild eine Rolle spielten, ist kaum nachzuvollziehen. Dennoch stellen wir eine zeitliche Abfolge fest. Aber warum taucht z.B. der Solidus Valentinians (S. 14 Nr. 17) aus der Zeit 375 bis 392 erst an letzter Stelle auf, obwohl doch Arkadius (383-408), Theodosius (402-450) und Constantin III. (407-477) nach ihm zur Regierung kamen?

Ein Hilfsmittel für die Bestimmung von Goldmünzen, und damit auch für die Identifizierung unserer Stücke, ist die Gewichtsangabe. In damaliger Zeit wußten sicherlich nur wenige Sammler, daß es sich in spätrömischer und byzantinischer Zeit um einen Solidus oder den niedrigeren Wert, einen Tremissis, handelte. Mayer Amschel Rothschild half sich durch die geläufige Angabe nach Dukaten. „1-1/4-Ducaten" waren 4g Gold,

weil ein Dukat etwa 3,5g wiegt, was dem Gewicht eines Solidus entspricht. „7/16-Ducaten" sind ca. 1,3g Gold für den Tremissis.

Anhand der aufgeführten Rückseitenschrift (abgekürzt Rev. = Revers) auf den Münzen aus dem Verkaufsverzeichnis 1783 ist es gelungen, relativ genaue Bestimmungen durchzuführen, obwohl sich kleinere Schreibfehler wie z.B. „Theodosus" (S. 14 Nr. 8) oder Verdrehungen der Titel eingeschlichen haben. Daraus können wir schließen, daß der Text einem Schreiber oder Gehilfen des Händlers diktiert wurde. Wahrscheinlich hatte Rothschild selbst eine Partie Münzen vor sich, beschrieb mündlich die Münzen beim Drehen und Wenden und setzte auch gleich den Preis fest. Uns belustigt die Umsetzung des Gesehenen in die Umgangssprache. So gibt es keinen thronenden, sondern nur den „sitzenden Kaiser". Das Perldiadem wird zu einer „altväterlichen Haube auf dem Kopf" (S. 14 Nr. 17).

Rothschild wußte, daß seine Kunden meist humanistisch gebildet waren. Zu seinen Sammlerkunden kann der Erbprinz Wilhelm I. von Hessen-Kassel, regierender Graf von Hanau, der seinem Vater, Landgraf Friedrich II., 1785 nach Kassel folgte, gezählt werden. Seine Münzensammlung hatte er als Kronprinz 1763, 20jährig, begonnen. 1765 reiste er zur Ostermesse nach Frankfurt, und es ist anzunehmen, daß er bei dieser Gelegenheit zum Münzenhändler M.A. Rothschild in der Judengasse in geschäftliche Beziehung getreten ist. 1769 wurde Rothschild zum Fürstlich Hessen-Nassauischen Hoffaktor ernannt (Abb.30). 1803 wurde Wilhelm I. Kurfürst und 1806 von Napoleon vertrieben. Bei der französischen Besetzung fiel sein Medaillenkabinett in die Hände der Franzosen. 1807 beauftragte der im Exil in Rendsburg lebende Kurfürst Wilhelm I. seinen Oberhofagenten Rothschild, sein Medaillenkabinett zurückzukaufen. Rothschild lieferte 941 silberne Medaillen, 92 goldene und weiter 1.320 silberne bis 1808 zurück. Auch Carl Theodor von der Pfalz war ein eifriger Münzen- und

Medaillensammler, was das Rothschildsche (Verkaufs-) Verzeichnis von 1786, gebunden in goldgeprägtem Leder, mit dessen Exlibris beweist[4].

Der Münzhandel ging in Frankfurt bei Rothschilds so gut, daß der Stammvater seinen Söhnen riet, einer müsse immer Münzhandel betreiben, denn durch die Angebote von Münzen und Medaillen gelang der Kontakt zu fürstlichen Herren und ihren Höfen, was ja auch anderen Geschäften nützlich werden konnte.

Das anzubietende Material erhielten die Rothschilds durch den Ankauf geschlossener Münzensammlungen. Die im hiesigen Pfandhaus 1825 versetzten Sammlungen griechischer und römischer Goldmünzen des Baron Schellersheim aus Rinteln gelangten infolge eines Versehens des Pfandhaustaxators Heinrich Ludwig Hoffmann unrechterweise für den Metallwert in den Besitz der Rothschilds. In aufgehäuften Säcken sollen sich große Seltenheiten befunden haben. Ein besseres Geschäft kann man sich nicht vorstellen, als seltene Münzen zum Metallwert zu erwerben!

Wenn sich heute zum 250. Geburtstag des Mayer Amschel Rothschild - geboren am 23. Februar 1744 - seine Nachkommen in Frankfurt am Main treffen, so sollte berücksichtigt werden, daß das Frankfurter Stammhaus der Rothschilds in männlicher Linie 1901 erloschen war. Die Zentren lagen dann in Paris, London und Wien, von wo ihre wirtschaftlichen Aktivitäten ausgingen.

In der Zeit bis 1870 war wohl das Geschäftsgeheimnis der Rothschildschen Zweige darin begründet, daß die Neugründungen in London, Paris, Wien und Neapel durch ihren Zusammenhalt untereinander erstarkten. In dieser Zeit galt die Bankiersfamilie Rothschild als „Europas sechste Großmacht".

Der Münzen- und Antiquitätenhandel scheint sich jedoch nach den 80er Jahren des 19. Jhs. nicht weiter ausgedehnt zu haben. Nach einer Mitteilung des Frankfurter Münzenhändlers Leo Hamburger schätzte er nach dem Tod des Baron Carl von Rothschild, 1886, im Auftrag der Familie die Bestände an Münzen auf 70.000 bis 80.000 Goldmark. Offensichtlich waren sie seit Jahrzehnten unberührt geblieben. Es ist zu vermuten, daß nach dem Tod des Baron Wilhelm von Rothschild, 1901, durch Erbauseinandersetzungen die Münzen nach Paris gekommen sind.

So bekannt uns heute das Bankhaus Rothschild ist, so unbekannt ist, daß der Gründer Mayer Amschel Rothschild in Frankfurt sein Vermögen im Münzhandel verdient hat.

---

4) Mayer Amschel Rothschild: Hochfürstl. Hessen-Nassauischer Hof=Faktor, wohnhaft in Frankfurt am Mayn, von 1786 an Hessen=Casselischer Hoffaktor. Verzeichnis einer Anzahl rarer Cabinetsthaler, nach des Herrn von Maday vollständigen Thaler=Cabinet numeriert, wie auch eine Anzahl sehr rarer Gold= und Silber=Münzen, Gold= und Silberne Römische, Griechische, Antique, und Heydnische Münzen; welche vor beystehende Preiße zu haben sind. 8° Goldgeprägter Lederband, mit Exlibris Karl Theodors von der Pfalz. Dieser seltene Katalog von nur 12 Seiten wurde nach einer Notiz Ad. Meyers von ihm schon im Jahr 1874 auf einer Auktion mit 10 Thalern bezahlt.

ANHANG
Im folgenden stellen wir den Beschreibungen Mayer Amschel Rothschilds in seinem Verzeichnis von 1783 die Dokumentation im Münzkabinett des Historischen Museums gegenüber, um die vermutete Identität der beschriebenen Münzen zu erhärten.

LITERATUR
C. = Henri Cohen, Description Historique des Monnaies Frappées sous l'Empire Romain. 1880-1892. 8 Volumes.
RIC = Roman Imperial Coinage. Neudruck London 1923-1951, 11 Bände.

Rothschilds Verzeichnis 1783
Nachtrag von sehr raren Antiquen Gold=münzen

S. 13 Nr. 4
Eine Goldmünze von 1-1/4-Ducaten, Av. dn. Constantinus p f.f. aug. dessen Kopfstück von rechter Seite, Rev. Victoria auggg. der mit seinem linken Fuß auf einen Facal tretende Kayser, welcher in seiner rechten Hand ein Labarum und in seiner linken eine Victoria trägt, unten Trobs a fl. 12

S. 13 Nr. 5
Ein Goldstück von 1-1/4-Ducaten, Av. dn. Gratianus p.f.augg Kopfstück von rechter Seite, Rev. Victoria augg. zwey neben einander stehende Personen, beyde halten eine Kugel, unten Trobt a fl. 9

S. 14 Nr. 8
Ein Goldstück von 1-1/4-Ducaten, Av. dn. Theodosus p.f. aug. dessen vorwärts stehendes Brustbild mit dem Helm auf dem Haupt, Rev. XXXXII.Cos.XVII.p.p. die behelmte Roma, hält in ihrer rechten Hand einen Reichsapfel und in ihrer linken einen Staab, unten Comob a fl. 10

Beschreibung der Exemplare im Münzkabinett des Historischen Museums Frankfurt:

(Abb.31)
Constantin III. 407-411. Solidus. Brustbild rechts mit Diadem im Panzer DN. CONSTANTINVS P.F.AVG. Rs. Kaiser rechts stehend, mit seinem linken Fuß auf Gefangenem, hält Feldzeichen und Viktoria VICTORIA AAVGG Im Abschnitt: TROBS (=Treveri, Münzstätte Trier). 20,8mm 4,43g Foto 2829/15-16/L Inv.Nr. 7898. Lit.: C.5.

(Abb.32)
Gratian. 367-383. Solidus. Brustbild rechts. D.N. GRATIANVS P.F. AVG. Rs. Zwei thronende Kaiser von vorn, zwischen sich einen Globus haltend, im Hintergrund Viktoria von vorn stehend mit ausgebreiteten Flügeln. Im Abschnitt: TROBT (=Treveri, Münzstätte Trier) VICTORIA AVGG. 20,7mm 4,36g Foto 2829/15-16/L Inv.Nr. 7849. Lit.: C.38.

(Abb.33)
Theodosius II. 402-450. Solidus. 21,5mm 4,41g Foto 2829/28-30/1 Inv.Nr. 7928.
Beschreibung im Auktionskatalog der Frankfurter Münzhandlung, Tochtergesellschaft des Schweizerischen Bankvereins, 139, Nov. 1992, Nr. 66: Theodosius II. 402-450. Solidus. Behelmtes Brustbild im Panzer von vorn, mit Lanze und Schild. Rs. Constantinopel von vorn thronend, den Oberkörper rechts gewandt, Globus mit Kreuz haltend und Zepter.

Im Abschnitt COMOB (Constantinopel) Ratto 147. Schätzungspreis DM 600,—, erzielter Preis DM 480,—.

S. 14 Nr. 9

Eine Goldmünze von 1-1/4-Ducaten, Av. dn. Arcadius p.f. aug dessen Kopfstück von rechter Seite, Rev. Victoria auggg. der stehende Kaiser, welcher mit seinem linken Fuß auf einen Facal tritt, in seiner rechten Hand ein Labarum und in der linken eine Victoria trägt, zu beyden Seiten die Buchstaben MD. unten Comob a fl. 9.

(Abb.34)

Arcadius. 383-408. Solidus. Brustbild rechts mit Diadem im Panzer und Mantel D.N. ARCADIVS P.F.AVG. Rs. Kaiser rechts stehend, Feldzeichen und Viktoria haltend, linken Fuß auf einen Gefangenen setzend, im Feld M D, im Abschnitt COMOB (Münzstätte Constantinopel) VICTORIA AVGGG. 20,8mm 4,48g Foto 2829/24-25/L Inv.Nr. 7919. Lit.: C.19.
Beschreibung im Auktionskatalog der Münzhandlung Dr. Busso Peus Nachf., Frankfurt am Main, 337, November 1993, Nr. 576, Tafel 26: Arcadius, 383-408. Solidus 395/408, Mailand. Büste/Kaiser mit Labarum und Viktoria über Gefangenem. C.-; RIC 35b. DOC 207. 4,34g GOLD Sehr schön DM 1.250,— (Schätzungspreis, das Stück wurde nicht verkauft).

S. 14 Nr. 13

Eine Goldmünze von 7/16 Ducaten, Av. dn. Justinus p.f. aug. dessen Kopfstück von rechter Seite, Rev. Victoria Augustorum, eine Figur, im Abschnitt COMOB a fl. 6.

(Abb.35)

Justinian. 527-565. Tremissis. Brustbild rechts mit Diadem im Panzer und Mantel D N IVSTINIANVS P P AVG Rs. Viktoria von vorn stehend mit Kranz und Globus, im Feld Stern VICTORIA AVGVSTORVM, im Abschnitt CONOB (Münzstätte Constantinopel). 14,9mm 1,29g Foto 2829/31-34/L Inv.Nr. 7941.

S. 14 Nr. 17

Eine Goldmünze von 1-1/4-Ducaten, Av. dn. Valentianus p.f. aug. dessen Kopfstück rechter Gesichtsseite mit einer altväterischen Haube auf dem Kopf, Rev. Victoria augg. zwey auf einem Sessel sitzende Personen tragen eine Victoria a fl. 15.

(Abb.36)

Valentinianus II. 375-392. Solidus. Brustbild rechts mit Diadem im Panzer und Mantel DN VALENTINIANVS P F AVG Rs. Zwei thronende Kaiser von vorn, einen Globus zwischen sich haltend, im Hintergrund Viktoria von vorn mit ausgebreiteten Flügeln VIKTORIA AVGG im Abschnitt COM. 21mm 4,43g Foto 1257/-13-14/L, 2829/11-12/L Inv.Nr. 7858. Lit.: C.37.
Beschreibung im Auktionskatalog der Münzhandlung Dr. Busso Peuss Nachf., Frankfurt am Main: Valentinianus II. 375-392. Solidus 388/392, Trier

Büste/Theodosius I. und Arcadius auf Thron, darüber Viktoria. C. 37. RIC 90a. 4,51g GOLD selten vorzüglich DM 1.750,— (Schätzungspreis), DM 1.800,— (erzielter Preis).

Kayserliche Antiquen=Münzen in Silber

S. 15 Nr. 3

Av. Augustus divi f. dessen Kopfstück von rechter Seite, Rev. ein gegen der linken Seite zustehender Stier, unten IMP a fl. 4. 30 kr.

(Abb.37)

Augustus. 30v.Chr.-14n.Chr. Denar. 15v.Chr. Kopf rechts. AVGVSTVS DIVI.F. Rs. Stier links stoßend. Im Abschnitt IMP. X. 19,2mm 3,75g Foto 2012/27-28/L Inv.Nr. 4310. Lit.: C.141. RIC 327, Tafel III, 40 (Rev.) Beschreibung im Auktionskatalog der Münzhandlung Dr. Busso Peus Nachf., Frankfurt am Main, 334, November 1992, Nr. 804, Tafel 34: Augustus. 27v.-14n.Chr. Denar 15/13 v.Chr., Lyon. Kopf/Stier. C. 137. RIC 167a. 3,83g Sehr schön 300,— DM (Schätzungspreis), DM 300,— (erzielter Preis).

S. 15 Nr. 6

Av. Germ. Imp. Aug. br. p. Vitelius Kopfstuck, Rev. eine Frau mit einer Opferschaale, Pont. a fl. 3.

(Abb.38)

Vitellius. 69 n. Chr. Denar. Belorbeerter Kopf rechts. VITELLIVS GERM IMP TR P Rs. Vesta links sitzend, Patera und Palme haltend PONT MAXIM. 19mm 3,45g Foto 1331/25-26/L Inv.Nr. 4648
Lit.: C.72. RIC 20, Tafel XIV, 252.

S. 15 Nr. 12

Av. Imp. Caesar Vespasianus aug. dessen Kopfstück, Rev. Ein Adler mit offnen Flügel a fl. 3

(Abb.39)

Vespasian. 69-79. Denar. 75. Rom. Belorbeerter Kopf rechts. IMP CAESAR VESPASIANVS AVG Rs. Adler mit ausgebreiteten Flügeln steht auf Cippus. COS VI. 18,8mm 3,30g Foto 2021/33A-34A/L Inv.Nr. 4674
Lit.: C. vgl. 113. RIC 89.

S. 15 Nr. 16

Av. Caesar divi f. Domidianus Cos VII. dessen Kopfstück, Rev. Juventutis, in einem Kranz ein Ziegenbock a fl. 4.

(Abb.40)

Domitian. 81-96. Denar. 80 (oder später). Rom. Belorbeerter Kopf rechts. CAESAR. DIVI F DOMITI-ANVS COS VII Rs. Ziegenbock von Kranz umgeben. Umschrift teilweise unleserlich PRINCEPS IVVENTV-

TIS. 16,9mm 3,07g Foto 1371/8-9/L Inv.Nr. 4862
Lit.: C.390. RIC 49.

S. 15 Nr. 18
Av. Imp. Caes. Domit aug. germ. p. m. tr. p. V. dessen
Kopfstück, Rev. eine behelmte Frauensperson, Imp. XI.
Cos. XII. Gens. p.p.   a fl. 3

(Abb.41)

Domitian. 81-96. Denar 86. Belorbeertes Brustbild rechts
Rs. Minvera rechts kämpfend mit Speer und Schild IMP
XXII COS XII CENS P P P. 20mm 3,20g Foto 2197/31-
32/L Inv.Nr. 4816 Lit.: RIC 79.

Auktionskatalog der Frankfurter Münzhandlung,
Tochtergesellschaft des Schweizerischen Bankvereins,
136, Mai 1991, Nr. 172: Sehr schön DM 80,—.
(Schätzungspreis).

JÜRGEN BEHRENS

Zwei Frankfurter Protestanten im katholischen Italien
Eine Skizze

„*Von hier fliesen die Wasser nach Deutschland und nach Welschland diesen hoff ich morgen zu folgen.*" So schreibt der Sohn Goethe am Abend des 2. September 1786 vom Brenner aus an Frau von Stein, und dieses Mal - es ist das dritte - bricht er die Reise nicht ab. Am 3. September war er frühmorgens heimlich aus Karlsbad mit nur leichtem Gepäck geflüchtet, um eine „*Umwandlung sein selbst*" zu erleben; es war die nachhaltigste seines langen Lebens.

Fast ein halbes Jahrhundert früher war der Vater aus Frankfurt abgefahren, blieb wochenlang in Regensburg und Wien, um, nach dem Reichskammergericht in Wetzlar, nun auch die beiden anderen wichtigen Institutionen des alten Reiches, nämlich den „ewigen" Reichstag in Regensburg und den Reichshofrat in der Residenz des Kaisers aus dem Hause Habsburg kennenzulernen. Es war die übliche Bildungsreise eines jungen Mannes von einigem Vermögen. Für Johann Caspar wurde sie ebenso folgenreich wie für den Sohn, sie war dessen größtes Bildungserlebnis. Die Reise durch Frankreich, die sich unmittelbar anschloß, hat ihn offenbar kaum beeindruckt, die einzige Spur, die überliefert ist, ist der Rat an den Sohn, erst nach Paris und dann nach Rom zu fahren. In Straßburg meinte der Sohn, Paris solle seine Schule sein und Rom seine Universität - er ließ die Schule ganz einfach aus.

Beide verfaßten eine Schilderung der Reise, der Vater den „Viaggio per l'Italia" auf Italienisch, der Sohn die „Italienische Reise"; nach dem Tode des Vaters und der Auflösung des Frankfurter Elternhauses gehörte die Handschrift des „Viaggio" zu den nicht sehr zahlreichen Büchern, die der Sohn nach Weimar kommen ließ - dort steht sie noch heute. Veröffentlichung hatte der Vater nicht im Sinn, das geschah erst in diesem Jahrhundert, der Sohn denkt von vornherein daran, aber beiden ist gemeinsam, daß die Bücher erst lange nach Abschluß der Reisen entstehen. Der barocke Vater verfaßt einen herkömmlichen Reisebericht in fiktiven Briefen, der Sohn plant und schreibt sein Buch als Fortsetzung seiner Autobiographie „Dichtung und Wahrheit", deren drei erste Bände bereits vorlagen. Auch er bedient sich des Briefes, auf der Grundlage seiner Briefe an die Weimarer Freunde.

Hier muß ein Wort zur Quellenlage gesagt werden, die für beide Reisen diametral verschieden ist und bei Vergleichen berücksichtigt werden muß: Vom Vater haben wir das lange nach der Reise entstandene Manuskript des „Viaggio" und die Spiegelungen in des Sohnes Autobiographie, die wiederum erst Jahrzehnte später entsteht, von der Reise selbst zeugen lediglich zwei Briefe, von denen der erste im Wesentlichen die Anreise bis Venedig schildert. Vom Sohn haben sich neben den gedruckten Werken rund 150 Briefe erhalten. Gewiß, der Sohn war doppelt so lange in Italien, auf der anderen Seite entfallen nahezu alle amtlichen Schreiben, die in Weimar aus den diversen Pflichten sich ergaben. So ist bei allen Vergleichen Vorsicht geboten.

Es ist hier nicht der Ort für einen umfassenden Vergleich der beiden Reisebeschreibungen, eine Gegenüberstellung auf allen Gebieten, sondern wir beschränken uns auf eine einzige Frage: Wie reagierten Vater und Sohn auf die Begegnung mit dem Katholizismus, speziell in den allgegenwärtigen Formen der Volksfrömmigkeit in Italien? Vater wie Sohn waren protestantisch, beide waren in Frankfurt am Main aufgewachsen, und Frankfurt war eine Stadt mit drei verschiedenen Konfessionen: Lutheraner, Katholiken und Reformierte. Die Lutheraner hatten die politische Macht in der Stadt, nur sie durften auf den Ratsbänken sitzen, aber die Katholiken hatten eine ganze Reihe von Kirchen, darunter den Dom, behalten, ihre Formen des Kultus waren mithin in der Stadt allgegenwärtig. Die Reformierten mußten zwar ihre Gottesdienste noch außerhalb der Stadtmauern halten, aber sie waren vielfach als Bankiers und Kaufleute in den Handel der Stadt verflochten, und der Wohlstand der Stadt beruhte nun einmal auf dem Handel, die Reformierten waren lebenswichtig für die Stadt, und die relative kirchliche Diskriminierung fiel noch im Laufe des 18. Jhs. Die Juden lebten zwar noch im Ghetto, waren aber als Kaufleute ein wesentlicher Bestandteil für die Handelsstadt. Aus diesem Ghetto ging die Rothschildbank hervor. Die religiöse Vielfalt der Stadt war ohne ein gewisses Maß an religiöser Toleranz völlig undenkbar, und diese Tatsache prägte auch die Goethes, Vater wie Sohn.

Johann Caspar war orthodoxer Lutheraner, aber keineswegs von der starren Observanz. Dafür spricht schon, daß er die herrnhutisch geprägten Zusammenkünfte der Mutter im Hause tolerierte, wie denn sein Haus überhaupt ein offenes, geselliges Haus war. Die wohl engste Freundin der Mutter war Susanna von Klettenberg, eine Herrnhuterin. Bei der Verschiedenartigkeit von Johann Caspars und Katharina Elisabeths Temperamenten wäre ohne Toleranz ein offensichtlich harmonisches Zusammenleben gar nicht denkbar gewesen. Als der Sohn krank aus Leipzig ins Elternhaus zurückkehrt und eine „*Erweckung*" erlebt, die freilich eine Episode bleiben wird, wird das toleriert. Das war im 18. Jh. noch keineswegs so selbstverständlich, da theologische Streitigkeiten vor allem bei den Lutheranern verbreitet waren und zudem ein großes und interessiertes Publikum fanden. Ob Johann Caspar je mit persönlichen Anfechtungen zu kämpfen hatte, wissen wir nicht.

Der Sohn hatte als Kind sonntags zur Kirche zu gehen und zur Kontrolle die Predigt schriftlich wiederzugeben. Diese, für die damalige Zeit nicht übermäßige Reglementierung scheint zudem nicht lange gewährt zu haben. Wann Goethes kindlicher Glaube endgültig zerbrach, ist nicht mit Sicherheit auszumachen; das verheerende Erdbeben von Lissabon im Jahre 1755, das ganz Europa erregte und alle sogenannte 'natürliche' Theologie hinwegfegte, jene Lehre, Gott habe die Welt ausschließlich zum Nutzen der Menschen geschaffen, was natürlich zu den kuriosesten Erklärungsnöten führte, muß für das sechsjährige Kind Goethe ein tiefer Einschnitt gewesen sein, anders ist die spürbare Erregung Jahrzehnte später bei der Schilderung in „Dichtung und Wahrheit" kaum verständlich; die Theodizeefrage war, fast brutal für das Kind, gestellt. Nach der 'Häutung' von der Erweckungs-Episode ist - so kann man vermuten - längstens in Straßburg der Bruch mit der Kirche vollzogen. Aus Goethe wird, so später gegenüber Lavater, der „dezidierte Nicht-Christ" - und wird es bis an sein Lebensende bleiben.

Freilich: Die Formel ist 'Nicht-Christ', nicht etwa 'Anti-Christ', d.h. für Goethe hat das Credo in der katholischen Messe sowenig Gültigkeit wie das gleichlautende, von Luther übersetzte Glaubensbekenntnis der protestantischen Kirchen: er glaubt nicht an Gott den Vater, wie er im Credo der christlichen Kirchen benannt ist, er glaubt nicht an Jesus Christus als Gottessohn, der stellvertretend für die sündigen Menschen - wahr Mensch und wahrer Gott, wie Luther umschreibt - den Tod auf sich nimmt und ihn am Kreuz erleidet (an Kreuzesdarstellung fand Goethe wenig Gefallen), und er glaubte nicht an die Leben schaffende Kraft des Heiligen Geistes. Vielleicht deutlichstes Indiz ist die Definition der Lehre Jesu als einer „Lehre für den Einzelnen". Eben das ist sie nicht, sondern diese Lehre bezieht sich auf den Einzelnen in einer Gemeinschaft, eben der Gemeinde und Kirche. In ihr ist der Einzelne gemeint, nicht außer ihr. Der immer wieder einmal gemachte Versuch, Goethe für die christliche Kirche zu vereinnahmen, beruht auf unscharfem theologischen Denken. Dies vorausgeschickt, gilt natürlich, daß Goethe das Christentum ernst nahm, daß seine Haltung ihm gegenüber keine grundsätzlich feindliche war, wie das für eine nicht geringe Zahl kirchenkritischer Auslassungen gerade im Kontext der Aufklärung gilt. Aber es gibt auch heftige Ausfälle, sie reichen von den boshaften Beschreibungen der Kirche, die einen „großen Magen" habe, durch Mephisto im „Faust", die Trennung vom Freunde Lavater wegen dessen Ausschließlichkeitsglaubens, daß nur seine Vorstellung vom wahren Christentum richtig sei, und über zahllose andere Äußerungen bis zu dem einigermaßen platten „Zahmen Xenion", wohl aus den 1820er Jahren:

> „Ich habe nichts gegen die Frömmigkeit,
> Sie ist zugleich Bequemlichkeit;
> Wer ohne Frömmigkeit will leben,
> Muß großer Mühe sich ergeben:
> Auf seine eigne Hand zu wandern,
> Sich selbst genügen und den andern,
> Und freilich auch dabei vertraun:
> Gott werde wohl auf ihn niederschaun".

Es wäre Goethe aber niemals eingefallen, die Kultur- und Geschichtsmächtigkeit der Kirchen zu leugnen, jedoch er bleibt Zuschauer, einfühlsamer Betrachter, er bleibt außen vor. Kirche als Kirche interessiert ihn nur, insofern sie eine kulturelle Funktion erfüllt, mit seinen eigenen religiösen Vorstellungen hat sie nichts gemein. Kirchliche Kunst interessiert und fesselt ihn als große Kunst, niemals zugleich als Verkündigung, die sie meistens ebenso sein wollte. Religion ist eine Möglichkeit menschlicher Existenz, niemals die einzig denkbare

Lebensmitte. Auf die Spitze getrieben kann man sagen: Nur das „dezidierte Nicht-Christsein" erlaubte ihm eine unvoreingenommene Aufnahme christlicher Kunst, und nur dadurch, daß er den intendierten Verkündigungscharakter dieser Kunst bestenfalls als Betrachter, gleichsam nur historisch zur Kenntnis nahm. Persönlich ging ihn das nichts an. Seine schon erwähnte Abneigung gegen Kreuzes- und Kreuzigungsdarstellungen übersieht souverän den zentralen Charakter eben des Kreuzes im christlichen Leben. An Zelter schreibt er am 9. Juni 1831, also im Alter von 82 Jahren: „*das leidige Marterholz, das Widerwärtigste unter der Sonne, sollte kein vernünftiger Mensch auszugraben und aufzupflanzen bemüht seyn*". Deutlicher konnte er sein inneres Unbeteiligtsein am christlichen Heilsgeschehen nicht aussprechen.

Aus Venedig schrieb der Vater im Juni 1740 rückblickend: „*Die Teutschen sowohl, Engländer als Franzosen, sind in dieses Land recht bezaubert, und zwar ohne Noth, dahingegen die Catoliquen insbesondere ein Gelübde thun, Rom und Loretto zu besugen, ob sie gleich sich selbsten diese That, als eben nichts überflüssig vernünftiges vorwerfen. Allein was hilfft es auf Seiten dieser, wenn sich die principia nicht ändern, und auf der andern Seite wird so lange gereist werden, bis alle alte Mauern und Thürme über den Hauffen gefallen, folglich alles Angedenken der vorigen Zeit wird erloschen seyn...*"

Ein eigentümlicher Fatalismus spricht aus diesem Satz: Die Katholiken tun etwas Unvernünftiges, was sie auch wissen, aber die „*principia*" (was immer das genau sein soll) ändern sie nicht und die Italiener lassen von den vielen Touristen ihre Baudenkmäler zerstören. Es ist die einzige Äußerung Johann Caspars über den Katholizismus von der Reise selbst, für die ganze Reise kann das unmöglich gelten. Daß sich im Rückblick des „Viaggio" die Reise verklärt, die vielen Mißlichkeiten, als da waren schlechte Wege, schlechte Kutscher, schlechte Herbergen usw., keine oder kaum mehr eine Rolle spielten, ist nicht verwunderlich, das pflegt in der Erinnerung meistens so zu sein. Aber die Eindrücke dieses großen Bildungserlebnisses des Vaters waren zu prägend auch für das Haus am Frankfurter Großen Hirschgraben und für die Familie darin, besonders für den Sohn, als daß das Zitat für die ganze Reise typisch sein könnte. Etwas anderes ist möglich: wir wissen von Goethes Vater wenig, nur zwölf Briefe haben sich überhaupt von ihm erhalten, die Schilderungen des Vaters durch den Sohn in „Dichtung und Wahrheit" sind durch die eigene größere Affinität zur Mutter gefärbt. Als er die Eltern in seiner Autobiographie zuerst nennt, ist Johann Caspar „*der Vater*", Katharina Elisabeth „*meine Mutter*". Möglicherweise haben wir in der zitierten Stelle gleichsam einen Zipfel einer Eigenschaft des Vaters, die das Zusammenleben in der Familie gelegentlich überschattete, ein gewisser habitueller Mißmut, eine gewisse Lust an der Nörgelei, eine für die Mitmenschen nicht immer erfreuliche Betonung des Negativen. Das machte auch das törichte Verhalten des Vaters gegenüber dem Grafen Thoranc auf der Treppe des goetheschen Hauses nach dem Sieg der Franzosen in der Schlacht von Bergen am Karfreitag 1759 verständlich, bei der Johann Caspar, aus Ärger über französische Einquartierung in das erst vor vier Jahren fertig gewordene neue Haus, auf eine verbindliche Äußerung des Grafen mit einer rüpelhaften Sottise reagiert, die ihm nur selbst beinahe geschadet hätte und die Atmosphäre belastete. Vielleicht ging von dem Manne etwas Unfrohes aus, das - verstärkt durch das ganz gegensätzliche Temperament der Mutter - nicht selten auf der Familie lastete. Doch wir kehren zu den Reisebeschreibungen zurück.

Als Lavater im 3. Band seines opus magnum, der „Physiognomischen Fragmente" von 1777 den Vater charakterisierte, schrieb er von ihm als von einem „*vortrefflich geschickreichen, alles wohl ordnenden, bedächtlich - und klug - anstellenden*" Mann, der freilich „*auf keinen Funken dichterischen Genies Anspruch*" machen könne. Hier ist der Kern des Unterschiedes zum Sohn,

der eben vermöge seines „*dichterischen Genies*" in der Lage ist, gerade das Äußere der Erscheinungen katholischer Volksfrömmigkeit durchaus zu verklären. Der Vater reagiert wie ein orthodoxer Lutheraner (was nicht ohne weiteres lutherisch bedeutet), der von der europäischen Aufklärung und ihrer oft vehementen Kirchenkritik offenbar nicht nur oberflächlich Kenntnis hatte. Gleich das erste 'Wunder', das ihm in einer venezianischen Kirche begegnete, bedenkt er mit folgendem nüchternen Kommentar: „*Von einer Marmorsäule, die sich bei einem Seitenaltar befindet, ist viel die Rede, weil in ihr auf ganz natürliche Weise ein gekreuzigter Christus eingezeichnet sein soll, der ungefähr eine Spanne groß ist. Es stimmt nun zwar, daß man diese Figur deutlich erkennen kann, aber deshalb handelt es sich doch noch lange nicht um ein großes Wunder, da sich bei dieser Gesteinsart solche Figuren häufig finden. Außerdem ist mir die Figur keineswegs natürlich vorgekommen, weil man sehr wohl sehen kann, daß sie entweder eingeritzt wurde oder daß man zumindest nachgeholfen hat.*"

Auffallend ist der sachliche, durchaus nicht aggressive Ton, der sonst konfessionellen Kontroversen durchaus auch im 18. Jh. noch eigen war. An anderer Stelle nennt er zwar ein anderes „*Wunder*" eine „*Torheit*", aber meist berichtet er sachlich. Fataler sind ihm da schon die Reliquien, da kann er beißenden Spott entwickeln. In der Kathedrale von Foligno veranlassen ihn die dort bewahrten Reliquien zu der Überlegung: „*Es ist wahrhaft bemitleidenswert, wenn man mitansehen muß, wie sich vernunftbegabte Menschen mit solchen Betrügereien abgeben; sie täuschen das einfältige Volk in voller Absicht und würden es allen Zigeunerunsinn glauben machen: seien es nun Federn, die aus den Flügeln des Erzengels Gabriel gefallen sind, als er Maria die Verkündigung überbrachte, oder Josephs Seele, die in eine Flasche gesperrt ist. Aber wehe denen, die die Einfalt der vielen mißbrauchen, denn es werden nicht wenige sein, die, selbst wenn sie nur einen mittelmäßigen Verstand besitzen, solchem Geschwätz keinen Glauben schenken. Sogar die Katholiken sind untereinander uneins, und selbst einige Kirchen liegen miteinander im Streit, da die einen behaupten, den wirklichen Leib oder den echten Kopf dieses oder jenes Heiligen zu besitzen, während die anderen dies abstreiten. Aber wenn ich denn schon auf meinen Verstand verzichten müßte, dann wollte ich noch lieber an alle diese Märchen glauben als an den angeblichen vertrauten Umgang des Hl. Geistes mit den vielen unflätigen Päpsten, die sich einbilden, Nachfolger des hl. Petrus zu sein."*

So begeistert er von Rom, dem *„wichtigsten Ort der katholischen Christenheit"*, wie er es bei seiner Ankunft in der Stadt nennt, berichtet, so tief ihn die Schönheit der Peterskirche beeindruckt, das Papsttum bleibt ihm ein Skandalon. Andererseits verblüfft die Selbstverständlichkeit, mit der er insgesamt der katholischen Welt Italiens begegnet. Der einmal auftauchenden Benennung der Katholischen Kirche als *„Sekte"*, in der *„bedauernswerte römische Katholiken"* glauben müssen, daß *„die Mutter Jesu Christi das Tor ist, durch daß man ins Himmelreich eingehen muß"*, einem verbreiteten Vorurteil im Protestantismus, dem die Verwechslung von Anbetung und Verehrung Marias und der Heiligen zugrunde liegt, steht die Tatsache gegenüber, daß er nicht vergißt, daß Katholiken und Protestanten einem Herrn dienen sollen; sehr sinnfällig wird das bei der Beschreibung der Peterskirche, auf deren Portal die Figuren *„unseres Herrn und seiner Apostel"* stehen. Jener Verwechslung der Verehrung und Anbetung der Heiligen, die die katholische Theologie säuberlich trennt, leisteten in der Tat manche Formen der Volksfrömmigkeit Vorschub. Auch unter Katholiken waren und sind die Dinge oft nicht so säuberlich getrennt wie in der Theologie. Dazu kommt, was Johann Caspar aber wohl wußte, daß insbesondere die Marienverehrung im frühen Protestantismus noch durchaus ihren Platz hatte.

Fassen wir zusammen: Johann Caspar reagiert trotz einzelner heftiger Ausfälle insgesamt ruhig beobachtend, er ist kein antikatholischer Fanatiker, seine Position ist durchweg die eines seines Glaubens und seiner Kirche sicheren Protestanten, der weiß, daß die Katholiken ebenso Christen sein wollen wie die Protestanten. Er weiß anzuerkennen und zu bewundern, alle caritativen Bemühungen lobt er uneingeschränkt, die Schönheit unzähliger Kirchen bewundert er, die enorme Rolle der Katholischen Kirche in der Bewahrung und Erhaltung kultureller Werte ahnt er, so bei der respektvollen Erwähnung des Benediktiner-Klosters auf dem Monte Cassino, das nicht besuchen zu können er bedauert. Erst der Sohn wird diese Bedeutung wirklich erkennen. Man merkt auf Schritt und Tritt, daß katholischer Kultus ihm völlig vertraut ist, denn in Frankfurt gehörte er zum religiösen Alltag der Stadt - so macht es ihm nichts aus, allen den vielen Heiligennamen das „Hl." voranzustellen.

Ein gebildeter junger Mann aus vermögender Familie macht die übliche Bildungsreise, vermutlich aufmerksamer und intensiver als viele seiner Zeitgenossen, ein gläubiger Protestant begegnet dem südlichen Katholizismus in zwar apologetischer, aber kaum unsachlicher Einstellung. Freilich - da hatte Lavater recht - *„kein Funke Genies"*, davon besaß der Sohn dann übergenug.

Der Unterschied beginnt schon mit dem Aufbruch in die Ferne. Der Vater fährt nach den üblichen Vorbereitungen ab und reist, wie er sichs vorgenommen hat, dem Sohn gelingt erst der dritte Versuch, und der ist eine 'Flucht': heimlich verläßt er die Karlsbader Gesellschaft, nimmt einen falschen Namen an, hetzt buchstäblich durch das Land und kommt erst Ende Oktober in Rom zur Ruhe, als dem ersten und wichtigsten Ziel seiner *„Sehnsucht"*, an dem er in zwei Aufenthalten die meiste Zeit der ganzen Unternehmung verbringt. Der Vater reist durch Italien, um Land und Leute kennenzulernen, der Sohn flieht nach Rom, um

„*sein selbst*" zu finden. Der Vater kehrt mit neuer, reicher Bildungserfahrung zurück, der Sohn verläßt Rom und das Land, in dem er gelebt hat und nicht nur gereist ist, nach der folgenreichsten „*Umwandlung sein selbst*", die sein an 'Häutungen' reiches Leben aufzuweisen hat. Aus dem Mancherlei des ersten Weimarer Jahrzehnts hat sich der 'Künstler' herausgeschält, näherhin der Dichter. Wie der Vater war der Sohn protestantischer Herkunft und wuchs im von mehreren Konfessionen bewohnten Frankfurt auf, aber als er am 3. September 1786 heimlich aus Karlsbad die 'Flucht' antrat, war er längst der „dezidierte Nichtchrist" geworden, der sich allem Kirchlichen gegenüber als außenstehender Beobachter verhielt, einfühlsam zumeist, aber nicht immer. Er ahnt nicht nur, wie der Vater, die geschichtlich-kulturelle Bedeutung der katholischen Kirche, sondern weiß sie wohl abzuschätzen. Von der großen italienischen Malerei, auch der geistlichen, ist er hingerissen, entdeckt sie eigentlich erst jetzt, aber sich selber hat er längst eine Art relativistischer Privatreligion zurechtgedacht, die viele Arten religiöser Vorstellungen vereinigt, besser gesagt: benutzt. Etwas Verpflichtendes hat dieses sonderbare Konglomerat nicht mehr - es sei denn, er anerkennt es als nützlich. Das Gebot ist nicht mehr göttlicher Befehl, sondern kann als nützlich aufgegriffen werden. Überspitzt ausgedrückt: der Mensch ist nicht mehr Geschöpf Gottes, von dessen Gnade abhängig, der den Menschen durch den Tod seines Sohnes erlöst hat, sondern das Individuum schafft sich seinen Gott - oder auch seine Götter - nach eigenen Einsichten und Bedürfnissen. Später - 1813 - wird er es in einem Brief an Jacobi, den Jugendfreund, so ausdrücken: „*Ich für mich kann, bei den mannigfaltigen Richtungen meines Wesens, nicht an einer Denkweise genug haben; als Dichter und Künstler bin ich Polytheist, Pantheist hingegen als Naturforscher, und eins so entschieden als das andere. Bedarf ich eines Gottes für meine Persönlichkeit als sittlicher Mensch, so ist dafür auch schon gesorgt. Die himmlischen und irdischen Dinge sind ein so weites Reich, daß die Organe aller Wesen zusammen es nur erfassen mögen.*"

Diese Flexibilität gegenüber den eigenen Bedürfnissen hindert ihn aber keineswegs, einen kirchlich-religiösen Menschen als solchen zu erkennen und vor allem anzuerkennen. Goethe ist also weit davon entfernt, seine religiöse Weltsicht zur alleingültigen zu machen, das eben hatte ja zum Bruch mit Lavater geführt. In religiösen Fragen relativiert er nicht nur die anderen, sondern sich selbst: hohn- und hoheitsvoller Skeptizismus lag ihm, weil unfruchtbar, vollkommen fern. Aber zelotisch vorgetragener Monotheismus konnte ihn zu dem nicht eben geistvollen „Zahmen Xenion" verleiten:

> „*Was soll mir euer Hohn*
> *über das All und Eine?*
> *Der Professor ist eine Person,*
> *Gott ist keine*".

Vor Christen, die ihn menschlich durch ihre Glaubwürdigkeit überzeugten, hatte er höchsten Respekt, so vor dem pietistisch geprägten Heinrich Jung-Stilling, den er in Straßburg kennengelernt hatte, und vor seinem pseudonymen Namensvetter (sein Pseudonym in Italien war ja „Filippo Miller"), dem „*humoristischen Heiligen*", wie er ihn nannte, Filippo Neri, der im 16. Jh. gelebt hatte und bereits 1622 heiliggesprochen wurde. In dem kurzen Lebensabriß des Heiligen erzählte Goethe, daß Papst Clemens VIII. Neri zu einer Nonne geschickt habe, von der gesagt wurde, sie vollbringe Wunder. Filippo macht sich auf einem Maulesel auf den Weg, läßt die Nonne vor sich bringen und streckt ihr seinen vom Ritt verdreckten Stiefel hin, den sie ihm ausziehen solle. Indigniert wendet sie sich ab, „*sie sei die Magd des Herrn, aber nicht eines jeden, der daherkomme um knechtische Dienste von ihr zu verlangen*". Filippo Neri reitet nach Rom zurück. Clemens VIII. wundert sich über die rasche Rückkehr. Filippo erzählt, was geschah. Der

Nonne fehle die „*Demut ... und ich bin überzeugt, Ihr werdet keine weitere Prüfung nötig finden.*" Dabei blieb es. Was Goethe daran fasziniert, ist das Glaubwürdige der Person, das Menschliche im Heiligen, die 'Natur', die sich nicht verbiegen läßt. Freilich macht er dadurch auch das Menschliche in gewisser Weise zum Maßstab des Göttlichen und verbog so dieses.

Daß der Sohn, ähnlich wie der Vater, den katholischen Kultus kennt und auch Prozessionen und Aufzüge gelassen und oft mit Freude am ästhetischen Reiz ansehen kann, hat den gleichen Grund wie beim Vater. Die katholische Messe in ihrem fünfteiligen Kanon hatte Luther ja lediglich zur „Deutschen Messe" übersetzt, aber unverändert als Grundstruktur des Gottesdienstes erhalten. Die katholische Messfeier war Goethe aus Frankfurt vertraut, ebenso Prozessionen. Am 12. August 1815 äußert er gegenüber Sulpiz Boisserée: „*Ja, einige Male im Jahr lasse man sich wohl eine Messe gefallen; aber das immer Einerlei leuchte ihm doch nicht ein*". Daß in Italien alles farbiger, lebhafter, volkstümlicher war, störte ihn kaum, er nahm es - wie den Karneval in Venedig - als Naturereignis und akzeptierte. Und doch konnte er die protestantische Herkunft nicht verleugnen, sein Verhältnis zum Katholizismus blieb ambivalent. Der Genuß des ästhetisch Schönen wird immer wieder von protestantisch-rationaler Reflexion unter- oder gar abgebrochen. Die Schilderung einer Papstmesse, die er am Allerheiligenfest am 2. November 1786 miterlebt, spiegelt das am deutlichsten: „*Gestern aber, am Tage Allerseelen, gelang mir's besser. Das Andenken dieser feier der Papst in seiner Hauskapelle auf dem Quirinal. Jedermann hat freien Zutritt. Ich eilte mit Tischbein auf den Monte Cavallo. Der Platz vor dem Palaste hat was ganz eignes Individuelles, so unregelmäßig als grandios und lieblich... in der Ansicht der Reihe von Zimmern, fühlt man sich wunderbar unter einem Dache mit dem Statthalter Christi.*

Die Funktion war angegangen, Papst und Kardinäle schon in der Kirche. Der heilige Vater, die schönste, würdigste Männergestalt, Kardinäle von verschiedenem Alter und Bildung.

Mich ergriff ein wunderbar Verlangen, das Oberhaupt der Kirche möge den goldenen Mund auftun und, von dem unaussprechlichen Heil der seligen Seelen mit Entzücken sprechend, uns in Entzücken versetzen. Da ich ihn aber vor dem Altare sich nur hin und her bewegen sah, bald nach dieser, bald nach jener Seite sich wendend, sich wie ein gemeiner Pfaffe gebärdend und murmelnd, da regte sich die protestantische Erbsünde, und mir wollte das bekannte und gewohnte Meßopfer hier keineswegs gefallen. Hat doch Christus schon als Knabe durch mündliche Auslegung der Schrift und in seinem Jünglingsleben gewiß nicht schweigend gelehrt und gewirkt; denn er sprach gern, geistreich und gut, wie wir aus den Evangelien wissen. Was würde der sagen, dacht' ich, wenn er hereinträte und sein Ebenbild auf Erden summend und hin und wider wankend anträfe? Das „Venio iterum crucifigi!" fiel mir ein, und ich zupfte meinen Gefährten, daß wir ins Freie der gewölbten und gemalten Säle kämen."

Erst einmal ist Goethe hingerissen, ja wie berauscht, „*unter einem Dache mit dem Statthalter Christi*" zu sein. „*Der heilige Vater, die schönste, würdigste Männergestalt*" - keinerlei Vorbehalte gegen diese ganz und gar unprotestantische Benennung des Papstes, aber dann regt sich unvermittelt die „*protestantische Erbsünde*", will sagen, die Erkenntnis, daß er eine Statthalterschaft Christi in einem Menschen nicht akzeptieren kann, und plötzlich, innerhalb eines Satzes, ist aller Zauber verflogen, aus dem „*heiligen Vater*", dem „*Ebenbild (Christi) auf Erden*", wird ein „*gemeiner Pfaffe*", der „*summend hin und wider wankend*" wie ein Betrunkener am Altar sich bewegt - und Goethe flieht.

War für den Vater die Auseinandersetzung mit dem südlichen Katholizismus noch ein durchaus wesentlicher

Teil seiner Reise, für den Sohn, der wohl zu den 'säkula-
risiertesten' Menschen seiner Zeit zählte, war diese Frage
längst peripher geworden. „*In unseres Vaters Reiche sind
viel Provinzen*" hatte er der alten Auguste Stolberg in
Anlehnung an das Johannes-Evangelium, Kap. 14, V. 2
auf ihren Bekehrungsbrief Ende Oktober 1822 geschrieben - seine eigene Provinz hatte er längst selbst errichtet.

Da ursprünglich an dieser Stelle ein anderer Autor vorgesehen war, der
aus Krankheitsgründen ausfiel, erreichte den Verfasser die Bitte um
einen Beitrag zu spät, als daß noch Zeit gewesen wäre, einen wissenschaftlichen Aufsatz zu schreiben. Es blieb nur der Weg dieser essayi-
stischen Skizze. Eine umfassende Studie über das komplexe Verhältnis
zwischen Vater und Sohn Goethe hofft der Verfasser später einmal vorlegen zu können. Alle Hervorhebungen in den Zitaten stammen vom
Verfasser, nicht von den jeweiligen Autoren.

KLAUS PARLASCA

Goethe und die Archäologie

Die Fragestellung unseres Beitrags mag zunächst überraschen; Goethes zahlreiche Äußerungen zu Kunstwerken und Monumenten des klassischen Altertums sind relativ gut bekannt und großenteils auch durch Monographien erschlossen. M. Wegners in zwei Auflagen ediertes Buch „Goethes Anschauung antiker Kunst" macht schon durch seinen Titel deutlich, daß die ästhetische Komponente der Goetheschen Zeugnisse zu diesem Themenkreis im Mittelpunkt seines Interesses steht[1]. Beim Lesen der einschlägigen Textpassagen fällt allerdings auf, daß nicht wenige der zahlreichen Reflexionen des Dichterfürsten zur materiellen Hinterlassenschaft der Antike Fragen betreffen, die im engeren Sinne des Wortes eher archäologisch als kunstästhetisch zu nennen sind.

Dabei ist folgendes zu bedenken. Sicher unrichtig ist die weit verbreitete Vorstellung, die Archäologie bzw. die Klassische Archäologie, wie man diese Wissenschaftsdisziplin heute im Interesse einer klaren Definition zu nennen pflegt, sei identisch mit der Kunstgeschichte des Altertums. Eine solche Sichtweise ist nicht einmal gültig im historischen Sinne des Antikenverständnisses bei J. J. Winckelmann, dem Begründer der kunstarchäologischen Forschung. Bereits dieser 'Gründungs-Heros' unserer Wissenschaft hat sich, wie ein genaueres Studium seiner Schriften lehrt, um die gesamte materielle Hinterlassenschaft der Antike bemüht. Allerdings bedingte der damalige, relativ geringe Grad der Erschließung regionaler Kunsterzeugnisse und Ruinenstätten bei Winckelmann und seinen Zeitgenossen eine starke Konzentration auf Funde und Probleme Roms und des italienischen Raumes.

Es kann nicht überraschen, daß Goethe in seinen Frankfurter Jugendjahren nur wenige Eindrücke von der Kunst des Altertums erfahren hat. Einige Rom-Veduten G. B. Piranesis, die das Treppenhaus seines Elternhauses schmückten, sind hierzu in erster Linie zu nennen[2]. In seinem Arbeitszimmer gab es einige Gipsabgüsse nach Werken mit Beziehungen zur antiken Mythologie[3]. Im Gegensatz zu den genannten Kupferstichen bieten die antikisierenden Motive auf zeitgenössischen Gemälden, die Goethe in seiner Jugendzeit vertraut waren, nur vage Zitate antiker Architektur. So zeigt z.B. das bekannte

---

1) M.Wegner, Goethes Anschauung antiker Kunst [1](1944). Die als solche nicht gekennzeichnete 2. Auflage erschien 1949. Nach letzterer wird im Folgenden zitiert, soweit nichts Gegenteiliges vermerkt ist. Überaus nützlich sind die zahlreichen, von U. Hausmann verfaßten archäologischen Stichworte im Goethe-Handbuch 1 (1961). Schließlich dürfen an dieser Stelle die zahlreichen Beiträge nicht unerwähnt bleiben, die B. Neutsch Goethes Italienerlebnis aus archäologischer Sicht und seinen archäologischen Interessen gewidmet hat: Romzeichnungen Goethes, Röm.Mitt. 70, 1963, 162- 173 Taf. 61-66; Antikenerlebnisse Goethes in Italien und ihre Nachklänge, Heidelberger Jahrbücher 7, 1963, 82-110; Goethe e le antichità della Sicilia, Kokalos 14/15, 1968/69, 1-19; Genius Huius Loci. Ein pompejanisches Motiv im Goethepark zu Weimar, in: Festschrift K. Lankheit (1983) 200-206;

Pompeiana in Weimar, in: Neue Forschungen in Pompeji (1973) 317-325; Goethe e il Museo Maffeiano (s. u. Anm. 23); 'Der bekannte Diomed ... in Bronze'. Ein Beitrag zu Goethes Besuch im Museum Maffeianum von Verona 1786, Jahrb.DAI 101, 1986, 309-328; Zeus Ammon in Antikenzeichnungen Goethes, in: Lebendige Altertumswissenschaft. Festgabe H. Vetters (1985) 371-375 Taf. 46-47; L'incontro di Goethe con le antichità della Magna Grecia, Magna Graecia - Rassegna di archeologia ... 22, 1987, Nr. 1-2, 1-6.

2) Dichtung und Wahrheit. Hamburger Ausgabe Bd. 9 [7](1974) 14 u. 121. Vgl. E. Beutler, Essays um Goethe 1 [4](1948) Taf. nach S. 64 (Blick in das Treppenhaus).

3) R. Hering, Jahrb. d. Freien Deutschen Hochstifts, 1902, 227f.; U. Hausmann, in: Goethe-Handbuch 1 (1961) 303.

Gemälde von J. C. Seekatz „Die Familie Goethe im Schäferkostüm" aus dem Jahre 1762[4] ein dreisäuliges Ruinenmotiv, das als typisches Gartenrequisit umgeformt ist. Man beachte das Gebälkstück, das in dieser Form nur bei einer Gesimsverkröpfung möglich wäre. Die kürzliche Präsentation zahlreicher Gemälde von Christian Georg Schütz dem Älteren (s. hier S. 31 ff.) im Frankfurter Goethemuseum ermöglichte in dieser Hinsicht interessante Beobachtungen[5]. Auch hier wäre bei den Ruinenmotiven vielfach keine Rekonstruktion realer Architektur möglich. Es handelt sich vielmehr – trotz relativer Sorgfalt bei der Wiedergabe von Einzelheiten – in erster Linie um freie Impressionen antiker Ruinen. Dabei ist natürlich auch die Verfremdung bei den vorauszusetzenden Zwischenvorlagen und thematisch verwandten Gemälden früherer Generationen zu bedenken.

Der reichhaltige Tafelteil des eingangs erwähnten Buches von M. Wegner betont die ästhetische Komponente des Themas. Diesen Befund dokumentiert eine instruktive Einzelheit. Zwei fragmentierte, großgriechische Terrakottastatuetten sind nur in der ersten Auflage abgebildet[6]. Die auf den ersten Blick unscheinbar anmutenden Fragmente haben im Rahmen von Goethes archäologischem Interesse eine besondere Bedeutung. Der Weimarer Dichterfürst war Mitglied des 'Instituto di Corrispondenza Archeologica' in Rom, dem damals noch international ausgerichteten Vorgänger des Deutschen Archäologischen Instituts[7]. Der brieflichen Bitte der Direktion, „das Institut für die Annali durch einen Artikel über ein antikes Kunstwerk zu erfreuen", hatte Goethe entsprochen[8]. Er übersandte dem Institut Zeichnungen dieser beiden Terrakotten (und die Durchzeichnung einer pompejanischen Wandmalerei). Die bescheidene, in Frageform gekleidete Zuschrift wurde jedoch in Rom seinerzeit nicht gedruckt und erst aus dem Nachlaß publiziert[9]. Goethe erkannte richtig in den fragmentierten Statuetten bekleideter Frauen, die ein Ferkelchen tragen, Votivgaben. In der Sekundärliteratur finden sich verschiedene Hinweise auf diesen Vorgang, doch wurde ein wichtiger, früher Kommentar übersehen. Bereits 1849 hatte sich Eduard Gerhard zu diesen Fragmenten geäußert und darauf hingewiesen, daß sie offenbar aus einem größeren Fund von Votiven aus Paestum stammen, die seit 1824 im Neapolitaner Antikenhandel angeboten wurden[10]. Demnach handelt es sich um relativ späte Erwerbungen des Dichters. In neuerer Zeit wurde diese

---

4) Weimar Inv. 125e; Kopie in Frankfurt Inv. IV-232; H. Holtzhauer, Goethe-Museum (Weimar) (1969) 93 Nr. 3.11 Farbtaf. auf S. 97; P. Maisak, in: Goethe in Italien. Ausstellung Düsseldorf (1986) 138. 335 Nr. 318 mit Farbabb. auf S. 141; E. Emmerling – B. Rechberg – H. Wilhelm, J. C. Seekatz 1719-1768. - Ein Maler aus der Zeit des jungen Goethe (1991) 20. 90 Nr. 116 Abb. S. 21; P. Maisak, Das Frankfurter Goethe-Museum, Ausstellungskat. 1994 Abb. S. 22.

5) P. Maisak, Christian Georg Schütz der Ältere 1718-1791. Ein Frankfurter Landschaftsmaler der Goethezeit, Ausstellungskatalog Frankfurt 31. Okt. 1991 - 31. Jan. 1992, passim.

6) Wegner a.a.O. 1. Auflage 65f. Abb. 31. 32; vgl. 2. Auflage 65f.; E. Grumach, Goethe und die Antike. 2 Bde. (1949) 569f.; Chr. Schuchardt, Goethe's Kunstsammlungen 2 (1848) 332 Nr. 64 (a.b.); D. Eckardt – M. Oppel (Hrsg.), Kostbarkeiten aus Goethes Kunstsammlung, Ausstellungskat. Duisburg 1987, 27 Nr. I 18 und 19 mit Abb. (=Wegner a.a.O¹

Abb. 31). Die Beiträge der einzelnen Mitarbeiter sind nicht durch Initialen gekennzeichnet; archäologische Sekundärliteratur ist nicht angegeben; C. Praschniker, Arch. Ephemeris 1937, 424 Anm. 1.

7) F. W. Deichmann, Goethe und das Instituto di Corrispondenza Archeologica, in: Robert Boehringer. Eine Freundesgabe (1957) 177-191; dazu ein Nachtrag von H. Ruppert, Goethe-Jahrbuch 23, 1961, 355.

8) Deichmann a.a.O. 183f. 185.

9) Weimarer Ausgabe I 59 Teil II, 29f.; Grumach a.a.O. II 569f.; G. Femmel – G. Heres, Die Gemmen aus Goethes Sammlung (1977) 311 Nr. 630.

10) Odoardo (=Eduard) Gerhard, Über Goethe'sche Terracotten und über die Göthestiftung, Arch. Zeitung 7, 1849, 116-120.

bis nach Sizilien verbreitete Gattung verschiedentlich besprochen, darunter auch von M. Wegner selbst[11].

Der Text der Wegnerschen Monographie enthält in erster Linie eine übersichtlich gegliederte Zusammenstellung der originalen schriftlichen Zeugnisse Goethes, eine knappe Bibliographie sowie einen zusammenfassenden Essay. Parallel dazu erschien die umfassendere Monographie E. Grumachs „Goethe und die Antike". Sie bietet im zweiten Band im wesentlichen das gleiche Textmaterial ohne verbindenden Kommentar[12]. Weder Wegner noch Grumach vermitteln dem Leser Hinweise auf die nicht unbeträchtliche Sekundärliteratur. Viele Äußerungen Goethes sind in z.T. recht gehaltvollen Beiträgen kommentiert, die zum tieferen Verständnis der betreffenden Passagen beitragen. Den in den Literaturlisten der beiden Autoren aufgeführten Titeln ist in der Regel nicht anzusehen, zu welchen Einzelfragen, Kunstwerken oder Bauten sich der betreffende Autor geäußert hat[13]. Eine entsprechend kommentierte, analytische Synthese dieser Beiträge ist ein dringendes Desiderat, zumal sich die Zahl derartiger Studien in der vergangenen Jahrhunderthälfte nicht unwesentlich vermehrt hat.

Noch unübersichtlicher sind die versteckten Bemerkungen zu archäologischen Goethe-Äußerungen in Beiträgen, deren Titel auf eine breiter angelegte Fragestellung hinweist.

Eine erhebliche Förderung der Forschung bedeutet auch G. Femmels Corpus der Handzeichnungen Goethes mit ihrem nicht geringen Anteil archäologisch relevanter Motive[14]. Dazu kommt der Katalog der Goetheschen Gemmensammlung, von der bereits A. Furtwängler eine repräsentative Auswahl in sein Magnum Opus „Die antiken Gemmen" aufgenommen hatte[15]. In der neuen Monographie blieb leider der wichtige Komplex der Gemmenabdrücke – entgegen der Empfehlung des Co-Autors G. Heres – ausgeklammert[16]. Gerade die Beschäftigung mit den zu seiner Zeit besonders beliebten Abdrucksammlungen antiker Intagli gehört zu Goethes frühesten Begegnungen mit archäologischen Zeugnissen der Antike in Leipzig[17]. Eine Auswahl der einschlägigen Stücke aus Goethes Antikensammlung – einschließlich diverser Gemmen und Abdrücke von solchen – wurde vor wenigen Jahren in einer Wanderausstellung gezeigt[18]. Auch die jüngste Veröffentlichung über einen Teilkom-

---

11) M. Sguaitamatti, L'offrande de porcelet dans la coroplathique Géléenne. Études typologiques (1984); A. Bignasca, Ant.Kunst 35, 1992, 18ff.; M. Wegner, in: ΑΠΑΡΧΑΙ. Nuove ricerche e studi in onore di P.E. Arias (1982) 201ff., bes. 215f.

12) Grumach a.a.O.

13) Zur Bibliographie bei Wegner a.a.O. (s.o. Anm. 1) 131; E. Maass, Goethe und die Antike (1912) behandelt keine archäologischen Aspekte; vgl. jedoch seinen ergänzenden Aufsatz Goethe und die Werke der antiken Kunst, Jahrb. der Goethe-Gesellschaft 10, 1924, 56-75. Von H. Trevelyan, Goethe and the Greeks (1942) existiert auch eine deutsche Ausgabe „Goethe und die Griechen" (1949). Dieses Buch thematisiert verschiedentlich auch Äußerungen zur antiken Kunst.

14) G. Femmel, Corpus der Goethezeichnungen II. Italienische Reise 1786-1788. Die Landschaften (1960); III Italienische Reise 1786-1788 Antiken- und Anatomiestudien. Architektur und Perspektive (1965); vgl. ferner W. Hecht, Goethe als Zeichner (1982) passim.

15) Femmel – Heres a.a.O.; vgl. A. Furtwängler, Die antiken Gemmen (1900) 280-282 Taf. 62 (=32 Stück). Zu Goethes Sammlung im kulturellen Kontext ihrer Zeit vgl. P. u. H. Zazoff, Gemmensammler und Gemmenforscher (1983) Index S. 260.

16) Nach persönlicher Mitteilung.

17) G. Heres, Daktyliotheken der Goethezeit, Forsch. und Berichte 13, 1971, 59-74 Taf. 16-17 (S. 59ff. zu Goethe); zu seiner frühen Begegnung mit Gemmenabdrücken ferner Femmel – Heres a.a.O. 128f. Z[eugnisse] Nr. 1 und 2 (Aufenthalt in Leipzig 1767).

18) Eckardt – Oppel a.a.O. (s. o. Anm. 6). Femmel – Heres a.a.O. 9ff. und passim. E. Trunz, Goethe als Sammler, Goethe-Jahrbuch 89, 1972, 13ff. Wiederabdruck in: ders., Goethe-Studien (1980) 7.20: ca. 4500 Gemmenabgüsse; 15 Anm. 28 ist von insgesamt 8770 Gipsabgüssen (wohl inkl. Schwefelpasten) die Rede (nach einer Aufzählung von H. Holtzhauer). – Ferner Goethe als Sammler. Kunst aus dem Haus am Frauenplan in Weimar, Ausstellungskat. Zürich 1989/90, 140-142 Nr. 24-42 (nur 6 Objekte sind abgebildet).

plex des Goetheschen Kunstbesitzes – die Erotica und Priapea – enthält zahlreiche archäologische und pseudoantike Objekte, darunter auch diverse Gemmen[19].

Die oben angedeutete unausgewogene Quellenlage hinsichtlich der archäologischen Überlieferung während der Goethezeit wird durch andere Fakten unterstrichen. Alles, was im weiteren Sinne der archäologischen Heimatforschung zuzurechnen ist, war Goethe natürlich besser vertraut. Hier kann man sein reges Interesse an einer differenzierten Betrachtung der betreffenden Funde und der Vertiefung seiner im Vergleich zu seinen Zeitgenossen bemerkenswert breiten Kenntnisse beobachten. Daß Goethe dem künstlerischen Wert solcher Fundstücke keine besondere Priorität eingeräumt hat, wird durch seine Beschäftigung mit prähistorischen Funden unterstrichen. Leonhard Franz hat diesem Fragenkomplex eine reich dokumentierte Monographie gewidmet[20]. Dieser gehaltvolle Band bietet im übrigen auch zahlreiche Hinweise zu archäologischen Objekten. Seither haben verschiedene Einzelbeiträge dieses Thema vertieft. Dazu

gehört insbesondere der umfassende Aufsatz „Goethes Sammlung vor- und frühgeschichtlicher Altertümer" von G. Neumann[21].

Goethes im engeren Sinne des Wortes 'archäologische' Betrachtungsweise bei der Beschäftigung mit Werken der antiken Kunst offenbart sich besonders deutlich in seinen Ausführungen über antike Grabreliefs. Die erste, nachhaltige Begegnung mit solchen Zeugnissen der antiken Sepulkralkunst vollzog sich 1786 bei seiner ersten Italienreise im Museo Maffeiano in Verona[22]. Wir verdanken Gerhard Rodenwaldt eine meisterliche Analyse dieses Erlebnisses, der Reflexionen des Dichters über inhaltliche Probleme der Reliefs und über die spätere Redaktion seiner Reisenotizen[23]. Goethe hatte sich über späthellenistische und frührömische Grabreliefs in Verona notiert, sie *„sind herzlich und rührend und stellen immer das Leben her"*[24]. Diese im wesentlichen zutreffende Feststellung erfuhr eine gewisse Aktualisierung bei der Betrachtung des Grabmals von Igel bei Trier[25], von dem der Dichter gegen Ende seines Lebens eine verklei-

19) G. Femmel – Chr. Michel, Die Erotica und Priapea aus den Sammlungen Goethes (1990 = 1992).

20) L. Franz, Goethe und die Urzeit (1949).

21) Jahresschrift für Mitteldeutsche Vorgeschichte 36, 1952, 185-242 mit 56 Zeichnungen; 191ff. Abb. VII Nr. 1-12 provinzialrömischer, z.T. emaillierter Schmuck. Auf diese Arbeit verwies bereits Franz a.a.O. 190 Anm. 231. Zu den Ausgrabungen in Klein-Romstedt (Franz a.a.O. 149) vgl. auch die Briefzeugnisse bei J. Rumpf, Jahrb. d. Freien Deutschen Hochstifts 1967, 32-34; ferner die Erwerbungsnotiz der Schrift von J.C. Schaum, Die fürstliche Alterthümer-Sammlung zu Braunfels (o.O. 1819), Jahrb. d. Freien Deutschen Hochstifts 1971, 526 Abb. 17 (Titelblatt und Vorsatztafel mit Abb. von Grabgefäßen sowie Hinweise auf den Goethe-Bezug).

22) Ital. Reise. Hamburger Ausgabe XI [10](1981) 42f. 589; Dt. Klassiker Vlg. I. Serie 15, 1993, 46f. 1189f.; Wegner a.a.O. (s.o. Anm. 1) 90f.

23) G. Rodenwaldt, Goethes Besuch im Museum Maffeianum zu Verona. 102. Berliner Winckelmannsprogramm 1942; zuletzt B. Neutsch,

Goethe e il Museo Maffeiano, in: Nuovi Studi Maffeiani, Atti del Convegno Scipione Maffei e il Museo Maffeiano, Verona 18.-19. Nov. 1983 (1985) 97-119.

24) vgl. W. Schiering, in: Goethe in Italien a.a.O. (s.o. Anm. 4) 56.192 Nr. 43 Abb. S. 191: attische Grabreliefs des 1. Jhs. n. Chr.; Rodenwaldt a.a.O. 26 Abb. 10 links und 11; Neutsch a.a.O. (s.o. Anm. 23) 100f. Abb. 10-12; Goethes Italienische Reise, hrsg. Chr. Michel – H.G. Dewitz (1993) 1, 645 Abb. 26.

25) Wegner a.a.O. (s.o. Anm. 1) 94ff. 144 Taf. 58; Grumach a.a.O. (s.o. Anm. 6). In Verbindung mit Goethe sei auf folgende neuere Literatur hingewiesen: J.-C. Muller, Trierer Zeitschr. 45, 1982, 377ff. Abb. 1 (Aquarell von W. Pars, 1770); L. Pikulik, Begegnung mit dem Leben im Kunstgebilde. Zu Goethes Betrachtung der Igeler Säule und Stefan Georges Gedicht „Porta Nigra", Aurora 52, 1992, 111-127 (jeweils mit weiteren Nachweisen zu neuerer Lokalliteratur); R. Selbmann, Dichter-Denkmäler (1988) Abb. S.47.

nerte Nachbildung aus Bronze geschenkt bekam[26]. Goethe sah dieses auch heute noch überaus eindrucksvolle Monument 1792, als er anläßlich der 'Campagne in Frankreich' auf der alten Römer- und Heerstraße in Richtung Luxemburg zog. Er fand seine Vorstellungen über den Sinngehalt antiker Grabreliefs im wesentlichen bestätigt. Demnach pflegten die Alten auf ihren Grabreliefs vornehmlich Szenen aus dem täglichen Leben darzustellen. Der Dichter reflektierte dabei zugleich über den sepulkralen Symbolgehalt der mythologischen Szenen auf demselben Monument. Obgleich die moderne Forschung zu einer differenzierteren Bewertung dieser Befunde gelangt ist, bleiben Goethes intuitiv gewonnenen Überlegungen in Verbindung mit seiner scharfen Beobachtungsgabe auch heute noch bemerkenswert.

Den nachhaltigen Eindruck des Igeler Grabmonuments auf Goethe bezeugt auch eine Federzeichnung von seiner Hand in Berlin, die er offenbar erst zu einem späteren Zeitpunkt nach dem Gedächtnis angefertigt hat

(*Abb. 42*)[27]. Nur so sind jedenfalls die auffallenden Unterschiede zum tatsächlichen Aussehen des Monuments zu erklären. Andererseits entspricht die figürliche Bekrönung in Form eines Adlers den eigenen Aufzeichnungen des Dichters. In Wirklichkeit bildet eine Gruppe des vom Adler des Zeus geraubten Ganymed den oberen Abschluß, was aufgrund der unvollständigen Erhaltung von unten kaum wahrzunehmen ist[28]. Die unrichtigen, schlanken Proportionen des Ganzen entsprechen eher dem Anblick, wie er sich dem Betrachter von der Seite darbietet. Wilhelm von Kobells schöne, wenige Jahre zuvor entstandene Zeichnung in Trier verdeutlicht anschaulich diese Situation (*Abb. 43*)[29].

Auf Schritt und Tritt begegnet auch der Fachmann bei Goethe überraschenden Einsichten, die fast modern anmuten. Bis ins 19. Jh. hinein war es üblich, unvollständige antike Statuen zu ergänzen[30]. Entgegen dieser Praxis befürwortete Goethe bei der Besichtigung der Grimanischen Antikensammlung in Venedig „*die Restauration*

---

26) Guß der Sayner Hütte von 1828 s. W. Arenhövel, in: Berlin und die Antike, Ausstellungskat. Berlin (1979) 241 Nr. 458 Abb. S. 243; ders., Eisen statt Gold, Ausstellungskat. Krefeld/Berlin (1982/83) 115 Nr. 236 Abb. S. 116; Eva Schmidt, Der preußische Eisenkunstguß (1981) 214 Abb. 215; W. Schiering a.a.O. 192f. Nr. 44.45 Abb. S. 193.

27) Kupferstichkabinett Inv. 3979; 33,5x19,5cm. E. Bock, Zeichnungen deutscher Meister im Kupferstichkabinett zu Berlin (1921) I 174 Inv.Nr. 3971 mit Abb.; L. Münz, Goethes Zeichnungen und Radierungen (1949) 75.143 Abb. 6 (erste und beste Wiedergabe; danach unsere Abb. 42); G. Femmel, Corpus der Goethezeichnungen VI B (1978) 74f. Nr. 212, Abb.; J. Mersch, La colonne d'Igel / Das Denkmal von Igel (1985) 235 Abb. S. 236 nach J. Kohnen, Goethes Luxemburger Zeichnungen (1980) 70f. Abb. S. 113. Die angebliche Goethe-Zeichnung des Igeler Monuments bei R. Selbmann a.a.O. 47 mit Abb. ist vielmehr ein Stich von P.A. Kilian von 1741 (Mersch a.a.O. 162ff. Abb. S. 163 links).

28) Das Richtige steht erst in Goethes späten Ausführungen im Zusammenhang mit dem Bronze-Modell des Monuments (Grumach a.a.O. [s.o. Anm. 6] I 470).

29) Rheinisches Landesmuseum Inv. 55,212; 32,5x23,5cm. H. Eichler, Trierer Zeitschrift 18, 1949, 238ff. Abb. 2 (damals noch im Kunsthandel). Die Richtigkeit der alten Zuschreibung des Blatts ergab sich mir bereits im Jahre 1966. In dem von S. Wichmann bearbeiteten Katalog der Gedächtnis-Ausstellung zum 200. Geburtstag des Malers Wilhelm von Kobell 1766-1853, (1966) 31 wird ein Brief seines Vaters Ferdinand von September 1787 zitiert, u.a. „*eine römische Pyramide in der trierischen Umgebung zu malen*". Mersch a.a.O. 186 Abb. S. 187 (ohne Kenntnis des Verbleibs). Ferner S. Wichmann, W. von Kobell. Monographie und kritisches Verzeichnis seiner Werke (1970) 174 Nr. 76. Die photographische Vorlage unserer Abb. 43 und ergänzende Auskünfte verdanke ich P. Seewaldt.

30) U. Müller-Kaspar, Das sogenannte Falsche am Echten. Antikenergänzungen im späteren 18. Jahrhundert in Rom., Diss. Bonn 1986 (1988). Die ersten 'Entrestaurierungen', d.h. Entfernungen besonders falscher, stilwidriger Ergänzungen, inkl. Nasen etc., erfolgten erst um 1890 durch Georg Treu in der Dresdener Skulpturensammlung (vor 1894; in diesem Jahre wurde die Neuaufstellung der antiken Bildwerke eröffnet).

der Köpfe und Arme an der Minerva und Kleopatra wieder wegzuschlagen." [31]

Interessant sind im Kontext unseres Beitrages auch die Zeugnisse für Goethes Bemühungen um ein Verständnis der ägyptischen Kunst[32]. Zuletzt hat sich der Dichter ausführlich in einem Brief vom 14.8.1827 über Ägyptisches geäußert, worauf in jüngerer Zeit L. Blumenthal hingewiesen hat[33]. Darin wird insbesondere seine *„Abneigung gegen jenes wüste Totenreich"* zum Ausdruck gebracht. Das eigentliche ägyptische Kunstschaffen stand ihm an sich innerlich ferner, doch gibt es in seiner kleinen Antikensammlung auch eine Reihe von Werken der ägyptischen Kleinkunst. Die Authentizität einiger Stücke bedarf allerdings noch der Überprüfung[34].

Die zitierte negative Bemerkung ist aber nicht repräsentativ für Goethes Einstellung zum Alten Ägyp-

ten, wie verschiedene Bemerkungen über Obelisken und ihren Reliefschmuck sowie über Rundplastiken in Rom bezeugen. Auch ägyptische Architektur, wie sie ihm – ebenfalls in Rom – in Gestalt hervorragender Zeichnungen, darunter die visionäre Rekonstruktion einer weiträumigen Pyramidenanlage durch den Architekten J. F. Cassas bekannt geworden sind, haben Goethe sehr beeindruckt[35].

Unsere Ausführungen sollten exemplarisch Folgendes verdeutlichen. Goethes Bemerkungen zum archäologischen Erbe der Antike im weitesten Sinne des Wortes dürfen nicht als rein historische, d.h. inhaltlich weitgehend überholte Aussagen abgetan werden, denen man im Hinblick auf die Bedeutung des Dichters mit pietätvoller Nachsicht zu begegnen hat. Ebensowenig sollte sich die Beschäftigung mit den Aussagen des

---

31) Bei der 'Kleopatra' handelt es sich um die Kopie einer hellenistischen Musenstatue, deren Ergänzungen von der Hand Tullio Lombardis auch heute noch im Hinblick auf ihre kunstgeschichtliche Bedeutung belassen werden: G. Traversari, La statuaria ellenistica del Museo Archeologico di Venezia (1986) 57ff. Nr. 18 mit 2 Abb.

32) U. Hausmann, in: Goethe-Handbuch 1 (1961) Sp. 70-72, bietet ausführliche Quellennachweise. An Sekundärliteratur seien genannt L. Volkmann, Goethe und Ägypten, Zeitschr. für Ägypt. Sprache 72, 1936, 1-12; M. Diener, Ein Brief Goethes über Ägypten, Mitt. d. DAI Kairo 2, 1932, 127-134; K. H. Dittmann, Goethe und die 'Egyptischen Sachen', Mitt. d. DAI Kairo 12, 1934, 96-106; S. Hummel, Goethes ägyptische Sammlung, Goethe-Jahrbuch 97, 1980, 212-223 mit 10 Abb. auf 4 Taf.

33) L. Blumenthal, Ein Notizheft Goethes von 1788 (1965) 84f. Abb. 1 (Nilmosaik von Palestrina) mit Zitat der Edition in der Weimarer

Ausgabe (IV, 43, 13). Es fehlen jedoch Hinweise auf die Sekundärliteratur zu diesem Thema (s. Anm. 32). Vgl. zum zeitgenössischen Kontext auch E. Hubalas materialreichen Artikel 'Egypten' im Reallexikon der deutschen Kunstgeschichte 4 (1958) Sp. 750-775.

34) Die von Hummel a.a.O. 219f. Abb. 4 aufgrund eines verfehlten Vergleichs als mutmaßliche Darstellung Marc Antons bezeichnete Figur ist offenbar die barocke Nachbildung einer der zahlreichen 'Pharaonen'-Statuen, die korrekter als Osiris zu benennen sind. Vgl. meinen Beitrag Osiris und Osirisglaube in der Kaiserzeit, in: Des syncrétismes dans les religions grecque et romaine, Coll. Straßburg 9.-11. Juni 1971 (1973) 95-102 Taf. 3-6.

35) Von der in Anm. 32 zitierten Sekundärliteratur sei besonders auf den Beitrag von K.H. Dittmann hingewiesen, der u.a. auch die Pyramidenrekonstruktion des Cassas abbildet (a.a.O. 99f. Taf. 22).

Dichters zur materiellen Hinterlassenschaft des Altertums auf den Aspekt der Werkkommentierung beschränken[36].

36) Unter den zahlreichen Einzelstudien zu unserem Thema seien ferner hervorgehoben: C. Praschniker, Goethe als Archäologe, Arch. Ephemeris 1937, 423-432; L. Franz, Goethe und ein antikes Relief aus Cumae, Jahreshefte des Österreich. Archäolog. Instituts 38, 1950, 42-54; A. Rumpf, Goethe und die Antiken (1949); C. Weickert, Die Baukunst in Goethes Werk (1950); ders., Zu Goethes archäologischer Betrachtungsweise, Jahreshefte des Österr. Archäolog. Instituts 39, 1952, 123-128; B. Andreae, Goethes Interpretation des Alexander-Mosaiks, Jahrb. d. Slg. Kippenberg N.F. 3, 1974, 41-49 Taf. 18-20; ders., Das Alexandermosaik aus Pompeji (1977) Anhang 29-36; S. Hummel, Etruskisches in Weimar, Jahreshefte des Österreich. Archäolog. Instituts 53, 1981/82, 19-30; ders., Goethes etruskische Sammlung, Goethe-Jahrb. 99, 1982, 275-281 mit 1 Taf.; K. Parlasca, Heinse und Goethe. Ihre Bemerkungen zu antiken Skulpturen in Venedig, in: G. Traversari (Hrsg.), Venezia e l'archeologia, Akten des Internationalen Kongresses in Venedig 25.-29. Mai 1985 = Rivista dell'Istituto naz. d'arch. Suppl. 7 (1990) 110-112. Zu den viel zitierten Impressionen des jungen Goethe in der Mannheimer Sammlung von Gipsabgüssen im Jahre 1769 vgl. W. Schiering (Hrsg.), Der Antikensaal in der Mannheimer Zeichnungsakademie 1769-1803 (1984) passim, bes. 52-56 im Beitrag von H. Meixner.

WOLFGANG WEEKE

Frankfurt, ein Theatermaler und die Antike

Niemals, so scheint es, haben Bühnenbilder bei den Frankfurtern einen größeren Anklang gefunden als die des Mailänder Theatermalers Giorgio Fuentes (1756-1821) zu Ausgang des 18. Jhs. Von der Scala gegen die außerordentliche Jahresgage von 4.000 fl. nach Frankfurt geholt (eine erste Koloratursängerin erhielt 1.500 fl. weniger)[1], ist Fuentes fast vier Jahre, von 1796 bis 1800, in Frankfurt geblieben und hat dem Frankfurter Theaterpublikum großartige Dekorationen geliefert. Das Publikum rief seine Bühnenbilder buchstäblich heraus, so seinen Riesenprospekt der Frankfurter Zeil, den er für ein harmloses bürgerliches Schauspiel aus dem Englischen gemalt hatte.[2]

Wahre Begeisterung entfachte auch seine Ausstattung zu zwei Opern mit Libretti antiken Themas, Salieris „Palmira" und Mozarts „Titus". Hier zeigte er sich als Schüler des berühmten Gonzaga in Mailand[3], von den römisch-klassischen Ekstasen des Giovanni Battista Piranesi inspiriert.

Die Stiche von Anton Radl (1774-1852, seit 1794 in Frankfurt) von Dekorationen beider Opern sind durch Reproduktionen bekannt geworden. Originale werden in der graphischen Sammlung des Historischen Museums in

Frankfurt aufbewahrt.[4] Weniger bekannt dürfte jedoch ein großformatiges (51x72cm) Aquarell von L.D.Ph. Schmidt (1811-86) nach dem Stich von Radl einer „Titus"-Dekoration von Fuentes (4. Szene des 1. Aktes) sein *(Taf. 4)* [5]. Hier kommt Fuentes' prachtvoll theatralische Vision des antiken Rom noch gut zum Ausdruck. Von einer ähnlich eindrucksvollen Beschwörung antiker architekturaler Größe und Machtentfaltung sind auch seine Dekorationen zu „Palmira" gewesen.

Von Fuentes selbst haben wir ein Aquarell (44x62cm) einer dorischen Säulenhalle mit Rundgewölbe und einem Portal mit zwei Sphingen *(Abb.44)*. Das Blatt[6] vermittelt eine Vorstellung von der Grandiosität seiner Bühnenbilder zu klassischen Themen. Goethe sieht „Palmira" am 13. August 1797 in Frankfurt auf der Reise in die Schweiz, wahrscheinlich auf Drängen seiner Mutter, deren großes Interesse für das Frankfurter Theater und die Oper im besonderen wir kennen. Er lobt die Dekorationen über die Maßen[7]. Seinem Herzog schreibt er begeistert: *„Die hiesigen Dekorationen zu „Palmira" sind so schön, daß ich gerne dieselben noch einmal, ohne Stück, zu sehen mein Entrée zahlen würde"*.[8] Am 18. August besucht er Fuentes in sei-

1) W. Pfeiffer-Belli, Jahrb. d. Freien Deutschen Hochstifts 1926, 335.

2) O. Bachor, ebenda 364.

3) ebenda 378 Anm. 70.

4) 4. Szene 1. Akt zu Palmyra, Inv.-Nr. C36251; 4. Szene 1. Akt zu Titus, Inv.-Nr. C36249; 2. Szene 2. Akt zu Titus, Inv.- Nr. C36252.

5) Städelsches Kunstinstitut, Graph. Slg., No. 7397.

6) ebenda, No. 4148.

7) "*Die Dekorationen zu „Palmira" geben Beispiele, woraus man die Lehre der Theatermalerei abstrahieren könnte. Es sind sechs Dekorationen, die aufeinander in zwei Akten folgen, ohne daß eine wiederkommt... man sieht ihnen an, daß der Meister alle Moyens der ernsthaften Baukunst kennt... man darf wohl sagen, daß diese Kunst hier auf dem hochsten Grade steht.*" Briefe aus der Schweiz (1962) 86ff.

8) Zitiert nach P. Zucker, in: Die Theaterdekoration des Klassizismus (1925) 14. Das Werk behandelt auch die kunsthistorische Einordnung von Fuentes.

nem Atelier in der *„großen Gallenstraße im Kolligschen Hause"*, wo heute in der Großen Gallusstraße eine deutsche Großbank residiert; er lobt seine Arbeiten. *„Er ließ mich"*, schreibt Goethe, *„auch die Veränderungen bemerken, die zwischen den Zeichnungen und den ausgeführten Dekorationen zu „Palmira" sich fanden"*.[9] Hier war ein Theatermaler, dessen Dekorationen Vorstellungen von antiker Größe vermittelten, die mit denen Goethes übereinstimmten.

Ein Versuch Goethes, Fuentes für die Weimarer Bühne zu gewinnen, scheitert, da er ihm nur einen Bruchteil seiner Frankfurter Einkünfte anbieten kann.[10]

Am 22. August 1799 fand die Erstaufführung des Mozartschen „Titus" statt. Die mit aller Pracht von Fuentes ausgestattete Inszenierung hatte es der Frau Rath Goethe besonders angetan, und sie berichtet nach Weimar, wie begeistert alle von Fuentes Bildertheater sind.

Die Einstudierung des „Titus" soll sechs Monate gedauert haben. Die Kosten betrugen 10.000 fl., eine für das Frankfurter Theater ganz enorme Summe. Der Bankier Jacob Willemer, seit 1800 Mitglied der Oberdirektion des Theaters, machte gegen solchen Ausstattungsluxus energisch Front. Fuentes Weggang von Frankfurt in jenem Jahr ist vielleicht in diesem Zusammenhang zu sehen[11].

In Giorgio Fuentes Bühnenbildern zu „Palmira" und „Titus" war den Frankfurtern die Antike begegnet.

---

9) Briefe aus der Schweiz a.a.O. 93.

10) s. Anm.1.

11) Zitiert nach Pfeiffer-Belli a.a.O. 334f.

GERHARD EIMER

Thorvaldsen und das Frankfurter Goethedenkmal

Als Paul Ortwin Rave in den letzten Schreckenstagen der NS-Herrschaft seine Thorvaldsenmonographie vollendete, hatte er den Bildhauer als eine Persönlichkeit geschildert, die ganz dem Humanismus Goethes verpflichtet gewesen war[1]. In der Tat hat die Goethelektüre für den Künstler zeitlebens viel bedeutet, will man einmal absehen von der stets verbindenden Liebe zur Ewigen Stadt. Raves Hervorkehrung der beiden gemeinsamen kosmopolitischen Züge deckt sich indessen nicht voll mit den von ihnen entwickelten Geschmacksurteilen in Fragen der bildenden Kunst. Kaum bezweifelt werden kann hingegen, daß Thorvaldsens Goethebewunderung tief und aufrichtig gewesen ist.

Manche Zeitgenossen und die Nachwelt sahen das anders, und für den deutschen Bildungsbürger war der Bildhauer ohnehin nicht viel mehr als ein Vollstrecker des Winckelmann'schen Vermächtnisses mit Hammer und Meißel. So heißt es bezeichnenderweise schon 1860 bei Ernst Förster[2]: *„War aber Thorwaldsen durch die Umstände gezwungen, von der antiken Darstellungsweise abzuweichen, da konnte es ihm wohl begegnen, daß er mit seinem Werk hinter Anderen zurückblieb, welche durch die Grundrichtung ihres Geschmacks und ihrer Studien der Wirklichkeit näher standen.*" Schon allein durch die Porträtkunst, von welcher er hauptsächlich lebte, war der Künstler auf das Naturstudium angewiesen. Obwohl er bereits 1803 mit dem „Jason" eine Großskulptur geschaffen hatte, wollte eine hartnäckige Fama Thorvaldsens Talent auf die Reliefkunst beschränkt wissen. Frau von Humboldt, die den Künstler immer so außerordentlich geschätzt hat, wies Goethe 1810 auf die neue Begabung hin, worauf dieser – ganz im Sinn der herrschenden Opinion – Konturenzeichnungen seiner Reliefs als Probe anforderte[3].

Auf der Heimreise nach sechzehnjährigem Romaufenthalt, die einem Triumphzug gleichen sollte, ergab sich im Sommer 1819 eine seltene Konstellation: Thorvaldsen traf zu Goethes siebzigstem Geburtstag in Frankfurt am Main ein, wo der wohl wichtigste Förderer romantischer Kunstbestrebungen in Deutschland, Sulpiz Boisserée, ein Fest arrangiert hatte[4]. Die Hauptperson feierte natürlich in Weimar, doch wollte die Vaterstadt nicht nachstehen. Boisserée war begeistert von der Konversation mit dem aus Rom angereisten Bildhauer, der sicherlich vieles aus den ihm nahestehenden Nazarenerkreisen zu erzählen wußte, er war *„unendlich liebenswürdig, geistvoll, gescheit"*, wie es in Boisserées erst seit wenigen Jahren in Transkription vollständig vorliegenden Tagebüchern heißt, auf die man als unerschöpfliche Quelle für das Kunstgeschehen dieser Epoche nicht ver-

---

1) Paul Ortwin Rave, Thorwaldsen (1947). Der Drucksatz war bereits 1944 fertig und mußte nach seiner Vernichtung wiederhergestellt werden.

2) Geschichte der deutschen Kunst (1860) 100.

3) Just Matthias Thiele, Thorwaldsen's Leben (1852-56) I 194 (im Folgenden: Thiele).

4) Rave a.a.O. 93. Sulpiz Boisserée, Briefwechsel/Tagebücher (1862), Neudruck (1970-83) II 250-252; 370-371 (im Folgenden: Boisserée). Thiele II 9.

zichten kann[5]. Fast ein Vierteljahrhundert lang nämlich sollte Boisserée der primus motor für die Bemühungen um ein Goethedenkmal in Frankfurt am Main bleiben. Kurz vor Thorvaldsens Ankunft hatte Melchior Boisserée aus Stuttgart dem Bruder berichtet, daß der Künstler im Atelier von Dannecker zu Besuch gewesen war, um dessen Arbeit an der kolossalen Christusstatue *„Durch mich zum Vater"* zu begutachten[6].

Offenbar ist der Frankfurter Geburtstagsfeier die Vorstellung von einem monumentalen Goethedenkmal ganz spontan entsprungen, obwohl Boisserée behauptete, er habe sich schon länger mit dem Gedanken getragen. Er war nun wie besessen von dieser Idee und notiert dazu am 26. August 1819: *„sie läßt mich nicht ruhen"*[7]. Wenige Tage später hatte er das Konzept für die Anlage *„ausgearbeitet"* und knapp zwei Wochen darauf *„vollends fertig gemacht"*[8].

Als Mittelpunkt eines von Säulen umstandenen Rundbaus nach dem Vorbild des Vestatempels in Rom war eine kolossale Goethebüste von Dannecker vorgesehen, welcher neuerdings mit Boisserée befreundet und sein Verwandter geworden war. Das Bauwerk sollte sich auf einer kleineren, heute verschwundenen Insel im Main erheben, welche der Senat der Stadt zu diesem Zweck beigesteuert hatte, und deren Lage im *„Untergang der Sonne"* als besonders symbolträchtig herausgestellt wurde[9]. Goethe selbst soll sich angeblich schon 1815 positiv zu einer architektonischen Umgestaltung der „Mühlin-

sel" geäußert haben. *„Einfach, rund, von oben beleuchtet"* sollte die aus Quadern zu errichtende Rotunde im Sinne eines Gesamtkunstwerks gestaltet werden. Die Innenwände aus gelbem Stuckmarmor über einer umlaufenden Sitzbank wären mit Reliefs mit Motiven aus den Hauptwerken Goethes zu schmücken, oben unter dem Gesims war ein Fries vorgesehen, dem am Außenbau ein Eichenlaubkranz entsprach. Diesen Weiheraum sollte eine *„Tür aus Erz"* abschließen. Für die Kuppelausmalung mit vier schwebenden Genien hatte man Cornelius und Overbeck in Aussicht genommen. Thorvaldsen sollte als Reliefbildhauer tätig werden und neben drei Darstellungen aus „Hermann und Dorothea" auch den Büstensockel mit dem Harfner und Mignon schmücken. Warum gerade das Dichtwerk „Hermann und Dorothea", welches damals in der Ausgabe von 1817 aktuelle Lektüre war, sozusagen als pars pro toto herausgegriffen wurde, lag vielleicht an seiner patriotisch gedeuteten freiheitsliebenden Schlußsequenz und an dem Umstand, daß seine Szenen zur Bebilderung geradezu herausforderten und gern illustriert worden sind, man denke nur an Kaulbach, Ludwig Richter und Arthur von Ramberg.

Boisserée war derartig von diesem neuen Projekt eingenommen, welches sich immer mehr mit seiner Vorstellung von einem Nationaldenkmal deckte, daß er zeitweilig sogar das Kölner Domwerk aus den Augen verlor. Nach seinen Tagebuchnotizen zu urteilen, hatte er den ersten Entwurf selbst gefertigt und erst nachträglich die

---

5) Boisserée II 93. Sulpiz Boisserée, Tagebücher 1808-54, hrsg. Hans – Joachim Weitz I-IV (1978-85) 568 (im Folgenden: Boisserée Tagebücher) I 568. Die Dokumentation im Goethe-Museum Frankfurt ist bis auf die meisten Sitzungsprotokolle und Einzelverluste vollständig überliefert. Das Archiv des Thorvaldsenmuseums in Kopenhagen enthält nahezu vollständig die Gegenkorrespondenz, ist aber der freien Forschung leider nur mit Vorbehalten zugänglich.

6) Boisserée II 367-370. Boisserée Tagebücher I 565. Johann Heinrich Dannecker, Ausstellungskatalog Staatsgalerie Stuttgart (1987) I 87.

7) Boisserée I 86. Boisserée Tagebücher I 567.

8) Eintragungen vom 15.6., 3.9.und 18.9.1819 sowie vom 6.8.1820: *„Mit Hess bei Architekt Rumpf vorläufigen Plan zu dem Monument verabredet..."* Boisserée Tagebücher I 576, 650. *„Vorschlag zu dem Denkmal für Goethe ausgearbeitet"*, 3.9.1819, ebenda I 572.

9) Robert Hering, Nachlese zur Geschichte des Frankfurter Goethedenkmals, Archiv für Frankfurter Geschichte und Kunst, 4. Folge Bd. 3 H. 1, 51-77, bes. 52 (im Folgenden: Hering). Später äußerte sich Goethe über die Mühlau eindeutig negativ: *„der abgelegene feuchte Ort."*

beiden örtlichen Architekten Hess und Rumpf herangezogen[10], denen später der Darmstädter Moller als Berater beigeordnet wurde. Außerdem waren rein technische Fragen abzuklären, denn auf der Mühlinsel mußten noch Reste von Wehranlagen mit einem Turm abgeräumt werden. Ferner waren die Grundverhältnisse vor Überschwemmungen zu sichern. Am 28. August 1820 sollte in Frankfurt die Entscheidung fallen, nachdem Thorvaldsen längst informiert worden war[11]: *„Zu diesem Tag haben mir auch die Architekten die Zeichnung zu dem Gebäude, über welches ich mit ihnen mündlich berathen, zu liefern versprochen, und Thorwaldsen hat mich durch seinen vor Kurzem angelangten Brief in Stand gesetzt, dem Verein bekannt zu machen, daß er die ihm zugedachten Basreliefs ausführen will."* Zum selben Termin, dem 28. August 1820, trat auch der zur Durchführung des Vorhabens gegründete Verein öffentlich in Erscheinung, indem er einen Aufruf bekanntmachte, der auch als Flugblatt verbreitet wurde und zur tätigen Mithilfe aufforderte[12]. Dem engeren Komitee gehörten acht Personen an, neben Sulpiz Boisserée Franz Brentano, Metzeler, der für seine Fortschrittlichkeit bekannte Stuttgarter Minister Karl August von Wangenheim, der schon auf dem Geburtstagsfest neben Boisserée gesessen hatte, sowie Simon Moritz von Bethmann, in dessen Haus Thorvaldsen im Vorjahr zu Goethes Geburtstag Aufnahme gefunden hatte. Als Bauberater kamen Hess, Rumpf und Moller hinzu. Das Bankhaus Bethmann diente auch als Anlaufadresse der Bewegung, die in vielem dem von Boisserée organisierten Kölner Dombauverein ähneln sollte, denn es kam – so hieß es in der Verlautbarung ausdrücklich – nicht auf wenige große Einzelbeträge an, sondern auf breite Volksschichten, die bereit waren, das Unternehmen mitzutragen. So sollten auch die Risse für das Denkmal, die bis dahin auf Wunsch des Komitees streng geheim gehalten worden waren, *„in bedeutenden Städten"* gezeigt werden, um für das Projekt zu werben. Die Verwaltung von Thurn und Taxis hatte Portofreiheit zugesichert. Durch diese Maßnahmen scheinen erhebliche Mittel eingeflossen zu sein. Aber ähnlich wie beim Kölner Dombauverein erweckte die Popularität in dieser Periode politischen Mißtrauens höchsten Verdacht. Noch 1895 wird bemerkt: *„Die Art und Weise, wie das Comité hierbei vorging, mißfiel jedoch allgemein und aus der ganzen Sache wurde vorläufig Nichts."*[13] Eine Persiflage von Heine und Mißfallensäußerungen von Goethe selbst – so Anspielungen in den *„zahmen Xenien"* – haben entschieden dazu beigetragen, daß dieses Finanzierungsmodell, für welches die damalige Zeit noch nicht reif war, das ganze Unternehmen zu Fall brachte. Dies sollte indessen keineswegs der einzige Grund bleiben, warum das mit so viel Enthusiasmus begonnene Vorhaben schließlich abgebrochen werden mußte.

Sehr zustatten kam den laufenden Verhandlungen, daß Boisserée in den betreffenden Jahren ständig zwischen Köln und Stuttgart, wo seine berühmte Gemäldesammlung seit 1817 untergebracht war, hin- und hereiste, was zu vielen Zwischenaufenthalten in Frankfurt führte. In der neuen württembergischen Königsresidenz, die zahlreiche künstlerische Talente an sich gezogen hatte, von denen auch Goethe für den Weimarer Schloßbau profitierte, konnte er sich persönlich um den wichtigsten

---

10) Evelyn Hils, Klassizistische Architektur in Frankfurt am Main, Kleine Schriften des Historischen Museums Frankfurt am Main, Bd. 25 (1985). *s. hier S. 107 ff.*

11) Thorvaldsens Museum, Archiv 1820.20 vom 18.6.1820 mit Beilage 1820.21 (undatiert).

12) Boisserée II 288-290. Johann David Sauerländer, Das Goethe-Denkmal in Frankfurt am Main (1844) 1.

13) Friedrich Clemens Ebrard, Die Stadtbibliothek in Frankfurt am Main (1896) 95-96.

Teil seines Frankfurter Denkmalplans kümmern. So heißt es im Sommer 1820: „*Experiment mit der Beleuchtung in Dannecker's Atelier für das Goethe Denkmal*"[14]. Dies bildete auch den Auftakt für heillose „*Meinungsverschiedenheiten*", die trotz aller anfangs im Komitee bewahrten „*Discretion*" um sich gegriffen hatte.

Der Umschwung in Goethes Stimmung dem Vorhaben gegenüber ist erst in der zweiten Septemberhälfte 1820 eingetreten, als er sich bewußt wurde, welche „*große architektonische Prachtmasse*" mit dem Monument verknüpft war, wo er selbst sich doch eigentlich eher eine „*idyllische Gartenscene*" mit einer Büste und kein pompöses Nationaldenkmal gewünscht hatte[15]. Beim ersten Aufkommen des Gedankens an die Rotunde auf der Mühlinsel hatte man wohl noch die Absicht gehegt, den zu ehrenden damit zu überraschen[16]. Aber dazu erwies sich das Unternehmen schließlich als zu umfänglich. Goethe mußte irgendwie eingeweiht werden und zwar in behutsamer Form. Boisserée besaß darin einschlägige Erfahrung, war es ihm doch mit Hilfe einfühlsamen Vorgehens gelungen, den Großen in Weimar für seine Kölner Domwiederherstellung zu erwärmen. Erst im Dezember 1819 gab er sich einen Stoß: „*Brief an Goethe angefangen – schwierige Aufgabe – ihm freundschaftlich über das Denkmal zu schreiben.*"[17] Aus Weimar kam zunächst hinhaltender Bescheid, denn über die

Verteilung der Aufträge hatte man Goethe im Unklaren gelassen[18].

Als erfahrener Reliefbildhauer, von dessen berühmten Alexanderfries sich Bethmann schon 1812 einen Abguß für Frankfurt auserbeten hatte, wußte Thorvaldsen, daß sich die ihm gestellte Aufgabe aus „Hermann und Dorothea" kaum als episch fortlaufende Friesdarstellung eignete. Er schlug daher schon am 10. August vor, „*statt ein Gedicht im Fries zu behandeln und die anderen Gedichte nur mit Inschriften anzudeuten, lieber mehrere Gedichte in eingeteilten Feldern im Fries durch Basrelief zu versinnlichen und die Inschriften, die Gedichte andeutend, unter die Basreliefs anzubringen.*"[19] Hermann und Dorothea würden demnach in drei Feldern oberhalb der Büste mit drei Hauptmomenten vertreten sein, während die übrigen in Einzelfeldern berücksichtigt werden sollten. Thorvaldsen motiviert diese Disposition auf Grund seines Verständnisses der Goethelektüre: „*Auf diese Weise erhält der Bildhauer ein größeres Feld für seine Phantasie, wenn er der Phantasie des erhabenen Dichters in seinen verschiedenen Werken folgt.*"[20]

Ohne voraufgegangene intensive Gespräche mit Boisserée und Bethmann über die Thematik dieses seiner Zeit vorauseilenden Programms für ein Gesamtkunstwerk zu Ehren einer literarischen Persönlichkeit müßten Thorvaldsens Überlegungen unverständlich bleiben.

---

14) Boisserée Tagebücher I 643, 30.6.1820.

15) Hering 59.

16) Sauerländer a.a.O. 7.

17) Boisserée Tagebücher I 590 vom 28.12.1819; s. auch ebenda I 568 vom 5.12.1819 und 6.12.1819 („*Brief an Goethe abgeschlossen*"); I 588 vom 17.12.1819; I 589 vom 22.12.1819 („*Entwurf zu dem Aufsatz über die Denkmale in Deutschland.*"); I 589 vom 23.-24.12.1819 („*Beschlossen den Aufsatz über die Denkmale zu unterlassen... Ebenso auch mit Ankündigung des Goethe Monuments etwas zurückzutreten.*"). Vorausgegangen war am 11.12.1819 die Annahme von Boisserées

Projekt durch den Verein: „*Mein Vorschlag zu Goethes Monument angenommen. Der Verein ernennt mich zum Vorsteher; ich bestelle die Büste bei Dannecker.*" Die Einzelheiten werden noch mit Melchior Boisserée durchgesprochen. Tagebücher I 587.

18) Vgl. Goethe, Stuttgarter Gesamtausgabe (1957) Bd. 12, Tagebücher II, 725: am 1.9.1820 an Sulpiz Boisserée „*wegen des Frankfurter Monuments*".

19) Thiele II 33-35.

20) ebenda.

Offenbar knüpfte der Künstler auch an Divergenzen innerhalb des engeren Komitees an, die *"lieber Vorstellungen aus anderen Werken"* sehen wollten[21]. Diese Stimmen fühlten sich nun bestätigt: *"durch die Meinung des Künstlers ... erhält die Sache ein neues Gewicht."* Im August 1820 sollte auch Goethe höchstpersönlich dieser Ansicht zustimmen[22]. Deswegen schlug Boisserée sechs Darstellungen vor: Über dem Eingang Werther und Lotte; Ossian; Berlichingen; Faust mit Mephisto; Orest und Iphigenie; Tasso und Hermann. Angesichts der vielen nichtantiken Themen fügt er hinzu: *"Der Künstler müßte sich hier in dem Kostüm notwendig einige große Freiheiten erlauben..."*[23]. Er wußte genau, wie sehr es Thorvaldsen ungelegen war, sich der Zeittracht anzupassen, namentlich in Fällen, in denen es noch keine Überlieferung dafür gab. Gegenüber den widerstreitenden Positionen im „Berliner Kostümstreit" hat sich Thorvaldsen stets in angemessener Reservation verhalten.

Das anfänglich aus wenigen Notabeln zusammengesetzte Komitee strebte nach Popularität. Im Frühjahr 1820 ernannte man auch Thorvaldsen zum Ehrenmitglied der „Frankfurtischen Gesellschaft zur Beförderung der nützlichen Künste und deren Hilfswissenschaften". Er freute sich darüber, nicht ahnend, daß man ihn auf diese Weise unter die Sponsoren des ehrgeizigen Projekts einzureihen gedachte. Noch weniger ahnen konnte der Bildhauer, daß es in maßgeblichen Kreisen des Vereins eine Gruppierung gab, die seine Mitwirkung unbedingt auf die Reliefs beschränkt wissen wollte. Als Wortführer dieser „Partei" ist sicherlich Bethmann zu erkennen, der auf die Auslieferung des schon 1813 in Auftrag gegebenen Epitaphs für seinen Sohn bis in die Jahre nach 1830 warten mußte, während der bei gleicher Gelegenheit bestellte Abguß des Alexanderfrieses erst 1855 in Frankfurt anlangte[24].

Es hätte nämlich nach dem Rücktritt Danneckers nahegelegen, auch die geplante Goethebüste Thorvaldsen anzuvertrauen, obwohl die Mitwirkung eines nichtdeutschen Künstlers an zentraler Stelle eines Nationaldenkmals wohl als weniger angemessen empfunden werden konnte. Statt dessen wandte man sich direkt an Rauch in Berlin, der bereits im August 1820 zusammen mit Schinkel und dem Bildhauer Tieck kurzentschlossen nach Jena gereist war, und dem Goethe für ein Porträt zur vollsten Zufriedenheit gesessen hatte[25].

Angesichts der sich günstig entwickelnden Finanzlage verlangte die Mehrheit des Komitees nun nach einem Standbild anstelle einer Büste, *"ein Plan, zu welchem man sich in Hinsicht auf das Rauchsche Monument der Königing Louise hatte bestimmen lassen, der sich jedoch den Beifall des Herrn Boisserée nicht zu erwerben vermocht hatte."*[26] Letztgenannter wollte außerdem unbedingt an Thorvaldsens Mitwirkung, zumindest als Ratgeber, festhalten. Obwohl Rauch, von Goethe persönlich dem Komitee empfohlen, den Tempelbau ablehnte, setzt an diesem Punkt eine Entwicklung ein, die auf ein thronendes Kultbild in antiker Tracht abzielte. Boisserée hingegen hat immer auf zeitgemäßer Bekleidung bestanden.

21) Boisserée II 288-290.

22) Thiele II 34-35.

23) ebenda.

24) Sibylle Kraaß, Thorvaldsens Epitaph für Johann Philipp Bethmann-Hollweg in Frankfurt am Main, ungedruckte Magisterarbeit am Kunstgeschichtlichen Institut der J. W. Goethe-Universität Frankfurt (1984) 6ff. Zum später im Bethmann'schen Ariadneum angebrachten Alexanderfries *s. hier S. 84*.

25) Karl Eggers, Rauch und Goethe (1889) 6ff.

26) Thiele II 54. Karl Eggers, Christian Daniel Rauch II 307ff. H. Mackowsky, Chr. D. Rauch (1916); Katalog der Gedächtnisausstellung zum 100. Todestag, Nationalgalerie Berlin (1957)

Rauch ist schließlich auf diesen Wunsch eingegangen: der Hausrock, in dem er Goethe darstellte, aber vor allem die für die Erscheinung des Dichters typischen, auf dem Rücken verschränkten Hände brachten eine Abkehr von Bewegungsabläufen der Antike mit sich, die für Thorvaldsen nicht nachvollziehbar gewesen wäre.

Inzwischen hatte Thorvaldsen bereits gutgläubig um Zusendung der Bauzeichnungen nach Rom gebeten, um die Maße des Frieses entsprechend anpassen zu können[27]. Doch die Mißverständnisse im Verein häuften sich und wurden in den engeren Kreis der Angehörigen des inneren Komitees getragen. Goethe, der schon mehrfach auf die neue Frankfurter Bibliothek hingewiesen hatte, schrieb am 23. April 1821 aus Weimar: *„Daß die Ausführung meines Denkmals einigermaßen gestockt hat, ist mir angenehm, denn ich kann noch eine Haupt- und Präjudicialfrage anbringen, die nämlich: ob man nicht besser thue, das mir zugedachte Denkmal mit der Bibliothek zu verbinden, die, wie man hört, soeben gegründet wird?"*[28] Erst im Januar des folgenden Jahres wollte Boisserée gegenüber Thorvaldsen zugeben, daß sein Projekt ins Stocken geraten war.[29] Im Mai 1822 bekannte der Künstler: *„auch ich sehne mich sehr, über das Denkmal des edlen und großen Goethe etwas Näheres zu erfahren."*[30] Doch erst am 18. September bekam er den niederschlagenden Bescheid, *„gegen Goethes Monument haben sich Schwierigkeiten erhoben."* Boisserée stellt es so dar, als hätten sich fürstliche und allerhöchste Personen, auf deren Beiträge man angewiesen war, mit der Begründung zurückgezogen, man wolle das Projekt bis nach Goethes Tod aufschieben. Er verschwieg indessen, daß man erst in allerletzter Zeit dem wenig glücklichen Einfall gefolgt

war, diesen Personenkreis anzuschreiben. Rauch habe jetzt, so fährt Boisserée fort, den festen Auftrag für das Standbild Goethes erhalten *„und wird mir ehestens die Skizzen einer sitzenden und einer stehenden Statue senden."* Auf Reliefs wollte man zunächst verzichten. Im gleichen Atemzug fordert er jedoch Thorvaldsen dazu auf, sich weiter darüber Gedanken zu machen und diese für die Zukunft aufzuheben. Der Künstler begegnete dem erlittenen Affront mit Gelassenheit und dem lapidaren Satz: *„Die Griechen haben freilich nicht gewartet, bis ihre großen Männer todt waren, um ihnen Denkmale zu errichten, aber wir sind auch keine Griechen..."*[31].

Man sollte sich einmal nach den wahren Gründen für die Aufgabe, beziehungsweise den angeblichen Aufschub des mit so großen Hoffnungen beladenen Unternehmens fragen, für das ein abschließender förmlicher Vereinsbeschluß nicht auffindbar ist. Am auffallendsten wirkt die in den fraglichen Jahren immer deutlicher spürbare Abwendung Goethes vom Nazarenertum, mit der eine zunehmende Entfremdung von den Bestrebungen Boisserées einherging. Die Schriftenreihe über die Kunst in den Rhein- und Maingegenden, die beide gemeinsam redigiert hatten, wurde eingestellt, Goethes Äußerungen über die Deutschrömer, denen manche auch Thorvaldsen zurechneten, fielen mehr und mehr ablehnend, ja unbeherrscht aus; von seinem früheren Interesse für die Gotik und die Malerei der Romantik wollte er nun nichts mehr wissen.

Freilich war damit noch nicht aus der Welt geschafft, daß der große Dichter an seinem Geburtsort nicht öffentlich geehrt war, das heißt nach den Maßgaben des 19. Jhs. durch eine Büste oder eine Statue. Die Erinne-

---

27) ebenda 35.

28) Zitiert bei Ebrard a.a.O. (s.o. Anm. 13) 96.

29) Thiele II 84.

30) Thiele II 85 vom 30.5.1822. Boisserée II 409. Der folgende Brief vom 18.9.1822 in Thorvaldsens Museum, Archiv 1829.49.

31) Thiele II 84 vom 16.2.1822.

rung an das Projekt der Rotunde auf der Mühlinsel, die erst einer späteren Flußbegradigung zum Opfer fiel, lebte weiter und das offenbar in seiner allerletzten Fassung mit einer doppelt lebensgroßen Sitzfigur, welche in einer Art Weiheraum aufzustellen war. Dieser Gedanke scheint sich späterhin verselbständigt zu haben und wurde von einem ganz anderen Frankfurter Kreis weitergepflegt, welcher seit 1815 die Errichtung einer Stadtbibliothek betrieb.

Rauch reichte noch 1823, als das Projekt des Vereins längst ausagiert war, ein Terrakottamodell in sitzender Haltung ein, 1825 gefolgt von einer kleineren Bronzestatuette. 1828 folgte die Terrakotta eines Goethe voranstürmend im Hausrock, die in der Skulpturengeschichte des 19. Jhs. neue Signale setzte und Rodin die Anregung für sein Balzacdenkmal geliefert hat. Hinzu trat im Wettbewerb mit Rauch eine Idee von Bettina von Arnim mit der nackten Psyche am Knie des Dichters, welche Boisserée abscheulich fand, und die erst 1855 durch den Rauchschüler Carl Johann Steinhäuser ausgeführt worden ist, welcher Thorvaldsens römische Werkstatt übernommen hatte. Anfangs hatte Bettina, die bei der Darstellung Goethes „*das Joch der Griechheit erleichtert*" wissen wollte, sogar eine Ausführung ihrer Kleinplastik durch Thorvaldsen geplant; sie erwartete sich in den Zügen des Dichters wie bei einem Kultbild „*keine Individualität*"[32]. Ob den Bildhauer dieses Anerbieten je erreicht hat, bleibt offen.

Mit dem Komitee und seinem Verein hatten alle diese Entwürfe nichts mehr zu schaffen. Als der alte Simon Moritz von Bethmann mit Rauch 1825 einen verbindlichen Vertrag abschloß, geschah dies ganz auf eigene Faust, obwohl Goethe nachträglich zustimmte. Sein Tod 1826 kam der Marmorausführung zuvor[33]. Allerdings scheint auch diese Initiative letztlich auf Boisserée zurückzugehen, der von April bis Juni 1826 in Frankfurt weilte, wo er mit Rauch und Dannecker essen gegangen ist[34]. War schon an eine im Freien aufzustellende Figur gedacht worden, oder hatte man die Bibliotheksvorhalle im Sinn, deren Maße Rauch von keinem geringeren als Goethe selbst mitgeteilt bekommen hatte?

Erst 1830 sollte Thorvaldsen wieder nachhaltig an Goethe – obschon dieses mal auf tragische Weise – erinnert werden. August von Goethe, der Sohn des Dichters, machte, vermittelt durch Kestner, dem Künstler in Rom seine Aufwartung[35]. Wenige Wochen später war er tot und wurde bei der Cestiuspyramide begraben. Thorvaldsen war gerührt und modellierte ein Porträtmedaillon des Vierzigjährigen.

Die Verbindung mit Frankfurt wurde 1832 erneuert durch ein Zusammentreffen Thorvaldsens mit Heinrich Mylius, einem Frankfurter Finanzmann, der in Mailand ansässig geworden war[36], und der den Künstler schon bei früherer Gelegenheit in Rom aufgesucht hatte[37]. Mylius zeigte dem Bildhauer eine Grabkapelle für seinen frühverstorbenen Sohn bei Lovena am Lago di Como, wo er eine Villa besaß[38]. Für das Grabmal hatte bereits der Mailänder Pompeo Marchesi ein Relief gearbeitet, das sich Mylius nun durch ein Werk von Thorvaldsen ergänzt wünschte, „*und der Künstler versprach, nach näherer*

32) Hering 64.

33) 28.12.1836. Kraaß a.a.O. 10.

34) Boisserée Tagebücher II 74 vom 10.6.1826.

35) Thiele II 241-242.

36) J. C. Mylius, Geschichte der Familien Mylius und Butterstädt (1895) 197ff. Allgemeine deutsche Biographie XXIX, 1889, 713.

37) Thiele II 285 vom 14.4.1833.

38) Thiele II 262. E. Rüppell hat sich im Januar 1839 gegen den Verkauf der Villa Sommariva ausgesprochen (Cottasches Kunstblatt vom 28.1.1839). Über den mit Marmor- und Terracottareliefs geschmückten Palazzo Mylius an der Via Carlo Porta zu Mailand und seine Sammlung ist noch wenig bekannt.

Übereinkunft, eine passende Arbeit für diese Capelle ausführen zu wollen." Zunächst blieb also die Thematik offen. Aber als sich Mylius im folgenden Jahr in Rom erkundigte, war sich Thorvaldsen über das Thema sicher: er wollte eine „Nemesis" nach der Schilderung bei Herder gestalten. 1834 begann er das kurz darauf in Marmor ausgeführte Relief. Ob es bei dieser Gelegenheit bereits zu einer Fühlungnahme zwischen Thorvaldsen und Marchesi, der in Rom bei Canova studiert hatte, gekommen ist, bleibt offen. Ohne Zweifel kannten sich beide schon zuvor. Im Herbst 1834 entschied sich Mylius für Marchesi, nachdem er sich möglicherweise vergeblich um Thorvaldsen bemüht hatte.

An dieser Stelle tritt diejenige kleine Gruppierung Frankfurter Bürger ins Bild, die sich mit dem Scheitern der Denkmalpläne für Goethe in der gemeinsamen Vaterstadt nicht zufriedengeben wollte. Das finanzstarke Trio Heinrich Mylius, Eduard Rüppell und Georg Seufferheld bevorzugte den Alleingang[39]. Jedenfalls konnte Boisserée im Spätsommer 1837 auf der Durchreise in Mailand im Atelier Marchesis schon ein Modell begutachten. Er notierte sich: „*Bei dem Bildhauer Marchesi Goethes Bild-Säule sitzend von Kaufmann Mylius aus Frankfurt in Mailand, Rüppell und Säufferheld in Frankfurt für die Bibliothek bestellt; – Herr Duncker von Frankfurt Associé von Mylius führt uns; –*"[40]. Drei Tage später hatte er sich ein festes Urteil gebildet: „*Der Dichter ist in sitzender Stellung, fast ganz so wie Rauch seinen Entwurf gemacht hat, nur würde Rauch ein vollendeteres Werk geliefert haben, das Gewand und der Faltenwurf sind besonders unbefriedigend.*" (*Abb. 50*)

In dem von Hess 1817-25 am Main errichteten Bibliotheksbaus (*s. hier S. 109 f.*), von dem heute nur noch der korinthische Portikus steht, war die Skulptur von Marchesi (*Abb. 50*), die seit 1945 als Totalverlust gelten muß, links in der großzügigen Vorhalle aufgestellt, die auch viel Oberlicht besaß. „*Als im März 1840 die Aufstellung erfolgte, wurden zwei Briefe Goethes, welche Rüppell zu diesem Zweck von der verwitweten Frau von Willemer erbeten hatte, nebst anderen Papieren in den marmornen Sockel des Bildwerkes hineingelegt.*"[41] Diese Auffassung des Kunstwerks als Kultbild gemahnt noch an den Weiheraum, welcher auf der Mühlinsel hätte entstehen sollen.

Wichtiger noch als die im Sockel eingeschlossenen Goethebriefe schien den Donatoren, welche sich in der Inschrift als „*aufrichtige Verehrer*" des Dichters bezeichnen, ein Schriftwechsel mit dem Frankfurter Kunstverein gewesen zu sein, der jedenfalls an erster Stelle angeführt ist. Man hatte dem Kunstverein den Vorschlag unterbreitet, sich mit seinem Denkmalsvorhaben der Initiative der drei elitären Stifter anzuschließen. Die Antwort vom 28.10.1836 fiel auf Grund eines gemeinsamen Beschlusses in der Sache beleidigend aus. Erst an zweiter Stelle wird der Briefwechsel Mylius – Marchesi angeführt. Hinzu kamen Schriftstücke von Hess. Alle diese wichtigen Texte wurden ein Raub der Flammen.

Marchesis Goethe thront antikisch gewandet und in Herrscherpose zurückgelehnt auf einer massiven Sella, auf deren Rückenlehne sich der angewinkelte rechte Arm mit 'Griffelmotiv' abstützt. Der Kopf nimmt auf die frontale Disposition Rücksicht und erscheint aufgesetzt wie

---

39) Ausgelöst durch ein Begrüßungsfestmahl für Rüppell, bei dem zehn Bürger zusammengelegt hatten. Rüppell lehnt die Gratifikation ab und bestimmt den Betrag für eine Goethestatue. Den Seidengrossist Marquard Georg Seufferheld kannte Mylius durch seine Geschäfte. Ebrard a.a.O. (s.o. Anm. 13) 95. Sauerländer (s.o. Anm. 12) 11. Bernard Müller, Pompeo Marchesis Goethe-Statue in der Frankfurter

Stadtbibliothek, Festgabe für Friedrich Clemens Ebrard (1920) 191-210.

40) Boisserée Tagebücher III 277 vom 16.9.1837.

41) Ebrard a.a.O. (s.o. Anm. 13) 96. Laut Müller (a.a.O. 203) erfolgte die Aufstellung am 13. April 1840 und die Übergabe am 15. des Monats.

häufig auch bei Thorvaldsen, wenn Porträtbüsten von fremder Hand benutzt werden mußten. Die Gesamterscheinung dürfte – nach erhalten gebliebenen Photographien und Miniaturrepliken zu urteilen – blockhaft gewirkt haben, die Körperlichkeit etwas unbeholfen steif. Von einer Entblößung der linken Schulter wie bei Rauch hat Marchesi Abstand genommen. Doch im übrigen wird Rauchs Auffassung getreu transponiert, so daß man an eine auftragsgemäße Verpflichtung des Bildhauers denken möchte: „*Rauchs Idee lebte in der Arbeit Marchesis*"[42]. Es gibt einen verdeckten Hinweis darauf, das exklusive Stiftertrio sei bereit gewesen, die Skulptur dem „*zweiten Komitee*" noch nachträglich zur Verfügung zu stellen. Aber eine andere Aufstellungsart hätte sich von selbst verboten. Eine Charakterisierung von Clemens Brentano, die an sich einer Schwanthalerversion von Rauchs Sitzfigur galt, trifft wesentliches, wenn gesagt wird: „*auf schwerem schwerem Throne, der vieles der Figur verdeckt*"[43]. Hier liegt auch der grundlegende Unterschied zu Thorvaldsen.

Was die Beurteilung der Kongruenzen so schwierig macht, ist die Überlegung: Hätte Rauch Marchesis Arbeit als Plagiat aufgefaßt, würde er sicherlich dagegen vorgegangen sein. Unerfindlich scheint auch, warum die Skulptur, deren Anlehnung an den vatikanischen Menander immer wieder angeführt worden ist, nicht in der Mittelachse des Vestibüls aufgestellt wurde, für die sie zweifellos geschaffen worden war, sondern links vor dem Eingang zum alten Katalograum, wo sie sich vom Eintretenden abwendete. Gerade in dieser Position konnte sie eine Freiskulptur nicht ersetzen.

Im Verlauf der 1830er Jahre hatten auf Betreiben bürgerlicher Komitees Stuttgart sein Schillerdenkmal und Frankfurts Nachbarstadt Mainz sein Gutenbergdenkmal bekommen, beides Arbeiten, die nach Modellen Thorvaldsens – wenngleich durch fremde Hand – ausgeführt worden waren. Es verlautete, daß der Künstler sogar bereit gewesen war, Honorarverzicht zu leisten. Es handelte sich um Freiskulpturen auf öffentlichen Plätzen, also eine andere Gattung als die in einem Weiheraum aufzustellende Sitzfigur.

Unter diesen Auspizien sollte ein Schreiben betrachtet werden, mit dem sich Johann David Passavant als „*Freund aus Rom*" am 14. März 1937 nach fünfzehnjähriger Unterbrechung erneut aus Frankfurt bei Thorvaldsen meldete[44]. Man war sich wohl bewußt, daß es nicht leicht sein dürfte, den Künstler nach all dem, was geschehen war, abermals zu motivieren. Doch angesprochen durch einen Nazarener zweiter Generation konnte er nicht nein sagen, obwohl er sich immer nur höchst ungern einem Wettbewerb stellte und sich aus Konkurrenzsituationen möglichst ganz heraushielt. Hinter Passavant, der im neugegründeten Frankfurter Kunstverein viel Einfluß besaß, schienen tatsächlich größere Gruppen zu stehen, was bald in folgenden Briefen zum Ausdruck kam[45]. Am 12. März 1837 hatte sich auf Veranlassung des Kunstvereins ein Komitee von sieben Mitgliedern gebildet, unter diesen namentlich Georg von St. George, welcher nun die Bethmann-Bank leitete und Boisserée freundschaftlich verbunden war, sowie natürlich Passavant. Hinzu trat ein erweiterter Kreis von 35 Personen, aus dem Alexander Gontard, Carl Jügel und Johann Da-

---

42) Hering 62. 68. Müller (a.a.O. 199) ist davon überzeugt, daß Marchesi ein Modell von Rauch nie übergeben worden ist. Aber er hat die Arbeit gekannt.

43) Hering 71.

44) Thiele II 330-331.

45) Thiele II 333 vom 4.7.1837. Sauerländer a.a.O. (s.o. Anm. 12) 10, Briefe des Plenums in Thorvaldsens Museum, Archiv 1837.33 vom 4.7.1837.

vid Sauerländer hervorzuheben wären. Die Architekten Hess und Rumpf erscheinen wieder als Berater.

Man kam mit Thorvaldsen überein, daß die Ausführung der in Bronze zu gießenden Statue in *„zweimal natürlicher Größe"* ausfallen müsse, und daß die Sockelreliefs Figuren des Parnaß, der Minerva und die Grazien darstellen sollten. Der Bildhauer beteuerte in einem Antwortschreiben, *„so werde ich mich gern recht bald ans Werk machen"* und fügte hinzu, *„binnen einem Jahre"* werde er *„wenigstens ein Modell der Hauptfigur"* fertigen können[46].

Inzwischen hatten sich schon längst andere Gruppierungen in Frankfurt fest etabliert, was Thorvaldsen auf die Dauer nicht verborgen bleiben konnte. Viele hatten noch die Modelle von Rauch oder die Ideenskizzen der Bettina von Arnim im Kopf. Aufsehen hatte auch das Goetheporträt des französischen Bildhauers Pierre Francois David d'Angers erregt, der 1829 in Weimar gewesen war, und dessen gigantische Büste heute die Skulpturensammlung im Quai d'Orsay mit seinem stark romantischen Impuls beherrscht.

Ganz unabhängig davon gingen offenbar zur gleichen Zeit die Frankfurter in Mailand vor. Hess, der Boisserées Rotunde für die Mühlinsel ins Reine gezeichnet hatte, konnte auf seine 1825 in Gebrauch genommene Stadtbibliothek hinweisen. Aber, wie wir gesehen haben, verband sich mit diesen Bestrebungen nunmehr eine ganz andere Zielsetzung, die außerdem durch persönliche Bemerkungen Goethes abgesegnet zu sein schien. Ferner hatte sich Schopenhauer am 5. Mai zu Wort gemeldet und bei Passavant und seinem Komitee ein Gutachten eingereicht, das nachdrücklich auf die Stadtbibliothek hinwies und die Mitglieder des Kunstvereins beschwor,

es bei einer Büste bewenden zu lassen[47]. Heinrich Mylius hatte mit Pompeo Marchesi, der in Mailand eine leistungsfähige Werkstatt betrieb und in letzter Zeit mit mehreren Kolossalskulpturen am Arco della Pace und im Dom seiner Heimatstadt hervorgetreten war, gute Erfahrungen gemacht. Gleichwohl war er sich über die Grenzen dieses Talents im klaren, weshalb er sich schon früher an Thorvaldsen gewandt hatte. Nur so läßt es sich erklären, warum seine Goethefigur für die Stadtbibliothek so viele prinzipielle Gemeinsamkeiten mit einem Bozzetto aufweist, den Thorvaldsen nach allem zu urteilen erst im März / April 1840 geschaffen hat, und der bisher fälschlicherweise ein Jahr zu früh angesetzt worden ist (*Abb. 45-47*). Ein von diesem Kopenhagener Bozzetto abgeformtes Modell ging noch im April an Passavants Sponsorengruppe, welche die Aufstellung einer Freiskulptur betrieb. Um die Lage zu präzisieren: am 9. März 1840 wird die neue von Thorvaldsen gefundene Lösung für eine Sitzfigur beschrieben[48] und am 16. April dankt das Frankfurter Komitee mit Freude für die *„kleine Skizze"*.[49] Unter *„Skizze"* wird, wie auch sonst, immer ein plastischer Entwurf verstanden. Eine Datierung im vorhergehenden Jahr 1839 steht im Widerspruch zu der klaren Quellenaussage.

Die Schwierigkeit bei der Beurteilung der Auftragslagen besteht darin, daß wir es jetzt mit Gremien oder größeren Gruppen, nicht mehr mit einem einzelnen Mäzen und seinen Beratern zu tun haben. Sibylle Kraaß hat das deutlich beim Vergleich der 1820 gemachten Äußerungen mit den Forderungen der ausgehenden 1830er Jahre erkannt: das Publikum war nun viel weniger geneigt, jahrzehntelang auf das Heranreifen eines Werkes zu warten als noch der alte Bethmann[50]. Das kommt ex-

46) Thiele II 333 vom 31.7.1837.

47) Hering 67.

48) Hering 69.

49) Thiele III 95.

50) Kraaß a.a.O. (s.o. Anm. 24) 4.

pressis verbis in dem endgültigen Absagebrief an Thorvaldsen zum Ausdruck. Im Vormärz wollten neue bürgerliche Schichten an Einfluß gewinnen und sich nicht mehr von Notabeln bevormunden lassen. Daher das uneinheitliche, widersprüchliche Bild, das sich bei näherer Betrachtung der geführten Verhandlungen herausstellt, *„die leider in Unzufriedenheit und Misvergnügen ... endigten."*[51]

Diese Divergenzen konnten auch Thorvaldsen nicht verborgen bleiben. Durch „*Privatnachrichten*" erfuhr er von anderen „*Parteien*", die sich in Frankfurt bei der Entscheidung über das Goethedenkmal geltend machen wollten[52]. Der Briefwechsel mit dem Komitee lief trotzdem noch eine Reihe von Monaten weiter. Man schickte dem Bildhauer, dem Goethe nie gesessen hatte, Porträtbüsten und Stiche von Rauch, Tieck und David d'Angers sowie eine Gesichtsmaske als Vorlagen, man wies Gelder an. Dennoch stellte sich keine klare Linie heraus, und Unlust wurzelte sich ein. Boisserée war die Entwicklung der Dinge eher peinlich, er fürchtete Thorvaldsen als Berater zu verlieren. Von größtem Nachteil für den Verlauf der Unterhandlungen war indessen – das muß eindeutig hervorgehoben werden – die Tatsache, daß sich mehrere fest angekündigte Besuchstermine des Künstlers in Frankfurt wieder zerschlugen. Man hatte unter allen Umständen mit ihm ins Gespräch kommen wollen. Ein solches Verhalten war Thorvaldsen von seinen privaten Auftraggebern nicht gewohnt. Soweit er mit Boisserée und Simon Moritz von Bethmann zu tun hatte, glaubte er sich auf diese Ansprechpartner, mit denen längst ein vertrauliches Verhältnis bestand, verlassen zu können. Nun aber begegneten ihm eine Reihe fremder Personen, deren Schriftführer mitunter wechselte, und durch die er sich in seiner Freiheit eingeengt sah. Dies alles, obwohl er immer den Stolz betonte, den er empfand, für ein freies bürgerliches Gemeinwesen wie Frankfurt tätig sein zu dürfen.

Schon im Sommer 1837 war Thorvaldsen mit folgenden Worten auf den Auftrag für eine Sitzfigur *„für den Raum im Freien"* eingegangen[53]: „*Sehr gern füge ich mich diesem Wunsche insoweit, daß ich die Figur zwar nicht förmlich sitzend, sondern besser in halbsitzender, an einen Felsblock lehnender Stellung darzustellen beabsichtige... Der linke Arm des Dichters würde die Lyra stützen, seine Rechte erhoben wie in declamatorischer Stellung; das Haupt ziert der Lorbeerkranz. Doch Mantel, Untergewand, Beinkleider und Beschuhung werde ich dem Bedürfnis moderner Tracht so viel als möglich zu genügen suchen.*" Diese Umschreibung seiner Absichten macht unmißverständlich klar, daß hier ein anderer Goethe gemeint ist als der im März / April 1840 geschaffene Bozzetto.

Auch Thorvaldsens Sitzfigur von Byron, für welche das Modell 1830 vollendet wurde, ist lässig auf dorische Architekturreste gesetzt[54]. Schon 1817 hatte der Dichter Thorvaldsen für ein Porträt in Rom gesessen, das er nun wiederverwenden konnte. Trotz der vielen Rückbezüglichkeiten auf formale Details aus der Antike, die von Klaus Parlasca sorgfältig nachgewiesen worden sind[55], ist der ahnungsvolle, auf Inspiration harrende Blick eine Schöpfung der Zeit. Während Thorvaldsen hier den Lyriker hervorkehren möchte, hat er bei Goethe in der ersten,

---

51) Thiele II 9. Hella Robels, Thorvaldsen und seine Auftraggeber, in: Bertel Thorvaldsen, Ausstellung Wallraf-Richartz-Museum in der Kunsthalle Köln 1977, 57-60.

52) Thiele II 334-335.

53) Thiele III 95.

54) Bertel Thorvaldsen 1770-1844, Scultore danese a Roma, Ausstellung Galleria Nazionale d'arte Moderna, Rom 1990, 199.

55) Klaus Parlasca, Antike Motive bei Thorvaldsen, Studien zur Antikenrezeption des Klassizismus (1979) 81.

nur als Beschreibung greifbaren Fassung den deklamierenden Dramatiker im Sinn gehabt. Zu einem Kostümstreit wie in Mainz, wo eine Mittelaltertracht für Gutenberg zur Diskussion stand, konnte es nicht mehr kommen, zu fest etabliert war bereits das Zeitgewand, dessen Mißachtung noch bei dem Reiterstandbild von Poniatowski, das Thorvaldsen 1822 nach Warschau schickte, die Abnahme gefährdet hatte.

Erst im Winter 1839/40 war es zu einer neuen Initiative für das Freiraumstandbild in Frankfurt gekommen. Thorvaldsen hatte eine Persönlichkeitskrise überwunden, die Auflösung des römischen Ateliers war abgewickelt, der Umzug nach Kopenhagen vollzogen. Der Künstler machte einen neuen Anlauf, der sich von seinen vorhergehenden Versuchen unterscheidet, was wir an dem erhalten gebliebenen Bozzettoabguß ablesen können. Ein glücklicher Zufall wollte, daß ausnahmsweise beide Exemplare auf uns gekommen sind: das in Kopenhagen verbliebene Urbild (*Abb. 45-47*) und der davon abgeformte und nach Frankfurt versandte Abguß, dessen Rückgabe das Komitee angeboten hatte. Beide Objekte sind aus Gips und nicht, wie immer behauptet, aus Ton. Den Künstler interessierte das alles nach erfolgter Absage nicht mehr, und so verblieb das Modell in Frankfurt, zunächst im Städel, dann im Goethemuseum.

Der Dichter sitzt auf einem sogenannten Sullastuhl in griechischem Stil mit nahezu halbkreisförmiger Rückenlehne (vgl. *Abb. 49*), die als raumschaffendes Gerüst der Ponderation des Körpers dient, welcher in den Hauptlinien einem schraubenförmigen Duktus folgt. Daraus ergibt sich eine Mehransichtigkeit der Skulptur, wie sie im Klassizismus erneut gepflegt worden ist[56]. Das ging so weit, daß man häufig die Bildwerke – wie in einer ganzen Reihe von Fällen belegt – auf drehbare Sockel setzte, um jede ihrer vielen Ansichten genießen zu können. Auch Goethe ist in „Dichtung und Wahrheit" darauf eingegangen, der Goethekenner Thorvaldsen dürfte das gewußt haben.

In den Händen hält Goethe Schreibstift und Manuskript, von denen er versonnen aufzublicken scheint – das oft bemühte sogenannte Griffelmotiv. Von den antiken Attributen ist lediglich der Lorbeerkranz beibehalten; die Lyra wird zur Seite gestellt, und der Felsen, der dem Titanen des Geistes gebührt, fällt fort. Unter dem Sitz liegen Folianten, welche die Namen der Hauptwerke des Dichters tragen sollten. An das Sitzmotiv bei Byron erinnert der heruntergesetzte rechte Fuß. Wir haben es – alle Eindrücke zusammengenommen – mit einem weitgehend verbürgerlichten Goethe zu tun, der anscheinend auch auf einem mäßig hohen Sockel aufgestellt werden sollte, etwa vergleichbar der Sitzfigur Adam Oehlenschlägers von Bissen vor dem Königlichen Theater in Kopenhagen (1861). Die Idee wurde erst von den Thorvaldsenschülern voll zur Wirkung gebracht.

Man hat sich bemüßigt, Thorvaldsens Arbeit für die Frankfurter Sitzfigur als „*Verlegenheitsprodukt*" abzuwerten, und sich am Ort konstant geweigert, die hohen Qualitäten dieses Entwurfs anzuerkennen[57]. Gewiß greift er den von Rauch und Marchesi bevorzugten Typus – allerdings in zeitgerechter Bekleidung – wieder auf, weil Thorvaldsen vermuten mußte, daß die Erwartungen am Ort in dieselbe Richtung liefen. Aber die Art, wie er diesen Typus gestaltet, führt zu einem vollständig anderen Ergebnis. Die thronende Herrscherpose in dumpfen schweren Formen wird bei ihm in befreiender Weise aufgelöst. Man merkt deutlich: Thorvaldsen wollte weg vom

---

56) Lars Olof Larsson, Von allen Seiten gleich schön. Studien zum Begriff der Vielansichtigkeit in der europäischen Plastik von der Renaissance bis zum Klassizismus (1974) 68-70.

57) Hering 70.

solennen Kultbild und hin zu einem freimütigen Goethe, der sich in das bürgerliche Straßenmilieu einpassen ließ. Vielleicht gedachte der Bildhauer auf diese Weise den populären Neigungen der Vereinsmajorität entgegenzukommen, ganz abgesehen davon, daß sie seiner eigenen Goetheauffassung besser entsprach.

Es wäre falsch, Thorvaldsen, der als Bildhauer wohl am meisten für die Vermehrung der Denkmalsflora im 19. Jh. getan hat – er nahm über 35 Bestellungen für größere Monumente entgegen – , als Erfolgsmenschen hinzustellen[58]. Nicht allein in Frankfurt am Main gab es Widerstände. Auch die Marmorausführung der Byronstatue machte viel Kummer, sie blieb ein Jahrzehnt lang unausgepackt im Zoll liegen, weil sowohl Westminster wie auch St. Paul's und die National Gallery abgewinkt hatten. Schließlich fand man ein Plätzchen im Trinity College zu Cambridge, wo Byron einst studiert hatte.

Schier unerklärlich erschien Thorvaldsens autorisiertem Biographen Thiele, warum der Künstler bereits am 26. Mai 1840 ein zweites Modell, diesmal stehend, ankündigte, dessen Empfang von dem Schriftführer des Komitees, St. George, am 18. Juni wohlwollend bestätigt worden ist[59]. Thiele vermutet als Grund „vielleicht um die Gelegenheit einer freieren Wahl zu geben." Das Primärexemplar wird im Thorvaldsenmuseum aufbewahrt (Abb. 48). Es gibt indessen einen viel plausibleren Grund, warum der Künstler diesmal so rasch reagierte: die Marmorausführung von Marchesis Goethemonument war inzwischen feierlich enthüllt worden. Leider ist gerade an diesem wichtigen Punkt die Überlieferung des Briefwechsels gestört. Thiele vermutet, daß Thorvaldsen, wie

es seine Gewohnheit war, einen ihm mißliebigen Brief zu Anfang November 1840 sofort vernichtete, ohne darauf geantwortet zu haben[60]. Sich mit einer zweiten Sitzfigur am selben Ort mit Marchesi messen zu wollen, muß dem Künstler unerträglich gewesen sein. Ein letztes Schreiben aus Frankfurt vom 12. Dezember 1840, man möge sich „über mehrere gewünschte Änderungen der Skizze" noch mündlich verständigen, führte kurz darauf zur Zurücknahme des Auftrags[61], welcher schon im Februar 1841 an Ludwig Schwanthaler in München ging. Robert Hering behauptet, das Komitee habe „mit rührender Geduld alle Hinhaltungen Thorvaldsens hingenommen und ertragen", mehr sei also nicht zumutbar gewesen[62]. Doch sollte man gewußt haben, welchen Einschnitt der Abschied von Rom für den Bildhauer bedeutete. Nur noch wenige Monate, und Thorvaldsen wäre wieder voll leistungsfähig und reisebereit gewesen. Statt dessen mußte man sich mehr als drei Jahre lang mit Schwanthalers Entwürfen herumschlagen und die letzten Endes gelieferte Statue als eines seiner schwächsten Werke hinnehmen.

Thorvaldsens Version eines stehenden Goethe wiederholt mehrere Eigenheiten des Schillerdenkmals in Stuttgart: das 'Griffelmotiv' wird mit dem geneigten Haupt kombiniert[63]. Der entschlossene Schritt nach vorn unter dem von der Linken energisch gerafften Mantel bringt einen Akzent, den Rauch in seiner Terrakotta Goethes „im Hausrock" – wenn auch in anderer Form – verwendet hat. Gleichwohl ist Thorvaldsens Artikulation von ungewöhnlicher Frische. Eigentliche Innovationen waren indessen im Hinblick auf die ständig wechselnden Meinungen im Komitee kaum mehr einzubringen, das er-

---

58) Frank Günther Zehnder, Denkmäler, in: Bertel Thorvaldsen 1977 a.a.O. (s.o. Anm. 51) 85-87.

59) Thiele III 95.

60) ebenda.

61) Letzter Brief aus Frankfurt am 12.12.1840.

62) Hering 68.

63) Jörgen Hartmann, Gesenktes Haupt und Emporblicken. Neue Beiträge zu Thorvaldsens Antikenrezeption, Röm. Jahrb. f. Kunstgesch. 22, 1985, 211-225.

sieht man aus Schwanthalers endgültiger Version, welche 1843/44 gegossen werden durfte, und die das Standmotiv von Thorvaldsens letztem Bozzetto spiegelverkehrt nur unwesentlich abändert.

Boisserée war anscheinend schon im April 1835 mit Schwanthaler bekannt geworden. Im Zuge seiner Übersiedlung nach München, wo seine Gemäldesammlung 1836 in die Alte Pinakothek eingegliedert wurde, gestalteten sich seine Beziehungen zu dem Bildhauer immer enger, schließlich gehörte Schwanthaler zu seinem familiären Umgang. Dennoch verfolgte er den Entstehungsprozeß des Goethedenkmals im Münchner Atelier seines Freundes mit steigender und meist beißender Kritik. Schlimm wurden Boisserées Anwürfe, als er bemerkte, wie wenig sich Schwanthaler mit Goethes Werken beschäftigt hatte: *„er gibt sich nicht die Zeit sich mit den Gedichten bekannt zu machen, woraus er Figuren darstellt. Hermann und Dorothea und Ottilie mit dem Kinde – ganz schlecht.“*[64] Bei Thorvaldsen wären Boisserée solche Erlebnisse erspart geblieben.

Raves Argument, die Frankfurter hätten gehofft, von Schwanthaler ein eigenhändig ausgeführtes Bildwerk zu erhalten, während Thorvaldsen ständig seinen Mithelfern die letzte Ausführung – allerdings unter seiner eigenen strengen Aufsicht – überließ, ist trügerisch. Schwanthaler, der auf Empfehlung Ludwigs I. in Rom die Werkstattgepflogenheiten Thorvaldsens kennenlernen konnte, war in der Zwischenzeit, wie allbekannt, so kränklich geworden, daß er ebensowenig mehr selbst Spatel und Meißel zu führen vermochte wie sein früherer Lehrer, den er 1835 im Wettbewerb um einen Ruf nach München ausgestochen hatte.

Auf seiner Romreise von 1837 war Boisserée im Dezember Thorvaldsen zum letzten Mal begegnet und muß von den Nöten mit dem Umzug erfahren haben[65]. Dann traf er ihn – als in Frankfurt schon alles gelaufen war – am 15. Juli 1841 erneut auf einem Essen, wo es ein *„freundliches heiteres Wiedersehen“* gab. Verglichen mit der vorigen Begegnung wirkte der Künstler auf Boisserée gesünder und frischer. Thorvaldsen hatte ihm also die erduldeten Mißhelligkeiten nicht nachgetragen, weil er offenbar wußte, daß Boisserée einer seiner eifrigsten Fürsprecher gewesen war und auf sein Urteil den größten Wert gelegt hatte. Der Ärger mit dem Frankfurter Komitee ging nun an Schwanthaler über. Im Sommer 1841 notierte sich Boisserée in München: *„Schwanthaler schon seit Samstag von Frankfurt zurück, halb verstimmt über die Philister!“*[66]. Erst nach dem Durchlauf einer Vielzahl von Modellen und zahlreichen Korrekturen konnte es letztlich zur Aufstellung kommen.

Die beiden Sitzfiguren von Marchesi und Thorvaldsen verkörpern jede für sich einen Typus der Goetheverehrung, die – trotz aller äußerlichen Ähnlichkeiten – weit voneinander entfernt sind. Auf der einen Seite haben wir Marchesis frontal konzipiertes Kultbild im Gewand der Antike auf einem blockhaften Thron, das für einen Weiheraum, gerahmt von feierlichen Säulenstellungen, gedacht war und somit die Suggestion von einem inselartig abgeschiedenen Goethetempel weiterpflegte. Thorvaldsen dahingegen schwebte ein Goethe von gelassener geistiger Souveränität vor Augen, seine Gestalt bewegt sich mit weit größerer Leichtigkeit. Der von seinem Manuskript seherisch aufblickende Dichter erscheint bei Thorvaldsen durch seine ledige Haltung kommunikativ

---

64) Boisserée III 83 vom 28.3.1841: *„Die Frankfurter genehmigen seine Skizze zu Goethes Monument...“*; Schreiben vom 21.2.1841: *„Brief von Schwanthaler zeigt mir an, daß die Frankfurter ihm das Goethe Monument übertragen...!“*

65) Boisserée Tagebücher III 753 am 29.6.1841; ebenda III 299 am 15.12.1837: *„Besuch bei Thorvaldsen“*.

66) Boisserée Tagebücher III 753 vom 30.6.1841.

und bürgerfreundlich. Liegt etwa den beschriebenen Sitzfiguren derselbe Prototyp zugrunde? Schließlich pflegte Heinrich Mylius den Kontakt mit beiden Bildhauern. Was Thorvaldsens Bozzetto an Feinheiten bringt, so etwa der herabgesetzte rechte Fuß, der sich an das Byrondenkmal anschließt, wird bei Marchesi vereinfacht und vergröbert. Obwohl es sicherlich schon immer ein mißliches Unterfangen war, ein Miniaturmodell[67] mit einer Kolossalplastik zu vergleichen, die obendrein als Original nicht mehr studiert werden kann, muß man es als einen großen Verlust bezeichnen, daß Thorvaldsens Entwurf für den sitzenden Goethe nicht zur Ausführung gekommen ist. Es wäre das letzte seiner größeren Denkmäler und eine ausgereifte Lösung geworden, die schon manches vorwegnimmt, was erst in der zweiten Hälfte des 19. Jhs. künstlerisch relevant werden sollte.

War Frankfurt am Main schon im Vergleich zu Stuttgart und Mainz ein Nachzügler gewesen[68], so entwickelte sich die Auftragvergabe auch in der Folgezeit unentschlossen und zweideutig. Durch unselbständige Maßnahmen, Vorurteile – so die Auffassung, daß Thorvaldsen nur für Reliefarbeiten tauge – vereitelte das Frankfurter Intrigantentum eine angemessene Lösung, obwohl diese schon zum Greifen nahe lag. Boisserées Bemühungen, von außen her das Geschehen positiv zu beeinflussen, wurden ständig unterlaufen. Wenn wir es als das Merkmal einer echten Kulturmetropole betrachten, daß sie autonome Entscheidungen trifft und sich in Geschmacksfragen unabhängig verhält, so stellt sich anhand unseres Materials klar heraus, daß eine solche Perspektive in Frankfurt nicht vorhanden war, was auch für die Zukunft wenig

Gutes versprach. Selbst Goethe besaß für die Widersprüchlichkeit im Sponsorentum seiner Vaterstadt ein Gespür. Und Heine konnte 1821 den Frankfurter Kleingeistern zurufen: „*...doch jetzt trennt euch von Goethe eine ganze Welt!*"[69].

---

67) Marchesi verehrte 1843 den Stiftern je eine signierte Miniaturwiederholung in Marmor. Seufferhelds Exemplar befindet sich nun im Goethemuseum, Rüppells in der Universitätsbibliothek.

68) Wie Boisserée am 16.5.1840 vermerkt, feierte Nürnberg seine Dürerstatue mit einem großen Fest. Tagebücher III 600.

69) Text des Sonetts über das Goethedenkmal bei Hering 57.

ULRIKE MAY

Die Stadttorentwürfe des Nicolas Alexandre de Salins de Montfort für Frankfurt am Main

Die klassizistische Architektur Frankfurts ist bislang nur in Teilen dokumentiert. Die Arbeit von Evelyn Hils über den Stadtbaumeister Johann Friedrich Christian Hess[1] hat hierzu einen Beitrag geleistet (*s. hier auch S. 107 ff.*). Weniger bekannt als Hess ist der französische Architekt Nicolas Alexandre de Salins de Montfort[2].

1753 in Versailles geboren, kam er, nachdem er im Elsaß für den Kardinal Rohan gearbeitet und von Straßburg aus Entwürfe für einen Marktplatz in Karlsruhe geliefert hatte[3], nach Frankfurt am Main. Über seine Ausbildung wissen wir so gut wie nichts. Es ist aber davon auszugehen, daß er in Paris studierte und mit den Ideen des französischen Klassizismus vertraut war.

Er dürfte in den neunziger Jahren in der damals noch freien Reichsstadt Frankfurt eingetroffen sein. Hier war Salins möglicherweise an der Bebauung des Fischerfeldes beteiligt, das als neues Wohnviertel unter dem Stadtbaumeister Johann Friedrich Georg Hess[4] seit 1793 entstand. Bei den in Frankfurt von Salins realisierten Projekten handelt es sich fast ausschließlich um Privatbauten angesehener Frankfurter Familien, die ihm zum Teil gesichert zugeschrieben werden können, zum Teil aufgrund stilistischer Vergleiche als seine Entwürfe gelten[5]. In der Regel war er auch für die innenarchitektonische Gestaltung der Häuser verantwortlich. Außer dem nun im Palmengarten wiederaufgebauten Gartenhaus Leonhardi ist nichts von seinen Arbeiten in Frankfurt erhalten.

1806 wurde die Stadt dem als Fürstprimas an der Spitze des Rheinbundes stehenden Erzbischof und Kurfürsten von Mainz, Carl von Dalberg, unterstellt. Salins de Montfort scheint um diese Zeit in dessen Dienste getreten zu sein, denn er wird 1807 als „Fürstprimatischer Major" bezeichnet[6]. Im gleichen Jahr entstanden seine Entwürfe für mehrere Barrièren und Stadttore, zu deren Ausführung es allerdings nie kam. Dies lag wohl auch daran, daß der Architekt im gleichen Jahr noch nach Würzburg ging, um dort für den Großherzog Ferdinand III. von Toskana an der Residenz[7] und den Lustschlössern Werneck und Veitshöchheim zu arbeiten. Nach der Auflösung des Großherzogtums 1814 blieb Salins noch eine Weile in Würzburg, reiste aber immer wieder nach Frankfurt, um die Ausführung laufender Projekte zu beaufsichtigen, und siedelte schließlich dorthin zurück. Die Jahre bis zu seinem Tod sind schlecht belegt. Wir wissen aber, daß er in Frankfurt und anderen Orten noch einige Bauvorhaben verwirklicht hat. Seit 1826 war Salins wohl wieder in Frankreich ansässig, wo er am 11. März 1839 in Nantes starb[8].

---

1) E. Hils, Johann Friedrich Christian Hess: Stadtbaumeister des Klassizismus in Frankfurt am Main von 1816-1845, Studien zur Frankfurter Geschichte 24 (1988).

2) Am ausführlichsten: W. F. Dahl, Die Tätigkeit des Baumeisters Salins de Montfort in Frankfurt am Main, Schriften des Historischen Museums 5 (1929); ders. in: Thieme-Becker 29 (1935) 346ff.

3) Besonders zu der Zeit vor dem Frankfurtaufenthalt: P. du Colombier, L'architecture française en Allemagne au XVIIIe siècle (1956) 213ff.

4) Seit 1787 Stadtbaumeister Frankfurts; dieses Amt wurde 1816 von seinem Sohn (s. Anm. 1) übernommen.

5) s. hierzu Dahl a.a.O. 17ff.

6) In der „Neuen Fränkischen Chronik" Nr.5, 1807.

7) I. Helmreich, Die Toskanazimmer der Würzburger Residenz, in: Ausstellungskatalog Klassizismus in Bayern, Schwaben und Franken, München 1980, 402ff.

8) In der Literatur gibt es immer wieder verschiedene Angaben zum Todesdatum. Am sichersten scheint mir P. du Colombier a.a.O. 224.

Da im folgenden ein Blick auf die Stadttorentwürfe des Architekten geworfen werden soll, muß kurz die Frage beantwortet werden, wieso solche Planungen überhaupt vorgenommen wurden.

Frankfurt war am Ende des 18.Jhs. noch nicht über die Grenzen der mittelalterlichen und barocken Befestigung, die sich heute im sog. Cityring abzeichnen, hinausgewachsen. Die Fortifikationsanlagen hatten sich längst als veraltet und damit sinnlos erwiesen und waren bereits vor ihrer Zerstörung durch Bepflanzung und Nutzung als Bleichgärten zweckentfremdet worden. Schon 1802 beschloß der Rat der Stadt – auch unter dem Eindruck der Auseinandersetzungen mit der französischen Revolutionsarmee – die Entfestigung der Stadt[9]. Dieses Unternehmen stellte sich jedoch als äußerst schwierig heraus und ging nur langsam voran. Als Frankfurt 1806 Carl von Dalberg unterstellt wurde, versuchte dieser die Arbeiten an der Beseitigung der Befestigung zu forcieren. In diesem Zusammenhang muß er auch Salins de Montfort, den er in seine Dienste aufgenommen hatte, den Auftrag zur Planung neuer Stadttore und Barrièren gegeben haben.

Betrachtet werden sollen nun die fünf Torentwürfe „Porte du Mein", „Porte de la Confédération", „Porte de Maience", „Porte d'Alberg" und „Porte Neuve"[10].

Die „Porte du Mein" (*Abb. 51*) sollte, wie der Beischrift zu entnehmen ist[11], anstelle des Sachsenhäuser Affentores errichtet werden. Es handelt sich um einen mächtigen, relativ blockhaft wirkenden Bau[12]. In der Mitte befindet sich ein scheinbar kreisrunder Durchgang, dessen Wirkung durch die geschickte Gestaltung des Gitters erzeugt wird[13]. Dieses füllt etwa die Hälfte der Kreisfläche aus. Die seitlichen Durchgänge wiederholen mit ihren Rundbögen in viel kleinerem Format den in der Mitte schon vorgegebenen Halbkreis. Ebenso wird der Schwung eines Kreissegments als seitlicher Abschluß der vorderen, nach hinten abgestuften Wandfläche benutzt. Ein vollständig ergänzter Kreis an dieser Stelle hätte die gleichen Maße wie das zentrale Rund. Leicht erkennt man noch, daß die ursprüngliche Planung etwas anders aussah: Die vordere Wandfläche war an der Seite gerade abgeschlossen und höher hinausgezogen. Gegenüber dem ersten Entwurf

---

9) C. Wolff – R. Jung, Die Baudenkmäler in Frankfurt am Main 2 (1898) 116.

10) Die Entwürfe der Stadttore und Barrièren werden als „*Exquisses de portes de ville et Barrières projetées pour la ville de Francfort, 1807. A Son A.Mr. le Pce Prima dela confédération Rhénale*" im Nachlaß des Architekten zusammen mit weiteren Plänen, Entwürfen und Rechnungen in der Graphischen Sammlung des Historischen Museums aufbewahrt. Drei der Torentwürfe wurden besprochen von K .J. Philipp, in: Ausstellungskatalog Revolutionsarchitektur. Ein Aspekt der europäischen Architektur um 1800, Frankfurt/München 1990, 140ff. Ansonsten findet man zu ihnen nur knappe Hinweise in der Literatur.

11) „*Nouvelle porte à construir vis à vis le pont de Sachsenhausen, pour les voyageurs, voitures de ville et pietons. N.B. l'ancienne dite affenthor Subsisteroit pour les rouliers, charriots, charrettes, tomberaux & c. qui encombrent cette vilaine entrée*". Aus dieser Anmerkung geht auch hervor, daß man daran dachte, den von der Brücke kommenden Verkehr

durch die Brückenstraße zu leiten. An der Lage der später von Chr. Hess errichteten Wach- und Zollhäuser am heutigen Affentorplatz sehen wir, daß diese Planungen nicht verwirklicht wurden. Dies geschah, da die Bewohner der Elisabethenstraße, die die Hauptverkehrsstraße Sachsenhausens war, Protest einlegten (Dahl a.a.O. Anm. 96).

12) Es ist nicht leicht, Aussagen über die Größe der Gebäude zu machen. Bei den Entwürfen und Vorstudien finden sich nicht überall Maßangaben. Geht man von einem Fußmaß von circa 30 cm aus (der Pied de Paris etwa betrug 32,48 cm), ergeben 40 Fuß, wie sie bei einigen Toren verzeichnet sind, eine Breite von etwa 12 Metern (zum Vergleich: Titusbogen Höhe 14,412 m, Breite 13,912 m; nach U. Westfehling, Der Triumphbogen im 19. und 20. Jh. (1977) 152).

13) Im Nachlaß gibt es auch Einzelstudien zu diesem Motiv. Seine konkrete Anwendung finden wir bei dem Bau des Hauses St. George; Dahl a.a.O. 80 Abb.28.

stellt die überarbeitete Fassung die elegantere Lösung dar.

Über den kleineren Durchgängen befinden sich rechteckige Nischen mit Statuen. Die rechte, antik gekleidete und locker ponderierte weibliche Figur trägt im Arm ein Füllhorn sowie Blumen in ihrem geschürzten Kleid. Sie steht für Wohlstand und Überfluß. Die Linke ist im Gegensatz zu dieser hieratisch-frontal dargestellt. Sie stützt sich leicht auf einen Stab, um den sich eine Schlange windet, und hält in der linken Hand einen schwer zu identifizierenden Gegenstand. Es könnte sich um einen Spiegel handeln, der dann eine Interpretation der Figur als Prudentia nahelegen würde. Über dem Scheitel des mittleren Tores ist ein Anker – sozusagen auf dem Kopf – angebracht, der auf diese Weise fast die Form des darunterliegenden Rundbogens wiederholt. In den Zwickeln schwebt links Merkur mit einem kleinen Beutel in der einen und seinem Heroldsstab in der anderen Hand. Rechts ist eine weibliche geflügelte Gestalt zu sehen, die, einen Kranz und eine Tuba haltend, offenbar Viktoria darstellt. Über dem Gebälk befindet sich eine Attika mit der Inschrift „PORTE DU MEIN", rechts und links davon lagern zwei Flußgötter, die eventuell Rhein und Main symbolisieren[14]. Die Bekrönung des Tores bildet ein Aufbau, bestehend aus Kriegstrophäen – Kanonen und Fahnen – sowie Wappen; unter einem bekrönten Vorhang sehen wir das Wappen des Mainzer Erzbischofs, darunter ein von mir noch nicht identifiziertes Wappen; möglicherweise soll es für die führenden Rheinbundstaaten stehen. Oberhalb des Gebälks entsteht durch die Anordnung der Skulpturen eine giebelartige Dreieckskomposition.

Insgesamt setzt sich der Bau aus einfachen großen Formen zusammen: Auf ein breites Rechteck, in das ein Kreis eingeschrieben wurde, wird ein Dreieck gesetzt. Der Skulpturenschmuck spielt nicht so sehr eine dekorative Rolle, sondern ist vielmehr Teil der Gesamtkomposition.

Obwohl dieser Fassadenaufriß, wie auch die folgenden, die Tore sehr flach wirken läßt, erkennt man in Vorzeichnungen und erhaltenen Grundrissen die geplante Dreidimensionalität. In den seitlichen Gebäudeteilen waren ein Unterstand für Wachposten und ein Treppenaufgang vorgesehen.

Ganz deutlich wird die Anwendung des – letztlich auf Vorbilder aus der römischen Antike zurückgehenden[15] – Triumphbogenmotivs mit einem zentralen und zwei kleineren seitlichen Durchgängen. Der Eindruck eines freistehenden Bogens – und weniger der eines Stadttores – wird durch die isolierte Darstellungsweise unterstützt.

Ebenso wie die Architektur dient der plastische Schmuck der Verherrlichung des Rheinbundes unter der Führung des Mainzer Erzbischofs Carl von Dalberg. Rhein und Main, wenn man die Flußgötter so interpretieren möchte, sind in dieser Konföderation auf das Engste verbunden; Wohlstand und militärische Stärke werden prophezeit. Da der Main als Handelsweg schon immer eine wichtige Rolle gespielt hat, sind v.a. Merkur, der Anker und die Flußgötter auch als Hinweis auf eine glückliche Entwicklung des Handels zu verstehen.

Der verherrlichende Charakter der Stadttorentwürfe Salins wird auch im nächsten Beispiel, der „Porte de la

---

14) Philipp a.a.O. 140.

15) E. Künzl, Der römische Triumph. Siegesfeiern im antiken Rom (1988) 134ff.

Confédération" (*Abb. 52*), klar ersichtlich. Laut Beschriftung[16] handelt es sich hier um das Bockenheimer Tor. Gleich hinter diesem Tor bog die alte Mainzer Heerstraße ab. Wie wir sehen werden, handelt es sich um den aufwendigsten und prächtigsten der fünf Torentwürfe.

Zwei pylonenähnliche hohe Seitenbauten mit Durchgängen schließen eine niedrigere zentrale, rundbogig abgeschlossene Toröffnung ein. Die kleineren seitlichen Tore sind ebenfalls mit Rundbogen versehen. Über ihnen ruhen auf dorischen Säulen, von denen die inneren gleichzeitig dem mittleren Bogen als Stützen dienen, einfache Dreiecksgiebel. Es handelt sich, wie man dem Grundriß auf einem ebenfalls noch erhaltenen Blatt entnehmen kann, innen um Dreiviertelsäulen, bei den äußeren Stützen um vorgelegte Halbsäulen. Auf dem linken Giebel befinden sich Siegestrophäen, auf dem rechten, vom Mainzer Rad auf der Spitze des Giebels ausgehend, sehen wir Erntewerkzeuge, einen Pflug und Getreide sowie einen Zirkel, eine Palette und eine Staffelei. Man erkennt ebenfalls ein kleines Köpfchen, das vielleicht eine Skulptur meint. Rechts, neben einem möglicherweise als Anker zu identifizierenden Gegenstand, befindet sich ein Merkurstab. Offenbar werden in diesen beiden Giebelbekrönungen Kriegs- und Friedenszeiten, in denen der Handel und damit der Wohlstand sowie die Künste gedeihen, gegenübergestellt. In den Zwickeln neben dem mittleren Bogen wiederholt sich das Motiv des Rades und im Scheitel das schon an der „Porte du Mein" verwendete Wappen.

Über dem Gebälk steht auf einem abgestuften Podest die Statue des Herkules im Typus Farnese in seitenverkehrter Darstellung[17]. Ein Band mit der Inschrift „PORTE DE LA CONFEDERATION" ist in Höhe der zweiten Stufe auf den Pylonen angebracht. Über ihm befinden sich zwei kreisförmige Medaillons, deren Einfassungen aus einer sich in das eigene Körperende beißenden Schlange gebildet werden. Innen sehen wir Hände, die zwei sich überschneidende Kränze halten. Assoziationen von ägyptischer Kunst scheinen besonders in Bezug auf das Motiv der Schlangen als Ewigkeitssymbol, aber auch aufgrund der pylonenhaften Seitentürme berechtigt. In den letzten Jahrzehnten des 18.Jhs. setzt die monumentale Verwendung ägyptischer und ägyptisierender Bauglieder und Bauformen ein. „*Die ungegliederten, starren und leeren Wandflächen, die leichte Schrägung des Sockels von Denkmal und Triumphbogen erinnert ... an ägyptische Tempelanlagen mit den gewaltigen Pylonentoren, wie sie dem Europäer zum erstenmal durch die Reisewerke des 18.Jhs. bekannt geworden sind.*"[18]

Die Seitentürme bei Salins werden von einem Gesims abgeschlossen, auf dem nochmals eine Basis für Skulpturen angebracht wurde. Auf der rechten Seite ist Mars zu sehen, der mit Rüstung und Lanze auf Kriegstrophäen sitzt und mit einem Zweig in Richtung der weiblichen Pendantfigur zeigt, die ihm ebenfalls einen Arm entgegenstreckt. Bei ihr scheint es sich um die Darstellung von Pax oder Abundantia zu handeln, die mit ihrer Rechten ein Füllhorn ausschüttet. Somit wiederholt sich das Thema Krieg und Frieden, indem die Statuen chiastisch zu den Symbolen über den Seitendurchgängen angebracht werden.

Auf einem weiteren erhaltenen Blatt erkennt man im Grundriß, daß auch für dieses Tor auf einer Seite ein Unterstand und auf der anderen ein Treppenaufgang in den seitlichen Bauten – jeweils neben dem kleinen

---

16) „*porte à construir vis à vis la rue de Bockenheimer en laissant Subsister l'ancienne entrée jusque ceque celle cy Soit a chessée*".

17) Möglicherweise diente ein Stich als Vorlage, bei dem nicht auf Seitenrichtigkeit geachtet worden war.

18) F. Baumgart, Ägyptische und klassizistische Baukunst, in: K. J. Philipp, Revolutionsarchitektur. Klassische Beiträge zu einer unklassischen Architektur (1990) 34ff.

Durchgang – vorgesehen waren. Es bleibt unklar, wie diese in den sich nach oben verjüngenden Türmen hätten realisiert werden können.

Auch dieses Tor wirkt wie aus einfachen Formen zusammengesetzt, fast hat man den Eindruck eines Baukastensystems. Hinter einem solchen Entwurf vermutet man ideale Maße, die aber, obwohl die untere Breite und die Höhe fast identisch sind, wie bei den anderen Toren letztlich nicht vorhanden sind. Trotzdem gibt es ganz klare Bezugspunkte und Verbindungsachsen: Verlängert man die Schräge der kleinen Dreiecksgiebel nach innen, so treffen die Linien sich genau im Scheitelpunkt des mittleren Bogens. Ebenso steht der Herkules im Schnittpunkt zweier Linien, die von der Spitze der Giebel zum Kopf der jeweils gegenüberliegenden höheren Sitzstatue führen.

Dies ist natürlich nicht nur architektonisch, sondern auch inhaltlich durchdacht. Salins entwickelt hier in der Architektur und im Skulpturenschmuck ein propagandistisches Programm, das der Verherrlichung des Rheinbundes dient. Krieg und Frieden sind vereint. Ihnen entsprechen, jeweils im Schmuck über den Giebeln auf der gegenüberliegenden Seite, militärische Stärke und Wohlstand – all das soll die „Confédération" garantieren. Im Schnittpunkt der sich kreuzenden Achsen steht Herkules, der sich nach heldenhaft vollbrachten Taten ausruht und zu guter Letzt noch von den Göttern mit der Unsterblichkeit belohnt wird. Er verkörpert den geschlossenen Bund, der ewig sein soll. Diesen Hinweis liefern auch die von beschützenden Schlangen umgebenen Medaillons, in denen die dauernde Vereinigung symbolisch dargestellt wird.

Drei weitere Entwürfe für Stadttore von Salins de Montfort sind erhalten. Sie zeigen die „Porte d'Alberg" (*Abb. 53*), die „Porte Neuve" (*Abb. 54*) und die „Porte de Maience" (*Abb. 55*), die weniger aufwendig gestaltet sind als die bisher beschriebenen Beispiele. Auch bei ihnen handelt es sich immer um Durchgangstore auf der Straße[19].

Die „Porte d'Alberg"[20] (*Abb. 53*), mit Fugenschnitt über der gesamten Wandfläche unterhalb des Hauptgesimses versehen, ist architektonisch am einfachsten gestaltet. In einem massiven, blockhaften Baukörper sind schon bekannte, einfache geometrische Formen verarbeitet. Das Dreieck und der Halbkreis, die im Muster des Gitters bereits leicht angedeutet werden, sind dominant.

In den Durchgang läßt sich ein exakt gleichseitiges Dreieck einschreiben, indem man den Scheitelpunkt des Bogens mit den Punkten in den unteren Ecken der Öffnung verbindet. Darüber liegt eine Art flacher vorgelegter Dreiecksgiebel. Zieht man Linien vom Ansatz der untersten Stufe über dem Gesims in die Krone über dem Wappen, entsteht hier wiederum eine Art Giebelform, die sich auch in der Anordnung der Skulptur abzeichnet.

Der Halbkreis, der auch als Grundform zu diesem Tor gehört, fällt in der Verwendung des dominanten Bogens gleich ins Auge. Dem Radius dieses Kreises entspricht die Höhe vom Scheitelpunkt zum Abschluß der Attika (ohne Trophäen).

Der Bauschmuck ist zurückhaltend angebracht und in ähnlicher Weise wie bei den anderen Toren zu interpretieren. Neben dem Bogen sind wohl reliefartig im Mauerwerk Lorbeerkränze vorgesehen, einmal in Verbindung mit einem Ölzweig, das andere Mal mit einem Palmwedel. Über dem Bogen befinden sich zwei ge-

---

19) Hierin unterscheiden sie sich wesentlich von den Torwachen, die später von Georg Hess und seinem Sohn errichtet wurden. Diese liegen, bis auf das Gallustor, immer neben der Straße. Entweder sind es einzelne oder aber sich gegenüberstehende, gleichgestaltete Bauten, wie die

noch erhaltene Anlage am Affentorplatz zeigt.

20) *„porte à construire à la rue detous les Saints"*, also das Allerheiligentor.

kreuzte Füllhörner, auf die von einer Seite blumenstreu-
end Flora und von der anderen Seite Viktoria, mit einem
Siegeskranz in den Händen, zuschweben. Auf dem stu-
fenartigen Giebel sitzt rechts Justitia, mit Waage und
Schwert versehen, links möglicherweise wieder Prudentia, mit einer Schlange in der Hand.

Ähnliche Gestaltungsprinzipien wie bei der „Porte
d'Alberg" gelten auch für die „Porte Neuve"[21] (*Abb. 54*).
War bei dem vorangegangenen Tor mehr noch das Dreieck als Gestaltungsgrundlage zu erkennen, steht hier das
Kreismotiv im Vordergrund. Die Höhe vom Scheitelpunkt des Bogens bis zur äußersten Spitze des Tores entspricht dem Durchmesser des zentralen Kreises, der sich
in Bogenrund und Gittermuster abzeichnet. Der Teil
eines weiteren, gleich großen Kreises deutet sich dort
ebenfalls an. Ein flacher eingeschriebener Segmentbogen
leitet die Kreisform in das Dreieck des Giebelgesimses
über.

Die Durchgänge werden auf jeder Fassadenseite
von vier unkannelierten Säulen mit dorischen Kapitellen
und einfachen Kuben als Basis getragen[22]. In einer weiteren Zeichnung wird ersichtlich, daß direkt an die Seiten
der Tore Wachräume angebracht werden sollten. Sie
wurden offenbar aus ästhetischen Gründen in diesem
sicher späteren Plan weggelassen. Durch eine solche
Isolierung verliert dieser – wie auch die anderen Torentwürfe – allerdings immer ein Stück Realitätsbezug.
Die Wirkung ist zum Teil die phantastischer Projek-
tionen.

Die „Porte Neuve" besitzt nur wenig skulpturalen
Schmuck. Über den seitlichen Durchgängen lagern weib-

liche Figuren. Sie halten mit beiden Händen Faszes senkrecht in die Höhe und stellen mit diesen eine optische
Verbindung her zwischen den inneren Säulen und den
seitlichen Begrenzungen des zentralen, abschließenden
Podests. Auf diesem befindet sich eine ungewöhnliche
Ansammlung von Gegenständen. Neben den schon bekannten Wappen sieht man Waffen und Fahnen, sowie
Musikinstrumente, die man mit Militärmusik in Zusammenhang bringen würde, mit einem Bischofsstab vereint.

Bei der „Porte de Maience" (*Abb. 55*) handelt es sich,
was die Bezeichnung betrifft, offenbar um einen Irrtum.
Vermerkt ist *„porte à construire à la rue dite Filbel"*[23].
Dies wäre dann das Friedberger Tor; als das Mainzer Tor
galt aber das Bockenheimer Tor. Es könnte sich als letzte Möglichkeit noch um das Eschenheimer Tor handeln,
doch dazu würde die Ortsangabe in keinem Fall passen.
Außerdem war nicht geplant, dieses Stadttor gänzlich zu
ersetzen, sondern es wurde aus dem alten äußeren Tor als
Wach- und Zollhaus hergerichtet. Zeitweise erhielt es
den Namen „Carlsthor"[24].

Dieses Stadttor kommt dem Typ des Triumphbogens, der von der antiken Architektur angeregt und seit
der Renaissance als neuzeitliches Siegeszeichen verwendet wurde, am nächsten. Es besitzt einen großen, rundbo-
gigen Hauptdurchgang. Die ebenfalls mit Rundbogen
geschlossenen Seitentore sind wesentlich kleiner. Der
Eindruck der Fassade wird durch vier vorgelegte Säulen
mit tuskanischen Kapitellen bestimmt. Sie stehen auf
Postamenten und tragen das ionische Gebälk ohne Fries
oder Zahnschnitt, aber mit dorischen *Guttae*. Auf der
Attika ist die Inschrift „PORTE DE MAIENCE" ange-

---

21) *„Projet à construire à la porte dite Filbelgass"*, d.h. das Friedberger
Tor.

22) In einem Grundriß erkennt man die Verdoppelung der Säulen in die
Tiefe, sodaß das Tor insgesamt acht Stützen erhalten hätte. Die seitlichen Durchgänge waren wohl flach gedeckt; in der Mitte muß man mit

einem Tonnengewölbe rechnen.

23) Auf dieses scheinbare Mißverständnis wies auch schon Dahl a.a.O.
(s.o. Anm. 2) 93 Anm. 97 hin.

24) Wolff – Jung a.a.O. (s.o. Anm. 9) 120.

bracht. Seitlich von ihr sitzen auf Basen zwei Viktorien. Die rechte bläst eine Kriegstuba. Es sieht aus, als hocke ein Tier neben ihr. Mir scheint jedoch, daß es sich eher um einen für die Zeit typischen Stuhl handelt, bei dem die Seitenpartie in Form einer Sphinx gearbeitet ist. Die linke Figur sitzt ebenfalls – hier erkennt man einen Teil des Stuhles – und hält einen Palmzweig und einen Siegeskranz in den Händen[25]. Den bekrönenden Abschluß bilden wieder in Dreiecksform angeordnete Kriegstrophäen. Unter ihnen befinden sich auch ein liegender Löwe sowie ein merkwürdig anmutender Stier, von dem man nicht weiß, ob er getötet oder springend dargestellt sein soll. Auf der zentral herausragenden Rüstung sitzt ein Hahn, der als gallischer Hahn und als Künder eines neuen Tages und einer neuen Zeit zu verstehen sein kann[26].

So traditionell dieses Tor bis zu einem gewissen Grad wirken mag, so ungewöhnlich sind doch einige Gestaltungsdetails. In interessanter Weise wird das Sockelgesims um die Bögen der Seitendurchgänge geführt. Über diese setzt Salins dann einen trapezförmigen Sockel vor die Wand. Auf diesem steht rechts Mars, mit einem Brustpanzer neben sich und einem Schild in der

linken Hand. Links sehen wir einen Friedensgenius mit Kranz und Palmzweig vor einem kleinen Opferaltar. Über beiden Figuren befinden sich Sterne. Das Rund des mittleren Bogens wird an den Seiten begleitet von einem Palmwedel und einem Eichenzweig, dazwischen wurde ein Lorbeerkranz angebracht.

Offenbar war für diesen Triumphbogen, wie ich das Tor hier doch nennen möchte, zuerst ein anderer Name als „Porte de Maience" vorgesehen. Dies könnte vielleicht den oben beschriebenen Widerspruch zwischen Bezeichnung und Ort erklären. So scheinen unter der Inschrift Buchstaben hervor, die vermuten lassen, daß es sich um eine „Porte Napoleon Ier" handeln sollte. Dies würde den stärkeren Rückgriff auf den „klassischen" Triumphbogen, der als Siegesdenkmal in der Neuzeit rezipiert wurde, eventuell erklären. Napoleon bevorzugte die Formen der römischen Antike, die schon Ludwig der XIV. in Frankreich eingeführt hatte, für seine Denkmäler[27]. Der Triumphbogen war entweder als Stadttor oder als Ehrenbogen besonders beliebt[28]. Neben den steinernen Monumenten gab es auch provisorische Bögen[29] aus vergänglichen Materialien, wie der z.B. 1807 auf der Zeil für den durchreisenden Napoleon errichtete[30]. Auf

---

25) Ganz ähnlich sitzen vier Viktorien auf einem Sockel bei dem Entwurf von Moitte von 1795: s. Westfehling a.a.O. (s.o. Anm. 12) 17 Fig. 1a.

26) Der gallische Hahn findet sich auch bei einem Entwurf für einen „Triumphbogen des Volkes"(1794) von Lequeu. Hier lagert eine riesige Herkulesstatue, die das französische Volk verkörpern soll, auf einem Torbau. Auf dem Kopf der Figur sitzt ein Hahn: s. Westfehling a.a.O. Abb. 10.

27) ebenda 20.

28) s. Künzl a.a.O. (s.o. Anm. 15). Gute Beispiele der Zeit in Paris sind der „Arc de Triomphe du Carrousel", 1806-1808 von Perciers und Fontaine erbaut, und der „Arc de Triomphe de l'Étoile", 1806-1836 von Chalgrin. Beide wurden 1806 nach dem Sieg bei Austerlitz angeordnet. Einen Zusammenhang zwischen der neuzeitlichen Triumphbogenarchitektur und einem Entwurf Salins – allerdings der „Porte de la

Confédération" – stellte Philipp a.a.O. (s.o. Anm. 10) 140 her: „Wie eine dreidimensionale Umsetzung des plastischen Schmuckes der „Porte Saint Denis" (1671) von Blondel erscheinen die obeliskartigen geböschten Pfeiler der „Porte de la Confédération". Diese Verbindung scheint mir so nicht einleuchtend. Bei Blondels Tor wurden auf die seitlichen Wandflächen reliefhaft Obelisken aufgelegt. Die niedrigen Seitendurchgänge befinden sich in einer als Sockel für die Obelisken gestalteten Vorlage. Die seitlichen Gebäudeteile bei Salins Entwurf scheinen mir weniger Obelisken als Pylone.

29) H. M. von Erffa, „Ehrenpforten", in: Reallexikon zur deutschen Kunstgeschichte IV, Nachträge (1958) 1443ff.

30) Abbildung in: Frankfurter Chronik, Hrsg. W. Kramer (1964) 257. Diese nimmt sich allerdings im Vergleich zu anderen Ehrenpforten für Napoleon in Deutschland bescheiden aus: vgl. Beispiele bei Westfehling a.a.O. 21ff.

diesem Bogen waren verschiedene Inschriften in Medaillons und auf Friesen angebracht, in denen von „Immortalité", „Prudence" und „Pieté" gesprochen wurde. Über dem Scheitel des einzigen Durchgangs befand sich das Wort „Paix".

Viele neuzeitliche Triumphbögen[31] orientieren sich deutlich an antiken Vorbildern wie z.B. dem Titus-, Septimius Severus-[32] oder Konstantinsbogen, die durch Piranesi und andere bekannt gemacht wurden. Es handelt sich allerdings nie um Kopien, sondern um in Proportionen, Gliederung, Baumaterial etc. variierte Entwürfe oder völlige Neuschöpfungen[33]. Mit den antiken Beispielen ist die „Porte de Maience" von Salins in erster Linie aufgrund der Fassadengliederung durch die vorgelegten Säulen, die auf vorspringenden Postamenten stehen, vergleichbar. Das Gebälk ist in der Auffassung insgesamt schon stark reduziert. Eine durchgehende, breite und hohe Attika, wie wir sie von den meisten antiken und neuzeitlichen französischen Triumphbögen kennen, verwendet Salins in keinem seiner Entwürfe. Erstaunlicherweise scheinen gerade die klassizistischen Architekten in Italien den Giebel über dem Tor zu bevorzugen[34], den wir bei den Entwürfen für Frankfurt angedeutet finden, allerdings handelt es sich hier nie um einen wirklichen Dreiecksgiebel.

Sucht man nach Vorbildern für diese Projekte, wird man durch Dahl[35] auf Jean François de Neufforges „Recueil élémentaire d'architecture"[36] verwiesen, an dessen Stichen sich Salins bis 1800 oftmals orientiert haben

soll. Die „Desseins d'Architecture Pour l'usage des Portes de Villes, Chateaux, Hotels et Maisons particulieres" sind fantasievoll gestaltete Entwürfe, die aber in der Regel detailreicher und stärker dem Louis-seize verpflichtet sind als Salins Entwürfe. In der Abbildung 125, „Porte pour un grand Hotel", spürt man aber eine Verwandtschaft der beiden Architekten. Diese bezieht sich besonders auf die Gestaltung des oberen Bereichs des Tores, wo Neufforge einen Giebel vor eine mit einer Art Stufenpodest bekrönte flache Attika legt. Das Podest dient einer Statue des Herkules vom Typus Farnese als Basis. Rechts und links von ihm lagern zwei Flußgötter. Auch hier wird durch die Art der Anordnung der Skulptur ein zweiter Giebel imaginiert.

Ansonsten bleibt Salins schlichter, und die Verwendung einfacher geometrischer Grundformen steht stärker im Vordergrund als bei anderen Architekten. M.E. läßt sich damit auch am ehesten die Verbindung zur Revolutionsarchitektur herstellen, die wir als eine Variante des um 1800 vorherrschenden Klassizismus verstehen können. Es handelt sich dabei nicht nur um die fantastischen und oft utopischen Entwürfe Claude-Nicolas Ledoux' oder Etienne-Louis Boullées, sondern um ein Vielzahl von Projekten und Bauten, deren Gemeinsamkeit in der verstärkten Anwendung einer auf geometrische Grundformen reduzierten Formensprache liegt[37]. In ihnen wurden Aspekte der Renaissance-Architektur und der dazugehörigen theoretischen Grundlagen rezipiert. Außerdem sah man konkrete

---

31) Künzl a.a.O. (s.o. Anm. 15); L. Hautecoeur, Histoire de l'architecture classique en France Bd. 4 (1952) 422ff., Bd. 5 (1953) 199ff.; C. L. V. Meeks, Italian architecture 1750-1914 (1966) 98ff.

32) Hier nochmals zum Arc du Carroussel: *„Percier et Fontaine, qui avaient à Rome relevé l'arc de Septime Sévère, tenaient cet édifice pour le modèle achevé des arcs de triomphe"*, Hautecoeur a.a.O. Bd. 5, 200.

33) Westfehling a.a.O. 84.

34) Mailand, Porta Ticinese, 1801-14, von Luigi Cagnola; Mailand, Porta Nuova, 1810-13, von Giuseppe Zanoia: Meeks a.a.O. Fig. 33 und 34.

35) Dahl a.a.O. (s. o. Anm. 2).

36) Erschienen 1757-1780 in Paris; Neudruck 1967.

37) Hierzu ausführlich und die komplexen Zusammenhänge gut darstellend: Philipp a.a.O. (s.o. Anm. 10) 22ff.

Bezüge zur Architektur der Antike: „*In der Dauerhaftigkeit der antiken Architektur spiegelte sich nicht nur die Autorität der einfachen und ewigen Formen, sie gab auch ein allgemeines Vorbild ab, was Architektur zu leisten im Stande ist, wenn sie sich der richtigen und wahren Formen bedient*"[38].

Mir scheint, daß sich in den Entwürfen des Salins de Montfort für die Frankfurter Stadttore ähnliche Gestaltungsprinzipien wie in Projekten der Revolutionsarchitektur wiederfinden lassen. Die Verarbeitung der einfachen geometrischen Formen, wie sie oben beschrieben wurde, ist ein Teil davon. Es wurde eine Schlichtheit erzeugt, die den – sicherlich gewünschten – Eindruck von Monumentalität vermittelt hätte. Das Interesse des Betrachters wäre durch die ausgefallene Gestaltung geweckt worden. Die Möglichkeit für Salins de Montfort, seine ungewöhnlichen Ideen umzusetzen, bot offenbar ein Auftrag dieser Art. Bei seinen Privatbauten lassen sie sich naturgemäß nicht in diesem Ausmaß finden.

---

38) ebenda 30.

EVELYN HILS-BROCKHOFF

Leben und Wirken von Johann Friedrich Christian Hess, Stadtbaumeister des Klassizismus in Frankfurt am Main von 1816 bis 1845

Daß Frankfurt am Main einst zu den schönsten klassizistischen Städten in Deutschland zählte, ist heute nur noch schwer vorstellbar. Fast alle Zeugnisse aus dieser Bauepoche wurden im Zweiten Weltkrieg, leider aber auch noch danach, zerstört. Nur an wenigen Stellen in der Stadt lassen sich heute klassizistische Bauten – mehr oder weniger beschädigt oder verändert – ausmachen. Hierzu zählen besonders die Paulskirche, der Portikus der Alten Stadtbibliothek am Mainufer, die Affentorbauten in Sachsenhausen, die Häuser Untermainkai Nr. 14 und 15, in denen seit 1988 das Jüdische Museum untergebracht ist, aber auch verschiedene Privathäuser, wie die ebenfalls am Mainufer gelegene Villa Untermainkai Nr. 4 oder die Villa Passavant in Bockenheim. Alle erwähnten Gebäude wurden von Johann Friedrich Christian Hess errichtet, der zwischen 1816 und 1845 als Stadtbaumeister in Frankfurt tätig war und in diesen Jahren maßgeblich das Baugeschehen der Stadt beeinflußt hat. Zu Leben und Werk von Hess hat die Verfasserin 1987 eine Dissertation vorgelegt, die hier in Auszügen vorgestellt werden soll[1].

Mit Hilfe nur noch spärlich erhaltener Unterlagen[2], sämtliche Bauakten des 19. Jhs. verbrannten im Zweiten Weltkrieg, gelang es, das Werk dieser in der Fachliteratur und in der Öffentlichkeit nur wenig beachteten Architektenpersönlichkeit in großen Teilen zurückzuverfolgen. Ziel der wissenschaftlichen Untersuchung war es nicht nur, eine Lücke in der Frankfurter Geschichtsschreibung zu schließen, sondern es sollte auch einem Abschnitt der

deutschen Architekturgeschichte Aufmerksamkeit geschenkt werden, der bis dahin kaum untersucht worden war: hiermit sind die Auswirkungen gemeint, die die französische Revolutionsarchitektur auf die klassizistische Bauweise einer ausschließlich von Bürgern regierten Stadt hatte. Bisher waren nur die Residenzstädte der nach dem Wiener Kongreß neu erstarkten Fürstenhäuser, ihre Hof- und Landbaumeister und deren Bauten für die Landesherren betrachtet worden. So liegen zu Leo von Klenze und Friedrich Gärtner aus München, zu Friedrich Weinbrenner aus Karlsruhe oder Friedrich Gilly und Karl Friedrich Schinkel aus Berlin Baumonographien vor. Der bürgerliche klassizistische Baustil, wie er sich ohne landesherrliche Bauvorschriften nur in den freien Städten wie Hamburg, Bremen, Lübeck, besonders aber in Frankfurt am Main verwirklichen ließ, hatte bis dahin keine oder nur geringe Beachtung erfahren.

Im Zuge der Analyse der Hess'schen Bauten hat sich dabei ein für die kunsthistorische Forschung nicht uninteressanter neuer Aspekt herauskristallisiert: daß nämlich die französische Revolutionsarchitektur einen wesentlich stärkeren Einfluß auf die Baukunst des Klassizismus nahm als bislang angenommen. Die Wurzeln des neuen Stils in Deutschland waren immer sehr viel stärker im Vorbild englischer Bauten des Palladianismus gesucht worden. Im architektonischen Werk von Hess läßt sich sehr schön nachvollziehen, wie er sich zunächst stark an die Formen der französischen Revolutionsarchitektur anlehnte, im Laufe seines Œuvres dann aber immer

---

1) Evelyn Hils, Johann Friedrich Christian Hess. Stadtbaumeister des Klassizismus in Frankfurt am Main von 1816-1845 (1988).

2) Die Archivalien entstammen unter anderem den Frankfurter und den Bad Homburger Stadtarchiven sowie den Darmstädter und Wiesbadener Staatsarchiven.

stärker auch den bereits von den französischen Revoluti-onsarchitekten propagierten Formen der italienischen Renaissancearchitektur Vorrang gab. Bevor jedoch das Werk anhand einiger ausgewählter Beispiele vorgestellt wird, seien zunächst einige biographische Anmerkungen sowie ein kleiner Überblick über die politische und wirt-schaftliche Situation Frankfurts vor und nach 1816 – dem Amtsantritt von Hess als Stadtbaumeister – gegeben, die die Rahmenbedingungen für sein Schaffen bilden.

Der 1785 geborene Hess war der Sohn des seit 1787 in Frankfurt tätigen Stadtbaumeisters Johann Georg Chri-stian Hess[3]. Durch die berufliche Tätigkeit des Vaters war dem Sohn der Berufsweg vorgezeichnet. Er besuchte – wahrscheinlich ab 1802 – die École Polytechnique in Paris, die damals bedeutendste Akademie für Architektur in Europa. An dieser Schule dozierte J.N.L. Durand, des-sen Vorlesungen in ganz Europa in mehrere Sprachen übersetzt vorlagen. Durand, der seine Architekturtheorie entsprechend der veränderten gesellschaftlichen und politischen Situation neu formuliert hatte, konfrontierte Hess mit dem Gedanken, daß der Forderung nach einer rational kontrollierbaren Architektur nur dann entspro-chen werden könne, wenn Bedacht auf Zweckmäßigkeit und Wirtschaftlichkeit gelegt würde. Jedes Bauwerk soll-te mit einer vorgegebenen Summe so angenehm wie möglich gestaltet oder bei bekannter Bestimmung mög-lichst preiswert ausgeführt werden. Dieses Prinzip sollte gleichermaßen für öffentliche und private Bauten gelten. Die von Durand propagierte Architekturlehre, in die Impulse der klassischen Antike, der italienischen Renais-sancearchitektur (vor allem Palladio) und der französi-schen Revolutionsarchitektur eingegangen waren, sollte für den jungen Hess wegweisend werden und sein Werk

bestimmen, was für Frankfurt beträchtliche Aus-wirkungen hatte. Im Anschluß an sein Studium ging Hess für zwei Jahre nach Italien. Seit 1806 war er wieder in Frankfurt, wo er den praktischen Teil seiner Ausbildung im Architekturbüro seines Vaters absolvierte. Er assi-stierte ihm als Bauadjunkt und unterstützte ihn bei den zahlreich anstehenden Bauaufgaben, zeichnete Pläne und baute Modelle. Zu seinen frühesten nachweisbaren eigen-ständigen Arbeiten zählen die in den Jahren 1810-1811 errichteten und heute noch erhaltenen Affentorbauten in Sachsenhausen, die ursprünglich als Zoll- und Wach-bauten fungierten.

Der gesundheitliche Zustand des Vaters gestattete es diesem seit 1815 nicht mehr, aktiv am Baugeschehen teilzunehmen. Johann Friedrich Christian Hess, der bereits nach und nach dessen Bauaufgaben übernommen hatte, wurde schließlich nach dem Tode des Vaters im März des Jahres 1816 zum Nachfolger im Amt des Frankfurter Stadtbaumeisters bestellt. Zu seinen Haupt-aufgaben zählten fortan die Aufsicht über die der Stadt gehörenden Gebäude, Brücken, Mühlen sowie die Ober-aufsicht und Leitung des Laternenwesens, der Rohr-leitungen, der Brunnen und vor allem des Straßen-pflasters.

Das architektonische Schaffen von Hess läßt sich in drei Abschnitte unterteilen. An erster Stelle stehen die öffentlichen Bauten wie die Stadtbibliothek, die Pauls-kirche, das Stadtgericht, die Stadtmünze, das Zollgebäu-de, verschiedene Museen, Schulen und Pfarrhäuser. Ne-ben diesen städtischen Bauprojekten macht der private Villenbau einen großen Teil seines Œuvres aus. Die Vil-len wurden als Landsitze reicher Frankfurter Familien – der Bethmann und Gontard, der Berna-Brentano und Pas-

---

3) Johann Georg Christian Hess wurde 1756 in Zweybrücken geboren. Studium der Architektur an der Bauakademie in Paris. Seit dem 8. August 1780 Baudirektor in Diensten des Fürsten Carl von Nassau. Ab dem 15. September 1784 als Baudirektor bei dem Fürsten Johann Otto

von Hessen tätig. Von 1787 bis zu seinem Tod im Jahre 1816 Stadt-baumeister der Stadt Frankfurt am Main. 1811 Ernennung zum Großherzoglichen Baurat.

savant – im Westend und am Mainufer errichtet. Als dritter Baukomplex sind die mehrstöckigen Mietshäuser anzuführen, die unter seiner Leitung entlang des Inneren Anlagenrings (heute Cityring) und im Fischerfeld-Viertel entstanden.

Mit ihren glanzvollen und berühmten Einzelbauwerken mochten Hess andere klassizistische Architekten wie Schinkel, Klenze oder Gärtner übertreffen, die in den Residenzstädten ihren Inspirationen frei folgen durften, weil ihre Mäzene und Auftraggeber sich in ihrem Glanz spiegeln wollten. Frankfurt dagegen, seit 1815 wieder Freie Stadt, wurde von scharf kalkulierenden Bürgern regiert, und diese diktierten Rahmen und Maße: Einfachheit, Ökonomie, Parität der Patrizier sollten das Stadt- und Häuserbild bestimmen[4]. Diese Kriterien fand das Bürgertum – als Gegenpol zum absolutistischen Baugedanken – in der klassizistischen Architektur realisiert, und Hess erfüllte diese Forderungen in allen Teilen seiner Bautätigkeit.

Im Gegensatz zu anderen Städten in Deutschland, die wegen der Verluste in den Napoleonischen Kriegen und der Depression der Wirtschaft keine öffentlichen und privaten Bauten errichten konnten, waren die Bürger in Frankfurt in einer glücklicheren Situation. Zwar hatten die hohen Kontributionen, die der Stadt während der französischen Besatzung in den Jahren 1806-1815 auferlegt worden waren, auch Frankfurt an die Grenze der Zahlungsfähigkeit gebracht, doch ließ die Wiederherstellung des Stadtstaates nach dem Wiener Kongreß

die von alters her bedeutende Handels- und Messestadt auch an eine Wiederherstellung des Waren- und Geldhandels glauben. Der mit der wiedergewonnenen Freiheit erzielte Anteil an der politischen Machtausübung veranlaßte deshalb das Frankfurter Bürgertum, den erhofften wirtschaftlichen Verhältnissen gemäße kommunale Einrichtungen zu schaffen, in denen es seine Vorstellungen vom bürgerlichen Staat verwirklichen konnte. Die vordringlichen Bauaufgaben waren dabei nicht wie in den Fürstenresidenzen Schlösser, Paläste, Kirchen, sondern öffentliche Gebäude sowie Kultur- und Bildungseinrichtungen: Museen, Bibliotheken und Theater. Vor allem aber auch Schulen trugen den Bedürfnissen nach natur- und geisteswissenschaftlicher Bildung des erstarkenden Bürgertums Rechnung.

In diese Emanzipationsphase des Frankfurter Bürgertums fiel der Amtsantritt von Hess im Jahr 1816. Er hatte das Glück, gleich zu Beginn seiner Tätigkeit als Stadtbaumeister mit wichtigen öffentlichen Bauprojekten betraut zu werden. So erhielt er bereits im ersten Jahr den Auftrag zum Bau einer Stadtbibliothek. Die finanziellen Voraussetzungen für den Bau dieser dringend benötigten Bibliothek, die von der Frankfurter Bürgerschaft als ein Symbol der wiedererlangten reichsstädtischen Freiheit betrachtet wurde, hatten die bedeutenden Stiftungen von Senator Brönner sowie Bankier Bethmann geschaffen.

Im Jahre 1817 legte Hess seine Entwürfe zu einem querrechteckigen zweigeschossigen Bau mit zwei Innenhöfen vor, der neben dem Obermaintor, an der sogenann-

---

4) Ein von Johann Georg Christian Hess konzipiertes und 1809 durch Karl von Dalberg erlassenes Frankfurter Baustatut legte nicht nur den Verlauf der Straßen sowie der Baufluchtlinien der neuen Wohngebiete fest, die nach dem Schleifen der alten Befestigungsanlagen ab 1804 außerhalb der Stadt entstanden waren, sondern nahm auch auf die Gestaltung der Häuser selbst starken Einfluß. Es durften, je nach Straßenbreite, nur noch zwei-, höchstens aber dreistöckige Häuser errichtet werden. Überhänge und Erker waren verboten, desgleichen Zwerchhäuser und Mansarddächer. Das Pflanzen von Bäumen vor den

Häusern wurde untersagt. Nichts sollte die Symmetrie stören: das Gerade, das klassisch Einfache galt als erstrebenswert, alles Romantische, Düstere, Enge wurde verurteilt. Stieß das Statut zunächst auf die heftigste Ablehnung bei der Bevölkerung, da man sich in der architektonischen Freiheit beschränkt sah, so schlug die Meinung – gerade wegen der konsequenten Anwendung – um, und Frankfurt wurde wie keine andere Stadt in Deutschland wegen seiner reinen klassizistischen Bauweise gerühmt.

ten Schönen Aussicht, erbaut werden sollte (*Abb. 56*). Sowohl die nach dem Rastersystem entwickelten Grundrisse des Erd- und ersten Obergeschosses wie auch die kaum gegliederte Fassade mit hoher Attika, Flachdach und dem vor die Fassade gestellten Portikus zeigen Parallelen zu den einfachen stereometrischen Gebilden und strengen Kuben der französischen Revolutionsarchitekten auf, die neben einer autonomen Behandlung aller Bauteile vor allem auch den Verzicht jeglichen Dekors gefordert hatten. Der Hess'sche Entwurf läßt sich beispielsweise mit Boullées Entwurf für eine Fassade des Versailler Schlosses oder den Beiträgen für den Prix de Rome von Gerbet aus dem Jahre 1789 oder von Bergognon von 1792 vergleichen[5]. Hess, der gelernt hatte, daß ein Gebäude nur dann einen erhabenen Eindruck vermittelte, wenn bei seiner Gestaltung Bedacht auf Rationalität (Einfachheit, Sparsamkeit und Zweckmäßigkeit) gelegt wurde, hatte seinen Säulenportikus bewußt vor eine nur einstöckig gebildete Fassade gestellt. Er führte hierzu aus: *„Für ein öffentliches Gebäude dieser Art war es nötig bei großer Einfachheit eine große Wirkung hervorzubringen; ich suchte daher besonders, daß diese Fassade von außen nicht mehr als einen Stock, also eine Säulenordnung vorstelle. Mehrere Stockwerke von außen sind bei Privathäusern durch das Bedürfnis gerechtfertigt, bei öffentlichen Gebäuden aber und besonders bei solchen, welche eine ernste Bestimmung haben, sollten mehrere Stockwerke von außen vermieden werden, indem dieses immer die Idee mehrerer übereinander stehender Häuser giebt und die edle Einfalt unterbricht.*"[6]

Die zur Finanzierung des Bauprojektes erforderlichen Mittel erschienen den Verantwortlichen der Stadt zu hoch veranschlagt, so daß Hess seine Pläne zugunsten eines kleineren Gebäudes umarbeiten mußte. Auch hatte er die Fassade neu zu gestalten, denn der Senat hatte den Einwänden hinsichtlich Gestaltung und Proportion zugestimmt, die der um ein Gutachten gebetene Darmstädter Oberbaurat Georg Moller erhoben hatte. Wahrscheinlich war dem Frankfurter Senat der Entwurf des jungen Hess aber auch zu kühn und futuristisch, war man doch noch den Louis-Seize-Baustil des Vaters gewöhnt. So wurde der Bau (*Abb. 57*) in den Jahren 1820-1825 nicht nur wesentlich kleiner ausgeführt – was sich schon bald nach der Eröffnung der Bibliothek als Fehlentscheidung herausstellen sollte, denn aufgrund der beengten räumlichen Verhältnisse mußten in den folgenden Jahrzehnten immer wieder kostenaufwendige Um- und Anbauten durchgeführt werden -, sondern es wurde auch die Fassade geändert: das vier Meter hohe Attikageschoß, von dem Moller der Auffassung war, daß es im Vergleich zu den unteren Fenstern zu massiv wirke, wurde zugunsten eines niedrigeren ersetzt und die Wandfläche in zwei gleichwertig behandelte Geschosse mit je drei Fenstern rechts und links vom Portikus unterteilt.

An dem von Hess projektierten Portikus in korinthischer Ordnung wurde jedoch festgehalten. Zwar hatte Moller von dieser Säulenordnung für ein öffentliches Gebäude abgeraten, indem er argumentierte: *„Gebrauchen wir die korinthische Ordnung an einer Bibliothek, welche Verzierung bleibt uns dann für Gebäude, welche mehr Anspruch auf Pracht und Reichtum haben?*"[7] Der Bau wurde von den Frankfurtern jedoch als ein Symbol der nach 1815 wiedererlangten reichsstädtischen Freiheit begriffen[8] und das rechtfertigte in ihren Augen die höchste der Säulenordnungen. Heute erinnert allein der Porti-

---

5) Hils a.a.O. Abb. 12-14.

6) ebenda 78f.

7) ebenda 49f.

8) Davon zeugt auch heute noch die von Schopenhauer 1837 als *„Küchenlatein"* bezeichnete Inschrift *„Studiis libertati reddita civitas"*,

die gemäß seinem Vorschlag in *„Litteris, recuperata libertate, civitas"* abgeändert wurde, – allerdings erst während eines Umbaus nach dem Ersten Weltkrieg.

kus an das einst von Zeitgenossen so gerühmte Gebäude. Im März 1944 fiel es den schweren Bombenangriffen auf Frankfurt zum Opfer.

Dem von Hess 1822 vorgelegten Innenraumentwurf für die Paulskirche widerfuhr dasselbe Schicksal wie dem 1817 ausgearbeiteten Fassadenentwurf für die Stadtbibliothek. Hess, dem mit der Übernahme des Stadtbaumeisteramtes auch die Bauleitung der seit 1789 – nach Plänen von Andreas Liebhardt – im Bau befindlichen Paulskirche übertragen worden war, hatte, da die alten Pläne nicht mehr dem Zeitgeschmack entsprachen, neben neuen Entwürfen für einen Glockenturm vor allem einen Plan für eine neue Innengestaltung des Kirchengebäudes vorzulegen. Während er seinen Entwurf für einen Glockenturm durchsetzen konnte, wurden die Pläne für den Innenraum, die eine Aufteilung ähnlich dem eines bei Durand veröffentlichten Idealentwurfs für Zentralbauten (*Abb. 58*) vorsahen – ein von korinthischen Säulen umstellter Zentralraum mit einer Empore, kassettierter Kuppel und einem einfallenden Oberlicht (*Abb. 59*) – wegen finanzieller Schwierigkeiten nicht realisiert. Nur die auf Säulen ruhende umlaufende Empore konnte er ausführen, allerdings mit den einfacheren ionischen Kapitellen. Die kassettierte Kuppel mit dem Opaion fand hingegen keine Zustimmung. Es waren erneut finanzielle Gründe, die Hess zwangen, an dem steil aufragenden Dach aus dem Jahre 1796 festzuhalten.

Wären seine Ideen nicht wieder pekuniären Überlegungen zum Opfer gefallen, hätte Hess in Frankfurt ein Beispiel modernster Architektur geschaffen, so wie es anderen Architekten wie Heinrich Jussow mit dem Ahnensaal im Schloß Wilhelmshöhe in Kassel oder Karl Friedrich Schinkel mit der Rotunde im Alten Museum in Berlin möglich gewesen war, und die gerade wegen dieser Bauten immer wieder höchste Anerkennung erfahren haben.

Finden sich in den unausgeführten Entwürfen seiner ersten großen öffentlichen Bauprojekte noch Anleihen bei den Formen der französischen Revolutionsarchitekten, so wendet sich Hess im Laufe seines weiteren Schaffens eher dem von Durand propagierten Klassizismus zu, der neben der klassischen Antike und der französischen Revolutionsarchitektur vor allem aber Impulse der italienischen Renaissancearchitektur aufgenommen hatte. An den von den französischen Revolutionsarchitekten aufgestellten und von Durand vermittelten Maximen wie Einfachheit, Zweckmäßigkeit und Sparsamkeit der Gebäude hielt Hess aber weiterhin fest. Nur für die Auswahl der Architekturdetails läßt sich im Laufe der Zeit (vor allem um und nach 1830) eine intensivere Auseinandersetzung mit der italienischen Renaissance beobachten.

Für die Zeit der Jahre davor gilt, daß Hess die Bauten – entsprechend der finanziellen Situation der Bürgerschaft – nur mit wenigen Ausnahmen sehr schlicht ausführte. Als Beispiele für diese einfacher ausgebildeten Häuser stehen Privatgebäude wie das Haus Untermainkai Nr. 14 (1819-1821), das er für sich und seine Familie errichtete, öffentliche Gebäude wie das ehemals am Eschenheimer Turm gelegene Senckenbergische Naturhistorische Museum (1820) oder das Haus Untermainkai Nr. 4 von 1823. Bei allen Gebäuden bestimmen einfache und klare Gliederungen die Organisation der Baumassen. Die mit flachen Walm- oder Satteldächern abgeschlossenen Putzbauten wurden horizontal in drei Zonen unterteilt: in ein Sockelgeschoß, den Wandaufbau und das Kranzgesims. Das in Ausnahmefällen mit Fugenschnitt versehene Sockelgeschoß und die für Hess typische Aneinanderreihung der Sprossenfenster – wobei die Klappläden aneinander stießen – betonten die stark horizontale Ausrichtung der Häuser.

Die im Jahre 1817 außerhalb der Stadtmauer im Westend erbaute Villa Berna-Brentano sowie das im Jahr 1820 errichtete Haus Untermainkai Nr. 15 hatte Hess für wohlhabende Frankfurter Familien ausgeführt, so daß ihm hier die Möglichkeit gegeben war, die Fassaden mit reicheren Mitteln zu gestalten. Beide Male entlehnte er verschiedene Formen der italienischen Renaissancearchitektur. Bei der nicht mehr erhaltenen Villa Berna-Brentano lassen vor allem der Aufbau der Fassade – betont reich gestalteter Mittelrisalit mit hoher Attika vor der sparsam behandelten zurücktretenden Fassade – sowie der Formenschatz an Bauten von Andrea Palladio denken. Beim Haus Untermainkai Nr. 15 zeigt sich der italienische Einfluß deutlich bei den aneinandergereihten Rundbogenfenstern des ersten Stockwerkes und den mit floralen und figuralen Reliefs geschmückten Tympana, aber auch an den rustizierten Fenstergewänden des Erdgeschosses. Der durchbrochene Giebel an der Seitenfassade mit dem großen Thermenfenster erinnert an palladianische Architektur.

Während Hess für die beiden letztgenannten Bauten vorerst nur einzelne Elemente aus dem Formenschatz der italienischen Renaissancearchitektur bezog, diese Kunstgattung also mehr als Detaillieferant fungierte, läßt sich gegen Ende der 1820er Jahre eine stärkere Hinwendung zu diesen Formen beobachten: die Renaissancearchitektur wird nun als selbständige Stilform begriffen. Die beiden im Jahre 1829 begonnenen Bauten, die Villa Passavant und das Städelsche Kunstinstitut in der Neuen Mainzer Straße (*Abb. 60*)[9], hatte Hess beispielsweise ganz im Stil der italienischen Renaissancearchitektur konzipiert und erbaut. Proportion und Formenwahl der Villa Passavant zeigen, vor allem wegen der Rundbogenfenster und der auf toskanischen Säulen ruhenden Loggia, eine starke Verwandtschaft zum italienischen Landhaus beziehungsweise zur Villa Suburbana des 16. Jhs., so wie man sie in Rom und Umgebung findet. Die reich strukturierte Sandsteinfassade, die er dem Städelschen Kunstinstitut vorgeblendet hat, weist mit ihrer rustizierten Wandfläche, den eng aneinandergereihten Blendarka-

den und den rustizierten Arkadenbögen eindeutig auf florentinische Paläste des Quattro- und Cinquecento hin.

Die an der italienischen Renaissance orientierte Architektur führte Hess bis ans Ende seines Schaffens konsequent fort. Dies zeigen vor allem die von ihm errichteten öffentlichen Bauten, die für die Frankfurter Bürgerschaft Ausdruck des freien Handels und Stadtbürgertums waren. Hierzu gehören die in den Jahren 1838-1840 in der Münzgasse errichtete Stadtmünze, deren Fassadenaufbau ohne den Palazzo Pitti in Florenz nicht denkbar gewesen wäre, und sein letzter Bauauftrag, das in den Jahren 1838-1842 ausgeführte Zollgebäude am Main. In seiner klaren Geschoßtrennung, der Gliederung durch Pilaster sowie der Fenster- und Türausbildung ist der Fassadenaufbau von Gebäuden des 15. und 16. Jhs. in Mailand und Bologna abhängig. Es ist kein Zufall, daß Hess sich bei den Gebäuden der neuen Stadtmünze und des Zollgebäudes, die die freie und reiche Bürgerschaft der Stadt repräsentieren sollten, stilistisch an der Palazzobauweise der Renaissance orientiert hatte, waren die Bauten doch auch in Mailand und Bologna Ausdrucksform einer vorwiegend durch Handel reich gewordenen Bürgerschaft.

Es ist auffallend, daß bei der Suche nach geeigneten Ausdrucksmöglichkeiten für das Bürgertum schon früh auf die Formen der Renaissance zurückgegriffen worden war, wie dies beispielsweise die Beschäftigung der Revolutionsarchitekten mit Bauten von Palladio, Vignola oder Scamozzi zeigt. Auch von Durand wissen wir, daß er die Bauten des 15. und 16. Jhs. als direkte Vorbilder für seine Entwürfe nahm, wobei er sie allerdings stärker in ein Rastersystem zwang und in seinem Sinn weiter vereinfachte. Daß gerade die Renaissance in der Architektur nach 1800 größere Bedeutung erlangte, ist nicht verwunderlich, erkennt man die verwandten Ver-

---

9) s. hier *S. 231 ff.* zur Abgußslg. des Städel.

hältnisse, die zugrunde liegen. Wie die Architektur nach 1800, so entsprang auch die Renaissancearchitektur einer revolutionären Bewegung gegen den Adel. Außerdem mußte die Renaissancearchitektur um so anziehender wirken, als in ihren Bauten die Anordnung und Zweckmäßigkeit in idealer Weise aufeinander abgestimmt waren, ohne unnötigen Aufwand an Verzierungen.

Nicht nur für Hess, sondern auch für andere Architekten der Zeit bedeutete die renaissancistische Architektur eine Ausdrucksmöglichkeit der Vorstellungen und Ideale, Ziele und Hoffnungen des Bürgertums. Während die Neo-Renaissance in München – vertreten durch Leo von Klenze und Friedrich Gärtner – vor allem als Reflex der partikularistischen Interessen der bayrischen Könige gewertet werden muß, verschob sich die inhaltliche Bedeutung seit den 1830er Jahren im Sinne einer Auffassung der Renaissance-Formen als Ausdruck des freien Stadtbürgertums, des demokratisch-humanistischen Geistes und der Blüte der Wissenschaft und Kunst unter der Führung des Bürgertums.

Johann Friedrich Christian Hess, ein klassizistischer Architekt, der das Baugeschehen der Stadt Frankfurt über 29 Jahre maßgeblich beeinflußt hat – er starb im August des Jahres 1845 –, verfügte aufgrund seiner Studien in Paris und Italien, seiner realistischen Einstellung zu den Erfordernissen der gesellschaftlichen Entwicklung über die nötigen gestalterischen Fähigkeiten, die Ideale des Bürgertums in architektonische Formen zu verwandeln. Die politischen Verhältnisse in Frankfurt boten die Voraussetzung, seine rationalen Architekturauffassungen gemäß den Lehren Durands gestalterisch umzusetzen und das französisch-bürgerliche Erbe für die Bewältigung der Bauaufgaben, die mit dem wirtschaftlichen und kulturellen Aufschwung des Bürgertums ver-

bunden waren, fruchtbar zu machen. Obwohl ihm die Frankfurter Bürgerschaft immer wieder ein enges finanzielles Korsett anlegte, hat Hess es verstanden, seine Vorstellungen von einer modernen Architektur zu realisieren. Und Frankfurt entwickelte sich während seiner Amtstätigkeit zu einem klassizistischen Kleinod in der Architekturlandschaft Deutschlands.

Stellvertretend für viele Zeitgenossen, die uns eine Vorstellung von dem damaligen Frankfurt vermitteln, sei abschließend Karl Andreas Wild zitiert. In seinem Buch „Frankfurt am Main wie es ist", bewundert er Frankfurts *„schöne aber theure Metamorphose"*, wie sie wohl nur wenigen Städten Europas *„so schnell und so vollkommen gelungen sei"*. *„Straßen wurden neu, mehrere prachtvoll erbaut, ältere durch Ab- und Durchbrechen erweitert, miteinander verbunden, durch schöne Gebäude verziert; Reinlichkeit derselben durch kostspielige unterirdische Kanäle und schöne Pflasterung ziemlich erzielt, freie Plätze, durch Ankauf und Abbruch vieler Gebäulichkeiten gewonnen; wohltätige Anstalten neu ins Leben gerufen und ältere Stiftungen im Inneren wie im Äußeren verbessert; Kirchen, Pfarr- und Schulgebäude, Museen, Bibliotheken, Theater, Hospitäler, Gasthäuser, Casinos, fast sind alle Ziergebäude der Stadt geworden, und selbst Privatgebäude erhalten, wenn sie neu aufgeführt werden, architektonisches, symmetrisches Verhältnis in sich und zu den angrenzenden; durch Kraft der Gesetze, und strenge Handhabung derselben von dem freistädtischen Bauamte, dessen energisches Zusammenwirken viel Schönes und Zweckmäßiges ins Leben gerufen hat."*[10]

---

10) Karl Andreas Wild, Frankfurt am Main wie es ist. In historischer, scientifisch, artistischer, spekulativer und volksthümlich-charakteristischer Beleuchtung und Darstellung ernst und humoristisch gehalten, freisinnig bearbeitet (1831) 4.

REINHARD KÖSTER – DIMOSTHENES DONOS – HARITINI KOTSIDU – GÖTZ LAHUSEN – KATERINA KARAKASI-NTRITSOU

Der Frankfurter Hauptfriedhof

Friedrich Rumpf – Die neuen Frankfurter Friedhöfe

Zwei griechische Sphingen zu Seiten eines christlichen Kreuzes bilden sicherlich eine recht außergewöhnliches Ensemble. Friedrich Rumpf hatte diese Kombination als Giebelbekrönung für den von ihm entworfenen, 1828 vollendeten großen Portalbau[1] des neuen Frankfurter Friedhofs an der Eckenheimer Landstraße vorgesehen (*Abb. 61*)[2]. Von seiner Warte ist diese Verbindung allerdings verständlich: das Kreuz als unverzichtbares Symbol eines christlichen Friedhofs, während sitzende Sphingen den idealen Schmuck für ein klassizistisches Propylon einer Nekropole darstellen, erstens, da sie bereits an griechischer Bauten häufiger als Akroterfiguren dienten, zweitens ihrer überlieferten Funktion wegen – sie galten bei den Griechen als Todesdämonen und Grabwächter[3]. Einige Jahre zuvor, 1811, hatte eine Gruppe von Forschern und Künstlern, unter ihnen Haller von Hallerstein, auf der griechischen Insel Aegina mit den spätarchaisch-frühklassischen Skulpturen des Aphaia-

tempels auch die sitzenden Sphingen der Eckakrotere entdeckt, und damit große Aufmerksamkeit erregt[4]. Trotzdem scheiterte Friedrich Rumpf mit seiner Idee. Er unterlag dem entschiedenen Widerstand der Frankfurter Geistlichkeit, die gegen heidnische Symbole auf dem Torbau eines christlichen Friedhofs vehement protestierte[5].

Friedrich Rumpf, 1795 geboren, gehörte zu einer Frankfurter Architekten- und Künstlerfamilie. Schon sein Vater Ludwig (1762-1845) war Architekt und 'Tapezierer', von den Söhnen Friedrich Rumpfs erhielt der ältere, Ludwig (1831-1859), ebenfalls eine Ausbildung als Architekt, der jüngere, Karl (1838-1911), wurde in seiner Heimatstadt als Bildhauer bekannt. Friedrich Rumpf, der auch in Paris und in Italien studierte, arbeitete bis zu seinem Tod 1867 hauptsächlich in Frankfurt. Nach seinen Plänen entstand das 1839 eröffnete Hospital zum Heiligen Geist in der Langestraße, ebenfalls mit einem klassizistischen Portal[6]. Von seinen übrigen Werken, neben dem ehemaligen Landhaus Günthersburg für den Baron v. Rothschild noch mehrere Villen und Privathäuser[7], hat nur der 'Schönhof Pavillon', ein acht-

---

1) Frankfurt am Main und seine Bauten, hrsg. vom Architekten und Ingenieursverein (1886) 130f.; G. Vogt, Frankfurter Bürgerhäuser des 19. Jhs. Ein Stadtbild des Klassizismus (o.J.) 272 Abb. S. 117. 230; D. Drolshagen, Der melancholische Garten, Der Frankfurter Hauptfriedhof und seine Grabdenkmäler im 19. Jh. (1987) 73ff. Abb. 51-53 mit weiterer Lit.; Denkmaltopographie, hrsg. vom Magistrat der Stadt Frankfurt am Main (1986) 152. 203.

2) Nach einer Tuschezeichnung von Friedrich Rumpf, im Historischen Museum Frankfurt am Main.

3) Vgl. z.B. die Sphinx auf einer archaischen Grabstele, heute in New York, W. Fuchs, Die Skulptur der Griechen (1969) 468ff. Abb. 551.

4) R. Wünsche in: Glyptothek 1830-1980, 49ff.; H. Bankel in: H. Bankel (Hrsg.), Haller von Hallerstein in Griechenland 1810-1817 (1986) 127.

5) Drolshagen a.a.O. 74.

6) Denkmaltopographie a.a.O. 54.

7) U. Thieme – F. Becker, Allgemeines Lexikon der Bildenden Künstler von der Antike bis zur Gegenwart (o.J.) XXIX 204 s.v. Friedrich Rumpf.

eckiges, zweistöckiges Gartenhaus, das 1964 in den Grüneburgpark versetzt wurde[8], die Zeit überdauert.

Das große Portal des neuen Friedhofs (*Abb. 61*), mit dessen Bau 1826 begonnen wurde, bildet den westlichen Zugang. Es besteht aus einem zentralen Torbau und zwei niedrigeren Seitenflügeln und enthielt ursprünglich neben der Wohnung für den Verwalter auch die Leichenhalle, eine Kapelle und Räume für die Leidtragenden (*Textabb.*).

Der Grundriß der Anlage erinnert entfernt an die 437-432 v.Chr. errichteten neuen Propyläen der Athener Akropolis[9]. Dort jedoch gleicht der Torbau der Front eines Tempels mit einer Reihe von sechs freistehenden Säulen, die über einem Gebälk den Giebel tragen. Entsprechendes gilt auch für die übrigen Propyla klassischer und hellenistischer Zeit, bei denen die Säulen allenfalls zwischen schmalen Anten standen. Das Zentrum der Frankfurter Anlage hingegen bildet ein giebelbekrönter, breiter, massiver Quader, aus dem der Torweg gleichsam herausgeschnitten ist. Die gesamte Straßenfront bleibt bis zum Dachansatz glatt. Über den beiden dorischen Säulen, die den Torweg in drei unterschiedlich breite Durchgänge teilen, folgen weder ein abgesetzter Architrav noch der zur dorischen Ordnung gehörende Metopen-Triglyphenfries, sondern der Bereich über den Säulen unterscheidet sich nicht von den benachbarten Wänden. Friedrich Rumpf verwendet hier kein klassisches, sondern ein klassizistisches Motiv: die 'Portalnische'[10], und gibt dem Bau dadurch ein monumentales, imposantes Aussehen.

Auch das Giebelfeld ließ er glatt, dafür erhielt das vorspringende Horizontal- und Schräggeison eine reichere Profilierung als an antiken dorischen Ordnungen üblich.

Die Proportionen der Säulen und die Form der Kapitelle hingegen schuf er ganz nach den klassischen Vorbildern des 5. und 4. Jhs. v.Chr., indem die Säulenhöhe, entsprechend den damals gebräuchlichen Maßverhältnissen, in etwa dem 5,2-fachen ihres unteren Durchmessers entspricht. Auch lädt der Echinus der Kapitelle weder so weit aus wie an Beispielen der archaischen Epoche, noch steigt er so steil an wie an späteren, hellenistischen Bauten. Seine gestraffte Form gleicht Kapitellen etwa des Parthenon in Athen[11].

Daß der untere Teil der Säulen unkanneliert bleibt, ist ebenfalls die Übernahme einer antiken Gepflogenheit: Besonders an Hallen, Brunnen und natürlich auch an Toren hat man unten an den Säulen die Kanneluren häufig nicht ausgearbeitet, da dort die feinen Stege zu leicht hätten beschädigt werden können[12]. Hier handelt es sich wohl eher um ein Zitat als um einen Schutz, den bereits die Plinthen und Prellsteine übernehmen.

Diese Plinthen unter den Säulen entsprechen nicht den Vorbildern der klassisch griechischen Architektur. Eine dorische Säule steht direkt auf dem Unterbau, nur die ionische Säule verfügt über eine Basis mit Plinthe. Möglicherweise sind hier die Plinthen zusammen mit dem niedrigen Sandsteinsockel des Torbaus eine Reminiszenz an den normalerweise mehrstufigen Unterbau einer klassischen antiken Säulenstellung, der im Bereich der Durchgänge unterbrochen ist, um die Zufahrt zum Friedhof nicht zu behindern. Eventuell stand aber auch die römisch-dorische Ordnung Pate, deren Säulen Basen erhielten, jedoch dazu einen Halsring unterhalb des Kapitells. Da Friedrich Rumpf am Portal des Hospitals zum Heiligen Geist Säulen dieser Ordnung komplett mit

---

8) Denkmaltopographie a.a.O. 345.

9) J. Travlos, Bildlexikon zur Topographie des antiken Athen (1971) 482ff.

10) s. dazu den Beitrag von G. Lahusen *S. 137* mit Anm. 5. Dort auch Lit. zur dorischen Ordnung im Klassizismus.

11) Vgl. etwa W. Müller-Wiener, Griechisches Bauwesen in der Antike (1988) 113ff. mit der Zusammenstellung von dorischen Kapitellen Abb. 62 und Säulen Abb. 70.

12) Eines der bekanntesten Beispiele dafür ist die Stoa des Attalos in Athen, Travlos a.a.O. 505ff. Abb. 645.

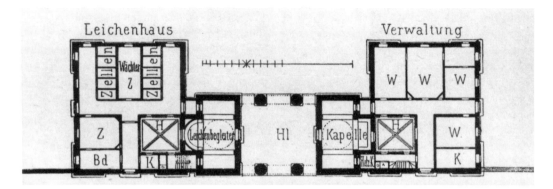

Portal des Hauptfriedhofes – Grundriß

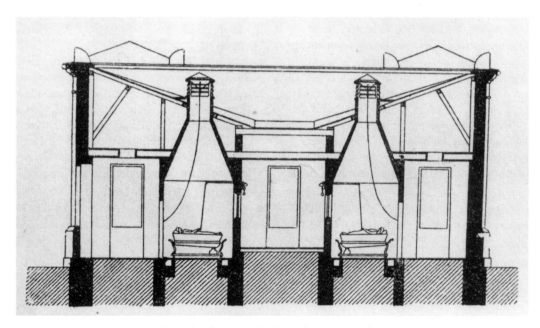

Schnitt durch das Leichenhaus des Hauptfriedhofes

Basis und Halsring verwendete, am Tor des Hauptfriedhofs jedoch im übrigen 'klassische' Säulen, scheint
mir diese Herleitung weniger wahrscheinlich.

Die niedrigeren Flügelbauten sind durch kurze
Übergänge mit dem Torbau verbunden. Die unterste
Zone bildet ein halbhoher Sockel. Breite, nur sehr wenig
vorspringende Eckrisalite gliedern die Fassade. Ein Stück
unter dem abschließenden Horizontalgesims ist durch ein
weiteres Profil ein Wandarchitrav angedeutet. Über den
Risaliten liegen – wie die Deckel antiker Sarkophage
bzw. Aschenkisten mit ihren großen Eckakroteren[13] – pro
Flügelbau vier kleine Dächer, deren Giebel zur Straßen-
und zur Friedhofsseite zeigen. Da die Straßenfront der
Seitenflügel dazu noch ohne Fenster bleibt, wirken die
Risalite, sicher nicht zufällig, wie Stirnseiten überdimen-
sionaler Sarkophage. Die beiden zurückspringenden
Mittelabschnitte erhielten jeweils eine Tür, deren dorische Rahmen, bei denen der Sturz seitlich über die Tür-
pfeiler hinausreichen, mit der dorischen Ordnung der
Säulen harmonieren. Über jeder Tür sitzt eine große lang-
rechteckige Tafel, deren Inneres leer blieb.

Im Gegensatz zur Straßenfront gibt es heute zu
allen übrigen Seiten hin, auch zum Durchgang, Fenster.
Einige dieser Fenster, vor allem die im Durchgang und
im oberen Stockwerk des nördlichen Fügelbaus, hat man
offenbar erst später eingefügt. Im 2. Weltkrieg brannte
die gesamte Toranlage aus und wurde anschließend im
Inneren volkommen neu gestaltet. Sie beherbergt heute
ausschließlich Büros. Außerdem war der linke Flügelbau
mit der Leichenhalle ursprünglich nur einstöckig. An
Stelle des zweiten Stockwerks gab es damals nach innen
geneigte Pultdächer, durch die kaminartige Abzüge über
den einzelnen Zellen des Leichenhauses nach außen führten (*Textabb.*). Die Zellen waren rund um ein Wärter-
zimmer gruppiert und mit besonderen Alarmvorrich-
tungen versehen, die sofort erste Lebenszeichen eines
möglicherweise nur Scheintoten erkennen lassen sollten
(*s. Textabb*). Mit dieser neuen Anlage trug man auch in
Frankfurt einer im 19. Jh. fast schon hysterischen Angst
Rechnung: der Furcht davor, lebendig begraben zu werden[14].

Die klare Trennung von Tor- und Flügelbauten, wie
sie das Äußere der Anlage vermittelt, übernahm der
ursprüngliche Grundriß nur bedingt, denn die beiden im
Torbau untergebrachten großen Räume, im Süden die
Kapelle, im Norden der Saal für die 'Leichenbegleiter',
reichten bis in die Übergänge zu den Flügelbauten (*s.
Textabb.*).

Zur Eckenheimer Landstraße hin schmücken den
Giebel des Torbaus als Eckakroter zwei monumentale
Engelsköpfe mit doppeltem Flügelpaar. Den Mittel-
akroter bildet ein vergoldetes Kreuz, das aus einem
Rankenkelch mit seitlichen Voluten 'hervorwächst'. Es
sind Arbeiten des Bildhauers Johann Nepomuk Zwerger
(1796-1868). Zwerger, ein Schüler Danneckers und
Thorwaldsens, war zwischen 1826-1866 Lehrer am

---

13) Deren Form natürlich wieder von der 'großen Architektur' abgelei-
tet ist, z.B. F. Sinn, Vatikanische Museen, Museo gregoriano profano ex
lateranense, Katalog der Skulpturen I, Die Grabdenkmäler 1 (1991) 190
Abb. 118. 120; 226 Abb. 240-242.

14) Drolshagen a.a.O. 74ff. Diese Furcht schlug sich nicht nur in der
damaligen Literatur nieder (etwa bei. E. A. Poe), sondern auch in unzähligen 'sinnreichen' Erfindungen, die es dem Scheintoten ermöglichen sollten, sich bemerkbar zu machen oder gar das Grab wieder zu
verlassen. Im Leichenhaus des Frankfurter Friedhofs verwendete man,
wie auf der *Textabb.* zu sehen ist, eine Form der 'Bateson-Glocke', eine
Alarmglocke, die über eine Schnur mit der Hand des Toten verbunden
ist. George Bateson übrigens, der mit dieser und ähnlichen Erfindungen
ein großes Vermögen erwarb, war so sehr von der Angst besessen,
lebendig begraben zu werden, daß ihn diese Wahnvorstellung
schließlich in den Selbstmord trieb.
Um den Tod zweifelsfrei feststellen zu können, schrieb die Frankfurter
Friedhofsordnung vor, eine Leiche erst nach Ablauf von 3 Nächten zu
bestatten.

Städel. Von ihm stammt u.a. im Städel die Büste des Institutsgründers. Nachdem sich Rumpf mit seinen Vorstellungen nicht hatte durchsetzen können, blieben die Akroterpostamente offenbar zunächst einmal leer[15]. Auf der Friedhofsseite des Torbaus sind sie es an den Ecken heute noch, über dem Giebel steht dort ein einfaches vergoldetes Kreuz ohne Akanthusschmuck.

Das ebenfalls von Friedrich Rumpf entworfene Portal des jüdischen Friedhofs an der Rat-Beil-Straße (*Abb. 62*) ist wesentlich kleiner. Außer daß Friedrich Rumpf auch hier Elemente der klassisch griechischen Architektur einschließlich der dorischen Ordnung verwendet hat, gibt es zum Tor des Hauptfriedhofs wenig Parallelen, eher zu seinem später entworfenen Portal des Hospitals zum Heiligen Geist. Die Toranlage des jüdischen Friedhofs besteht aus einem Hof, den ursprünglich an drei Seiten schmale, einstöckige Gebäude umgaben. Das linke enthielt einen Betsaal, das rechte Wohnungen für die Aufseher. Heute stehen vom linken Seitenbau nur noch die beiden Wände zum Hof und zur Straße, der rechte wurde hinter der Hoffassade völlig umgestaltet.

Die vierte, zur Straße hin gelegene Seite ist durch eine Mauer mit dreigeteiltem Durchgang geschlossen. Die Mauer reicht über die Höhe der seitlichen Bauten hinauf. Jeweils drei flache Wandpilaster sowie zwei dorische Säulen im Bereich der Toröffnung tragen einen durchgehenden, glatten Architrav, auf dem direkt das vorspringende Traufgesims aufliegt. Der breitere Mitteldurchgang wird noch durch einen vorspringenden, von zwei dorischen Säulen getragenen Giebel hervorgehoben. In der Mitte und an den Ecken des Giebels sitzen Palmettenakrotere, die schon in griechischer wie römischer

Zeit am häufigsten verwendete Akroterform. Mit diesem, der Fassade eines kleinen prostylen Tempels entsprechenden Mittelrisalit gleicht das Tor stärker antiken Propyla als das Hauptfriedhofs-Portal.

Da das Tor leichter und weniger monumental wirkt, scheinen auch die Säulen schlanker. Tatsächlich entsprechen ihre Proportionen jedoch denen des Torbaus vom Hauptfriedhof und damit antiken Vorbildern der klassischen Epoche. Allerdings stehen sie auch hier – 'unklassisch' – auf roten Sandsteinplinthen. Darauf, wie auf die fehlenden Kanneluren im unteren Teil der Säulen, wurde bereits oben eingegangen.

Die Stirnseiten der Flankenbauten sind lediglich durch ein horizontales Wandgesims mit einer Attika darüber gegliedert. Auf der Wandfläche erhielt der Putz eine Quadereinteilung, ebenso zwischen den Pilastern der Türwand.

Den Friedhof selbst betritt man durch ein weiteres Tor in der Mittelachse des rückwärtigen Querbaus, in das wiederum zwei dorische Säulen an Front und Rückseite eingestellt sind. Anders als am großen Portal des Hauptfriedhofs liegt aber nun über den Säulen ein Architrav, der sich seitlich auf flache Wandpilaster 'stützt', gefolgt von einem weiter vorspringenden Gesims und einem zweistufigen Treppengiebel. Das Tor wird dadurch zum eigenen, auch an den Seiten abgegrenzten Baukörper innerhalb des Querbaus.

Verwendete Friedrich Rumpf für die beiden Toranlagen im wesentlichen Elemente der klassisch griechischen Architektur, diente ihm für den Entwurf der Gruftenhalle die römische als Vorbild. Die über 170 m lange Halle (*Abb. 63*) wird an den Seiten von zwei Kopfbauten

---

15) s. den Stich ebenda Abb. 52. Daneben gibt es auch einen Stich, der Palmettenakrotere wie am Portal des jüdischen Friedhofs zeigt, ebenda 74.

eingefaßt. Die Gliederung der Hallenfront folgt einem Schema, das sich bereits im 1. Jh. v. Chr. in Rom an der Galerie des Tabulariums findet[16]: der Verbindung von Kolonnade und Arkade. Vor den Arkadenpfeilern stehen flache Pilaster, die das Kämpfergesims durchschneiden. In der Antike liegt über den Kapitellen solcher Pilaster bzw. Halbsäulen entweder ein Wandgebälk oder zumindest ein Gesims. Friedrich Rumpf hingegen hat die Pilasterkapitelle als Verkröpfungen in das Abschlußgesims integriert.

An der Rückwand der Halle entsprechen den Arkadenöffnungen überwölbte Nischen, die die Grabmonumente aufnehmen. Die Grüfte liegen unter der Halle, sie waren ursprünglich mit niveaugleichen Platten geschlossen, die aber verschiedene Eigentümer später durch repräsentativere Bronze- oder Marmorabdeckungen ersetzen ließen. Die 57 Grüfte, die als Familiengräber für die reichen und wohlhabenden Bürger Frankfurts gedacht waren, fanden jedoch bei den potentiellen Käufern offenbar keinen großen Anklang. Als die Gruftenhalle bereits über 50 Jahre existierte, standen viele noch leer, andere wurden nicht mehr genutzt, denn *„die Eigentümer lassen sich lieber in dem schönen Garten begraben, als daß sie in den Steingrüften langsam vermodern und Verwesungsgerüche verbreiten, die, namentlich während der Beisetzung neuer Leichen, von der Leichenbegleitung oft auf das Unangenehmste empfunden werden"*.[17]

Die beiden Flügelbauten verfügen über einen hohes, ausladendes Sockelgeschoß, das durch ein vorkragendes Gesims abgeschlossen wird. An der Frontseite enthalten die Sockel als Zugang zur Gruft jeweils eine Tür mit reich ornamentierten eisernen Flügeln. Nur der Sockel des südlichen Kopfbaus ist quadriert und schafft damit eine kompositionelle Verbindung zum nahen Portal des jüdischen Friedhofs.

Innen befindet sich über der Gruft ein kapellenartiger, durch ein Oberlicht beleuchteter Raum, dessen Bodenniveau dem der Halle entspricht und der nur von ihr aus betretbar ist. So suggeriert das Äußere der Kopfbauten mit dem hohen Sockel eine völlig andere Geschoßeinteilung, als sie innen vorgenommen wurde. Der nördliche dient als Grabstätte der Familie von Bethmann-Hollweg und enthielt die bekannten Thorwaldsen-Reliefs[18].

Zwei große liegende Voluten mit einer Mittelpalmette bilden die Giebel der Kopfbauten, die Zentren der Einrollungen sind zur Frontseite hin mit Rosetten geschmückt. Am Giebel des südlichen Kopfbaus wachsen aus den Zwickeln der inneren Einrollungen noch große Halbpalmetten hervor. Solche Volutengiebel sind in der römischen Kaiserzeit besonders an Bühnen- und Brunnenfassaden beliebt[19]. Dabei handelt es sich jedoch um flache Platten, die eine Ädikula bekrönen. An den Kopfbauten sind die Eckvoluten beider Giebel aber durch lange Polster verbunden, wie es besonders an römischen

---

16) E. Nash, Bildlexikon zur Topographie des antiken Rom (1962) II 402ff. z.B. auch am Marcellustheater, ebenda 418ff. oder am Kolosseum, ebenda Bd. I 268f. Als 'Halle' mit Kopfbauten an der Südfassade des Diokletianspalastes in Spalato: A. M. Vogt, 19. Jahrhundert, Belser Stilgeschichte X (1971) Abb. 17.

17) Dr. Ohlenschlager zitiert nach Drolshagen a.a.O. (s.o. Anm. 1) 93. Wegen der Nässe zersetzten sich die Metallsärge sehr rasch, und die Gebeine lagen sichtbar auf dem Boden, ebenda.

18) Heute im Liebieghaus: H. Beck, Liebieghaus – Museum alter Plastik Frankfurt am Main, Führer durch die Sammlung, Bildwerke des Klassizismus (1985) 55ff.

19) Beispielsweise in Kleinasien in Milet am ersten römischen Bühnenhaus, E. Altenhöfer in: W. Müller-Wiener (Hrsg.), Milet 1899-1980, Istanbuler Mitt. Beih. 31 (1986) Taf. 22, und am Nymphaeum, J. Hülsen, Das Nymphaeum, Milet I 5 (1919) Taf. 63, oder in Ephesos am Trajansnymphaeum, F. Miltner, Jahreshefte d. Österreich. Archäolog. Inst. 44, 1959, Beibl. 326ff. Alle diese Beispiele waren jedoch Anfang des 19. Jhs. noch nicht ausgegraben.

Altären, Grabaltären und Aschenkisten üblich ist[20]. Und genau hier dürften die Vorbilder für Rumpfs Entwurf liegen, wozu auch die Tabulae ansatae passen. Fast möchte man annehmen, daß die gesamten Kopfbauten überdimensionale Grabaltäre wiedergeben sollen.

Als Friedrich Rumpf starb, hatte man den Hauptfriedhof bereits nach Norden erweitern müssen. Sein Grab liegt außerhalb des ursprünglichen Areals an der Außenseite der alten Nordmauer, nahe dem von ihm entworfenen Portal (*s.u. S. 137*).

REINHARD KÖSTER

---

20) W. Altmann, Die römischen Grabaltäre der Kaiserzeit (1905) 191 Abb. 153; D. Boschung, Antike Grabaltäre aus den Nekropolen Roms (1987) 15 Taf. 1-2. 34. – Sinn a.a.O. (s.o. Anm. 8) 68 Nr. 35 Abb. 189-191. 227-228. 263. 325.

Säulenmonumente, Obelisken und Pyramiden

Als der Frankfurter Hauptfriedhof am 1. Juli 1828 eröffnet wurde, löste er den älteren Petersfriedhof ab.[1] Planung und Gestaltung des Hauptfriedhofs wurden von den theoretischen Konzepten der Aufklärung und des Klassizismus mitbestimmt. Der Friedhof wurde aus hygienischen Gründen außerhalb der Stadt angelegt und war hiermit der erste Friedhof in Frankfurt, der unabhängig von einer Kirche entstand.

Der für seine Zeit sehr fortschrittliche Frankfurter Friedhof wies den Charakter einer genau konstruierten Gartenarchitektur auf. Der Stadtgärtner S. Rinz ließ das „Gemeine Feld", den für die Reihengräber bestimmten größten Teil des Friedhofs, unbepflanzt und legte einen mit Bäumen und Sträuchern bestandenen Rundweg an, der entlang der Mauern von der Portikus zur Gruftenhalle führte. Der freie Raum wurde durch zwei sich rechtwinklig schneidende, gerade Wege in vier Gewanne (A, B, C und D) kreuzförmig aufgeteilt. Als der Friedhof im Laufe der Zeit erweitert wurde, kamen die Gewanne E bis L hinzu.

Die von Klarheit und Rationalität geprägte Gestaltung des Hauptfriedhofs spiegelt die aufgeklärte Beziehung der Angehörigen des Bürgertums zu ihrer letzten Ruhestätte wider.

Die Tatsache, daß den Patriziern nur ein relativ kleiner Bereich (die Gruftenhalle) vorbehalten blieb, sowie die Benutzung antiker Vorbilder für das Friedhofsgebäude und die einzelnen Grabdenkmäler sind ein beredtes Zeugnis für die Ideale der neuen sozialen Schicht und für ihr Bestreben, eine Identität zu bilden und ihren Rang zu festigen. Auch in der Grabkunst berief man sich auf die Tradition der antiken Ideale von Demokratie und Bildung. Die Toten wurden im Stil der Alten unter freiem Himmel und in Gartenanlagen begraben, so daß dem Tode ein Hauch von beherrschter Trauer und Würde verliehen wurde. Es wurde bewußt auf Vorbilder der Antike zurückgegriffen, die die höheren bürgerlichen Schichten der damaligen Gesellschaft nachhaltig prägten. Dieser Einfluß läßt sich auch an einer Reihe weniger bekannter Grabdenkmäler auf dem Frankfurter Hauptfriedhof ablesen, die hier kurz vorgestellt werden.

Die freistehende Grabsäule, einer der beliebtesten Grabmaltypen auf den Friedhöfen des 18. und 19. Jhs., ist auf dem Hauptfriedhof zahlreich und auf qualitativ verschiedenen Ebenen vertreten. In der Antike fand die Säule als Grabmal und auch als Ehrenmal Verwendung und konnte - wie etwa die Trajanssäule - beide Funktionen in sich vereinen.[2] Zwar war die Säule seit der Renaissance als Ehrenmal wieder geläufig, sie wurde aber im Klassizismus verstärkt als Grabmal verwendet.

---

1) Zur Geschichte des Hauptfriedhofs s. F. Althammer, Nekropole im Wandel der Zeiten. Die Grabmale des Frankfurter Hauptfriedhofs, in: Archiv für Frankfurter Geschichte und Kunst 56, 1978; ders., Friedhofsentwicklung in Frankfurt/Main, Kurzfassung einer Fallstudie, in: Kasseler Studien zur Sepulkralkultur 1 (1979) 167ff.; E.D. Drolshagen, Der melancholische Garten (1987) 73ff. Abb. 49-52. Die Grabdenkmäler werden demnächst von B. Erche, Die Grabdenkmäler des Frankfurter Hauptfriedhofs. Inventar des Denkmalamtes (voraussichtlich 1995) ausführlich besprochen. Für hilfreiche Auskünfte danken wir dem Inst. f. Stadtgesch., dem Städelschen Kunstinstitut, der Friedhofsverwaltung und Frau Dr. B. Erche.

2) Über die Rezeption des antiken Säulenmonuments s. W. Haltmann, Das italienische Säulenmonument (1939); W. Gauer, Die Triumphsäulen als Wahrzeichen Roms und der Roma secunda und als Denkmäler der Herrschaft im Donauraum, Antike und Abendland 27, 1981, 179ff.; für das 19. Jh. s. J. v. Simson, Die Berliner Säulenmonumente, in: Berlin und die Antike. Kat. (1979) 204ff.

Das von dem Architekten und Professor des Städelschen Kunstinstituts F.M. Hessemer entworfene Grabmal für den im Jahr 1844 verstorbenen Wilhelm von Ellrodt stellt eines der frühesten und zugleich unmittelbar von der Antike inspirierten Beispiele dar *(Abb.64)*. Auf einer dreistufigen Krepis erhebt sich eine fast 1m hohe dorische Säule aus Rotsandstein, die 20 Kanneluren trägt und sich nach oben leicht verjüngt. Das Kapitell ist separat mit einem Teil des Schaftes gearbeitet, an dessen Ende drei Kerben den Halsring andeuten. Die drei Anuli unter dem Echinus sind plastisch gebildet. Der letztere wölbt sich kräftig nach oben hervor und darauf folgt ein mächtiger, quadratischer Abakus mit der Inschrift: „Die Stadtwehr ihrem Chef". Auf dem Kapitell liegt, auf einem dichtblättrigen Eichenkranz, ein korinthischer Helm, den geflügelte Pferde mit Fischschwänzen schmücken. Am Schaft der Säule ist ein Schwert aufgehängt, dessen Schneide durch einen großen sechseckigen germanischen Schild verdeckt wird. Auf diesem ist die Inschrift mit dem Namen des Verstorbenen[4] angebracht.

Das ganze Werk wirkt sehr robust und kraftvoll. Die Säule hat ihr Vorbild in der griechischen Architektur. Die dreistufige Krepis, der massige, mit 20 Kanneluren versehen Schaft, der nach oben strebende Echinus und der kräftige Abakus erinnern an die Säulen der klassi-schen dorischen Tempel. Wie aus seinen Reiseberichten von 1829 aus Italien und Sizilien zu entnehmen ist *(s. hier auch Beitrag Eichler)*, hielt Hessemer die dorische Ordnung für die erhabenste Form der griechischen Architektur. Dort bedauert Hessemer den desolaten Zustand der Monumente und bekundet sein `archäologisches' Interesse, indem er schreibt: *„Daß wir über die historische Hervorbringung dieses Styles* (damit ist die dorische Ordnung gemeint) *so wenig, ja eigentlich fast nichts sagen können, ist recht traurig, der ganze Styl tritt uns wie vom Himmel gefallen in seiner Vollendung entgegen und die Schule, die er notwendig durchmachen mußte, um diese Vollendung zu erreichen, ist uns versteckt und verborgen"*[5].

Nur in Paestum glaubt Hessemer ein vollständiges Bild der dorischen Tempel gewonnen zu haben: *„Nur einem ähnlichen Zufall wie bei dem verschütteten Pompeji, verdanken wir es, daß Pästum, die alte Stadt des Poseidon uns 3 wunderköstliche Monumente der Baukunst erhalten hat. ... Der Sinn für Schönheit und Vollendung, den die alten Griechen hatten, ist staunenswert selbst noch in den Trümmern zu bewundern. Gott! was muß das eine Zeit gewesen sein, als diese Tempel lebendige Schönheit waren und als solche durchs ganze damalige Leben herrschten und mit solcher Sicherheit*

---

3) Für die Geschichte s. P.A. Memmesheimer, Das klassizistische Grabmal. Eine Typologie (1969) 114f.; ebenda 40 mit Abb. 36-39 zu Büsten auf Säulen kleinen Formats, die wahrscheinlich von der römischen Antike inspiriert sind und besonders gegen Ende des 19. Jhs. vornehmlich für angesehene Bürger und Künstler aufgestellt wurden. Die Büste für den 1843 verstorbenen Major Wilhelm Reimherr stand auf einer schlanken unkannelierten Säule und war „aus Verehrung und Liebe von der Freiwilligen Infanterie 1ter und 2ter Klasse" dem Major und Chef gewidmet. Hier verbindet erneut die Säule beide Funktionen, d.h. sie ist Grab- und Ehrenmal zugleich.

4) Die Inschrift lautet: „Friedrich Wilhelm von Ellrodt. Obrist und Kommandant der Stadt und Landwehr von Frankfurt. Geb. d. 16 Januar 1772, gest. d. 1 Dezember 1884."

5) F.M. Hessemer, Reiseberichte III, 107. Unveröffentlichtes Manuskript, aufbewahrt im Städelschen Institut.

ausgeführt wurden"[6]. Diese Tempel dienen ihm als Vorbild und Ansporn für das eigene künstlerische Bemühen: *„O wenn ich doch den Geist der alten Griechen wie ich danach dürste recht jung und lebendig in meine Brust einsaugen könnte; wenn ich die schaffende erfindende Kraft nur besäße, wie ich dafür begeistert bin. - Wenn ich auch nicht danach strebe, etwas in der Kunst aufzustellen, das solche Zeiten durchdauerte, so möchte ich doch gern etwas leisten, das würdig vor unserer Zeit und vor künftigen Geschlechtern stehen könnte. Mein Bemühen könnte nicht redlicher, nicht ernstlicher sein, wenn nur etwa der Erfolg ihm künftig einigermaßen entspricht. Dies ists was ich vom Pesto sagen wollte. -"*[7]

Wir können mit Gewißheit annehmen, daß Hessemer für seine Grabsäule die Säulen - und konkreter die Innensäulen - des Heratempels II in Paestum als Vorbild gedient haben. Hessemer teilt seine Bewunderung mit Goethe, der in der „Italienischen Reise" begeistert die Wucht der Säulen beschrieben und den Tempel allgemein berühmt gemacht hatte.[8]

Das Grabmal scheint nicht nur auf die Kenntnis griechischer Monumente, sondern auch schriftlicher Quellen zurückzuführen zu sein. Der Helm mit den geflügelten Pferden ruft den Helm der Athena Parthenos des Phidias auf der Akropolis von Athen ins Gedächtnis und läßt sich als eine Anspielung auf das Amt des verstorbenen Obersten und Chefs der Stadt- und Landwehr verstehen, der somit im übertragenen Sinn als Vorkämpfer der Stadt Frankfurt verewigt wird. Waffenmotive sind in dieser Zeit auf Gräbern und Ehrenmälern für Offiziere keine Ausnahme; doch sind meist römische Darstellungen von Kriegstrophäen die Vorbilder[9]. Hier allerdings haben eher die griechischen Grab- und Ehrensäulen für Strategen Pate gestanden, die in den antiken Quellen sehr oft erwähnt werden. Pausanias überliefert uns z.B., daß auf dem Grab des Epameinondas eine Säule stand, die einen Schild mit einer Schlange trug. Ein römisches Motiv ist dagegen die *corona civica*.

Ein spezielles Komitee hat, nach Ausscheidung von Zeichnungen anderer Bewerber, den Entwurf und ein entsprechendes Modell Hessemers gebilligt. Der Bildhauer E.G.F. Rust hat die Arbeit unter Aufsicht von J.N. Zwerger durchgeführt. Aus einem zeitgenössischen Bericht erfahren wir von den Reaktionen, die das Monument hervorgerufen hat: *„Die gewählte dorische Ordnung zu einer Säule als hier tragendes Postament auf drei Stufen, zeigt den erforderlichen Charakter der Stärke und Erhabenheit, ohne irgend die Zierlichkeit zu vermindern, und die angewandten Formen erscheinen uns überall in reinem Profil und den besten architektonischen Verhältnissen wie bei dem schön kannelierten Schafte und Hals des Kapitells mit der äußerst geschmackvollen Ausarbeitung des umfassenden Doppelreifens an dessen Saume. Der darauf ruhende reich und schön verzierte Helm, unter welchem der schmückende Ehrenkranz in Blätterfülle sich hervorwindet; der dran wie angehängte Schild im feinen Rahmen und das durchgesteckte Schwert mit seinem schön geformten Griff - dies sind die ausreichend und gut gewählten Attribute, womit sich alles zu einem harmonischen Ganzen verbindet, welches einen günstigen Totaleindruck an den Beschauer nicht verfehlt"*[11].

---

6) ebenda 42.

7) ebenda 43.

8) Italienische Reise 131. 71.

9) vgl. das 1840 errichtete Grabmal für den Leutnant H. v. Schick in Bonn, s. Memmesheimer a.a.O. 106 Abb. 72, und das 1793 errichtete

Hessendenkmal in Frankfurt, s. Kasseler Studien zur Sepulkralkultur 1 (1977) 190f. mit Abb.

10) Paus. X 2,8.

11) Frankfurter Gemeinnützige Chronik 1846.

Die dorische (d.h. männlich verstandene) Säule und die Attribute bezeichnen einen Patrioten und Verteidiger der Stadt. Mit der griechischen Form sind im klassizistischem Sinne die Ideale stadtbürgerlichen Verhaltens verbunden: Der Verstorbene wird durch die klare, einfache und suggestive Form des Monumentes - ganz im Sinne der Antike - von der ganzen Kollegengemeinschaft geehrt.

Im Gegensatz zur oben beschriebenen Säule ist die gebrochene Säule als ein Zeichen der Vergänglichkeit zu verstehen. Sie ist der auf Friedhöfen am meisten vertretene Säulentyp.[12] Das Motiv ist unantik, aber es könnte durchaus vom Anblick der antiken Ruinen angeregt worden sein.[13] Sowohl auf dem Frankfurter Friedhof als auch auf anderen Friedhöfen tritt fast immer dieselbe Form in Erscheinung: Ein kubisches oder rechteckiges Postament dient als Sockel der Säule. Seine Basis hat die Form einer Faszie oder eines einfaches Profils. Auf seinen vier Seiten weist es Spiegelflächen auf, die oft als Inschriftenträger benutzt werden, und oben wird es von einem vorkragenden Gesims bekrönt. Das Postament ist häufig diagonal zum Weg gestellt, damit der Betrachter zwei Seiten gleichzeitig im Blick hat. Die Basis der Säule ist immer attisch und steht auf einer Plinthe. Der gebrochene Schaft ist meistens unkanneliert geblieben und wird entweder von einer Girlande umwunden, mit einer Draperie verhüllt oder mit einem Kranz bekrönt.

Sowohl das Postament mit Spiegelflächen und das Gesims als auch die attische Basis und selbst der unkannelierte Schaft sind antiken Ursprungs und seit der Renaissance wieder häufig verwendet. Die Beliebtheit

dieses Typs erklärt sich aus der Tatsache, daß ein antikes und ein christliches Motiv zur Deckung gebracht werden. Die Säule, in antiker Tradition erhöhendes Mal und Gleichnis für den Menschen, ist in gebrochener Form zugleich christliches Vanitassymbol.[14]

Die Säule des 1845 gestorbenen Ch.J. Gretschmar, um nur ein Beispiel zu nennen, weist die übliche architektonische Gestaltung auf *(Abb.65)*. Der Name des Verstorbenen steht auf dem Schaft. Auf dem Postament ist innerhalb eines Dreiecks, möglicherweise als Symbol der Trinität, die Inschrift „Liebe um Liebe" zu sehen.[15]

In Frankfurt und anderswo wurden abgebrochene Säulen, besonders aus schwarzem Granit, seriell und massenhaft produziert, mit dem unvermeidbaren Ergebnis langweiliger Typisierung.

Der Obelisk ist bekanntlich ägyptischen Ursprungs und war dann bei den Römern sehr beliebt, die viele Obelisken aus Ägypten nach Rom gebracht hatten. Nach der häufigen Verwendung des Obelisken im Barock erfährt seine Wertschätzung gegen Ende des 18. Jhs. einen neuen Aufschwung, angeregt durch Napoleons Ägyptenfeldzug und nicht zuletzt durch die 1797 erschienene Studie des Archäologen J.G. Zoega „De Origine et Usu Obeliscorum".[16]

Seit dem frühen 19.Jh. erscheint der freistehende Obelisk überall auf den Friedhöfen als ein Grabmal, welches die unsterblichen Tugenden des Verstorbenen hervorheben soll, und wird deswegen häufig als National- und Kriegsdenkmal in Anspruch genommen.[17] Auf dem Frankfurter Hauptfriedhof ist der Obelisk für die am

---

12) s. Memmesheimer a.a.O. 117; G. Seib, Exemplarische Darstellung einer Fallstudie am Beispiel der Friedhöfe in Kassel, in: Kasseler Studien zur Sepulkralkultur 2 (1984) 27: ders., Säulenmonumente der zweiten Hälfte des 19. Jhs. auf christlichen und jüdischen Friedhöfen, in: Beiträge zur Sepulkralkultur 4 (1985) 113ff.

13) Die gebrochene Säule kommt sehr häufig seit der Renaissance in der Malerei vor, vgl. Memmesheimer a.a.O. (s.o. Anm. 3) 117.

14) Kasseler Studien zur Sepulkralkultur 2 (1984) 30.

15) Gewann D 244/45, H. mit Sockel 2,50 m.

16) Über die Geschichte des Obelisken s. Memmesheimer a.a.O. (s.o. Anm. 3) 127.

17) ebenda 133.

18. September 1848 an der Paulskirche gefallenen Bürger ein typisches Beispiel dieses Grabmaltyps *(Abb.66)*[18]. Auf einem bepflanzten Unterbau liegt eine zweistufige Krepis, auf der sich der insgesamt 7 m hohe aufgesockelte Obelisk aus Rotsandstein erhebt. Sein Sockel, ein kubisches Postament ohne Spiegelflächen auf seinen Seiten, weist eine sehr einfache Basis mit Faszie und *cyma reversa* und eine leicht vorkragende, giebelartige Bekrönung mit einfach gestalteten Akroteren an den Ecken auf. Darauf ruht der sich nach oben verjüngende Obelisk mit den Namen der Gefallenen auf seinen Seiten. Das Monument wirkt hauptsächlich durch seine schlichte Form. Der Obelisk für die gefallenen Demokraten konnte erst 25 Jahre später, am 9. November 1872, dank einer Sammelaktion des liberalen Dichters Friedrich Stoltze und des Herausgebers der „Frankfurter Zeitung" und Bankiers Leopold Sonnemann errichtet werden.

Der Aufstellungszusammenhang ist von besonderem Interesse. Auf einer Achse mit unserem Obelisk, einige Meter entfernt, steht auf einem hügeligen Unterbau ein ebenso großer Obelisk. Wilhelm I. hatte ihn 1850 zum Andenken an die 62 am selben Tag gefallenen Soldaten und Offiziere und an die beiden ermordeten Abgeordneten Lichnowski und Auerswald errichten lassen. Der 1856/57 mit neugotischen Elementen und mit christlichen Motiven in Medaillons umgestaltete Obelisk appellierte durch seine unklassische Gesamterscheinung an die nationalen bzw. monarchie-freundlichen Gefühle des Betrachters. Die Bürgergemeinschaft, welche die 33 Zivilisten ehren wollte, antwortete mit einer streng klassizistischen Form, die mit ihrer antikisch klaren und schlichten Gestaltung die Ideale von Freiheit und Demokratie heraufbeschwor.

Auch für einzelne Personen wurden „Spitzsäulen", wie die Zeitgenossen die Obelisken nannten,[19] als Grabmäler errichtet. Der Obelisk blieb besonders Offizieren vorbehalten, fand aber auch bei Gräbern von einfachen Bürgern gelegentlich Anwendung.[20]

In der zweiten Hälfte des 19.Jhs. kamen Obelisken auf, die wie derjenige Wilhelms I. in eklektischer Weise antike mit neueren Elementen verbanden, wie es beim Grabmal für E.A. Welb (1838-1880) zu sehen ist *(Abb.67)*.[21] Auf einem Unterbau liegt ein weit ausladender, vom Barock inspirierter Sockel mit Voluten; darauf erhebt sich der Obelisk. Auf der Vorderseite des Sockels befindet sich ein Medaillon aus Marmor mit Bronzerahmen, das einmal in einer nicht mehr vorhandenen Girlande eingefaßt war. Im Medaillon ist in Relief ein Todesgenius mit einem Kranz in der Linken abgebildet, der mit einem Zirkel in der rechten Hand die Oberfläche eines Altars berührt. Der Kopf des Genius erinnert an Köpfe des Strengen Stils[22], der in hohem Relief ausgearbeitete Altar an Römisches; Zirkel kommen bei Gräbern römischer Architekten häufig vor.

Sehr einfache Obelisken kleineren Formats sind zusammen mit der abgebrochenen Säule einer der beliebtesten und seriell produzierten Grabmaltypen bis weit ins 20.Jh. hinein[23].

---

18) Über den historischen Rahmen s. D. Bartetzko, „Franckfurth ist ein curioser Ort" (1991) 77ff. mit Abb. S. 79.

19) s. Kasseler Studien zur Sepulkralkultur 2 (1984) 27.

20) Ein Beispiel in Frankfurt (Gewann A) ist der Obelisk für den Major J.J. Schuler (1791-1855) und seine Frau M.E. Schuler (1793-1843) in der üblichen Form mit Unterbau, Postament mit Spiegelflächen, die als Inschriftträger dienen, giebelartigen Bekrönungen mit Akroteren an den Ecken und darauf der Obelisk mit einem Wappen auf seiner Hauptseite;

vgl. auch das Grabmal für W.K. Pfeiffer (gest. 1831), s. Kasseler Studien 2 (1984) 27. 30.

21) Gewann F.

22) Über Todesgenien s. B. Naumann, „Wie die Alten den Tod gebildet", in: Ch. Fischer - R. Schein (Hrsg.), „O ewich is so lanck", Ausstellungskat. Berlin (1987) 205ff.

23) Ein frühes Beispiel ist der Obelisk für den 1849 gestorbenen F. Gruber, Gewann A.

Die freistehende Pyramide ist unmittelbar von der Antike inspiriert. Die ägyptischen Pyramiden wurden in ihrer Funktion als Grabmal von den Römern imitiert. Das beste Beispiel bildet die Grabpyramide des Cestius an der *Via Ostiensis*. Der Klassizismus griff seinerseits bewußt auf die Pyramidenform zurück, um die Idee des Über- dauerns zu versinnbildlichen.[24] Die 1,50 m hohe Pyramide für den königlichen Obristen G.F. Meneke (1775-1843)[25], und die 1,53 m hohe für den Arzt und Physiker C.E. Neeff (1782-1849)[26] auf dem Frankfurter Hauptfriedhof sind zwei typische Beispiele.

DIMOSTHENES DONOS

24) Memmesheimer a.a.O. (s.o. Anm. 3) 147ff.

25) Gewann B. Unpubliziert.

26) Gewann C 62. Von der Administration der Senckenbergischen Stiftung errichtet, da der Verstorbene Mitstifter der Senckenbergischen Naturforschenden Gesellschaft gewesen war.

Antike Grabmaltypen: Stelen und Sarkophage

Auf dem Frankfurter Hauptfriedhof, der erst im Jahre 1828, also gegen Ende der kunsthistorischen Epoche des Klassizismus, eröffnet wurde, entdeckt man häufig, wenn auch nicht immer an exponierter Stelle, Grabdenkmäler, die das Nachleben der klassizistischen Grabmalkunst in großer Vielfalt vor Augen führen[1]. Dieser fast museale Eindruck wird nicht nur von Nachklängen antiker Gestaltungselemente hervorgerufen, sondern vor allem von der Übernahme antiker Grabmaltypen, wie man sie heute noch z.B. im Kerameikos von Athen an ihrem ursprünglichen Aufstellungsort betrachten kann. Eine kleine Auswahl meist unbekannter Beispiele antikisierender Grabstelen und Sarkophage soll eine Vorstellung von der langen Nachwirkung des klassizistischen Grabmals auf dem Hauptfriedhof im Zeitraum etwa von 1860 bis 1910 vermitteln.

Zahlreich vertreten ist der Typus der Grabstele, eine bevorzugte Grabmalform des Klassizismus, die erst ab etwa 1820 in der Sepulkralkunst verwendet wird[2]. Die schlichte Stele aus Keupersandstein für den Architekten, Dichter und Professor für Baukunst am Städelschen Institut, F. M. Hessemer (1800-1860), im Gewann F II (*Abb. 68*), zeigt den Typus der freistehenden, sich nach oben verjüngenden griechischen Grabstele, deren oberer Abschluß an Vorbilder der römischen Grabkunst angelehnt ist: Den Dreiecksgiebel zieren stilisierte Palmettenakrotere und ein Eichenkranz, der von einem Band zusammengehalten wird. Eichenkränze kommen in der römischen Grabkunst nicht nur als Giebelschmuck, sondern auch als Frontschmuck und Seitenzier von Grabaltären und Urnen sehr häufig vor. Ihr Vorbild ist die Corona civica, ein von der offiziellen römischen Kunst und kaiserlichen Repräsentation übernommenes Symbol mit auszeichnendem Charakter[3]. Der Übergang zum Schaft der Stele für Hessemer wird durch einen Zahnschnitt gebildet. Am Schaft ist das vom Bildhauer J. N. Zwerger (1796-1868) geschaffene Porträtmedaillon des Verstorbenen angebracht. Das Porträt ist im Profil und ohne Anklänge antiker Porträtgestaltung wiedergegeben. An griechischen Grabstelen kommen Medaillons nicht vor. Vor allem wenn das Porträtmedaillon aus Bronze gearbeitet ist und den Kopf oder die Büste im Profil wiedergibt, liegt die Anlehnung an zeitgenössische Medaillons und Schaumünzen offen zutage[4]. Hier ist das Porträt des Verstorbenen jedoch in tiefem Relief gearbeitet und läßt an andere Leitbilder denken. Denn das Bild des Verstorbenen als denkmalhafte Erinnerung kennt man von römischen Grabdenkmälern: Dort erscheint es häufig in Frontalansicht in tiefem Relief, als Clipeus (Schildbüste) oder von einem Kranz umrahmt[5]. Die Verbindung der Form der griechischen Stele mit Ornamenten der römischen

1) Für hilfreiche Auskünfte danke ich dem Inst. f. Stadtgesch., der Friedhofsverwaltung sowie Frau Dr. B. Erche. Für die Überlassung und Erstellung von Photos gilt mein Dank dem Inst. f. Stadtgesch. und Herrn D. Backendorf.

2) P .A. Memmersheimer, Das klassizistische Grabmal. Eine Typologie (1969) 165ff.; G. Seib, Exemplarische Darstellung einer Fallstudie am Beispiel der Friedhöfe in Kassel, in: Vom Kirchhof zum Friedhof. Wandlungsprozesse zwischen 1750-1850. Kasseler Studien zur Sepulkralkultur 2 (1984) 25ff.

3) A. Alföldi, Die monarchische Repräsentation im römischen Kaiserreiche (1970) 128ff.; P. Zanker, Bull.Arch.Com.Trav.Hist. et Scient.

82, 1970/71, 148f.; K. Fittschen, Jahrb.DAI 91, 1976, 182f.; P. Zanker, Augustus und die Macht der Bilder (1987) 275 Abb. 219.

4) H. Kammerer-Grothaus, Antikenrezeption und Grabkunst, in: Vom Kirchhof zum Friedhof. Wandlungsprozesse zwischen 1750-1850. Kasseler Studien zur Sepulkralkultur 2 (1984) 194, mit dem Verweis auf Winckelmanns „Descriptions des pierres gravées du feu Baron de Stosch" (1766).

5) R. Winkes, Clipeata imago. Studien zu einer römischen Bildnisform (1969); weitere Literaturangaben bei Fr. Sinn, Stadtrömische Marmorurnen (1987) 65 Anm. 471.

Sepulkralkunst, die dieses Beispiel vor Augen führt, ist üblich für die klassizistische Auffassung der antiken Grabstele. Da von Hessemer enge Kontakte zu Italien überliefert sind, kann man in diesem Fall annehmen, daß die Auswahl dieses Grabmaltypus mit der persönlichen Lebensgeschichte des Verstorbenen zusammenhängt[6].

Der Typus der schmalen Stele mit großer Palmette als oberem Abschluß war schon seit 1837 durch die aquarellierten Zeichnungen in O. M. Stackelbergs Publikation „Gräber der Hellenen" bekannt. Dieser Typus findet sich beim Grabmal aus rotem Sandstein für S. F. Stiebel (1792-1868) an der Mauer 417 (*Abb. 69*) wieder. Die streng klassizistische Ornamentik des oberen Abschlusses ist mit großer Sorgfalt im Stil attischer Grabstelen des 5. Jhs. v.Chr. ausgeführt: Über einem Kelch erheben sich die Blätter eines großen Palmettenfächers als Krönung, während den schön modellierten Hüllblättern je zwei Innen- und zwei Außenvoluten entwachsen, die mit Rosetten geschmückt sind. Als Zwickelfüllungen dienen hängende Blumen[7]. Stiebel, dessen bronzenes, von J. Dielmann (1819-1886) gestaltetes Poträtmedaillon am Schaft angebracht ist, war Arzt, Philologe und Mitglied der Senckenbergischen Naturforschenden Gesellschaft. 1830-1848 war er Mitglied des Gesetzgebenden Rates der Stadt Frankfurt. Diesen Verfechter der bürgerlichen Freiheit hatte man mit einer Begräbnisfeier „*wie sie seit dem Begräbnis von Simon Moritz von Bethmann Frankfurt nicht gesehen hatte*" zur letzten Ruhe gebettet[8]. In seiner Grabinschrift wird er als

„*Mitkämpfer für des Vaterlandes Freihei*t" bezeichnet. Durch die Rezeption eines griechischen Vorbilds werden Gedanken an griechisches Freiheitsstreben und griechische Demokratie evoziert. Die Grabstele für Stiebel erfüllt in ihrem „*schönen Stil*" ihre Aufgabe als ein Werk klassizistischer Tradition[9].

Die Stele für den Historiker und Stadtarchivar G. L. Kriegk (1805-1878) im Gewann E 93 (*Abb. 70*) führt ein weiteres Beispiel neoklassizistischer Grabstelen vor Augen. Das 1,70 m hohe Grabmal aus Serpentin zeigt den ungewöhnlichen Typus der schmalen Stele mit hervorkragendem Giebel und ionischem Geison mit Zahnschnitt, darunter einen Metopen-Triglyphen-Fries mit Regula und Guttae. Die Metopen sind mit Rosetten geschmückt. Wir kennen zwar eine ganze Reihe von griechischen Stelen aus Böotien, deren Metopen mit Rosetten gefüllt sind, doch die Stilmischung dorischer und ionischer Ordnung, wie sie bei der Grabstele für Kriegk zu sehen ist, kommt bei ihnen nicht vor[10]. Außerdem sind die böotischen Stelen erst zu Anfang unseres Jahrhunderts bekannt geworden[11]. So muß man annehmen, daß hiermit antike Motive zitiert werden, die nicht nur aus dem sepulkralen Bereich, sondern auch aus der Monumentalarchitektur der hellenistischen und römischen Antike bekannt waren[12]. Es ist verblüffend, daß die Adaption architektonischer Gestaltungselemente aus verschiedenen Gattungen schon durch ein Werk des 3. Jhs. v.Chr. überliefert ist, nämlich dem Scipionen-Sarkophag im Vatikan, der ebenfalls einen mit Rosetten geschmückten

---

6) Archivmaterial des Stadtarchivs.

7) Zahlreiche Beispiele werden bei H. Möbius, Die Ornamente der griechischen Grabstelen (1968) vorgestellt.

8) FAZ vom 18. Aug. 1970.

9) Zum 'schönen Stil' s. H. Beck, Liebieghaus. Führer durch die Sammlungen. Bildwerke des Klassizismus (1985) 150ff.; ferner H. Beck - P. C. Bol - E. Maek-Gérard (Hrsg.), Ideal und Wirklichkeit der bildenden Kunst im späten 18. Jh. (1982).

10) vgl. dazu P. M. Fraser - T. Rönne, Boeotian and West Greek Tombstones (1957) 23 Nr. 52 Taf. 11, 29 Nr. 68 Taf. 13.

11) Die frühesten Publikationen stellen die Zeichnungen in: Inscriptiones Graecae VII (1897) Nr. 1221 und 2624 dar.

12) s. dazu V. Saladino, Der Sarkophag des Lucius Cornelius Scipio Barbatus (1970) 6ff.

Metopenfries über kräftigem Zahnschnitt zeigt. Ob dieser Sarkophag als Vorlage für die Stele für Kriegk gedient hat, mag dahingestellt bleiben. Der Scipionen-Sarkophag hat jedoch direkte Nachwirkung auf ein weiteres Grabmal des Hauptfriedhofs geübt und wird später ausführlich besprochen.

Die Betrachtung der drei ausgewählten Grabstelen des Frankfurter Hauptfriedhofs veranschaulicht, welch unterschiedlichen Charakter die Rezeption antiker Grabstelen in der zweiten Hälfte des 19. Jhs. haben kann: Einmal wurde eine attische Grabstele getreu rezipiert (Stiebel), ein andermal dienten Zitate aus der griechischen und römischen Grabkunst als Vorlage für eine neue Schöpfung (Hessemer). Der dritte Fall (Kriegk) zeugt davon, daß die Übernahme der griechischen Stelenform durch freiere Zitate aus der Monumentalarchitektur hellenistischer und römischer Zeit bereichert werden konnte. So bunt das Bild auch sein mag, ist doch in der Struktur aller drei Beispiele eine Gemeinsamkeit vorhanden: Besonderes Gewicht wird auf die architektonische Form des Aufbaus mit hohem Sockel, kräftigem Gesims und abgesetztem Aufsatz gelegt. Die betont tektonische Gestaltungsform, die schon die frühen klassizistischen Grabstelen kennzeichnet, entspricht dem Willen nach Genauigkeit des Entwurfs und Anschaulichkeit der Form, die in den kunsttheoretischen Schriften um 1800 für die klassizistische Kunst gefordert wurden[13]. Man sieht, daß es nicht lediglich darum ging, antikes Formengut zu kopieren, sondern durch Zitate zu einer neuen künstlerischen und inhaltlichen Form zu gelangen. Dabei sind die Übergänge von der Rezeption antiker Vorbilder einerseits zu der Neuschöpfung andererseits fließend.

Im Gegensatz zur Grabstele steht der Sarkophag in einer kontinuierlichen Tradition von der Renaissance über den Barock bis zum Klassizismus um 1800[14]. Hier seien drei Beispiele für die Rezeption des antiken Sarkophags im historisierenden Neoklassizismus vorgestellt. Freiherr Ludwig Simon Moritz von Bethmann (1844-1902) erhielt in der Nische der 1902 eröffneten Gruft 7 der Familie von Bethmann (*Abb. 71*) einen tief in die Wand eingelassenen Sarkophag. Es handelt sich hier um die Front eines Scheinsarkophags[15]. Hinter dem Sarkophag befindet sich ein Bronzekreuz mit Steineinlagen, umrahmt von reliefiertem Rankenwerk auf Marmorgrund, während das Nischengewölbe mit dekorierten Kassetten geschmückt ist. Die Ausgestaltung der Gruft wurde vom italienischen Bildhauer, Medailleur, Goldschmied und Professor an der Technischen Hochschule in Darmstadt C. A. Varnesi (1866-1941) nach Wünschen der Familie von Bethmann ausgeführt. Auskunft über den Entwurf gibt ein Brief von Varnesi vom 29.8.1905 an die damalige Friedhofs-Kommission, der von Zeichnungen und Photographien begleitet ist: „*Dem speziellen Wunsche der Freifrau von Bethmann entsprechend habe ich mich bemüht, die Grabstätte in möglichst einfacher, in sich abgeschlossener künstlerischer Wirkung ohne Aufwand von reichem, ligneal em Schmuck zu bringen. Die Ausbildung der Rückwand einschliesslich des Sarkophags ist aus feinem Muschelkalk mit bronzenem Kreuz auf edlem Marmorgrund gedacht, die Decke der Gewölbe incrustiert mit Glasmosaic, Goldornament auf dunkelblauem Grund, während der Fußboden mit grauen Marmorplatten belegt und die gegebene Graböffnung in der Mitte mit einer verzierten Bronzeplatte bedeckt ist mit*

---

13) Beck a.a.O. 150ff. mit Literaturangaben.

14) Zu den Sarkophagen im Klassizismus s. Memmersheimer a.a.O. (s.o. Anm. 2) 20ff.; G. Koch - H. Sichtermann, Römische Sarkophage, Handb. d. Archäologie 6 (1982) 632ff.

15) vgl. zu den Wandsarkophagen Thorwaldsens Herzmonument für Kardinal Ercole Consalvi im Pantheon a.d.J. 1824; Memmersheimer a.a.O. Abb. 25. Zu den Scheinsarkophagen s. A. Effenberger, Das Berliner Mosesrelief. Fragment einer Scheinsarkophag-Front, in: G. Koch (Hrsg.), Grabeskunst der römischen Kaiserzeit. Symposium Marburg 23. bis 27. Juli 1990 (1993) 237ff. Taf. 90-96.

bequemer Verzierung zum Abnehmen. Durch die verschiedenartige Gestaltung der seitlich angrenzenden Grabstätten, und durch die ziemlich primitive Ausbildung der Decken und Wände, die aus ungleichmässigem Verputz bestehen, ist eine einheitliche Wirkung der zu schaffenden Raumausbildung unmöglich. Das einzige Mittel dies zu erreichen, ... , ist ein leichtes Gitter aus vergoldetem Schmiedeeisen oder schmiedbarer Bronze, dessen Gestaltung jedoch einen bequemen Durchgang auf beiden Seiten frei liesse."

Der Entwurf wurde von der Friedhofs-Kommission begrüßt (*„die geplante Art der Ausführung kann im allgemeinen nur empfohlen werden"*), doch die prunkvolle Verzierung des Gewölbes sowie die beiden seitlichen Gitteröffnungen wurden nicht ohne weiteres genehmigt. Schließlich wurde von Varnesi akzeptiert, daß dadurch *„das Grabmal aus dem Gesamtbild der Grüfte herausfiele"*[16], so beschränkte sich die Ausstattung auf die Nische, wobei als Verzierung der Decke ein einfaches Glasmosaik mit Lilien auf weißem Grund angebracht wurde. In der Diskussion des Entwurfs, die sich etwa ein Jahr lang hinzog, findet sich kein Wort über die Bedeutung der künstlerischen Form, bemerkenswert ist aber die Tatsache, daß sogar bei der Gestaltung dieser Gruft, die einer bedeutenden Familie gehörte und von einem renommierten Künstler ausgeführt wurde, das letzte Wort von der Friedhofs-Kommission gesprochen wurde[17].

Der Kastensarkophag steht auf einer glatten Sokkelzone, so daß die Schauseite mit dem flachen, in einer Rahmung eingelassenen Relief sich in Augenhöhe eines vor der Gruft stehenden Betrachters befindet. Der Sarkophag ist als ein fast lebensgroßes Kenotaph zu verstehen, während die Bestattung sich unter der davor liegenden Bronzeplatte mit dem Wappen der Familie von Bethmann befindet. Die Ecken des Sarkophags sind durch Akrotere hervorgehoben, der schräge Deckel ebenfalls mit einem flachen Relief geschmückt. Die Relief-Ornamentik wurde nur auf der Vorderseite ausgeführt: Zwei kniende, flügellose Todesgenien überbringen eine große Blumengirlande. In der Mitte befindet sich eine Tabula ansata mit Rosetten in den Henkeln (ansae)[18]. Die zwei girlandentragenden Genien sind als italienisch stilisierte Putten wiedergegeben. Beide sind mit gesenkten Köpfen und geschlossenen Augen abgebildet, wobei der rechte Knabe nicht nur die Girlande hält, sondern zugleich betet. Die Szene erinnert in ihrer Anbringung an das Motiv der flügellosen Eroten, das uns aus der hellenistischen und römischen Sepulkralskulptur sowie aus seiner humanistischen Rezeption in der Frührenaissance bekannt ist[19]. Der ikonographische Sinn dieses Motivs wurde von Antiquaren, Archäologen sowie Bildhauern des 18. und 19. Jhs., darunter J. J. Winckelmann (1717-1768), Fr. Tieck (1776-1851) sowie B. Thorwaldsen (1770-1844) gesucht, v.a. aber durch die 1769 erschiene-

---

16) Zitate aus Archivmaterial der Friedhofsverwaltung.

17) Zu Varnesi s. H. Weizsäcker - A. Dessoff, Kunst und Künstler in Frankfurt/M. im 19. Jh. (1909) 161. Das 1906 dekorierte Gewölbe der Gruft wurde im zweiten Weltkrieg zerstört und durch ein schlichteres Mosaik ersetzt.

18) Zur Dekorierung der Henkel mit Rosetten s. H. Gabelmann, Die Werkstattgruppen der oberitalischen Sarkophage (1973) Taf. 25,1 und 53.

19) J. B. Hartmann, Röm.Jahrb.f.Kunstgesch. 12, 1969, 11ff.; C. Steckner, Der Genius mit der Fackel, in: „O ewich is so lanck". Die Histo-

rischen Friedhöfe in Berlin-Kreuzberg. Ein Werkstattbericht, Ausstellung Berlin 22. Apr. 1987 bis 26. Juni 1987, hrsg. von C. Fischer - R. Schein (1987) 185ff.; B. Naumann, „Wie die Alten den Tod gebildet", ebenda 205ff. Zur sepulkralen Bedeutung der von Eroten getragenen Girlande s. R. Turcan, Jahrb.f.Antike u.Christentum 14, 1971, 131ff.; Fr. Sinn a.a.O. (s.o. Anm. 5) 58 Anm. 343 mit weiterer Literaturangaben. Die girlandentragenden Eroten des Bethmann-Sarkophags haben anscheinend als Vorlage für das Relief eines Jugendstil-Grabmals im Hauptfriedhof (Fam. J. H. Wagner [1852-1975]) im Gewann J gedient, das Elemente aus der klassizistischen Grabmalkunst übernommen hat.

ne kunsthistorische Abhandlung Gotthold Ephraim Lessings „Wie die Alten den Tod gebildet" geprägt[20]. Die Inszenierung des Bildthemas mit dem Motiv des Kniens und Betens, die wohl der Trauer über den Verlust des Verstorbenen Ausdruck gibt, übersteigt jedoch den ikonographischen Rahmen der antiken girlandentragenden Eroten. Ebenfalls scheint die aus Rosen, Lilien und Efeu bestehende Girlande, die aus der Antike als Früchte- und Blumengirlande bekannt ist, eine neue Auffassung erfahren zu haben. Die hier vorliegende entfernte Anlehnung an antike Bildmotive wird durch formale Entlehnungen aus frühchristlichen, vorwiegend ravennatischen Sarkophagen ergänzt: Neben der Sarkophagform ist hier auf das Christogramm der Eckakrotere sowie auf den am Deckel angebrachten Rosenkranz mit Taube und Zweig zu verweisen; der Kranz wird wie auf ravennatischen Sarkophagen von einem Band, das in Pfeilblättern endet, zusammengehalten[21]. Römische Sarkophage wurden schon in der Spätantike christlich wiederverwendet. In der Renaissance diente die Nachahmung heidnisch-römischer Sarkophage der Vergegenwärtigung christlicher Glaubensinhalte; so findet man sie in der toskanischen Kunst zunächst bei Grabdenkmälern für kirchliche Würdenträger[22]. Die Leitbilder des Bildhauers Varnesi lassen sich daher aus der Kunst seines Heimatlandes Italien ableiten.

Etwa zur selben Zeit wurde der Sarkophag der Familie Ph. Holzmann im Gewann F 2036-38 (*Abb. 72*) errichtet. Der königliche Baurat Philipp Holzmann (1836-1904), Gründer der Firma Ph. Holzmann, Bauunternehmung, wurde in seinem Familiengrab mit einer Kopie eines der ehrwürdigsten Grabdenkmäler aus der Zeit der römischen Republik verewigt, dem Sarkophag des L. Cornelius Scipio Barbatus, der heute im Vatikan (Inv. 1191) steht. Dieser Sarkophag wurde 1782 im Familiengrab der Scipionen gefunden und bald darauf, 1784, von J. J. Winckelmann als Zeichnung nach einem Stich publiziert[23]. Aus den einem Brief der Firma Holzmann vom 26.5.1905 an die Friedhofs-Kommission beigefügten genauesten architektonischen Zeichnungen geht hervor, daß die Grabanlage von der Firma selbst ausgeführt wurde. Der Entwurf wurde im selben Jahr genehmigt. Die Maße des Sarkophags betragen: Länge 2,24 m, Breite 0,75 m, Höhe 1,16 m. Es handelt sich also um eine verkleinerte Kopie des Originals aus dem 3. Jh. v.Chr. Als Material wurde anstelle von Grautuff grauer Muschelkalk verwendet. Dieses Material genoß zu Anfang unseres Jahrhunderts wegen der Leichtigkeit in der Bearbeitung Beliebtheit bei der Herstellung von Grabdenkmälern. Formstruktur und architektonischer Schmuck des Barbatus-Sarkophages wiederholen sich beim Holzmann-Sarkophag bis ins letzte Detail: Der Deckel in

20) s. die Literaturangaben in Anm. 19.

21) vgl. J. Kollwitz - H. Herdejürgen, Die ravennatischen Sarkophage, Die antiken Sarkophagreliefs 8,2 (1979) Taf. 8, 2; 17, 1; 45 2. Frühchristliche Motive schmücken auch den Sarkophag der Familie Braunfels (Gewann D 324): Auf den Pfeilblättern des Bandes, das einen Kranz mit Kreuz in der Mitte zusammenhält, sitzen wie bei ravennatischen Sarkophagen Tauben; vgl. dazu Kollwitz - Herdejürgen a.a.O. 70ff. Kat.Nr. A 39/B 20 Taf. 17,2.

22) E. Panofsky, Grabplastik (1966) 79 Abb. 318: Grabmal des Kardinals Jacopo von Portugal in S. Miniato, Florenz; 79 Abb. 301: Sarko-

phag des Giovanni und der Piccarda de Medici in der Alten Sakristei S. Lorenzo, Florenz.

23) J .J. Winckelmann, Storia delle arti III (1784) Taf. XIV-XV. Während der Ausgrabungen ist der Sarkophag auch von Piranesi gezeichnet worden: F. Piranesi, Monumenti degli Scipioni (1785) Taf. 1-4. Zum Sarkophag s. ausführlich Saladino a.a.O. (s.o. Anm. 12) mit Abb.; F. Coarelli, Dialoghi di archeologia 6, 1982, 43ff., 93f.; W. H. Gross, Gymnasium 81, 1974, 151f.; Th. Kraus, in: Hellenismus in Mittelitalien (1976) 456ff. Abb. 1; Koch - Sichtermann a.a.O. 37 Abb. 2.

Form einer Altarbekrönung mit Volutenpolstern, die seitlich Schuppenmuster aufweisen, der Rundstab an der Vorderseite, der zu beiden Seiten in zwei Akanthusblättern endet, die in den Zwickeln hängenden Blumen, ferner der Zahnschnitt am oberen Kastenrand sowie der Triglyphenfries mit Regula und Tropfen. Selbst die abwechselnde Form der Rosetten, die die Metopen füllen, wurde in derselben Reihenfolge übernommen, wobei hier, an den Schmalseiten des Kastens, eine einzige Abweichung vom Original vorkommt. Beim Holzmann-Sarkophag wurden nämlich statt der einen Metope mit nur einer Triglyphe zwei Metopen und zwei Triglyphen ausgeführt. Die Bearbeitung der Schmalseiten des Scipionen-Sarkophags, der in seiner ursprünglichen Aufstellung in einer Nische angebracht war, beschränkt sich auf den vorderen Teil des Kastens. Beim Holzmann-Sarkophag, der vor einer Rückwand steht und von drei Seiten gut sichtbar ist, hat man durch die Bearbeitung beider Schmalseiten eine Lösung gefunden, die den negativen Effekt einer unvollendeten Dekorierung vermeidet. Als zweite Abweichung vom Vorbild sind die Inschriften an Deckel und Kasten des Barbatus-Sarkophags zu nennen, die keine Entsprechung am Holzmann-Sarkophag haben. Doch so selbstverständlich ist dies nicht. Immerhin ist der erwähnten architektonischen Zeichnung zu entnehmen, daß auch dieser Sarkophag am Deckel eine Inschrift tragen sollte: FAMILIE HOLZMANN. Aus welchen Gründen die Inschrift nicht angebracht wurde, ist unbekannt.

Für den Scipionen-Sarkophag gibt es keine Parallele innerhalb der gesamten römischen Kunst sowie keine einzige Nachwirkung. Das Monument war, wie erwähnt, schon seit Winckelmann bekannt und wegen seiner Inschrift zuerst von philologischer Seite gewürdigt worden. Die metrische Inschrift zählt die Ehren des verstorbenen Barbatus auf und proklamiert den Ruhm der Scipionenfamilie. Man gewinnt dadurch den Eindruck, daß die Konzipierung des Sarkophags in der Antike als Ehrendenkmal des Verstorbenen eine Rolle bei der Auswahl dieses Werkes für die Grabstätte von Philipp Holzmann gespielt hat. In den zeitgenössischen Grabreden wurde Ph. Holzmanns als eines Patriarchen gedacht, an dessen Beerdigung alle seine Arbeiter teilnahmen; er war als Firmenoberhaupt gewissermaßen der 'Vater einer großen Familie'. Der Barbatus-Sarkophag scheint sowohl von seiner künstlerischen Form als auch von seiner denkmalhaften Aussage her als angemessenes Grabmal für die Familienrepräsentation empfunden worden zu sein[24].

Ein schönes Beispiel für die Aufnahme einer archäologischen Entdeckung als Vorlage für eine freie Schöpfung bildet der Sarkophag der Familie Kübler (Erstbegräbnis 1909) im Gewann GG II,2 (*Abb. 73*). Nach Aussage des Künstlers, C. Hofmeister, wurde das Grabmal „*nach dem bekannten Alexandersarkophag*" geschaffen[25]. Der zu Anfang des Jahres 1887 entdeckte 'Alexandersarkophag' erregte große Begeisterung und wurde ausführlich gewürdigt[26]. So zeigt der auf allen vier Seiten dekorierte Kübler-Sarkophag aus Muschelkalk die rechteckige Kastenform mit Dreiecksgiebel und Palmettenakroteren. Das vielfältige Profilrepertoire des 'Alexandersarkophags' findet sich in eklektischer Wiedergabe: Am oberen Deckelabschluß kommen der Eierstab zwischen zwei Plättchen und der Zahnschnitt vor, es folgen die glatte Hohlkehle und die Profile des unteren

---

24) Ein vereinfachter Nachklang des Holzmann-Sarkophags, der nur den Deckel in Form des Monumentalaltars wiederholt, das Grabmal für C. Funck (1852-1919), befindet sich im Gewann G 1115 und ist bei E. D. Drolshagen, Der melancholische Garten (1978) abgebildet.

25) Zitat aus Archivmaterial der Friedhofsverwaltung.

26) Zum 'Alexandersarkophag' s. V. v.Graeve, Der Alexandersarkophag und seine Werkstatt (1970); jüngst I. Hitzl, Die griechischen Sarkophage der archaischen und klassischen Zeit (1991) 181 Nr. 19 Abb. 66.67.

Deckelabschlusses, die im Gegensatz zum 'Alexander-sarkophag' nicht skulptiert sind. Am oberen Kastenab-schluß sieht man den reliefierten doppelten Mäander, es folgen Eierstab und Plättchen darunter. Größere Abwei-chungen zeigt die Ausgestaltung des Sockels. Denn über der glatten Basisplatte auf niedrigem Sockel kommt eine zurückspringende, aus der Architektur übernommene Profilierung vor: Torus mit 'laufendem Hund', glatter Trochilus zwischen Plättchen, Torus mit Flechtband (als Blattgirlande mit von links nach rechts gerichteten Blättern ausgeführt), schließlich stehendes lesbisches Kymation. Die Spiegel des Kastens zeigen eine allseits umlaufende profilierte Rahmung, auf figürliche Dar-stellungen ist jedoch verzichtet worden. Der Kasten des Sarkophags ist deutlich kleiner als derjenige des 'Ale-xandersarkophags', weil es sich hier ebenfalls um ein Kenotaph handelt. Die Wirkung des Grabmals beruht allein auf seiner schlichten Form, wodurch der tektoni-sche Eindruck verstärkt wird, und steht hiermit in gewis-sem Sinne im Gegensatz zum Klassizismus um 1800, als figürliche Friese durchaus beliebt waren[27]. Mit der Kennt-nis und der Adaption auch anderer antiker Kunstepochen (Kykladenkunst, geometrische und archaische Kunst) seit dem ausgehenden 19. Jh. ging eine zunehmende Konzen-tration auf das Wesentliche einher, begleitet von einer Hinwendung zu einfacheren, strengeren Formen[28]. So zeugt der Kübler-Sarkophag vom Formempfinden des frühen 20. Jhs. und läßt zugleich das Verhältnis von Stil (Klassizismus) zu Neostil (Neoklassizismus) durchschei-nen. Als Grabmaltypus des Neoklassizismus und im Ge-gensatz zu den neobarocken Sarkophagen des Friedhofes, die entweder als 'Hochsarkophage' ausgeführt (von Er-langer im Gewann C 85) oder größer dimensioniert sind (Adickes im Gewann II GG 24), stellt der Kübler-Sar-kophag die verkleinerte, 'verbürgerlichte' Sarkophag-form dar, den einfachen, zu ebener Erde stehenden Sar-kophag[29].

Die beiden zuletzt besprochenen Grabanlagen zeichnen sich dadurch aus, daß auch die Bepflanzung in die Gestaltung einbezogen wurde. Denn in beiden Fällen bildet eine dichte Baumreihe den rückwärtigen Abschluß der Grabstätte. Dies schließt sich an die Tradition des antiken Arkadiengedankens an, das als 'geistige Land-schaft' die Auffassung des Gartens und der Grabkunst seit dem 18. Jh. bestimmte[30]. Als Beispiel hierfür darf Poussins berühmtes Gemälde „Et in Arcadia ego" mit einem Sarkophag in arkadischer Landschaft erwähnt werden.

Bedenkt man, daß zu Anfang unseres Jahrhunderts mehrere historische Stile für die Gestaltung von Grab-denkmälern zur Auswahl standen, wie Neogotik, Neorenaissance, Neobarock usw., dann erhebt sich die Frage, warum hier auf Vorbilder der griechischen und römischen Grabeskunst zurückgegriffen wurde. Da mit dem Rezipieren den zitierten Formen eine Bedeutung unterlegt wird, muß man davon ausgehen, daß trotz der

---

27) s. dazu zahlreiche Abbildungen bei Memmersheimer a.a.O.; P. Bloch, Vom Umgang mit den Toten, in: „O ewich is so lanck" a.a.O. 167ff., 176 Abb. 16, 178 Abb. 19; A. M. Kluxen, Transformierte Anti-ke, in: Künstlerleben in Rom. Bertel Thorwaldsen (1770-1844). Der dänische Bildhauer und seine deutschen Freunde. Ausstellung Nürn-berg 1. Dez. 1991 bis 1. März 1992 (1992) 179ff.

28) K. Türr, Zur Antikenrezeption in der französischen Skulptur des 19. und frühen 20. Jhs. (1979) 11ff., 18ff. Zum Neoklassizismus s. M. Praz, Gusto neoclassico 2 (1959); H. Honour, Neo-Classicism, in: The Age of Neo-Classicism (1972).

29) vgl. ähnliche Beispiele im Altstädter Friedhof, Kassel: Seib a.a.O. (s.o. Anm. 2) 27.

30) E. Panofsky, Et in Arcadia ego. Poussin und die Tradition des Ele-gischen, in: Sinn und Deutung in der Bildenden Kunst (1978) 351ff. Abb. 90-95; B. Matsche von Wicht, Das Grabmal im Landschafts-garten, in: Wie die Alten den Tod gebildet. Wandlungen der Sepulkral-kultur 1750-1850, Kasseler Studien zur Sepulkralkultur 1 (1979) 45ff.; H. Kammerer-Grothaus a.a.O. (s.o. Anm. 4) 134f.

Stimmen gegen die klassizistische Kunst, die um 1900 laut wurden, der klassizistische Stil immer noch als *„hoher und schöner Stil"* angesehen wurde, als eine Kunst des *„guten Geschmacks"*[31]. Stellt man die neoklassizistischen Sarkophage im Hauptfriedhof neben denjenigen im neobarocken „Staatsstil" (von Erlanger im Gewann C 85) oder denjenigen in der frommen Tradition der Neogotik (Mühlhens im Gewann D), kann das Repräsentationsbedürfnis als gemeinsamer Nenner aller dieser Werke nicht verleugnet werden.

HARITINI KOTSIDU

---

31) Türr a.a.O. 18ff.; Beck a.a.O. (s.o. Anm. 9) 150ff. Zum Historismus s. „Geschichte allein ist Zeitgemäß", Historismus in Deutschland, hrsg. von M. Brix - M. Steinhausen (1978); Historismus - Aspekte zur Kunst im 19. Jh., hrsg. von K.-H. Klingenburg (1985).

Architekturen klassizistischer Gräber

Die *Aedikula*, der 'Grabtempel', ist die geläufigste Form des klassizistischen Grabmals auf dem Frankfurter Hauptfriedhof, vor allem noch des späten 19. und frühen 20. Jhs.

Diese Architekturform wird in der Regel bestimmt von einem Postament, auf dem zwei Säulen stehen, die einen Giebel tragen. Die Rückwand der Aedikula enthält die Inschrift, die häufig als schlichte Tafel aus anderem Material eingelassen ist; gelegentlich kann eine zusätzliche Inschrift in großen Lettern auf dem Architrav erscheinen *(z.B. Abb.75)*. Aufwendigere Gräber dieses Typus sind mit figürlichem Schmuck unterschiedlicher Art versehen *(z.B. Abb.85)*, manche von ihnen sind in ihrer Gesamtanlage sogar breiter gefaßt; vor einen mit Pilastern gegliederten Baukörper tritt in solchen Fällen die Aedikula als zentraler Risalit hervor *(z.B. Abb.74)*.

Beachtenswert ist die erstaunliche Variationsbreite der Entwürfe dieses im Grunde so einfachen Prinzips. Sie betrifft vor allem die Gestaltung der Architrave, des Gebälks und des Giebels. Nur in ganz seltenen Fällen versucht man Vorbilder der antiken Architektur weitgehend zu kopieren, doch zumeist werden die oberen Zonen dieser Grabbauten recht individuell gestaltet *(z.B. Abb.76)*, wobei offenbar der Gedanke im Hintergrund stand, daß kein Grab einem anderen in allen Details gleichen sollte.

Bei allen Spielarten im einzelnen lassen sich die zahlreichen Aedikulen doch in zwei große Gruppen aufteilen: Grabbauten korinthischer und dorischer Ordnung, wobei keine zeitliche Abfolge festzustellen ist, die etwa auf einen Geschmackswandel hindeuten könnte. Die gleichzeitige Verwendung dieser so gegensätzlichen Bauordnungen läßt vermuten, daß man sich in dieser Spätzeit durchaus der ursprünglichen Sinngehalte der *Corinthia* und *Dorica* bewußt war.

Die dorische ist die einfachste Säulenordnung, in der zahlreiche und die berühmtesten der von den klassizistischen Baumeistern entdeckten griechischen Tempel errichtet sind. Nicht ihre Einfachheit aber war bestimmend für die vorzügliche Verwendung der dorischen Ordnung in der klassizistischen Grabarchitektur, sondern der ihr zugewiesene Bedeutungsgehalt.

Sie galt als streng, schwer und ernst und war deshalb vornehmlich für Gefängnisse und Friedhofsbauten geeignet, wie Heinrich Gentz in seinem Lehrbuch forderte[1]. Er selbst hatte sie auf einer Italienreise am Beispiel des Ceres-Tempels in Paestum kennengelernt, doch war sie dann spätestens 1809 allen zeitgenössischen Architekten auch durch Anschauungsmaterial bekannt, das der Archäologe Alois Hirt in seinem Lehrbuch „Die Baukunst nach den Lehrsätzen der Alten" verbreitete.

Die schlichte, gedrungene, monumentale dorische Säule kam also ihrem Gehalt nach dem bürgerlichen Pathos und dem Wunsch nach 'Erhöhung' der Verstorbenen bei der Gestaltung von Grabbauten am besten entgegen *(Abb.74.75.77)*. Es wundert daher nicht, daß F. Rumpf 1828 den Durchgang des Torbaus des Friedhofs mit vier mächtigen dorischen Säulen markierte. Allein dieses monumentale Beispiel wird starken Einfluß auf viele der hinter diesem Tor nun neu entstehenden Gräber gehabt haben.

---

1) Elementar-Zeichenwerk (bei Unger 1803 -1806).

2) J. von Simson, Projekte zum Denkmal Friedrichs des Großen in Berlin, in: Berlin und die Antike. Kat. (1979) 202ff.

Die wirklichen Vorbilder aber wird man in den frühen Bauwerken erkennen dürfen, die dem preußischen Klassizismus und der aus dem Kreis um Friedrich Gilly hervorgegangenen Berliner Schule zu verdanken sind. Dabei sind zunächst auf die so zahlreichen Entwürfe für ein Denkmal des 1786 verstorbenen Friedrich des Großen zu verweisen, bei denen neben allen nur denkbaren Zitaten der griechischen und römischen Architektur vor allem der dorischen Ordnung eine wesentliche Rolle zukam[2]. Prägend werden dann aber im besonderen Maße die so eindrucksvollen Entwürfe und Bauten von Karl Friedrich Schinkel gewirkt haben, der übrigens die dorische Ordnung nicht nur für Gefängnisse und Grabbauten für würdig erachtete wie noch Gentz, sondern auch für Bauten anderer Funktion wie z.B. die Neue Wache in Berlin.

Als Grabmal für die Königin Luise von Preußen entwarf er einen viersäuligen dorischen Prostylos mit Innenraum und Gruft[3], dessen Fassade 1828/29 auf die Pfaueninsel gebracht wurde. Dieses Schema des Grabtempels, vielmehr nur seine Fassade, trifft man in freier Kopie auf Friedhöfen immer wieder an, allerdings in der Regel in der stark verkleinerten und abgekürzten Form der *Aedikula*. Dabei wird - wie gesagt - das 'Thema' häufig variiert und keineswegs die dorische Ordnung streng eingehalten, wie ja schon Schinkel selbst die dorische Säule mit Elementen der ionischen Ordnung kombiniert hat[4].

Eine stützende Funktion kommt den jeweils zwei mächtigen dorischen Säulen der Grabbauten kaum noch zu. Vielmehr scheinen sie einer illusionistischen Wirkung zu dienen, indem sie Raumarchitektur suggerieren. Tatsächlich wirken sie eher wie monumentale Portale, wie man sie z.B. von den Durchgängen antiker, aber auch klassizistischer Triumphbögen kennt. Sie gleichen damit entfernt der 'Portalnische', einem Motiv, das im Berliner Frühklassizismus erfunden wurde und in der Architektur ein langes Nachleben hatte[5]. Diese Erfindung geht wohl auf H. Gentz zurück, der sie an der alten Berliner Münze zum ersten Mal verifizierte (1798 - 1800). Ihr zentrales Portal bestand aus einem Nischenfeld, in das zwei dorische Säulen eingestellt waren. Dieses Motiv erfreute sich wenigstens noch bis zum Ersten Weltkrieg großer Beliebtheit, wobei man stets an den dorischen Säulen festhielt.

Dieses frühklassizistische Motiv hat offenbar in starkem Maß auch die Grabarchitektur inspiriert. Die Nischen mit den zwei eingestellten Säulen bewirken die 'Verinnerlichung' des ehemals als Portikus hervortretenden Portals. Diese 'Verinnerlichung' wird auch den Grabaedikulen zuteil, doch im übertragenen Sinn: Durch ihr 'Portal' können nur Tote schreiten, der dahinter verborgene, real nicht vorhandene Raum des Jenseits bleibt den Lebenden verschlossen[6].

Das von H. Grünewald erbaute Grabmal des 1867 verstorbenen Architekten Friedrich Rumpf und seiner Ehefrau *(Abb.78)* weist keinerlei Bezüge zu der von ihm entworfenen strengen dorischen Fassung des Alten Tores des Friedhofs auf. Es ist vielmehr im korinthischen Stil gehalten und erinnert mit der starken Betonung des

3) R. Rothe, in: Berlin und die Antike. Kat. (1979) 307 Nr.613/4.

4) W. Hoepfner, Zur dorischen Ordnung bei Karl F. Schinkel, in: Berlin und die Antike. Aufsätze (1979) 481ff.

5) F. Niemeyer, Die Portalnische, in: Berlin und die Antike. Aufsätze (1979) 523ff.

6) Bezeichnenderweise hat der Architekt des Alten Tores des Friedhofes auch das Motiv der Portalnische gewählt.

Mittelrisaliten an römische und auch klassizistische Triumphbögen[7]. Dieser Grabtypus war offenbar sehr beliebt, doch sind diese Bauten nicht so reich ausgestattet wie jenes von Rumpf. Hier wird der größte Teil des Mittelbaus von der Inschrift eingenommen, darüber aber sind Bronzemedaillons mit den Bildnissen der Verstorbenen im Profil antithetisch angeordnet. Sie erinnern an überdimensionalisierte Medaillen der Renaissance, wie auch der so detailliert gearbeitete, alle Bauteile überwuchernde plastische Schmuck mit den aus Gefässen oder Ständern entwachsenden pflanzlichen Gebilden Dekorationsformen der Renaissance aufgreift. Derartige Renaissanceismen wurden im 19. Jh. bekanntlich in der bürgerlichen Grabkunst gern aufgenommen und mit rein klassizistischen Elementen vermischt. Ein besonders gutes Beispiel ist mit dem Grabmal für Stephan von Guaita und seiner Frau gegeben, das 15 Jahre zuvor von E. Schmidt von der Launitz geschaffen wurde[8] *(Abb.85)*. Hier wird zusätzlich noch der christliche Aspekt betont durch die beherrschende Gestalt eines Engels (von Launitz selbst so bezeichnet). Beide Gräber können ihre Abhängigkeit von italienischen Grabfassaden der Renaissance nicht verleugnen[9], wie dies ebenso für ein bekanntes klassizistisches Vorbild gilt, das Grab für Andrea Appiani von Bertel Thorvaldsen[10].

Alle diese Grabmäler sind in korinthischer Ordnung gebaut, die im Gegensatz zur dorischen keineswegs als selbstverständliches Element des sich zum Griechentum bekennenden Klassizismus eingeschätzt werden kann. Vielmehr galt die *Corinthia* seit der Renaissance als römische Ordnung schlechthin. An den kaiserzeitlichen Bauten der Stadt Rom war sie in all ihren Spielarten omnipräsent, ihre Wirkung war vor allem an den drei erhaltenen antiken Triumphbögen bestens nachzuvollziehen.

Die dorische Ordnung konnte man dagegen nur in sehr reduzierter Form am Colosseum und Marcellus-Theater studieren. So war es selbstverständlich, daß sich z.B. Michelangelo bei der aufwendigen Gestaltung des Kapitolplatzes der korinthischen Ordnung bediente, um der Anlage Pracht und zugleich Würde zu verleihen.

Auch in den nachfolgenden Zeiten wählte man die Corinthia *„immer dann, wenn souveräner Machtanspruch, triumphale Gesinnung oder überhaupt höchste Pracht vorgetragen und entfaltet werden sollte"*[11]. Diese reichste und schönste der drei Bauordnungen war am ehesten geeignet, die *„Aufrichtigkeit der Seele"* angesichts *„der Majestät des höchsten Wesens"* (Vincenzo Scamozzi)[12] auszudrücken. Sie wurde als höchste Form des Bauens eingeschätzt und stand damit zu allererst den Gotteshäusern zu (St. Peter). Überall in Europa fand sie dann in den Kirchen Verbreitung, insbesondere als dekoratives System der Altäre, *„überall da, wo korinthische Säulen für die Gläubigen einen Triumphbogen Christi bedeuteten"*[13]. Der triumphale korinthische Stil wurde kennzeichnend für Barock und Rokoko.

Zu dieser 'jungfräulichen', *festivitas* verheißenden *Corinthia* stand die lastend schwere *Dorica*, der Vitruv das männliche Element zugeordnet hatte, in denkbar großem Gegensatz. Gerade diese aber wird von den Klassizisten seit der Mitte des 18. Jhs. fast ausschließlich bevorzugt im Zuge der allgemeinen Verurteilung der

---

7) F.-E. Keller, Triumphbogen in der Berliner Architektur des 17. und 18. Jahrhunderts, in: Berlin und die Antike. Kat. (1979) 99ff.

8) I. Schmidt, Eduard Schmidt von der Launitz 1797-1869. Studien zur Frankfurter Geschichte 29 (1992) 60ff. Kat.Nr. 43, Abb. 19.20; vgl. auch Beitrag Kelperi.

9) vgl. Schmidt a.a.O. 61.

10) Mailand, Pinacoteca di Brera.

11) E. Forssmann, Dorisch, Jonisch, Korinthisch (1961) 98.

12) Zitiert nach Forssmann a.a.O. 91.

13) ebenda 96.

Proportionslehre und Geschichtskonstruktion Vitruvs (bereits durch J.J. Winckelmann) und des Untergangs des Vitruvianismus[14]. Als Reaktion auf die Prachtentfaltung des Absolutismus wird der triumphale korinthische Stil ersetzt durch die ernste Solidität und *„Edle Einfalt, stille Größe"* verkörpernde dorische Ordnung mit den so charakteristischen monumentalen, lastenden, schweren und schmucklosen Säulen.

Das Wiederaufleben der korinthischen Ordnung in der Grabmalkunst des 18. bis 20. Jhs. ist daher streng genommen nicht als eines der Elemente des Klassizismus zu deuten, sondern als Rückgriff auf Stilmittel des Klassizismus der Renaissance und des Barock. Diese Stilmittel sind in ihrer Prägung römisch, nicht griechisch. Anregend wirkten dabei vor allem auch die feingliedrigen, häufig mit Grotesken geschmückten Architekturrahmungen und die Fresken der Renaissance und dann vor allem die in Pompeji entdeckten Malereien illusionistischer Architekturen des Zweiten Stils.

In einer Zeit des Stilpluralismus, in der man auch bei der Gestaltung von Grabmälern nicht mehr an bestimmte Formen gebunden war, sondern beliebige Komponenten bei einem Grabbau einsetzen konnte, ist es selbstverständlich nicht ausgeschlossen, daß manche Formen Aufnahme fanden, deren ursprünglicher Bedeutung man sich nicht mehr bewußt war und sie deshalb nur aus Gründen der Ästhetik auswählte. Doch ist es keineswegs auszuschließen, daß die korinthische Ordnung bei vielen Auftraggebern von Grabbauten so beliebt war, eben weil man ihren hohen Rang in vorklassizistischer Zeit im Kirchen- und Altarbau durchaus kannte und deshalb besonders schätzte: Für einen christ-

lichen Friedhof wird für viele ein festlicher und triumphaler korinthischer Stil der Grabbauten angemessener gewesen sein als die ernste, von heidnischen Tempeln übernommene *Dorica.*

GÖTZ LAHUSEN

---

14) ebenda 112ff.

Grabreliefs klassizistischer Tradition

In manche der Grabstelen sind figürliche Reliefs eingelassen, die in der Wahl der Bildmotive und der stilistischen Gestaltung von Grabreliefs der griechischen
Klassik bestimmt sind. Diese Grabstelen mit Reliefs sind
nur vereinzelt anzutreffen; ihre Rahmung entspricht im
wesentlichen den klassischen Vorbildern. Sie sind also
nicht in jenen Grabaedikulen angebracht, die durch die
Architektur dorischer Tempel und/oder die Triumphal-
bauten korinthischer Ordnung geprägt sind.

Das Grabmal des Ehepaares Josef und Berta Kümmel (Gewann I) scheint erst nach dem Tod der 16 Jahre
später verstorbenen Ehefrau im Jahre 1927 in dieser
Form aufgestellt worden zu sein, wie die einheitliche
Inschrift vermuten läßt *(Abb.79)*. Noch zu diesem Zeitpunkt hat der Bildhauer H. Wadere ein Grabrelief in rein
klassizistischem Stil geschaffen, das mit seiner feinen
Gestaltung aus weißem Marmor in der monumentalen,
glatten Umrahmung mit blockhaften Baugliedern aus
schwarzem Stein etwas fehl am Platz wirkt. Die rahmende Architektur erinnert nur sehr entfernt an die Grabmäler der griechischen Antike; zwar hat man an den
Ecken die Form der dort üblichen Akrotere übernommen,
doch gehören diese traditionell nur zu Giebel-, nicht zu
Flachdächern. Das Relief selbst aber sieht auf den ersten
Blick wie die unverfälschte Kopie eines attischen
Grabreliefs der griechischen Klassik aus. Dieser Typus
mit zwei durch Handschlag miteinander verbundenen
Figuren war in der Klassik weit verbreitet[1]. Zumeist sind
auf diesen Denkmälern Ehepaare wiedergegeben, wobei
einer von beiden sitzt, wenn nicht der sitzenden Figur - in
der Regel eine Frau - eine Dienerin gegenübersteht wie
z.B. bei dem berühmten Relief der Hegeso im
Nationalmuseum von Athen[2].

Wie auch andere Varianten zeigen, ist mit der sitzenden Person zumeist der oder die Verstorbene gemeint.
Dies wird man auch für das Relief der Familie Kümmel
annehmen dürfen, denn die Sitzende ist mit ihren faltigen
und eingefallenen Gesichtszügen als ältere Frau gekennzeichnet; es wird sich demnach um die verstorbene
Mutter handeln. Sie sitzt auf einer gebrochenen Säule
und trägt einen hochgegürteten Chiton mit langen
Ärmeln. Um die Schulter ist ein Himation gelegt, das, vor
der Brust zusammengenommen, auch über den
Hinterkopf gezogen ist. Im Hintergrund fällt der Mantel
herab, vorn ist er in einem Bausch unter dem auf dem
Schoß ruhenden Unterarm gerafft. Die Frau trägt eine für
die römische Kaiserzeit typische sog. Melonenfrisur, bei
der die Haare in langen, parallel laufenden Wellen von
der Stirn zum Hinterkopf angeordnet sind, wo sie in
einem mehr oder weniger großen Knoten zusammengefaßt werden. Sie reicht der vor ihr Stehenden die
Rechte und blickt zu ihr auf. Diese sehr viel jüngere Frau
trägt die gleiche Kleidung, wenn auch der vor allem ihren
Kopf umhüllende Schleier aus feinerem Stoff zu beste-
hen scheint. Auch sie trägt eine Frisur mit Haarknoten.
Mit stark gebeugtem Spielbein und nach vorn geneigtem
Kopf und Oberkörper wendet sich die Stehende der
Sitzenden zu, wobei sie deren Hand fest umschließt und
die Linke auf der Schulter der Sitzenden ruhen läßt. Bei
aller Detailtreue sind im Vergleich mit antiken
Vorbildern bei diesem Grabmal doch deutliche
Unterschiede zu den Zweifigurenreliefs der griechischen
Klassik wahrzunehmen. So sind die Alterszüge der
Sitzenden zu sehr betont und die Stehende ist zu weit vor-
gebeugt. Und auch ihr trostspendender Gestus mit der

---

1) Beispiele bei C. Clairmont, Classical Attic Tombstones (1993)
Tafelteil 2339. 2367 und passim.

2) ebenda Nr. 2.150.

Linken, der ihre so auffällige Hinwendung zur Verstorbenen bedingt, ist auf griechischen Grabreliefs unbekannt: der Bezug zur toten Mutter ist zu innig, die Beziehung zu sentimental gedeutet.

Auch in das Grabmal der 1917 verstorbenen Lina Reinhammer (Gewann A) ist ein Relief eingelassen, das diesmal Mann und Frau in tiefster Verbundenheit zeigt *(Abb.80)*. Der Frankfurter Bildhauer E.C. Klucken hat sich bei dieser Darstellung in vielen Details an attischen Grabreliefs orientiert. Die Frau, mit der wohl die Verstorbene gemeint sein wird, trägt einen Peplos, über dessen Gürtung das Gewand im Bausch herabfällt und dazu über der rechten Schulter ein Himation, dessen Drapierung allerdings unklar verläuft. Mit der Kleidung, der Frisur, der Körperhaltung und der Kopfneigung gleicht sie einem weitverbreiteten Typus der stehenden Frau auf griechischen Grabreliefs der Klassik, wenn sie auch hier unverschleiert erscheint. Mit dem Mann ist sie durch ihre Hinwendung, die Neigung des Kopfes und vor allem den Handschlag verbunden, den man ebenfalls so häufig auf klassischen Grabmälern antrifft. Die linke Hand ruht auf der Schulter des Mannes, dessen Körper frontal wiedergegeben ist, während sein Kopf im Profil zurückgeneigt erscheint. Der Oberkörper ist nackt, der fußlange Mantel um die Hüften geschlungen, ein Ende liegt über dem linken Oberarm, von wo es herabfällt. Auch die Wiedergabe des Mannes ist uns aus der griechischen Kunst seit spätarchaischer Zeit geläufig. Dieser Typus des älteren, bärtigen Mannes mit Stock tritt auf vielen Grabreliefs und auch auf Vasenbildern auf. Hier ist er als Abschiednehmender gekennzeichnet, der die Verstorbene verläßt.

Nicht nur an der Haltung der Figuren, sondern auch in der Stimmung der Szene finden sich Anklänge an das berühmte klassische Orpheus-Relief, das den Sänger am Eingang zum Hades beim Abschied von der geliebten Eurydike zeigt, die, von Hermes geleitet, den Weg in die Unterwelt antreten muß[3].

Bei dem Grabmal der Lina Reinheimer handelt es sich keineswegs um eine direkte Kopie eines attischen Grabreliefs, wenn sich der Bildhauer auch bei der Wiedergabe der Drapierung der Gewänder und ihrem Faltenspiel und der Kennzeichnung der Frisuren bemüht hat, antike Vorbilder weitgehend zu imitieren. Auffällig sind aber auch hier die Unterschiede zu den Reliefs der klassischen Antike: Die männliche Figur stützt sich kaum auf den langen Stock, der eher wie ein zufälliges Attribut wirkt, und der Mantel ist so angelegt, wie man ihn bei antiken Beispielen kaum antrifft; dort wird er üblicherweise über die linke Schulter gezogen, um ihm Halt zu geben. Auch die frontale Wiedergabe des Körpers und das Standmotiv mit weit auseinander gestellten Füßen, von denen der linke abgespreizt im Profil erscheint, wird man vergeblich auf antiken Grabreliefs suchen. Gleiches gilt für die enge physische Verbundenheit der beiden. So das Berühren der Körper, die Umarmung der Frau und die tiefe Neigung ihres Kopfes, dessen Stirn auf der rechten Schulter des Mannes liegt. Auch bei diesem Grabrelief wird also Wert auf die Darstellung einer starken sentimentalen Bindung der Figuren gelegt, wie sie griechischen Vorbildern in dieser Form nicht eigen ist. Die stilistische Erscheinungsform der männlichen Figur erinnert wohl nicht zufällig an griechische Skulpturen des sog. Strengen Stils aus der Zeit des Übergangs von

---

3) Replik in der Villa Albani, Rom: Kat. der antiken Bildwerke I (1988) 451ff. Nr. 146 Taf. 259 (P.C. Bol).

der Archaik zur Klassik, jener Epoche, die man zu Beginn dieses Jahrhunderts in der archäologischen Forschung gerade 'entdeckt' hatte.

Diese beiden Grabreliefs verdeutlichen nicht nur beispielhaft das Fortleben klassizistischer Formen in der Grabmalkunst des 20. Jhs., sondern es fällt besonders ins Auge, daß die Bildhauer beider Denkmäler bemüht waren, Vorbilder der griechischen Klassik formal und stilistisch weitgehend zu imitieren, wenn sie sie auch inhaltlich veränderten, indem sie die Haltung und die Gesten und Gebärden der Figuren in übersteigerter Form wiedergeben. Damit werden stimmungsvolle Elemente in die Darstellung eingebracht, die die Innigkeit der Beziehungen suggerieren und an die Gefühle der Betrachter appellieren sollen. Beide Reliefs sind frei von Stilvermischungen, die die neoklassizistische Grabmalkunst in zunehmendem Maße geprägt haben. Es haben weder neugotische noch neoromanische Elemente Aufnahme gefunden, noch solche des „christlichen Stils", vielmehr ist der klassizistische Charakter weitgehend in reiner Form bewahrt. In einer Zeit, in der sich die Grabmalkunst von dem klassizistischen Formengut abwendet und eine Vielfalt ganz unterschiedlicher künstlerischer Entwürfe die Friedhöfe beherrscht, hat es offenbar noch eine gewissermaßen konservative Richtung gegeben, die an die frühen klassizistischen Grabdenkmäler der Zeit um 1800 anknüpfte. Es ist nicht auszuschließen, daß diese späten, rein klassizistischen Denkmäler u.a. auch durch das vielbändige Sammelwerk von Alexander Conze angeregt wurden, der in den Jahren 1893-1922 einen umfassenden, vielbeachteten Katalog der attischen Grabreliefs vorgelegt hatte.

Aufschlußreich ist in diesem Zusammenhang ein Vergleich mit einem Grab, das annähernd zur gleichen Zeit entstanden ist wie jenes der Familie Kümmel (Abb.79). Der sehr elegante Stein der Familie J.H. Wagner (Gewann J) - wohl aus dem Jahr 1925 - verbindet in eindrucksvoller Weise Formen des Art Deco mit

klassizistischen Elementen (Abb.81). Man beachte die stilisierten ionischen Kapitelle der breiten rahmenden Pilaster und das Relief mit den girlandentragenden Eroten, ein Motiv, dem man schon beim Sarkophag des Moritz von Bethmann (s. Beitrag Kotsidu, Abb.71) begegnet; gekrönt wird das Ganze von dem christlichen Symbol des Kreuzes.

Porträtzüge sind den Figuren auf diesen spätesten klassizistischen Reliefs nicht eigen, ganz so, wie es die antiken Vorbilder fordern. Auch damit steht diese Grabmalgruppe im deutlichen Gegensatz zu den so zahlreichen, mit klassizistischen Elementen versehenen Gräbern aus früher Zeit, auf denen man Porträts der Verstorbenen vorfindet. Verbreitet war im 19. Jh. im besonderen Maße das Porträtmedaillon, die imago clipeata, die - in der Regel aus Bronze gefertigt - den Toten im Profil wiedergibt. Diese Bildnisform wurde gern an der Rückwand von Aedikulen über der Inschrift befestigt, wobei die sie umrahmende Architektur ganz unterschiedliche Ausmaße annehmen konnte (Abb.78).

Auch bei dieser Grabmalgattung gibt es allerlei Sonderformen, von denen eine besondere Hervorhebung verdient, da sie sich nicht auf Formeln oder Zitate der griechisch-römischen Antike bezieht, sondern auf solche der ägyptischen Kunst (Abb.82) - das Grabmal wird von einer ägyptischen Hohlkehle mit Flügelsonne bekrönt. Bezeichnenderweise war der 1903 verstorbene Grabinhaber Karl Oppel (Gewann F) Ägyptologe. Grabmäler noch klassizistischer Prägung, die nicht nur inschriftlich, sondern auch in der figürlichen Ausstattung in aller Deutlichkeit auf den Beruf und die Neigungen des Verstorbenen hinweisen, scheinen zu Beginn des 20. Jhs. zahlreicher zu sein. So erscheint z.B. auf dem Grabmal des 1912 verstorbenen Malers der Kronberger Schule Norbert Schroedl eine bronzene Athena, die Palette und Pinsel in den Händen hält. Und so steht auch die stattliche 'wilhelminische' Bronzebüste der zu ihrer Zeit berühmten, 1908 verstorbenen Schauspielerin Hermine

Claar-Delia (Gewann I 183) von F.Chr. Hausmann *(Abb.83)* - sie stand Modell für die Germania des Niederwald-Denkmals - auf einem Sockel mit einem eingelassenen Maskenrelief, das auf ihren Beruf hinweist. Der ihr zu Füßen liegende Hund erinnert an die Tierliebe der Verstorbenen, die ein Tierasyl in Frankfurt gegründet hatte. Die dieses Arrangement umgebende, der Romantik verpflichtete, monumentale künstliche Ruine mit Säule, Pfeiler, Rundbogen und mit mächtigem Zahnschnitt gesäumten Gesims steht als Symbol für das so frühzeitig zu Ende gegangene Leben.

Als Unicum wird man schließlich die Grabstele des Karl Hof (Gewann F) einschätzen dürfen *(Abb.84)*. Sie wurde ihm 1904 von seinem Vater aufgestellt, der bei seiner Bitte um Genehmigung schrieb, sie stelle *„die Pallas Athene dar, die einen Jüngling, der die Züge meines sel. Sohnes trägt, auf die Baukunst hinweist"*. Hier nun trifft die Klassik in Form der Athena mit Helm, Ägis und 'Klassischem Profil' unvermittelt auf die Moderne in Form des 17-jährigen Gymnasiasten in Anzugsjacke mit Hemdkragen und modischer Kurzhaarfrisur, dem durch den allzu frühen Tod das geplante Studium der Architektur verwehrt blieb, wie das Lehrbuch und das mehrstöckige Haus im Hintergrund andeuten.

KATERINA KARAKASI-NTRITSOU

Evangelia Kelperi

Eine Grabfigur des Bildhauers Eduard Schmidt von der Launitz auf dem Bad Sodener Friedhof.
Über die Rezeption hochklassischer Motive in der zweiten Hälfte des 19. Jahrhunderts.

Der Bildhauer Eduard Schmidt von der Launitz (*s. Beitrag Stutzinger, Schmidt von der Launitz*) erhielt von dem Kurarzt Dr. Georg Heinrich Thilenius den Auftrag, eine Grabfigur in griechischem Stil für das Grab seiner Frau Marie-Bernardine Thilenius (1844-1864) zu schaffen, die mit zwanzig Jahren gestorben war. Dieses Grabmal auf dem Bad Sodener Friedhof ist das letzte Werk des Künstlers[1]. Zwischen zwei Bänken befindet sich eine lebensgroße weibliche Figur. Sie ist heute fast zwischen Bäumen versteckt und steht auf einem Sockel aus rotem Sandstein, der die Inschrift trägt: *„DU HAST ALLES GEORDNET NACH MASS ZAHL UND GEWICHT. BUCH D. WEISH.XI.22.“* Auf der rechten Seite der Figur steht ein niedriger Säulenstumpf mit der Inschrift *„NACH EWIGEN EHERNEN GROSSEN GESETZEN MÜSSEN WIR ALLE UNSERES DASEINS KREISE VOLLENDEN“*, ein Goethezitat, in dem die humanistische Bildung des Auftraggebers zum Ausdruck kommt[2].

Die Figur (*Abb. 86*) lehnt mit dem Unterkörper an dem niedrigen Säulenstumpf und blickt darüber hinweg nach unten. Der linke Arm ist unterhalb der Brust über den Körper gelegt, die Hand faßt den Ellenbogen des rechten Armes, der sich gerade ausgestreckt auf den Säulenstumpf stützt. Das Anlehnungsmotiv und das schwere

Aufstützen rufen eine schräge Richtung des Körpers hervor. Das rechte Bein kreuzt das linke Standbein und tritt mit fast ganzer Sohle auf. Die Füße sind nackt. Gekleidet ist die Gestalt in ideal-griechische Gewänder, einen schweren Mantel und einen dünnen, fußlangen Chiton. Der Mantel fällt über die rechte Schulter und den Rücken in breiten Stoffbahnen herab. Über dem rechten Oberarm wird er von der linken Hand festgehalten. Der Rest des Mantels, in einem Bausch umgeschlagen, ist vorne in Höhe des Schoßes quer über den Unterleib geführt und am Säulenstumpf angepreßt. Indem die linke Hand hinübergreift, um den rechten Arm und das Gewand festzuhalten, sinkt die linke Schulter, und Chitonärmel und oberer Saum gleiten an dieser Stelle herab. Auf dem Kopf trägt die Figur ein dreieckiges Tuch aus leichtem Material als Schleier, dessen Spitze auf den Rücken herabfällt. Über den Ohren wird es in zwei bauschigen Knoten festgehalten; unter dem Kopftuch fallen einige lange Locken herab.

Der Künstler schuf hier eine angelehnte, mit gekreuzten Beinen stehende, barfüßige Figur[3] in Anlehnung an die zahlreichen Trauergestalten, femininen Engel und zarten Todesgenien, welche die klassizistischen Gräber des 19. Jhs. schmücken[4]. Dennoch weicht diese weibliche

---

1) I. Schmidt, Eduard Schmidt von der Launitz 1797-1869. Ein Beitrag zur Skulptur des 19. Jahrhunderts in Frankfurt am Main. Studien zur Frankfurter Geschichte. 29 (1992) (im Folgenden: Schmidt); 74f. Kat. 59 S. 194 Abb. 32-34. Ich danke Frau Dr. Thilenius für wertvolle Hinweise und Herrn Dirk Backendorf für die Erstellung von Photos. (*vgl. hier auch den Beitrag Lahusen mit Abb. 85*)

2) J. W. v. Goethe, Das Göttliche. Sämtliche Gedichte. Gesamtausgabe der Werke, Briefe und Gespräche, hrsg. von E. Beutler (1949) I 325.

3) Die Barfüßigkeit spricht in der Grabkunst des 19. Jhs. für Idealisierung der dargestellten Gestalt: J. B. Hartmann, Röm. Jahrb.f. Kunstgesch. 12, 1969, 19ff. In der Antike hingegen ist die Barfüßigkeit kein spezielles Heroisierungsmerkmal: S. Schmidt, Hellenistische Grabreliefs (1991) 143 Anm. 635 mit Lit.

4) E. D. Drolshagen, Der melancholische Garten. Der Frankfurter Friedhof und seine Grabdenkmäler im 19. Jahrhundert (1987) 41f.

Gestalt von der Ikonographie der klassizistischen Todes-personifikationen ab. Ihr fehlen die typischen Attribute wie z.B die Kränze aus Grabflora, die intensive Trauer-gestik und das bis tief in die Stirn getragene Kopftuch. Stattdessen gestaltete der Künstler einen Kopf mit streng klassizistischen Gesichtszügen, dessen Idealcharakter in der zurückhaltenden Melancholie, aber vor allem in der Wiedergabe eines griechischen Profils mit entblößter Stirn zum Ausdruck kommt[5].

Es ist der Beachtung wert, daß hier durch die Redu-zierung der Trauermotive und durch die intensive Anti-kisierung die schreckliche Seite des Todes verdrängt und ein idealisierter, schöner Thanatos gemäß der klassizisti-schen Gesinnung versinnbildlicht wird[6]. Gleichzeitig wird durch die Darstellung einer schönen antikisch ge-stalteten Frau der Betrachter eingeladen, am Schicksal der Verstorbenen Anteil zu nehmen[7]. Vermutlich sollte man die angelehnte Grabfigur nähmlich nicht nur allego-risch verstehen, sondern der Künstler und der Auftrag-geber wollten wohl auch an die Jungverstorbene erin-nern. Diese Sinngebung zeigt vor allem der Anachro-nismus der Haartracht, die nicht ideal-klassisch ist, viel-mehr an Mädchenfrisuren und Kopftrachten des 19. Jhs. erinnert[8]. Das ideale Erscheinungsbild wird damit von der Personifikation des Todes auf die Person der Verstor-benen übertragen. Im Ganzen ist der Künstler dem Ge-schmack und ästhetischen Programm seiner Zeit ver-pflichtet, da die Idealisierung des Frauenbildnisses bei den klassizistischen Gräbern des 19. Jhs. ein geläufiges Phänomen ist[9].

Eine nähere Betrachtung des Werkes zeigt, daß der Künstler zahlreiche ikonographische Zitate verschiede-ner Epochen der Antike sowie neuzeitliche Verarbei-tungen antiker Vorlagen zu einer neuen Synthese verein-te. Dennoch liegt der Nachdruck auf der Epoche des von Winckelmann so genannten „hohen Stils" der griechi-schen Kunst.

Als Leitbilder dienten seitwärts aufgestützte bzw. angelehnte bekleidete Frauenfiguren mit entblößter Schulter (*Abb. 87*). Dieses Darstellungsschema war dem Künstler durch die parthenonische Bauplastik und zahl-reiche freiplastische Werke bekannt[10]. In der archäologi-

---

5) In der Kunst des 18.-19. Jhs. stellt das sogenannte „griechische" Profil das Ideal der Schönheit dar: J. J. Winckelmann, Erinnerung über die Betrachtung der Werke der Kunst, in: J. J. Winckelmann, Sämtliche Werke. 12 Bde. Eine vollständige Ausgabe hrsg. von J. Eiselein, Nachdruck der Ausgabe 1825 (1965) (im Folgenden: Werke) I 208 § 9; F. Hegel, Vorlesungen über die Aesthetik, 1818-1828/29, in: N. Himmelmann, Ideale Nacktheit in der Griechischen Kunst (1990) 8.

6) P. Bloch, in: Vom Kirchhof zum Friedhof. Wandlungsprozesse zwi-schen 1750-1850. Kasseler Studien zur Sepulkralkultur I (1979) hrsg. von H. K. Boehlke 27ff.

7) Drolshagen a.a.O. 36.

8) The Age of Neo-Classicism. Ausstellungskat. London, Victoria and Albert Museum (1972) 227f. Kat. 350 Abb. 58.

9) Drolshagen a.a.O. 38f. - Oft werden ältere Verstorbene idealisiert, indem sie mit jugendlichen Zügen dargestellt werden: vgl. die Porträts der verstorbenen Gräfin auf den Sarkophagen für Kurfürst Wilhelm I. von Hessen-Kassel und Emilie Gräfin von Reichenbach-Lessonitz: Schmidt 72f.

10) Gelagerte M aus dem Ostgiebel des Parthenon: F. Brommer, Die Skulpturen der Parthenon-Giebel (1963) Taf. 45; aufgestützte Aphro-dite aus dem Ostfries: Der Abguß Fauvels im Jahre 1795 gibt diese Aphroditefigur mit entblößter Schulter wieder, P. Fehl, Journal War-burg Courtauld 24, 1961, 12 Nr. 28; E. Pemberton, Am. Journal Arch. 80, 1976, 116 Anm. 25 Taf. 18, 6; die aufgestützte „Aphrodite Brazza" in Berlin mit entblößter Schulter ist Ende 18. / Anfang 19. Jh. mit der Schildkröte unter dem vorgesetzten Fuß als Ourania des Phidias ergänzt: R. Kekule, Arch. Anz. 8, 1893, 74f. mit Abb.; Aphrodite Ourania: LIMC II (1984) 27ff. Nr.176-184 s.v. Aphrodite (Delivorrias); Kopie der Angelehnten Aphrodite in: Neapel, Nationalmuseum, 6396: M. le Chr. Visconti, Description des antiques du Musée Royal com-mencée par feu M. la Chr. Visconti continuée et augmeutée de plusieurs tables par M. la Cte. de Clarac (1820) 204 Nr. 498; Kopie der Ange-lehnten Aphrodite in Paris, Louvre: E. Gerhard, Arch. Ztg. 19, 1861, 139f. Taf. 147,2. - LIMC a.a.O. 29ff. Nr. 185-224; nach dem heutigen Forschungsstand gehen die Ourania und die Angelehnte Aphrodite auf Originale des 5. Jhs. v.Chr. zurück: LIMC a.a.O. 27ff.

schen Forschung des 18. und 19. Jhs. waren solche Figuren als Musen bezeichnet worden, wurden aber seit den 60er Jahren des 19. Jhs. zunehmend als Aphroditen identifiziert[11]. Es ist unmöglich, ein genaues Vorbild zu benennen, da der Künstler in Details auch auf andere antike Vorbilder zurückgreift. Das bei Aphrodite unübliche Motiv des Aufstützens mit ausgestrecktem Arm auf einer niedrigen Stütze zeigt z.B. der sogenannte Narkissos, eine Knabenfigur, von der sich im 19. Jh. viele Kopien und Varianten in Museen und Sammlungen befanden[12]. Die „Schutzflehende Barberini" hat, als Sitzende, das gleiche Armmotiv[13].

Der Kopf der Launitzschen Grabfigur mit dem in der Mitte der Schädelkalotte aufliegenden Kopftuch erinnert an Schleierträgerinnen auf attischen Grabreliefs des 5. und 4. Jhs. v.Chr. Nach Launitz sind die Darstellungen auf attischen Grabreliefs „*ideal*" und besonders interessant, weil „*sie zeigen, daß auch die Künstler zweiten und dritten Ranges, die für solche Privatwerke arbeiteten, vom Hauch des Phidiasschen Geistes gehoben und getragen wurden*"[14]. Auch die verschleierte Variante der Angelehnten Aphrodite in Neapel (*Abb. 87*) soll als Launitz sicher bekanntes Werk und mögliches Leitbild hier genannt werden[15]. Der nach unten gerichtete versonnene Blick der Launitzschen Figur erinnert ebenso an Frau-

engestalten auf Grabreliefs. In der Gestaltung der Gesichtszüge kommt ein Wille zu Klarheit und Überschaubarkeit der Formen zum Ausdruck. Das wird vor allem in der Glättung der Gesichtsoberfläche[16] und in den durch Ritzlinien umrissenen Augenlidern deutlich. In dieser Hinsicht ähnelt die Arbeit des klassizistischen Künstlers der Art, wie römische Kopisten – vor allem hadrianisch-antoninischer Zeit – klassische Werke rezipierten. Eduard Schmidt von der Launitz hatte für das Darstellungsschema „Frauenfigur mit entblößter Schulter" eine gewisse Vorliebe[17]. Das Besondere bei dieser Grabfigur scheint zu sein, daß er an hochklassischen Kompositionsprinzipien festhielt. Die Auswirkung des Stützmotivs auf den Bewegungsablauf des Oberkörpers, d.h. das daraus entstehende schräge Aufwachsen der Gestalt und die charakteristische Neigung der Schulter, waren in der hochklassischen Kunst ein sehr beliebtes Mittel, um weibliche Haltung und Körperlichkeit, ja Weiblichkeit überhaupt, zu charakterisieren. Zahlreiche Varianten des Grundschemas sind schon seit der Mitte des 5. Jhs. v. Chr. enstanden, die gesenkte Schulter wird meistens entblößt. Bemerkenswert ist, daß das Motiv der entblößten Schulter über die Klassik hinaus, den Hellenismus hindurch bis zum Ende der römischen Kaiserzeit in der Kunst ein häufiger Bestandteil der weiblichen Er-

11) Gerhard a.a.O.

12) S. Reinach, Répertoire de la statuaire grecque et romaine II (1897) 102; das Original wird heute in das späte 5. Jh. v.Chr. datiert: D. Arnold, Die Polykletnachfolge, 25. Ergh.Jahrb.DAI (1969) 252f. Nr. 1 Taf. 4a.

13) Die „Schutzflehende Barberini" war im frühen 19. Jh. im Palazzo Barberini aufgestellt. - In der heutigen Fachliteratur gilt das Original als ein Werk der zweiten Hälfte des 5. Jhs. v.Chr.: J. Dörig, Jahrb.DAI 80, 1965, 144ff. Abb. 1.

14) E. Schmidt v. d. Launitz, Das neue Museum in Berlin, in: Kritische Blätter des Frankfurter Museums, 31. 1. 1857, Nr. 3 (Inst.f.Stadtgesch.);

C. Blümel, Kat. der staatlichen Museen zu Berlin III (1938) 31f. K31 Taf. 40.

15) a.a.O. (s.o. Anm. 10).

16) Nach Winckelmann hat „*die Form der wahren Schönheit nicht unterbrochene Teile... Weder das Kinn noch die Wangen, durch Grübchen unterbrochen, können der Form der wahren Schönheit gemäß seyn*", Erinnerung über die Betrachtung der Werke der Kunst, in: Werke I 208.

17) Muse Erato: Schmidt Abb. 3; Hoffnung vom Grabmal für Pieter Agnisius Ragay: Schmidt Abb. 15; Kranke vom Heilig-Geist-Hospital: Schmidt Abb. 105.

scheinung geblieben ist, allerdings immer seltener in Zusammenhang mit einem Stützmotiv und entsprechender Schulterneigung.

Mit seiner sich aufstützenden Grabfigur hat also der Künstler hier versucht, ein hochklassisches Darstellungsschema getreu wiederzugeben. Launitz, für den die Bauplastik des Parthenon phidiasisch war[18], dürfte den Fauvelschen Gipsabguß der heute beschädigten Aphroditeplatte des Ostfrieses gekannt haben, der die Göttin mit von der rechten Schulter herabgeglittenem Chiton zeigt[19]. Das Verständnis für den ursprünglichen Zusammenhang von Einzelmotiven und stilistischem Gesamthabitus ist für Launitz' klassizistische Gesinnung charakteristisch. Seine Bewunderung für die Schöpfungen des Phidias und die parthenonischen Skulpturen - *„die größte Periode, die die Skulptur jemals gehabt hat"*[20] – scheint der Grund dafür zu sein. Er versuchte, das antike ikonographische Detail möglichst in Verbindung mit den kompositionellen und stilistischen Merkmalen seiner Enstehungszeit zu gestalten. In dieser Hinsicht ähnelte seine Vorgehensweise der des Archäologen.

Kompliziert ist die Gewandgürtung der Grabfigur, da sie eine Fusion von verschiedenen Trachten und Modeerscheinungen der Antike darstellt. Die Frau trägt einen Gürtel in der Taille, der unter einem Überfall versteckt ist. In Hüfthöhe sitzt noch ein Gewandbausch, der anscheinend aus einer zweiten Gürtung herausgezogen ist. Die Gürtel sind nicht sichtbar, sondern aus den beiden relativ eng untereinanderliegenden Überfällen zu er-

schließen. Die unsichtbare Chitongürtung ist ein charakteristisches Merkmal der Klassik, der Gürtel bleibt bei den weiblichen Figuren oft unter breiten Stoffmassen und Gewandbäuschen versteckt[21]. In Anbetracht dieser Tatsache ist es eindeutig, daß der Künstler hier das Erscheinungsbild klassischer Gewänderfülle nachahmt. Im Gegensatz dazu sind die zwei Gürtel keine typisch klassische Mode, sondern eine häufige Erscheinung bei weiblichen Gewandfiguren der römischen Kaiserzeit[22]. Die römischen Darstellungen weisen aber eine andere Gewandanordnung als die klassizistische Grabfigur auf. Sie haben eine hohe Gürtung – direkt unterhalb der Brust – und eine tiefe an der Hüfte, die manchmal von einem kurzen Überfall bedeckt wird. Bei diesen römischen Darstellungen sind meistens beide Gürtel in der Vorderansicht sichtbar, weil die Figuren vorwiegend sich dem Körper anschmiegende Gewänder tragen. Es ist hier offensichtlich, daß Launitz bei der Figur auf dem Bad Sodener Friedhof ein Trachtdetail römischer weiblicher Idealplastik in griechisch-klassischem Stil wiedergibt[23].

Die Chitonpartie zwischen den zwei Gürteln und an den Füßen unterhalb des Mantelsaumes ist besonders fein gefältelt. Launitz hat damit beabsichtigt – in Anlehnung an klassische, mit Chiton und Mantel bekleidete Frauen – den Kontrast der unterschiedlichen Stoffcharaktere vom Mantel und Chiton zu unterstreichen[24].

Noch ein anderes Detail der Chitonwiedergabe veranschaulicht die Nachahmung eines klassischen Motivs in klassischem Stil: Der Mantelrand wird in Hüfthöhe

18) Im 19. Jh. galt allgemein die Kunst des Parthenon als *„Vergegenwärtigung des phidiasischen Geschmacks"*: Werke V 466f. Beil. IV zur Seite 211 (Meyer); Launitz a.a.O. (s.o. Anm. 14).

19) s.o. Anm. 10.

20) Launitz ebenda; ders., Über die Behandlung des Nackten und der Gewandung in der antiken Plastik, *vgl. hier S. 24 ff.*

21) s.o. Anm. 10.

22) M. Bieber, Ancient Copies (1977) 47 Anm. 76 Abb. 156; H. Wrede,

Consecratio in formam deorum (1981) 74. 222 Nr. 82 Taf. 10,3 (mit Lit.); P. Karanastassis, Athen.Mitt. 101, 1986, 250 Anm. 168.

23) In der Klassik sind die zwei Gürtel bei weiblichen Figuren nur vereinzelt belegt, jedoch nicht an freiplastischen Werken bekannt: M. Bieber, Griechische Kleidung (1928) 19; 40 Taf. 8,4.

24) s.o. Anm.10; Kora Albani in Rom, Villa Albani: St. A. Morcelli – C. Fea – P.E. Visconti, La villa Albani descritta (1869) Nr. 749; W. Helbig, Führer durch die öffentlichen Sammlungen klassischer Altertümer in Rom ⁴(1972) Nr. 3342 (W. Fuchs).

von der überschüssigen Stoffmasse des Chitonbausches überlappt. Diese Eigentümlichkeit findet man häufig an weiblichen Darstellungen der klassischen Zeit. Die weibliche Figur aus der Südmetope 19 des Parthenon[25] oder in römischen Kopien erhaltene klassische Statuen, wie z.B. die Kora Albani[26] und die Athena Giustiniani[27], sind charakteristische Beispiele. Bemerkenswert ist, daß die hochklassischen Aphroditetypen, von denen Schmidt von der Launitz sein Figurenschema hat, einen leichten Chiton tragen, welcher die gewölbte Bauchpartie und sehr oft den Nabel durchscheinen läßt[28]. Wahrscheinlich wählte der Künstler hier ein 'sittlicheres' Erscheinungsbild, bei dem die Körperformen nicht sichtbar sind, weil die Figur auch als idealisiertes Bildnis der Verstorbenen aufgefaßt werden konnte und sollte, deren Ruf als tugendhafte Ehefrau eine züchtige Bekleidung verlangte[29].

Auch die Gestaltung des Standmotivs zeigt Entlehnungen von hellenistischen und römischen Vorbildern. Bei der klassischen Angelehnten Aphrodite ist das entlastete Bein vor das Standbein geschoben und tritt, beinahe gestreckt, vor ihm mit fast ganzer Sohle auf. Im Hellenismus wird dieses Standmotiv, besonders bei angelehnten Figuren von Zweiergruppen, zu einer fast tänzerischen Pose abgewandelt. Das entlastete Bein wird über das Standbein zur Seite geschlagen und der Fuß tritt nur leicht – und parallel zum anderen Fuß – mit der Fußspitze

auf[30]. Diese charakteristische Weiterbildung des klassischen Standmotivs findet sich bei einer römischen Statuettengruppe von Mars und Venus im Vatikan[31]. Aber auch einzelne weibliche Figuren zeigen dieses Motiv, wie z.B. eine Kopie der Angelehnten Aphrodite im Louvre und eine späthellenistische Aphroditestatuette in Dresden (*Abb. 88*)[32]. Diese Figuren kommen dem Standmotiv unserer Grabfigur besonders nah – allerdings mit einer leichten Abweichung in der Fußstellung: der vorgesetzte Fuß tritt mit fast ganzer Sohle auf. Diese Bein- und Fußstellung wird auch von anderen klassizistischen weiblichen Figuren des 18. und 19. Jhs. zitiert[33].

Ferner weist die Figur einige motivische und kompositorische Merkmale auf, die zwar ihren Ursprung in der Kunst des 5. Jhs. v. Chr. haben, aber vom Künstler frei umgesetzt wurden. Die Art z.B., wie der Mantel angelegt ist, erweckt beim Betrachter den Eindruck, daß er im nächsten Augenblick von der Schulter bzw. dem Oberschenkel heruntergleiten und die Gestalt im Chiton entblößen wird. Die Haltung der Figur hat daher einen doppelten Sinn: sich anzulehnen und gleichzeitig den Mantel festzuhalten. Man sollte die Erfindung dieser Komposition in der attischen Kunst des 5. Jhs. v. Chr. in der Nachfolge des Phidias suchen. Am Anfang der Entwicklung stehen verschiedene weibliche Figuren dieser Zeit, welche den einen oder den anderen Aspekt ent-

25) Zur Zeit des Künstlers nur durch Carreys Zeichnung bekannt: B. Sauer, in: Festschrift J. Overbeck (1893) 10f.; E. Pernice, Jahrb.DAI 10, 1895, Taf. 3.

26) s.o. Anm. 24.

27) Athena Giustiniani heute im Vatikan, Braccio Nuovo, Helbig[4] a.a.O. I Nr. 449 (W. Fuchs) - Nach Winckelmann ein Werk des ältesten Stils, Geschichte der Kunst des Altertums, 5 Buch, 5 Kap. § 8; 5 Kap. § 4, in: Werke IV 159 Anm. 2 (Meyer) 247 Anm. 4 (Meyer: hoher Stil).

28) s.o. Anm.10.

29) Anders ist es bei Allegorien des Künstlers, die eindeutig körperbetonte Gewänder tragen: vgl. die Industrie mit ebenso zweifachgegürtetem Chiton am Gutenbergdenkmal: Schmidt Abb. 57.

30) A. Linfert, Kunstzentren hellenistischer Zeit (1976) 52f. Taf. 76-81.

31) Statuettengruppe Mars und Venus in Rom, Vatikan, Museo Chiaramonti, Amelung a.a.O. 731 Nr. 627 Taf.78.

32) Kopie der Angelehnten Aphrodite im Louvre, s.o. Anm. 10; Aphroditestatuette in Dresden. - im Jahre 1728 aus dem Bestand der Villa Albani erworben: K. Zimmermann, Die Dresdener Antiken und Winckelmann (1977) Taf. 1; H. Hettner, Die Bildwerke der königlichen Antikensammlung zu Dresden (1875) 46 Nr.12; LIMC II (1984) 45 Nr. 342.

33) G. Schadow, Prinzessinnengruppe (1797) Berlin, Nationalgalerie; P. Bloch, in: Ideal und Wirklichkeit der bildenden Kunst im späten 18. Jahrhundert (1984) 90 Abb. 2.

halten. So bestimmt das 'Beinahe-Fallen' des Mantels bei einem variierenden Nachklang der phidiasischen Aphrodite Ourania im Erechtheionfries[34] und bei der Ariadne Valentini[35] den Gesamteindruck. Bei der „Schutzflehenden Barberini" ist der andere Aspekt bestimmend, indem sie sich mit dem linken Arm stützt und gleichzeitig den herabgleitenden Chiton unter der linken Achsel festklemmt[36]. Diese Bildprägungen übten seit der Mitte des 5. Jhs. v. Chr., über die Antike hinaus bis zur Kunst der Neuzeit eine beträchtliche und dauernde Wirkung aus. Man kann von einer ständigen Neuinszenierung und Synthese der ursprünglichen Konzepte in vielen Varianten sprechen, wobei das Ergebnis stärker als von den antiken Inhalten von den jeweiligen ästhetischen und moralischen Vorstellungen abhängig ist.

So ist auch die Art, wie Launitz das schwere Stützmotiv mit beiden Händen und das Festhalten des rechten Arms und Gewandes mit der linken Hand überspitzt hat, nicht antik. Erhebliche stilistische Abweichungen von der Kunst des 5. Jhs. v. Chr. weist auch die Gewanddrapierung auf. Der Künstler verzichtet auf die locker bewegten, reich gebauschten Gewänder und die auffälligen kontrastierenden Mantelwülste der Hochklassik und des Reichen Stils zugunsten eines in der Stofflichkeit einheitlichen und beruhigten Stils und einer allgemeinen Schlichtheit und reflektiert damit die klassizistische Auffassung von griechischer Kunst im Sinne Winckelmanns: sie sei von *edler Einfalt* und *stiller Größe*[37].

---

34) P. N. Boultier, in: Antike Plastik X (1970) 9ff. Taf. 3.

35) E. Bielefeld, in: Antike Plastik XVII (1978) 57ff. mit Abb.

36) s.o. Anm. 13.

37) J. J. Winckelmann, Gedanken über die Nachahmung der griechischen Werke in der Malerei und Bildhauerkunst § 79, in: Werke I 30f.

ILSE M. HAGEMEIER – URSULA MATTEN

Der Bauschmuck der Frankfurter Börse

Die von 1874 bis 1879 erbaute Börse *(Abb. 89)*, als Ingenieurbau wegen der Kuppelkonstruktion von Anfang an stark beachtet, war sowohl im Bereich der Fassade als auch im Inneren reich mit Bauskulptur ausgestattet. Der Börsensaal wurde im Zweiten Weltkrieg zerstört, die Skulpturen auf und an der Fassade wurden zum Teil beschädigt. Gegenstand dieser Untersuchung kann daher nur die Ausstattung der Fassade sein.[1]

Die von 1839 bis 1843 errichtete alte Börse am Paulsplatz entsprach bereits nach knapp 30 Jahren nicht mehr den Anforderungen. Durch einen Geländetausch mit der Stadt konnte der Neubau des Börsengebäudes auf dem ursprünglich für das Opernhaus vorgesehenen Rahmhofgelände errichtet werden, das mehr im künftigen wirtschaftlichen Zentrum der Stadt lag[2].

Auf die am 30.9.1872 ausgeschriebene allgemeine Konkurrenz wurden 39 Entwürfe anonym unter Motto eingereicht. Am 4.2.1873 beschloß das von der Handelskammer eingesetzte Börsenbaukomitee, daß die von ihm bestellten Preisrichter vor allem zu prüfen hätten, ob und inwieweit die Entwürfe den in dem Programm aufgestellten Anforderungen entsprächen.[3] Diese Anforderungen bezogen sich ausschließlich auf die funktionale Bestimmung des Gebäudes. Daneben sollten die Preisrichter auch auf eine möglichst preisgünstige Ausführung achten.

Das Preisrichterkomitee verlieh am 8.2.1873 den ersten Preis dem Entwurf „pax perpetua" von Heinrich Rudolf Burnitz und Oskar Sommer aus Frankfurt am Main. Die Preisrichter begründeten ihre Entscheidung damit, daß *„vor allem die zweckmäßige und schöne Disposition der Anlage und erst in zweiter Linie die Kunstwürdigkeit der äußeren und inneren Architektur, als leitende Gesichtspunkte maßgebend sein sollen. ... Unter diesen in engere Wahl gezogenen Projekten verdiente vor allen anderen der mit dem Motto „pax perpetua" bezeichnete ... vorangestellt zu werden. Es ist dabei besonders hervorzuheben, daß ... die äußere und innere Architektur in einheitlicher Zusammenwirkung die zu mannigfaltigen Zwecken dienende Bauanlage als ein schönes großartiges Ganzes erscheinen läßt"*.[4]

Auf Beschluß des Börsenbaukomitees wurde am 25.4.1873 der Vertrag mit den Architekten Burnitz und Sommer abgeschlossen[5]. Nach diesem Vertrag hatten die Architekten auch sämtliche Zeichnungen für die innere Ausschmückung anzufertigen. Die äußere Ausschmückung wird nicht erwähnt.

In der Baubeschreibung zum Entwurf „pax perpe-

---

1) Dieser Beitrag stützt sich auf die IHK-Akten über den Börsen-Neubau in der IHK-Bibliothek (Fach V3; im folgenden „IHK-Bibl.") und im Inst.f.Stadtgesch., die nicht vollständig erhalten zu sein scheinen, sowie auf von den Verfasserinnen angefertigte Fotografien. Besonderer Dank für die freundliche Unterstützung gilt der Industrie- und Handelskammer, dem Institut für Stadtgeschichte und der Deutscher Kassenverein AG in Frankfurt am Main.

2) IHK-Bibl.; Doris Hilbig, Das Börsengebäude in Frankfurt/Main von Heinrich Rudolf Burnitz und Oskar Sommer, Magisterarbeit,

Kunsthistorisches Institut der Johann Wolfgang Goethe-Universität Frankfurt am Main, Wintersemester 1983, 10ff.

3) Sitzungsprotokolle des Börsenbaukomitees, IHK-Bibliothek, Fach V1 (im folgenden „Protokoll") vom 4.2.1873 § 50.

4) Protokoll vom 8.2.1873.

5) Protokoll vom 22.2.1873, § 55; IHK-Bibl., Vertrag mit Burnitz und Sommer vom 25.4.1873, § 2 c.

tua" hatten Burnitz und Sommer zum Bauschmuck ausgeführt: *„Die figürliche Ausstattung des Gebäudes wird dazu dienen, dasselbe bestimmter charakterisieren zu können. Die Eckpavillons sind mit Figurengruppen geziert, welche die Wappen derjenigen Städte, welche bedeutende Börsen besitzen, halten. Die Hauptfront erhält zu Oberst einen figürlichen Schmuck in Darstellung der Hauptzweige der Industrie und des Handels, der Kunst etc. etc., welche auf das Börsengeschäft einen Einfluß üben. Über der Vorhalle sind Kindergruppen angeordnet, welche auf die darüber befindlichen Hauptfiguren in ihrer Handlungsweise Bezug nehmen."*[6]

Die auf den Wiener Börsenkrach vom Mai 1873 folgende Rezession veranlaßte die Handelskammer, die Architekten mit der Anfertigung neuer Pläne zu beauftragen.[7] Ziel dieses Auftrages war eine erhebliche Reduzierung der veranschlagten Baukosten. Schließlich wurde ein modifizierter Plan ausgeführt, der stark auf den Entwurf „pax perpetua" zurückgriff.[8] Eine der wesentlichen Änderungen betraf den Verzicht auf die im Entwurf vorgesehenen Statuen und sonstigen Bildhauerarbeiten. Nachdem die Architekten Baukosten eingespart hatten, unterstützte das Börsenbaukomitee am 26.7.1877 deren Vorschlag an die Handelskammer, *„... daß die Ausführung der ... Statuen und Bildhauerarbeiten, welche den Bau sehr zieren und das großartige Werk krönen würden, nachträglich beschlossen werden möchte."*[9] Die

Handelskammer genehmigte zunächst nur die Beschaffung der Steine[10]. Wegen der Größe dieser Steine nahm das Börsenbaukomitee mit den Bildhauern Kaupert und von Nordheim Rücksprache[11]. In einer zweiten Anfrage führte das Börsenbaukomitee aus: *„Es dürfte nicht in Abrede zu stellen sein, daß die Schönheit und Großartigkeit des neuen Börsengebäudes sehr beeinträchtigt, ja selbst verstümmelt werden würde, wenn die projektierten Statuen und sonstigen Bildhauereien in Wegfall kämen; mehrere dieser Ausschmückungen sind übrigens geradezu unerläßlich."*[12] Jetzt stimmte die Handelskammer der Anfertigung der projektierten Statuen und sonstigen Bildhauereien zu[13]. Mit dem Beschluß, die Arbeiten unter die Frankfurter Künstler zu verteilen, nahm das Börsenbaukomitee (wie auch mit anderen Beschlüssen) Rücksicht auf die schwierige wirtschaftliche Lage der Künstler und Handwerker. Es sollten *„Schierholz 3 Stck., Rumpf 2 Stck., Petri 2 Stck. und Herold 1 Stck. Figuren für das Arrierecorps"* fertigen (offenbar wurden erst danach die Figuren auf den Ecken zu den Avantcorps durch Obelisken ersetzt). Die Themen für den Skulpturenschmuck wurden von den Architekten vorgegeben und vom Börsenbaukomitee gebilligt.[14] Die Beteiligung von Kaupert bei der Entscheidung, entgegen dem ursprünglichen Entwurf zwei Gruppen Krieg und Frieden zu verwirklichen, kann vermutet werden.[15]

---

6) IHK-Bibliothek, Fach V2: Beschreibung „Pax perpetua" von Heinrich Rudolf Burnitz und Oskar Sommer, S. 29.

7) IHK-Bibl., Schreiben der Architekten Burnitz und Sommer an das Börsenbaukomitee vom 9.8.1878

8) Protokoll vom 23.7.1873, § 76.

9) IHK-Akte 1033, Inst. f. Stadtgesch., Schreiben des Börsenbaukomitees an die Handelskammer vom 26.7.1877.

10) IHK-Akte 1033, Inst. f. Stadtgesch., Schreiben der Handelskammer an das Börsenbaukomitee vom 31.7.1877

11) Protokoll vom 25.8.1877, § 149.

12) IHK-Akte 1033, Inst. f. Stadtgesch., Schreiben des Börsenbaukomitees an die Handelskammer vom 17.1.1878.

13) IHK-Akte 1033, Inst. f. Stadtgesch., Schreiben der Handelskammer an das Börsenbaukomitee vom 22.1.1878.

14) Protokoll vom 23.2.1878, §§ 160 u. 173.

15) vgl. F. Graf, Die Kunst in Frankfurt. Der plastische Schmuck des Börsenbaues, in: Didaskalia Nr. 204 vom 23.7.1878.

Am 25.3.1878 wurden die Verträge mit den Bildhauern abgeschlossen[16]. Während Gustav Kaupert, seit 1867 als Professor für Skulptur und Leiter der Bildhauerklasse an der Städelschule in jedem Fall der führende Frankfurter Bildhauer, den Auftrag für die Figurengruppen Krieg und Frieden auf den Avantcorps erhielt, wurden die Aufträge für die Einzelstatuen und die sonstigen Bildhauerarbeiten auf verschiedene Frankfurter Bildhauer verteilt. Von Nordheim erhielt den Auftrag für die sechs Stadtwappen und vier Zwickelreliefs in den Avantcorps. Schwind sollte die östliche obere Figur „Telegraphie" *(Abb.95)*, Eckhard die westliche obere Figur „Post" *(Abb.94)* fertigen. Rumpf wurde mit zwei oberen Figuren „Handel" *(Abb.90)* und „Industrie" *(Abb.91)* sowie vier Zwickelreliefs und zwei Kindergruppen beauftragt. Schierholz fiel der Auftrag für die beiden mittleren oberen Figuren „Schiffahrt" *(Abb.92)* und „Eisenbahn" *(Abb.93)*, die mittleren sechs Zwickelreliefs und zwei mittlere Kindergruppen zu. Herold erhielt den Auftrag für zwei östliche Zwickelreliefs und zwei östliche Kindergruppen, Petry für zwei westliche Zwickelreliefs und zwei westliche Kindergruppen. Die Verträge lauten auf acht Kindergruppen, obwohl nur sechs benötigt wurden. Wann einem Bildhauer (vermutlich Schierholz) zwei Kindergruppen gestrichen wurden, war nicht mehr festzustellen. Die oberen Figuren sollten 2,50 m hoch zuzüglich einer Plinthe von 20 cm werden, die Kindergruppen 1,50 m hoch einschließlich Plinthe. Zu verwenden waren die gestellten Steine (Heilbronner Sandstein). Für die Anfertigung der Statuen blieb bis zur Einweihung des Börsengebäudes am 4. März 1879 nur weniger als ein Jahr Zeit.

Der Plan für das die gesamte Nordseite des Börsenplatzes einnehmende Gebäude im italienischen Renaissancestil wird bestimmt durch den großen Börsensaal.[17] Die Frankfurter Börse weist deutlich stilistische Verwandtschaft mit der Berliner Börse auf, die 1859-63 von dem Schinkel-Schüler Friedrich Hitzig erbaut wurde.[18] Dies überrascht nicht, hatte doch Oskar Sommer nach Studien in Hannover, Zürich (bei Gottfried Semper) und Italien in den Jahren 1864-65 bei Hitzig studiert. Dem Haupteingang ist eine um vier Stufen erhöhte Vorhalle vorgelagert, die mit dem Börsensaal (Arrierecorps) den Mitteltrakt bildet. Seitlich schließen sich zwei Avantcorps an. Die Vorhalle wird durch sechs dorische Doppelsäulen in sieben Durchgänge unterteilt. Das Gebälk über der Vorhalle besteht aus einem dorischen Metopen-Triglyphen-Fries, der sich an den Avantcorps fortsetzt und mit Rosetten sowie den zwölf Tierkreiszeichen geschmückt ist.

In der Fassade des Arrierecorps finden sich im Obergeschoß entsprechend den Durchgängen der Vorhalle sieben Rundbogenfenster, deren Rundbogen von Zwickelreliefs flankiert werden. Die Rundbogen werden von kleinen ionischen Säulen getragen. Die einzelnen Fenster sind durch korinthische Dreiviertelsäulen voneinander getrennt. Das Obergeschoß wird durch einen Eichenlaubfries abgeschlossen. Auf dem Gesims über der Vorhalle finden wir über den Doppelsäulen sechs Gruppen spielender Kinder. Die abschließende Balustrade des Arrierecorps wird von sechs Einzelstatuen gekrönt.

Die beiden Avantcorps werden über von korinthischen Säulen gerahmten Rundbogenfenstern mit

---

16) IHK-Bibliothek, Fach V 4: Verträge mit den Bildhauern.

17) Über Börsenarchitektur des 19. Jhs existieren bisher keine Untersuchungen, doch soll zu diesem Thema eine Dissertation in Arbeit sein.

18) Propyläen-Kunstgeschichte, Band 11, Die Kunst des 19. Jahrhunderts, Abb. 375.

Zwickelreliefs von den Statuengruppen Krieg und Frieden gekrönt. An den Avantcorps sind in der Mitte und an den Seiten die Wappen der sechs großen Börsenstädte Amsterdam, Paris, Wien, Berlin, London und New York angebracht. Sowohl die Figurengruppen als auch die Einzelstatuen befinden sich in solcher Höhe, daß sie vom Börsenplatz aus nur in extremer Untersicht und in großer Entfernung zu sehen sind. Auch von den gegenüberliegenden Gebäuden aus sind sie nur in erheblicher Entfernung zu betrachten. Sie sind heute auch vom Dach des Gebäudes aus nicht mehr zugänglich.

Die Statuen, die die Wirtschaftszweige Handel *(Abb.90)* und Industrie *(Abb.91)* darstellen, sind Werke von Anton Karl Rumpf[19] (geb. 1838), der aus der bekannten Frankfurter Architekten- und Künstlerfamilie stammte *(s. Beitrag Köster)*. Er begann seine Studien an der Städelschule bei Kauperts Vorgänger Johann Nepomuk Zwerger. Anschließend ging Rumpf zu Widnmann nach München, zu Schilling nach Dresden und von 1866-68 nach Italien (Rom, Neapel, Florenz, Venedig), dann erneut nach Dresden. Seit 1870 war er wieder in Frankfurt tätig und hatte unter anderem beim Wiederaufbau des Domes einige Figuren geschaffen sowie seine Arbeiten am fast gleichzeitig mit der Börse errichteten Opernhaus beendet.

Rumpf wählte für die Darstellung des Handels *(Abb.90)* naheliegenderweise eine Merkurstatue. Der Gott steht mit dem linken Fuß auf der schräg nach vorn abfallenden Plinthe, der rechte Fuß ist nach hinten und leicht zur Seite gesetzt, so daß er kaum die Plinthe berührt. Der Rumpf ist über dem Standbein nur wenig kontrahiert, Brust- und Schulterlinie sind waagrecht. Der Kopf ist leicht nach rechts gedreht, der Blick richtet sich nach unten. Bekleidet ist Merkur mit einem kleinen Mantel, der in nichtantiker Drapierung das Geschlecht bedeckt und durch einen Schulterriemen gehalten wird. Er trägt geflügelte Schnürsandalen, deren Schnürung bis zur Wade reicht, und einen kleinen geflügelten Hut, unter dem ein Lockenrand sichtbar ist. In der linken Hand hält er einen vollen Geldbeutel, den er auf einen Baumstumpf aufstützt und in seiner rechten Hand einen aus Bronze oder Kupfer gefertigten Caduceus. Die gesamte Kopf- und Halspartie ist offenbar nach Beschädigung ergänzt worden.

Rumpf folgt mit seinem Merkur der bekannten Ikonographie; allerdings trägt Merkur in römischer Zeit den Caduceus meist in der linken und den Geldbeutel in der rechten Hand. Nach dem Körperaufbau kommt keine antike Merkurstatue als Vorbild in Betracht, wenngleich einzelne Motive an spätklassische Statuen erinnern. Auch aus der Renaissance und dem Barock ließen sich keine direkten Vorbilder feststellen. Einige gleichzeitige Merkurstatuen, z.B. an verschiedenen Postgebäuden in Berlin, Flensburg und Leipzig, erscheinen ebenso eklektisch wie die Statue von Rumpf, ohne mit dieser Ähnlichkeiten aufzuweisen.[20]

Franz Graf schreibt: *„Merkur ... steht etwas vornüber gebeugt, sozusagen auf dem Sprunge, den Gedanken ausdrückend, daß die Börse stets weitausschauend verfährt. Der bekannte Schlangenstab in der Rechten und ein strotzender Beutel in der Linken sind als Attribute unerläßlich, ersterer hat für die Börse sogar eine Nebenbedeutung, insofern die beiden Schlangen*

---

19) Daten und Schreibweise im folgenden nach: Kunst und Künstler in Frankfurt a. M. im neunzehnten Jahrhundert, 2. Bd., herausgegeben auf Veranlassung des Frankfurter Kunstvereins (1909).

20) Postbauten des Deutschen Reiches, Verlag von Karl Fr. Pfau in Leipzig (o.J.).

Merkur als den Friedensvermittler hinstellen."[21] An etwa zeitgleichen Gebäuden wird der Handel in der Regel ebenfalls durch Merkur dargestellt. Am zehn Jahre jüngeren Hauptbahnhof in Frankfurt am Main erscheint dagegen eine sitzende Frau mit einem Faß und einem Kontorbuch.[22]

Für die Darstellung der Industrie *(Abb.91)* wählte Rumpf ein ganz und gar zeitgemäßes Motiv, einen kräftigen Arbeiter aus der Eisenindustrie, der gleichwohl noch antikisch ponderiert ist. Er steht auf dem linken Bein und hat das rechte leicht zur Seite gesetzt. Die Kontraktion des Körpers über dem Standbein ist nur schwach ausgeprägt. Der Kopf kann zur Beurteilung nicht herangezogen werden, da er nach Beschädigung in einer Weise restauriert wurde, die das Gesicht maskenhaft starr erscheinen läßt. Bekleidet ist der Industriearbeiter mit Stiefeln, engen Beinkleidern und einem knielangen Schurzfell sowie einem Hemd, dessen Ärmel bis zum Oberarm aufgekrempelt sind. In der rechten Hand hält er einen Schmiedehammer, der auf dem Amboß ruht, in der linken einen Zirkel. Dieser deutet nach Franz Graf darauf hin, daß für die Industrie außer der Kraft auch Wissenschaft und Kunst von Bedeutung sind.

Wie der Merkur in seinem Lauf nur kurz anzuhalten scheint, hat auch der Industriearbeiter seine Tätigkeit kurz unterbrochen. Beide Statuen Rumpfs erfüllen ihre Aufgabe, die Bedeutung von Handel und Industrie für das Börsengeschäft zu unterstreichen, und ordnen sich dem Bauprogramm unter. Eine Darstellung des Gewerbes am Oberpostdirektionsgebäude in Leipzig[23] zeigt (bei einem anderen Körperaufbau) einen Schmied mit Hut, Arbeitsrock und Schurzfell, Hammer und Zahnrad. Am Frankfurter Hauptbahnhof wird die Industrie dagegen durch eine sitzende Frauengestalt repräsentiert, die ihre Hand auf eine Presse legt.

Die beiden Figuren, die die damals für die Wirtschaft wichtigsten Verkehrsmittel Schiffahrt *(Abb.92)* und Eisenbahn *(Abb.93)* darstellen, wurden von Friedrich Schierholz (geb. 1840 in Frankfurt am Main) geschaffen. Auch er begann seine Ausbildung bei Zwerger am Städel und war anschließend vier Jahre bei Widnmann in München. Nach Studien in Oberitalien (1871) kehrte er nach Frankfurt zurück. Wie Rumpf war er am Wiederaufbau des Domes und an der Skulpturenausstattung des Opernhauses beteiligt.

Die nebeneinander in der Mitte stehenden Frauenstatuen in antikisierendem Gewand sind stilistisch eng verwandt und auch in ihrer Haltung aufeinander bezogen. Das Spielbein ist in symmetrischer Weise vorgesetzt und seitlich leicht der jeweils anderen Figur zugewandt. Beide Frauen tragen einen langen gegürteten Chiton, dessen Ausführung an Statuen des späten 5. Jhs.v.Chr. erinnert. Der Chiton erscheint bei beiden Figuren wie vom Wind bewegt, um die Geschwindigkeit anzudeuten.

Bei der „Schiffahrt" *(Abb.93)* wird zusätzlich ein weiteres Band kreuzweise über die Brust geführt. Der Chiton ist auf dem Oberarm gerafft und wird in unantiker Weise durch eine Fibel gehalten. Der gekräuselte Ausschnitt verläuft halsfern. Auf der Spielbeinseite springt der Chiton auf dem Oberschenkel auf, so daß bis zur Wade reichende Schnürstiefel sichtbar werden. Die Hände sind vor dem Standbein auf einem Schiffsanker übereinandergelegt. Der Kopf ist stark nach links zur „Eisenbahn" gewandt, der Blick geht in die Weite. Die lockigen Haarsträhnen werden nach hinten geführt und am Hinterkopf so locker zusammengefaßt, daß sie wie im Winde wehend erscheinen. Ein antikes Vorbild für diese Statue läßt sich nicht feststellen. Die Frisur lehnt sich leicht an die der ephesischen Amazonen an, während

---

21) vgl. Anm. 15.

22) H. Schomann, Der Frankfurter Hauptbahnhof (1983).

23) vgl. Anm. 20.

Haltung und Kleidung an Darstellungen der Artemis-Diana erinnern. Der Gesamteindruck ist der einer Wagnerschen Walküre[24] in antikisierendem Gewand.

Bei der „Eisenbahn" *(Abb.93)* läßt der auf den linken Arm herabgeglittene Chiton die linke Schulter frei (die linke Brust ist deutlich ergänzt und war vermutlich ursprünglich bedeckt). Die Gürtung hält zugleich einen Mantel, der von hinten um die linke Hüfte geschlungen den Unterkörper fast vollständig bedeckt und um das rechte Bein herum wieder nach hinten geführt wird. Die linke Hand rafft den Mantel. Der rechte Unterarm fehlt und mit ihm das ehemals in der rechten Hand gehaltene Attribut. Der Kopf ist geneigt, der Blick geht nach unten. Die vordere Haarpartie ist in der Mitte gescheitelt und wird in lockigen Strähnen nach hinten geführt und über dem Hinterhaupthaar zu einem Knoten zusammengefaßt, dessen Strähnen in Wellen auf die Schulter fallen. Schierholz orientierte sich hier an Frisuren der klassischen Zeit. Auch für diese Figur ist kein antikes Vorbild erkennbar. Überraschenderweise fehlt sowohl am mit der Frankfurter Börse gleichzeitigen Anhalter Bahnhof in Berlin[25] als auch am Frankfurter Hauptbahnhof eine Darstellung der Eisenbahn. An der Fassade des Hauptbahnhofs in Bremen[26] aus der gleichen Zeit zeigen zwei Zwickelreliefs Darstellungen der Schiffahrt und der Eisenbahn. Es handelt sich um zwei sitzende Figuren mit entblößtem Oberkörper. Links sitzt eine Frau in wehendem Mantel auf der Bordwand eines antiken Schiffshecks und hält ein Steuerruder. Rechts ist ein Mann auf einem Eisenbahnrad sitzend dargestellt, aus dessen wehendem Mantel ein fauchendes Untier hervor-

schaut. Aus dieser Darstellung läßt sich kein Hinweis auf das verlorene Attribut der Frankfurter Figur entnehmen, wenn auch durchaus denkbar erscheint, daß die „Eisenbahn" ihre rechte Hand ehemals auf ein Rad gelegt haben könnte.

Die Darstellung des Kommunikationsmittels Post *(Abb.94)* stammt von Rudolf Eckhardt (geb. 1842 in Frankfurt am Main). Er war zunächst länger als seine Kollegen Schüler von Zwerger am Städel und setzte anschließend seine Studien bei Bläser in Berlin fort. Nach seiner Rückkehr nach Frankfurt arbeitete er unter anderem am Opernhaus mit.

Für allegorische Darstellungen der Post wurde bis in die 2. Hälfte des 19. Jhs. häufig der Götterbote Merkur (teilweise mit Posthorn, Brief, Tasche und Paketen) benutzt. Daneben erscheinen im 19. Jh. häufig weibliche Figuren in unterschiedlichster Haltung und mit verschiedenen Attributen, meist jedoch mit einigen der genannten.[27] Auch Eckhardt stellt die Post durch eine Frauenstatue dar, die mit einem langen gegürteten Gewand bekleidet ist *(Abb.94)*. Sie steht auf dem linken Bein, das rechte ist vorgesetzt. Die Kontraktion des Körpers über dem Standbein ist stark ausgeprägt. Der linke Arm hängt neben der ausschwingenden Hüfte herunter, die Hand rafft das Gewand. Mit dem rechten angewinkelten Arm stützt sich die Frau auf ein Postpaket, das auf einem Pfeiler liegt, von dem ein Posthorn herabhängt. Das von der rechten Schulter geglittene Gewand läßt in einem tiefen Bogen auch die rechte Brust sowie zur Hälfte die linke Brust frei. Der Kopf ist leicht nach rechts gedreht, der Blick geht nach unten. Die Vorderpartie des

---

24) Die erste zyklische Aufführungen von Richard Wagners „Ring des Nibelungen" fand 1876 in Bayreuth statt.

25) H. Maier, Berlin Anhalter Bahnhof (1984).

26) M. Hamm, Bahnhöfe (1984). Dieser Bildband enthält Abbildungen von Bahnhöfen aus neun europäischen Ländern, jedoch leider keine weiteren verwertbaren Abbildungen der Bauskulptur.

27) Postbauten a.a.O.; Berlin und seine Bauten, Teil X, Band B: Anlagen und Bauten für den Verkehr 4, Post und Fernmeldewesen (1987); F. Jaeger, Posthorn & Reichsadler, Die historischen Postbauten in Berlin (1987).

gewellten Haares ist über der Stirn gescheitelt und unterhalb der Ohren nach hinten geführt. Dann wird es mit dem Hinterhaupthaar zu einer Hochfrisur zusammengefaßt, die zweimal zusammengebunden wird und in einem Haarknoten endet.

Eckhardt verwendete für seine Darstellung der Post zahlreiche Motive, die von verschiedenen antiken Aphroditestatuen bekannt sind, insbesondere orientiert sich die Haltung - allerdings spiegelbildlich - an der der angelehnten Aphrodite[28]. Das im Herabgleiten einen runden Bogen bildende und dabei die Brust entblößende Gewand ähnelt dem der Aphrodite im Typus Louvre-Neapel.[29] Beide Typen, die auf Werke des späten 5. Jhs.v.Chr. zurückgehen, waren in mehreren römischen Kopien bereits bekannt. Die Frisur erinnert an hellenistische Aphrodite-Frisuren.

Der Schöpfer der „Telegrafie" *(Abb.95)*, Georg Wilhelm Schwind (geb. 1853 in Frankfurt am Main), war 1869-76 an der Städelschule Schüler von Kaupert, 1877-80 an der Akademie in Berlin, dann in München und 1882-84 in Amerika. Anschließend kehrte er nach Frankfurt zurück. Seine Arbeiten für das Frankfurter Opernhaus und die Börse fallen noch in seine Studienzeit bei Kaupert bzw. in Berlin.

Die in ein langes Gewand gekleidete „Telegrafie" *(Abb.95)* steht auf dem rechten Bein und hat das linke als Spielbein nach außen gesetzt. Der Mantel bedeckt den linken Arm sowie die linke Schulter und wird über den Rücken und die rechte Hüfte wieder nach vorn geführt,

wo er mit der linken Hand ergriffen wird. In der halb erhobenen Hand hält die „Telegrafie" ein nicht eindeutig identifizierbares Attribut aus Bronze, vermutlich ein Blitzbündel. Der Kopf ist leicht gesenkt, der Blick nach unten gerichtet. Das Haar des Oberkopfes ist hinten zu einem Knoten geschlungen, einige Locken hängen im Nacken herab. Die vordere Haarpartie wird vom Mittelscheitel aus leicht eingerollt nach hinten genommen und dort eingebunden.

Die Statue Schwinds folgt mehr als die anderen einem antiken Vorbild. Der Aufbau der Figur folgt, lediglich mit etwas veränderter Manteldrapierung und der Gürtung unterhalb der Brust, einem Statuentypus, der vermutlich auf eine frühhellenistische Ceresstatue zurückgeht. Vertreten wird dieser Typus in der Statue der Faustina maior als Ceres, die mit der Sammlung Campana 1863 in den Louvre kam und 1859 und 1868 publiziert wurde.[30] Da dieser Statuentypus im 2. Jh.n.Chr. insbesondere für Porträtstatuen von Kaiserinnen sehr beliebt war,[31] ist der Kopf des griechischen Originals nicht überliefert. Ein Großteil der bekannten Wiederholungen weist Attribute auf, die sich auf Demeter-Ceres beziehen, wie z.B. Ähren und Mohn oder eine Fackel, die einige Repliken in der rechten Hand halten. Von den zahlreichen Darstellungen der Telegrafie, die besonders nach 1871 einsetzen, hält die des Generalpostamts Berlin ein Fackel, während es sich in den anderen Fällen, in denen die Attribute überhaupt erkennbar sind, um ein Blitzbündel handelt.[32]

---

28) vgl. LIMC II (1984) s.v. Aphrodite 29ff. (Delivorrias).

29) ebenda 34f.

30) M. Henry D'Escamps, Galérie des marbres antiques du Musée Campana à Rome2 (1868) Taf. 106; Musée du Louvre, Catalogue Sommaire des Marbres Antiques (1896) Nr. 1139; H.-J. Kruse, Römische weibliche Gewandstatuen des zweiten Jahrhunderts n.Chr. (1975) A 16.

31) Kruse a.a.O.

32) vgl. Lit. in Anm. 29, bes. Generalpostamt Berlin, Leipziger Straße, erbaut 1871/74, dagegen Reichstelegraphengebäude Berlin, Jägerstraße 43/44, erbaut 1877/78; Oberpostdirektionsgebäude Leipzig, Umbau 1881/84, und Reichspostgebäude Neuß erbaut 1877/79.

Während für die Darstellung von Handel, Schiffahrt, Eisenbahn und Post dem Stil der Zeit entsprechend jeweils verschiedene antike Motive in eklektischer Weise verwendet wurden[33], kann die Schwindsche „Telegrafie" als neuzeitliche Umbildung des genannten Ceres-Typus angesehen werden. Der jüngste der vier Bildhauer ist dem antiken Vorbild also sehr viel stärker verhaftet als seine älteren Kollegen. Dies kann damit zusammenhängen, daß er die Figur noch während seiner Studienzeit schuf.[34]

Wie der Vergleich mit anderen etwa gleichzeitigen Personifikationen von Wirtschaftszweigen zeigt, hatten die Bildhauer offensichtlich einen großen gestalterischen Spielraum hinsichtlich Haltung, Körperaufbau und Gewandung ihrer Figuren, mußten aber die Vorgaben des jeweiligen Architekten berücksichtigen. Zwar steht für den Handel meistens Merkur, der jedoch auch (mit den entsprechenden Attributen ausgestattet) die Post darstellen kann. Diese kann aber auch durch weibliche Gestalten vertreten werden, wie Eckhardts Statue an der Frankfurter Börse zeigt. Die stets in Verbindung mit Darstellungen der Post erscheinende „Telegrafie" wird immer, so auch hier, durch eine weibliche Figur repräsentiert, deren Gestaltung allerdings sehr verschieden ausfallen kann. Die Identifizierung der dargestellten Wirtschaftszweige erfolgte hauptsächlich mithilfe der typischen Attribute.

Mit den Kindergruppen und Zwickelreliefs wurden Heinrich Petry und Gustav Herold beauftragt. Petry (geb. 1832 in Frankfurt am Main) war Schüler von Zwerger an der Städelschule. Er hatte seinen Wohnsitz ständig in Frankfurt und war 1866-67 interimistischer Leiter der Bildhauerklasse an der Städelschule. Vor seinen Arbeiten für die Börse hatte er unter anderem einige Figuren für

den Wiederaufbau des Domes geschaffen und war an der Ausstattung des Opernhauses beteiligt.

Gustav Karl Martin Herold (geb. 1839 in Liestal/Basel-Land) war ebenfalls Schüler von Zwerger an der Städelschule und ging anschließend an die Akademie nach Wien. Ab 1867 lebte er abwechselnd in München und Frankfurt, seit 1872 ständig in Frankfurt. Auch er hatte bereits am Opernhaus mitgearbeitet.

Jede der sechs Gruppen besteht aus Figuren zweier Kinder, die im Spiel mit Posthorn und Brief, um einen Lorbeerkranz feilschend, mit einem Dampfschiff, einer Dampflok, bei der Unterrichtung im Zeichnen und im Spiel mit einem Morseapparat jeweils auf die über ihr stehende Einzelfigur Bezug nehmen. Der Erhaltungszustand ist teilweise schlecht. Kinder, Eroten und Putten, die spielerisch einer an sich ernsthaften Tätigkeit nachgehen, sind aus der Plastik und Malerei seit dem Hellenismus bekannt und beliebt. Als zeitgleiches Beispiel möge das Reichstelegraphengebäude in Berlin dienen. Es zeigt einen Relieffries mit neun Knabengruppen, die Arbeiten für die Telegrafie ausführen, u.a. Bedienung des Morseapparates und des Fernsprechers, Versenken des Überseekabels und das Aufstellen von Telegrafenmasten.[35]

Für das Börsengebäude liegt die Bedeutung der Kindergruppen im Thema begründet. Sie greifen dieselben Themen auf wie die hoch über ihnen stehenden Einzelfiguren, präsentieren sie aber in unbekümmertspielerischer Weise. Zudem waren sie wesentlich leichter zu betrachten als die Einzelfiguren und belebten die Fassade erheblich.

Die Zwickelreliefs neben den Rundbogenfenstern zeigen weibliche und männliche Mischwesen (menschlicher Oberkörper und Unterkörper von Fischen). Ihre Attribute Fischernetz, Fische und Muscheln nehmen auf

33) vgl. Karina Türr, Zur Antikenrezeption in der französischen Skulptur des 19. und frühen 20. Jahrhunderts (1979).

34) Türr a.a.O. 73.

35) vgl. Anm. 20.

den aus dem Meer und aus Flüssen stammenden Reichtum Bezug. Andere Attribute wie Trauben und die an Bierbrauergerät erinnernde Schaufel weisen eher auf den aus der Erde hervortretenden Reichtum hin. Auf Frankfurter Stadtgebiet gab es mehrere Weinberge und Brauereien. Hier ist anzumerken, daß die Berliner Börse von einer zentralen Gruppe gekrönt wurde, die Borussia, den Handel und den Ackerbau beschirmend, darstellte. Auch am Frankfurter Hauptbahnhof erscheint als vierte Allegorie neben Handel, Schiffahrt und Eisenindustrie der Ackerbau, der unter den Freiplastiken der Börse nicht zu finden ist. Soweit die Gestalten in den Zwickelreliefs als Flußgottheiten angesehen werden können, ist zuerst an Personifikationen von Main und Rhein zu denken. Frankfurt verdankt seine Existenz dem Main und dem hier möglichen Überqueren des Flusses. Zugleich war der Gütertransport auf dem Wasserweg für eine Handelsstadt von besonderer Bedeutung.

Obwohl die Börse für die während der nächsten Jahrzehnte in Frankfurt errichteten Bankgebäude beispielgebend war[36], finden sich an diesen Gebäuden keine Statuen, die mit denen der Börse verglichen werden könnten. Umso deutlicher sticht der aufwendige Skulpturenschmuck der Börse hervor. Beinahe Sparmaßnahmen zum Opfer gefallen, dann aber doch ausgeführt, erweist er das erfolgreiche Zusammenwirken von Bauleitung und Bauherr im Bestreben, ein auch künstlerischen Ansprüchen genügendes Bauwerk zu schaffen.[37] Die Zwickelreliefs spielen auf die Fruchtbarkeit des Bodens und die verkehrsgünstige Lage an fischreichen und schiffbaren Flüssen als Voraussetzung für die Existenz Frankfurts und ein blühendes Wirtschaftsleben

an. Aber nur in Friedenszeiten, wie sie nach der Reichsgründung erhofft wurden, können Post, Handel, Schiffahrt, Eisenbahn, Industrie und Telegrafie, die hier das Wirtschaftsleben verteten, gedeihen. Barometer für die wirtschaftliche Entwicklung ist die Börse. Wenn die spielenden Kinder die zukünftigen Generationen repräsentieren, so ließe sich das Bildprogramm in der Tat unter dem Motto „Pax Perpetua", das ursprünglich lediglich die Anonymität der Architekten bei der Beurteilung der Entwürfe wahren sollte, zusammenfassen.

Die ganz auf wirtschaftliche Dinge bezogene Thematik der Bauskulptur des Arrierecorps darf nicht verwundern: Frankfurt war 1866 von Preußen annektiert worden und hatte äußerst hohe Kontributionen zahlen müssen. Politische Euphorie für das Kaiserreich war von dem Frankfurter Bürgertum nicht zu erwarten. Die dann vermutlich unter dem Einfluß Kauperts beschlossenen und von ihm geschaffenen Gruppen auf den Avantcorps sprechen eine andere Sprache.

ILSE M. HAGEMEIER

Mit Jacob Heinrich Christoph Gustav Kaupert konnte ein über die Grenzen der Stadt hinaus bekannter Bildhauer für die Baudekoration der Börse gewonnen werden. 1818 in Kassel geboren und dort als Graveur und Stempelschneider ausgebildet, begann er 1844 ein Bildhauerstudium an der Münchner Akademie bei Prof. Schwanthaler[38]. Schon 1845 konnte er mit der Skulptur eines Löwentöters ein Stipendium nach Rom gewinnen, wo er mit einer mehrmonatigen Unterbrechung im Jahr

---

36) W. Hagedorn, Bankgebäude in Frankfurt am Main von 1874-1914, Diss. Frankfurt am Main 1990, 264.

37) vgl. F. Graf, Frankfurter Neubauten. Die neue Börse, in: Didaskalia Nr. 60-61 vom 4.3.1879.

38) H. Weizsäcker - A. Dessoff (Hrsg.), Frankfurter Kunstverein; Kunst und Künstler in Frankfurt/Main (1909) 71f.

1858 (Aufenthalt in Kassel) bis 1867 blieb. Nach Aussage Heinrich Weizsäckers konnte er die Sammlungen von Venedig, Padua, Verona, Florenz und Perugia studieren.

Noch während seines Aufenthalts in Italien gewann er eine Konkurrenz in der Accademia di San Luca mit einem Relief zum Thema „Der bethlehemitische Kindermord". Bei dieser Gelegenheit lernte er den amerikanischen Bildhauer Crawford kennen, der ihn mit nach Washington nahm, wo man ihm spektakuläre Aufgaben übertrug: Er gestaltete das große Giebelfeld des Kapitols, außerdem fertigte er die 25 Fuß hohe Kolossalstatue auf der Kuppel des Kapitols, die Columbia, an und auch alle Figuren am Washingtondenkmal mit Ausnahme der Figur General Washingtons[39]. Schon 1866 wurde ihm eine Professorenstelle am Städelinstitut angetragen, die er 1867 annahm. Dort unterrichtete er die Bildhauerklasse bis 1892. Während dieser Zeit gelang es ihm noch zweimal, Auszeichnungen zu erringen: 1873 die Große Medaille der Wiener Ausstellung, wenige Jahre später erhielt er noch einmal einen Preis bei einem nicht näher bezeichneten Wettbewerb in Hamburg. 1897 ging er zurück nach Kassel, wo er noch im gleichen Jahr verstarb.

In Deutschland waren seine Aufträge zwar weniger kolossal, doch konnte er sich auch hier nicht über Auftragsmangel beklagen. Die Themen, die er gestaltete, sind in gewisser Weise aussagekräftig für die allgemeinen Tendenzen der Bildhauerei in seiner Zeit. Es handelt sich selten um biblische, häufiger um „deutsche" Themen, doch bilden Werke mit einem Rückgriff auf antike Thematik eindeutig den Schwerpunkt seines Schaffens: „Faun und Bacchantin", „Prometheus' Befreiung durch Herkules", „Herkules als Kind, die Schlange würgend", „Mars", „Venus", „Ruhender Eros",

„Amor und Psyche", „Odysseus und Kalypso", „Melpomene", „Perseus und Andromeda", „Die Herrschaft der Grazien in der dramatischen Kunst", um nur einige Titel seiner Werke zu nennen. Die wenigen Zeichnungen, die in der Graphiksammlung des Städels einzusehen sind, sind frühe Arbeiten, zeichnerisch und kompositorisch noch ziemlich unsicher, ihrem Stil und Inhalt nach klassizistisch-idealisierend.

Außerdem gestaltete er zahlreiche Porträtbüsten, Kinderstatuetten und Grabdenkmäler. In Frankfurt wurde er mit Bauskulptur am Hauptbahnhof, an der Alten Oper (s. Beitrag Andres) und im Palmengarten beauftragt. Es verwundert daher nicht, daß es seiner Werkstatt trotz der extrem knappen Zeit von weniger als einem Jahr noch gelang, die Seitenrisalite der Börse mit einer Skulpturenausstattung zu versehen, die gestalterisch die Arbeiten an der Mittelfront deutlich an Qualität überragt.

Die Ikonographie unter dem Motto „Pax Perpetua"[40] war teilweise schon von Burnitz geplant worden und steht vielleicht mit dem deutsch-französischen Friedensschluß im Zusammenhang, der 1871 in Frankfurt ausgehandelt und ratifiziert wurde[41].

Kaupert entwickelte daraus die beiden Paare „Frieden und Wohlstand" (Abb.97), „Krieg und Trauer" (Abb.96). Skulpturen wie z.B. der Wohlstand waren allerdings auch schon als Allegorienschmuck bei anderen Bankgebäuden und Börsen üblich, z.B. bei der Pariser Börse. Aus Franz Grafs Zeitungsartikel in der Didaskalia wird deutlich, daß Kaupert offenbar einen wesentlichen, wenn nicht maßgeblichen Anteil an der Gesamtkonzeption des Figurenschmucks hatte[42]. Diese verrät die langjährige Erfahrung mit derartigen Bauaufgaben.

Wenn auch der plastische Schmuck insgesamt als etwas überladen und für den profanen Zweck eines

---

39) W. Kaulen, Freud und Leid im Leben deutscher Künstler (1878) 77-81.

40) Graf a.a.O. (s.o. Anm.15).

41) Hilbig a.a.O. (s.o. Anm.2) 48.

42) Graf a.a.O. (s.o. Anm.15)

Börsengebäudes überhöht erscheint, sind doch die Kompositionsaufgaben im einzelnen geschickt gelöst: Auf der Oberkante des Mitteltrakts, teilweise vor der dahinterliegenden Kuppel aufgereiht, wurden stehende Figuren plaziert, die die etwas zurückweichende Front nach oben verlängern und ihr optisch das notwendige Gewicht verleihen. Die hochrechteckigen Seitenrisalite dagegen wären durch weitere stehende Skulpturen unnötig nach oben gestreckt worden und hätten zu einem unruhigen seitlichen Abschluß der Hauptansicht des Gebäudes geführt. Bei Kauperts Gestaltung standen ästhetische und formale Gesichtspunkte offenbar im Vordergrund, doch bemühte er sich auch inhaltlich um Differenzierung und Charakterisierung seiner Gestalten.

Als der Leiter der bekanntesten von den acht Werkstätten konnte er sich natürlich den thematisch interessantesten und am ehesten emotional besetzbaren Teil des Auftrags verschaffen. Während die stehenden Personifikationen mit rein materieller Thematik wie Post, Telegraphie, Eisenbahn usw. relativ wenige Identifikations- und Gestaltungsmöglichkeiten boten, ließen sich Aufgaben wie Krieg, Frieden, Trauer, Wohlstand natürlich ganz anders mit Ausdrucksqualitäten belegen. Die Figuren des Mitteltrakts blieben relativ starr, gleichförmig und dekorativ, dagegen boten die Figuren des Avantcorps wesentlich günstigere Darstellungsspielräume. Kaupert löste seine Aufgabe durch breitgelagerte, kompakte Sitzfiguren, denen er jeweils einen kauernden Knaben als Assistenzfigur zuordnete. Dieser Aufbau aus zwei auf einem Felsbrocken sitzenden bzw. kauernden Figuren ermöglichte eine massig und stabil wirkende Komposition, die selbst pyramidal aufgebaut, auch nach unten jeweils auf breiter und ebenfalls pyramidal abge-

schräger Basis aufgelagert ist. Dadurch finden die Seitenrisalite einen Abschluß, der das Gebäude zu den Seiten hin beruhigt. Eine geschickte Blickführung verstärkt diesen Eindruck. Durch die Kopfdrehung der beiden Mittelfiguren Krieg und Frieden wird der Blick von der Gebäudemitte nach außen gelenkt, wo er bei den Figuren Wohlstand und Trauer über die Köpfe, die angewinkelten Arme, die Schriftrolle des „Wohlstands" und über die angewinkelten Beine beider Skulpturen wieder nach unten zur Außenkante des Gebäudes geführt wird. Das gesamte Figurenprogramm erhält so einen äußeren festen Abschluß und erweist sich damit als formal gut durchdacht.

Kaupert klammerte sich nicht sklavisch an die übliche Kennzeichnung der Personifikationen. Zum einen ließ er die Statuen von Krieg und Frieden, Wohlstand und Trauer nicht ausschließlich selbst ihre Attribute in der Hand halten. Jeder von ihnen ist ein unbekleideter Genius als Assistenzfigur zugeordnet, der einerseits inhaltlich affirmativ wirkt, indem er weitere Attribute hält, andererseits formal durch die Abwandlung zur Figurengruppe die gewünschte kompakte Eckbetonung ermöglicht. Wie sich bei der anschließenden Interpretation der ikonographischen Veränderungen zeigen wird, erweitern diese Assistenzfiguren die bloße Darstellung der vier Personifikationen zu einem umfangreichen ideologischen Programm, das zusätzlich durch die direkt darunter angebrachten Zwickelreliefs eine Verstärkung erhält. Zu diesem Zweck mußte Kaupert in der Ikonographie z.T. deutlich von den römischen Vorbildern und auch von den bei Cesare Ripa[43] vorgegebenen Definitionen abweichen.

Während der Krieg als Mars männlich, aber auch als Bellona[44] weiblich, der Frieden (Pax) jedoch immer

---

43) C. Ripa, „Iconologia" (1600), im folgenden zitiert nach dem Reprint in 2 Bänden von G. Scott, Iconology - a collection of emblematical figures (1779).

44) Ripa a.a.O. II, 32f. Nr.246.

weiblich dargestellt wurde, erscheint Pax hier überraschenderweise als junger Mann *(Abb.99)*[45]. Trotz weichfallender Lockenpracht wurde er mit einem durchaus muskulösen Körper ausgestattet, sieht man von den mißratenen Bauchfalten ab, die sicher eine Untat des Restaurators sind. Vielleicht spielten bei dieser Abweichung formale Gründe eine Rolle: je eine Männergruppe in der Mitte, je eine Frauengruppe außen. Vielleicht läßt sie sich aber auch inhaltlich erklären: möglicherweise wollten gerade die Börsianer Frieden und Wohlstand als von Männern erreicht und erhalten sehen. Nicht nur das Geschlecht des Friedens, auch die Attribute weichen von den römischen Vorbildern ab: In der Antike wurde die Personifikation des Friedens mit den Attributen Ölzweig, Lorbeer und und Füllhorn[46] ausgestattet. Die Zuordnung von Frieden und Wohlstand ist bereits in der griechischen Kunst geläufig, z.B. in der Darstellung der Eirene mit dem Plutosknaben. Im Barock taucht auch oft die umgekehrte und ausgelöschte Kriegsfackel auf, mit der manchmal die aufgehäuften Waffen in Brand gesteckt werden[47]. Doch Kauperts „Friede" trägt weder Ölzweig noch Lorbeer, sondern einen weichgeschwungenen Palmwedel in der Hand, seit dem frühen Mittelalter auch das Attribut der Märtyrer, und einen Blumenkranz im Haar. Die Tatsache, daß z.B. die Victorien auf zwei römischen Säulensockeln aus dem späten dritten Jh. Palmwedel tragen[48], bietet eine weitere

Erklärung für seine Änderung, wurde doch der Sieg über ein Nachbarvolk schon immer als „Befriedung" bezeichnet. Ein aufgerecktes, pralles Füllhorn - im Gegensatz zum schlaff liegenden der „Trauer" - überragt die Plinthe. Die herausquellenden Früchte symbolisieren den Überfluß.

Der „Wohlstand" (Abundantia, *Abb.97)*, eine sitzende weibliche Figur, hält in der Hand eine Schriftrolle, die als Attribut der Abundantia in der Antike ebenso unbekannt ist wie die sitzende Haltung. Die Schriftrolle findet sich bei der Muse Clio, auch bei sitzenden Philosophen und Rhetoren gelegentlich flach auf dem Schoß ausgebreitet[49]. Die Sitzhaltung erscheint aber in der christlichen Ikonographie bei Sibyllen und Propheten. In ihrer Körperhaltung mit dem über die Schulter zum Betrachter gewendeten Gesicht und der senkrecht präsentierten Schriftrolle ähnelt Kauperts Statue des Wohlstands der delphischen Sibylle aus der Sixtinischen Kapelle, fand also ihr Vorbild in der Malerei Michelangelos. Lediglich die Haltung des linken und rechten Armes wurden in der Bewegungsrichtung ausgetauscht. Eigentlich gehört die Schriftrolle - wohl als antikisierende Form der Rechnungsbücher gedacht - gar nicht zu den Attributen der Abundantia. Bei einer Übernahme der antiken Darstellungsweise hätte Kaupert ihr Ähren, Füllhorn und Kinder beigeben müssen. Cesare Ripa schreibt einen Blumenkranz im Haar vor, auf den

---

45) Diese Abänderung ist ganz außergewöhnlich und tauchte z.B. später (1894) noch einmal bei einem inzwischen verlorenen Wandgemälde in den Deckenvoluten des Düsseldorfer Rathauses auf: Petra Rämisch-Sommer, Die Personifikation in der Monumentalmalerei des 19. Jhs. am Beispiel der Düsseldorfer Malerschule (1986) 173.

46) Ripa a.a.O. II. 31f. Nr.245; K.G. Kaster (Schriftleitung), Lexikon der christlichen Ikonographie, Sonderausgabe (1990), III s.v. Pax; LIMC III (1986) 700f.702f. Taf.540 s.v. Eirene (Simon).

47) Beispiel: A. Coyzevox, Grabmal für Mazarin, in: F. Souchal, French Sculptors of the 17th and 18th Centuries (1977) I 202. Dieses Attribut ist auch erwähnt in: Ripa a.a.O. 31: „*Peace is allegorically expressed by*

the figure of a woman, holding a cornucopia full of fruit and flowers, with an olive branch in one hand, and with the other setting fire to trophies of armour".

48) B. Andreae, Römische Kunst³ (1973) Abb.611.614.619.622: zwei Säulensockel, Marmor, 294 n.Chr. aus Rom; jetzt in Florenz, Giardino Boboli.

49) Beispiele s. Andreae a.a.O.: Philosophensarkophage Nr.599: ca. 250-260 n.Chr. im Museo Torlonia; Nr.600: ca. 280 n.Chr. im Vatikan, Museo Gregoriano Lateranense; s. auch W. Zschietzschmann, Hellas und Rom (1959) 112.

Kaupert zugunsten der Symmetrie und eines geschlossenen Umrisses verzichtete[50]. Auch die Assistenzfigur ist nicht mit Fruchtbarkeitssymbolen versehen, er ließ sie mit einem großen Scheffel Münzen in einen übervollen Geldsack schaufeln. Eine Dose mit herabhängenden Perlenketten und aufgehäuften Münzen macht deutlich, daß Wohlstand nicht mehr in einer florierenden Landwirtschaft, sondern in der Geldwirtschaft gesehen wurde. Eine ebenfalls sitzende Abundantia von Petitot, die 1848 auf der Pariser Börse aufgestellt wurde, hat zwar noch das Füllhorn in der einen, doch bereits die Geldkassette in der anderen Hand, ein noch zaghafter, aber auch schon in klassizistischem Umfeld deutlicher Versuch, die Ikonographie ein wenig der Gegenwart anzupassen[51].

Der „Krieg", als Mars in römischen Darstellungen selten sitzend, bildet den mittleren Abschluß des linken Avantcorps *(Abb.98)*. Er ist nach dem Vorbild eines römischen Feldherrn gekleidet. Über dem Muskelpanzer wird eine weite Chlamys von einer Rundfibel auf der Schulter gehalten und ist, im Rücken weit ausbauschend, über den rechten Oberschenkel gelegt. Der Kriegsgott trägt einen römischen Helm mit runder Glocke, Stirnverstärkung, Helmbusch und kurzem Nackenschutz, ähnlich wie er von den gegen die Barbaren kämpfenden römischen Soldaten auf dem großen ludovisischen Schlachtensarkophag (ca. 260 n.Chr.) überliefert ist[52]. In der linken Hand hält er einen Rundschild, den er gegen seine linke Schulter gelehnt hat, die rechte Hand umfaßt

einen Gegenstand, vielleicht einen Schwertgriff, doch scheint er abgebrochen und vielleicht bei der Restaurierung nicht mehr ergänzt worden zu sein. Bei anderen zeitgenössischen Darstellungen gehört ein ähnlicher Griff zu einem Flammenschwert, das man der Personifikation des Kriegs in die Hand gab. Dieses Flammenschwert ist aus der Ikonographie des Erzengels Michael entlehnt und steht für den gerechten Krieg[53]. Die schweren, die Knie überragenden Beinschienen sind merkwürdigerweise über langen Beinkleidern festgeschnallt, dazu trägt er Sandalen. Auch diese Zusammenstellung der Kleidung ist etwas ungewöhnlich. Beinkleider finden sich in der antiken Kunst zwar bei skythischen Bogenschützen, bei Amazonen, überhaupt bei als Barbaren gekennzeichneten Völkern, doch niemals unter einem Muskelpanzer getragen. Wollte Kaupert damit vielleicht auf einen germanischen Mars anspielen?

Formal ist ein antikes Vorbild für diesen sitzenden Mars kaum zu erwarten. Auch er erinnert genau wie die Abundantia an die sitzenden Propheten und Ignudi der Sixtinischen Kapelle, bei denen Michelangelo mehrfach den geschlossenen Umriß durch ein wehendes Tuch im Rücken und ein schräg aufgestütztes großes Buch zur Vorderseite hin erreichte. Eine ganz bestimmte Figur ist nicht als Vorbild auszumachen, doch ist eine michelangeleske Grundkonzeption nicht zu übersehen. Da Kaupert mehr als zehn Jahre in Rom lebte und studierte, ist eine intensive Auseinandersetzung mit Michelangelo mehr als wahrscheinlich[54]. Die Bein- und Kopfhaltung

---

50) Ripa a.a.O. Nr.251.

51) Türr a.a.O. (s.o. Anm.33) 69.

52) O. Gamber, Waffe und Rüstung Eurasiens. Frühzeit und Antike (1978) 370: Ehrensäule des Antoninus Pius (Beispiele des römischen Helms mit der Stirnverstärkung in einer kleinen Volute an der

Helmglocke auslaufend); zur Kontinuität dieser Helmform vgl. Andreae a.a.O. 330f. Abb.144 (Großer Ludovisischer Sarkophag, Rom Museo Nazionale).

53) Rämisch-Sommer a.a.O. 73.

54) Weizsäcker - Dessoff a.a.O. (s.o. Anm.38) 71f.

des Kriegers könnte von der Skulptur des Moses vom Grabmal Julius II. übernommen sein[55]. Mit Ausnahme der „Trauer" stattete Kaupert alle seine Personifikationen mit einem für Michelangelo typischen und seitdem nicht mehr aus der Gestaltung von Sitzfiguren wegzudenkenden Haltungs- und Ausdrucksmerkmal aus: dem über die Schulter zurückgewendeten Blick.

Der tubablasende Genius zu seinen Füßen, der uns als einzige Gestalt den Rücken zukehrt, dürfte eher zu Victoria als zu Mars gehörig sein. Doch auch die Siegesgöttin selbst ist in der Antike fast nie mit einer Kriegstrompete dargestellt. Ihre Attribute sind Trophäen, Palmzweig, Lorbeerkranz, gelegentlich auch ein Ring oder ein Trinkhorn. Nur auf einer Tetradrachme des Demetrios Poliorketes ist Nike einmal selbst mit einer Salpinx zu sehen[56], doch gibt es vor allem im Barock zahlreiche schwebende Tubabläser[57.] Sie verkörpern nicht den Sieg, sondern die „Fama", den Nachruhm, den man im 19. Jh. weniger auf die Taten des Herrschers als auf die im Kampf gefallenen Soldaten bezog[58].

In seinem Interview mit Franz Graf muß Kaupert selbst seine Figur der Trauer *(Abb.96)* als eine Niobe bezeichnet haben[59]. Doch gibt es - außer Kauperts Benennung der Figur - nur wenig Ähnlichkeit zu antiken Niobe-Darstellungen, die Niobe meist stehend zeigen beim vergeblichen Versuch, ihre jüngste Tochter vor den Pfeilen der Artemis zu schützen[60]. Auch einige sitzende Gewandfiguren sind überliefert, bei denen Niobe, nach-

dem sie Zeus gebeten hatte, sie zu versteinern, z.T. schon in Felsgestein übergegangen ist. Bei den sitzenden Figuren ist Niobe zwar auch mit Verschleierung und Trauergestus wiedergegeben, doch immer mit dem Gesicht frontal zum Betrachter gerichtet. Wenige Abbildungen Trauernder sind aus der römischen Kunst bekannt - z.B. kriegsgefangene Gallierfrauen -, doch ohne jede formale Beziehung zur verschleierten Gestalt der Trauer in Kauperts Zyklus[61]. Auch hier dürften, wenn überhaupt, Vorbilder aus der Renaissance maßgeblich gewesen sein. Doch sowohl in der Renaissance als auch im Barock sind verschleierte Frauen mit dem Trauergestus des in die Hand gestützten Gesichts sehr selten. Selbst in der Grabskulptur sind eher betende oder in der Auferstehungserwartung verzückt stehende und kniende Gestalten zu finden. Zwei Beispiele jedoch, die - bis auf die Bewegung des linken Arms - Kauperts „Trauer" in Haltung und Kleidung sehr ähnlich sind, hat er sicher gekannt: Eine Trauernde am Grabmal Michelangelos in Sta. Croce, Florenz, nach dem Entwurf Vasaris[62] und eine ähnliche Gestalt von Gian Lorenzo Bernini am Grabmal des Kardinals Domenico Pimentel in Sta. Maria sopra Minerva in Rom[63]. Daß die Trauernde auf der Börse ihre linke Hand halb schützend über das Haupt des neben ihr zusammengesunkenen Knaben, halb abwehrend gegen den Krieg ausstreckt, ist wahrscheinlich eine eigene Erfindung Kauperts.

55) U. Baldini, The Sculpture of Michelangelo, hrsg. von Reynal and Company in association with William Morrow and Company, 73-147 Abb.190.

56) LIMC VI (1992) s.v. Nike (Moustaka, Goulaki-Voutira, Grote): 881 Nr.380 Taf.588 (Tetradrachme des Poliorketes); 850ff. Taf.557-606 (Aussehen und Attribute der Nike).

57) Eines der vielen Beispiele der heranfliegenden Fama im Barock: P.P. Rubens: Die Ankunft der Maria von Medici in Marseille (1622-1625), Louvre.

58) Rämisch-Sommer a.a.O. 78.

59) Graf a.a.O. (s.o. Anm.15).

60) LIMC VI (1992) 909ff. Taf.609-612 s.v. Niobe (Schmidt).

61) Personifikationen der Trauer in: Ripa a.a.O. (s.o. Anm.43) Nr.417; A. Malraux - A. Parrot (Hrsg.), Universum der Kunst (1971) 233; E. Langlotz, Zur Deutung der Penelope, Jahrb.DAI 76, 1961, 72ff.

62) Linda Murray, Michelangelo. Sein Werk, sein Leben, seine Zeit (1985) 231.

63) E. Panofsky, Grabplastik. Vier Vorlesungen über ihren Bedeutungswandel von Ägypten bis Bernini (1964) Beisp. 422.

Der Knabe ist in einer ganz merkwürdigen Haltung zu Boden gerutscht. Sein Kopf ist auf die Brust gesenkt, seine Beine sind seitlich umgeknickt und angezogen, die Arme hängen zu beiden Seiten leicht abgespreizt schlaff herab, wobei der linke Arm wie unabsichtlich auf dem Felsbrocken hängengeblieben ist, auf dem die „Trauer" sitzt. Diese auffällige Arm- und Kopfhaltung entspricht annähernd der der sterbend herabsinkenden Frau aus der Galliergruppe Ludovisi, die Kaupert ebenfalls bekannt gewesen sein muß, war sie doch schon 1622 gefunden worden und seitdem in der Sammlung Ludovisi in Rom zu sehen[64]. Interessanterweise taucht aber genau diese Haltung in zahlreichen Kreuzabnahmen des Barock auf[65]. Wollte Kaupert damit darauf anspielen, daß der Soldat sich für sein Vaterland opfert wie Christus für die Menschheit? Dem Betrachter des 19. Jhs. dürfte eine solche Leseweise sicher noch geläufiger gewesen sein als uns. Ungewöhnlich ist ein Attribut, das Kaupert sich wahrscheinlich speziell für die Börse ausdachte: ein ganz schlaffes, plattgedrücktes Füllhorn hängt über die Beine des Knaben. Obwohl in zahlreichen Darstellungen dieser Zeit, vor allem aber nach dem Regierungsbeginn Wilhelms II., die negativen Seiten des Kriegs als gerechte Strafe für den ungerechtfertigten Angriff des Feindes dargestellt wurden[66], bleibt es im Unklaren, ob das leere Füllhorn, das Symbol der „Baisse", als allgemeine Begleiterscheinung des Krieges gemeint ist, oder als Strafe für Frankreich, das nur durch enorme Reparationszahlungen seine Ostgebiete wieder in den

beiden Jahren nach dem Krieg von den deutschen Besetzern freikaufen konnte. Die Bezeichnung „Niobe", die für ihre Hybris bestraft wurde, legt tatsächlich eine solche Deutung nahe.

Unter den vier Skulpturengruppen ergänzen und intensivieren die Zwickelreliefs die Aussage der Vollskulpturen. Sie füllen die Zwischenräume zwischen der Archivolte des Fensters und den der Fassade des Seitenrisalits vorgelagerten je zwei Dreiviertelsäulen mit Kompositkapitellen. Die vier Zwickelfiguren aus der Werkstatt Nordheims sind bei weitem ungeschickter und plumper geraten als die vollplastischen Figurengruppen: Wie eingezwängt wirkend, lugen sie, mit Symbolen und Attributen völlig überfrachtet, mühsam unter dem schweren Architrav hervor.

Die der „Trauer" zugeordnete Zwickelfigur ist eine geflügelte weibliche Gestalt mit Attributen der Roma *(Abb.96)*. Sie ist bekleidet mit einem korinthischen Helm, Schnürstiefeln und einem langen Chiton mit trichterförmig hochgebundenen Ärmeln. Über ihrem Gewand trägt sie einen Muskelpanzer, der jedoch „weiblich" verfälscht ist mit Volants, Blümchen und Schleifchen! Rudolf Wittkower deutet bei den Minerva-Pacifica Darstellungen den Muskelpanzer als ein Symbol der *virtus*, da er die Brust, den Sitz der Tugend, schütze[67]. Ein Gorgoneion ziert den Schild zu ihren Füßen, auf den sie ihr Schwert aufgesetzt hat. In der linken Hand hält sie die Krone des sieben Jahre vorher wiedererrichteten Kaiserreiches,

---

64) R. Lullies - M. Hirmer - A. Hirmer, Griechische Plastik (1979) Abb.257; P. Bienkowski, De Simulacris Barbararum Gentium apud Romanos; Corporis Barbararum (1908) 6-12.

65) vgl. etwa die Kreuzabnahme von Jacopo Sansovino im Victoria and Albert-Museum, London, in: B. Boucher, The Sculpture of Jacopo Sansovino (1991) Abb.28. Ebenso mit eingeknickten Beinen, hängendem Kopf und abgespreizten Armen: Giovanni Maria Morlaiter, Der tote Christus und der Glaube, Venedig, ca. 1750-1755, in: Harald

Keller, Die Kunst des 18. Jahrhunderts, Propyläen Kunstgeschichte Sonderausgabe (1990) Nr.175. Entsprechend die Haltung Jesu in vielen weiteren Kreuzabnahmen, darunter Peter P. Rubens' Kreuzabnahme in der Kathedrale von Antwerpen und Rembrandt van Rijns Kreuzabnahme in der Alten Pinakothek, München.

66) Rämisch-Sommer a.a.O. (s.o. Anm.45) 74.

67) R. Wittkower, Allegory and the Migration of Symbols (1977) 129-142.

wahrscheinlich als legitimierender Hinweis auf das römische Kaiserreich gedacht.

Im zweiten Zwickel des linken Risaliten ist eine weibliche, geflügelte Gestalt in ähnlicher Haltung antithetisch angebracht. Sie ist unbekleidet bis auf ein Löwenfell, dessen Schwanz sich um die Keule ringelt, die sie auf ein ihr zu Füßen liegendes Buch aufgestützt hat. In ihrer rechten Hand hält sie eine Geißel hoch. In der antiken Ikonographie spielt eine nackte Frau mit den Attributen des Herakles (Löwenfell und Keule) auf den Kleider- und Rollentausch von Herakles und Omphale an, womit die Entmachtung des Mannes durch Hörigkeit gemeint ist. Dies ist mit dem übrigen Programm jedoch kaum zu vereinbaren. Mit der Verbindung von Herakles und Roma wird praktisch die gedankliche Überleitung zum Thema Frieden vorbereitet: Roma als Allegorie der *virtus* und Herakles als Sinnbild der Stärke verkörpern wohl zusammen die Wehrkraft als wichtigste Bedingung für die Erlangung und Erhaltung des Friedens und der Kultur, die durch das Buch zu Füßen der „Herakles-Victoria" versinnbildlicht wird[68].

Die mit einem langen, hochgegürteten Chiton bekleideten geflügelten Frauengestalten in den Zwickeln des rechten Seitenrisaliten *(Abb.97)* erinnern an die Victorien an römischen Triumphbögen, von denen sie sich aber durch ihre sitzende Haltung unterscheiden: Als Überbringerin des Sieges auf den Sieger zueilend oder - schwebend, manchmal auch in einer Biga fahrend, war eine sitzende Siegesgöttin in der Antike wahrscheinlich unvorstellbar. Die dem „Frieden" zugeordnete Victoria trägt in der rechten Hand einen Palmwedel, mit der linken unterstützt sie die lange Tuba, das Attribut der Fama. Die rechte Victoria bläst ebenfalls in eine Tuba, doch hält sie in ihrer linken Hand eine Waage, Symbol für die

Gerechtigkeit. Auch diese Figur spielt wieder auf den „*bellum iustum piumque*" an, sicherlich als die als ungerecht empfundene Kriegserklärung Frankreichs vom 19.8.1870 zu deuten, denn die Gerechtigkeitsikonographie taucht auch in anderen Krieg-und-Frieden-Pendants der wilhelminischen Ära auf[69]. Den vorhandenen Quellen ist nicht zu entnehmen, ob auch das aufgeschlagene Buch auf ihren Knien sich im Sinne eines völkerrechtlich fundierten Rechtsanspruchs interpretieren läßt.

Die vier Figurengruppen entsprechen in ihrer kompositorischen Zusammenstellung der symmetrischen Gebäudekonzeption: Bei beiden mittleren Gruppen ist nur der Körper der sitzenden Hauptfigur frontal zum Betrachter ausgerichtet, während die Beine zur Mitte gedreht, die Blickrichtung und Kopfwendung jedoch zu den äußeren Kanten des Gebäudes hinlenken. Die beiden äußeren Gruppen kehren der jeweils benachbarten Gruppe den Rücken zu, die „Trauer" wendet sich vom Betrachter ab, der „Wohlstand" dagegen blickt über die Schulter den Betrachter an. Die kauernden Knaben zu ihren Füßen passen sich bei „Frieden" und „Wohlstand" harmonisch der Bewegungsrichtung der Hauptfigur an, bei „Krieg" und „Trauer" hingegen wenden sie sich ab. Dadurch wirken „Krieg" und „Trauer" wesentlich unruhiger und spannungsreicher, während die weich geschwungenen Linien an den Figuren des Friedens und des Wohlstands nicht nur die Geschlossenheit der beiden Gruppen betonen, sondern ihnen den Charakter von wachsam scheinender Gelassenheit verleihen.

Alle vier Figurengruppen sind - wie auch die stehenden Figuren auf dem Mitteltrakt - ihrer Plazierung an der Oberkante des Gebäudes auf einem nicht begehbaren

---

68) S. Holsten, Allegorische Darstellungen des Krieges 1870-1918. Ikonologische und ideologiekritische Studien, in: Studien zur Kunst des 19. Jahrhunderts, Bd. 17 (1976) 28.

69) Rämisch-Sommer.a.a.O. (s.o. Anm.45) 73.

Terrain gemäß völlig einansichtig gestaltet. Auffallend ist der geschlossene Umriß der Gruppen. So läßt sich der Kontur der beiden mittleren Gruppen in ein mit der Spitze nach oben stehendes Pentagramm einschreiben, dessen breiteste Stelle bei beiden Gruppen durch das angehobene Knie der Hauptfigur und die Kopfhöhe der Assistenzfigur markiert wird. Dieser geschlossene Umriß läßt sich z.B. an der Figur des Krieges an dem aufgebauschten Mantel im Rücken, dem schräg an die Schulter gelehnten Schild, dem linken Unterschenkel und dem aufgestellten Bein des tubablasenden Genius ablesen, beim „Frieden" an den beiden seitlich ausgestreckten und lässig aufgestützten Armen, dem angewinkelten rechten Bein und dem gekrümmten Rücken des Knaben. Auch „Trauer" und „Wohlstand", in zeitgenössischen Kommentaren übrigens mit dem materialistischeren Titel „Hausse" und „Baisse" belegt[70] sind nach ähnlichem gestalterischem Grundschema angelegt. Diese flächenhafte Ausbreitung der Gruppen läßt Vorbilder eher in Relief und Malerei der römischen Zeit als in der Skulptur suchen. Besonders das Tellusrelief der Ara Pacis Augusti kommt mit seinem fünfeckigen Umriß und den Proportionen den Figurengruppen der Börse sehr nahe[71]. Die Berühmtheit des Reliefs und der inhaltliche Bezug lassen erwarten, daß Kaupert es in Rom studierte und nun darauf zurückgriff. Zweifellos kann man bei allen vier Gruppen von einer der Aufgabe angemessenen gestalterischen Leistung sprechen, doch ist dies auch von einer Werkstatt, die bereits eine große Zahl ähnlicher Aufträge durchgeführt hat und dabei auf Vorbilder aus allen Epochen zurückgreifen konnte, zu erwarten.

Die Skulptur der wilhelminischen Ära ist heute kaum in Museen zu sehen und wird auch in der Kunstgeschichte wenig beachtet. Der Grund: Meist wird ihr, gerade wegen ihres Rückgriffs auf andere Epochen, der Kunstwert weitgehend abgesprochen, und sie wird stattdessen eher in den Bereich der Dekoration oder des Kunsthandwerks verwiesen. Man wirft ihre hohle, akademische Rhetorik vor, mangelnde Originalität, eine Erstarrung der Kunstformen, die jede Spontaneität erstickte[72]. Doch handelt es sich dabei nicht nur um das Urteil der Nachwelt. Selbst in dem enthusiastischen Zeitungsartikel von Franz Graf über die bildhauerische Ausstattung der Frankfurter Börse läßt sich ein deutlicher Hinweis auf die schon damals zwiespältige Einschätzung der Skulpturen finden: *„Für durchaus moderne Anschauungen, wie sie sich bei dem Begriff der Börse aufdrängen, einen genügenden Ausdruck zu finden, war schwierig, und es wird dem Meister* (gemeint ist Kaupert) *nicht erspart bleiben, daß die mit schnöden Witzen nicht wählerischen Börsenbesucher Scherze machen! Die Anerkennung der Kunstfreunde wird dem Bildner aber gewiß sein."*[73]

Der „Kostümstreit", der vor allem anläßlich des Goethe-Schiller-Denkmals in Weimar um die Frage entbrannte, ob Goethe und Schiller in zeitgenössischer Gewandung oder in antikem Philosophengewand[74] darzustellen seien, macht deutlich, daß sich schon vor der Jahrhundertmitte klassizistische Tendenzen ihrem Ende zuneigten. Auch die Allegorie, vor allem die Personifikation, geriet zunehmend ins Kreuzfeuer der Kritik. Friedrich Theodor Vischer charakterisierte, allerdings

---

70) G. Galland, Die neue Börse in Frankfurt/Main, in: Baugewerbs-Zeitung 11, 1879, 351f.

71) S. Settis, Die Ara Pacis, in: Kaiser Augustus und die verlorene Republik, Ausstellungskatalog Berlin (1988) 400-426.

72) Türr a.a.O. (s.o. Anm.33) 30f.

73) Graf a.a.O. (s.o. Anm.15).

74) H.G. Evers, Vom Historismus zum Funktionalismus (1980) 87.

gegen Ende des 19. Jhs., die Personifikation als *„Schatten, Schemen, ein paar Lappen um einen Begriff geschlagen, ein ganz tüchtiges Bild für die Rede,... hohl und matt für die bildende Kunst.“*[75] Doch wenn auch um die Jahrhundertmitte die Auseinandersetzung mit der „Iconologia“ von Cesare Ripa an den Akademien nachließ, ist doch *„eine Zunahme allegorisierender Tendenzen um 1880 zu registrieren ..., denn die Reichsgründung inspirierte die allegorische Monumentalkunst des Nationaldenkmals“.*[76]

Nun handelt es sich bei einer Börse nicht um ein Nationaldenkmal, es wäre also zu fragen, warum man sich trotzdem nationaler Symbolik bediente, und dies gerade hier z.T. in widersinniger Form, denn die Verkörperungen der neuen Wirtschaftsmacht, wie z.B. Telegraphie und Eisenbahn, kann man in ihren antiken Gewändern nur als Anachronismus bezeichnen. Übereinstimmend wird von damaligen wie heutigen Kommentatoren der Rückgriff auf die Antike als ein Versuch gewertet, das Thema dem Zeitbezug zu entheben und so eine Überhöhung ins Ewig - Gültige zu schaffen. Dies schien besonders nach dem Krieg und der Reichsgründung notwendig. Der wachsenden Beunruhigung über gesellschaftliche Veränderungen, das Auseinanderdriften der Klassen und der Bewußtwerdung dieser Tatsache durch zunehmende Information aller Bürger mußten einheitstiftende Werte entgegengesetzt, eine kulturelle Kontinuität mußte vorgetäuscht werden. Daß es sich gerade bei Kauperts Arbeit um eine Rechtfertigungsikonographie handelt, läßt sich aus der Kombination der Figuren ersehen: Die Zuordnung Frieden - Wohlstand - Hausse und Krieg - Trauer - Baisse

zeigte die Verhältnisse so, wie sie im Bewußtsein der Bevölkerung sein sollten. Hatten doch (fast!) alle unter dem Krieg gelitten, sich über den Frieden gefreut. Doch tatsächlich war für die Börse der Krieg und vor allem der Sieg über Frankreich mit einer unglaublichen Hausse verbunden gewesen.

Zu ähnlichen Anschauungen gelangt H. Glaser in seiner Arbeit über die Kultur der wilhelminischen Zeit. Als Grund für die Alibifunktion idealisierender Bildwerke bezeichnet er *„die Ablehnung des Kapitalismus als undeutsche, vom Ausland importierte und vom gottlosen materialistischen Judentum veranstaltete Verführungskampagne gegen die deutsche Seele.“*[77] Also mußte ein *„Minimum an ethischen Werten durch ein Maximum an ästhetischen, die keine mehr waren, überdeckt werden.“*[78] Die moralische Überhöhung von Begriffen wie „Wohlstand“ und „Wehrkraft“ wird vor allem in der tempelähnlichen Aufstellung der Figuren und der mit Allegorien, kosmischen Symbolen und antiken Allusionen überfrachteten Fassade deutlich. Die verstärkte patriotische Gesinnung nach der Reichsgründung machte es jedoch möglich, sich weiter als der Klassizismus vom antiken Vorbild zu lösen, vor allem vom griechischen Vorbild, das für die bürgerlichen Freiheitsideale gestanden hatte. Eine zunehmende Orientierung an der Renaissance, z.T. sogar wieder am Barock, die ihrerseits wieder an die römische Vergangenheit anknüpften, läßt die antiken Vorbilder oft nur noch indirekt anklingen. Während einerseits eine intensive Raffael-Rezeption bei den gemalten Personifikationen nachgewiesen wurde[79], spielte in der Skulptur offensichtlich Michelangelo eine wesentliche Rolle als Vorbild.

---

75) Rämisch-Sommer a.a.O. (s.o. Anm.45) 13.

76) ebenda 11.

77) H. Glaser, Die Kulturen der Wilhelminischen Zeit. Topographie einer Epoche (1984) 46.

78) ebenda 52.

79) Rämisch-Sommer a.a.O. (s.o. Anm.45) 227.

Dies wird auch in den Figuren der Börse deutlich. Direkte Assoziationen wurden weitgehend vermieden. Nirgends läßt sich eine ganz und gar kopierte Figur entdecken. Doch die in der Akademie immer wieder geübten Einzelformen schlichen sich überall in die Gesamtgestaltung ein. Dabei fiel mir bei der Suche nach Vorbildern in Antike, Renaissance und Barock eine seltsame Vorgehensweise auf: anstatt unauffällig weniger bekannte Arbeiten der Vergangenheit zu kopieren, bediente man sich eher einzelner Elemente aus populären Vorbildern, vielleicht wegen ihres bereits erprobten Symbolwertes. Diese wurden dann formal und inhaltlich abgewandelt. Vor allem die Figuren des Arrierecorps verraten eine für die wilhelminische Ära typische Tendenz: die schweren, blockhaft geschlossenen Formen als Ausdruck „*germanischen Bewußtseins*"[80].

Kapner beklagt - wie viele andere Autoren - daß die Plastik der Gründerzeit wegen ihrer mangelnden Qualität kaum erforscht sei, und er fragt: „*Warum soll nur das Gültige erforscht werden und nicht auch vom Ungültigen, wie es gerade dazu überhaupt kommen konnte?*"[81] Es ist tatsächlich schwer einzusehen, daß bei nicht wesentlich veränderter Ausbildung plötzlich alle Künstler schlechter geworden sein sollten! Kapner sieht das Problem unter anderem in einer viel größeren Abhängigkeit der Bildhauerei vom Auftraggeber als dies z.B. in der Malerei der Fall sei. Wegen der hohen Werkstatt- und Materialkosten und der langwierigen Arbeit ist es für einen Bildhauer viel schwieriger als für einen Maler, ohne Auftrag „auf Vorrat" zu arbeiten, zu

experimentieren, eine vom Publikumsgeschmack abweichende Form zu finden und so die Entwicklung weiterzutreiben. Vor allem nach der Reichsgründung wurde die Entscheidung über einen Auftrag nur noch selten „*der kenntnisreichen und in Kunstdingen erfahrenen Einzelpersönlichkeit überlassen, sondern blieb Kommissionen vorbehalten, bei denen im fortschreitenden 19. Jh. mehr und mehr der schlechteste Geschmack triumphierte*"[82]. Die zähen Verhandlungen zwischen Architekten, Börsenbaukomitee und der Handelskammer über die Skulpturenausstattung beweisen dies nur zu deutlich[83]. Als die Bildhauerarbeiten dann endlich genehmigt wurden, war bis zur Einweihung des Baues noch nicht einmal mehr ein Jahr Zeit, die vierzehn überlebensgroßen Skulpturen, sechs Puttengruppen und einen fast die ganze Fassade überziehenden Reliefschmuck zu schaffen. Dies war sicher kein Einzelfall. Zusätzlich dürften die neueren Bautechniken, die schneller fertiggestellten Bauten, die Zeit der Bildhauer für Entwurf und Ausführung verkürzt haben.

Dabei war insgesamt die Auftragslage der Bildhauer gar nicht schlecht. Kapner spricht sogar von einer regelrechten „*Denkmalspest*"[84]! Doch neben den knappen Auftragsterminen scheint mir eine andere Ursache noch wesentlicher zu sein: die Entfremdung zwischen dem Künstler und dem ihm gestellten Thema. Wie sollte sich ein Künstler mit der Figur der Industrie, der Telegraphie usw. identifizieren? Welchen Ausdruck konnte man ihr geben, wenn sie noch dazu nur als stehende Gewandstatue auf einer repräsentativen Fassade errichtet werden durfte? Daß Kauperts Figurengruppen

---

80) Th. Nipperdey, Nationalidee und Nationaldenkmal in Deutschland im 19. Jahrhundert, in: Hist. Zeitschr. 206, 1968, 545; Türr a.a.O. (s.o. Anm.33) 35.

81) G. Kapner, Auftragslage der Plastik im 19. Jahrhundert. Kulturhistorische Fragestellungen zu abwertenden Urteilen in der Forschung, in: Artibus et Historiae 3, 1981, 97-112.

82) ebenda 100.

83) Protokoll vom 13.2.1878; Hilbig a.a.O. (s.o. Anm.2) 35.40.

84) Kapner a.a.O. 108.

Wohlstand, Trauer, Krieg und Frieden ungleich besser und interessanter als die Figuren des Arrierecorps sind, ist von daher selbstverständlich.

Wie in der Beschreibung der Figurengruppen und der Reliefs bereits deutlich wurde, griff Kaupert zwar auf die antike Ikonographie zurück, jedoch in unerwarteter Weise. Er übernahm die Allegorien nicht als ganzheitliche Verbildlichungen abstrakter Begriffe, sondern er zerpflückte die Personifikationen und ihre Attribute in einzelne „Vokabeln", mit deren Hilfe eine andere Eloquenz möglich wurde. Durch scheinbar willkürliche Vertauschungen und Veränderungen von Attributen, durch Neuerfindungen wie z.B. das schlaff hängende Füllhorn konnte er die propagandistische Aussage seiner Figuren erweitern. Diese wird noch durch Stellung und Reihenfolge zusätzlich verdeutlicht. Eine solche Vorgehensweise war sicher nicht eine individuelle Leistung Kauperts, sondern hatte bereits Vorbilder. Krieg-und-Frieden-Pendants tauchen etwa am Niederwald-Denkmal von Johannes Schilling auf, das *„zum Andenken an den Sieg über Frankreich und die Wiederaufrichtung des Reiches"* 1874 begonnen, allerdings erst 1883 fertiggestellt wurde[85]. Als wichtigstes Beispiel der breiten Nachwirkung seiner Konzeption bezeichnet Holsten das 1874 begonnene Siegesdenkmal von Robert Eduard Henze in Dresden, wo Schilling damals als Professor unterrichtete[86]. Der Entwurf des Niederwalddenkmals muß also damals schon bekannt gewesen sein. Alle beschriebenen Krieg-und-Frieden-Pendants dieser Zeit stimmen darin überein, *„daß die Gestalt des Krieges, Rücksicht nehmend auf die gewohnte Leserichtung, in der Hauptansicht links neben die des Friedens gesetzt wurde. Diese Anordnung erlaubte darüber hinaus, auch die Bedingtheit des Friedens durch den Krieg zur Anschauung zu bringen"*[87]. An der Börse wurde die Abhängigkeit des Friedens vom Krieg zusätzlich durch die Verknüpfung des Friedens mit den Attributen des Sieges, der Fama und des gerechten Krieges auf dem rechten Avantcorps verdeutlicht. Als Ergebnis des gerechten Krieges ist auf dieser Seite dem Frieden die Abundantia, die Hausse, zugeordnet *(Abb.97)*. In den Hauptfiguren der linken Seite sind die Trauer, in den zeitgenössischen Kommentaren als Baisse bezeichnet, und der Krieg dargestellt *(Abb.96)*. Bei den meisten Pendants der wilhelminischen Ära erscheinen die Übel des Krieges so, daß sie eindeutig als Bestrafung des Feindes kenntlich sind. Mit der Darstellung des sterbenden Soldaten zu Füßen der „Trauer" wird die militärische Ehre des Feindes auf keinen Fall angetastet. Der Wert eines solchen Opfers durfte ja auch im Sinne der eigenen Wehrbereitschaft nicht in Frage gestellt werden. Als Schuldige und Bestrafte erscheint die Mutter Niobe, also Frankreich.

Der Krieg ist keinesfalls negativ gesehen: er erscheint als mächtige Figur, wachsam und handlungsbereit. Ihre Darstellung im antiken Gewand hat zweierlei Effekt: Sie läßt das brutale Waffenarsenal des 19. Jhs. vergessen, in dem längst nicht mehr heroisch Mann gegen Mann gekämpft wurde. Zugleich erhebt sie den Krieg in eine überzeitliche Sphäre und macht so Krieg und Frieden zu *„gottgegebenen Kräften oder kosmischen Prinzipien"*[88], die häufig noch durch astrologische Symbole kosmisch verklärt wurden. So wurde hier beispielsweise in der Mittelzone des Gebäudes noch ein Sternzeichenfries angebracht.

Auch die beiden Knaben auf den Avantcorps ergänzen einander in ihrer Aussage. Der linke, der an der Seite der Trauer herabgesunken ist, spielt in seiner Haltung

---

85) Holsten a.a.O. (s.o. Anm.689) 26.

86) ebenda 27.

87) ebenda 26.

88) ebenda 32.

offenbar auf die Kreuzabnahme an und verkörpert den Opfertod des Soldaten. Ihm zugewandt und ihn anblickend antwortet der Knabe mit der Tuba. Der Nachruhm soll dem Soldaten gewiß sein. Da die Fama im Barock fast immer bei Apotheosen erscheint, impliziert sie hier, im Zusammenhang mit den Gefallenen, wahrscheinlich auch die Aufnahme in die Walhalla.

Die Ikonographie der Zwickelreliefs ergänzt die Aussage: Die Wehrkraft ist die wesentlichste Voraussetzung des Friedens. Nur durch die ständige Bereitschaft zum Krieg können Wirtschaft, Ordnung und Kultur beschützt werden und gedeihen (Roma und Buch). Ob ein derart geschickt ausgeführtes Bildprogramm dem Börsenbaukomitee, den Architekten oder Kaupert selbst zuzuschreiben ist, ist aktenmäßig nirgends erfaßt. Der Entwurf der Fassade von Burnitz und Sommer zeigt auf jeden Fall eine andere Konzeption[89]. Da stilistische und ikonographische Elemente aus der Antike, der Renaissance und dem Barock aufs Genaueste auf die Aussageabsichten abgestimmt wurden, würde man den Entwurf wohl am ehesten jemandem zutrauen, der sich gut in der Kunstgeschichte auskannte, nämlich Kaupert selbst.

Bei den Figuren des Arrierecorps verhält es sich anders: Hier dürfte das Börsenbaukomitee und die Handelskammer federführend gewesen sein. Dabei fällt auf, daß Personifikationen entstanden, wie sie eigentlich erst in dieser Zeit denkbar werden konnten. Bis dahin verkörperten Personifikationen nämlich vorwiegend abstrakte Begriffe wie die christlichen Tugenden, die Kardinaltugenden, die sieben freien Künste, die sieben Todsünden, die Laster, Ekklesia und Synagoge,

Naturphänomene wie z. B. Lebens- und Weltzeitalter, vier Elemente, vier Winde, vier Lebensalter, Licht und Finsternis, vier Kontinente, Landschaften, Städte und Flüsse[90]. Doch hier erhielten plötzlich Wirtschaftszweige wie Post, Eisenbahn, Schiffahrt und Telegraphie durch ihre Darstellung als Personifikation eine Bedeutung, die sie in denselben Rang erhob wie die jahrhundertelang überlieferten Allegorien, eine *„Erhebung des Profanen ins Sakrale"*, die als typisch für diese Zeit angesehen werden kann[91]. Das Bewußtsein, daß mit der Erfindung von Eisenbahn, Dampfschiff und Telegraphie ein neues Zeitalter anbrechen würde, rechtfertigte diese aus heutiger Sicht vielleicht überhöhte Darstellung. Gleichzeitig konnte man durch ihre Einbindung in die Reihe traditioneller Werte suggerieren, daß die neuen Techniken keine Gefahr für die bestehende Ordnung darstellen würden.

Obwohl die Skulpturen Kauperts deutlich besser sind als die übrigen Bildhauerarbeiten an der Börse, kann man ihn trotzdem wohl kaum als einen genialen Künstler bezeichnen; seine Stärke lag eher in einer formal und psychologisch wohldurchdachten Konzeption und der routinierten Ausführung seiner Werkstatt. Um die vorgefundene Bildsprache zu charakterisieren, könnte man sie als eine mit antiken „Fremdwörtern" gespickte politische Rhetorik bezeichnen, die sich dem „Gebildeten" sofort erschloß. Doch auch dem ikonographisch eher unbedarften Betrachter wurde die Aussageabsicht durch geschickte Übernahme von allgemein bekannten Bildbedeutungen sowie durch eine ausgefeilte Komposition verständlich.

Ursula Matten

---

89) V. Rödel, Ingenieurbaukunst in Frankfurt/Main 1806-1914 (1983) 285.

90) Lexikon der christlichen Ikonographie III, 394-407.

91) Nipperdey a.a.O. (s.o. Anm.80) 536.

Mirjam Andres

Zur Bauplastik der Alten Oper

Die Vorbildfunktion des antiken Theaters für den modernen Theaterbau reicht bis in das 16. Jh. zurück, wo besonders in Italien das sog. Arenatheater zum Maßstab genommen wurde. Während sich jedoch im 16. und in der höfischen Zeit des 17. und 18. Jhs. die Aufmerksamkeit der Architekten mehr auf die Gestaltung des Innenraumes konzentrierte, gewann mit dem Aufkommen des freistehenden, nicht mehr in die Architektur einer Residenz oder den Gebäudeverband einer Straße oder eines Platzes eingebauten Theaters der Einfluß der Antike auch auf die äußere Gestalt der Bauwerke an Bedeutung.[1] Im Gegensatz zur Architektur ist jedoch von der statuarischen Ausstattung antiker Theater nur sehr wenig erhalten geblieben, und auch schriftliche Quellen geben keine hinreichenden Auskünfte[2]. Der Zugang zur Antike konnte in diesem Bereich nur über die Theorie, nicht über die unmittelbare Anschauung antiker Überreste erschlossen werden. In der 2. Hälfte des 18. Jhs. spielte daher die Dramentheorie der Aufklärung, im deutschsprachigen Raum vor allem diejenige Gottscheds und Lessings, eine zentrale Rolle für die Auffassung des Theaters und damit auch für die symbolische Darstellung dieser Auffassung durch die figürliche und ornamentale Ausstattung des Theatergebäudes. Auf Lessing folgten J.W. v. Goethe, F. Schiller und - in der 1. Hälfte des 19. Jhs. - L. Tieck. Sie entwarfen die theoretische Grundlage, auf der der bildnerische Schmuck der neuen isolierten Bauten, des Berliner Theaters von Knobelsdorff (1741-43), des Nationaltheaters am Gendarmenmarkt von Langhans d.Ä. (1800-02), des Schauspiels am Gendarmenmarkt von Schinkel (1818-21), des ersten (1838-41) und zweiten (1871-78) Dresdner Hoftheaters von Semper, des Leipziger Stadttheaters von Langhans d.J. (1864-67), des Wiener Opernhauses (1861-69) und

---

Vorbemerkung

Soviel ich sehe, ist die Bauplastik der Alten Oper bisher nicht Gegenstand wissenschaftlicher Überlegungen gewesen. Sie in ihrer Gesamtheit zu würdigen, wäre eine lohnende Aufgabe, zu der dieser Aufsatz den Anstoß geben möchte. Er geht auf eine Anregung von Eva Reuß zurück, der ich auch für die Anfertigung von Photographien und die Hilfe bei der Erstellung des Manuskriptes herzlich danke. - Ich beziehe mich hier auf das Opernhaus vor der Zerstörung durch Luftangriffe im März 1944. Alle Angaben stützen sich auf das in Frankfurt/M zugängliche Material, bes. die Akten der Stadtverordnetenversammlung Frankfurt am Main. Theater-Neubau. Inst. f. Stadtgesch. 1.633, 1.692, 1.693, 1.794; Photographien der Oper: Inst. f. Stadtgesch. Photoarchiv; Photographien und Zeichnungen der Oper: Historisches Museum Frankfurt/M, Graphische Slg. - Die Zeichnungen aus dem Nachlaß des Architekten Richard Lucae, die sich in der Technischen Univ. Berlin befinden, konnte ich leider nicht berücksichtigen: s. E.Börsch-Supan, Berliner Architektur nach Schinkel (1977)

623 Nr.67; teilweise abgebildet in: H.Reber - H.Heym, Das Frankfurter Opernhaus 1880 bis 1944 (1969) 65-80. - A.R.Mohr, Das Frankfurter Opernhaus 1880-1980. Ein Beitrag zur Frankfurter Theatergeschichte (1980) 11-15. - W.Schivelbusch, Eine wilhelminische Oper (1985).

1) F.B.Biermann, Die Pläne für Reform des Theaterbaues bei Karl Friedrich Schinkel und Gottfried Semper (1928). - H.Magirius, Gottfried Sempers Zweites Dresdner Hoftheater (1985) 38-60. - Wasmuths Lexikon der Baukunst 4 (1932) s.v. Theaterbau (Wedemeyer).

2) Die Egebnisse der älteren Forschung zusammengefaßt: RE V A2 (1934) s.v. Theatron (Fensterbusch). - M.Bieber, The History of the Greek and Roman Theatre (1961) 223ff. - R.Meinel, Das Odeion (1980) 357f. - RE XVI 1 (1933) s.v. Musai (Kees). - LIMC VI (1992) s.v. Mousa, Mousai (Queyrel) (hier allerdings nur die Denkmäler bis zum Ende der Klassik behandelt).

schließlich auch der Frankfurter Oper ruht, die 1873-1880 nach Plänen des Architekten Richard Lucae errichtet wurde[3] *(Abb.100.101)*.

Vor allem in Berlin scheint sich eine Tradition gebildet zu haben hinsichtlich der Rolle und der Position, die besonders der Figur des Apollon innerhalb der Ausstattung zugewiesen wurde.

Rang und Wert einer Figur ergeben sich aus ihrer Stellung im Gesamtverband der Architektur und ihrem Verhältnis zu den übrigen Teilen der Dekoration, vor allem den ihr gleichartigen, figürlichen. Betrachtet man daraufhin die Bauplastik der Frankfurter Oper, und stellt man sie in einen größeren historischen Zusammenhang, so läßt sich auch an ihr der Rang ablesen, den das antike Element in der Auffassung des Theaters im 19. Jh. behauptet[4].

Die Bauplastik der Frankfurter Oper gliedert sich in waagerecht umlaufende und senkrecht aufsteigende Komplexe. Die waagerechten sind, von unten nach oben: Die Schlußsteine über den Bögen des Sockelgeschosses in Gestalt von Masken, die Porträtmedaillons bedeutender Dichter und Komponisten über den Rundbögen des Hauptgeschosses, die Figuren aus antiken und modernen Tragödien und Komödien auf den Postamenten der Balustrade, von denen nur die Recha und die Isabella auf dem Dach des Vorbaus zur Ausführung gelangten, die Nischenfiguren am Oberbau des Haupthauses, Personifikationen darstellend, und schließlich die Kandelabergruppen auf den Giebelecken und den seitlichen Dachrändern des Haupthauses. Senkrecht staffeln sich übereinander an der Front der Giebel des Vorbaus mit den Personifikationen des Rheins und Mains, darüber das Firstakroter, Apollon mit der Kithara auf einem von zwei geflügelten Greifen gezogenen Wagen stehend, der Giebel des Haupthauses mit einer Darstellung der drei Grazien in der Mitte und Allegorien der Komödie links und der Tragödie rechts. Den Abschluß bildet die Figur des Pegasos. An der Rückseite erscheinen im Giebel die drei Parzen, zu beiden Seiten „Das Geschick des Menschen", aufgeteilt in das heitere (links) und das ernste Leben (rechts), darüber als Firstakroter die Personifikation der Poesie, einen Genius unterrichtend. Die Figuren auf den Giebelecken, die die Funktion von Seitenakroteren übernehmen, gehören formal und inhaltlich nicht zu den Firstakroteren, sondern zu den auf der Balustrade bzw. den seitlichen Dachrändern umlaufenden Figuren und schließen Front und Seiten des Baus zu einer Einheit zusammen. Die Auswahl der Bauplastik scheint vor allem nach formalen und dekorativen Gesichtspunkten erfolgt zu sein. Die architektonische

---

3) H.Kindermann, Theatergeschichte Europas IV2 (1972) 471ff.; V2 (1976) 152-244; VI2 (1977) 11-82. - Richard Lucae (1829-1877) stammte aus der Berliner Schule Karl Friedrich Schinkels. Er war vor allem durch Villen bekannt geworden, die er für wohlhabende Berliner Kaufleute und Industrielle baute. Von 1872 bis zu seinem plötzlichen Tod war er Direktor der Berliner Bauakademie. Lucae hatte sein Architekturbüro in Berlin, wo er sich die meiste Zeit aufhielt. Die Bauleitung des Frankfurter Projekts übertrug er seinem ehemaligen Schüler J.A.Becker, der den Bau nach Lucaes Tod zusammen mit E.Giesenberg, ebenfalls einem Schüler Lucaes, zu Ende führte. Beide hatten von Anfang an mit Lucae zusammen gearbeitet und waren mit der Entwicklung des Projekts gut vertraut. - U.Thieme - F.Becker,

Allgemeines Lexikon der Bildenden Künstler von der Antike bis zur Gegenwart XXIII (1929) s.v. Lucae. - Börsch-Supan a.a.O. 620-24. - J.A. Becker - E. Giesenberg, Das Opernhaus zu Frankfurt am Main. Ein Führer (1892).

4) Als Spielstätte für Oper und Schauspiel geplant, wurde das Neue Theater, wie es in den Städtischen Unterlagen genannt wird, als Ersatz für das alte Schauspielhaus (Comödienhaus) am Rathenauplatz errichtet, in dem bis dahin beide Genres beheimatet waren. Diese ursprüngliche Bestimmung des Gebäudes wurde erst im Jahr nach der Eröffnung aufgegeben. Sie hat die Wahl der Bauplastik wesentlich beeinflußt. - Frankfurt und sein Theater, H. Heym (Hrsg.), (1963) 9-20.

Ordnung bestimmt die Art und die Anordnung der Bauskulptur[5].

Welches Gewicht der organischen Gliederung der Architektur durch die Bauplastik beigemessen wurde, geht aus dem Bericht der Spezialkommission für den Theaterneubau vom 22. Juni 1875 hervor, in dem es um die Bewilligung von Geldmitteln für die plastische Dekoration der Oper geht[6]. Für organisch notwendig werden die 3 Giebelfelder mit den zugehörigen Firstakroteren, die 16 Nischenfiguren sowie die Vasen gehalten, die auf der Balustrade stehen sollen. Ausgeschlossen von der Bewilligung werden die 40 Figuren auf den Postamenten der Balustrade und die Kandelabergruppen auf den Dachrändern des Haupthauses. Der Bauleitung ist es schließlich doch noch gelungen, die Stadtverordnetenversammlung von der Notwendigkeit der Kandelabergruppen und wenigstens der beiden vorderen Balustradenfiguren zu überzeugen, ohne die die Firstakrotere isoliert auf den Giebelspitzen gesessen hätten[7].

Innerhalb des Gesamtverbandes der Architektur nehmen Figuren antiken Inhalts die hervorragenden Positionen der beiden Frontgiebel mit den dazu gehörigen Firstakroteren ein. Formal und inhaltlich eng an die Antike angelehnt sind die Flußgötter im Giebel des Vorbaus, der Apollon auf dem Greifenwagen, die Gruppe der drei Grazien im Giebel des Haupthauses und die Figuren in der linken Giebelhälfte, die die Komödie symbolisieren, sowie der Pegasos über dem oberen Giebel.

Die Allegorie der Tragödie in der rechten Hälfte des oberen Giebels nimmt zwar nicht formal, jedoch inhaltlich auf die Antike Bezug[8].

Alte Oper Ffm Südseite Bauplastik

Kandelaber   Pegasos   Kandelaber
(Ludwig Brunow)

Komödie   3 Grazien   Tragödie
(Gustav Kaupert)

Recha   Apollon auf dem Greifenwagen   Isabella
(Erdmann Enke)

Rhein   Main
(Emil Hundrieser)

Bis auf die Personifikation des Scherzes in der Allegorie der Komödie und die beiden Flußgötter sind alle Figuren der griechischen Mythologie entlehnt. Der starke griechisch - klassizistische Akzent, den die Oper gerade an der Südseite durch die beiden übereinanderliegenden „Tempel"-Giebel erhält, wird durch die Bauplastik unterstrichen. Bereits im ersten Entwurf von 1871, den Richard Lucae für den Wettbewerb in Frankfurt einreichte, erscheint über dem Giebel des Vorbaus Apollon, jedoch flankiert von zwei Greifen als Seitenakroteren[9]. Die gleiche Anordnung zeigt auch der

---

5) Die Giebel an der Vorder- und Rückseite der Oper sind formal und inhaltlich aufeinander bezogen. Man müßte sie im Grunde zu einem Komplex zusammenfassen. Eine ausführliche Würdigung sämtlicher Bauplastik in den 3 Giebeln einschließlich der dazugehörigen Akrotere hätte jedoch den Rahmen dieses Aufsatzes gesprengt. Ich habe mich daher entschlossen, den wichtigsten Teil des Komplexes, nämlich die Giebel der Südseite mit der Figur des Apollon auf dem Greifenwagen herauszunehmen. Der Giebel der Rückseite und das rückwärtige Firstakroter lassen sich ohne Schwierigkeiten daran anschließen. - Zur Geschichte der Bauplastik s. Anhang.

6) Akten der Stadtverordnetenverslg. a.a.O. 1.693 Nr. 59.

7) ebenda Nr.73b; 82.

8) s. unten.

9) Die Entwurfszeichnungen sind abgebildet bei: Mohr a.a.O. 13; 17-20. Schivelbusch a.a.O. Abb.29.32.37. Besser als den Gesamtansichten ist das Repertoire den Skizzen von H.Ziller zu entnehmen (s. Anhang).

zweite Entwurf aus dem Jahre 1872, Apollon auf einem von vier geflügelten Greifen gezogenen Wagen stehend, eine Lanze o.ä. in der erhobenen rechten Hand, flankiert von zwei Greifen. Auf den Ecken der Balustrade sitzen Zweifigurengruppen, je ein knieender Jüngling, der seine Hand auf den Kopf eines geflügelten Greifen legt. Im Giebel unter Apollon erkennt man liegende Flußgottheiten, im Giebel des Haupthauses die Gruppe der drei Grazien. Die Giebelspitze bekrönt eine Dreifigurengruppe, Pegasos mit angelegten Flügeln und erhobenem linken Vorderbein, der von zwei Knaben gezügelt wird. Die apollinische Thematik dominiert im ersten und zweiten Entwurf den breit gelagerten Vorbau. Im dritten Entwurf der Oper erscheint das Thema knapper, dafür aber konzentrierter, nur noch in der Form des Apollon auf dem Greifenwagen. Die Verknappung der Architektur, die die Vertikale stärker betont als in den beiden vorangegangenen Entwürfen, zieht auch eine „Ausdünnung" der Bauplastik und eine stärkere Betonung vertikaler Elemente durch die überwiegende Zahl von Standfiguren nach sich. Auf diesem statuarischen Weg geht die endgültige Ausführung des Baus noch etwas weiter. Vor den Wagen des Apollon, der jetzt eine Kithara im Arm hält, sind nur zwei streng frontal ausgerichtete Greifen gespannt. Pegasos beherrscht allein, im Schnittpunkt der Hauptachsen des Baus, den oberen Giebel.

Bei der Eröffnung der Oper 1880 wurde in der Frankfurter Presse beklagt, daß es der Bauplastik an einem ikonographischen Programm mangele[10]. Dies trifft jedoch meiner Ansicht nach für den antikischen Komplex an der Südseite nicht zu. Es handelt sich hier um eine formal und inhaltlich geschlossene Einheit, deren Angelpunkt die Figur des Apollon bildet. Die Idee, die der Komposition zugrundeliegt, und für die es in Renaissance, Barock und Klassizismus zahlreiche Vorbilder gibt, läßt sich aus der antiken Mythologie ziemlich einfach aufschlüsseln. Sie ist durchaus programmatisch zu verstehen.

Der Gedanke mag dem Architekten gekommen sein, als man von ihm verlangte, die seitlichen Logenkorridore wegzunehmen. Dadurch mußte der Bau automatisch an Tiefe und, im Verhältnis, an Höhe gewinnen. Es ist die Idee der Errichtung eines Musenberges in Frankfurt am Main nach den mythischen griechischen Vorbildern des Parnaß und Helikon[11].

Unter den Figuren an der Südseite der Oper ist der Apollon auf dem Greifenwagen zweifellos die bedeutendste. Unter ihm treten die Flußgötter, hinter ihm die Figuren im oberen Giebel und der Pegasos zurück[12]. Die Figur stellt Apollon Musagetes dar. Standmotiv und Körperhaltung wiederholen seitenverkehrt und leicht maniert eine Statue des Apollon mit der Kithara im Kapitolinischen Museum in Rom, eine kaiserzeitliche Umbildung des sog. Lykeios[13] (Abb.102). Die Haltung des rechten Armes und des Instruments sind bei der Frankfurter Figur jedoch abgeändert. Mit graziöser Eleganz steht der göttliche Sänger in zeitloser Pose auf

---

10) s. Anhang.

11) C.Brink - W.Hornbostel (Hrsg.), Pegasus und die Künste. Ausstellungskat. Hamburg (1993) bes. Kat.Nr.40: Nicolas de Poilly d.J. Le Parnasse francois (1723) Ölgemälde. Versailles. Mus. National du Chateau, mit etwas anderer Folge der Figuren (von unten nach oben: Repräsentanten Frankreichs, die drei Grazien, Apollon, Pegasos) und ausgesprochenem Bezug zur Dichtkunst.

12) Leider existiert von der im Krieg zerstörten Figur keine Einzelaufnahme. Auf den erhaltenen Photographien der Oper ist sie jedoch in ihren allgemeinen Zügen zu erkennen.

13) Inventar Nr 736. - W.Helbig, Führer durch die öffentlichen Sammlungen klassischer Altertümer in Rom[4] II (1966) Nr. 1426 (Steuben). Wiederverwendet auf Musensarkophagen. - M. Wegner, Die Musensarkophage (1966) Taf. 41 a.

seinem Wagen[14]. Mit dem Körper der kapitolinischen Statue hat der Bildhauer, wie mir scheint, einen Kopf mit losem Nackenhaar verbunden, ähnlich demjenigen des Belvedere-Apollon. Auch die energische Wendung des Kopfes, die Hebung des Kinns und die Haltung des rechten Armes erinnern an die von Winckelmann so sehr bewunderte Figur im Vatikan[15]. Beide antiken Vorbilder, der Lykeios und der Apollon im Belvedere, gehen auf Originale der griechischen Klassik des 4. Jhs.v.Chr. zurück.

Apollon Musagetes erhebt sich auf dem Boden Frankfurts - das sich als Mittelpunkt des Rhein-Main-Gebiets begreift - in die Lüfte zu dem hinter ihm hochragenden Parnaß/ Helikon/ Reich der Kunst, wo die drei Grazien weilen *(Abb.103)*. Links hat sich der jugendliche Dionysos gelagert, die gefüllte Trinkschale in der erhobenen Hand, umgeben vom Panther, dem Zugtier seines Wagens, und der Personifikation des Scherzes Jocus, der

eine komische Maske emporhält. Die Giebelecke füllt im Thiasos verwendetes Gerät. Dionysos hält auf seinem Zug in Frankfurt inne. In der rechten Giebelhälfte sitzt abgewandt und mit verhülltem Haupt die Schuld, in deren Schoß sich, von der Furie gehetzt, ein junges Weib geflüchtet hat. Im Rücken der Schuld lehnt mit gesenkter Fackel der Genius des Todes, eine tragische Maske zu seinen Füßen. In der Giebelecke liegt unbewegten Gesichts die Sphinx. Die Darstellung in dieser Giebelhälfte, die sich formal an Michelangelo und die deutsche Malerei der Romantik anlehnt, spielt auf die klassische griechische Tragödie an, übertragen in eine romantische Form. Der von Furien gehetzte Mensch erinnert an Orest in der Trilogie des Aischylos, der, wohin er auch flieht, der Schuld nicht entkommen kann. Der Lohn der Schuld aber ist der Tod, ein schöner, unschuldiger, ungerührter Knabe. Die Gestalt der Sphinx ruft die Tragödie des sophokleischen König Ödipus ins Gedächtnis[16].

14) In der Zillerschen Zeichnung und noch im 2. Entwurf Lucaes war der rechte Arm dagegen noch erhoben.

15) Inventar Nr.1015. - Helbig a.a.O. I (1963) Nr.226 (Fuchs).

16) Der von Gustav Kaupert gestaltete Giebel zählt zum Besten, was in der Bauplastik der Oper geleistet worden ist. Die beiden sitzenden Figuren des Dionysos und der Schuld sind als Pendants aufgefaßt. Sie wenden einander den Rücken zu, ihnen zugeordnet sind der Scherz und der Tod. Zu den Giebelecken hin klingt die Komposition in den langgestreckten Figuren des Panthers und der Sphinx aus. Gegenüber der linken Giebelhälfte, in der die kaum bekleideten Figuren den Raum locker füllen, sind rechts in strenger Folge vier in schwere Gewänder gehüllte Gestalten hintereinandergesetzt. Die linke Hälfte hat einen gelösten spielerischen Charakter und strahlt heitere Ruhe aus. Über die dominante Figur des Dionysos wird die Komposition durch Haltung und Gebärden der Figuren in sich verschränkt. Die Wendung der Köpfe dagegen verbindet sie wieder mit der Gruppe der drei Grazien in der Mitte. Die rechte Giebelhälfte ist demgegenüber durch eine düster stürmische, von der Ecke zur Mitte geführte Bewegung und ansteigende Handlung gekennzeichnet, die erst kurz vor der Mitte von der Gestalt des Todesgenius aufgefangen wird, dessen in sich versunkene Haltung zur heiteren Ruhe der Grazien überleitet. Anders als bei dem antiken Vorbild hat der Bildhauer die Gruppe der Grazien reliefartig und offen

zum Betrachter dargestellt. Durch die Wendung und Neigung des Kopfes und die hinweisende Geste der beiden äußeren Frauen öffnet sie sich auch nach den Seiten zu den anschließenden Figuren hin. Eine klare, aber nicht starre Ordnung, in der die Gegensätze zum Ausgleich gebracht werden, zeichnet die schönlinige Komposition aus. Sie wurde schon von den Zeitgenossen mit den Giebeln des Parthenon verglichen (W. Jordan, Festspiel zur Eröffnung des neuen Theaters in Frankfurt am Main[2] (1880) 13). - Linke Giebelhälfte: J.Stuart - N.Revett, The Antiquities of Athens I (1762) Kap.IV Taf.X u. XXVI (Athen, Lysikratesmonument, Fries). - Gruppe der drei Grazien: LIMC III (1986) s.v. Chariten (Harrison). - Genius des Todes: Michelangelo, Tondo Doni, Ignudo mit übergeschlagenem Bein stehend, H.Keller, Michelangelo (1976) Abb.51. - Kopf der Schuld : Michelangelo, Sixtinische Kapelle, Jüngstes Gericht, Frauenkopf über dem Jugendlichen Heiligen, Keller a.a.O. Abb 68. - Junges Weib: Moritz v. Schwind, Die schöne Melusine IX, Fresko, Wien K u K Hofmuseum, in: O.Weigmann (Hrsg.) Moritz v. Schwind (1906) 138. - Flußgötter im unteren Giebel: LIMC IV (1988) s.v. Fluvii (Weiss); Sylvia Klementa, Gelagerte Flußgötter (1993); bes. die Statue des Nil, mit untergeschlagenem Bein, Rom, Vatikan, Inventar Nr. 2300, Helbig a.a.O. I (1963) Nr.440 (Fuchs).

Auf dem Gipfel des Berges hat sich mit angelegten Flügeln Pegasos niedergelassen, den Vorderfuß erhoben, im Begriff, die Hippukrene aus dem Fels zu schlagen[17]. Parnaß und Helikon verschmelzen hier zu einem Musenberg. Die neun Musen selbst empfingen den Besucher erst im Innern der Oper, wo am Fuß der Prunktreppe noch einmal die Greifen Apollons den Aufstieg zum Parnaß / in das Reich der Kunst bewachten[18].

Der göttlich-apollinischen Seite der Oper ist im rückwärtigen Giebel in einem wieder sehr griechischen Sinn die irdisch-menschliche, dem Schicksal der Sterblichkeit unterworfene, entgegengesetzt - eben jene Bedingtheit des Menschen, die man in der klassischen griechischen Tragödie und in der griechischen Kunst so vorbildlich und ewig gültig gestaltet sah[19].

Die Akrotere an der Südseite der Frankfurter Oper sind nach dem Vorbild des fast zwei Generationen älteren Schauspielhauses am Gendarmenmarkt in Berlin geschaffen. Nicht nur die Wahl der Themen, sondern auch motivische Einzelheiten orientieren sich an diesem Bau[20].

Das Schauspielhaus am Gendarmenmarkt wurde 1818-21 von K.F. Schinkel errichtet, in dessen Schule Lucae seine Ausbildung erhalten hatte. Die Nähe zu Schinkel läßt der zweite Entwurf Lucaes noch deutlicher erkennen als der letzte. Der streng hellenische Charakter, den Schinkel seinem Werk allseitig verliehen hatte, beschränkt sich bei Lucae auf das Haupthaus und den Vorbau einschließlich der dort angeordneten Bauplastik.

Das Skulpturenprogramm des Schauspielhauses am Gendarmenmarkt ist teils auf Apollon Musagetes, teils auf Dionysos, die Kunst allgemein und die Musik bezogen. Apollon und die Musen bilden zwar den Schwerpunkt dieses Programms, das sich jedoch ausgewogen auf sämtliche Seiten des Bauwerks verteilt und verschiedene Anknüpfungspunkte des Theaters in der Antike mehr oder weniger locker verbunden gruppiert. Anders an der Frankfurter Oper. Hier türmt der Architekt an der Front des Baus Giebel und Akrotere betont übereinander. Er verdichtet den Bau optisch wie zu einem Berg und unterstreicht dies durch Inhalt und Anordnung der Bauplastik. Wenn schon nicht am ganzen Bau, so läßt sich zumindest im vertikalen Komplex der Südseite ein ikonographisches Programm oder besser gesagt eine bestimmte Idee erkennen, die der Wahl der Bauplastik zugrunde gelegen haben könnte und von den Bildhauern bis in die Gestaltung von Einzelheiten wie den Felsblöcken, auf denen Dionysos und die Schuld sitzen, oder dem erhobenen Fuß des Pegasos umgesetzt wurde.

Diese Idee wurzelt in der Auffassung von der Bedeutung der Antike für das moderne Theater im Berlin der 1. Hälfte des 19. Jhs., dessen geistiges Klima Lucae

---

17) Apoll und Pegasos, Marmorbild, 2. Hälfte 1. Jh. n.Chr., Wien, Kunsthist. Mus., Brink - Hornbostel a.a.O. 33 Abb.9.

18) Greifen: Becker - Giesenberg a.a.O. 16; Mohr a.a.O. Abb. S.35; Apollon und die neun Musen: Hauptfoyer, Deckenmalereien, Becker - Giesenberg a.a.O. 19.

19) W. Schadewaldt, Der Gott von Delphi und die Humanitätsidee (1990) 9-13. - Die Oper gibt sich hiermit als Heiligtum Apollons zu erkennen, des Gottes der Mantik und Musik. Das Kunsterlebnis erhält so den Charakter einer Offenbarung der Wahrheit durch die Kunst.

20) Karl Friedrich Schinkel 1781-1841. Kat. der Ausstellung im Alten Museum 23.10.1980-29.3.1981, Staatl. Museen zu Berlin (1981) 115-130. - Über Lucaes Verhältnis zu Schinkel s.: Schinkel im Lichte der Gegenwart, Rede Lucaes im Architektenverein in Berlin zum Schinkelfest 1865, in: Julius Posener (Hrsg.), Festreden Schinkel zu Ehren, 1846-1980 (1980?) 47-56. In dieser Rede tauchen bei der Beurteilung Schinkels im Zusammenhang mit dessen 'antiker' Formensprache die Begriffe des Schönen, Wahren und Edlen auf, die später, leicht abgewandelt, als Weihinschrift über dem Eingang der Frankfurter Oper stehen werden.

prägte[21]. Das Berliner Theaterleben stand damals noch unter dem Einfluß des Weimarer Stils, den Goethe während seiner Zeit als Direktor des dortigen Hoftheaters - streckenweise gemeinsam mit Schiller - entwickelt hatte[22].

1796 berief Friedrich Wilhelm II. den Schauspieler August Iffland nach Berlin, damit er dort die Leitung des Nationaltheaters übernehme. Iffland war zwar nicht durch die Weimarer Schule gegangen, hatte jedoch gemeinsam mit Schiller dessen Dramen in Mannheim aus der Taufe gehoben und war dem Dichter gelegentlich nach Weimar gefolgt. Ifflands Nachfolge trat 1815 Karl Graf Brühl an. Brühl, ein ausgesprochener Anhänger des Weimarer Stils, zog das Schauspielerehepaar Alexander und Amalie Wolff von dort nach Berlin, worauf Goethe sich halb im Ernst, halb im Scherz beklagte, man engagiere ihm seine besten Schauspieler weg. Das Wolff'sche Ehepaar glänzte vor allem im tragischen Fach und wurde neben Ludwig Devrient aus Breslau zu einer Säule des Berliner Theaters. Unter der Ägide Brühls entstand das Schauspielhaus am Gendarmenmarkt, dessen Erbauer auch als Bühnenbildner tätig war.

Der Weimarer Stil zeichnete sich durch die Suche nach Schönheit, Harmonie und edlem Maß in Wort und Gestik, nach dem Ideal des Ausgleichs von Mimik und Gestik, der geistigen Sublimierung starker Affekte, mit einem Wort, der Angleichung der Erscheinung und Darstellung des Schauspielers auf der Bühne an die „edle Einfalt und stille Größe" des Menschenbildes in der klassischen griechischen Skulptur aus - um das bekannte Wort Winckelmanns zu zitieren -, in der Überzeugung, daß sich so der wahre Grund des menschlichen Wesens am Klarsten und Reinsten offenbare. Man hat diesen Stil später den „apollinischen" genannt, im Gegensatz zum „dionysischen" des romantischen Theaters[23].

Der Eigenbrötler Iffland ging auf der Suche nach der gültigen Menschendarstellung einen anderen Weg. Obgleich sein Spiel ebenso stilisiert war wie das der Weimarer Schule, und jede Geste vorausberechnet, ging es ihm nicht um die Verkörperung eines Ideals auf der Bühne, das den unverrückbaren Kern sämtlicher Figuren und Situationen bildete, sondern um die Offenlegung des individuellen Charakters einer Figur, um die 'Wahrheit', auch wenn diese nicht mehr in Einklang mit dem klassischen Ideal zu bringen war. Schon sehr früh, in seiner Mannheimer Zeit, äußerte er sich auch theoretisch zu seiner Schauspielkunst.

Einen Bruch mit dem Weimarer Stil bedeutete das Theater der Romantik, dessen Protagonist auf der Berliner Bühne Ferdinand Fleck und dessen Theoretiker Ludwig Tieck wurde. Fleck spielte ausschließlich vom Gefühl her, geistige Sublimierung lag ihm fern. Sein

---

21) vgl. F. Preisshofen, Der hyperboreische Greif. Das Symbol des Deutschen Archäologischen Instituts, in: W.Arenhövel - Ch.Schreiber (Hrsg.), Berlin und die Antike. Ausstellungskat. (1979) 215ff. Der Entwurf für die Bronzestatuette des Greifen ebenda Abb.4 könnte von Friedrich Tieck in Zusammenhang mit den Akroteren für das Schauspielhaus am Gendarmenmarkt geschaffen worden sein. Karl Friedrich Schinkel. Ausstellungskat. Berlin (1981) 123ff.

22) Kindermann a.a.O. V-VI.

23) Der Weimarer Stil wurde vor allem an der und für die griechische Tragödie und das Drama der Deutschen Klassik entwickelt. Er sollte der Stil des Deutschen Nationaltheaters werden, das die Sehnsucht aller deutschsprachigen Autoren seit der Aufklärung war. Schon bei der Umsetzung Shakespearescher Tragödien und Komödien in diesem Stil taten sich Schwierigkeiten auf, erst recht bei der Inszenierung der damals beliebten Lustspiele französischer und italienischer Herkunft, die ihren Ursprung in der Commedia dell'Arte haben. Über die Anregungen , die der klassische Stil des Deutschen Theaters von der Französischen Tragödie des 18. Jhs. erhielt, s. Kindermann a.a.O. IV. - Auf dem Gebiet der Musik, wo es keine antiken Vorbilder gab, galt den Weimarianern Mozart als der Gipfel der Kunst.

Spiel war oft unausgeglichen. In Augenblicken echter Inspiration war er berauschend, genial und riß sein Publikum zu Begeisterungsstürmen hin. An anderen Abenden spielte er miserabel, weil ihm die Inspiration fehlte oder er, um es banaler zu sagen, nicht in Stimmung war. Das Berliner Publikum stand dieser Art des Theaters jedoch zwiespältig gegenüber. Tieck setzte sich bald von Berlin ab und ging nach Dresden, wo er das Theaterleben maßgeblich beeinflußte. Kann es ein Zufall sein, wenn an der zweiten Semper-Oper Dionysos die Bauplastik beherrscht, während die Berliner Tradition stets das apollinische Element betonte[24]? In dieser Tradition steht auch die Bauplastik an der Südseite des Frankfurter Opernhauses.

Die Weihinschrift der Oper sollte ursprünglich „Apollini Et Musis Dedicatum Opus" lauten. In dieser Form erscheint sie noch in Lucaes 2. Entwurf. Wann und aus welchen Überlegungen heraus sie schließlich geändert wurde in die uns geläufige Fassung „Dem Wahren Schönen Guten", ist im Einzelnen nicht mehr nachzuvollziehen. Immerhin entsteht hierdurch eine deutliche Akzentverschiebung. Während die ursprüngliche Inschrift das Neue Theater in direkter Linie mit der Antike verknüpft, übersetzt die spätere diese Verbindung in die Sprache der Weimarer Klassik und ihrer Auffassung von der Bedeutung vor allem der griechischen Antike für das deutsche Theater. Daß man sich in der Geburtsstadt Goethes dessen wohl bewußt war, zeigen die Standbilder Goethes und Mozarts, die über dem Eingang zur Oper in den Arkaden des ersten Stockwerks aufgestellt wurden[25]. Mit der Entscheidung, beim Wiederaufbau der Oper auf den Giebel des Vorbaus die Schauspielhaus - Quadriga zu setzen, wurde der für den geistigen Gehalt des Opernhauses vielleicht bedeutungsvollste Teil der Bauplastik, die Figur des Apollon, preisgegeben, ein Schlüssel zum Verständnis des Baus.

---

24) Die apollinische Thematik findet sich im Berliner Theaterbau schon zur Zeit Friedrichs d. Gr. Im Theater, das der König 1741/42 in Berlin von Knobelsdorff errichten ließ, lag direkt hinter der königlichen Loge ein 'apollinischer Saal', über dessen Gestalt ich nichts ermitteln konnte. - Wasmuths Lexikon der Baukunst, s. Anm.1.

25) Auf den Genius Goethes selbst nimmt vielleicht das rückwärtige Firstakroter, die 'Poesie, einen Genius unterrichtend', Bezug.

Anhang

Die Hauptquelle für die Bauplastik bildet der kleine Führer von Becker - Giesenberg (s. Anm.3). Hier werden die einzelnen Figuren aufgezählt und benannt. Bis auf die Firstakrotere der Vorderseite und die Kandelabergruppen auf dem Dach des Haupthauses wurden alle Figuren in hellem französischem Kalkstein aus Savonnière en Perthois gehauen, dem gleichen Material, mit dem die Fassaden der Oper verkleidet sind. Der Apollon auf dem Greifenwagen, der Pegasos und die Kandelabergruppen sollten aus Bronze gefertigt werden, was man jedoch aus Kostengründen aufgeben mußte. Die Figuren wurden schließlich aus Zinkblech gestanzt und mit einem bronzeähnlichen Farbüberzug versehen (J.A.Becker, in: Akten der Stadtverordnetenversammlung a.a.O. 1.692 = Separatabdruck aus Nr.47 der Neuen Frankfurter Presse, 6.2.1878). Die Bauplastik wurde von Frankfurter und Berliner Künstlern geschaffen, von denen einige, wie Gustav Kaupert, Emil Hundrieser, Erdmann Enke oder Ludwig Brunow, weit über die Grenzen ihrer Vaterstadt hinaus als Denkmalplastiker bekannt und beschäftigt waren (Thieme - Becker a.a.O. s.v. Kaupert, Hundrieser, Enke, Brunow; s. auch hier Beitrag Matten). Über den Gang der Verhandlungen mit diesen Künstlern, ihre eventuelle Einflußnahme auf Art und Inhalt der Bauplastik, geht aus den erhaltenen Akten im Stadtarchiv nichts hervor. Die Spezialkommission für den Theater-Neubau äußert sich in ihrem Bericht vom 22.6.1875 lediglich befriedigt darüber, daß die Aufträge zum großen Teil an Frankfurter Künstler vergeben werden sollen (Akten der Stadtverordnetenversammlung a.a.O. 1.693 Nr.59). Dies scheint nicht von Anfang an des Projekts selbstverständlich gewesen zu sein. - Im ersten und zweiten Entwurf der Architekten für die Frankfurter Oper erscheinen in den Giebeln des Haupthauses andere Kompositionen als die später ausgeführten. Bleistiftskizzen befinden sich in der Graphischen Slg. des Hist. Mus. (teilweise abgebildet bei Mohr a.a.O. 30). Die Zeichnungen sind von H.Ziller signiert. Möglicherweise handelt es sich hier um Herrmann Ziller, einen Schüler der Berliner Bauakademie unter Richard Lucae und bis 1874 „Chef des Ateliers Lucae, als welcher er sich an den Vorarbeiten für das Frankfurter Opernhaus beteiligte" (Thieme - Becker a.a.O. s.v. Ziller. Dagegen: handschriftliche Notiz auf dem Blatt mit den Zeichnungen, der Großvater des Heinrich Ziller sei am Bau des Schauspielhauses beteiligt gewesen). Dies würde darauf hindeuten, daß die Konzeption der Bauplastik in Lucaes Berliner Atelier erfolgte. Spätere Änderungen, vor allem an den Giebeln des Haupthauses, ergaben sich wahrscheinlich aus der Zusammenarbeit mit den ausführenden Künstlern. Die Überlegungen, die dieser Konzeption zugrunde gelegen haben müssen, waren schon zur Zeit der Eröffnung des Opernhauses nicht mehr bekannt, anders läßt sich der Vorwurf in der Frankfurter Presse, die Bauplastik zeige keine erkennbaren inhaltlichen Zusammenhänge, sie sei ein ungeordnetes Konglomerat, nicht erklären

(Mohr a.a.O. 52- 55). Auch der Führer von Becker - Giesenberg, der gut 10 Jahre nach der Einweihung des Hauses erschien, hat zu diesem Punkt nichts nachzutragen. - Ich glaube nicht, daß die Auswahl der Bauplastik willkürlich und zusammenhanglos erfolgte, auch wenn der dekorative Aspekt im Vordergrund gestanden haben mag. Vor allem die Themen der Giebel und Firstakrotere an der Front (S) der Oper schließen sich inhaltlich eng zusammen. Im übrigen zeigt ein Blick auf die zweite Semper-Oper in Dresden, bei der die Quellenlage sehr viel besser ist, daß auch hier mehrere, untereinander nicht immer unmittelbar verknüpfte Themenkreise zu Aspekten des Musik-Theaters durch die Bauplastik symbolisch ausgedrückt wurden. Auffallend häufig ist dabei das Prinzip der antithetischen Gegenüberstellung verwandt worden, das sich auch an der Frankfurter Oper findet: Gut - Böse, Antike - Moderne, Tragödie - Komödie, usw. Auch die Semper-Oper war ursprünglich für Oper und Schauspiel geplant (Magirius a.a.O. 140-197). - Die Entstehungszeit der Bauplastik des Frankfurter Opernhauses läßt sich nur ungefähr eingrenzen. Als *terminus post quem* kann der Magistratsbeschluß vom 6.7.1875 über die Bewilligung eines Kredits von 53 976 fl. für die Anfertigung eines Teils der Bauskulpturen gelten (J.A.Becker, Separatabdruck aus Nr. 47 der Neuen Frankfurter Presse 1878). Ein Kostenüberschlag mit Auflistung der einzelnen Posten (Einrichtung einer Bildhauerwerkstätte, obere Giebelgruppe, obere hintere Giebelgruppe usw.) findet sich in der Anlage zum Bericht der Spezialkommission vom 22.6.1875 (s.o.). Ein *terminus ante quem*, bis zu dem die Bildhauerarbeiten weitgehend fertiggestellt gewesen sein müssen, ergibt sich vielleicht aus der Datierung einer Photographie, auf der die Rückseite des Opernhauses (N) und die östliche Langseite während der Bauarbeiten zu sehen sind (Hist. Mus. Graphische Slg. K 235. C. 27 132). Bereits am Bau versetzt: die Kandelabergruppen, das Firstakroter Rückseite, der Giebel Rückseite, die Nischenfiguren, die Vasen auf der Balustrade. Das Photo trägt die Jahreszahl 1876. Dies wäre allerdings eine sehr kurze Zeitspanne. Im Auszugsprotokoll der Stadtverordnetenversammlung vom 20.11.1877 heißt es dagegen, das Theater sei zu diesem Zeitpunkt „im Rohbau fertiggestellt" (Akten der Stadtverordnetenverslg. a.a.O. 1.692 Nr.51). Aus dem Bericht der Theaterbaukommission für das Neue Theater vom 31.1.1878 geht hervor, daß die Bildhauerarbeiten zu diesem Zeitpunkt, bis auf eine geringe Restsumme, ordnungsgemäß vergütet waren (Akten der Stadtverordnetenversammlung a.a.O. 1.692 Anlage Nr.70). - Ein Teil der Bauplastik ging im März 1944 durch Luftangriffe verloren, vor allem die metallenen Akrotere und die Kandelabergruppen. Stark beschädigt wurden die Figuren der Recha und Isabella, das rückwärtige Firstakroter und eine der Nischenfiguren an der Westseite. Witterungseinflüsse während der 30 Jahre bis zum Beginn des Wiederaufbaus taten ein Übriges. Gut erhalten haben sich dagegen die Giebelreliefs, besonders an der Front. Im Zuge des Wiederaufbaus wurden die Recha und Isabella sowie das rückwärtige Firstakroter ergänzt und stark überarbeitet (mit einem Feldstecher gut zu erkennen). Neu geschaffen werden mußten der Pegasos und die Kandelabergruppen. Einzig den Apollon auf dem Greifenwagen hat man durch ein etwas später entstandenes, thematisch vollkommen anderes Stück, Victoria (?) auf einer Pantherquadriga *(Abb.103)*, ersetzt, das ursprünglich den Giebel des 1902 eröffneten Schauspielhauses am Theaterplatz schmückte: Mohr a.a.O 302-307; W. Ehrlich, Alte Oper. Neues Haus (1981) 70-85.

CHRISTIANE SCHWARZ

Ein Kleinod am Main. Zur Innenausstattung eines Frankfurter Hauses

Als Beispiel für eine klassizistisch-historistische Innenausstattung mit Stuckelementen und Holzeinbauten soll das 1876 erbaute villenartige Reihenhaus Untermainkai 26[1] besprochen und die Bezüge der Innenausstattung zur Antike aufgezeigt werden[2].

Das Haus wurde nach einem Entwurf des Architekten G. Wilhelm Lönholdt[3] durch die Internationale Bau- und Eisenbahnbau-Gesellschaft errichtet[4]. Im Jahre 1900 kauften Hermann Mumm von Schwarzenberg und seine Frau Emma, geb. Passavant, das Haus und vermachten es 1905 ihrer Tochter Emma und deren Mann Friedrich Max von Grunelius, Teilhaber des 1824 gegründeten Bankhauses Grunelius und Co. Am 25.3.1901 wurde hier deren erster Sohn Ernst Eduard Hermann Max von Grunelius geboren, der spätere Chef der Gruneliusbank und Besitzer des Hauses bis zu seinem Tode 1988. Da das Mutterhaus der Gruneliusbank in der großen Gallusgasse im Krieg zerstört worden war, wurden die Geschäftsräume des Unternehmens in das Haus Untermainkai 26 verlegt, in dem Ernst Max von Grunelius alleine lebte. Der Kassenraum befand sich nun im ehemaligen Wohnzimmer, der Sitzungsraum im Speisezimmer, und die Büroräume waren im Hinterhaus untergebracht. Im Krieg wurde im 1. Obergeschoß der sog. Spiegelsaal durch eine Brandbombe stark beschädigt und nie wieder in Stand gesetzt. Die Fenster wurden mit Brettern verschlossen und der Raum nicht mehr benutzt. Da auch im übrigen Haus, bis auf die Einbauten für die Bank, kaum renoviert wurde, haben sich Innenausstattung und Einrichtung vom Anfang unseres Jahrhunderts fast unbeschadet erhalten.

Die Gruneliusbank ist inzwischen in andere Räumlichkeiten umgezogen, und die jetzige Besitzerin des Hauses, die Ernst Max von Grunelius-Stiftung, hat mit dem Umbau und der Renovierung des Gebäudes begonnen. Der hintere Teil des Hauses wurde abgerissen und durch den Anbau eines modernen Bürogebäudes ersetzt. Möbel, Spiegel, Lampen und Wandbespannungen des unter Denkmalschutz stehenden Vorderhauses wurden nach genauer Fotodokumentation entfernt und eingelagert. Im folgenden werde ich mich auf die Vorstellung des heute noch stehenden Teiles des Hauses beschränken.

---

1) Mein besonderer Dank gilt Frau und Herrn Schmitz-Morkramer von der Ernst Max von Grunelius-Stiftung, die freundlicherweise der Publikation dieses Hauses zustimmten und mir das vorhandene Archiv- und Bildmaterial zugänglich machten. Weiterhin möchte ich mich bei den Mitarbeitern des Architekturbüros Heiken und Partner bedanken für die freundliche Unterstützung und das Überlassen der Pläne. Mein Dank gilt besonders Herrn Klöckner von der Restaurator-Firma Jean Kramer für das mir liebenswürdigerweise überlassene Gutachten und das nette Entgegenkommen.

Es werden folgende Abkürzungen verwendet:

Gutachten: Restauratorische Voruntersuchung der Fa. Jean Kramer GmbH, Fulda, März 1994.

Kat. Berlin: W. Arenhövel u.a. (Hrsg), Berlin und die Antike (1979)

2) Gem. 81, Flurstück 40/1, Top. 127.

3) Geb. am 5.7.1845 in Frankfurt, aus Frankfurter Architektenfamilie, s. Stammtafel der Familie Lönholdt im Inst. f. Stadtgesch.

4) Bericht FAZ, Lokales vom 3.7.1986; lt. Auskunft Frau Schumacher, Inst. f. Stadtgesch., Eintrag im Grundbuch von 1890 auf Internationale Bau-und Eisenbahngesellschaft.

Das schmale Grundstück erstreckt sich vom Untermainkai bis zur Wilhelm-Leuschner-Straße. Der Besucher betritt das Haus vom Main her, wo die Front die gesamte Grundstücksbreite von 10,50 m einnimmt. Der Reihenhauscharakter ist heute verloren, da die sich ursprünglich östlich anschließende Bebauung bis zur Mainluststraße[5] durch das moderne Gebäude der DVB-Bank ersetzt ist. Die Schmalheit des Grundstückes führte zu einer Art Dreiteilung des Grundrisses in Vorderhaus und schmaleres Hinterhaus, beide durch einen noch schmaleren Zwischenteil verbunden *(Textabb.1)*. Im heute noch stehenden Vorderhaus[6], dem repräsentativen Teil, befanden sich die Wohnräume der Familie. Im Zwischenbau[7] waren Treppenhaus, Lager- und Wirtschaftsräume untergebracht. Im Hinterhaus[8] befanden sich Küche, Treppenhaus für die Dienstboten und weitere Wirtschaftsräume. Mit der langen Westseite von 36m war das dreistöckige Haus direkt an das heute noch stehende Nachbargebäude angebaut, dessen Entwurf ebenfalls von G. Lönholdt stammt. Auf dem restlichen Gelände erstreckte sich ein Garten mit hohen Bäumen.

Die in den „*vornehmen Formen der Neurenaissance*"[9] gebildete Fassade *(Abb.104)* ist in gelbem Sandstein ausgeführt. Sie zeigt eine starke waagerechte Gliederung durch die über die gesamte Fassade verlaufenden Gesimse und durch die waagerechte Bänderung des Putzes mit tief liegenden Fugen. Im Erdgeschoß findet sich Polsterquaderung, die in der Renaissance sehr beliebt waren. Die Fenster sind einzeln angelegt, nur verbunden durch das Sohlbankgesims. Über ihren seitlichen architravierten Einfassungen liegen die verschiedenen Verdachungen auf[10]. Die Mittelachse des Hauses wird betont durch die im 1. und 2. Obergeschoß vorspringenden Balkone, durch die Ausbildung der Balkonöffnung im 1. Obergeschoß in Aediculaform und durch eine Giebelverdachung der Balkontür im 2. Obergeschoß. Der Eingang liegt jedoch nicht in dieser Achse, sondern ist aus Gründen des besseren Grundriß-Zuschnittes an die Südseite verlegt.

Über einem kleinen Sockel erhebt sich das Erdgeschoß mit der Eingangstür und zwei Fenstern, die in architravierten Einfassungen mit Halbbogenabschluß sitzen. Die Fensterbrüstungen sind, wie auch am Nachbarhaus, mit Balustraden versehen[11]. Das Hauptgesims, das Erdgeschoß und 1. Obergeschoß trennt, wird von mit Kränzen geschmückten Konsolen getragen, die über den Fenstern und der Eingangstüre sitzen. Im 1. Obergeschoß sind die Fenster- und Balkonbrüstungen ebenfalls mit einer Balustrade versehen. Der Balkon wird, wie derjenige im 2. Obergeschoß, von weit vorspringenden Konsolen getragen, die am Balkon des 2. Obergeschosses mit Löwenmasken verziert sind, wie auch die kleinen Hängekonsolen in Form von Doppelvoluten, die die Fensterverdachungen stützen. Die Balkonunterseiten sind sofittenähnlich ausgebildet mit einer großen Rosette in der Mitte. Blickfang im 1. Obergeschoß ist die aediculaähnlich gestaltete Balkonöffnung, die von je einer Säule flankiert und mit einem Bogen überspannt ist.

Den oberen Abschluß der Fassade bildet ein vorkragendes Gebälk. Die das Dach tragenden, nicht sehr ausladenden Hängekonsolen reichen in die 'Frieszone' hinein, in der auch die kleinen Fenster für das Dachgeschoß versteckt sind. Die Konsolen sind als ein-

---

5) vgl. Luftaufnahme von 1929, Inst. f. Stadtgesch.

6) 10,50m x 15,50m.

7) 6,40m x 10,0m.

8) 7,50m x 10,0m.

9) Top. 127.

10) Im 1. Obergeschoß gerade Stürze und eine Giebelverdachung, im 2. Obergeschoß Verdachungen in Giebel- und Segmentbogenform.

11) Top. 126, Untermainkai 27-30.

fache Voluten gebildet, deren unteres Ende in einer Platte mit je drei 'Guttae' endet[12]. Der Dachboden ist als niedriges Drempelgeschoß ausgebildet mit sehr flach geneigtem Dach mit weitem Überstand, so daß die Dachfläche von unten nicht sichtbar ist.

Der Baumeister hat bei der Fassade, der Mode seiner Zeit gehorchend, nicht in rein klassizistischer Art gebaut, sondern Anleihen bei der Renaissance gemacht. Einzelne Dekorationselemente scheinen antiken Vorbildern entlehnt, aber aus deren tektonischem Zusammenhang herausgelöst und weiter abgewandelt[13]. So ist auch die Zusammenziehung von Gebälk- und Frieszone mit den in diese hineinreichenden Konsolen in der Antike nicht nachzuweisen. Am Trajaneum in Pergamon begegnet ein Fries mit aufrechten Konsolenvoluten, jedoch vom Gebälk durch einen umlaufenden Eierstab getrennt[14]. Am Erechtheion in Athen[15], das zur Bauzeit unseres Hauses schon gut publiziert war, finden sich unter den Fensterverdachungen auch Hängekonsolen, allerdings ohne Löwenköpfe.

Durch eine zweiflügelige dunkle Eichentür mit Glaseinsatz in der Westecke der Fassade gelangt man in das kleine Vestibül[16] (Textabb.1), in dem fünf Stufen den Besucher auf das Niveau des Erdgeschosses bringen. Fußboden, Treppenstufen und -wangen sowie der auf gleicher Höhe wie diese endende umlaufende Sockel sind aus schwarzem, weiß geädertem Marmor. Über dem Marmorsockel erhebt sich ein zweiter aus hellen Kalksteinplatten. Diese zweite Sockelzone befindet sich auf der Höhe des Bodenniveaus des Erdgeschosses und verbindet Diele und Vestibül zu einer Einheit. Die aufgehenden Wände sind verputzt und glatt gelassen, sie zeigen nur einen aufgeputzten Wandspiegel mit Rosetten in den eingezogenen Ecken. Neben der Eingangstür befinden sich über Eck gestellte, kannelierte Lisenen mit floralen Stuckelementen im oberen Bereich. Hängende Doppelkränze mit langen Bändern gebunden sind in Stuck auf einer Drahtarmierung gefertigt. Abgeschlossen ist die Wand durch ein umlaufendes Profil. Ein Gesims mit Eierstab und 'Klötzchenfries' leitet zur Decke über[17].

Laut Gutachten des Restaurators konnte bisher nur die heute noch sichtbare farbliche Fassung des Raumes festgestellt werden. Die Decke weist eine jetzt stark verschmutzte und vergilbte helle beigebraune Fassung auf. Die Wände sind durchgehend mit einem hellen beigebraunen Anstrich versehen, ohne farbige Absetzung der Wandspiegel, Lisenen und Stuckornamente[18]. Einziges zusätzliches farbliches Gestaltungselement der Wände ist eine in gebrochenem Weißton aufgetragene Quadermalerei, die keinerlei Rücksicht auf die Oberflächengestaltung nimmt und über den floralen Schmuck hinweggeführt ist[19].

Aufgrund von Vergleichen der Formensprache und technischen Ausführung der Stuckaturen mit den Arbeiten im Spiegelsaal, der in seinem heutigen Erscheinungsbild das Ergebnis eines Umbaues zwischen

---

12) vgl. Mietshaus Berlin von 1872, Hagelbergerstr. 52, Kat. Berlin 390 Nr. 813 Abb. S. 375 (Gebälk und Frieszone sind hier eng verknüpft). Vgl. Hängekonsolen als Doppelvoluten ausgebildet, Kat. Berlin 394 Nr. 919 Abb. S. 387, Dachgebälk von Friedrich Wilhelm Holz (1844).

13) z.B. Hängekonsole mit Kranz: der Kranz ist eine moderne Zufügung. Hängekonsolen finden sich auch am Nachbargebäude wie überhaupt an vielen Frankfurter Häusern dieser Zeit.

14) M. Kunze - V. Kästner, Führer durch die Ausstellung des Pergamon-Museums. Antiken Slg. II (1985) Abb. 108.

15) H.W. Inwood, The Erechtheion at Athens (1827) Taf. 10; J.M. v. Mauch (Hrsg.), Die architektonischen Ordnungen der Griechen und Römer 7 (1875) Taf. 54.

16) 2,95m.

17) Das umlaufende Stuckgesims ist aus Fertigteilen zusammengefügt: Gutachten 25.

18) Gutachten 25.

19) Gutachten 18.

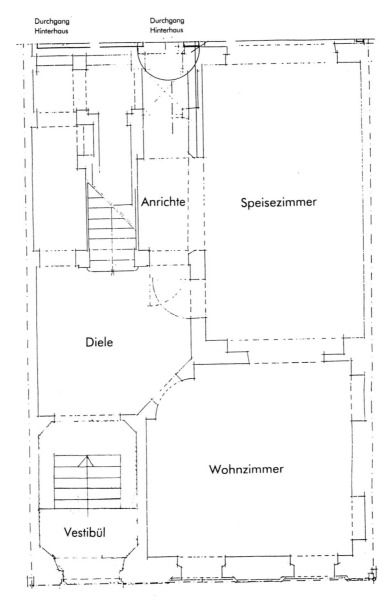

Haus Untermainkai 26, Frankfurt, Grundriß Erdgeschoß (nach Gutachten Jean Kramer)

1908 und 1911 ist, kann auch die Vestibülfassung in diese Zeit datiert werden[20].

An seiner Nordseite zur Diele hin ist der Raum durch eine zweiflügelige, größtenteils verglaste Durchgangstür mit Sprossen und profilierter Türverkleidung und verglastem rundbogigem Oberlicht abgeschlossen.

Durch diese Tür betritt man die fast quadratische Diele[21] *(Abb.105)*, deren Originalzustand durch größere Umgestaltungen verunklärt ist[22]. Dabei wurde die Decke um ca. 35cm abgehängt. Die Originaldecke, die unter den Einbauten erhalten ist, zeigt ein umlaufendes Stuckprofil sowie eine in Ockerbraun und Grün ausgeführte ornamentale Malerei[23].

Der heutige Zustand gibt die fünfte Fassung wieder und zeigt eine einfache Wandgestaltung mit Sockel- und Frieszone, jeweils durch ein umlaufendes Holzprofil abgeschlossen. Die Nordseite des Raumes ist ganz in Holz gestaltet. Zwischen zwei raumhohen Pilastern betritt man das offene 'Treppenhaus' zum 1. Obergeschoß. Links und rechts davon befinden sich Zugänge zu den hinteren Räumen: an der Westseite verläuft ein offener Gang, der ehemals in das Hinterhaus führte, rechts befindet sich ein mit einer Tür abgeschlossener Durchgang zur Anrichte des Speisezimmers, von der aus man ebenfalls das Hinterhaus betreten konnte. Über beiden Öffnungen sind ovale Oberlichter mit Sprossen eingelassen.

Die Westwand ist mit einem großen Kamin aus grauem Marmor mit Alabasterverzierungen im Louis-Seize-Stil geschmückt[24]. Über ihm erhob sich ehemals ein großer Spiegel mit einer Rankenbekrönung. Rechterhand (an der Ostseite) betrat man das Speise- und Wohnzimmer der Familie. Der Zugang zu dem zum Main hin gelegenen Wohnzimmer ist in einer abgeschrägten Ecke eingebaut. Über der gebogenen Tür[25] befindet sich ein hochovales Oberlicht mit Sprossen.

Die Decke des Raumes ist zur Wand hin mit einem umlaufenden Eierstab abgeschlossen. Dieser ziert ebenfalls - allerdings in etwas kleinerem Maßstab - den achteckigen eingelassenen Deckenspiegel sowie die in den Ecken sitzenden Dreiecke. An der Decke haben sich nach Abwasch der zur vierten Fassung gehörenden weißen Leimfarbe Teile des hellen ockerbraunen Anstrichs der dritten Fassung erhalten[26].

Im Wohnzimmer[27] hat sich am wenigsten vom ursprünglichen Zustand erhalten, bedingt vor allem durch die Nutzung als Schalterraum der Bank nach dem Krieg. Man betritt das Zimmer durch die gebogene Tür in der Nordost-Ecke der Diele. Sie besteht aus Rahmen und Füllung sowie einer umlaufenden profilierten Türverkleidung, die mit einem Eierstab abschließt. Das ovale Oberlicht wird von einer rechteckigen Vertäfelung eingefaßt. Die dadurch entstehenden vier Zwickel sind mit Schnitzereien von Blüten ausgefüllt, die einer aufge-

---

20) Gutachten 27f.

21) 4,30m x 4,50m.

22) Insgesamt wurden fünf Fassungen festgestellt. Die größeren Umbaumaßnahmen sind mit der dritten Fassung identisch (Gutachten 37-40).

23) Genauere Angaben sind nicht möglich, da diese Decke nur durch eine Fußbodenöffnung im darüber liegenden Spiegelsaal sichtbar ist, die nicht vergrößert werden konnte.

24) Dieser Kamin war wohl von Anfang an als Zierkamin geplant. Heute verbirgt sich darin die Heizung. Bemerkenswert ist das noch gut erhaltene Gitter.

25) Die Tür ist halbrund in die Diele hinein geschwungen, da dieses Wandstück im Wohnzimmer als Barocknische ausgebildet ist.

26) Die Fassungsfolge der Wandflächen setzt mit der insgesamt dritten Raumfassung ein. Dazu konnte ein durchgehend heller, ockerbrauner Anstrich freigelegt werden. Als Viertfassung konnten Reste eines hellbraunen Farbtones auf der oberen Wandfläche festgestellt werden. Die letzte Fassung (5.) entspricht dem jetzt sichtbaren weißen Anstrich der glatt verputzten Wände. Die Holzeinbauten zeigen als erste greifbare Fassung einen ölgebundenen gelblich-beigen Anstrich. Die nachfolgenden vier Fassungen zeigen helle Ölfarbe. Gutachten 39f.

27) 5,60m x 5,77m

bogenen Akanthuspflanze ähneln. Bekrönt ist das ganze mit einem kleinen Gesims[28].

Die Wandflächen sind gegliedert durch eine umlaufende Sockelleiste und -zone, die durch eine Profilleiste abgeschlossen ist. An der zum Main hin gelegenen Südseite befinden sich zwei jeweils zweiflügelige Fenster mit halbrunden Oberlichtern und umlaufender profilierter Verkleidung. Die Ostwand wird von zwei Regalnischen unterbrochen, deren unterer Teil jeweils durch eine zweiflügelige Tür mit aufgesetzten Rauten verschlossen ist. Zwischen den Nischen ist ein Kamin aus rot-braunem Marmor mit weißen Alabasterverzierungen[29] erhalten, der mit einem Rollgitter verschlossen werden kann. An der Nordseite befindet sich ein großer Durchgang zum Speisezimmer, der wie die Tür zur Diele eine profilierte Bekleidung hat, die ebenfalls mit einem Eierstab abschließt. Der Durchgang kann durch eine zweigeteilte Schiebetür geschlossen werden.

Die Decke dieses Raumes ist ebenfalls abgehängt und zeigt heute einen umlaufenden Konsolenfries. Die in die Decke eingelassenen Leuchten entstammen der Zeit der Umwandlung in den Schalterraum der Bank[30].

Als einziger Hinweis auf den ursprünglichen Zustand des Zimmers kann zum jetzigen Zeitpunkt eine Archivaufnahme aus dem Jahre 1914 angesehen werden. Sie zeigt einen Teil des Raumes, dessen Wandflächen einfarbig gefaßt und im Anschluß an das im Bereich der Sockelzone verlaufende Holzprofil mit einem Mäanderband verziert waren[31].

Betritt man das Speisezimmer[32] *(Abb.106)* durch die große Schiebetür, erschließt sich der Raum dem Betrachter in ganzer Länge. Der langgestreckte Raum ist von einer flachen Tonne überwölbt, die durch mit Ranken verzierten Bändern in 3 Felder unterteilt ist. Die einzelnen Deckenfelder sind mit je einer umlaufenden schmalen Blütengirlande geschmückt, die in den Ecken eingezogen ist. In diesen Ecken sitzt je eine Rosette. Die beiden Volten sind mit breiten, dem Bogen folgenden Bändern verziert, die langgestreckte Sechsecke mit ovalen Rosetten tragen. Zur Wand hin ist die Decke mit einem umlaufenden Gesims aus Zahnschnitt und Zungenband abgeschlossen. Die unteren Wandzonen werden neben der umlaufenden Sockelleiste durch eine Profilleiste belebt. Darüber erstreckt sich die glatte Wandfläche, die durch kaum aus der Fläche hervorspringenden, aus Stuckgips gefertigten, kannelierten Pilastern mit korinthischen Kapitellen und Sockeln unterteilt wird. Die Pilaster sitzen entsprechend der Deckengestaltung unter den Schmuckbändern.

Am südlichen Ende der Westseite führt eine einflügelige Tür mit umlaufender profilierter Türverkleidung - das äußere Profil in Form eines Eierstabes wie an den Türen des Wohnzimmers - in die Diele. In der Mitte der Westwand öffnet sich der Raum zwischen zwei plastisch ausgebildeten Pilastern zur Anrichte[33] und gibt den Blick frei auf eine Spiegelwand mit Glasregalen.

Nord- und Südwand der Anrichte werden jeweils von einer Tür eingenommen, die das übliche äußere Eierstabprofil zeigt. Die Türen ermöglichten den Durchgang von der Diele ins Hinterhaus, ohne daß man das Speisezimmer direkt betreten mußte.

---

28) 'Gebogene' Tür vgl. Turmzimmer, Neue Kräme 4 (jetzt Historisches Museum); J. Hülsen, Der Stil Louis Seize im alten Frankfurt (1907) Abb.20.

29) Rosetten und Girlanden.

30) Die runden Deckenleuchten sind mit einem umlaufendem Perlstab verziert und fügen sich sehr gut in das Ambiente des Raumes.

31) Gutachten 53.

32) 8,00m x 4,67m.

33) 2,70m x 1,95m.

Links und rechts neben der großen Schiebetür an der Südseite des Raumes befinden sich zwei halbrund gebildete Wandschränke mit verglasten Türen und Sprossen, deren untere Teile durch Türen mit aufgesetzten Rauten geschlossen sind[34].

Die Schränke wie die anderen Holzeinbauten zeigen heute einen schmutzig weißen Anstrich. Die erste Fassung war ein ockerfarbener Anstrich, während die zweite bis vierte weiße bis hellgraue Ölfarbe zeigten[35]. Die Decke wie auch die Pilaster trugen ehemals einen gebrochen weißen Anstrich. Da die Wand heute tapeziert ist, konnten hier zum jetzigen Zeitpunkt keine Untersuchungen durchgeführt werden. Eine Wandbespannung kann jedoch ausgeschlossen werden, da Pilaster und Gesimse kaum vor die Wandfläche treten. Die Wandflächen waren wohl ursprünglich tapeziert. Für die Sockelzone könnte jedoch eine abweichende Gestaltung angenommen werden. Die oben schon erwähnte Archivaufnahme von 1914 gibt einen vagen Hinweis[36]. Danach waren zu dieser Zeit die glatten Wandflächen zur hellen Decke dunkler abgesetzt.

Durch Vergleiche des technischen Aufbaus und des Stils der Stuckgirlanden mit den Ornamenten des Spiegelsaales kommt der Restaurator auch hier zu dem Schluß, daß der Raum zwischen 1908 und 1911 einer größeren Umgestaltung unterzogen wurde. Dafür spricht auch das Fehlen von mehreren Farbschichten an der Decke, wie sie in den anderen Räumen festgestellt werden konnten[37].

Sucht man den 'antiken' Raumeindruck des Speisezimmers in den Details zu verifizieren, stellt man fest, daß es für keines der Ornamente genaue antike Vergleiche gibt. Wir haben hier das typische 'Antikisieren' dieser Zeit vor uns, die aus einem großen Repertoire bekannter antiker Formen schöpfte, diese aber nach eigenem Gusto veränderte und mit anderen Formen mischte. Der 'antike' Raumeindruck entsteht vor allem durch das leichte Tonnengewölbe sowie die Wandgliederung durch die umlaufende Sockelzone und die Pilaster mit den korinthischen Kapitellen[38]. Auch die zarte Ornamentierung der Decke durch die Stuckgirlanden und Bänder erinnert entfernt an die pompejanische Wandmalerei des 4. Stils, die solch zierliche Girlanden auf weißem Grund kennt[39]. Tonnengewölbe mit Stuckverzierungen sind aus der Domus Aurea in Rom bekannt, deren Innendekoration schon seit der Renais-

---

34) Gleiche Rauten befinden sich auch an der Schiebetür. Die geschlossenen unteren Teile der Wandschränke fügen sich in der Höhe in die Sockelzone ein.

35) Gutachten 66.

36) Gutachten 7. Auf dieser Aufnahme ist im Hintergrund durch die Schiebetür das Speisezimmer zu erkennen.

37) Gutachten 68. Zwischenzeitlich konnte durch eine Öffnung im Boden der über dem Speisezimmer liegenden Bibliothek festgestellt werden, daß sich über dem Tonnengewölbe noch die ursprüngliche Stuckdecke komplett erhalten hat. Da die Öffnung sehr klein ist, konnte nur beobachtet werden, daß es sich um eine reich ornamentierte Decke handeln muß.

38) z.B. Herculaneum V 1-2 (samnitisches Haus, Atrium), spätes 2. oder frühes 1. Jh. v. Chr., R. Ling, Roman Painting (1991) Abb.18; Pompeji, Forums-Thermen, Caldarium im Männerbad, Th. Kraus, Lebendiges Pompeji (1977) Abb.57; ähnl. kannelierte Pfeiler mit korinthischen Kapitellen: Pompeji, Villa der Julia Felix, II 4,3, Porticus im Garten, nach 62 n.Chr., ebenda Abb.90.

39) Domus Aurea, Rom, G. Lugli, Itinerario di Roma antica (1970) 394ff. Fig.304. 305; s.auch Haus unter der Villa Farnesina in I. Bragantini-M. de Vos, Museo Nazionale Romano, Le pitture II.1 (1982) Inv. 1037 Taf.110 (Cubiculum D).

sance rezipiert wurde, - allerdings sind sie nur in einzelnen Ornamenten vergleichbar[40]. Rautierte Stuckbänder, jedoch ohne die hier hinzugefügten Blattgirlanden, finden sich z.B. in Tivoli in der Villa Hadriana[41].

Von der Diele aus begeben wir uns jetzt in die Bel-Etage des Hauses: Zwischen zwei Pilastern betritt man die aus weißem Kalkstein gebaute Treppe *(Abb.107, Textabb.2)*. Fünfzehn Stufen führen zwischen engstehenden Wänden mit Putz in Form von vertikal verlaufenden Bändern mit weit zurückliegenden Fugen zu einem Zwischenpodest[42.] Der Treppenabsatz ist mit Terrazzo in der Art eines antiken Mosaiks belegt: Ein aus rotbraunen, weißen, grauen und schwarzen Steinchen gebildetes Innenfeld wird gerahmt von einem schmalen schwarzen, einem breiteren weißen und einem sehr breiten schwarzgrauen Band. Von diesem Podest aus erschließt sich dem Besucher der Blick in das 1. Obergeschoß und in den über dem Treppenhaus liegenden 'Lichtschacht'. Das mächtige Gebälk des Lichthofes[43] ruht auf vier freistehenden hohen Pfeilern sowie sechs Pilastern. Das 1. Obergeschoß öffnet sich wie ein antikes Haus zu einem Atrium - ein großzügiger Raumeindruck, den der Betrachter nach dem engen Aufgang nicht erwartet hat. Die Pfeiler und Pilaster mit ihren korinthischen Kapitellen ruhen auf Sockeln[44], die bei den Pilastern leicht aus der Wand (West- und Nordwand) hervorspringen. Über der Sockelzone erstrecken sich zwischen den Pilastern die glatten Wandflächen, die durch einen aufge-

setzten Wandspiegel mit eingezogenen Ecken gegliedert sind. In diesen ausgesparten Ecken sitzen schöne Stuckrosetten. Die Wandflächen sind in Höhe der Kapitelle durch ein umlaufendes Profil abgeschlossen. Der Bereich zwischen den Kapitellen ist mit einer geschwungenen Stoffgirlande geschmückt, die um einen Zierknopf geschlungen ist, an dem eine große Blütenrosette aufgehängt ist. Die korinthischen Kapitelle sind freie Nachbildungen antiker Stücke, die sich zu dieser Zeit bei jedem Stuckateur in großer Auswahl fanden. Auffällig an unseren Exemplaren sind die aus den Blütenkelchen aufsteigenden Doppelvoluten, die sich nicht nur an den Ecken vereinigen, sondern sich auch in der Kapitellmitte treffen und mit einer Blüte geschmückt weit vorspringen[45].

Von dem galerieähnlichen Umgang aus konnte man durch einen Durchgang in der Nordwand das Treppenhaus im hinteren Teil des Hauses betreten, um in die oberen Stockwerke zu gelangen. In der Mitte der Südwand und am südlichen Ende der Ostwand führt je eine zweiflügelige Tür mit vertäfelten Türnischen und umlaufender profilierter Türbekleidung in den Spiegelsaal bzw. in die Bibliothek.

Im Galeriebereich konnten an den verputzten Deckenflächen insgesamt bis zu fünf Farbfassungen nachgewiesen werden[46]. An den Wandflächen, auch des 'Treppenhauses', wurden ebenfalls bis zu fünf Farbgebungen entdeckt. Als erste Fassung konnten Reste,

---

40) F. Wirth, Römische Wandmalerei (1934) Taf.7b. 8a; H. Mielsch, Römische Stuckreliefs (1975) 126f. K 32. Stuckdekoration vgl. auch Stabianer Thermen in Pompeji: Th. Kraus a.a.O. Abb.239 (im Apodyterium des Männerbades); vgl. auch Fragment eines Stuckgewölbes aus Pompeji, Inv. 40682, genauer Fundort unbekannt, L. 128cm x 80cm: L. Franchi dell'Orto - A. Varone (Hrsg.), Pompeji wiederentdeckt (1993) 245 Kat.Nr.171.

41) Wirth a.a.O. Abb.31, Saal der großen Thermen, nach 136 n.Chr.

42) 1,72m x 3,00m.

43) Das umlaufende Gesims ist aus Fertigteilen zusammengefügt. Gutachten 74.

44) Die freistehenden Sockel sind durch Gitter verbunden. Die Pilaster sind aus Weichholz, die Kapitelle aus Stuck gebildet.

45) Ähnliches Kapitell an einer Fassade von 1874 in Berlin-Kreuzberg, Nositzstr.12, Kat. Berlin Nr. 829 Abb. S.379.

46) Gutachten 83.

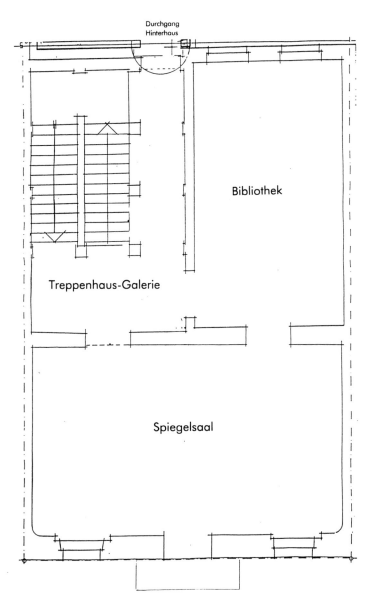

Haus Untermainkai 26, Frankfurt, Grundriß 1. Obergeschoß (nach Gutachten Jean Kramer)

vermutlich einer Architekturmalerei, in ockerbraunen und grünen Farbtönen festgestellt werden. Die dritte Raumfassung ist das Ergebnis einer umfangreichen Umbaumaßnahme, die das gesamte Treppenhaus betraf. Hierbei wurde das heutige Erscheinungsbild durch Aufsetzen der verschiedenen Weichholzleisten und Stuckrosetten geschaffen. Ebenfalls aus dieser Umbauphase stammt der Putz in Form von vertikal verlaufenden Bändern mit weit zurückliegenden Fugen im Treppenbereich zwischen Erdgeschoß und 1. Obergeschoß. Durch diese umfassende Veränderung ging der weitaus größte Teil der älteren Anstriche verloren. Die Holzeinbauten, Türen, Pfeiler und die aus Gips gefertigten Kapitelle und Girlanden wurden unverändert in das Raumkonzept übernommen. Nur die untere Wandzone wurde grundlegend verändert. Für diese dritte Fassung konnte ein weißer Anstrich der Decke mit durchgehend hellbeige gefaßten Wandflächen festgestellt werden, auf den Holzeinbauten ein einfarbig beiger Farbton. Andersfarbige Absetzungen der Profilleisten, Rosetten usw. wurden bisher nicht nachgewiesen. Bei den Holzteilen variierte der Ölanstrich der anderen Fassungen zwischen beige, hellbeige und grünlich[47].

Durch den Fund von Zeitungsresten aus dem Jahre 1914, die beim Verputzen des Treppenaufganges zum Schließen der Fugen im Anschluß an die Treppenwange benutzt wurden, kann dieser Umbau vielleicht mit dieser Zeit in Verbindung gebracht werden[48].

Von der Galerie aus betreten wir nun die Bibliothek *(Abb.108)* durch die zweiflügelige Tür in der Südost-Ecke. Der langgestreckte Raum zeigt den gleichen Grundriß wie das Speisezimmer[49]. An der Nordseite öffnen sich zwei Sprossenfenster zum Garten hin. Die unter den Fenstern befindlichen Heizkörper sind wie in den Räumen des Erdgeschosses durch eine Verkleidung verdeckt. Direkt neben dem Fenster wurde an die Westwand ein Einbauschrank gebaut, dessen Unterteil den Formen einer Renaissance-Truhe nachempfunden ist. Darauf befindet sich ein einfacher Vitrinen-Aufsatz. An der Südwand führt eine zweiflügelige Tür in den Spiegelsaal.

Die Wandflächen des Raumes sind bis auf eine umlaufende Profilleiste von 27cm Höhe glatt und schließen zur Decke hin mit einem Abschlußprofil ab, über dem ein umlaufendes Konsolengesims die Decke zu stützen scheint. Diese ist eine mächtige Kassettendecke im Stil der Renaissance[50] mit symmetrischer Einteilung. Zwei kreuzartig gebildete Mittelkassetten mit großen zentralen Blattrosetten sind umgeben von kleineren Kassettenfeldern verschiedener Formen, die mit Rollwerkornamenten stuckiert sind. Sie zeigen beschlagähnliche Bandornamente, die sich an den Enden blattartig aufrollen.

Heute ist der Raum, der momentan als Besprechungszimmer genutzt wird, weiß gestrichen. In der ursprünglichen Fassung war die stuckierte Deckenfläche durchgehend braun maseriert. Die heute glatten Wandflächen waren bis in eine Höhe von 2m durch profilierte Leisten in Form einer Vertäfelung gestaltet, die ebenfalls maseriert war, ebenso wie die anderen Holzeinbauten (Türen, Fenster).

In der zweiten Raumfassung wurde die Deckenfläche durchgehend beige gestrichen, die Wandver-

---

47) Gutachten 85.

48) Gutachten 86.

49) 8,00m x 4,70m.

50) In der Münchner Kunstausstellung von 1876 wurden holzgetäfelte, etwas überladene Renaissancezimmer gezeigt. Man bevorzugte den ein-

heitlich gestalteten Raum. Dieser Modetendenz ist auch in der Bibliothek durch den Einbau des 'Renaissance'-Schrankes Rechnung getragen worden. W. Herrmann, Deutsche Baukunst des 19. und 20. Jahrhunderts II (1977) 67.

täfelung entfernt und die gesamte Wandfläche mit rotem Stoff bespannt[51]. Im Zuge dieser Maßnahmen hat man auch die Sockelleiste, die um den Wandschrank umlaufende Profilleiste sowie vermutlich die Heizkörperverkleidung angebracht. Die Holzeinbauten erhielten wiederum einen Anstrich mit dunkelbrauner Holzmaserierung.

In der dritten Raumfassung wurde lediglich die Deckenfläche mit weißer Leimfarbe überstrichen.

Das heutige Erscheinungsbild des 'Besprechungszimmers' kann als vierte Raumfassung bezeichnet werden. Die rote Stoffbespannung wurde entfernt und die Wandfläche mit heller Dispersionsfarbe überfaßt. Bis auf diese letzte Fassung ist keine zeitlich zu bestimmen. Die zweite Fassung kann eventuell im Zusammenhang mit den Umbauarbeiten in den anderen Räumen zwischen 1908 und 1911 gesehen werden.

Den repräsentativsten Raum des Hauses, den Salon oder Spiegelsaal[52] *(Abb.109)*, betritt man entweder durch die Bibliothek oder - wie vormals die Gäste des Hauses - direkt von der Galerie aus. Der sich über die gesamte Breite des Hauses erstreckende Raum hat trotz seines heute traurigen Zustandes nichts von seinem Charme eingebüßt.

Im Krieg wurden die Fenster und die Balkontür wie auch die Balustrade des Balkones durch eine Bombe zerstört und danach nur provisorisch mit Brettern verschlossen, doch nicht instandgesetzt. Der Raum wurde seitdem nicht mehr benutzt. Seinen Namen hat der laut Unterschrift eines alten Photos von der Familie auch als Salon bezeichnete Saal von den großen Spiegeln in der Mitte der Nord-, Ost- und Westwand[53]. Überspannt wird er von einer glatten Deckenfläche, die nur an den rundgeputzten Rändern eine flache florale Stuckdekoration aufweist: Über den Spiegeln bzw. der Balkontür steigen füllhornartige Vasen, gefüllt mit Blüten, aus einer

Blattknospe auf. Mit dieser zusammengebündelt sind weit ausschwingende schlanke Hüllblätter, aus denen sich zierliche Ranken entwickeln, die sich spiralförmig einrollend bis in die Raumecken erstrecken. Über den Ecken erhebt sich je ein graziler Dreifuß mit einem Kesseleinsatz, aus dem rauchartige Gebilde aufsteigen. Flankiert werden sie von Blütenzweigen, deren Enden sich zwischen den Dreifuß-Beinen kreuzen. Zur Wand hin schließt die Decke durch gebündelte Rundprofile ab, die in regelmäßigen Abständen von Stoffbändern und Blattgirlanden kreuzweise umwunden sind. Darunter verläuft eine glatte Hohlkehle sowie ein Kymation mit Perlstab.

Die gesamten Wandflächen sind mit Holz vertäfelt, bestehend aus Rahmen und Füllungen sowie umlaufenden Profilleisten. Die Füllungen sind mit aufgenagelten Stuckornamenten verziert. Um den unteren Wandbereich zieht sich eine Sockelzone, die in verschieden breite Kassettenfelder unterteilt ist, entsprechend den sich darüber erhebenden Flächen. In den Türen und in den Verkleidungen unter den Fenstern wird diese Einteilung fortgeführt.

Die sich über einem umlaufenden Profil erhebenden Wandflächen sind folgendermaßen gegliedert: In der Mitte der Schmalseiten sitzen die oben halbrund abschließenden großen Spiegel mit umlaufender vergoldeter Stuckleiste und eingefaßt durch kleine Pilaster und Archivolten, die ebenfalls stuckiert sind. Die dem Spiegel zugewandten Pilasterseiten zeigen ein Band mit einem doppelten, stark stilisierten Wellenornament mit Blüten. Über einem kleinen Kapitell mit Eierstab erhebt sich der Bogen, dessen 'Unterseite' kassettiert ist. In den Feldern sitzen Blütenrosetten. Der Bogenabschluß wird aus einem umlaufenden Eierstab gebildet. Die Zwickel über den Bögen sind mit je einem Blattzweig (Eiche?) ausgefüllt. Links und rechts der Spiegel schließen schma-

---

51) Diesen Zustand zeigt Abb.108.

52) 5,71m x 9,74m.

le pilasterartige Paneele an, oben und unten verziert mit hängenden bzw. aufsteigenden, sich mehrfach kreuzenden Lorbeerzweigen. Darauf folgt eine breitere Wandfläche, die mit grünem Samt bespannt ist und als oberen Abschluß eine Kassette gefüllt mit drei Blütenkränzen zeigt, die durch feine Blattkränze verbunden sind.

Die lange Nordseite hat eine ähnliche Aufteilung. In der Mitte der Wandfläche erhebt sich der große Spiegel über einem Kamin aus weißem Marmor mit reicher Verzierung. Die Kaminwangen zeigen über Kanneluren ein Feld mit kandelaberartigem Ornament. Im Mittelfeld des Kaminsimses schweben antithetisch zwei sich an den Händen fassende Eroten, deren Beine in Ranken auslaufen. Links und rechts des Kamins schließen sich schmale Felder mit Samtbespannung an, deren oberer Abschluß ebenfalls eine Kassette mit Kranzverzierung bildet- hier allerdings nur mit einem Kranz. Nun folgen die gleichen schmalen pilasterartigen Paneele wie an den Schmalseiten. Daran schließen sich die großen Flügeltüren in die Galerie bzw. die Bibliothek an, über denen sich je ein großes Feld mit einer auf einer Basis stehenden Hydria (?) mit reichem Blumenschmuck befindet, an deren Henkeln weit in den Raum greifende Blattgirlanden befestigt sind. Es schließen sich wiederum die schmalen Felder mit grüner Samtbespannung an.

Die Südseite ist ganz entsprechend aufgeteilt. Durch die Breite der Fenster entfallen hier jedoch die

schmalen samtbespannten Felder. Fenster und Balkontür, alle mit halbrundem Abschluß, besitzen in etwas vereinfachter Form die gleichen Fassungen wie die Spiegel.

Die Ecken des Raumes sind gerundet und ebenfalls mit einer Vertäfelung aus zwei sich umschlingenden Blütenzweigen, einer davon ein Buschröschenzweig, versehen.

Nach einer Archivaufnahme aus dem Jahre 1908[54] ist die heutige Gestaltung nicht die ursprüngliche, die wesentlich einfacher gewesen sein muß. Auf einem weiteren Photo aus dem Jahre 1911[55] ist im Hintergrund die jetzige Fassung zu erkennen, so daß man eine Umgestaltung des Raumes in den Jahren zwischen 1908 und 1911 annehmen muß. Diese Umbaufassung zeigt der Spiegelsaal fast unverändert. Die Wandvertäfelung war in dem heute noch sichtbaren gebrochen weißen Farbton gefaßt, der jetzt leicht verschmutzt wirkt, auch die Wandbespannung stammt noch aus dieser Zeit sowie der ockergelbe Anstrich der Decke.

Dieser Raum wurde ganz im Stil des zweiten Rokoko hergerichtet[56] und zeigt nur einige antikisierende Elemente, die sich auf keine genauen Vorbilder zurückführen lassen. Der Antike am nächsten stehen der an der Decke umlaufende Girlandenfries[57] und der Kaminschmuck[58]. Die Blatt- und Blütenkränze und -zweige entstammen zwar der Antikenvorstellung der Zeit um die Jahrhundertwende, sind aber frei erfunden[59]. Die Farbgebung entspricht ebenso eher der zeitgenössischen

---

53) Heute befindet sich nur noch der Spiegel in der Westwand vor Ort.

54) Gutachten 8.

55) Gutachten 10.

56) Der Stil des zweiten Rokoko zeigt eine etwas derbere Naturalistik als das echte Rokoko: Herrmann a.a.O. 64f.

57) vgl. Rankenfries der Ara Pacis, P. Zanker, Augustus und die Macht der Bilder² (1990) Abb.140; Türrahmung vom Bau der Eumachia in Pompeji, Forum, Zanker ebenda Abb.252. 253.

58) vgl. Haus unter der Villa Farnesina, Rom, Cubiculum D, Mus. Naz., Inv.Nr. 1041, Bragantini - de Vos a.a.O. (s.o. Anm. 39) Fig.27 Taf.117. 121; Mielsch a.a.O. (s.o. Anm. 40) 111f. K 8c, Eroten-Grotesken-Fries.

59) Sich kreuzende Blattzweige, zierliche Kandelaber, aus Kelchen aufsteigende Ranken s. z.B. Pompeji, Vettierhaus, Großer Gartensaal, Kraus, a.a.O. (s.o. Anm. 38) Abb 110. 111, früher 4. Stil; graziler Dreifuß s. Pompeji, Casa del gran portale (V 35), blaue Wand, ebenda Abb.162, 4. Stil.

Idee des 'Klassischen' als der farbenfrohen pompejanischen Wandmalerei.

Die sich im 2. Stock befindenden Schlaf- und Kinderzimmer konnten durch das Treppenhaus im Mittelteil des Hauses erreicht werden. Diese Räume sind sehr schlicht gehalten und haben keine nennenswerte Ausstattung, daher werden sie hier vernachlässigt.

Nach Auswertung der restauratorischen Voruntersuchung[60] ist festzustellen, daß das heutige Erscheinungsbild größtenteils das Ergebnis einer oder mehrerer baulichen Veränderungen vom Anfang unseres Jhs. ist. Da die Stuckornamente des Spiegelsaales mit den Stuckverzierungen im Vestibül und im Speisezimmer auffallende Ähnlichkeiten in technischem Aufbau und Stil aufweisen, kann man für diese Räume die Umbaumaßnahmen in die Jahre zwischen 1908 und 1911 festlegen. Für das Treppenhaus ist durch die gefundenen Zeitungsreste eine Umgestaltung um 1914 anzunehmen. Demnach stammen von den heute noch sichtbaren Raumdekorationen lediglich die Decken des Treppenhauses und der Bibliothek mit den oberen Wandbereichen sowie ein Teil der Holzeinbauten (Türen und Fenster) aus der Entstehungszeit des Hauses im Jahre 1876.

Da das Haus durch eine Baugesellschaft errichtet wurde und daher nicht auf einen speziellen Bauherrn/Käufer zugeschnitten war, folgte man bei der Errichtung des Gebäudes der allgemeinen Modeströmung und gab der Fassade die Formen der Neurenaissance, wie auch die Decke in der Bibliothek stark dieser Geschmacksrichtung verhaftet ist. Bei den späteren Umbauten ist man sehr behutsam vorgegangen und hat die Räume nur leicht dem geänderten Geschmack angepaßt, ohne störend in die Substanz einzugreifen. So entstand der Spiegelsaal im Stil des Rokoko, die bisher eine schwere Holzdecke imitierende Stuckdecke der Bibliothek wurde hell gefaßt, und die Wände wurden mit rotem Stoff bespannt - eine Umkehrung der ursprünglichen Farbgebung.

Daß sich dieses Kleinod bis heute so gut erhalten hat, ist wohl dem Umstand zu verdanken, daß das Haus seit 1900 im Besitz einer Familie war und der letzte Bewohner Ernst Max von Grunelius fast alles so beließ, wie er es aus seiner Kindheit kannte - bis auf die Einbauten der Bank. In Zukunft soll das restaurierte Gebäude Untermainkai 26 mit dem neu errichteten 'Hinterhaus' als repräsentatives Bürogebäude genutzt werden.

---

60) Da die Räume momentan als Baubüro des Architekten genutzt werden, konnten keine stärker in die Bausubstanz eingreifenden Untersuchungen vorgenommen werden, die noch genaueren Aufschluß über die ursprüngliche Fassung geben könnten (z.B. in Diele und Wohnzimmer).

Marga Weber

Der Kaisertempel von Eppstein

Von dichtbewaldeten Taunusbergen umgeben, liegt ca. 25 km von Frankfurt entfernt in einem Talkessel das Städtchen Eppstein. Eine dieser Höhen krönt der sogenannte Kaisertempel *(Abb.115)*.

Er ist in klassizistischem Stil erbaut worden. Vorbild war der griechisch-dorische Tempel. Der Kaisertempel besteht nur aus der Vorhalle (Pronaos) eines griechischen Prostylos, von der aus man in das eigentliche Heiligtum (Naos) gelangte. Die Frontseite schmücken vier dorische Säulen mit einem Durchmesser von 67 cm und einer Höhe von etwa 3.90 m. Die Säulen, aus Backsteinen gemauert und verputzt, tragen Kapitelle aus Sandstein. Darüber liegt der Architrav, den eine kräftige Leiste vom Fries trennt. Dieser ist, anders als in der dorischen Ordnung üblich, nicht mit Metopen und Triglyphen versehen, sondern glatt belassen. Auch Geison und Schräggeison, die den Dreiecksgiebel (Tympanon) rahmen, bestehen aus dem gleichen Material wie die Kapitelle. Ein Satteldach schließt das Ganze ab. Außer der warmen Farbe hatte der Sandstein bei der Erstellung des Baues den Vorteil der leichten Bearbeitbarkeit. Heute, nach einhundert Jahren, hat sich dies als nachteilig herausgestellt: Das Material ist porös und bröckelt ab, so daß die Restaurierungsarbeiten schwierig und besonders aufwendig sind. Während im antiken Griechenland die einzelnen Bauglieder in bestimmten Proportionen zueinander standen, ist dies am Kaisertempel aus Kostengründen nur grob stilisiert zu finden. So sind auch die Säulen unkanneliert und das Giebelfeld unskulptiert geblieben. Die Größe der Vorhalle beträgt ca. 7.40 x 2.20 m, die beiden Anten ragen 2.20 m in den Pronaos hinein.

Da die Bauzeichnungen verloren gegangen sind, beabsichtigt das Archäologische Institut der Universität Frankfurt, den Bau im Rahmen eines Praktikums von Studenten neu vermessen und zeichnen zu lassen.

Der Architekt Conrad Steinbrink aus Frankfurt fertigte den Entwurf kostenlos an. Die Bauzeit betrug zwei Jahre (1892-1894). Der Bau kostete insgesamt 3300 Goldmark, von denen 800 von der Stadt und 2500 vom Verschönerungsverein Eppstein aufgebracht wurden. Diese älteste Bürgerinitiative der Stadt war 1878 zum Zwecke der Errichtung und Erhaltung des Kaisertempels gegründet worden und fungierte als Bauherr. Die Anregung ging von Josef Heinrich Flach aus, Inhaber der Stanniolfabrik, des größten Industriebetriebes Eppsteins, dem sich einige patriotische Bürger der Stadt angeschlossen hatten. Seither war der Inhaber bzw. der Geschäftsführer der Stanniolfabrik gleichzeitig der Vorsitzende des Vereins. Mit dieser Tradition wurde erst 1990 gebrochen, als die Verfasserin dieses Artikels den Vorsitz übernahm. Die Bindung an die Stanniolfabrik, die nach wie vor der größte Mäzen des Kaisertempels ist, blieb jedoch bestehen.

Anlaß für den Bau des Kaisertempels waren der Sieg über die Franzosen 1871 und die Gründung des II. Deutschen Reiches. Dieser Zeitgeist ist noch heute an der Ausrichtung des Tempels nach Westen in Richtung des damaligen Feindes und an den Büsten und Medaillons im Inneren des Tempels sichtbar: Zwischen Lisenen wurden in den beiden Hauptfeldern der Ostwand die Medaillon-Reliefbildnisse der Kaiser Wilhelm I. (1797-1888) und Friedrich III. (1831-1889) und an den Seitenwänden Büsten von Kanzler Bismarck (1815-1898) und Generalfeldmarschall Moltke (1800-1871) angebracht.

Sie wurden von Baron de Neufville aus Frankfurt gestiftet, der etwa gleichzeitig seine großzügige Villa mit Kutscherhaus im Kriegerwald Eppsteins um ein Jagdschloß mit Aussichtsturm erweitern ließ. Dort beherbergte er auch eine Kunstsammlung, die leider heute nicht mehr existiert.

Am 2. September 1894 wurde der Kaisertempel feierlich eingeweiht. An den Festlichkeiten nahmen mehr als vierzig Vereine und zahlreiche Besucher aus nah und fern teil. Viele Frankfurter Bürger, die auch zur Finanzierung des Baues beigetragen hatten, waren nach Eppstein gekommen.

Der Kaisertempel ist bau- und kunstgeschichtlich eine Einmaligkeit in weitem Umkreis. Für Eppstein ist er ein bemerkenswertes ortsgeschichtliches Zeugnis. Nach dem Bau des Tempels und dem Eisenbahnanschluß blühte der Fremdenverkehr stark auf. Im Netz von Wander- und Fahrwegen, Aussichtspunkten und Einkehrmöglichkeiten bildete der Kaisertempel eine herausragende Größe. Über Eppstein hinaus ist er als historisches Baudenkmal im Geiste kaiserzeitlicher Geschichte in die Denkmaltopographie des Main-Taunus-Kreises aufgenommen worden.

Heute ist der historische Aspekt vollkommen zurückgedrängt. Freunde aus der französischen Partnerstadt besuchen den Tempel ohne Groll und genießen die wunderbare Aussicht bis weit nach Wiesbaden. Er ist zum beliebten Treffpunkt und Kommunikationszentrum von Wanderern, Spaziergängern, Schulklassen und anderen Gruppen geworden.

PETRA KLARA GAMKE

Das Ateliergebäude in der Adlerflychtstraße 4 im Frankfurter Nordend

Scheinbar im Schutz der wuchtigen Fassade eines fünf-stöckigen Mietshauses aus den späten Gründerzeitjahren, liegt das architekturhistorisch in spätklassizistischer Tradition stehende Hintergebäude in der Adlerflycht-straße 4 im Frankfurter Nordend *(Abb.110)*. In der Denkmaltopographie Hessens als Kulturdenkmal aufge-führt, wird es als „neoklassizistisches Ateliergebäude" bezeichnet und in das Jahr 1903 datiert[1]. Neben den Liegenschaften Adlerflychtstraße 19, Humboldtstraße 34 und Wielandstraße 47 gehört das Hinterhaus in der Adlerflychtstraße 4 zu den wenigen, in ihrer ursprüngli-chen Bausubstanz noch weitgehend erhaltenen denkmal-geschützten Häusern dieser Gegend[2].

Trotz Kriegs- und Witterungsschäden, die vor allem die Bauplastik stark in Mitleidenschaft zogen, weist das Gebäude einen insgesamt passablen Erhaltungszustand auf, was in erster Linie auf die nur kurze Zeit zurückliegende Renovierung Mitte der achtzi-ger Jahre zurückzuführen ist[3].

Es handelt sich um einen rechteckigen Kubus mit einer Grundfläche von 11,75 m auf 4,80 m, der mit einem Flachdach, welches in der Mitte durch einen Giebel akzentuiert wird, abschließt. Die Höhe bis zum Giebelfirst beträgt 5,85 m[4]. Der in seiner Grundform

schlichte Baukörper wird durch den plastischen Schmuck optisch bereichert. Fünf pfeilerartige Vorsprünge, von denen heute noch zwei das ursprüngliche, doppelte Profil aufweisen, tragen fünf aufrechtstehende Karyatiden, die mit ihren zugehörigen Abakusplatten die Verbindung zu dem sich darüber erstreckenden Gesims herstellen. Die Gestaltung von Gesims und Giebel ist ionischen Architekturformen entlehnt. Über dem Dreifaszien-architrav erstreckt sich ein glatter Fries, der oben und unten von einer Profilleiste eingefaßt wird. Den Abschluß des Gesimses bilden ein Zahnschnitt sowie ein profiliertes Geison, die im Giebel ein zweites Mal aufge-nommen werden. Die Fassade ist durch die Eingangstür und drei Fenster, die jeweils zwischen die Karyatiden in die Mauer eingefügt sind, zusätzlich gegliedert. Als Baumaterial für Gesims- und Giebelelemente verwende-te man Holz, Fassade und Pfeiler wurden verputzt. Die einzelnen Bauelemente sind farblich differenziert. Die Fensterlaibungen, sofern erhalten, sind aus Sandstein gearbeitet, die Simse und der Gebäudesockel rotbraun gestrichen und die übrige Bauplastik - Karyatiden, Gesimse, Profile und Giebel - geweißt.

Nicht nur die Eingangssituation und die Fenster, sondern auch die an die Westwand des Gebäudes

---

1) Top. 142. Für die Anregung zu diesem Beitrag, wertvolle Hinweise und Kritik sei an dieser Stelle Frau Dr. Mandel und Herrn Dr. Schädler vom Archäologischen Institut der Universität Frankfurt sowie Herrn Dr. Schneider vom Frankfurter Institut für Stadtgeschichte herzlich gedankt.

2) Top. 142. 188. 210. Während die Häuser Adlerflychtstraße 19 und Humboldtstraße 34 spätklassizistische Architekturformen aufweisen, besitzt das Mietshaus in der Wielandstraße 47 eine Fassade in Neorenaissanceformen.

3) Vergleicht man den heutigen Zustand des Gebäudes mit Fotos im Frankfurter Inst. f. Stadtgesch. aus dem Jahre 1984, so wird der merk-lich schlechtere Zustand des Gebäudes vor der Restaurierung deutlich. Inst. f. Stadtgesch. S 7/C.

4) Die Maße sind dem Bewässerungsplan des Hinterhauses Adlerflychtstraße 4 von 1902 entnommen. Stadtwerke Ffm, Plankammer Gebäude 0011/4.

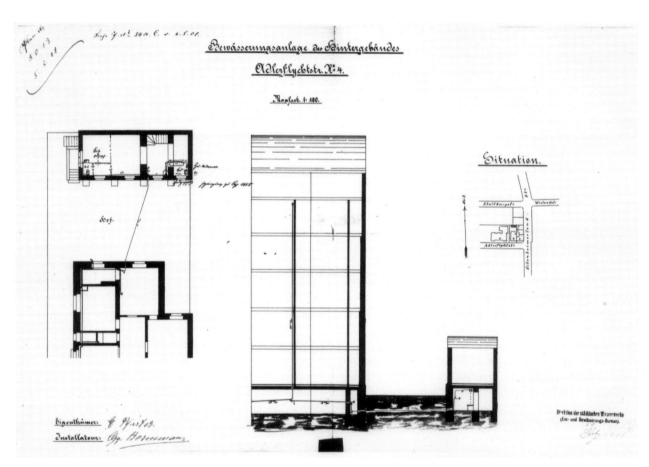

Bewässerungsplan des Hintergebäudes Adlerflychtstraße 4 von August 1902 (nach: Stadtwerke Ffm Plankammer Gebäude 011/4)

anschließende Garage lassen auf nachträgliche, bauliche Veränderungen schließen und verweisen damit auf die wechselhafte Geschichte des Gebäudes.

Da beinahe sämtliche Bauakten der Stadt Frankfurt im 2. Weltkrieg verbrannt sind, existieren auch zum Hinterhaus Adlerflychtstraße 4 weder Baupläne noch andere Unterlagen, die Aufschluß über den Architekten und den mit der Bauplastik beauftragten Bildhauer gäben. Hinweise über Entwurf, Entstehungszeit, Eigentümer und Mieter können daher nur über zeitgenössische Katasterpläne der Stadt Frankfurt, die Frankfurter Adreßbücher sowie Eintragungen im Grundbuch, in den Transscriptions- und Hypothekenbüchern gewonnen werden. Ferner haben sich die Bewässerungspläne des Vorder- und Hinterhauses Adlerflychtstraße 4 erhalten, so daß wenigstens ein zeitgenössischer Grundriß des Hintergebäudes überliefert ist, der zudem einen *terminus ante quem* für die Errichtung des Gebäudes liefert *(Textabb.)*.

Der Datierung des Bewässerungsplanes sowie derjenigen des zugehörigen Beiblatts des Frankfurter Tiefbauamtes zufolge, muß das Ateliergebäude in der Adlerflychtstraße 4 spätestens am 9. September 1902 nahezu fertiggestellt gewesen sein, da an diesem Tag die Bewässerunganlage amtlich abgenommen wurde[5]. Demnach entspricht der heutige Baubestand in den äußeren Abmessungen dem Grundriß von 1902. Ursprünglich war die Fassade jedoch durch vier gleichgroße Fensteröffnungen und die pfeilerartigen

Vorsprünge gegliedert[6]. Vergleicht man die Größe der Fensteröffnungen heute *(Abb.110)* mit denjenigen auf dem Bewässerungsplan des Hinterhauses *(Textabb.)*, fällt auf, daß die Fensterausschnitte auf dem erhaltenen Grundriß nicht den gesamten Raum zwischen den Pfeilern einnahmen, sondern deutlich kleiner waren. Obwohl formal zunächst seltsam anmutend, liegt die Vermutung nahe, die Fassade sei ursprünglich durch vier gotisierende Spitzbogenfenster gegliedert gewesen, von denen sich noch eines erhalten hat. Tatsächlich scheint diese These zumindest für die Öffnung, an der sich heute die Eingangstür befindet, Bestätigung zu erfahren. Auf Fotos, die den Zustand des Gebäudes vor der Restaurierung wiedergeben, erkennt man die Putznaht, die sich als Relikt der sich ursprünglich an dieser Stelle befindenden Fensteröffnung erhalten hat[7]. Diese verläuft deutlich höher als es eine rechteckige Fensteröffnung der Größe, wie man sie heute an der Fassade vorfindet, notwendig machte. Ob auch die beiden übrigen Fenster einst spitzbogig waren, kann nur vermutet, letztlich aber nicht bewiesen werden. In jedem Fall scheint eine derartige architektonische Lösung im 19. Jh., daß für die Verwendung unterschiedlicher Stilelemente an einer Fassade beispielgebend war, durchaus denkbar[8].

Eingang sowie äußerer Zugang zum Keller des Hintergebäudes in der Adlerflychtstraße, die über zwei einläufige Treppen erfolgten, lagen im Westen, also exakt an der Stelle, an der sich heute die Garage befindet[9]. Ein weiterer Zugang zum Keller existierte im

---

5) ebenda.

6) Es fällt auf, daß auf dem Bewässerungsplan des Hinterhauses *(Textabb.)* nur vier Pfeiler eingetragen sind. Vermutlich wurde die Einzeichnung des fünften Pfeilers vergessen, der jedoch vorhanden war, wie ein dritter, in der Akte sich befindender Plan beweist.

7) Inst. f. Stadtgesch. S 7/C.

8) vgl. z.B. W.-D. Heilmeyer - H. Schmidt, Antike Motive an Berliner Mietshäusern der zweiten Hälfte des 19. Jahrhunderts, in: Berlin und

die Antike, Katalog (1979) 383.392. An der Fassade des Mietshauses Berlin-Kreuzberg, Mehringdamm 43 (um 1865) findet man eine ähnliche Situation wie in der Adlerflychtstraße 4 in Frankfurt vor. Zwei antikisierende Statuen flankieren einen Spitzbogen.

9) Auf den ursprünglichen Eingang an der Westwand des Gebäudes, verweist noch heute die mit einer Sandsteinfensterlaibung versehene rechteckige Fensteröffnung in der Wand.

Inneren des Gebäudes. Auffallend und an dieser Stelle nicht einleuchtend sind die ungewöhnlich starken Innenwände, die laut Bewässerungsplan mindestens der Wandstärke der Außenwände entsprechen[10].

Die Katasterpläne der Stadt Frankfurt aus der Zeit von 1850 bis 1950 geben wichtige Hinweise über die Bebauung des Nordends und damit auch über die baulichen Veränderungen auf dem Grundstück Adlerflychtstraße 4. Das Frankfurter Nordend hat sich erst verhältnismäßig spät im Laufe der zweiten Hälfte des 19. Jhs. entwickelt. Bis dahin war das Gebiet nördlich des Stadtkerns mit Ausnahme der Adelssitze von Holzhausen und der Stallburgschen Öde weitgehend Brachland[11]. Die Adlerflychtstraße, benannt nach dem Rechtsgelehrten und Schöffen Justinian von Adlerflycht (1761-1831), wurde erst Anfang der siebziger Jahre angelegt[12]. Wie aus einem Katasterplan des Jahres 1873 hervorgeht, war die Adlerflychtstraße zwar damals bereits in einzelne Grundstücke parzelliert, jedoch mit Ausnahme des Geländes, das an die Eckenheimer Landstraße anschloß und die beiden heutigen Grundstücke Nr. 2 und Nr. 4 umfaßte, unbebaut[13]. Auf jenem Bauland aber, welches das Gelände der heutigen Adlerflychtstraße 4 einschloß, befand sich seit 1872 das Vanni-Museum *(Abb.114)*[14].

Die Vanni, eine ursprünglich aus Correglio im Herzogtum Lucca stammende Familie, waren seit 1818 über mehrere Generationen in Frankfurt als Gipsfiguranten tätig[15]. Im Frankfurter Adreßbuch von 1872 werben die Vanni mit Gipswaren und florentinischen Kunstarbeiten in Marmor, Alabaster und Gips, die sie in ihren Geschäften am Schillerplatz und in der Kruggasse verkauften[16]. Vermutlich der mit der Reichsgründung in Zusammenhang stehende wirtschaftliche Aufschwung - der Handel mit Abgüssen nach antiken, mittelalterlichen und renaissancezeitlichen Kunstwerken florierte - veranlaßte Bartholomäus Antonio Vanni, 1872 die beiden Grundstücke in der Adlerflycht- bzw. Eckenheimer Landstraße zu erwerben, um dort eine weitere Zweigstelle des Familienunternehmens zu eröffnen[17]. Die Bezeichnung als Museum legt nahe, daß die Vanni, die für ihre „Gypsabgüsse von antiken & modernen Gegenständen" weit über die Grenzen Frankfurts hinaus bekannt waren, dort eine Auswahl ihrer Objekte zusammenstellten. Tatsächlich diente das „im griechischen Stile" errichtete Gebäude - wie das Preisverzeichnis von 1877 verdeutlicht - gleichermaßen der Nutzung als Ausstellungsfläche für die berühmten Gipse Vannis als auch als Waren- und Verkaufslager für die zu erwerben-

---

10) Wenn man die starken Innenwände nicht aus statischen Gründen benötigte, könnte in diesen ein Hinweis auf einen Vorgängerbau gesehen werden, den man später erweiterte. Beweise für diese Hypothese sind jedoch nicht existent.

11) Top. 135.

12) Auf dem Oederberg befand sich bis zu seinem Abbruch im Jahre 1866 der Adlerflychthof. Hierzu Inst. f. Stadtgesch. S 3/6 13590.

13) Ludwig Ravenstein's Spezial-Plan von Frankfurt am Main. Bockenheim und Bornheim aus dem Jahre 1873. Inst. f. Stadtgesch. S 8/570-571.

14) ebenda. Auf dem Plan wird die Institution verkürzt als „Vanni-Mus." angegeben. Die Adlerflychtstraße wird erstmals im Adreßbuch der Stadt Frankfurt von 1872 401 aufgeführt. Damals besaß die Straße

noch keine Hausnummern, und als einziges Gebäude wird ein Neubau aufgeführt, dessen Eigentümer Vanni war.

15) V. Rödel, Fabrikarchitektur in Frankfurt am Main. Die Geschichte der Industrialisierung im 19. Jahrhundert (1984) 482. Rödel führt dort den aus Italien stammenden Marcus Antonius Vanni (*1781) und dessen zweitgeborenen Sohn Johann Valentin Maximilian Josef Vanni (*1821) auf, die beide als Gipsfiguranten in Frankfurt firmierten. Der erstgeborene Sohn Bartholomäus Antonio firmierte als Kaufmann. Inst. f. Stadtgesch. Senatssupplikation 266/1.

16) Darüber hinaus führten die Vanni noch ein weiteres Geschäft am Roßmarkt und kurzzeitig Ausstellungsräume in der Gr. Eschenheimergasse 4: s. *Beitrag Stutzinger.*

17) ebenda S. 259.

den Abgüsse nach antiken Originalen[18]. Wie aus einer Zeitungsnotiz aus dem Jahre 1889 und dem Vorwort in Rudolf Bangels Kunstauktionskatalog hervorgeht, wurde das Museum *„seit seiner Gründung von Tausenden von Kunstfreunden aus Fern und Nah alljährlich besucht"*[19]. Das „Vanni-Museum" überdauerte jedoch kaum länger als ein Jahrzehnt. 1889 wurde der Firmenbesitz Vannis versteigert[20]. Im Katasterplan der Stadt Frankfurt von 1895 erscheint die Institution nicht mehr[21].

Statt dessen wurden die Grundstücke Adlerflychtstraße Nr. 2 und Nr. 4 getrennt und mit Wohnhäusern bebaut. Das rückwärtige Gelände des Grundstücks Adlerflychtstraße 4, also eben jener Teil, auf dem später das Hinterhaus errichtet wurde, ist 1895 wieder unbebaut. Dennoch kann nicht ausgeschlossen werden, daß die Bausubstanz des heutigen Ateliergebäudes auf Relikte des „Vanni-Museums" zurückgeht. Dies zumal die Fassade des Vanni-Museums, dessen Architektur Details des Erechtheion aufnimmt, sechs weibliche

Stützfiguren zierten. *(Abb. 114)*. Die Frage nach der Herkunft der Karyatiden bleibt weiterhin unbeantwortet, doch ein Zusammenhang zwischen dem Frankfurter Gipsfiguranten, der Abgüsse nach antiken Originalen anfertigt, und den auf den Pfeilern stehenden Karyatiden des Ateliergebäudes scheint auf der Hand zu liegen.

Das fünfstöckige Vorderhaus auf dem Grundstück Adlerflychtstraße 4 wurde in den Jahren 1890/1891 errichtet, nachdem Vanni beide Grundstücke an Ludwig Kopf veräußert hatte[22]. Kopf war von Beruf Dekorationsmaler und Bauunternehmer. Der 1851 in Sauerschwabenheim gebürtige Preuße zählte offensichtlich zu den wirtschaftlichen Gewinnern der Gründerzeit. Kopf nutzte den gründerzeitlichen Bauboom aus und erwarb zwischen 1890 und 1910 in nicht einmal zwanzig Jahren mehr als sechs Liegenschaften in Frankfurt[23]. Die Adlerflychtstraße 4 war jedoch nicht lange für ihn von Interesse, denn bereits am 21.10.1895 verkaufte er dieselbe an den Kaufmann und Lehrer der Handels-

18) Adreßbuch der Stadt Frankfurt von 1872, 347. Bartholomäus Antonio Vanni nahm auf beide Grundstücke eine Hypothek in Höhe von immerhin 20.000 Mark auf. Inst. f. Stadtgesch. Hypothekenbuch No. 3898 von 1872 No. 1047. Preisverzeichnis der Gypsabgüsse von antiken & modernen Gegenständen zu haben bei Antonio Vanni in Frankfurt am Main, Eckenheimer Landstraße 57. Frankfurt am Main 1877. Das Grundstück Eckenheimer Landstraße 57 stimmt auf zeitgenössischen Katasterplänen mit dem Gelände Adlerflychtstraße 2 und 4 überein. Da die Adlerflychtstraße noch weitgehend unbebaut war, hat man vermutlich auf die Numerierung der angrenzenden Hauptstraße zurückgegriffen.

19) ebenda S. 260 Anm. 11. 30. 38. Stutzinger bezieht sich auf die Zeitungsnotiz anläßlich der Versteigerung der Formen und Abgüsse Vannis am 6. Mai 1889, die an das Exemplar des Auktionskataloges Rudolf Bangel's angeheftet war.

20) ebenda S. 260.

21) Ludwig Ravenstein's Spezial-Plan von Frankfurt am Main. Bockenheim und Bornheim von September 1895. Inst. f. Stadtgesch. S 8/605.

22) Stadtwerke Ffm, Plankammer Gebäude 0011/4. Die Bewässerungsanlage für das Vorderhaus Adlerflychtstraße 4 wurde im August 1890 beantragt und am 04.12.1891 schließlich von der zuständigen Behörde abgenommen. Inst. f. Stadtgesch. Hypothekenbuch No. 4079, 1890, fol. 1879. Die Eheleute Ludwig Kopf erwarben das Grundstück Adlerflychtstraße 4 von den Erben des Bartholomäus Vanni. Am 15.09.1890 belastete Ludwig Kopf das Grundstück mit einer Hypothek in Höhe von 62.500 Mark, die er bei dem Frankfurter Kaufmann Stephan Ferdinand Leuchs aufnahm.

23) Inst. f. Stadtgesch. Null-Kartei Kopf. Ludwig Kopf (1851-1923) hatte 13 Kinder, von denen vier früh verstorben sind. Die Adlerflychtstraße 4 gehörte ihm vom 15.06.1891 bis zum 21.10.1895. Zwischen 1895 und 1907 besaß er Liegenschaften in der Kaiserstraße (Nr. 66), der Westendstraße (Nr. 70 und 84) und Rheinstraße (Nr. 21 und 25). Kopf betrieb seit den frühen achtziger Jahren Liegenschaftsgeschäfte. 1885 kaufte er die Wielandstraße 37. Inst. f. Stadtgesch. Transscriptionsbuch 1884-1888, 1885, No.69.

wissenschaften Franz Wilhelm Mann, in dessen Besitz die Liegenschaft bis 1901 blieb[24]. Mann war vom 06.08.1896 bis zum 14.03.1902 in der Adlerflychtstraße 4 wohnhaft und verzog erst ein gutes Vierteljahr nach dem Verkauf des Anwesens in den Oederweg[25].

Der folgende Besitzerwechsel des Grundstücks vollzog sich exakt in der Phase, in der das Ateliergebäude errichtet worden sein muß. Am 12.08.1901 veräußert Franz Wilhelm Mann die Liegenschaft Adlerflychtstraße 4 an den Kaufmann Emil Pfister[26]. Über Pfister ist nichts bekannt, aber die Liegenschaft blieb bis zum Jahre 1933 in Familienbesitz. Es stellt sich also die Frage, ob das Hinterhaus Adlerflychtstraße 4 noch von Mann oder erst von Pfister errichtet wurde. In den Adreßbüchern der Stadt Frankfurt wird erstmals 1902 ein Hinterhaus als separates Gebäude auf dem Grundstück aufgeführt, was mit der Datierung der Bewässerungspläne übereinstimmt. Die Annahme, das Ateliergebäude sei kurze Zeit, nachdem das Grundstück in das Eigentum der Familie Pfister übergegangen war, errichtet worden - also nach dem 12.08.1901-, erscheint daher zunächst naheliegend[27]. Dagegen und für einen Baubeginn vor August 1901 unter dem ehemaligen Eigentümer Franz Wilhelm Mann spricht jedoch die Tatsache, daß das Hintergebäude im Katasterplan der Stadt Frankfurt aus dem Jahre 1901 bereits deutlich eingezeichnet ist[28]. Der dort wiedergegebene Grundriß stimmt mit dem heutigen Bestand überein

und zwei der fünf pfeilerartigen Vorsprünge sind auf dem Plan sichtbar. Einen weiteren Hinweis für die Planung des Gebäudes unter Franz Wilhelm Mann bietet der Baubestand selbst.

Die Mitte des Giebels ziert ein aufwendig gestaltetes Wappen (Abb.110). Auf dem ringsum von Akanthusranken umgebenen Wappenschild erscheint ein sogenannter „Wilder Mann", der ein zweites Mal oberhalb der Wappenkrone dargestellt ist[29]. Eine in der Gründerzeit und bis nach der Jahrhundertwende andauernde Mode, sich nicht nur als Adliger, sondern auch als Bürgerlicher ein eigenes Wappen zuzulegen, spiegelt sich hier wider. Es ist nicht zuletzt Ausdruck des bürgerlichen Selbstbewußtseins der Zeit, das sich vor allem auf den erwirtschafteten Wohlstand gründet. Ein Problem besteht in der Zuordnung der Wappen an bürgerliche Namen, da sie in vielen Fällen, so auch bei dem Hinterhaus Adlerflychtstraße 4, nicht beschriftet sind. Da es sich aber im vorliegenden Fall um ein „Sprechendes Wappen" handelt, erscheint der Bezug des Wappenbildes „Wilder Mann" zu Franz Wilhelm Mann naheliegend, der sich auf diese Weise für alle Zeiten an dem Gebäude verewigte.

Wenn damit die Einflußnahme Emil Pfisters auf die Errichtung des Ateliergebäudes auch nicht endgültig ausgeschlossen werden kann, so erscheint die Planung und zumindest der Beginn der Ausführung, als Franz

---

24) Inst. f. Stadtgesch. Transscriptionsbuch No. 1026, 1895, No. 1044 sowie Sta Ffm Hypothekenbuch No. 4079, 1890, fol. 1879. Mann übernahm die bereits auf dem Grundstück stehende Hypothek in Höhe von 70.000 Mark.

25) Inst. f. Stadtgesch. Null-Kartei Mann. Demnach wurde Franz Wilhelm Mann am 15.05.1841 in Dessau geboren, wohnte bis 1910 im Oederweg und verzog anschließend ein zweites Mal in die Adlerflychtstraße, aber in die Nr. 2. Eigentümer des Hauses war damals ein gewisser Kaross. Adreßbuch der Stadt Frankfurt von 1896, 882ff. Im Widerspruch zu den Angaben in der Null-Kartei Manns steht die

Eintragung im Grundbuch der Liegenschaft Adlerflychtstraße 4, wonach Franz Wilhelm Mann am 30.01.1903 verstarb.

26) Inst. f. Stadtgesch. Transscriptionsbuch No. 1030, 1901, No. 427 und Hypothekenbuch No. 4193, 1901, fol. 991.

27) Adreßbuch der Stadt Frankfurt von 1902, 482.

28) Geometrischer Plan von Frankfurt am Main mit Umgebung. Blatt Nr. 8 H. J-Q, 1-8 von 1901. Inst. f. Stadtgesch. S 8/306.

29) Hinweis Dr. Reichel, Inst. f. Stadtgesch.

Wilhelm Mann Eigentümer des Grundstücks war, glaubwürdiger.

Von großem Interesse ist die Frage nach Entwurf und Ausführung der Karyatiden, die zweifellos in der Frankfurter Architektur der Jahrhundertwende eine singuläre Erscheinung darstellen. Fragen nach der Urheberschaft, den Vorbildern sowie der Ausführung der Statuen sollen im folgenden Teil des Aufsatzes behandelt werden *(Abb.110)*.

Die insgesamt fünf auf pfeilerartigen Postamenten stehenden Karyatiden wurden aus Kunststein gearbeitet[30]. Von der Oberseite der Plinthe bis zur Unterseite der Abakusplatte besitzen die Statuen eine Höhe von 2,25 m. Das Interkolumnium beträgt trotz der gering voneinander abweichenden Breite der Pfeiler je 2,82 m. Die Oberfläche der Statuen ist beschädigt und zeigt deutliche Witterungsspuren. Mehrfach gebrochen und nur noch fragmentarisch erhalten sind die beiden Figuren rechts und links des heutigen Eingangs. Aus den Gewändern sind Teile herausgebrochen, und einzelne Gliedmaßen fehlen. Die Oberfläche von Gesicht und Körper ist stark bestoßen. Die drei übrigen Statuen befinden sich in einem besseren Erhaltungszustand, wobei jedoch auch bei diesen die Oberfläche von Körper und Gesicht beschädigt ist und einzelne Glieder fehlen - so etwa Nase und linker Daumen der Statue rechts außen. Die einzelnen Figuren wurden vollplastisch gegossen. Der besseren Stabilität wegen entfernte man nachträglich einen Teil der Rückseite der Figuren und ersetzte diesen durch eine grobe Putzschicht, welche die Statuen mit der dahinterliegenden Fassadenwand verbindet.

Die fünf Karyatiden, die ihrem Typus nach auf die Erechtheionkoren in Athen zurückgehen, sind fest zwischen den unter ihnen ruhenden Pfeilern und dem sich über ihren Köpfen erhebenden ionischen Gebälk eingespannt. Sie stehen in aufrechter Position, wobei Stand- und Spielbein voneinander unterschieden sind. Während sich ein Arm der Statuen ausgestreckt neben dem Körper befindet, ist der andere Arm leicht angebeugt und greift mit der Hand nach einem Stück des vom Rücken herabhängenden Mantels.

Zwei durch die Arm- und Beinhaltung voneinander unterschiedene Karyatidentypen werden an der Fassade des Gebäudes wiedergegeben. Während die drei linken Statuen ihr Standbein rechts haben und mit der linken Hand den Mantelstoff fassen *(Abb.112)*, haben die beiden rechten Karyatiden ihr Standbein links und greifen mit der rechten Hand nach dem Mantel *(Abb.113)*. Es handelt sich also um zwei Karyatidentypen, die sich durch ihre spiegelverkehrte Ponderation voneinander unterscheiden.

Es stellt sich nun die Frage nach dem antiken Original, welches die Vorlage für die Karyatiden in der Adlerflychtstraße lieferte. Da um 1900 weder die Koren auf dem Augustusforum in Rom, noch diejenigen der Hadriansvilla in Tivoli bekannt waren, liegt es nahe, daß man auf das griechische Original vom Erechtheion auf der Athener Akropolis zurückgegriffen hat[31]. Tatsächlich ergibt der Vergleich der Karyatiden in der Adlerflychtstraße mit denjenigen des Athener Erechtheions ohne Zweifel, daß man bei den drei modernen Karyatiden, die ihr Standbein auf der rechten Seite haben, Abgüsse der hinteren westlichen Kore A aus der Zeit um

---

30) Das für die Herstellung plastischen Fassadenschmucks im 19. Jh. übliche Material war Stuckgips, der *„um den Witterungseinflüssen standzuhalten, mit Leinölfirnis bestrichen wurde und nach dem Anbringen an der Fassade einen Ölfarbanstrich erhielt“* oder *„Steinpappe, eine Mischung aus Schlämmkreide und Leim“*, die jedoch witterungsanfälliger war. s. hierzu Heilmeyer - Schmidt a.a.O. 389.

31) Die Koren des Augustusforums in Rom wurden in den dreißiger Jahren, diejenigen der Hadriansvilla in Tivoli in den fünfziger Jahren entdeckt. E. Schmidt, Die Kopien der Erechtheionkoren in: Antike Plastik XIII (1873) 7.

415 v. Chr. *(Abb.111)* verwendete[32]. Der Faltenwurf des dorischen Peplos der Kore A, besonders im Bereich des Apoptygmas und des untergürteten Kolpos, stimmt bis ins kleinste Detail mit der Karyatide in der Adlerflychtstraße 4 überein *(Abb.111 und 112)*. Einzelheiten wie die beiderseits des Scheitels in gleichmäßigen Wellen zu den Ohren geführten Haarsträhnen, der tief eingegrabene Venusring am Hals, die hyperbelförmige Staufalte im Apoptygma über der Standbeinhüfte sowie die zum Saum des Kolpos in tiefen Tüllen sich öffnenden Falten und kannelurenartigen Steilfalten des Peplos sind bei beiden Statuen identisch gebildet.

Auffallend ist die Tatsache, daß man nicht die Form des Originalabgusses, der die Kore A in fragmentiertem Zustand wiedergibt, verwendete, sondern sich statt dessen für eine ergänzte Form des Abgusses entschied. Das Motiv der linken Hand, mit der die Koren nach einem Stück ihres Mantels greifen, war trotz der abgeschlagenen Arme der Originale damals noch erkennbar. Schwieriger stellte sich dagegen die Ergänzung des Attributs der rechten Hand dar, weshalb man auf dessen Wiedergabe im Abguß verzichtete[33].

Wann und wo diese ergänzte Form der Kore A hergestellt wurde, konnte nicht geklärt werden. Es wäre möglich, daß sie auf eine Form aus dem späten 18. bzw.

frühen 19. Jh. zurückgeht, als Fauvel und Lusieri sich in Athen aufhielten und, im Wettstreit miteinander stehend, versuchten, einen Teil der Parthenonskulpturen und auch die Koren für ihre Auftraggeber, den Grafen Choiseul-Gouffier und Lord Elgin, zu gewinnen[34]. Ergänzte Antiken bewertete man zu Beginn des 19. Jhs. noch vielfach positiver als fragmentierte Originale. Die Ergänzung fehlender Teile an Abgüssen war daher keine Seltenheit[35].

Daß Fauvel Abgüsse der Karyatiden anfertigte, ist belegt. Bereits 1787 formte er eine Karyatide des Erechtheions ab, die über den Schiffsweg 1788 nach Marseille gelangte. Es ist unklar, um welche der insgesamt sechs Karyatiden es sich handelte. 1788 formte Fauvel noch eine weitere Karyatide ab, ein - wie er es selbst ausdrückt - *„pendant de la cariatide qui est déjà à Marseille"*[36]. Mit Sicherheit aber war es nicht die Kore C, die später von Lord Elgin abtransportiert wurde und schließlich ins Britische Museum gelangte[37]. Es bleibt also fraglich, ob eine der beiden von Fauvel abgeformten Karyatiden die Kore A war, also jene Kore, von der Abgüsse für das Gebäude in der Adlerflychtstraße verwendet wurden. Die weitere Geschichte beider Abgüsse trägt nicht zur Klärung dieser Frage bei. Die erste Karyatide Fauvels gehörte zu den Kunstwerken, die 1796 von der französischen Regierung konfisziert und erst

---

32) H. Lauter, Die Koren des Erechtheion in: Antike Plastik XVI (1976) 16.

33) Zuverlässige Kenntnisse über die ursprünglichen Attribute der Athener Koren lieferten erst die später entdeckten Koren auf dem Augustusforum und diejenigen der Hadriansvilla. Den römischen Kopien zufolge hielten die griechischen Originale in der rechten Hand des ausgestreckten Armes eine Opferschale. Schmidt a.a.O. 27.

34) ebenda 8. Elgins Vorhaben, die gesamte Korenhalle abzutragen, wurde nicht genehmigt. Nur die besterhaltene Kore C, die zweite von links an der Frontseite, gelangte in das Britische Museum nach London.

35) Fauvel war einer der ersten, der in Diensten Choiseul-Gouffiers in Athen Antiken abgeformt hat. Allein am Parthenon wurden zwischen

1786 und 1792 drei Abgußaktionen durchgeführt, deren Formen und Ausgüsse zum größten Teil in den Besitz des Grafen Choiseul-Gouffier gelangten. An einigen dieser Abgüsse des Frieses und der Metopen, die im 19. Jh von der Universität Bonn angekauft wurden, erkannte man später Ergänzungen in Gips von Partien, die zu Zeiten Fauvels bereits nicht mehr vorhanden waren. Zur Rolle Fauvels vgl. L. Beschi, L.S. Fauvel e il Partenone 319ff. sowie D. Willers, Ergänzungen an Fauvels Gipsabgüssen vom Parthenonfries 343ff., beides in: E. Berger (Hrsg.), Referate und Berichte des Parthenon-Kongresses Basel I (1984).

36) G.P. Stevens u.a., The Erechtheum (1927) ebenda 593.

37) ebenda 592ff.; L. Schneider - C. Höcker, Die Akropolis von Athen (1990) 36.

1802 an Choiseul-Gouffier zurückgegeben wurden - sie taucht noch einmal im Versteigerungskatalog seines Nachlasses aus dem Jahre 1818 auf, zusammen mit der Kopie einer Karyatide[38]. Die zweite Karyatide sollte nach mehrjähriger Aufbewahrung im Athener Kapuzinerkonvent schließlich 1803 nach Frankreich verschifft werden. Das Schiff wurde jedoch von den Engländern gekapert und sämtliche Kunstwerke, unter denen sich auch die zweite Karyatide befand, gelangten über Malta nach London und schließlich in Lord Elgins Besitz[39]. Über den Verbleib der von Fauvel abgeformten Karyatiden ist nichts bekannt.

Die Suche nach dem antiken Vorbild für die beiden verbleibenden Karyatiden der Adlerflychtstraße, deren Standbein das linke ist, verläuft weniger geradlinig (Abb.113). Obwohl drei der Koren (D, E und F) des Athener Erechtheions ihr Standbein auf der linken Seite haben, sind die Gewandfalten und Haarfrisuren so verschiedenartig von dem Frankfurter Beispiel gearbeitet, daß keine der drei Koren als Vorbild in Frage kommt. Vielmehr kristallisiert sich bei einem Vergleich der Karyatide, Standbein auf der rechten Seite, mit derjenigen Standbein auf der linken Seite heraus, daß auch die letztere auf die Kore A des Erechtheions zurückgeht (Abb.111-113). Ganz offensichtlich handelt es sich bei der Karyatide, Standbein auf der linken Seite, also um eine moderne, spiegelbildliche Fassung - nicht um eine spiegelbildliche Kopie - der Jahrhundertwende, die als Pendant zum Abguß der Kore A gearbeitet wurde[40]. Denkbar wäre, daß der mit der Ausführung der Bauplastik in der Adlerflychtstraße 4 beauftragte Bildhauer für diese spiegelverkehrte Variante (Abb.113) den ergänzten Originalabguß übertragen und eine Form angefertigt hat. Anschließend wurden nach dieser Form die beiden benötigten Statuen gegossen. Vergleicht man beide Karyatidentypen in der Adlerflychtstraße, so fällt besonders die weitaus flachere Modellierung der Steilfalten des Peplos bei der modernen Nachbildung (Abb.113) auf. Die Falten scheinen bei dieser Variante vielmehr zu einem einheitlichen Gebilde zu verschmelzen, welches die tiefen Faltentäler, wie sie noch am Peplos des Gegenstücks (Abb.112) sichtbar werden, beinahe verschwinden läßt. Auch wird das Streben nach Perfektion bei der Kopie der Jahrhundertwende deutlich, so beispielsweise bei den betont gestalteten Faltensträngen am Knie oder dem abgerundeten Saumende des untergürteten Kolpos.

Seit Mitte des 18. Jhs. setzte - eng verknüpft mit der Herausgabe aufwendiger Stichwerke antiker Monumente - eine neue Rezeption der Karyatiden des Athener Erechtheions ein. Kein geringerer als Choiseul-Gouffier war es, der Karyatiden erstmals an der Fassade seines Hauses in Paris verwendete, die er nach dem Vorbild des

---

38) vgl. J.J. Dubois, Catalogue d'antiquités, égyptiennes, grecques, romaines et celtiques ... formant la collection du feu M. le Comte de Choiseul-Gouffier (1818) Nr. 313. 314. Um welche der Koren es sich handelte, wird leider nicht erwähnt.

39) Stevens a.a.O. 611ff.

40) Daß es sich bei der Karyatide, Standbein auf der linken Seite, nicht um eine spiegelbildliche Kopie handelt, verdeutlichen insbesondere die Gewandfalten am Oberkörper, die zum Teil nicht spiegelbildlich, sondern bei beiden Karyatidentypen identisch gebildet sind (Abb.112 und 113).

Athener Erechtheions - bzw. „Pandroseions", wie die Korenhalle damals bezeichnet wurde - gestaltete[41].

Daß die drei in der Adlerflychtstraße aufgestellten Karyatiden auf Abgüsse des griechischen Originals zurückgehen und auch die beiden übrigen Statuen in vielen Details das antike Vorbild kopieren, läßt darauf schließen, daß der ausführende Bildhauer und vermutlich auch der Eigentümer des Hauses Liebhaber antiker Kunst waren und über genaue Kenntnisse antiker Plastik verfügten. Ganz offensichtlich genügte es den mit dem Entwurf der Fassade beauftragten Personen nicht, die Bauplastik - wie in der Architektur des 19. Jhs. häufig vorkommend - rein dekorativ einzusetzen. Seit der zweiten Jahrhunderthälfte wurden, etwa an Berliner Mietshäusern, immer wieder Karyatiden als Stützfiguren an Fassaden verwendet. Bei sämtlichen dieser Karyatiden handelte es sich jedoch um mehr oder weniger freie Varianten der antiken Vorbilder[42]. Abgüsse von Originalen, wie sie an der Fassade des Ateliergebäudes in der Frankfurter Adlerflychtstraße verwendet wurden, sind dagegen die Ausnahme, wenn nicht sogar eine singuläre Erscheinung. Ein beabsichtigter Lehranspruch darf daher beim Entwurf der Fassade vorausgesetzt werden.

Umso merkwürdiger erscheint die gewählte Aufstellung der Statuen und der Irrtum, der dem ausführenden Bildhauer bei der Modellierung der spiegel-

verkehrten Fassung unterlief. Zwar belasten beide Karyatiden wie die Koren D, E und F des Erechtheions ihr linkes Bein, jedoch verläuft die Bewegung der Arme bei den genannten griechischen Vorbildern nicht spiegelbildlich, sondern alle sechs Koren faßten ursprünglich mit der linken Hand ein Stück des Mantels.

Nicht minder überraschend ist die Anordnung der modernen Abgüsse, die mit Sicherheit nicht den Originalzustand der Jahrhundertwende wiedergibt. Bei einer Anzahl von fünf Karyatiden, von denen jeweils drei und zwei Figuren ein identisches Standmotiv aufweisen, erwartet man allein aus ästhetischen Gründen eine rhythmische Aufstellung der Statuen im Verhältnis a:b:a:b:a. Möglich wäre, daß die heutige Anordnung der Karyatiden auf eine Aufstellung nach dem 2. Weltkrieg zurückgeht. Immerhin sind die Karyatiden mehrfach gebrochen und die erhaltene Gebäudeschädenkartei des Ausgleichsamtes gibt Auskunft darüber, daß besagtes Hintergebäude im Krieg zu 7% zerstört und seit Mai 1945 in Selbsthilfe wieder aufgerichtet wurde[43]. Betrachtet man daraufhin ein zweites Mal die Fassade (Abb.110), fällt es nicht schwer, die in der Kartei prozentual aufgeführte Beschädigung am Gebäude zu lokalisieren. Demnach waren Teile des sich östlich anschließenden Nachbargebäudes durch Kriegseinwirkung auf die Südostecke des Ateliergebäudes gestürzt und hatten dabei Gebälk und die Karyatide rechts außen zum

41) Heilmeyer - Schmidt a.a.O. 381ff. Smith, in: Journ.Hell.Stud. 36, 1916, 357ff. Dort findet man folgende Information zum Haus Choiseul-Gouffiers: „les deux facades de l'Est sont imitées d'après celles de l'Eréchtheum et du Pandroséum, à Athènes". Zur Bezeichnung s. J. Stuart - N. Revett, The Antiquities of Athens II (1787) 17 Taf. IIIc; XVI.

42) M. Bushart - S. Hänsel - M. Scholz, Karyatiden an Berliner Bauten des 19. Jhs. Bedeutungswandel eines antiken Motivs in Abhängigkeit von Auftraggeber, Bauaufgaben und Herstellungsweise, in: Berlin und die Antike, Aufsätze (1979) 531ff.

43) Inst. f. Stadtgesch. Ausgleichsamt, Gebäudeschädenkartei Adlerflychtstraße 4, Bezirk 9, Karte Nr. 19. Da die benachbarte Blindenanstalt mittlere bis schwere Kriegsschäden aufwies, wäre es denkbar, daß die Karyatiden durch die Detonation des Sprengkörpers in der Nachbarschaft von den Pfeilern gerissen wurden. Die Bemerkung „Aufbau in Selbsthilfe" bietet vielleicht eine Erklärung für die recht grobe Anfügung des Putzes, die den Statuenkörper mit der Fassadenwand verbindet.

Einsturz gebracht. Gerade die heute rechts außen stehende Karyatide gehört aber zu den am besten erhaltenen der fünf Statuen, und plötzlich wird klar, daß man bei der Wiederaufrichtung der Statuen deren ursprüngliche Aufstellung vertauscht hat. Wie die zahlreichen Bruchstellen und Beschädigungen der gesamten linken Körperhälfte beweisen, war es die heute links außen stehende Karyatide, die von den herabfallenden Teilen des Nachbarhauses getroffen wurde. Befand sich diese Statue also ursprünglich rechts außen, erscheint als sinngebende Lösung nur noch eine Reihenfolge denkbar, bei der die Karyatiden mit dem Standbein auf der rechten Seite die beiden äußeren und den mittleren Pfeiler einnahmen, während die Karyatiden mit dem Standbein auf der linken Seite die verbleibenden zwei Zwischenräume ausfüllten. Demnach stand also die heute rechts vom Eingang stehende Karyatide links vom Eingang. Unterstützt wird diese Vermutung durch das Faktum, daß diese Karyatide ebenfalls starke Beschädigungen aufweist und die Positionen an den Fassadenecken zweifellos bei Erschütterungen, wie sie vermutlich durch den Bombeneinschlag in der Nachbarschaft verursacht wurden, am meisten gefährdet waren. Für die heute rechts außen stehende Karyatide bleibt als ursprünglicher Standort demnach der Pfeiler rechts des Eingangs. Warum nach dem Krieg die veränderte Aufstellung der Statuen erfolgte, ist ungeklärt. Da das Gebäude aber - wie man weiß - in Selbsthilfe wiederaufgerichtet wurde, ist es durchaus denkbar, daß die Aufstellung völlig willkürlich geschah.

Noch immer nicht gelöst ist die Frage nach der Herkunft der zeitgenössischen Abgüsse der Kore A bzw. der Identität des ausführenden Bildhauers der spiegelverkehrten modernen Fassung. So lange keine weiteren Bauunterlagen zur Liegenschaft Adlerflychtstraße 4 auftauchen, können hierüber nur Vermutungen geäußert werden.

Wenn die spiegelverkehrte Fassung der Karyatide weder aus dem späten 18. bzw. frühen 19. Jh stammt, als die Kore A in Athen abgeformt wurde, noch aus dem Sortiment einer der zahlreichen im 19. Jh. in Deutschland tätigen Gipsfiguranten angekauft wurde, bleibt als mögliche Lösung nur noch ein zeitgenössischer Bildhauer, der mit der Ausführung der Bauplastik in der Adlerflychtstraße beauftragt wurde.

Einen Hinweis hierfür bieten die Frankfurter Adreßbücher. Der erste Mieter des Hinterhauses war der Bildhauer Hermann Susenbeth, der 1902, also just in dem Jahr, in dem das Gebäude erstmals in den Adreßbüchern Erwähnung findet, aufgeführt wird[44]. Hermann Susenbeth, am 10.12.1857 in Frankfurt am Main geboren, war von 1874 bis 1881 als Schüler Kauperts am Städelschen Kunstinstitut tätig. Von 1881 bis 1884 lebte er in Wien und kehrte anschließend nach Frankfurt zurück. 1892 erhielt er die Hessische Verdienstmedaille für Wissenschaft und Kunst. Eigenen Angaben zufolge fertigte er eine Reihe von Porträtskulpturen bekannter Persönlichkeiten an, so zum Beispiel von Großherzog Ludwig IV. von Hessen, Prof. Hugo Heermann und Pfarrer Münzenberger. Ferner sind Reliefs Susenbeths mit Darstellungen aus Homers Odyssee und des Aktaeon-Mythos überliefert[45]. Da der Bildhauer Susenbeth das Hintergebäude Adlerflychtstraße 4 zwischen 1902 und 1903 als Atelier benutzte und er - wie aus seiner Vita her-

44) Adreßbuch der Stadt Frankfurt von 1902, 482.

45) Kunst und Künstler in Frankfurt am Main im neunzehnten Jahrhundert, hrsg. auf Veranlassung des Frankfurter Kunstvereins II. A.

Dessoff, Biographisches Lexikon der Frankfurter Künstler im neunzehnten Jahrhundert (1909) 153.

vorgeht - mit der plastischen Umsetzung antiker Themen vertraut war, erscheint die Beteiligung des Bildhauers an der Dekoration des Hinterhauses naheliegend[46]. Woher aber hätte Susenbeth die Anregung, Karyatiden als bauplastischen Schmuck an der Atelierfassade zu verwenden, haben können, und von wem könnte er die Abgüsse der Kore A des Athener Erechtheions gekauft haben?

Eventuell hat der Frankfurter Gipsfigurant Antonio Vanni, der in den siebziger Jahren des 19. Jhs. für einige Jahre sein Geschäftslokal in der Adlerflycht- bzw. Eckenheimer Landstraße führte, hierbei eine Rolle gespielt. Vanni besaß in seinem Repertoire an „Gypsabgüssen von antiken & modernen Gegenständen" unter anderem auch eine Karyatide vom Erechtheion, die er zum Preis von 308 Mark anbot[47]. Ob es sich bei dieser Karyatide jedoch um den gleichen Typus - also die Kore A - wie in der Adlerflychtstraße handelte, ist nicht beweisbar, sondern muß sogar ernsthaft angezweifelt werden. Vanni verweist in Zusammenhang mit der von ihm angebotenen Karyatide auf eine Zeichnung in den „Denkmälern der alten Kunst von Müller & Osterley, fortgesetzt von Wieseler"[48]. Hierbei handelt es sich jedoch eindeutig um die Kore C des Erechtheions, die von Lord Elgin abtransportiert und 1813 vom Britischen Museum in London erworben wurde. Einzig der von

Vanni beigefügte Zusatz des Wortes „*ähnlich*" läßt die Möglichkeit offen, daß er in seinem Preisverzeichnis nur auf eine grundsätzliche Ähnlichkeit seiner Karyatide mit derjenigen in der genannten Publikation hinweisen wollte, weshalb nicht endgültig ausgeschlossen werden kann, daß Vanni auch eine Form der Kore A des Erechtheions besaß. Dagegen sprechen allerdings die Eintragungen in den Inventarbüchern des Städel, denen zufolge das Städel 1884 von Vanni eine Reihe von Abgüssen nach Antiken kaufte, unter denen sich auch eine Karyatide befand. Diese ist hier als Kore C aus dem Britischen Museum in London bezeichnet[49]. Da Vanni aber nur eine Kore im Angebot hatte, ist für die Abgüsse der Karyatiden in der Adlerflychtstraße, die auf die Kore A des Erechtheions zurückgehen, mit hoher Wahrscheinlichkeit eine andere Quelle als der Frankfurter Gipsfigurant anzunehmen.

Mit Sicherheit aber kannte Hermann Susenbeth, der zwischen 1874 und 1881 am Städelschen Kunstinstitut tätig war, die dort vorhandenen und auch die im Vanni-Museum ausgestellten Abgüsse nach Antiken. Er konnte diese, unter denen sich wenigstens der Abguß der Kore C befand, also genau studieren, lange bevor er - vielleicht - eine spiegelverkehrte Variante der Kore A des Erechtheions modellierte.

---

46) Bei dem ausschließlich aus der Vogelperspektive sichtbaren, sich durch einen aufgesetzten Rand von der ebenen Dachfläche abhebenden rechteckigen Ausschnitt auf der linken Dachhälfte handelt es sich um das Überbleibsel eines Oberlichts, das sich einst an dieser Stelle befand. Das Oberlicht stützt die These, daß das Hinterhaus Adlerflychtstraße 4 als Ateliergebäude geplant und genutzt wurde.

47) Preisverzeichnis der vorzüglichsten Gypsabgüsse von antiken & modernen Gegenständen zu haben bei Antonio Vanni. Frankfurt am Main 1877, S. 1. Wörtlich steht dort *„Caryatide vom Erechtheion. (Aehnl. Denkm. I, Taf. 20, 101)."* Auf der gleichen Seite befindet sich im oberen Drittel die Bemerkung „»Denkmäler« bezeichnet die »Denkmäler der alten Kunst von Müller & Osterley, fortgesetzt von Wieseler«".

---

48) Denkmäler der alten Kunst nach der Auswahl und Anordnung von C.O. Müller. Zweite Bearbeitung durch F. Wieseler I (1854) 15 Taf. 20 n. 101.

49) Städel Inv. Nr. 261. Kore C, Britisches Museum. Am 13. Juni 1884 von Antonio Vanni Erben gekauft für 308 Mark, Katalog Vanni, Nr. 6. Das Akademische Kunstmuseum der Universität Bonn erwarb bereits 1863 einen Abguß der Kore C des Athener Erechtheions. Auch die Bonner Universität kaufte ihren Abguß von dem Frankfurter Gipsfiguranten Vanni an. Hierzu Verzeichnis der Abguß-Sammlung des Akademischen Kunstmuseums der Universität Bonn. Bestand von 1820-1980 (1981) 37. Vermutlich in erster Linie aufgrund ihres besseren Erhaltungszustandes wurde die Kore C wesentlich öfter von akademischen Lehrsammlungen im Abguß angekauft als die übrigen Statuen.

1904 bezog Hermann Susenbeth neue Wohn- und Atelierräume[50]. Das Hinterhaus Adlerflychtstraße 4 wurde in den folgenden Jahren noch mehrfach von Künstlern als Atelier genutzt[51]. Jahrelang blieb das Ateliergebäude unverändert, bis offenbar in den dreißiger Jahren im Westen die Garage angefügt und damit Eingangssituation und Fenster dem heutigen Erscheinungsbild entsprechend verändert wurden *(Abb.110)*[52]. Die letzten einschneidenden Veränderungen, denen auch die ursprüngliche Aufstellung der Karyatiden zum Opfer fiel, erfuhr das Gebäude in der Nachkriegszeit, als es in Selbsthilfe wieder aufgebaut wurde.

50) Adreßbuch der Stadt Frankfurt von 1904, 336. Susenbeth verzog in die Kaulbachstraße.

51) Inst. f. Stadtgesch. Null-Kartei Tersch. Vom 14.07.1910-02.06.1914 war der 1861 in Prag gebürtige Kunstmaler Fritz Tersch in der Adlerflychtstraße 4 gemeldet. Nach dem 1. Weltkrieg nutzte der Photograph Hermann Collischon über viele Jahre das Hinterhaus der Adlerflychtstraße 4 als Atelier: vgl. Adreßbuch der Stadt Frankfurt von 1919, 70 und folgende. Collischon, der Berufsphotograph war, fertigte Photos aller Art, vor allem aber Porträts, an. Seit 1914 firmierte er unter „Anstalt für Erzeugnisse der Kunst und Industrie" und war Teilhaber des Kunstverlags Collischon & May. Bis in die späten dreißiger Jahre arbeitete Collischon als Industriephotograph. D. Bartetzko u.a., Wie Frankfurt photographiert wurde 1850-1914 (1977) 226.

52) Geometrischer Plan von Frankfurt am Main mit Umgebung. Blatt Nr. 8 H. J-Q, 1-8 von 1925. Inst. f. Stadtgesch. S 8/307 und Frankfurt am Main Stadtplan, Blatt N.O. 21 von 1938. Inst. f. Stadtgesch. S 8/462. Während die hintere Westseite des Grundstücks 1925 noch unbebaut war, befand sich 1938 an dieser Stelle bereits der heute als Garage genutzte Anbau.

KERSTIN APPELSHÄUSER

Das Bethmannsche Museum

1801 reist der Frankfurter Bankier, Politiker und Kunstförderer Simon Moritz von Bethmann (1768-1826)[1] nach Paris, um von dem Gipsformer Getti Gipsabgüsse antiker Statuen, die zu jener Zeit im Louvre aufgestellt sind, anfertigen zu lassen. Bethmann nutzt so die Gunst der Stunde, die durch Napoleons Kunstraub aus ganz Europa zusammengetragenen antiken Originale leicht besichtigen und abformen lassen zu können.

Als Bethmann 1804 im Rahmen seiner Planung, eine Antikensammlung aus Abgüssen anzulegen, die 1803 entstandenen Entwürfe des Stuttgarter Hofbildhauers Johann Heinrich Dannecker (1758-1841) für eine „Ariadne auf dem Panther" sieht, sichert er sich die Rechte, die fertiggestellte Skulptur aus Carrara-Marmor zu erwerben. Hierbei wird er von Dannecker zum Bau eines Museums für diese Antikensammlung angeregt. So entsteht 1812 das Bethmannsche Museum, dessen Sammlung die in Paris bestellten Gipsabgüsse antiker Statuen, aber auch zeitgenössische klassizistische Skulpturen umfaßt.

Darüber hinaus läßt nun Bethmann das erworbene Grundstück, in dem das Museum errichtet werden soll, in einen öffentlichen englischen Landschaftsgarten umgestalten[2]. Der zu dieser Zeit als liberal-demokratisch angesehene Gartenstil bildete den Gegenpol zur barocken Geometrie französischer Gärten, die als Abbild des hierarchischen Absolutismus galt[3]. Auf einem für den Landschaftsstil typischen, künstlich aufgeschütteten Hügel erhebt sich die öffentliche Bildungsstätte Bethmanns, so daß sie von jedem Parkbesucher sofort wahrgenommen werden kann *(Abb.116)*. Wie eine Gartenarchitektur präsentiert sich der klassizistische Ausstellungspavillon als eingeschossiges Gebäude, dessen rhythmisch angeordnete Folge rundbogiger Fenstertüren von einer hohen Attika unter einem flachen Walmdach abgeschlossen wird[4]. Nachdem die Ariadne vollendet und 1816 als klassizistisches Original neben den Antikenabgüssen aufgestellt ist, heißt das Museum „Ariadneum"[5]. Bethmann begründet damit das erste öffentliche Museum Frankfurts, das zudem *„allezeit und für jeden offen(steht), der es zu beschauen wünscht"*, und in dem klassische Bildung durch Kunst vermittelt werden soll[6].

1) C. Höffner, Frankfurter Privatsammlungen (1992) 43-45; W. Forstmann, Simon Moritz von Bethmann - Ein Bankier macht Politik, in: Geistesgeschichte im Spiegel einer Stadt. Frankfurt und seine Persönlichkeiten (1986) 36-47 bes.40; ders., Simon Moritz von Bethmann 1768-1826 (1973) 90-97.

2) Ellen Kemp, Ariadne auf dem Panther, Ausstellungskatalog (1978) 19-24.

3) Gartenarchitekt ist Sebastian Rinz, s. hierzu B. Clausmeyer, Die Wallanlagen in Frankfurt am Main (1988) 11-25; H. Schomann, Frankfurter Baudenkmäler schildern (1977) 66-68; C.A. Wimmer, Geschichte der Gartentheorie (1989) 165-168.406-461; J.-J. Rousseau, Julie oder Die neue Héloïse (1978) IV/11.V/34.

4) Schomann a.a.O. 66-68; Kemp a.a.O. 19.

5) Bethmann erwirbt Gipsabgüsse aber nicht nur aus dem Louvre, da sich nicht alle Originale dort nachweisen lassen; s. hier Beitrag Stutzinger zu Vanni; Kemp a.a.O. 3-5.11-18; Schomann a.a.O. 66-68.

6) Kemp a.a.O. 5.19.24; das Zitat stammt aus dem Taschenbuch von Frankfurt am Main (1827) 122f.; Forstmann a.a.O. (1973) 90-97.216f.; J.Ph. Freiherr v. Bethmann, Zur Heimkehr der Ariadne von Danneker, Vortrag 1978, in: Inst. f. Stadtgesch. S3/21668 K „Ariadne"; C. v. Helmolt, Die Wiedergeburt einer Vielgeliebten, in: Frankfurter Allgemeine Zeitung (im folgenden abgek.: FAZ), 29.2.1977, in: Inst. f. Stadtgesch. R 2168 K „Ariadne".

1853 verkauft Bethmanns Sohn Moritz das Gebäude einschließlich des Gartengrundstücks an die Stadt, die es den städtischen Grünanlagen eingliedert. 1856 wird das neue „Ariadneum" eröffnet, ein achteckiger chorartiger Anbau des Landhauses Moritz von Bethmanns, der nun die Sammlung beherbergt[7].

In welchem geistesgeschichtlichen Kontext ist diese Planungsgeschichte und das Aufstellungsprogramm der Bethmannschen Sammlung zu verstehen? Was wollte Bethmann, Bankier, Politiker und Kunstförderer in Personalunion, mit einer öffentlichen Bildungsstätte, mit einem Skulpturenmuseum inmitten einer zuvor angelegten, öffentlich zugänglichen Grünanlage bewirken? Goethe schreibt wohlwollend im Herbst 1814 in das Besucherbuch des Ariadneums: „*So entsteht schon jetzt eine Sammlung von Gipsabgüssen antiker Statuen in dem Garten des Herrn von Bethmann. Und was läßt sich nicht alles von einem Manne erwarten, dessen Neigung und Tätigkeit durch so großes Vermögen in lebhafter Bewegung gehalten wird.*"[8]

Das früheste Dokument, das den Sammlungsbestand des Bethmannschen Museums aufführt, ist Kirchners Stadtführer für Frankfurt aus dem Jahre 1818[9]. Kirchner beschreibt die Stücke in der Reihenfolge, in der sie ihm auf seinem Rundgang durch die vier Austellungsräume des Museums begegnen und fügt eine kurze Deutung hinzu. Im Eingangsbereich *(Abb.118)* empfingen den Besucher der Antinous vom Kapitol *(Kat. Nr.4; Abb.118a)*; es folgten die Artemis Versailles *(Kat. Nr.2; Abb.118b)*, die Laokoon-Gruppe *(Kat. Nr.3; Abb.118c)*, der Apoll von Belvedere *(Kat. Nr.6;*

Abb.118d), der Borghesische Fechter *(Kat. Nr.1; Abb.118e)*, ein „*griechischer Amor (Eros)*" *(Kat. Nr.5; Abb.118f)*, der als Achilles bezeichnete sogenannte Ares Borghese *(Kat. Nr.13; Abb.118g)*, die als der sogenannte Germanicus bekannte Redner-Statue des Louvre *(Kat. Nr.; Abb.118h)* sowie der Silen, der den kleinen Dionysosknaben auf dem Arm hält *(Kat. Nr.7; Abb.118i)*. In dem vom Eingangsbereich rechts liegenden Zimmer verweist Kirchner auf die Gruppe des „Castor und Pollux", den betenden Knaben des Berliner Museums, den er als Ballspieler bzw. Ganymed anspricht, sowie den Apollon mit der Eidechse. Im links vom Eingangsbereich liegenden Kabinett sei die Venus Medici zu sehen. Von den Büsten hebt er nur die des Zeus von Otricoli hervor. Schließlich finde sich „*in einem Nebenzimmer*" die Ariadne.

1828 dokumentiert die Bethmannsche „Correspondenz bezüglich der Sammlungen" eine neununddreißig Skulpturen umfassende Bestandsliste zum „Gartenmuseum-Inventar der Statuen"[10]. Das Inventar ist nach dem jeweiligen Aufstellungsort der einzelnen Werke sowie typologisch in Statuen und Büsten gegliedert. Als „*im Saal*" befindlich werden die gleichen Statuen aufgezählt, die schon Kirchner im ersten Raum gesehen hatte, mit folgenden Ausnahmen: Der „Achilles" steht nun im nächsten Zimmer, der sogenannte Germanicus wird gar nicht aufgeführt, und anstelle des „griechischen Amor" erscheint der Adonis von Centocelle, wobei anzunehmen ist, daß es sich beidemale um das gleiche Stück handelt. Bei Kirchner nicht erwähnt wurden die Büsten Homers, Vergils, des

---

7) Schomann a.a.O. 66-68; Kemp a.a.O. 5; B. Häußler, Die schöne Ariadne hat samt Panther das Tempelchen verlassen, in: FAZ, 16.11.1989, Inst. f. Stadtgesch. S3, R11.861; H.-O. Schembs, Vom Museum zum Café. Das Odeon in der Friedberger Anlage, in: Frankfurt Archiv, Februar 1984, Inst. f. Stadtgesch. S3, R11.861: das erste Bethmannsche Museum wird nun zum „Odeon" bzw. „Café Milani".

8) E. Sterik, Besucherbuch des Bethmannschen Ariadneums 1812-1827, Archiv für Frankfurts Geschichte und Kunst 55, 1976, 105.

9) A. Kirchner, Ansichten von Frankfurt a. Main, der umliegenden Gegend und den benachbarten Heilquellen (1818) 338-343.

10) Inst. f. Stadtgesch. III,25, Karton „Simon Moritz von Bethmannsche Correspondenz 1830-1872".

Demosthenes, des Carneades und des Laokoon. Dreizehn Werke befinden sich „*im ersten Cabinet Eingang rechts*", und zwar außer den schon von Kirchner aufgezählten und dem aus dem Saal nun hierher gebrachten „Achilles" eine hockende Venus beim Bade, eine stehende und eine sitzende Ceres, der sogenannte Apollino sowie ein sitzender Apoll von Alexander Trippel in Carrara-Marmor. An Büsten werden der Zeus von Otricoli, die Pallas von Velletri, Perikles und ein „Numa Pompilius" angegeben. „*Im zweiten Cabinet Eingang rechts*" befinden sich die Ariadne Danneckers „in carrarischem Marmor", ein träumender Amor und neben den Büsten einer Roma, des Dionysos Richelieu und dem auch als „Ariadne Capitolina" bekannten Dionysos die Bildnisse Schillers und von Bethmanns. Der Abguß der Statue der Venus Medici sowie Büsten des Zenon und der Artemis Versailles befinden sich „*im ersten Cabinet Eingang links*" neben Bildnissen August von Kotzebues, seines Sohnes Otto und Königs Max von Bayern sowie einer apulischen Amphora.

Schließlich werden im „Verzeichnis der Kunstgegenstände im plastischen Museum des Freiherrn Moritz von Bethmann, Frankfurt a. Main 1856"[11] ebenfalls neununddreißig Sammlungsstücke bezeugt. Sie entsprechen jedoch nicht den Werken aus dem Inventar von 1828: so scheinen vor allem viele Büsten durch andere ersetzt worden zu sein. In diesem Verzeichnis werden die Sammlungsstücke in vier Gruppen gegliedert, ohne ihre Aufstellung im Ariadneum von 1856 näher zu bestimmen: Die erste Gruppe wird einzig von der Ariadne, die zweite nur von Thorvaldsens Relief, das den „Einzug Alexanders des Großen in Babylon" darstellt, gebildet; in der dritten Gruppe werden die Statuen, in der vierten die Büsten aufgeführt, wobei sich der Autor eng an die Ausführungen Ennio Quirino Viscontis in dessen Katalog des Museo Pio Clementino hält. Aus dem Archivmaterial läßt sich nicht ermitteln, warum diese drei Bestandslisten - die Kirchners von 1818, die des Inventars von 1828 und die des Verzeichnisses des Jahres 1856 - nicht identisch sind. Die Dokumente geben auch keine Auskunft darüber, ob und welche Werke ausgetauscht oder in welchen Fällen nur neue Benennungen vorgenommen wurden. Da sowohl Kirchners Liste als auch das Inventar von 1828 unvollständig sind, bleibt unklar, ob noch zwischen 1818 und 1828 Abgüsse erworben wurden. Für das zweite Ariadneum wurden aber mit Sicherheit Neanschaffungen gemacht, vor allem Büsten, von denen die meisten aus der Frankfurter Gipsformerei Vanni *(s. Beitrag Stutzinger)* stammen dürften, in deren Katalog entsprechende Stücke aufgeführt sind. Bei Vanni nicht erhältlich waren aber das Porträt des „Hippokrates" sowie die Büsten des Sokrates und des Augustus aus dem Vatikan[12], die demnach vielleicht, wie der „Germanicus", im Inventar von 1828 versehentlich übergangen worden sein mögen.

Es mag zunächst verwundern, klassizistische Originale und Gipsabgüsse nach antiken Skulpturen in einem Museum vereint aufgestellt zu finden. Kirchner stellt 1818[13] den Bildungsanspruch des „Bethmännischen Antikensaales" heraus, welcher dem gebildeten Publikum zum Kunstgenusse täglich offenstehe. Dem didaktischen Zweck folgend, wird zwischen der *Vollkommenheit der Abgüsse* und antiken Originalen kein Unterschied gemacht. Vielmehr sei die

11) Inst. f. Stadtgesch. III,25 (im folgenden abgekürzt: Verzeichnis); wichtig auch: Verzeichnis der plastischen Bildwerke im Museum des Freiherrn von Bethmann in Frankfurt a.M. (1892).

12) s. A. Vanni, Neuestes Preisverzeichniss der vorzüglichsten Gyps-Abgüsse über antike und moderne Gegenstände (1868)

13) Kirchner a.a.O. 338f.

„*Gemeinnützigkeit*" guter Abgüsse für die angestrebte geistige und moralische Erziehung des Bürgers wichtig, weshalb gerade der Kunstsammler gelobt werden müsse, welcher zur Bildungsmöglichkeit der Allgemeinheit „*diese Zeit*" unter Napoleon „*wahrgenommen*" habe, Gipsabgüsse von Originalen anfertigen zu lassen. Auch im Verzeichnis von 1856 werden Gipsabgüsse auf die gleiche qualitative Stufe mit Originalen gestellt[14]: Die Sammlung sei darum so schätzenswert, weil die Statuen unmittelbar über den durch Napoleon in Paris zusammengetragenen Originalen abgeformt worden seien. Qualität und Inhalt von Gipsabgüssen nach antiken Plastiken und zeitgenössischen klassizistischen Originalwerken werden also gleichgestellt. Dies zeigt sich besonders im Ausstellungskonzept, in dem der Ariadne Danneckers, als sie 1816 im Museum aufgestellt wird, keine zentrale Stellung zukommt, obwohl sie dem Museum, das fortan „Ariadneum" heißt, ihren Namen gibt. In dem rechteckigen Gebäude, das mehrere nebeneinander gelagerte Räume aufweist, steht die Ariadne in einem Seitenraum. Sie ist eine Station während des Rundgangs durch das Museum, das allen Sammlungsstücken die gleiche Bedeutung zukommen läßt. Etwas anders dagegen das Ariadneum von 1856, das als Zentralraum mit einer rechteckigen Exedra für die Ariadne konzipiert wird[15]. Die Abbildung vom Empfang

zum Fürstentag im neuen Ariadneum 1863 *(Abb.117)* und das Verzeichnis von 1856 dokumentieren, daß die Sammlung nun stärker auf die Ariadne und den ihr gegenüber aufgestellt zu denkenden Abguß der Laokoongruppe bezogen ist.

Aus didaktischen Gründen kommen sowohl Kirchner als auch der Autor des Verzeichnisses einer Forderung Johann Joachim Winckelmanns nach, indem sie angeben, welche Teile der den Abgüssen zugrundeliegenden Originale ergänzt sind, damit der Betrachter Antikes und Neues unterscheiden kann[16]. Auch in der Auswahl der Stücke, die in den beiden Bethmannschen Museen ausgestellt wurden, macht sich der Einfluß Winckelmanns und seiner Nachfolger im Amt des päpstlichen Commissario alle Antichità Giambattista und Ennio Quirino Visconti bemerkbar[17]. Fast alle in Bethmanns Museum als Abguß vertretenen Werke hatte Winckelmann dem „hohen" oder dem „schönen" Stil zugeschrieben oder als Musterbeispiele höchster Schönheit angeführt. Sie zählten seinerzeit zu den Highlights der antiken Kunst, die in keiner Gipssammlung fehlen durften. Der Apoll von Belvedere galt als „*das höchste Ideal der Kunst unter allen Werken des Altertums*", den Apollon Sauroktonos hatte er als Meisterwerk des Praxiteles erkannt, der Laokoon war für ihn „*das Höchste der Kunst*"[18]. Im Borghesischen Fechter

---

14) Verzeichnis 17.

15) Bethmann a.a.O. (s.o. Anm.7); Kemp a.a.O. (s.o. Anm.2) 21; Kirchner a.a.O. 343.

16) J.J. Winckelmann, Vorrede zur Geschichte der Kunst des Altertums, in: W. Rehm, Johann Joachim Winckelmann, Kleine Schriften, Vorreden, Entwürfe (1968) 240f.

17) s. insbesondere J. Eiselein (Hrsg.), Johann Winckelmanns sämtliche Werke. Einzige vollständige Ausgabe (1825-29) bes. Bände III-VI (Geschichte der Kunst des Altertums) und VIII (Denkmale der Kunst des Altertums, 2.-4. Teil) mit den Anmerkungen Heinrich Meyers der Weimarer Ausgabe von 1808-1820 (im folgenden: Winckelmann).

18) Zum Apoll von Belvedere z.B.: Winckelmann VI 221ff. (Buch XI, Kap.3 § 11); ders. in: Rehm a.a.O. 267f.; G.B. Visconti, Il Museo Pio Clementino I, in: G. Labus (Hrsg.), Le Opere di Ennio Quirino Visconti I (1818; im folgenden PC I) 81: „*il miracolo della scultura*"; s. auch Goethe in: E. Grumach, Goethe und die Antike II (1949) 529ff. Zum Apollon Sauroktonos: Winckelmann V 424ff. (IX 3 §§ 14-17); E.Q. Visconti, Monumenti Scelti Borghesiani, in: G. Labus (Hrsg.), Le Opere di Ennio Quirino Visconti XVII (1827; im folgenden MB) 154ff. Zum Laokoon: Winckelmann VI 21 (X 1 § 5), vgl. VI 187 (VIII 1 § 14); IV 206 (V 3 § 14), V 224 (VIII 2 § 19); E.Q. Visconti, Il Museo Pio Clementino II, in: G. Labus (Hrsg.), Le Opere di Ennio Quirino Visconti II (1819; im folgenden PC II) 235ff.; s. auch Goethe a.a.O. 547ff. über Laokoon.

sah Winckelmann „*eine Sammlung der Schönheiten der Natur*", während Visconti „*die Vollkommenheit und Perfektion dieses sehr berühmten griechischen Werkes*"[19] hervorhob. Die stehende Ceres hielt der ältere Visconti für eines der wertvollsten Beispiele schöner Faltenwiedergabe, sein Sohn rühmte „*die wunderbare Schönheit*" der Schultern des Adonis von Centocelle und die Beine des Silens mit dem Dionysoskind als „*die perfektesten, die die Bildhauerei jemals nachgebildet hat*"[20]. Den Silen bezeichnete Heinrich Meyer als „*das edelste aller auf uns gekommenen Bilder vom Erzieher des Bacchus*", lobte die Füße, die anmutige Gestalt und die meisterhaften Proportionen des Antinous und den „*Fluß und das sanfte Wallen der Umrisse*" des Apollino; die „Ariadne Capitolina" galt ihm als „*schönster der Bacchus Köp*fe" und auch der Athena von Velletri sei größter Ruhm zuteil geworden[21]. Für Goethe war die Venus Medici das „*non plus ultra weiblicher Schönheit*" und der Zeus von Otricoli „*die schönste Jupiter Büste*"[22]. Dieser Tradition blieben auch Bethmanns Nachkommen treu: Dies läßt sich zum einen am späten Erwerb der „Iuno Ludovisi" und der Köpfe der Niobe und ihrer Tochter ablesen. Diese hatte Winckelmann als „*die Muster der höchsten weiblichen Schönheit*", jene, von der Goethe 1786 meinte, „*man könnte nicht leben ohne sie manchmal zu sehen*"[23], als schönste Iuno-Darstellung bezeichnet[24]. Von den damals bedeutendsten antiken Bildwerken vermißt man einzig den berühmten Torso vom Belvedere, der sonst in nahezu allen Abgußsammlungen vertreten war. Besonders auffallend ist aber, daß Abgüsse von griechischen Originalen sogar im neuen Ariadneum völlig fehlen. Schon 1807 hatte Lord Elgin Skulpturen von der Athener Akropolis in London ausgestellt, wo vor allem die als Originale des Phidias angesehenen Parthenon-Skulpturen höchstes Aufsehen erregten. 1811 war der Apollontempel von Phigalia entdeckt worden, dessen Friese drei Jahre später vom Britischen Museum erworben wurden. 1817, als Goethe bereits Abgüsse aus England bestellte[25], wurden die 1812 von Bayernkönig Ludwig I. gekauften und von Thorvaldsen ergänzten Skulpturen des Aphaiatempels von Ägina in München ausgestellt[26]. Es ist bezeichnend, daß z.B. die Abgußsammlung des großherzoglichen Museums in Darmstadt alle bedeutenden Götterbilder, die auch im Bethmannschen Museum zu sehen waren, besaß, darüber hinaus aber auch Abgüsse der

---

19) Winckelmann VI 225ff. 227 (XI 3 § 12); E.Q. Visconti, MB 1.

20) G.B. Visconti, PC I 237 (Ceres); E.Q. Visconti, PC II 205 (zum Adonis), ders., MB 53 (Silen); vgl. Meyer in: Winckelmann IV 294; Verzeichnis 22 Nr.12.

21) Meyer in: Winckelmann IV 92 Anm.1 (Silen); IV 295, VI 286 (Antinoos); IV 100 Anm. zu Winckelmann ebenda (V 1 § 11) zum Apollino; IV 118, vgl. V 224 (VIII 2 § 19; sog. Ariadne, von Winckelmann VII 445f. als Leukothea gedeutet); IV 160 (Athena von Velletri), über diese s. auch Goethe a.a.O. 495, der in einem Brief an Christiane v. Goethe am 12.10.1844 schreibt, daß er einen Abguß im Darmstädter Museum gesehen habe.

22) Goethe a.a.O. 538, vgl. Winckelmann IV 147 (V 2 § 2 zur Venus Medici); Goethe a.a.O. 533f. (zum Zeus von Otricoli).

23) Goethe a.a.O. 534. Er hatte einen Abguß in seinem Zimmer in Rom aufgestellt, wie übrigens auch vom Zeus von Otricoli.

24) Zur Niobe: J.J. Winckelmann, Abhandlung von der Fähigkeit der Empfindung des Schönen in der Kunst, in: Rehm a.a.O. 214; Winckelmann IV 205 (V 3 § 13), V 211f. (VIII 2 § 4). Zur Iuno Ludovisi: Winckelmann IV 153 (V 2 § 7).

25) Goethe a.a.O. 500f.

26) L. Beschi, La scoperta dell'arte greca, in: S. Settis (Hrsg.), Memoria dell'antico nell'arte italiana III: Dalla tradizione all'archeologia (1986) 347ff.368ff.

Giebelgruppen aus Ägina und der Metopen und Friese des Theseion und des Parthenon in Athen[27]. Von diesen neuen und bahnbrechenden Entwicklungen blieben die Bethmanns offenbar völlig unbeeindruckt. Auch sie suchten, wie einst Herder von Winckelmann schrieb, Griechenland in Rom. Nicht zufällig findet sich Bethmanns Porträt im gleichen Zimmer wie die Personifikation der Ewigen Stadt.

Die Zusammenstellung der Abgüsse folgt aber nicht nur ästhetischen Kriterien. Bethmann nutzt sein Museum geschickt, um sich mit seinem bildungpolitischen Konzept selbst darzustellen: Er verknüpft die freiheitlichen Ideale der französischen Revolution mit Ideen des aufgeklärten Absolutismus und führt das in den Skulpturen Dargestellte dem Besucher als Vorbild vor. Die Frage, ob sein Museum die gleiche oder eine andere Botschaft vermittelt wie das sich im Sammlungsbestand durchaus vom ersten Museum unterscheidende neue Museum seiner Nachfahren, möchte ich anhand einer synoptischen Betrachtung einiger Beispiele zu beantworten versuchen.

Der Besucher des ersten Ariadneums traf im Eingangsbereich zunächst auf die Abgüsse des Antinous vom Kapitol *(Abb.118a)* und der der Artemis Versailles *(Abb.118b)*, der Laokoongruppe *(Abb.118c)* und des Apoll von Belvedere *(Abb.118d)*. Im Verzeichnis von 1856[28] wird der Antinous als ein Sammlungsstück herausgestellt, das nicht den Günstling irgendeines römischen Kaisers darstelle, sondern den Hadrians. Durch diese sublime Anspielung auf den als Philhellenen bekannten Kaiser, der von Winckelmann als *„der größte Freund, Beförderer und Kenner der Kunst“*[29] bezeichnet wurde, kann sich Bethmann, ohne selbst dargestellt zu sein, in dessen Nachfolge einreihen. Stellt Antinous sozusagen die Frankfurter Jugend dar, an die Bethmann seine erzieherische Botschaft richtet? Der Anspruch des Museum wird durch die Statuengruppe verdeutlicht, die damals meist als „Castor und Pollux", von Winckelmann als „Orest und Pylades" gedeutet wurde, die Visconti aber, dem sich Kirchner anschließt, als „Merkur und Vulkan" beschreibt: *„Vulkan ist der Gott der Künste; Merkur der der Wissenschaft und Literatur. Beide vereint, enthalten die gesamte Kultur der Menschheit, den Kern der menschlichen Gemeinschaft und allen Ursprung der Republik.“*[30] Im Bethmannschen Museum hat die Statuengruppe der beiden Jünglinge demnach die Funktion, Bethmann als Förderer der Kultur und Wahrer freiheitlicher Ideen herauszustellen.

Im Mittelpunkt des ersten Saales im Museum von 1816 stand die Laokoongruppe *(Abb.118c)*. Goethe[31],

---

27) L. Buchhold, Die Antikensammlungen des großherzoglichen Museums in Darmstadt (1895) 100ff. zählt folgende, auch bei Bethmann vertretene Werke auf: 106f. Nr.65 Zeus von Otricoli; 107f. Nr.18 Athena aus Velletri; 109 Nr.58 Roma; 111f. Nr.36 Apoll von Belvedere; 113 Nr.35 Artemis Versailles (s. auch Goethe a.a.O. 532); 113f. o.Nr. Köpfe der Niobe und zweier Töchter; 114f. Nr.14 Ares Borghese; 117f. Nr.41 Betender Knabe; 120f. Nr.37 Dionysos Richelieu; 121 Nr.23 Silen mit Dionysoskind; 124 Nr.26 sog. Germanicus; 126f. Nr.27 Borghesischer Fechter; 128f. Nr.31 Apollino; 129f. Nr.30 Apollon Sauroktonos (aus Villa Borghese); 130 Nr.34 Adonis von Centocelle; 131ff. Nr.24 Laokoon; 136f. Nr.20 Venus Medici; 141f. Nr.33 Antinous vom Kapitol. Zu den Abgüssen der griechischen Originale ebenda 100-106.

28) Verzeichnis 19.

29) Winckelmann VI 267 (XII 1 § 1).

30) E.Q. Visconti, MB 62: *„Vulcano è il Dio delle arti; Mercurio lo è delle scienze e delle lettere, i quali mezzi riuniti tutta la cultura contengono dell'uman genere, tutto il nodo della società umana e tutti i primordj della repubblica.“*

31) J.W. v. Goethe, Schriften zur Kunst, Gedenkausgabe der Werke, Briefe und Gespräche (1954) 161-173; s. auch S. Richter, Laocoon's Body and the Aesthetics of Pain (1992) 163ff.

Lessing[32], Winckelmann[33], aber auch Kirchner 1818[34] und der Autor des Verzeichnisses von 1856[35] betonen, daß es der künstlerisch höchste Anspruch sei, größtes körperliches und seelisches Leid darzustellen und dabei zugleich die vorbildliche Selbstbeherrschung der Figuren in Ausdruck und Komposition sichtbar zu machen. Deshalb wird in diesen Schriften die Laokoongruppe als künstlerischer Höhepunkt der Bildhauerkunst bezeichnet. Im Mythos wird Laokoon als göttliche Strafe für seine Warnung an die Trojaner, das hölzerne Pferd der Griechen in die Stadt zu bringen, mit seinen beiden Söhnen von zwei Schlangen getötet. Winckelmann hatte *„das bange Seufzen"* des Vaters als *„Zurückhaltung des Ausbruchs der Empfindung"* gedeutet und hinzugefügt: *„Sein eigenes Leiden aber scheinet ihn weniger zu beängstigen als die Pein seiner Kinder"*[36]. Dieses antike wie klassizistische Thema der Selbstbeherrschung, des Sieges des Geistes über die Emotionen, repräsentieren auch die Statuen der Artemis im Typus Versailles *(Abb. 118b)* und des Apoll vom Belvedere *(Abb. 118d)*. Die Zwillinge waren in Bethmanns Sammlung von 1816 wie auch von 1856 räumlich und inhaltlich aufeinander bezogen. Im ersten Museum waren sie rechts und links der Laokoongruppe im Entrée aufgestellt, später flankierten sie die Nische mit der Ariadne. Von Winckelmann, Clarac, Visconti, aber auch Kirchner (1818) und im Verzeichnis (1856) werden Artemis und ihr Bruder Apoll nicht nur stilistisch eng miteinander verbunden, sondern

auch inhaltlich in ähnlicher Weise gedeutet[37]: Apoll sei in dem Augenblick dargestellt, in dem er stolz auf den soeben getöteten Drachen herabblicke. Die mit kurzem Jagdkleid und Bogen ausgestattete Jagdgöttin biete der ihr seitlich zugeordneten Hirschkuh Schutz, um das von Herakles verfolgte Tier vor weiteren Verletzungen zu bewahren. So gelte ihr zorniger Blick Herakles. Trotzdem beherrschten beide Götter ihre seelische Erregung, ihre Kampfeslust, was in ihrem Gesichtsausdruck und der gemäßigten Körperhaltung abzulesen sei. Besonnenheit, Mut und Stolz der beiden Götter würden die Menschen zur Nachahmung anleiten.

Der Begriff der Besonnenheit, des rechten Maßes, stand als charakterliche und politische Herausforderung schon im zentralen Blickfeld der antiken Philosophie, mit dem Ziel, einen humanen Staat zu formieren, in dem sich die Menschen ihrer eigentlichen Natur gemäß von Vernunft leiten lassen[38]. Für dieses Ideal steht wohl auch die Auswahl von Philosophenbildnissen, die zeigt, daß es, anders als im Falle der Büsten des griechischen Dichters Homer und seines römischen Pendants Vergil, nicht einfach um eine Galerie der berühmtesten antiken Philosophen ging. Sokrates, dessen Wissen *„durch Reinheit seines Lebens, die Einfachheit seiner Sitten, die Tiefe seines Geistes, die Erhabenheit seiner Seele"* begleitet war[39], gehörte vielleicht schon zum ersten Museum, sein bedeutendster Schüler Platon, in dem wohl der Staatstheoretiker geehrt werden sollte, erst zum

---

32) H. Blümmer (Hrsg.), Lessings Laokoon, in: Gotthold Ephraim Lessing. Werke und Briefe, 12 Bde., Bd.5/2 (1876) III, 39-41; G.E. Lessing, Die Erziehung des Menschengeschlechts und andere Schriften (1991) 7-31; s. auch Richter a.a.O. 62ff.

33) J.J. Winckelmann, Abhandlung von der Fähigkeit der Empfindung des Schönen in der Kunst, in: Rehm a.a.O. (s.o. Anm.16) 213.215.220.229; s. auch Richter a.a.O. 38ff.

34) Kirchner a.a.O. (s.o. Anm.9) 340.

35) Verzeichnis 18f.

36) Winckelmann VI 22 (X 1 § 16); vgl. IV 206 (V 3 § 14).

37) Winckelmann, zitiert nach H. Beck, Bildwerke des Klassizismus (1985) 118: *„nichts...was die menschliche Dürftigkeit erfordert. Keine Adern noch Sehnen erhitzen und regen diesen Körper"*; vgl. Verzeichnis 17.24f.; M. Le Comte de Clarac, Description des antiques du Musée Royal (1820) 86f.; Kirchner a.a.O. (s.o. Anm.9) 338-341.

38) Beck a.a.O. 180-182.

39) Verzeichnis 27.31; Inventar von 1828, Inst. f. Stadtgesch.

Bestand von 1856. Dessen Wunsch, die Philosophen müßten Könige werden, erfüllte sich mit dem Stoiker Marc Aurel (161-180 n.Chr.), dessen Büste ebenfalls das zweite Ariadneum zierte. Bereits im ersten Ariadneum war eine Büste Zenons, des Begründers der stoischen Philosophie, in der Philanthropie, Pflichtbewußtsein gegenüber dem Staat, Maß und Vernunft zur Grundlage der Lebensgestaltung erhoben wurden, ausgestellt. Auch der griechische Arzt Hippokrates als Wohltäter der Menschen gehört in diesen Zusammenhang.

Dieser stoische Humanismus scheint auch in der Ariadne *(Abb.181)* thematisiert zu sein: Im Verzeichnis von 1856 wird die Ariadne gerade nicht als die personifizierte nackte weibliche Sinnlichkeit herausgestellt. Vielmehr verweise die Botschaft des antiken Ariadne-Mythos auf die zeitlose Gültigkeit ihrer edlen Rettungstat und so auf die moralische Normierbarkeit ihrer Handlung und Gesinnung: Die Tochter des kretischen Königs Minos, Ariadne, verhalf ihrem Geliebten, dem athenischen Königssohn Theseus, der zusammen mit anderen Jugendlichen aus Athen dem Minotauros geopfert werden sollte, zur Flucht aus dem Labyrinth. Sie flohen gemeinsam auf die Insel Naxos, wo sie von Theseus schmählich verlassen wurde. Doch der Weingott Dionysos belohnte sie für ihre Rettungstat, indem er sie heiratete und vergöttlichte. Auf dem Panther sitzend, fährt sie auf in göttliche Gefilde[40]. So spiegele ihre äußere Schönheit die innere Schönheit eines tugendhaften Verhaltens und idealen Charakters. Diese auf die Antike zurückgehende erzieherische Aussage wird im Verzeichnis als Dialog zwischen Mensch und Kunstwerk thematisiert, durch den der Charakter und der Geist des Betrachters moralisch verbessert würden: *„Ideale*

Schönheit (ist) für den Beschauer bestimmt..., dem die eigene Anschauung mehr sagen wird, als jede ästhetisch-kritische Lobpreisung"[41]. Ariadnes nicht egoistisch, genußsüchtig, sondern gemeinnützig, edel und besonnen eingesetzte Sinnlichkeit spiegelt die zeitgenössischen Ansprüche an die Politik und den Charakter des Menschen wider. Deshalb begegnen die Ariadne-Darstellung sowie der damals allgemein bekannte Mythos den Idealen des 19. Jhs., da so in der Kunst die freiheitlich-brüderlichen Ideale der Aufklärung und der Französischen Revolution aufgegriffen werden[42].

Trotzdem sollte an dieser Stelle nicht die bisweilen unfreiwillige Komik zeitgenössischer Kommentare unterschlagen werden: Während Robert Schumann in der Bethmannschen Ariadne eine Schönheit sah, die sogar die *„wildeste Kraft"* im Manne *„zähme"*, war sie Wilhelm von Humboldt *„zu dick und zu nackt"*. Franz Grillparzer wiederum schien sie *„zu wenig Weib"* zu sein, der das *„Lebendige"*, das die Antike auszeichne, fehle. Indessen sitzt sie nach der zoologisch bemerkenswerten Betrachtung Goethes auf einem *„Hund"*[43].

Ebenfalls im Eingangsbereich des Museums von 1816 wurde der Besucher mit einer Statue konfrontiert, die von Clarac 1820 und im Verzeichnis von 1856 weniger als „Germanicus" (der Sohn Antonias, der Nichte des Augustus) denn als *„kluger römischer Redner"* vorgestellt wird *(Abb.118h)*. Denn die rechte Hand sei im Redegestus emporgehoben, zudem symbolisiere die am Mantel herabfallende Schildkröte die *„Klugheit"* - eine *„Eigenschaft, die vor allem zum großen Erfolg einer Rede notwendig ist."*[44] Klugheit und Redegewandtheit sind natürlich auch Ziele des klassizistischen, auf der Vernunft gegründeten Erziehungsideals. Im gleichen

---

40) Kemp a.a.O. (s.o. Anm.2) 7 und Verzeichnis 3-5.

41) Verzeichnis 4f.

42) Beck a.a.O. 9-35.140-200; Kemp a.a.O. (s.o. Anm.2) 7-9.25-42.

43) Häußler a.a.O. (s.o. Anm.7)

44) Verzeichnis 21.

Raum war auch der bedeutendste Redner Athens, Demosthenes, vertreten, der sich mit seinen Reden gegen die Hegemoniebestrebungen des Makedonenkönigs Philipp II., den Vater Alexanders des Großen, gerichtet hatte. Mehr dem Rhetoriker denn dem Philosophen dürfte auch die Büste des Carneades gegolten haben, der besonders durch seine beiden in Rom gehaltenen Reden für und gegen die Gerechtigkeit Berühmtheit erlangte.

Aufschlußreich sind einige politische Persönlichkeiten, die im Bethmannschen Museum ausgestellt waren. Im ersten Ariadneum standen ein Bildnis des athenischen Staatsmannes Perikles und ein für den römischen König Numa gehaltenes Porträt im ersten Kabinett sowie originale Büsten Bethmanns und Schillers im Ariadne-Zimmer. Später kamen Abgüsse des kapitolinischen Brutus und des Augustus sowie das Gipsmodell des Alexanderfrieses von Thorvaldsen hinzu. Die zunächst widersprüchlich erscheinende Auswahl spiegelt treffend Bethmanns politisches Pendeln zwischen Demokratie und Absolutismus wider.

Mit Perikles wird der Stratege des demokratischen Athen im 5.Jh. geehrt, der aber gleichzeitig die herausragende Führungspersönlichkeit war. Das Interesse an Numa dürfte vor allem der Beschreibung Viscontis, der sich auf Plutarch bezieht, zu danken sein, bei dem er als der beim Volk beliebte Friedensfürst erscheint, der mit weisen politischen und religiösen Reformen die Einigkeit des Volkes herstellte[45]. Die kolossale Schillerbüste, die schon im ersten Ariadneum ausgestellt war, hatte

Dannecker anläßlich des Todes des Dichters 1805 im Jahre 1810 fertiggestellt. Den Bildhauer hatte eine enge Freundschaft mit Schiller verbunden. Durch ihn kannte Dannecker die Theorien eines freiheitlich-moralischen Kunstverständnisses des Weimarer Kreises um Goethe[46]. Welche Bedeutung aber kann die Büste neben ihrer Funktion, dem verehrten Dichter zu gedenken, für die Sammlung Bethmanns einnehmen? Die Frage stellt sich, da Schiller einerseits als Vertreter des Sturm-und-Drang die uneingeschränkte persönliche und politische Freiheit des Einzelnen postulierte. Hingegen filtert Bethmann „Freiheit" durch die Grundsätze des aufgeklärten Absolutismus und versteht sie so als „Führung" des Bürgers durch Wenige[47]. Nur so könne Ordnung und Sicherheit aufrechterhalten werden, während die ungezügelte politische Freiheit des Einzelnen im Chaos der Französischen Revolution, geendet habe. Andererseits bezeugen Schillers erste zehn Briefe zur „ästhetischen Erziehung" seine Einstellung, durch Kunst die politische Wirklichkeit verändern zu können. Indem der Geschmack veredelt werde, bilde sich der Charakter des Menschen moralisch aus. Hierin sah er die Voraussetzung politischer und persönlicher Freiheit, die er nun, anders als in der Sturm-und-Drang-Phase, an Normen maß, die für alle Bürger verbindlich sein sollten[48]: Bethmann, der Gründer der ersten öffentlichen, als Antikensammlung konzipierten Bildungsstätte Frankfurts, erinnerte den Kunstbetrachter also nicht erst 1858 zum hundertsten Geburtstag des Dichters an jenen

---

45) E.Q. Visconti, Iconografia Romana, in: G. Labus (Hrsg.), Le Opere di Ennio Quirino Visconti XII (1818) 14ff.

46) Beck a.a.O. A. Spemann, Dannecker (1909) 73f.

47) Forstmann 1973 a.a.O. (s.o. Anm.1) 216f.; ders. 1986 a.a.O. (s.o. Anm.1) 40; J.Ph. Freiherr v. Bethmann, Politische Führung in der freien Gesellschaft, Vortrag vom 9.6.1980, 17.

48) Beck a.a.O. (s.o. Anm.37) 177; E. Weis, Der Durchbruch des Bürgertums 1776-1847, in: Propyläen Geschichte Europas (1992) 54-64.

„*belehrenden Aufklärer*"[49], mit dem er sich sicherlich identifizieren wollte.

Anläßlich der bevorstehenden Ankunft Napoleons in Rom erhält Bertel Thorvaldsen 1812 den Auftrag, einen Fries für den „Kaiserpalast" (Palazzo Quirinale) zu modellieren: Triumph und Einzug Alexanders in Babylon sollten, so das Verzeichnis, auf Napoleon übertragen werden[50]. Das Dokument von 1856 betont, wie Thorvaldsen aus der Fülle dieses historischen Stoffes „*das Wichtigste hervorgehoben*"[51] und deshalb „*mehr den symbolischen Charakter*"[52] der „*in natürlichen Gruppen*"[53] „*dem Sieger Entgegeneilenden*" herausgestellt habe: Von daher liege dem Volk, so wie es Thorvaldsen darstellt, jene „*ideale, der Antike nahekommende Natürlichkeit*"[54] zugrunde. Denn der Künstler zeige einen Querschnitt aller gesellschaftlichen Schichten, indem er nicht nur hochgestellte Personen aufführe, sondern auch den Augenblick im Relief festhalte, in dem die Bürger ihre verschiedenen Berufe ausüben. Hierdurch bezeuge Thorvaldsen „*eine um so mehr bewunderte Einsicht in das Wesen der ächten (sic) Kunst*"[55].

Noch zu seinen Lebzeiten hatte sich Simon Moritz von Bethmann um ein Werk Thorvaldsens bemüht. Doch erst im Jahre 1855 traf der Abguß des Originalmodells von 1812 in Frankfurt ein, gerade rechtzeitig, um im Oktogon des zweiten Ariadneums angebracht zu werden. Die Reste des 1943 weitgehend zerstörten Frieses befinden sich heute im Liebieghaus. Auch wenn das Werk also nicht zum Bestand des ersten Museums zählte, ist doch festzuhalten, daß Thorvaldsens Konzeption sowohl Napoleons als auch Bethmanns Überzeugung entspricht, daß Freiheit und Gleichheit aller Bürger nur unter der Führung eines aufgeklärten Herrschers verwirklicht werden können. Darüber hinaus hatte Bethmann gegenüber Napoleon stets das gemeinsame Kunstinteresse unterstrichen, um den Kaiser milde zu stimmen und Frankfurt so vor der Zerstörung zu bewahren (1813 übernachtet Napoleon sogar im Hause Bethmanns)[56]. Das geschickt gewählte Thema gereicht auch dem posthumen Ansehen Bethmanns[57] zum Vorteil: Denn so kann er auch nach seinem Tod als Politiker und Kunstförderer verehrt werden, der sich im Zeitalter des aufgeklärten Absolutismus vor den Bürgern gewissermaßen als *primus inter pares* und *pater patriae* ausgewiesen hatte, da er jedermann Bildung ermöglicht und sich so dem Prinzip der Gleichheit und Brüderlichkeit verpflichtet gezeigt hatte.

Während Napoleon bereits 1808 anläßlich des Kongresses von Erfurt (an dem auch Bethmann teilgenommen hatte)[58] Goethe eingeladen hatte, eine Brutus-Tragödie zu verfassen, zählt ein Porträt des Lucius Iunius Brutus erst 1856 zur Sammlung im Ariadneum. Schon Napoleon hatte auf diese Weise öffentlich sein Interesse an dem legendären Gründer der römischen Republik dokumentiert, der die vorausgegangene Monarchie been-

49) Laudatio des Kultur-und Literaturhistorikers Otto Wigand anläßlich des 100. Geburtstages Schillers 1858, Inst. f. Stadtgesch. III,25.

50) Verzeichnis 6; H. Lücke (Hrsg.), Einzug Alexander des Großen in Babylon. Marmorfries von B. Thorwaldsen (1870) 3-7; Beck a.a.O. (s.o. Anm.37) 35.

51) Verzeichnis 9.

52) ebenda 15.

53) ebenda 9.

54) ebenda.

55) ebenda 15; Lücke a.a.O. 3-7.

56) alter undatierter und ungezeichneter Zeitungsartikel, Inst. f. Stadtgesch. S3, R11.861; vgl. Höffner a.a.O. (s.o. Anm.1) 43-45; Forstmann 1973 a.a.O. (s.o. Anm.1) 154.

57) Forstmann 1973 a.a.O. (s.o. Anm.1) 90-97.154-159. 216f.; ders. 1986 a.a.O. (s.o. Anm.1) 40.

58) Beck a.a.O. (s.o. Anm.37) 99.101f.; Forstmann 1973 a.a.O. (s.o. Anm.1) 154-159; Verzeichnis 28.

det hatte. Auch im Bethmannschen Museum verweist die Büste dieses Politikers auf die republikanische, an demokratischen Werten orientierte Staatsform, die in der Antike begründet worden und nach der Französischen Revolution im 19. Jh. das ersehnte politische Ziel war. Ebenso wie sich Napoleon auch nach seiner Krönung zum Kaiser als Wahrer demokratischer Gleichheit und allgemeiner Bildung inszenierte[59], erinnert auch die Brutusbüste im Ariadneum von 1856 den an Bildung und Selbstbestimmung interessierten Betrachter an den politisch engagierten Kunstförderer, für den „Aufklärung" vor „Absolutismus" zu rangieren schien.

In diesen Zusammenhang fügt sich das Bildnis des Augustus (27 v.-14 n.Chr.) ein, der sich nach Beendigung der Bürgerkriege als Retter der römischen Republik und *primus inter pares* bezeichnete, aber dennoch mit quasimonarchischer Machtfülle regierte. Augustus erscheint hier außerdem mit einem Kranz aus Ähren auf dem Kopf. Mit Weizenähren - dem Attribut der Fruchtbarkeitsgöttin Ceres - wurden auch eine sitzende und eine stehende weibliche Figur im Zuge der Restaurierung ausgestattet[60], die zusammen mit der kauernden Venus und gleich drei Apollon-Statuen in einem Raum aufgestellt waren. Die Botschaft ist deutlich: Fruchtbarkeit und ein daran gebundener Wohlstand sind nur in den politischen Zeiten möglich, in denen Frieden, Ordnung und Sicherheit garantiert sind. Die im selben Zimmer aufgestellten Jünglingsstatuen „Castor und Pollux", Apollino und der junge Apollon Sauroktonos drücken die Hoffnung für die zukünftigen Generationen aus.

Zwei bildungspolitisch faßbare Motive Bethmanns lassen sich demnach herleiten: die beiden Ideale der Aufklärung, zum einen die griechische Kunst als vorbildhaft für die ästhetische und sittliche Erziehung des Menschen anzusehen, zum anderen durch seine öffentliche Sammlung dem Prinzip der Gleichheit gerecht zu werden, indem er jedermann Bildung ermöglichte. Trotzdem ist herauszuheben, daß Bethmann ein entschiedener Gegner der Französischen Revolution war, die er mit kriegerischen Wirren und der zügellosen Freiheit des Einzelnen verband. Ihn prägten weitgehend die Ideale des aufgeklärten Absolutismus, aus denen heraus er seine Aufgaben einer „*patriarchalischen Fürsorge*" ableitete und somit Volkessouveränität sowie eine egalitäre Gesellschaftsordnung ablehnte. Vielmehr sah er nur durch politische, geistige Führung eine „freie" Gesellschaftsentwicklung und so auch eine klassizistisch verstandene „*Demokratisierung der Kunst*"[61].

Einem solchermaßen konzipierten Ausstellungsprogramm gerade in Frankfurt ist ein politischer Stellenwert beizumessen, in dessen Kontext die Betrachtung der Stadt bisher unzureichend eingebunden wurde. Im 18. und 19. Jh. schien das Feld der urbanistischen, architektonischen und bildhauerischen Antikenrezeption allein monarchisch regierten Städten Deutschlands vorbehalten zu sein. So ist aus Gründen der Besitzverhältnisse und der damit verbundenen sozialen Zugehörigkeit in Frankfurt zuerst nur die Aristokratie am Thema Antike und ihrer Rezeption in Kunstwerken interessiert. Doch durch den Einfluß aufgeklärter Ideen im 18. Jh. entdeckt das in seinem politischen Selbstwertgefühl erstarkende Bürgertum die Antike für sich. Nicht Standeszugehörigkeit, sondern Bildung, auch durch Kunstbesitz demonstriert, sollte die Fähigkeit nachweisen, Verantwortung übernehmen und Staat und Politik mittragen zu können, und den Anspruch auf politische Mitsprache untermauern[62]. Entsprechend beweist der in ein öffentliches Museum überführte private Kunstbesitz

---

59) J. Tulard, Napoleon oder der Mythos des Retters (1978) passim; A. S. Manfred, Napoleon Bonaparte⁴ (1989) passim.

60) Verzeichnis 21.

61) s.o. Anm.47.

62) Beck a.a.O. (s.o. Anm.37) 182-200.

sichtbar die demokratische Einstellung des Gründers: Nicht Besitz, sondern Bildung bestimme die soziale Zugehörigkeit[63]. Das Bethmannsche Museum als öffentliche Bildungsstätte belegt das Besucherbuch von 1812 bis 1827, in das sich Besucher aus den verschiedensten Ständen, unterschiedlichsten Bildungs- und Berufsebenen, Monarchen, Politiker, Diplomaten, Geisteswissenschaftler, Pädagogen, Künstler und Handwerker eingetragen haben[64]. Bethmann scheint so dem Ideal Klopstocks von einer „Gelehrtenrepublik" zu entsprechen, in der Bildung jedermann den gesellschaftlichen Aufstieg sichere[65]. Im Geiste Kants gibt Bethmann dem Bürger sozusagen die Starthilfe zum „Ausgang des Menschen aus seiner selbstverschuldeten Unmündigkeit", um als Kunstförderer Kants Idee für den Bürger sichtbar umzusetzen: das „Schöne" der Kunst als Symbol des „Sittlich-Guten"[66]. In diesem Sinn weist Schelling bereits 1807 der Kunst eine pädagogische Funktion zu: Ein Kunstwerk sei ohne Schönheit, wenn der Betrachter an der Form nicht das „Allgemein-Wahre" ablesen könne[67].

Bethmann hat 1812 sein Museum auf einem künstlich aufgeschütteten Hügel inmitten einer öffentlichen Grünanlage anlegen lassen *(Abb.116)*. Diese Funktion einer hochgelegenen Gartenarchitektur als öffentlichen Museum ist neu. Denn im 18. Jh. kamen hochgelegenen Gartenpavillons nur die die Parkanlage gestaltende Funktion eines point de vue oder Belvedere zu; bisweilen wurden darin auch Feste gegeben[68]. Schon 1824 berichtet die Presse anläßlich des Festes zur Ärzte-Jahresversammlung von dem „Fest in den Grünanlagen beim Friedberger Tor"; daß man „im Antikensaal empfangen" wurde und „im Garten verweilte"; daß „erst um ein Uhr...die letzten der Gesellschaft" nach Hause gingen. Weiterhin ist zu lesen von Bethmann als dem „gütigen Wirth", dem „Stifter unserer naturhistorischen Gesellschaft", der „rühmlich bekannt" sei und von der „so freundlichen Art seine(r) Theilnahme an der unserer Stadt widerfahrenden Ehre"[69].

Gewiß war sich Bethmann der Wirkung solcher Veranstaltungen ebenso bewußt wie der Bedeutung der Natur für die Aufklärung: Die „republikanischen Festgärten" des Volkes in der Französischen Revolution, wo die Bürger demokratisch erzogen werden sollten, Goethes „Wahlverwandschaften" oder Rousseaus „La Nouvelle Héloïse" sind nur drei der damals literarisch umgesetzten Eckdaten der zeitgenössischen Naturvorstellung[70]. So findet sich in Bethmanns privater Korrespondenz ein Abonnement einer französischen Gartenzeitschrift, die über die geschichtliche Entwicklung und Bedeutung der Natur informierte. Auch seine Leihgabe von Pflanzen aus seinem Park für eine Blumenausstellung ist belegt[71]. Bethmanns öffentliches Museum in einem Park setzt das zeitgenössische politische wie städtebauliche Ideal der Einheit von Bildung und Natur um. Die Idee einer antiken „Villa Suburbana"

63) ebenda.

64) Sterik a.a.O. (s.o. Anm.8) 102-115.

65) Beck a.a.O. (s.o. Anm.37) 182.

66) ebenda 153f.

67) ebenda 160.

68) Kemp a.a.O. (s.o. Anm.2) 18f.

69) Sterik a.a.O. (s.o. Anm.8) 144f.

70) H.-C. u. E. Harten, Die Versöhnung mit der Natur (1989) passim; M. Niedermeier, Das Ende der Idylle. Symbolik, Zeitbezug, „Gartenrevolution" in Goethes Roman „Die Wahlverwandtschaften" (1993) 50f.128-148.175-183; H. Günther (Hrsg.), Gärten der Goethezeit (1993) passim; Rousseau a.a.O. (s.o. Anm.3).

71) Die Dokumente befinden sich im Inst. f. Stadtgesch. III, 25.

im Grünen konvergiert mit den Idealen der Aufklärung, durch antike Kunst und Natur Bildung „für alle" zu ermöglichen. Ein vergleichbares Bildungskonzept hatte Kardinal Alessandro Albani im Austausch mit Winckelmann 1755 bis 1762 für die Villa Albani entwickelt[72]: Die Ästhetik der antiken Skulpturensammlung im dafür angelegten Park der Villa macht die ethische Botschaft sichtbar.

Darüber hinaus läßt sich ein auf einem künstlichen Hügel errichtetes, öffentliches „Gartenmuseum"[73] im Kontext des aufgeklärten Naturverständnisses betrachten. Zum einen erinnert der in Bethmanns öffentlichem Landschaftspark angelegte und von dem Museumspavillon bekrönte Hügel an die Festapparate des Naturkultes in der Französischen Revolution - an den „heiligen Berg" in öffentlichen Volksgärten und an den darauf errichteten „Tempel der Naturrechte": Der zu erklimmende Berg symbolisierte den Weg, den die Bürger während ihrer demokratischen Erziehung zurücklegen müssen, um auf dem Gipfel den „Tempel der Vernunft" oder „der Gleichheit" zu erreichen[74].

Zum anderen thematisiert der Ariadne-Mythos die zeitgenössische Formel „Natur und Moral": Naxos - die Insel, wohin die Menschenretterin Ariadne flieht und wo sie für diese edle Tat von Dionysos belohnt und vergöttlicht wird - galt als Musterbeispiel einer fruchtbaren Natur. So tritt Dionysos in Herders „Ariadne Libera" von 1803 als „Befreier" auf: *„Unser Werk ist... Menschen... beseligen... wir... schaffen / zum Paradiese jede Wüstenei, / den nackten Fels zum Rebenhügel."*[75] Nicht ohne Hintersinn stand Bethmanns Büste im gleichen

Zimmer wie die Ariadne und zwei Dionysos-Büsten: Wo zuvor eine Wüste der Bildungs- und Charakterlosigkeit in der geistig wie urbanistisch unfruchtbaren Enge der Befestigungsanlagen lag, dort entsteht durch Bethmann die Antikensammlung auf dem „aufgeklärten Hügel" einer öffentlichen Grünanlage: Natur, Bildung und Moral bilden das Bethmannsche „Paradies", in dem Bethmann als aufgeklärter „Befreier" von Ungleichheit und Unmündigkeit auftritt. Freiherr vom Stein, der sein Handeln nicht an der Gunst eines Monarchen, sondern an einer moralisch-demokratischen Meßlatte überprüfte[76], bezeichnete Frankfurt denn auch als *freie Stadt*", deren Bürger durch Fleiß und *„Liebe zur Wissenschaft und Kunst"* den *„Wohlstand der Nation"* begründet haben[77].

---

72) Beck a.a.O. (s.o. Anm.37) 140-143.

73) Bezeichnung im „Inventar" von 1828.

74) Harten a.a.O. 115-141, vgl. Abb. XIV, XV.

75) Kemp a.a.O. (s.o. Anm.2) 7.

76) G. Eimer, Quellen zur politischen Ikonographie der Romantik: Steins Turmbau in Nassau, in: Frankfurter Fundamente der Kunstgeschichte 2, 1987, 7f.

77) R. Diehl, Frankfurt a. Main im Spiegel alter Reisebeschreibungen vom 15. bis 19. Jahrhundert (1939) 133f.

Anhang

Kerstin Appelshäuser und Ulrich Schädler

Katalog der Abgüsse antiker Plastik in den beiden Bethmannschen Museen

Zuerst wird die Bezeichnung aus den Bethmannschen Inventaren angegeben, es folgt die heute übliche Benennung der Figur sowie ihr Aufbewahrungsort. Zu den einzelnen Stücken wird jeweils die Literatur angeführt, die Bethmann zu Beginn des 19. Jhs. bekannt gewesen sein kann, sowie neuere, allgemein zugängliche Werke.

Abgekürzt zitierte Literatur:

Die folgenden Werke von Ennio Quirino Visconti sind zitiert nach der Gesamtausgabe in 22 Bänden, hrsg. v. G. Labus, Le opere di Ennio Quirino Visconti, Milano 1818-1849, im einzelnen:

PC	Il Museo Pio Clementino, ebenda Bd. 1-7
IG	Iconografia Greca I-III, ebenda Bd. 9-11
IR	Iconografia Romana, ebenda Bd. 12
N	Notice des dessins originaux du Musée central des Arts, seconde partie, Paris 1802 (Notizia del Museo Napoleone), ebenda Bd. 16
MF	Descrizioni ed illustrazioni di antichi monumenti del Museo Francese, ebenda Bd. 16
MB	Monumenti scelti Borghesiani, ebenda Bd. 17
Clarac	M. Le Comte de Clarac, E.Qu. Visconti, Description des antiques du Musée Royal, Paris 1820

Vanni	A. Vanni, Neuestes Preisverzeichniss der vorzüglichsten Gyps-Abgüsse über antike und moderne Gegenstände (1868)
Fröhner	W. Fröhner, Notice de la sculpture antique du Musée Impérial du Louvre I (1869)
Bernoulli	J.J. Bernoulli, Griechische Ikonographie (1901)
Mansuelli	G. A. Mansuelli, Galleria degli Uffizi, I u.II (1958)
Charbonneaux	J. Charbonneaux, La sculpture greque et romaine au Musée du Louvre (1963)
Fuchs	W. Fuchs, Die Skulptur der Griechen[2] (1979)
Helbig	W. Helbig - H. Speier, Führer durch die öffentlichen Sammlungen klassischer Altertümer in Rom[4] I-IV (1963-1972)

I. Das Inventar der Antikenabgüsse von 1828

1. „Gladiator", Statue
Kirchner 341; Verzeichnis 20 Nr.8
sog. Borghesischer Fechter, Louvre Inv. 527
MB Taf.1; N 499f. Nr.421; Clarac 118f. Nr.262; Charbonneaux 71; Fuchs 147ff. Abb.140-142

2. „Diana", Statue
Kirchner 339f.; Verzeichnis 24 Nr.16
Artemis Versailles, Louvre Inv. 589
N 276ff. Nr.2; Clarac 86f.; Fröhner 122ff. Nr.98; Charbonneaux 69

3. „Laocoon", Statuengruppe
Kirchner 340; Verzeichnis 18 Nr.5
Vatikan, Cortile del Belvedere, Inv. 1059, 1064, 1067
PC II Taf. 39; MF 137ff. Nr.36; N 335ff. Nr.111; Helbig I, Nr. 219; R. Lullies, Griechische Plastik. Von den Anfängen bis zum Ausgang des Hellenismus (1956) Abb.302.303; Fuchs 380f. Abb.421

4. „Antionus", Statue
Kirchner 339 („Antinous"); Verzeichnis 19 Nr.6
sog. Antinoos vom Capitol; ehemals Villa Albani,
Kapitolinische Museen, Stanza del Gladiatore
N 327f. Nr.98; Helbig II Nr. 1424; P. Zanker, Klassizistische
Statuen (1974) 101f. Taf.74,5-6; 78,6.

5. „Andonis", Statue
Kirchner 342 („griechischer Amor (Eros)"; Verzeichnis
18 Nr.4
Apollon (sog. Adonis von Centocelle); Vatikanische
Museen, Galleria delle Statue, Inv. 560
PC II 199 Taf.32; MF 36ff. Nr.10 Taf.8; Helbig I Nr.142;
Zanker a.a.O. 106 Nr.10,1 Taf.80,1.5

6. „Apollo von Belvedere", Statue
Kirchner 340f.; Verzeichnis 17 Nr.2
Vatikanische Museen, Cortile del Belvedere, Inv. 1015
PC I Taf.14; MF 29ff. Nr.8; N 356ff. Nr.137; Helbig I Nr.226

7. „Sylen und Bachus", Statue
Kirchner 342 („Silen mit dem jungen Bacchus");
Verzeichnis 22 Nr.12
ehemals Villa Borghese, Louvre Inv. 922
MF 86ff. Nr.23; N 539 Nr.506; Clarac 265f. Nr.709; Fröhner
265ff. Nr.250; Charbonneaux 77; Fuchs 362f. Abb.401

8. „Homer", Büste
Verzeichnis 31 Nr.20
Bildnis des Homer im hellenistischen Blindentypus; „im
Palaste Caetani, im Mauerwerk des Gartens" gefunden;
ehemals Kapitolinische Museen, Louvre Inv. 440
N 406 Nr.242; IG I 60, Taf.I,1-2; Clarac 214 Nr.528; G.M.A.
Richter, The Portraits of the Greeks (1965) I 51 Nr.11

9. „Virgil", Büste
Palazzo Ducale Mantova
N 407 Nr.245; Bernoulli I 248ff.; A. Levi, Sculture greche e
romane del Palazzo Ducale di Mantova (1931) 29 Nr.34 Taf.32

10. „Demosthenes", Büste
Verzeichnis 27 Nr.4
ehemals Villa Albani; Louvre, Inv.237
N 381 Nr.181; Charbonneaux 56; Richter a.a.O. II 218 Nr.22

11. „Carneades", Büste
ehemals Galleria Farnese; wahrscheinlich verschollen
IG I 226 Taf.19; Richter II, 249, Nr.1

12. „Laocon", Büste
Verzeichnis 30 Nr.17
Kopf des Laokoon aus der gleichnamigen Statuengruppe
(modern?);
Sammlung Ahremberg, Brüssel
F.G. Welcker, Das akademische Kunstmuseum zu Bonn (1841)
14

13. „Achilles", Statue
Kirchner 342; Verzeichnis 23 Nr.13
sog. Ares Borghese; ehemals Villa Borghese, Louvre,
Inv. 866
N 475f. Nr.376. 428 Nr.276; J.J. Winckelmann, Monumenti
inediti II 33; Clarac 73 Nr.144; Charbonneaux 28; Fuchs 94f.
Abb.86.

14. „Badende Venus", Statue
Verzeichnis 23 Nr.14
Variante der Kauernden Aphrodite des Doidalses;
Louvre, Inv.53
MF 69ff. Nr.18, V, Taf.12; N 328 Nr.99; Clarac 262 Nr.698;
Fröhner 187 Nr.147; R. Lullies, Die kauernde Aphrodite (1954)
84f.; Charbonneaux 70

15. „Stehende Ceres", Statue
Verzeichnis 23 Nr.15
Frauenstatue, als Demeter restauriert; ehemals Villa
Mattei, Vatikanische Museen, Galleria dei Candelabri
PC I 237 Taf.40; MF 44ff. Nr.12; N 318 Nr.82; Helbig I Nr.568

16. „Ganymed", Statue
Kirchner 342 („Ballspieler (vermuthlich Ganymed)");
Verzeichnis 19 Nr.7
Betender Knabe; Pergamon Museum Berlin, Inv. S K 2
MF 159ff. Nr.39; MB Taf.21,3; E. Gerhard, Berlins antike
Bildwerke, 1. Teil (1836) 39ff. Nr.19; E. Rohde, Griechische
und römische Kunst in den Staatlichen Museen zu Berlin
(1968) 11f. Abb.67.86f.

17. „Castor und Pollux", Statuengruppe
Kirchner 342 („Vulkan und Merkur")
sog. Orest und Pylades; Louvre, Inv. 81
MB Taf.4,2; Clarac 201 Nr.488; Charbonneaux 98; K. Kell,
Formuntersuchungen zu spät- und nachhellenistischen Gruppen
(1988) 93-97, Abb.20

18. „Apollino", Statue
Verzeichnis 17 Nr.1
Angelehnter Apoll (sog. Apollino); ehemals Villa
Medici; Florenz, Uffizien
Mansuelli 74 Nr.46

19. „Stehender Appollino", Statue
Kirchner 342 („Apoll mit der Eidechse")
Apollon Sauroktonos; entweder Vatikanische Museen,
Galleria delle Statue, Inv.750 (Abguß in Bonn), oder
Louvre Inv.441 (Abguß befand sich in Darmstadt)
N 370 Nr.152; PC I Taf.13; Helbig I Nr.125 oder: MB 154ff.
Nr.3 Taf.21; Fröhner 94ff. Nr.70; Charbonneaux 38

20. „Sitzende Ceres", Statue
Verzeichnis 21 Nr.10
Berlin, Pergamon Museum
Clarac Taf.429 Nr.772; Gerhard a.a.O. 41 Nr.21

21. „Jupiter Ammon", Büste
Kirchner 343 („Vorderkopf (Maske) des Jupiter ton-
nans"); Verzeichnis 30 Nr.18
Vorderer Teil des Kopfes des Zeus von Otricoli;
Vatikanische Museen, Sala Rotonda, Inv. 257
PC VI Taf.1; N 340f. Nr.116; Helbig I Nr.33; Fuchs 565f.
Abb.685

22. „Pallas von Velletri", Büste
Verzeichnis 29 Nr.14
Kopf der Athena aus Velletri; Louvre, Inv. 464
N 288f. Nr.20; Clarac 135f. Nr.310; Fröhner 144ff. Nr.114;
Charbonneaux 31; Fuchs 211f. Abb.227.

23. „Pericles", Büste
Vatikanische Museen, Sala delle Muse, Inv. 269 ?
PC VI 150ff. Taf.29; Richter I 103 Nr.1; Helbig I Nr.71; Fuchs
561f. Abb.675

24. „Numa Pompilius", Büste
Kopf des Saturnus; Villa Albani, Inv.112
IR 18, Taf.I,5-6; J.J. Bernoulli, Die Bildnisse berühmter Römer
I (1882) 14f.; R.Neudecker, in: P.C. Bol (Hrsg.), Forschungen
zur Villa Albani. Katalog der antiken Bildwerke II (1990)
340ff. Nr.244

25. „Träumender Amor", Statue
nicht identifizierbar

26. „Roma", Büste
Verzeichnis 28 Nr.6
ehemals Villa Borghese; Louvre, Inv. 1209
MB 257 Nr.1 Taf.37; N 469 Nr.361; Fröhner 427 Nr.468

27. „Bacchus", Büste
Verzeichnis 28 Nr.10
Kopf des Dionysos Richelieu; Louvre, Inv.87
N 368f. Nr.148; Clarac 77 Nr.154; Fröhner 234 Nr.217;
Charbonneaux 72

28. „Ariadne", Büste
Verzeichnis 26 Nr.3
Büste des jugendlichen Dionysos (sog. Ariadne
Capitolina); Kapitolinische Museen, Sala del Gallo
morente, Inv.734
N 369 Nr.150; J.J. Winckelmann, Denkmale der Kunst I (1791)
50 Nr.55 (Leukothea); Helbig II Nr.1430

29. „Venus von Medicis", Statue
Kirchner 342; Verzeichnis 24 Nr.17
Florenz, Uffizien, Inv. 27
N 345ff. Nr.123; Mansuelli I 38-40, Taf.13a,b; Wiltrud
Neumer-Pfau, Studien zur Ikonographie und gesellschaftlichen
Funktion hellenistischer Aphrodite-Statuen (1982) 183ff.

30. „Zeno", Büste
Porträt eines unbekannten Griechen; Vatikanische
Museen, Sala delle Muse, Inv. 500?
PC VI 163ff. Taf.32; IG I 275f. Taf.23; Bernoulli II 135
Abb.11; 153; Helbig I Nr.61

31. „Diana", Büste
Verzeichnis 29 Nr.11
Kopf der Artemis Versailles
s.o. Nr.2

II. Folgende Antikenabgüsse werden im „Verzeichnis" von 1856, nicht aber im Inventar von 1828 erwähnt.

32. „Germanicus", Statue
Kirchner 342; Verzeichnis 20 Nr.9
Porträtstatue des Marcellus im Typus des Hermes
Ludovisi; ehemals Villa Montalto; Louvre, Inv. 1207
MF 223ff. Nr.56, V Taf.33; N 317f. Nr.83; Clarac 268 Nr.712;
Fröhner 213 Nr.184; Charbonneaux 147; Kate de Kersauson,
Musée du Louvre. Catalogue des portraits romains I (1986) 46f.
Nr.18

33. „Hippocrates", Büste
Verzeichnis 26 Nr.1
Porträt des Hippokrates?; ehemals Villa Albani; Louvre,
Inv. 326
N 405 Nr.240; IG I 360 Taf.32,2-3; Clarac 213 Nr.524;
Bernoulli I 168ff.

34. „Marcus Aurelius", Büste
Verzeichnis 26 Nr.2
Porträt des jugendlichen Marc Aurel; Kapitolinische
Museen, Stanza degli Imperatori, Inv. 448
Helbig II Nr.1301; vgl. Vanni Nr.90.

35. „Socrates", Büste
Verzeichnis 27 Nr.5
Porträt des Sokrates im Typus A; Vatikanische Museen,
Sala delle Muse
N 406 Nr.241; PC VI 148ff. Taf.28; Helbig I Nr.79; Richter II
110 Nr. 1a,b

36. „Junius Brutus", Büste
Verzeichnis 28 Nr.7
Bronzekopf des sogenannten Brutus; Kapitolinische
Museen, Konservatorenpalast, Sala dei Trionfi, Inv.1183
N 321f. Nr.89; IR 25ff. Taf. II 1.2; Helbig II Nr.1449; Vanni
Nr.80

37. „Plato", Büste
Verzeichnis 28 Nr.8
Porträt des Platon; Kapitolinische Museen, Stanza dei Filosofi?
Helbig II Nr.1339 (Inv.571) oder Nr.1367 (Inv.405); vgl. Vanni Nr.113

38.„Augustus", Büste
Verzeichnis 28 Nr.9
Porträt des Augustus im Typus Prima Porta mit Ähren-kranz; Vatikanische Museen, Sala dei Busti 274, Inv. 715?
Helbig I Nr.156; D. Boschung, Die Bildnisse des Augustus (1993) Kat.Nr.176 Taf.113.225,4; vgl. aber Vanni Nr.106 (jugendl. Augustus, Museo Chiaramonti)

39. „Ulysses", Büste
Verzeichnis 29 Nr.12
nicht identifizierbar
vgl. Vanni Nr.118 („aus dem Louvre")

40. „Niobe (Tochter)", Büste
Verzeichnis 29 Nr.13
Kopf einer der Töchter aus der Niobe-Gruppe; Florenz, Uffizien
Mansuelli I 110 Nr.70 Abb.70; vgl. Vanni Nr.145 (älteste Tochter), 146 (2. Tochter), 147 (3. Tochter), 148 (4. Tochter, kleiner), 149 (5. Tochter, kleiner)

41. „Juno", Büste
Verzeichnis 29 Nr.15 („Juno von Ludovisi")
Kolossales Porträt der Antonia minor (sog. Juno Ludovisi); Museo Nazionale Romano, Inv. 8631
Helbig III Nr.2341; A. Giuliano (Hrsg.), Museo Nazionale Romano, Bd. 1,5 (1983) 133ff.; vgl. Vanni Nr.76

42. „Niobe (Mutter)", Büste
Verzeichnis 30 Nr.16
Kopf der Niobe aus der Florentiner Gruppe der Niobiden; Florenz, Uffizien, Inv. 294

Mansuelli I 110 Nr.70 Abb. 70; G.A. Geominy, Die Florentiner Niobiden I (1984) 134-146; vgl. Vanni Nr.144

43. „Ajax", Büste
Verzeichnis 30 Nr.19
Kopf des Stehenden („Menelaos" oder „Ajax") aus der sog. Pasquino-Gruppe; Vatikanische Museen, Sala dei Busti, Inv. 694
PC VI 111ff. Taf.18; N 394 Nr.215; Helbig I Nr.170; vgl. Vanni Nr.81

III. Im „Verzeichnis der plastischen Bild-werke ..." von 1892 werden an Stelle von Nr. 11 („Carneades"), Nr. 37 („Plato") und Nr. 38 („Augustus") folgende Abgüsse erwähnt:

44. „Anthistenes", Büste
Verzeichnis 1892, 49 Nr.5
aus Tivoli, Villa di Cassio; Vatikanische Museen, Sala delle Muse, Inv.288
Helbig I Nr.67; Richter II 180 Nr.1

45. „Euripides", Büste
Verzeichnis 1892, 51 Nr.8
angeblich Louvre und ähnlich der Büste im Palazzo Ducale Mantova, doch wahrscheinlich eben diese
Richter I 135 Nr.19; Levi a.a.O. 38f. Nr.56 Taf.41

46. „Diadumenos", Büste
Verzeichnis 1892, 51 Nr.9
Kopf einer Replik eines sich bekränzenden Athleten von Polyklet
wahrscheinlich Kassel oder Dresden
C. Friederichs - P. Wolters, Königliche Museen zu Berlin. Die Gipsabgüsse antiker Bildwerke (1895) Nr.510 und 511; D. Kreikenbom, Bildwerke nach Polyklet (1990) 199 Nr. V 42. 200 Nr. V 46

URSULA MANDEL

Die Abgußsammlung des Städelschen Kunstinstitutes und ihre Erweiterung als Sammlung des Archäologischen Instituts der Universität

Die erste Abgußsammlung in Frankfurt, das zwischen 1801 und 1812 heranwachsende Bethmannsche Museum *(s. hier Beitrag Appelshäuser)*, entstand als eine unmittelbare Auswirkung des Musée Napoléon. Es enthielt in Gipsabgüssen u.a. diejenigen berühmten Antiken Roms - z.B. aus dem Belvederehof des Vatikan -, die Napoleon während seines Italienfeldzuges hatte konfiszieren, im Triumph durch Paris führen und im Louvre aufstellen lassen. Zusammen mit einer beispiellosen Anhäufung von Gemälden machten sie die Meisterwerkesammlung dieses ersten öffentlich-bürgerlichen Museums aus[1].

Als eine Reverenz mehr an Napoleon selbst als an Revolution und République erscheint der Aufbau des Bethmannschen Skulpturenmuseums vor dem Hintergrund des gleichzeitigen politischen Engagements des Bankiers und Diplomaten Simon Moritz von Bethmann zu Gunsten der Stadt Frankfurt. Seit 1792 war Frankfurt von französischen Revolutionstruppen immer wieder besetzt und auch von Napoleon selbst schwer gebeutelt worden. Ausgelöst durch dessen Drohung, Frankfurts Status als unabhängige Stadt aufzuheben, setzten intensive diplomatische Bemühungen um die Gunst Napoleons

durch Abgesandte des Frankfurter Stadtrates, vor allem auch in Paris, ein.

Als Bethmann 1801 nach Paris reiste, waren die Antikensäle im Erdgeschoß des Louvre gerade eröffnet; Visconti hatte zu diesem Ereignis seinen ersten Katalog vorgelegt[2]. Bethmanns sofortige Bestellung von Abgüssen bei dieser Gelegenheit wirkt wie eine sehr frühe Anerkennung der republikanisch-napoleonischen 'Kunstbeuteanstalt' als legitimes und vorbildliches Unternehmen. Bezeichnenderweise verwirklichte Bethmann in seinem Museum später auch den republikanischen Grundsatz, die Kunst der gesamten Öffentlichkeit zugänglich zu machen.

Die Anfänge der zweiten Frankfurter Abgußsammlung, derjenigen des Städelschen Kunstinstitutes, fielen in die Jahre unmittelbar nach Eröffnung des Bethmannschen Museums, als das Musée Napoléon bereits wieder aufgelöst war und die geraubten Antiken größtenteils zurückgegeben worden waren[3]. Wiederum wurden überwiegend dieselben Abgüsse erworben, jene seit Winckelmann oder bereits seit der Renaissance hochgeschätzten Stücke aus Rom und Florenz. Die Administratoren der Städelstiftung konnten in den Jahren

1) P. Wescher, Kunstraub unter Napoleon (1976), zu den Antiken bes. 66; 72-77; 91; das republikanische Musée Central des Arts wurde 1803 in Musée Napoléon umbenannt, ebenda 97; s. auch N. Himmelmann, Utopische Vergangenheit (1976) 77f.

2) Am 9.11.1800 in der ehemaligen Wohnung der Königin Anna eröffnet, Wescher a.a.O. 91; G. Labus, Opere varie italiane e francesi di

Ennio Quirino Visconti IV (Bd. 16 der Gesamtausgabe Mailand 1831) XXIII; 267ff.: Notice des Statues Bustes et Bas-Reliefs de la Galeries des Antiques du Musée Napoléon (1800ff.)

3) 1815, Wescher a.a.O. 131ff., zu den Antiken bes. 138-140.

nach 1817 über ihre Pariser Agenten immer noch Abgüsse von demselben Abformer Jean-André Getti beziehen wie seinerzeit Bethmann[4]. War doch auch nach Rückgabe der erbeuteten Originale ein Schatz an Formen und Abgüssen in Paris verblieben, die in den Restaurierungswerkstätten des Musée Napoléon sogleich von den Beutestücken hergestellt worden waren. Die Sieger hatten nicht das Geschäft mit den Reproduktionen unterbunden, und so verwirklichte sich der republikanische Grundsatz der allgemeinen Zugänglichkeit von Kunst in dieser Vervielfältigungsvariante der Gipsabgüsse auch noch in den Zeiten der Restauration vom Louvre aus, der jetzt Musée Royal hieß.

Der Kaufmann und Bankier Johann Friedrich Städel hatte in seiner eigenen Sammlung noch keine Abgüsse nach Antiken besessen, nur Gemälde und graphische Blätter und einige Kleinplastiken. Sein großzügiges Stiftungstestament verpflichtete nicht nur dazu, seine Kunstsammlung der Öffentlichkeit zugänglich zu machen und stetig zu erweitern und zu verbessern, sondern auch eine Kunst- und Handwerksschule mit Stipendien für begabte, aber unbemittelte Frankfurter Bürgersöhne einzurichten. Nach Meinung der Administratoren der Stiftung gehörte dazu die *„Errichtung einer guten Zeichenschule"*, und zu dieser wiederum waren

„vorzüglich die Abgüsse der berühmtesten Antiken nöthig"[5]. Die ab 1817 aufgebaute Städelsche Abgußsammlung stand damit ganz in der Tradition der fürstlichen Kunstakademien des 18. Jhs. - die berühmteste der Mannheimer Antikensaal[6]. Sie scheint allerdings die erste städtisch-bürgerliche Einrichtung dieser Art gewesen zu sein, noch dazu von einem Privatmann initiiert.

Neben den traditionell geschätzten Akademiegipsen gehörte zu den allerersten Käufen der Administratoren aber etwas Neues, was zum Beispiel Bethmann im ersten Jahrzehnt des Jahrhunderts noch nicht hätte erwerben können: Abgüsse aus London von klassischen Originalen aus Griechenland. 1814 war der Fries des Apollontempels von Phigalia-Bassae für das Britische Museum ersteigert worden, und 1816 hatte es auch nach langem Zögern die Elginschen Parthenonskulpturen angekauft, die seit 1807 in London zu sehen waren[7]. Schon 1819 sind Abgüsse des Parthenon- und des Bassaefrieses im Besitz des Städelschen Kunstinstitutes nachzuweisen, - mit die frühesten, die man in Deutschland sehen konnte; im selben Jahr mußte die Königliche Akademie in München noch darauf warten, bemühte sich das neugegründete Akademische Kunstmuseum in Bonn vergebens darum[8]. Die englandfreundliche Haltung Frankfurter Bankiers, die seinerzeit den

4) Protokolle der Administration des Staedelschen Kunstinstitutes I (2.12.1816-31.5.1831) fol.25, Continatum 31.12.1817, fortges. 31.1.1818: *„..., so wurde destfalls in Paris Erkundigung eingezogen, welche noch in guten Formen zu finden seyen..."*; ebenda fol.79, Circulare vom 13.7.1819: *„Auf Vorlegung älteren Schreibens der Herren Thomas und Hoeffler zu Paris ihre Besorgung von Gipsabgüssen betreffend...wurde beschloßen, die zur Abfertigung der von ihnen bey Getti bereits bezeichneten zu veranlaßen,..."*; zu Getti vgl. J.N. Marcadé - Ch. Pinatel, in: Parthenon-Kongreß 339.456 Anm.19.21; Gettis Tätigkeit in Paris ist seit 1795 belegt; spätestens ab 1823, unter Clarac, ist Jacquet der Abformer des Musée Royal, vgl. Ehrhardt 46.169.

5) C.F. Starck, Das Städel'sche Kunstinstitut zu Frankfurt am Main, dessen Stiftung, Fortgang und gegenwärtiger Zustand (1819) 6f.;11; Protokolle der Administration a.a.O. fol.25.

6) W. Schiering, Der Mannheimer Antikensaal, in H. Beck - P.C. Bol - W. Prinz - H. v. Steuben (Hrsg.) Antikensammlungen des 18. Jhs. (1981) 257ff.

7) A. Michaelis, Der Parthenon (1871) 81ff.; A.H. Smith, Journal Hell. Stud. 36, 1916, 297ff.; B.F. Cook, The Elgin Marbles (1984) 61ff.

8) Ehrhardt 46. 25 Anm.48; s. aber die schon früher in Darmstadt vorhandenen Abgüsse Anm.10.

Unmut Napoleons erregt hatte[9], war möglicherweise in dieser Sache förderlich. In der von einem der Administratoren, Friedrich Karl Starck, verfaßten ersten „Beschreibung" werden unter den sich noch in Städels Privathaus am Roßmarkt befindlichen Sammlungen genannt: *„Gyps- Abgüsse der berühmtesten Antiken, welche immerfort komplettirt werden, worunter sich auch die Basreliefs des Parthenon, oder Minerva tempels auf der Akropolis zu Athen, die Lord Elgin nach England brachte, und die Basreliefs des Tempels zu Phigalia in Arkadien, befinden"*[10].

Es ist aber nicht nur in organisatorischer Hinsicht bemerkenswert, daß man sich in Frankfurt sofort entschieden um diese Abgüsse bemühte, war die künstlerische Qualität der Elgin-Marbles doch unter den „Connoisseurs" alten Schlages durchaus umstritten[11], wenn ihnen auch aus den antiken Schriftquellen der Ruhm vorauseilte, in der Zeit und unter der Regie des berühmten Phidias und des Perikles entstanden zu sein.

Wir wissen nicht, ob jemand die Administratoren der Städelstiftung von der Bedeutung dieser Werke erst überzeugen mußte. Im Hinblick auf die Zielrichtung der Kunstschule hatten sie sich vielleicht kundig gemacht über die Urteile berühmter zeitgenössischer Bildhauer wie Canova und Dannecker; vor allem diese waren es gewesen, die die Parthenonskulpturen, allen voran die Giebelfiguren, als einen von ihnen vorher nicht erlebten Höhepunkt der figürlichen Plastik eingestuft hatten. Sowohl Canova als auch Dannecker beschrieben diese Erfahrung nicht nur als beglückende Erweiterung, sondern auch als schmerzliche Abwertung der eigenen bisherigen ästhetischen Vorlieben[12]. Dieser Konflikt beeinflußte die künstlerische Entwicklung im 19. Jh. nachhaltig. Am Konkretesten hat der Bildhauer Eduard Schmidt von der Launitz *(s. Beitrag Stutzinger)* ein paar Jahre später in Frankfurt die Diskrepanz zwischen der traditionellen Bildhauerausbildung und den so anderen ästhetischen Qualitäten der parthenonischen Originale formuliert[13].

Rezeptionsgeschichtlich ist es interessant, wie sich anschließend die Rangfolgen auch für die Wissenschaftler neu formierten. Die Hochschätzung der griechi-

9) Napoleons Vorwurf im Herbst 1804 an die Frankfurter Gesandten in Mainz: *„Ihr versteckt englische Agenten, Intriganten, die den Kontinent aufwiegeln. Eure Bankiers, Euere Schreiberlinge sind fortwährend in Bewegung..."*, zitiert nach H. Meinert, Frankfurts Geschichte (1952).

10) Starck a.a.O. 21; in der 2. Auflage von 1823 heißt es: *„Gyps-Abgüsse berühmter Antiken von Rom und Florenz, desgleichen auch des Parthenon zu Athen und des Tempels des Apollo zu Phigalia"*. Goethe sah schon 1814 Abgüsse von Metopen und Friesplatten im Darmstädter Schloß, E. Grumach, Goethe und die Antike (1949) 495 IV 25,56, Brief an Christiane.

11) Michaelis a.a.O. 81ff. bes. 84; Cook a.a.O. 63ff. Der Hauptkritiker in England war Richard Payne Knight, der einen Großteil der Skulpturen für minderwertig und für hadrianisch, nicht phidiasisch erklärte, Smith a.a.O. 338.

12) Canova, der einen Abguß des 'Ilissos' besaß, sah 1815 die Elgin'schen Originale in London, s. Michaelis u. Cook a.a.O.; an seine Reaktion erinnerte sich Lord Hamilton 1836 (zitiert nach Smith a.a.O. 333): *„Oh, that I had but to begin again! to unlearn all that I had learned - I now at last see what ought to form the real school of sculpture"*. Dannecker, der Abgüsse der beiden Liegenden aus den Giebeln besaß, 1819 an F.G. Welcker: *„Die beiden haben mich so ergriffen, daß ich sagen muß, für mich ist es das Höchste, was ich je in der ganzen Kunst gesehen habe... Es thut mir weh mich von dem Apoll di bel vedere zu trennen..."*, s. Michaelis a.a.O. 86, Ehrhardt 24 Anm. 45. Auch Goethes Hochschätzung der Parthenonskulpturen dürfte meinungsbildend gewirkt haben: *„Die äußersten Gränzen menschlicher Kunstthätigkeit im höchsten Sinne und mit natürlichster Nachbildung wurden wir gewahr"*, Grumach a.a.O. 503f. I 36, 170, Tag- und Jahres-Hefte 1820.

13) s. hier Beitrag Stutzinger, Anhang 298. vgl. auch Goethe an Boisserée 1819, Grumach a.a.O. 503, IV 31, 260: *„Wären die Menschen nicht gar zu sehr geneigt, Rückschritte zu thun, so stünde hier eine neue Laufbahn offen"*.

schen Originale - Ägineten, Parthenon- und Bassae-Skulpturen - wurde zwar zuallererst mit der Relevanz für die stilkritisch zu erarbeitende Chronologie begründet. Schien es jetzt doch erstmalig möglich, ein reiches und stimmiges Bild der Entwicklung der griechischen Plastik vor ihrer „*schönsten Blüte*" (Launitz) im 4. Jh. v. Chr. zu gewinnen, so daß eine Abgußsammlung wie die von Friedrich Gottlieb Welcker in Bonn aufgebaute des Akademischen Kunstmuseums einen Überblick über alle Phasen der antiken Plastik in Aussicht stellen konnte[14]. Trotz der Betonung des Historischen als der wichtigsten Kategorie ist aber z.B. auch bei Welcker, wie bei den Bildhauern, ein beginnendes ästhetisches Umlernen an den Werken der Klassik zu spüren. Neben und auch gegen die Qualitäten „*vollständig, gelehrt, zart, mit feinen und schönen Einzelheiten*" formulieren sie als neue Werte „*natürlich, rein frisch, lebendig, unmittelbar, unordentlich, Fülle, Kräftigkeit*"[15].

Im Oktober 1823 hatte Welcker bei einem Besuch in Frankfurt außer dem Panathenäenfries auch Giebelfiguren des Parthenon sehen können, wie aus seinem Brief an das preußische Ministerium hervorgeht[16]. Welcker, dem es bis dahin immer noch nicht gelungen

war, Abgüsse der Elgin-Marbles aus London zu erhalten, hatte sich mit den wenigen Teilen des Parthenon bescheiden müssen, die in diesen Jahren von den Formereien des Musée Royal in Paris zu haben waren: Platten vom Ost- und Westfries und zwei Süd-Metopen[17]. Nach der Autopsie in Frankfurt tröstete Welcker sich mit der von ihm so eingeschätzten minderen Qualität der Londoner Friesabgüsse gegenüber den Pariser. Einige dieser Pariser Parthenonabgüsse waren nach Auskunft des Launitzschen Kataloges der Städelschen Abgußsammlung aber spätestens 1833 auch in Frankfurt vorhanden und ergänzten die Stücke aus dem Britischen Museum (L 1). Neben Londoner Abgüssen des Nordfrieses sind Pariser Abgüsse des Westfrieses das Einzige, was bis heute von der alten Abgußsammlung des Städel erhalten geblieben ist *(Abb. 121)*. Die dreizehn Pariser (Teil-)Abgüsse sind an ihrer besonderen Stückelung und an Veränderungen zu erkennen, die vom originalen Zustand des Frieses abweichen: Einzel- oder Zweiergruppen sind auf glattem Reliefgrund freigestellt ohne angeschnittene Reste der Folgefiguren, und fehlende Teile sind ergänzt, so daß die Platten wie vollständige, in sich geschlossene Einzelbilder erscheinen[18].

---

14) Vorschläge F.G. Welckers und A.W. Schlegels für den Aufbau einer Gipssammlung vom 2.10.1819: „*... werden wir uns bemühen, eine Auswahl zu treffen, welche dem doppelten Zwecke entspreche, eine für die Kunstgeschichte belehrende Reihe zu bilden, und den Kreis der künstlichen Mythologie mit einer gewissen Vollständigkeit darzustellen. In der ersten Hinsicht sind die Elginschen Sculpturen vom Parthenon und die in Phigalia ausgegrabenen Basreliefs sehr wichtig, weil sie unbezweifelt aus der Zeit und Schule des Phidias herrühren... besonders die äußerst wichtigen, noch in Italien befindlichen Aeginetischen Statuen...*", nach Ehrhardt 25; dazu ebenda 48. 52; F.G. Welcker, Das Akademische Kunstmuseum in Bonn (1827; 1841) 10 spricht davon, „*aus einer wohlgeordneten Uebersicht der ganzen Kunstgeschichte die wichtigsten Beziehungspunkte gegenwärtig zu haben*"; ders., Über die neuentdeckten Sculpturen von Olympia, nach den Gypsabgüssen im Museum zu Bonn (1833) 165 kann diese stilistisch ohne weiteres zwischen Aegineten und Parthenonskulpturen einordnen. Zum Bild der

griechischen Kunstentwicklung in der Mitte des 19. Jhs. vgl. die „historische Folge der Bilddenkmäler" bei C.O. Müller - F. Wieseler, Denkmäler der alten Kunst I.II (Göttingen 1854/56).

15) Welcker a.a.O. 166 zu den Olympia-Metopen, vgl. Ehrhard 57f.; zum Liegenden des Parthenon-Ostgiebels in einem Brief von 1823, Ehrhardt 162. Launitz zu den Giebelskulpturen, v.a. den sog. Tauschwestern: s. hier Beitrag Stutzinger, Anhang 298.

16) Erhardt 161f.

17) 22 Platten, z.T. Teilabgüsse, und die Metopen Süd 1 und Süd 10; s. Verzeichnis der Abguß-Sammlung des Akad. Kunstmuseums der Universität Bonn (1981) Inv.Nr.26/28 a-n; x- z; aa.ab; 23 a.b; dazu D. Willers, Ergänzungen an Fauvels Gipsabgüssen vom Parthenonfries, in: Parthenon-Kongreß 343ff. Taf.69,1; 70,1.

18) vgl. Willers a.a.O.

Es lohnt sich, auf diese Abgüsse näher einzugehen, die außer in Frankfurt nur noch an wenigen anderen Orten nachzuweisen sind. Forschungsgeschichtlich sind sie von großer Bedeutung, weil sie auf die frühesten Abformungen zurückgehen, die am Parthenon selbst genommen worden waren. Wir verdanken sie Louis-François-Sebastien Fauvel, dem Zeichner des französischen Botschafters an der Hohen Pforte, Graf Choiseul-Gouffier, der sich in den 80iger Jahren des 18. Jhs., noch vor den Aktivitäten Elgins bzw. von dessen Agenten Lusieri, in Athen aufhielt und sich um die Aufnahme des Parthenon und des Erechtheion bemühte[19]. Die Originale der von Fauvel mit Hilfe eines großen Gerüstes abgegossenen Friesplatten sind zum größten Teil von Elgin später nicht vom Bau abgenommen worden, und so sehen wir an den Abgüssen noch den guten Erhaltungszustand des späten 18. Jhs., den die Originale seither gänzlich eingebüßt haben. Fauvels Abgüsse waren in erster Linie zur Einbeziehung in die dekorative Ausgestaltung der Pariser Villa seines Auftraggebers bestimmt[20].

Die bewegte Geschichte der in Frankfurt vertretenen Fauvel'schen Abgüsse sei hier kurz nachgezeichnet. Fauvel hatte im Laufe des Jahres 1787 zwei Schiffs-transporte vom Piräus nach Marseille geschickt, über 40 Kisten allein mit Gipsabgüssen, vor allem vom Parthenonfries, aber auch von einer Erechtheionkore, zusammen mit wenigen originalen Stücken, die er auf der Akropolis hatte beiseite schaffen können, darunter eine fragmentierte Friesplatte und eine Metope vom Parthenon[21]. Weitere Abgußaktionen sind für 1788, 1791 und 1792 belegt, deren Ergebnisse aber nie nach Frankreich gelangten[22]. Die in Marseille lagernde Ausbeute Fauvels von 1787 wurde 1796 im Zuge der Enteignung des emigrierten royalistischen Grafen Choiseul-Gouffier konfisziert und bis 1801 in mehreren Transporten nach Paris gebracht. Ein Teil war 1798 dem „grand convoi" angeschlossen worden, jenem spektakulären Geleitzug der in Italien erbeuteten antiken Skulpturen[23]. Die Fauvel'schen Abgüsse wurden in den Antikensälen des Louvre ausgestellt, in unmittelbarer Nachbarschaft mit originalen Marmorskulpturen[24]. Hier also konnte das europäische Publikum zum ersten Mal Parthenonkunst plastisch sehen, doch scheint diese noch ganz im Schatten der altberühmten römischen und florentinischen Antiken gestanden zu haben.

1802 erhielt der aus russischer Emigration zurück-

---

19) Michaelis a.a.O. 72f. 94 und Smith a.a.O. 355ff. (s.o. Anm.7); G.H. Stevens, The Erechtheion (1927) 609ff.; Willers a.a.O.; Marcadé-Pinatel a.a.O. (s.o. Anm.4) 338ff.; L. Beschi, L.S. Fauvel e il Partenone, in: Parthenon-Kongreß 319ff.

20) Smith a.a.O. (s.o. Anm.7) 357f. mit Anm.351. Auch Lord Elgins Abformungsunternehmungen hatten zunächst mit seinem Villenneubau in Broomhall zu tun; der Architekt Thomas Harrison war die treibende Kraft, Smith a.a.O. 166, Michaelis a.a.O. 74, Cook a.a.O. (s.o. Anm.7) 53.

21) Beschi a.a.O. 319; Willers a.a.O. 343; Stevens a.a.O. 610 Anm.3, zur Erechtheionkore ebenda 592,3.4 und hier Beitrag Gamke; Originale: Platte O VII vom Parthenonfries, F. Brommer, Der Parthenonfries (1977) Taf.156, und Metope Süd X, F. Brommer, Die Metopen des Parthenon (1967) Taf.197.

22) Ein Teil wurde 1791 nach Smyrna verschifft und scheint dort beim großen Brand von 1797 zerstört worden zu sein, Stevens a.a.O. 611; der andere, der im Kapuzinerkonvent in Athen die Wirren überdauert hatte, die die französische Revolution, das ägyptische Abenteuer Napoleons und Englands Reaktion in die Verhältnisse Choiseul-Gouffiers und Fauvels gebracht hatten, ging 1803 vom Piräus ab; das Schiff wurde aber von Lord Nelson gekapert, die Ladung gelangte zwar später in Elgins Besitz, gilt aber großenteils als verschollen, Stevens a.a.O. 594f. 612; Smith a.a.O. (s.o. Anm.7) 358ff.

23) Marcadé-Pinatel a.a.O. (s.o. Anm.7) 338f.

24) ebenda Anm.19; Beschi a.a.O. 450 Anm.5.10; die Originale waren im Jardin de l'Infante deponiert, die Parthenonfragmente vielleicht in den Restaurierungswerkstätten; die Friesplatte ist auf Nachfrage Napoleons 1802 in der Salle des Saisons des Louvre ausgestellt worden.

gekehrte Graf Choiseul-Gouffier seinen Kunstbesitz zurückerstattet, jedenfalls alle Abgüsse, Formen und Modelle, während die parthenonischen Originalfragmente dem Musée Napoléon einverleibt blieben. Als Ersatz wurden dem Grafen anscheinend die Formen davon übergeben, die Getti angefertigt hatte[25]. Als Choiseul-Gouffier 1817 gestorben war, erwarb der Nachfolger Viscontis am Musée Royal, Clarac, bei der Versteigerung des Nachlasses 20 Formen bzw. Abgüsse von Friesteilen des Parthenon und von einer Südmetope. Es sind dieselben Stücke, die kurz darauf in den deutschen Abgußsammlungen nachzuweisen sind, in Bonn fast vollständig, in Frankfurt zum großen Teil[26]. Die oben beschriebenen Ergänzungen und Retouchen müssen zwischen 1802 und 1817 auf Anweisung Choiseul-Gouffiers an den originalgetreuen Fauvel'schen Abgüssen vorgenommen worden sein. Sie erklären sich am Plausibelsten aus der Verwirklichung der von Anfang an geplanten architektonischen Verwendung an des Grafen Villa, die wir erwähnten.

Zurück zur Geschichte des Städelschen Kunstinstitutes: 1833 konnte es seine inzwischen reich vermehrten Sammlungen endlich in angemessenen Museumsräumen zeigen. In dem von Friedrich Heß und Friedrich Wilhelm Hessemer zu diesem Zweck umgebauten Vrints-Treuenfeld'schen Haus an der Neuen Mainzer Straße war der linke der beiden Flügelbauten ganz der Abgußsammlung vorbehalten, im rechten befanden sich die Gemälde[27]. Bestand und Aufstellung der „Skulpturensammlung" im neuen Haus lassen sich einem

Grundrißplan (Textabb.) und den noch im Jahr der Eröffnung erschienenen „Erläuterungen zu den Abgüssen" von Eduard Schmidt von der Launitz entnehmen. Die Antikenabgüsse waren in zwei zusammenhängenden Sälen, einem längsrechteckigen (10,58x8,42m) und einem nahezu quadratischen (8,30x8,42m), ausgestellt, mit einer Raumhöhe von 4,20m und Oberlicht nach den bewährten Bedingungen der älteren Zeichenakademiesäle. Der Plan zeigt als übergreifendes Anordnungsprinzip den dekorativen Wechsel von Statuen und Büsten, wie er in Skulpturensammlungen der ersten Hälfte des 19. Jhs. üblich war[28]. Jedoch waren 1833 erst wenige der Büstenplätze besetzt.

In den zur Eröffnung erschienenen „Vorläufige(n) Mitteilungen über das Städelsche Institut, in Betracht seiner Kunstwerke, der neuen Anordnung und Aufstellung derselben" wird, ganz auf der Höhe des wissenschaftlichen Anspruchs der Zeit, eine chronologische Anordnung als eigentlich erstrebtes Prinzip vorausgesetzt; aber es heißt einschränkend: *„Es mußten die hier befindlichen Statuen und Basreliefs nach Maasgabe der Localität aufgestellt werden, so daß eine Folge zwischen Früherem und Späterem nicht zu geben war. In der Decoration bemühte man sich übrigens, eine Richtung derart anzudeuten, so daß der erste Saal mehr in strengen, einer früheren Periode angehörigen Formen angeordnet ist"*[29]. Entsprechend im Stil wird man sich die *„Compositionen nach Art der griechischen Vasengemälde"* vorstellen dürfen, die zur reichen Deckenausmalung von Philipp Veit gehörten, dem ersten Lehrer

25) Marcadé-Pinatel a.a.O. 456 Anm.19.

26) Willers a.a.O. und Michaelis a.a.O. 94 (s.o. Anm.7); Stevens a.a.O. 611 mit Anm.2.

27) H.-J. Ziemke, Das Städelsche Kunstinstitut - die Geschichte einer Stiftung (1980) 7.26.

28) z.B. im 1817-22 erbauten Braccio Nuovo des Vatikan, A.D. Potts, Die Skulpturenaufstellung in der Glyptothek, in: Glyptothek 273 Abb.16; in den New Sculpture Galleries des British Museum (1812/15), ebenda 262f. Abb.6.7; in der Glyptothek selbst, wenn auch nicht durchgängig, ebenda 271 Abb.15; 230 Abb.8.

29) herausgegeben am Eröffnungstag, 15.3.1833; erschienen auch in Frankf. Jahrbücher 2, 1833, 113ff.

für Historienmalerei an der Städelschule. Für das Bestreben, Antikensälen auf diese Weise einen festlichen, kultraumähnlichen Charakter zu geben, ist Klenzes ungefähr gleichzeitige Innenausstattung der Glyptothek in München das maßgebliche Beispiel[30]. Veits Bildprogramm erinnert dabei an dasjenige des Skulpturenschmucks am Außenbau der Glyptothek[31], allerdings mit einer etwas stärkeren Betonung der prosaischen, handwerklich-wirtschaftlichen Kulturbedingungen. Aus dem griechischen Mythos war ausgewählt, was die *„kunstbildende und erfindende Kraft des Menschen...vergegenwärtigen"* konnte, die Ur-Erfinder und Urkünstler Hephaistos, Prometheus, Daidalos und Ikaros, aber auch Athena und Penelope. Den im Durchgang angebrachten Fackeln des Hephaistos war im zweiten Saal die Leier des Apoll gegenübergestellt, aber auch das goldene Vlies Jasons und der Schild des Achilleus. Diese Embleme verbanden *„Kunst und Poesie"* mit *„Verkehr und Leben"* - sprich Weltläufigkeit, Handel und Wandel - der Griechen. Daneben fanden in der Ausmalung noch *„Repräsentanten griechischer Kunst und Bildung"* Platz. Die Dekoration gab sich also rein griechisch, wie auch die Abgüsse der klassisch-griechischen Friese und Metopen (L 1.12.7) die oberen Wandteile beider Säle einnehmen durften.

Einige chronologische Annahmen scheinen gleichwohl die Verteilung der freistehenden Skulpturen auf die beiden Räume bestimmt zu haben. Den Parthenon-Giebelfiguren als authentischen Zeugnissen der Kunst

des 5. Jhs. v. Chr. waren im ersten Saal Werke zugesellt, die man damals mit Meistern des 5. und 4. Jhs., des 'hohen' und des 'schönen' Stils Winckelmanns, in Verbindung brachte: der Antretende Diskobol (L 19), den Visconti dem Polykletschüler Naukydes zugewiesen hatte; die Amazone Mattei (L 8), die man richtig auf den ephesischen Künstlerwettstreit bezog[32]; die neugefundene Venus von Milo (L 12), die Launitz als ein der praxitelischen Kunst nahestehendes Meisterwerk einschätzte.

Andere Prinzipien wie das im frühen 19. Jh. beliebte der spiegelbildlichen Entsprechung[33] - nach der Größe oder der Komposition, nach dem Inhalt oder dem Motiv - oder dasjenige der qualitativen Verwandtschaft waren aber mindestens ebenso maßgebend. Rechts und links des Eingangs entsprachen einander die beiden Liegenden aus den Parthenongiebeln, der sog. Ilissos (L 4) aus dem West- und der sog. Theseus oder 'Herkules' (L 3) aus dem Ostgiebel. Dem von den zeitgenössischen Bildhauern höchst geschätzten 'Ilissos' war der Torso von Belvedere (L 18) als ranggleich an die Seite gestellt. Im Rücken des 'Theseus' waren zwei Pferdeköpfe vom Gespann des Helios aus der linken Ostgiebelecke (L 5) angebracht, also in einer gegenüber der Anordnung im Giebel vertauschten Reihenfolge[34].

An der rückwärtigen Schmalseite flankierten den Durchgang zum zweiten Saal zwei kindliche sitzende Genrefiguren, der Dornauszieher im Konservatorenpalast (rechts vom Eingang, L 14) und die Knöchelspielerin in Berlin (L 15)[35]. Zu beiden Seiten schlossen sich

---

30) E. Gropplero di Troppenburg, Die Innenausstattung der Glyptothek durch Leo v. Klenze, in: Glyptothek 190ff.

31) ebenda 234ff.: H. Sieveking, Materialien zu Programm und Entstehung des Skulpturenschmucks am Außenbau der Glyptothek.

32) nach Launitz vom Sieger des Wettbewerbs, Polyklet, weil die am häufigsten kopierte Amazone.

33) zur symmetrischen Anordnung vgl. z.B. New Sculpture Galleries Brit. Mus. von 1812/15, Glyptothek 263 Abb.7, und die klassizistische

Aufstellung der Aegineten, ebenda 68ff. Abb.48f. (R. Wünsche); A. Furtwängler, Aegina. Das Heiligtum der Aphaia (1906) Taf.95.96.

34) Ein Pferdekopf vom Gespann der Selene stand im 2. Saal an der gleichen Stelle.

35) Dornauszieher und Knöchelspielerin als Gegenstücke auch in der ersten Aufstellung des Akad. Kunstmuseums Bonn, Ehrhardt 47.164 Nr.4.

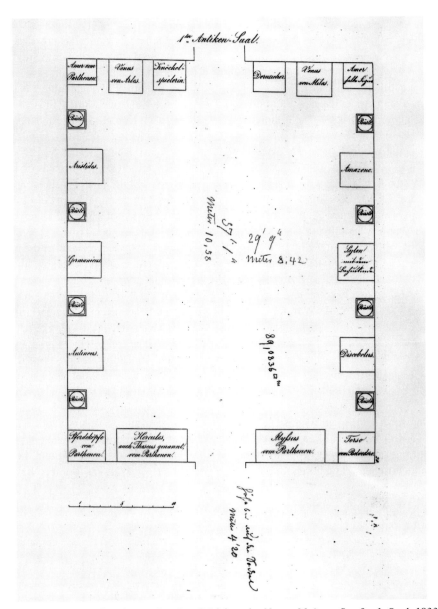

Aufstellung der Antikenabgüsse im alten Städel an der Neuen Mainzer Straße, 1. Saal, 1833

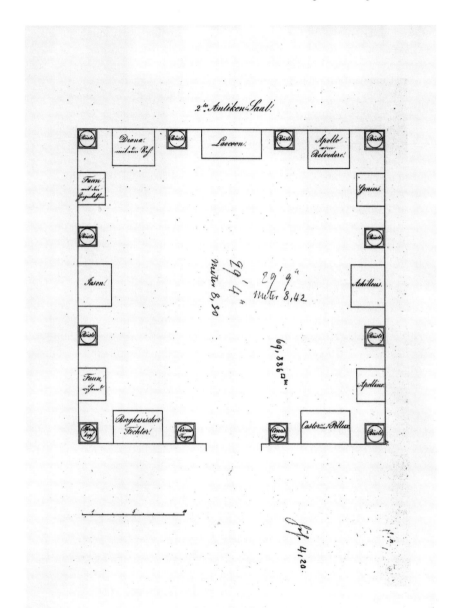

Aufstellung der Antikenabgüsse im alten Städel an der Neuen Mainzer Straße, 2. Saal, 1833

Aphroditen an, die von Melos (L 12) und die von Arles (L 13), außen wiederum symmetrisch gerahmt von zwei nackten Jünglingsfiguren in mythologisch evidenter Beziehung, dem Eros von Centocelle (L 23) und dem sog. Eros Elgin (L 24).

An den Langseiten des Saales waren jeweils drei Figuren galerieartig aufgereiht, rechts Figuren mit transitorischem, links mit ruhigem Standmotiv. Der Diskobol rechts, der kompositionell die Laufrichtung des Besuchers anwies, stand dem sog. Antinous vom Kapitol gegenüber (L 9), der Silen mit dem Dionysoskind (L 21) dem sog. Germanicus (L 20) in der Mitte der Längswände, wobei beide Figuren eine Bewegungstendenz zur Raummitte hin zeigten; der Amazone Mattei (L 8) schließlich entsprach gegenüber eine ebenfalls bekleidete Figur, der damals Aristides genannte Aischines in Neapel(L 22)[36].

Der anschließende Raum *(Abb. 119)* beherbergte - unter dem umlaufenden Amazonomachiefries vom Bassae-Tempel (L 7) - überwiegend diejenigen Figuren, die wegen ihrer *„Eleganz und Vollständigkeit"*[37] im 18. Jh. besonders hochgeschätzt und aus der literarischen Überlieferung heraus als Illustrationen der griechischen Mythen verstanden worden waren. Die Stirnseite beherrschte der Laokoon (L 32), dessen betonte Aufstellung im Fluchtpunkt der Raumfolge, vom Eingang aus sichtbar, genau derjenigen im Musée Napoléon entsprach[38]. Im quadratischen Saal war die

symmetrische Anordnung auf allen vier Seiten verwirklicht. Laokoon wurde von den bogenschießenden Gottheiten, der Artemis von Versailles (links, L 31)) und dem Apoll von Belvedere (L 33), gerahmt[39]. Die Büste einer Niobetochter, Opfer des göttlichen Geschwisterpaares wie Laokoon Opfer des Apoll, war zwischen Apoll und Laokoon angebracht. Dem kolossalen Kopf des Zeus von Otricoli (L 35) in der rechten Ecke entsprach links die Büste des bronzenen sog. Brutus d.Ä. im Konservatorenpalast (L 36), der vielleicht wegen des *„eisernen"* Ausdrucks (Launitz) den strengen Göttern zugesellt war.

Gegenüber standen der Fechter Borghese, vom Eingang links (L 27), und rechts ein ruhig gelehnt stehendes Knabenpaar *(Abb. 119)*, die Gruppe von San Ildefonso (L 28), deren Deutung und kunstgeschichtliche Stellung damals heftig diskutiert wurde[40].

Auf der rechten Seite rahmten zwei unterlebensgroße, nackte, knabenhafte Figuren - auch sie in einer spezifischen Ruhehaltung -, der Apollino in den Uffizien (L 30) und ein sog. „génie funèbre" im Louvre (L 16), den Ares Borghese, der nach Visconti ein Achilleus sein sollte (L 17). Gegenüber wurde der Sandalenbinder Landsdown, von Winckelmann für einen Jason gehalten (L 10), von zwei Satyrn flankiert, dem Ausruhenden im Kapitol (L 29) und dem Satyr mit Ziegenböckchen in Madrid (L 11). Ruhe und Bewegung in Wechsel oder Entsprechung scheint das formal-moti-

---

36) Zwischen Eros Elgin und Aischines hing die Medusa Rondanini (L 26); zwischen 'Germanicus' und 'Antinous' stand die Büste der Niobe (L 25).

37) Welcker und Schlegel, Forts. d. in Anm. 14 zitierten Briefes: *„Unsres Erachtens dürften freylich in einer Sammlung von Gypsabgüssen die Stücke nicht fehlen, welche wegen ihrer Eleganz und vollständigen Erhaltung den ausgebreitetsten Ruhm genießen, z.B. der Vatikanische Apoll, der Laokoon, die Mediceische und Capitolinische Venus usw."*

38) Wescher a.a.O. (s.o. Anm.1) Abb.1.11; Glyptothek 169 Abb.28; 261 Abb.3; in der Achse aufgestellt auch im Belvedere-Hof des Vatikan, ebenda 266 Abb.10.

39) beide wohl aus Paris wie die Bethmannschen Abgüsse Nr.2.6; zur symmetrischen Aufstellung vgl. hier Beitrag Stutzinger 254.

40) Launitz 21f., „Castor und Polux", referiert Viscontis (Antinous mit Mercur und Nemesis) und Winckelmanns (Orest, Pylades, Elektra) Deutung; vgl. Beitrag Stutzinger 281 Anm.110.

vische Konzept dieses Saales gewesen zu sein, während das inhaltliche mit „*künstlicher Mythologie*" sicher im Sinne der Zeit zutreffend benannt ist[41].

Die Erwerbungen von Abgüssen im weiteren Verlauf des 19. Jhs. sind durch das Inventarbuch des Städel und vor allem durch die aufeinanderfolgenden publizierten Verzeichnisse im großen und ganzen zu rekonstruieren. Zunächst wurden die Büstenplätze besetzt, überwiegend mit Porträts römischer Kaiser, aber auch mit einigen Hermen und Büstenabgüssen griechischer Statuen (L 37-50); ein Sinn ist der Anordnung nicht abzugewinnen. Vom 1835 erschienenen Verzeichnis an wurde der Besucher in den Skulpturensälen linksherum geführt, während Launitz rechts mit dem 'Ilissos' begonnen hatte, gefolgt vom Torso von Belvedere, also gewissermaßen mit seinem ästhetischen Bekenntnis.

Deutlich erweitert, aber auch in seiner klaren Ordnung beeinträchtigt, zeigt sich der Ausstellungsbestand in dem von J.D. Passavant 1844 herausgegebenen Verzeichnis: Der erste Saal ist angereichert mit neun originalen griechischen, damals „etruskisch" genannten Vasen aus der Sammlung der Fürstin von Canino[42] und mit zwanzig Repliken Launitz'scher Abgüsse, die zusammen auf einem Tisch standen. Es handelte sich überwiegend um Abgüsse von Funden aus den Vesuvstädten, meist Statuetten und Geräten aus Bronze, die Launitz aus Italien mitgebracht hatte und durch den Frankfurter Gipsformer Marco Vanni hatte vervielfältigen lassen[43]. Auch einige großformatige Figuren und Büsten, z.T. nach Launitz'schen Abgüssen, kamen hinzu, darunter die Kolossalköpfe der Dioskuren von Monte Cavallo (L 51-54).

Nach Auskunft des Verzeichnisses von 1858 wurde diese Überfüllung bald wieder rückgängig gemacht, die Vasen ins Vorzimmer versetzt und die Abgüsse von Kleinkunst zum größten Teil magaziniert. Die vier Reliefseiten des Wiener Amazonensarkophages (L 55) waren die vorerst letzte Erwerbung (1852), die im zweiten Saal offenbar noch einen Platz fand *(Abb. 119)*. Bis in die späten siebziger Jahre nahm der Bestand an Abgüssen - im Unterschied zu demjenigen an Gemälden - dann nicht mehr zu.

Als das aus den Nähten platzende Museum 1879 in den Neubau am Mainufer umzog, war auch hier ein ganzer Flügel - der rechte -, wenn auch nur im Parterre, der Abgußsammlung vorbehalten[44]. Die genaue Aufstellung ist nicht bekannt. Im neuen Verzeichnis erschien der alte Bestand an Abgüssen nun in vorgeblich strenger chronologischer Folge aufgelistet. Es wurden in Winckelmann'scher Tradition drei Epochen unterschieden: „*5. Jh. v. Chr., Zeit des Phidias und Polyklet und deren Nachwirkungen; 4. Jh. v. Chr., Zeit des Skopas, Praxiteles und Lysippos; 3. Jh. v. Chr., Zeit des Hellenismus und der Kunst in Rom*"; die römischen Porträtbüsten waren als getrennte Klasse angeschlossen. Manches von der alten, inhaltlich begründeten Klassifizierung scheint aber gewohnheitsmäßig beibehalten worden zu sein; so sind Apoll von Belvedere und Artemis von Versailles in der 'späten' dritten Klasse des Laokoon geblieben, der 'Achill'-Ares Borghese in der Nachbarschaft des 'Jason' in eben dieser Klasse, obwohl schon Visconti und auch Launitz seinen hochklassischen Charakter erkannt hatten. Diese dritte Klasse, in der alle

---

41) vgl. Welcker u. Schlegel Anm.14.

42) Städelverzeichnis 1844, 28ff. Nr.46-52; die Vasen befinden sich heute im Liebieghaus, s. CVA Frankfurt 2 (1968).

43) Städelverzeichnis 1844 24ff. Nr.29-45b; einiges davon taucht im Städel-Inv.184-189 als von Launitz gekauft auf (o. Datum); vgl. Beitrag Stutzinger 272 ff. 299.

44) Ziemke a.a.O. (s.o. Anm.27) 11; Grundrißplan ohne Einzelheiten im Verzeichnis von 1883.

Satyrn und alle nackten Aphroditen versammelt waren, ist besonders disparat und überfüllt.

Nach der Gründung des Zweiten Kaiserreiches, das sich in großen Ausgrabungen in Griechenland engagierte, wurden in den achtziger Jahren noch einmal verstärkt Anschaffungen von Abgüssen getätigt. Den Auftakt bildete bezeichnenderweise ein Abguß des 1877 bei den deutschen Ausgrabungen in Olympia gefundenen Hermes des Praxiteles, der schon 1879 von den Königlichen Museen in Berlin geliefert wurde (L 56)[45]. Erst jetzt wurden bedeutende Gruppen und Einzelwerke bei der Frankfurter Firma Vanni (s. Beitrag Stutzinger) gekauft. Das Verzeichnis von 1888 konnte unter einer neuen Epochenüberschrift „6.-5. Jh. v. Chr., Zeit vor Phidias" am Anfang die Ägineten anführen, alle Münchner Westgiebelfiguren und den sog. Laomedon aus dem Ostgiebel (L 57). Die Parthenonskulptur wurde durch die Gruppe der sog. Tauschwestern aus dem Ostgiebel (L 64) prächtig bereichert, die Kore C vom Erechtheion (L 58) vervollständigte das Bild der attischen Originalplastik. Der Apoxyomenos des Lysipp (L 59), die Ringergruppe (L 61) und der Schleifer (L 60) in den Uffizien und der Sterbende Gallier im Kapitol (L 63) waren die bedeutendsten Neuerwerbungen an Kopien nach griechischer Plastik des 4. und 3. Jhs.[46].

Nach Auskunft des Städelschen Inventarbuches wurden noch 1889 bei der Versteigerung des Vanni-Nachlasses eine ganze Reihe großer Abgüsse berühmter Kopien erworben (L 68-72)[47]. Man hatte sogar noch aufwendige Bestellungen außerhalb Frankfurts aufgegeben,

ein Abguß der Athena Lemnia kam aus Dresden (L 73) und aus Italien als letztes ein Abguß der Kapitolinischen Gruppe von Amor und Psyche (L 74).

Aber trotz dieser eindrucksvollen Erwerbungen erschien kein Verzeichnis des Städel mehr, in dem Gipsabgüsse aufgeführt waren. Die Inspektoren Gerhard Malß und Georg Kohlbacher waren die letzten gewesen, die die Abgußsammlung noch im Sinne des alten Verständnisses des Städelschen Stiftungstestamentes gefördert hatten. Ab 1889 sind die Städeldirektoren Wissenschaftler, Kunsthistoriker, die das Städel zu einem reinen Gemäldemuseum machen, während die im Klassizismus wurzelnde Kunstschule damals gänzlich an Bedeutung verlor[48]. Es waren die Jahre der anhaltenden revolutionären Entwicklung in der Malerei vor allem Frankreichs und ihrer allmählichen Verbreitung. Gewiß geschah es unter dem Eindruck von Realismus und Impressionismus in der Malerei, daß endlich die Krise der historisierenden Plastik des 19. Jhs. manifest wurde und sich bis in die Kunstschulen und Museen hinein auswirkte - und mit ihr die Krise der zu lange als unübertrefflich gefeierten 'idealschönen', farbenlosen antiken Vorbilder. Es bezeichnet den neuen Charakter des Museums, daß in den neunziger Jahren Gemälde von Thoma, Leibl und Liebermann gekauft wurden, ab 1904 dann die ersten französischen Impressionisten[49]. Mit der Gründung einer Städtischen Galerie ergab sich für das Städel die Möglichkeit, sich von der nicht mehr geliebten Abgußsammlung zu trennen und damit Platz für Gemälde zu gewinnen. Am 11.10.1907 gingen die

---

45) zur politischen Bedeutung der Ausgrabung in Olympia s. Himmelmann a.a.O. (s.o. Anm.1) 175ff.

46) Dazu wurde auch der Beckenschlagende Faun in den Uffizien erworben (L 62) und ebenfalls im 4. Jh. untergebracht, desgleichen die sog. Juno Ludovisi (L 65), der vor allem in der Goethezeit berühmte kolossale Frauenkopf.

47) Im gleichen Jahr war von der Generalverwaltung der Königl. Museen in Berlin ein Abguß der Agrippina im Typus einer hochklassischen sitzenden Aphrodite erworben worden (L 66).

48) Ziemke a.a.O. (s.o. Anm.27) 7.12.

49) ebenda 12ff.

Städelschen Gipse vertraglich in die Obhut der Stadt über, 1909 wurden sie bis auf weiteres magaziniert[50].

Doch bekam die Sammlung überraschend schnell einen neuen Wirkungsrahmen. In eben diese Zeit fielen nämlich die ersten Vorbereitungen zur Gründung einer Universität in Frankfurt. Bereits 1910/11 wurde beschlossen, die städtische *„Sammlung von Nach-bildungen für Universitätszwecke dauernd behufs Mitbenutzung zur Verfügung"* zu stellen[51]. Als ein Ordinariat für Archäologie ausgeschrieben wurde, spielte in den Gutachten zu den Bewerbern eine Rolle, ob sie organisatorisches Geschick zu Ausbau und Ordnung einer Gipssammlung erwarten ließen[52]. Nachdem der Oberbürgermeister Adickes die Berufung Hans Schraders als ersten Vertreters der Archäologie an der Universität Frankfurt durchgesetzt hatte *(s. hier Beitrag Schädler)*, unterstützte er dessen Forderung, daß die Abgußsammlung im Universitätshauptgebäude unterge-bracht werden müsse, *„in unmittelbarem Zusammenhang*

mit den archäologischen und philologischen Semina-rien"[53]. Das Audimax in der bisher geplanten Form und Lage im Erweiterungsbau des Jügelhauses wich einem Oberlichtsaal für die Gipssammlung des Archäo-logischen Instituts; Universität und Stadt schrieben einen Etat zu deren Unterhalt und Vermehrung fest[54]. Als die Universität am 20.10.1914 eröffnet wurde, standen noch die Gerüste in den neuen Sammlungsräumen; die Anbringungs- und Malerarbeiten waren erst 1915 abge-schlossen *(Abb. 120)*[55].

Zu einer Zeit, in der anderwärts die Idee der Abgußsammlung selbst im Bereich der universitären Altertumswissenschaft in Zweifel geriet[56], baute Schrader die Frankfurter Abgußsammlung großartig aus. In seinem Sammlungskonzept zeigen sich gleichwohl deutlich die 'modernen' ästhetischen Maßstäbe seiner Archäologen-Generation: Der durch die Parthenonskulpturen erstmalig geweckte und durch die Funde der großen Ausgrabungen des späten 19. Jhs. weiter geförderte Sinn für 'Originale'

---

50) Zur Städelschen Abgußsammlung gehörten auch Abgüsse nach mit-telalterlicher und neuzeitlicher Plastik; ein 1907 angefertigtes Verzeichnis der von der Stadt übernommenen Gipse mit Preisen bzw. Schätzwerten führt 87 Antikenabgüsse (Friese u. Aegineten jeweils nur eine Nr.) auf, 85 Abgüsse nachantiker Plastik und 15 Abgüsse Geräte/Gefäße, gemischt; von 1909 bis 1912 ergänzt um 6 Abgüsse, darunter aus Privatbesitz ein Antikenabguß, Eumachia aus Pompeji, Neapel, Mus. Naz. Inv. 6232, R. Cantilena u.a., Le Collezioni del Museo Nazionale die Napoli I 2 (1989) 120f. Nr.116. - Ein Teil wurde anscheinend im eh. Senckenbergianum am Eschenheimer Tor magazi-niert, s. Brief der Stadtkämmerei an Städeldirektor Swarzenski vom 4.2. 1914 mit der Aufforderung, die dort untergebrachten Gipsfiguren und Modelle zu entfernen (Liebieghaus). Vgl. auch die knappe Skizze der Geschichte der Städelschen Abgußslg. bei H. Schrader, Städel-Jahrb. 1, 1921, 23f.

51) Inst. f. Stadtgesch. Ffm, Mag. Akt. S 29 1600 I, Magistrat an Stadtverordnetenversammlung, Vertragsentwurf vom Dez. 1910; die nachantiken Abgüsse wurden in der Dominikanerkirche ausgestellt, im Krieg zerstört.

52) Panzer, Rektor d. Akademie für Sozial- u. Handelswissenschaften, an Oberbürgermeister Adickes am 24.7. 1913 in Bezug auf Noack, Tübingen, und Thiersch, Freiburg: Geheim. Staatsarchiv Preuss. Kulturbesitz Sekt.5, Tit.4 Nr.4 Bd.1 Bl.20f.

53) Wachsmuth, Rektor der Akademie, an die Baukommission am 23.4.1914 und Adickes als Vorsitzender der Baukomm. an d. Verwaltungsausschuß der Akademie am 24.4.1914, Inst. f. Stadtgesch. Ffm., Mag.Akt. S 1671.

54) Die Städt. Galleriekommission gab jährlich 2.500 M für Vermehrung und Unterhaltung der Sammlung, die Universität ab 1922 über 3000 M incl. Bezahlung eines Wärters.

55) Übernahme-Quittung für alle Parthenonfriesabgüsse, Schrader an Swarzenski am 12.5.1915 (Liebieghaus); im Inventarbuch des Archäolog. Instituts ist die Ankunft der vom Städel übernommenen Abgüsse mit August 1915 angegeben; L 11.15.20.28.30.46.48. 52.60.67.71 erscheinen nicht im Inventar.

56) Himmelmann a.a.O. (s.o. Anm.1) 152ff.

in der doppelten Bedeutung des Wortes, als authentische, aber auch als frühe kräftige Schöpfungen einer Kultur, setzte sich seit Beginn des 20. Jhs. bei den Klassischen Archäologen nach und nach durch. Schrader, der selbst in Athen an der Veröffentlichung der archaischen Marmorplastik von der Akropolis mitwirkte[57], schaffte überwiegend Abgüsse von griechischen Originalen der Archaik, des Strengen Stils und der Hochklassik an, dabei möglichst laufend die jüngsten Neufunde aus Griechenland[58]. Dazu wurden Beispiele vor- und außergriechischer Frühkulturen erworben, Nachbildungen minoisch-mykenischer, ägyptischer und assyrischer Objekte, während das 4. Jh. v. Chr., der Hellenismus und gänzlich die römische Kaiserzeit vernachlässigt wurden.

Bis zum Jahr 1929 war die Abgußsammlung von 77 Nummern aus ehemaligem Städelschen Museumsbesitz auf 497 Nummern angewachsen. Von Nummer 466 an sind die Eintragungen im Inventarbuch des Archäologischen Instituts nicht mehr von Schraders, sondern von W.- H. Schuchhardts, seines Assistenten, Hand, der den seit Jahren kranken, 1930 ganz aus dem Universitätsdienst ausscheidenden Schrader vertrat (s. Beitrag Schädler). Im Mai 1929 wurde aus dem Städelfundus noch ein Restbestand an kleineren Abgüssen, v. a. Architekturteilen, Reliefs und Gefäßen

übernommen[59]. Doch die Absenz eines Ordinarius, der den Abgüssen so viel Wert beigemessen hatte, führte dazu, daß die Sammlung in erschreckend kurzer Zeit durch konkurrierende Interessen aus ihren Räumen gedrängt wurde. Das Kuratorium der Universität reklamierte 1931 wegen Raummangels die Stellfläche der Abgüsse und ordnete gegen den Einspruch des Dekans der Philosophischen Fakultät die Trennung der Sammlung von den altertumswissenschaftlichen Instituten und den Umzug in angemietete Räume der Unionsdruckerei, Bockenheimer Landstraße 136-138, an[60]. Diese Verlegung, mit der Schuchhardt und sein Hilfsassistent Volkert von Oktober 1931 bis zum Frühjahr 1932 beschäftigt waren, bedeutete eine teilweise Magazinierung[61]. Die im Universitäts-Hauptgebäude verstreut dekorativ aufgestellten Figuren blieben vorerst an ihrem Ort. 1932 wurden im Zuge der durch die Weltwirtschaftskrise ausgelösten drastischen Sparmaßnahmen die Mittel für die Sammlung um nahezu die Hälfte gekürzt[62].

Auch nachdem Ernst Langlotz am 17.1.1933 die Nachfolge Schraders auf dem lange vakanten Lehrstuhl antrat (s. hier Beiträge Bode - Maderna-Lauter), verschlechterten sich die Bedingungen zunehmend. Langlotz nahm zunächst die in der Universität verteilten Gipse in seine Obhut[63]. Aber zum 1.10.1933 lief der

57) Die archaischen Marmorbildwerke auf der Akropolis (1939); vgl. aber Schuchhardts Charakterisierung Schraders im Nachruf, Gnomon 22, 1950, 418ff., als „Klassizist von Geblüt", sein Phidiasbuch sei aus der „Sicht des klassizistischen Künstlers, der mit künstlerischem Auge klassizistische Vorstellung verwirklicht" sehe, geschrieben, im historischen Sinne sei diese Sicht ein Anachronismus.

58) s. das Inventarbuch im Archäolog. Institut; zu Schraders Sammlungskonzept er selbst im Städel-Jahrb. 1, 1921, 23f. und Schuchhardt a.a.O. 419.

59) 51 Nummern, bis auf weniges - Schauspielerrelief Neapel, Launitz'scher Abguß - nicht im alten Städel-Inventar!

60) UA., Archäol. Seminar, Allg. Verw. 1916-1951 I, Brief des Dekans der Phil. Fak., F. Schultz, an das Kuratorium der Universität am 9.6.1931.

61) ebenda, Schuchhardt a. d. Kuratorium am 4.11. u. 4.12.1931.

62) ebenda, Schuchhardt a. d. Kuratorium am 23.3. u. 28.4.1932; Kuratorium an Universitätskasse am 9.1.1933: Kürzung von 4.500 RM auf 2.500 RM.

63) ebenda, Langlotz a. d. Kuratorium am 4.12.1933.

Mietvertrag für die Sammlungsräume im Druckerei-gebäude aus. Langlotz bemühte sich vergeblich um eine andere Unterbringungsmöglichkeit für die Abgüsse. Stadt und Universität halfen nicht, einen Ausweg zu finden[64]. So blieb Langlotz schließlich nichts übrig, als die Abgüsse in den wenigen noch im Mietvertragsverhältnis verbliebenen vorderen, zur Bockenheimer Landstraße hin gelegenen Räumen zusammenzupferchen[65]. Daß der Erhalt der Sammlung noch weiter bedroht war, geht aus einem Brief Langlotz' aus Athen vom 12.10.1937 hervor, in dem er sich bei dem damaligen Rektor Platzhoff bedankt, daß dieser sich *„für den Weiterbestand der Abgußsammlung eingesetzt habe und damit eine Magazinierung verhindert werden konnte"*[66].

In diesen herabgekommenen Verhältnissen der weitestgehenden Geringschätzung durch Universität und Stadt ist eine der reichsten Abgußsammlungen Deutschlands bei dem besonders schweren Bombardement vom 15.3.1944 zugrunde gegangen. Erhalten blieb, wie schon anfangs erwähnt, kaum mehr als die Teile des Nord- und Westfrieses des Parthenon, die unter dem Fensterband der Laterne der Sammlungsräume eingemauert und bei der Auslagerung nicht entfernt worden waren *(Abb. 121)*. Leider haben diese seltenen Abgüsse, die genau genommen immer noch städtischer Besitz sind, nachdem sie der Obhut des Archäologischen Instituts räumlich und administrativ entzogen waren, durch mehrfache Übertünchung ihren spezifisch archäologischen Wert inzwischen eingebüßt[67].

Daß noch ein paar Abgüsse mehr die Kriegszerstörung überstanden hatten, geht aus einem Brief des Universitätsbauamtes vom 5.11.1948 an Guido von Kaschnitz Weinberg hervor, der seit dem 7.2.1944 Langlotz' Nachfolger auf dem Lehrstuhl für Archäologie war *(s. hier Beitrag Reinsberg)*: *„Beim Ausbau des ehe-maligen Raums der archäologischen Sammlung als Arbeitsraum des juristischen Seminars mußten die in die Front eingelassenen Zementabgüsse von Teilen des Parthenonfrieses entfernt werden, da an ihrer Stelle Fenster eingesetzt wurden. Die Reliefs konnten unbe-schädigt ausgebaut werden. Das gleiche gilt von einigen an der Wand des obersten Podestes im südlichen Treppenhaus bisher angebrachten Gipsabgüssen von weiteren Teilen desselben Frieses, die allerdings leichte Beschädigungen erlitten haben"*[68]. Diese Abgüsse, die dem Archäologischen Institut vom Bauamt zur Verfügung gestellt wurden, sind ebenso verschollen wie Kaschnitz' Antwort ans Bauamt.

Kaschnitz selbst scheint sich aber für den Aufbau einer neuen Abgußsammlung eingesetzt zu haben. Zwar verlautet in den Akten im Universitätsarchiv nichts darü-ber; aber aus einem alten Haushaltsbuch im Archäologischen Institut geht hervor, daß noch unter sei-ner Leitung 1953 eine Sendung von 24 Abgüssen aus den Berliner Formereien eintraf. Es handelte sich um eine wohlbedachte Auswahl kunsthistorisch exemplarischer Stücke, von der Archaik bis zur Spätantike, überwiegend von bescheidenen Dimensionen, Köpfe, Torsen und Reliefs.

Gerhard Kleiner, seit 1956 Ordinarius für Klassische Archäologie in Frankfurt *(s. Beitrag Hom-mel)*, hat zwar in erster Linie die Originalsammlung des

64) ebenda, Magistrat der Stadt Frankfurt a. d. Kuratorium am 6. u. 24.7.1933; Kulturamt a. d. Archäol. Institut am 24.7.1933; Langlotz a. d. Kuratorium am 19.11.1933; das Historische Museum, die eh. Blumenhalle und Messeschuppen waren im Gespräch.

65) ebenda, Langlotz a. d. Kuratorium am 18.3.1934.

66) UA., Personalakte Langlotz.

67) Heute befindet sich in diesem Trakt das Institut für Öffentl. Wirtschaft, Geld u. Währung; dem Vernehmen nach soll unter dem Parthenonfries demnächst ein Computer-Pool eingerichtet werden.

68) UA., Personalakte Kaschnitz-Weinberg, 5.11.1948; das Bauamt schlug eine Anbringung i. d. Vorhalle der Aula u. d. darunterliegenden Vorhalle vor.

Instituts ausgebaut, aber auch die Abgußsammlung bereichert, als Ausgräber von Milet insbesondere durch Beispiele archaisch-milesischer Plastik. Unter Kleiner zog das Archäologische Institut 1960 in das neue Philosophicum um und konnte seine Abgußsammlung in einem geeigneten Oberlichtsaal aufstellen, wo Peter Hommel sie bis 1990 betreute und in regelmäßigen Lehrveranstaltungen den Studenten vertraut machte.

Unter Hans v. Steuben, von 1973 bis 1994 Lehrstuhlinhaber, ist die Abgußsammlung auf 145 Stücke angewachsen. Da das Institut seit den Kriegsjahren keinen Etat mehr zur Pflege und Vermehrung einer Abgußsammlung zur Verfügung hat, sind es neben der Vereinigung von Freunden und Förderern der Universität private Spender, vor allem aus dem Kreis der Studenten und Gasthörer, die diesen Zuwachs ermöglichen[69].

ABKÜRZUNGSVERZEICHNIS

Bethmann	K. Appelshäuser - U. Schädler, Katalog der Abgüsse antiker Plastik in den beiden Bethmannschen Museen, hier S. 226 ff..
Ehrhardt	W. Ehrhardt, Das Akademische Kunstmuseum der Universität Bonn unter der Direktion von Friedrich Gottlieb Welcker und Otto Jahn (1982)
Fuchs	W. Fuchs, Die Skulptur der Griechen[2] (1979)
Glyptothek	K. Vierneisel - G. Leinz (Hrsg.), Glyptothek München 1830-1980 (1980)
Helbig	W. Helbig - H. Speier, Führer durch die öffentlichen Sammlungen Klassischer Altertümer in Rom[4] I-IV (1963-1972)
L	Liste der Erwerbungen von Gipsabgüssen nach antiker Großplastik des Städelschen Kunstinstituts zwischen 1818 und 1898, hier S. 247 ff.
Launitz	E. Schmidt von der Launitz, Erläuterungen zu den Abgüssen über antike Bildwerke in dem Städelschen Kunstinstitut zu Frankfurt am Main (1833)
Mansuelli	G. A. Mansuelli, Galleria degli Uffizi. Le Sculture I (1958)
Parthenon-Kongreß	E. Berger (Hrsg.), Parthenon-Kongreß Basel 1982, Referate und Berichte (1984)
Städel-verzeichnis	Verzeichnis der öffentlich ausgestellten Kunst-Gegenstände des Städelschen Kunstinstituts (1835-1888)
Vanni	Neuestes Verzeichnis der vorzüglichsten Gyps-Abgüsse über antike und moderne Gegenstände, zu haben bei Antonio Vanni (1868)

---

69) Das Institut dankt an dieser Stelle besonders der Gasthörerin Inge Neidhardt für die zahlreichen Schenkungen von Abgüssen.

Liste der Erwerbungen von Gipsabgüssen nach antiker Großplastik des Städelschen Kunstinstituts zwischen 1818 und1898.

(Inv.-Nummern nach dem Inventarbuch von 1883, das keiner strengen chronologischen Ordnung folgt)

1. Fries vom Parthenon in Athen
Inv.7; vor 1819 erworben; Launitz 18ff.56.
Athen, Akropolis, und London, Brit. Mus.; Westfriesplatten: II-IV. V9. VI-X. XII-XV29; F. Brommer, Der Parthenonfries (1977) Taf.9-43; Nordfriesplatten: XXXIII. XXXIV. XXXVI. XXXVIII-XLII; ebenda Taf.94-102; Südfriesplatten: XXX. XL; ebenda Taf.147.155; Ostfriesplatten: III. IV20-22.26.27; V. VI42-48. VII; ebenda Taf.167-186.

2. 12 Südmetopen vom Parthenon
Inv.8-19; vor 1833 erworben; Launitz 18.36. Darunter die Metopen III. VII. XXVII. XXVIII. XXXI in London, Brit. Mus.; F. Brommer, Die Metopen des Parthenon (1967) Taf.169.187.217.221.233; und die Metope X in Paris, Louvre; ebenda Taf.197.

3. Liegender aus dem Ostgiebel des Parthenon (Ost D)
Inv.20; vor 1823 erworben; Launitz 17.
London, Brit. Mus. Inv.303D; F. Brommer, Die Skulpturen der Parthenongiebel (1963) Taf.27ff.

4. Liegender aus dem Westgiebel des Parthenon (West A)
Inv.21; vor 1823 erworben; Launitz 3.
London, Brit. Mus. Inv.304A; Brommer a.a.O. Taf.81ff.

5. Pferdeköpfe vom Gespann des Helios aus dem Ostgiebel des Parthenon (Ost B)
Inv.22; vor 1833 erworben; Launitz 17.
London, Brit. Mus. Inv.303B; Brommer a.a.O. Taf.23.

6. Pferdekopf vom Gespann der Selene aus dem Ostgiebel des Parthenon (Ost O)
Inv.23; vor 1833 erworben; Launitz 33.
London, Brit. Mus. Inv.303 O; Brommer a.a.O. Taf.56.

7. Fries vom Apollontempel von Phigalia-Bassae (vollständig)
Inv.47; vor 1819 erworben; Launitz 36ff.
London, Brit. Mus.; Ch. Hofkes-Brukker, Der Bassae-Fries (1975).

8. Amazone Mattei
Inv.39; 1830 erworben, fcs. 300,—; Launitz 10.
Rom, Vatikan Inv.748; Helbig I Nr.126 (v. Steuben); Fuchs Abb.210.

9. sog. Antinous vom Kapitol, Hermes
Inv.24; 1830 erworben, fcs. 140,—; Launitz 16.
Rom, Kap. Mus. Inv.741; Helbig II Nr.1424 (v. Steuben); S. Aurigemma, Villa Adriana (1961) Abb.202f.

10. sog. Iason; Hermes, die Sandale bindend, Typus Landsdown
Inv.53; 1830 erworben, fcs. 160,—; Launitz 32.
Paris, Louvre Inv.MA 83 (aus Villa Montalto-Negroni); LIMC V (1990) s.v. Hermes 368 Nr.958b Taf.280 (Siebert).

11. Satyr mit Ziegenböckchen
Inv.55; 1830 erworben, fcs. 80,—; Launitz 32.
Madrid, Prado Inv.29E; A. Blanco, Catalogo de la Escultura (1957) Taf.12f.

12. Aphrodite von Melos
Inv.37; „Pariser Abguß", 15.3.1831 erworben; Launitz 11.
Paris, Louvre Inv.399; Fuchs Abb.251.

13. Aphrodite von Arles
Inv.32; „Pariser Abguß", 15.3.1831 erworben; Launitz 13.
Paris, Louvre Inv.439; Fuchs Abb.233.

14. Dornauszieher
Inv.36; „Pariser Abguß", 15.3.1831 erworben; Launitz 12.
Rom, Kons. Pal. Inv.1186; Helbig II Nr.1448 (Fuchs); Fuchs Abb.315f.

15. Knöchelspielerin
Inv.35; „Pariser Abguß", 15.3.1831 erworben; Launitz 15.
Berlin, Staatl. Museen Inv.494; V. Zinserling, Die Frau in Hellas und Rom (1972) Abb.75.

16. sog. Todesgenius, Narkissos
Inv.65; „Pariser Abguß", 15.3.1831 erworben; Launitz 24.
Paris, Louvre Inv.MA 435; F. de Clarac, Musée de Sculpture Antique et Moderne (1826-1853) Taf.300,1859; LIMC VI (1992) s.v. Narkissos 705 Nr.21 Taf.417 (B. Ragn); F.G. Welcker, Das Akademische Kunstmuseum in Bonn (1827) Nr.193.

17. sog. Achilleus, Ares Borghese
Inv.67; „Pariser Abguß", 15.3.1831 erworben; Launitz 23; vgl. Bethmann Nr.13.
Paris, Louvre Inv.866; Fuchs Abb.86.

18. Torso vom Belvedere
Inv.45; vor 1833 erworben; Launitz 4.
Rom, Vatikan Inv.1192; Helbig I Nr.265 (Fuchs); Fuchs Abb.313f.

19. Antretender Diskobol
Inv.43; vor 1833 erworben; Launitz 10.
Rom, Vatikan Inv.2349; Helbig I Nr.501 (Fuchs); Fuchs Abb.91.

20. sog. Germanicus; Statue vom Typus Hermes Ludovisi mit Porträtkopf, Werk des Kleomenes
Inv.26; fcs. 140,-; vor 1833 erworben; Launitz 15; vgl. Bethmann Nr.32.
Paris, Louvre Inv.MA 1207; K. de Kersauson, Cat. des portraits romains I (1986) 46 Nr.18.

21. Silen mit Dionysoskind
Inv.41; vor 1833 erworben; Launitz 9; sicher aus Paris erworben wie 1820 der Abguß in Bonn, Ehrhardt 43; vgl. Bethmann Nr.6.
Paris, Louvre Inv.922, aus Slg. Borghese; Fuchs Abb.401.

22. sog. Aristides, Aischines
Inv.28; vor 1833 erworben; Launitz 14, vgl. auch hier Beitrag Stutzinger; wohl aus Paris erworben wie 1835 der Abguß in Bonn, Verzeichnis der Abguß-Sammlung des Akad. Kunstmuseums der Universität Bonn (1981) Nr.76.
Neapel, Mus. Naz. Inv.6028; G.M.A.Richter, The Portraits of the Greeks II (1959) 213 Nr.6 Abb.1369ff.

23. Eros von Centocelle
Inv.34; vor 1833 erworben; Launitz 11; sicher aus Paris wie 1820 der Abguß Bonn, Ehrhardt 44 Anm. 133.
Rom, Vatikan Inv.769; Helbig I Nr.116 (v. Steuben); Fuchs Abb.105.

24 Eros Elgin
Inv.48; vor 1833 erworben; Launitz 14.
London, Brit. Mus. Inv.1672; A Description of the Coll. of Ancient Marbles in the Brtitish Museum IX (1842) Taf.2.3.

25. Niobe, Büstenabguß
Inv.27; vor 1833 erworben; Launitz 15; vgl. Bethmann Nr.42.
Florenz, Uffizien Inv.294; Mansuelli Nr.70.

26. Medusa Rondanini
Inv.29; vor 1833 erworben; Launitz 14.
München, Glyptothek Inv.Gl.252; B. Vierneisel-Schlörb, Kat.
der Skulpturen der Glyptothek München II, Klassische
Skulpturen (1979) Nr.7 Abb.31ff.

27. Fechter Borghese
Inv.49; vor 1833 erworben; Launitz 34; wohl aus Paris wie
1820 der Abguß in Bonn, Ehrhardt 43; vgl. Bethmann Nr.1.
Paris, Louvre Inv.527; Fuchs Abb.140ff.

28. sog. Ildefonso-Gruppe
Inv.71; vor 1833 erworben; Launitz 21f.
Madrid, Prado Inv.28E; A. Blanco, Catalogo de la Escultura
(1957) Taf.10f.; P. Zanker, Klassizistische Statuen (1974) 28
Nr.26 Taf.30.

29. Angelehnter Satyr
Inv.51; vor 1833 erworben; Launitz 33; wohl aus Paris wie
1820 der Abguß in Bonn, Ehrhardt 43.
Rom, Kap. Mus. Inv.739; Helbig II Nr.1429 (v. Steuben); G.E.
Rizzo, Prassitele (1957) Taf.53ff.

30. sog. Apollino
Inv.69; vor 1833 erworben; Launitz 22; vgl. Bethmann Nr.18.
Florenz, Uffizien Inv.229; Mansuelli Nr.46.

31. Artemis von Versailles
Inv.58; vor 1833 erworben; Launitz 30; vgl. Bethmann Nr.2.
Paris, Louvre Inv.589; G. Lippold, Die griechische Plastik,
Hdbuch d. Arch. III (1959) Taf.98,2.

32. Laokoon
Inv.60; fcs. 400,-; vor 1833 erworben; Launitz 27ff.; vgl.
Bethmann Nr.3.
Rom, Vatikan Inv.1059; Helbig I Nr.219 (Fuchs); Fuchs
Abb.421.

33. Apoll von Belvedere
Inv.63; vor 1833 erworben; Launitz 25ff.; vgl. Bethmann Nr.5.
Rom, Vatikan Inv.1015; Helbig I Nr.226 (Fuchs); Fuchs
Abb.112.

34. Zweitjüngste Tochter der Niobe, Typus Chiaramonti,
Büstenabguß
Inv.59 oder 62; vor 1833 erworben; Launitz 27; vgl. Bethmann
Nr.40.
Florenz, Uffizien Inv.300; Mansuelli Nr.72.

35. Zeus von Otricoli, Kopf
Inv.64; vor 1833 erworben; Launitz 24; wohl aus Paris wie
1820 der Abguß in Bonn, Ehrhardt 43; vgl. Bethmann Nr.21.
Rom, Vatikan Inv.257; Helbig I Nr.33 (v. Steuben); Fuchs
Abb.685.

36. sog. Brutus der Ältere, Büste
Inv.57; vor 1833 erworben; Launitz 31; wohl aus Paris, vgl.
Verzeichnis der Abguß-Sammlung des Akad. Kunstmuseums
der Universität Bonn (1981) Nr.385; vgl. Bethmann Nr.36.
Rom, Kons. Pal. Inv.1183; Helbig II Nr.1449 (Dohrn); E.
Buschor, Das hellenistische Bildnis[2] (1971) Nr.45.

37. sog. Marcellus, jugendliches antoninisches Porträt,
Büste
fehlt im Inv. von 1883; zwischen 1833 u. 1835 erworben;
Städelverzeichnis 1835 Nr.5; ein Abguß im Mannheimer
Antikensaal: W. Schiering in: H. Beck u.a. (Hrsg.),
Antikensammlungen des 18. Jhs. (1981) 265.
Rom, Kap. Mus.; H. Stuart-Jones, The Sculptures of the Museo
Capitolino (1912) 187 Imp. 3 Taf.46.

38. Büste des Vitellius
Inv.54; zwischen 1833 u.35 erworben; Städelverzeichnis 1835
Nr.9.
Paris, Louvre Inv.1260; F. de Clarac, Musée de Sculpture
Antique et Moderne (1826-53) VI Taf.1106,3280A.

39. Büste des Caracalla
Inv.56; zwischen 1833 u. 35 erworben; Städelverzeichnis 1835
Nr.18.
Paris, Louvre Inv.MA 1111; Clarac a.a.O. Taf.1075,3319A;
H.B. Wiggers - M. Wegner, Das römische Herrscherbild III 1
(1971) 75.

40. Büste des Homer

Inv.42; zwischen 1833 u. 35 erworben; Städelverzeichnis 1835 Nr.20.

Paris, Louvre Inv.440, eh. Rom, Kap. Mus.; R.u.E. Boehringer, Homer (1939) 114 Blindentypus IX Taf.75ff.

41. Sohn der Niobe, Büstenabguß

Inv.25; zwischen 1833 u. 35 erworben; Städelverzeichnis 1835 Nr.22; bei Vanni: Nr.150-152.

Florenz, Uffizien, nicht genau bestimmbar; Mansuelli Nr.74-80.

42. Büste des Nero

Inv.52; zwischen 1833 u. 35 erworben; Städelverzeichnis 1835 Nr.24.

Paris, Louvre Inv.MA 1225; J.J. Bernoulli, Römische Ikonographie II 1 (1886) 396 Nr.24 Taf.25.

43. sog. Themistokles, Herme eines Strategen

fehlt im Inv. von 1883; zwischen 1833 u. 35 erworben; Städelverzeichnis 1835 Nr.33.

Rom, Vatikan Inv.306; Helbig I Nr.85; D. Pandermalis, Untersuchungen zu den klassischen Strategenköpfen (1969) 56ff. Taf.16,1-3.

44. Sokrates, Herme mit Inschrift

Inv.40; zwischen 1833 u. 35 erworben; Städelverzeichnis 1835 Nr.35; vgl. Bethmann Nr.35.

Rom, Vatikan Inv.314; Helbig I Nr.79 (v. Heintze); G.M.A. Richter, The Portraits of the Greeks I (1965) 110 Nr.1 Abb.459 (?).

45. Tochter der Niobe, Büstenabguß

Inv.59 o. 62; zwischen 1833 u. 35 erworben; bei Vanni: Nr.145 o. 147.

Florenz, Uffizien, nicht genau bestimmbar; Mansuelli Nr.70 (Mutter mit jüngster Tochter) oder Nr.71 (älteste Tochter).

46. Hercules-Commodus, Büstenabguß

Inv.46; zwischen 1833 u. 35 erworben; Städelverzeichnis 1835 Nr.45; = bei Vanni Nr.96 (?).

Angebl. aus dem Belvedere des Vatikan, nicht bestimmbar.

47. Büste des Caligula

Inv.68; zwischen 1833 u. 35 erworben; Städelverzeichnis 1835 Nr.47.

Paris, Louvre (Bronze); R. Kékulé; Das Akademische Kunstmuseum in Bonn (1872) Nr.520.

48. Dionysos Richelieu, Büstenabguß

Inv.38; zwischen 1833 u. 35 erworben; Städelverzeichnis 1835 Nr.49; vgl. Bethmann Nr.27.

Paris, Louvre Inv.MA 87; W. Fröhner, Notice de la Sculpture Antique de Musee National du Louvre I (1878) 234 Nr.217; F. de Clarac, Musée de Sculpture Antique et Moderne (1826-53) Taf.272,1570.

49. Psyche von Capua

Inv.50; erworben zwischen 1833 u. 35; Städelverzeichnis 1835 Nr.29; bei Vanni: Nr.68.

Neapel, Mus. Naz. Inv.6019; B. Maiuri, Museo Nazionale di Napoli (1957) Abb.29.

50. Torso einer nackten Aphrodite

Inv.70; zwischen 1833 u. 35 erworben; Städelverzeichnis 1835 Nr.51.

Original nicht sicher identifizierbar; C. Friederichs - P. Wolters, Die Gipsabdrücke antiker Bildwerke i. d. Königlichen Museen zu Berlin (1885) Nr.1466.

51. Dioskuren von Monte Cavallo, Büstenabgüsse

Inv.30.31; zwischen 1833 u. 35 erworben; Städelverzeichnis 1844 Nr.12; Vanni Nr.75, nach Launitz'schen Abgüssen.

Rom, Quirinal; R. Bandinelli in: Festschrift A. Grenier I (1962) Taf.53-55.

52. Aphrodite Medici

Inv.72; zwischen 1835 u. 44 erworben; Städelverzeichnis 1844 Nr.79; Vanni Nr.29, nach Launitz'schem Abguß.

Florenz, Uffizien Inv.224; Mansuelli Nr.45.

53. sog. Kniender Niobide, Troilus oder Ilioneus

Inv.33; zwischen 1835 u. 44 erworben; Städelverzeichnis 1844 Nr.14; Vanni Nr.3.

München, Glyptothek Inv.Gl.270; B. Vierneisel-Schlörb, Die klassischen Skulpturen (1979) Nr.39 Abb.210ff.

54. Büste des Augustus

Inv.66; zwischen 1835 u. 44 erworben; Vanni Nr.106; vgl. Bethmann Nr.38.

Rom, Vatikan, Museo Chiaramonti; W. Amelung, Die Skulpturen des Vatikanischen Museums I (1903) 716 Nr.601 Taf.77 (?).

55. Amazonen-Sarkophag

Inv.73-76; 1852 erworben.

Wien, Kunsthistorisches Museum Inv.I 169; H. Schrader, Phidias (1924) 98ff. Abb.80-83.

56. Hermes des Praxiteles

Inv.223; erworben 31.7.1879 von der Generalverwaltung der Köngl. Museen Berlin.

Olympia, Archäol. Museum; E. Curtius - F. Adler (Hrsg.), Olympia. Die Ergebnisse der vom Deutschen Reich veranstalteten Ausgrabung in Olympia III (1894/7) 194ff. Taf.85ff. (G. Treu); Fuchs Abb.400.

57. Giebelfiguren des Aphaia-Tempels von Aegina

Inv.241-251; erworben 26.6.1883 von Antonio Vanni Erben; Städelverzeichnis 1888 Nr.11; Vanni Nr.1.

München, Glyptothek; 10 Westgiebel-Figuren (in der klassizistischen Aufstellung von li. nach re.): VII Inv.79; V Inv.78; IV Inv.77; II Inv.76; XIII Inv.75; I Inv.74; IX Inv.80; XI Inv.81; XII Inv.82; XIV Inv.83; A. Furtwängler, Aegina. Das Heiligtum der Aphaia (1906) Taf.96, 33.32.29. 22.13.19.14.8.3.1; 1 Ostgiebel-Figur: XI Inv.85, ebenda Taf.95,41.

58. Karyatide vom Erechtheion in Athen

Inv.261; erworben 13.6.1884 von A. Vanni Erben; Städelverzeichnis 1888 Nr.8; Vanni Nr.6.

London, Brit. Mus. Inv.407; H. Lauter, Antike Plastik XVI (1976) 21ff. Nr.C Taf.23-31.

59. Apoxyomenos des Lysipp

Inv.258; erworben 13.6.1884 von A. Vanni Erben; Städelverzeichnis 1888 Nr.15; Vanni Nr.19.

Rom, Vatikan Inv.1185; Helbig I Nr.254 (Fuchs); Fuchs Abb.96.

60. Schleifer, Skythe

Inv.259; erworben 13.6.1884 von A. Vanni Erben; Städelverzeichnis 1888 Nr.51; Vanni Nr.32.

Florenz, Uffizien Inv.230; Mansuelli Nr.55.

61. Ringergruppe

Inv.260; erworben 2.7.1884 von A. Vanni Erben; Städelverzeichnis 1888 Nr.18; Vanni Nr.33.

Florenz, Uffizien Inv.216; Mansuelli Nr.61.

62. Satyr aus der 'Aufforderung zum Tanz'

Inv.256; erworben 2.7.1884 von A. Vanni Erben; Städelverzeichnis 1888 Nr.16; Vanni Nr.30.

Florenz, Uffizien Inv.220; Mansuelli Nr.51.

63. Sterbender Gallier

Inv.257; erworben 2.7.1884 von A. Vanni Erben; Städelverzeichnis 1888 Nr.49; Vanni Nr.10.

Rom, Kap. Mus. Inv.747; Helbig II Nr.1436 (v. Steuben); Fuchs Abb.353.

64. sog. Tauschwestern aus dem Ostgiebel des Parthenon

Inv.276; erworben 2.8.1887 von A. Vanni Erben; Städelverzeichnis 1888 Nr.6; Vanni Nr.1.

London, Brit. Mus. Inv.303 L.M; F. Brommer, Die Skulpturen der Parthenongiebel (1963) Taf.45.48ff.

65. sog. Juno Ludovisi

Inv.277; erworben 2.8.1887 von A. Vanni Erben; Verzeichnis 1888 Nr.26; Vanni Nr.76; vgl. Bethmann Nr.41.

Rom, Mus. Naz. Inv.8631; Helbig III Nr.2341 (v. Heintze); H.v. Heintze, Opus Nobile 4 (1957).

66. Agrippina im Typus einer sitzenden Aphrodite

Inv.283; erworben 5.2.1889 von der Generalverwaltung der Königl. Museen in Berlin.

Neapel, Mus. Naz. Inv.6029, aus Slg. Farnese; R. Cantilena u.a., Le Collezioni del Museo Nazionale di Napoli I 2 (1989) 156f. Nr.23.

67. Kapitolinische Aphrodite

Inv.284; erworben 10.5.1889 in der Versteigerung A. Vanni; Vanni Nr.11.

Rom, Kap. Mus. Inv.409; Helbig II Nr.1277 (v. Steuben); M. Bieber, The Sculpture of the Hellenistic Age² (1961) 20 Taf.34f.

68. Athena Giustiniani

Inv.285; erworben 10.5.1889 i. d. Versteigerung Vanni; Vanni Nr.14.

Rom, Vatikan Inv.2223; Helbig I Nr.449 (Fuchs).

69. Ares Ludovisi

Inv.286; erworben 10.5.1889 i. d. Versteigerung Vanni; Vanni Nr.15.

Rom, Mus. Naz. Inv.8602; Helbig III Nr.2345 (Zanker); Fuchs Abb.299.

70. Satyr Borghese

Inv.287; erworben 10.5.1889 i. d. Versteigerung Vanni; Vanni Nr.16.

Rom, Villa Borghese Inv.802; Helbig II Nr.1995 (v. Steuben); M. Bieber a.a.O. 39 Abb.94.

71. sog. Ajax aus der Pasquino-Gruppe, Büstenabguß

Inv.288; erworben 10.5.1888 i. d. Versteigerung Vanni; Vanni Nr.81; vgl. Bethmann Nr.43.

Rom, Vatikan Inv.694; Helbig I Nr.170 (Fuchs); W. Amelung, Die Skulpturen des Vat. Mus. II (1908) 506ff. Nr.311 Taf.68.73.

72. Molosserhund

Inv.289; erworben 10.5.1889 i. d. Versteigerung Vanni; Vanni Nr.172.

Florenz, Uffizien Inv.67; Mansuelli Nr.49.

73. Athena Lemnia

Inv.309; erworben 31.1.1896 von der Formerei der Königl. Skulpturensammlung in Dresden.

Dresden, Skulpturenslg.; Fuchs Abb.204 (Rekonstruktion); A. Linfert, Athen. Mitt. 97, 1982, 74 Taf.21.

74. Eros und Psyche

Inv.311; erworben 22.11.1898 von Cesare Malifieri, Rom.

Rom, Kap. Mus. Inv.408; Helbig II Nr. 1434 (v. Steuben); H. Stuart-Jones, The Sculptures of the Museo Capitolino (1912) 185 Nr.2 Taf.45.

DAGMAR STUTZINGER

Das Geschäft mit der Antike - Die Gipsformer Marco, Antonio und Valentin Vanni

Kaum etwas macht die Einrichtung der bürgerlichen Wohnstube in den Augen der Nachfahren so lächerlich wie Elfenreigen oder Röhrender Hirsch über dem Sofa und die Beethovenbüste auf dem Klavier. Und doch zeigt sich darin nicht nur das Bedürfnis, *„einer comfortabel ausgestatteten Wohnung den wirklich wahren Reiz zu verleihen, und dieselbe für die Bewohner anheimelnd und einladend zu machen"* und durch *„die Ausschmückung derselben mit plastischen Kunstwerken"* *„einen vollendet harmonischen Eindruck zu erzielen"*[1], sondern auch ein Bedürfnis, sich mit Kunst und Kulturgütern zu umgeben, und sei es nur, um seine Bildung kundzutun. Nicht jeder war allerdings wie Otto Jahn in der Lage, eine zeitgenössische Porträtbüste aus Künstlerhand zu erwerben[2], und so konnte sich ein blühendes Reproduktionsgewerbe entwickeln, das die Bedürfnisse der Kundschaft von der Nippfigur über die Porträtbüsten diverser Größen bis hin zur Reproduktion berühmter Kunstwerke befriedigte. Unter den Reproduktionen von Kunstwerken, die die Preislisten der verschiedenen *„Kunstgießereien"* und *„Kunst-Anstalten"* verzeichnen, nahmen die Antiken, auch zahlenmäßig, einen besonderen Rang ein, was für das noch stark in klassizistischen Traditionen stehende 19.Jh. nicht verwundert. Sie konnten nicht nur in Originalgröße, sondern auch in verschiedenen Verkleinerungen und ausschnittsweise als Büste oder Kopf bezogen werden.

In Frankfurt arbeiteten, wie aus Archivalien und neuerdings auch aus einem Grabungsbefund hervorgeht, mehrere solcher Reproduktionsbetriebe, darunter die im deutschen Bereich nicht übertroffene Gipsformerei der Familie Vanni. Andere Betriebe wie G. Pierotti oder Ihleé und Breul, die Reproduktionen aber wohl nur vertrieben, sind dem Namen nach bekannt[3], von dem gescheiterten Versuch des Modellierers Michel Pierre Boulon aus Paris, sich in Frankfurt niederzulassen, erfährt man aus einer Eingabe der Vannis an den Rat[4]. Unbekannt ist, wer die Werkstatt führte, deren Überbleibsel *„während der archäologischen Untersuchungen des südlichen Teils der Judengasse auf dem Börneplatz unter dem heutigen Kundenzentrum der Stadtwerke in den Schuttschichten der Kellerverfüllungen der Häuser 'Zum Kamel' und 'Klause-Raum 2' gefunden wurden. Es befinden sich darunter zahlreiche Reste von Gipsformen und Kleinplastiken; die Reste weggeschütteter Gipsmasse bestätigten die Vermutung, daß mindestens zur Abbruchzeit dieser Häuser im Jahre 1883 in deren unmittelbarer Nähe auch ein Stukkaturbetrieb eine Werkstatt haben mußte"*[5]. Neben anderen Nippfigürchen fand sich im Werkstattschutt auch Antikisierendes, meh-

---

1) Neuestes Preis-Verzeichniss antiker und moderner Bildwerke aus Marmor, Elfenbeinmasse und Gyps. Gebrüder Schulz. Berlin S., Prinzenstr. 11. Kunst-Giesserei und Bildhauer-Werkstatt (1887), Vorwort.

2) s. hier Beitrag Stutzinger, S. 292.

3) vgl. G. De-Botazzi, Italiani in Germania. Als Italiener im Deutschland der Jahrhundertwende (1993/ ital. Originalausgabe 1895) 73; Senatssupplikation 463/2 [b], s.u. Anm.15.28.

4) ebenda.

5) Auskunft von S.Valovic und N.Ljamic-Valovic (Altstadtgrabung Judengasse/Börneplatz in Frankfurt a.M.).

rere Köpfchen, eine fragmentierte Panzerbüste in Verkleinerung. Eindeutig zu benennen sind die Köpfchen der Hebe von Canova sowie des Apoll vom Belvedere und der Artemis von Versailles *(Abb.122)*, die wohl als Pendants gedacht waren. Dies würde nicht überraschen, zumal in Frankfurt nicht, wo Abgüsse der beiden berühmten Antiken im Bethmannschen Ariadneum zuerst einen Abguß des Laokoon *(Abb.118)* und später Danneckers Statue flankierten[6]. Eine ganz ähnliche Kombination von antiker und klassizistischer Skulptur war früher in Stuttgart zu bewundern; dort rahmten Apoll und Artemis am sogenannten Epaulett-See die Quellnymphen Danneckers[7]. Es war nicht nur das Schreitmotiv, das die beiden Statuen für eine paarweise Aufstellung prädestinierte, man empfand auch eine stilistische Ähnlichkeit, schrieb die Statuen einem Meister zu[8]. Als Pendants aufgestellt waren sie daher auch in der ersten Bonner[9] und der Karlsruher sowie der Städelschen Abgußsammlung[10]. Das kleine Format der Gipse vom

Börneplatz zeigt, daß sie dekorativen Zwecken von *„Privaten für Haus, Salon, Boudoir und Garten"*[11] dienen sollten. Darin stehen sie auf einer Stufe mit den offenbar unzähligen Verkleinerungen der Ariadne, die auch als Touristenandenken begehrt waren: *„Kein Sohn, keine Tochter Albions kam hierher, die nicht durch den Kauf von Ariadne ihren Kunstsinn bezeugen wollte. So kamen von diesen Kunstwerken viele Tausende in das In- und Ausland, die alle durch ihre Schönheit den Sinn für das Edle erweckten"*[12]. Zu verdanken war diese Flut von Ariadnen den Frankfurter Gipsfabrikanten Vanni, die das Kunstwerk von Dannecker *„in kleiner Form kopiert und in Gipsabgüssen vervielfältigt"*[13] verkauften. Die Fa. Vanni bediente jedoch nicht nur Privatleute, sondern in weit höherem Maße öffentliche Institutionen wie Kunstakademien, Universitäten und Museen, die sich seit dem Beginn des 19. Jhs. bemühten, große Abgußsammlungen aufzubauen[14].

---

6) Ellen Kemp, Ariadne auf dem Panther (1979) 19-21 Abb. S.23; zur Aufstellung im ersten Bethmannschen Museum *s. hier Beitrag Appelshäuser.*

7) Schwäbischer Klassizismus zwischen Ideal und Wirklichkeit 1770 - 1830. Ausstellungskat. Stuttgart (1993) 15f. Abb.6.

8) Eduard Schmidt von der Launitz, Erläuterungen zu den Abgüssen über antike Vorbilder in dem Städelschen Kunstinstitut zu Frankfurt am Main (1833) 30f.

9) W.Ehrhardt, Das Akademische Kunstmuseum der Universität Bonn unter der Direktion von Friedrich Gottlieb Welcker und Otto Jahn (1982) 47-53 Abb.2f.

10) Badisches Landesmuseum. 150 Jahre Antikensammlungen in Karlsruhe 1838 - 1988 (1988) 18-25 Abb.13 (Entwurf von H. Hübsch für die Kunsthalle mit Aufstellung von Abgüssen, 1837). Abb.17 (Gipse im Saal der badischen Malerei). Zur Städelschen Sammlung *s. hier Beitrag Mandel.*

11) Rudolf Bangel's CC. Kunstauction. Verzeichniss einer reichhaltigen Sammlung von Gipsabgüssen nach antiken und modernen Statuen u. dgl., sowie einiger Original-Modelle und italienischer Marmorwerke, welche nebst den Formen zu den Abgüssen, Montag, 6.Mai 1889 und folgende Tage täglich Vormittags 10 und Nachmittags 3 Uhr anfangend im Museumsgebäude: Eckenheimerlandstrasse 57 in Frankfurt a.M. öffentlich versteigert werden, Vorwort. - Das Köpfchen des Apoll (Mus.f.Vor- u.Frühgesch. Inv.1987.35.12.3.21.18) hat eine Höhe von 9,7cm und eine Gesichtshöhe von 4,5cm, das der Artemis (Mus. f. Vor- u. Frühgesch. Inv.1987.35.12.3.21.20) von 8,4cm bzw. 4,3cm.

12) H.Becker im Frankfurter Topograph 1893 Nr.3, wiederabgedruckt bei J. Dillmann, Der alte Friedhof in Sachsenhausen (1926) 59.

13) ebenda.

14) *s. hier Beitrag Mandel.*

Die Familie Vanni[15] war seit 1818 in Frankfurt am Main ansässig. Marco Antonio Vanni (5.5.1781 - 12.7.1851) war aus dem Ort Coreglio im Herzogtum Lucca gebürtig und hatte sich *„von jeher dem Geschäft eines Gipsfiguranten gewidmet"*. Nach Jahren eines unsteten Wanderlebens - das Jahr 1806 sieht ihn in Warschau, wo er auch seine Frau Mariana Piotrowska heiratet, das erste Kind, eine Tochter, wird 1807 in Dinkelsbühl geboren, ein Sohn 1809 in Kleve getauft, das dritte Kind, wieder eine Tochter, kommt 1815 in Wesel zur Welt, erst der zweite Sohn 1821 in Frankfurt - ließ Vanni sich 1818 in Frankfurt nieder, wo er als Permissionist den Beruf eines *„Gipsfiguranten"* ausüb-

te[16]. Vierzehn Jahre später, nachdem sich das Geschäft offenbar sehr zufriedenstellend entwickelt hatte, suchte Vanni um Beisassenschutz nach, der ihm vom Rat der Stadt mit Beschluß vom 17.5.1832 erteilt wurde. Sein Vermögen bezifferte Vanni bei der mündlichen Verhandlung vor dem Jüngeren Bürgermeisteramt mit 3500 fl.[17]; aber schon 1841 suchte er beim Rat um die Erlaubnis nach, die Summe von 4887 fl. als Hypothek auf das Haus anzulegen, das sein Sohn Bartholomäus Antonio in der Kruggasse erworben hatte[18]. So erklärt Vanni in einer weiteren Senatssupplikation aus dem Jahre 1845 zu Recht: *„Ohne Vermögen und mit einem kleinen Geschäfte beginnend habe ich durch Fleiß,*

---

15) Zur Familie Vanni s. Dillmann a.a.O. 55-59. V. Rödel, Fabrikarchitektur in Frankfurt am Main 1774 - 1924 (1984) 482. Das Quellenmaterial befindet sich im Inst. f. Stadtgesch.

Senatssupplikation 266/1 enthaltend:

[a] Senatssupplikation des Marcus Antonio Vanni vom 27.4.1832 betr. Beisassenschutz (abgedruckt bei Dillmann a.a.O. 55f.).

[b] Senatssupplikation des Marcus Antonio Vanni vom 13.11.1841 betr. Übertragung einer Hypothek auf das Haus in der Kruggasse; angeheftet eine Notiz über die Verleihung des Bürgerrechts als Handelsmann wegen Verehelichung an Bartholomäus Antonio Vanni am 1.9.1836;

[c] Senatssupplikation des Marcus Antonio Vanni vom 15.8.1845 betr. Zurückzahlung einer Kaution von 500 fl. (abgedruckt bei Dillmann a.a.O. 56f.).

Senatssupplikation 463/2 enthaltend:

[a] Senatssupplikation des Michel Pierre Boulon aus Paris vom 30.9.1845 betr. Erlaubnis zum Aufenthalt als Modellierer;

[b] Senatssupplikation des Marcus Antonio Vanni, Bartholomäus Antonio Vanni und Valentin Vanni vom 16.1.1846 betr. Nahrungsschutz (s.hier S. 256).

Senatssupplikation 462/22 enthaltend:

[a] Senatssupplikation des Valentin Vanni vom 24.1.1845 betr. Zulassung zum Bürgerrecht als Künstler und Gipsfigurenfabrikant (abgedruckt bei Dillmann a.a.O. 57f.);

[b] Senatssupplikation des Valentin Vanni vom 14.4.1845 betr. Rückgabe einer Kaution (Hintergrund sind die beabsichtige

Verehelichung mit Susanna Vaillant aus Frankenthal und ein Wasserschaden im Geschäft);

[c] Senatssupplikation des Valentin Vanni vom 21.6.1845 betr. Erlassung event. Minderung einer vom Kriegszeug-Amt erlegten Kaution von 1000 fl.;

[d] Senatssupplikation des Valentin Vanni vom 16.5.1859 betr. Änderung der bürgerlichen Nahrung in Handelsmann (abgedruckt bei Dillmann a.a.O. 58f.).

Nachlaßakte 1851/384.

16) Senatssupplikation 266/1 [a], Angaben Vannis an das Jüngere Bürgermeisteramt. Vanni stammte aus dem *„klassischen Land der Gipsfiguren-Hersteller"*; Coreglia Antelminelli nahe Bagni di Lucca beherbergt heute ein Museo della Figurina di Gesso. Der Werdegang Vannis ist einerseits typisch - ein unstetes Wanderleben, oft in Richtung Osteuropa, führten viele Gipsfigurenhersteller und -händler -, andererseits hebt sich sein bürgerlicher Aufstieg gegen die Mehrzahl seiner Berufsgenossen, die *„sich mehr schlecht als recht durchs Leben schlagen"* und in einem Atemzug mit Leierkastenmännern, Tierbändigern, Lampionherstellern und Stukkateuren genannt werden, scharf ab. Vgl. De-Botazzi a.a.O. (s.o. Anm.3) 53.87.115. Einen ähnlichen Lebenslauf und Werdegang wie Vanni hatte der Gipsfigurant Filippo Tognarelli in Stuttgart, über dessen Leben sehr anschaulich und bunt bei De-Botazzi 120-126 erzählt wird.

17) Senatssupplikation 266/1 [a].

18) Senatssupplikation 266/1 [b].

Sparsamkeit und einfachen soliden Haushalt so viel errungen, daß ich meinem ältesten Sohne bei dem Erkauf eines Hauses in der Kruggasse ein größeres Kapital darleihen und in jüngster Zeit meinen Töchtern eine anständige Ausstattung mitgeben und meinen Söhnen bei Errichtung eines eigenen Haushaltes und zum Betrieb ihrer Geschäfte die nothwendigen Kapitale reichen konnte"[19]. Beide Söhne, Bartholomäus Antonio (16.9.1809 - 1888) und Johann Valentin Maximilian Joseph (7.4.1821 - 25.10.1893), traten in das väterliche Geschäft ein. Der ältere erwarb mit Ratsbeschluß vom 1.9.1836 anläßlich seiner Verheiratung mit der Frankfurter Bürgerstochter Maria Jacobine Grebenstein das Bürgerrecht als Handelsmann[20], der jüngere am 4.3.1845 das Bürgerrecht als Gipsfigurenfabrikant[21]. Eine Senatssupplikation vom 16.1.1846 wegen Nahrungsschutzes reichen die Vannis gemeinsam ein[22].

Das Gesuch um Nahrungsschutz aus dem Jahre 1846 gibt recht genauen Aufschluß über die Tätigkeit der Vannis. Sie setzten sich damals erfolgreich gegen einen Konkurrenten, den Modellierer Boulon aus Paris, zur Wehr, der 1845 einen (zuerst bewilligten) Antrag auf Aufenthalt gestellt hatte, um seine Kunst als Statuettenbildner *„aus einer neu erfundenen Composition"* auszuüben[23]. Gegenüber dem Jüngeren Bürgermeisteramt hatte Vanni schon 1845 erklärt, *„die Composition aus welcher die Arbeiten des Boulon bestünden sey nicht mehr neu, sie bestehe aus Gyps, Wachs, Leinöhl, Stearin und Wallrath, schon seit zwei Jahren würden dieselben Arbeiten bei ihm gefertigt und das viel besser und schöner als das vorliegende Muster, wenn daher das* gegenwärtige Gesuch bewilligt werde, so würde er in seiner bürgerlichen Nahrung beeinträchtigt werden"*[24].
Deutlicher wurden die Vannis in der Senatssupplikation selbst:

„Es ist bekannt, daß unser bürgerliches Gewerbe das Anfertigen und der Verkauf von Gypsfiguren ist, und wir dürfen uns schmeicheln, daß wir unserem Geschäfte einen vorteilhaften Ruf hier und auswärts erworben haben. Alles, was in unser Fach einschlägt, ist bei uns zu haben, und keine Art von Gypsfiguren, die wir nicht producirten. Eben weil aber gerade diese Fabrication unser bürgerliches Gewerbe ist, eben weil wir in diesem unserem Geschäfte leisten, was zu leisten möglich ist, haben wir auch ohne Zweifel Anspruch auf hochobrigkeitlichen Schutz in unserer bürgerlichen Nahrung, fremden zum Geschäftsbetrieb nicht berechtigten Personen gegenüber, und wir leben der festen Zuversicht, von Hohem Senate dieses Schutzes theilhaftig zu werden. Wir erlauben uns daher Hochdemselben Folgend ehrfurchtsvoll vorzustellen.

Vor einigen Monaten ist einem gewissen Boullon aus Paris der hiesige Aufenthalt als Modellirer auf Ein Jahr gestattet, ihm dabei aber ausdrücklich untersagt worden, einen Laden zum feilen Verkauf zu halten. Würde sich Boullon auf sein Fach, das Modelliren, d.i. das Porträtiren lebender Personen, das Abgießen von Köpfen, Brustbildern u.s.w. in Gyps, also auf Bildhauer-Arbeit, beschränken, so würden wir uns über einen Eingriff in unsere Nahrung nicht zu beschweren haben. Nun beschränkt er sich aber keineswegs hierauf, sondern er verkauft nicht nur fertige Gypsfiguren jeder Art, ganz dieselben, wie wir sie haben und wie sie auch in anderen Läden, bei Breul, Ihleé u.s.w. verkauft werden, die er dazu nicht einmal selbst macht, sondern von Paris bezieht, sondern er hält auch einen offenen Laden oder stellt doch seine Waren in solcher Weise zum Verkauf aus, daß zwischen seiner Ausstellung und einem offenen Laden kein wesentlicher Unterschied besteht. Zwar hat er

---

19) Senatssupplikation 266/1 [c]. Für die sehr soliden Verhältnisse der Familie spricht auch das von Dillmann a.a.O. 55 besonders hervorgehobene sehr aufwendige Begräbnis Marco Vannis bzw. die Grabstätte.
20) Senatssupplikation 266/1 [b].

21) Senatssupplikation 462/22 [a].
22) Senatssupplikation 463/2 [b].
23) Senatssupplikation 463/2 [a].
24) ebenda.

an seinem Local (im Winkler'schen Haus an der Leonhardskirche zu ebener Erde) kein Schild aushängen; aber seine Adress-Karte, an den Fenstern ausgestellt, lehrt die Vorübergehenden seinen Geschäfts-Betrieb kennen; und fehlen ihm gleich Laden-Erker in gewöhnlicher Form, so erfüllen doch an allen Fenstern seines Locals aufgestellte Gypsfiguren gerade denselben Zweck, der durch eine Erkerausstellung erreicht werden könnte. Zum Überfluß benachrichtigen häufige Anzeigen in öffentlichen Blättern das Publikum von Gegners Geschäftsbetrieb, und kaum dürfte hier irgend Jemand, der an den Kunsterzeugnissen unserer Industrie Geschmack findet, vorhanden sein, der nicht von dem Geschäfts-Etablissement Boullon's Kenntnis erhalten hätte. Wenn wir nun gleich Alles, was er liefert, gleichfalls fertigen, und selbst besser und wohlfeiler als er, so erleiden wir doch durch ihn sehr beträchtlichen Schaden in unserer bürgerlichen Nahrung, und wir sind den obrigkeitlichen Schutz wider diesen Fremden anzurufen ohne allen Zweifel berechtigt. Als ihm Hoher Senat die Aufenthaltserlaubnis als Modellirer auf Ein Jahr ertheilte, war es hochdessen Absicht sicherlich nicht, hiesige Bürger in ihrer Nahrung zu beeinträchtigen, und es bedarf wohl nur dieser unserer gehorsamsten Anzeige, um von hochdemselben den hochobrigkeitlichen Schutz in unserem bürgerlichen Gewerbe zu erlangen..."[25].

Wie es scheint, waren die verschiedenen Berufs- und Gewerbesparten nicht klar voneinander abgrenzbar. Auch das Geschäft der Vannis vereinigte Handwerk und Handel; denn *„wer 'fabriziert', ist auch zum Handelsbetrieb mit seinen Erzeugnissen berechtigt"*[26]. Beide Söhne Marco Vannis erwarben das Bürgerrecht daher als Handelsmann. Wie der Konkurrent Boulon waren die Vannis als Bildhauer ausgebildet, was ihnen das Kopieren und Verkleinern von Skulpturen, auch als Vorlage für ihre Gipswaren, erlaubte[27]. Seit 1850 figurierte Antonio Vanni im Adressbuch mit *„Florentinische Kunstarbeiten in Marmor, Alabaster und Gyps"*, Valentin Vanni annoncierte 1860 im Geschäftsanzeiger des Adressbuches *„Plastische Kunstgegenstände in Metall, Marmor und Gyps, sowie Antiquitäten. Commission und Spedition"*, seit 1876 ließ er sich auch als *„Bildhauer"* ins Adressbuch eintragen. Zwar waren die Vannis die einzigen ihres Handwerks in Frankfurt, der Handel mit fertigen Gipswaren wurde jedoch, wie aus der Senatssupplikation hervorgeht, von verschiedenen Firmen betrieben. Die Fa. Ihleé bzw. Ihleé & Barth (seit 1834) z.B. war eine Bronzewarenfabrik, die Gipswaren sicher nicht selber produzierte, sondern *„in den Handel nahm"*[28]. Daß dies dem Geschäft der Vannis in gewisser Weise Abbruch tat, ist wohl nicht von der Hand zu weisen, so wenig lohnend, wie Valentin Vanni es in seiner Senatssupplikation des Jahres 1859 darstellt[29], kann der Handel mit den Gipsen jedoch nicht gewesen sein.

---

25) Senatssupplikation 463/2 [b].

26) Senatssupplikation 462/22 [d]; vgl. auch Geschichte der Handelskammer zu Frankfurt a.M. 1707 - 1908 (1908) 1238f.

27) Das Abformen von Porträts, von Händen und Füßen sowie die Anfertigung von Totenmasken und deren Ausarbeitung gehörten im späteren 19.Jh. zum Angebot aller Gipsformereien.

28) Geschichte der Handelskammer a.a.O. 1238f.; Rödel a.a.O. (s.o. Anm.15) 56. - Ob in Frankfurt auch eine Stukkaturwerkstatt arbeitete, die vielfach klassizistischen Ornamente für die zeitgenössische Architektur lieferte, ist bislang unbekannt. In den Adressbüchern sind unter Gipsarbeiten nur die Vannis aufgeführt. Val. Vanni zumindest führt in seinem Preisverzeichniß von 1884 (s.u. Anm.32)

„Architektonische Ornamente und Verzierungen für Zeichnen- und Modellir-Unterricht als auch für Bau- und Gewerbeschule" auf. Bangel nennt 1889 unter den potentiellen Interessenten an den Gipsen A. Vannis neben Museen, Kunstakademien, Künstlern und Privaten auch Bauunternehmer (Bangelscher Auctionskatalog [s.o. Anm.11] Vorwort). Zu Bauornamentik vgl. auch De-Botazzi a.a.O. (s.o. Anm.3) 124f.; W.-D.Heilmeyer - H.Schmidt, Antike Motive an Berliner Mietshäusern der 2. Hälfte des 19.Jahrhunderts, in: Berlin und die Antike. Ausstellungskat. Berlin 1979. Aufsätze (1979) 375-395.

29) Senatssupplikation 462/22 [d]. Es sind Zweifel angebracht, daß das Geschäft *„sehr heruntergekommen"*, *„nicht mehr rentabel"* war, denn das Gros der Preisverzeichnisse für Abgüsse, und zwar von mehreren Firmen, liegt erst aus dem letzten Viertel des 19.Jhs. vor.

Zumindest für Antonio Vanni scheint es ein profitables Geschäft gewesen zu sein (s.u.).

Wie eine Zeitungsnotiz vom 1.5.1889 anmerkt[30], wurde das Geschäft nach dem Tode Marco Vannis 1851 unter seine beiden Söhne geteilt[31]. Nach den Preisverzeichnissen[32] zu schließen, lag im Abguß-Geschäft des Antonio Vanni das Schwergewicht auf der Reproduktion antiker und mittelalterlicher bzw. renaissancezeitlicher Kunstwerke, neben denen in geringerem Umfange auch Nachbildungen für dekorative Zwecke standen. Valentin Vannis Angebot umfaßte ebenfalls Abgüsse antiker Plastik, weniger jedoch als bei seinem Bruder; er übernahm die 'moderne Abteilung' mit Reproduktionen klassizistischer und zeitgenössischer Plastik, hauptsächlich

zum Zwecke der Dekoration. Sie mag weniger einträglich gewesen sein, jedenfalls betrieb Valentin Vanni daneben einen Kunsthandel, der ihn schließlich 1859 veranlaßte, seine „bürgerliche Nahrung" von Gipsfigurenfabrikant in Handelsmann ändern zu lassen[33]. Anfänglich führten die Brüder den Betrieb in der Kruggasse 8 fort, wo sie auch Lager und Ausstellungsräume hatten[34]. Nach 1851 richtete Valentin Vanni Ausstellungsräume am Roßmarkt 14 und am Schillerplatz 12 ein[35]. Ein altes Photo zeigt die dortige Hausfassade mit der Aufschrift „Musée Plastique. Joh.Val.Vanni"[36]. Die Adressbücher ab 1879 und das Preisverzeichnis von 1884 nennen als Geschäftslokal dann wieder den Roßmarkt, diesmal Nr.9. Antonio Vanni

30) Frankfurter Zeitung Nr.121 vom 1.5.1889, Notiz im Feuilleton des Abendblattes anläßlich der Versteigerung des 'Museums Vanni' am 6. Mai desselben Jahres; fast alle personenbezogenen Angaben dort falsch.

31) Laut Senatssupplikation 462/22 [a] zog sich Marco Vanni schon 1845 aus dem Geschäft zurück; s. auch Nachlaßakte 1851/384.

32) Preis-Verzeichniss der vorzüglichsten Gyps-Abgüsse über antike und moderne Gegenstände, zu haben bei Antonio Vanni, Kruggasse Nr.8 (in der Nähe d. Doms) Frankfurt am Main (o.J.) [Exemplar vorhanden im Arch.Inst. Tübingen]. Das Verzeichnis muß vor 1868 herausgegeben sein, da es die Aigineten und die Niobiden-Gruppe noch nicht enthält.

Neuestes Preisverzeichniss der vorzüglichsten Gyps-Abgüsse über antike und moderne Gegenstände, zu haben bei Antonio Vanni, Kruggasse Nr.8 (in der Nähe des Doms) Frankfurt am Main (1868) [Exemplar vorhanden in der Stadt- und Universitätsbibliothek Frankfurt].

Preisverzeichniß der vorzüglichsten Gypsabgüsse von antiken & modernen Gegenständen, zu haben bei Antonio Vanni, in Frankfurt a.M., Eckenheimer Landstr. 57 (1877) [Exemplar vorhanden in der Stadt- und Universitätsbibliothek Frankfurt].

Preis-Verzeichniß der vorzüglichsten Gyps-Abgüsse von antiken und modernen Gegenständen. Zu haben bei Joh.Val. Vanni Rossmarkt No.9 Frankfurt am Main (o.J.) [Exemplar vorhanden im Arch.Inst. Tübingen, mit handschriftlichem Zusatz „ausgegeben Januar 1884"].

33) Senatssupplikation 462/22 [d]. - Valentin Vanni erwarb auch selbst eine Kunstsammlung, s. H.Becker, Vanni's Francofurtensia, in: Didaskalia 1882 Nr.101.103.108.

34) s. Angaben in den Preisverzeichnissen. Das vormals von der Veldensche Haus war 1841 erworben worden. Dort traf die Vannis 1845 auch das Mainhochwasser, das die Gewölbe überschwemmte, wobei ein Schaden von ca. 1000 fl. durch Schädigung der Formen und Figuren sowie das Ruhen des Betriebes wegen Beseitigung der Schäden entstand. Vor allem dieser Wasserschaden dürfte der Hintergrund für die gehäuften Senatssupplikationen der Jahre 1845 und 1846 sein. - In der Senatssupplikation des Jahres 1832 ist als Wohnung Marco Vannis angegeben Litt. O´25, das ist ein Grundstück zwischen Brückenstraße und Stumpfengässchen; die Adressbücher ab 1835 nennen dann Brückenstr. N 243 und für Antonio Vanni 1837/38 Brückenstr. O 11. Ab 1841 erfolgte dann der Eintrag Kruggasse L 83.

35) Valentin Vanni ist in den Adressbüchern seit 1852 mit Rossmarkt 14, ab 1862 mit Schillerplatz 12 eingetragen. Am Schillerplatz war er auch wohnhaft, wie aus der alten Meldekarte hervorgeht. Ab 1877 war er mit seiner Familie laut Eintrag in das Adressbuch Gr. Bockenheimerstr. 45 wohnhaft.

36) E.Mayer-Wegelin, Frühe Photographie in Frankfurt am Main 1839 - 1870 (1982) 67 Nr.79 Abb.79.

hatte kurzzeitig Ausstellungsräume in der Gr.Eschen-heimergasse 4[37] und war dann in den frühen 70er Jahren in den Stand gesetzt, ein eigenes „*im griechischen Stile aufgeführtes Gebäude*" an der Eckenheimer Landstr. 57 *(Abb.114)* zu errichten, in dem er seine Gipse ausstellte und das „*seit seiner Gründung 1872 von Tausenden von Kunstfreunden aus Fern und Nah alljährlich besucht wurde*"[38].

Der ältere der Vanni-Söhne profitierte von dem soliden Aufbau des Gipsgeschäfts durch den Vater, ihm fiel wohl auch die hauptsächliche Kundschaft zu[39]. Wohl schon der Vater, dann der Sohn „*unternahm immer neue Reisen nach Italien und anderen Ländern, wo er nur gute Modelle erwarb, dieselben mit ausdauerndem Fleiße nachbildete und stets auf scharfe und korrekte Abgüsse einen besonderen Werth legte*"[40]. Die vorzügliche Qualität der Gipse und die Bemühungen Marco Vannis um gute Formen rühmt z.B. F.G. Welcker im Katalog des Bonner Akademischen Kunstmuseums mit der Feststellung, daß „*der sehr zu empfehlende Gipsformer [Vanni] seine Vorräthe stets zu vermehren bedacht ist*"[41]. Die von Welcker erwähnten Kontakte Vannis zu dem Bildhauer Eduard Schmidt von der Launitz müssen recht

eng gewesen sein. Launitz erlaubte Vanni, Formen von seinen eigenen, aus Italien mitgebrachten Abgüssen zu nehmen und Ausgüsse aus diesen Formen zu verkaufen, wovon noch seine Erben und der schließliche Käufer des Nachlasses profitierten[42]. Durch solche Geschäftspolitik ermöglichte Antonio Vanni „*staatlichen wie Privat-Museen, Akademien, Künstlern und Schülern zu Studienzwecken den Erwerb von Originalabgüssen in denkbarster Vollendung und Naturtreue*"[43].

Das Jahrzehnt von 1835-1845 muß für das Geschäft den bedeutendsten Aufschwung gebracht haben. „*Ohne zu rühmen steht unser Geschäft auf einer solchen Höhe und ist so weit verbreitet, daß demselben bis jetzt keins in Deutschland an die Seite gestellt werden kann*", schrieb Valentin Vanni 1845[44]. Nach Marco Vannis Aussage aus demselben Jahr bestand das Geschäft vor allem in dem Warenvorrat, der für die Kundschaft abrufbar war, sowie im Besitz von Formen[45]. Ob auf Wunsch Abgüsse auch einmalig von Originalen an diversen Orten angefertigt wurden[46], geht aus den Katalogen der Vannis nicht hervor, ist aber, nach den bekannten Erwerbungen verschiedener Abgußsammlungen zu schließen, eher unwahrscheinlich. Das Angebot schloß antike und nachantike

---

37) Von 1850 bis 1858 findet sich für Antonio Vanni im Adressbuch ein Eintrag unter Gr. Eschenheimergasse 4.

38) Zeitungsnotiz vom 1.5.1889 (s.o. Anm.30). Das Gebäude ist auf dem Titel des Preisverzeichnisses von 1877 abgedruckt. Der neue Eintrag ins Adressbuch erfolgte 1874.

39) Die Abgüsse Antonio Vannis trugen Herstellermarken. Es lassen sich zwei verschiedene Marken nachweisen, eine rechteckige, vielleicht frühere, und eine ovale.

40) Zeitungsnotiz vom 1.5.1889 (s.o. Anm.30) nach dem Vorwort im Bangelschen Auctionskatalog (s.o. Anm. 11).

41) F.G. Welcker, Das akademische Kunstmuseum zu Bonn[2] (1841) S.IV.

42) s. hier Beitrag Stutzinger, S. 273. - Im Jahre 1845 schätzte Launitz für die Senatssupplikation des Valentin Vanni auf Zulassung zum Bürgerrecht dessen Vermögen in Gipsen; Launitz gab die Summe von

wenigstens 16000fl. an. Nach dem Tod des Bildhauers erwarben beide Vanni-Söhne auf der Versteigerung der Launitz'schen Sammlung Formen antiker sowie dessen eigener Werke: s. hier Beitrag Stutzinger, S. 275f. mit Anm. 76; vgl. auch Valentin Vannis Preisverzeichnis von 1884 (s.o. Anm.32).

43) Rudolf Bangel's CC. Kunstauction (s.o. Anm.11), Vorwort.

44) Senatssupplikation 462/22 [a].

45) Senatssupplikation 266/1 [c].

46) Dies gehörte zu den Angeboten der Fa. Gerber. Vgl. Nachtrag zum Catalog über Gips-Abgüsse der Kunst-Anstalt August Gerber Köln Rhein (1892) Vorwort; Katalog über künstlerische Nachbildungen klassischer Skulpturen aller Kunstepochen. Imitationen von Marmor, Edelmetallen, Holz- und Elfenbein-Schnitzereien, Terrakotten und Majoliken etc. August Gerber, Köln a.Rh. Kunstanstalt für klassische Bildwerke, G.m.b.H. Deutsche Zentralstelle für Gipsabgüsse. Antike, mittelalterliche und moderne Bildwerke (1907) 1.

Kunstwerke ein. Der letzte zu Lebzeiten Antonio Vannis herausgegebene Katalog umfaßt 284 Positionen, zwei Drittel davon machen die Antiken aus[47]. Das Angebot war tatsächlich beeindruckend: Nicht nur 17 Statuen aus den Giebeln des Aphaia-Tempels in Aigina[48] und die gesamte Niobiden-Gruppe, auch alle berühmten antiken Statuen und Torsi sowie Büsten, Köpfe, Porträts und Abgüsse nach Kleinkunst - im ganzen 172 Positionen -, dazu Verkleinerungen berühmter Antiken[49] konnten bei Vanni erworben werden. Die bedeutendsten Kunden blieben bis zur Aufgabe des Geschäftes im Jahre 1889 die großen Abgußsammlungen an Museen und Universitäten. So erwarb das Akademische Kunstmuseum in Bonn zwischen 1834 und 1841 bei Vanni Gipse im Wert von fast 800 fl.; eine Statue kostete durchschnittlich 150 fl., eine Büste 15 fl., ein Kopf 3 fl.[50]. Die Rechnungen in den Bonner Inventaren und die späteren Preislisten zeigen, daß die Vannis ihre Preise bis in die siebziger Jahre relativ stabil hielten, es ist lediglich ein mäßiger Preisanstieg zu verzeichnen[51]. Neben der Bonner Abgußsammlung erwarben das Städelsche Kunstinstitut, das Großherzogliche Museum Darmstadt und die Universitäten in Tübingen, Heidelberg, Göttingen, Halle[52] und wahrscheinlich auch andere deutsche Abgußsammlungen Gipse bei den Vannis. Die für die Karlsruher Gipssammlung 1843 erstellte Erwerbungsliste[53] nennt unter „Quellen der Abgüsse" Vanni gleichberechtigt neben dem Pariser Gipsformer Jacquet und den Museen in Florenz, Rom und London und bestätigt so die Angaben Marco Vannis über die Bedeutung seines Geschäfts. Tatsächlich war das Unternehmen der Vannis nicht nur die bedeutendste private Gipsformerei in Deutschland[54], die in dem Ausstellungsgebäude an der Eckenheimer Landstraße aufgestellten Gipse dürften auch die bedeutendste private Abgußsammlung Deutschlands gewesen sein. So kommentiert die Zeitungsnotiz vom 1.5.1889 anläßlich der Versteigerung des Firmenbesitzes von Antonio Vanni: „Wenn wir es als sehr bedauerlich bezeichnen müssen, daß ein so hervorragendes Institut, wie das Vanni'sche in unserer Stadt nicht ein ungetheiltes Ganzes bleiben kann - die Erhaltung würde keine so außerordentliche Mittel erfordern - so müssen wir es ebenso beklagen, daß durch eine Wanderung desselben in alle Weltgegenden, ein

---

47) s.o. Anm.32; s.auch Rudolf Bangel's CC. Kunstauction (s.o. Anm.11).

48) In den vierziger Jahren noch nicht Teil des Angebots, wie aus den Angaben der von Thiersch und Launitz erstellten Erwerbungsliste für die Karlsruher Abgußsammlung hervorgeht (s. Anm.53); auch nicht im undatierten ersten Preis-Verzeichniß von Antonio Vanni (s.o. Anm.32).

49) Darunter befinden sich auch Verkleinerungen des Apoll vom Belvedere und der Artemis von Versailles.

50) Ehrhardt a.a.O. (s.o. Anm.9) 170-177; Inventarium des mit der königl. Universität zu Bonn verbundenen alterthümlichen Museums 1821 - 1836, 64f.105 mit ausführlichen Rechnungslisten. - Zum Vergleich sei an den Wasserschaden in Höhe von ca. 1000 fl. des Jahres 1845 erinnert, der die Vannis offenbar schwer traf.

51) Die Preise veränderten sich von 1836 über das erste undatierte Preis-Verzeichniss und 1868 bis hin zum Jahre 1877 wie folgt für den Barberinischen Faun: 40 fl., 40 fl., 50 fl., 103 M. [1 fl. entspricht etwa 2 Mark]; für die Colosse vom Monte Cavallo: 120 fl., 120 fl., 170 fl., 376 M.; für den sog. Corbulo: 3 fl., 4 fl., 4 fl., 10 M.

52) Nach Auskunft von B. v. Freytag Löringhoff (Tübingen), H.Pflug (Heidelberg) und Ch.Boehringer (Göttingen) und U. Schädler (Frankfurt). s.hier Beitrag Mandel, S. 241 f. und Beitrag Stutzinger, S. 273.

53) U. Grimm, Das Badische Landesmuseum in Karlsruhe. Zur Geschichte seiner Sammlungen (1993) 237-241.

54) In Berlin arbeiteten seit 1824 die Gebrüder Micheli, seit 1835 G. Eichler sowie die Kunstgießerei der Gebrüder Schulz. Umfangreiche Preisverzeichnisse liegen jedoch erst aus dem letzten Viertel des 19.Jhs. vor.

Geschäftszweig von hier weggenommen würde, der nicht allein unserer Stadt einen guten Ruf unter Kunstinteressenten verschaffte als auch durch den Betrieb einen nicht unerheblichen Ertrag von hier abführen muß. Wünschen wir, daß sich in letzter Stunde noch ein Mann finde, der Hand darauf legt, und spräche: Das bleibt in Frankfurt."[55]. Es fand sich jedoch niemand. Stattdessen ging das 'Museum Vanni' in den Besitz des Kölners August Gerber über, bei dem es zum Grundstock seines eigenen Unternehmens wurde: *„Die im Jahre 1809 von Herrn Antonio Vanni in Frankfurt a.M. begonnene und von dessen Familie seitdem fortwährend vermehrte Sammlung von Original-Gipsabgüssen ist im vorigen Jahre in ihrem ganzen Umfange durch Kauf in meinen Besitz übergegangen, und das reiche und wohlerhaltene Formen-Material soweit geordnet, dass Abgüsse in verhältnismäßig kurzer Zeit geliefert werden können. Die Vanni'sche Sammlung ist wegen ihrer gewählten und verständnisvollen Zusammenstellung in allen Fachkreisen bekannt. Ich werde bemüht bleiben, auch in der Folge die ausgezeichnete Sammlung nach Möglichkeit....zu vermehren und dadurch den guten Ruf derselben zu erhalten suchen"*[56]. Dies scheint Gerber vollends gelungen zu sein. 1904 hat er mehrere Medaillen und Ehrendiplome für seine Erzeugnisse aufzuweisen und darf sich *„Deutsche Zentralstelle für Gipsabgüsse"* nennen sowie das bedeutendste Kunstinstitut seiner Art *„auf dem Kontinent überhaupt"*[57].

---

55) Zeitungnotiz vom 1.5.1889 (s.o. Anm.30).

56) August Gerber Köln a.Rh. - Cologne s.Rh. Skulpturen-Sammlung. Preis-Catalog I über Original-Gips-Abgüsse antiker u. mittelalterlicher Bildwerke (1890), Vorwort. - Für den Hinweis auf die Fa. Gerber danke ich P. Noelke (Köln).

57) Katalog über künstlerische Nachbildungen (s.o. Anm.46), Titel und S.1. - Die Fa. Gerber hat bis in die frühen zwanziger Jahre des 20. Jhs. bestanden. Zur Firmengeschichte s. P. Noelke, Im Banne der Medusa - Die Antikensammlung Ferdinand Franz Wallrafs und ihre Rezeption, Kölner Jahrb. Vor- u. Frühgesch. 26, 1993, Anm.117 des gen. Beitrags.

Dagmar Stutzinger – Ulrich Dotterweich – Thomas Richter – Eftychia Hadjikakou – Ellen Kotera-Feyer

Die Antikensammlung im Museum für Vor- und Frühgeschichte

Als im Jahre 1937 das Museum für heimische Vor- und Frühgeschichte der Stadt Frankfurt gegründet wurde, ging an die vom Historischen Museum abgetrennte Institution auch dessen Besitz an klassischen Antiken über, und da der Plan zu einem Museum für antike Kleinkunst durch den zweiten Weltkrieg vereitelt wurde, blieb die Antikensammlung Teil des seit 1952 wiedererstandenen Museums für Vor- und Frühgeschichte.

Daß die Antikensammlung sich heute recht einheitlich darbietet, hat seinen Grund in den Interessen, vor allem aber den Möglichkeiten und Mitteln der Männer, aus deren privaten Sammlungen die Antiken durch Schenkung oder Kauf in den Besitz der Stadt gelangten. Anders als die großen Antikensammlungen Dresdens, Münchens, Berlins oder Kassels geht die weitaus bescheidenere Sammlung des Historischen Museums der Stadt Frankfurt nicht auf königlichen oder fürstlichen Sammlereifer zurück, sondern, wie in einer vom Bürgertum getragenen freien Reichsstadt nicht anders zu erwarten, auf die private Initiative einzelner Bürger. Dabei hat sich keiner der Sammler, aus deren Besitz sich die Frankfurter Antikensammlung speiste und von denen hier vier vorgestellt werden sollen, ausschließlich der klassischen Antike gewidmet; sie war bei ihnen allen nur Teil eines umfassenderen Interesses an Kunst und Wissenschaft. Außerdem erlaubten die im Gegensatz zu einem Landesherrn beschränkteren finanziellen Mittel dem Bürgertum selten Antikenkäufe im großen Stil, gaben den Sammlungen aber einen spezifischen Charakter, der noch heute die Antikensammlung prägt: Man erwarb, meist auf Reisen in das klassische Bildungsland Italien, Kleinkunst, Keramik, Terrakotten, Öllämpchen, Glas, Bronzestatuetten

und Münzen; selten wurde systematisch gesammelt, man kaufte, was sich bot und Interesse erregte.

So verschieden die einzelnen Sammlerpersönlichkeiten auch sind, eint sie doch ihre Herkunft aus dem wohlhabenden Bürgertum, das sich humanistischer Bildung verpflichtet fühlte, die einige von ihnen den Beruf des Wissenschaftlers oder Künstlers ergreifen ließ, von einigen neben ihren gänzlich anders ausgerichteten Geschäften gepflegt wurde. Wie es bis ins 18. Jh. in den Kunst- und Wunderkammern den Typus der Universalsammlung gab, so gab es auch den Universalgelehrten, der in gleicher Weise auf dem Gebiet der Kunst- und Kulturgeschichte wie auf dem der Naturwissenschaften tätig war. Zumindest einer der Sammler, dessen Antiken in den Besitz der Stadt gelangten, Eduard Rüppell, vertritt diesen Gelehrtentyp. Er beschäftigte sich nicht nur mit Geschichte und Archäologie, sondern auch mit Geographie und Naturwissenschaft, und entsprechend seinen verschiedenen Neigungen sammelte er. Auch Eduard Schmidt von der Launitz verband in seiner Person die Beschäftigung mit Kunst, Archäologie und naturwissenschaftlich-anthropologischen Fragen. Obwohl er als klassizistisch geschulter Bildhauer eine natürliche Liebe zu den Werken der klassischen Antike hegte und sich als Archäologe einen Namen machte, bildeten die Antiken auch in seiner Sammlung nur einen Teil. Wie Launitz war Otto Donner – von Richter Künstler und Kunsthistoriker. Er wurde durch seine Beruf und seine Vorliebe für die Antike zum Erwerb einer kleinen Antikensammlung veranlaßt. Aus einem ganz anderen Kreis stammte Carl Anton Milani. Er gehörte als Colonialwarenhändler zu der Schicht z.T. erst kurz in Frankfurt eingebürgerter

Handelsleute und Handwerker, die sich neben ihrem Geschäft der Kunst und Geschichte widmeten, und nicht ohne Blick auf ihren Status, oft aber wohl aus echter Liebe zur Sache, Kunst und Antiquitäten erwarben. Ein solcher Kunstliebhaber war Milani; seine Sammlung, in der allerdings die Antiken nicht dominierten, überragte die meisten ihresgleichen an Umfang und Bedeutung bei weitem.

So bunt und uneinheitlich in sich diese bürgerlichen Sammlungen antiker Kleinkunst waren, bewirkten doch die ähnlichen Bedingungen ihrer Erwerbung eine gewisse Uniformität, und an einem Ort versammelt ergänzen sie sich gegenseitig und bieten nun einen umfassenden Überblick über die antiken Kulturen Italiens.

Eduard Schmidt von der Launitz, Bildhauer und Archäologe

Der Bildhauer Eduard Schmidt von der Launitz[1], am 23.11.1797 in Grobin bei Libau in Kurland geboren (*Abb. 123*), verbrachte mehr als die Hälfte seines Lebens in Frankfurt am Main, wo auch, abgesehen von wenigen Frühwerken, sein bildhauerisches Lebenswerk entstand[2]. Seine Ausbildung hatte er seit 1817 im Atelier Bertel Thorvaldsens erhalten, unter dessen begabteste Schüler er schon bald gezählt wurde. Neben der praktischen Ausbildung hatten von Anfang an theoretische Studien gestanden. Noch bevor Launitz 1816 nach Rom aufbrach, hatte er an der Göttinger Universität (wo er eigentlich Jura studieren sollte) Kunstgeschichtsvorlesungen bei Fiorillo gehört sowie Vorlesungen über Anatomie *„und den übrigen wissenschaftlichen Theil der Künste"*[3]. Diesen wissenschaftlichen Teil der Künste sollte Launitz in sei-

nen verschiedenen Facetten sein gesamtes Leben hindurch pflegen, so daß man ihn schon kurz nach seinem Tod am 12.12.1869 nicht zu Unrecht *„in die Reihe der bedeutendsten Kunstgelehrten seiner Zeit"*[4] einreihte.

Niemals jedoch pflegte Launitz die Beschäftigung mit dem theoretischen Teil der Künste um ihrer selbst willen, aus einem positivistisch wissenschaftlichen Interesse heraus. Launitz' rege Tätigkeit als Kunstwissenschaftler und Archäologe wurzelte in der Suche nach dem Sinn seiner eigenen künstlerischen Tätigkeit in einer Zeit, der mit der Emanzipation der Wissenschaften (s.u. S. 286 ff.) die normativen Wegweiser allmählich verblichen waren, und hatte von Anfang an ein erzieherisches Anliegen, das zuerst einmal die Vermittlung von Kenntnissen, sei es zur Ausbildung praktischer künstlerischer Fähigkeiten, sei es zum Verständnis der bildenden Kunst, zum Inhalt hatte, letzlich aber wohl die ästhetische Bildung des Menschen, das Bestreben, *„eine ästhetische Darstellung der Welt ... zum Durchbruch kommen zu las-*

Für freundliche Unterstützung meiner Arbeit und Auskünfte danke ich Christof Boehringer, Roman Fischer, Bettina von Freytag Löringhoff, Wilfred Geominy, Volker Harms-Ziegler, Joachim Hofmann, Ursula Kästner, Stefan Lehmann, Tomas Lochmann, Torben Melander, Isolde Schmidt und Harald C. Tesan.

1) Isolde Schmidt, Eduard Schmidt von der Launitz 1797-1869. Ein Beitrag zur Skulptur des 19.Jahrhunderts in Frankfurt am Main, Studien zur Frankfurter Geschichte 29 (1992), im folgenden Schmidt; des weiteren F. S., Zeitschrift für Bildende Kunst 5, 1870, 317-331; v.Pezold, in: Allgemeine Deutsche Biographie Bd. 18 (1883) 54-58; H. Weizsäcker – A. Dessoff, Kunst und Künstler in Frankfurt am Main im 19. Jahrhundert Bd. 2 (1909) 133f.; U. Thieme – F. Becker, Allgemeines Lexikon der bildenden Künstler Bd. 22 (1928) 439; H.-J. Ziemke, in: Neue deutsche Biographie Bd. 13 (1982) 717f.
Der Nachlaß Launitz befindet sich unter Inv. S 1/80 im Frankfurter Stadtarchiv (= Inst. f. Stadtgesch.); er ist verteilt auf vier Kästen und eine Mappe, die weitgehend ungeordnet sind.

2) Zur Biographie von Launitz am ausführlichsten Schmidt 17-32. Die „Lebenserinnerungen von Emilie Pelissier, geb. von der Launitz" wurden mir von I. Schmidt freundlicherweise zur Verfügung gestellt (Ko-

pie jetzt im Nachlaß Launitz). – Porträts von Launitz wurden von E. Magnus (in Privatbesitz, s. Schmidt 31 Anm. 48), A. Neumann (Zeitschrift für Bildende Kunst a.a.O. 317) und von F. A .v.Nordheim (in Frankfurt, Städelsches Kunstinstitut Inv. St.P 204, hier *Abb. 123*) geschaffen; ein (gezeichnetes) Selbstporträt befindet sich im Nachlaß Launitz (S 1/80 Mappe mit Zeichnungen und Skizzen), ein weiteres am Gutenbergdenkmal in Frankfurt (s. Schmidt 143f. Abb.68), erhalten ist auch eine Visitenkarte mit Photo (in Frankfurt, Historisches Museum Inv. C 6655, s. E. Mayer-Wegelin, Frühe Photographie in Frankfurt am Main 1839-1870 [1982] 63 Nr. 40c Abb.40). – Launitz siedelte 1830 nach Frankfurt über, wo er sich anfänglich anscheinend nicht besonders wohlfühlte. Aber trotz der *„geisttötenden Freuden einer Frankfurter Konversation"* und des Stoßseufzers *„... und flau geht es hier zu, das weiß der Himmel"* (s. Th. Clasen – W. Ottendorff-Simrock, Briefe an Sibylle Mertens-Schaaffhausen, Veröffentlichungen des Stadtarchivs Bonn Bd. 3 [1974] Nr. 24 S.28.30) blieb er der Stadt bis an sein Lebensende treu.

3) Schmidt 17f. Mitschriften der Fiorillo-Vorlesungen befinden sich im Nachlaß Launitz S 1/80 Kasten Aufsätze, Vorträge.

4) v. Pezold a.a.O. (s.o. Anm. 1) 56.

sen" (wie es mit Blick auf Launitz in einem Nachruf auf einen seiner Freunde heißt)[5]. Dem entspricht es, daß Launitz' Lehrtätigkeit sich nie auf Studierstube und Papier beschränkte, sondern daß er die Menschen -Künstler, Wissenschaftler, gebildete Laien- aufsuchte und seine (Er)kenntnisse in Form privater und öffentlicher Vorträge weitergab, die nur in wenigen Fällen den Weg zur gedruckten Publikation nahmen[6]. *„Eigenthümlich stand unser Meister da in seiner Richtung auf Ausbreitung und intellectuelle Förderung des Kunstsinns. Die Vorträge über 'Anatomie für Künstler', die er im Städel'schen Institut hielt, hätten jeder Akademie Ehre gemacht, und wir glauben, daß unter den Archäologen Deutschlands Keiner ist, der ihm nicht Belehrung verdankt."*[7]

Sicher aber war unter den Archäologen Deutschlands keiner, der Launitz nicht kannte. Seine persönliche Bekanntschaft und Freundschaft mit einigen von ihnen reichte bis in seine römischen Jahre zurück. Über das Jahr 1820 hinaus reicht die Bekanntschaft mit Otto Magnus Freiherr von Stackelberg[8], und seine Ausbildung im Atelier Thorvaldsens, der seit 1816 mit der Restaurierung der Ägineten beauftragt war – die gesamte Arbeit wurde 1818 abgeschlossen -, dürfte ihn mit Johann Martin von Wagner und Leo von Klenze bekannt gemacht haben[9]. Auch seine freundschaftliche Verbundenheit mit Eduard Gerhard und Theodor Panofka[10] entstand vermutlich schon in den 20er Jahren des 19. Jh. So darf man wohl annehmen, daß Launitz die Aktivitäten der römischen Hyperboreer, aus deren Kreis schließlich das Instituto di Corrispondenza Archeologica hervorging[11], nicht unbekannt waren. Aber während Launitz im Kreis der deutschen Künstler in Rom stark engagiert war[12], ist von ei-

---

5) Die Formulierung entstammt dem Nachruf auf J. E. Drescher, Oberlehrer an der Dreikönigsschule in Frankfurt, der in der Frankfurter Zeitung Nr. 78 vom 19.3.1870 erschien und wiederabgedruckt ist in den Mitteilungen des Vereins für Geschichte und Altertumskunde IV2, 1871, 241f.

6) Die Manuskripte der ungedruckten Vorträge und Abhandlungen befinden sich im Nachlaß Launitz S 1/80 Kasten Aufsätze, Vorträge, ein handschriftliches, allerdings unvollständiges „Verzeichnis meiner eigenen schriftlichen Arbeiten" daselbst im Kasten Briefe.
Wie bezeichnend diese Vorträge für Launitz gewesen sein müssen, geht auch daraus hervor, daß man sie der Parodie für würdig befand. So berichtet die Frankfurter Künstlerchronik. Festschrift zum fünfzigjährigen Stiftungsfeste der Frankfurter Künstlergesellschaft 1857-1907 (1907) 52: „ ... *Im Anfang des Januar* [2.1.1869; Anm. d.Red.] *gab ihm die Vorzeigung von Photographien und einiger Abgüsse der Gefäße des Hildesheimer Silberfundes Gelegenheit in der Künstlergesellschaft eingehende Erklärungen zur Würdigung des künstlerischen Wertes dieser Funde zu geben. Wenige Tage darauf (am 9. Januar) fand dann ein fröhliches Treiben bei einem Fasse edlen Weines in dem Lokale der Gesellschaft statt. Während des Abends ... führten Meister Martin und seine Küfergesellen Schäfflertänze aus, und Ernst Hallenstein als Professor der Archäologie kopierte dann in einem Vortrage über einen Schatz von Kunstwerken, der nach Jahrhunderten unserer Zeitrechnung einst hier im Boden verborgen aufgefunden werde, Meister Launitz, zur Verwechslung täuschend; und Launitz, welcher dem scherzhaften Vor-*

trag *beiwohnte, war es wohl selbst, der sich dabei am meisten ergötzte."*

7) Frankfurter Nachrichten/Extra-Beilage zum Intelligenzblatt der Stadt Frankfurt Nr. 48, Mitt. 15.12.1869 – Zur Tagesgeschichte Frankfurts: Bekanntmachung des Todes und Nachruf auf Launitz; Zeitungsausschnitt enthalten im Nachlaß Launitz S 1/80 Kasten Briefe.

8) Die Bekanntschaft bezeugen drei im Nachlaß Launitz S 1/80 Kasten Briefe Nr. 61 erhaltene Briefe, die Stackelberg von einer Reise am 12.8.1820 aus Florenz, am 19.12.1820 aus Paris und am 28.9.1821 aus London an Launitz in Rom richtete.

9) Ch. Grunwald, Die Aegineten Ergänzungen, in: Bertel Thorvaldsen. Katalog einer Ausstellung Köln 1977, 243f.; R. Wünsche, „Perikles" sucht „Pheidias". Ludwig I. und Thorvaldsen, in: Künstlerleben in Rom. Katalog einer Ausstellung Nürnberg 1991/2, 313-316; H. C. Tesan, Deutsche Bildhauer bei Thorvaldsen in Rom, ebenda 272; Schmidt 19 (s. a. Anm. 128).

10) Briefe von Gerhard und Panofka an Launitz im Nachlaß Launitz S 1/80 Kasten Briefe Nr. 11.35; hier S. 291.

11) F. Noack, Das Deutschtum in Rom seit dem Ausgang des Mittelalters Bd. 1 (1927) 414-416; A.Rieche, 150 Jahre Deutsches Archäologisches Institut Rom (1979) 15-33.

12) Schmidt 19-21.

nem ähnlichen Engagement in den archäologisch bestimmten Kreisen nichts nachzuweisen. Erst 1862 wurde er zum korrespondierenden Mitglied des Instituts ernannt. Das von Lepsius unterzeichnete Schreiben, das ihm die Zustellung des Diploms ankündigt, hat sich in Launitz' Nachlaß erhalten[13]. Ähnlich verhielt sich Launitz auch in Frankfurt, wo er zwar zu den Gründungsvätern der Künstlergesellschaft gehörte, aber nie Mitglied des Vereins für Geschichte und Altertumskunde war[14]. Daß Launitz in Archäologenkreisen jedoch als Gleichgesinnter und potentieller Förderer galt, geht aus dem Spendenaufruf von Ludwig Ross für die Ausgrabung Olympias hervor, die sich in Launitz Nachlaß fand[15].

Nachdem Launitz 1830 nach Frankfurt übergesiedelt war, knüpfte er zu einer ganzen Reihe von Archäologen in Deutschland Verbindung an. Da er ein sehr gastliches Haus führte, entwickelten sich die Bekanntschaften meist in persönlicher und bald auch freundschaftlicher Weise. Von Gerhards und Panofkas Besuch in Frankfurt berichtet die Lebenserinnerung von Launitz' Tochter Emilie Pelissier[16], und aus im Nachlaß erhaltenen Briefen Friedrich Gottlieb Welckers und Ernst Curtius' geht hervor, daß sie Launitz in Frankfurt besucht hatten[17], Otto Jahn und Alexander Conze dagegen erwarteten den Besuch des Bildhauers[18]. Ein besonders enges Verhältnis scheint Launitz und die Archäologen Jahn, Michaelis und Conze verbunden zu haben[19]. Wie familiär das Verhältnis war, zeigt recht schön der erwähnte Brief Conzes, dem ein Familienphoto beigefügt ist[20]. Die Bekanntschaft mit dem jungen Adolf Michaelis, dem Neffen Otto Jahns, schließlich gestaltete sich so eng, daß dieser im Jahre 1868 Launitz' jüngste Tochter Louise heiratete, die aber, noch nicht ein Jahr verheiratet, schon im Jahre 1869 bei der Geburt des ersten Kindes starb[21]. Jahn, Michaelis und Conze waren wohl auch die in ihrem Denken und ihrer Auffassung von Archäologie die Launitz am nächsten

---

13) Nachlaß Launitz S 1/80 Kasten Varia [kursiv hier die handschriftlichen Eintragungen]:

No. 647   Instituto di Corrispondenza Archeologica.
Abbiamo l'onore di annunziare a *V.S.Illma* la Sua elezione a socco corrispondente dell'Instituto archeologico di Roma, e di presentarle in documento di essa, l'accluso diploma.
Berlino li *9 Decbre* 1862   Per la Direzione centrale   *R. Lepsius*
All'Illustrissimo Signore e valente scultore
il Sig.Cavaliere Eduardo de Launitz
Francoforte sul Meno.
Vgl. Bull. dell'Inst. 1862, Elenco de'Participanti dell'Instituto, S. 10.

14) Zur Geschichte der Frankfurter Künstlergesellschaft s. Frankfurter Künstlerchronik a.a.O. (s.o. Anm. 6) 25f. 39. 52-54.

15) Nachlaß Launitz S 1/80 Kasten Briefe Nr. 48. Der gedruckte Spendenaufruf ist handschriftlich adressiert an *„Herrn Professor von der Launitz mit herzlichen Grüßen der Verf."*; Launitz hat sich in die Spender- und Spendenliste nicht eingetragen. – Ähnlich mag man Launitz eingeschätzt haben, als man sich im Winter 1838/39 um die Unterstützung des russischen Thronfolgers für das Instituto di Corrispondenza Archeologica bemühte; da Launitz den Großfürsten Alexander begleitete und auf der anderen Seite mit den deutschen Archäologen bekannt

war, kann man seine Involvierung annehmen. Vgl. Noack a.a.O. (s.o. Anm. 11) 416.

16) „Lebenserinnerungen von Emilie Pelissier, geb. von der Launitz" 6; Schmidt 31 mit Anm. 49.

17) Nachlaß Launitz S 1/80 Kasten Briefe Nr. 69.8; hier S. 292.

18) Nachlaß Launitz S 1/80 Kasten Briefe Nr. 6, hier S. 293 f.; Jahns Brief ohne Nr.; hier S. 293.

19) vgl. A. Michaelis, Der Parthenon (1871) S. XII mit seinem sehr persönlichen Vorwort an Conze: „... *Ed. Gerhard, F. G. Welcker, O. Jahn, zuletzt auch mein Schwiegervater Ed. von der Launitz, sie sind nacheinander dahingegangen, lauter Männer, welche die gleiche warme Teilnahme, die sie mir persönlich stäts bewährt haben, auch dieser Arbeit schenkten."*

20) Es zeigt Conze mit seiner kleinen Tochter.

21) Lebenserinnerungen a.a.O. (s.o. Anm. 16) 9; Schmidt 31; R. Lullies – W. Schiering (Hrsg.), Archäologenbildnisse. Porträts und Kurzbiographien von klassischen Archäologen deutscher Sprache (1988) 61f.; s.a. die dezente Andeutung bei Michaelis a.a.O. S. XII.

Stehenden[22]. Die Übereinstimmung zwischen vielen Äußerungen von Launitz und den Ausführungen Conzes in seiner Wiener Antrittsvorlesung über die Bedeutung der Archäologie ist erstaunlich, und will man Launitz' Bedeutung für die Archäologie ermessen, so sollte man weniger auf seine eigenen, schnell in Vergessenheit geratenen Arbeiten als auf die indirekte Wirkung hinweisen, die sein Denken durch Gleichgesinnte wie Michaelis und vor allem Conze gewann, der Gedanken, wie sie Launitz im Hinblick auf die Archäologie bewegten, systematisierte, wozu dieser sich als bildender Künstler nicht dürfte berufen gefühlt haben.

Launitz' Beschäftigung mit der Archäologie war weitgefächert. Gegründet war sie in seiner bildhauerischen Tätigkeit, die sich zumindest anfänglich vollständig in klassizistischen Bahnen bewegte[23] und ein Studium der antiken Vorbilder in sich schloß, sei es am Original oder am Abguß. Wie viele Künstler seiner Zeit hatte er während seines Romaufenthalts begonnen, Antiken zu kaufen. Als er 1830 nach Frankfurt übersiedelte, ließ er seine Sammlung in Rom zurück. Teile davon verkaufte er während seiner Italienreise in Winter 1834/35, die er zur

Regelung seiner römischen Vermögensverhältnisse nutzte, die Reste brachte er mit nach Frankfurt[24]. Ein genaues Bild von dieser römischen Sammlung kann man nicht mehr gewinnen. Was bis zu seinem Tod in Launitz' Besitz blieb, war eine kleine Sammlung antiker Originale, nichts Spektakuläres, viel Fragmentiertes, das ihn aber als Künstler angesprochen haben mag. Neben Bronzen - Statuetten und Gerät-, Terrakotten, Tonlampen, Gläsern und Keramik verzeichnet sein Nachlaßinventar auch einige Marmorskulpturen, die, soweit noch vorhanden, sein Empfinden für handwerkliche Qualität offenbaren. Die Glaspasten und -fragmente seiner Sammlung[25] scheinen nicht unbedeutend gewesen zu sein; Sibylle Mertens-Schaaffhausen, die mit Launitz persönlich bekannt war und ihre Hilfe bei der Veräußerung der römischen Sammlung angeboten hatte[26], spricht in einem ihrer Briefe von einer *„schönen Sammlung alter Pasten und Glasfragmente der bunten Art"*[27]. Leider ist davon nichts mehr nachweisbar. Zieht man in Betracht, eine wie große Bedeutung der ägyptischen Kunst noch in späteren Jahren in den Kunstgeschichtsvorlesungen von Launitz beigemessen wurde[28], dann verwundert es nicht, in einem seiner Vortragsmanuskripte von einer *„großen Aegyptischen*

---

22) O. Jahn, Über das Wesen und die wichtigsten Aufgaben der Archäologie, in: Ber. der Königl. Sächs. Gesell. der Wiss. 1853, 209-226; A. Conze, Über die Bedeutung der classischen Archäologie. Eine Antrittsvorlesung geh. a. d. Universität Wien am 15.April 1869 (1869); A. Michaelis a.a.O. S.III-XII.

23) Schmidt 18-22. 33-45; s. hier Beitrag Kelperi.

24) Schmidt 24 (= Hanauer Brief, S. 2); s. Brief von Launitz an Sibylle Mertens-Schaaffhausen vom 8.5.1835 bei Clasen – Ottendorff-Simrock a.a.O. (s.o. Anm. 2) Nr. 24 S. 29.

25) Nachlaßinventar Nr. 1846. 1847. 1890-1892.

26) s. Anm. 24.

27) R. Noll, Unbekannte Briefe der rheinischen Altertumsfreundin Sibylle Mertens-Schaaffhausen, in: Österr. Akad. der Wiss., Phil.-Hist. Klass. Sitzungsber. 450. Bd. (1985) Nr. 10 S. 25. – Zu Gemmen in Lau-

nitz' Sammlung s. Launitz' Brief bei Clasen – Ottendorff-Simrock a.a.O. (s.o. Anm. 2) 29.

28) Allein die Zeichnungen in Wandkartenform, die Launitz zur Illustrierung seiner Vorträge über die Geschichte der ägyptischen Kunst anfertigte, erreichen eine Zahl von 127 Stück. Schon eines der ältesten erhaltenen Manuskripte, wohl aus dem Jahre 1833, die unvollendete Schrift „Kleine Abhandlung ueber die Kunstgeschichte im Allgemeinen und namentlich der Aegypter, in Form einer Vorlesung, hervorgerufen durch Hessemers Vortraege über Aegypten, im Hause der Frau L. Gontard, und durch meine anatom. Vortraege im Institute, bei denen ich die völlige Unwissenheit der jungen Künstler in Betreff der Kunst bemerkt hatte" beschäftigt sich mit Ägypten, ebenso die fünf Vorträge, die Launitz 1865 in Mainz hielt (erhalten nur das Manuskript der Einleitungen [s. Anm. 29]). Mit der ägyptischen Kunst eröffnete Launitz auch jeweils seine Vorlesungsreihe zur antiken Kunst, wie aus dem „Verzeichnis meiner eigenen schriftlichen Arbeiten" (s. Anm. 6) hervorgeht.

Sammlung" zu hören, die er in Rom besaß, die dann aber an das Berliner Museum überging[29]. Letzter Reflex dieser ägyptischen Sammlung ist ein Eintrag im alten Inventar des Historischen Museums über *„3 Tafeln mit Fragmenten von Papyrusrollen"*, die jedoch nicht mehr auffindbar sind[30].

Die Antikensammlung wurde nach Launitz' Tod wenigstens teilweise versteigert und so vollständig zerstreut, daß man heute kein detailliertes Bild mehr von ihr gewinnen kann[31]. Ein kleiner Teil der im Nachlaßinventar 141 Positionen umfassenden Antiken war in den Besitz der Frankfurter Künstlergesellschaft[32] übergegangen und von dieser im Jahre 1877 der Magistratskommission für

das zu gründende städtische Historische Museum übergeben worden. Durch diese gelangten sie in das 1878 gegründete Historische Museum und 1937 ins Museum für Vor- und Frühgeschichte[33]. Es handelt sich dabei um die Fragmente von Marmorskulpturen, eine Reihe frühkaiserzeitlicher Dachterrakotten einschließlich kleiner Fragmente von Campanaplatten und teilweise farbig gefaßte Stuckteile, die Launitz vielleicht in Campanien erworben hatte[34]. Von den Skulpturenfragmenten sind der Reliefkopf eines Satyrs in der Art der sog. Prachtreliefs und das Fragment einer Rundbasis(?) mit der Figur eines tanzenden Satyrs im neuattischen Schema[35] die bedeutendsten (*Abb. 125. 124*). Beide waren von J. F. A. Sarg aus dem

---

29) *„Ich habe mir erlaubt aus den Resten einer großen Aegyptischen Sammlung, die ich in Rom besaß, und die später in das Berliner Museum übergegangen ist, das Fragment einer Papyrusrolle mitzubringen, um Ihnen dem Stoffe und dem Inhalte nach, ein Stück Original vorzulegen, ...* (Introduction zu den 5 Vorträgen welche ich in Mainz gehalten, und den 2ten Febr 1865 begonen)"; das Manuskript ist erhalten im Nachlaß Launitz S 1/80 Kasten Aufsätze, Vorträge. – Offenbar hat Launitz auch an Thorvaldsen ägyptische Antiken verkauft, wie aus einer von ihm unterzeichneten Rechnung vom 1.5.1826 (aufbewahrt im Thorvaldsens Museum, Kopenhagen) hervorgeht.

30) Inv. X 5180; 1876/77 vom Verein für das Historische Museum erworben.

31) Im Nachlaß Launitz S 1/80 Kasten Varia befinden sich zwei Listen, von denen die eine, Nachlaß beschriftet, 2077 Nummern aufführt. In ihrem hinteren Drittel wird die fortlaufende Nummernfolge von mehreren Blättern unterbrochen, auf denen ohne Rücksicht auf die numerische Reihenfolge anscheinend die die antiken Originalwerke betreffenden Nummern ausgeschnitten aufgeklebt wurden, und zwar in der Reihenfolge Steinskulpturen, Bronzen und Metallgegenstände, Glas, Stuck, Münzen, Terrakotten, Lampen, Keramik. Einige der Nummern sind in Bleistift mit einem großen A bezeichnet, was wohl darauf verweist, daß diese Stücke für die Versteigerung vorgesehen waren. Auf diese Versteigerung dürfte eine zweite Liste zu beziehen sein, bezeichnet Katalog I. und bestehend aus den Doppelblättern 1-4 mit den Nr. 1-436. Unter Nr. 422-428 sind die Antiken aufgeführt; Bleistiftzusätze geben bei vielen Nummern den Käufer und die erzielte Kaufsumme an. Zur Inventarisierung des Launitz'schen Nachlasses s. einem Brief von

A. Michaelis vom 19.1.1870 (Nachlaß Launitz S 1/80 Kasten Varia, hier S. 295).

32) Zur Frankfurter Künstlergesellschaft s.o. Anm. 14.

33) Im Inventar des Museums für Vor- und Frühgeschichte aufgeführt unter X 5051-5079; davon heute im Museum nicht mehr nachweisbar X 5056. 5057. 5067. 5068.

34) Die Dachterrakotten (X 5060-5063) haben ihre engsten Vergleiche in campanischen und süditalischen Exemplaren, und auch die Stuckfragmente (X 5069-5079) und Campanareliefs (X 5059. 5064-5066) könnten aus den Vesuvstädten stammen. Nimmt man hinzu, daß Launitz eine lange Liste von Abgüssen anbot, die über Originale in Neapel geformt waren (s. u. S. 274, 299 f.), gewinnt die Vermutung an Wahrscheinlichkeit, daß die Antiken bei einem Aufenthalt am Golf von Neapel erworben wurden.

35) Inv. X 5051; Fundort unbekannt; L. 50 cm, H. ca. 29 cm, Dicke durchschn. 6,5-7 cm, Kopfh. 20 cm bzw. 21 cm mit Locken, Breite Stirn-Spinne 17,7 cm. – Fragment eines Reliefs in der Art der sog. Prachtreliefs, an allen Seiten gebrochen, Rückseite gleichmäßig gepickt; erhalten nur ein Satyrkopf, dessen untere Gesichtshälfte und Nase verloren sind, sowie ein kleines Stück Baumstamm, aus dessen Astknorren mehrere Eichenblätter sprießen. Die Darstellung ist in hohem Relief ausgeführt, das sich jedoch nicht vom Grund löst. Die Gesichtsmodellierung ist kleinteilig, Details sind sauber gegeneinander abgesetzt. Haar- und Bartsträhnen wachsen von Bohrungen zerteilt aus dem Inkarnat. Die einzelnen, von z.T. tiefen Bohrungen getrennten Locken ordnen sich locker auf die Oberfläche hin. Auch Spitzohr und

Nachlaß gekauft worden, kamen wohl mit seinem Legat an die Frankfurter Künstlergesellschaft und über diese schließlich in städtischen Besitz[36].

Das bei weitem interessanteste Stück, das aus Launitz' Nachlaß in das Museum für Vor- und Frühgeschichte gelangte, ist jedoch eine rotfigurige attische

---

Efeukranz im Haar sind in diese Oberfläche einbezogen. Am Oberkopf bilden die Haare eine Spinne, deren hintere Strähnen wie auch einige Locken am Kopfkontur auf dem Grund auslaufen. Vor allem an diesen Locken ist zusätzlich eine feinere Strähnung zu erkennen. Die tiefen und relativ langen Bohrungen tauchen den Reliefkopf in ein reiches Licht-Schatten-Spiel. Ähnlich farbig, mit gezacktem, unterschnittenem Rand und mit feiner Mittelrippe, sind die Blätter gestaltet. – 2.Viertel 2.Jh.n.Chr. – Th. Schreiber, Die hellenistischen Reliefbilder (1894) Taf. XXVII(2); St. Lehmann, Mythologische Prachtreliefs der Kaiserzeit (Diss. Bonn 1988, im Druck). – Erwähnung eines heute verlorenen Abgusses von dem Fragment bei F. G. Welcker, Das akademische Kunstmuseum zu Bonn[2] (1841) Nr. 366; R. Kekulé, Das Akademische Kunstmuseum zu Bonn (1872) Nr. 438. Wahrscheinlich ist der Abguß identisch mit dem von Vanni bei der Bonner Lieferung vom 23.8.1836 angeführten *„Faon wovon Herr Launitz das Orignal besitzt"*; s. W. Ehrhardt, Das Akademische Kunstmuseum der Universität Bonn unter der Direktion von Friedrich Gottlieb Welcker und Otto Jahn (1982) 174. Inv. X 5052; Fundort unbekannt; H. 44 cm, Br. 33 cm, Dicke durchschn. 7,5-8 cm, Kopfh. 11,5 cm. – Fragment einer runden Einfassung oder Basis mit gestufter Oberkante; der Rand des Relieffeldes schwingt leicht nach außen. Alle Ränder bis auf das kleine Stück Oberkante gebrochen, die Rückseite gleichmäßig grob gepickt. Über das ganze Relief hin Sinterspuren; vor allem im Pantherfell und angrenzenden Partien lassen sich feinpunktige Verwitterungsspuren beobachten. Von der Reliefverzierung ist der fast ganz in der Fläche ausgebreitete Oberkörper eines mit gesenktem Kopf nach rechts tanzenden Satyrs vom Typ Hauser 22 (wohl ohne den Panther) erhalten. Er ist mit einem vollen, leicht zugespitzten Bart und üppigem, nach hinten gestrichenem Haar dargestellt. Bart und gespreizte Handhaltung wirken archaisierend. Hinter seinem rechten Oberarm wächst der sich gabelnde Stamm eines Weinstocks empor; über dem Kopf sind Weinlaub und Trauben zu erkennen, auf die von der rechten Seite her ein Efeu mit Korymben zuwächst. In der rechten unteren Reliefecke hat sich noch ein Handgelenk mit einem Stück des Unterarms von einem zurück- oder vorschwingenden Arm erhalten. Wahrscheinlich gehörte er zu einer Mänade oder Tänzerin, der Typus läßt sich jedoch nicht angeben. Die Darstellungen sind in flachem, fein abgestuftem Relief angelegt. Einige Haarpartien sind mit Punktbohrung aufgelockert. Der Nuancenreichtum des Reliefs

wird besonders am Wein und Efeu sichtbar. Neben dünnen Stengeln und Ranken, die dem Grund aufliegen so wie auch Teile der Blätter, werden vor allem beim Wein einzelne Blattzacken durch kurze Bohrungen und Bohrpunkte vom Grund losgelöst und unterschnitten, so daß ein reicheres Licht-Schatten-Spiel entsteht. – Spätes 1. Jh.n.Chr. – vgl. F. Hauser, Die neuattischen Reliefs (1889); D. Grassinger, Römische Marmorkratere (1991) 82f;. 175-177 Nr. 19 Textabb .21 Abb. 25; 178-180 Nr. 21 Textabb. 22 Abb. 80; 206 Nr. 46 Textabb. 50.

36) Für beide Reliefs, im Auktionsverzeichnis Nr. 424. 426 (Nachlaßinventar Nr. 1750. 1748), als Käufer mit Bleistift Sarg, einmal mit 10 1/2 fl, eimal mit 9.15 [= 9 1/4 fl], eingetragen. Johann Friedrich Adalbert Sarg war seit 1827 Besitzer des Hotels „Zum Russischen Hof" auf der Zeil (vormals Schweitzer'sche Haus), das als erstes Haus am Platze eine bedeutende Rolle im gesellschaftlichen, politischen und diplomatischen Leben der Stadt spielte. Die Geschäftsführung wurde von Sarg bis 1852 persönlich wahrgenommen. Vgl. Mappe Stadtarchiv Frankfurt S 2/12.350 Sarg, Familie. Sargs Interesse für Geschichte, Kunst und Archäologie bezeugt u.a. seine Mitgliedschaft im Verein für Geschichte und Altertumskunde in den Jahren 1857-1860. Sarg starb wohl im Jahre 1876, da seine testamentarische Verfügung einer Zuwendung an die Künstlergesellschaft anläßlich der Generalversammlung am 27.1.1877 Erwähnung fand. Frankfurter Künstlerchronik a.a.O. (s.o. Anm. 6) 69f. Wenn dort auch nur von *„etwa 200 Gipsabgüssen ... bestehend aus Arbeiten von Ed. von der Launitz, sowie aus Abgüssen antiker als auch mittelalterlicher Kunstwerke"* die Rede ist, muß man nach dem Vermerk im Museumsinventar annehmen, daß auch die zwei Originale Teil dieser Zuwendung waren. Wie die übrigen Antiken in den Besitz der Künstlergesellschaft gelangten, ist nur noch im Falle einer großen Löwenpranke aus Marmor (Inv. X 5053; Nachlaßinventar Nr. 1749, Auktionsverzeichnis Nr. 425) auszumachen. Sie wurde von dem Steinmetzmeister Carl M. Rübenach Sohn, der sein Geschäft Kl. Obermainstr. & Obermainanlage 11 führte, für 3 fl aus dem Nachlaß Launitz ersteigert und von ihm wohl der Künstlergesellschaft überlassen. Rübenach stand, wie aus Briefen, die er nach dem Tode von Launitz an Emilie Pelissier richtete, in geschäftlicher Beziehung zur Familie Launitz betreffs der Ausführung von Grabmälern.

Schale des Euaion-Malers, die im Innenbild Theseus und Skiron und auf der Außenseite Boreas und Oreithyia sowie einen weiteren Frauenraub zeigt[37]. Sie war von dem Privatier August Ehinger[38] für 70 1/4 fl aus Launitz' Nachlaß ersteigert und mit seinem Vermächtnis an die Stadt Frankfurt 1892 ins Historische Museum gelangt. Besäßen wir nur Museums- und Nachlaßinventare, müßte es zweifelhaft bleiben, daß die Skiron/Boreas-Schale aus dem Besitz des Bildhauers stammt[39]. Briefe jedoch, die Gerhard und Panofka, damals „Archäologe" bzw. Assistent an den Berliner Museen, 1841 an ihren Freund

Launitz schrieben, machen dies zur Gewißheit: Ursprünglich für die Berliner Sammlung angekauft, wurde die Schale „*der künstlerischen Vorzüge ungeachtet*" auf Wunsch Gerhards gegen eine ihn mehr interessierende „*bacchische Schale*" aus Launitz' Besitz ausgetauscht[40]. Die Vasen, die Gerhard in seinem Brief aufzählt und die sich noch heute in Berlin befinden, sind, wie aus Gerhards und Furtwänglers Angaben hervorgeht, aus der Sammlung Lucien Bonapartes, des Fürsten von Canino, angekauft worden[41]. Diese war 1841 in Frankfurt zum Verkauf gekommen, und 22 der 120 Vasen, von denen

---

37) Inv. X 14628 = ß 406. CVA Frankfurt 2 (1968) 25f. Taf. 65, 1-4; Museum für Vor- und Frühgeschichte Frankfurt am Main. Archäologische Reihe Bd. 5 Antikensammlung (J. v.Freeden)[2] (1992) 70f. Nr. 54.

38) Ludwig August Ehinger (4.12.1839 – 7.9.1891) hinterließ der Stadt Frankfurt neben einer Stiftung „*Beschaffung von Brennstoffen für arme christliche Einwohner*" auch seinen Kunstbesitz. Vgl. Mappe Stadtarchiv Frankfurt S 2/14. 653 Ehinger, Ludwig August. 1867 suchte Ehinger als Reaktion auf die Annektion Frankfurts durch Preußen um Entlassung aus dem Bürgerverband nach, um nach Österreich auszuwandern, erscheint aber 1868/69 wieder im Frankfurter Adressbuch; eine ähnliche Reaktion auch bei E. Rüppell, s. G. Förschner, Glaspasten. Geschnittene Steine. Arabische Münzgewichte (1982) 36. Das soziale Engagement, das aus Ehingers Stiftung spricht, ist bezeichnend für die Schicht des reichen Bürgertums, der die Käufer von Launitz' Sammlung angehörten; auch Launitz ließ 1865 einen Aufruf an Pfarrer und Schullehrer zwecks Anfertigung und Verkaufs von wärmenden Strohschuhen durch die arme Landbevölkerung für Reisende im Winter drucken (Nachlaß Launitz S 1/80 Kasten Drucksachen, Bilder).

39) Vermächtnis Ehinger im Museum für Vor- und Frühgeschichte unter Inv. X 14628-14654. 14711-14715. 14809. 14810, darunter X 14628 „*Griechische Schale*"; weder im X- noch im späteren ß-Inventar ein Hinweis auf Launitz. Das Auktionsverzeichnis der Launitz'schen Sammlung verzeichnet unter Nr. 428 „*Etrurische Schale*" mit dem Bleistiftvermerk „*Ehinger 70 1/4 fl*"; das große Nachlaßinventar führt die Schale wohl unter Nr. 1869 „*Grosse Schale mit Fuß, griechische*" auf.

40) Nachlaß Launitz S 1/80 Kasten Briefe Nr. 11. 35, hier S. 291.

41) E. Gerhard, Neuerworbene antike Denkmäler des königlichen Museums zu Berlin H. 3 (1846) Vorrede; A.Furtwängler, Beschreibung der Vasensammlung im Antiquarium (1885) S. XXf.: „*Eine Anzahl von Hauptstücken aber kam 1841 durch einen Ankauf aus der Sammlung des Prinzen von Canino zu Stande. Nach dem Tod desselben kam nämlich durch seine Witwe die als réserve étrusque oder als réserve des réserves bezeichnete kleine Sammlung 120 erlesenster Prachtstücke, die bereits 1838 in London ausgestellt und dort für 4000 Pfund angeboten war, zusammen mit zahlreichen anderen Vasen, die alle aus den Canino'schen Ausgrabungen in Vulci stammten, in Frankfurt zum Verkaufe. Bekanntlich hat die Münchner Sammlung durch raschen Entschluß König Ludwigs die meisten Hauptstücke bekommen; doch gelang es auch unserem Museum durch Gerhard 22 zum Teil sehr bedeutende Vasen dort zu erwerben....*"*
Von den in Gerhards Brief genannten Vasen sind in Berlin nachzuweisen die Komos-Schale (Gerhard Nr. 1759 = Furtwängler Nr. 2532, ex Canino), die Schale mit „*Fußbad*" (Gerhard Nr. 1776 = Furtwängler Nr. 2289, ex Canino), die Busiris-Schale (Gerhard Nr. 1763 = Furtwängler Nr. 2534, ex Canino), die Fisch-Amphora (Gerhard, Nr. 1723 = Furtwängler Nr. 1915, ex Canino). Keine dieser Nummern wird in Gerhards Vorrede unter den Erwerbungen aus der Sammlung Canino aufgezählt. Die Ergoteles-Schale (Gerhard Nr. 1779 = Furtwängler Nr. 1758) und der Becher mit Parisurteil (Gerhard Nr. 1851 = Furtwängler Nr. 2610) stammen anscheinend nicht aus dem Verkauf Canino, sondern vielleicht wie die „*bacchische Schale*", die unter den Berliner Vasen nicht mehr herauszufinden ist, aus dem Besitz von Launitz.

eine die später ausgetauschte und in Launitz' Besitz verbliebene Schale gewesen sein muß, konnten für Berlin erworben werden[42].

Ob Launitz beim Ankauf der Canino-Vasen auf Ersuchen seiner Berliner Freunde als Mittelsmann agierte oder ob er, was wahrscheinlicher ist, lediglich eigene Käufe aus der Versteigerung zusammen mit Vasen aus seinem Besitz zum Kauf anbot, geht aus den Briefen nicht mit Sicherheit hervor. Daß man seine Dienste als Vermittler, wozu ihn seine ausgedehnten Bekanntschaften besonders eigneten, aber gerne in Anspruch nahm, bezeugen die Briefe von Sibylle-Mertens Schaaffhausen[43].

Stärker als durch den wohl nicht mehr als gelegentlich betriebenen Verkauf antiker Originalwerke[44] hat Launitz durch sein Interesse an Gipsabgüssen auf die Archäologie seiner Zeit gewirkt. Abgüsse von Antiken, die dem klassizistischen Bildhauer zuallererst als verehrungswürdige Vorbilder seiner eigenen Kunst dienten – so schreibt Launitz denn auch, daß er die Abgüsse aus Italien zum eigenen Gebrauch mitgebracht habe[45] -, waren für den Archäologen, der fern der Originale arbeitete, in einer Zeit ohne Photographie die wichtigsten Arbeitsgrundlagen und nicht weniger geschätzt als das Original[46]. Akademien, Kunstschulen, Museen und Universitäten bemühten sich daher in gleicher Weise um den Aufbau einer Abgußsammlung. Schon während seines Romaufenthalts hat Launitz mit dem Erwerb von Abgüssen begonnen, wie er selbst in seinem Aufsatz zum Pasquino schreibt[47] und wie aus dem Brief Sibylle Mertens-Schaaffhausens aus dem Jahre 1835[48] hervorgeht, in dem auf Gipse Bezug genommen wird, die Launitz in Rom besaß[49]. In den 30er Jahren, während derer er zweimal nach Italien reiste (1834/35 zusammen mit E. Rüppell, 1838/39 als Begleiter des russischen Kronprinzen)[50], erfuhr seine Sammlung wohl einen nicht unbeträchtli-

---

42) Der Hauptteil der Sammlung ging an die Antikensammlung Ludwigs I. in München (ein kleiner Teil auch an das Städelsche Kunstinstitut in Frankfurt; CVA Frankfurt 2 [1968] Taf.41. 44. 46, 1-3. 60, 5. 6 und 61. 64). Zu Animositäten zwischen Berlin und München, die durch Panofkas Brief durchschimmern, s. M. Kunze, Etruskische Kunst in Berlin, in: Die Welt der Etrusker. Katalog einer Ausstellung Berlin 1988, 406. Zur mangelnden Zugänglichkeit der Vasen in München s. R. Wünsche, „Göttliche, paßliche, wünschenswerthe und erforderliche Antiken". Leo von Klenze und die Antikenerwerbungen Ludwigs I., in: Ein griechischer Traum. Leo von Klenze, der Archäologe. Katalog einer Ausstellung München 1986, 71-76. Wünsche ebenda 111 Anm. 271 zum schlechten Zustand der Vasen; auch die Skiron/Boreas-Schale wies Übermalungen auf, die inzwischen entfernt sind.

43) Nachlaß Launitz S 1/80 Kasten Briefe Nr. 33, hier S. 290. – Die Vermittlung scheint erfolgreich gewesen zu sein, denn das „Inventarium des mit der königl. Universitätsbibliothek zu Bonn verbundenen alterthümlichen Museum 1821 -1836" verzeichnet S. 137 „921 Stück Gypsabgüsse der Beckerschen griechischen und römischen Münzen". – vgl. a. einen undatierten Brief Gerhards, in dem es um eine Oberitalien-

reise und eventuell zu beschaffende Abgüsse geht (Nachlaß Launitz S 1/80 Kasten Briefe Nr. 11).

44) Vgl. einen Brief von Launitz an Sibylle Mertens-Schaaffhausen, in dem vom Verkauf von Gemmen die Rede ist (Clasen – Ottendorff-Simrock a.a.O. [s.o. Anm. 2] Nr. 24 S. 29), sowie den Brief Panofkas mit Erwähnung der Vénus Assyrienne (Nachlaß Launitz S 1/80 Kasten Briefe Nr. 11, hier S. 292).

45) s. u. S. 273 und Anm. 53.

46) Zu Abgußsammlungen s. hier Beitrag Mandel.

47) L. Urlichs, Über die Gruppe des Pasquino.... Hierzu eine Restauration der Gruppe und deren Begründung von Ed. von der Launitz, Fest-Programm zu Winckelmann's Geburtstage am 9. December 1867. Hrsg. vom Vorstande des Vereins von Alterthumsfreunden im Rheinlande (Bonn 1867) 21. Auch in den Briefen Stackelbergs an Launitz (s. Anm. 8) geht es teilweise um Gipsabgüsse.

48) s. Anm. 43.

49) s. Anm. 24.

50) Schmidt 24 (= Hanauer Brief, S. 2).

chen Zuwachs, über den wir durch die Korrespondenz zwischen Launitz und Sibylle Mertens-Schaaffhausen[51] und die Ankäufe Welckers für das Akademische Kunstmuseum in Bonn recht gut unterrichtet sind. Launitz selbst schreibt über seine Abgüsse: „*Von diesen habe ich 12 große und kleine Statuen mitgebracht, 20 Büsten, 50 Basreliefs etc. etc., von denen ein Verzeichnis beifolgt[52]. ... Sollte dem Museum in Bonn oder Ihnen oder irgend jemand Ihrer Bekanntschaft etwas davon dienen können, so ersuche ich Sie, mich davon zu benachrichtigen. ... Ich habe nämlich diese Abgüsse alle zu meinem eigenen Gebrauche hierherkommen lassen und noch andere dazugekauft, will aber über die gewünschten eine schöne Form machen lassen, um sie zu vervielfältigen. Je mehr Liebhaber sich finden, desto wohlfeiler kann ich sie geben.*"[53] Der Bonner Ankauf kam in den Jahren 1835-1837 zustande. Ein Brief des Frankfurter Gipsformers Marco Vanni[54] an Welcker vom 12.10.1835, geschrieben anläßlich der Lieferung der Mediceischen Venus nach Launitz' Gips, enthält eine umfangreiche Angebotsliste wei-

terer Abgüsse, die Vanni mit Launitz' Erlaubnis von dessen Gipsen abformte und verkaufte. Wie aus Vannis Brief hervorgeht, hatte Launitz die Abgüsse an Ort und Stelle (Florenz, Rom, Neapel) beschafft, unmittelbar vom Original abgeformt, wobei er das Abformen selbst leitete[55]. Die daraus resultierende hohe Qualität der Gipse, an denen u.a. Brüche und Ergänzungen erkennbar blieben, machte sie für Archäologen besonders interessant[56], zumal sich darunter Abgüsse einiger der berühmtesten antiken Skulpturen wie der Venus Medici, des Torso vom Belvedere und der Dioskouren vom Quirinal befanden. Aus Bonn erfolgte so auch eine umfangreiche Bestellung, von der sich Teile bis heute erhalten haben[57].

Daneben besaß Launitz eine beträchtliche Sammlung an Abgüssen antiker Kleinkunst, die er in einem „Verzeichnis der Abgüsse über antike Bronzen in Neapel" mit genauer Preisangabe auflistete; sie sollten also ebenfalls dem Verkauf dienen[58]. Eine Rechnung vom 10.4.1842 im „Inventar des Akademischen Kunstmuseums in Bonn für die Jahre 1821-1836", die der Lau-

---

51) Vgl. Brief Launitz an Sybille Mertens-Schaaffhausen vom 8.5.1835 (s. Anm. 24). Einer der beiden Briefe, auf die Launitz antwortet, ist in dem Brief der Sibylle Mertens Schaaffhausen vom 18.1.1835 erhalten, hier Anm. 43 und S. 290.

52) Auch in späteren Jahren scheint Launitz solche (Preis)verzeichnisse, wohl jeweils auf dem neuesten Stand, verfaßt zu haben; vgl. den „*Preiscourant*" im Brief Welckers, hier Anm. 17 und S. 292, und das „Verzeichnis", hier Anm. 58.

53) s. Clasen – Ottendorff-Simrock a.a.O. (s.o. Anm. 2) 29.

54) Zur Gipsformerei Vanni s. hier Beitrag Stutzinger.

55) „*Alle Abgüsse die er mitgebracht, sind unter seiner eigenen Leitung in den verschiedenen Orten gemacht, und ganz vorzüglich gut und frisch.*" Der Brief Vannis mit der Liste der Abgüsse sowie weitere Unterlagen bei Ehrhardt a.a.O. (s.o. Anm. 35) 171f. 174. 177. Entspre-

chende Rechnungseintragungen vom 7.11.1836 und 8.5.1837 im „Inventarium des mit der königl. Universitätsbibliothek zu Bonn verbundenen alterthümlichen Museum Bonn 1821 -1836" S. 65.

56) Welcker a.a.O. (s.o. Anm. 35) S.IV.

57) Erhalten die Venus Medici (Inv. 110), der Kopf der Venus Anadyomene (Inv. 112), der Äsop (Inv. 72), die Porträts des Marc Aurel (Inv. 405) und des Augustus (Inv.391), der sog. Corbulo (Inv. 393), die Kolosse vom Monte Cavallo (Inv. 213a.b), das Relief mit Minerva und Venus (Inv. 600), das Heroen- bzw. Reiterrelief der Parthenonzeit (Inv. 680); vgl. Verzeichnis der Abguss-Sammlung des Akademischen Kunstmuseums der Universität Bonn. Bestand 1820 -1980 (1981) unter den entspr. Nrn.

58) Nachlaß Launitz S 1/80 Kasten Varia, hier S. 299. Die Liste enthält neben Abgüssen über Bronzen auch einige nach Marmorskulptur und Terrakottawerken.

nitz'schen Liste in Reihenfolge und Preisen recht genau folgt[59], belegt nicht nur dies, sondern weist auf Grund des Datums auch darauf hin, daß die Abgüsse wohl zu größeren Teilen auf Launitz' Italienreise 1838/39 erworben wurden[60]. Die meisten der abgegossenen Originale stammen aus den Vesuvstädten und lassen sich mit 'dekorative' Kunst gut umschreiben. Die Liste enthält aber auch Abgüsse nach Marmorskulptur. Das interessanteste Stück darunter ist der Torso einer Peplosfigur aus Keos, der sog. Bröndstedt'sche Torso; die (wenigen, noch erhaltenen) Launitz'schen Abgüsse sind heute von besonderer Bedeutung, da das Original seit langem verschollen ist[61].

Daneben erwarb Launitz Abgüsse aus einer ganzen Reihe europäischer Museen und Sammlungen, von denen er zum Teil weitere Abgüsse fertigte und verkaufte[62]. Seine Kunden waren nicht nur Privatleute, sondern auch Institutionen[63], neben dem Bonner Museum und dem Städelschen Kunstinstitut auch die Tübinger Abgußsammlung[64] sowie die Karlsruher Kunsthalle, von wo Launitz 1843 „ein Honorar von 77.- fl. für ein Verzeichnis neu anzuschaffender Antiken" gezahlt wurde, das er zusammen mit Friedrich Thiersch erstellt hatte[65].

Nach Launitz' Tod wurde seine Abgußsammlung wie die Originale in alle Winde zerstreut. Ein Teil von ihr

---

59) „Inventarium des mit der königl. Universitätsbibliothek zu Bonn verbundenen alterthümlichen Museum 1821-1836" S. 106. Teile der Lieferung bis heute erhalten: Nr. 1 Minerva (Inv. 163), Nr. 2 tanzender Faun, nur der Kopf (Inv. 59), Nr. 3 tanzender Faun (Inv. 160), Nr. 5 Lampe mit Satyr (Inv. 743), Nr. 6 Rhyton (Inv. 1408), Nr. 8 Vase mit gekrümmtem Körper (Inv. 740), Nr. 12 Capräisches Relief (Inv. 1362), Nr. 13 Skylla, wohl identisch mit Inv.667 unbekannten Aufbewahrungsorts; vgl. Verzeichnis der Abguss-Sammlung a.a.O. unter den entspr. Nrn. Nr. 10 Bacchische Szene und Nr. 17 sog. Lykomedestöchter könnten mit den Abgüssen Inv. 639. 681 identisch sein; allerdings tragen sie den Stempel „Ecole Royale des Beaux Arts", so daß man annehmen müßte, Launitz habe von Pariser Abgüssen Formen genommen, diese ausgegossen und weiterverkauft. – Noch 1842 wurde von Launitz' Liste auch die Lampe mit Fledermaus (Inv. 744b), in den 60er Jahren durch Jahn die archaistische Artemis (Inv. 130) und der sog. Dionysos-Plato (Inv. 260) erworben.

60) Die zeitliche Nähe der Angebote von 1835 und 1841/2 zu Launitz' jeweiligen Italienreisen (s. Anm. 50) macht dies sehr wahrscheinlich. Wann Launitz' handschriftliches „Verzeichnis" angelegt wurde, muß jedoch offen bleiben, da es auch Abgüsse enthält, die schon in Vannis Anzeige von 1835 enthalten sind (z.B. das Palmettenornament vom Tempel in Bassae und die Heraklesreliefs „nach terra cotta wovon die Original bei H.v.Launitz"; s. S. 285 und Anm. 129).

61) Erhalten zumindest zwei Abgüsse, einer in Bonn (1865 gekauft; Verzeichnis der Abguss-Sammlung a.a.O. Nr. 861 Taf. 5b) und einer in Tübingen (1866 von Launitz geschenkt; Abgußsammlung Inv. 24). Ob

sich das Original zu der Zeit, zu der Launitz den Abguß erwarb (vor 1843, da in dem für Karlsruhe angefertigten Verzeichnis [s. Anm. 65] aufgeführt), in Neapel befand, geht aus dem „Verzeichnis" nicht eindeutig hervor. – Die Form wurde 1870 laut Auktionsverzeichnis Nr. 386 an „Rumpf", wohl den Frankfurter Bildhauer A. K. Rumpf (1838-1911), für 1 1/2 fl verkauft.

62) So besaß er z.B. einen Abguß der Portland-Vase (1870 für die Tübinger Abgußsammlung aus dem Nachlaß erworben, jetzt Inv. 2019), für den sich Welcker lebhaft interessierte; vgl. seinen Brief vom 25.11.1853 im Nachlaß Launitz S 1/80 Kasten Briefe Nr. 69, hier S. 292. Er hat einen Abguß von Launitz' Abguß erhalten und schenkte ihn 1856 dem Akademischen Kunstmuseum in Bonn (heute verloren); s. a. Anm. 59. – Vgl. a. Brief Gerhards vom 9.11.1851 (Nachlaß Launitz S 1/80 Kasten Briefe Nr. 11, hier S. 292.).

63) vgl. a. Schmidt 28f.

64) Gipse nach dem Launitz'schen „Verzeichnis" hatte laut Inventar von 1883 das Städel erworben, ihr Verbleib ist unbekannt; s. hier Beitrag Mandel. Über den Gipsformer Vanni wurde die Tübinger Abgußsammlung 1838 mit Gipsen nach den Launitz'schen Abgüssen beliefert, wovon der Torso vom Belvedere und die Dioskouren vom Quirinal erhalten sind (Abgußsammlung Inv. 1.801.802).

65) Badisches Landesmuseum. 150 Jahre Antikensammlungen in Karlsruhe 1838-1988 (1988) 21. U.Grimm, Das Badische Landesmuseum in Karlsruhe. Zur Geschichte seiner Sammlungen (1993) 37f.; ebenda 237-241 ist das Verzeichnis abgedruckt.

gelangte in die Tübinger Abgußsammlung und ist heute noch erhalten[66]. Daß ein weiterer Teil von J. F. A. Sarg erworben worden war, fand schon Erwähnung; andere Käufer, die im Verkaufsverzeichnis der Launitz'schen Sammlung erwähnt werden, sind der Gipsformer A. Vanni, der Steinmetz Rübenach und Launitz' Schüler, der Bildhauer Nordheim[67].

Die Lehrhaftigkeit von Abgüssen nach (berühmten) Antiken nicht nur für den Fachmann, als den er wohl Künstler und Archäologen betrachtete, sondern auch für den Kunstliebhaber und gebildeten Laien stand für Launitz außer jeder Frage. So stand nicht nur seine eigene Sammlung dem Interessierten offen und fand Verwendung bei seinen Vorträgen[68], im Jahre 1833 verfaßte er auch einen kurzen Führer für Besucher der Städelschen Abgußsammlung, dem er eine kurze Vorrede über die Leistung von Gipsen voranschickte[69]. Das Erscheinen des Führers fällt in die Zeit, in der Launitz auch mit seiner Lehrtätigkeit am Städel und mit seinen Vorträgen zur antiken Kunstgeschichte begann[70]. Von dieser Zeit an sollte sich Launitz auf Grund eigener Erfahrungen immer wieder mit den verschiedensten Lehrmitteln befassen. Launitz' Bemühungen treffen in dieser Beziehung vollkommen mit den Bestrebungen der Archäologen an den Universitäten zusammen, deren inzwischen fachspezifisch gewordene Lehrtätigkeit durch den Mangel *„an nötigen Abbildungen in alle Wege gestört und gehemmt wurde"*, so daß nun wie durch Jahn in Bonn die Forderung nach dem Aufbau eines sog. archäologischen Apparates laut werden konnte[71]. Für seine Vorlesungen und Vorträge fertigte Launitz eigenhändige Zeichnungen, von denen sich für zwei Vorträge, den über die antike Gewandung und den über das antike Ornament, wenigstens die Vorstudien erhalten haben[72]. Randanmerkungen in seinen Manuskripten[73] belegen, daß er seine Vorträge, sobald er die historischen und philologischen Ausführungen verließ und zu den archäologischen überging, mit Bildern lebhaft und

---

66) Abgußsammlung Inv. 48-50. 408-410. 412. 414-419. 833. 835-844. 1281. 1282. 1292. 1293. 1609. 2019-2021. 2023-2025. Inv. 413.845. 1277-1280. 2022 sind zerstört.

67) s. Anm. 31. 36. – Zu Friedrich August von Nordheim s. U. Thieme – F. Becker, Allgemeines Lexikon der bildenden Künstler Bd.25 (1931) 516; Schmidt 29.

68) z.B. bei seinem Vortrag über den Hildesheimer Silberfund, s. Anm. 6.

69) Erläuterungen zu den Abgüssen über antike Vorbilder in dem Städelschen Kunstinstitut zu Frankfurt am Main (Frankfurt a.M. 1833): *„Wenn Abgüsse in Gyps mit Sorgfalt über Werke in Bronze oder Marmor gemacht werden, so kann man an ihnen nicht allein die Schönheiten des Originales wiedererkennen, sondern sogar auch das Material der Originale. Da gegenwärtige Abgüsse grösstentheils dieser Art sind, so wird es den Liebhabern der Kunst nicht der Mühe unwerth scheinen, sich länger bei diesen Gypsen zu verweilen, und vor ihnen die nachfolgenden Notizen zu durchgehen, welche das Wissenswertheste und Interessanteste enthalten, was in der Kürze über die Originale zu sagen ist."*

70) Schmidt 24 (= Hanauer Brief, S. 2). 25f.

71) O. Jahn im Jahresbericht für das Akademische Kunstmuseum in Bonn für das Jahr 1861, abgedr. bei Ehrhardt a.a.O. (s.o. Anm. 55) 197-199.

72) Nachlaß Launitz S 1/80 Kasten Aufsätze, Vorträge. Teilweise spannte Launitz für die Beschaffung der Lehrmittel offenbar auch die Familie ein: *„Er hielt zunächst Vorlesungen über Kunstgeschichte, die damals nicht so leicht mit einiger Gewandtheit aus vorhandenen Werken gelehrt werden konnte. Nein, es war eine unsagbar mühevolle Arbeit, der er mit einer seltenen Ausdauer oblag, im Zusammensuchen des benötigten Materials aus den wunderlichsten, meist höchst unzureichenden Mitteln. Wie vieles mußte ich für diese Vorlesungen aus bekannten teuren Werken durchpausen!"* (Schmidt 26f. = „Lebenserinnerungen von Emilie Pelissier" [s.o. Anm. 2] 3f.).

73) Vor allem in den diversen Manuskripten seiner Vorträge über antike Gewandung; Nachlaß Launitz S 1/80 Kasten Aufsätze, Vorträge.

anschaulich machte und dem Zuhörer den Zusammenhang der verschiedenen Überlieferungen, literarischer und archäologischer, greifbar vor Augen führte. Launitz selbst hat seine Vorzeigeblätter in späteren Lebensjahren inventarmäßig erfaßt – es waren Hunderte[74]. Schließlich gingen aus ihnen die „Wandtafeln zur Veranschaulichung antiken Lebens und antiker Kunst" hervor, die postum ab 1871 bei Theodor Fischer in Kassel erschienen und zu denen Launitz auch kurze Erläuterungen schrieb[75]. Sowohl die langen Listen der von Launitz inventarisierten Zeichnungen, die stärker auf die Kunstgeschichte ausgerichtet waren, wie auch die 32 Wandtafeln, bei denen die Kulturgeschichte im Vordergrund steht (was sie besonders für den Schulunterricht eignet, s.u. S. 279 f.), zeigen, daß Launitz in keiner Weise als Dilettant bezeichnet werden kann, sondern über ein fundiertes kunstgeschichtlich-archäologisches Wissen verfügte, das ihn zum ernstgenommenen Kollegen eines Jahn, Conze und Michaelis machte.

Gegenüber den Archäologen aber war Launitz durch seine künstlerische Tätigkeit, die es ihm leicht machte, die benötigten Abbildungen für seine Vorlesungen und Vorträge selber anzufertigen, der Bevorzugte. Launitz begnügte sich jedoch nicht mit dem Lehrmittel der Zeichnung, sondern setzte seine Erfahrung als Bildhauer ein, um Modelle herzustellen. So führte seine bis in die 50er Jahre zurückzuverfolgende Beschäftigung mit der antiken Gewandung 1866 zur Herstellung zweier Modellfiguren von halber Lebensgröße, eines Mannes und einer Frau, sowie von vier Leinengewändern, die der Demonstration von Tunica, Toga und Palla dienen sollten. Zur Drapierung der Gewänder um die Modelle fügte er eine gedruckte Anleitung bei, die aus seinen Vorträgen über antike Gewandung hervorgegangen war[76]. Ein Brief Jahns, der die Modellfiguren 1866 für den archäologischen Apparat in Bonn anschaffte[77], bezeugt das Interesse der Archäologen für Launitz' Forschungen schon Jahre zuvor[78]. Auf Vermittlung Conzes in Halle, dessen Interesse die Herstellung der Modelle auslöste, wurden sie schließlich auch von den Universitäten Dorpat, Göttingen, Würzburg, Heidelberg und Tübingen gekauft[79]. Als Conze nach Wien wechselt, beschafft er auch

---

74) Nachlaß Launitz S 1/80 Kasten Varia; s. a. Anm. 94.

75) Die Wandtafeln erschienen in sechs Lieferungen, die letzte im Jahre 1894. Mit der 3. Lieferung bzw. ab Taf. 22 wurde das Werk von A. Trendelenburg fortgeführt. Gesamtverzeichnis des deutschsprachigen Schrifttums (GV) 1700-1910 Bd. 85 (1983) 58 s.v. Launitz, Ed. v. der.

76) Handhabung der Toga und Palla bei der Umlegung um die zur Demonstration gefertigten Statuetten für einen Togatus und eine römische Matrone (Klimsch & Böhler, Frankfurt a.M. 1866). In den Jahren nach Launitz' Tod wurden die Modelle von der Formerei V. Vanni vertrieben; s. J. Marquardt, Das Privatleben der Römer[2] (1886) 553 mit Anm. 14; Preisverzeichniß der vorzüglichsten Gypsabgüsse von antiken und modernen Gegenständen. Zu haben bei Joh. Val. Vanni, Rossmarkt No. 9 Frankfurt am Main, S. 9.

77) Jahresbericht für das Akademische Kunstmuseum Bonn für 1866, abgedr. bei Ehrhardt a.a.O. (s.o. Anm. 55) 206. Erhalten hat sich nur die „Handhabung".

78) Nachlaß Launitz S 1/80 Kasten Briefe o.Nr., hier S. 293.

79) Handhabung a.a.O. 3f.; s. a. Brief Conzes vom 28.5.1867 (Nachlaß Launitz S 1/80 Kasten Briefe Nr. 6, hier S. 293), in dem auf die Lieferung nach Dorpat Bezug genommen wird.
In Tübingen sind die Modelle in einem Inventar der „Gipsabgüsse griechischer und römischer Skulpturen, Lehrhilfsmittel, Photographien" mit dem Anschaffungsdatum 1866 erhalten. Erhalten ist auch hier nur die „Handhabung". Das Exemplar enthält handschriftliche Anmerkungen von Launitz, die sich auf die vorsichtige Behandlung der Modelle bzw. diverse Unglücksfälle bei unsachgemäßer Behandlung beziehen.

80) Brief vom 23.4.1870 an E. Pelissier (Nachlaß Launitz S 1/80 Kasten Varia, hier S. 295). Vgl. dazu Michaelis' Brief vom 19.1.1870 an Launitz' Enkel (Nachlaß Launitz S 1/80 Kasten Varia, hier S. 295). – Auch für das Museum in Darmstadt wurden die Modelle angeschafft, wie ein Brief von R. Hofmann vom 10.2.1870, in dem die Lieferung der Gewänder ʽangemahnt' wird, belegt; Nachlaß Launitz S 1/80 Kasten Varia. – Die Formen für die Modellfiguren wurden aus dem Nachlaß laut Auktionsverzeichnis Nr. 370 (Nachlaßinventar Nr. 1335. 1336) von Nordheim für 2 fl erworben.

für das dortige Institut beide Figuren[80]. Erhalten haben sich die Modelle nur in der Göttinger Abgußsammlung, vom Mann allerdings nur der Unterkörper (*Abb. 128. 129*)[81]. Die Gewandmodelle dagegen sind verloren. Der Nachlaß Launitz bewahrt lediglich kleine Modelle von Gewändern, offensichtlich Vorläufer, die Launitz zur Demonstration bei seinen Vorträgen benutzte[82].

Die beiden Gewandfiguren waren jedoch nicht die einzigen Modelle, die Launitz fertigte. Dem Zug und den Erfordernissen der Zeit folgend schuf er auch geographische Modelle[83], ein Tempel- und ein Theatermodell[84] sowie ein Modell der Athener Akropolis, das erste, das

überhaupt geschaffen wurde[85]. Wie bei den Gewandfiguren hat Launitz in engem Kontakt mit ihm befreundeten Archäologen gearbeitet[86], die seine Werke sofort für ihre Lehrzwecke aufnahmen. Conze in Halle und Michaelis in Tübingen 'wetteifern' um den Besitz des Akropolismodells, das nach Launitz' Tod noch von einer Reihe weiterer Institutionen erworben wurde. Königsberg, Hamburg, Stuttgart, Basel, München und Wien nennt Michaelis in seinem Brief an den Enkel von Launitz. In Bonn ist die Anschaffung für 1870 nachweisbar; wenig später wurde dort zur Ergänzung auch Launitz' Wandtafel Nr. 18 mit der Ansicht der Akropolis-Südsei-

---

81) Die Figur der Frau hat eine H. von 90 cm ohne Plinthe; das Haar ist rotbraun gefärbt. An den Seiten der Plinthe ist das Modell mit „*ARTI:EIGENTHUM / ED:DE LAUNITZ 1866.*" bezeichnet. Der Kopf der Frau ist nach dem ersten Bildnistypus der Faustina Minor gestaltet, der durch die Frisur dem Mädchenporträt nahesteht (K. Fittschen – P. Zanker, Katalog der römischen Porträts in den Capitolinischen Museen und den anderen kommunalen Sammlungen der Stadt Rom Bd. 3 [1983] 20f. Nr. 19), also zur Darstellung einer Matrone eher ungeeignet ist. In der nicht gedruckten, als Manuskript erhaltenen Abhandlung über die antike Gewandung (s. S. 283 f. und Anm. 117) nimmt Launitz zu dem Wort Matrone Stellung: es bezeichne die verheiratete Frau ohne Bezug auf das Alter. – Vom Mann sind nur der Unterkörper und beide Unterarme erhalten, die Figur hat eine H. von 52 cm ohne Plinthe. Sie ist im Kontrapost mit aufgesetzten Füßen dargestellt; da der Oberkörper fehlt, kann man nur mutmaßen, an welches Vorbild sich der Kopf anlehnte: Zumindest bei seinen Vorträgen bediente sich Launitz einer verkleinerten Nachbildung des Tiberius aus Capri im Louvre in Paris (K. de Kerauson, Musée du Louvre. Catalogue des portraits romains I [1986] 160f. Nr. 74). Die dunkel getönte Nachbildung hat sich in der Tübinger Abgußsammlung (Inv. 408) erhalten, wohin sie 1868 gelangte.

82) Nachlaß Launitz S 1/80 Kasten Aufsätze, Vorträge.

83) vgl. Brief Conzes vom 28.5.1867 (Nachlaß Launitz S 1/80 Kasten Briefe Nr. 6, hier S. 294).

84) Das Tempelmodell ist aufgeführt im Nachlaßinventar unter Nr. 1376 „*Form zum dorischen Tempel (von Holz u. Gyps nebst einigen*

Formen dazu)". Vgl. Brief Conzes vom 28.5.1867 (Nachlaß Launitz S 1/80 Kasten Briefe Nr. 6, hier S. 294). Im „Verzeichnis der plastischen Arbeiten nach Jahren" ist unter 1867 mit Bleistift hinzugefügt „*Modell griech. Theater (Winter 67/68)*" (Nachlaß Launitz S 1/80 Kasten Varia). In Tübingen wurde das Modell laut Inventar (Inv. 1611) im Juli 1868 angeschafft, ist jedoch nicht mehr erhalten. Vgl. den Brief von Curtius vom 8.9.(1867?) (Nachlaß Launitz S 1/80 Kasten Briefe Nr. 8, hier S. 293); ob die Skizze für das Theater- oder das Akropolismodell benötigt wurde, ist unklar. In den „Kurzen Erläuterungen" zu „Wandtafel" Nr. I. II (Griechisches Theater) nimmt Launitz Bezug auf das Theater von Segesta. – Die Form des griechischen Theaters wurde aus dem Nachlaß wohl von Nordheim erworben (Auktionsverzeichnis Nr. 371, Nachlaßinventar Nr. 1525). Es muß nach dem Tod von Launitz mehrere Ausgüsse gegeben haben, das Nachlaßinventar (Nr. 835-837) sowie ein Brief Pinders aus Mainz an E. Pelissier vom 9.11.1870 (Nachlaß Launitz S 1/80 Kasten Varia) sprechen von dreien. Vgl. Schmidt 219 Kat.Nr. 172.

85) Im „Verzeichnis der plastischen Arbeiten nach Jahren" ebenfalls unter 1867 mit Bleistift hinzugefügt „*Akropolis*". – Das Nachlaßinventar verzeichnet das Modell bzw. die Form unter Nr. 1520 bzw. 1521, das Auktionsverzeichnis die Form unter Nr. 411. Diese wurde wohl von Nordheim für 50 fl. erworben.

86) In diesem Falle war es vor allem A. Michaelis; s. Anm. 88 und 19. – Launitz' engen Kontakt zu Fachkollegen bei seinen Arbeiten belegt auch die Korrespondenz, die sich bezüglich des Pasquino und des polykletischen Ausspruchs über den Nagel (s. S. 283 f.) erhalten hat (Nachlaß Launitz S 1/80 Kästen Varia bzw. Briefe).

te erworben (*Abb. 127*). In Tübingen, Basel und Erlangen[87] ist das Modell bis heute erhalten (*Abb. 126*)[88].

Wie ihr vielfacher Verkauf zeigt, befriedigten diese Modelle ein in der 2. Hälfte des 19.Jh. stark angewachsenes Bedürfnis, sich die Orte antiker Kultur anschaulich zu machen. Sie sprachen nicht allein den Fachmann an, der die wissenschaftliche Arbeit, die zu ihrer Erstellung geleistet werden mußte, rezipierte, sondern auch ein größeres Publikum, vor allem dann, wenn sie, wie wohl

Launitz' Tempel- und Theatermodell, gleichzeitig Rekonstruktionen waren, die dem Betrachter ein vollständiges Bild nur zerstört und fragmentarisch erhaltener Orte, Gebäude und Gebäudetypen vor Augen führten. So lassen sich in den Jahrzehnten nach Launitz' Tod gehäuft Modelle der verschiedensten Art nachweisen, die anders als ihre Vorgänger, die Korkmodelle nach antiker Architektur[89], oder Modelle heutigen Tags beliebig vervielfältigbar und käuflich zu erwerben waren[90]. Sie sollten, so

87) Briefe von Conze und Michaelis (Nachlaß Launitz S 1/80 Kasten Briefe Nr. 6 bzw. Varia, hier S. 295). – Brieflich bestätigt an E. Pelissier wurde der Erhalt des Modells 1870 von Christ (München, kgl. Antiquarium), Classen (Hamburg, Gelehrtenschule des Johannäums), Conze (Universität Wien), Vischer (Basel, Antikenkabinet); alle Briefe im Nachlaß Launitz S 1/80 Kasten Varia. – Im Akademischen Kunstmuseum Bonn ist das Modell im „Rechnungsverzeichnis 1864-ca. 1937" unter dem 5.5.1870 eingetragen. Die Wandtafel erscheint im „Inventarium des Akademischen Kunstmuseums Bonn 1837-ca.1875" unter den Erwerbungen für den „Archäologischen Apparat", S. 180 Nr. 31. – Zum Basler Modell s. Führer durch das Gypsmuseum in der Skulpturhalle zu Basel (1893) 9 Nr. 23; J. J. Bernoulli – R. Burckhardt, Die Gipsabgüsse in der Skulpturhalle zu Basel (1907) 24 Nr. 30.

88) Launitz' Modell (L. 1,12 m, B. 0,72 m) zeigt die Akropolis im Zustand seiner Entstehungszeit, weitgehend von nichtantiken Gebäuden gereinigt, mit dem rekonstruierten Niketempel. Von der nachantiken Bebauung stehen noch der Frankenturm und das Beule'sche Tor. Die Stoa des Eumenes zwischen Odeion und Dionysostheater ist noch nicht freigelegt, ebenfalls noch nicht ausgegraben und daher auch nicht angegeben die Fundamente des Hekatompedon. Parthenon, Erechtheion, Frankenturm sind einzeln gearbeitet und herausnehmbar. Das Modell in Erlangen ist beschriftet: „*Die Akropolis von Athen wie sie jetzt ist. Unter Mitwirkung von Prof. A.Michaelis modelliert von Prof. von der Launitz in Frankfurt a/M. 1868. Plastische Anstalt von G.Eichler (Passage Kaisergalerie)*". Es handelt sich also im Gegensatz zu den Modellen in Tübingen und Basel um eine spätere Anschaffung. Die Fa. Eichler in Berlin verzeichnet das Modell seit 1883 in ihren Katalogen, 1887 mit dem Zusatz „*....ergänzt 1885 nach den Angaben des Regier.-Baumeisters Bohn.*" Da jedoch keine Unterschiede zu dem Modell in Tübingen feststellbar sind, handelt es sich um die unergänzte Version. Auf der Grundlage des Launitz'schen Modells und ihm sehr ähnlich ist ein Modell von H. Walger / Berlin im Maßstab 1:425, das der Abtragung des Frankenturms und der Freilegung der Eumenes-Stoa Rechnung trägt. Es

dürfte ins letzte Viertel des 19.Jh. datieren (erhalten in der Göttinger Abgußsammlung Inv. 262; Abb. bei H. Luckenbach, Die Akropolis von Athen [1905] fig. 83). Beide Modelle stellen den Ist-Zustand dar ohne Rekonstruktion. Eine Veranschaulichung der Akropolis im antiken Zustand leisteten rekonstruierende Zeichnungen, wie es die Wandtafeln Nr. 18. 19 von Launitz [Michaelis] oder eine Zeichnung von Durm (Abb. bei Luckenbach ebenda fig. 19) sind. Ein Modell, das die Akropolis im Zustand des 2.Jh.n.Chr. darstellt und nicht nur die Hauptbauten vervollständigt, sondern auch Gebäude, von denen nur die Fundamente bekannt sind, rekonstruiert, wurde erst nach dem 2.Weltkrieg von G. P. Stevens und J. Travlos geschaffen. Das Stevens'sche Modell (hergest. vom Gipsplastiker P. Theocharis unter Mitwirkung des Bildhauers J. Notaras) abgebildet bei P. Kollas, Die Akropolis von Athen. Führer und vollständige Beschreibung (Athen, o.J.), das von Stevens und Travlos erstellte, nur im Aufgang zu den Propyläen, der Zufügung der Akrotere auf den Tempeln und der Felslandschaft des Burgbergs unterschiedene Modell bei J. Travlos, Bildlexikon zur Topographie des antiken Athen (1971) Abb. 89. Zur Geschichte der Akropolis im 19. und 20. Jh. und zum Für und Wider ihrer Freilegung und Rekonstruktion s. U. Muss – Ch. Schubert, Die Akropolis von Athen (1988) 212-220. 224-231.

89) Antike Bauten in Modell und Zeichnung um 1800, in: Kataloge der Staatlichen Kunstsammlungen Kassel 14 (1986), besonders M. Reineck, Zwischen Vorbildtreue und Serienfertigung – Beobachtungen an den Korkmodellen Antonio Chichis, ebenda 20-24; W. Helmberger – V. Kockel, Rom über die Alpen tragen. Fürsten sammeln antike Architektur: Die Aschaffenburger Korkmodelle (1993).

90) Ins Akademische Kunstmuseum Bonn gelangten damals die Modelle „Olympia und Umgebung" und „Alt- und Neu-Athen" (Inv. 889. 890, verloren). Die Göttinger Abgußsammlung enthält drei Modelle („Reliefkarten"), neben Olympia und Alt- und Neu-Athen (nach E. Curtius und J. A. Kaupert, modelliert von H. Walger / Berlin; wohl dieselben Modelle wie in Bonn) auch ein Modell der Akropolis (von H. Wal-

wie auch den Abgüssen nach Kunstwerken der verschiedenen Epochen die ästhetische Bildung allgemein zugedacht war, „*der Anregung und Belehrung für jeden Beschauer*"[91] dienen.

Eine besondere Bedeutung maß Launitz Zeichnungen, Abguß und Modell in der Erziehung der Jugend bei. Sie sollten in der Schule Verwendung finden, um den ganz auf die alten Sprachen ausgerichteten klassischen Unterricht der Gymnasien anschaulich zu machen – überhaupt erst einmal ein realistisches Bild antiken Lebens zu vermitteln[92] – und so ein vertieftes Verständnis zu wecken für die Inhalte der antiken Literatur und „*den griechischen Geist, dieses edle und veredelnde Element der Bildung*"[93]. So entwickelte Launitz in seinen letzten Lebensjahren die Idee eines „*Gymnasial-Museums*", mit dem

dem akademischen Kunstmuseum mit seinem ebenfalls über die Fachgelehrten hinauszielenden Bildungsauftrag auf schulischer Ebene ein Pendant gegeben worden wäre. Im Jahre 1865 wandte Launitz sich mit einem Vortrag an die Versammlung der mittelrheinischen Gymnasiallehrer und unterbreitete dort seine Vorschläge zu einer „*Reform*" des altsprachlichen Unterrichts. Da die Resonanz hierauf jedoch zwiespältig war und viele Lehrer sich von der praktischen Seite her überfordert fühlten, ließ Launitz den Vortrag 1868 mit einem Entwurf zu dem sog. Gymnasial-Museum drucken. Die zwei Verzeichnisse der Lehrmittel, die die Schrift offenbar komplettierten, sind nicht erhalten[94]. Wie groß das Interesse an der Anschaffung einer Lehrsammlung aus Zeichnungen, Abgüssen und Modellen letzten Endes war, und ob man sich an einzelnen Schulen zum Aufbau eines solches Apparates

---

ger / Berlin, s. Anm. 88); alle drei Modelle erhalten (Inv. 118. 261. 262).

Das Römisch-Germanische Zentralmuseum bot neben Abgüssen katalogmäßig Modelle prähistorischer Stätten (Ringwallanlage, Pfahlbauhütte, Salzsiederei, Grabbauten) an; vgl. L. Lindenschmidt Sohn, Das römisch-germanische Centralmuseum in bildlichen Darstellungen aus seinen Sammlungen (1889), unter der Legende für Taf. L.

91) Lindenschmidt a.a.O. Vorrede.

92) „*Das einzige wirksame Mittel, sich eine Idee von der Form zu verschaffen, in der sich die alte Welt, die Menschen jener Zeit bewegte, bleibt ... für die Jugend das Theater, der Circus mit seinen Helden im antiken Costume, für manche leider aber nur die Messebuden....*" „*Wenn es mir erlaubt ist, mich auf eine fast zwanzigjährige Erfahrung während meines Aufenthalts in Rom ... zu berufen, so muß ich erklären, dass ich, in Italien, sehr häufig gebildeten Reisenden und wohlunterrichteten Männern begegnet bin, die trotz ihrer gründlichen Kenntniss der antiken Sprachen, und trotz einer nicht gewöhnlichen Vertrautheit mit den antiken Autoren, dennoch vor den plastischen Werken desselben antiken Geistes, ... wie vor ganz und gar fremden, völlig unbekannten Dingen aus einer anderen Welt dastanden, ... denn sie waren während ihrer Unterrichtszeit niemals zur Anschauung der Originalwerke oder zu trefflichen Abbildungen derselben gelangt, und hatten sich folglich eine ganz verschiedene, aber freilich ganz falsche Idee bilden müssen, ...*". (Launitz a.a.O. [s.u. Anm. 94] 10 bzw. 9).

93) Launitz a.a.O. (s.u. Anm. 94) 7. – Zum Thema Archäologie und Schule s. schon Welcker a.a.O. (s.o. Anm. 35) S. VIIf.

94) Ed. von der Launitz, Ueber die Herbeiziehung und Benutzung antiker Kunstwerke bei den Erklärungen der alten Schriftsteller in den Gymnasien. Vortrag, gehalten am 3. Pfingstfeiertage 1865, bei der Versammlung der Mittelrheinischen Gymnasiallehrer in Frankfurt a.M. (Waisenhaus – Buchdruckerei zu Hanau 1868). Dem Vortrag folgten die Ausführungen über Toga und Palla als Beispiel; vgl. ebenda 13 und Handhabung a.a.O. (s.o. Anm. 76) 3. Die beiden erwähnten Verzeichnisse auch im Nachlaß nicht erhalten. Dort findet sich lediglich ein „*Verzeichnis der großen Zeichnungen in Wandchartenform die ich nach antiken Kunstwerken behufs meiner öffentlichen Vorträge über Kunstgeschichte angefertigt. – Da mehrere academische Lehrer der Archäologie und Kunstgeschichte, und einige Gymnasien mich um treue Copien nach vielen dieser Zeichnungen ersucht, und den Wunsch geäußert haben ein Verzeichnis der Preise zu besitzen, um welche man genaue Copien einzelner Blaetter erhalten koennte, so sind diese hier beigefügt. – Obige Zeichnungen sind in den verschiedensten Maaßstäben und Darstellungsweisen ausgeführt, aber alle von einer Größe und in einer Art, daß sie in großen Hörsälen gebraucht werden koennen.*" Die Preise sind nicht eingetragen, und es folgt der Ankündigung nur die Aufzählung von 127 „*Zeichnungen für die Geschichte der Aegyptischen Kunst*" (Nachlaß Launitz S 1/80 Kasten Varia).

entschloß, ist schwer zu sagen. Daß die „Wandtafeln" vorrangig für Schulen gedacht waren und sich großen Zuspruchs erfreuten, geht aus den Mitteilungen des Verlags zu den Erläuterungen hervor[95]. Eine allseits anerkannte Institution wurde das „*Gymnasial-Museum*" nicht. Inwieweit antike Kunst und Archäologie in den Gymnasialunterricht einbezogen wurden, blieb (bis heute) dem pädagogischen Ethos und Talent des einzelnen Lehrers überlassen[96]. Die Weiterbildung der Philologen / Gymnasiallehrer dagegen ließ man sich seit dem Ende des Jahrhunderts sogar von staatlicher Seite angelegen sein. 24 Jahre nach Launitz' Vortrag vor den mittelrheinischen Gymnasiallehrern griff Conze das Thema in einem Vortrag vor der Philologenversammlung des Jahres 1889 wieder auf, was zur Einrichtung sog. Ferienkurse führte[97], mit denen „*....ältere und jüngere Philologen unter der Leitung von Hochschullehrern gruppenweise hinausgeschickt*" wurden in die Länder des klassischen Altertums[98]. Vom Deutschen Archäologischen Institut wird

diese Tradition mit den Pompejikursen bis heute gepflegt. Launitz als Initiator solcher Einrichtungen zu bezeichnen, wäre sicher falsch, aber zumindest gebührt ihm das Verdienst, als erster die Gedanken zur Bedeutung der Archäologie in der Schulbildung vor die Öffentlichkeit getragen zu haben. Seine Wirkung war wie in vielem anderen eine indirekte vor allem durch Freunde, die seine Ansichten teilten und weiterführten[99].

So wie man von Launitz schrieb, daß seine Anatomie-Vorträge jeder Akademie Ehre gemacht hätten, so kann man auch sagen, daß seine kunstgeschichtlich-archäologischen Arbeiten Universitätsniveau erreichten. Seine archäologischen Kenntnisse waren ausgedehnt und detailliert. Künstlerische Begabung und Tätigkeit hatten ein nüchternes Verhältnis zum Gegenstand hervorgebracht; eigene Anschauung und genaue Beobachtung bildeten die Grundlage aller seiner theoretischen Arbeiten[100]. Oft wurden die Themen angeregt aus der künstlerischen Tä-

---

95) s.o. Anm. 75. „*Die nachfolgenden Erläuterungen bezwecken nichts weiter, als den Lehrer, welcher die Wandtafeln in der Schule zu benutzen wünscht, über die dargestellten Gegenstände in aller Kürze zu orientieren...*" (Erläut. zu Taf. I-XII); „*... Die rege Teilnahme, die diesem Unternehmen im In- und Ausland geworden ist, veranlaßt die Verlagshandlung, dasselbe fortzusetzen und möglichst zu vervollständigen. Specielle Wünsche betreffs der Auswahl der Tafeln werden gern entgegen genommen und möglichst berücksichtigt werden.*" (Erläut. zu Taf. XIII-XV). Ebenda S. 11. 13 Verweis auf die offizielle Empfehlung zur Anschaffung der Tafeln durch die königl. Cultus-Ministerien zu Berlin, Dresden, Stuttgart und den Grossherzoglichen Ober-Studienrath zu Darmstadt und Karlsruhe sowie die Kieler Philologen-Versammlung; S. 12-14 'Stimmen zu den Unternehmen', u.a. eine Empfehlung von A. Conze.
Die Pausen zu Launitz' Kunstgeschichtsvorlesungen wurden vielleicht von Veit Valentin, Professor an der Wöhler-Schule in Frankfurt, erworben; vgl. Brief Cornills an E. Pelissier vom 27.6.1877 (Nachlaß Launitz S 1/80 Kasten Varia, hier S. 296).
In Bonn wurde das inzwischen beschädigte Akropolismodell 1890 an das Königl. Gymnasium abgetreten und so nachträglich einem Gebrauch im Schulunterricht zugeführt. Die Bescheinigung der Abtretung

ist im „Inventarium des Akademischen Kunstmuseums in Bonn 1837-ca. 1875" in den Einband eingeklebt.

96) vgl. W. Abel, Lateinisch und Griechisch an Berliner Schulen, in: Berlin und die Antike. Ergänzungsband zum Katalog der Ausstellung Berlin 1979 (1979) 207f.

97) Rieche a.a.O. (s.o. Anm. 11) 126 Abb. 44.45 und 196 Abb. 68.

98) So zu lesen in dem Erinnerungsband der 3. „Badischen Studienreise der Gymnasiallehrer" von 1896; s. Badisches Landesmuseum a.a.O. (s.o. Anm. 65) 90f.

99) vgl. Michaelis a.a.O. (s.o. Anm. 19) S. VI; für den Schulgebrauch herausgegeben wurde O. Jahn – A. Michaelis, Arx Athenarum a Pausania descripta in usum scholarum³ (1901 [1.Aufl.1860]) mit A. Michaelis, Tabulae arcem Athenarum illustrantes (1901). – vgl. Lindenschmidt a.a.O. (s.o. Anm. 90) Vorrede.

100) Launitz' nüchterne Einstellung kommt besonders in der Vortragsreihe „Reisebilder aus Italien" – das Manuskript ist erhalten (Nachlaß Launitz S 1/80 Kasten Aufsätze, Vorträge) – zum Ausdruck, worin er sich immer wieder gegen die 'romantischen' Träume und Erwartungen vieler Italienreisender wendet.

tigkeit heraus, so daß die Ausführungen sich durch eine besondere Kompetenz auszeichnen.

Schon der 1833 verfaßte kurze Führer zur Gipssammlung des Städel zeigt eine sehr umfassende Auffassung von Archäologie[101]. Die Kunsttheorie/kritik nimmt einen vergleichsweise geringen Raum ein[102]; so ausführlich es in der Kürze geht, werden Fragen der Deutung und Kunstmythologie[103], des Kontextes, in dem die Werke standen[104], sowie ihrer Geschichte, der antiken wie modernen[105], der Datierung[106] und der landschaftlichen Zugehörigkeit[107] sowie die Meisterfrage[108] und, was dem bildenden Künstler besonders nahe lag, Fragen nach Material, Farbigkeit und Ansichtigkeit von Plastik[109] und nicht zuletzt nach Überarbeitungen und Ergänzungen[110] zumindest angeschnitten.

Offenheit gegenüber den mannigfaltigen Äußerungen antiken Lebens charakterisiert auch die in den folgenden Jahrzehnten stetig betriebene Forschungstätigkeit. Die Manuskripte zu Launitz' Anatomie- und Kunstgeschichtsvorlesungen sind leider nicht erhalten. Lediglich mehrere Einleitungen (s.u. S. 286) sowie Listen der bei den Kunstgeschichtsvorlesungen benutzten Zeichnungen und Modelle haben sich in Launitz' Nachlaß gefunden. Nach diesen Listen und Launitz' „Verzeichnis meiner eigenen schriftlichen Arbeiten" zu schließen, bot er in der „Kunstgeschichte der Alten" einen kompletten Abriß der Kunst bei „Aegyptern, Indern, Griechen, Roemern, vom Beginn bis zur christl. Zeit". Der Kurs zur Geschichte der griechischen Kunst bestand aus zwölf Vorlesungen, beginnend mit der mykenischen Zeit über Archaik, Klassik und Hellenismus bis zur römischen Kaiserzeit, und bezog Architektur, Skulptur und Malerei ein[111]. Das Hauptgewicht lag auf der Kunst der klassischen Zeit des 5. und 4. Jh.v.Chr., Archaik und Hel-

---

101) Er entspricht darin ganz den später von Jahn aufgestellten Forderungen; s. Jahn a.a.O. (s.o. Anm. 22).

102) Sehr knappe kunstkritische Urteile zum Torso vom Belvedere (Erläuterungen a.a.O.[s.o. Anm. 69] 7f.), zur Niobe (S. 16), zum Apoll vom Belvedere (S. 26), zum Laokoon (S. 29f.).

103) z.B. zu den Friesen des Parthenon und des Apollon-Tempels von Bassae (ebenda 19f. bzw. 37f.) sowie zum Apoll vom Belvedere (S. 25), zum Laokoon (S. 27), zum sog. Jason (S. 32), zum Borghesischen Fechter (S. 34f.).

104) So zur Bauplastik des Parthenon und des Apollon-Tempels von Bassae, zum Laokoon (ebenda 28).

105) So vor allem zur Bauplastik des Parthenon (ebenda Anm. S. 3) und zum Tempel von Bassae (Anm. S. 36).

106) Hinweise auf die feste Datierung beim Parthenon (ebenda 4) und zum Tempel von Bassae (S. 39f.); die Unsicherheit mancher Datierung wird nicht verschwiegen, so beim Torso vom Belvedere (S. 5) und beim Laokoon (S. 28); einige Datierungen auf Grund eigener stilistischer Beobachtungen, so bei Amazone Mattei (S. 11) und Venus von Milo, die Launitz auch noch in späteren Lebensjahren in die Zeit des Praxiteles datiert (S. 12).

107) So wird die Verschiedenheit des Frieses vom Apollon-Tempel von Bassae zu attischen Werken hervorgehoben und mit Einflüssen der argivisch-sikyonischen Schule erklärt (ebenda 40).

108) Launitz erkennt an den Parthenonmetopen verschiedene ausführende Hände (ebenda 18f.); Diana von Versailles und Apoll vom Belvedere schreibt er der Hand eines Meisters zu (S. 30f.). – An vielen Stellen weist Launitz darauf hin, daß es sich bei dem beschriebenen Werk um eine Kopie nach einem verlorenen Original handelt.

109) Zum Material ebenda Vorrede, hier Anm. 69; zur Farbigkeit s. die Ausführungen zum Parthenonfries (S. 21f.); zur Ansichtigkeit die zum Apoll vom Belvedere (S. 26) und zum Fries des Apollon-Tempels von Bassae (Anm. S. 40).

110) Ergänzungen und Überarbeitung sind vermerkt zu Silen mit Dionysosknaben (ebenda 9), Amazone Mattei (S. 11), Venus von Arles (S. 13), Apoll vom Belvedere (S. 26), Laokoon (S. 30), sog.Jason (S 32f.) und Borghesischem Fechter (S. 35). – An der Venus von Milo hervorgehoben antike Reparaturen (S. 12). – Die Gruppe von Castor und Pollux ist als Pasticcio erkannt (S. 22).

111) 1. und 2. Vorlesung behandelten die mykenische Zeit, u.a. Mykenai, Tiryns, altertümliche Götterbilder/Idole. – 3. und 4. Vorlesung behandelten vor allem Architektur, die verschiedenen Ordnungen, Grundrisse und Aufbau des Tempels. – Die 5. Vorlesung stellte einzelne Tempel vor, u.a. Paestum, Agrigent, Ägina, Selinunt (Metopen). – Die 6. Vorlesung behandelte archaische Kunst, u.a. Ägineten, Branchiden, Athena in Dresden und Artemis aus Pompeji (archaisch und archaistisch wird noch nicht unterschieden), attisch schwarzfigurige Vasen,

lenismus wurden nur mit je einer Vorlesung als Vor- und Nachspiel behandelt, und während die prähistorische Epoche schon ins Blickfeld tritt, wird die römische Kunst als etwas Eigenständiges überhaupt noch nicht wahrgenommen. Ergänzt wurden die Kunstgeschichtsvorlesungen durch Vorträge zur Beförderung „*des klaren Begriffs*" und der „*Kenntnis*" antiken Lebens, über deren Fehlen sich Launitz in der an die Gymnasiallehrer gerichteten Schrift ja sehr herb äußerte[112]. In diesem Zusammenhang gehören die Vorträge über „Das Leben und die Sitte der Alten" und über „Pompeji und Herculanum", deren Manuskripte nicht mehr vorliegen[113], sowie die Vorträge über „Das Costum der Alten" und „Öffentliches und häusliches Leben"[114].

Daß Launitz der Beschäftigung mit den Realien eine große Bedeutung beimaß und sie nicht nur als bloße Akzidentien und Äußerlichkeiten ansah, geht am schönsten aus den einführenden Worten zu seinem ersten Vortrag über die antike Gewandung aus dem Jahre 1859 hervor:

„*Nun werden Sie aber vielleicht sich wundern, daß ich es wage, Sie jetzt mit einer unwesentlichen, alles geistigen Werthes ermangelnden Aeußerlichkeit der Menschen zu unterhalten, von deren Geiste wir durch die genannten Vortraege ein so erhebendes Bild erhalten hatten, und Sie werden, wenn Sie gnädig seyn wollen, es vielleicht nur dem Künstler verzeihen, der sich ja doch nur mit dem Aeußern des Menschen beschäftigt, während Sie den armen Schelm bedauern der ueber der Schaale, den Kern zu vergessen scheint! – Aber, – bei allem Danke für diese Nachsicht, möchte ich doch erinnern, daß der Kern nur die ihm analoge Schale bildet, und daß, da es keinen Kern ohne Hülle giebt, auch nur der die ganze Frucht begreift, der außer dem Kern auch ihre Schale erkennt! – Ja wenn der Inhalt sich sogar selbst nach der Hülle genannt wissen will, so wird wahrscheinlich auch noch in dieser ein Stückchen Geist stecken; und da die Roemer sich selbst, und zwar mit Stolz vorzugsweise togati, gens togata nannten, so dürfen auch wir wohl einmal naeher zusehen, wie denn diese so mit Stolz und Selbstbewußtseyn betonte Hülle, dieses Unterscheidungszeichen des Herrschers der Welt von den Beherrschten, die Roemische Toga mag ausgesehen haben.*"[115]

Launitz selbst bezeichnete sich einmal als „*Geschichtsforscher auf dem Felde der Kunst*", der „*als Culturhistoriker einige Facta aus dem reichen Materiale der*

---

z.B. des Exekias, Preisamphoren. – Mit 7. und 8. Vorlesung beginnt die Behandlung der klassischen Kunst mit der Topographie von Athen, dem Theater-Modell und der Architektur in den Heiligtümern von Eleusis, Sunion, Rhamnous, des Olympischen Zeus, Bassae. – 9. und 10. Vorlesung behandelten die klassische Bauskulptur, u.a. des Parthenon, des Theseion, des Erechtheion, des Niketempels, des Apollon-Tempels von Bassae, und die Plastik der sog. älteren argivischen Schule (Diskobol, Diadoumenos, Amazonen, Diskobol des Naukydes) und der attischen Schule (Niobe-Gruppe), mündend in eine Übersicht über Bildhauer- und Malerschulen. – Die 11. Vorlesung behandelte die spätere Klassik, u.a. Venus von Milo (s. Anm. 106), Aphrodite von Knidos, Praxitelisches, Lysikrates-Monument, und die sog. sikyonisch-argivische Schule (Herakles des Lysipp, Torso vom Belvedere, Alexander zu Pferde). – In die 12. Vorlesung teilten sich Werke des Hellenismus und der römischen Kaiserzeit, bei der Architektur werden der Tempel des

Zeus Olympios, Turm der Winde, Mausoleion und verwandte Architektur behandelt, bei der Plastik die Dioskouren vom Quirinal, Laokoon, Torro Farnese, Venus Medici, sog. Germanicus, Borghesischer und sterbender Fechter, die Porträts von Berenike und Demetrios Poliorketes, bei der Malerei Vasen aus Unteritalien, Alexandermosaik, Stilleben aus Pompeji und das Taubenmosaik.

112) s. Anm. 92.

113) Zu erschließen aus den Listen der hierzu verwendeten Zeichnungen im Nachlaß Launitz S 1/80 Kasten Varia.

114) s. Anm. 113.

115) „Ueber das Costum der alten Roemer. Vortrag gehalten in unserem Leseabende am 21.Maerz 1859 (unserem 20.Hochzeitstage)" S. 2; Manuskript erhalten im Nachlaß Launitz S 1/80 Kasten Aufsätze, Vorträge.

Beobachtungen heraushebt, welche die Kunstgeschichte bietet."[116].

Der Vortrag über die Gewandung wurde mehrfach überarbeitet und erweitert[117] und mündete schließlich in der Erstellung der Modellfiguren und der Anleitung zu ihrer Drapierung (s.o. S. 276). Obwohl Launitz die Drapierung von Toga und Palla im allgemeinen richtig erkannt und dargestellt hatte, war seine Schrift schon bald vergessen[118]. Der ausführlichere Vortrag ist in keiner seiner Versionen zum Druck gekommen[119], was umso bedauerlicher ist, als Launitz hier schriftliche und archäologische Überlieferung zusammenführte, sich mit den „*Prinzipien*" antiker Kleidung (umgenommene – ἐπιβλήματα, περιβλήματα bzw. angezogene – ἐνδύματα), ihrer Aussagekraft (sozialer Status, Ausdruck der Individualität einer Person)[120] sowie den verschiedenen Gewändern (Chiton und Himation, Tunica und Toga des Römers bzw. Tunica, Stola und Palla der Römerin, verschiedene Mantelarten wie Chlamys, Lacerna, Paenula) befaßte, die er nach Schnitt und Drapierung generell richtig erklärte, wobei er auch einen Blick auf das Verhältnis zwischen Wirklichkeit und Kunstform warf[121].

In einer Reihe weiterer Arbeiten befaßte Launitz sich mit archäologischen Fragen, zu deren Lösung er auf Grund seiner künstlerischen Praxis glaubte beitragen zu können. Am deutlichsten wird dies in zwei Abhandlungen, die er auch drucken ließ. Im Jahre 1864 veröffentlichte er die Abhandlung „Untersuchung über Polyklet's Ausspruch, wie er in zwei Stellen des Plutarch vorkommt: Πολύκλειτος ὁ πλάστης εἶπε, χαλεπώτατον εἶναι τὸ ἔργον, ὅταν ἐν ὄνυχι ὁ πηλὸς γένηται. und Beleuchtung des-

---

116) „Einleitung zu dem Vortrage über die Toga, den ich in Darmstadt gehalten", die mit der Sentenz „*Kleider machen Leute ... die Menschheit wirkt sich ihr eigenes Kleid*" beginnt; Manuskript erhalten im Nachlaß Launitz S 1/80 Kasten Aufsätze, Vorträge.

117) Die verschiedenen Vorreden belegen den Vortrag für Darmstadt (Jahr unbekannt), die Versammlung der Gymnasiallehrer in Frankfurt 1865 und die Philologenversammlung desselben Jahres in Heidelberg. Das vollständige, überarbeitete Manuskript der Anm. 115 zitierten Erstfassung ist ebenfalls im Nachlaß Launitz S 1/80 Kasten Aufsätze, Vorträge erhalten.

118) Launitz noch genannt bei Marquardt a.a.O. (s.o. Anm. 76) 553f. 560 berechtigte Zweifel (s. Anm. 121) am Schnitt der reichen kaiserzeitlichen Toga; nicht mehr zitiert bei W. Amelung, Die Gewandung der Griechen und Römer (o.J.); RE VI A2 (1937) Sp. 1651-1660 s.v. Toga (F. W. Goethert); findet auch in der neuesten Literatur bei H. R. Goette, Studien zu römischen Togadarstellungen (1984) bzw. B. I .Scholz, Untersuchungen zur Tracht der römischen Matrona (1992) keine Erwähnung.

119) s. Marquardt a.a.O. 553 mit Anm. 14. Ein Auszug des Vortrags findet sich in den Verhandlungen der 24. Versammlung deutscher Philologen und Schulmänner in Heidelberg vom 27.-30. Spt. 1865 (1866) 49-52.

120) Ausführlich dargestellt in der Einleitung zu dem Vortrag in Darmstadt, s. Anm. 116.

121) „*Ich darf hierbei aber wohl kaum eine Verwahrung einlegen, nemlich daß es absolut unmöglich ist ein Werk der Plastik, das also schon den Prozeß der künstlerischen Laeuterung, der stylisirten Auffassung durch die Hand des Künstlers durchgemacht hat, mittelst natürlicher realistischer Mittel so genau zu reproduciren, daß eines als die Copie des Anderen erschiene. Eine solche Forderung würde von einem gänzlichen Verkennen der künstlerischen Operationen zeugen... Man wird also von meiner Reproduction in wirklichem Stoffe, nur fordern dürfen, daß sie ohngefähr dieselben Falten zeige, wie ihr Original, aber daß die Art des Umnehmens, der Zug, die ganze Erscheinung so wie die Hauptheile genau charakteristisch seyen, und daß meine Zeugfigur etwa so aussaehe wie ein wirklicher mit der wirklichen Toga bekleideter Roemer.*" (Manuskript des überarbeiteten Vortrages über die antike Gewandung bzw. die römische Toga; s. Anm. 117). Trotzdem wird Launitz, der sehr wohl zwischen einer einfachen frühen und einer kaiserzeitlichen Togaform unterschied, bei der komplizierten Form dieser späteren Toga der Eleganz der Erscheinung seines Modells wegen von seiner völlig richtigen Einsicht abgehen und entgegen seiner erklärten Feststellung (Toga mit rundem Schnitt, teilweise Verdoppelung bzw. Umschlagen des Stoffes, um einen Sinus zu drapieren) eine Toga mit angenähtem Sinus konstruieren, (was der generell richtigen Art der Drapierung allerdings keinen Abbruch tut).

selben vom künstlerischen Standpunkte aus. Der Philologen-Versammlung des Jahres 1864 vorgelegt und dem archäologischen Institute gewidmet (Verlag von Joseph Baer, Frankfurt a.M. 1864)"[122], in dem er sich um die Erklärung des angeführten, bis heute in seiner Bedeutung umstrittenen Zitats aus Polyklets Schrift „Kanon" bemühte. Philologische Gründlichkeit, die auch dem Zusammenhang der Zitate in Plutarchs Schriften nachging[123], paart sich darin mit der Erfahrung des Bildhauers, der um die verschiedenen Arbeiten und Arbeitsschritte bei der Erschaffung einer Skulptur genau Bescheid weiß. Vor allem letztere führt Launitz zu einer Erklärung, wie sie ähnlich auch in der jüngsten Äußerung zu Polyklets Ausspruch vorgeschlagen wurde[124], daß er sich nämlich auf den letzten Arbeitsgang des Bildhauers beziehe, in dem dieser sich „*vorzugsweise mit der Charakterisierung der einzelnen Theile*" und der „*Harmonie der Theile mit dem Ganzen*", die die wahre Vollendung ausmacht, befaßt:

„*Diese nun zu geben, reichen die gewöhnlichen Kenntnisse der Künstler im Allgemeinen nicht aus; denn hier hilft weder die Phantasie noch die beliebte Franchezza,*

sondern hier hilft nur eine scharfe Beobachtung (ακρι-βεια) und ein bestimmtes Wissen den Grad erreichen, der von einem vollendeten Kunstwerk gefordert wird, das allein wir hier im Auge haben. – So konnte denn mit vollem Rechte Polyklet den Ausspruch thun, 'das Werk werde dann am schwierigsten, wenn die Ausführung der Nägel beginne', ein Ausspruch, den aus eigener Erfahrung nur ein bedeutender Künstler machen konnte, indem die unbedeutenden oder wenigstens nicht vollkommen durchgebildeten Künstler zwar auch Nägel an Händen und Füssen machen, aber ohne diesem Grade der Vollendung die übrigen Theile nachzustimmen, worin eben die Feinheit und Schwierigkeit liegt."[125].

Auch die Vorschläge zur Rekonstruktion des Pasquino, die 1867 veröffentlicht wurden[126], hängen ursprünglich mit Launitz' Beruf als Bildhauer zusammen. Die genaue Beobachtung von Anatomie und Bewegung sowie von Brüchen und Ansatzspuren an den ihm bekannten Wiederholungen und Fragmenten der berühmten Gruppe führten ihn zu einer Rekonstruktion, an der zum erstenmal die Haltung der Protagonisten richtig erfaßt ist[127]. Mit der Restaurierung von Antiken scheint Launitz schon in

---

122) Launitz setzte sogar einen 'Kampfpreis' für die beste Lesart des Passus aus, eine bronzene Schale mit der Aufschrift Τὸ περὶ τοῦ Πολυκλεῖτον ὄνυχος ἄθλον, die auch auf dem Titel seines Aufsatzes abgebildet ist. Eine Reaktion von Seiten der Philologen zu fassen bei G. Wolff, Arch.Zeit. 1864, 278f. Beilage 1, dort auch der Hinweis: „*Für eine bessere Lösung hatte der Herr Verfasser eine Erzschale als Preis ausgesetzt; der Preis wurde nach langen Debatten ihm selbst zuerkannt.*"

123) Launitz' philologische Gelehrsamkeit erregte zumindest in Künstlerkreisen eine etwas erstaunte Bewunderung, die E. Magnus in einem Brief an seinen Freund zu der Frage veranlaßte, ob es wohl einen „*Philologen ... unter den Lebenden und den Todten*" gäbe, „*der nebenher halbwegs ein Bildhauer geworden wäre, wie Du nebenher ein Gelehrter bist.*"; Schmidt 175.

124) H. Diels – W. Kranz, Die Fragmente der Vorsokratiker⁶ (1951) 392 Nr. 40 zitieren noch Wolff (s.o. Anm. 122), nicht dagegen die weit

ausführlichere, aber leider abgelegener publizierte Schrift von Launitz. Zuletzt H. Philipp, Zu Polyklets Schrift „Kanon", in: Polyklet. Der Bildhauer der griechischen Klassik. Katalog einer Ausstellung Frankfurt a.M. 1990, 143f. Weder H. Philipp noch T. Visser-Choitz, Zu Polyklets Kanon. Das Hauptproblem beim Bronzeguß, in: Festschrift E. Berger. Antike Kunst Beih.15 (1988), 127-133, noch D. Schulz, Zum Kanon Polyklets, Hermes 83,1955, 214-220 erwähnen Launitz' Schrift.

125) Untersuchung zu Polyklets Ausspruch a.a.O. 13-18, Zitat S. 16.

126) Urlichs a.a.O. (s.o. Anm. 47) 21-33.

127) B. Schweitzer, Das Original der sogenannten Pasquino-Gruppe, Abhandl. der Phil.-Hist. Klass. der Sächs. Akad. der Wiss. Bd. XLIII/4 (1936) 15 („*nur eine halbe Verbesserung der Kopfhaltung*"), 26 („*erreichen zwar ... schon eine gewisse Verbesserung, bleiben aber ... auf halbem Wege stehen*"), Abb. 30; R. Wünsche, Pasquino, Münchner Jahrbuch der bildenden Kunst 3.Folge 42, 1991, 7-38, bes. 11 mit Anm. 13 Abb. 12.

seinen ersten Jahren in Rom konfrontiert worden zu sein. 1817, im selben Jahr, in dem Launitz in Rom eintraf, befanden sich die Ägineten zur Ergänzung in der Obhut Thorvaldsens, und es hat den Anschein, als ob Launitz an der Ausführung dieses Auftrages beteiligt war[128]. Auf seine Ergänzertätigkeit sind wohl auch die drei Campana-Platten mit Heraklestaten (Herakles mit dem Löwen bzw. dem Stier und der Hydra) zurückzuführen, die seit den 30er Jahren in seinem Besitz nachweisbar sind und im Abguß vertrieben wurden[129].

Alle übrigen Arbeiten archäologisch-kunstgeschichtlichen Inhalts sind nur in teilweise unvollständigen Manuskripten erhalten. Mit einer grundsätzlichen kunsthistorischen Frage, der Datierung, setzte Launitz sich in dem Aufsatz „Ueber die Priorität der Statuen des Sophokles und des Aeschines" aus dem Jahre 1868[130] auseinander. Wenn er auch zu einer Datierung der beiden Statuen im Lateran und Neapel gelangt, die der heute als richtig anerkannten genau entgegengesetzt ist[131], so ist die Abhandlung doch bemerkenswert durch die Schärfe, mit der sie die Problematik einer Datierung auf Grund rein stilistischer, entwicklungsgeschichtlicher Argumente, die in deren theoretischer Umkehrbarkeit besteht, erkennt :

„Wer der prinzipiellen Ansicht huldigt, daß die gefaelligere schönere, weichere Behandlungsweise die frühere gewesen seyn müsse, weil die Kunst von ihrer Höhe allmählich herabsteigend, die gefaelligen Formen in ungefaelligere, die schöneren und weicheren in haeßlichere und härtere verwandelt habe, der wird natürlich dem Sophokles die Priorität zusprechen, dabei aber auch stillschweigend die Entstehungszeit des Aeschines in eine schon gesunkene oder wenigstens sinkende Kunstepoche setzen müssen, ... Wer dagegen meint, daß die haertere, unvollkommenere Erscheinung eine frühere seyn müsse und daß die weichere ein Produkt der spaeteren Auffassungsart sey, der wird auch dem Aeschines eine frühere Geburtszeit zuschreiben.... Man wird nicht laeugnen wollen, daß hierüber zwei ganz gleich gebildete, gleich fein fühlende Künstler zweierlei ganz voneinander verschiedener Meinungen seyn koennen...."[132].

Dem setzt Launitz eine Methode stilistischen Vergleiches entgegen, die *„mit der Betrachtung ... in rein objektiver Weise"* beginnt und datierte Monumente zu ihrer Grundlage macht. So gelangt er zu der richtigen Erkenntnis, daß der Sophokles später als in phidiasischer Zeit entstanden ist, muß aber, da die kleineren Schritte

---

128) s. Anm. 9. Im „Verzeichnis der plastischen Arbeiten nach Jahren" ist links oberhalb der ersten Eintragung für das Jahr 1830 mit Bleistift hinzugefügt *„Aegineten"*. Mitwirkung an der Restaurierung der Aegineten schon bei v. Pezold a.a.O. (s.o. Anm. 1) 55 konstatiert, nicht jedoch bei L. v. Urlichs, Thorvaldsen in Rom. Aus Wagners Papieren (1887) und J. M. Thiehle, Thorvaldsens Leben (1852-1856). Nachweis von Primärquellen ist Verf. nicht gelungen. Auch L. v. Klenze äußert sich in einem Brief mit Erinnerungen an die römische Zeit vom 21.6.1857 an Launitz nicht in dieser Richtung (Nachlaß Launitz S1/80 Kasten Briefe; auf diesen Brief bezieht sich wörtlich H. Heym, s. Schmidt 17 Anm. 3 u. S. 18f.)

129) vgl. das Vanni'sche Angebot an das Akademische Kunstmuseum Bonn, hier Anm. 55, und Launitz' handschriftliches „Verzeichnis", hier

Anm. 58. 60. Zwei Exemplare sind aus dem Nachlaß in die Tübinger Abgußsammlung gelangt (Inv.1292. 1293 Herakles mit dem Stier bzw. der Hydra); im Nachlaß Launitz S 1/80 Mappe mit Zeichnungen befindet sich ein Photo der Platte mit Herakles und dem Stier (nicht identisch mit dem Tübinger Exemplar). Die Reliefs tauchen im Nachlaßinventar unter wenigstens zehn verschiedenen Nummern auf.

130) Nachlaß Launitz S 1/80 Kasten Aufsätze, Vorträge.

131) K. Schefold, Die Bildnisse der antiken Dichter, Redner und Denker (1943) 90-93 (Sophokles Lateran), 102f. (Aischines Neapel); G. M. A.Richter, The portraits of the Greeks I (1965) 128-130 fig.675-677.680 (Sophokles Lateran), II (1965) 212-215 fig.1369-1371 (Aischines Neapel).

132) „Ueber die Priorität" a.a.O. (s.o. Anm. 130) 3.

der Stilveränderungen im 4. Jh.v.Chr. noch außerhalb seines Gesichtskreises und auch Interesses lagen[133], den Aischines – ganz folgerichtig – wegen seiner härteren, ungekünstelten Art als vor dem Sophokles geschaffen denken.

Nur noch die Hälfte des Manuskriptes und Entwürfe zu einer Einleitung haben sich von der Abhandlung „Ueber die Behandlung des Nackten und der Gewandung in der antiken Plastik" erhalten[134], in der Launitz sich aus seiner klassizistischen Tradition heraus und auf Grund seines „*positiven Wissens um spezielle künstlerische Gesetze*" und seines „*Verständnisses der künstlerischen Technik*"[135] mit den kritischen Ansichten jüngerer Archäologen zu einigen capo lavori der antiken Plastik auseinandersetzte und eine eigene Stilgeschichte entwickelte (s.u. S. 296ff.).

Die Spannung, in der die Archäologie in der ersten Hälfte des 19. Jh. stand – auf der einen Seite ihre Bindung an klassizistische Kunst und Kunsttheorie, auf der anderen das erwachende Bewußtsein für die Geschicht(lichkeit) von Kunst, das ihre Entwicklung zur Wissenschaft und die Emanzipation von der Philologie in Gang setzte, Kunstwissenschaft auf der einen, Kulturwissenschaft auf der anderen Seite -, hat Launitz bewußt erlebt und einen Weg zwischen den Extremen eingeschlagen. Seine theo-

retischen Arbeiten erstreckten sich gleichermaßen auf die Kunstkritik, die Philologie, die Kunstgeschichte und die Kulturgeschichte, ja er suchte sogar eine Verbindung zu den Naturwissenschaften herzustellen[136]. Dabei opferte er keineswegs, was ein Zoega seinen Zeitgenossen schon am Ende des 18.Jh. vorwarf, die Kunst einer äußeren Gelehrsamkeit[137]. Die Wurzel seines Begriffs von ästhetischer und menschlicher Bildung ganz allgemein blieb stets das klassische Altertum, „*die Griechen*". Doch verschloß er angesichts der Menge und Vielfalt neu entdeckter Altertümer nicht die Augen vor der Notwendigkeit geschichtlichen Denkens. In der „Einleitung in die Geschichte der Antiken Kunst zum zweiten male angefangen d 6 u 7 Nov 1845"[138] nahm er hierzu Stellung:

„*... Und so immer breiter und breiter werdend, waelzt sich der Strom des laengst erloschenen Lebens, wie neuerweckt der Gegenwart zu... So leben wir denn ein gedoppeltes Leben, nemlich eines in der Gegenwart und ihrem regen Treiben, und zugleich eines in der Vergangenheit,... denn alles wird für uns zur 2ten Gegenwart durch die Kraft mit der selbst das Alte und Vergangene auf uns wirkt, durch die Gewalt mit der die verschiedenen Elemente der vergangenen Zeiten auf uns influiren, ja oft sogar so sehr dominiren daß wir den wahren Ausdruck und die entsprechende Form für unsere gegenwär-*

---

133) Vgl. die Einleitung zu dem Aufsatz „Ueber die Behandlung des Nackten und der Gewandung in der antiken Plastik", hier Anm. 134 und S. 296,298.

134) Nachlaß Launitz S 1/80 Kasten Aufsätze, Vorträge.

135) s. Anm. 133.

136) Zur Situation der Archäologie vgl. Jahn a.a.O. (s.o. Anm. 22); Conze a.a.O. (s.o. Anm. 22), aber auch J .G. Droysen in einem Brief vom 16.8.1844 an F. G. Welcker; Universitätsbibliothek Bonn S 688, abgedr. bei Ehrhardt a.a.O. (s.o. Anm. 55) 78.
Zu Launitz' naturwissenschaftlichen Interessen s. Schmidt 12f. 26. 30. 140-143, vor allem: Ueber den Nutzen der Plastik, im Dienste der Naturwissenschaften. Vortrag, gehalten am 2. Mai 1852 in der Ver-

sammlung der Naturforscher im Senckenbergischen Museum zu Frankfurt am Main (W. Küchler, Frankfurt a.M. 1857), sowie „Ueber zwei Büsten der Hottentotten.... Ueber den sog. Azteken.... Vortrag gehalten am 30. May 1858 an dem Jahresfeste der Senckenbergischen Naturforschenden Versammlung, in Frankfurt a/M" und „Ueber einige charakteristische Kennzeichen der verschiedenen Menschenracen, Vortrag am 28. Mai 1853 im Senckenbergischen Museum" (Manuskripte im Nachlaß Launitz S 1/80 Kasten Aufsätze, Vorträge). Zu Launitz' Sammlungen gehörte u.a. auch eine große Anzahl menschlicher Schädel.

137) G. Zoega, Breve am Konstsager i Rom, Minerva Ausg. Juli-Sept. 1798, 155.

138) Manuskript im Nachlaß Launitz S 1/80 Kasten Aufsätze, Vorträge.

tigen Verhältnisse oft kaum zu finden vermögen, wenigstens in vielen Theilen des Stadtlebens und der Kunst; denn die Wissenschaften haben sich größtentheils schon emanzipirt...

... *Wie endlich vermögen wir in diesem chaotischen Gewoge, das leitende, bestimmende, bildende Prinzip zu entdecken welchem eine jede Erscheinung ihr Daseyn verdankte, und ohne dessen Erkenntnis die ganze Welt nur ein colossales Curiosum bleibt!*

Den einzig sicheren Weg zur Lösung dieser Frage bietet nur die Geschichte dar. Nur durch sie wird es möglich, der geisterdrückenden confusen Masse Herr zu werden, denn nur mit Hilfe der Geschichte können wir das Chaos der verschiedenartigen Erscheinungen sondern und ordnen, das, der Zeit nach, Zusammengehörige zusammenfassen, und das Fremdartige ausscheiden. Nur durch die Geschichte wird es möglich die Erscheinungen und Leistungen in ihrem innern Werthe und ihrer wahren Geltung zu erkennen, denn was auf einem späteren Standpunkte als Unbedeutend, ja als ein Rückschritt erscheint, zeigt uns die Geschichte als einen zu seiner Zeit bedeutenden Fortschritt; und aus dieser flüchtigen Andeutung allein schon können wir entnehmen wie unentbehrlich die Geschichte für das wahre Erkenntnis der Kunst wird, deren Betrachtung wir uns nun ausschließlich zuwenden.

Aus dem oben angeführten Grunde werden wir die Kunst und ihre Leistungen auch nicht nach ihrem aesthetischen Werthe eintheilen und behandeln koennen, sondern nach ihrer geschichtlichen Entwicklung, zu welcher ueberzugehen ich mir nunmehr erlaube."

Als treibendes Prinzip der Kunstgeschichte erkennt Launitz den Fortschritt von unvollkommenen hin zu vollkommeneren, dem Vorbild der Natur näheren Formen,

und unter dieser Voraussetzung kann er jedem Werk seinen eigenen Wert (wenn auch nicht als Kunst) zugestehen und Geschichte einen Sinn beilegen. Der entwicklungsgeschichtliche Gedanke kehrt in seinen Vorlesungen und Abhandlungen zur antiken Kunst in verschiedenen Wendungen wieder. Einmal erscheint er unter der Idee von Wachstum, Blüte und Verfall analog zu den menschlichen Lebensaltern, wie besonders deutlich in dem Fragment der Abhandlung über das Nackte und die Gewandung in der antiken Kunst[139], ein andermal bedient er sich der Naturgeschichte, indem er die Entwicklungsgeschichte der Lebewesen mit der von Kunst und Kultur parallel setzt:

„*Die ausgezeichnetsten Völker der Nachsündfluthlichen Zeit sind freilich die Griechen und wir, aber es gab auch Antediluvianer der Civilisation, so gut als es Antediluvianer der Thier und Pflanzenwelt gab, und so wie sich die Vorsündfluthliche Fauna und Flora durch gigantische Verhaeltnisse auszeichnete, ebenso aeußerte sich die vorgriechische Civilisation, die wir hier vergleichsweise auch eine antediluvianische nennen möchten, in gigantischen Maßen und Formen, denn aehnlich den Megatherien und Sauriern von unbegreiflicher Größe, vor Adam und Eva, zeigt die Geschichte vor Deukalion und Pyrrha, oder besser noch vor Homer, die colossalsten Werke aus dem verbergenden Sande hervorragen, gleichsam als die wahren Megatherien der Civilisation und Kunst vorgriechischer Zeiten; Ich meine, die Pyramiden und Obelisken, die Pylonen und Memnonstatuen der alten Aegypter.*"[140]

Da Launitz Entwicklungs- und Fortschrittsgedanken aneinanderbindet, kommt es zu keiner wertmäßigen Nivellierung oder Relativierung der einzelnen Epochen und

---

139) s. hier Anm. 134 und S. 297.

140) „Einleitung in die Vorlesungen der Kunstgeschichte im Winter

1853 auf 54"; Manuskript im Nachlaß Launitz S 1/80 Kasten Aufsätze, Vorträge.

Kunstwerke. Er hätte kaum, wie es Droysen mit Blick auf das klassische Griechentum tat, schreiben können, *„nur relativ vollendet und musterhaft sei deren Wesen und Schaffen gewesen"*[141]. Allerdings entsprang seine Bewertung der griechischen Kunst nicht aus unbesehen übernommener klassizistisch-humanistischer Tradition. Launitz bemühte sich um eine Begründung seines Kunsturteils. In einem Konzept für den Leseabend am 22. Dec. 1851 über „Die Grundidee der griechischen Bauverzierungen und die griechischen Vasenformen" führte er aus:

„ a) Die Griechen sind uns in fast allen ihren Werken ein ewiges und nicht genug zu beachtendes Vorbild des _Styles_.

b) Weil sie ein Volk waren bei dem die _Klarheit_ und _Nüchternheit_ des Gedankens auf das merkwürdigste mit _Phantasie_ und _Schönheitssinn_ gepaart war.

c) In ihren _Bauwerken_ [bzw. Vasen; Anm. d. Red.] ist dieses auf das _Klarste_ ersichtlich.

d) Jedes Bauwerk besteht aus 3 Haupttheilen: der _Basis_ (Fundament). der Mauer (Umschließung) als Schutz vor Wind und Kälte, und dem _Dache_ (Decke) als Schutz vor Regen. -

e) Jeder dieser Hauptbestandtheile spricht einen einfachen Grundgedanken aus, und verkörpert oder versinnlicht einen allgemeinen statischen Begriff. Das _Fundament_ den des allgemein _Tragenden_, _Belasteten_. die Mau-

er den des _Stützenden_, das _Dach_ den des _Gestützten oder Getragenen_ und zugleich des _Belastenden_.

f) Diesen Grundbegriffen gemäß bildeten die Griechen die Formen der 3 erwähnten Theile aus, und der _consequenten Fortbildung dieser ersten nüchternen Idee die nichts Phantastisches zulaeßt, verdanken wir die innere Wahrheit und Schönheit ihrer Werke..."[142]

Die Vorbildhaftigkeit der griechischen Kunst erklärt sich für Launitz aus ihrem Wesen, ihrer inneren Wahrheit, die er als Übereinstimmung von Funktion und Form, Zweck und Form begreift. Daher auch Launitz' offen ablehnende Haltung gegenüber einer Nachahmung, die lediglich in der Übernahme leerer Formeln besteht. Nur das Wesentliche der griechischen Kunst erschien ihm nachahmenswert, um *„den wahren Ausdruck und die entsprechende Form für unsere gegenwärtigen Verhältnisse"* zu finden. Unter allen seinen Arbeiten verraten die Ausführungen über Architektur, Ornamentik und die griechischen Vasen am deutlichsten seine Vertrautheit mit der Funktionalismusdebatte seiner Zeit[143], und daß es ihm letztlich um eine Verbindung von Wissenschaft und Praxis ging, die trotz aller reflektorischer Bemühungen für den Archäologen immer theoretisch blieb[144], für ihn, den bildenden Künstler, aber eine Anweisung zum Handeln war.

„Kleinigkeitskrämerei", die allmählich die archäologische Arbeit zu dominieren begann[145], lag trotz aller

---

141) s. Droysen a.a.O. (s.o. Anm. 136).

142) Manuskript bzw. Konzept im Nachlaß Launitz S 1/80 Kasten Aufsätze, Vorträge.

143) In denselben Zusammenhang gehört die Abhandlung „Ein Beitrag zur Lehre der Ornamentik. eine artistische Betrachtung. zugleich aber auch eine Methode, um die Formen der ornamentalen Blätter nach ihrer innern Gesetzmäßigkeit darstellen zu lernen. 1863", von der sich auch eine Bebilderung erhalten hat, sowie seine Auseinandersetzung mit Sempers diesbezüglichen Ansichten (s. Schmidt 13). Die Funktio-

nalitätsfrage spielt des weiteren eine Rolle in der Abhandlung „Anatomie der Gewandung", die in sehr abstrakter, z.T. mathematischer Form Gewanddrapierung nach dem Vorbild antiker Gewänder abhandelt. Beide Aufsätze nur als Manuskript im Nachlaß Launitz S 1/80 Kasten Aufsätze, Vorträge erhalten.

144) vgl. Michaelis a.a.O. (s.o. Anm. 19) S. IXf; s.a. Launitz Notiz, hier Anm. 148.

145) vgl. Jahn a.a.O. (s.o. Anm. 22) 217; P. Arndt, Photographische Einzelaufnahmen antiker Sculpturen, Ser.I (1893) 9f.

philologischer, historischer und stilkritischer Akribie auch Launitz' Kunstgeschichte, soweit diese sich noch beurteilen läßt, völlig fern: *„Der große mächtige Bau des archäologischen Kunstgebäudes ist im Ganzen vollendet"*, und nur einige seiner Räume bedürften noch der Auffüllung, worüber man aber den Zweck des ganzen nicht aus den Augen verlieren dürfe, *„dieser ist aber die Förderung der Erkenntnis des Wesens der Kunst vergangener Zeiten"*, schrieb Launitz in dem Konzept zu einer Vorrede seiner Abhandlung „Ueber die Behandlung des Nackten und der Gewandung in der antiken Plastik", die undatiert, aber wohl in seinen letzten Lebensjahren entstanden ist[146]. Erhalten ist davon nur noch der Abschnitt über die Gewandung, der aber zusammen mit entsprechenden Passagen aus dem Aufsatz über die Zeitstellung von Sophokles und Aischines ein anschauliches Bild von Launitz' Ansichten vermittelt (s. *S. 296 ff.*)[147]. Seine Erläuterungen zur Gestaltung des Gewandes an antiker Skulptur orientieren sich an dem oben dargestellten entwicklungsgeschichtlichen Schema von Wachstum, Blüte und Verfall. Wie sich Sicht und handwerkliche Befähigung des Menschen von der Kindheit an entwickeln und vervollkommnen, so auch die Kunst in ihren verschiedenen Epochen: Dabei sind die unvollkommenere und vollkommenere, *„richtige"* Gestaltung des Gewandes in Bezug auf die *„Naturwahrheit"* zwar ein Kriterium der Unterscheidung, aber nur bedingt eines der Wertung. Ihre höchste Blüte erlebt die griechische Kunst für Launitz in dem *„hohen Style par excellence"* der Phidiaszeit. Hierin befindet sich Launitz ganz in Übereinstimmung mit der klassizistischen Tradition. Die Begründung seines Urteils aber ist überraschend. Denn Launitz konstatiert unumwunden, daß die Phidiaszeit nicht in der Lage gewesen sei, *„richtige"* Gewandfalten zu bilden, also unvollkommen war, anders als die wegen ihrer *„Naturwahrheit"* (auch von Launitz) geschätzte Plastik des 4. Jh.v.Chr. Entscheidend für die Vorrangstellung der phidiasischen Werke ist jedoch ihre *„Fülle"*, *„Unmittelbarkeit"* und *„Lebendigkeit"*, *„die sie bei größerer Beachtung der Naturwahrheit und der Schönheit des Details vielleicht nicht erreicht hätte."* Es ist wohl anzunehmen, daß Launitz stolz darauf gewesen wäre, daß man sich vierzig Jahre nach seinem Tod in ähnlicher Weise über sein eigenes bildhauerisches Werk äußerte und es charakterisierte als *„in einer streng klassizistischen Schule aufgewachsen"*, die aber mit der Zeit *„die zunehmende empirische Anschauungsweise eines neuen Zeitgeists"* aufgenommen habe, die seinen Werken, *„ohne ihnen die*

---

146) Manuskript erhalten im Nachlaß Launitz S 1/80 Kasten Aufsätze, Vorträge.

147) Erhalten sind zwei Konzepte zu einer Einleitung, die Abhandlung selbst ab S. 31. 32 (kurze Behandlung des Porträts) bzw. S. 37-53 (Behandlung der Gewandung). Im Anhang sind die wichtigsten Teile davon abgedruckt und mit den entsprechenden Passagen aus dem Aufsatz über Sophokles und Aischines kombiniert.

fest in sich geschlossene Schönheitsform zu nehmen, doch den Ausdruck einer größeren Lebensnähe und Lebenswärme gegeben hat"[148]

---

148) Weizsäcker – Dessoff a.a.O. (s.o. Anm. 1) Bd.1, 64f. – Launitz selbst äußerte in einer langen Notiz: „*Die sogenannte Zopfzeit oder besser Perückenzeit war lange so schlimm nicht, als wir uns einbilden, sie war wenigstens aufrichtig, und wollte sich selbst nicht weiss machen, wie wir es thun, indem wir ein Gefallen, einen Geschmack an den rein abstracten Formen der Classicität heucheln, den wir gar nicht haben. Die Perückenzeit gab durch Zuthaten und Arrangement der alten Formen das was ihr daran zu fehlen schien, und nun waren alle Beschauer in der That entzückt. Wir heucheln ein Entzücken, das wir gar nicht fühlen. – Ich sage das in Bezug auf die Aufstellung der antiken Statuen oder Gegenstaende der antiquisierenden Plastik, in den Gärten, Grotten, Seen der Roccocozeit, etc, etc was wir jetzigen Puristen geschmacklos, styllos nennen und wogegen wir Berliner Maßhalten setzen. Koennte man die moderne Begeisterung mit einem Thermometer angeben! wie tief stand der oft, trotz der hohen Worte! – Wer aufmerksam die Alten studirt, und zwischen den Zeilen zu lesen versteht, wird finden, daß sie in ihrer Aufstellung und der Anwendung der Plastik viel eher im Geiste der Roccocofürsten als der jetzigen Puristen verfuhren. Siehe den Fechter mit Musikbegleitung, die Fontainengruppen, ihre gemalten Statuen, ihre Pompeji Candelaber von Figuren getragen. etc.etc. freilich alles mit mehr gelaeutertem Geschmack und Styl, aber nie kalt u eisig. – – Man stelle nur die schönste entkleidete Frau in einem großen weißen Stuccosaal auf ein Piedestall, und man wird sie nicht halb so schön finden als eine viel weniger schöne, in einem rothen Gemache auf farbigem Kissen ruhend. Und wenn das Leben schon durch die Umgebung verliert, wie soll da nicht erst der todte Stein verlieren! Aber – man wahre die Gränzen!! – Nur einem deutschen Professor, dem die Schönheit ein Begriff, nicht eine bewältigende Macht ist, sagt eine solche nackte kalte Aufstellung zu. – habeat! – Ich höre mir zurufen ohho! – Aber beruhigen Sie sich meine Herren, ich habe nur leider zu oft Ihre Hr. Collegen vor antiken Fragmenten der höchsten Schönheit stehen sehen, ohne daß sie geahndet hätten was sie ansahen, bis man ihnen die Namen nannte. Ja da war freilich alles aus.* -" (bleistiftgeschriebene Notiz, undatiert, Nachlaß Launitz S 1/80 Kasten Briefe).

ANHANG

I. Briefe

Brief von Sibylle Mertens-Schaaffhausen an Launitz vom 18.1.1835:

                              Bonn d. 18 Jan 1835.
Mein sehr geehrter Freund!
Am 12. Nov. vorigen Jahres hatte ich das Vergnügen, einige Zeilen an Sie abzusenden, um Ihnen die Wünsche des Herrn Professor Welker in Beziehung auf einige Abgüsse der Formen antiker Meisterwerke die Sie in Rom besitzen, mitzutheilen, und Ihnen eine Offerte für die 20 Gemmen, welche Sie mir anvertrauten zu machen; bis jetzt befinde ich mich leider ohne Nachricht von Ihnen, welches ich um so mehr bedaure, da es mein Wunsch ist, von Zeit zu Zeit mich im Besitze einiger Mittheilung über Ihr Leben, und Ihr künstlerisches Wirken zu sehen. Ich kann längst begreifen, daß gehäufte Beschäftigungen Ihnen nur sehr wenig Zeit zum Briefschreiben lassen mögen; aber Sie begreifen wohl ebenso sehr, daß es Ihren Bekannten daran liegt, Nachrichten von Ihnen zu erhalten; überdies bin ich, wenn Sie anders auf mein Anerbieten eingehen mögen, in Ihrer Schuld, und möchte gerne bezahlen: bedenken Sie das, und sagen Sie ein paar Worte.
Seit ohngefähr 4 Wochen leide ich an so fürchterlichen Kopfschmerzen, daß es jede Beschreibung übersteigt, und Sie werden es diesen Zeilen ansehen, wie wenig ich meine Kräfte sogar zur Führung der Feder, gebrauchen kann. - Nun wurden mir gestern einige Aufträge, bei denen ich so frei bin, Ihre gütige Vermittlung anzusprechen. Zwei meiner Bekannten, Herr Professor Welker und Herr Nelson, wünschen die Abgüsse der Beckerschen MünzStempel, die ich durch Sie von der Wittwe Becker à 15 Florin erhielt, zu besitzen: Da Herr Nelson sie später nach England bringen wird, so wird die Nachfrage nach denselben sich vermutlich sehr häufen, und ich bitte Sie, es durch Ihre Bekanntschaft mit der Frau Becker zu erlangen, daß Sie mir diese zwei Exemplare so bald wie möglich sendet, jedes in einer Schachtel, zwischen Watte sorgfältig verpackt. Die Sendung muß direkt an mich nach Bonn mit dem Postwagen geschehen, so daß es hier nicht auf das ZollAmt kömmt, weil bei

dem Öffnen in Mainz alles ruinirt wird. Wegen der Fel-singischen Abgüsse bin ich auch noch in Ihrer Schuld; ich habe das eine Exemplar, welches ganz zerschlagen war, so gut mir möglich restauriren lassen.

In Erwartung baldiger Nachrichten, zeichne ich mit herzlichem Gruße, und ausgezeichneter Hochachtung

Sibylle Mertens
Schaaffhausen

Briefe von Eduard Gerhard an Launitz aus dem Jahr 1841:

Berlin 19 Okt. 41

Mit dem allerbesten Dank antworte ich umgehends, werthester Freund, Ihren die bewußte Angelegenheit sehr vereinfachenden Notizen. Freund Thiersch tut das Möglichste es uns leichter zu machen; ich bin zufrieden daß die schönen Sachen in Deutsch-land bleiben.

Was einem größeren Verkauf hätte beigehen können, ist ver-einzelt nicht auf gleiche Weise genehm. Wollen Sie jedoch die ΚΟΜΟΣ-Schale und das Becherchen mit dem Parisurtheil für den behandelten Preis von 22 Nap. uns zugehen lassen, so sind wir Ihnen dankbar, und eben so werden die andern neulich von mir bezeichneten Stücke willkom̄en sein, wen̄ meine Taxe auf ähnliche Weise sich ermäßigen läßt. Es wären uns also die fei-ne Skiron-Schale für 15 Nap., die Schalen mit dem Fußbad für 8 u. dem Busiris für 8, ferner das Krüglein mit dem Parisurtheil für 7 Nap., das Krüglein schwarze Fig. mit großem Fisch für 5 Nap. auch jetzt noch willkomen; auch die unscheinbare und verstüm̄elte Schale mit dem Künstlernamen ΕΡΓΟΤΕΛΕΣ...(2 mal) kann für 4 oder 5 Nap. gern mitgehen.

Daß der bezweckte Austausch Ihrer eignen bacchischen Schale nicht zu Stande kam, thut mir leid; wäre sie disponibel gewesen, so hätte sie zugleich mit andern Museumankäufen füglich 15 Nap. taxirt werden können. Dagegen würde das von Frau Mer-tens verschmähte Gefäß uns schwerlich dienen können, obwohl Panofka es rühmt.

Singulär schöne und lehrreiche Bronzen können uns freilich dienen; mit Kandelabern jedoch sind wir vorzugsweise wohl versorgt und auch an Figürchen haben wir keinen Mangel.

Für obige 22 Nap. und etwaige sonstige Zahlungen werden Sie, durch Hr Olfers Anweisung, bei Hr Sydow Credit vorfinden.

Anticipando i miei ringraziamenti
Ihr ganz ergebenster
Gerhard

Für diskrete Verschweigung Ihrer [Hauskonten ?] unsern besten Dank noch insbesondere!

Berlin 11 Nov 41

Sie werden, verehrtester Freund, bereits seit mehreren Tagen die Beantwortung Ihres neulichen Briefs durch Hr Olfers samt unserm beiderseitigen allerbesten Dank für Ihre allfällig freund-liche Bemühung in Händen haben. Ich hätte nichts Besonderes hinzuzufügen; doch ist mir nachträglich eingefallen daß Ihre mir interessante bacchische Schale, deren Sie an und für sich nicht geneigt waren Sich zu entäußern, gegenwärtig für uns sich erwerben ließe, insofern Sie noch wünschten, wie früher, die-selbe gegen die Skiron-Boreasschale von feinerer Zeichnung zu vertauschen.

Da das Museum nämlich jene beiden Sujets in vorzüglichem Maße bereits besitzt, so würde es sich unserseits verantworten lassen, jene für uns angekaufte Skiron-Boreasschale, der künst-lerischen Vorzüge ungeachtet, Ihnen gegen Ihre Schale in Tausch zu geben.

Paßt dieser Vorschlag Ihnen nicht vollständig, so bitte ich den-selben für ungeschehen zu betrachten; ist er Ihnen aber genehm, so ist es vermutlich noch Zeit beide Gegenstände vor Absen-dung unsers Transports umzutauschen.

Von Herzen der Ihrige
Gerhard

Frage, wer hat die große Vase (rothe Fig.) mit dem Dreifußraub gekauft? Ist das Städelsche Institut betheiligt worden?

Brief von Theodor Panofka an Launitz vom 6.12.1841:

Hochverehrtester Herr und Freund!
Gerhard hat leider seit 4 Tagen das Fieber, u ward dadurch al-lein verhindert, Ihnen zu antworten: er trägt mir auf, ihn zu ent-schuldigen u zu versichern daß sobald seine Genesung es

zuläßt, er Ihnen antworten wird. Das Geld welches Sie in Ihrem letzten Briefe schrieben nicht erhalten zu haben, ist denselben Tag von Herrn v Sydow angewiesen worden, also längst in Ihren Händen. Die Vénus Assyrienne kann der k. Generaldirektor zum Preis von 500 Gulden jezt nicht kaufen: sollte sie nicht gekapert werden, u später vielleicht billiger sich feil bieten, was im Hetärenfache wohl vorkömt, so würden Sie uns verpflichten durch eine hierauf bezügliche Mittheilung. Denn qua Archäolog wünschte ich dies Monument lieber hier als in München: sollten Sie in letzterem Falle nicht eine Durchzeichnung der Hauptseite zurückhalten können?, da in jener Hauptstadt von Publikation weder eigener, noch fremder zum Vortheil der Wissenschaft nicht mal die Rede ist. Mein 5tes u 6tes Heft der Terracotten, das interessanteste unter allen, wird Ende December ausgegeben u der ganze Band im März so Gott will abgeschlossen. Dann folgt wahrscheinlich ein kleines Kupferw[erk] in 24 Tafeln auf dem Fuße nach, so daß es an Beschäftigung nicht fehlt. Die Linckschen Terracotten habe ich in Stuttgard für das Museum erkauft, Sie können diese werthvollen Zeugnisse attischer Glyptik.

Empfehlen Sie mich ehrerbietigst Ihrer Frau Gemalin, Herrn John u Frau u Herrn Dr Häberlin u erhalten Sie alte, freundschaftliche Gesinnung

Berlin d 6 Dec 41.

Ihrem ergebenen
Th Panofka

Brief von Eduard Gerhard an Launitz vom 9.11.1851:

Berlin 9 Nov 51

Werthester Freund

Die beiden Abgüsse der Neapler Plato-büste und der Pariser Goldschale, welche Sie vor ein paar Monaten mir freundlichst überließen und sofort absenden wollten, sind noch nicht in meinen Händen. Eine bereits vor ein paar Wochen Ihnen deshalb gemachte Anzeige ist vielleicht nicht in Ihre Hände gelangt; ich muß also von neuem mich melden und angelegentlichst bitten der seiner Zeit erfolgten aber irgendwie gestörten Sendung nach Möglichkeit zu Ihrer Bestimung zu verhelfen.

Ganz der Ihrige
Gerhard.

Brief von Friedrich Gottlieb Welcker an Launitz vom 25.11.1853:

Boñ 25.Nov. 53

Sehr verehrter Herr

Als ich das Vergnügen hatte Sie zu sehen dachte ich mich recht bald zu einigen Ihrer schönen Abgüsse für unser Museum zu melden. Aber ich muß es aufschieben bis nach dem Jahresabschluß der kleinen Rechnung die es aufzustellen hat, da ich nicht um eine Vorlage von neuem einkomen mag. Doch bin ich so verlangend nach der Portlandvase daß ich Sie als um einen Freundschaftsdienst darum bitten möchte mir einstweilen für mich einen Abguß zu senden, wofür Sie den Preis ja wohl vom Postamt einziehen könten. Dazu haben Sie wohl die Güte einen neuesten Preiscourant zu legen, der vermutlich Manches enthält was mir noch unbekant ist.

So bald ich wieder nach Frankfurt kome hoffe ich auf das Monument zu schauen das Sie unterdessen der Stadt und sich vollends errichtet haben werden: kañ es in Ihrer Gesellschaft geschehen, desto besser.

Mit größter Hochachtung

Ihr ergebenster
Fr G Welcker

Brief von Otto Jahn an Launitz vom 5.5.1863:

Die leere Kiste mit dem Heu wird Sie schon überzeugt haben, verehrtester Herr, daß Ihre Mozartbüste bei mir angelangt ist und zwar in der vortrefflichsten Erhaltung. Es war mir nur leid, daß ich die Kiste leer zurückschicken mußte, denn das kleine Büchlein, das ich Sie freundlich aufzunehmen bitte - es soll ja auch eine Art Porträt darstellen -, hätte sich in derselben so verkrümelt, daß Sie es kaum gefunden hätten. Die Büste kam mir nun schon aus dem äußerlichen Grunde so recht zu paß, weil mir in meinem Zimmer ein compagno zu einer Beethovenbüste fehlte, Springer hätte sie also auf keinen Fall gekriegt. Nun steht sie neben dem Tischbeinschen Bilde, das den Impuls dazu gegeben hat. Was mir anfangs auffiel, war, daß sie die Fülle nicht zeigt, die man an Mozart kennt, und die zu seiner Behaglichkeit zu gehören scheint; aber ich glaube einzusehen, weshalb Sie durch eine größere Schärfe lieber haben andeuten wollen, wie das Leben auch an ihm gearbeitet und gezehrt hat. Auch andere Kunst- und Musikfreunde, die die Büste bei mir gesehen haben, waren sehr erfreut über ein Bild, das den Meister und seine geistige Bedeutung anschaulich macht. Aber so geht es einem Gelehrten, vor lauter ästhetischem Räsonnement komme ich zum nahen und nächsten nicht, Ihnen recht herzlich für die Freude zu danken, die Sie mir haben machen wollen und wirklich gemacht haben, und daß mir das doch das Liebste ist, werden Sie mir denke ich nicht verargen.

Ich hoffe, Sie machen Ernst mit der Zusage diesen Sommer hierherzukommen und die Schrift über die Gewandung zum Besprechen mitzubringen. Einen aufmerksamen Leser werden Sie zwar auf alle Fälle an mir haben, aber es lernt sich doch ganz anders discurrendo und demonstrando, und das Lernen ist doch das Einzige, woran man die Freude nicht verliert.

Mit herzlichen Grüßen, auch von Springer,

Ihr

treu ergebener

Otto Jahn.

Bonn 5 Mai 1863

Brief von Ernst Curtius an Launitz vom 8.9.[1867 ?]:

Hiebei sende ich Ihnen, mein geehrtester Gönner, die versprochene Skizze vom Theater in Athen und danke Ihnen zugleich herzlich für die genußreichen Stunden, die ich in Ihrer Nähe habe zubringen dürfen. Donnerstag oder Freitag denke ich nach Bonn zu gehen, wo mich bis Mitte des Monats unter Adr. von Dr. Joh. Brandis Ihre Zusendungen treffen werden. Dann denke ich nach Göttingen zurück zu gehen.

Mit besten Grüßen

Ihr

treu ergebener

E. Curtius

Sept 8.

Briefe von Alexander Conze an Launitz aus dem Jahr 1867:

Giebichenstein bei Halle a/S. 28. Mai 1867.

Verehrtester lieber Herr,

seit einigen Tagen steht ein Briefchen an Sie fertig auf meinem Schreibtische und ich versäumte es abzuschicken; jetzt kann ich es nur in umgehender Erwiderung Ihrer lieben Zuschrift vom gestrigen Datum durch etwas Ausführlicheres ersetzen. Ihre Leiden bei der deutschen Reinlichkeit haben mir und m. Frau doch eigentlich viel Vergnügen gemacht. Das ist schlecht, nicht wahr? Das daraus entstandene Übel der verlorenen Adresse aber mache ich sofort wieder gut. Hier ist sie:

„Die Kiste resp. -sten in Frankfurt ganz einfach unfrankirt der Eisenbahn als Frachtgut zu übergeben mit der Adresse : An das Speditionsgeschäft A. Ch. Segall u. Söhne in Eydtkuhnen zur Beförderung an die Kais. Universität zu Dorpat. In dem Frachtbriefe muß Letzteres die Bestimmung für die Universität ausdrücklich angegeben werden, da dadurch die Öffnung der Kisten zur Revision auf der Grenze vermieden wird." So Professor Schwabe.

Die Berechnung der Kosten schicken Sie wohl am besten an Herrn Professor Schwabe, den Vorsteher der Sammlung, der dann sofort zahlt, wie er mir schrieb. Was die Mehrkosten anlangt, so ist meine freilich unmaßgebliche Ansicht ganz mit Ihrer übereinstimmend, daß es in Dorpat, wenn man Etwas Gutes mehr erhält, auf c. 17 Gulden nicht mehr ankommt. Sie sind wohl nur so gut in dem Briefe an Schwabe einfach zu sagen, daß Sie das und das der von mir gemachten Bestellung, übrigens mit meiner freilich nicht berechtigten Zustimmung, hinzugethan hätten; die bessere Verpackung entschuldigt Ihre Kosten ja selbst, meine ich.

Und nun herzlichen Dank für Ihre freigebigen Anerbietungen. Von den Vannischen Aegineten habe ich inzwischen bereits die liegende Eckfigur links im Ostgiebel gut und heil erhalten und glaube ganz zufrieden sein zu können. Ich habe einigermaßen gegründete Hoffnung bald noch mehr von den Herren Aegineten nachkaufen zu können; ich nehme dann wohl Ihre Güte in Anspruch.

Herrlich ist es nun aber, daß Sie sich der archaeol. Sektion hier in Halle so kräftig annehmen wollen. Ich spreche Ihnen meine Wünsche Ihrer gütigen Auffordrung gemäß frei aus. Das erste ist - Sie müssen nicht glauben daß ich bei den Senatoren der Imperatoren Roms im Schmeicheln in die Schule gegangen bin - daß Sie selbst mit Ihrer Fräulein Tochter erscheinen; für Quartier werde ich sorgen bei uns oder so nahe wie möglich bei uns. Von den todten Objekten, die wir dann aber lebendig machen wollen, bitte ich mir vor Allem die Akropolis von Athen aus, nicht nur zur Philologenversammlung, sondern als Eigenthum für unsre Sammlung, wenn Sie sie hergeben. Ich nehme das nach einer brieflichen Mittheilung von Michaelis an und es war diese Bestellung resp. Bitte der Inhalt des ersterwähnten Briefchens. Dann wäre es m. E. sehr schön, wenn Sie von Ihren großen für kunstgeschichtliche Vorlesungen bestimmten Zeichnungen einzelne herüberschicken wollten, damit man von diesem Lehrmittel allgemeiner Notiz zu nehmen veranlaßt würde. Endlich bitte ich Sie sehr Ihre Ergänzung des Pasquino zur Ausstellung zu bringen und darüber vor der Sektion zu sprechen. Ich nehme mir die Freiheit, dieses als den zweiten angemeldeten Vortrag anzusehen. Als erster hat Prof. Bergmann (Brandenburg) über Kunstwerke in Smyrna Mittheilungen versprochen. Von den Michaelisschen Parthenontafeln werden sich hoffentlich dann auch schon eine ganze Reihe vorlegen lassen. Ich werde Ihnen eine Herausgabe eines interessanten Augustusreliefs in Ravenna als Gastgeschenk bieten und allerdings auch mit meinen „paar Gipsen" „ [?] Staat machen". Lachen Sie nur über unser Haller „Museum"; wenn erst der große Apollo, der eben von Athen da ist, auf seinen zerbrochenen Beinen steht und die Grabstele aus neuer Formung aus Boiotien da ist, dazu mein Bologneser Kopf, dann können selbst verwöhnte Leute wie Sie in dem profanen Halle Neues finden. - Ihr Tempelmodell, Caprimodell, Lunensisches Gebirge wage ich der Transportkosten wegen nicht in Anspruch zu nehmen; denn wir sind und bleiben arme Leute.

Diesen Klecks werden Sie kaum als besonderer Entschuldigung bedürftig anerkennen; Sie sehen vielleicht einen Anklang an die benedetta Italia mit ihren immondezzie darin. Doch das scheint mir übel, daß er nun grade in die Nähe der deutschen Mädchen u. Frauen geräth; denn ich wollte von meiner Frau und an Ihre verehrte Fräulein Tochter schöne Grüße bestellen. Nun vielleicht wird er auch weggefegt, bis der Brief zu Ihnen kommt. - Ich denke schon um den 1. August herum nach Petersburg abzureisen und werde wohl erst kurz vor der Versammlung wieder hier eintreffen. Das ist zu berücksichtigen wegen der Zusendung besonders der Akropolis, die Sie doch nicht gut erst

mitbringen können; sie muß doch ausgepackt und fix und fertig dastehen, wenn die Festgenossen kommen. Können Sie sie schon um Mitte Juli schicken? Ich bitte darüber um sichere Nachricht, damit ich meine Einrichtungen u. Anordnungen machen kann. In Hoffnung auf solche Nachricht und überhaupt gute Nachrichten von Ihnen

Ihr aufrichtig ergebener
Conze.

Die Venus v. Melos habe ich aus Paris, schön meine ich. Sie werden sehen.

Giebichenstein bei Halle a/S. 21. Juli 67.
Verehrtester lieber Herr Professor,
lassen Sie mich noch ein Mal - es ist ja wohl das dritte - flehend die Hände gegen Sie ausstrecken - ich wollte ich könnte mich selbst als Vasenbild darstellen, um Sie noch mehr zu rühren. Ich bat um ein Exemplar der Akropolis für unser Museum und bat um Nachricht wann ich es erwarten könnte. Gerne hätte ich es zur Philologenversammlung hier gehabt, doch nun reise ich schon am 27. d. M., also in acht Tagen und komme erst kurz vor der Versammlung wieder; während meiner Abwesenheit darf es aber nicht ankommen. Es müßte also eingerichtet werden, daß es in den allerletzten Septembertagen ankäme. Im höchsten Maße liegt mir nun aber daran, es am 23. Oktober jedenfalls hier zu haben. Ich habe Vorlesungen zum Besten unserer Universitätskunstsammlungen veranstaltet und ich werde selbst den Anfang an dem genannten Tage mit einem Vortrage über die Akropolis machen. Wie überhaupt zu den Vorträgen immer Bezügliches ausgestellt werden soll, so will ich am 23. Okt. mit Ihrem Modelle (wie früher mit Ihrer Toga schon einmal) die Hallenser bezaubern. Ohne Scherz kommt es mir doch wirklich sehr darauf an, dem Vortrag durch Ihr Modell Anschaulichkeit und Wirkung zu geben. Ich bin überzeugt, wenn Sie diese Lage der Dinge kennen, werden Sie mir bis gegen den 20. Oktober, wenn es sonst irgendwie angeht, das Modell zugehen lassen und ich glaube, Freund Michaelis würde am Ende Nichts dagegen haben, wenn ich mein Exemplar eher bekäme als er. Ich erwähne Letzteres für den Fall, daß bis zur genannten Zeit nur ein Ausguß zu beschaffen wäre.
Wollen Sie mir, verehrter Herr Professor, noch vor nächsten Sonnabend eine kurze beruhigende Versicherung über dieses

Anliegen zukommen lassen, so machen Sie mir viel Freude. Sonst erhalte ich Ihre wie ich nicht zweifle günstige Antwort, wenn Sie als Philologe hier erscheinen. Ich erinnere noch ein Mal - ich glaube wenigstens daß ich es schon that - daran, daß Vorträge für die archäologische Sektion hier gut vorher angemeldet wurden. Briefe unter gewöhnlicher Adresse Halle treffen mich auch während meiner Reise.

Ihnen, Ihrer lieben Fräulein Tochter Wohlsein und alles Gute wünschend bleibe ich

Ihr stets ergebener
Conze.

Brief von Alexander Conze an Emilie Pelissier vom 23.4.1870:

Wien, Wieden Sophiengasse 3.
23. April 1870.

Verehrteste Frau,
ich thue ja wohl Recht mich an Sie in einer geschäftlichen Angelegenheit zu wenden; hätte Gott doch gewollt, daß der noch am Platze wäre, dem es sonst zukam! Mir sind die Modellfiguren und die Akropolis richtig und in bestem Zustande zugegangen; die Rechnung beträgt 82 Gulden in Silber. Da nun meine Kasse nur in Papier rechnet, ich also mit dem Wechseln erst Umstand hätte, namentlich aber auch weil dann das Schicken von Silber unbequemer wäre und ich für andre Beförderung noch keine Wege hier weiß, so erlaube ich mir die Bitte, der Preis möge mir gleich in Papier (also österr. Währung) oder in preussischen Thalern, wenn Sie das vorziehen (mir wäre österr. Währung bequemer), berechnet angegeben werden. Lassen Sie mich das bitte bald wissen; mir ist es lieb, wenn ich, da das Geld hier gerade liegt, auch gleich zahlen kann.

Die Gipse sind mir erstens sehr nützlich, haben auch bei Andren hier viel Beifall gefunden und sind mir außerdem eine liebe Erinnerung an den Dahingegangenen und so vieles Gutes, leider freilich auch Schmerzliche, das sich mit seinem Andenken bei mir vereint.

In der Hoffnung bald das Gewünschte zu erhalten und mit meinen hochachtungsvollsten Grüßen

allerergebenst
Conze.

Brief von Adolf Michaelis an Ernst Pelissier vom 19.1.1870:

Herrn Studiosus E. Pelissier
Neue Schlesingerg. 10
Frankfurt a/M.
20/, Heute Mittag kommt dein Brief. Wegen deines Kommens ist es also all right.

Tübingen 19 Jan. 1870

Lieber [Idel ?] !
Melde Mama bitte die Bestellung zweier neuer Akropolis-modelle:
1) für Stuttgart. Adr. An das Gipsmuseum, Akademiegebäude, Neckarstraße (Prof. Lübke). Einfache Kiste.
2) für Basel. Adr. An das Antikenkabinet (Prof. Vischer). Einfache Kiste.
Es sind nunmehr also bestellt Exemplare für Basel Hamburg Königsberg München Stuttgart Wien (nebst Gewandf.). Letzteres hätte ich gern zuerst expediert, natürlich müssen aber die andern Sachen vorgehen.

Mama schreibt, daß du dich durch Ordnen + Inventarisieren sehr verdient machst. Das ist gewis sehr dankbar anzuerkennen, aber ich kann doch nicht leugnen, daß mir diese lange Unterbrechung deiner Semesterstudien sehr leid thut, nachdem auch der vorige Winter so übel unterbrochen war. Ihr müßt aber natürlich wissen, wie nothwendig du dort bist; ich wollte nur noch einmal dich darauf hinweisen, daß du beim Ordnen usw. Wichtiges und Unwichtiges unterscheidest und auf letzteres keine kostbare Zeit verwendest.

Dixi er servavi animam.

Wegen des Sömmerimgmodells scheint mir der von Cornill eingeschlagene Weg ganz correct. Überhaupt bin ich dafür dem Comité die Sache nicht etwa durch Zaudern und Bedenklichkeiten zu verleiden, da sonst jede Verwerthung des Modells höchst prekär ist.

Viele Grüße, ich habe natürlich keine Zeit. Sonst all right. A propos, die Bonner Aussicht scheint ganz in den Sand zu verlaufen, die Berliner sollen nach sicheren Nachrichten einen ganz anderen Candidaten in petto haben, den die Bonner Fakultät mit Fleiß gar nicht vorgeschlagen hatte.

Also nochmals tanti saluti

Dein Ad.Mi.

Brief von Otto Cornill an Emilie Pelissier vom 27.6.1877:

Frankf a/M. 27 Juni 1877

Sehr geehrte Frau!

Die gestrige Beschauung hatte wenigstens den Erfolg, daß Herr Dr. Valentin bedeutend Lust zeigte sämtliche Pausen für seine Zwecke zu erwerben. Herr Dr. Valentin ist, wie Sie wissen, Lehrer an der Wöhler-Schule, beschäftigt sich sehr ernst mit Kunstgeschichte und hält nun bereits Jahre in 4 Mädchenschulen Vorträge in diesem Fache. Er sagte mir, daß er Werth darauf legen würde, gerade diese aus Künstlerhand hervorgegangene Sammlung zu besitzen, da in derselben schon der sichtende und urtheilende Geist eines Künstlers walte.

Um jedoch der Verwerthung dieser Samlung näher zu komen, müßte ein Preis dafür angegeben werden zu dessen Bestimung ich Ihnen gerne Vorschläge machen würde, wozu ich jedoch erforderlich finde, daß die Anzahl der Pausen gezählt wird. Obgleich dies nun eine langweilige Arbeit ist, so möchte ich Sie doch bitten sich dieser Mühe zu unterziehen u. mir alsdann Mittheilung darüber zu machen. Ich werde mir die Sache dann überlegen, vielleicht auch mit Prestel sprechen und Ihnen dann einen Vorschlag machen. Nachdem ich die Pausen nochmals durchgesehen habe zweifle ich nicht, daß wir noch einen Liebhaber dafür finden werden u. zwar einen der den Werth der Sache, als aus den Händen Ihres Vaters kommend, zu schätzen weiß; sollte es nun Dr. Valentin oder Dr. Hameran oder ein Anderer sein.

Ich bitte Sie also die Pausen zu zählen u. zwar nur diejenigen welche in den Mappen u. Einschlägen in dem Kasten liegen; die zur Versteigerung in der Künstlergesellschaft bestimten bleiben zurückgelegt.

Hochachtungsvoll
Ihr ergebener
Otto Cornill.

II: Auszug aus „Ueber die Behandlung des Nackten und der Gewandung in der antiken Plastik" und „Ueber die Priorität der Statuen des Sophokles und des Aeschines" [aus Vorwort II zu „Über die Behandlung...":]

Die große Epoche der Archäologischen Kunstforschungen ist vorüber. Das größte und schwierigste ist darin nunmehr geleistet worden; was jetzt noch nachfolgt ist mehr untergeordneter Natur, obwohl dabei weder die Schwierigkeiten der Arbeit noch das Verdienst der Epigonen geläugnet oder verkannt werden sollen. Der große mächtige Bau des archäologischen Kunstgebäudes ist im Ganzen vollendet die einzelnen Stockwerke u Gemächer sind fast alle bewohnt und eingerichtet; was jetzt noch darin gethan wird betrifft im Ganzen nur die Decoration und die Details. Allerdings wird die Zeit mit ihrem unermüdlichen Entdeckungseifer auch noch so manches neue und bisher unbekannte Material anhäufen, so daß ein Anbau nöthig werden dürfte, aber fürs erste ist dem Bedürfnisse genügt, und wenn selbst jetzt ein oder das andere Gemach auch noch nicht genügend gefüllt seyn sollte, so fehlt es an Arbeitern hierzu keineswegs, nur dürfte man beim Ausfüllen derselben den Zweck des Ganzen wohl nicht aus den Augen verlieren, wie dies bisweilen wohl geschieht. Dieser ist aber die Förderung der Erkenntnis des Wesens der Kunst vergangener Zeiten....

Nun kann die richtige Erkenntnis der Werke der Kunst aber wohl nicht gut ohne eine möglichst genaue Kenntnis dieser selbst erreicht werden, und weder die gründlichsten historischen Forschungen, noch die schärfste philologische Kritik kann in diesem Betreffe einen Ersatz für die mangelnde Kenntnis der Kunst selbst geben. Diese kann im Allgemeinen freilich durch vielfältige und eingehende Betrachtung der Kunstwerke selbst erlangt werden, aber der Weg ist lang und erfordert günstige Umstaende und kann durch allerley Hindernisse im Inneren des Beschauers, sowie durch äußere Ablenkungen noch vergrößert werden....

Aber in vielen Faellen, namentlich, wo es sich um positives Wissen spezieller künstlerischer Gesetze, um Verständnis der künstl. Technik um Würdigung spezieller künstlerischer Verdienste handelt, genügt eine bloße wiederholte Betrachtung der Kunstwerke nicht mehr; da muß man bei dem Wissenschaftl. und Künstler nachfragen, um nicht irre zu gehen, so gut man bei den Grammatikern sich Raths erholt, wenn es sich darum handelt ueber die Gesetze einer Sprache zu urtheilen, wenn man gleich deren allgemeinen Sinn auch ohne Grammatik versteht. Es sind in den letzten Deceñien einige Werke archäologischen Inhaltes erschienen welche bei allem philologischen und archäologischen Verdienste, das ihnen von unserer Seite nicht geschmälert werden soll, Urtheile über die bedeutendsten Werke antiker Plastik enthalten, die selbst den Laien welcher sich an der Betrachtung derselben erfreut und [?] in Erstaunen setzen müssen, geschweige deñ den Künstler vom Fach....

[Anfang von Vorwort I:]
Die erste Veranlassung zu gegenwärtiger kleiner Schrift gaben verschiedene neu erschienene Werke ueber antike Kunst, welche in ihren Stellen ueber den Torso v Belved. die Venus v Milo, den Borghes. Fechter etc. Urtheile enthielten, mit denen ich mich als Künstler unmöglich einverstanden erklären konnte. Ich gestehe es, ich wurde von Unwillen erfüllt über manche der erwähnten Beurtheilungen jener herrlichen Arbeiten, und ich faßte den Entschluß jenen Aburtheilungen von NichtKünstlern und NichtAnatomen, ein Urtheil von Künstlern und Anatomen (denn meine Ansichten theilen viele unserer verdienstvollsten Künstler und alle von mir befragten Anatomen vollkommen) entgegenzusetzen, und zwar in einer polemischen Form....

[aus Vorwort II:]
Das Auffallende dieser Art von Behauptungen in Lehrbüchern der Kunstgeschichte hat einige Kunstgeschichtsforscher und andere Freunde und Verehrer der antiken Plastik, welche zwar das Unrichtige obiger Beurtheilungsweise klar fühlten, jedoch auch eine artistische Autorität zur Unterstützung und Bekräftigung ihres natürlichen Gefühles zu hören wünschten, veranlaßt einen Künstler, dessen langjähriger Umgang mit den Werken des Alterthums, dessen Studien ebensowohl der Archäologie der Kunst als den Theorien derselben zugewandt sind ... zu ersuchen seine Meinung vom rein künstlerischen Standpunkt über den fraglichen Gegenstand zu äußern.... Der genannte Künstler hat es aber für unzweckmäßig gehalten, einer so individuellen Ansicht wie die oben erwähnte ist, direct entgegenzutreten, da nach seiner Ansicht jeder seine individuelle Ansicht zu äußern das Recht hat, und eine kräftige Widerlegung am Ende leicht zu einer der Kunst u d. Wissenschaft gleich unwür-

digen Polemik führen könnte. Er hat es vorgezogen in einer selbständigen kleinen Abhandlung den Gegenstand umfassender u ausführlicher zu behandeln, als dies bei einer speziellen Entgegnung möglich wäre.

[Auszüge aus der Behandlung des Gewandes, S. 37ff.:]
Die Uranfänge der Bekleidung abzuhandeln, wird mir wohl gern erlassen werden und wir beginnen daher mit der rohesten Darstellung derselben auf den erhaltenen Kunstmonumenten. An diesen finden wir in den plastischen und graphischen Incunabeln der Kunst, die Bekleidung ohngefähr so dargestellt, wie wir dies in den ersten Zeichnungsversuchen der Kinder etwa erblicken.... Die Darstellung des Gewandes ist rein symbolisch. - Der nächste Hauptfortschritt in der Kunstentwicklung brachte wohl die Bezeichnung des sexuellen Unterschiedes in der Gewandung mit sich, und .... so mußte die Gürtung und die davon abhängigen oder unabhängigen Theile,...., einen Ausdruck verlangen und, so gut es ging, erhalten.... Auch in der Sculptur der alleraeltesten Monumente der Griechen u Hetrusker haben wir Darstellungen dieser Art, die an und für sich zwar noch keinen Anspruch an Kunst machen können, aber den ersten Bedürfnissen in der Bezeichnung des Bekleidungsunterschiedes genügten,.... Auf diese Stufe der Darstellung folgte naturgemäß die weitere Ausbildung des Aeußerlichen der Gewandung, ich meine des Schnittes und der künstlichen Zurichtung desselben durch Fältelung und dsgl, sowie der Musterung und Auszeichnung durch Borten oder sog. dessins, ein Gegenstand, der schon in den frühesten Kulturepochen bei den Griechen, wie bei allen jugendlichen Völkern, eine große Rolle spielte. - Wir sehen daher auch auf der Epoche der rohesten sexuellen Bezeichnungen durch die Gewandung die Zeit der Zierlichkeit in Gewandfältelung, in Gewandendigungen und in Gewandverzierungen durch Musterung verschiedener Art folgen, eine Behandlungsweise und eine Sinnesrichtung die nothwendig war, um für die spaeteren Zeiten und Unterschiede, die Aufmerksamkeit zu schärfen und das Darstellungsvermögen zu üben....
Die Epoche welche nun folgt, verwandelte die frühere Zierlichkeit,...., in einen größeren, erhabeneren Styl, der zu Phidias Zeiten in dem hohen Style par excellence dem Styl der Blüthezeit sich .... darstellt.... Hier mußte die Grandiosität an deren Stelle treten; aber der beabsichtigte Eindruck des Reichen, der Fülle in Falten und Stoff im Allgemeinen, und des Geschmück-

ten .... mußte nun in einer anderen Weise hervorgebracht werden, und dies geschah durch eine große Fülle von Falten und
deren Brüchen, die aber nicht mehr künstlich gelegt waren wie
früher, sondern die frei und naturgemäß sich bildeten, wie die
Form und die Bewegung der Figuren dies forderten.... Dieser
Gewandstyl sollte aber noch nicht das Gewand als ein ganz
selbstaendiges, für sich allein schon Reiz erweckendes und ver-
leihendes Kunstmittel darstellen.... Was sich an Schönheit und
Reiz, oder Eleganz der Faltenendigungen der Gewandsäume
und einzelner engangezogener oder fallender Parthien an den
Figuren des Parthenonfrieses zB findet, ist nicht absichtliche
Verschönerungssucht oder Bestreben des Künstlers, sondern
Ergebnis des schönen Schnittes der griech. Gewandung .... Ab-
sichtlichkeit oder Suchen nach sogen Motiven, wie dies in den
folgenden Stadien vorkommt, lag dieser Zeit aber noch ganz
fern....
Fragt man nun wie die Schule des Phidias .... diese Faltenaugen
bildete, so muß man die offene Antwort geben, unrichtig und
ohne feinere selbst richtige Beobachtung der Natur....

[aus „Ueber die Priorität...“:]
Ich weiß sehr wohl, daß diese Ansicht im ersten Momente viele Archäologen stutzig gemacht hat, und daß sie unglaeubig den
Kopf geschüttelt, ueber die Haeresie, die der Phidiasischen Zeit
die Bildung richtiger Falten abspricht, aber dennoch ist es
so....Aber noch mehr! - Man kann behaupten, daß gerade diese
Unbesorgtheit um die richtige Detaildarstellung und um die formale Schönheit der einzelnen kleinen Faltenparthien, den alten
Künstlern der Phidiasischen Zeit den Muth gegeben, alle Ge-
wandmotive, die ihnen die passendsten oder ausdrucksvollsten
schienen, darzustellen, wodurch ihre Werke eine Fülle, eine
Unmittelbarkeit und eine Lebendigkeit erhalten, die sie bei
größerer Beachtung der Naturwahrheit und der Schönheit der
Details vielleicht nicht erreicht haetten....

[Auszüge aus der Behandlung des Gewandes:]
Daher finden wir modernen Künstler, die wir in unseren Ge-
wandstudien den Werken der späteren Antike folgen, in den
herrlichen Giebelstatuen des Parthenon zu unserem großen Erstaunen in allen gequetschten oder gebauschten oder durch ein
Band zusammengezogenen Parthien keine schöne Einzelheiten,
wie wir glauben sie etwa zu machen, sondern nur ein Gewirr,

ein Gekräusel und eine Unordnung im allgemeinen, wie die
Nichtkünstler dieses auch nur in der Natur sehen, und unsere
Lehrer des Gewandes würden sich wohl hüten, ihren Schülern
ein Stück aus der schönen liegenden Gruppe der Weiber aus
dem Parthenongiebel als Muster von Gewanddetail vorzulegen.
Wer nicht versteht zwischen den Zeilen zu lesen, der wird vielleicht nicht wissen, welcher Parthei in dem obigen Recht gegeben werden soll, aber da ich nicht die praesumption habe hier
eine Vorschrift geben zu wollen .... so mag diese Unsicherheit
immerhin bestehen....
Das Stadium der Gewandentwicklung welches nun folgt, dürfte etwa dasjenige seyn, wo .... die Aufmerksamkeit auf die
Schönheit einzelner Faltenmotive komt, die bis dahin unbeachtet geblieben waren.... Der jetzt darzustellende Fortschritt bestand .... in einer Anordnung dieser Parthien zu bestimmt for-
mulirten kleinen Faltenmotiven, deren Verdienst natürlich vor
allen darin bestehen mußte, daß die Motivirung durch die
Unterlage des Körpers, d.i., die Form, durch die Bewegung, den
Stoff, die Gürtung oder dsgl gerechtfertigt seyn mußte....

[aus „Ueber die Priorität...“:]
Diese größere Schönheit und Richtigkeit, diese größere Naturwahrheit beeinträchtigt die Lebendigkeit des Werkes noch kei-
nesweges; ja sie ist im Allgemeinen ein Hauptmoment der spaeteren Trefflichkeit der Griechischen Sculptur, aber es ist zugleich einleuchtend, daß manche kleine Bewegungen in dem
Detail, die sich mit der schönen Form nicht immer, jedenfalls
oft schwer, vereinigen lassen, bei dieser Auffassungsart bisswei-
len mitunter wegbleiben mußten, da wahr und schön nicht immer miteinander zu vereinigen sind. Der praktische Plastiker
namentlich kennt die große Wahrheit dieses Satzes, indem er
oftmals die wahrsten Motive nach der Natur gebildet, die seinem Werk oft eine große Lebendigkeit gegeben haetten, durch
das Streben verdorben hat, das Wahre nun auch schön zu machen....

[Auszüge aus der Behandlung des Gewandes:]
Ferne von dem thörichten Wunsche auf diese Feststellung der
kleinen, freilich unläugbaren Entwicklungsmomente der griech
Plastik, die ich unternomen, nun sogleich auch ein System der
Chronologie der griech Werke gründen zu wollen, was ich ger-
ne den Schematikern überlasse, uebersringe ich eine ganze

höchst fruchtbare Schule der Plastik, nemlich die des Lysippos .... aber ich wüßte in der That keine gar zu erheblichen Besonderheiten im Fortschritte des Styles dieser Lysippischen Zeit aufzuweisen.... Dagegen möchte ich eine bestimmte Epoche als die der Vorliebe für schöne Faltenmotive bezeichnen und habe dabei die Rhodische Schule im Auge.... Ich wiederhole es, es kann niemand entgehen, daß hier der Künstler die Biegsamkeit des Stoffes, die Natur des Gewandes als etwas Selbststaendiges hat behandeln wollen, was bisher noch nicht der Fall war.... Daß nun nach manchen allmählichen Abstufungen, aus diesem edlen und künstlerischen Streben sich endlich die unkünstlerische Liebhaberei entwickeln mußte die verschiedenen Stoffe, nicht als Kunstwerk sondern als Kunststück zu reproduziren, kann niemand befremden, der die menschliche Natur in ihrem Darstellungstriebe genauer beobachtet hat; und daher sehen wir in den nun folgenden unerfreulichen Kunstepochen, unter dem Einflusse des Römischen Weltbeherrschergeschmackes, bald leinene, bald dick wollene, bald durchsichtige gazartige, bald undurchsichtige, fast lederartige, ja dieses selbst in der Plastik dargestellt, und dadurch eine genreartige Ausartung der einst so hohen und strengen Plastik herbeigeführt....

Wir finden daher allmählich den schönen und naturgemäßen Effect der würdevollen Bekleidung der Parthenonfiguren, bei der es auf die allgemein schöne Erscheinung ankam, und nicht auf Künstelung im Detail, ganz aus den Augen gelassen und dagegen einzelne Motive und Motivchen, und überall wohl bedachte, nach gewissen Regeln angeordnete Faltenzüge um die ganze Figur angebracht, auf die allmählich ein so großer Werth gelegt wird, daß die Grundidee einer decenten Bekleidung als solcher, allmählich ganz verschwindet, hinter der Sucht jede Parthie an u für sich schön und interessant zu machen.... Wie nun aber, selbst bei der größten Verbildung, der Geist noch vorhanden bleibt, solange der Fort oder Weiterschritt aus dem Innern kommt, (dieser mag noch so irre geleitet seyn,) ebenso entschwindet er allmählich, sobald das Weitergehen nur ein rein mechanisches, äußerliches ist, oder gar zum Stillstande sich abschwächt; und so sehen wir auch in der Darstellung u Behandlung der Gewandung allmählich eine Form nach der andern ihre ursprüngliche geistige Bedeutung verlieren und todtes Schema werden, das endlich in starrem Byzantinismus endet....

III: „Verzeichnis der Abgüsse ueber antike Bronzen in Neapel"

Minerva	fl.	4.	—— A
Tanzender Faun aus der			
Casa del Fauno.		30.	Lithographie
Tanzender Faun.		6.	—— B.
Faun mit 2 Tibien.		6.	
Faun mit 1 Tibia.		8.	—— C.
Alterthümliche Diana mit			
gemaltem Gewand Marm.		18.	—— Kupferstich 38
Fischer als Fontaine		15.	
Laufender Amor als Fontaine		13.	
+ Jupiter		3.	
Jupiter		5.	
Venus mit dem goldenen			
Schmucke		6.	
Harpocrates		5.	
Victoria		10.	
Victoria		12.	
+ Victoriette kniend.		1.	
Bacchus u Ampelus Gruppe.		20.	
Hercules + dem Hirsche.			
Gruppe.		30.	
Amazone zu Pferde		18.	
Mercur		5.	
Bacchus.		4.	
Reiher mit einer Eidechse			
im Schnabel.		12.	—— D.
Taenzerin über terra cotta		1.	
Drappirter weibl Torso von			
Bröndstedt M.		14.	
+ Kleiner weibl Torso Marm.		1.	
Bacchus. oder sogen.Plato.			
Büste		15.	
Venus.Büste		12.	
Incognitus Büste		10.	
+ 2 kleine Hermenköpfe M.		2.	
1 kleine Maske.		2.	
Comische Scene.		6.	
+ Bacchische Scene.		4.	
+ Silen + 2 Faunen.		4.	

Capräisches Relief.	4.	
Hercules + d Löwen	8.	
—————— Stiere	8.	
—————— Schlange	8.	
+ Scylla	1-30	
Genius auf dem Panther.	1-30	
+ Fragment einer kleinen maennlichen Figur.	1.	
Relief der sogen.Töchter des Lykomedes, oder des Apollo unter den Musen, oder des Alkibiades unter den Hetaeren.	15.	
Vase mit Adler u Schwan	4.	—— I.
Vase mit gekrümtem Körper.	3.	—— II.
Ara als Dreyfuß + den Sphynxen.	44.	—— III.
Große Lampe mit dem Satyr.	14.	—— IV.
—————— der Fledermaus.	11.	—— V.
+ Lampe mit 2 Adlern.	3.	
Candelaberfuß und Kopf von Tarent.	11.	
—————— von Herculanum	10.	
—————— Kleiner	10.	
—————— Kleiner	10.	
Ganzer Candelaber aus Sicilien.	16.	
Candelaberfuß Hetrurischer	6.	
Große Lampe aus dem Hause des Arrius Diomedes.	25.	
+ Tischfuß aus dem Hause des Sallust.	8.	
Tischfuß als Sphynx aus dem Hause des Faun.	25.	
Tischfuß mit dem Köpfchen einer Faunin.	5.	
Rhyton.	4.	—— VI.
2 Silberne Vasen.	44.	Kupferstich
Lampe als Stierkopf.	2.	
Koepfchen einer Faunin als Gefaeß.	1-30	
6 Henkel von Gefaeßen	9.	

1/3 des Ornamentes einer schönen Bronzevase	3.
7 Stück Ornamente.	3.
Dachtraufe von Pompeji.	8.
Ionisches Capitäl v. Pompeji	14.
— aus dem Hause des Mercur.	14.
Capitäl aus dem Hause des Centauren	22.
Fries vom Fürsten Biscari	10.
Kranzleiste vom T. des Apollo zu Bassae	3.
Tigerkopf als Dachtraufe	3.
Postament mit Blaettern.	
Mittelalterliches Gefaeß mit Sirenen	11.
Büste des Dante aus Neapel.	5.
4 Basreliefs von den Thüren v. StPeter.	6.

die mit + bezeichneten Gegenstaende sind unbedeutend

DAGMAR STUTZINGER

Eduard Rüppell, ein Forschungsreisender und Sammler aus Frankfurt

Als Eduard Rüppell am 10.12.1884 im Alter von 90 Jahren verstarb, war er den meisten seiner Zeitgenossen bereits in Vergessenheit geraten. Dabei galt und gilt der Forschungsreisende und leidenschaftliche Sammler als eine der bedeutendsten Persönlichkeiten Frankfurts[1].

Zwei langjährige Reisen, die erste von 1822 bis 1827[2], die zweite von 1831 bis 1833[3], durch bekannte und unbekannte Regionen Nordostafrikas machten Eduard Rüppell vor allem als Geographen und Zoologen weltweit bekannt. Die auf diesen Reisen erjagten Exemplare aus allen Bereichen der Tierwelt, häufig eigenhändig vor Ort präpariert und konserviert, legten den Grundstock zu der aufsehenerregenden Schausammlung der 1817 gegründeten Senckenbergischen Naturforschenden Gesellschaft[4], als deren mitstiftendes Mitglied er im Juli 1818 nachträglich aufgenommen wurde.

Sein weit gefächertes Forschungsinteresse zeigt sich aber in durch fundierte Kenntnisse untermauerten Studien und Abhandlungen im Bereich der Geologie, Numismatik und Altertumswissenschaften, um nur die wichtigsten Bereiche zu nennen. Auf allen diesen Gebieten bewies der finanziell unabhängige Bankierssohn Rüppell bemerkenswerten Sammeleifer. Großzügig leitete er die angehäuften Pretiosen bereits kurz nach Erwerb in den Besitz der Stadt Frankfurt über. So verdanken nicht wenige hiesige Museumssammlungen einen gewichtigen Teil ihres Bestandes Rüppellschen Stiftungen. Neben dem Senckenberg-Museum sind dies in erster Linie das Münzkabinett des Historischen Museums, die altägyptische Abteilung des Liebieghauses und in geringerem Maße die Antikenabteilung des Museums für Vor- und Frühgeschichte.

Besonders hervorzuheben sind seine Verdienste um die städtische Münzsammlung, die er, mit kurzer Unterbrechung (1867-1870), von 1835 bis 1881 ehrenamtlich leitete, und deren Inventarisierung, Katalogisierung und Erweiterung ihn mit zunehmendem Alter mehr und mehr in Anspruch nahm. Unter seiner Ägide wuchs der Umfang des Bestandes bis zum Jahre 1865 von 5.155 auf über 16.000 Münzen an[5]. Viele dieser Stücke hatte Rüppell aus eigenen Mitteln erworben.

Schon von einer Ägyptenreise im Jahre 1817 brachte er unter anderem 163 antike Münzen nach Frankfurt. Auch seine großen naturwissenschaftlichen Forschungsreisen in den nordostafrikanischen Raum nutzte er, um - sozusagen nebenbei - eine große Anzahl antiker Münzen zu erstehen. Der numismatische Ertrag der ersten Forschungreise bestand aus 1066 größtenteils griechischen Prägungen, davon allein 84 Tetradrachmen. Unter den Münzerwerbungen der zweiten Expedition sind die des altäthiopischen Königreiches von Axum zu nennen, das zwischen dem 4. Jh. und dem 6. Jh. n. Chr. eine Großmachtposition einnahm und weitreichende Beziehungen zu allen Teilen der damaligen Welt hatte, vor allem zu Byzanz *(Abb. 130)*. Diese Münzen dienen, man-

---

1) Biographische Angaben sind entnommen: R. Mertens, Eduard Rüppell. Leben und Werk eines Forschungsreisenden (1949); ebenda 207ff. auch ein autobiographisches Bruchstück aus dem Nachlaß Rüppells, im folgenden: autobiographisches Bruchstück.

2) E. Rüppell, Reisen in Nubien, Kordofan und dem peträischen Arabien vorzüglich in geographisch-statistischer Hinsicht (1829).

3) E. Rüppell, Reise in Abyssinien Bd. I/II (1838/40).

4) In zahlreichen wissenschaftlichen Abhandlungen befaßte sich Rüppell mit den von ihm nach Frankfurt gebrachten Tierarten, wobei es sich hier oftmals um Ersterwähnungen handelte. Ein Verzeichnis der Schriften Rüppells findet sich bei Mertens a.a.O. 370ff.

5) Zur Geschichte des Münzkabinetts: Das Münzkabinett. Kleine Schriften des Historischen Museums Frankfurt am Main, Heft 5 (1964).

gels anderer Testimonia, wesentlich der Rekonstruktion der axumitischen Herrscherfolge[6]. Rüppells erste rein numismatische Publikation hat eben eine dieser Münzen zum Thema[7].

In späteren zahlreichen Veröffentlichungen beschäftigte sich Rüppell aber fast ausschließlich mit Frankfurter Stadt- und Ehrenprägungen[8]. Auch Rüppell selbst kam in den Genuß einer vom Senat der Stadt Frankfurt autorisierten Ehrenmedaille, die ihm anläßlich der Rückkehr von seiner hochgerühmten ersten Forschungsreise 1828 in drei Exemplaren (Gold, Silber, Bronze) überreicht wurde *(Abb. 131)*.

Noch heute verleiht der Frankfurter Verein für Geographie und Statistik, dessen Ehrenvorsitzender Rüppell im November 1874 wurde[9], eine erstmals aus Anlaß des 100. Geburtstages Rüppells geprägte Rüppell-Medaille an verdiente Geographen und Forschungs-reisende *(Abb. 132)*. Den schon erwähnten Ägyptenauf-enthalt im Jahre 1817 nutzte Rüppell, im Gegensatz zu seinen späteren Reisen, hauptsächlich zu archäologischen Studien, obwohl eigentlicher Zweck der Reise der

Erwerb eines Chrysolith-Kristalles für seine Mineralien-sammlung war. Er besuchte unter anderem den Amun-Tempel von Karnak[10] und studierte die Anlage von Kom Ombo[11]. Etwa drei Wochen verweilte er in Theben „*man-chen Schutt suchend durchwühlend und einiges Merkwürdige abzeichnend*"[12]. Dort kaufte er den gut erhaltenen, sehr schönen Holzsarg der Priesterin Isetemkheb *(Abb. 133)*, eines von insgesamt über 60 altägyptischen Objekten, welche er von der genannten Reise mitbrachte[13]. Das Liebieghaus, in dem auch dieser Sarkophag zu finden ist, nennt rund 300 von Rüppell gesammelte ägyptische Antiken sein eigen. Einige weite-re befinden sich heute in den Ausstellungsräumen des Senckenberg-Museums.

Am südlichsten Punkt seiner Reise, der Nilinsel Sehel, am ehemaligen ersten Katarakt, 3 km südlich von Assuan, barg er eine Stele mit griechischer Weihinschrift für Ptolemaios VIII. Euergetes II. aus den Trümmern die-ser alten Handelsstation. Diese, heute ebenfalls im Liebieghaus aufbewahrte Inschrift[14], war ebenso Gegen-stand seiner ersten wissenschaftlichen Veröffentlichung,

6) S.C. Munro-Hay, The Coinage of Aksum (Neu Delhi 1984); ders., The al-Madhāriba hoard of gold Aksumite and late Roman coins, NumChron 149, 1989, 83ff.

7) E. Rüppell, On an Unedited Coin of one of the early Kings of Abissynia, NumChron 8, 1845, 121f.

8) s. die Literaturliste bei Mertens a.a.O. 376.

9) Rüppell gehörte einer großen Anzahl von in- und ausländischen Gesellschaften und Akademien als Ehren- oder korrespondierendes Mitglied an. Eine Aufstellung der Mitgliedschaften findet sich bei Mertens a.a.O. 159f.

10) Autobiographisches Bruchstück 220.

11) Eine griechische Inschrift, welche Rüppell in Kom Ombo kopierte, war Gegenstand seiner zweiten Publikation: E. Rüppell, Lettre d'un voyageur au Prof. Pictet sur l'inscription grecque de Koum-Ombos, et sur les facilités avec laquelle on fait actuellement les voyages en Egypte, Bibl. univers. 7 (Sciences et Arts 7) 224 ff.

12) Mertens a.a.O. 23; autobiographisches Bruchstück 220.

13) Liebieghaus - Museum Alter Plastik, Ägyptische Bildwerke III. Skulptur, Malerei, Papyri und Särge (1993) Kat. Nr. 73.

14) ebenda Kat. Nr. 54

wie ein Deckenrelief in der Tempelanlage von Dendara, nördlich von Theben[15]. Die erstmals von ihm vorgeschlagene und sogleich akzeptierte Deutung des bereits bekannten Reliefs als Mondkalender zeugt von der scharfen Beobachtungsgabe und dem Wissensstand des damals 24jährigen.

Der Publikation war auch eine von Rüppell angefertigte Zeichnung des Reliefs beigegeben[16], wie überhaupt der größte Teil des Bildmaterials in seinen zahlreichen folgenden Veröffentlichungen von ihm selbst ausgeführt wurde, darunter vor allem erwähnenswert die teils kolorierten Zeichnungen der studierten Tierarten, aber auch außerordentlich qualitätvolle Landkarten[17] und Landschaftsansichten sowie Zeichnungen der von ihm gesammelten Antiken. Ein guter Teil dieser Arbeiten wird heute in der Handschriftenabteilung der Stadt- und Universitätsbibliothek in Frankfurt aufbewahrt.

Schließlich sollte nicht unerwähnt bleiben, daß Rüppell verschiedentlich Gelegenheit fand, einige antike Keramiken in seinen Besitz zu bringen, welche heute im Museum für Vor- und Frühgeschichte zu sehen sind. Hervorzuheben sind hier eine in Agrigent gekaufte attisch schwarzfigurige Bauchamphora aus dem Umkreis des Edinburgh-Malers mit einer Szene aus der Gigantomachie[18] und eine attisch schwarzfigurige Halsamphora des Antimenes-Malers, welche Rüppell 1871 auf einer Auktion in Paris erworben hat. Dargestellt ist die Tötung des stierköpfigen Minotauros durch Theseus[19]. Beide Vasen sind in spätarchaische Zeit, in die letzten Jahrzehnte des 6. Jhs. v. Chr. zu datieren.

Aus frühklassischer Zeit, ca. 480 v. Chr., stammt die schöne attisch rotfigurige Halsamphora des Berliner Malers, die hier in einer Abbildung nach einer kolorierten Zeichnung Rüppells wiedergegeben ist *(Abb. 134)*[20].

15) E. Rüppell, Auszug eines Schreibens von Herrn Eduard Rüppell an Herrn von Hammer, datirt (sic) Livorno den 25. Novemb. 1817 (!!), Fundgruben des Orients V (Wien 1816!!) 427ff. (Die Verfasser danken Frau Erika Bleibtreu, Wien, die ihnen eine Kopie des Aufsatzes beschaffte, der in Deutschland nicht auffindbar war.) Angeregt zu dieser Veröffentlichung wurde Rüppell durch den berühmten Orientforscher Johann Ludwig Burckhardt, dem der Ruinen der Nabatäerhauptstadt Petra und der Felsentempel von Abu Simbel. Burckhardt bestärkte Rüppell in der schon keimenden Absicht, sich künftig der umfassenden Erforschung Nordostafrikas und der Sinai-Halbinsel zu widmen (Mertens a.a.O. 222); auch Rüppell verdankt die Nabatäerforschung die Wiederentdeckung einiger Denkmäler dieser altarabischen Kultur. Im Juli 1826 fand er (s. hierzu: E. Rüppell, Reisen in Nubien, Kordofan und dem peträischen Arabien vorzüglich in geographisch-statistischer Hinsicht [Frankfurt 1829] 220f.) südlich von Aqaba im Tal von Beden im heutigen Saudi Arabien einige Felsgräber, die einem aus Petra bekannten Typus entsprechen, s.: R.E. Brünnow-A. v. Domaszewski, Die Provincia Arabia Bd. I (Strassburg 1904) 138, Anm. 1; A. Kammerer, Petra et la Nabatène (Paris 1929/30) 93, Anm.

1: „Il (E. Rüppell) a vu, dessiné et decrit pour la premiere fois les tombeaux nabatéens caractéristique de la vallée de Beden (El Bada, ou El Beda), en tous paints semblables à ceux de la serie à créneaux de Pétra et de Médaïn Salih,...".

16) ebenda 432.

17) Die erforderlichen astronomisch-mathematischen Kenntnisse erwarb Rüppell auf Anraten Burckhardts in Vorbereitung auf seine erste große Reise zwischen 1818 und 1821 bei dem bekannten Astronomen von Zach in Pavia und Genua (s. autobiographisches Bruchstück 222).

18) CVA Frankfurt 1, Taf. 35; Veder Greco, Le necropoli di Agrigente. Katalog einer Ausstellung Agrigent 1988, Nr. 38.

19) CVA Frankfurt 1, Taf. 27,1-2.33,5; J. v. Freeden, Archäologische Reihe 5. Antikensammlung (1984) Nr. 32.

20) CVA Frankfurt 2, Taf. 69,3-4.71,3-4; Freeden a.a.O. Nr. 38; Veder Greco a.a.O. Nr. 39; Archäologische Reihe 12. Die Dauerausstellung. Museum für Vor- und Frühgeschichte Frankfurt am Main (1989) 85.95 Nr. 7.

Im Rahmen dieser Arbeit konnte die herausragende Bedeutung Rüppells für die Wissenschaft im Allgemeinen und die Stadt Frankfurt im Besonderen nur skizzenhaft wiedergegeben werden. Kaum verständlich ist, warum der auch von Kollegen so Hochgelobte fast völlig in Vergessenheit geraten konnte[21]. Seine zahlreichen Veröffentlichungen, auch zu hier nicht genannten Themen, geben einen beredten Eindruck von der Geistesschärfe und unermüdlichen Schaffenskraft des Afrikaforschers, dessen unbeirrter Forschungsdrang seinem früh gewählten Motto entsprang: „*omnis homines, qui sese student praestare ceteris animalibus, summa ope niti decet, vitam silentio ne transeant, veluti pecora, quae natura prona atque ventri oboedientia finxit*"[22].

ULRICH DOTTERWEICH – THOMAS RICHTER

---

21) So schrieb etwa Alexander von Humboldt in einem an Rüppell gerichteten Brief vom 2. Januar 1835: „*Sie haben durch die gewagtesten aller Reisen den Ruhm unseres gemeinsamen Vaterlandes erhöht, die organische Welt mit neuen Formen (und den verkettenden) bereichert, die trefflichsten geognostischen Beobachtungen geliefert und astronomische Ortsbestimmungen von einer Schärfe und Übereinstimmung gegeben, wie sie kein anderer Reisender hat erringen können.*" s. Mertens a.a.O. 87f. u. Bild 19.

22) „*Alle Menschen, die sich bemühen, sich vor allen anderen Lebewesen auszuzeichnen, müssen die höchste Energie aufwenden, damit sie ihr Leben nicht in Schweigen verbringen, wie das Vieh, welches von Natur aus vornübergebeugt und seinem Bauch hörig ist*", Sall. Cat. I,1.

Die Privatsammlung Carl Anton Milanis
(1820 - 1882)

„Aus den Nachwirkungen der italienischen Reise schuf
Goethe um sich eine besondere Kunstwelt in seinem Haus
mit reichen Sammlungen von Abgüssen, von Kopien, von
Stichen und Handzeichnungen, von Münzen, Medaillen
und Majoliken."[1]

Die Nachwirkung der italienischen Reise brachte nicht nur neue Impulse im Leben Goethes, sondern erstreckte sich auch als neue Mode auf den Lebensstil der großbürgerlichen Gesellschaft. Wie er sammelte die kulturell interessierte Oberschicht Kunstobjekte und richtete Privatmuseen ein, was in den Jahrhunderten zuvor den fürstlichen Mäzenen vorbehalten war. Auch in Goethes Heimatstadt Frankfurt gab es eine Reihe von Bürgern, die in ihrem Streben nach Bildung und ästhetischem Genuß Sammlungen anlegten. Einer davon war Carl Anton Milani. Er war Sohn des italienischen Einwanderers Josef Peter Anton Milani. Seine Familie stammte aus Busto Artizio bei Mailand. Ende des 18 Jhs. übersiedelte zunächst der Onkel Milanis, Karl, nach Frankfurt und gründete an der Konstablerwache eine Tabak- und „Spezereiwarenfirma". Einige Jahre später folgte ihm sein Bruder Josef, der bei dem Kaufmann Anton Maria Guaita ebenfalls den Handel erlernte. Er heiratete Maria Kunigunde Kühn, die Tochter eines Frankfurter Bürgers und Perückenmachers, und erhielt 1815 das Frankfurter Bürgerrecht. Ungefähr gleichzeitig erwarb Josef Milani das Haus Bleidenstraße 6 in der Nähe des Liebfrauenbergs, wo sich auch das von ihm gegründete Geschäft, eine Südfrüchte- und Colonialwarenhandlung, befand[2]. In diesem Haus erblickte am 14. Mai 1820, als jüngster von drei Söhnen, Carl Anton Milani das Licht der Welt. Nach dem Tod des Vaters übernahm er 1844 zusammen mit dem älteren Bruder das Geschäft und das Haus des Vaters.

Schon früh entdeckte Milani sein Interesse an Kunst und entwickelte eine Sammelleidenschaft für alles, was in seinen Augen kunstvoll gearbeitet war. Dazu beigetragen hatten eine längere Italienreise, bei der er sich anscheinend vor allem in Neapel aufhielt, und ein Parisbesuch. Die römischen Entdeckungen in Heddernheim erweckten sein Interesse an der Antike[3]. Aus diesen Ausgrabungen stammten die ersten Stücke seiner Sammlung, vor allem Bronzeobjekte, für die er eine besondere Vorliebe hegte[4].

In den Jahren um die Jahrhundertmitte waren durch den von der beginnenden Industrialisierung bedingten wirtschaftlichen Aufschwung viele wohlhabende Bürger Kunst und Kultur gegenüber aufgeschlossen. In Städten wie Berlin, Hamburg und München, aber auch in Frankfurt, wurden Vereine mit dem Ziel gegründet, Kultur, Kunst und Gewerbe zu fördern[5].

Milani gehörte diesem Kreis von interessierten Laien an, dessen Initiative und Engagement die Stadt die Gründung vieler ihrer Museen verdankt. 1856 wurde der Verein für Geschichte und Altertumskunde konstituiert,

---

1) L. Curtius, Humanistisches und Humanes (1954) 69.

2) Mitt. d. Genealog. Ges. zu Frankfurt 5, 1925, 20-22.

3) Heddernheim wurde zum ersten Mal 1823 von F.G. Habel erforscht, war jedoch schon im 18.Jh. Schatzsuchern bekannt, die die gefundenen Bronzen und Münzen an Sammler verkauften. Vgl. D. Baatz (Hrsg.), Die Römer in Hessen (1982) 19.26.

4) Rede (?) eines unbekannten Verfassers zum 50. Todestag Milanis. Das handschriftliche Manuskript wird im Inst. f. Stadtgesch. aufbewahrt; vgl. auch F. Günther, Katalog der Kunst- und Antiquitäten-Sammlung des verstorbenen Herrn Carl Anton Milani, Versteigert durch Prestel 1883 (im folgenden: Kat.), Vorrede.

5) B. Mundt, Die deutschen Kunstgewerbemuseen im 19. Jahrhundert (1974) 16.

um die Erforschung der lokalen Geschichte und Altertumskunde zu unterstützen und auf die Einrichtung eines Historischen Museums hinzuarbeiten. Der Verein unterstützte die archäologische Forschung und sammelte bereits Altertümer und Kulturdenkmäler, die zunächst im Privathaus von A.H.Osterrieth am Rossmarkt Nr. 18 aufbewahrt wurden und der Öffentlichkeit zugänglich waren[6]. In vierzehntägiger Folge trafen sich die Vereinsmitglieder zu Vorträgen, Diskussionen und Ausflügen, die sie unter anderem auf die Saalburg führten, die seit 1853 ausgegraben wurde. Obwohl von Beruf Kaufmann, eignete sich Milani durch Selbststudium die nötigen Fachkenntnisse an, um die Stücke seiner Sammlung in Vorträgen dem Verein vorzustellen, wo er bald als Kunstkenner geschätzt wurde[7].

Zur Bereicherung der vereinseigenen Sammlung, die später den Grundstock des Historischen Museums bildete, trug Milani durch verschiedene Schenkungen bei[8]. Diesem Verein gehörte als korrespondierendes Mitglied u.a. auch L. Lindenschmit an. Der Freund Milanis war Konservator des Historischen Vereins zu Mainz und Gründer des Römisch-Germanischen Zentralmuseums. Milani gab eine Reihe von Abgüssen nach antiken Bronzen diesem Museum ab[9], und manche Originale aus seiner Sammlung gelangten bei der Versteigerung nach dem Tod Milanis dorthin[10].

Auch für die Gründung eines Kunstgewerbemuseums engagierte sich Milani. Mit dem Ziel, ein sol-ches Museum und eine ihm angegliederte Fachschule einzurichten, organisierte die Frankfurter Polytechnische Gesellschaft die berühmt gewordene Historische Ausstellung Kunstgewerblicher Erzeugnisse, die im Sommer 1875 in Frankfurt eröffnet wurde[11]. Milani selbst gehörte dem Ausstellungskomitee an, das aus bekannten Sammlern und Kunstfreunden wie Hugo von Bethmann, Andreas Hammeran, Wilhelm Metzler u.v.a. bestand. Die einzigartige Ausstellung zeigte Kostbarkeiten nicht nur aller namhaften Kunstsammler der Stadt und der Umgebung, sondern auch solche aus Raritätenkabinetten von Fürsten und Mitgliedern des Hochadels. Die Sammlung Milani bildete vielleicht den größten Teil der Schau[12]. Ausgestellt wurden Stücke, die durch ihre reiche Ornamentierung und hervorragende handwerkliche Ausführung gekennzeichnet waren, nach Material und Technik in neun Abteilungen gegliedert. Die Objekte repräsentierten die verschiedensten Kunstgattungen, Materialien und Epochen von der Antike bis zur Neuzeit. Die prominentesten der 30.000 Besucher der Schau, die in den Räumen des Palais von Thurn und Taxis in der Großen Eschenheimer Gasse gezeigt wurde, waren das Kaiserpaar. Zum Abschluß des Ereignisses verschenkten die Aussteller etwa 50 Gegenstände als Grundstock für das zu gründende Gewerbemuseum.

Ein Jahr später wurden Teile der Sammlung Milani anläßlich der Jubiläumsfeier des Münchner Kunstgewerbevereins in München gezeigt. Kurz darauf erklärte

---

6) Mitt. d. Vereins f. Geschichte u. Altertumskunde 1, 1860, 4.17.114.

7) z.B. über die Medaillons, ebenda 206; vgl. Günther a.a.O.

8) Mitt. d. Vereins f. Geschichte u. Altertumskunde 1, 1860; ebenda 2, 1861/64, 257. Übergabe der Sammlung an das Museum: ebenda 5, 1877, 322ff.421ff.

9) Rede zum 50. Todestag Milanis (s.o. Anm.4).

10) z.B. verschiedene Köpfe aus Zypern: Fr. Behn, Vorhellenistische Altertümer der östlichen Mittelmeerländer, Katalog des RGZM Nr. 4 (1913) Nr. 720-726.735-738.

11) Ausstellungskatalog: Historische Ausstellung Kunstgewerblicher Erzeugnisse zu Frankfurt/Main (1875); F.Lerner, Bürgersinn und Bürgertat. Geschichte der Frankfurter Polytechnischen Gesellschaft 1816 - 1966 (1966) 324ff.

12) vgl. Anm. 11.

sich Milani bereit, seine Sammlung der Polytechnischen Gesellschaft als Beitrag für das Gewerbemuseum in Frankfurt zu überlassen. Sogar Ausstellungsräume im Rothschildschen Palais in der Neuen Mainzer Straße hatte man im Aussicht. Obwohl Fachleute und Gutachter, die den Wert der Sammlung auf 100.000 Mark geschätzt hatten, den Erwerb der Schätze empfahlen, konnte sich der engere Ausschuß der Gesellschaft nicht zum Kauf entschließen. Daraufhin verkaufte Milani im Jahr 1877 einen Teil seiner Kleinodien, vor allem Kleinkunst des Mittelalters und der Renaissance, an den Sammler Eugen Felix in Leipzig[13]. Milani behielt die Antiken, die Medaillons und seine Gemäldesammlung deutscher, niederländischer und italienischer Meister und baute sie zu einer zweiten Sammlung aus.

Obwohl heute sogar in seiner Heimatstadt der Name Milanis fast vergessen ist, war sein Besitz an Kostbarkeiten so bedeutend, daß sogar der spätere Kaiser Friedrich als Kronprinz, der sich sehr für das Kunsthandwerk einsetzte, Milani einen Besuch in Frankfurt abstattete, um sie zu besichtigen[14].

Seine Objekte erwarb Milani im Kunsthandel oder bei großen Auktionen in Köln, Augsburg, Frankfurt und Paris. Manche Stücke gehörten früher zu bedeutenden Sammlungen wie denen von Castellani, Goding, Sabatini, Pourtales-Gorgier, Disch u.v.a. Er sammelte alles was ihm gefiel, ohne daß er einen bestimmten Schwerpunkt nach Herkunft, Stil oder Epoche zu Grunde legte. Er besaß Statuetten von der Antike bis zur Neuzeit, aus Holz, Elfenbein, Bronze oder Stein. Sie stammten aus dem Vorderen Orient, Ägypten, Griechenland, Italien, dem übrigen Europa und sogar aus Indien. Es waren religiöse Gerätschaften, Kriegs- und Jagdutensilien, Keramik und Töpferwaren aller Art, Glasgefäße aus Venedig, Porzellanfiguren, Möbel, Gemälde usw. Auch ein Fossil fehlte nicht in der Sammlung.

Um so trauriger ist die Tatsache, daß nach dem Tod Milanis nur wenige und unbedeutende Stücke seiner Sammlung in die Museen der Stadt Frankfurt gelangten, für deren Gründung er sich so engagiert hatte. Daß wenigstens diese wenigen Denkmäler - auschließlich Antiken - hier geblieben sind, verdankt Frankfurt wiederum Privatinitiativen: engangierte Bürger und Freunde Milanis ersteigerten diese Stücke und übereigneten sie dem Historischen Museum. Die meisten Objekte kamen 1937 in den Besitz des Museums für Vor- und Frühgeschichte, als es sich vom Historischen Museum trennte, während wenige andere Stücke sich heute im Museum für Kunsthandwerk befinden[15].

Die genaue Zusammenstellung der Sammlung ist heute sehr schwer zu rekonstruieren. Als einzige Quellen besitzen wir den Ausstellungskatalog der Historischen Ausstellung von 1875, die Kataloge der Sammlung Felix, deren Grundstock Teile der ursprünglichen Sammlung Milani bildeten, und Prestels Versteigerungskatalog von 1883. Doch diese Dokumente sind unzureichend für die Identifizierung der Stücke, da sie nur wenige Abbildungen sowie knappe und vage Beschreibungen enthalten. Der Verbleib der Kunstwerke nach ihrer Versteigerung kann in vielen Fällen nicht mehr ermittelt werden, und es bleibt ungeklärt, wo die Werke geblieben sind, die nicht versteigert wurden, wie etwa die Gemälde, von denen überhaupt keine Beschreibungen vorliegen. Aus den wenigen Angaben, die noch existieren, wollen

---

13) A. v. Eye - P.E. Börner, Die Kunstsammlung von Eugen Felix in Leipzig (1880); Catalog der Reichhaltigen Kunst-Sammlung des Herrn Eugen Felix in Leipzig, Versteigert zu Köln 25.10.1886 durch J.M. Herberle.

14) s.o. Anm. 4.

15) Kat. Nr. 193. Ein Terrakottaköpfchen einer Matrone aus dem Besitz des Museums für Vor- und Frühgeschichte (Inv. Nr. X 4360) befindet sich als Leihgabe im Museum für Kunsthandwerk.

wir trotzdem den Versuch unternehmen, den Charakter des Kunstkabinetts aufzuzeigen.

Die Grundlage seiner Kunstkammer, die hauptsächlich aus Kleinkunst bestand, waren die Denkmäler des klassischen Altertums. Sie bildeten offensichtlich die ästhetische Richtlinie, nach der er seine Stücke wählte, denn viele der Objekte späterer Epochen stellten antike Vorbilder oder Szenen griechischer Mythen dar. Von den antiken Stücken trennte sich Milani beim ersten Verkauf der Sammlung an Eugen Felix nicht. Werke der Antike machten etwa die Hälfte der nach dem Tod Milanis in Frankfurt versteigerten Sammlung aus[16]. Fast vierzig Bronzestatuetten, u.a. aus Ägypten, dem Vorderen Orient, Griechenland und Italien, stellten verschiedene Götter und Heroen dar. Hervorragende Stücke waren die Figürchen der Minerva, des Jupiter und der Isis- Fortuna *(Abb. 135)*[17]. Bedeutend war auch Milanis Sammlung von ebenfalls aus Bronze gefertigten antiken Tierdarstellungen: Eine ägyptische Katze mit silbernen Augen war fast 40 cm groß[18], sonst waren alle Plastiken von kleinem Format. Ein sehr kunstvolles Beispiel ist das Fragment einer Sessellehne, die am oberen Ende mit einem realistisch und fein modellierten Hirschkopf abschließt *(Abb. 136)*[19].

Von den zahlreichen Bronzen sind nur drei unbedeutende Stücke in Frankfurt geblieben. Zwei Statuettenfragmente römischer Zeit wurden durch Hugo v. Bethmann ersteigert und dem Museum übergeben. Die erste stellt einen reitenden Imperator mit Lorbeerkranz dar, der anscheinend einen Zweig in der linken Hand hält (das Pferd ist nicht mehr erhalten)[20]. Die zweite ist eine Merkurstatuette[21], die noch Spuren der Vergoldung trägt. Eine 5,5 cm große Bronzestatuette stellt einen angelehnten Harpokrates[22] dar, der den Zeigefinger der rechten Hand in den Mund steckt, während er in der linken Hand ein Füllhorn trägt. Die Füße der Statuette sind abgebrochen. Die übrigen Bronzeobjekte im Museum für Vor- und Frühgeschichte sind nur kleine Schmuck- und Geräteteile, unter denen sich auch eine römische Waage[23] befindet.

Auch die Steinskulpturen waren von kleinem Format. Es handelte sich hauptsächlich um weibliche und männliche Statuenköpfe aus Kalkstein, die in zyprischen Heiligtümern ausgegraben und im Kunsthandel durch Oberst Cesnola verkauft worden waren. Nur ein 13 cm großer männlicher Kopf ohne Bart und mit langem, gelocktem und mit einem Lorbeerkranz geschmückten Haar[24] befindet sich noch in Frankfurt *(Abb 137)*. Unter den Skulpturen wird im Katalog auch eine Statuette der Artemis Ephesia[25] erwähnt.

Darüber hinaus besaß Milani eine ganze Reihe antiker Terrakotten verschiedener Herkunft. Unter den jetzt verschollenen befand sich die 27 cm große Tonfigur eines Dionysos, die aus Kleinasien stammte[26]. Von den in Frankfurt gebliebenen Terrakotten sind zudem einige Köpfchen sowie zwei gut erhaltene Tanagra-Figuren[27] zu nennen. Sie stammen wahrscheinlich aus Unteritalien und stellen zwei in Mäntel gehüllte Frauen dar. Die eine

---

16) s.o. Anm.4.

17) Kat. Nr. 455. 456. 457.

18) Kat. Nr. 232.

19) Kat. Nr. 392.

20) Kat. Nr. 435, Inv. X 4297.

21) Kat. Nr. 443, Inv. X 4298.

22) Kat. Nr. 432, Inv. X 4365.

23) Kat. Nr. 400, Inv. X 4364.

24) Kat. Nr. 315, Inv. X 4362. Das Stück wurde von der Städtischen Kommission und dem Verein für das Historische Museum für 17 Mark ersteigert. vgl. auch Anm. 10.

25) Kat. Nr. 308-318.

26) Kat. Nr.296 (modern?); publiziert bei W. Froehner, Terres cuites d'Asie mineure (1881).

27) Kat. Nr. 278, Inv. X 4287; 280, Inv. X 4288.

der Figuren hielt ursprünglich einen Fächer in der linken Hand, der aber jetzt abgebrochen ist.

Von den ursprünglich etwa ein Dutzend antiken Vasen der Sammlung, hauptsächlich etruskischer Herkunft, sind nur ein einziges einfaches Henkelkännchen[28] und ein Rhyton in Form eines mit Sandalen bekleideten Fußes[29] in Frankfurt geblieben.

Seltenheitswert hatten die antiken Rüstungsteile, deren heutiger Aufbewahrungsort leider unbekannt ist. Sie setzten sich aus verschiedenen Waffen, Äxten, Lanzenspitzen sowie einem griechischen, einem etruskischen Helm und einem Paar Beinschienen zusammen[30]. Aus Etrurien stammten mehrere Bronzekandelaber und Handspiegel. Zahlreiche Gerätefragmente, Schmuck und Lampen, die überwiegend mit Masken, Tierprotomen und sonstigem Schmuck verziert waren, vervollständigten das Antikenkabinett.

Bei den Objekten der Nachantike dominierte ebenfalls das Metall als Material. Milani brachte nicht nur Statuetten und kirchliche Geräte aus Edelmetall, sondern auch reich geschmückte profane Gebrauchsgegenstände zusammen. Dazu zählten kunstvoll bearbeitete Schlösser, Schlüssel und Türklopfer, bronzene Beschläge für Möbelstücke, Messer, Dolche und andere Instrumente sowie Schmuck und diverse Kleinteile. Zu seinen Lieblingsstücken gehörten die Miniaturporträts, die oft aufwendig in Goldemail gearbeitet waren. In der Kunstgewerbeausstellung von 1875 wurde eine große Anzahl an venezianischem Glas und Glasgemälden aus Milanis Sammlung gezeigt. Leider existieren weder eine genaue Beschreibung noch Abbildungen der Stücke.

Manche Gefässe verkaufte Milani später an Eugen Felix[31]. Ausgestellt wurden außerdem verschiedene Portraitmedaillons, Reliefs und kleine Plastiken mit christlichen Motiven, daneben elfenbeinerne Schnitzereien sowie ein Tisch mit geschnitzten Füßen im Stil Louis XIV. und eine Renaissance-Zunftlade aus seinem Besitz. Aus neuerer Zeit gab es eine große Anzahl von reich ornamentierten Krügen, Pokalen und sogenannten Siegburger Schnellen zu sehen. Und schließlich konnten auch Porzellanfiguren, hauptsächlich aus der Höchster Porzellanmanufaktur, aber auch aus Ludwigsburg, gezeigt werden. Der Versteigerungskatalog von 1883 listet ferner eine Reihe von illustrierten Büchern aus dem 15. Jh.[32] auf sowie eine kleine Sammlung von Kanonen, Pistolen und Kanonenmodellen des 17. Jhs.[33] Ein einziges Musikinstrument, eine altitalienische Violine, deren Schnecke mit einem chimärischen Tierkopf geschmückt war[34], gehörte auch dazu. Zu diesen Stücken kommen unzählige andere, die nicht einzeln erwähnt werden können.

Diese Übersicht macht deutlich, daß die Sammlung Milani eigentlich noch den Charakter der seit dem 15. Jh. sehr beliebten Kunst- und Wunderkabinette hatte, wo Raritäten aller Art zusammengetragen wurden. Es war tatsächlich ein „Labyrinth" mit kunsthandwerklicher Raffinesse gefertigter Kleinodien[35]. Mit dem Schwergewicht auf dem Gebiet des Kunsthandwerks war die Milani'sche Sammlung zugleich aber auch ein typisches Kind des 19. Jhs. Zwar hatte das reiche städtische Bürgertum inzwischen auch begonnen, die aristokratische Tradition der reinen Kunstsammlungen, der

---

28) Kat. Nr. 264, Inv. X 4283.

29) Kat. Nr. 272, Inv. X 6606.

30) Kat. Nr. 342 - 362.

31) vgl. Anm. 12.

32) Kat. Nr. 111 -115.

33) Kat. Nr. 147 -152.

34) Kat. Nr. 224.

35) vgl. M. Bleyl, Sammeln. Eine Ausstellung zur Geschichte und zu den Formen der Sammeltätigkeit (1981).

Gemälde- und Skulpturengalerien, zu übernehmen - in Frankfurt z.B. die Bankiers Städel und Bethmann-; aber zu Milanis Zeiten wurden Kleinkunstsammlungen, die auch für weniger reiche Bürger erschwinglich waren, immer beliebter, während viele der alten Sammlungen großformatiger Kunstobjekte auf Grund ihrer kostspieligen Unterhaltung nach und nach aufgelöst werden mußten oder in öffentliche Museen übergingen[36].

EFTYCHIA HADJIKAKOU

---

36) B. Mundt, Die deutschen Kunstgewerbemuseen des 19. Jahrhunderts (1974) 46ff.

„ 's is e Moler, hot's awwer gottlob net netig.“[1]
Otto Philipp Donner - von Richter: Maler,
Kunstschriftsteller, Archäologe und
Antikensammler

Mit der Sammlung Otto Philipp Donner – von Richter
besitzt das Museum für Vor- und Frühgeschichte eine
kleine, bescheidene Sammlung von Antiken, die sich
überwiegend aus Keramik, Terrakotten, Architekturresten und römischen Lampen zusammensetzt. Wer war
dieser Mann, der im Frankfurt des ausgehenden 19. Jhs.
eine anerkannte und geschätzte Persönlichkeit war und in
seltener Kombination einen Maler, Gelehrten, Kunstschriftsteller und praktizierenden Archäologen in sich
vereinigte?

Otto Donner wurde am 10.5.1828 in Frankfurt geboren. Er stammte aus einer reichen und angesehenen
Kaufmannsfamilie und war das vierte von insgesamt 8
Kindern, 5 Jungen und 3 Mädchen. Die Familie Donner[2]
und die Donnersche Haarschneiderei und Hutstoffwerke
sind aus der Frankfurter Industriegeschichte nicht weg-
zudenken. Die erstgeborenen Söhne und deren Kinder
gingen früh in die Kaufmanns- und Bankenlehre und
kümmerten sich um das Fortbestehen der Fabrik.

Unser Maler erhielt eine solide allgemeine Ausbildung in der Wöhlerschule, einem Realgymnasium mit
Lateinisch und Griechisch. Früh zeigte sich sein Interesse
für die Kunstmalerei, so war er schon als Knabe von der
Malerei eines J. Becker[3] ergriffen oder von den Arbeiten
des E. J. Ritter von Steinle in einer Kapelle am Rhein, wo
man ihn kaum *„aus der Kapelle wieder hinausbringen“*[4]
konnte. Auch von den großen Männern seiner Zeit, wie
z.B. Arthur Schopenhauer[5], nahm er als Knabe Notiz.
Wie muß es ihn später beeindruckt haben, diese Männer
als Lehrer erfahren zu dürfen oder anerkannte Künstler
und Literaten als Besucher der Städel-Schule zu sehen,
die zuweilen auch lobende Worte für seine ersten Malereien[6] fanden!

Er kam in die Städel-Schule – damals befand sich
das Atelierhaus noch in der Neuen Mainzer Straße – mit
dem Ziel (des Vaters), technische Wissenschaften zu studieren und Ingenieur zu werden. Doch immer wieder zog
es ihn zur bildenden Kunst. Seine frühen künstlerischen
Studien überzeugten schließlich die Familie, ihm die
Erlaubnis zu diesem Studium zu erteilen[7]. Die Ausbildung in der Städel-Schule von 1843-47 war hauptsächlich geprägt von den sogenannten Nazarenern wie J. D.
Passavant oder Ph. Veit. Das waren die Romantiker, die
eine Erneuerung der deutschen Malerei anstrebten mit

1) K.-F. Baberadt - R. Mösinger, Das Frankfurter Anekdotenbüchlein (1949) 112.

2) Gustav Adolf Donner (Bruder Ottos), „Nachrichten über die Familie Donner, Frankfurt, im Mai 1908, I. Teil, Die Frankfurter Linie“, Typoskript im Inst. f. Stadtgesch., S 69/214. V. Rödel, Fabrikarchitekur in Frankfurt am Main 1774-1924. Die Geschichte der Industrialisierung im 19. Jh. (1986) 84ff. Abb. 76.148 mit Anm. 621-623. 189. 536f.

3) Ber. d. Freien Deutschen Hochstifts N.F. 16, 1900, 315ff. 328f. (im folgenden abgekürzt mit Ber. FDH).

4) ebenda 333.

5) ebenda 316f.

6) ebenda 326.

7) zum Folgenden s. W. Kaulen, Freud' und Leid im Leben deutscher Künstler (1878); H. Weizsäcker - A. Dessoff, Kunst und Künstler in Frankfurt am Main im 19. Jahrhundert II (1909) 33 s.v. Donner - von Richter; Nachruf in: Alt-Frankfurt 3, 1911, H. 4, 97ff. 122ff.; U. Thieme - F. Becker, Allgemeines Lexikon der bildenden Künstler 9 (1913) 453 s.v. Donner - von Richter (Noack).

religiös-patriotischen Themen, während z.B. J. Becker und E. J. Ritter von Steinle zwar dem Kreise der Nazarener nahestanden, später aber zum Realismus tendierten[8]. Mit der Antike kam Donner hier ernsthaft in Kontakt, denn in den einzelnen Malklassen bildete Passavant die Schüler aus, indem er sie Antiken in der Abgußsammlung zeichnen ließ[9]. Donner verschrieb sich zunächst der Historienmalerei und vervollständigte seine Ausbildung in Paris bei P. Delaroche (1847), einer anerkannten Koryphäe, damals ein Muß für jeden Maler, der sich als Historienmaler ausbilden lassen wollte.

Künstlerisch und menschlich beeinflußte ihn am stärksten Moritz von Schwind, den Donner 1844 in der Städelschule kennenlernte und dem er nach München folgte (1848-51), wo er „*in freundschaftlichem Verkehre mit ihm verweilte*"[10]. Aus dieser Zeit ist ein Selbstporträt des damals Einundzwanzigjährigen überliefert, das ihn in der Tracht eines Wappenträgers auf dem Münchner Kostümfest von 1849 zeigt[11]. Auch privat pflegte er engen Kontakt mit Schwind. Auf einer gemeinsamen Wanderung im Frühjahr 1851 in der Steiermark erlitt Donner einen Unfall, der zu einer schweren Kniever-

letzung führte. Sie zwang ihn zu einem Jahr Krankenlager. Schwind, sein väterlicher Freund, hatte sich vielleicht mitschuldig gefühlt an diesem Unglück. Dies würde die Verbindung beider über Jahre hinweg erklären, die z.B. durch Briefe im Nachlaß der Universitätsbibliothek[12] belegt ist und durch die Bemühungen Schwinds, ihm Aufträge in den Zeiten der Genesung zu vermitteln. So zeichnete Donner 1855 für Schwind Entwürfe für die Wartburg und arbeitete 1866 in Wien an den Fresken der Oper mit. Donner dankte ihm diese Treue, indem er im fortgeschrittenen Alter eine Schwind-Biographie[13] anläßlich einer Ausstellung erarbeitete, an der er außerdem durch ein Porträt Schwinds mitwirkte, das sich im Frankfurter Historischen Museum befindet[14].

Vom Herbst 1852 an bis in das Jahr 1854 verweilte er in Italien, auch in der Hoffnung, seine Knieverletzung auszukurieren. In Rom, Neapel und auf Sizilien hielt er sich jeweils längere Zeit auf. Immer wieder gab es Momente der gesundheitlichen Verschlechterung, in denen er die Wohnung nicht verlassen und „*weder im Stehen noch sitzend mit gekrümmtem Knie anhaltend arbeiten*"[15] konnte. In Phasen der Besserung war er unermüdlich in

---

8) allg. s. A. Rosenberg, Geschichte der modernen Kunst II. Die deutsche Kunst (1894); Weizsäcker – Dessoff a.a.O. I, Das Frankfurter Kunstleben im 19. Jahrhundert in seinen grundlegenden Zügen (1907). Im Nachlaß Donner – von Richter der Universitätsbibliothek Frankfurt wird eine Skizzenmappe von ihm aufbewahrt mit Zeichnungen überwiegend aus dem Jahre 1843. Darin enthalten sind anatomische Studien des jungen Donner (Aufbau des Skeletts, Muskelapparates usw.) sowie Kopfstudien, die sein Talent verraten. Lit.: L. Denecke – T. Brandis, Die Nachlässe in den Bibliotheken der BRD[2] (1981) s.v. Donner – von Richter.

9) Ber. FDH N.F. 16, 1900, 326.

10) O. Donner – von Richter, Zur Erinnerung an Moritz von Schwind bei seinem 100. Geburtstage, in: Deutsche Monatsschrift für das gesamte Leben der Gegenwart, 3. Jg., H. 6, März 1904, Anm. 10. Das Manuskript sowie Druckfahnen nebst Korrespondenzen mit der Verlagsredaktion, Korrekturen, Zeitungsberichte u. a. Unterlagen über Schwind befinden sich im Nachlaß in der Universitätsbibliothek.

11) Historisches Museum, Inv. B 1116, 115x86 cm; Öl auf Leinwand; von der Witwe 1912 dem Museum geschenkt.

12) Im besagten Nachlaß der Universitätsbibliothek.

13) Ber. FDH N.F. 3, 1886-87, 312; Ber. FDH N.F. 4, 1888, 109.116ff. (Ausstellung in Frankfurt vom 7.5.-1.6.1888). Es fand 1904 noch einmal eine Schwind-Ausstellung statt: O. Donner – von Richter, Moritz von Schwind' s Thätigkeit in Frankfurt am Main (Bei Veranlassung der Ausstellung im Frankfurter Kunstverein vom 8.-29.5.1904); inhaltlich ähnlich mit dem in Anm. 10 genannten Aufsatz.

14) Inv. B 1142; D. 37 cm. Porträt im Rundmedaillon (für die 1. Ausstellung 1888 angefertigt, s.o. Anm. 13). In ähnlicher Art und Weise hat Steinle ein Porträt von Schwind gemalt, das vielleicht Donner anregte, abgebildet in: Frankfurter Künstlerchronik, Festschrift zum 50jährigen Stiftungsfeste der Frankfurter Künstlergesellschaft 1857-1907 (1907) 47.

15) O. Donner – von Richter, Manuskript a.a.O. (s.o. Anm.10) Anm.16.

seinem Schaffensdrang und eignete sich auch die italienische Sprache an. Man darf annehmen, daß seine theoretisch – künstlerischen Beziehungen zur Antike jetzt lebendige Erfahrung wurden, und daß er von den Sehenswürdigkeiten und Kunstwerken besonders Roms überwältigt wurde.

Seine Kontaktbereitschaft in früheren Jahren trug dazu bei, daß er gerade in Rom mit vielen ehemaligen Weggefährten, Bekannten, Lehrern, darunter vielen Künstlern, zusammenkam, aber auch neue Bekanntschaften schloß, die ihn oder den jungen Maler K. Moßdorf, seinen Mitbewohner in der Atelierswohnung in Rom, aufsuchten. Die Eindrücke waren so nachhaltig, daß Donner seine Einstellung gegenüber der Malerei und Antike grundlegend änderte, wie er es 1903 in einem Aufsatz beschrieben hat[16]: Er wandte sich der Porträtmalerei zu und nahm aus diesem Grunde das Studium wieder auf, und zwar in Paris bei Th. Couture, einem Schüler Delaroches, welcher nach dem Tode seines Lehrers einen hervorragenden Ruf genoß. Couture war es auch, der Donner zu einer Reise nach London anregte. Hier beschäftigte ihn die englische Malerei, und er war wohl ein häufiger Gast im Britischen Museum.

Ende 1866 reiste er erneut nach Italien und blieb nahezu zehn Jahre dort mit wechselnden Wohnorten in Rom, Neapel und Pompeji. 1867 verletzte er sich am Arm, was seine künstlerische Tätigkeit erneut hemmte:

Die eigene Malerei trat bis 1870 in den Hintergrund zugunsten archäologischer Studien. Wohl aufgrund seiner Vorliebe für die Porträtmalerei beschäftigte er sich nun intensiv mit der antiken Malerei. Er selbst berichtete von dem *„mächtigen Eindruck"*, welche die Wandmalereien in Pompeji, Stabiae, Herculaneum und im Nationalmuseum von Neapel auf ihn machten. Als Maler interessierte ihn die Technik der Malereien, nicht nur aus rein archäologischer Sicht, *„sondern auch die Frage, inwiefern die Ergründung der Malweisen der Alten für unsere moderne Kunsttechnik von praktischen Nutzen sein könne"*[17]. Er ging vom Elementaren aus: Wie wurden in der Antike die Farben hergestellt und gemischt, wie erfolgte der Auftrag auf den Wänden, welche Farbschichten, Farben, Bindemittel usw. gab es?

Im Juni 1868 konnte er sein Manuskript zur antiken Malerei, das in Wolfgang Helbigs „Wandgemälde der vom Vesuv verschütteten Städte Campaniens"[18] erschien, mit den Worten abschließen: *„Ich habe also ... kein anderes Mittel an der Hand, als die Versicherung, daß mich nur der Wunsch, der Wahrheit nahe zu kommen, bei diesen Untersuchungen leitete. Jede Berichtigung zuselben kann mir daher nur höchstwillkommen sein."* Helbig dürfte er in Pompeji kennengelernt haben, der seit 1863 dort weilte und dem Donner aufgefallen sein mag, der als Maler und archäologisch Interessierter Wandmalereien oder pompejanische Ansichten skizzierte oder mit Was-

---

16) O. Donner – von Richter, In Rom vor fünfzig Jahren, in: Jahrb. d. Freien Deutschen Hochstifts 1903, 139ff. (im folgenden abgekürzt Jb FDH).

17) O. Donner – von Richter, Über Technisches in der Malerei der Alten, insbesondere in deren Enkaustik (1885) 4. Separatabdruck aus: Praktisch- und chemisch-technische Mitteilungen für Malerei, Farbentechnik und diesbezügliche Baumaterialienkunde (1885) Nr.10-11. (s. auch Anm. 28). Ein Exemplar ist von der Witwe Donners der Rothschild-Bibliothek geschenkt worden, die später in die Bestände der Universitätsbibliothek übernommen wurde. Seine Forschungen über die

Enkaustik hat er später noch einmal als Zeitungsartikel zusammengefaßt unter dem Titel „Die enkaustische Malerei der Alten", in: Beil. zur Allgemeinen Zeitung München vom 30.6.1888, Nr. 180.

18) Das Manuskript, veröffentlicht bei W. Helbig (1868) S.I-CXXVIII unter dem Titel „Die erhaltenen antiken Wandmalereien in technischer Beziehung untersucht und beurteilt von Otto Donner, Maler" (im folgenden abgekürzt: Donner 1868), befindet sich im Nachlaß Donner – von Richter des Städelschen Kunstinstituts. Die Arbeit ist 1869 als Separatabdruck in Leipzig bei Breitkopf & Härtel noch einmal erschienen.

ser- und Ölfarben festhielt (*s. Abb. 138. 139*)[19]. Es war für Donner charakteristisch, seine theoretischen Ansichten über die Malerei bzw. über vorherrschende Meinungen in der wissenschaftlichen Literatur an Ort und Stelle praktisch zu überprüfen, und zwar durch Untersuchung der Farbschichten am Original und eigene Versuche bezüglich der Farbmischungen[20]. Seine Gesprächsbereitschaft und Kontaktfreude führten dazu, daß er dabei mit ihm zunächst weniger bekannten Archäologen und Gelehrten zusammenkam und für seine Ansichten offene Ohren fand. Auf diesem Wege lernte er außer Helbig z.B. auch H. Heydemann[21] kennen. Es dürfte Helbig gewesen sein, der ihm die Anregung gab, seine Forschungen über die Wandmalereien zu publizieren[22]. Selbst gerade an einer Beschreibung der kampanischen Wandbilder arbeitend, sah er gewiß eine vorteilhafte Ergänzung seines Buches durch Donners Studien voraus.

Seit der 1. Hälfte des 19. Jhs. herrschte ein fortwährender Streit in der wissenschaftlichen Literatur bezüglich der Technik der pompejanischen Wandmalereien: Handelt es sich um Temperatechnik, d.h. um Farben, die mit Bindemitteln auf einen trockenen Grund aufgetragen sind? Oder sind es Freskofarben, die ohne organische Bindemittel auf nassem Kalkgrund abbinden? Oder ist es gar die aus der antiken Literatur bekannte enkaustische Malerei, deren Technik damals noch nicht genau beschrieben werden konnte?

Eine klare Methodik liegt Donners Studie zugrunde: Der Vorstellung seiner These folgt ein kritischer Überblick über die verschiedenen Ansichten und Lehr-

meinungen in der französischen, englischen, italienischen und deutschen Literatur. Durch seine Reisen nach Paris, London und Rom hatte Donner sich ja die Sprachen angeeignet und kannte z.B. die Vatikanische Bibliothek[23], was seine Literaturkenntnisse erklärt. Es schließen sich die lateinischen Quellen an (hauptsächlich Plinius und Vitruv), danach folgt ein Vergleich zu zeitgenössischen Techniken. Diese ersten Ergebnisse werden anhand der pompejanischen Wandmalereien ausgebaut unter Heranziehung weiterer Quellenliteratur und durch eigene Versuche oder Proben chemisch-praktischer Art unterstützt. Nicht ohne Stolz berichtet Donner dabei von Stücken im eigenen Besitz wie Farbenproben und Architekturresten, an denen er seine Beobachtungen und Versuche gemacht hatte[24]. Spätestens bei seiner zweiten Italienreise also legte er den Grundstock für seine Sammlung an Altertümern. Aus seinen Anmerkungen geht hervor, daß er einige Stücke als Geschenke erhalten (z.B. von Heydemann)[25], vieles aufgelesen hat. Seine Studie schließt mit einer Analyse der Farben und Auftragsschichten ab, die von Chemikern durchgeführt wurde, und die er kritisch beurteilt, sowie einer Art Zusammenfassung.

Es ist Donners Verdienst, klar herausgestellt zu haben, daß die Malereien mit einem Pinsel auf nassem Grund, der sich aus verschiedenen Schichten zusammensetzt, in Freskofarben aufgetragen wurden; die Leimfarben- oder Temperamalerei spielte nur eine sekundäre Rolle, etwa bei Ausbesserungen. Diese Ergebnisse waren richtungsweisend. Seine Forschungen über die Enkau-

---

19) Aus dem Nachlaß Donner – von Richter des Städelschen Kunstinstituts. Bei Abb. 1a handelt es sich um ein pompejanisches Interieur – das noch am besten erhaltene Ölbild auf Leinwand im Nachlaß. Abb. 1b ist ein Beispiel für seine Bleistiftskizzen der pompejanischen Wandbilder, aus der Casa di Bellerofonte IX 2, 16: Bild mit Aktaion und Artemis, s. Helbig a.a.O. Nr. 249.

20) Donner 1868, z.B. S.XXV mit Anm. 77, S.CI und passim.

21) ebenda S.LXXIX Anm. 173. Heydemann hat Donner auch zu einem archäologischen Vortrag in Rom angeregt.

22) Man beachte die Vorworte von Helbig und Donner 1868 (S.II: „*dem Wunsche des Verf. nachgehend*"), vgl. Anm.18.20f.

23) Donner 1868 S.XXV.

24) ebenda S.XXVII Anm. 85; S.XL.LXXXIII.CIf. und passim.

25) ebenda S.CVII Anm. 207.

stik, die er zurecht auf den pompejanischen Wänden nicht nachweisen konnte, beruhten auf der – in ihrer Ausschließlichkeit falschen – Annahme, daß die antike Enkaustik keine Pinseltechnik gewesen sei. Er beschrieb im wesentlichen nur eine Art, die cauterium-Enkaustik: Kalte Wachspasten werden mit dem cestrum, einer Art Spachtel, aufgetragen, verstrichen und mit einem Glühstab eingeschmolzen. E. Berger dagegen ging später von heißen Farben aus und beschrieb das Gerät als löffelartig und an einer Seite spitz[26].

Von seinen eigenen Recherchen und Studien zehrte Donner noch Jahre danach und wiederholte seine Ansichten in mehreren kleinen Aufsätzen bzw. bereicherte sie durch die Berücksichtigung der Ende des 19. Jhs. bekanntgewordenen Mumienporträts[27]. Unter dem Titel „Über Technisches in der Malerei der Alten insbesondere in deren Enkaustik" beschrieb er 1885 die Enkaustik eingehender unter kritischer Beurteilung der Reaktionen auf sein 1868 publiziertes Manuskript und der neuen Literatur, die, wie er meinte, *„statt Fortschritte aufzuweisen, alte Irrtümer wieder auffrischt oder deren noch neue hinzufügt"*[28].

1870 nahm Donner in Rom seine künstlerische Tätigkeit wieder auf mit *„Genrebildern aus dem italieni-*

schen Volksleben und aus der antiken Welt"[29], Landschaften und Porträts. Die Bilder ließen sich offenbar gut verkaufen, denn in seinem Nachlaß befinden sich kaum Bilder aus dieser Zeit. Das Städel besitzt nur eines, das 1876 gemalte Porträt des Historikers und Schriftstellers Ferdinand Gregorovius[30], des Autors der berühmten Geschichte der Stadt Rom und der Geschichte der Stadt Athen im Mittelalter. Es muß für Donner eine erfolgreiche und harmonische Zeit gewesen sein. Sie spiegelt sich in einem Selbstporträt Donners wider, das von Ausgeglichenheit und innerer Ruhe zeugt, gemalt im Mai 1876 (*Abb. 141*)[31]. Auch privat fand er sein Glück und heiratete am 24.5.1870 in Rom die achtzehn Jahre jüngere Katharina Maria Richter.

Die Geburt der beiden Kinder 1872 und 1876 war vielleicht der Anlaß, nach Frankfurt zurückzukehren. Nach vorübergehender Unterkunft in der Hochstraße 20 vom 14.7.1876[32] an bezog er am 1.10. desselben Jahres mit seiner Familie das eigene Haus am Westendplatz 35[33], das zum endgültigen Wohnsitz bis zu seinem Tode wurde.

In der Frankfurter Zeit nahm Donner regen Anteil am Künstlerleben und am geistig – kulturellen Angebot der Stadt. Das drückt sich z. B. in seinem Engagement für

26) E. Berger, Die Maltechnik des Altertums, 2 Bde. (1904); in Ergänzung dazu und mit Berichtigungen: H. Schmid, Enkaustik und Fresko auf antiker Grundlage (1926) bes. 15ff. zu Donner und Berger; Mitt. DAI Rom 64, 1957, 111ff. (zur Technik pompejanischer Wandmalerei).

27) z.B. Ber. FDH N.F. 5, 1889, 57ff; Mitt. DAI Rom 14, 1899, 119ff.; Jb FDH 1902, 161ff. Allg. RE XVI 1 (1933, 1956²) 518ff. s.v. Mumienporträts (Drerup).

28) Donner a.a.O. (s.o. Anm. 17) 1. Zur Enkaustik s. RE V 2 (1905) 2570ff. s.v. Enkaustik (O. Roßbach); Jahrb.DAI 96, 1981, 120ff. (zur angeblichen Enkaustik auf Marmor); s. auch Restauro, Internationale Zeitschrift für Farb- und Maltechniken 87, 1981, H.1, 11ff.

29) Rosenberg a.a.O. (s.o. Anm. 8) 339 über Donner.

30) H.-J. Ziemke, Die Gemälde des 19. Jahrhunderts, Kataloge der Gemälde im Städelschen Kunstinstitut Frankfurt am Main I (1972) 92.

31) Historisches Museum, Inv. B 1755, 42x39 cm, Öl auf Leinwand, 1939 aus dem Kunsthandel Burckhardt erworben. Neben dem schon in Anm. 11 erwähnten Selbstporträt besitzt das Museum noch ein drittes, in Frankfurt als Halbfigur gemalt, Inv. B 1448, veröffentlicht in: „Die kleine Presse" vom 10.5.1898 u. 13.11.1911. Dieses Porträt wurde 1928 dem Museum von der einzigen Tochter Sofia Helene Alexandrine geschenkt.

32) sog. 0-Kartei „Donner" im Inst. f. Stadtgesch. Als Vermieter wird ein gewisser „Baumann" für die Wohnung in der Hochstraße aufgeführt, das könnte sein Schwager gewesen sein. Ottos jüngste Schwester Wilhelmina war mit einem D. F. Baumann verheiratet: vgl. G. A. Donner a.a.O. (s.o. Anm.2).

33) Aquarell Donners von 1906 in der graphischen Sammlung des Historischen Museums, Inv. C 25102 K 229, 27,5x37,5 cm. Das Bild wurde 1920 im Kunsthandel (Rudolf Bangel) erworben.

die originalgetreue Einrichtung des Goethehauses[34] oder die Ausschmückung des Kaiserdoms aus[35] oder in seiner Vereinstätigkeit. In diesem Rahmen verrichtete er Öffentlichkeitsarbeit und gestaltete Ausstellungen über Steinle, Rethel, Schwind mit bzw. übernahm Katalogtexte[36]. In einer Reihe von Aufsätzen in Frankfurter Zeitungen machte er die Kunst- und Kirchengeschichte Frankfurts dem Leserpublikum bekannt[37].

Er zeichnete für manche Neugründung im Frankfurter Vereinswesen mitverantwortlich, z.B. des Vereins für Geschichte und Altertumskunde und des Vereins für das Historische Museum. In beiden Vereinen war er langjähriges Mitglied im Vorstand und zuletzt Ehrenvorsitzender und hielt Vorträge, die zum Teil in den Vereinsschriften publiziert wurden[38]. Das Historische Museum begründete er zusammen mit E. Passavant und O. Cornill, und er sorgte sich um den kontinuierlichen Aufbau der Sammlung von Altertümern, die er durch Ausstellungen und Führungen bekannt machte. Donner wirkte in so unterschiedlichen Kreisen bzw. Körperschaften mit wie der Frankfurter Künstlergesellschaft, der Städtischen Kommission für Kunst- und Altertumsgegenstände oder

dem Freien Deutschen Hochstift. Für das Freie Deutsche Hochstift war er im Akademie-Ausschuß und als Vorsitzender der Abteilung „Bildkunst und Kunstwissenschaft" tätig und hielt hauptsächlich hier seine vielseitigen Vorträge[39]. Diese zeichneten sich oft dadurch aus, daß Donner sie mit eigenem Anschauungsmaterial[40], bestehend aus Fotos, persönlich angefertigten Malereien nach antiken Vorbildern, Skizzen oder Originalen seiner Sammlung, versah.

Donners reger Kontakt zu den Vereinen begünstigte seine Publikationsfreude und vielfältigen Interessen auf dem Gebiet der regionalen Denkmalpflege vorgeschichtlicher, kunsthistorischer und kirchengeschichtlicher Art. Er veröffentlichte z.B. Heddernheimer Funde von Juppiter- und Gigantensäulenfragmenten, die er einer ersten wissenschaftlichen Untersuchung unterzog[41].

Den Schwerpunkt seiner Forschungen legte er aber auf die Architektur und die künstlerische Ausstattung der Kirchen, Klöster und öffentlichen Gebäude Frankfurts (z.B. Thurn und Taxis-Palais, Alte Oper). Arbeiten über Kreuzigungsgruppen[42], Altäre und mittelalterliche Wandmalereien in Frankfurts Sakralbauten[43] sind ebenso zu

---

34) zusammen mit O. Cornill, F. Günther, O. Heuer; Jb FDH 1910, 277ff.

35) im Rahmen seiner Mitgliedschaft im Dombauverein.

36) Ber. FDH N.F. 4, 1888, 113 (Steinle-Ausstellung); Ber. FDH N.F. 5, 1889, 89.93ff. (Rethel-Ausstellung); Ber. FDH N.F. 3, 1886-87, 312 (Schwind-Ausstellung, s.o. Anm. 13).

37) z.B. in den „Frankfurter Nachrichten" Nr. 141ff., ab 20.6.1900 unter dem Titel „Die Gemälde Frankfurter Künstler vom Ende des 16. bis Beginn des 18. Jhs."

38) z.B. in: Mitteilungen an die Mitglieder des Vereins für Geschichte und Alterthumskunde in Frankfurt am Main 6, 1881, 35. 421ff.; ebenda 7, 1885, 83f.

39) gedruckt in Jb FDH u. Ber. FDH.

40) z.B. Ber. FDH N.F. 4, 1888, 464ff. (eine Buchbesprechung); Ber. FDH N.F. 5, 1889, 57ff.; Ber. FDH N.F. 6, 1890, 30ff.

41) O. Donner – von Richter – A. Riese, Die Heddernheimer Brunnenfunde. Heddernheimer Ausgrabungen. Den Mitgliedern des Vereins für Geschichte und Alterthumskunde zu Frankfurt am Main dargebracht an Stelle des Neujahrs-Blattes für 1885 und 1886 (1885); O. Donner – von Richter, Die Pyxis des Wiesbadener Altertums-Museums, in: Nassauische Annalen 28, 1896, 287ff.

42) z.B. Archiv für Frankfurts Geschichte und Kunst, 3. F., 2, 1889, H. 21, 313ff.; Ber. FDH N.F. 12, 1896, 148ff.; Ber. FDH N.F. 14, 1898, 123.132ff.; Ber. FDH N.F. 15, 1899, 47. 70f., veröffentlicht in: Die Baudenkmäler in Frankfurt am Main II (1898) 366ff.; Ber. FDH N.F. 17, 1901, 356; Jb FDH 1904, 183ff. 405.

43) Mitt. an die Mitglieder d. Ver. f. Geschichte u. Alterthumskunde in Frankfurt am Main 6, 1880/81, 421-474.

nennen wie Studien über den Frankfurter Maler Ph. Uffenbach[44] und die Malerfamilie Fyoll[45]. In seinem Nachlaß im Städelschen Kunstinstitut finden sich hierzu zahlreiche Skizzen, Aufzeichnungen und Fotos, die er wohl sammelte, um über vergleichendes Sehen sich sein Urteil bilden zu können[46].

Seiner bewährten wissenschaftlichen Methodik verdankt Frankfurt die Entdeckung des Jerg Ratgeb, eines damals in und für Frankfurt noch unbekannten Meisters der deutschen Renaissancemalerei. Indem Donner die mittelalterlichen Quellen in der Originalsprache las und sich nicht auf die sekundäre französische Überlieferung beschränkte, erkannte er die ursprünglich gemachten Fehler bei der Benennung des Künstlers und der Entschlüsselung seines Monogramms J. R.[47] Er machte sich in Stadtarchiven kundig und suchte nach weiteren Malereien Ratgebs, bis er glaubte, sein Œuvre erfaßt zu haben[48].

In Anerkennung seiner Verdienste um die Frankfurter Kirchengeschichte und -malerei und als Würdigung seiner Schaffenskraft als Frankfurter Künstler[49], Kunstschriftsteller und Gelehrter verlieh ihm die K.u.K.

Regierung in Wiesbaden am 7.6.1898 den Professorentitel[50]. Die offizielle Genehmigung von der K.u.K. Regierung, sich mit dem klangvollen Doppelnamen „Donner – von Richter" zu schmücken, blieb ihm allerdings versagt[51], was ihn nicht hinderte, sich seit der Übersiedlung nach Frankfurt dennoch so zu nennen und Schriften, Bilder, Korrespondenzen etc. mit dem Doppelnamen zu zeichnen.

Besonderes Steckenpferd blieben die Antike und die Erforschung der alten Malerei[52], wenngleich sie nicht mehr den Rang früherer Studien einnahmen. Der Schwerpunkt seines Interesses lag jetzt auf den Mumienporträts, die Ende der achtziger Jahre in großer Zahl in den Grabstätten der Oasen des Fayûm aufgefunden wurden. Donner hatte von Anfang an richtig vermutet, daß hier Zeugnisse der enkaustischen Malerei und einige Beispiele der Temperatechnik erhalten seien. Er hätte aber anhand der Pinselspuren auf den Mumienbildern, die z.B. schon M. Flinders Petrie beschrieben hatte, erkennen müssen, daß die Enkaustik auch eine Pinseltechnik war. Wie aus Donners Nachlaß hervorgeht, kannte er Petries Schriften von 1889 und 1890.

44) Archiv für Frankfurts Geschichte und Kunst, 3. F., 7, 1901, H. 26, 1-220; das Manuskript im Städel, Nachlaß Donner-von Richter.

45) Archiv für Frankfurts Geschichte und Kunst, 3. F., 5, 1896, H. 24, 55-130.

46) z.B. Alinari-Fotos aus seiner Rom-Zeit und Fotos aus Frankfurt und weiterer Umgebung. Zeitungsberichte, Buchanzeigen und Korrespondenzen runden den 'kirchenhistorischen' Fundus seiner Unterlagen ab.

47) Über seine Vorgehensweise äußert er sich in: Ber. FDH N.F. 5, 1889, 307ff.

48) O. Donner – von Richter, Jerg Ratgeb's Wandmalereien in dem Karmeliter Kloster zu Frankfurt am Main und sein Altarwerk in der Stiftskirche zu Herrenberg (1892); zuletzt U. Nortrud Kaiser, Jerg Ratgeb – Spurensicherung. Kleine Schriften des Historischen Museums Frankfurt am Main 23 (1985).

49) Eine Übersicht geben F. von Bötticher, Malerwerke des 19. Jahrhunderts I (1895) s.v. Donner; s. auch die in Anm. 7 aufgeführte Literatur; Katalog zum 100. Todestag von Edward Jakob von Steinle. Galerie und Kunstantiquariat Joseph Fach (1986) 25. Das Historische Museum besitzt von Donner neben den schon erwähnten einige Porträts Frankfurter Bürger und die „Unterzeichnung des Frankfurter Friedens 1871" als Entwurf in Bleistift- und Kreidezeichnung, das Städel neben dem schon erwähnten (s.o. Anm. 30) das Porträt des Chr. A. Schreyer, Maler der Kronberger Malerkolonie. Im Nachlaß Donner des Städels befinden sich eine Entwurf-Skizze in Wasserfarben (in schlechter Erhaltung) zu „Luthers Brautwerbung durch Lukas Cranach" und Skizzen zu seinen Illustrationen für „Goethe's Parabolische Gedichte" (1875). Eine Radierung „Novize und Mönche im Kloster S. Giorgio maggiore in Venedig" aus der „Frankfurter Künstlermappe" von 1898 im Inst. f. Stadtgesch. Kst 489.

50) Az I C 2865 der sog. 0-Kartei im Inst. f. Stadtgesch.

51) ebenda Az 10789 IV/97 u. Beschluß vom 10.9.1897.

52) z.B. Ber. FDH N.F. 6, 1890, 30ff.; Ber. FDH N.F. 8, 1892, 326ff.; Mitt. DAI Rom 14, 1899, 119ff.; Jb FDH 1905, 323.

Es ist sehr wahrscheinlich, daß er im hohen Alter plante, über Mumienporträts zu schreiben, weil er hierzu reichliches Material angesammelt hatte, das sich in seinem Nachlaß im Städelschen Kunstinstitut befindet. Daraus geht hervor, daß er zunächst aus Zeitungsberichten von den Fayûm-Funden antiker Porträts erfuhr, die Th. Graf in großer Zahl ankaufte und nach Wien brachte, wo er einer Erstveröffentlichung durch G. Ebers zustimmte. Graf wußte von den Forschungen Donners durch seinen Freund F. Richter und schickte ihm einige Originalfragmente, woraufhin es zu brieflichem Meinungsaustausch kam[53]. Nach Grafs Tod führte Donner auch mit Richter Korrespondenz und erhielt auf diesem Wege zahlreiche Originalfotos der antiken Mumienporträts aus dem Nachlaß. Sogar persönliche Unterlagen Grafs, in denen er die Porträts z.B. mit ptolemäischen Münzbildnissen verglich, wurden ihm zugänglich gemacht, und wohl im Gegenzug erklärte er sich bereit, im Nachwort des Auktionskataloges von 1903, in dem Richter die antiken Porträts aus dem Grafschen Nachlaß veröffentlichte[54], über „Die enkaustische Malerei der Alten" zu schreiben. Donners Reise nach Berlin im Oktober 1894, wo er im Museum die Mumienporträts studiert und skizziert hatte (*Abb. 140*)[55], ist im Zusammenhang mit diesen Forschungen und dem Vorhaben einer späteren Gesamtpublikation zu sehen, zu der es nicht mehr kam.

Donner starb 83jährig am 13.11.1911 in Frankfurt. Seinen wissenschaftlichen Grundsatz bei allen Recherchen und Veröffentlichungen hatte er so formuliert: „*Was ich sagte, sagte ich nur nach gewissenhaftester, sorgfältiger Prüfung und Erwägung. Mögen nun auch andere es nachprüfen!*"[56].

Schon zu Lebzeiten hatte Donner Geldgeschenke und diverse Gegenstände dem Historischen Museum[57] gestiftet. Nach seinem Tode übernahm es die Witwe, seinen wissenschaftlich-künstlerischen Nachlaß denjenigen Instituten und Körperschaften zu vermachen, mit denen Donner in Verbindung gestanden hatte. Der umfangreiche schriftliche Nachlaß wurde aufgeteilt zwischen dem Städelschen Kunstinstitut und der Universitätsbibliothek in Frankfurt.

Das Historische Museum erhielt seine kleine bescheidene Privatsammlung an Antiken nebst einigen Gemälden und antiken Farbresten. Einige davon werden in Donners Studie bei Helbig 1868 erwähnt. Es handelt sich um Farbenkegel[58], die Donner von Heydemann erhalten hatte, um Aschenstücke mit Farbresten[59], Wandreste mit Farbüberzug[60] usw. Die Donnersche Sammlung kam 1937 in das Museum für Vor- und Frühgeschichte. Aus den Inventarkarten geht hervor, daß sie nicht mehr vollständig ist: so fehlen u.a. leider gerade die Farbenproben und -reste, darunter auch Architekturteile mit Farbe wie ein Parthenongiebelstück (Inv. α 1346, von ei-

---

53) von Donner in seinem gedruckten Vortrag über „Griechisch-ägyptische Porträte" erklärt, in: Ber. FDH N.F. 5, 1889, 57ff.

54) F. Richter, Katalog zu Theodor Graf's Galerie antiker Porträts aus hellenistischer Zeit (1903); zur Sammlung Graf und dem Verbleib der Porträts s. K. Parlasca, Mumienporträts und verwandte Denkmäler (1966) 23ff. 244ff.

55) Bleistiftskizzen aus dem Nachlaß des Städels, zum Porträt der Aline (Inv. 11411) s. Parlasca a.a.O. 94ff. und passim Taf.8, 1; zum Bild des Bärtigen (Mumie eines Nubiers, Inv. 11673) s. ebenda. 32f. mit Anm. 116 und passim sowie Taf.1, 5 und Farbtaf.B.

56) O. Donner – von Richter, Jb FDH 1902, 161ff. 181.

57) z.B. Alt-Frankfurt 2, 1910, H. 3, 90; Alt-Frankfurt 4, 1912, H. 1, 32; Jb FDH 1907, 359; Jb FDH 1908, 337; von der Witwe z.B.: Alt-Frankfurt 5, 1913, H. 1, 32 u. H. 3, 95.

58) Donner 1868 (s.o. Anm.18. 25).

59) ebenda S.CII.

60) ebenda S.XXVII Anm.85.

nem Dr. Busch 1871 in Rom erhalten) und zwei Marmorstückchen vom Hephaisteion in Athen (α 1347). Die Sammlung befindet sich größtenteils in den Magazinen des Museums, ganz wenige Stücke aus dem Bereich der Keramik sind ausgestellt, publiziert ist so gut wie gar nichts[61].

Die Sammlung weist nichts Ausgefallenes auf und besteht aus bescheidenen Souvenirs, kleinen Erwerbungen, eigenen Lesefunden[62] und Geschenken von Freunden oder Bekannten. Die Motive für die Beachtung solcher weniger bedeutenden Stücke gehen aus seinen Schriften hervor, auch aus einem Vortrag über „Die Polychromie an antiken Bauwerken und Skulpturen"[63]: *„Ich besitze selbst ein Stück Marmor vom Parthenon, an welchem ähnliche dicke Farbenkrusten, von Ornamenten herrührend, noch haften.. ... es ist die Liebhaberei der Alten, die Augenwimpern stark hervorzuheben... .. Ich fand das Gleiche bei vielen bemalten antiken größeren Terrakottaköpfen..."* Es waren die Farbenreste, die noch erkennbaren Schichten von Malgrund und Farbauftrag, das noch zu sehende Farbenspiel, was Donner zum Sammeln solcher uns heute schlicht vorkommender Stücke anregten. Gerade diese Farbproben und Bemalungsreste zitierte er gerne in seinen Beweisführungen: *„Ich .... betrachte sie als höchst wichtige und interessante Belege für alles, was ich über die Beschaffenheit der pompejanischen Bilder und über die Eigenschaften der Frescofarbe im allgemeinen gesagt habe, zugleich auch als ein Mittel*

zur Erklärung der Ursachen, die vielfach irrige Ansichten hervorgerufen und befestigt haben..."[64].

Von den vorhandenen Beispielen antiker Kleinkunst kann ich hier nur eine Auswahl der besonders gut erhaltenen und wenig ergänzten Stücke vorlegen (*Abb. 142*). Bei den frühesten handelt es sich um Gefäße, überwiegend italisches schwarzglänzendes Tafelgeschirr aus der archaischen Zeit (7. und 6. Jh. v.Chr.), sogenanntes Bucchero.

Zu den ältesten Gefäßen der Sammlung zählt eine Bandhenkelamphora β 724 (obere Reihe re.) mit liegender Doppelspirale auf dem Bauch, die von einem w-förmigen Zickzackmuster eingefaßt wird. Die breiten Henkel sind mit senkrechten Linien verziert. Die geritzte Ornamentik war mit weißer Farbe ausgefüllt. Von dem Gefäßtypus gibt es schon handgeformte Impasto-Vorläufer, die um die Mitte des 7. Jhs. v.Chr. datieren[65].

Die Kotyle β 714 (untere Reihe li.) ist mit drei Liniengruppen zu je vier Strichen verziert, die Henkelzone ist frei von Verzierungen, während unter dem Mündungsrand eine geritzte Linie erscheint. Nach Rasmussen[66] beginnt der Typus im 3. Viertel des 7. Jhs. v.Chr. und reicht bis Ende des 7. Jhs. v.Chr.

Die recht gut erhaltenen Kylikes der Bucchero-Phase datieren vom letzten Viertel des 7. bis in die 1. Hälfte des 6. Jhs.v.Chr. Sie sind mit einem Punktfächerornament verziert (β 717, ohne Abb.) und/oder ein-

---

61) z.B. zwei kampanisch-rotfigurige Glockenkratere, Inv. VF β 601: CVA Frankfurt (3) Taf.35,1-3; Inv. VF β 602: ebenda Taf.36,1-3.

62) Im Donner-Nachlaß des Städels finden sich Pausen von Donner nach F. Hülsen, Das Forum Romanum *(1905), m*it dem handschriftlichen Vermerk *„zum Vergleich mit meinen in Rom gekauften (1874 ca.) unbekannter Provenienz".* Donner hatte sich also noch im hohen Alter um die Datierung und Einordnung einiger Stücke seiner Sammlung bemüht; zu den Lesefunden s. z.B. seinen Aufsatz über die Enkaustik von 1885 (s.o. Anm. 17) 23: Bewurfstück, *„welches ich in einem dunklen Gewölbe der Unterbauten des Palatins in Rom im Schutt fand".*

63) Ber. FDH N.F. 4, 1888, 464ff. 474f.

64) Donner 1868 (s.o. Anm.18) S. CII; s. auch Anm. 58ff.

65) CVA London, British Mus. (7) IV B a Taf.5,11 (Impasto); 13,15.17; 14,14; CVA Würzburg (3) Taf.8,1.2; CVA Heidelberg (2) Taf.46,7; 49,2.

66) T. B. Rasmussen, Bucchero pottery from southern Etruria (1979) 94 Nr. 125f. Taf. 26; I. Jucker, Italy of the Etruscans. Ausstellungskat. Jerusalem, Israel Museum (1991) Nr. 238.

fachen konzentrischen Rillen (β 716, ohne Abb.; β 715: 3. Reihe v.u. re.) und stehen entweder auf einem niedrigen, trompetenförmigen Fuß oder einem breiten Standring (β 716, ohne Abb.)[67].

Wohl noch in das letzte Viertel des 7. Jhs. v.Chr. gehört der verzierte henkellose Kelch β 721 (2. Reihe v.u. re.)[68]. Das dünnwandige Gefäß, Bucchero sottile, ist mit einer Reihe von nach rechts geöffneten Punktfächern versehen, darunter verlaufen drei waagerechte, tiefe Rillen und ein Wulst von Knuppen.

Von einem schalenartigen Becken, dessen hoher Fußteil aus drei bis vier Stützfiguren gebildet wurde, stammt das Karyatidenfragment β 726 (untere Reihe, 2. Stück von re.) mit einem Teil der Standfläche. Die Gottheit trägt einen Kopfputz, Polos, die Arme sind vor der Brust angewinkelt, und die Hände halten die Zopfenden. Der Chiton ist gegürtet; die eingerollten Zipfel li. (abgebrochen) und re. gehören zu einem Überwurf oder zu Flügeln. Als Werkstatt kommt Chiusi oder Volterra in Frage, die Entstehungszeit liegt zwischen 610 und 560 v.Chr.[69].

Von den Kannen vertritt die ältere β 723 (3. Reihe v.u. li.) eine der häufigsten und langlebigsten Formen in der Bucchero-Keramik. Der Typus 1b nach Rasmussen[70] reicht vom Ende des 7. bis in das 3. Viertel des 6. Jhs. v.Chr. Viele dieser Kannen stammen aus Vulci. Unsere Kanne weist einen breiten Hals mit nach außen schwingender Mündung auf, einen runden Ausguß und hochgezogenen Bandhenkel. Wie anders verhält es sich dagegen mit der Gefäßgestaltung der jüngeren Rotellenkanne β 725[71] (obere Reihe li., im Museum ausgestellt) aus der 2. Hälfte des 6. Jhs. v.Chr.! Auf einem gestreckten ovoi-

den Körper sitzt der kurze Hals mit drei umlaufenden Rillen. Der Henkel zeigt seitlich am oberen Ansatz runde Scheiben, sog. Rotellen, der Ausguß ist als Kleeblattmündung gestaltet. Die Kanne ist ein gut erhaltener Vertreter der späten Phase des Bucchero, nach der Dickwandigkeit der Gefäße Bucchero pesante genannt.

Noch zum Bucchero sottile gehörend, stellt der Kyathos β 718 (3. Reihe v.u. Mitte) die etwas spätere Form dieses Typus[72] aus dem 3. Viertel des 6. Jhs. v.Chr. dar: ein tassenförmiges breites Gefäß mit hohem Henkel und beidseits parallelen Ritzlinien an der Henkelseite, die in den Gefäßrand weiterlaufen. Ein knopfartiger Aufsatz mit am Henkel aufgelegten zungenartigen Erweiterungen erinnert an die aufgenietete Verzierung eines Metallvorbildes. Die Tasse kann auf einem trompetenförmigen Fuß stehen oder, wie hier, auf einem flachen Standring, dem Charakteristikum der aus Chiusi stammenden Gefäße[73].

Um 630 v.Chr. begegnen wir neben der Bucchero-Keramik der etrusko-korinthischen Keramik, die durch orientalische und griechische Importe, überwiegend korinthische Gefäße, angeregt wurde. Ein besonders gut erhaltenes Exemplar in der Sammlung Donner ist der etruskisch–korinthisierende Spitzaryballos aus der Zeit zwischen 620 und 580 v.Chr. (ohne Abb., im Museum ausgestellt)[74] mit einem hängenden Zungendekor auf der Schulter (in Rot) und einem stehenden in der Fußzone. Die Schuppenornamentik im braunen Feld wird oben und unten von Dreier-Liniengruppen begrenzt. Die Schuppen bestehen aus mit dem Zirkel aufgetragenen Halbkreisen in doppelter Ritzkontur und abwechselnd roten und

---

67) allg. Rasmussen a.a.O.; vgl. M. B. Jovino, Gli Etrusci di Tarquinia (1986) Nr.741f. Abb. 297f.; Jucker a.a.O. Nr. 233.

68) Rasmussen a.a.O. 100 Taf.29,151 (Kalyx Typ 4 a).

69) CVA London, British Mus. (7) IV B a Taf.12,9 (Taf.12,1.2 zeigt ein vollständiges Gefäß); W. Hornbostel u.a., Die Kunst der Etrusker. Ausstellungskat. Hamburg (1981) 44f. Nr.40 u.a.

70) Rasmussen a.a.O. 90f. Taf.23f.

71) vgl. z.B. CVA Würzburg (3) Taf.13,6.

72) Rasmussen a.a.O. 115f. Taf.36, 204 (Kyathos Typ 4 b).

73) W. Hornbostel u.a., Kunst der Antike, Schätze aus norddeutschem Privatbesitz (1977) 444f. Nr.384.

74) CVA Frankfurt (1) Taf.21,1.

weißen Innenpunkten[75]. Auch der kleine Kugelaryballos mit einem Paar gegenständig sitzender Panther und dem Blattzungenmuster auf der Schulter (ohne Abb., im Museum ausgestellt)[76] gehört zu dieser Gattung korinthisierender Gefäße. Das Salbgefäß kann in die Jahre 580/60 v.Chr. datiert werden[77].

Die attisch-schwarzfigurige Vasenmalerei wird in der Sammlung Donner nur durch eine Amphora und einen nicht zugehörigen Deckel vertreten. Die Amphora ist vielfach geklebt und ausgebrochen[78], während der Deckel α 2558 (ohne Abb.) mit konzentrischen Riefen und außen einem gegenständigen Herzblattfries[79] komplett erhalten ist.

Einen weiteren zeitlichen Schwerpunkt bei den Gefäßen der Sammlung bilden das 4. und 3. Jh. v.Chr. Es finden sich mehrere Exemplare unteritalisch-rotfiguriger Keramik. Im Museum ausgestellt ist die flache Schale α 2564 der Genucilia-Gruppe aus der 2. Hälfte des 4. Jhs. v.Chr. (obere Reihe, 2. Gefäß von re.), so benannt nach einer Inschrift auf einer dieser Schalen, die auch als Fischteller bezeichnet werden[80]. Die Schale steht auf einem hohen Fuß mit hochgeschlagenem Standring. In schwarzer Bemalung ist ein linksläufiges Wellenmuster mit fünf Spiralen aufgetragen, das Zentrum ist durch vier Striche sternartig geteilt, in jedem Kompartiment befinden sich drei Punkte.

In guter Erhaltung präsentiert sich die Oinochoe α 2561 der Form VII A des sogenannten „Frontal Satyr Caeretan Painter" aus den Jahren 340 bis 320 v.Chr. (obere Reihe, 2. Gefäß von li., im Museum ausgestellt)[81]. Sie wird nach der seltenen Hauptdarstellung, einem die Doppelflöte spielenden Satyrn en face mit schweinskopfähnlichen Zügen, so benannt. Man kennt wenige Vergleichsstücke, z.B. zwei Oinochoen in Paris[82]. Gegenüber den schlanken Satyrn dieser beiden Kannen mit ihrem 'klassizistisch' anmutenden Standmotiv wirkt unsere Gestalt mit ihrem kräftigen Bauch- und Hüftansatz kariert und derb.

Als letztes ausgefallenes Beispiel soll das Gießgefäß in Vogelgestalt mit schwarzer Bemalung α 2568 aus der 2. Hälfte des 4. Jhs. v.Chr. unsere Vorstellung der Donnerschen Keramiksammlung abrunden (2. Reihe v.u. li.). Der längliche Vogelkörper ruht auf einem einfachen Standring, der die fehlenden Beine ersetzt. Der Schnabel dient als Ausguß, auf dem Rücken sitzen in der Mitte der lange, zweigeteilte Bügelhenkel und dahinter der Einfüllstutzen. Einfache kurze und lange Striche deuten das Halsgefieder und die Schwungfedern an, während die Flügel im Ansatz ein Schuppenmuster zeigen. Vergleichbare Stücke weisen aufwendigere Muster auf und haben einen hochgestreckten Vogelkörper mit dadurch kürzerem Bügelhenkel[83].

75) Hornbostel u.a., a.a.O. 430 Nr. 372.

76) CVA Frankfurt (1) Taf.22, 2. 3.

77) vgl. z.B. CVA Würzburg (3) Taf. 25; Ausstellungskat. Berlin, Die Welt der Etrusker (1988) B 3. 43.

78) CVA Frankfurt (2) Taf.42, 1. 2.

79) vgl. z.B. W. Hornbostel u. a., Aus Gräbern und Heiligtümern. Die Antikensammlung Walter Kropatschek (1980) 92ff. Nr.57.

80) allg. M. A. Del Chiaro, The Genucilia Group: A class of etruscan red-figured plates (1957) 243ff. 283ff.; Jucker a.a.O. (s.o. Anm. 66) 247f. Nr.216.

81) H. Schaal, Griechische Vasen aus Frankfurter Sammlungen (1923) Taf. 54c; M. A. Del Chiaro, Etruscan red-figured vase-painting at Caere (1974) 59f. Taf. 62.

82) Louvre K 447 u. K 467: CVA Paris, Louvre (22) Taf.23, 9-13; 24, 1-4.

83) G. Pianu, Ceramiche etrusche a figure rosse. Materiali del Museo Archeologico Nazionale di Tarquinia I, Archaeologica 13 (1980) 150ff. Taf. 113-117; K. Stähler u.a., Kunstwerke der Antike. Eine Dortmunder Sammlung (1988) Nr. 87 Taf. 55.

Ein großer Teil der Terrakottasammlung umfaßt Köpfchen, meist von weiblichen Figuren. Bei den wenigen Statuetten fällt besonders auf, daß sich Vergleichsstücke aus Halikarnassos nachweisen lassen, so etwa bei der Figur eines stehenden, vollständig im Mantel verhüllten Mannes α 2518 aus dem frühen 5. Jh. v.Chr. (3. Reihe v.u., 2. Figur von re.). Er hält in der Linken einen Krückstock, die stärker angewinkelte Rechte führt zum Kinn (Bart?). Der Stand wirkt säulenhaft, eine Ponderation findet noch nicht statt[84]. Von gleicher Herkunft dürfte die weibliche Gewandfigur in Chiton und Mantel α 2518 sein (3. Reihe v.u. re.). Sie hält mit der gewinkelten Rechten einen Vogel (?) vor die Brust, die Linke ist nach unten geführt und faßt wohl den Saum des Schrägmantels. Das rechte Bein ist leicht vorgestellt, die Falten sind streng wie Säulenkanneluren gestaltet. Das Vergleichsexemplar in London aus dem frühen 5. Jh. v.Chr.[85] besitzt ebenfalls einen hohen, profilierten Sockel. Die Herkunft der übrigen Terrakotten – die stehende Jünglingsfigur α 2516 aus der Mitte des 4. Jhs. v.Chr. und zwei weitere weibliche Mantelfiguren, α 2514 und α 2515, späthellenistisch–römischer Zeit – läßt sich nicht so eindeutig bestimmen, ebensowenig finden sich überzeugende Vergleichsstücke.

Unter den römischen Lampen sind zwei gestempelte Firmalampen norditalischer Herkunft erwähnenswert. Nach Loeschke[86] gehören sie zum Typus X, die des FA[V]OR (α 2508, 2. Reihe v.u. Mitte, umgekehrt liegend) ist henkellos, mit zwei Knuppen versehen und stammt aus dem Anfang des 2. Jhs. n.Chr.[87]. Die des FORTIS (α 2507, 2. Reihe v.u. li.) ist mit einem Henkel und zwei Knuppen ausgestattet und läßt sich in den Zeitraum vom letzten Viertel des 1. Jhs. bis zum Ende des 2. Jhs. n.Chr. datieren[88]. Das Fragment α 2510 eines Henkelaufsatzes vom Typus Loeschke III mit einer Sirene, frontal ausgerichtet mit ausgebreiteten Flügeln (untere Reihe, 2. Stück von li.), findet genaue Parallelen in London und Berlin[89], die in das 1. Jh.n.Chr. datieren.

In die Zeit um 120 n.Chr. läßt sich das Ziegelbruchstück α 1356 mit Rundstempel CN.DOMITI.APRILIS (untere Reihe re.) des Freigelassenen Aprilis datieren, der unter Cn. Domitius Agathobulus arbeitete[90].

ELLEN KOTERA-FEYER

---

84) H R. A. Higgins, Cat. of the Terracottas in the Department of Greek and Roman Antiquities in the British Museum I (1954) Taf.53, 348.

85) ebenda Taf.52, 336.

86) S. Loeschke, Lampen aus Vindonissa (1919).

87) z.B. E. Buchi, Lucerne del Mus. di Aquileia I, Lucerne romane con marchio di fabbrica (1975) 55ff. Taf. 19.

88) D. M. Bailey, A catalogue of the lamps in the British Museum II, Roman lamps made in Italy (1980) Taf.51-53; A. Zaccaria Ruggiu, Le lucerne fittili del museo civico di Treviso (1980) 86ff. 108f. Nr.180a-b.184a-b.

89) G. Heres, Die römischen Bildlampen der Berliner Antikensammlung (1972) Nr. 508 Taf. 55; Bailey a.a.O. Q 1136 Taf. 46 (zu einer Lampe in Fußform gehörend).

90) H. Dressel, Untersuchungen über die Chronologie der Ziegelstempel der Gens Domitia (1886) 51; RE Suppl. XV (1978) 1489ff. s. v. Ziegelstempel von Rom und Umgebung (Steinby).

PETER C. BOL

Die ersten Erwerbungen antiker Kunst für die Städtische Galerie Liebieghaus – Museum Alter Plastik – und die Sammlung Furtwängler

Soweit sie nicht zur Unterstützung akademischer Lehre an Universitäten angesiedelt sind, gehen die meisten bedeutenderen Antikensammlungen in Deutschland wie die in Berlin, München, Kassel oder Dresden in ihrem Kern bekanntlich auf fürstlichen Besitz zurück. Als im Laufe des 19. und frühen 20. Jhs. die großen bürgerlichen Museen entstanden, wurde anders als in England, Frankreich oder den Vereinigten Staaten in Deutschland die klassische Antike wenig bedacht. Wo ihr von Kunstinstituten bürgerlichen Ursprungs überhaupt Raum gegeben wurde, ging dies meist von privaten Schenkungen aus. Das führte dazu, daß Kleinkunst dort oft den Schwerpunkt bildet[1].

Zum Teil gilt dies auch für die Antikensammlung des Liebieghauses, in der die antiken Bronzestatuetten und Terrakotten aus dem Besitz des Archäologen Adolf Furtwängler immer einen Schwerpunkt bildeten. Dennoch dominiert die Kleinkunst hier nicht. Die Antikensammlungen des Liebieghauses waren von Anfang an umfassender angelegt als in anderen Museen vergleichbarer Genese. Die Gründungskonzeption des Liebieghauses, *„die Entwicklung der Bildhauerkunst bei den Kulturvölkern während der historischen Zeiten durch das Sammeln hervorragender oder charakteristischer Werke zu veranschaulichen"* war ohne die breite Vergegen-

wärtigung antiker Großplastik nicht zu erfüllen, und programmatisch haben sich daher gleich zur Eröffnung des Museums Frankfurter Bürger zusammengeschlossen, um ihm eine antike Marmorstatue, die Athena des Myron zu übereignen.

Mit dem Ziel, das gesamte historische und aktuelle Kunstschaffen nicht nur in seiner geschichtlichen, sondern auch in seiner geographischen Dimension zu vergegenwärtigen, war unter günstigen äußeren Vorbedingungen 1907 die Städtische Galerie gegründet worden, welche die bestehenden Sammlungen des Städelschen Kunstinstituts, deren Schwerpunkt Gemälde und graphische Kunstwerke alter Meister bildeten, erweitern sollte[2]. Für die neue „Städtische Galerie" waren vier Gebiete vorgesehen:

a) die bildende Kunst der Gegenwart
b) die Frankfurter Kunst
c) die Skulpturensammlung
d) die kunstwissenschaftliche Sammlung.

Bekanntlich wurden die Erfolge, die bei der Dokumentation der bildenden Kunst erzielt worden waren, wieder zunichte gemacht, als man 1937 die „entartete Kunst" innerhalb der Städtischen Galerie beschlagnahmte und verschleuderte. Die kunstwissenschaftliche Sammlung, für die einst im Anschluß an den Galerietrakt

---

1) So z.B. in Hamburg, wo das Museum für Kunst und Gewerbe 1916 die Sammlung des Kaufmanns J.W.F. Reimer übernehmen konnte (vgl. H. Hoffmann, Kunst des Altertums in Hamburg [1961] 45), in Hannover, wo die Sammlung von A. Kestner den Grundstock des Museums bildet (vgl. U. Liepmann, Griechische Terrakotten, Bronzen, Skulpturen [1975] 6f.) und trotz des fürstlichen Hintergrundes auch für Karlsruhe, wo die von F. Maler zusammengetragene Sammlung grie-

chischer Vasen und Terrakotten die Basis der Antikensammlungen des Badischen Landesmuseums abgab (vgl. M. Maaß u.a., 150 Jahre Antikensammlungen Karlsruhe [1988] 11ff.).

2) Zur Gründungsgeschichte des Liebieghauses vgl. M. Sonnabend, Georg Swarzenski und das Liebieghaus, Liebieghaus - Museum Alter Plastik (1990).

des Liebieghauses ein eigener Bau vorgesehen war, ist im Rahmen der Städtischen Galerie über einen ersten, eher bürokratischen Akt kaum hinausgelangt. Die Stadt Frankfurt erwarb vom Städelschen Kunstinstitut dessen Abgußsammlung, deren 98 Nummern umfassender archäologischer Teil nach der Gründung der Universität in den Besitz des archäologischen Instituts überging (s. *Beitrag Mandel*).

Als am 14. Oktober 1909 das Liebieghaus eröffnet wurde, gehörten die gut 350 ausgestellten Bildwerke etwa zur Hälfte der griechischen und römischen Zeit an. Dieses Zahlenverhältnis täuscht allerdings ein Gleichgewicht vor, das so nicht ganz bestand, denn zu zwei Dritteln ging der Bestand auf die Sammlung Furtwängler zurück, welche fast ausschließlich Kleinkunst umfaßte und deshalb nur einen einzigen, nicht sehr großen Raum füllte, welchen der Erbauer der Villa seiner privaten Gemäldegalerie gewidmet hatte. Immerhin verfügte das Museum bereits am Tage seiner Eröffnung über 60 monumentale Marmorbildwerke, welche bis heute den Besitz des Hauses an antiker Skulptur zahlenmäßig beherrschen.

Von der Sammlung Furtwängler räumlich getrennt waren diese Skulpturen in einem langen, schmalen Raum, dem „Antikengang", versammelt, welcher daneben noch einige Beispiele ägyptischer Skulptur enthielt[3]. Dieser ehemalige „Antikengang" verläuft parallel zu drei größeren Sälen, in welchen Bildwerke des Mittelalters und der Renaissance zu sehen waren (*Textabb.*). Die antike Skulptur begleitete also die nachantike. Gemäß der Vorstellung, daß die Antike als die klassische Kunst Europas noch immer das „*Maß ist, an der alle Kunst gemessen werden muß*"[4], war sie zur Orientierung und als Beziehungsort gegenwärtig, stand an Zahl und Bedeutung aber hinter der nachantiken Plastik zurück.

Demgemäß war der „Antikengang" der kleinste und darüber hinaus ungünstigste Raum des Galerietraktes des Museums. Sein langgestreckter, schmaler Grundriß machte es schwer, hier größere Skulpturen aufzustellen. Auch war damals eine seiner Längswände ganz in Fensteröffnungen aufgelöst. Nur seine Südseite bot daher einen zur Aufstellung der Skulpturen geeigneten, ruhigen Hintergrund, der zur Präsentation einiger Köpfe bis in beträchtliche Höhe genützt wurde und vor dem sich fast 60 Skulpturen auf nur 27 m Länge zusammendrängten.

Wie diese Aufstellung im Einzelnen aussah, ist nur in wenigen kleinen Ausschnitten dokumentiert (*Abb. 143. 144*). Da in den ersten 1909, 1910 und 1915 von dem Museum herausgegebenen Verzeichnissen[5] die Skulpturen in derselben Reihenfolge aufgeführt sind, in der sie ausgestellt waren, ist die Abfolge immerhin festgehalten. Indessen sucht man vergebens nach den Kriterien, die zu dieser Aufstellung geführt haben mögen. Sie folgte jedenfalls keiner strengen Chronologie. Nur gelegentlich vermeint man Ansätze zu einer stilistischen Gruppierung zu erahnen. Zwar waren die

---

3) An ägyptischer Skulptur war im „Antikengang" des Museums 1909 das Fragment eines Türsturzes vom Grabmal des Ramses-Nacht, ein Reliefblock aus einem Grab in Saqqara, eine Scheintürtafel vom Grab des Teti und der Mait, die Statue des Veziers Paser, eine Scheintür vom Grab der Hetepet, der Torso eines knienden Naophoros sowie der Kopf einer Osiris-Statue (Liebieghaus - Frankfurt am Main, Wissenschaftliche Kataloge, Ägyptische Bildwerke III [1993] Nr. 40, Nr. 35, Nr. 2, Nr. 38, Nr. 1, Nr. 45 und Nr. 43) zu sehen. Diesen ägyptischen Skulpturen ging ein im Verzeichnis der ausgestellten Skulpturen von 1909 unter der Nr. 95 aufgeführter „*Kopf eines Athleten, Marmor, Typus des 4. Jhs. v. Chr. Römische Arbeit, 19,5 cm hoch*" voraus, der

leider nicht sicher zu identifizieren ist. Es könnte sich um das Kopffragment I.N. 97 handeln, das indessen nur 17,5 cm mißt.

4) So in einem von Graf Solms 1935 herausgegebenen kurzen „Führer der Städtischen Skulpturensammlung im Liebieghaus". Schriftenreihe Frankfurter Sehenswürdigkeiten Heft 2.

5) Städtische Galerie, Kurzes Verzeichnis der Bildwerke in der Skulpturensammlung im Liebieghaus (1909). Verzeichnis der Bildwerke in der Skulpturensammlung im Liebieghaus (2. Aufl. 1910). Skulpturensammlung, Kurzes Verzeichnis der Bildwerke (3. Aufl. 1915).

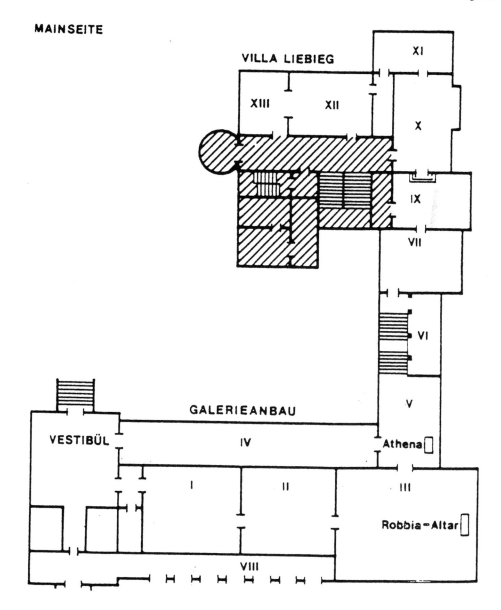

MAINSEITE

VILLA LIEBIEG

XI

XIII   XII

X

IX

VII

VI

V

GALERIEANBAU

VESTIBÜL   IV   Athena

I   II   III

Robbia-Altar

VIII

ägyptischen Bildwerke innerhalb des „Antikengangs" zu einem Block in der Nähe des Eingangs zusammengezogen, doch ging diesen offenbar ein klassischer Athletenkopf voraus[6]. Ansonsten wechseln sich Kopien klassischer Meisterwerke und römische Portraits recht beliebig ab. Hie und da klingen zwar Ansätze zu inhaltlich einleuchtenden Folgen an. So waren die Musen von Agnano[7] nicht nur nebeneinander aufgestellt, sondern mit einer hellenistischen Gewandstatue verbunden[8], welche man damals für einen Apollon Musagetes hielt. Aber auch solche inhaltlichen Gesichtspunkte wurden immer nur über kurze Strecken eingehalten.

Während für die Sammlung der Skulpturen des Mittelalters und der Renaissance ein großer Majolika-Altar des Andrea della Robbia den Fluchtpunkt bildete, führte der „Antikengang" zu der berühmtesten Skulptur Frankfurts, der Athena des Myron[9]. Sie stand gleichzeitig im Schnittpunkt des ganzen Museums. Bei ihr vereinigten sich die Wege, welche von der Antike oder vom Mittelalter ihren Ausgang nahmen, und an ihr vorbei gelangte man von dem Galerietrakt zu den Räumen der ehemaligen Villa Liebieg.

Dergestalt von allen Seiten her erreichbar auf einem hohen Sockel drehbar aufgestellt (*Abb. 145. 146*), war sie in ihrem Rang durch einen Vorhang aus blauem Samt untermalt, welcher sie von ihrer Umgebung isolierte und im Zentrum des Museums um den kostbarsten Besitz des Hauses einen Raum von besonderer Weihe schuf.

1907 war das Museum Alter Plastik gegründet worden und schon zwei Jahre später konnte man bei seiner Eröffnung hier eine Sammlung präsentieren, die neben den Antiken aus dem Besitz Adolf Furtwänglers etwa 250 Skulpturen umfaßte, von welchen etwa 60 dem Altertum angehörten. Über diese Ankäufe befand eine städtische Kommission, die sich jedoch durchweg an die Empfehlungen des Museumsdirektors Georg Swarzenski hielt. Dieser war selbst kein Archäologe, sondern Kunsthistoriker. Sich über den Rang seiner archäologischen Erwerbungen selbst umfassend und auf Grund eigener Forschungen kundig zu machen, fehlte ihm ohnehin die Zeit. Er war daher auf fachlichen Rat angewiesen, welcher in Frankfurt vor der Gründung der Universität nicht einzuholen war. Indessen lag in der Zeit vor dem 1. Weltkrieg der Kunsthandel anders als heute, wo dies die seltene Ausnahme bildet, noch in kompetenten Händen.

Die meisten antiken Kunstwerke, welche Swarzenki bis 1909 einkaufte, kamen über Rom, das damals das Zentrum des Antikenhandels bildete, nach Frankfurt. Dort arbeiteten neben italienischen Kunsthändlern, die sich der Tradition ihrer Häuser rühmen durften und manchmal über Jahrzehnte und Generationen hin ihnen nahestehende Sammler betreuten, auch deutsche Gelehrte von hohem Rang, die sich aus dem einen oder anderen Grund den Zwängen staatlicher Institutionen entzogen oder sie gar nicht eingegangen waren. Mit ihren wissenschaftlichen Kenntnissen verbürgten sie sich für die Kunstwerke, die sie an Museen und Sammler verkauften und pflegten untereinander offenbar einen engen Austausch von Mitteilungen und Informationen. Über sie war daher oft zu Angaben über Stücke zu gelangen, welche von anderen Händlern angeboten wurden. So erwarb das Liebieghaus im Jahre 1909 von dem römischen Kunsthändler Barsanti das bekannte Stuckrelief mit dem Stieropfer des Mithras[10]. Näheres über den Fundort des Reliefs hatte der Verkäufer (verständlicherweise) nicht mitgeteilt. Dennoch gab einige Jahre später F. Cumont in

6) vgl. Anm. 4.

7) I.N. 159-163. Liebieghaus - Frankfurt am Main. Wissenschaftliche Kataloge, Antike Bildwerke I (1983) Nr. 36- 40. Zu diesen zuletzt: I. Reich, Städel-Jahrbuch N.F. 12, 1990, 7ff.

8) I.N. 93, Antike Bildwerke I (1983) Nr. 35.

9) I.N. 195, Antike Bildwerke I (1983) Nr. 16.

10) I.N. 333, Antike Bildwerke I (1983) Nr. 100.

seinem Buch „Die Mysterien des Mithras" die Nachricht weiter, man habe das Relief im Jahre 1907 unter dem Palazzo Montecitorio bei dem Erweiterungsbau für die Camera dei Deputati gefunden[11]. Bei dieser Aussage beruft sich Cumont ausdrücklich auf W. Helbig[12]. Dieser war 1865 mit sechsundzwanzig Jahren zweiter Sekretär des Deutschen Archäologischen Instituts geworden, aus dessen Diensten er 1887 wieder ausschied, um als Privatmann und Kunsthändler weiter in Rom zu leben. Wichtiger als Helbig, der vor allem bei dem Aufbau der Ny Carlsberg Glyptotek und der Sammlung Barracco große Verdienste erworben hat, war für das Liebieghaus der Archäologe und Kunsthändler Paul Hartwig[13]. Hartwig war 1887/88 als Stipendiat des Deutschen Archäologischen Instituts erstmals nach Rom gekommen. 1892 ließ er sich hier fest nieder. Wie P. Wolters betonte, war sein Interesse an Kultur „vorwiegend ästhetisch, beschaulich, fast genießerisch". Da er wegen seiner erotischen Neigungen keine wissenschaftliche Laufbahn in Deutschland einschlagen konnte und ihm für seinen Lebensunterhalt kein ererbtes Vermögen zur Verfügung stand, lebte er vom Kunsthandel, obwohl dieser „damals mehr als heute den Gelehrten in ein schiefes Licht brachte"[14]. Curtius nennt ihn einen „fein gebildeten, gütig hilfreichen und eigentlich noblen Menschen..., denn seine Preise waren niedrig, er wollte von seinem Verdienst nur eben gerade leben können"[15].

Als eigentlicher Hauslieferant für antike Skulptur diente dem Liebieghaus jedoch auf Jahre hinaus Ludwig Pollak[16]. Dieser wurde 1868 als Sohn eines jüdischen Woll- und Tuchhändlers in Prag geboren. In Wien und Prag studierte er Archäologie und Kunstgeschichte. 1895 ließ er sich in Rom nieder, wo er als Kunsthändler wie auch als Kunstkenner und Gelehrter bald großes Ansehen gewann. Pollak stand auch mit anderen bedeutenden Museen Europas und Nordamerikas in engem Kontakt, doch für keines erhielt seine Hilfe solches Gewicht wie für das Liebieghaus. Zu drei Vierteln sind alle von der Städtischen Galerie in deren Gründerjahren erworbenen antiken Skulpturen durch seine Hände gegangen, darunter auch das zentrale Stück der Sammlung, die Athena des Myron. Der Kontakt zu Pollak brach erst 1933 ab. Am 16. Oktober 1943 wurde Pollak zusammen mit seinen Angehörigen verhaftet und deportiert. Sein Todestag ist nicht bekannt.

Pollak hat über viele Jahre hin sorgsam Tagebücher geführt, in welchen seine Kontakte und Geschäfte mit den ihm nahestehenden Museen allerdings sehr diskret behandelt werden. Was aus ihnen über seine Beziehungen zum Liebieghaus zu entnehmen ist, hat M. Merkel Guldan vor einigen Jahren bereits so mustergültig zusammengestellt, daß wir uns darüber hier nicht mehr auslassen müssen[17]. Nur über den Erwerb der Athena des Myron, der wohl wichtigsten des Liebieghauses, deren Vermittlung auch Pollak als den Höhepunkt seiner Karriere als Kunsthändler ansah, sei hier in aller Kürze nochmals berichtet.

Zur Entdeckung der Statue teilt Pollak in einem Aufsatz, in welchem er diese bereits auf die Gruppe des Myron auf der Akropolis von Athen bezieht, mit, sie sei,

---

11) F. Cumont, Die Mysterien des Mithras (1923) 230.

12) Zu W. Helbig vgl. R. Lullies und W. Schiering (Hrsg.), Archäologenbildnisse (1988) 71f. (R. Lullies) und M. Moltesen, Wolfgang Helbig, Brygger Jacobsens Agent i Rom 1887-1914, Ny Carlsberg Glyptotek (1987).

13) Zu P. Hartwig: Archäologenbildnisse (vgl. Anm. 12) 130f. (nach P. Wolters in: B. Graef - E. Langlotz, Die antiken Vasen von der Akropolis zu Athen I [1925] S. III).

14) L. Curtius, Deutsche und antike Welt (1950) 186.

15) ebenda.

16) Zu Leben und Leistung von L. Pollak: M. Merkel-Guldan, Die Tagebücher von Ludwig Pollak, Kennerschaft und Kunsthandel in Rom, 1893-1934 (1988) 23ff.

17) ebenda.

als man 1884 in dem Gebäude Nr. 32 der Via Gregoriana die Grundmauern verstärkte, gefunden worden[18]. Weitere Details waren ihm offenbar nicht bekannt. Aber immerhin weiß er zu berichten, daß man einige Jahre zuvor im Keller eines Nachbarhauses auf eine mit Mosaiken und Malereien geschmückte Badeanlage des 1. Jhs. gestoßen sei und viele korridorartige Räume konstatiert habe, welche wahrscheinlich Substruktionen für den dort steil abfallenden Pincio bildeten.

Das Haus gehörte dem Fürsten Stroganoff, der gegenüber im Palazzo Zuccari und dem angrenzenden Bau residierte. Wie Merkel Guldan aus einem unveröffentlichten Manuskript Pollaks mit dem Titel „Römische Sammler"[19] weitergibt, beriet sich Stroganoff, der von Pollak als besonders eigenwilliger Sammler geschildert wird, mit Wolfgang Helbig und anderen Kennern antiker Kunst, mit Michael Tyskiewicz sowie Francesco Martinetti, die den Kopf der Statue für falsch hielten. Stroganoff stellte sie daraufhin am Eingang zur Küche seines Palazzos auf, wo sie 20 Jahre lang unbeachtet blieb, bis Pollak eine falsche Tür benützend zufällig auf sie stieß und sogleich ihren Wert erkannte. Er sprach darüber mit Stroganoff, der jedoch keine Kritik an seinem Urteil zuließ, aber fast umgehend sein *„Factotum und Majordomus"* mit dem Verkauf der Athena betraute. Da Pollak gehört hatte, daß ein Vertrauensmann des Metropolitan Museums in New York mit Pleinpouvoir ausgestattet bereits anreise, sicherte er sich die Statue umgehend. Innerhalb von fünf Minuten war man sich für eine offenbar bedeutende Summe handelseinig. Vom Mai 1907 an stand Pollak in engem Kontakt mit G. Swarzenski und korrespondierte auch über die Athena, deren Verkauf allerdings über die Firma Antonio & Alessandro Jandolo abgewickelt wurde, welche schon im Juli 1908 eine Rechnung über 170.000 Lire ausstellte und über die Soprintendenz von Neapel eine Ausfuhrgenehmigung erwirkte.

Die Athena ist die stolzeste, aber nicht die einzige bedeutende antike Skulptur, die in der Gründungszeit des Museums erworben wurde. Dabei ergeben die bis 1909 überwiegend in Rom und zum allergrößten Teil bei Pollak getätigten Ankäufe zusammengenommen ein eher zwiespältiges Bild. Sicherlich ist das Urteil, das Wilhelm Bode wenige Monate nach der Eröffnung des Liebieghauses über das Museum fällte, welches seiner Meinung nach non multum sed multa bot[20], überzogen. Bildwerke, wie der Torso des Harmodios[21], ein auf ein frühklassisches Vorbild aus dem Umkreis des Polyklet zurückgehender Torso[22], ein Narkissoskopf aus Konstantinopel[23], ein Hermes-Torso vom Typus Lansdowne-Pitti[24], der Oberkörper einer Angelehnten Aphrodite[25], die Musen von Agnano[26], der Kopf eines lachenden Satyrs[27], ein severisches Männerportrait[28] und ein Knabenbildnis des 3. Jhs. n. Chr.[29] könnten sich auch heute noch in jeder Antikensammlung behaupten. Aber diesen bedeutenden Bildwerken stand allzu viel Mittelmäßiges und Geringes gegenüber.

---

18) L. Pollak, Österreich. Jahreshefte 12, 1909, 154ff.

19) a.a.O. 58.

20) W. Bode, Museumskunde VI, 1910, 199ff. Zur Kontroverse zwischen W. Bode und G. Swarzenski vgl. Sonnabend a.a.O. (s.o. Anm. 2) 24ff.

21) I.N. 88, Antike Bildwerke (s.o. Anm. 7) I (1983) Nr. 14.

22) I.N. 78, Antike Bildwerke I (1983) Nr. 17.

23) I.N. 12, Antike Bildwerke I (1983) Nr. 20.

24) I.N. 77, Antike Bildwerke I (1983) Nr. 22.

25) I.N. 138, Antike Bildwerke I (1983) Nr. 24.

26) vgl. Anm. 7

27) I.N. 13, Antike Bildwerke I (1983) Nr. 26.

28) I.N. 87, Antike Bildwerke I (1983) Nr. 83.

29) I.N. 155, Antike Bildwerke I (1983) Nr. 82.

Auch fehlt die archaische Großplastik, welche gerade in jenen Jahrzehnten mit den Skulpturen des „Perserschutts" auf der Akropolis von Athen voll in das Bewußtsein der Kunstwissenschaft rückte, unter den Erwerbungen Georg Swarzenskis ganz, während gleichzeitig das Metropolitan Museum in New York seine ersten archaischen Statuen erwarb, sich in Kopenhagen Carl Jacobsen bereits 1879 mit dem Kopf Rayet eine der schönsten spätarchaischen Skulpturen gesichert hatte, in München schon seit 1853 der Kouros von Tenea zu sehen war und Berlin diese Epoche mit so bedeutenden Bildwerken wie z.B. dem Sabouroffschen Kopf vergegenwärtigte[30]. Aber auch die Skulptur der griechischen Klassik war, von einem einzigen, 1909 bei Margaritis in München erworbenen, eher schlichten Grabrelief[31] abgesehen, bei der Eröffnung des Liebieghauses nur in römischen Kopien vertreten. Die durch die Gründungskonzeption vorgeschriebene Aufgabe, „*die Entwicklung der Bildhauerkunst bei den Naturvölkern an ausgewählten und charakteristischen Beipielen darzustellen*", war für die Antike und zumal für die archaische und klassische Zeit gewiß nicht erfüllt.

So groß die Lücken in der Sammlung antiker Großplastik auch waren und so willkürlich ihre Zusammenstellung manchmal auch erscheint, wurde dieser Mangel auf dem Gebiet der Kleinkunst wieder ausgeglichen durch die Bronzen und Terrakotten, welche der Archäologe Adolf Furtwängler in drei Jahrzehnten zusammengetragen hatte und welche das Museum von seiner Witwe insgesamt erwerben konnte.

Adolf Furtwängler stammte aus dem Schwarzwald, vom „Schwefeldobel" in Neukirch bei Gütenbach, unweit von Furtwangen[32]. Adolfs Vater Wilhelm, der später das humanistische Bertholdgymnasium in Freiburg im Breisgau leitete, hat in seinem Heimatdorf, in dem sein Vater Bauer und Fuhrmann war, als Bub noch Schafe gehütet, ist auch in späteren Jahren gerne dorthin zurückgekehrt und hat seinen Landleuten Achtung vor der Antike eingeimpft[33]. Obwohl seine wissenschaftlichen Schriften wenig Resonanz gefunden haben, war es ihm offenbar gegeben, Begeisterung zu wecken[34]. Adolf Furtwängler selbst kam in Freiburg zur Welt, wo er gerne seinen Lebensabend verbracht hätte[35]. Seine gigantische, die Archäologie bis heute befruchtende und prägende

---

30) 1907, also in dem Jahr, in dem in Frankfurt die Städtische Galerie gegründet wurde, hat in New York das Metropolitan Museum u.a. eine kleine archaische Kore, eine weitere Kore und wenige Jahre später das Unterteil einer schönen spätarchaischen Grabstele (G.M.A. Richter, Cat. of Greek Sculpture in the Metropolitan Museum of Art [1954] Nr. 4, Nr. 5 und Nr. 13) erworben.

31) I.N. 295, Antike Bildwerke I (1983) Nr. 10. Hinzu kam 1911 ein spätklassischer Löwe, 1914 der Kopf einer Dienerin von einem Grabrelief, 1930 der Kopf einer Amazone nach einigem Abstand 1940 ein Grabrelief mit zwei Männern sowie 1959 ein Relieffragment mit Oberkörper und Kopf eines Mädchens I.N. 239, I.N. 427, I.N. 968, I.N. 1466, Antike Bildwerke I (1983) Nr. 12, Nr. 9, Nr. 8 und Nr. 7.

32) W.-H. Schuchhardt gibt in seiner 1956 gedruckten Rektoratsrede (Adolf Furtwängler, Freiburger Universitätsreden N.F. 22, 1956, 6) an, die Familie sei auf dem Furtwänglerhof (in Furtwängle bei Furtwangen) beheimatet. Einem Schreiben von J. Furtwängler an Schuchhardt vom

18.2.1965 entnehme ich jedoch, daß dort seit 1638 kein Furtwängler mehr ansässig sei, sondern die Großeltern von A. Furtwängler in Neukirch bei Furtwangen im sog. Schwefeldobel wohnten.

33) Bereits dem alemannischen Dichter H. Hansjakob war aufgefallen, daß in Neukirch und dessen Nachbargemeinden Gütenbach und Schönenbach zwischen 1830 und 1890 viele Kinder Vornamen aus der griechischen und römischen Mythologie erhielten. Er ging der Sache nach und führte sie auf das Wirken von Adolf Furtwänglers Vater Wilhelm zurück (vgl. dazu O. Straub, Griechische und römische Vornamen im Schwarzwald, Beilage des Südkuriers Konstanz).

34) W. Furtwängler war einige Jahre lang Privatlehrer des griechischen Kriegsministers in Athen. Von seinen Schriften hat „Die Idee des Todes" immerhin 1860 eine zweite Auflage erlebt. A. Furtwängler äußert sich freilich mit eher zurückhaltendem Lob über die Leistung seines Vaters (vgl. A. Furtwängler, Briefe, hrsg. von A. Greifenhagen [1965] 77ff. und 108f. mit Anm. 61).

wissenschaftliche Leistung, wie auch sein temperamentvolles, streitbares und dabei höchst verletzliches und im Tiefen melancholisches Wesen[36] haben vor allem sein Schüler Ludwig Curtius, aber auch Heinrich Bulle, mit dem er oft genug aneinandergeraten war, liebevoll beschrieben[37]. Erst 54 Jahre alt ist Furtwängler 1907 in Athen der Ruhr erlegen, da er Ärzte und ihren Rat verachtend und ganz den Kräften der Natur vertrauend sich viel zu spät klinischer Pflege anvertraut hatte[38]. Bei der Nachricht von seinem Tode gingen selbst fern im Norden an der Glyptotek in Kopenhagen die Fahnen auf Halbmast. Griechenland ehrte ihn mit einem öffentlichen Begräbnis wie einen ersten Staatsmann und stiftete ihm das Grabmal, welches bis heute von Staats wegen gepflegt wird.

Da Furtwänglers Witwe sich und ihre vier Kinder durch die Pension des bayerischen Staates offenbar nur unzureichend versorgt sah, entschloß sie sich zum Verkauf der Antikensammlung. Erste Kunde von dieser Erwerbungsmöglichkeit erhielt Swarzenski durch einen Brief, welchen ihm Frankfurts ehrgeiziger Bürgermeister Adickes am 23.XII.1907 schrieb[39]. Swarzenski ersuchte sofort mehrere Archäologen um Auskunft und richtete bereits am 24.XII. an Frau Furtwängler die Bitte, ihn zu einer Besichtigung der Sammlung zu empfangen. Schon wenige Tage später äußerten sich mehrere Wissenschaftler. So traf bereits am 1.I.1908 eine Stellungnahme von R. Delbrueck ein, der nur kurz von „*wissenschaftlich interessanten Stücken, von welchen einige auch gut*

seien" spricht, den Preis von 100.000 Mark nennt und berichtet, daß das Museum in Boston bereits mit Frau Furtwängler verhandle. Etwas ausführlicher war L. Curtius, der mit wenigen Worten die Zusammensetzung der Sammlung umreißt, die „*aus ausgewählten Stücken bestehe, während kaum etwas unbedeutendes darunter sei*". Vor allem nennt er die Kriterien, nach denen diese Sammlung zusammengekommen war: „*Furtwängler pflegte Dinge wegen ihrer besonderen Seltenheit und wegen eines bei ihnen in Frage kommenden besonderen gelehrten Problems festzuhalten*"[40].

Außer von Delbrueck und Curtius erhielt Swarzenski auch einen Brief von Paul Arndt, der auf Bitten von Frau Furtwängler eindringlich den Wert der Sammlung beschrieb. Sein schon am 26.XII.1907 abgefaßter Brief enthält die konkretesten Angaben über die Sammlung und ihr Zustandekommen, weshalb wir ihn in einigen Passagen hier wörtlich wiedergeben[41]:

"*Furtwängler hat nie planmäßig gesammelt. Seitdem er in Museumsstellungen war, konnte er es auch nicht. Aber in seiner früheren Zeit hat er manches Gute, das er auf seinen Reisen traf, festgehalten. Einige vorzügliche Stücke sind ihm, bei festlichen Gelegenheiten, geschenkt worden. Anderes mag er angekauft haben, in der Absicht, es den hiesigen Museen zu erhalten, die an chronischem Geldmangel leiden. Wohlverstanden es handelt sich nur um Kleinkunst, ein paar hundert Stück. Große Marmorsachen hat er nicht gehabt. Vasen, Bronzen, Terracotten. Aber das Ganze würde als Grundstock für*

---

35) L. Curtius, Torso (1957) 213 (Nachdruck aus: Badische Biographien VI, 1935).

36) ebenda 224.

37) Vgl. die von R. Lullies (Archäologenbildnisse, s.o. Anm. 12) 111 zusammengestellte Literatur.

38) L. Curtius a.a.O. 222.

39) Swarzenski hat nach Abschluß der Ankaufsverhandlungen für Frankfurts Oberbürgermeister Adickes einen Bericht verfaßt, welcher

im Folgenden berücksichtigt ist. Briefe, die Addy Furtwängler, L. Curtius, A. Sieveking, P. Arndt und R. Delbrueck in dieser Sache geschrieben haben, liegen im Archiv des Liebieghauses bzw. des Städelschen Kunstinstituts vor.

40) Die betreffende Passage in Curtius' Brief hatten bereits A. Legner und F. Eckstein in der Einleitung zu dem Bildheft Antike Kleinkunst, Liebieghaus Frankfurt am Main (1969) zitiert.

41) Auch dieser Brief ist in der in Anm. 40 erwähnten Einleitung zum guten Teil abgedruckt.

eine zu bildende Sammlung vorzüglich passen. Denn die Sachen sind von unserem feinsten Kenner ausgewählt. Kein Stück ohne wissenschaftliches Interesse oder künstlerischem Wert. Und von unzweifelhafter Echtheit. Furtwängler hat zu Lebzeiten ein Inventar seiner Sammlung mit beigesetzten Verkaufspreisen aufgestellt. Ich habe es durchgesehen und mit den Stücken verglichen. Seine Taxe entspricht in den meisten Fällen den gegenwärtigen Verkaufspreisen. Bei ein paar Stücken möchte ich geringfügige Reduktionen vorschlagen. Nur bei zwei Terracottaköpfen muß ich Furtwänglers Stimme widersprechen. Es sind dies zwei zwar sehr schöne und interessante Stücke, die aber gewiß nicht den Wert haben, den Furtwängler, der in sie verliebt war, ihnen zumaß. Er hat sie zusammen mit 60000 Mark angesetzt (10 und 50000); ich glaube, daß sie mit 15000 gut bewertet sind. Ich habe die Witwe auf diese abweichende Schätzung hingewiesen, und sie scheint die Berechtigung meiner Bedenken einzusehen[42].

Unter den Bronzen sind 5-6 Stücke erster Qualität, eine archaische Artemis aus Lousoi[43], *eine archaische Frau, aus Kythera, mit Inschrift*[44]; *ein Mädchen mit Kanne aus Kythera*[45]; *ein nackter Jüngling strengen Stils, wohl ein Diadumenos*[46]; *ein Zeus lysippischen Stils*[47]. *Unter den Vasen sind 2 entzückende Statuetten-Lekythen*[48]. *Unter den Terracotten einige ausgezeichnete Figuren, bes. ein schwebender Eros, vorzüglich in Farben*[49], *und dazu die 2 oben erwähnten Köpfe, ein weibli-*

ches attisches, strengen Stils, mit Haube[50]. *Das Feinste und Delikateste was es aus der Zeit des Phidias gibt; dazu ein größerer frührömischer Zeuskopf, nach Vorbildern des 5. Jahrh., das deshalb - aber ganz gewiß zu Unrecht - auch in seiner Echtheit verdächtigt worden ist*[51]. *In summa: eine gewählte Collection wie man sie nicht so rasch wieder zusammenbringen wird...*"

Das von Furtwängler angelegte, mit Schätzwerten versehene Inventar seiner Sammlung liegt nur in einer offenbar noch in München vorgenommenen Abschrift vor[52]. Es ist äußerst knapp gehalten und enthält ganz wenige Herkunftsangaben, kunsthistorische Bestimmungen oder Literaturhinweise, welche nur bis zum Jahre 1904 reichen. Es ist überdies unvollständig, denn die Vasen sind noch nicht erfaßt. Furtwänglers Angaben sind nur selten wertend. So sagt er über die Terrakottafigur einer sitzenden Göttin mit einem Kind auf dem Schoß, daß ein von Winter[53] abgebildetes Vergleichsstück weniger gut sei, und nur den attischen Terrakottakopf Strengen Stils mit Haube[54] nennt er „herrlich". Dieser und der in Arndts Brief ebenfalls erwähnte Zeuskopf[55] sind mit bestimmten Artikeln aufgeführt, welche sonst ganz fehlen.

Am Ende zieht Furtwängler die Summe und kommt auf 110.235 Mark. Als Nachtrag folgt der Alexanderkopf aus Alabaster aus Alexandrien[56], den er mit 3.000 Mark bewertet.

---

42) Es sind dies der Zeuskopf I.N. 493, Antike Bildwerke (vgl. Anm. 70) III (1986) Nr. 133 und der weibliche Kopf mit Haube I.N. 471, Antike Bildwerke III (1986) Nr. 39.

43) I.N. 436, Antike Bildwerke II (1985) Nr. 13.

44) I.N. 437, Antike Bildwerke II (1985) Nr. 11.

45) I.N. 438, Antike Bildwerke II (1985) Nr. 51.

46) I.N. 439, Antike Bildwerke II (1985) Nr. 50

47) I.N. 442, Antike Bildwerke II (1985) Nr. 66.

48) I.N. 503 und 504, Antike Bildwerke III (1986) Nr. 60 und Nr. 61.

49) I.N. 488, Antike Bildwerke III (1986) Nr. 81.

50) I.N. 471, Antike Bildwerke III (1986) Nr. 39.

51) I.N. 493, Antike Bildwerke III (1986) Nr. 133.

52) Wer diese Abschrift vorgenommen hat, ist leider nicht zu sagen.

53) I.N. 462, Antike Bildwerke III (1986) Nr. 16. F. Winter, Die Typen der figürlichen Terrakotten I (1903) 139,5.

54) vgl. Anm. 50.

55) vgl. Anm. 51.

56) I.N. 435, Antike Bildwerke I (1983) Nr. 61.

110.000 Mark forderte demgemäß auch Frau Furtwängler, als Swarzenski sie am 9. Januar 1908 in München besuchte. Swarzenski focht diesen Preis zunächst vor allem mit dem Hinweis auf den umstrittenen Wert des Zeuskopfes an. Frau Furtwängler beharrte zwar darauf, daß ihr Mann diesen sicher richtig eingeschätzt habe, war aber bereit, zum Ausgleich die noch nicht taxierten Vasen mit in den Handel zu geben. Swarzenski zögerte, in der Hoffnung, einen günstigeren Abschluß zu erreichen. Noch im Januar wurden Frau Furtwängler von den Museen in New York und Boston 103.000 Mark geboten und Anfang Februar war der angesehene New Yorker Sammler James Loeb bereit, die volle Summe zu bezahlen. Swarzenski reiste daraufhin nochmals nach München. Er appellierte an Frau Furtwänglers Patriotismus und stellte ihr vor, daß die Sammlung, wenn sie den Preis nicht herabsetze, für Deutschland verloren sei. Da Frau Furtwängler namens ihrer unmündigen Kinder sich zu keinem Nachlaß berechtigt fühlte, verzichtete sie auf ihren eigenen Anteil. Die Sammlung ging also für 85.000 Mark nach Frankfurt. Den noblen Charakter, der in ihren Briefen laufend zu spüren ist, bezeugte Frau Furtwängler zu guter Letzt nochmals, als sie zur Erinnerung an ihren Mann den erwähnten Alexanderkopf dem Museum kostenlos überließ. Er war als Geschenk in ihr Haus gekommen, und daher hielt sie es für unschicklich, ihn zu verkaufen[57].

Furtwängler hat den Katalog seiner Sammlung offenbar ausschließlich angelegt, um ihren Wert zu bestimmen. Daher sind nur Stücke aufgeführt, die er mit wenigstens 5 Mark einstuft, einfachere Fragmente und Lesefunde ohne Handelswert hingegen übergangen.

Überdies sind, wie bereits erwähnt, die Vasen überhaupt noch nicht erfaßt, obwohl sich gerade unter ihnen Stücke finden, die einiges eingebracht hätten. Da sich Furtwängler bei der Addition der Beträge überdies um fast 2.000 Mark verrechnete, gewinnt man den Eindruck, er habe diese Liste kurz vor der Abreise zu seiner letzten Grabungskampagne in aller Eile angelegt.

Wir besitzen neben dem Furtwänglerschen noch einen weiteren, offenbar schon bald nach seinem Tode zusammengestellten, vollständigen Katalog[58]. Er dürfte noch in München verfaßt worden sein, da er in einem Heft aufgezeichnet ist, das den Aufkleber einer Münchner Handlung trägt. In diesem Katalog fehlen alle Wertangaben. Die Literaturverweise reichen nun bis zum Jahre 1908. Außerdem finden sich hier zusätzliche Herkunftsangaben, die in einzelnen Fällen aus Furtwänglers Publikationen übernommen sind. Meistens wurden jedoch die Ortsangaben übertragen, welche Furtwängler unmittelbar auf die Rück- oder Unterseiten, und manchmal auch auf die Bruchflächen der betreffenden Objekte zu schreiben pflegte.

Die knappen Bemerkungen in den Briefen von Curtius und Arndt sind neben den eher seltenen Bemerkungen, die Furtwänglers eigene Publikationen enthalten, die einzigen Angaben, die wir zum Entstehen und Wachsen der Sammlung besitzen. Nur nebenbei kommt Curtius auch in seinen Lebenserinnerungen[59] auf Furtwänglers Antiken und die Umgebung, für die sie einmal gedacht waren, zu sprechen. So erwähnt er sie am Rande bei der Schilderung seines ersten Besuchs im Hause des verehrten Lehrers in der Maria Josefastraße 8 in München[60]: *„Er (Furtwängler) bewohnte ein abseits in*

---

57) Brief Swarzenskis vom 10.I.1908.

58) Wer diesen Katalog verfaßt hat, ist leider nicht überliefert. Der Autor war offensichtlich Fachmann. Da E. Sieveking im Münchner Jahrbuch der bildenden Kunst die ganze Sammlung publizieren wollte,

liegt der Verdacht nahe, daß er diese Liste zusammengestellt hat. Ein Schriftvergleich spricht jedoch gegen diese Vermutung.

59) L. Curtius, Deutsche und antike Welt (1950).

60) ebenda 168.

Schwabing liegendes wunderschönes Gartenhaus... Man hatte draußen an einem schlichten Lattenzaun zu läuten und kam dann durch eine Kastanienallee zu dem Hause, in dem im Sommer alle Türen und Fenster offen standen und in dem sich keiner halten konnte, der gegen Zugluft empfindlich war. Furtwängler empfing mich in seinem im ersten Stock gelegenen geräumigen Studierzimmer, in dem ringsum Bücher waren. Hoch oben auf der obersten Reihe eines Schrankes standen einige Abgüsse antiker Köpfe, in einer Ecke ein Glasschrank mit kleinen antiken Originalen, die er zärtlich liebte. Auf seinem Schreibtisch standen Blumen. Während er mich anhörte, hielt er eine Rose in der Hand, an der er fortwährend roch..."

Ein andermal[61] berichtet Curtius von dem Erwerb zweier Bronzestatuetten für Furtwänglers Sammlung aus einem Block von „*acht kleinen, teils archaischen, teils klassischen Bronzefiguren*", von denen sechs allerdings falsch waren. Curtius übernahm für Furtwängler, welcher schwerhörig war, die Verhandlung mit dem griechischen Anbieter über die beiden echten, wie Curtius sagt, sehr reizvollen Stücke. Er schließt seinen Bericht mit der Mitteilung, daß die beiden echten, von ihm für Furtwängler erstandenen Statuetten heute im Liebieghaus stünden[62].

Selten entspricht eine Privatsammlung so sehr dem Wesen und der Leistung ihres Eigentümers wie die Furtwänglersche. Daher fehlt ihr jede, bürgerlichen

Sammlungen oft eigene Peinlichkeit. Bezeichnenderweise umfaßt sie keineswegs das ganze Gebiet der antiken, ja selbst der griechischen Kunst. Es sind sogar Gattungen ausgespart, die Furtwängler besonders leidenschaftlich beschäftigten: römische Kopien klassischer Meisterwerke und antike Gemmen[63]. Ersteres wäre noch mit den äußeren Dimensionen und vor allem mit dem Preis zu erklären, die beide kaum zu einem Professorenhaushalt paßten. Aber möglicherweise waren sie ja durch jene Gipsabgüsse vertreten, welche Curtius erwähnt. Vielleicht haben auch einige Bronzestatuetten wie ein lysippischer Zeus[64] oder eine Nachahmung des Herakles Ludovisi[65] großformatige Marmorwiedergaben klassischer Meisterwerke vertreten. Schwerer fällt es dagegen zu erklären, weshalb Furtwängler keine Gemmen besaß, obwohl er selbst diese Gattung in ihrer ganzen Breite wissenschaftlich erschlossen hat[66].

Wie Furtwänglers 1896 erschienene „Beschreibung der geschnittenen Steine im Antiquarium der Königlichen Museen zu Berlin" bis heute das wichtigste Werk über antike Gemmen geblieben ist, bildet seine Veröffentlichung der Bronzen in Olympia, für die er fast 15000 einzelne Fundstücke ausgewertet hat, immer noch die Grundlage unserer Kenntnis frühgriechischer Bronzekunst[67]. Doch im Gegensatz zu Gemmen sind Bronzen in Furtwänglers Sammlung vorzüglich vertreten. Sie gibt einen Überblick über Wesen und Entwicklung der

---

61) ebenda 205.

62) Welche Statuetten Curtius damals für Furtwängler erworben hat, ist leider nicht mehr auszumachen. Man mag vermuten, daß die betreffenden Bronzen über die Erwerbsumstände hinaus noch irgend etwas gemeinsam hatten und dies könnte auf die Statuetten I.N. 437 und I.N. 438, Antike Bildwerke II (1985) Nr. 11 und Nr. 51 hinweisen, die beide auf der Insel Kythera gefunden sein sollen.

63) In den Briefen, die Addy Furtwängler an Swarzenski richtete, ist einmal von drei Kisten mit Abdrücken antiker Gemmen die Rede, die jedoch nicht in das Liebieghaus gelangten.

64) I.N. 442, Antike Bildwerke II (1985) Nr. 66.

65) I.N. 443, Antike Bildwerke II (1985) Nr. 65.

66) A. Furtwängler, Beschreibung der geschnittenen Steine im Antiquarium, Berlin (1896).

67) A. Furtwängler, Die Bronzen und die übrigen kleineren Funde von Olympia, Olympia IV (1890).

Gattung, wie sie mit wenigen Stücken besser keinesfalls zu erreichen war[68]. Beispielhaft ist da u.a. die Zusammenstellung frühgriechischen Bronzeschmucks. In dem noch von ihm selbst verfaßten Katalog hat Furtwängler ihn nur pauschal als „*alte Fibeln und verschiedene Nadeln, Ringe*" aufgeführt und mit 300 Mark bewertet. Das jüngere Inventar enthält die Mitteilung, daß ein Teil aus Tegea, ein weiterer aus Troja stamme und bei anderen Stücken die Herkunft unbekannt sei. Die Sammlung reicht vom 9.-7. Jh. v. Chr. Peloponnesisches (Tegea?) überwiegt, doch weist manches auch nach Osten oder wird aus Italien kommen. Die wichtigsten Formen geometrischen Bronzeschmucks sind vertreten, und mit einzelnen Exemplaren wird auf seine Nachwirkung in archaischer Zeit hingewiesen. Seine Publikation frühgriechischen Bronzeschmucks in Olympia[69] mag bei Furtwängler den Wunsch geweckt haben, entsprechende Stücke selbst zu besitzen. Als Grundstock wird er dann auf seinen Reisen in Tegea und in Troja erste Exemplare ausgesucht und sich dann bemüht haben, gezielt ergänzende Stücke hinzuzugewinnen.

Ein Meisterwerk für sich ist auch Furtwänglers Terrakottensammlung[70]. Mit noch nicht einmal hundert Stücken ist es ihm hier gelungen, die Entwicklung dieser Gattung von mykenischer Zeit bis zum Hellenismus zu belegen. Die wichtigsten Zentren griechischer Koroplastik sind in ihr vertreten. Trotzdem verliert sie sich nicht im Alltäglichen und Gewöhnlichen. Vielmehr hat Furtwängler vor allem ausgefallene und besondere Stücke aufgespürt. Etwas vernachlässigt ist allenfalls Italien geblieben, das nur mit einer Protome aus Paestum[71], einem Köpfchen, das Furtwängler selbst offenbar auf dem Forum Romanum aufgelesen hat[72], aber auch einer schönen Sirene[73] und vor allem dem römischen Zeuskopf[74] auftritt, welchen Furtwängler selbst indessen für griechisch hielt. Dagegen hat sich Furtwängler offenbar weder für etruskische noch für tarentinische Terrakotten interessiert. Seine ganze Liebe galt Griechenland, dessen Kunst und dessen Landschaft er über alles andere erhob[75].

Furtwängler hat sich zwar gelegentlich zu einzelnen Kunstwerken aus Ton geäußert, anders als bei den Gemmen oder den Bronzen die Gattung jedoch nie als Ganzes schriftlich dargestellt. Seine Terrakottensammlung ist also nicht neben einer wissenschaftlichen Arbeit entstanden, sondern war offenbar selbst das Ziel eindringlichen archäologischen Bemühens.

Dafür hat Furtwängler sich mit der dritten in seiner Sammlung vertretenen Gattung, der griechischen Vasenmalerei, wiederholt und ausdauernd beschäftigt. Schon 1879 hatte er zusammen mit G. Loeschke „Mykenische Tongefäße" herausgegeben, denen 1886 „Mykenische Vasen" folgten. Curtius[76] hat mit Recht hervorgehoben, daß diese Schriften die moderne Archäologie erst einlei-

---

68) Vollständig publiziert wurden die Bronzen der Sammlung Furtwängler zusammen mit den späteren Erwerbungen des Museums im Rahmen der wissenschaftlichen Kataloge des Liebieghauses, Antike Bildwerke II, Bildwerke aus Bronze und Bein aus minoischer bis byzantinischer Zeit, bearbeitet von P.C. Bol und Th. Weber (1985). Zu mehr als der Hälfte gehen die dort vorgestellten Bronzen auf die Sammlung Furtwängler zurück.

69) vgl. Anm. 67.

70) Die Terrakotten der Sammlung Furtwängler sind ebenfalls innerhalb der wissenschaftlichen Kataloge des Liebieghauses und zwar in dem Band Antike Bildwerke III, Bildwerke aus Terrakotta, aus myke-

nischer bis römischer Zeit, bearbeitet von P.C. Bol mit Beiträgen von E. Kotera (1986) vorgestellt. Von den 121 dort abgehandelten Terrakotten stammen nur 21 nicht aus der Sammlung Furtwängler.

71) I.N. 2511, Antike Bildwerke III (1986) Nr. 21.

72) I.N. 2528, Antike Bildwerke III (1986) Nr. 114.

73) I.N. 460, Antike Bildwerke III (1986), Nr. 20.

74) I.N. 493, Antike Bildwerke III (1986) Nr. 113.

75) vgl. L. Curtius, Torso (1957) 214.

76) ebenda 215.

teten, da hier zum ersten Male nach Winckelmann archäologische Funde nicht zur Erläuterung und Illustration literarischer Texte herangezogen, sondern als selbständige und eigenwertige Quellen zum Verständnis und zur Einsicht in historische Veränderungen gewertet wurden. 1885 erschien dann der Katalog der Berliner Vasensammlung, in dem Furtwängler erstmals das gewaltige Gebiet der antiken Vasenmalerei in seinem ganzen Umfang einer systematischen Gliederung unterwarf. Bis zum Ende seines Lebens sind die griechischen Vasen für Furtwängler Lebensinhalt geblieben und noch 1904 hat er das Monumentalwerk „Die griechische Vasenmalerei" begonnen.

Furtwänglers Vasensammlung umfaßt 164 Stükke[77]. Nur zu einem Drittel sind dies vollständige Gefäße, und auch diese wirken äußerlich eher bescheiden. Große schwarz- und rotfigurige Prachtvasen fehlen. Sie werden durch kleine Scherben vertreten, die, so unscheinbar sie auf den ersten Blick auch erscheinen, oft auf die ersten Meister dieser Kunst zurückgehen[78].

Anders als die Bronzen- und die Terrakotten- ist die Vasensammlung umfassend angelegt. Sie reicht vom prähistorischen Ägypten bis zu römischer Terra Sigillata[79]. Selbst Italien ist hier mit etruskischen und faliskischen Gefäßen sowie Ausgefallenerem wie einem messapischen Kantharos recht gut vertreten. Auch bemühte sich Furtwängler bei den Vasen immer wieder um Pendants. So besaß er neben einem Fragment eines etruskischen Eulennapfes[80] eine attische Lekythos mit entsprechender Bemalung[81]. Zwar ist die Sammlung breit angelegt, doch interessierte Furtwängler nicht nur das Gewöhnliche, sondern mehr noch das Besondere. Gerade unter seinen Vasen stößt man daher immer wieder auf solche, die nach Form oder Dekor ganz und gar einzigartig sind[82].

In der Regel überfordern bedeutende Vermächtnisse ihre Empfänger. Zum Teil galt und gilt dies auch für das Verhältnis des Liebieghauses zu der Sammlung Furtwängler. Bereits mit dem Übergang vom privaten in den öffentlichen Besitz änderten Kunstwerke ihre Bedeutung. Auch fehlte ihnen nunmehr ein Betreuer von ebenbürtigem Rang. Immerhin hat man der Sammlung Furtwängler im Liebieghaus einen besonders schönen Raum zugewiesen, welchen der Erbauer für seine eigene Gemäldesammlung vorgesehen hatte. Die Aufstellungsweise (*Abb. 147*) verrät jedoch, daß man das Wesen der Sammlung Furtwängler nicht voll zu würdigen wußte, denn in vier Vitrinen waren die Epochen und Gattungen

---

77) Leider ist es etwas mühsam, sich einen Überblick über die Vasen der Sammlung Furtwängler zu verschaffen, da weder sie noch allgemein die Vasen des Liebieghauses in einem Band besprochen sind. Vielmehr stößt man in den Bänden des CVA immer wieder auf solche, die ehemals zu der Sammlung Furtwängler gehörten. Den bislang noch unpublizierten Rest wird U. Vedder im vierten Band des CVA Frankfurt bekanntmachen.

78) So ist z.B. der Berliner Maler durch eine Scherbe vertreten, auf der nur der linke Arm eines Kriegers mit einem Teil des Schildes zu sehen ist, während der Brygos-Maler mit drei jeweils einzelne Köpfe umfassenden Scherben präsent ist (vgl. CVA Deutschland 30, Frankfurt am Main II [1968] Taf. 85).

79) Von römischer Terra Sigillata ist nur ein Fragment sog. Arretina-Ware (I.N. 1526) von F. Eckstein in dem zusammen mit A. Legner 1969 herausgegebenen Bildheft Antike Kleinkunst, Liebieghaus

Frankfurt am Main Taf. 82 besprochen worden. Die ägyptischen Gefäße sind innerhalb der wissenschaftlichen Kataloge in dem Band Ägyptische Bildwerke II (1991) Nr. 236 (frühdynastisch) und 287 (mittelalterlich) von St. Saidelmayer besprochen worden.

80) I.N. 1609. P.C. Bol, Liebieghaus, Führer durch die Sammlungen, Antike Kunst (1980) 188 Abb. 267.

81) I.N. 534. CVA Frankfurt II (1968) Taf. 80.

82) Von vielen Beispielen sei hier nur der völlig singuläre Untersatz eines Grabspendegefäßes I.N. 560 mit dem Bild des von Eidola umgebenen Charon (hierzu zuletzt H. Mommsen, Praestant interna, Festschrift H. Hausmann [1982] 209ff. LIMC III 219,1. J.R. Jannot, Röm. Mitt. 100, 1993, 60 Anm. 10) oder der kahnförmig zusammengedrückte Napf I.N. 544 mit der Inschrift ΛΕΝΒΟΣ ΟΝΟΜΑ (zu diesem zuletzt F. Brommer, Arch. Anz. 1990, 155f. genannt).

bunt durcheinandergewirbelt. Eher ist einigen Neuerwerbungen anzusehen, daß Furtwänglers Leistung zum Maßstab wurde. Eine bereits 1908 hinzugekommene kleine
Jünglingsfigur[83], eine 1915 erworbene Statuette eines laufenden Mannes[84], eine 1923 angekaufte unteritalische
Kurosstatuette[85] oder eine geometrische Bronzegruppe
mit Stute und Füllen sowie ein einzelnes geometrisches
Pferd, welche 1960 in das Liebieghaus gelangten[86], fügen
sich so glücklich in die Sammlung Furtwängler ein, als
habe dieser sie selbst ausgesucht.

---

83) I.N. 167. Antike Bildwerke II (1985) Nr. 47.

84) I.N. 425. Antike Bildwerke II (1985) Nr. 12.

85) I.N. 785. Antike Bildwerke II (1985) Nr. 14.

86) I.N. 1471 und 1470. Antike Bildwerke II (1985) Nr. 3 und 2.

ULRICH SCHÄDLER

Hans Schrader und die Anfänge des Archäologischen Instituts

Die wissenschaftliche Beschäftigung mit den materiellen Hinterlassenschaften des klassischen Altertums begann in Frankfurt nicht erst mit der Gründung der Universität. Hatten im frühen 19. Jh. Künstler wie Eduard Schmidt von der Launitz Studien zu verschiedenen Problemen der antiken Kunst veröffentlicht (*s. Beitrag Stutzinger*), sind in den Jahren vor der Universitätsgründung vor allem Altphilologen wie der Gymnasialdirektor und spätere Frankfurter Stadtrat Julius Ziehen und Felix Bölte zu nennen, die beide später an die Universität berufen wurden. Felix Bölte bereiste in den Jahren 1904 und 1909 Griechenland und widmete sich vor allem der Erforschung der antiken Topographie (*s. Beitrag Kögler*). Julius Ziehen (1864-1925)[1] erhielt die Anregungen für seine archäologischen Forschungen während seines Studiums in Leipzig bei Johannes Overbeck und Theodor Schreiber sowie in Bonn bei Reinhard Kekulé und Georg Loeschke. In den Jahren 1891 und 1892 hielt er sich als Stipendiat des Deutschen Archäologischen Instituts in Athen auf, wo er half, Scherben aus dem Perserschutt

zusammenzukleben, bereiste den Peloponnes, schloß sich Wilhelm Dörpfelds Besichtigungstouren nach Olympia und den Kykladen an und besuchte Carl Humanns Ausgrabung in Magnesia am Mäander. Zusammen mit Walter Amelung lokalisierte er das Asklepiosheiligtum von Trikka und verfaßte einen Aufsatz über Asklepiosreliefs – eine seiner zahlreichen Schriften zur griechischen, römischen und provinzialrömischen Plastik[2]. Als Lehrer dienten ihm die antiken Kunstwerke hauptsächlich als „Kunstgeschichtliches Anschauungsmaterial" für den altsprachlichen Unterricht, das er in mehreren Büchern zu Homers Epen, zu Lessings Aufsatz „Laokoon" und zu Goethes Italienischer Reise zusammenstellte[3].

Als im Jahre 1901 die Römisch-Germanische Kommission (RGK) des Deutschen Archäologischen Instituts nach Frankfurt kam, nahmen die jeweiligen Direktoren (*s. Beitrag von Schnurbein*) Lehraufträge an der Akademie für Sozial- und Handelswissenschaften wahr, so wie in den Satzungen der RGK vorgesehen. Einen neuen Rahmen gab der wissenschaftlichen Erforschung des

---

1) Zu Leben und Werk s. J. Ziehen, Erinnerungen 1864-1925, herausgegeben und eingeleitet von Hertha Ziehen (1980) bes. 75ff. 87ff. 139ff. sowie das Verzeichnis seiner Schriften.

2) Siehe z.B. Über die Lage des Asklepiosheiligtums von Trikka, Athen. Mitt. 17, 1892, 195-197; Asklepiosreliefs, ebenda 229-251; Römische Bildwerke im Nationalmuseum zu Pest, Arch.-Epigr. Mitt. Österreich 13, 1890, 43-72; Statue eines Tänienträgers im Piräus, Athen. Mitt. 19, 1894, 137-139; Dionysosdarstellung als Bronzestatuette im Nationalmuseum, Arch. Ért. 16, 1896, 1-3; Bronzestatuette des Herakles, ebenda 118-120; Über römische Plastik in deutschen Provinzialmuseen, Korrbl. Westdt. Zeitschr. 1896, 223f.; Die Berliner Mänade und ihre Ergänzung durch Carl Rumpf, Berichte des Freien Deutschen Hochstifts 13, 1897, 105-112; Reliefstatue der Minerva aus Heddernheim, Mitt. über röm. Funde in Heddernheim 2, 1898, 1-4;

Über den Alexandersarkophag von Sidon, Berichte des Freien Deutschen Hochstifts 15, 1899, 304-315; Die Kultdenkmäler der sog. „Thrakischen Reiter", Jahrb.DAI 19, 1904, 11-17; Die Darstellung der Tiere in der antiken Kunst, in: Ber. Senckenberg. Naturforsch. Ges. 41, 1910, 267-305.

3) J. Ziehen, Kunstgeschichtliches Anschauungsmaterial zu Lessings Laokoon (1899, ²1905, ³1910, ⁵1922); Kunstgeschichtliches Anschauungsmaterial zu Goethes Italienischer Reise (1906, ²1923); Kunstgeschichtliches Anschauungsmaterial zu Homers Ilias und Odyssee (1909, ²1925). Siehe auch: Über die Verbindung der sprachlichen und sachlichen Belehrung (1902); Zur Kunstdarstellung der Metamorphosen, Berichte des Freien Deutschen Hochstifts 7, 1891, 3-12, und Kunstgeschichtliche Erläuterungen zu Lessings Laokoon (1899).

klassischen Altertums die Gründung der Frankfurter Universität im Jahre 1914. Überlegungen, die Archäologie mit einer ordentlichen Professur auszustatten, lassen sich bis in das Jahr 1910 zurückverfolgen. In einem Schreiben des Rektors der Akademie an Oberbürgermeister Franz Adickes, dessen Initiative und Beharrlichkeit Frankfurt seine Universität verdankt, wird festgestellt: *„Die alte Geschichte nebst römischer Archäologie wird durch einen Dozenten im Nebenamt gelehrt."*[4] Damit ist offenbar der lehrbeauftragte Direktor der RGK gemeint, in dessen Lehrveranstaltung die (römische) Archäologie anscheinend eher die Rolle einer Hilfswissenschaft für die Alte Geschichte innehatte. Nach Ansicht des Kollegiums seien für eine philosophische Fakultät je eine Professur für griechische Philologie, lateinische Philologie, Philosophie, Kunstgeschichte, Versicherungs- oder reine Mathematik, mittelalterliche Geschichte *„sowie ein Extraordinarius für alte Geschichte und Archäologie"* notwendig. Damals dachte man also vor allem an eine Institutionalisierung des Lehrauftrags für Alte Geschichte und Archäologie. Gleichzeitig suchte man aber eine engere Verbindung mit der Altphilologie herzustellen, um die archäologischen Denkmäler als Anschauungsmaterial in der Ausbildung von Latein- und Griechischlehrern nutzen zu können. Denn weiter heißt es, daß *„für den Althistoriker 1 Uebungs- und 1 Leiterzimmer, möglichst in räumlicher Nähe der Altphilologen"* vorzusehen sei. Während auch in der überarbeiteten Denkschrift über die Gründung der Universität vom Februar 1911 noch immer ein *„Archäologe zugleich Alte Geschichte"* genannt wird[5], heißt es im Vorwort zu den Gutachten für die Berufung des ersten Professors für Archäologie im Juli 1913, dieser solle *„die Archäologie als ein besonderes selbständiges Fach im Sinne einer Kunstwissenschaft (zu) entwickeln, daneben aber doch auch jene enge Fühlung mit den philologischen und geschichtlichen Disziplinen einhalten."*[6] Und weiter: *„Als Kunstwissenschaftler wird der Archäologe sein Hauptarbeits- und Unterrichtsfeld in der griechischen Monumental-Ueberlieferung zu sehen haben. Die einzigartige Lage Frankfurts aber im Limesbogen inmitten einer überreichen, die Teilnahme des Studierenden unaufhörlich herausfordernden römisch-germanischen Ueberlieferung verlangt für unsere Universität dringend einen Mann, dem diese Dinge nicht stumm bleiben, der seine Hörer zu ihrem Studium, ihrer Erkenntnis anzuregen versteht."* Demnach hatten sich die Vorstellungen über die Ausrichtung der Archäologie an der neuen Universität in bemerkenswerter Weise geändert. Die Archäologie sollte nunmehr als Kunstwissenschaft betrieben werden, was damals gleichbedeutend mit der Erforschung der griechischen Kunst war. Daher hatte der neue Lehrstuhlinhaber nur *„soweit wie möglich, auch die römisch-germanische Forschung im Unterricht zu berücksichtigen"*[7]. Die „römisch-germanische" Archäologie wurde damals – und das ist bis heute so geblieben – mit der Alten Geschichte verbunden, was sich in der Berufung Eduard Walter Barthels niederschlug. Als dieser kurz darauf zum Direktor der RGK ernannt wurde, lehrte er als Honorarprofessor provinzialrömische Archäologie an der Universität (*s. Beitrag Scholz*).

Des weiteren oblag dem klassischen Archäologen die *„Begründung eines archäologischen Seminars mit Bibliothek und Studiensammlung, voraussichtlich die*

---

4) Inst. f. Stadtgesch., MagAkt S 29, 1600 Bd. 1, Schreiben vom 15.2.1910, S. 4, 7f.

5) R. Wachsmuth, Die Gründung der Universität Frankfurt am Main (1929) 171ff. bes. 186.

6) Geheimes Staatsarchiv Preußischer Kulturbesitz (GStAPK) 1. HA Rep. 76 Va, Kultusministerium, Sekt. 5, Tit. 4 Nr. 4 Bd. 1, Bl. 20ff.

7) UA. Personal-Hauptakte Hans Schrader, Abschrift der Vereinbarung mit dem Ministerium der geistlichen und Unterrichtsangelegenheiten (U I Nr. 924.1) vom 16.4.1914.

Aufstellung, Verwaltung und Mehrung einer Abguß-sammlung[8]. Deshalb schlug die Kommission an erster Stelle den Bauforscher Ferdinand Noack (1865-1931) *„als den ältesten und reifsten"* vor, der damals in Tübingen lehrte und vor allem durch seine 1910 erschienene „Baukunst des Altertums" bekannt geworden ist. An zweiter Stelle wird insbesondere wegen seiner Vielseitigkeit Hermann Thiersch (1874-1939), damals Universität Freiburg, genannt, der eine große Familie und ein kleines Gehalt habe und daher jedem besser bezahlten Ruf folgen müsse. Schließlich käme noch Ludwig Curtius (1874-1954), damals in Erlangen, in Frage, den Adolf Furtwängler als einen seiner besten Schüler geschätzt habe. Ferner seien Arnold von Salis, damals außerordentlicher Professor in Rostock, der Gießener Professor Carl Watzinger sowie August Frickenhaus aus Straßburg empfohlen worden.

Um es vorwegzunehmen: Keiner der hier genannten erhielt den Ruf auf den ersten Lehrstuhl für Klassische Archäologie an der Frankfurter Universität, sondern Hans Schrader (*Abb. 148*)[9]. Am 15. Februar 1869 in Stolp (Pommern) geboren, wo er auch das örtliche Gymnasium besuchte, hatte er von 1888 bis 1894 zuerst ein Semester lang in Marburg, dann in Berlin Kunstgeschichte, Philologie und Geschichte studiert. Zu seinen Lehrern gehörten Adolf Furtwängler, Carl Robert und vor allem Reinhard Kekulé, dem er sich zeitlebens eng verbunden fühlte. Ihm verdankte er auch die Teilnahme an den Ausgrabungen in Priene, die zwischen 1895 und

1898 unter Theodor Wiegands Leitung stattfanden und im Jahre 1904 veröffentlicht wurden[10]. In Priene zog sich Schrader eine Malariainfektion zu, die ihm über Jahre hinweg immer wieder gesundheitlich zu schaffen machte und auch seine Berufung nach Frankfurt beinahe verhindert hätte. Mit Theodor Wiegand (1864-1936), den er schon aus Studienzeiten kannte, verband ihn nicht nur eine lebenslange Freundschaft. Bei Wiegands Verlobung mit Marie von Siemens, der zweiten Tochter des Gründers und Direktors der Deutschen Bank, Georg von Siemens, lernte Schrader dessen jüngste Tochter Lotte kennen, mit der er sich am 30. August 1901 vermählte[11]. 1899 wurde Schrader Direktorial-Assistent an den Königlichen Museen zu Berlin und im Jahre 1901 Zweiter Sekretär des Archäologischen Instituts in Athen. Dort kamen auch sein Sohn Hans Georg und die Töchter Liselotte und Maria Barbara zur Welt, während Katharina in Innsbruck geboren wurde, wohin Schrader 1905 einem Ruf als ordentlicher Professor an die Universität gefolgt war. 1908 nach Graz berufen, wechselte er 1910 nach Wien, wo er zugleich Direktor der Kaiserlichen Antikensammlungen wurde. Schrader war also in Wien, als es in Frankfurt darum ging, den ersten Lehrstuhl für Klassische Archäologie zu besetzen. Die besonderen Umstände, wie es zu seiner Berufung kam, sind eine nähere Betrachtung wert.

Aus seinen Briefen an Theodor Wiegand, den damaligen Leiter der Antikensammlung der Königlich Preußischen Museen in Berlin, geht nämlich hervor, daß

8) Siehe Anm. 6.

9) Zum Lebenslauf s. P. Hommel, Hans Schrader, in: R. Lullies / W. Schiering (Hrsg.), Archäologenbildnisse (1988) 170ff.

10) Th. Wiegand – H. Schrader, Priene. Ergebnisse der Ausgrabungen und Untersuchungen in den Jahren 1895 bis 1898 (1904).

11) Theodor Wiegand und Marie von Siemens hatten sich im November 1898 in Priene kennengelernt, als Marie gemeinsam mit ihrem Vater und ihrer älteren Schwester Lili der Ausgrabung einen Besuch abstatte-te: Th. Wiegand, Halbmond im letzten Viertel, herausgegeben und erläutert von G. Wiegand (1970) 28ff. Lotte von Siemens war damals in Priene nicht dabei. Schrader schreibt in einem Brief an Wiegand vom 3.3.1918, daß es *„jener erste Ausritt (war), den Du mit Riele und dem Schwiegervater nach Eurer Verlobung in den Tiergarten machtet, wobei ich in den Kreis der Familie eingeführt wurde"*. Alle hier und im folgenden zitierten Briefe Schraders an Wiegand befinden sich im Archiv des Deutschen Archäologischen Instituts, Berlin, Nachlaß Wiegand.

dieser sich direkt beim Ministerium für die geistlichen und Unterrichtsangelegenheiten für Schrader einsetzte und ihn während der gesamten Zeit bis zu seiner Berufung über den Stand der Dinge auf dem Laufenden hielt und beriet[12]. Schrader fühlte sich in Wien nicht mehr wohl, weil er Schwierigkeiten mit dem Erzherzog bekam, der *„zur Ausschmückung des neuen Flügels der Hofburg die Antiken- und kunstindustrielle Sammlung"* beanspruchte, so daß Schrader fürchtete, *„aufs Trockene gesetzt"* zu werden und Wiegand am 17. Januar 1913 um Rat anging. Dennoch war Schrader selbst nicht ganz wohl bei der Sache, wie er in einem Brief an Wiegand vom 15. Januar 1913 gesteht: *„An Elster* (Abteilungsdirigent und für die Hochschulen zuständiger Personaldezernent des Ministers von Trott zu Solz, Anm. d. Verf.) *habe ich nur geschrieben, daß (...) ich an meinem lebhaften Wunsche festhalte, in den Dienst meines Vaterlandes zurückzukehren, sobald sich eine Gelegenheit dazu bietet (...) Ich habe es vermieden, mich für Frankfurt anzumelden. Mir schien der Wink deutlich genug. Es kommt mir so ganz ungewöhnlich vor, sich mit solchen Wünschen* direkt *ans Ministerium zu wenden. Noch ist mir nicht klar, wie eine solche Bewerbung aufgenommen werden würde."*

In der Tat war dieses Vorgehen besonders brisant, weil gerade das Berufungsverfahren im Vorfeld der Universitätsgründung ein besonders heikler Verhandlungspunkt zwischen Frankfurt und dem preußischen Staat war. Während die Frankfurter Institutionen, die den Kern der neuen Universität stellten, sich ursprünglich das Recht auf die Berufung der Professoren nicht nehmen lassen wollten, bestand man in Berlin darauf, daß Universitäten, auch wenn keine staatlichen Mittel in Anspruch genommen würden, „Veranstaltungen des Staates" seien und die Professoren mithin vom Kaiser ernannt werden müßten, wobei die Universitäten freilich das Recht hätten, drei Personen vorzuschlagen. Vor allem die konservativen Parteien im Parlament hatten größte Bedenken gegenüber der Frankfurter Privatinitiative, wollte man doch verhindern, *„daß die Geldmächte Frankfurts und die politischen Parteien auch nur den geringsten Einfluß bei der Besetzung der Professuren gewinnen"*[13]. Deshalb mußte die Tatsache, daß Schrader über das Ministerium ins Spiel gebracht wurde, hier höchstes Mißtrauen hervorrufen.

Während Schrader also das Jahr 1913 in banger Erwartung in Wien verbrachte, erstellte die Frankfurter Berufungskommission, die sich aus Lehrkräften der Akademie für Sozial- und Handelswissenschaften zusammensetzte, mit Datum vom 24.7.1913 ihre Dreierliste – ohne Schrader zu berücksichtigen[14]. Erst im September scheint Adickes von seinem Verhandlungspartner im

---

12) Brief Schraders an Wiegand vom 4.1.1913: *„Lieber Theo, Hab schönsten Dank für Deinen freundlichen Neujahrsbrief mit den interessanten Nachrichten über Frankfurt. Ich bin Dir sehr dankbar, wenn Du bei Naumann* (Abteilungsdirektor im Ministerium von Trott zu Solz, Anm. d. Verf.) *vorsichtig sondierst und etwaigen Bedenken wegen meiner Gesundheit einen Riegel vorschieben willst."* Auch in mehreren weiteren Briefen dankt Schrader Theodor Wiegand für seine Hilfe oder weist auf seine Unterstützung hin: Siehe z.B. die Briefe vom 15.1.1913 (*„Jedenfalls danke ich Dir sehr für alles was Du in dieser Sache thust."*), 7.11.1913 (*„Ich bin Dir dankbar für alles was Du in dieser Sache tun willst."*), 28.1.1914 (*„Mündlich und durch Dich geht es überhaupt leichter."*), 27.4.1914 (*„Dank aber auch Dir, lieber Theo! Du hast rührend für mich gearbeitet: ich spüre es auf Schritt und Tritt."*).

13) GStAPK 1. HA Rep.76 Va Sekt. 5 Tit.I Nr.1 Bd.1, S. 187: Protokoll der Sitzung des Abgeordnetenhauses vom 4.4.1913. Abgeordneter Dr. Kaufmann, Zentrum. Siehe auch Hammerstein 23f.; P. Kluke, Die Stiftungsuniversität Frankfurt am Main 1914-1932 (1972) 86ff.; Wachsmuth a.a.O. 219f.

14) Interessant ist ein Satz in Schraders Brief an Wiegand vom 17.7.1913: *„In Frankfurt scheint vorläufig eine archäolog. Professur* nicht *geplant; so wenigstens hat Braunfels nach Besprechung mit Adickes sich geäußert."* Es handelt sich offenbar um eine Ausrede, derer Adickes sich bediente, um der Kommission nicht vorzugreifen. Die Identität des Herrn Braunfels (vielleicht der Frankfurter Bankier Otto Braunfels?) konnte nicht festgestellt werden.

Ministerium konkret auf Schrader angesprochen worden zu sein[15], woraufhin er die Frankfurter Kommission um ein zusätzliches Gutachten bat. Das freilich, am 22.12.1913 eingereicht, fiel nicht sehr günstig aus. Zwar werde Schrader „*übereinstimmend als ein begabter, sehr feiner und geschmackvoller Gelehrter und trefflicher Schriftsteller geschildert*". Doch würden hauptsächlich seine vermeintliche Spezialisierung auf die Kunst Athens und sein angeblich geringes Interesse an der „*römisch-germanischen Ueberlieferung*" bemängelt sowie sein Gesundheitszustand, der Zweifel an seiner Fähigkeit aufkommen ließ, ein neues Universitätsinstitut aufzubauen[16].

Diesem Gutachten der Kommission trat nun in einem erstaunlichen Vorgang Adickes in seiner Eigenschaft als Vorsitzender des Großen Rates der Akademie für Sozial- und Handelswissenschaften in einem Gespräch mit dem zuständigen Abteilungsdirektor im Mini-

sterium Naumann[17] und in seiner Stellungnahme vom 27.3.1914 energisch entgegen, wobei er betont, daß er sich bisher immer dem Urteil der Kommission angeschlossen habe, in diesem Fall aber eine Ausnahme machen müsse. Sein Gutachten stützt sich auf den damaligen Direktor des Städelschen Kunstinstituts Georg Swarzenski, den Wiener Kunsthistoriker Max Dvorak, den gerade von Wien nach Frankfurt berufenen Graecisten Hans von Arnim, den Bonner Archäologen Franz Winter, Erich Pernice in Greifswald und Theodor Wiegand selbst[18]: Dieser „*habe es als selbstverständlich bezeichnet, daß Schrader auch der römisch-germanischen Forschung in vollem Maße das vom Unterricht erforderte Interesse entgegen bringen würde*". Von Arnim habe Schrader als eine „*auf sich selbst beruhende, eigenartige Persönlichkeit (...) bezeichnet (...), welche auf die Studenten unfehlbar grossen und nachhaltigen*

---

15) vgl. Schraders Brief an Wiegand vom 20.9.1913: Braunfels habe ihm mitgeteilt, daß er in Frankfurt von ihm gesprochen und Adickes sich entgegenkommend gezeigt habe. Ein von Schrader eigenhändig verfaßter und Adickes' Gutachten beiliegender Lebenslauf mit Angaben über seine fachlichen Schwerpunkte (insbesondere sein Verhältnis zu Kekulé) und seinen Gesundheitszustand sowie der Feststellung, daß ihn der Wunsch bewege, nach Deutschland zurückzukehren, trägt ebenfalls das Datum 20.9.13. Dieser vielleicht von Braunfels angeregte Brief kann als die erste offizielle Bewerbung Schraders aufgefaßt werden.

16) GStAPK 1. HA Rep.76 Va Sekt. 5 Tit.4 Nr. 4 Bd.1, Bl. 20ff.: Im Gutachten der Kommission wird u.a. kritisiert, daß „*ihm die eingehendere Kenntnis des Gesamtgebietes*" abgehe und er weder in Innsbruck, noch in Graz oder Wien „*eine energische und umfassende Lehrtätigkeit geübt*" habe, so daß einer der Berater schreibe: „*Das Creiren eines Faches an einer Hochschule würde ich ihm nicht anvertrauen.*" Interessant ist, daß Schrader schon in seinem Brief vom 7.11.1913 an Wiegand, offenbar auf dessen Nachfrage hin, genau auf diese Kritikpunkte eingeht: „*Ich fühle mich seit dem Frühjahr ganz gesund und sehr leistungsfähig und arbeitslustig (...) Ich sehe keine Schwierigkeit darin, den Anforderungen, die in F. an mich herantreten werden, gerecht zu werden. Bau und Einrichtung eines archäol. Instituts würden*

mir sogar besondere Freude machen und mich sehr reizen. Die Zahl der Zuhörer in meinen Vorlesungen hat sich in den Jahren, die ich hier bin, stetig gehoben (...) Also sag ruhig den Leuten, daß sie keine Sorge zu haben brauchen."

17) GStAPK 1. HA Rep.76 Va Sekt. 5 Tit.4 Nr. 4 Bd. 1, Bl. 1: Brief Adickes als Vorsitzender des Großen Rates der Akademie für Sozial- und Handelswissenschaften vom 22.12.1913 an das Ministerium mit der Bitte, „*zunächst ganz vertraulich einige Anstellungsfragen zu besprechen*". In seinem Bericht über diese Gespräche (ebenda Bl. 14), die vom 3.-5.2.1914 stattfanden, schreibt Naumann, daß Adickes gegenüber der Kommission an Schrader festhalte.

18) GStAPK 1. HA Rep.76 Va Sekt. 5 Tit. 4 Nr. 4 Bd. 1, Blätter 18-38, bes. 18ff. (Adickes-Gutachten), 25 (Postkarte Wiegands, undatiert), 26 (Brief Dvoraks vom 1.12.1913), 27 (Brief Hirschs vom 27.9.1913), 28 (Brief Swarzenskis an Adickes vom 28.11.1913), 29f. (Brief Winters vom 23.1.1914), 31f. (Auszüge aus einem Brief Schraders), 33 (Auszüge aus Schraders Brief an Wiegand vom 7.11.1913), 34 (Brief Pernices vom 23.1.1914). Der Wortlaut dieser Briefe legt zuweilen die Vermutung nahe, daß nicht alle an Adickes, sondern manche, wie die Auszüge aus Schraders Brief vom 7.11.1913, an Wiegand gerichtet waren, der also möglicherweise als treibende Kraft angesehen werden muß.

Eindruck machen werde".[19] Dvorak stellte heraus, daß vor allem die Kunsthistoriker, die Schraders Übungen besuchten, ihn loben *„und sagen, er sei ein ganz ausgezeichneter Lehrer".* Winter betonte, *„Schrader ist nicht nur solider, sondern auch erheblich vielseitiger ausgebildet, als die übrigen Fachgenossen, die wie ich mir denke, in Betracht gezogen werden können. Er ist überhaupt von allen heutigen Archäologen der am vielseitigsten ausgebildete."* Ferner hebt er hervor, *„daß Schrader die Kunst als Kunst behandelt, mit feinstem künstlerischem Verständnis, dabei durch strengphilologische Schulung vertraut mit allen der archäologischen Kunstforschung notwendigem Rüstzeug".* Swarzenski ging von einem Buch Schraders – offensichtlich die gerade erschienene „Auswahl archaischer Marmorskulpturen im Akropolismuseum zu Athen"[20] – aus, das *„methodisch einen tadellosen und überzeugenden Eindruck"* auf ihn gemacht habe. Er *„finde, daß Schraders Exegesen derart meisterhaft sind, korrekt, fein und reif in der Betrachtung, knapp und klar in der Darstellung"* und glaube nicht, *„daß es viele Archäologen giebt, die das so können".* Dr. Hirsch aus Göttingen schließlich, *„überzeugt, daß er in heimischen Landen gefeiert sein wird gegenüber Nervenerregungen",* zerstreute Besorgnisse wegen Schraders Gesundheitszustand. Und Pernice schrieb: *„Wenn Sie einen ausgezeichneten Archäologen wie Schrader haben können, so rate ich Ihnen, so schnell wie möglich zuzugreifen."* Wie so oft, liegt die Wahrheit auch diesmal etwa in der Mitte. In Hans Schrader verpflichtete man einen Archäologen, dem vor allem die griechische und insbesondere attische Plastik am Herzen lag. Von einer allzu einseitigen Spezialisierung konnte aber nicht die Rede sein. Er verfügte über Grabungserfahrung, kannte die antiken Denkmäler aus eigener Anschauung, war im Museumswesen tätig und mit, wenn auch ungeliebter, Verwaltungsarbeit vertraut. Besonderes Interesse für die römischen Hinterlassenschaften in Deutschland scheint er in der Tat nicht gehabt zu haben, was allerdings angesichts der Tatsache, daß dieses Gebiet von dem Direktor der RGK vertreten wurde, auch gar nicht erforderlich war. Seine labile Gesundheit freilich behinderte sein Wirken auch in Frankfurt und sollte letztlich zu seinem vorzeitigen Ausscheiden aus der Universität führen. Im großen und ganzen jedoch entsprach er, besonders *„als Kunstwissenschaftler",* der *„doch auch jene enge Fühlung mit den philologischen und geschichtlichen Disziplinen"* wahrte, dem Anforderungsprofil der Frankfurter Berufungskommission in ganz außerordentlicher Weise. Was Adickes dazu veranlaßt haben könnte, sich so energisch zu Schraders Fürsprecher zu machen, ist schwer zu beurteilen. Möglicherweise versprach er sich für die ganz auf Privatmittel angewiesene junge Universität gewisse Vorteile durch Schraders gute Beziehungen zur Deutschen Bank[21].

Von allen diesen Vorgängen scheint der in Wien auf heißen Kohlen sitzende Schrader nur bruchstückhaft unterrichtet gewesen zu sein. Mal wirft er sich seine geringen Chancen vor, dann wieder schöpft er neue Hoffnung, als sein Wiener Kollege von Arnim einen Ruf

---

19) Wahrscheinlich während seiner eigenen Berufungsverhandlungen in Frankfurt, wie aus Schraders Brief an Wiegand vom 13.3. hervorgeht: *„Es scheint, daß er* (von Arnim, Anm. d. Verf.) *bei einer früheren Verhandlung in Frankfurt nach mir gefragt wurde, gute Auskunft gab und den Eindruck erhielt, daß man mich haben wolle."*

20) Es könnte sich allerdings auch um ein Manuskript über Phidias gehandelt haben, auf das in dem Gutachten der Kommission hingewiesen wird.

21) In dem schon (oben Anm. 17) genannten Schreiben an Naumann findet sich die bemerkenswerte und sachlich unrichtige Formulierung: *„Vielleicht können Sie sich leicht über ihn* (Schrader, Anm. d. Verf.) *orientieren, da er die großen Ausgrabungen als Schwiegersohn von Siemens' mitgemacht hat."*

nach Frankfurt erhält[22]. Noch am 13. März schreibt er an Wiegand: *„Ich hoffe, ich höre nun bald mal direkt von F."* Doch erst am 7. April 1914 wird er erlöst: *„Lieber Theo, Also die Sache wird! Ich war baff, als ich, eine Stunde vor der Abfahrt in die Wachau, Elsters Brief bekam, den er am 3.IV. abgeschickt hatte, wenige Tage nachdem Adickes' Gutachten eingetroffen war. Ein wahrer Segen! (...) Mir ist ganz so, als ob ich jetzt aus einer ganz unhaltbaren und schiefen Stellung in eine feste, klare und passende versetzt werde. Eine wahre Befreiung!"* Geradezu euphorisch berichtet Schrader über seine ersten Frankfurter Eindrücke, die er Ende April bei seinen Berufungsverhandlungen erhielt[23]: *„Ich habe hier sehr glückliche Tage erlebt. Frankfurt entzückt mich, Adickes ist ein Prachtkerl und war in der ersten halben Stunde für mein Projekt vom Gipsmuseum im Dachgeschoss der neuen Universität (mit großem Lift natürlich!) gewonnen, das doch alle seine eigenen Absichten durchkreuzte: er wollte die Gipse beim Städel lassen, 1/2 Stunde von der Universität. Das ging ja nicht, da ich unbedingt den Anschluß an die Philologie und Altertumskunde brauche. (...) Noch sind einige Schwierigkeiten zu überwinden. Ich vertraue auf die Wucht der großen Persönlichkeit des Adickes. Was ist das fein, mit einem so großzügigen Menschen zu tun zu haben, der*

zugleich alle feinen Mittel der Verwaltungsleitung wie ein gut gestimmtes Klavier spielt. Deutschland, die Heimat, der grosse Auftrieb den hier alles hat, all das hat mich bezaubert. Ich fühle mich jung und wie von Ketten befreit. Gottseidank daß das jetzt kommt, wo ich gesund und elastisch genug bin, mich hier durchzusetzen. (...) Grüß Riele (Marie Wiegand, geb. von Siemens, Anm. d. Verf.) *schönstens von mir und Deine netten Jungen. Die sollen mal die Saalburg anschauen: sie ist doch sehr anschaulich. Ich war gestern oben."*

Bei seinen Verhandlungen bestand er also auf der unmittelbaren räumlichen Nähe der Altphilologie, der Alten Geschichte und der Klassischen Archäologie mitsamt der Sammlung von Gipsabgüssen antiker Plastik. Er setzte durch, daß für die Abgüsse des Städel, die die Stadt der Universität bei ihrer Gründung überließ, Sammlungsräume im damals in Planung befindlichen Anbau des Jügelhauses geschaffen wurden, was nur unter Preisgabe des geplanten Auditorium Maximum möglich war[24]. Der Gipsabgußsammlung galt Schraders besondere Aufmerksamkeit während seiner Frankfurter Jahre (*s. Beitrag Mandel*). Gelder aus dem städtischen Fonds für Nachbildungen und günstige Preise für Abgüsse aus Berlin, die ihm Wiegand verschaffte[25], ermöglichten einen raschen Ausbau, der dazu führte, daß die Gips-

22) In einem Brief vom 28.1.1914 vermutet Schrader angesichts von Arnims Ruf nach Frankfurt, *„daß man, wenn man so viel für den Graecisten ausgeben muß, gern am Archäologen sparen wird. Dadurch steigen vielleicht meine Chancen"*. Er glaubt, der von der Kommission an erster Stelle vorgeschlagene Noack habe *„eben wegen seiner voraussichtl. hohen Forderungen geringe Chancen."* Allerdings will sich Schrader auch *„nicht selber als den 'billigen' Mann hinstellen!"* Vgl. auch die Briefe vom 30.1., 10.2., 13.2. und 13.3.

23) Brief Schraders an Wiegand vom 27.4.1914, Hotel Deutscher Kaiser.

24) Vgl. Brief vom 23.5.1914 und Inst. f. Stadtgesch., MagAkt S 29, 1671 Bd. 1, Schreiben des Rektors der Akademie (Wachsmuth) vom 23.4.1914 an die Mitglieder der Baukommission der Jügelstiftung mit

der Ankündigung, daß Adickes als Vorsitzender der Baukommission beantragen werde, das Audimax aufzugeben und an seiner Statt Seminarräume und Raum für die archäologische Abgußsammlung zu schaffen; Adickes' Brief trägt das Datum 24.4.1914. Am 6.5.1914 bestätigt OB Voigt, daß der Große Rat der Akademie dem Antrag zugestimmt habe. Er hält es für möglich, daß die Stadt aus dem Fonds für Nachbildungen eine bestimmte Summe für die *„Baukosten oder zu den Unterhaltungs- und Betriebskosten"* bereitstellt, damit die Sammlung öffentlich zugänglich gemacht werden kann.

25) In einem Brief vom 10.5.1914 dankt Schrader Theodor Wiegand für das Angebot, bei größeren Gipsbestellungen günstige Preise einzurichten.

sammlung schon in der Mitte der 20er Jahre aus allen Nähten platzte[26]. Die Gipsabgußsammlung war nicht nur eine zu bestimmten Zeiten beaufsichtigte, der Öffentlichkeit zugängliche Schausammlung, sondern auch unentbehrliches Hilfsmittel für Schraders Forschungen zur antiken Plastik.

In der ersten Zeit ging es aber auch darum, die Bibliothek aufzubauen, weshalb Schrader sich erfolgreich um die nachgelassenen Bücher des im Jahre 1914 verstorbenen Archäologen Alexander Conze bemühte. Im Jahre 1925 kamen Bücher aus dem Nachlaß Julius Ziehens hinzu. Ein im Jahre 1919 von dem Kunsthistoriker Swarzenski angeregter Lehrstuhl für Ägyptologie kam, obgleich von der Philosophischen Fakultät, dem Kuratorium der Universität und dem Frankfurter Oberbürgermeister Voigt befürwortet, dann doch nicht zustande[27].

Von Schraders Schülern ist einzig Karl Volkert bekannt, der 1931 mit einer Arbeit über das Akroter in der griechischen Baukunst promoviert wurde[28].

Am 24. November 1930 schrieb Schrader an seinen Freund Theodor Wiegand: *„Lieber Theo, heute habe ich dem Ministerium mein Gesuch um Emeritierung übersandt.“* Schrader litt seit einer Lungenentzündung im

Jahre 1924 an völliger Schlaflosigkeit, was ihn zu häufigen längeren Unterbrechungen seiner Lehrveranstaltungen zwang[29]. So sah er sich *„zu diesem mir sehr schwer fallenden Schritt gedrängt“*, seine *„Entpflichtung“* zu beantragen. Das *otium cum dignitate* nutzte er, die vollständige Bearbeitung der archaischen Marmorskulpturen der Akropolis von Athen zu beenden, die er bereits 1895 in Athen begonnen hatte. Diese Aufgabe hatte sich Schrader nach einer gründlichen Sichtung in den Jahren 1904 bis 1908 vorgenommen, konnte sie aber wegen des 1. Weltkriegs erst 1925 fortsetzen. Für sein Lebenswerk gewann er 1927 den jungen Walter-Herwig Schuchhardt (1900-1976) als Mitarbeiter. Der hatte in Tübingen, Heidelberg und Göttingen studiert und war im Mai 1922 mit einer Arbeit über „Die Meister des grossen Frieses von Pergamon“ promoviert worden, die 1925 erschien. Im März 1929 habilitierte er sich in Frankfurt mit einer „Der Parthenonfries und die Weihreliefs des 5. Jahrhunderts“ betitelten Untersuchung und trat am 1. April die Stelle des außerplanmäßigen Assistenten der drei altertumskundlichen Fächer an, die er bis 1935 innehatte[30]. Bis zur Veröffentlichung des bis heute maßgebenden Werkes im Jahre 1939, an dem auch Schraders Nachfolger in Frankfurt Ernst Langlotz mitwirkte, blieb Hans Schrader in

---

26) Inst. f. Stadtgesch., MagAkt S 29, 1600 Bd. 1, Denkschrift des Rektors (Prof. Gerloff) der Universität zur Frage der räumlichen Erweiterung der Universität vom 15.3.1927, S. 14: *„Besonders ungünstig liegen die Dinge beim Archäologischen Institut. Eine Erweiterung der Räume des Instituts ist eine dringende Notwendigkeit. Die Schauräume und sämtliche Nebenräume sind überfüllt, obwohl noch wichtige Neuanschaffungen vorzunehmen sind.“* Im Winter 1931/32 wurde die Abgußsammlung in das Gebäude Bockenheimer Landstraße 136 verlegt.

27) Inst. f. Stadtgesch., MagAkt 1695 Bd. 1, Lehrkräfte 1912-1925: Schreiben Swarzenskis an OB Voigt vom 24.3.1919 und vom 25.3.1919, Schreiben Voigts an Stadtrat Meckbach vom 4.4.1919 mit Vermerk vom 19.5.1919 des Stadtdirektors Heydler auf der Rückseite.

28) Karl Volkert (* 12.3.1907 in Frankfurt) studierte klassische Archäologie und Philologie vom SS 1926 bis SS 1928 in Frankfurt, im WS 1929/30 und SS 1930 in Berlin und kehrte dann nach Frankfurt

zurück, wo er im Juni 1931 seine Dissertation einreichte. Von der Arbeit wurde nur ein Teil publiziert: Das Akroter in der antiken besonders der griechischen Baukunst. 1. Teil: Archaische Zeit (1932). Er wird von Schrader in einem Brief vom 4.1.1929 Wiegand wärmstens ans Herz gelegt; Volkert sei zwar *„noch sehr jung, im 5. Semester, aber recht reif und ich habe ihm als Doktorarbeit eine Übersicht über die Akroterien an griechischen und eventuell auch an etruskischen Bauten gegeben“*.

29) Schraders Vorlesungen mußten in den Sommersemestern 1923, 1924, 1927, 1929 und 1930 sowie in den Wintersemestern 1926/27, 1927/28 und 1930/31 wegen Krankheit oder wissenschaftlicher Arbeiten ausfallen.

30) UA. Personal-Akte der Philosophischen Fakultät, Personal-Hauptakte und Rektoratsakte Walter-Herwig Schuchhardt. Aus seiner Habilitationsschrift ging der Aufsatz Die Entstehung des Parthenonfrieses, Jahrb.DAI 45, 1930, 218-280 hervor.

Frankfurt, zog sich dann aber auf das Gut seiner Frau in Reinsdorf in der Mark zurück. Nach der Enteignung des Gutes bei Kriegsende zog die Familie nach Berlin, wo Hans Schrader am 5. November 1948 starb.

Über die Zahl der damaligen Archäologie-Studenten liegen leider keine Statistiken vor. In einem Brief an Wiegand schreibt Schrader gleich zu Beginn seiner Tätigkeit in Frankfurt (6.12.1914): *„Meine Collegs gehen auch gut. In den Übungen 8 Mann (richtig ... Männer!). In dem Kolleg über Klein-Asien sind die drei alten Herrn, von denen ich Dir wohl schrieb, fleißig und sehr dankbare Hörer; aber auch da sind im ganzen wohl 20 – nur 2 od. 3 Damen dabei."* Zur Beurteilung der inhaltlichen Gestaltung der Lehrveranstaltungen muß ein Blick in die Vorlesungsverzeichnisse genügen: Der zeigt nun, daß Schrader ein System von Vorlesungen beibehielt, das in erster Linie Grundlagenwissen vermitteln sollte. Seine Vorlesungen waren nämlich auch Bestandteil der Lehrerausbildung und richteten sich sowohl an Studierende der Fächer „Klassische Philologie und Archäologie" als auch an die der „Kunstgeschichte". Seinem Lehrer Kekulé folgend[31], führte er in einem zuerst fünf-, dann viersemestrigen Vorlesungszyklus in die „Griechische Kunstge-

schichte" von der archaischen bis zur hellenistischen Zeit ein, dem mit einer Ausnahme jedesmal eine Vorlesung über „Griechische Baukunst" voranging[32]. Zu diesem Zyklus trat im allgemeinen jeweils eine Vorlesung zu den wichtigsten Denkmälergattungen, zur antiken Topographie oder Ikonographie hinzu. So las er fünfmal über griechische Malerei, einmal über Städtebau und fünfmal ging es um das antike Porträt[33]. Von den fünf Vorlesungen über griechische Plastik galten drei dem athenischen Bildhauer Phidias[34]. In diesen Vorlesungen dürfte Schrader die Ergebnisse seiner langjährigen Forschungen über den bedeutendsten Künstler Athens im 5. Jh.v.Chr. vorgestellt haben, die er im Jahre 1924 in einem von Anfang an umstrittenen Buch veröffentlichte[35]. Um Phidias wird es – zumindest zeitweise – sicher auch in den zwei der Akropolis von Athen gewidmeten Vorlesungen gegangen sein, die zu den insgesamt sechs Veranstaltungen zu Problemen der antiken Topographie gehörten[36]. Zwei Vorlesungen behandelten ikonographische Themen[37]. Zusätzlich zu den Vorlesungen gab es in jedem Semester archäologische Übungen, die wohl in der Abgußsammlung stattfanden. Schrader konnte sich ganz auf die griechische Archäologie beschränken, da vom Wintersemester 1916/17 an bis zum Sommersemester

---

31) vgl. H. Schrader, R. Kekulé von Stradonitz, Biogr. Jahrb. f. Altertumskunde 1913, 27.

32) WS 1914/15 Baukunst, SS 1915-SS 1917 Griechische Kunstgeschichte I-V; dasselbe im WS 1917/18 und in den SS 1918-SS 1920; WS 1920/21 Malerei, SS 1921-SS 1923 Griechische Kunstgeschichte I-V; SS 1924 Baukunst, WS 1924/25-SS 1926 Griechische Kunstgeschichte I-IV; dasselbe SS 1927 und WS 1927/28-SS 1929; WS 1929/30 Baukunst. Der sechste Zyklus, den er für das SS 1930 und WS 1930/31 als Griechische Kunstgeschichte I und II angeboten hatte, fiel wegen Krankheit aus.

33) Malerei: WS 1915/16, WS 1920/21, WS 1922/23, SS 1923 (ausgefallen), WS 1923/24, SS 1924 (ausgefallen), SS 1926 und WS 1927/28 (ausgefallen); Städtebau: WS 1920/21, SS 1929 (ausgefallen), WS 1930/31 (ausgefallen); Porträt: SS 1918, WS 1918/19, WS 1921/22, SS 1925, WS 1928/29, SS 1930 (ausgefallen).

34) WS 1919/20 und SS 20: griechische Plastik, WS 1924/25 und SS 1928: Phidias, WS 1925/26 Parthenon-Skulpturen.

35) Hans Schrader, Phidias (1924). Siehe dazu die Rezension von L. Curtius, in: Gnomon 1, 1925, 3ff. Bemerkenswert ist, daß schon der Frankfurter Berufungskommission (s. o. Anm. 16) Ende 1913 eine „Arbeit über Phidias" zur Begutachtung vorlag.

36) SS 1917: Pompeji, WS 1917/18: Priene und Milet, WS 1914/15 und SS 1922: Griechische Städte und Heiligtümer, SS 1915, WS 1926/27 (ausgefallen), SS 1927 (ausgefallen) und WS 1929/30: Akropolis von Athen.

37) SS 1916, SS 1921: Götter und Helden in der griechischen Kunst, das Thema der im WS 1925/26 angekündigten Vorlesung „Göttergestalten in der griechischen Kunst" wurde kurzfristig geändert (s. Anm. 34).

1924 der damalige Direktor der RGK Friedrich Koepp Lehrveranstaltungen zur römischen und provinzialrömischen Archäologie abhielt. Das Veranstaltungsangebot wurde außerdem durch Friedrich Drexel bereichert, der seit dem Wintersemester 1921/22 als Privatdozent und seit dem Sommersemester 1926 als Nachfolger Koepps an der Universität lehrte. Anders als Koepp beschränkte sich Drexel aber nicht nur auf die römische Forschung, wie seine Vorlesungen „Das antike Theater" im Sommer 1922 und „Kreta, Mykene und Homer" im Winter 1922/23 zeigen. Eine bedeutende Ergänzung bildeten die Veranstaltungen Schuchhardts, der im Wintersemester 1929/30 mit einer Vorlesung „Einführung in die griechische Vasenmalerei" begann. Im Semester darauf bot er eine „Geschichte des griechischen Reliefs" an, ein Gebiet, in dem er sich durch die Forschungen für seine Dissertation und seine Habilitationsschrift besonders gut auskannte und das auch das Thema seiner Antrittsvorlesung am 4. Mai 1929 war. Im Winter 1930/31 folgte eine „Einführung in die hellenistisch-römische Plastik", ein Forschungsgebiet, für das Schuchhardt seit dem Sommersemester 1933 eigens einen Lehrauftrag erhielt, um nach dem plötzlichen Tod Drexels die *„vielfach humanistischer Vorbildung entbehrenden Studierenden"* vor allem der Kunstgeschichte mit den Grundlagen der römischen Kunst vertraut zu machen[38]. In solchen Themen der Lehrveranstaltungen Schuchhardts kommt die Entwicklung, die die archäologische Forschung in den zwanziger Jahren vollzog, deutlich zum Ausdruck, indem die schärfere Differenzierung der Denkmälergattungen wie auch eine Neubewertung des Verhältnisses von griechischer und römischer Kunst sichtbar werden.

Schuchhardt vertrat Schrader fünf Semester lang bis zur Berufung von Ernst Langlotz als Nachfolger. Er sollte schließlich in Freiburg seine endgültige Wirkungsstätte finden. Einer seiner Schüler dort war Hans von Steuben, der von 1973 bis 1994 die Klassische Archäologie an der Frankfurter Universität vertrat.

---

38) UA. Personalakte Schuchhardt der Philosophischen Fakultät: Schreiben der Philos. Fakultät vom 23.1.1933.

HEIDI BODE - CATERINA MADERNA-LAUTER

Ernst Langlotz in Frankfurt (1933-1940)

Das Archäologische Institut unter Ernst Langlotz

Jena, 24. VII. 32
Rödigenweg 24
Seiner Spectabilität,
dem Herrn Dekan der Philosophischen Fakultät Frank-
furt/M.

Euer Spectabilität,
vor wenigen Tagen erhielt ich vom Preuss. Kultus-
ministerium einen Ruf an die Universität Frankfurt auf
den Lehrstuhl der Archäologie. Darf ich Euer Specta-
bilität bitten der hohen Fakultät meinen sehr verbindli-
chen Dank für das Vertrauen übermitteln zu wollen, das
sie mir bekundet hat. Ich empfinde es als große Ehre an
die Universität Frankfurt zum Lehren berufen worden zu
sein und freue mich meine Kräfte hier ganz einsetzen zu
dürfen.

In ausgezeichneter Hochachtung
Euer Spectabilität ganz ergebener
Ernst Langlotz[1]

Ernst Langlotz (*Abb. 149*) trat die durch das Ausscheiden
Hans Schraders freigewordene Professur zu Beginn des
Sommersemesters 1933 an[2]. Am 6. Juli 1895 in Ronne-
burg (Thüringen) geboren, hatte Langlotz seit 1914 in
München und Leipzig Klassische Archäologie, Phi-
lologie und Kunstgeschichte studiert. 1921 wurde er von
Franz Studniczka in Leipzig mit der bereits gedruckten
Dissertation „Zur Zeitbestimmung der strengrotfigurigen
Vasenmalerei und der gleichzeitigen Plastik" (1920) promoviert. Nach einem Stipendiatenaufenthalt in Griechenland und einer kurzfristigen Tätigkeit als Assistent
bei Ludwig Curtius in Heidelberg reiste er 1923/24 als
Stipendiat des Deutschen Archäologischen Instituts in
Griechenland und Italien. Mit seinem Werk „Frühgriechische Bildhauerschulen" (1927) habilitierte er sich
1925 bei Heinrich Bulle in Würzburg, wo Ernst Langlotz
als Privatdozent und Konservator des Martin-von-Wag-
ner-Museums wirkte, bis er 1931 zunächst als außerplanmäßiger Professor, dann als ordentlicher Professor
nach Jena berufen wurde[3].

Langlotz war nicht der erste Wunschkandidat der
Fakultät gewesen. Auf einer im Juni 1931 beim Ministerium eingereichten Liste wurde an erster Stelle Arnold
von Salis für die Wiederbesetzung vorgeschlagen, als
zweiter Kandidat Herbert Koch und als dritter Camillo
Praschniker[4]. Bei der Auswahl hatte man besonders darauf Rücksicht genommen, daß Frankfurt „*ein Mittelpunkt
römisch-germanischer Forschung*"[5] wäre und darauf,
daß alle drei Gelehrte „*an der römisch-germanischen
Forschung lebhaft Anteil nehmen und sie im akademi-*

---

1) UA. Akte d. Philosoph. Fakultät. Langlotz Ernst.

2) Das an Langlotz in Athen gerichtete Ernennungsschreiben des Preuß.
Ministers f. Wissenschaft, Kunst und Volksbildung vom 24.9.32, in:
UA., Langlotz, Ernst 1932-1940 Philosph. Fakultät, Archäol. Inst.

3) Zu Langlotz' Lebensweg vgl. die Biographien von H. Dittmers-
Herdejürgen, in: Neue Deutsche Biographie 13 (1982) 607f.; A.H.

Borbein, Gnomon 51, 1979, 706ff.; ders., in: R. Lullies - W. Schiering
(Hrsg.), Archäologenbildnisse (1988) 268f.

4) UA., Kuratorium PHA Schrader, Hans Bll. 28-31, Liste vom 8. Juni
1931.

5) ebenda Bl. 28.

schen Unterricht wirksam vertreten" würden[6]. Dem Minister jedoch erschien die getroffene Auswahl *„nicht als die geeignete Grundlage"* für seine Entscheidung, weshalb er die Philosophische Fakultät ersuchte, neue Vorschläge vorzulegen[7]. Im Dezember reichte die Fakultät erneut eine Liste beim Ministerium ein[8]. Unter Hinweis auf ihren Wunsch, die römisch-germanische Forschung in Frankfurt verstärkt vertreten zu sehen, schlug sie Herbert Koch als ersten Kandidaten vor. An zweiter Stelle erschien auf der Auswahlliste der Name Ernst Langlotz. Er arbeitete an der von Hans Schrader herausgegebenen Publikation der Akropoliskoren[9]. Auf diesen Umstand ging die Fakultät allerdings nicht näher ein, sondern stellte besonders stark Langlotz' Arbeit „Frühgriechische Bildhauerschulen" als *„das bedeutendste, kühnste und ertragreichste"* Werk in den Mittelpunkt: *„eine ganz echte, tiefeindringende, weitgreifende Forscherarbeit, von größter Wirkung auch auf die Studierenden"*[10]. Als dritten Kandidaten schlug die Fakultät Walter-Herwig Schuchardt vor, obwohl sie bei der ersten Vorschlagsliste davon Abstand genommen hatte, da sie *„Schuchardts ruhige Entwicklung eher in dem beschränkten Rahmen einer Vertretung oder einer Lehrtätigkeit an einer kleineren Universität gesichert"* sah[11].

Als Langlotz im Sommersemester 1933 seine Professur antrat, liefen an der Johann Wolfgang Goethe-Universität gerade die großen Umwälzungen an, welche die Administration, die Besetzung der Dozentenstellen und die Zulassung zum Studium betreffen sollten[12]. Noch waren Dozenten wie Max Horkheimer, Martin Buber, Ernst Kantorowicz und andere auf ihren Lehrstühlen. Die Mehrzahl von ihnen sollte noch in diesem Jahr entlassen, vertrieben oder 'beurlaubt' werden[13]. Langlotz schloß sich dem von den Nationalsozialisten argwöhnisch beäugten Kreis um den Altphilologen Karl Reinhardt an[14], in dessen Wohnung an den Samstagen Freunde, Schüler und Kollegen zusammentrafen wie der Altphilologe Walter F. Otto, gelegentlich Max Kommerell und der Kurator Kurt Riezler, später auch Uvo Hoelscher und der Philosoph Hans Lipps. Man musizierte gemeinsam, gab Sketche und selbstverfertigte Possen, las Klassiker und führte Theaterstücke auf.

Die Räume des Archäologischen Seminars befanden sich im Jügelhaus in der Mertonstraße, in Nachbarschaft zum Althistorischen Seminar und dem Seminar für Klassische Philologie. Die außerplanmäßige Assistentenstelle für alle drei Seminare vertrat bis zu seinem Wechsel nach Gießen Walter-Herwig Schuchardt[15]. Die Arbeit am Seminar war von Anfang an von starken Einsparungsmaßnahmen gekennzeichnet. Eine von Langlotz beantragte Anschaffung eines Apparates für Doppelprojektion und eines Episkopes wurden ebensowenig genehmigt[16] wie eine beantragte bauliche Veränderung

---

6) ebenda Bl. 30.

7) ebenda Bl. 33.

8) ebenda Bll. 34-35, Liste vom 15. Dezember 1931.

9) vgl. Anm. 32.

10) UA., Kuratorium PHA Schrader, Hans Bl. 34.

11) ebenda Bl. 31.

12) Hammerstein, bes. 178f. 183ff.

13) Hammerstein 220ff.

14) Hammerstein 92. 110.

15) Ihm folgten auf der außerplanmäßigen Assistentenstelle Riemann vom SS 1934 bis zum SS 1936 und wiederum für alle drei Seminare der Altphilologie Herrmann Langerbeck und die Hilfsassistenten bzw.Vertreter Rolf Nierhaus (WS 1937/38) und Karl Arno Pfeiff, ebenfalls lehrbeauftragte Philologen. Zum Haushaltsjahr 1938 wurde die Errichtung einer außerplanmäßigen Assistentenstelle für das Archäologische Institut genehmigt. Die Stelle wurde von Pfeiff vertreten, vgl. UA., Archäolog. Seminar – allgemeine Verwaltung.

16) UA., Archäolog. Seminar – allgemeine Verwaltung 1916-1951 I.

des von Langlotz für seine Vorlesungen genutzten Hörsaales[17]. Um ein Haar wäre auch der gerade eingerichtete Telefonanschluß für alle drei obengenannten Seminare den Sparmaßnahmen zum Opfer gefallen[18]. Zur Aufbesserung des Etats verkaufte Langlotz Zeitschriftenbände, die auch im Philologischen Seminar vorhanden waren, Bücherdoubletten[19] und doppelt vorhandene Abgüsse[20]. Durch die Freigabe von Räumen, die für die Gipssammlung angemietet waren, konnte das Seminar Mietkosten einsparen, von denen Langlotz hoffte, sie zur Anschaffung von Lehr- und Anschauungsmaterial verwenden zu können. Zunächst wurde dies auch genehmigt. Bereits ein Jahr später jedoch wurde dem Seminar diese Haushaltsaufbesserung gestrichen[21]. Für die finanziell prekäre Situation der Universität sprechen auch die häufigen Aufforderungen zur Altmaterialiensammlung, besonders der Hinweis, die aus dem Verkauf gewonnenen Gelder zugunsten der jeweiligen Institutsmittel bei der Universitätskasse abzuliefern[22].

Nach der Entpflichtung Hans Schraders hatte in den Semestern vor Langlotz' Antritt Schuchhardt alleine den Lehrbetrieb durch Vorlesungen und Seminare aufrecht erhalten. Als Schuchhardt 1934 einem Ruf nach Gießen folgte, wurden in Klassischer Archäologie nur noch Lehrveranstaltungen von Langlotz gehalten. Sein breitgefächertes Angebot reichte von der archaischen Plastik bis zu der Konstantins und erstreckte sich über das große Gebiet griechischer Malerei und Keramik. Er las über das römische Relief, das antike Portrait und besonders in den letzten Semestern über antike Baukunst. Aus dem Bereich der Christlichen Archäologie traten die Veranstaltungen des Frankfurter Forschers und Sammlers Karl Maria Kaufmann[23] ergänzend hinzu. In den ersten Julitagen 1938 reiste Langlotz mit einer kleinen Gruppe nach London[24]. Im Mittelpunkt der Exkursion standen die Parthenonskulpturen im Britischen Museum, vor allem „*die Frage nach der Einheitlichkeit des Entwurfs der Metopen, Friese und Giebel, die Scheidung der ausführenden Hände, deren entwicklungsgeschichtliche und qualitative Wertung und schließlich das Kernproblem: der mögliche Anteil des Pheidias an der Arbeit*"[25]. Ein Teil der achtköpfigen Teilnehmerschar machte von London aus einen Abstecher nach Oxford. Während die Studenten nach Frankfurt zurückkehrten, reiste Langlotz nach Paris weiter, um im Louvre Aufnahmen für eigene Studien zu machen.

Trotz seiner Verpflichtungen nutzte Langlotz jede Möglichkeit zum Reisen, auch wenn dies durch ein umständliches Genehmigungsverfahren nicht gerade erleichtert wurde. Jede Auslandsreise bedurfte nicht nur der

---

17) UA., Archäolog. Seminar – allgemeine Verwaltung 1916-1951 II.

18) UA. ebenda

19) ebenda, Bitte um Verkaufsgenehmigung vom 4.12.33.

20) ebenda, Bitte um Verkaufsgenehmigung vom 27.8.33.

21) ebenda, Schreiben Langlotz' vom 18.3.34 und Bescheid des Kurators vom 25.1.35 mit der Mitteilung, daß die betreffenden 500 M zum 1. April gestrichen würden.

22) UA.

23) Kaufmann hatte in den Jahren 1905-1907 dank der Fürsprache des damaligen Oberbürgermeisters Adickes mit Unterstützung der Stadt Frankfurt während der sog. Menasexpedition die christlichen Heilig-

tümer von Abu Mina ausgegraben. Ein Großteil der Funde befindet sich im Liebieghaus Frankfurt. Publikationen Kaufmanns: K.M. Kaufmann, Die Ausgrabung der Menasheiligtümer in der Mareotiswüste 1. Bericht (1906), 2. Bericht (1907), 3. Bericht (1908); ders., Die Menasstadt und das Nationalheiligtum der altchristlichen Ägypter in der westalexandrinischen Wüste I (1910); ders., Ikonographie der Menas-Ampullen (1910); ders., Die Heilige Stadt der Wüste (1921). Zur Sammlung Kaufmann s. E. Bayer-Niemeier, Bildwerke der Sammlung Kaufmann I. Griechisch-Römische Terrakotten (1988). – W. Selesnow, Bildwerke der Sammlung Kaufmann II. Lampen aus Ton und Bronze (1988).

24) UA., Langlotz, Ernst.

25) ebenda, Exkursionsbericht vom 27.7.38.

Empfehlung des zuständigen Dekans, sondern auch der Befürwortung durch den NS-Dozentenbund, während sich der Reichserziehungsminister die letztliche Genehmigung der Reisen vorbehielt. Die Reisenden wurden ersucht, sich nach ihrem Eintreffen im Ausland mit den zuständigen deutschen Auslandsvertretungen in Verbindung zu setzen, welche sie bei der Durchführung der Arbeiten und Aufgaben beraten und unterstützen sollten. Dadurch sollte gewährleistet werden, daß die Auslandsreisenden nicht bei unerwünschten Vereinigungen auftraten oder Unerlaubtes vortrugen[26]. Vortragsreisen wurden gerne gefördert, stellten sie doch eine Werbung für die deutsche Wissenschaft im Ausland dar. *„Natürlich kommen hier nur einwandfreie Persönlichkeiten in Frage, und auch das Thema des Vortrages muss die Garantie dafür geben, dass eine wirkliche Beitragsleistung von deutscher Seite vorliegt"*[27]. Langlotz wurde einmal vom Auslandsamt der Deutschen Dozentenschaft in Süditalien[28], ein anderes Mal vom Auslandsamt der Dozentenschaft in Berlin[29] aufgefordert, eine Einladung zu einem Vortrag in Italien zu erwirken. Beide Male wurde er dank der Vermittlung P. Mingazzinis zu einem Vortrag nach Palermo eingeladen, wo Langlotz über die unteritalische Kunst und ihr Verhältnis zur griechischen Kunst sprach[30]. Neben weiteren Studienreisen nach Italien führten ihn seine Reisen nach England, Brüssel, Südfrankreich[31] und nach Athen, wo er in den Semesterferien an seiner Publikation der archaischen Plastik von der Akropolis arbeitete[32]. Im Auftrag der Städtischen Skulpturensammlung beantragte Langlotz 1939 eine Reise nach Paris, um *„eine griechische Statue zu besichtigen"*[33], und im darauffolgenden Jahr eine weitere, um *„einige gute Antiken für die Frankfurter Museen anzukaufen"*[34].

Langlotz' ausgedehnte Studien- und Vortragsreisen brachten es mit sich, daß die NS-Dozentenbundführer immer wieder aufgefordert wurden, sich gutachtlich über Langlotz zu äußern. Auch die italienischen Behörden verlangten Auskünfte über seine Person, bevor sie entscheiden wollten, ob ein Vortrag *„unter dem Gesichtspunkt des kulturpolitischen Austauschs wünschenswert"* wäre[35]. Als Langlotz 1940 bei den Berufungsverhandlungen für den Lehrstuhl in Heidelberg im Gespräch war, erbat der dortige Dozentenbundführer Auskünfte bei Heinrich Guthmann, dem Dozentenbundführer der Frankfurter Universität. In Übereinstimmung mit frühe-

---

26) Zu Auslandsreisen und Vortragsreisen vgl. Hammerstein 434f.

27) NS-Dozentenbundsführer Heinrich Guthmann am 16.2.40 in: UA., Kurator.

28) Gesuch um Reiseerlaubnis vom 11.3.40 und Bericht vom 20.5.40 in: UA., Langlotz, Ernst.

29) UA., Kurator.

30) Aus den Archivunterlagen ist nicht zu ersehen, ob die zweite Reise wirklich erfolgte. Sie war für das darauffolgende Frühjahr geplant, als Langlotz bereits nach Bonn gewechselt war. Dasselbe gilt auch für eine geplante Vortragsreise nach Athen in der zweiten Märzhälfte 1941, vgl. Schreiben des Reichserziehungsministeriums vom 21.8.40 in: UA., Langlotz, Ernst.

31) Alle Reiseanträge in: UA., Langlotz, Ernst. In Südfrankreich interessierte Langlotz besonders auch die Baukunst.

32) E. Langlotz, Die Koren. Die archaischen Marmorbildwerke der Akropolis. Hrsg. von Hans Schrader (1939). Zu Langlotz' Aufenthalten in Athen vgl. die Befürwortung des damaligen Dekans M. Gelzer für eine Beurlaubung im Frühjahr 1936 und das Reisegesuch Langlotz' vom 6.4.37 in: UA., Langlotz, Ernst.

33) ebenda, vom 27.5. bis 3.6.39.

34) ebenda, Reiseantrag vom 3.10.40 und die ministerielle Genehmigung vom 2.11.40. Nach freundlicher Auskunft von Herrn Bol wurde im Winter 1940/41 nur ein klassisches Grabrelief aus dem Kunsthandel bei Barsanti (Rom) erworben, vgl. P.C. Bol, Liebieghaus – Musem alter Plastik. Antike Bildwerke I. Bildwerke aus Stein und aus Stuck (1983) 37ff. Kat.Nr. 11.

35) s. Anm. 29.

ren Gutachten antwortete Guthmann: „*Wissenschaftlich ist das allgemeine Urteil ein sehr gutes. Für sein Fach (Klassische Archäologie) gilt Prof. Langlotz als einer der ersten Autoritäten. Er ist Ord. Mitglied des Archäologischen Instituts des Deutschen Reiches und Mitglied der Strassburger Wissenschaftlichen Gesellschaft.*" Und weiter: „*Charakterlich ist Prof. Langlotz ein über jeden Zweifel erhabener Mann. In seiner ganzen Lebensführung ausserordentlich entgegenkommend, manchmal vielleicht etwas weich, versteht er es doch seinem Willen nicht nur Ausdruck zu geben sondern auch durchzusetzen. Vielleicht hat auch das jahrzehntelange Junggesellendasein (er hat erst vor kurzer Zeit geheiratet) in Verbindung mit seiner Neigung zum Eingesponnensein in sein Fachgebiet zu einer zurückhaltenden Haltung geführt. Jedenfalls kann man sich bestimmt auf das, was Langlotz verspricht, verlassen.*" Über seine politische Einstellung äußert Guthmann: „*Bei der geschilderten Charakterhaltung ist es ohne weiteres verständlich, dass Prof. Langlotz politisch nicht hervortritt. Obwohl er früher dem Georgekreis nahegestanden hat, hat er meines Erachtens im Laufe der Jahre aus innerer Überzeugung den Anschluss an den Nationalsozialismus gefunden. Eine aktivere Einstellung würde eigentlich seinem Naturell widersprechen. Prof. Langlotz gehört der NSDAP nicht an...*" Und weiter: „*Von seiner früheren politischen Haltung ist wenig bekannt. Er war weder Freimaurer, noch gehörte er einer studentischen Verbindung an. Militärisch ist Langlotz nie eingezogen worden. Anerkennend zu erwähnen ist noch seine aktive Mitarbeit im Auslandsamt des Dozentenbundes, die nach eingegangenen Berichten stets einwandrei und erfolg-*reich durchgeführt wurde. Insgesamt ist Langlotz, der auch seit Jahren bereits Dekan ist, einer unserer besten Professoren an der Universität. Wir würden ihn sehr ungerne von hier verlieren.*"[36]

In seiner Dekanatszeit erwies sich Langlotz als umsichtig und einfühlsam. Er versuchte besonders in Fällen ausgleichend zu wirken, in denen einzelne Kollegen drohten zwischen den Fronten zerrieben zu werden[37].

Zum 1. Januar 1941 verließ Langlotz das Frankfurter Seminar und folgte einem Ruf nach Bonn[38].

HEIDI BODE

---

36) UA., Kurator.

37) Langlotz war von 1937-1940 Dekan der Philosophischen Fakultät, s.a. Hammerstein 110. 528f.

38) Ernennungsschreiben vom 22.10.40 in: UA., Langlotz, Ernst.

Forschung und Lehre am Archäologischen Institut

Unter den Forschungsvorhaben und Publikationen, die Ernst Langlotz während seiner Schaffenszeit am Archäologischen Institut der Universität Frankfurt besonders beschäftigten[1], sind sein Aufsatz „Die Herkunft des Olympiameisters" sowie seine umfassende Dokumentation der archaischen Koren von der Akropolis besonders hervorzuheben[2]. Beide Untersuchungen spiegeln zudem auf ganz grundsätzliche Weise einige zentrale Aspekte seiner persönlichen Sicht der griechischen Plastik, welche stets sein wichtigstes Arbeitsgebiet blieb, sowie den ihm eigenen, überaus einfühlenden Umgang mit skulptierter Form wieder[3].

Entsprechend liegt der zuerst genannten Studie zum Einen die Absicht zugrunde, auf der Basis einer sensiblen, stets vom unmittelbar optisch erfahrbaren Bestand des Werkes ausgehenden Analyse der Giebelfiguren und der Metopenreliefs des Zeustempels von Olympia einen älteren und einen jüngeren Meister als entwerfende Kräfte der Bauskulpturen zu scheiden. Dabei werden bezeichnenderweise allein die Kompositionen der Gestalten als Ganzheiten – „...*das heißt das Gleichgewicht der Volumina, die Haltung der Figuren, der*

Rhythmus, der von einem Körper zum anderen überspringend, steigend und fallend, in der Mitte kulminierend, alles beherrscht"[4] – als das „*Entscheidende der plastischen Schöpfung*"[5] begriffen und dem eigentlichen Entwurf der Meister zugerechnet, während der Ausformung der Einzelheiten, der „Hüllen", der Oberflächendetails der verschiedenen Skulpturen als der Gestaltung der Hände ausführender Helfer nur untergeordnete Bedeutung zukommt. Auch für das übrige Werk von Langlotz bleibt sein Blick für die innere Logik, die „Tektonik" der Denkmäler kennzeichnend. Hinter der Frage nach ihrer ganzheitlichen Gestalt stand die Klassifizierung einzelner Details – selbst im Rahmen einer Stilentwicklung – stets zurück.

Zum Anderen weist die Abhandlung jedoch auch auf die Bedingtheit der individuellen Leistung herausragender Meister durch die allgemein vorherrschenden Kunstströmungen ihrer Zeit und auf die Notwendigkeit des Vergleichs ihrer Werke mit denen anderer Künstler hin. Wie bei der später erfolgten Analyse der Parthenon-Skulpturen[6] geht es hier demnach keineswegs nur um eine vorwiegend positivistisch ausgerichtete Methode der Zuschreibung von Meisterwerken an einzelne bedeutende Künstler[7], sondern gleichzeitig vielmehr um eine über-

---

1) Vgl. die von P. Noelke und D. Pinkwart zusammengestellte Bibliographie Ernst Langlotz 1895-1978 (1981).

2) *1934*: Die Herkunft des Olympiameisters, Jahrb.DAI 49, 1934, 24-44 Abb. 1-18.; Rezension zu H. Payne, Necrocorinthia (1931): Gnomon 10, 1934, 418-427.

1937: Eine Metope des Nemesistempels in Rhamnus, Scritti in onore di Bartolomeo Nogara.(1937) 225-230 Taf. 21; Orpheus, Arch.Ephemeris 1937, 604-607 Taf. 1; Eine eteokretische Sphinx, Corolla Ludwig Curtius zum 60. Geburtstag dargebracht (1937) 60-62 Taf. 5-6.

1938: K. A. Neugebauer (Hrsg.), Antiken in deutschem Privatbesitz (1938) Katalogtexte Nr. 116-118. 139-141. 167 Taf. 48. 58-59a. 71.

1939: H. Schrader (Hrsg.), Die archaischen Marmorbildwerke der Akropolis, Die Koren (1939) 1-184 Abb. 1-176 Farbtaf. 1-5 Taf. 1-114.

3) Zur Würdigung des wissenschaftlichen Werkes von E. Langlotz vgl. vor allem: N. Himmelmann in: Jb. d. Rhein.-Westfälischen Akad. d. Wiss. 1978, 34ff.; A. H. Borbein, Gnomon 51, 1979, 706ff.; D. Mehl – N. Himmelmann – A. H. Borbein, In memoriam Ernst Langlotz (1980); H. Dittmers-Herdejürgen in: Neue Deutsche Biographie 13 (1982) 607f.; A. H. Borbein in: R. Lullies – W. Schiering (Hrsg.), Archäologenbildnisse. Porträts und Kurzbiographien von klassischen Archäologen deutscher Sprache (1988) 268f.

4) Jahrb.DAI 1934 a.a.O. 25.

5) ebenda.

6) E. Langlotz, Phidiasprobleme (1947).

7) Zum Verhältnis von E. Langlotz zu seinem – vorwiegend positivistisch arbeitenden – Leipziger Lehrer Franz Studniczka vgl. Himmelmann, In memoriam a.a.O. 10 f.; Borbein, Gnomon a.a.O. 707.

greifendere Sicht der Epoche, in der sie entstanden. In direkter Folge der Erneuerung der Altertumswissenschaften in den 20er Jahren unseres Jahrhunderts wird die Form des Werkes selbst dabei in dem Bemühen, die 'lebensmäßigen' Wurzeln der Kunst aufzudecken, als unmittelbarer und gültiger Ausdruck des Lebens, des Geistes und der Kultur seiner Entstehungszeit begriffen, eine Sicht, für die Langlotz bereits während seines Studiums in München durch Heinrich Wölfflin wesentliche Impulse erhielt[8], und die sich umfassend dann vor allem auch in seiner bei Heinrich Bulle in Würzburg abgeschlossenen Habilitationsschrift „Frühgriechische Bildhauerschulen" manifestierte[9].

Wenn Langlotz den angenommenen älteren Olympiameister aufgrund der *„blockhaft gestalteten Art"* des Aufbaus der ihm zugeschriebenen Figuren, wegen seiner *„Vorliebe, die Glieder des Körpers als tektonisch tragende und lastende Teile aufeinander zu fügen"* sowie angesichts seiner *„Konzeption der Körper als Volumina, welche nicht durch lineare Umgrenzung, sondern durch gegeneinandergesetzte Massen gegliedert sind"* [10], als einen Argiver klassifizierte, während er in seinem Schüler, den er von Anbeginn an der Gestaltung der Bauskulpturen beteiligt glaubte, dagegen einen Ioner erkennen wollte, da die ihm zugeordneten Gestalten im Gegensatz dazu *„auf Umriß und weichen Fluß der Faltenzüge und Säume"* sowie auf eine *„geschmeidige Beweglichkeit"* hin zielten[11], so werden in diesem Kontext abermals wesentliche der bereits in der Habilitationsschrift formulierten Grundgedanken transparent.

Wurden dort zahlreiche Denkmäler, oft ungesicherter Herkunft, nach morphologischen Kriterien in Gruppen geordnet und im Anschluß daran als Ausdrucksformen spezifischer historischer wie kultureller Bedingungen ihrer jeweiligen Entstehungsorte ausgedeutet – eine Vorgehensweise, welche die Erforschung der Kunst des 6. und 5. Jhs.v.Chr. ganz wesentlich auch als eine übergeordnete Geistesgeschichte begriff -, so werden auch hier formgestalterische Unterschiede als unmittelbare Träger andersartiger Geisteshaltungen begriffen.

Mit einem expliziten Verweis auf Friedrich Nietzsche, dessen Sicht der Antike für Langlotz stets wegweisend blieb, heißt es in Bezug auf den jüngeren Meister entsprechend: *„Es war der Ruhm der Ioner, das Individuum, das Untermenschliche und Übersinnliche entdeckt, das Häßliche, Mißgestalte im Leben interessanter als das Vollkommene gewertet und dichterisch besungen zu haben"* [12], während die Figuren des älteren Argivers von einer *„erdgebundeneren, leibbestimmten Geistigkeit"* durchdrungen sind[13].

Die hier sehr deutlich greifbare Abkehr von den Urteilskriterien und Maximen des Klassizismus bestimmte dann auch seine – durch die Studien und Forschungsprojekte der Frankfurter Zeit unmittelbar vorbereitete – Antrittsvorlesung an der Rheinischen Friedrich-Wilhelms-Universität in Bonn[14], an die er, wie

---

8) Vgl. besonders Borbein, Gnomon a.a.O. 707ff.

9) E. Langlotz, Frühgriechische Bildhauerschulen (1927).

10) Jahrb.DAI 1934 a.a.O. vor allem 34f.

11) ebenda besonders 37ff.

12) Nietzsche, Geburt der Tragödie Kap.V; Jahrb.DAI 1934 a.a.O. 40. Vgl. in diesem Sinn auch ebenda *„Jonischer Geist ist es, wenn wir auf attischen Bildern, die unter der Einwirkung des Thasiers Polygnot ste-*

hen, plötzlich Andeutungen von Landschaften, triviale Züge, gemeine Gesichter sehen und aus diesen Gründen der Mensch nicht mehr, wie vorher und nachher in der Klassik, den wahrgenommenen Raum ausfüllt."

13) Jahrb.DAI 1934 a.a.O. 28.

14) Über das Interpretieren griechischer Plastik, Antrittsvorlesungen der Rheinischen Friedrich-Wilhelms-Universität, Bonn a. Rh. H.3

bereits geschildert[15], zu Beginn des Jahres 1941 über-
wechselte. Der Entwurf eines, auch in Bezug auf die
Vorstellungen des Naturalismus sehr kritischen – wenngleich in einigen Passagen spürbar unter dem Eindruck
zeitgenössischer Strömungen stehenden – Abrisses zur
Wissenschaftsgeschichte 'seines Faches' mündet in einen
Ausblick auf die Sicht der griechischen Plastik durch die
'neue' Archäologie, wobei vor jeglichen Klassifizie-
rungen anhand abstrakter Raumbegriffe – mit Blick auf
die von A. Riegl eingeführten Grundbegriffe – gewarnt
und gerade die Dimension 'Raum' als das wesentlichste
Unterscheidungsmerkmal zwischen der, im Einklang mit
vielen Gelehrten der Zeit deutlich als Gegensatzpaar vorgestellten, 'griechischen' und 'römischen' Kunst begriffen wird[16]. In der Überzeugung, daß das gerade in der
Plastik gestaltete Bild des Menschen eine tatsächliche
Entsprechung in der Wirklichkeit gefunden habe[17], so daß
jede archäologische Ausdeutung eines Werkes primär auf
seiner somatisch-anthropologischen Bestimmung und
Beschreibung fußen müsse, sah er die menschliche Existenz an sich bei den Griechen beispielhaft verwirklicht
und in der Kunst wiedergespiegelt[18]. Der Text, der enge
Entsprechungen zu einer im gleichen Jahr veröffentlichten Abhandlung über „Die Darstellung des Menschen in
der griechischen Kunst"[19] aufweist, macht jedoch gleichzeitig evident, daß Langlotz keineswegs als Theoretiker

bezeichnet werden kann, sondern seine eigene Forschung
im Gegenteil auf eine in erster Linie pragmatische
Grundlage stellte. In diesem Sinn gibt die Bonner Antrittsvorlesung dann bezeichnenderweise gerade auch der
Forderung nach den 'richtigen Bedingungen' bei der
Betrachtung griechischer Plastik auffällig breiten Raum,
wobei auch hier wieder die Vorstellung einer möglichst
großen 'Authentizität' im Umgang mit den Werken im
Vordergrund steht: *„Aber um Plastik als gestalteten, leib-
haft wirklichen Körper richtig sehen und interpretieren
zu können, ist sie unter äußeren Bedingungen zu betrachten, die das ermöglichen... Es liegt deshalb am nächsten,
Plastik in eine ähnliche Beleuchtung zu bringen, für die
ihre Schöpfer sie bestimmt haben. Das Seitenlicht oder
allzu steile Oberlicht unserer Museen verteilt die Licht-
und Schattenakzente einer Plastik in einer willkürlichen,
vom Künstler nicht beabsichtigten Art und Weise. Plastik
im Zwielicht, von mehreren Stellen mit Lampen und
Spiegeln beleuchtet, wie dies einer Sitte des 18. Jhs. folgend malerischer Effekte wegen auch heute noch geschieht, muß jede Interpretation irreleiten. Auch das
Aufstellen griechischer Bildwerke vor einem dunklen
Hintergrund zerstört den Eindruck plastischer Werte...
Es sollte deshalb nahe liegen, griechische Marmorwerke
so zu betrachten, wie sie die Griechen betrachtet haben,
im freien Licht des Himmels. Allerdings nicht in diffusem*

---

15) Vgl. den Beitrag von H. Bode

16) Vgl. Über das Interpretieren griechischer Plastik a.a.O. 12 : „*Der
Körper ist im Griechischen das Primäre künstlerischer Konzeption, im
Römischen der Raum, das den Körper Umflutende, ihn in einen
größeren Zusammenhang Einbindende... Man erkannte die Ursprünge
griechischer Kunst gerade am römischen Gegenbild. Denn der Römer
bedurfte der Plastik nicht aus den Urtrieben seiner geistigen Existenz
wie der Grieche, sondern nur aus sepulcralen und repräsentativen
Gründen.*"

17) Vgl. ebenda 13 : „*Keine Epoche hat den irdisch vollkommenen, geistig und leiblich in gleicher Weise geformten Mensch so in den
Mittelpunkt des gesamten Lebens gestellt...*" sowie 14 : „*Der Leib, die*

*Zweieinigkeit von Körper und Geist, ist in Hellas die Voraussetzung
jeder plastischen Gestaltung. Natur, Leben und Sitte haben die
Empfindung für den Körper zu solcher Stärke verdichtet, daß sein
Abbild ganz für sich selbst, ohne Bezug auf ein außer ihm Seiendes
geformt werden konnte.*"

18) Vgl. auch Borbein, Gnomon a.a.O. 710.

19) Kriegsvorträge der Rheinischen Friedrich-Wilhelms-Universität,
Bonn a.Rh. H.61 (1941).Vgl. ebenda 4 : „*Eines der wichtigsten Merkmale der griechischen Kultur ist zweifellos die hohe Normalität und
Wohlgeformtheit des griechischen Menschen in anthropologischer Hinsicht.*"

Licht, weil in diesem die Formen durch die Bodenreflexe allzu flau und weich erscheinen. Die Akzentverteilung der Lichter und Schatten geschieht am besten von einem zentralen Lichtpunkt: der Sonne aus."[20] Um den plastischen Charakter der Vasen gültiger in der Fotografie festhalten zu können, erfand er selbst eine speziell dafür entwickelte Methode und Apparatur[21].

Die gleiche Frage nach einer 'Authentizität' hatte Langlotz sehr kritisch – und nicht ohne Selbstzweifel – bereits seiner Untersuchung der archaischen Koren von der Athener Akropolis vorangestellt, für die er in den Jahren 1936 und 1937 insgesamt neun Monate fern von Frankfurt in Athen verbringen durfte, und in diesem Zusammenhang von vornherein bedauernd darauf hingewiesen, daß es nicht möglich gewesen sei, alle in der von H. Schrader herausgegebenen Publikation abgebildeten Skulpturen im Freien zu fotografieren[22]. Obwohl sich die Texte zu den einzelnen Statuen darauf beschränken, ihren Befund und ihre jeweilige Datierung in knapper und prägnanter Form dar- und vorzustellen, ist die Abhandlung von einer reinen Dokumentation doch weit entfernt, da ihre Einleitung nicht nur einen Abriß des derzeitigen Stands der Forschung gibt, sondern darüber hinaus auch das für die Sicht von Langlotz kennzeichnende Bild der

gestalterischen Verschmelzung von Körper und Geist umreißt und auf die von ihm behandelten Werke überträgt[23]. Mehr noch, die Vorstellung der Einheit von Kunst und gelebter Wirklichkeit dient nicht nur als unmittelbare Grundlage der Bestimmung der verschiedenen Kunstlandschaften der Skulpturen, sondern liegt – gleichsam als Modell einer 'biologischen' Entwicklung[24] – auch der chronologischen Klassifizierung der Denkmäler zugrunde : *„Die Koren veranschaulichen uns diese gemeinhin griechische, uns beschämende Leiblichkeit und lassen durch die große Zahl der erhaltenen Statuen den Gestaltwandel des griechischen Körpers erkennen, der in der Plastik gewiß auch durch die Persönlichkeit des Künstlers mitbedingt, mehr jedoch durch das sich wandelnde Schönheitsideal der einzelnen Zeitläufe gewachsen ist."*[25] Wieder steht dabei die Überzeugung im Vordergrund, daß die körperliche Gestalt der Skulpturen Ideale und Verhaltensmuster wiederspiegele, welche einst als in direktem Einklang mit der Realität betrachtet und empfunden worden seien, ohne dabei jedoch den engen Bezug zwischen Kunst und Religion, der allerdings immer auch als eine Art Symbiose von tatsächlichem Leben und Religion verstanden wird[26], außer Acht zu lassen.

---

20) Über das Interpretieren griechischer Plastik a.a.O. 16.

21) Vgl. Arch.Anz. 1928, 93ff.

22) Die Koren a.a.O. (s.o. Anm. 2) Vorbemerkung 3ff. Vgl. ebenda: *„Wem es durch das Verständnis einiger weniger einsichtiger Museumsdirektoren vergönnt gewesen ist, Bildwerke in den verschiedensten Beleuchtungen – diffus von vorn, von oben und von den Seiten – zu sehen, weiß, daß die Licht- und Schattenakzente auf einer Plastik stets anders wirken: bei Seitenlicht dominieren die Vertikalen, bei Oberlicht die Horizontalen. Wollte der Meister der Esquilinischen Stele die starren Längsfalten so gesehen haben, wie dies in unseren Abbildungen üblich ist? Sollte man nicht annehmen dürfen, daß er die Licht- und Schattenakzente seines Körpers nach der Beleuchtung gewählt hat, der die Grabstele ausgesetzt war und in der sie schön sein sollte: für den hohen Sonnenstand des Südens?..."*

23) Vgl. ebenda Einleitung 9: *"Auch der menschliche Körper hat eine somatische Geschichte. In Hellas ist er nicht nur naturvollendeter Körper, sondern geisterfüllter Leib, der durch Dichtung und Tanz, Haltung und Rhythmus als etwas von der Zeit Gegebenes und von ihm Untrennbares besitzt."*

24) ebenda 20.

25) ebenda 9.

26) ebenda 8: *„Ein Menschenbild verkörpert für den Griechen der Frühzeit Menschliches und Göttliches zugleich und damit das Schönste, Edelste und Kraftvollste, das er sehen, fühlen und sinnen kann. Deshalb war ein Menschenbild der frömmste Dank an die Gottheit."*

Langlotz hat mit Sicherheit zu den Gelehrten gehört, welche ihre Forschung untrennbar mit ihrer Lehre verbanden, auch wenn das breite Spektrum der Themen seiner in Frankfurt abgehaltenen Seminare und Vorlesungen deutlich macht, daß gerade die Lehre für ihn einen hohen eigenen Stellenwert besaß, eine Art verpflichtenden Auftrag verkörperte und – der neuen Ausweitung seines Fachgebietes im frühen 20. Jh. entsprechend – auch viele Gebiete umfaßte, die von seinen persönlichen Forschungsvorhaben unberücksichtigt blieben[27]. Die in allen Schriften spürbare Absicht, durch eine einfühlende, stets die Ganzheit des Werkes umspannende Beschreibung, das Denkmal gleichsam im Wort nachzuschaffen[28], ließ seine Vermittlung der Kunst offenbar ebenso eindringlich wirken wie seine subjektive Betroffenheit angesichts vieler Schöpfungen, die er, wie seine Schüler berichten, wie lebende Gestalten in seinem Gedächtnis behielt[29]. Der Kunstliebhaber, der selbst eine Sammlung – auch nachantiker Werke – besaß, war in der Lage, mühelos ein Fragment in seiner Vorstellung zu einem Ganzen zu machen und dieses lebendig zu vermitteln, wobei sein Interesse ausnahmslos allen Denkmälergattungen – d.h. auch dem sog. 'Kunstgewerbe' – galt.

„*Langlotz sah offenbar auch in den bescheidensten Zeugnissen menschlichen Gestaltungswillens etwas Lebendiges, und er scheute sich, es völlig der abstrahierenden Wissenschaft zu überantworten, also zu rationalisieren, was niemals der ratio allein entsprang, und begrifflich zu fixieren, was selbst Generationen von Interpreten nicht endgültig zu begreifen vermochten.*"[30] Selbst unermüdlich – und oft unter schwierigsten Bedingungen – reisend, verlangte er von seinen Studenten auf Exkursionen die gleiche konzentrierte Disziplin wie im Seminar. Obwohl das Objekt unmittelbarer Ausgangspunkt der Betrachtungen blieb, stand doch die Vermittlung seines jeweiligen geistesgeschichtlichen Kontextes vor allen anderen Aspekten – beispielsweise einer methodischen Stilkritik – immer im Vordergrund.

27) Eine knappe Übersicht über die während seiner Lehrzeit von ihm selbst betreuten Veranstaltungen – ich danke an dieser Stelle H. Bode für ihre Recherchen – spricht für sich: *SS 1933*: Vorl.: Archaische Plastik der Griechen. Sem.: ohne Bez. *WS 1933/34*: Vorl.: Griechische Plastik der Frühklassik, Griechische Vasenmalerei und Keramik. Sem.: Übungen über das röm. Relief. *SS 1934*: Vorl.: Die Plastik der griech. Klassik. Sem.: Übungen über die antike Malerei. *WS 1934/35*: Vorl.: Griechische Kunst des 4. Jhs. Prosem.: Erklärung griech. Denkmäler. Sem.: Antike Sepulkralplastik. *SS 1935*: Vorl.: Griechische Plastik von Alexander bis Caesar. Pros.: Bildliche Darstellungen aus der griech. Mythologie. Sem.: Perspektive und Raum in der antiken Kunst. *WS 1935/36*: Vorl.: Kunst (unter besond. Berücksichtigung der Plastik) von Caesar bis Konstantin, Meisterwerke der griech. Plastik. Sem.: Das antike Porträt. *SS 1936*: Vorl.: Malerei und Zeichnung der Griechen. Pros.: Erläuterung antiker Skulpturen im Liebieghaus und in der Abgußsammlung. Sem.: Probleme der griech. Zeichnung. *WS 1936/37*: Vorl.: Archaische Kunst der Griechen. Sem.: ohne Bez. *SS 1937*: Vorl.: Klassische Kunst der Griechen. Sem.: ohne Bez. *WS 1937/38*: Vorl.: Die bildende Kunst im Zeitalter des Perikles, Meisterwerke der antiken Malerei. Sem.: Erklären und Bestimmen

griech. Bildwerke. *SS 1938*: Vorl.: Griech. Kunst im 4. Jh.v.Chr. Sem.: Probleme der griech. Plastik des 4. Jhs. Übung: Beschreiben und Interpretieren antiker Bildwerke. *WS 1938/39*: Vorl.: Die griech. Kunst von Alexander d. Gr. bis zu Caesar. Sem.: Probleme der hellenistischen Kunst. Übung: Die Topographie von Athen im Anschluß an die Beschreibung des Pausanias. *SS 1939*: Vorl.: Römische Kunst von Caesar bis Konstantin d. Gr. Sem.: Probleme der röm. Kunstgeschichte. *WS 1939/40*: Vorl.: Geschichte der antiken Baukunst, Meisterwerke antiker Malerei und Zeichnung. Sem.: Probleme der antiken Architektur. *Trimester 1940*: Vorl.: Meisterwerke der griech. Kunst, Die Baukunst der Griechen und Römer, Die Baukunst der Mittelmeerstaaten von Alexander d. Gr. bis zu Justinian. Sem.: Probleme der griech. und röm. Architektur, Probleme der Architekturgesch., Probleme der ant. Baukunst.

28) Vgl. Borbein, Gnomon a.a.O. 707.

29) Vgl. bes. Borbein und Himmelmann in der o. in Anm. 3 angegebenen Lit.

30) Borbein in: In Memoriam Ernst Langlotz a.a.O. (s.o. Anm. 3) 18.

Entsprechend wurde jede Lehrveranstaltung in der Regel von einer kritischen Übersicht über die historischen und geistesgeschichtlichen Gegebenheiten der Epoche eingeleitet.

In dem Bestreben, Archäologie als eine gelebte Wissenschaft zu betreiben, engagierte sich Langlotz schließlich für vielfältige Fragen zum Humanismus in Europa – wie auch zur zeitgenössischen Kunst. Seine sehr persönlichen Angriffe auf den Humanismus römischer Tradition, den er als „*Gegenbild*" zu einem Ideal griechischer Religiosität empfand, mag dabei als eine eher problematische Grundhaltung gewertet werden[31].

CATERINA MADERNA-LAUTER

---

31) Vgl. in diesem Sinn auch Himmelmann ebenda 14.

CAROLA REINSBERG

Guido Freiherr von Kaschnitz-Weinberg

Als Guido Kaschnitz-Weinberg[1] nach Frankfurt berufen wurde, herrschte bereits im zweiten Jahr Krieg. So fiel seine Tätigkeit hier nicht nur unter die Erschwernisse durch das nationalsozialistische Regime, sondern auch in die grauenvollen Jahre der Kriegsschrecken mit der Zerstörung und Schließung der Universität, denen schließlich die beschwerlichen Zeiten des Neubeginns und Wiederaufbaus nach der Wiedereröffnung der Universität im Februar 1946 folgten.

Guido Kaschnitz-Weinberg war am 28. Juni 1890 in Wien geboren, wo er seine Kindheit und Jugend verbrachte. Nach dem Abitur 1908 studierte er an der Wiener Universität Klassische Archäologie und Kunstgeschichte und empfing hier durch seine Lehrer, Max Dvoraks und Hans Tietze, die in der Tradition der kunsthistorischen Schule Franz Wickhoffs und Alois Riegls standen, entscheidende Impulse für die Forschungsrichtung, die später sein wissenschaftliches Denken prägte und ihn ein Leben lang nicht mehr losließ: die Strukturforschung. 1913 promovierte er mit der Dissertation „Griechische Vasenmaler klassischer Zeit". Anschließend verbrachte er ein zweijähriges Auslandsstipendium in Griechenland und der Türkei, währenddessen er auch an der Dipylongrabung im Kerameikos unter Dörpfeld teilnahm.

Anfang 1916 meldete er sich freiwillig in den ersten Weltkrieg und war als österreichischer Offizier an der Rußland- und Italienfront, zuletzt in Venetien bei der Kunstschutztruppe. Nach dem Krieg ging er nach München und arbeitete dort als Lektor beim Kunstverlag O. C. Recht. Nebenbei übersetzte er Goldonikomödien.

1923, als die Römische Abteilung des Deutschen Archäologischen Instituts ihrer Wiedereröffnung nach dem Krieg entgegensah, zog es ihn nach Rom. Im Herbst trat er unter dem Direktorat Walter Amelungs als Hilfsarbeiter, wie man die heutige Stellung einer wissenschaftlichen Hilfskraft damals bezeichnete, in das Institut ein. Damit nahm eine enge Beziehung zum Römischen Institut, zur Stadt Rom und zur Römischen Kunst ihren Anfang, die Kaschnitz' wissenschaftliche Arbeit und beruflichen Weg maßgeblich beeinflußte. Zwei Jahre später, im November 1925, folgte er Karl Lehmann Hartleben auf der Stelle des ersten Assistenten. Als im September 1927 Walter Amelung starb, dessen Nachfolger Ludwig Curtius wurde, betraute der Vatikan Kaschnitz mit der Weiterführung des Amelungschen Skulpturenkataloges. Von 1927 bis 1931[2] stand er in Diensten des Vatikan, 1937 erschien das große zweibändige Werk „Skulpturen der Magazine der Vatikanischen Museen", für das ihm der apostolische Segen des Heiligen Vaters zuteil wurde[3].

In die freudvolle[4] römische Zeit fiel seine Heirat mit der Schriftstellerin Marie Luise Kaschnitz, geborene Holzing-Berstett (*Abb. 150*), und die Geburt ihrer Toch-

---

1) Dieses ist die Form, mit der Kaschnitz seine Briefe unterschrieb und die seine Frau Marie Luise in der Biographie verwendet. In den frühen Personalakten der Universität hat er seinen Namen als Guido Freiherr von Kaschnitz-Weinberg eingetragen.

2) Entprechende von Filippo Magi unterzeichnete Bescheinigung im UA. Personalakte.

3) UA. Personalakte, von Kaschnitz zu seiner Entlassung in den Entnazifizierungspapieren angeführt.

4) M. L. Kaschnitz in : Guido Kaschnitz-Weinberg, Kleine Schriften zur Struktur. Hrsg. H.v.Heintze (1965) Biographie des Verfassers, 231f. Im folgenden abgekürzt: M. L. Kaschnitz, Biographie.

ter Iris Costanza drei Jahre später, im Dezember 1928. Die Ereignisse selbst fanden allerdings im badischen Bollschweil bei Freiburg statt, auf dem Gutshof der Familie Holzing-Berstett, der für Kaschnitzens immer ein heimatlicher Rückhalt war und später eine Zufluchtsstätte wurde.

Als Kaschnitz, fünfzigjährig, Ordinarius für klassische Archäologie in Frankfurt wurde, war er zwar erst seit acht Jahren als Dozent an der Universität tätig, hatte jedoch bereits zwei archäologische Lehrstühle innegehabt. Im Januar 1932 hatte er sich in Freiburg bei Hans Dragendorff mit der Arbeit „Die Struktur der griechischen Plastik" zum Privatdozenten habilitiert und dort ein Semester gelehrt. Noch im selben Jahr wurde er als Nachfolger von Bernhard Schweitzer, dem er im Forschungsansatz und -interesse nahestand, nach Königsberg berufen. Hier erlebte er im Kollegenkreis den Beginn nationalsozialistischer Repression an der Universität. Fünf Jahre später, 1937, folgte er dem Ruf an die Philipps-Universität in Marburg und übernahm den Lehrstuhl von Hans Jakobsthal. Nach drei Jahren berief man ihn von dort nach Frankfurt, wo er Ernst Langlotz ablöste, der nach Bonn ging.

Neben Kaschnitz waren Erich Boehringer in Greifswald und Friedrich Matz in Münster die aussichtsreichsten Kandidaten für die Berufung nach Frankfurt. Die Kommission der Philosophischen Fakultät, der der Rektor Walter Platzhoff als Historiker, der Archäologe Ernst Langlotz, der Althistoriker Matthias Gelzer, der Gräzist Karl Reinhardt und der Kunsthistoriker Albert Erich Brinkmann angehörten, schickten ihrer Namensliste die Prämisse voraus, daß nur solche Gelehrte vorge-

schlagen worden seien, deren Leistung nicht nur ihre Eignung für ihr Fachgebiet, sondern auch ein echtes Interesse für die wichtigen Nachbargebiete der Kunstgeschichte, der klassischen Philologie und Geschichte erwiesen hätte. Sie votierten für Kaschnitz wegen des breiten Spektrums seiner wissenschaftlichen Arbeiten. Besonders Karl Reinhardt, der der geistigen Haltung des Stefan George Kreises nahestand, lag daran, daß Kaschnitz den Ruf annahm. Später arbeiteten beide mehrfach zusammen[6]. Kaschnitz war indes politisch nicht unverdächtig. 1936 hatte das Deutsche Archäologische Institut entschieden, ihn zum Zweiten Direktor der Römischen Abteilung zu ernennen. Dieser Entschluß hatte auf Druck des Ministeriums „wegen politischer Ungeeignetheit" zurückgenommen werden müssen. 1939 war er bei der Bewerbung um den archäologischen Lehrstuhl in Freiburg seiner „destruktiven weltanschaulichen Haltung" wegen nicht in die Berufungsliste aufgenommen worden[7]. In Frankfurt zeigten solche Vorbehalte jedoch keine Wirkung. Zur politischen Entlastung trat Kaschnitz hier auf Anraten von Ernst Langlotz, der versicherte, sich dadurch allen Verpflichtungen gegenüber etwaigen Parteiveranstaltungen entziehen zu können[8], in den Nationalsozialistischen Dozentenbund ein.

Zum 1.1.1941 verlieh ihm der Reichsminister für Erziehung und Volksbildung die planmäßige Professur für klassische Archäologie an der Johann Wolfgang Goethe-Universität und ernannte ihn zum Direktor des archäologischen Seminars[9]. Mit Jahresbeginn trat er zum ersten Trimester 1941 den Dienst an. Es war das letzte der vier Trimester[10], die das Reichserziehungsministerium am Anfang des Krieges zur Verkürzung der Aus-

---

5) Dezember 1925.

6) M. L. Kaschnitz, Biographie 235.

7) Unterlagen zur Entnazifizierung durch die amerikanischen Behörden, UA. Personalakte.

8) s. Anm. 5.

9) UA. Personalakte.

10) Hammerstein 472f. Da die Frankfurter Universität wie viele andere im WS 1939/1940 geschlossen blieb und nach intensiven Bemühungen von Seiten des Oberbürgermeisters erst Anfang Januar 1940 wieder geöffnet wurde, entstanden hier nur vier Trimester.

bildungszeiten eingeführt hatte. Dabei hatte man vor allem die Absolventen der kriegsrelevanten Bereiche, Technik, Naturwissenschaft und Medizin im Auge, die ebenso wie die meisten anderen Studenten durch Kriegsdienst am regulären Studium gehindert wurden. Der anscheinend dramatische Leistungsabfall und Niveauverlust bei den Studenten und entsprechende massive Klagen der Professoren veranlaßten das Ministerium schließlich zur Rücknahme dieser Regelung. Im April 1941[11] kehrte man zur traditionellen Semestereinteilung des Lehrbetriebes an den deutschen Hochschulen zurück.

Während des Trimesters 1941 unterrichtete Kaschnitz weiterhin in Marburg, wofür man ihm in Frankfurt dankbar war, da die Philipps-Universität so auf einen Einspruch beim Ministerium gegen die schnelle Wegberufung verzichtete[12]. Solche Einspruchspraxis erklärt sich daraus, daß die Leistungskraft der Universitäten durch Einziehung von Dozenten und Professoren zum Kriegdienst empfindlich beeinträchtigt war, zusätzlich aber durch Wegberufungen an die großen offengebliebenen Universitäten, die jetzt überfüllt waren, und an die Universitäten im besetzten Osten geschmälert wurde. Viele Stellen im Lehrbetrieb waren vakant.

Kaschnitz war gerne in Marburg gewesen, nicht nur wegen der hervorragenden Institutsbibliothek und der weitgefächerten Forschungsmöglichkeiten, die das Marburger Fotoarchiv bot. Marie Luise Kaschnitz beschreibt in der kurzen Biographie ihres Mannes neben seinen kleinen Freuden an der beschaulichen Idylle ihrer Marburger Wohnung am Ortenberg die Bedeutung, die in dieser Zeit die einvernehmlichen Treffen im Freundeskreis hatten, der politische Austausch, das gemeinsame künstlerische und literarische Interesse und der wissenschaftliche Diskurs mit Gleichgesinnten. Hier entstand eine freund-

schaftliche Beziehung zu seinem Assistenten Peter Heinrich von Blanckenhagen, der sich Kaschnitz' wissenschaftlichen Ideen verbunden fühlte und später an der Herausgabe seiner hinterlassenen Strukturgeschichte beteiligt war. Trotzdem nahm Kaschnitz unter anderem auch deswegen, wie Marie Luise Kaschnitz schreibt[13], den Ruf nach Frankfurt an, weil er sich in der Enge des kleinen Universitätsstädtchens Marburg zunehmend nationalsozialistischer Bespitzelung und Verdächtigung ausgesetzt glaubte. In dieser Zeit, als die politische Richtung Hitlerdeutschlands immer deutlicher wurde, hatte Kaschnitz sogar verschiedentlich die Möglichkeit einer Auswanderung erwogen, sie aber wegen der besonderen Bedeutung der Sprachbeherrschung für seine Forschung wieder verworfen. In Frankfurt fand die Familie außerdem alte Freunde wie den Schriftsteller Dolf Sternberger, damals Redakteur bei der „Frankfurter Zeitung".

„Als wir in die Stadt Frankfurt zogen, waren gerade die ersten Bomben gefallen" schreibt Marie Luise Kaschnitz[14]. Allerdings waren die Zerstörungen, gemessen an späteren, noch gering. In der Universität wurde, abgesehen von kriegsbedingten Einschränkungen, der normale Lehrbetrieb fortgesetzt, nachdem die zunächst geplante völlige Schließung dieser kleineren und wegen des jüdischen Einflusses ohnehin mißliebigen Universität hatte abgewendet werden können. Empfindliche Beschneidungen erfuhr Kaschnitz in seiner Forschungstätigkeit, die zum Studium der Objekte auch Auslandsreisen erforderte. So wurde 1942 ein beantragter Italienaufenthalt, selbst unter Befürwortung des parteibuchführenden Rektors Platzhoff, vom Ministerium abgelehnt, da die „Studienreise nicht als vordringlich und kriegswichtig" anerkannt werden könne. Seither verzich-

---

11) Hammerstein 474ff.

12) Brief vom 7.1.1941 vom Rektor der Goethe-Universität, Walter Platzhoff, an Guido Kaschnitz, UA. Personalakte.

13) M. L. Kaschnitz, Biographie 235.

14) M. L. Kaschnitz, Orte (1973) 442.

tete Kaschnitz bis nach dem Krieg auf Auslandsreisen, auch als ihm das Ministerium einen Rombesuch nahelegte[15]. Er fürchtete die Gesinnungsspitzelei, die inzwischen auch in den deutschen Institutionen Roms Raum gegriffen hatte[16].

Der Lehrbetrieb an der Universität scheint, soweit er sich in den Verwaltungsakten niederschlug, seinen üblichen Gang genommen zu haben. Kaschnitz begann entsprechend damaligem Usus einen Vorlesungszyklus über Griechische Plastik. Dazu veranstaltete er eine begleitende Übung. Sein Assistent war zunächst der von Ernst Langlotz übernommene Doktorand K. A. Pfeiff, der allerdings bald um seine Beurlaubung an die Universität Bonn bat und seinem Lehrer Langlotz folgte. Im Wintersemester 1941/42 und dem folgenden Sommersemester vertrat ihn Frau Dr. Hilde Heyland, der dann für die kommenden Jahre die regelrechte Assistenz übertragen wurde. Darüberhinaus war das Seminar 1942/43 mit studentischen Hilfskräften[17] zum Diaschieben ausgestattet[18]. Noch im Sommer 1943 wurden Gelder für Institutsarbeiten bewilligt: Fotos bestimmen und beschriften, Referate redaktionell bearbeiten, mit Abbildungen verse-

hen und als Studienmaterial vervielfältigen. 1941, im ersten Jahr nach der Berufung, hatten für die Anschaffung von vorderasiatischer und römischer Fachliteratur, die „*in der Bibliothek noch sehr schlecht vertreten ist*"[19], 1000 RM zur Verfügung gestanden. Dies war ein offenbar zusätzlich gewährter Betrag etwa in der Höhe der Summe, die jährlich vom Institutsetat auf Bücher entfiel[20]. Für die Gipsabgußsammlung betrug der Jahresetat 1941 und 1942 die üblichen 1500 RM, die jedoch in den Kriegswirren nicht ausgegeben werden konnten und Anfang 1945 von der Stadt Frankfurt zurückgefordert wurden[21].

Alles änderte sich mit dem grauenvollen Bombardement Frankfurts am 18. März 1944. Das archäologische Seminar im Obergeschoß des Jügelhauses wurde total vernichtet[22]. In Trümmer sank auch die große Gipsabgußsammlung, die bereits unter Ernst Langlotz aus Platzmangel aus der Universität ausgelagert worden und mehr schlecht als recht in der Uniondruckerei untergebracht war. Gerettet wurde glücklicherweise der größte Teil der Bibliothek, die wenig vorher durch Frau Heyland und die Studenten in den Keller geschafft worden war[23].

15) Am 12.2.1943 fragte der Reichsminister beim Rektor an: die Deutsche Botschaft in Rom teile mit, daß das Deutsche Archäologische Institut einen Vortrag von Guido Kaschnitz-Weinberg in Aussicht genommen habe; ob von Seiten des Rektors, Dekans oder Dozentenbundführers Einwände dagegen bestünden.

16) M. L. Kaschnitz, Biographie 236.

17) Bezeichnenderweise hatte Kaschnitz in seinem Antrag die Mittel für die Anstellung einer der weiblichen Studierenden erbeten, die das Diaschieben übernehmen sollte. Daß jedoch nur Studenten Hiwistellen erhielten, läßt wohl weniger auf fehlende Studentinnen als auf die finanzielle Bedürftigkeit vieler Studenten schließen, denen die Berufschancen erhalten werden sollten.

18) 100 RM bekam der Student Helmut Hörr für das Diaschieben im Semester. Das Professorengehalt betrug 1941 und 1942 900 RM und 1943 und 1944 1000 RM monatlich. UA. Archäolog. Seminar Haushalt; Personalakte.

19) Antrag von Kaschnitz 7.2.1941, der am 12.2. bewilligt wurde. UA. Archäolog. Seminar, Haushalt.

20) In der erhaltenen Haushaltsaufstellung des Jahres 1942 sind nur 20 RM für Bücher aufgeführt. Allerdings lassen die 1000 RM, die vom Gesamtetat übrigblieben, vermuten, daß eben dieser Betrag zum Bücherkauf gedacht war, der wegen des Krieges nicht ausgegeben werden konnte. UA. Archäol. Seminar, Haushalt 1942

21) Brief vom 11.1.1945 von Oberbürgermeister an das Kuratorium. UA. Archäolog. Seminar, Haushalt.

22) Ebenso wie das Kunsthistorische Seminar, das erst im Wintersemester 1940/41 auf langdauerndes Betreiben des Kunsthistorischen Ordinarius Albert Erich Brinkmann aus dem Städel ausgezogen war und mit einer kleinen Handbibliothek in der Universität neu eröffnet hatte.

23) M. L. Kaschnitz, Biographie 236.

Kaschnitz bezifferte die Verluste auf ca. 1500 Bücher aus einem Gesamtbestand von ca. 4000 Bänden[24]. Von den Dias und Photos fielen ebenfalls ungefähr 35 Prozent dem Krieg zum Opfer[25].

Trotz der gewaltigen Zerstörungen dieser Bombennacht und weiterer, wenn auch schwächerer Luftangriffe, wurde gut zwei Monate später das Sommersemester eröffnet. Auf unsäglich schlechtem, dicken Papier erschien das Vorlesungsverzeichnis. Insgesamt 250 Neuimmatrikulationen zählte man in Frankfurt; viele von ihnen waren Kriegsversehrte. Auch im Wintersemester 1944/45 gelang es der Stadt und dem Kuratorium gegen die Einwände des Reichserziehungsministeriums, das nur die kriegswichtigen naturwissenschaftlichen und medizinischen Einrichtungen in Gang gehalten wissen wollte, die Universität durch Einsatz aller verfügbaren Arbeitskräfte und Bauprovisorien offen zu halten[26].

Die Archäologen allerdings fanden keine Arbeitsräume in der Universität. Kaschnitz unterrichtete in den Mansarden einer Kronberger Villa im Taunus, wo er und seine Familie durch Vermittlung eines Freundes im Sommer 1944 Zuflucht vor den Bombenangriffen gefunden hatten. Seine Kronberger Adresse, Schönbergerfeld 7, wird im Vorlesungsverzeichnis des Wintersemesters 1944/45 als Seminaranschrift angegeben. Nachdem er in den zurückliegenden Semestern einen sechsteiligen Zyklus zur Geschichte der griechischen Plastik zu Ende gebracht hatte, begann er hier einen neuen Vorlesungsabschnitt: Geschichte der römischen Kunst. Vom Rektor Platzhoff erhielt er eine Genehmigung, die ihn berechtigte, vom 24.7. bis 12.8.1944 den D-Zug nach Marburg und zurück zu benutzen, um Vorlesungsmaterialien aus der Universität Marburg zu beschaffen[27]. Im August schreibt er an seine Frau, die sich auf dem Gutshof ihrer Familie in Bollschweil aufhält: er habe auf dem Tennisplatz der Villa einen kleinen Gemüsegarten angelegt und Wirsing, Grünkohl und Erbsen gepflanzt. Gerade habe er Iris aus dem Schloß der befreundeten Gräfin Geldern in Thurnstein abgeholt, wo sie vor den Bomben untergekommen war. Er sei mit ihr trotz des Bombenalarms in Zügen, die auf offener Strecke stehenblieben, endlich wieder zu Hause eingetroffen. Aber die totale Mobilmachung hänge wie eine Gewitterwolke über der ganzen Universität, er rechne mit seiner baldigen Einberufung und könne vorläufig auch nicht nach Bollschweil kommen, da Kleidermarken zur Bezahlung der Fahrkarten nicht mehr angenommen würden[28]. Trotz dieser chaotischen Zustände wird der Anschein eines ordentlichen Lehrbetriebes gewahrt. Die Bürokratie funktioniert noch. Am 22.11.1944 teilt die Assistentin, Frau Heyland, dem Kuratorium der Universität mit, daß Professor Kaschnitz den Beginn seiner Vorlesung und Übung wegen Erkrankung herausschieben muß[29]. Die Lehrveranstaltungen schildert Marie Luise Kaschnitz so: „*Auf dem Kanonenöfchen brodelte dann die Kartoffelsuppe, während an Hand von ein paar Photographien die vorderasiatische Kunst, der sich Kaschnitz in Frankfurt besonders zugewandt hatte, durch seine Worte Leben gewann*"[30]. „*Die Studenten sind meist Mädchen, ein paar Soldaten, Urlauber, Kranke sind darunter, ein Jurist, der nun noch seinen kunsthistorischen Doktor macht, um der Dienstverpflichtung als Richter in Holland zu entgehen. Er hat seine Platten, seine Bib-*

---

24) UA. Archäolog. Seminar, Haushalt, Bericht über den Stand der Bibliothek vom 6.2.1945.

25) Antrag für einen Zuschuß für Lehrmittel vom 13.7.1949. UA. Archäolog. Seminar, Haushalt.

26) Hammerstein 536f.

27) UA. Personalakte.

28) Brief vom 4.8.1944: G.v.Gersdorff, Marie Luise Kaschnitz (1992) 146.

29) UA. Personalakte.

30) M. L. Kaschnitz, Biographie 236.

liothek bei uns untergebracht, wenn die Übung zu Ende ist, machen wir Musik"[31].

Im April 1945 wurde Kaschnitz noch zum Volkssturm eingezogen, wegen seiner angegriffenen Gesundheit aber wieder entlassen. Er hatte sich schon einmal, in Marburg, stellen müssen, fand aber, wie Marie Luise Kaschnitz vermutete, als ehemaliger österreichischer Offizier keine Verwendung, obwohl er bereits die deutsche Staatangehörigkeit besaß. Diese hatte er 1932 in Königsberg angenommen, um als Professor beamtet werden zu können[32]. Jetzt machte sein Gesundheitszustand einen Sanatoriumsaufenthalt in Königstein nötig, wo er bis zum Kriegsende blieb.

Am 26. März 1945 rückten amerikanische Truppen in Frankfurt ein und besetzten unter anderem auch die Universität, am 8. Mai erfolgte die Kapitulation. Da die Amerikaner die Kronberger Villa beschlagnahmten und die Familie auch nicht in ihre Frankfurter Wohnung, Wiesenau 8, zurückgehen konnte, machte sie sich zu Fuß nach Bollschweil auf. Hier verbrachten sie den Winter, Guido, wie Marie Luise Kaschnitz schreibt, fleißig arbeitend[33]. Kaschnitz bittet aus gesundheitlichen Gründen vorsorglich um Beurlaubung für das Wintersemester 1945/46 und schlägt für den Fall, daß die Universität bereits zum Winter geöffnet werde, Hans Möbius, Ordinarius in Würzburg, als Vertreter vor, da er in Frankfurt wohne und die Würzburger Universität wohl nicht so schnell wiedereröffne[34].

Zu dieser Vertretung kam es jedoch nicht, da die Universität geschlossen blieb. Unmittelbar nach dem Einmarsch war die Universität von der Besatzungsmacht beschlagnahmt und der Zutritt zu den Gebäuden für jedermann, auch die Universitätsangehörigen, verboten

worden[35]. Vor dem Jügelhaus standen Wachposten. Man begründete diese Maßnahme als Schutz vor Plünderungen und zur Sicherung der verbliebenen Bestände an Büchern und wissenschaftlicher wie technischer Ausstattung. Die Stadt, wie in Gründungszeiten die finanzielle Trägerin der Universität und der Lohngeber der Professoren, ihrer Beamten, bemühte sich von Anfang an intensiv um eine schnelle Wiedereröffnung. Diese zögerte sich jedoch länger heraus als an anderen Orten. Zunächst wurde im Einvernehmen mit der Militärregierung ein „Army Education Program", ein eingeschränkter Lehrbetrieb für Soldaten geplant. An seine Stelle trat sehr bald die Absicht der Amerikaner, den einzig erhaltenen größeren Gebäudekomplex, das Jügelhaus, gänzlich räumen zu lassen und als Depot für die umliegenden Museumsbestände und Kunstgüter zu nutzen. Endlich sollten von der Universität nur die medizinischen Einrichtungen in Form einer Medical School bestehen bleiben. Die Stadt befürchtete, daß amerikanische Juden und Emigranten angesichts der Vertreibung jüdischer Stifterfamilien und Dozenten jetzt auf eine endgültige Schließung der Universität hinwirken würden. Soweit kam es jedoch nicht. Die bereits eingeleitete Selbstsäuberung der Universität von nationalsozialistischen Kräften war den Amerikanern nicht weitgehend genug. Man erwartete eine Entnazifizierung der Bediensteten streng nach amerikanischen Richtlinien. Nach der Entlassung all derer, die vor 1937 Mitglied der NSDAP waren, und nach der Vorlage einer Denkschrift zum inhaltlichen Konzept und geistigen Programm der kommenden Universität gelang es schließlich, die Militärregierung für die Wiedereröffnung zu gewinnen. Eine letzte, allerdings innere Voraussetzung war, die entstandenen Vakanzen im Lehr-

---

31) M. L. Kaschnitz, Orte, 1973, 521.

32) UA.Personalakte.

33) M. L. Kaschnitz, Biographie 236.

34) UA. Personalakte, Brief vom 15.10.1945.

35) Zum folgenden Hammerstein 547ff.

körper auszugleichen, um die Universität wieder funktionstüchtig zu machen.

Kaschnitzens Entnazifizierung war unproblematisch. Dabei war die Überprüfung der Geisteswissenschaften, die als anfällig für nationalsozialistisches Gedankengut galten, besonders sorgsam. Kaschnitz gehörte zu den unbelasteten Professoren der Philosophischen Fakultät, auf die sich die Universität bei ihrem Wiederbeginn stützen konnte[36]. Am 17.9.1945 bescheinigte der Prüfungsausschuß der Philosophischen Fakultät, daß seine Belassung im Lehrköper bedenkenfrei sei, und bezeichnete ihn als entschiedenen Gegner der Nationalsozialisten. Der Hauptuntersuchungsausschuß der Universität kam zu demselben Urteil. Von Seiten der Militärstellen gab es keine Einwände.

Frau Heyland schied aus eigenem Wunsch zum 31.3.1946 aus dem Dienst aus[37]. Die Assistentenstelle vertrat kurzzeitig die Doktorandin, Fräulein Urbanex, die als Hilfskraft eingestellt wurde. Am 15. April kam der neue Assistent, Dr. Ernst Homann-Wedeking, der in den kommenden acht Jahren am Seminar tätig blieb und für Kaschnitz besonders in späteren Jahren Entlastung brachte.

Am 1. Februar 1946 wurde die Universität wieder eröffnet, und es begann der beschwerliche Weg des Wiederaufbaus. Über das ganze Jahr zogen sich die diversen, kleinen Baumaßnahmen hin, die in den ehemaligen Räumen der Nationalsozialistischen Dozentenschaft, den Zimmern 52-55 des Jügelhauses, das archäologische Seminar heimisch machen sollten. Briefe über Art und Ausmaß der Wiederherstellungsarbeiten gingen hin und her. Anträge auf Reparaturen wurden gestellt, wiederholt, die erforderlichen Arbeiten angemahnt und endlich die

Ausführung vom Bauamt bestätigt. Den ausgebrannten Räumen fehlte der Estrich, Wände und Fenster mußten gestrichen und neue Scheiben eingesetzt werden. Man bat um Wiederanschluß der Heizkörper, Neuaufstellung der Regale, Einrichtung mit Tischen und Stühlen. Wegen der schwierigen Beschaffung von Glas waren die Verglasungsarbeiten im Oktober 1946 immer noch nicht abgeschlossen. Den Estrich erhielten die Räume erst im Sommer 1949, als bislang provisorisch abgedeckte Oberlichtfenster endlich verglast und zwei Steckdosen sowie vier schwenkbare Schreibtischlampen installiert wurden[38].

In den folgenden Jahren begann sich der Universitätsbetrieb allmählich zu normalisieren, obwohl die Mängel noch lange anhielten. Ganz zu schweigen von der Not und den Entbehrungen, die das tägliche Leben der Menschen kennzeichneten. Im Seminar fehlte es an Dias, Fotos, Büchern und an Raum. Bereits für das Wintersemester 1946/47 konnte eine Reihe von Diapositiven durch die alte Fotofirma Gustav Rapp neu angefertigt werden, die seit Universitätsgründung für das Archäologische Institut gearbeitet und überlebt hatte[39]. Von den Instituten in Bonn und München wurden dort doppelt vorhandene Dias und Fototafeln erworben[40]. Zum Teil aus Privatbesitz wurden fehlende Bücher gekauft. 1949 standen dem Seminar zum Ausgleich der an Büchern und Bildmaterial entstandenen Kriegsverluste 1000 DM zur Verfügung, unter damaligen Umständen zweifellos ein erfreulicher Betrag. Studentische Hilfkräfte wurden eingestellt, allerdings bewilligte die Verwaltung als Semestervergütung nur noch 50 DM statt der bisherigen 100 RM. Schwer abzuhelfen war der Raumnot. Kaschnitz besaß 1947 immer noch kein Arbeitszimmer, weil

36) Hammerstein 631.

37) UA. Personalakte Kaschnitz, Mitteilung vom 18.2.1946 an das Kuratorium. Da die Akte Heyland im UA. noch unter Datenschutz steht, kann über die Gründe nur gemutmaßt werden.

38) UA. Archäolog. Seminar Haushalt.

39) UA. Archäolog. Seminar Haushalt, Mitteilung vom 22.10 1946.

40) 175 vom Institut Bonn und 98 Brunn-Bruckmann Tafeln vom Institut in München. UA.

die Seminarräume zu eng waren und die Wohnung in der Wiesenau mit einquartierten Mietern geteilt werden mußte. Eine Eingabe der Universität an die zuständige Behörde mit der Bitte, Herrn Professor Kaschnitz-Weinberg zu Hause einen Arbeitsraum zuzuweisen[41], hat diesen Mangel möglicherweise behoben. Erst 1950 allerdings bewohnte die Familie die Wohnung wieder allein[42].

Ein für die Nachkriegszeit wohl typischer Vorfall, der sich im November 1948 ereignete und Anlaß zu einem Briefwechsel zwischen dem Institut und dem Kuratorium gab, wirft ein bezeichnendes Licht auf die bescheidenen Verhältnisse und die besonderen Probleme, die in dieser Zeit die Universität und das Leben draußen prägten. Ein Wachmann schrieb an das Kuratorium: Auf einem Kontrollgang habe er die Tür zum Archäologischen Seminar angelehnt gefunden und drinnen zwei Schreibmaschinen bemerkt, eine große auf dem Tisch und eine Reiseschreibmaschine am Boden. Da die Zimmertüren ebenso wie die nach außen führende Kellertür des Gebäudes oftmals unverschlossen seien, könne man sehr leicht ungesehen in das ganze Haus gelangen und ohne Mühe einen Diebstahl begehen. *„Da(ß) sich Liebhaber heutzutage für solche Sachen interessieren u. überall herumschleichen, dürfte bekannt sein. Es ist daher ratsam, wertvolle Schreibmaschinen gut aufzubewahren."* Kaschnitz geht auf diesen an ihn weitergeleiteten Bericht ausführlich ein. Es stellt sich heraus, daß der Vorfall während einer Exkursion stattfand, die an der Eingangstür angekündigt war, und daß sich der Diebstahl offensichtlich nicht auf die Schreibmaschinen, sondern auf eine Pultlampe richtete, die Kaschnitz für die Vorlesung brauchte. Diese hatte nach dem Einbruch merkwürdigerweise, statt wie üblich auf der Fensterbank, auf dem Fußboden gestanden. Acht Tage später wurde wiederum in das Seminar eingebro-

chen und diese Pultlampe tatsächlich gestohlen. Kaschnitz mutmaßte sogar, daß der Dieb es weniger auf die Lampe als auf die Glühbirne abgesehen hatte. Dieser Briefwechsel offenbart nicht nur den Mangel, den die Bevölkerung zu leiden hatte, sondern auch die Behelfsmäßigkeit, der die Universität unterlag. Man erfährt nämlich bei dieser Gelegenheit, daß beide Schreibmaschinen nicht dem Seminar gehörten. Die große, Marke Continental, war von der Römisch-Germanischen Kommission, einer Abteilung des Deutschen Archäologischen Instituts in Frankfurt, ausgeliehen, und die Reiseschreibmaschine war Besitz des Assistenten Homann-Wedeking.

Der Wiederaufbau der Universität fand auch im Rundfunk seinen Niederschlag in einer Sendereihe mit dem Titel „Stunde der Universität Frankfurt". Im Januar 1947 bittet man Kaschnitz in diesem Rahmen einen fünfzehnminütigen Vortrag zu halten[43].

Zeichen einer langsamen Konsolidierung des Lehrbetriebes war die erste Exkursion, die bereits im Oktober 1947 kurz vor Semesterbeginn erfolgte und mit 600 RM von der Universität finanziert wurde. Der Assistent reiste mit einer Gruppe von 20 Studenten für sechs Tage nach Trier, wobei auch der zuständige Kulturreferent der Militärregierung aufgesucht wurde. Der Besuch der Frankfurter Studentenschaft war ein Ereignis, das damals sogar in der Trierer Presse Erwähnung fand. Aber die Universitätsgelder waren knapp. So wurde der nächste Exkursionsantrag für eine Fahrt nach Heidelberg im folgenden Sommer mit dem Hinweis abgelehnt, daß die Universitätskasse zur Zeit nur über Mittel für die dringendsten Bedürfnisse verfüge. Seit dem Winter 1948/49 standen dann regelmäßig Exkursionszuschüsse bereit. Beinahe jedes Semester veranstaltete das archäologische Seminar eine oder zwei kleinere Exkursionen, wenn auch

---

41) UA. Personalakte.

42) G.v.Gersdorff, Marie Luise Kaschnitz (1992) 188.

43) UA. Personalakte.

nur innerhalb Deutschlands und nicht an die griechischen und italienischen Ausgrabungsstätten selbst. Man besuchte die Museen in Kassel, Marburg, Heidelberg, Würzburg und Tübingen.

Als am Ende der vierziger Jahre die Hoffnung wuchs, daß das von einem internationalen Gremium verwaltete Deutsche Archäologische Institut in Rom dem neu gegründeten deutschen Staat zurückgegeben werden könnte, teilten sich Kaschnitz' Kräfte zwischen seiner Frankfurter Lehrtätigkeit und den Vorbereitungen zur Rückgewinnung des römischen Instituts. Die Zentraldirektion des Deutschen Archäologischen Instituts in Berlin, der Kaschnitz jetzt ebenfalls angehörte, betonte die dringende Notwendigkeit seiner längerer Anwesenheit in Rom zur Wegbereitung dieser Rückgabe[44], so daß die Universität ihn immer wieder semesterweise freistellte. Da Homann-Wedeking sich im Frühjahr 1950 habilitiert hatte, war ein kompetenter und mit den Institutsangelegenheiten vertrauter Vertreter zur Stelle. Problematisch war die angemessene finanzielle Vergütung, die Kaschnitz offenbar durch Aufstockung des Assistentengehaltes aus eigener Tasche bestritt. Bereits im Sommersemester 1949, als er wegen einer schweren Neuritis um Krankheitsurlaub gebeten hatte, war er so verfahren. Damals hatte Heinz Kähler, Assistent und Privatdozent aus München, die Vertretung übernommen. Kaschnitz war in der mißlichen Lage, daß er in Rom gebraucht wurde, aber beim Deutschen Archäologischen Institut nicht bedienstet war und auch nicht besoldet wurde. Da kam ihm im Frühjahr 1950 der Ruf an die Universität seiner Heimatstadt Wien zunutze. In den Bleibeverhandlungen sagte man ihm eine Erhöhung seines Grundgehaltes zu, das seinerzeit 702,65 DM betrug. Die Ironie

der Umstände war jedoch, daß es zu dieser Höherstufung nicht so bald kam, da die Bürokratie seine wiederholte Beurlaubung zum Anlaß nahm, die Neuberechnung immer wieder herauszuschieben. Als er im November 1950 in das Beamtenverhältnis auf Lebenszeit berufen wurde, stellte man die Erhöhung des Grundgehaltes „*wegen der angespannten Finanzlage des Landes Hessens*"[45] weiterhin zurück.

Vom Sommersemester 1950 an vertrat ihn Homann-Wedeking für drei Semester. Die folgenden drei Semester lehrte Kaschnitz wieder selbst. Zum Winter 1952/53 trat der bewährte Homann-Wedeking noch einmal für drei Semester an seine Stelle.

Am 1. Mai 1953 meldete die Presse die Rückgabe von vier deutschen wissenschaftlichen Instituten in Rom, darunter das Deutsche Archäologische, durch das Fünfmächteabkommen. Kaschnitz stellte sich zunächst als kommissarischer Direktor zur Verfügung und gab die Lehrtätigkeit in Frankfurt zugunsten seiner Aufgabe in Rom endgültig auf. Das Ordinariat konnte er indes noch nicht freigeben, da seine Ernennung zum Direktor noch ausstand. Die Johann Wolfgang Goethe-Universität gewährte ihm eine weitere Beurlaubung, allerdings ohne Bezüge. Besoldet wurde er jetzt vom Bundesinnenministerium. Dadurch kam man erstmals in die Lage, Homann-Wedeking die Vertretung mit dem Gehalt eines ordentlichen Professors vergüten zu können, und ihn von seiner Assistenz zu entbinden, die er bislang neben den Professorenpflichten weiterhin hatte wahrnehmen müssen. Die Assistentenarbeiten scheinen allerdings, zumindest teilweise, den wissenschaftlichen Hilfskräften übertragen worden zu sein[46]. Die Assistentenstelle wurde jetzt vertretungsweise mit Konrad Schauenburg besetzt.

---

44) UA Personalakte, Brief des DAI Berlin an die Universität Frankfurt vom 31.8.1949.

45) UA. Personalakte, Bescheid des Ministeriums vom 1.3.1951

46) In diesem Sinne ist ein Brief vom 4.2.1954 von Homann-Wedeking zu verstehen, in dem er um eine sechswöchige Beurlaubung für die Samosgrabung in den Wintersemesterferien bittet und als Vertretung die wissenschaftliche Hilfskraft Fräulein Dr. Fritz vorschlägt. UA. Personalakte.

Im April 1954 ging Homann-Wedeking als außerordentlicher Professor nach Hamburg, Schauenburg wurde Assistent in Bonn. Obwohl Kaschnitz bereits ein Jahr kommissarischer Leiter des Deutschen Archäologischen Instituts in Rom war, konnte sein Lehrstuhl immer noch nicht neu besetzt werden, da er bislang nicht definitiv zum Direktor ernannt war[47]. Kaschnitz selbst war die leidige Situation des durch ihn blockierten Frankfurter Ordinariates sehr unangenehm[48]. Im Sommersemester übernahm German Hafner die Vertretung der Professur, sein Assistent war Klaus Parlasca. Die Philosophische Fakultät bemühte sich, eine Neubesetzung des archäologischen Lehrstuhles in die Wege zu leiten, indem sie das vakante Ordinariat für romanische Philologie in einen zweiten ordentlichen Lehrstuhl für klassische Archäologie umwandelte[49] und diesen Kaschnitz zuwies, der weiterin freigestellt blieb.

Jetzt stand einer Neubesetzung nichts mehr im Wege und Kaschnitz regte die Bildung der Berufungskommission an. Sie setzte sich zusammen aus: Guido Kaschnitz-Weinberg, Harald Keller, Matthias Gelzer, Karl Reinhardt, Harald Patzer, Ernst Holzinger. Die Vorschlagsliste, die im November 1954 an das Ministerium ging, plazierte als Nachfolger an erster Stelle Gerhard Kleiner, an zweiter Heinz Kaehler und an dritter Roland Hampe. Gerhard Kleiner, ehemals Assistent von Kaschnitz in Königsberg, erhielt den Ruf.

Gerade an diesem Ort soll eine Äußerung von Homann-Wedeking zum Frankfurter Archäologischen Seminar nicht unerwähnt bleiben, als man ihn innerhalb des Berufungsverfahrens um seine Stellungnahme zu möglichen Kandidaten bat: Was die Arbeitsmöglichkeiten, vor allem die Bibliothek des Frankfurter Archäologischen Seminars angehe, könne diese den Vergleich mit den meisten anderen Universitäten aushalten. Wenn man die Römisch-Germanische Kommission und das Frobeniusinstitut mit einbeziehe, sei es mit den archäologischen Bibliotheksverhältnissen in Frankfurt gut bestellt, nur München, Bonn und Heidelberg seien überlegen. Schließlich schreibt er, „daß Frankfurt in der Hierarchie archäologischer Lehrstühle hoch rangiert und daß man es von hier aus gesehen wagen könnte, fast jeden bereits in der Stellung eines Ordinarius Befindlichen nach Frankfurt zu berufen.“

Am 30. 8. 1955 wird Kaschnitz emeritiert. Zugleich legt er den Direktorenposten im Römischen Institut nieder, um sich endlich wieder ganz der wissenschaftlichen Arbeit widmen zu können. Während seiner dreijährigen Amtszeit in Rom wurde Kaschnitz, der bereits Mitglied der päpstlichen Akademie war, 1955 als bis dato einziger Deutscher von der Accademia Nazionale dei Lincei aufgenommen. Eine Ehrung, die sogar in der deutschen Presse Beachtung fand. Im September 1956 schlug ihn der Hessische Minister für Erziehung und Wissenschaften für das Bundesverdienstkreuz vor. H. Straßburger schrieb in diesem Zusammenhang in einer Würdigung: „selten hat ein Gelehrter beiden: der Archäologie und Deutschland so originell gedient“[50]. Dazu kam es nicht mehr. Ebenso wenig wie zur Fertigstellung seiner Strukturgeschichte, an der er schon lange arbeitete und die er nach seiner Emeritierung mit allen Kräften anstrebte. Er hatte von der Deutschen Forschungsgemeinschaft ein Stipendium erhalten für die erforderlichen Reisen nach Griechenland, in die Türkei und nach Ägypten. Wien war die erste Station dieser Reise, die er im August 1956 zusammen mit seiner Frau antrat. Hier befielen ihn erste Beschwerden, deren Ursache ein Gehirntumor war. Er wurde in Wien operiert und gewann nach längerer Zeit der Rehabilitation, in der er neu sprechen lernen mußte, langsam seine Kräfte wieder. Das

---

47) UA. Personalakte, Brief von Kaschnitz an den Rektor, 9.7.1954.

48) UA. Personalakte, Brief von Kaschnitz an den Rektor.

49) UA. Personalakte, zunächst nur für das Wintersemester 1954/55.

50) UA. Personalakte.

Ehepaar Kaschnitz kehrte nach Frankfurt zurück in die immer beibehaltene Wohnung in der Wiesenau 8. Hier versuchte Kaschnitz erneut, wissenschaftlich zu arbeiten. Im Dezember 1957 nahm er im Kreis seines Nachfolgers Gerhard Kleiner und der ehemaligen Kollegen an der Winckelmannsfeier des Archäologischen Seminars teil[51]. Im folgenden Jahr verschlimmerte sich sein Leiden. Am 1. September 1958 starb Kaschnitz in Frankfurt. Begraben liegt er in Bollschweil. *„Eine vor mehr als hundert Jahren in England entstandene kleine Nachbildung eines Parthenonreiterreliefs, die uns Ernst Steinmann[52] seinerzeit in Rom zur Hochzeit geschenkt hatte, bezeichnet sein Grab"*, läßt Marie Luise Kaschnitz die Biographie ihres Mannes enden. Es handelt sich um einen Ausschnitt des Parthenonfrieses mit zwei jungen Reitern, von denen sich der eine nach dem anderen umwendet.

Beileidsschreiben aller deutschen Universitäten und Technischen Hochschulen an die Goethe-Universität zeugen vom hohen wissenschaftlichen Ansehen des Verstorbenen. Seine Leistungen wurden in vielen Nachrufen gewürdigt. Sein Assistent und Freund Peter Heinrich von Blanckenhagen schrieb in der Frankfurter Allgemeinen Zeitung vom 9. September: *„Er begründete für die Archäologie die Methode der Strukturanalyse, die ausgehend von der Wiener Schule Riegls die Phänomenologie der älteren Stilgeschichte ergänzt und berichtigt durch eine objektive Interpretation der künstlerischen Formkonstanten, das heißt der die Struktur des Kunstwerkes bestimmenden Elemente. Diese Methode, seit mehr als 30 Jahren von Kaschnitz in einer langen Reihe gelehrter Arbeiten immer mehr vertieft und erweitert, hat sich als die bedeutendste und fruchtbarste der modernen Kunstwissenschaft und Archäologie erwiesen."* Von Blanckenhagen und Helga von Heintze unternahmen es dann, unterstützt von Kleiner und finanziell gefördert vom Verein der Freunde und Förderer der Universität, Teile der nachgelassenen Schriften, den Bausteinen der geplanten Strukturgeschichte, in zwei geschlossenen Werken zusammenzufassen und herauszugeben: „Römische Kunst. I-IV" (Rowohlts Deutsche Enzyklopädie, Hamburg 1961- 63) und „Mittelmeerische Kunst. Eine Darstellung ihrer Strukturen." (Ausgewählte Schriften Bd.III, Berlin 1965). Als drittes Werk aus dem Nachlaß erschien, von Ingemarie Parlasca bearbeitet: „Die Eurasischen Grundlagen der antiken Kunst." (Frankfurt a. M. 1961).

---

51) Rede von G. Kleiner zur Winckelmannsfeier 1958. Archäologisches Institut Frankfurt, Korrespondenz Kleiner.

52) 1925 Direktor der Hertziana.

53) Eine Würdigung des wissenschaftlichen Werkes von Kaschnitz kann in diesem Rahmen nicht erfolgen. Dies unternahmen vor allem H. Sedlmayr (Riegls Erbe. Guido von Kaschnitz-Weinberg und die Universalgeschichte der Kunst. Hefte d. Kunsthist. Seminars d. Univers. München Nr. 4, 1959), H. von Blanckenhagen (Mittelmeerische Kunst a.O 8), E. Homann-Wedeking (Paideuma 7, 1959, 11), H. Keller (Kleine Schriften a.O. IX) und R. Lullies in seiner kurzen Biographie in: R. Lullies – W. Schiering, Archäologenbildnisse (1988) 248f.- Zu Kaschnitz' Strukturforschung zuletzt M. R. Hofter, Stil – Ontologie der Form oder wissenschaftliche Methode? in: Der Stilbegriff in den Altertumswissenschaften, Kongreß Rostock (1993) 37ff. und ders., Guido Kaschnitz von Weinberg und die Entdeckung des Unklassischen. in: Die deutschen Altertumswissenschaften in den zwanziger Jahren. Werner-Reimers-Colloquium, Bad Homburg 1992. Hrsg. H. Flashar. (im Druck).

CHARLOTTE THÜRWÄCHTER

Marie Luise Kaschnitz und Guido Kaschnitz-Weinberg

In München lernten sie sich kennen. Marie Luise von Holzing-Berstett hatte in Weimar eine Buchhandelslehre absolviert und begann 1923 ihre Arbeit im O.C. Recht-Verlag in München. Im selben Verlag angestellt war ein junger Österreicher, Guido von Kaschnitz-Weinberg. Er war von Hause aus Klassischer Archäologe, doch fand er nach dem 1. Weltkrieg, an dem er freiwillig als Offizier teilgenommen hatte, in seinem Fach keine Beschäftigung. So behalf er sich für einige Jahre mit der Herausgabe von Kunstmappen, bis ihn 1923 eine Anstellung als wissenschaftliche Hilfskraft im Deutschen Archäologischen Institut nach Rom führte. Sein Zimmer in München hatte er an die junge Kollegin vermittelt, dort war er vor seiner Abreise ein letztes Mal bei ihr zu Gast: *„Er hat mich dort noch einmal besucht, und ich hatte ihm nichts anderes vorzusetzen als Kakaoschalentee, den er in sehr übler Erinnerung behalten hat. Als er abgereist war, habe ich seine Visitenkarte nicht, wie es natürlich gewesen wäre, weggeworfen, sondern sorgfältig aufgehoben, was mir später merkwürdig vorgekommen ist.“*[1] In Rom trafen sie sich 1924 wieder. Die damals Dreiundzwanzigjährige arbeitete dort zuerst in einem Buchantiquariat, später als Sekretärin des Deutschen Archäologischen Institutes. Rückblickend scheint es ihr, als wäre sie dem um zehn Jahre älteren und fast fremden Mann gefolgt: *„...jetzt ging er nach Rom, wohin es auch mich, oder wohin er mich, ohne es zu wissen, zog.“*[2]

Schon 1925 heirateten die beiden, 1928 wurde ihre Tochter Iris Costanza geboren, bis 1932 lebte die Familie in Rom. Rom wird nach der Landschaft des Breisgau, wo sich der Familiensitz ihrer Eltern befand, für Marie Luise Kaschnitz zur zweiten Heimat. Während ihr Mann seiner Arbeit nachgeht, erschließt sie sich auf zahllosen Spaziergängen die Stadt. Sie sucht dabei auch archäologische und kunsthistorische Denkmäler, erlebt diese jedoch immer eingebettet in die moderne Großstadt mit ihren sinnlichen Eindrücken: *„Rom hat mich gewiß auch künstlerisch beeinflußt. Man lernt dort Geschichte und lernt, sich gegen die Geschichte zu wehren. Ich glaube, daß man vor allem sehen lernt. Man hat viele Impulse durch Augenfreuden, und weil das Leben sich zum großen Teil draußen, nicht in den Häusern abspielt, erfährt man auch viel von den Menschen, viel mehr als hier“*[3]. Bis zu ihrem Tod kehrt die Schriftstellerin immer wieder nach Rom zurück und setzt sich jedesmal aufs Neue mit der Stadt auseinander. In den ersten Jahren ihrer Ehe hat sie auch erstmals Kontakt mit einer ihr bis dahin unbekannten wissenschaftlichen Bildung. Aus einer großbürgerlichen Offiziersfamilie stammend, war ihre Schulausbildung lückenhaft geblieben. Im akademischen Bekanntenkreis ihres Mannes holte die junge, wißbegierige Frau das Versäumte nach. Archäologischen, historischen und naturwissenschaftlichen Kenntnissen öffnete sie sich mit der gleichen

---

1) III 502. Zitiert nach: Ch. Büttrich - N. Miller (Hrsg.), Marie Luise Kaschnitz, Gesammelte Werke (1981ff.). Hier wie im folgenden bezeichnen die römischen Ziffern den Band, die arabischen die Seitenzahl.

2) III 730.

3) H. Bienek, Werkstattgespräch mit M.L. Kaschnitz, in: U. Schweikert (Hrsg.), M.L. Kaschnitz (1984) 284.

Begeisterung: „*Kaum daß ich geheiratet hatte, war ich überglücklich, der Welt der wissenschaftlichen Institute und der Universität anzugehören, die mir, der Offizierstochter, mit einem Mal als die einzig begehrenswerte erschien. Im Kreise der Professoren und ihrer Frauen war ich lange Zeit die jüngste, jedenfalls die Ungebildetste, meine Fragelust war ungeheuer, ich hörte jeder Belehrung zu. Das Fach, das der Professor vertrat, spielte keine Rolle, ich fragte die Altgermanisten und die Romanisten ebenso aus wie die in unserem Kreis seltenen Naturwissenschaftler*"[4]. Daneben begleitet sie ihren Mann auch bei seinen Museumsbesuchen und auf den Studienreisen nach Italien und Griechenland. Mit zahlreichen archäologischen Denkmälern hat sie sich dichterisch beschäftigt. Kurz vor ihrem Tod erlaubt sie sich einen ironischen Rückblick auf diese gemeinsamen Museumsbesuche, auf ihren jugendlichen Bildungseifer und die Belehrungen durch den Archäologen: „*Alle Museen, die mein Mann zu Studienzwecken besucht hat und die ich mit ihm besucht habe, sind in meiner Erinnerung zusammengewachsen zu einem einzigen, unermeßlichen Gebäude, Säle, Gänge, Treppen, Tausende von Kilometern, zurückgelegt mit jungen Schritten, mit müden Schritten, mit neugierigen Augen, mit Augen, die übersättigt das Fenster suchen, dieses Viereck voll von schönem langweiligem Blau...Schränke voll Vasen, Regale mit nichts als Köpfen, einer neben dem anderen, einer häßlicher als der andere, tönerne Provinzler, von provinziellen Porträtisten gebildet, aber an denen durfte ich vorübergehen, wurde nur aufmerksam gemacht auf den einen oder anderen, um seiner Augen, seines spätantiken Himmelsblicks willen. Frauenfrisuren, hochgetürmte mit Rosenkohllöckchen, und leere Augenhöhlen,*

Kaiserinnen, Modepuppen, langweilig, weiter, oh, das schöne irisierende Glas...Die Eroten und Genien, der sterbende Gallier und das Mädchen von Auxerre, weiter und weiter, in Glück und Überdruß durch das alte, unermeßliche Museum, durch meine alte, versunkene Welt."[5] Es ist aber vor allem die südliche Landschaft, die sie zum Schreiben inspiriert. Ihre ersten ernsthaften schriftstellerischen Arbeiten entstanden gewissermaßen am Wegrand. Während ihr Mann die archäologischen Stätten studierte, saß sie mit einem Schreibheft auf den Knien und sammelte ihre Eindrücke: Ausblicke in die Landschaft, Gerüche, Begegnungen mit Menschen. In ihren Aufzeichnungen bewahrt sie die Erlebnisse, die nicht in die Arbeiten des Forschers miteingeflossen sind. Ihr Mann ermunterte sie zum Schreiben, als Ausdruck ihrer tiefen Verbundenheit mit ihm hat sie auch später nie unter ihrem Mädchennamen publiziert.[6]

Seinem Beruf ordnete sie ihre Tätigkeit als Schriftstellerin aber auch unter. In einem 1961 geführten Interview gibt sie an, daß sie es damals als ihren „Hauptberuf" empfand, verheiratet zu sein: „*Ich mußte dafür sorgen, daß mein Mann möglichst gut arbeiten konnte und daß er und unser Kind möglichst glücklich waren...Ich habe oft heimlich, im Caféhaus, zwischen den Einkäufen, gearbeitet. Ich kann nicht sagen, daß ich jetzt, wo ich, abgesehen von Vorlesereisen, Besuchen und einer großen Korrespondenz, unbegrenzte Muße habe, mehr zustande bringe als damals in der kurzen, gestohlenen Zeit.*"[7] Daß diese Form des Arbeitens und Zusammenlebens auch Konflikte mit sich brachte, spiegelt sich in vielen ihrer Texte: Die Schwierigkeit, zu einer harmonischen Beziehung zu finden, die Sehnsucht nach Verschmelzung und eine plötzlich auftretende exi-

---

4) zitiert nach: D. v. Gersdorff, M. L. Kaschnitz. Eine Biographie (1992) 55.

5) III 584.

6) M. L. Kaschnitz, Die Schwierigkeit, unerbittlich zu sein in: Schweikert a.a.O. 297.

7) Bienek a.a.O. 294.

stentielle Fremdheit zwischen den Partnern, Eifersucht auf die Arbeit eines als unnahbar und überlegen empfundenen Geliebten, dies alles - oft geschildert aus der Perspektive einer leidenschaftlichen Ich-Erzählerin - sind Motive, die sich in zahlreichen Prosaarbeiten der Autorin finden. Ihr erster, 1933 erschienener Roman „Liebe beginnt" basiert auf solchen autobiographischen Elementen. Bezeichnenderweise werden die hier geschilderten Spannungen nur von der Ich-Erzählerin bewußt erlebt und durchlitten. Die Krise entzündet sich an dem Wunsch der Frau nach einem Kind, das ihre Einsamkeit und Liebessehnsucht auffangen soll. Dieser Wunsch wird von ihrem Partner zurückgewiesen, der sein Leben der Forschung verschrieben hat und seine Unabhängigkeit nicht aufgeben will. Die Geschichte kulminiert in als real empfundenen Mordphantasien der Frau und ihrem körperlichen Zusammenbruch. In seiner Angst um die Ohnmächtige findet der Mann zu einer Beschützerrolle. Er kann jetzt erstmals seine innere Distanz aufgeben. Umgekehrt ist die Frau bereit, ihre egoistischen Ansprüche an seine Privatsphäre zurückzustellen. Sie entdeckt ihre Bestimmung in der Liebe, die sie jetzt aber nicht mehr in besitzergreifendem Egoismus auf ihren Mann allein richtet, sondern auch ihren Mitmenschen entgegenbringt. Der schmerzhafte Prozeß des Zueinanderfindens ist für sie auch Auslöser für eine schriftstellerische Arbeit. Sie beginnt, vorerst nur für ihren Mann, die zurückliegenden Erlebnisse aufzuschreiben. Ausdruck der erreichten Harmonie und Liebesfähigkeit beider ist ein in derselben Nacht gezeugtes Kind. Dafür, daß sie in diesem Roman eigene Erfahrungen öffentlich preisgegeben hat, glaubte Marie Luise Kaschnitz noch 1961, sich entschuldigen zu müssen: „*Ich habe mit einem Roman angefangen, bei dem ich*

biographische Erlebnisse und Empfindungen stark übertrieben und zum Teil verfälscht habe, um die Gegensätze und Spannungen in dieser Liebesgeschichte zu vertiefen...Ich habe das Buch seitdem nicht wiedergelesen, weil ich gegen meine früheren Sachen immer einen großen Widerwillen empfinde. Ich nehme aber an, daß es nicht zu Unrecht vergessen ist."[8] Die auf den letzten Romanseiten hergestellte Harmonie war aber im wirklchen Leben immer wieder bedroht und mußte neu erkämpft werden. Das belegen autobiographisch gefärbte Erzählungen wie „Der Spaziergang" und „Die Pilzsucher"[9], die Jahre später entstanden sind und dieselben Nöte beschreiben. Vielleicht war Marie Luise Kaschnitz vor einer neuerlichen Indiskretion zurückgeschreckt, jedenfalls wurden die Geschichten erst aus dem Nachlaß bekannt.

Der griechische Mythos bot der Schriftstellerin dagegen eine Möglichkeit, ihre Deutung der Geschlechterdifferenz in einem neutralen Rahmen zu bestätigen und positiv zu deuten. So spielt etwa ihr zweiter Roman „Elissa", eine freie Bearbeitung der Dido-Sage, in einem zeitlich und örtlich nicht näher festgelegten antikisierenden Rahmen. Die Heldin kann ihrem Geliebten Sicheus bedingungslos folgen, da sie nicht mehr von einem modernen Drang zu Selbstverwirklichung bestimmt wird. Bei ihrer Neubearbeitung griechischer Mythen, die 1944 erschien, ging Kaschnitz, wie sie in einem 1972 erschienenen Nachwort schreibt, „*auf eine philologisch recht bedenkenlose Weise mit dem Pauly-Wissowa und anderen Handwörterbüchern*" um. Sie hat bei der Auswahl der Sagengestalten sicher nicht zufällig Gestalten wie Sibylle, Medea, Demeter, Niobe und Dido den Vorzug gegeben. Sie sind die Nährenden, Liebenden, Zauberischen, dem menschlichen Schicksal,

---

8) Bienek a.a.O. 291f.

9) vgl. I. Stephan, „Vom Ich in der Fremde", in: Schweikert a.a.O. 151ff.

der Natur und dem Tod Nahestehenden, Vertreterinnen typisch weiblicher Domänen. Der Antagonismus zwischen „*dem dunklen Urgrund des Elementaren*" und dem „*lichten Reich der homerischen Götterwelt*", in dem die Autorin selbst das Gemeinsame der ausgewählten Mythen sieht, erscheint hier immer wieder als der Antagonismus zwischen den Geschlechtern.[10] Daß sie „*nie eine Vorkämpferin der Emanzipation gewesen war*", gibt Marie Luise Kaschnitz rückblickend selbst zu: „*...ich hatte mich nicht nur meinem Mann, sondern eigentlich jedem Mann untergeordnet*". Doch auch als ihr dies schon bewußt ist, nachdem sie die Entwicklung der Frauenbewegung zu Anfang der siebziger Jahre mit Interesse verfolgt hatte, verteidigt sie ihr eigenes Lebenskonzept und sieht keinen Grund, sich dafür zu schämen: „*Denn es können dieselben Dinge in einer Generation Unschuld und bereits in der nächsten oder übernächsten Schuld bedeuten.*"[11]

Für den Sommer 1956 hatte das Ehepaar eine längere Studienreise nach Griechenland und in den Orient geplant, doch schon in Wien erkrankte Guido. Die Ärzte diagnostizierten einen tödlichen Gehirntumor. Eine noch in Wien vorgenommene Operation bedeutete lediglich einen Aufschub: „*Und ich winkte und schrie/Hinauf zu den rollenden Wagen/Wartet nicht,/Wir haben Wurzeln in den Tod geschlagen,/Wartet nicht./Kein Nesselhemd bekamst du übergestreift,/Kein Becher ward dir randvoll von den Lippen gezogen,/Du mußtest nicht hungern, nicht auf Dornen liegen./Nur sterben./Ein roter Korallenbaum/Erklärten sie mir/Durchwüchse dein Haupt,/Ersticke deine Gedanken.*"[12] Es folgte eine Phase der Rehabilitation, dann nahmen seine Kräfte immer weiter ab, bis er im Herbst 1958 starb. Die letzten beiden Jahre verbrachte das Paar in Frankfurt, wo Marie Luise Kaschnitz ihren Mann pflegte, letzte gemeinsame Spaziergänge erlebte. Der Tod ihres Mannes bedeutete einen tiefen Riß in ihrem Leben. Alle folgenden Eindrücke werden von dieser Erfahrung geprägt. Sie durchlebt eine zweijährige Trauerzeit, in der sie sich zwar äußerlich nicht von der Welt zurückzieht, aber, wie sie später feststellt, nur noch aus Höflichkeit und Pflichtbewußtsein ihr gewohntes Leben weiterführt, ohne im Inneren davon berührt zu werden. Dann wird sie durch das unerwartete Angebot einer Vortragsreise wieder in ihr früheres, tätiges Leben zurückgeholt. Nach und nach stellen sich wieder Neugierde und Lebensfreude ein. In ihren 1963 erschienenen tagebuchartigen Aufzeichnungen „Wohin denn ich" registriert sie alle Phasen der erneuten Weltaneignung. Hier wie auch bei ihren späteren Arbeiten, v.a. in der autobiographischen Prosa („Tage, Tage, Jahre", 1968; „Steht noch dahin", 1970; „Orte", 1973), ist der Verstorbene immer präsent. Als sie gebeten wird, eine Biographie ihres Mannes zu schreiben, mit der die 1965 erschienene Ausgabe seines Werkes ergänzt werden soll, beschränkt sie sich vorsätzlich auf die äußeren Fakten seiner akademischen Laufbahn. Es scheint ihr unmöglich, in diesem Rahmen seinem Wesen und Leben gerecht zu werden: „*...eine Zumutung, die mich aufs äußerste erschreckte. Bevor mir noch recht einfiel, was alles ich sagen sollte, Herkunft, Studium, Ortsveränderungen, Begegnungen, wissenschaftliche Probleme, dachte ich schon an das, was ich nicht schreiben durfte, und daß jedes aufgeschriebene Leben, eben um dieses nicht Sagbaren willen, eine Fälschung ist...und daß etwas von einem Vaganten und einem Einsiedler an dir war, ich hab mein Sach auf*

---

10) vgl. N. Altenhofer, Sibyllinische Reden, in: P.M. Lützeler u.a. (Hrsg.), Festschrift E. Schwarz (1987) 27ff.

11) III 811.

12) V 308f.

nichts gestellt, und doch eine Fähigkeit zur Leidenschaft, Gefühl und Erkenntnistrieb, aber das alles nicht recht zu fassen...Jedenfalls war ich schon damals entschlossen, mich beim Aufzeichnen deines Lebens aus diesem Leben herauszuzaubern, die bloße Tatsache der Ehe und kein Wort mehr. Nicht die geringste Andeutung, was du für mich warst, was ich für dich war und daß wir uns gut verstanden haben, denn vielleicht haben wir uns gar nicht verstanden, sondern uns nur immer wieder mit Entzücken erkannt. Hinwendung, Fortwendung, Hinwendung, verlieren, wiederfinden, einander fliehen, einander gehören, und das alles am Ende verschweigen und nichts anderes aufschreiben als die Geschichte eines Mannes, Geschichte seiner Arbeit, seiner Freunde, seiner Stellung in der Welt."[13] Neben dieser „Fälschung" entsteht aber über Jahre hin, ohne chronologische Ordnung, verstreut in ihrem Werk, eine zweite, private Biographie. Immer wieder verfällt sie in das vertraute „Du", teilt dem Partner ihre Erlebnisse mit, der so über seinen Tod hinaus für sie Medium zur Welt bleibt. Zwischen Erfahrungen der Gegenwart schieben sich die Bilder gemeinsamer Erlebnisse, die Klage über den Tod des Geliebten hält an. Jetzt, da sie „*die Welt zum ersten Mal mit zwei Augen sehen muß*", fällt es ihr zunehmend schwerer, die für sie so typische Lebenslust zu behaupten. Immer schonungsloser setzt sie sich mit dem Zeitgeschehen auseinander. Sie verfolgt den Vietnamkrieg, das Spekulantenwesen im Frankfurter Westend, die wachsende atomare Bedrohung. Angesichts solch starker Erschütterungen sind selbst ihre tiefe Liebe zu Natur und Kunst als Fluchtpunkte fragwürdig geworden: „*Alle sind, wie ich höre, zufrieden /Besonders die kleinen Leute/Also gibt es nichts mehr/Das uns den Atem verschlüge/Also werden*

wir wieder/Auf den Tempelstufen von Sounion/Oder inmitten/Der weidenden Ziegenherden/Getröstet aufschauen/Zu den rosenfarbenen Bergen/Warte du/Reise noch nicht/Es könnte doch sein/Daß die Schreie Gefolterter/Den Gesang der Zykaden durchdringen/Was dann/Wie ist dir zumute/Zu unmute/Wenn du/Aus den Augen der lächelnden Koren/Schwarzes rinnen siehst/Blut?"[14]

Es scheint, als wäre sie im Alter von derselben „Beschattung" bedroht wie etwa die Frau in „Die Pilzsucher", sobald sie sich von dem ruhigen, objektiven Blick des Mannes auf die Welt entfernt und damit ganz ihrem intuitiven Erkennen ausgeliefert ist. Umso bedeutender wird es daher, sich der früheren Gemeinsamkeit zu versichern, als eine Möglichkeit, den früheren intakten Weltbezug zumindest in der Erinnerung wieder herzustellen. Doch dieser Rückbezug ist schwierig und wird von ihr selbst vielfach hinterfragt. So registriert sie auch den einsetzenden Prozeß des Sich-voneinander-entfernens: Glücksgefühle werden als Verrat an dem Toten erlebt: „*Ich habe dich betrogen mit einem Palmbaum/Ich habe dich vergessen über einem Lied aus Bahia./Die Wälder haben ihre Luftwurzeln ausgeworfen/Im schwarzen Sumpfwasser verlor sich mein Spiegelbild./Wie geduldig warten die Toten./Wie geduldig warten die Toten ozeanweit/Sitzen bei den Leuchttürmen/Auf den Klippen der alten Heimat/nähren das Feuer.*"[15] Während sie selbst sich als offen und wandlungsfähig erlebt, ist der frühere Partner zu einem Bild erstarrt, das sie sich von ihm macht. Daß dieses Bild Verletzungen erfährt, die erlebte Harmonie auch auf Mißverständnissen beruht haben könnte, ist ein immer wieder auftauchender, mit Anstrengung verdrängter Gedanke. Einmal stellt sich

---

13) II 493f.

14) V 578f. vgl. demgegenüber das Erweckungserlebnis, das im 1936 entstandenen Gedicht „Sounion" beschrieben ist: „*...Denn wir spüren*

nur die großen Strahlen/Und wir wissen nichts als daß wir sind/Viele waren, die von weither kamen,/Weithin trugen ihr Verwandeltsein..."

15) V 576.

ihr früheres privates Glück angesichts der gleichzeitig verübten Greuel des 3. Reiches in einem neuen Licht dar und wird fragwürdig: „*Das Gedicht war von einem Kind namens Teddy, der wäre heute über dreißig Jahr alt, könnte hier umherwandern, Camparisoda trinken und ein Mädchen treffen, ist aber verscharrt, verschollen. Hat einmal geschrieben Theresienstadt mutet mich schrecklich an - wann gehen wir nach Hause, weiß selbst nicht, wann, was nun wieder, nach mehr als zwanzig Jahren, mich schrecklich anmutete und daß wir, du und ich, während dieser Zeit lebten, uns liebten und glücklich waren.*"[16] Dann wird sie von Erinnerungen an den Aufenthalt in Wien verfolgt, als ihr Mann im Krankenhaus lag. Sie gesteht sich jetzt auch Fluchtwünsche ein, die sie am Bett des Totkranken überfallen hatten: „*...wie oft bin ich aus dem Zimmer gelaufen, dorthin gelaufen, an die Schnellzugstrecke; nach Baden, nach Italien könnten wir reisen, alles würde gut. Den Hang hinaufzuklettern, gelüstete mich, nicht mehr zurückzukehren in dein Sterbezimmer, deinen Tod nicht erleben, ihm wegsterben, schnell, deinem langsamen Tod.*"[17] Die fremden Blicke, die er ihr in seiner Krankheit zugeworfen hat, bedrohen den in Gedanken bewahrten Gleichklang auf schreckliche Weise: „*Aber war es denn auszuhalten, dieses Wegsinken, Auftauchen, Wegsinken, Wiederauftauchen, aber nicht friedlich, sondern streng und anklagen, deine Blicke, die mir folgten, von der Tür zum Waschtisch, zum Fenster, zum Besucherstuhl, drei Monate lang und kein Wort mehr, kein Wort...Und wie merkwürdig, als Antje den Fußweg auf dich zukam, die drei Jahre lang im Staate New York war, hast du sie sofort erkannt. Du hast versucht sie zu grüßen mit*

Freude, was zwar mit einem momentanen Stillstand deiner Gehirnblutungen zu erklären, doch eigentlich nicht zu fassen war."[18] „*...ich hatte doch auch Angst gehabt, nicht nur um ihn sondern auch vor ihm, ein paarmal hatte ich ein böses, fast irres Aufblitzen seiner Augen bemerkt, oder eine feindliche Bewegung, und hatte den Tisch wie einen Schutzwall vor mein Bett gezogen in der Nacht.*"[19] In diesen „*gewissen Blicken äußerster Fremdheit*" erscheint wieder die von ihr so oft beschriebene schicksalhafte Fremdheit zwischen den Geschlechtern auf. Die von ihr erlebte Angst ist „*die aller Frauen, die in der Natur (ihrer Natur) gut aufgehoben, die ganz andere geistige Verfassung des Mannes, sein eben Nicht-Aufgehobensein erkennen*"[20]. Aus dieser Perspektive erscheint das Leben jeder Frau bestimmt von dem immer wieder bedrohten Versuch, den Abgrund, der sich zwischen ihr und dem Mann auftut, zu überbrücken. In diesem Sinn muß selbst über den Tod des Geliebten hinaus Beziehungsarbeit geleistet werden, bis auch die Abgründe, die sich im Andenken an den Verstorbenen auftun, überbrückt sind. In einem Porträt ihres Mannes, das im Hungerjahr 1945 entstanden war und das bis dahin über ihrem Schreibtisch hing, scheint ihr nun „*auf eine unheimliche Weise...die Leichenblässe, die dämonische Fremdheit seiner letzten Tage vorweggenommen*"[21]. Jetzt erkennt sie auch deutlicher einen „*Hang zur Schwermut, zum Wahnsinn, zum freiwilligen Tod*", der schon immer darin lag, den sie früher übersehen wollte, jezt aber nicht mehr ertragen zu können glaubt. Sie hängt das Gemälde ab und macht sich daran, ein neues Bild des Geliebten zu errichten. Die Figur des Mönches in Giorgiones „Konzert" verkörpert die von ihr akzeptierte und bewun-

---

16) II 433f.

17) III 561.

18) III 561f.

19) III 509.

20) II 448.

21) III 708.

derte Seite im Wesen ihres Mannes, mit dem sie auch in Zukunft leben kann: „*Ich will alle von dir gemachten Photographien in die Schublade legen, sie nicht mehr ansehen, aber diese Reproduktion ansehen, jeden Morgen, jede Nacht vor dem Schlafengehen, diesen fremden Mönch mit seiner leidenschaftlichen Kopfbewegung, diese Augen, die die deinen sind. Da wäre das Persönliche ausgelöscht, die Daten, die Lebensumstände, wir beide. Da wärest du von mir gelöst, aber auch gelöst von deiner Sterblichkeit, deinem Tod. Du wärest wieder der Fremde mit seiner unglaublichen Anziehungskraft, mit seinem Angezogen-, ja Verzehrtsein von einem Höheren, in das du jetzt eingegangen bist, und anders, weniger besessen, hätte ich dich nicht geliebt.*"[22]

---

22) II 851.

PETER HOMMEL

Das Archäologische Institut und die Miletgrabung unter Gerhard Kleiner (1908-1978)

Zum Sommersemester 1956 wurde Gerhard Kleiner *(Abb.151)* als Nachfolger von Guido Kaschnitz von Weinberg auf den archäologischen Lehrstuhl in Frankfurt berufen. Es gab noch nicht die heute üblichen Bewerbungen. Die Liste der Philosophischen Fakultät (auch diese gab es noch, statt der inzwischen eingerichteten Fachbereiche) enthielt außer Kleiner die Namen von P.H. von Blanckenhagen und H. Kähler. Das wurde von den Stipendiaten in Rom oder bei Ludwig Curtius in der Via Flaminia diskutiert. Curtius meinte, Blanckenhagen sei der Geistreichste, Kleiner der Gelehrteste und am umfassendsten Gebildete, Kähler der Tüchtigste.

Die Frankfurter Universität galt seit den zwanziger Jahren als ein bedeutendes Zentrum der Altertumswissenschaft. Als Kleiner nach Frankfurt kam, lebte Karl Reinhardt noch, der Althistoriker M. Gelzer, schon bald nach Gründung der Universität berufen, hielt noch Seminar. Namen wie H. von Arnim, W. F. Otto, H. Schrader, E. Langlotz erinnerten an viele originelle Ansätze. Interessant war die Verbindung zum Frobenius-Institut für Ethnologie und zum Liebieghaus, dem einzigartigen Museum für Plastik.

Kleiner, der in Berlin und Hamburg eine erfolgreiche und ausstrahlende Lehrtätigkeit ausgeübt hatte, kam nach Frankfurt aus Istanbul, wo er schon vor Wiedereröffnung des Deutschen Archäologischen Instituts 1953 tätig war, und bald neben Kurt Bittel die Stelle des 2. Direktors als Klassischer Archäologe übernahm. Neben den Institutsgeschäften war er an der Veröffentlichung der reichhaltigen Sammlung kleinasia-

tischer Münzen H. v. Aulocks beschäftigt, wo er die Landschaften Pontus, Paphlagonien und Bithynien bearbeitete. Er machte Reisen für das Sarkophagcorpus und setzte seine Forschungen zum hellenistischen Herrscherbild fort. Kurz zuvor war der berühmte Aufsatz über das Alexanderbildnis erschienen[1].

Der Verf. dieser Zeilen hat 1953, als Stipendiat, Kleiner in der Bibliothek des Istanbuler Instituts kennengelernt. Das Institut war nach dem Krieg noch nicht wieder offiziell zurückgegeben worden, aber dank der Großzügigkeit der türkischen Kollegen, vor allem des unvergessenen Istanbuler Ordinarius A.M. Mansel, konnten deutsche Gelehrte ungehindert arbeiten. Man kam mit Gerhard Kleiner sogleich in ein wissenschaftliches Gespräch, erhielt wichtige Hinweise für die Weiterreise nach Kleinasien, Syrien und Ägypten. Es war die Perspektive des Alexanderreichs, die sich dem Anfänger plötzlich auftat. Auch in Istanbul wurden die Wege in der fremden Stadt durch viele sachdienliche Hinweise geebnet.

Mit W. Müller-Wiener und dem Verf. hat Kleiner noch von Istanbul aus die Grabung am Panionion begonnen und in drei Kampagnen durchgeführt. Es war nicht nur das alte gemeinsame Heiligtum der zwölf ionischen Städte mit dem archaischen Altar des Poseidon und dem gemeinsamen Versammlungsort wieder entdeckt worden, auch eine in geometrische Zeit zurückreichende befestigte Siedlung (Melie) und ein hellenistisches Fort zum Schutz der Anlage wurden näher erforscht. Kleiner hat dieses sich im Laufe der Arbeiten langsam er-

---

1) Jahrb. DAI 65/66, 1950/51, 206-230.

schließende Ambiente am Fuß der Mykale nahe dem Meer gegenüber der Insel Samos sehr geliebt. Die Publikation des komplexen Befunds beschäftigten ihn und seine Mitarbeiter durch mehrere Frankfurter Jahre hindurch. Sie gilt auch heute noch als vorbildlich.

Bald aber nahmen die Arbeiten in Milet Gerhard Kleiner ganz in Anspruch. Kleiner war mit der 1899 von Th. Wiegand begonnenen Miletgrabung durch seinen Münchner Lehrer C. Weickert schon früh verbunden. Weickert hatte als Leiter der Antikenabteilung der Berliner Museen 1938 versucht, die alte Berliner Museumsgrabung wieder aufzunehmen, wobei die Erforschung des archaischen Milet im Vordergrund stehen sollte. Außer F. Krauss nahm damals Gerhard Kleiner teil, der nach seiner Stipendiatenzeit 1935-36 mehrere Jahre hindurch am Pergamon-Museum unter Weickert arbeitete (1937-40). Der Krieg mußte den Neuanfang in Milet jedoch zunächst unterbrechen. Erst 1955 konnte Weickert im Anschluß an seine Präsidentschaft des Deutschen Archäologischen Instituts (DAI) hier von neuem ansetzen, wie 1938 am Athena-Tempel in den archaischen und mykenisch-minoischen Siedlungsschichten. Mitarbeiter waren außer Kleiner (damals noch in Istanbul) A. Mallwitz, Athen, und W. Schiering. Die Kampagne war der Beginn kontinuierlich fortgeführter Grabungen. 1957 kam der Verf. dazu, 1959 W. Müller-Wiener, beide vom Istanbuler Institut für die Grabung freigestellt. Gleichzeitig übernahm Kleiner die Leitung. Die Finanzierung lag nun bei der Deutschen Forschungsgemeinschaft, der Kontakt zur Abteilung Istanbul des Deutschen Archäologischen Instituts war durch das große Interesse seines Leiters und späteren Präsidenten K. Bittel gegeben.

In Milet war beim Athena-Tempel die minoisch-mykenische Siedlung erneut erfaßt worden. Das wurde jahrelang auch an anderen Stellen weiterverfolgt und war besonderes Anliegen des Verf. Kleiner selbst arbeitete zunächst nördlich des Athena- Tempels in den archai-schen Hafenhäusern. Die Suche nach der archaischen Stadt stand weiterhin im Zentrum der Bemühungen. Auch ihre Reste wurden an vielen Stellen festgestellt: südlich der späthellenistischen Quermauer bis zum Kalabaktepe hin, nördlich auf dem Theaterhügel und in der Gegend des Bouleuterion. Kein Wunder, daß in der Epoche der großen Expansion Milets an den Küsten des Schwarzen Meers und des östlichen Mittelmeers, der Zeit der großen Philosophen und der ionischen Wissenschaft des 7. und 6. Jhs. v. Chr., das Stadtgebiet sich über das der hellenistisch-römischen Besiedlung hinaus zu erstrecken schien.

Als Kleiner nach Frankfurt kam, war es für die Studenten ein großer Gewinn, mit einer Grabung direkt in Berührung zu kommen. Vergleichbar war damals München mit der Samos-Grabung E. Buschors. Kleiner war davon überzeugt, wie wichtig schon für den jungen Menschen während der Ausbildung das Erlebnis griechischer Landschaft sein mußte. Schon in seiner Dissertation hatte er topographische Beobachtungen für kunstgeschichtliche Fragen fruchtbar gemacht (Myrina, Alexandria z.B.). Welchen Gewinn es bedeutet, längere Zeit hindurch an einem festen Grabungsplatz zu arbeiten und Funde genau beobachteten historischen Schichtverhältnissen zu entnehmen, liegt auf der Hand. Das Spektrum reicht in Milet von der Prähistorie des 2. Jts. v. Chr. bis in das islamische Mittelalter. So ergänzten ausgedehnte Exkursionen (z.B. Halikarnassische Halbinsel, Knidos, Aphrodisias, immer wieder Priene, Ephesos usw.) die eigentliche Grabungsarbeit auf das Glücklichste.

Kleiner, der selbst ein guter Photograph war (wertvolle Aufnahmen nicht nur aus Kleinasien sind aus seinem Nachlaß ins Frankfurter Institut gelangt), empfahl auch den Studenten, selbst zu photographieren. Voraussetzung für eine Beteiligung in Milet waren die Teilnahme an einer Grabung in Deutschland, oft vermittelt durch die Römisch-Germanische Kommission in

Frankfurt, und türkische Sprachstudien, etwa am Frankfurter Orient-Institut. Manche Studenten, wie z.B. W. Radt, absolvierten ein Praktikum, um sich in Vermessen, Bauaufnahme und steingerechtem Zeichnen auszubilden.

Seit 1959 verfügte die Grabung über die Stelle eines „ständigen Mitarbeiters". Sie konnte später auch mit fortgeschrittenen Studenten besetzt werden: W. Radt hat von hier aus seine Forschungen an den karischen und lelegischen Bauten durchgeführt, W. Voigtländer vor Ort an seiner Dissertation über das hellenistische Didymaion gearbeitet. V. v. Graeve war mit Ordnung und Aufstellung archaischer Plastik und archaischer Fundkomplexe beschäftigt. Auch für die langandauernden Restaurierungs- und Zeichenarbeiten als Voraussetzung für Publikation und Präsentation im Museum war die Stelle zeitweise von unschätzbarem Wert (Agathe Hommel).

Um die Funde am Grabungsort zu halten und zu verhindern, daß sie - wie nach den ersten Kampagnen 1955 und 1957 - an verschiedenen Orten (Istanbul und Izmir) zerstreut würden, konnte in der leerstehenden Schule des 1955 durch Erdbeben zerstörten alten Dorfes Balat ein kleines Museum eingerichtet werden. Es wurde später durch einen größeren Neubau der türkischen Regierung an gleicher Stelle ersetzt, der 1973 anläßlich des Internationalen Archäologenkongresses eingeweiht werden konnte. Hier bot sich für Studenten und Mitarbeiter Gelegenheit zu praktischer Ausstellungsarbeit. Noch als Student hat V. v. Graeve sich um Sammlung und Präsentation der Reste archaischer Plastik gekümmert. Große Verdienste kamen der Restauratorin zu, wie es bei meist fragmentarischen Grabungsfunden verständlich ist. Das Museum hat für Fachgenossen und

Touristen viele Jahre hindurch einen Überblick über die Ergebnisse der Grabungen geben können[2].

Dank großzügiger finanzieller Unterstützung durch die Vereinigung von Freunden und Förderern der Frankfurter Universität konnte der Wiederaufbau eines Teils der Ionischen Halle an der Heiligen Straße im Stadtzentrum von Milet *(Abb.153)* in Angriff genommen werden[3]. An Senator Dr. F. Sperl hat die Miletgrabung dabei einen wirklichen Freund und langjährigen Gönner gewonnen. Die zahlreichen architekturgeschichtlichen Fragen, die während der Arbeiten auftauchten, führten später zu einer monographischen Behandlung der gesamten Bauornamentik römischer Zeit in der Dissertation von R. Köster. Die Arbeiten werden bis heute mit Unterstützung des Deutschen Archäologischen Instituts (Dipl.- Ing. H. Henschel) weitergeführt.

Bei all dem nimmt es nicht wunder, daß die Verbindung mit Kleinasien und den dort durchgeführten Arbeiten dem Frankfurter Seminar ganz neue Impulse brachte. Kleinasien wurde ein Interessenschwerpunkt, was sich z. B. auch in der Bibliothek niederschlug. Die Abteilung für Vorderasiatische Archäologie, für die Th. Beran, ebenfalls aus Istanbul kommend, zunächst als Assistent gewonnen wurde, konnte ganz im Sinne des Istanbuler Instituts und seines Direktors K. Bittel schon 1962 ins Leben gerufen werden. Sie brachte für die Studenten mit wichtigen Anregungen zusätzlich eine neue Fächerverbindung. Doch davon wird eigens berichtet *(s. Beitrag Magen)*.

Auf G. Kleiners Studiengang soll hier nur kurz eingegangen werden: Kleiner, der sein Studium 1928/29 in Berlin begann, hat dort noch F. Noack gehört, dem er - wie später C. Weickert in München - Anregung zu einer

---

2) J. Kleine (Hrsg.), Führer durch die Ruinen von Milet - Didyma - Priene (1980) 114ff.

3) G. Kleiner, Istanbuler Mitt. 23/24, 1973/74, 117ff. Beil. 2 Taf. 37.

auf minutiöse Beobachtung, auch von Grabungsergebnissen, gründenden Beschäftigung mit antiker Architektur zu verdanken hatte. Noacks Eleusispublikation war soeben erschienen.

Es schloß sich ein Semester in Leipzig an, wo F. Studniczka lehrte, der damals überhaupt die Autorität des Fachs war, vor allem was die Methode betraf[4].

Daß Kleiner von da nach München zu Buschor fand, seiner Zeit einem kühnen Neuerer, verdient alle Bewunderung. Buschor hat Kleiner (wie vorher in Athen G. Krahmer) in die Welt der hellenistischen Plastik eingeführt. Die Dissertation über „Tanagrafiguren" ist bei ihm in München entstanden. Die „Tanagrafiguren" verbinden kunstgeschichtliche und historische Untersuchungen, zugleich sind sie aber auch Darstellung auf hohem Niveau, für die die Untersuchungen die Grundlage erst zu schaffen hatten. Kleiner ist dabei den verschiedensten Problemen nachgegangen. Es entstand letztlich ein fast klassisch zu nennendes Buch, das nach dem Tod des Autors eine Neuauflage erfuhr. Es gibt darin sehr schöne Landschaftsbeschreibungen, z.B. Myrina S. 73, wie überhaupt die Topographie der Kunstgeschichte dienstbar gemacht wird.

Als Schüler eines großen Lehrers war Kleiner von beachtlicher Selbständigkeit, wie er überhaupt nie äußerlich der Manier eines seiner Vorbilder verfallen ist. Buschors Originalität und strengen Ernst hat er immer bewundert. In der Münchner Altertumswissenschaft wirkten auch der Althistoriker W. Otto und der Graezist A. Rehm auf ihn ein, auch durch fördernde Kritik der

Dissertation. G. Rodenwaldt habilitierte Kleiner bei Kriegsende in Berlin mit der Arbeit über Alexanders Reichsmünzen.

An das Studium schloß sich das Reisestipendium des DAI an, das Kleiner auch später bei Mitarbeitern vorauszusetzen pflegte. Es führte ihn, seinen Interessen entsprechend, bis weit in den hellenistischen Osten hinein; in Mesopotamien zusammen mit D. Schlumberger, in Ägypten mit F.W. Deichmann, R. Naumann, M. Wegner und A. v. Gerkan. Die Richtung war nicht zuletzt durch Lehrer wie Rodenwaldt, Berlin, und W. Otto in München vorgegeben. Auch später im Gespräch stellte Kleiner das „Morgenland" gern gleichgewichtig dem „Abendländischen" gegenüber. Über Byzanz und den Islam weitete sich der Horizont bis ins Mittelalter. Schon die Expansion der mykenischen Kultur im östlichen Mittelmeer oder die Kolonisation der kleinasiatischen Küsten sah Kleiner als einen dem Hellenismus vergleichbaren Vorgang. Im Anschluß an das Reisestipendium hat Kleiner einige Jahre als kommissarischer Kustos am Berliner Pergamon-Museum gearbeitet, zusammen mit H. Kähler, wieder unter C. Weickert. Über die Zusammenarbeit beim großen Altar berichtet noch die Rezension von Kählers Pergamonbüchern im Gnomon 1950.

Die Verbindung zwischen Kunstgeschichte und Archäologie war zu Kleiners Zeit in Frankfurt denkbar eng. Sowohl H. Keller als auch Kleiner hatten in München bei W. Pinder studiert. Keller legte besonderen Wert darauf, L. Curtius zu seinen Lehrern zu zählen, und

---

4) In Leipzig lehrte seit 1927 der Althistoriker H. Berve, der sich in München bei Walter Otto mit seiner großen Alexanderprosopographie habilitiert hatte, und als einer der besten Kenner der Zeit Alexanders d.Gr. galt. Berve war ein mitreißender Lehrer, und es muß angenommen werden, daß Kleiner schon hier wesentliche Anregungen für seine spätere intensive Beschäftigung mit dem Phänomen des Hellenismus

erhielt. (Zu Berve neuerdings K. Christ, Neue Profile der Alten Geschichte [1990] 125fff.) Auch C. Watzinger, bei dem Kleiner ein Semester lang in Tübingen hörte, war mit den Problemen hellenistischer Kunst im östlichen Mittelmeer eng vertraut. Er hat später die Biographie Theodor Wiegands geschrieben. Vgl. U. Hausmann, in: R. Lullies - W. Schiering (Hrsg.), Archäologenbildnisse (1988) 194f.

Klassische Archäologie war für die Studenten der Kunstgeschichte als Fach obligatorisch. Schon äußerlich kam die Nähe dadurch zum Ausdruck, daß beide Seminare auf dem gleichen Stockwerk benachbart und durch eine Teeküche miteinander verbunden waren. Gemeinsame Exkursionen (Burgund und Südfrankreich, Madrid, Ravenna) blieben noch lange in Erinnerung und wiesen auf die enge Verflechtung der Fächer hin. Kleiner pflegte seine Studenten oft auf H. Wölfflin zu verweisen. Unter seinen eigenen Schriften finden sich solche, die vorwiegend der Kunstgeschichte gewidmet sind (Michelangelo und Poussin). Kleiners Verhältnis zur Kunstgeschichte wurzelte nicht wie bei manchen Kollegen in einem mehr oder weniger vagen Gefühl für künstlerische Form, sondern in einem intensiven Studium des Fachs, wie es ihm seine akademischen Lehrer, zu denen in Berlin auch A. Goldschmidt zählte, vermittelt hatten.

Kleiners Beziehung zu Kaschnitz war bereits durch seine Königsberger Assistentenzeit 1934-35 gegeben. Was Kleiner an Kaschnitz vor allem interessierte, war weniger die sog. Strukturforschung, als überhaupt die Wiener Kunsthistorische Schule, der Weitblick in Grenzgebiete und Kaschnitz' Verhältnis zur Spätantike und zum römischen Bildnis. So hat Kleiner im Rahmen der „Ausgewählten Schriften" den Band mit den Abhandlungen zum römischen Porträt herausgegeben und mit einem Vorwort begleitet[5]. Auf den Wiener Kunsthistoriker M. Dvorák kam Kleiner immer wieder zu sprechen. Er schätzte - vielleicht generationsbedingt -

seine Wirkung auf die Kunstgeschichte höher ein als die J. Burckhardts.

Den numismatischen Interessen Kleiners und der Einsicht in die Wichtigkeit der Epigraphik bei jeder Grabungsarbeit entsprechend setzte sich Kleiner in Frankfurt sofort für die Einrichtung eines Seminars für Hilfswissenschaften der Altertumskunde ein. Hier konnte K. Kraft, ein Schüler des Althistorikers A. Alföldi, gewonnen werden, der wie Kleiner an der Publikation der Sammlung v. Aulock in Istanbul mitgearbeitet hatte. Kraft ging bald wieder ganz zur Alten Geschichte über, wo er mit H. Strasburger zusammen zu den engsten Kollegen Kleiners gehörte. Krafts früher Tod und Strasburgers Weggang nach Freiburg haben Kleiner persönlich tief getroffen. Später übernahmen A. Radnoti und seine Frau Maria Alföldi das Institut, das bis heute zahlreiche Schüler bei sich versammelt[6].

Auch für die Vor- und Frühgeschichte gab es in Frankfurt noch keine Professur. Eine prähistorische Arbeitsstelle unter G. Smolla, der sich auf ihr habilitierte, war dem Archäologischen Institut angegliedert. Auch diese ist von Kleiner nicht zuletzt im Hinblick auf Milet gefördert worden. Aus ihr erwuchs später der neue Lehrstuhl H. Müller-Karpes.

Kleiners Schriften der Frankfurter Zeit sind auch für Studenten und Mitarbeiter geschrieben: Der Miletführer von 1968[7], die als Vorträge vor der Frankfurter wissenschaftlichen Gesellschaft konzipierten Schriften „Alt Milet" und „Das römische Milet" (Bilder

---

5) G. Kaschnitz von Weinberg, Ausgewählte Schriften II. Römische Bildnisse (1965).

6) Nur nebenbei sei erwähnt, daß Kleiner als Student in Berlin epigraphische Übungen bei Hiller v. Gaertringen besuchte, dem Herausgeber der Inschriften von Priene. Zum sommerlichen Semesterschluß in seinem Garten wurde der Abklatsch eines Inschriftensteins angefertigt. Dabei erschien auch Wilamowitz, der Schwiegervater Hiller v. Gaertringens. Wilamowitz gehörte zu den Philologen, die der Archäologie als Wissenschaft gegenüber immer besonders aufgeschlos-

sen waren. An den Berliner Museumsgrabungen in Milet hatte er stets den stärksten Anteil genommen. In seiner Rezension der Inschriften aus dem Delphinion (Göttingische Gelehrte Anzeigen 1914, 2, 65ff. = Kl. Schriften V 1 [1937] 417ff.) hat er die Geschichte Milets in der Zeit des Hellenismus erst eigentlich rekonstruiert. Kleiner empfahl auch den Archäologen Wilamowitz' Erinnerungen zur Lektüre.

7) Er wurde später ergänzt durch den von J. Kleine herausgegebenen Führer, s. Anm. 2.

aus der griechischen Stadt in römischer Zeit). „Alt Milet" war das Thema eines der Festvorträge zum 50jährigen Jubiläum der Universität 1964. Die Publikation der Arbeiten am Panionion betrachtete Kleiner als Herausforderung, all den historischen, archäologischen, epigraphischen Gesichtspunkten gerecht zu werden, die schon den Gang der Grabung selbst bestimmt hatten. So bietet sie auch ein sehr komplexes Bild des Heiligtums und seiner Geschichte. In diesen Zusammenhang gehört auch der Artikel „Priene" von 1962 in der Realenzyklopädie, der nicht nur die Geschichte der Grabung behandelt, sondern darüber hinaus wichtige Anregungen für künftige Forschungen gibt. Auch hier sind Autopsie und innere Nähe zum Gegenstand überall zu spüren.

Nicht zu vergessen die große topographische Karte von Milet in zwei Blättern im Maßstab 1:2000 von W. Bendt (Milet, Ergebnisse II 4, 1968), die von Frankfurt aus betreut und in Frankfurt gedruckt wurde. Sie bedeutet die Arbeitsgrundlage für alle künftigen Forschungen in Milet. Ihr sind die schönen Panoramaaufnahmen milesischer Landschaft von Frau Hanna Erdmann beigefügt, deren Original ein Zimmer des Frankfurter Instituts schmückt und Besucher in seinen Bann zieht.

Die Vorlesungen Kleiners standen in der Tradition seiner großen Lehrer Buschor und Rodenwaldt, vielleicht auch noch Studniczkas. Sie waren in erster Linie kunstgeschichtlich bestimmt. Strenge Beobachtung mit strenger Formulierung verbindend, nicht ohne wissenschaftsgeschichtliche Reflexion. Im Zentrum standen die Epochen der griechischen Plastik, aber das Interesse erstreckte sich bis zur Spätantike und schloß die „Römische Reichskunst" mit ein. Die letzte Veranstaltung „Griechische Götter" war mit sichtlicher Rührung gehalten. Auch nur der Anflug von Geschwätz oder Routine wurde vermieden. Zugrunde lagen ausgearbeitete Manuskripte. Auf die Abfolge der Dias und ihre Beschaffung wurde die größte Überlegung verwendet. Unnötig zu sagen, daß trotzdem oder gerade deshalb ein

größeres Publikum auch von außen angelockt wurde. In den Seminaren stellte Kleiner höchste Anforderungen, nicht zuletzt an die Vorbildung der Studenten. Hier war ein strenger Sarkasmus gefürchtet. Kleiners schnelle, fast dialektische Art der Gedankenbewegung forderte die Teilnehmer zu großer Konzentration heraus.

Die Spannweite von Kleiners Interessen spiegelt sich auch in den Themen der bei ihm in Frankfurt entstandenen Dissertationen. Sie reichen von der archaischen Epoche (J. Kleine) über die Klassik (Barbara Schlörb-Vierneisel und V. v. Graeve), den Hellenismus (W. Voigtländer, Edelgard Brunelle geb. Schulte-Vieting) bis in die römische Kaiserzeit (W. Heilmeyer, Käte Buchholz). Auch H. von Galls „Paphlagonische Felsgräber" sind durch Kleinasien inspiriert. Aber bei weitem nicht alle Dissertationen sind in Verbindung mit der Miletgrabung entstanden, wie dies hauptsächlich für die Arbeiten W. Radts und W. Voigtländers gilt. W. Heilmeyer fand während längerer Aufenthalte in Rom zur Zeit seines Studiums die Möglichkeit, seine Fragen mit den Mitarbeitern des römischen Instituts zu diskutieren. Ähnliches gilt für J. Kleine in Athen, der an der dortigen Universität ein Austauschstudium wahrnahm, dessen Arbeit aber auch Probleme des archaischen Milet berührte. Kleiner hat es überhaupt gerne gesehen, daß seine Studenten die Universität einmal wechselten, etwa durch ein oder mehrere Semester in Heidelberg, München oder Wien. Von den guten Verbindungen zum DAI und seinen Abteilungen, die Kleiner sorgsam pflegte, konnten die Studenten immer wieder Nutzen ziehen, nicht zuletzt für die Publikation ihrer Doktorarbeiten oder durch die Möglichkeit der Teilnahme an Grabungen der Römisch Germanischen Kommission in Frankfurt. Mehrere Schüler haben die Impulse früher Grabungstätigkeit später wieder aufgegriffen, wie v. Graeve, Radt und Voigtländer. Auch Heilmeyer hat längere Zeit in Olympia, Barbara Schlörb im Kerameikos in Athen gearbeitet.

Kleiner hat in Frankfurt K. Parlasca und J. Borch-hardt habilitiert. Jenen mit einem alexandrinischen, diesen mit einem kleinasiatischen Thema („Mumien-porträts" und „Grabmonument von Limyra"). Auch Parlasca hat in Frankfurt einen kleinen Schülerkreis um sich versammelt. Zu nennen sind neben G. Grimm und H. Wrede auch H.G. Frenz. J. Borchhardt konnte noch nach Kleiners Tod seine Schüler für Kleinasien interessieren (Anastasia Pekridou-Gorecki, Alketasgrab, Barbara Schmidt-Dounas für den lykischen Sarkaphog aus der Nekropole von Sidon in Istanbul).

Wie an vielen Universitäten besteht in Frankfurt eine kleine Originalsammlung, deren Grundstock zwei weißgrundige Lekythen des Achilleusmalers bilden, die H. Schrader bei seinem Beginn in Frankfurt 1914 erwerben konnte. Um die sorgsame Pflege und die Erweiterung der Sammlung haben sich Kleiner und seine Mitarbeiter von Anfang an bemüht[8]. Wie bei den Grabungen war Kleiner auch hier von dem Gedanken geleitet, daß die unmittelbare Nähe originaler Werke beim Studium der Archäologie unerläßlich sei. Die klassische rotfigurige Lekythos mit Perser und Griechin *(Abb.152)*, die Kleiner auf den Kallias-Frieden von 449 v. Chr. bezog, und zwei hellenistische Formschüsseln megarischer Becher, die eine ein pergamenisches Stück hervorragender Qualität, konnte Kleiner selbst veröffentlichen. Über die Perserlekythos hat er am Winckelmannstag gesprochen. Er nahm damit die Sitte wieder auf, an Winckelmanns Geburtstag am 9. Dezember jeweils eine Neuerwerbung der Universitätssammlung vorzustellen. Daran haben sich regelmäßig vor allem die Assistenten (Parlasca mit den schönen Fragmenten eines schwarzfigurigen Psykters des Lysippides-Malers, der Verf. u.a. mit drei Gefäßen geometrischer Zeit), aber auch Studenten betei-

ligt. Es konnten auch „Gipse" besprochen werden, wie überhaupt die Abgußsammlung, die im Krieg durch Bomben fast vollständig zerstört worden war, in einem Oberlichtsaal des 1961 neu bezogenen Philosophicums einen neuen Aufschwung nahm. Ähnliches gilt auch für die Photothek, die mit dem Nachlaß Kaschnitz wertvolle Photos des römischen Instituts, vor allem römischer und spätantiker Plastik übernehmen konnte.

Was die Winckelmannsfeier betrifft, so wurde sie damals vom Rektor der Universität ausgerichtet und die auswärtigen Redner von den verschiedensten Fachvertretern der Philosophischen Fakultät eingeladen. So konnten neben Kunsthistorikern auch Germanisten und Historiker zu Wort kommen. Ein Essen, zu dem der Rektor einlud, betrachtete Kleiner als „Gedächtnismahl" für Winckelmann. Dabei gehörte Kleiner wie manche Archäologen zu denen, die etwa die Anregungen, die Goethe dem Fach vermittelt hatte, höher einschätzten als die Winckelmanns selbst. So hat er dem Istanbuler Institut nach Vorbild der älteren Schwesteranstalten in Rom und Athen eine Goethe-Ausgabe zum Geschenk gemacht.

Außer dem Winckelmannsvortrag im Dezember wurde wohl auch im Sommer ein Redner zu einem Vortrag eingeladen. Es gab noch nicht die regelmäßig wiederholten Kolloquien „Neue Funde und Forschungen". Eine Ausnahme bildete das Kunsthistorische Institut mit einem größeren Angebot von Vorträgen. Ein Ersatz bot aber das öfter stattfindende Kolloquiun mit Althistorikern und Philologen, bei dem sozusagen hausintern die Teilnehmer eigene Forschungen vortrugen. Sie sind dem Autor noch in lebhaftester Erinnerung, wie auch unsere Berichte über die Grabungen zu vielseitig anregenden Diskussionen führten.

---

8) vgl. P. Hommel, Antike Kleinkunst aus der Sammlung des Archäologischen Instituts der Universität Frankfurt. Liebieghaus-monographie (1991).

Nach seiner Emeritierung 1973 hatte Kleiner vor, die Arbeiten in Milet an Ort und Stelle weiter zu intensivieren. Diese Pläne machte ein Schlaganfall im deutschen Grabungshaus von Akköy im Sommer des Jahres zunichte. Kleiner, der sich seinen Einsatz für Milet schon seit den sechziger Jahren einem Herzleiden immer wieder abzuringen hatte, mußte nach Deutschland zurückkehren.

Ein Jahr vor seinem Tod 1978 konnte Kleiner - im Rollstuhl - an den Feierlichkeiten zum 75jährigen Bestehen der Römisch Germanischen Kommission in Frankfurt teilnehmen und alte Freunde begrüßen. Es war auch das letzte Zusammentreffen mit K. Bittel. Bis zuletzt nahm er Anteil am Fortgang der Arbeiten in Milet, empfing Berichte der Mitarbeiter und konnte noch Rat spenden. Für jede Einzelheit war sein Interesse wach geblieben, und er sah noch immer die größeren Zusammenhänge. Ganz in seinem Sinn war es, daß seine reichhaltige Bibliothek an das neu gegründete Archäologische Institut in Damaskus ging. Der eigentliche wissenschaftliche Nachlaß wird in Frankfurt aufbewahrt, vor allem Materialien zum hellenistischen Herrscherbild. Auch die Photosammlung konnte der dortigen Photothek eingegliedert werden, darunter zahlreiche eigene Aufnahmen aus Kleinasien.

Nach Kleiners Tod nahmen die Grabungsarbeiten in Milet eine neue Wendung: unter W. Müller-Wiener und O. Feld stand die byzantinische Stadt mit ihren Kirchen und dem Bischofspalast ganz im Vordergrund. Aber während der Kampagnen konnten Frankfurter Studenten in den Magazinen an Grabungsfunden weiterarbeiten, und es entstanden - dank dem Entgegenkommen H. v. Steubens - mehrere Milet betreffende Frankfurter Dissertationen: Anne Ulrike Kossatz, Die megarischen Becher. W. Selesnow, Die Lampen von Milet. R. Köster, Die römische Bauornamentik (diese Arbeiten sind entweder bereits erschienen oder in Druckvorbereitung für die Reihe Milet, Ergebnisse der Ausgrabungen).

Christiane Schwarz, Die hellenistischen Terrakotten, ist noch in Arbeit. Müller-Wiener hat auch die Publikation der römischen Skulpturen aus Milet angeregt und gefördert. Sie wird von Renate Bol in Zusammenarbeit mit C. Schneider vorgelegt werden.

Diese Arbeiten gehen auch heute noch weiter, seit durch die Grabung auf dem Kalabaktepe mit V. v. Graeve das archaische Milet wieder ganz in den Mittelpunkt der Bestrebungen gerückt ist.

ANHANG

Bei G. Kleiner in Frankfurt angefertige Dissertationen:

Käte Buchholz, Die Bildnisse der Kaiserinnen der Severischen Zeit nach ihren Frisuren (193-235 n. Chr.) (1963), bei v. Kaschnitz begonnen.

H. von Gall, Die Paphlagonischen Felsgräber. Eine Studie zur kleinasiatischen Kunstgeschichte. Istanbuler Mitt. Beih. 1 (1966) (Diss. Mainz).

V. v. Graeve, Der Alexandersarkophag und seine Werkstatt, Istanbuler Forsch. (1970).

W.D. Heilmeyer, Korinthische Normalkapitelle (1970).

J. Kleine, Untersuchungen zur Chronologie der attischen Kunst von Peisistratos bis Themistokles. Istanbuler Mitt. Beih. 8 (1973).

W. Radt, Siedlungen und Bauten auf der halikarnassischen Halbinsel unter besonderer Berücksichtigung der archaischen Epoche. Istanbuler Mitt. Beih. 3 (1970).

Barbara Schlörb, Untersuchungen zur Bildhauergeneration nach Phidias (1964).

dies., Timotheos. Jahrb. DAI Erg. Heft 22 (1965).

Edelgard Brunelle, geb. Schulte-Vieting, Die Bildnisse der Ptolemäerinnen (1976).

W. Voigtländer, Der jüngste Apollontempel in Didyma. Geschichte seines Baudekors. Istanbuler Mitt. Beih. 14 (1975).

LITERATUR ÜBER GERHARD KLEINER
(Würdigungen und Nachrufe)

P. Hommel, Zum 70. Geburtstag, FAZ 7.2.1978.

W. Müller-Wiener, Nachruf, in: Istanbuler Mitt. 29, 1979, 7f.

H. Keller, Sitzungsberichte der Wiss. Gesellschaft Frankfurt am Main 17, Nr. 2, 1980, 34-42.

K. Parlasca, in: G. Kleiner, Tanagrafiguren (Neuausgabe 1984) XIIIf.

V. v. Graeve, in: R. Lullies - W. Schiering (Hrsg.), Archäologenbildnisse (1988) 305f. mit Bild.

H. Keller - J. Kleine (Hrsg.), Festschrift für Gerhard Kleiner zu seinem 65. Geburtstag am 7.2.1973 (1976), mit Bibliographie von W. Real S. 9.

Istanbuler Mitt. 25, 1975, Beiträge zum 65. Geburtstag am 7.2.1973.

SCHRIFTEN VON GERHARD KLEINER IN SEINER
FRANKFURTER ZEIT

Sylloge Nummorum Graecorum. Deutschland Sammlung v. Aulock.
Pontus - Paphlagonien - Bithynien. Heft 1-3, Nr. 1-1049
(1957).

Entdeckung und Ausgrabung des Panionion. Neue
Deutsche Ausgrabungen im Mittelmeergebiet und im
Vorderen Orient (1959) 172-80.

Artikel „Priene", Realenzyklopädie Suppl. IX (1962)
1181-1221.

Diadochengräber. Sitzungsberichte der wiss. Ges. an der
J. W. Goethe Universität Frankfurt 1, 1962 Nr. 3 (1963).

„Altmilet", Sitzungsber. der Wiss. Ges. an der J. W.
Goethe- Universität Frankfurt 4, 1965, Nr.1.

Panionion und Melie. Mit P. Hommel u. W. Müller-
Wiener (1967).

Die Ruinen von Milet (1968).

Topographische Karte von Milet 1:2000, 2 Blätter. W.
Bendt: Milet Ergebnisse II 4 (1968).

Das Römische Milet. Bilder aus der griechischen Stadt in
römischer Zeit. Sitzungsber. der Wiss. Ges. an der J. W.
Goethe Universität Frankfurt 8, 1969, Nr. 5.

Stand der Erforschung von Altmilet, Istanbuler Mitt.
19/20, 1969/70, 133ff.

Mit W. Müller Wiener: Die Grabung in Milet im Herbst
1959. Istanbuler Mitt. 22, 1972, 45ff. Taf. 10-28 Beil.
1-7 (Bouleuterion-Grabung).

Wiederherstellungsarbeiten im Gebiet der Heiligen
Straße innerhalb Milets. Istanbuler Mitt. 23/24, 1973/74,
117ff. mit Beilage 2: Ionische Halle, Anastylose der
Westfront Taf. 37.

Eine rotfigurige Lekythos klassischer Zeit in der
Sammlung des Frankfurter Archäologischen Seminars.
Mélanges Mansel I (1974) 933-38 Taf. 341-46.

Zwei Formschüsseln für megarische Becher, in:
Wandlungen. Studien zur antiken und neueren Kunst
Ernst Homann-Wedeking gewidmet (1975) 217ff. Taf.
44-46.

s. ferner K. Parlasca in der Neuauflage von Kleiners
Tanagrafiguren (1984) XIII-XIV, sowie die Biblio-
graphie von W. Real in der Festschrift zum 65.
Geburtstag 1973 (1976) 9.

Ursula Mandel

Die Originalsammlung des Archäologischen Instituts der Universität Frankfurt

Zum Grundstock der Sammlung wurden einige Jahre nach Gründung des Instituts 58 Scherben aus Griechenland: 30 Scherben erhielt Hans Schrader *(s. hier Beitrag Schädler)* 1918 aus Bonn, als F. Winter, Kekulé-Schüler wie er selbst, Direktor des dortigen Akademischen Kunstmuseums war *(Abb.154-156)*[1]; 28 Scherben sandte 1919 W. Weber dem ehemaligen Frankfurter Kollegen, nachdem er einem Ruf nach Tübingen gefolgt war *(s. hier Beitrag Scholz)*[2]. Die ersten bedeutenden Stücke kamen 1924 in die Sammlung, zwei attische weißgrundige Lekythen von der Hand des Achilleusmalers und eines Schülers, die Schrader aus persönlichen Mitteln und mit Hilfe von Freundesspenden gekauft hatte[3].

Bis in die mittleren fünfziger Jahre wurde die Sammlung um eine bunte Reihe von Terrakotten, Kleinbronzen, Gefäßen, weiteren Scherben, Lampen und kleineren Skulpturenfragmenten bereichert, ohne daß sich heute genau sagen ließe, wie und wann. Aktenkundig ist die Übernahme eines Nachlasses Dr. August Jassoy, Frankfurt, im Oktober 1944 - in der Hauptsache Sigillata-Scherben[4]. Aus dem Besitz Felix Böltes *(s. hier*

Beitrag Kögler), dessen Nachlaß nach dem Krieg ans Althistorische Seminar gegangen war, kam eine Sammlung griechischer Scherben hinzu, die er von seinen Reisen mitgebracht hatte *(Abb.163)*. Lesefunde und eine Anzahl kleinerer Erwerbungen stammen von einer Etrurien-Exkursion des Archäologischen Seminars im Jahre 1955[5].

Mit dem Amtsantritt Gerhard Kleiners 1956 *(s. hier Beitrag Hommel)* setzten wichtige und gezielte Ankäufe, z.T. mit Hilfe von Berufungsgeldern, ein. Zusammen mit K. Parlasca und später mit P. Hommel gelang es Kleiner, den weißgrundigen Lekythen qualitätvolle und repräsentative Beispiele geometrischer, archaisch-schwarzfiguriger, klassisch-rotfiguriger und hellenistischer Keramik an die Seite zu stellen. Im Hinblick auf die Forschungen in Milet wurden außerdem kleinasiatische Objekte erworben, von der orientalischen Bronzeschale bis zur hellenistischen Formschüssel. In Kleiners Zeit fiel die Veröffentlichung eines Teils der Vasensammlung des Instituts im ersten Frankfurter Band des „Corpus Vasorum Antiquorum" durch K. Deppert[6]. Kurz vor Kleiners Emeritierung erhielt das Institut von dem

---

1) Die Scherben tragen alte Bonner Inventarnummern und z.T. Herkunftsangaben; sie sind zu identifizieren anhand einer sorgfältigen kursiven Druckschrift, die mit Lack geschützt ist.

2) Ebensowenig wie die Bonner Schenkung in Frankfurt einzeln inventarisiert; nicht identifizierbar.

3) Schrader gab 1000 M, in weitere 2000 M teilten sich Harry Fuhl, Hofjuwelier Koch, Ernst Strauss und Paul Hirsch. Veröffentlicht: H. Schaal, Griechische Vasen aus Frankfurter Sammlungen (1923) 43 Taf.21-23; P. Hommel, Antike Kleinkunst aus der Sammlung des

Archäologischen Instituts der Universität Frankfurt (1991) 79ff. Nr.74.75.

4) UA., Akte Allgemeine Verwaltung; Frau Dr. Heyland - *s. hier Beitrag Reinsberg* - holte die in mehreren Holzkästen verwahrte Sammlung bei der Witwe des im Krieg gefallenen Jassoy-Erben Dr. August Kaiser, Freiherr von Stein-Str.25, ab.

5) mit G. Hafner, Mainz, und K. Parlasca.

6) 1964; über Kurt Deppert war auch einiges erworben worden.

Historiker Otto Vossler eine reiche Sammlung mykenischer Gefäßscherben und Terrakottafragmente aus Böotien als Geschenk[7].

Unter Hans von Steuben schließlich gelang eine Bereicherung der kleinen Skulpturensammlung um zwei bedeutende Kopffragmente: das Gesichtsfragment eines griechischen Philosophenportraits in römischer Kopie und das Fragment eines kolossalen Bildnisses vielleicht des Oktavian aus Kleinasien. Diese Skulpturen konnte das Archäologische Institut zusammen mit einer Auswahl an Kleinkunst und Keramik 1991 im Liebieghaus, Museum Alter Plastik, in Frankfurt zeigen; zur Ausstellung erschien ein Katalog von P. Hommel[8]. Ein weiterer CVA-Band, in dem S. Mayer-Emmerling die noch unveröffentlichten Gefäße der Institutssammlung und einige interessante Gefäßscherben vorlegt, erscheint noch in diesem Jahr.

---

7) an Vossler gekommen aus dem Nachlaß H.C. Wiegand, Generaldirektor des Norddeutschen Lloyd; ein Verwandter Theodor Wiegands, vgl. C. Watzinger, Theodor Wiegand (1944) 221; P. Hommel vermutet, daß das Material aus den Schliemannschen Ausgrabungen in Orchomenos stammt.

8) s. Anm.3.

Stamatia Mayer-Emmerling

Drei mykenische Vasenfragmente aus Tell el Amarna

Die Fragmente stammen aus dem umfangreichen mykenischen Scherbenmaterial, das bei der Ausgrabung des englischen Archäologen W.M. Flinders Petrie im ägyptischen Tell el Amarna in den Jahren 1891/92 zutage kam[1]. Hiervon wurde der größte Teil dem British Museum in London überlassen[2], ein geringer Teil gelangte an G. Loeschcke und das Akademische Kunstmuseum in Bonn[3]. Die oben erwähnten Scherben sind ein Geschenk aus Bonn an H. Schrader für die Frankfurter Universitätssammlung[4]. Wie die Bonner Fragmente weisen sie die Inventarnummer 295 auf.

In Amarna fand Amenophis IV (1379-1361 v. Chr.), der unter dem Namen Echnaton bekannt gewordene Pharao aus der 18. Dynastie, mit seiner Königin Nefertete den Ort, um dem Sonnengott Aton, „seinem Vater", eine würdige Heimstätte zu errichten. Es entstand dort sehr rasch eine weiträumige Stadt[5], deren Bestand jedoch sehr kurzlebig war, denn bald nach Echnatons Tod wurde Amarna verlassen und der Verödung preisgegeben[6].

Die mykenischen Funde kamen im Palast, in Häusern von Beamten und in einem Schutthaufen in der Nähe des Palastes zum Vorschein[7].

Als mykenisch bzw. späthelladisch bezeichnet man den letzten Abschnitt der Bronzezeit auf dem griechischen Festland. Er ist in die Phasen I-III unterteilt und dauert von 1550-1100 v. Chr. Die Amarna-Fragmente gehören dem Späthelladischen III A 2 an, also in die Mitte des 14. Jhs. v. Chr.[8]

Im Späthelladischen III A 2 blüht und expandiert die mykenische Kultur, die Keramik verbreitet sich in dieser Phase über das gesamte griechische Festland und die Inseln, gegen Ende des 14. Jhs. v. Chr. ist sie im ganzen östlichen Mittelmeer anzutreffen. Es ist die Zeit der „mykenischen Koine": die Motive sind Allgemeingut geworden, dabei stark stilisiert. Sie zieren den oberen

---

1) W.M. Flinders Petrie, Tell el Amarna (1894) 16ff.

2) F. J. Forsdyke, Cat. of Vases in the British Museum I 1 (1925) 183ff.

3) CVA Bonn 2, 87f.; N. Himmelmann, Archäologische Forschungen im Akademischen Kunstmuseum der Universität Bonn: Die griechischägyptischen Beziehungen. Mit einem Katalog von W. Geominy (1992) 13f.

4) Loeschcke und Schrader, beide Kékulé-Schüler, kannten einander; Eintrag Schraders im Inventarbuch des Archäol. Instituts unter Nr. 4: „30 Vasenscherben aus Griechenland, Geschenk des Bonner Kunstmuseums, Mai 1918". Zu diesem Zeitpunkt war Loeschcke, der 1912 von Bonn nach Berlin gewechselt war, schon drei Jahre tot. Der damalige Bonner Ordinarius war F. Winter, ebenfalls Kékulé-Schüler.

5) C. Aldred, The Cambridge Ancient History3 II 2 (1975) 55.

6) ebenda 67.

7) Petrie a.a.O. 15f.; J.D.S. Pendlebury, The City of Akhenaten III (1951) 86ff.; R.S. Merrillees, Mycenaean Pottery from the Time of Akhenaten in Egypt, in: V. Karageorghis (Hrsg.), Acts of the International Archaeological Symposium „The Mycenaeans in the Eastern Mediterranean", Nicosia 1972 (1973) 176f.

8) Zur Datierung des SH III A 2: A. Furumark, The Chronology of Mycenaean Pottery (1941) 113; P. Warren - V. Hankey, Aegean Bronze Age Chronology, Bull. Inst. Classical Studies Univ. London 21, 1974, 147-148.; dies., Aegean Bronze Age Chronology (1989) 148ff.

Teil der Gefäße, während den unteren Teil Streifen von unterschiedlicher Breite umlaufen.

Fragment (a) stammt von der Schulter einer Bügelkanne *(Abb.154)*, ist 2,8 cm hoch und 4 cm breit. Der Ton ist fein, glimmerhaltig, grünlich bis orangefarben. Der Tongrund ist dunkelorange. Der Firnis ist gleichfalls dunkelorange[9]. Zwei breite Firnisbänder fassen eine Gruppe von feinen Firnislinien ein, darüber hat sich der Rest eines Winkelornaments erhalten[10].

Die zweihenkelige Bügelkanne erscheint in Späthelladischen III A 1, wird jedoch erst im Späthelladischen III A 2 geläufig und ist eine der häufigsten Vasenformen bis zum Ende der mykenischen Zeit[11]. Die Bügelkanne kann eine Höhe von 11 bis 20 cm erreichen. Ihr Körper kann länglich, birnenförmig, kugelförmig oder gedrungen sein[12]. Der Scheinausguß ist konkav, mit einer flachen oder gewölbten Scheibe versehen, von der die beiden zur Schulter geführten Bandhenkel ausgehen. Der Ausguß ist gleichfalls konkav. Unterhalb der Henkelansätze umziehen gewöhnlich breite Firnisbänder das Gefäß, welche meist eine Gruppe von vier Linien einfassen. Die Schulter ist mit verschiedenen Ornamenten wie Winkel, Blattband, N-Muster, Rhomben, Rosetten, Kreisen u.ä. verziert. Die Henkel, der Ansatz und die Lippe sind gefirnißt, die Scheibe des Scheinausgusses wird durch Firniskreise akzentuiert.

Das Frankfurter Fragment gehörte einer Bügelkanne mit kugeligem Ringfuß an[13]. Die Bügelkannen waren wohl mit Duftölen gefüllt. Vielfach sind sie aus mykenischen Nekropolen bezeugt.

Fragment (b) stammt vom Bauch einer Pilgerflasche *(Abb.155)*. Die Scherbe ist 6 cm hoch und 3,3 cm breit. Der Ton ist fein, glimmerhaltig, hell mit feinen Kalkeinsprengseln. Die Oberfläche ist cremefarben überzogen, der Firnis hell- bis dunkelbraun[14]. Die Verzierung von links nach rechts: vier dünne Firnislinien, ein breites Firnisband und der Rest einer vertikalen Wellenlinie[15].

Pilgerflaschen haben einen kugeligen Körper auf konischem eingezogenen Fuß und einen engen, ausladenden Hals mit vorkragender Lippe. Die Henkel setzen in der Mitte des Halses an und sind flach oder rund im Querschnitt. Die Gefäßhöhe beträgt meistens 14 cm[16].

Die Pilgerflasche kann ein Linienornament wie Spirale, Wellenlinien, Halbkreise, U- oder N-förmiges Ornament, Zick-Zack, Winkel aufweisen oder auch ein pflanzliches Ornament wie Blätterband, Papyrus oder Palme, aber auch mit Muschelornament bemalt sein.

Das Frankfurter Fragment gehört zum Typus mit konzentrischen, vertikalen Kreisen am Bauch und mit ornamentierter Henkelzone[17]. Die Pilgerflasche gehört in diesem Zeitabschnitt zu den häufig in den Nahen Osten und Zypern exportierten Gefäßformen. In Siedlungsschichten des Mutterlandes kommt sie dagegen selten vor[18].

Fragment (c) stammt von der Schulter einer dreihenkeligen Amphora *(Abb.156)* und mißt 5,1 cm in der Höhe und 5,8 cm in der Breite. Der Ton ist fein und beigefarben, seine Oberfläche ist cremefarben überzogen und der Firnis von dunkler- bis rotbrauner Farbe. Die Verzierung bilden drei dünne Firnislinien, die beiderseits ein breites Firnisband einfaßt.

---

9) Zur mykenischen II A 2 Keramik: A. Furumark, Mycenaean Pottery: Analysis and Classification (1941) 505ff.; P.A. Mountjoy, Mycenaean Decorated Pottery: A Guide to Identification, SIMA 73 (1986) 67ff.

10) Furumark a.a.O. Motiv 19,20. Zum Motiv vgl. Annual British School Athens 60, 1965 Taf.51 (c) 8.

11) Zur Form s. Mountjoy a.a.O. 77f. Fig.93.

12) Furumark a.a.O. Shapes 166.170.171.178.

13) ebenda Shape 171.

14) Zur Keramik s. Frgt.(a).

15) Furumark a.a.O. Motiv 53,5.

16) Mountjoy a.a.O. 81.

17) ebenda 80 Fig.95,1, FS 188.

18) E. French, Annual British School Athens 60, 1965, 172.186.193.

Die dreihenkelige Amphora hat eine durchschnittliche Höhe von 15cm, einen birnenförmigen Körper, einen weiten, kurzen Hals mit nach außen abfallender Lippe und drei Horizontalhenkeln. Fuß und unterer Gefäßkörper sind gefirnißt, darüber ist ein Fries aus feinen Linien und breitem Firnisband angebracht. Eine Bandverzierung verläuft auch unterhalb der Henkel, die Henkelzone trägt senkrechte oder schräge Striche und am Halsansatz eine Gruppe von feinen Linien. Hals und Mündung sind gefirnißt[19].

Handelsbeziehungen zwischen Mykene und Ägypten existierten bereits seit der Stufe Späthelladisch II[20]. In der Regierungszeit Echnatons nahmen die Kontakte deutlich zu, was man nicht nur in Amarna, sondern auch in Sesebi, einer anderen Gründung dieses Herrschers, anhand der mykenischen Keramik beobachten kann[21]. Das Fundmaterial aus Amarna läßt etwa 22 Gefäßtypen erkennen[22]. Den Hauptanteil bilden Pilgerflaschen, Bügelkannen und Amphoren, also Gefäße, die sich für den Transport von Flüssigkeit eignen.

Pilgerflaschen wurden zu dieser Zeit ausschließlich für den Export gefertigt. In Mykene kommen sie nur selten vor[23]. Aus der Dominanz dieser drei Gefäßformen kann man wohl eine Spezialisierung ablesen, die der Befriedigung einer bestimmten Nachfrage nach ihrem Inhalt diente[24]. Über den Inhalt der Gefäße konnte bis jetzt keine sichere Aussage gemacht werden. Es wird aber wohl zu Recht vermutet, daß es sich um Olivenöl, Duftöl oder Salben handelte. Auch weiß man nichts

Näheres über die Formen der Handelsbeziehungen. Gesichert ist hingegen die Herkunft der mykenischen Amarna-Funde: Tonanalysen zeigten, daß die in Amarna gefundenen Gefäße in der Region Mykene-Berbati gefertigt sind[25].

---

19) Mountjoy a.a.O. 70ff., FS 45.

20) R.S. Merrillees - J. Winter, Bronze Age Trade Between the Aegean and Egypt, Miscellanea Wilbouriana I (1972) 115ff.

21) A.M. Blackman, Journal Egyptian Archaeology 23, 1937, 145ff.; H.W. Fairman, ebenda 24, 1938, 151ff.

22) V. Hankey, The Aegean Deposit at Tell Amarna, in: V. Karageorghis (Hrsg.) a.a.O. (s. oben Anm. 6) 129 Fig.1.

23) s. Anm. 17.

24) Merrillees - Winter a.a.O. 122.

25) H. Mommsen - T. Beier - U. Diehl - Ch. Podzuweit, Journal of Archaeological Science 19, 1992, 301.

Ursula Magen

Geschichte der Vorderasiatischen Archäologie an der Universität Frankfurt

Die Etablierung der Archäologie Vorderasiens an der Frankfurter Universität ist in zwei großen Etappen vor sich gegangen, die durch eine Lücke von ca. 20 Jahren voneinander getrennt sind.

Die erste Etappe war von kurzer Dauer. Sie wurde offiziell im Februar 1941 eingeleitet, als das Reichsministerium für Wissenschaft, Erziehung und Volksbildung der Universität Frankfurt mitteilte, – daß vorbehaltlich der Zustimmung des preußischen Finanzministers - *„das Extraordinariat für Vorderasiatische Kunst an der Universität Marburg an die Universität Frankfurt am Main"*[1] verlegt werde. Aus politischen Gründen sollte allgemein die Asienforschung intensiviert werden. Dies betraf die Sinologie, die Japanologie und die Vorderasienforschung. *„Nicht zuletzt infolge des Bündnisses mit Japan hatte selbst das Oberkommando der Wehrmacht vorgeschlagen, entsprechende Forschungsstätten an deutschen Universitäten einzurichten."*[2]

Die Universität Frankfurt war bereit, *„den dortigen Lehrstuhlinhaber für den Rest seiner Arbeit mit zu übernehmen"*[3]. Dieser war immerhin zum Zeitpunkt seiner Übernahme nach Frankfurt im Jahre 1943 bereits im 60sten Lebensjahr. Da der Stadt Frankfurt, *„die schon so viel für unsere Universität getan hat,"* nicht zuzumuten war, *„auch noch ein neues Institut für dieses Gebiet zu errichten, müsse er sein Marburger Seminar mitbringen, gleichviel welcher Qualität es sei"*[4]. Dies erwies sich als schwieriger als gedacht.

Nach vielfältigen Verhandlungen kam Friedrich Wachtsmuth zum Sommer-Semester 1943 nach Frankfurt, konnte jedoch, soweit ersichtlich, seine Lehrtätigkeit erst zwei Semester später aufnehmen.

Friedrich Wachtsmuth wurde am 7.7.1883 in Mittau in Kurland geboren, er starb am 21.1.1975 in Erbach / Rheingau. Das Abitur machte er 1902 an der deutschen Schule in St. Petersburg. Danach studierte er Architektur an der Technischen Hochschule in Riga, Karlsruhe und Dresden. Er schloß das Studium 1908 mit dem Dipl.Ing. ab und arbeitete danach zwei Jahre praktisch als Architekt. Nach Assistenzjahren in Dresden und an der TH Berlin ging er 1912 als Assistent mit der deutschen Grabungsexpedition nach Babylon. Robert Koldewey vermerkt in seinem Grabungstagebuch: *„Am 17. Nov. 1912 langten hier, nach verhältnismäßig kurzer, glatt verlaufener Seereise über Port Said, Colombo, Bombay und Basra gesund und wohlbehalten unsere beiden neuen Kollegen Wachtsmuth und Neynaber an"*[5]. Friedrich Wachtsmuth blieb bis zum Mai 1915 in Babylon. Die Berichte vom April und Dezember 1914[6] in den Wissenschaftlichen Veröffentlichungen der Deutschen Orientgesellschaft stammen von ihm.

Im Mai 1915 kehrte Wachtsmuth aus dem Iraq zurück nach Berlin, wo er im gleichen Jahr an der dortigen TH zum Dr. Ing. promovierte und bis 1920 dort als Assistent tätig war. 1922 promovierte er in Marburg zum Dr. phil in Kunstgeschichte, Archäologie und Ge-

---

1) Hammerstein 512.

2) Hammerstein 511.

3) ebenda.

4) ebenda.

5) Mitt.Dt.Orient-Ges. Nr. 51, April 1913, 13.

6) Mitt.Dt.Orient-Ges. Nr.53, April 1914,31 und Nr.55, Dez. 1914, 2.

schichte, und 1925 habilitierte er sich an der TH Darmstadt für Kunstwissenschaft und Baugeschichte. *„Ab 1925 hatte er in Marburg einen Lehrauftrag für Architektur des Orients inne, dessentwegen er sich 1928 dorthin umhabilitierte"*[7]. Im Winter 1928/29 nahm Wachtsmuth an der deutschen Expedition nach Ktesiphon teil, während sich der erste Band seiner Ausführungen über „Raum, Raumschöpfungen in der Kunst Vorderasiens" im Druck befand[8]. An der zweiten Ktesiphon-Expedition 1931/32 nahm er ebenfalls teil. *„1934 wurde er zum ordentlichen Professor für Vorderasiatische Kunst und Bauforschung in Marburg ernannt und zum Direktor eines entsprechenden Institutes."*[9]

Der Umzug dieses Institutes von Marburg, bereits 1941 beschlossen, zog sich auf Grund der Kriegssituation bis zum SS 1943 hin. Wachtsmuth wurde im 1.Stock des Universitätshauptgebäudes der Hörsaal P (Raum 80) zugewiesen. Nach dem verheerenden Bombardement Frankfurts am 18. März 1944, das auch in der Universität große Verwüstungen anrichtete, überließ er diesen Raum der Juristischen Fakultät für deren Seminarbibliothek und zog in das Zimmer 183 im 3. Stock, das jedoch zu klein war, um alle Lehrmittel und noch Arbeitsplätze für Studenten aufzunehmen[10]. Wachtsmuths Bitte um zusätzlichen Raum hatte keinen Erfolg. Wie beengt die Raumsituation war, macht der Brief des Rektors vom 18. Juli 1944 klar: *„Durch die verschiedenen Raumverlegungen im Universitätshauptgebäude ist die Zahl der verfügbaren Hörsäle auf ein eben noch tragbares Minimum beschränkt worden. Eine weitere Einziehung von Hörsälen muß deshalb die Durchführung des Unterrichtsplanes in Frage stellen. Das gilt auch für die kleinen Hörsäle, die für gewisse Pflichtvorlesungen unentbehrlich sind. Bei der allgemeinen Einschränkung muß auch Herr Professor Wachtsmuth, der ohnehin nur einen kleinen Hörerkreis hat, den bestehenden Verhältnissen Rechnung tragen."*[11]

Das neugegründete Institut für Vorderasiatische Kunst in Frankfurt hatte damals von Marburg übereignet bekommen: 2608 Diapositive, bewegliches Mobiliar im Wert von 300 bis 400 RM und 80 Bücher im Wert von 1090 RM. Das Spektrum dieser kleinen Bibliothek umfaßte neben der Literatur zum Alten Orient (darunter Anton Moortgats damals hochaktuelle „Vorderasiatische Rollsiegel" von 1940) auch Werke zur europäischen Kunstgeschichte, die von dem weitgespannten Forschungsinteresse des Bauhistorikers Wachtsmuth zeugen[12]. Unter den Büchern befand sich auch Hitlers „Mein Kampf" in der 162.-163.Aufl.

Im SS 1944 und im WS 1944/45 bot Friedrich Wachtsmuth Vorlesungen und Übungen über „Kunst und Sprachen des Vorderen Orients" an: „Altmorgenländische (sumerisch, akkadische) Kunst", „Die Kunst Vorderasiens von der Achämeniden- bis zur Sasanidenzeit", aber auch „Entstehung und Entwicklung des christlichen Gotteshauses (für Hörer aller Fakultäten)".

Nach Kriegsende wurde Wachtsmuth wegen seiner politischen Einstellung nicht wieder berufen. *„Friedrich Wachtsmuth durfte in vieler Hinsicht als begeisterter Anhänger der Nationalsozialisten gelten. Bereits 1933 war er der Partei und der SA beigetreten"*[13]. Das Studium der

---

7) Hammerstein 512.

8) Bd.II (1935) beschäftigt sich mit den „Schöpfungen der altchristlichen Kunst". Zu den weiteren Publikationen Fr. Wachtsmuths s. vor allem Kürschners Gelehrtenlexikon von 1940/41 und von 1970.

9) Hammerstein 513.

10) UA. Brief vom 15.Juli 1944 an den Kurator d. Universität.

11) UA. Brief des Rektors der Universität an das Kuratorium vom 21.6.1944.

12) UA. Brief von Fr.Wachtsmuth an das Kuratorium der Universität vom 5.Oktober 1944 mit Liste der Bücher in der Anlage.

13) Hammerstein 513.

alten Kultur des Vorderen Orients fand in Frankfurt im WS 1946/47 einen vorläufigen Abschluß in einer dreistündigen Vorlesung des Vertreters der Klassischen Archäologie Guido von Kaschnitz-Weinberg über die „Geschichte der mesopotamischen und vorderasiatischen Kunst".

Die zweite Etappe des Faches Vorderasiatische Archäologie nahm ihren Anfang im WS 1962/63 im Rahmen des Institutes für Klassische Archäologie mit 2 Veranstaltungen zur Archäologie des vorgriechischen Kleinasien. Der Direktor des Institutes Gerhard Kleiner hatte zur Ergänzung und Erweiterung der Forschungen des Instituts im kleinasiatischen Raum Thomas Beran, den damaligen Referenten am Deutschen Archäologischen Institut in Istanbul, als Assistenten nach Frankfurt geholt. Thomas Beran, ein Schüler von Anton Moortgat in Berlin und jahrelang in Bogazköy in der Feldforschung tätig, hatte so Gelegenheit, in Frankfurt das Fach Vorderasiatische Archäologie aufzubauen, zuerst als Assistent und Dozent, ab 19.10.1972 dann als Professor eines von der Klassischen Archäologie unabhängigen Studienganges. Im Laufe der Jahre gelang es, durch vielfältige Lehraufträge und die Errichtung einer Honorarprofessur für Keilschriftsprachen das Lehrangebot außerordentlich zu erweitern.

Thomas Beran wurde am 17.8.1926 in Reichstadt im Sudetenland geboren. Das Abitur legte er 1944 in Leipa ab, wonach er im April 1944 noch bis Kriegsende zum Kriegsdienst bei der Marine eingezogen wurde. Im WS 1948/49 begann er das Studium der Vorderasiatischen Archäologie bei Anton Moortgat an dessen gerade neu gegründetem Institut an der Freien Universität Berlin. Unter seinen KommilitonInnen damals waren Feo Claus, seine spätere Frau, Barthel Hrouda, Wolfram Nagel und Eva Strommenger. Etwas später kamen Rainer Michael Boehmer, Peter Calmeyer und Ruth Opificius hinzu. Dank ihrer und weiterer Schüler Moortgats konnte in den darauffolgenden Jahrzehnten die Erforschung des

Alten Vorderen Orients an zahlreichen Universitäten der Bundesrepublik Fuß fassen.

Außer bei Anton Moortgat studierte Beran in Berlin Kunstgeschichte bei Edwin Retzlob, Klassische Archäologie bei Friedrich Wilhelm Goethert und Keilschriftsprachen bei Johannes Friedrich, die Anfangsgründe für Akkadisch hatte noch Anton Moortgat vermittelt. Die Studienbedingungen in diesen ersten Jahren nach dem Krieg waren ziemlich eingeschränkt. So mußte 1948 vor allem zuerst einmal eine Bibliothek aufgebaut werden: sie begann mit dem „Tell Halaf" von Max Oppenheim als der Inventarnr. 1. Beran hatte außerdem die Chance, in der Privatbibliothek Walter Andraes in dessen Haus in Nikolasee arbeiten zu können. 1954 promovierte er mit einer Arbeit über die Glyptik der Mitte des 2. Jts. v.Chr.

Im Dezember 1954, wenige Wochen nach der Promotion, ging Thomas Beran mit einem Werkvertrag an das Deutsche Archäologische Institut nach Istanbul zu Kurt Bittel, um bei den Ausgrabungen in Bogazköy mitzuwirken. Ab 1959 wurde er dann als Referent mit dieser Aufgabe betreut. 1962 holte Gerhard Kleiner Beran als Assistent nach Frankfurt.

In Frankfurt erwartete ihn bereits sein erster Student aus dem Orient, der in Berlin bei Moortgat das Studium begonnen hatte und es in Frankfurt fortsetzen wollte. In den folgenden fast 30 Jahren seiner Tätigkeit in Frankfurt hat Beran sich stets in besonderer Weise um seine ausländischen Studenten gekümmert, von denen viele aus der Türkei kamen.

Thomas Beran hat seine Lehrtätigkeit in Frankfurt 1962 mit einer Vorlesung (bei noch nicht Habilitierten nannte man das Kolloquium) über die Hethiter begonnen, und er ist im Laufe seiner Lehrtätigkeit immer wieder auf Kleinasien und Bogazköy, das ihm stets sehr am Herzen lag, zurückgekommen. Am 19.10.1972 wurde er dann zum Professor ernannt.

In drei breit angelegten Zyklen stellte Beran „Die Archäologische Geschichte Vorderasiens" dar mit jeweils sehr unterschiedlichen Schwerpunkten, darunter neben Kleinasien auch Syrien, Urartu und Iran. Im letzten Semester vor seiner Pensionierung am 1.Oktober 1991 sprach er dann – als Abschluß seiner Vorlesungstätigkeit – im SS 1991 über den „Ausklang der Vorderasiatischen Antike". Dieser chronologische Fortgang der Vorlesungen wurde immer wieder unterbrochen von Spezialthemen, die sich mit Entdeckern, Ausgräbern, Forschern und Entzifferern, dem Leben und Werk bedeutender Altorientalisten, mit Staatsbildung, mit Gesellschaft, Wirtschaft und Recht im Spiegel der Denkmäler, mit Bild und Magie und mit Rohstoffen, Handelsgütern und Handelswegen im Alten Orient beschäftigten. Für Thomas Beran war die Archäologie stets in erster Linie eine historische Wissenschaft.

Die Seminare vermittelten den Studenten neben der üblichen Denkmälerkenntnis und dem allgemeinen archäologisch-chronologischen Rüstzeug die Fähigkeit stilkritischer Betrachtung und exakter ikonographischer Analyse. Stil, Ikonographie und Ikonologie sind grundlegende Erkenntnismittel vor allem für die neuassyrischen Palastreliefs und die Glyptik, der seit Berans Dissertation sein besonderes Interesse galt. Lehre und Forschung sind bei Thomas Beran – und dies gilt gewiß auch für viele seiner Schüler – stets zu sehen vor dem Hintergrund einer immer wieder aufs neue eingeforderten „Eigenbegrifflichkeit", die nur mit Hilfe einer möglichst weitgestreuten Kenntnis der Keilschriftüberlieferung zu gewährleisten ist.

Eine wichtige Schritt auf dem Weg zur Verwirklichung dieses Forschungsansatzes war die Bereitschaft des renommierten Assyriologen Karlheinz Deller aus Heidelberg, ab 1974 einmal pro Woche (dem 'Keilschrift-Dienstag') nach Frankfurt zu kommen und an Ort und Stelle Keilschriftepigraphik für Archäologen zu lehren. Bisher mußten die Frankfurter Studenten nach Heidelberg fahren, um Akkadisch oder auch Sumerisch zu lernen. Das Wirken Karlheinz Dellers in Frankfurt war außerordentlich fruchtbar, zumal er sich ganz auf die speziellen Bedürfnisse der Archäologen einstellte, zuerst nur 2 Stunden, dann 4 Stunden unterrichtete und seit 1975 als Honorarprofessor tätig war. So war es ihm möglich, neben den Sprachkenntnissen ein breites kulturhistorisches Wissen über die Keilschriftkulturen zu vermitteln[14].

Da eine schwere Herzoperation im Jahre 1979 es Thomas Beran unmöglich machte, die von ihm und seinen türkischen Freunden so sehr gewünschte Ausgrabung des Yarim-Tepe in Angriff zu nehmen, verwandte er viel Kraft und Sorgfalt auf intensive Museums- und Orientexkursionen[15].

Seit SS 1980 wurde das Lehrangebot in doppelter Hinsicht beträchtlich erweitert: 1. durch ständige, zahlreiche Lehraufträge für das Kerngebiet der Vorderasiatischen Archäologie[16], 2. durch Lehraufträge, die 'Randgebiete' behandelten. So wurde die Archäologie Palästinas vertreten durch den Gießener Palästina-Archäologen Volkmar Fritz, und mit der Archäologie des Iran betraute Beran den Iraner Mahmoud Rashad, der als Berans Assistent über viele Jahre hinweg seine Kenntnisse des Iran in der Lehre vermittelte[17].

---

14) Die Tätigkeit von Karlheinz Deller wurde zwischen 1986 und 1991 ergänzt durch die paläographischen und epigraphischen Keischriftkurse von Karin Reiter. Von 1979 bis 1984 konnte durch die Mitarbeit des Heidelberger Sumerologen Hartmut Waetzold und vor allem Philip Hibberts Unterricht in Sumerisch angeboten werden.

15) Sie führten zu den großen europäischen Museen nach Berlin, Brüssel, London und Paris und nach Anatolien, in die Südwest- und Osttürkei und

nach Syrien.

16) Sie wurden wahrgenommen von D. Bänder (2x), B. Dillmann (2x), R. Hauptmann (7x), Chr. Hemker (2x), D. Kolbe (2x), U. Magen (15x), M. Rashad (1x), E. Rehm (1x), D. Stein-Wünscher (1x), H. Winkler (1x).

17) S. Baghestani (3x Elam), V. Fritz (3x Palästina), Chr. Hemker (1x Induskultur), M. Rashad (10x Iran).

Die historische Bauforschung wird und wurde in der Regel an Technischen Hochschulen (TH) oder Technischen Universitäten (TU) wahrgenommen – ich erinnere nur an die bekannten Bauhistoriker und Ausgräber Walter Andrae und Ernst Heinrich in Berlin. Im WS 1993/94 wurde die Bauforscherin Dorothée Sack-Gauss durch ihre Habilitation auf dem Gebiet der Bauforschung für das Archäologische Institut gewonnen, wo sie bereits seit einigen Semestern über die Architektur des islamischen Orients gelehrt hatte[18].

Am 30.9.1991 wurde Thomas Beran pensioniert. Vom kommenden Wintersemester an nahm Erika Bleibtreu aus Wien vier Semester lang die Lehrstuhlvertretung wahr[19]. Engagiert und mit unermüdlichem Einsatz betreute sie das seit dem Schlaganfall Thomas Berans im Dezember 1991 endgültig verwaiste Institut und vor allem die StudentInnen in unterschiedlichen Stadien der Magister- und Promotionsvorbereitungen. Ihre eigenen Forschungsschwerpunkte: 'neuassyrische Reliefs' und 'Glyptik' trafen sich mit auch für Thomas Beran wichtigen Forschungsinteressen. So wurden durch Erika Bleibtreus Einsatz am Frankfurter Institut sowohl Traditionen fortgesetzt als auch neue Impulse vermittelt.

Da die Neubesetzung des Lehrstuhls für Vorderasiatische Archäologie in Frankfurt sich unerwartet verzögerte, leistete sich das Archäologische Institut im WS 93/94 einen Blick über die Fachgrenzen durch die Lehrstuhlvertretung der Sprachwissenschaftlerin (Elam, Iran) Heidemarie Koch aus Marburg. Ihr Lehrangebot wurde mit großem Interesse von Studenten der klassischen und der vorderasiatischen Archäologie wahrgenommen und wird im SS 94 noch einmal fortgesetzt werden, bevor sich das Institut wieder seinem eigentlichen Kerngebiet

zuwendet und hoffentlich bald die Nachfolge Thomas Berans geklärt sein wird[20].

ANHANG

Promotionen im Fachgebiet Vorderasiatische Archäologie an der Universität Frankfurt

bei Kleiner (von Beran betreut)

1966 - Subhi Anwar Rashid, Gründungsfiguren und Gründungsbeigaben Altmesopotamischer Heiligtümer: Ihr Ursprung, ihre Entwicklung und Bedeutung.

1972 - Eva Andrea Braun-Holzinger, Frühdynastische Beterstatuetten.

bei Beran

1975 - Hildegard Winkler, Untersuchungen zur Struktur und Baugeschichte des Palastes in Mari.

1978 - Barbara Patzek, Untersuchungen zum Beginn der syrischen Bronzeplastik.

1979 - Dieter Kolbe, Die Reliefprogramme religiös-mythologischen Charakters in neuassyrischen Palästen.

1984 - Ursula Magen, Assyrische Königsdarstellungen – Aspekte der Herrschaft. Eine Typologie.

1985 - Mahmoud Rashad, Die Entwicklung der Vor- und Frühgeschichtlichen Stempelsiegel in Iran.

1987 - Ralf Hauptmann, Gebrauchsgegenstände des 3. Jts. v. Chr. in Mesopotamien.

1993 - Dana Bänder, Die Siegesstele des Naramsin und ihre Stellung in Kunst- und Kulturgeschichte.

Magisterabschlüsse bei Beran:

1979 - Constanze Schmidt-Colinet, Die Musikinstrumente in der Kunst des alten Orients. Archäolog. philolog. Studien.

---

18) D. Sack-Gauss (5x Bauforschung islamischer Orient).

19) Lehrstuhlvertretung durch E. Bleibtreu vom WS 1991/92 bis einschließlich SS 1993.

20) Die Assistenz (bzw. Wiss. Mitarbeit) wurde wahrgenommen von M. Rashad vom 1.7.1983-30.6.1992, von S. Baghestani vom 1.10.92-30.9.93, von U. Magen seit 1.10.93.

1980 - Beate Dillmann, Neuassyrische Felsreliefs und ihre An-bringung. Eine Funktionsanalyse.

1981 - Nilgün Olgunsoy, Trachten, Embleme und Symbole der hethitischen Götter. Eine Ikonographische Untersuchung.

1982 - Lauffrey Nabo, Die Feinde der Assyrer. Das Bild der Feinde aus assyrischer Sicht.

1983 - Ralf Hauptmann, Darstellung von Realien auf Frühdy-nastischen Denkmälern.

1986 - Helga Schneider-Ludorff, Der Tempel des Gottes Assur in Assur.

1987 - Tugba Asilsoy, Die anatolische Sonne.

1987 - Gülen Bayadal, Vor- und früh- althethitische Stempel-siegel und Abdrücke in der Eisenzeit.

1988 - Salwa Schwab, Decken, Dächer und Fenster in der Ar-chitektur des Zweistromlandes von den Anfängen bis zur altbabylonischen Zeit.

Magisterabschlüsse bei Bleibtreu:

1992 - Dominik Bonatz, Betrachtungen zur materiellen Kultur der syrischen Küste in der Eisenzeit.

1993 - Cora Cieslak, Untersuchungen zu vorderasiatischen Roll- und Stempelsiegeln.

Jörg Becker

Die Sammlung Vorderasiatischer Antiken

Die Originalsammlung vorderasiatischer Antiken umfaßt insgesamt 365 Objekte, in erster Linie Keramik, ferner Stuckfragmente, vereinzelt Tier- und Menschenfiguren sowie Siegelabdrücke. Den geographischen Schwerpunkt bildet dabei Mesopotamien, das Land zwischen den beiden Flüssen Euphrat und Tigris, weitgehend identisch mit den heutigen Staaten Irak und Syrien. Ergänzt wird die Sammlung durch Funde aus der Türkei und dem Iran. Chronologisch umfaßt sie einen Zeitraum von mehr als 7000 Jahren und reicht vom Chalkolithikum bis zum Mittelalter, d.h. von der 2. Hälfte des 6. Jts. v. Chr. bis zum 14. Jh. n. Chr.

Mit der Einrichtung des Seminars für Vorderasiatische Kunst und Bauforschung im Jahre 1943 wurde das bislang in Marburg an der Lahn bestehende Seminar mit seinem damaligen Direktor Prof. Dr. Friedrich Wachtsmuth nach Frankfurt verlegt, wobei auch große Teile der dortigen Originalsammlung und Bibliothek nach Frankfurt gelangten[1].

Der Grundstock dieser Sammlung setzt sich aus mehreren Komponenten zusammen:

1. aus Stuckfragmenten und Keramik, die Wachtsmuth von seinen eigenen Ausgrabungen in der sasanidischen Hauptstadt Ktesiphon am Tigris, zusammen mit Lesefunden mittelalterlich-islamischer Keramik anderer Fundorte, mitbrachte;

2. aus Funden der deutschen Ausgrabungen in Assur, Babylon und Uruk, die Walter Andrae, Leiter der vorderasiatischen Abteilung des Pergamon-Museums, 1936 an Wachtsmuth zur Ergänzung seiner Lehrsammlung nach Marburg sandte;

3. Gegenstände aus Kunsthandel und Sammlerbeständen.

Wenngleich nahezu alle Objekte bislang unpubliziert geblieben sind, so beschränkt sich die hier vorgestellte Auswahl vor allem auf Stücke aus der Hand W. Andraes, der in seinen Briefen genaue Fundangaben zu den einzelnen Stücken gibt, die für die Datierung wichtig sind. Im Katalog folgt bei diesen Funden hinter der Bezeichnung des Fundtyps die jeweilige Grabungsnummer (W .. = Warka/Uruk; Ass. .. = Assur; Bab. .. = Babylon). Die übrigen Exponate stammen aus Sammlerbeständen.

Die Objekte sind zunächst nach den Regionen Mesopotamien und Kleinasien, dann chronologisch geordnet.

MESOPOTAMIEN:

OBED-ZEIT (ca. 4500-4000 v. Chr.)

1 BUCKELRIND (W 9486)   *Abb. 157,1*
Uruk/Warka, Bereich der Anu-Zikkurat
hellgelb-hellbraun gebrannter Ton
H. 5,6 cm; L. 7,5 cm
Beide Hörner und das rechte Hinterbein sind abgebrochen. Der Kopf ist stark beschädigt. Tierterrakotten dieses Typs wurden sehr zahlreich in Uruk gefunden und werden meist in die Obed-Zeit datiert. Sie sind zwar mit der Hand geformt, die Herstellung erfolgte aber wohl in einer Art früher Massenproduktion: man schnitt von walzenartig gerolltem Ton Stücke der ge-

---

1) *s. hier Beitrag Magen.*

wünschten Länge ab und formte dann den Körper. Kopf und Beine wurden extra gefertigt und angefügt; anschließend erfolgte das Brennen. Viele der Tiere wurden bemalt; dunkelbraune Malspuren haben sich auch bei unserem Stück noch an den Beinen sowie zwischen Kopf und Buckel erhalten. Die Fundlage dieses und anderer gleicher Objekte läßt keine Aussage über die Zweckbestimmung dieser Gattung zu. Sie hatten wohl eine religiöse Funktion.

Lit.: vgl. C. Ziegler, Terrakotten von Warka. Ausgrabungen der Deutschen Forschungsgemeinschaft in Uruk – Warka 6 (1962), 22ff. 146ff. Taf. 3; Sumer, Assur, Babylon. Ausstellungs-Kat. Hildesheim (1978) Nr. 33.

2 BUCKELRIND (W 9440)   *Abb. 157,2*
Uruk/Warka, Bereich der Anu-Zikkurat
grünlich gebrannter Ton H. 3,8 cm; L. 7 cm
Kleines Buckelrind mit dunkelbraunen Farbresten auf dem Buckel; rechtes Horn und Hinterbein sind abgebrochen, vom linken Horn blieb noch ein Stumpf erhalten. Das Maul ist bestoßen, wie auch die gesamte Oberfläche angegriffen ist (vgl. Nr.1).

Lit.: vgl. Nr. 1.

SPÄTE URUK-ZEIT (ca. 3400-3200 v. Chr.)

3 'GLOCKENTOPF' (W7904)   *Abb. 157,3*
Uruk/Warka, Eanna-Bezirk, Tiefschnitt im südwestlichen Teil des Hofes von Tempel V
Keramik, hellbraun-rotbraun gebrannt
H. 7,6-10,0 cm; Randdm. 17,3-18,5 cm
Zu den Massenprodukten späturuk-zeitlicher Siedlungen zählen nach gängiger Lehrmeinung die sogenannten 'Glockentöpfe', die durch Abformen in Mulden hergestellt wurden. Dazu wurde eine Negativform entsprechend der gewünschten Gefäßgröße im Erdboden ausgehöhlt. Diese streute man zunächst mit Sand aus, damit sich der Topf besser ablösen ließ. Dann wurde der mit Häcksel gemagerte Ton in die Form gedrückt. Spuren von der Faust des Töpfers sind im Innern am Gefäßboden noch stets zu erkennen, denn die Nachbearbeitung beschränkte sich auf eine leichte und wenig sorgfältige Glättung der seitlichen

Innenwand. Nach kurzem Trocknen konnte die Schale in lederhartem Zustand aus der Form gehoben und gebrannt werden.

Unzerbrochene Glockentöpfe wurden häufig in Abfallgruben geworfen, sie scheinen nach einer gewissen Benutzungsdauer unbrauchbar geworden zu sein; viele wurden auch in der Nähe von Herdstellen gefunden. Während nach älteren Vorschlägen Glockentöpfe u.a. Gefäße zur Quark-Herstellung gewesen sein sollen, wobei die Molke durch die poröse Gefäßwandung ausgetreten sei, so werden sie nach neueren Untersuchungen als Brotbackformen angesehen.

Lit.: vgl. E. Strommenger, Habuba Kabira – eine Stadt vor 5000 Jahren. 12. Sendschrift der Deutschen Orient Gesellschaft (1980) 58; D. Sürenhagen, Keramikproduktion in Habuba Kabira – Süd, Acta Praehistorica et Archaeologica 5/6, 1974/5, 91f.100f.; K. Schmidt, Zur Verwendung der mesopotamischen 'Glockentöpfe', Archäologisches Korrespondenzblatt 12, 1982, 317ff.; A.R. Millard, The bevelled-rim bowls: their purpose and significance, Iraq 50, 1988, 49ff.

4 'GLOCKENTOPF' (W 12557)   *Abb. 157,4*
Uruk/Warka, Eanna-Bezirk, „Loftus-Graben"
Keramik, hellbraun gebrannt
H. 9,7 cm; Randdm. 18,5 cm
Fragment eines 'Glockentopfes' (vgl. Nr. 3).
Lit.: vgl. Nr.3.

5 'BLUMENTOPF' (W 11808)   *Abb.157,5*
Uruk/Warka, Eanna-Bezirk, im Füllschutt des Zingels der III. Dynastie von Ur
Keramik, gelblich gebrannt (ergänzte Partien sind hell eingefärbt)
H. 8,3 cm; Randdm. 15,3 cm
Neben den 'Glockentöpfen' zählen auch die sogenannten 'Blumentöpfe' zu den Massenprodukten dieser Zeit. Im Gegensatz zu ersteren wurden sie jedoch auf der Drehscheibe durch Abdrehen von einem Tonkegel hergestellt. Aufgrund der ähnlichen Form und der häufigen Vergesellschaftung mit den 'Glockentöpfen' wird ihnen eine ähnliche Funktion zugewiesen (vgl. Nr. 3).

Lit.: vgl. D. Sürenhagen a.a.O. 73. 89. 100ff.; H. J. Nissen, Grabung in den Planquadraten K/L XII in Uruk-Warka, Baghdader Mitt. 5, 1970, 132ff. Taf. 104/5; H. Lenzen, Vorläufiger Bericht über die ... Ausgrabungen in Uruk-Warka 21 (1965) 36ff.

6 SCHLEUDERGESCHOSS   *Abb. 157,6*
Habuba Kabira, Qannas-Tor
ungebrannter Lehm
L. 4,5 cm
Wegen der Vergänglichkeit des Materials ist keine Schleuder aus dem Altertum erhalten geblieben. Bei den deutschen Ausgrabungen der späturukzeitlichen Handelsstation Habuba Kabira im nordsyrischen Euphrattal fand man in einem Raum des Qannas-Tores jedoch Vorräte von Schleudergeschossen. Sie sind eiförmig und bestehen aus luftgetrocknetem Lehm. Diese annähernd gleichgroßen, stromlinienförmigen Geschosse haben beim gezielten Werfen wegen ihrer gleichbleibenden Flugeigenschaft große Vorteile gegenüber Steinen. Während Schleudern im heutigen Orient von Hirten dazu benutzt werden, mit gezielten Würfen die Herden zusammenzuhalten, wurden die Schleudergeschosse aus Habuba Kabira wohl zu militärischen Zwecken verwendet. Im 7. Jh. v. Chr. wurden Schleuderer als besondere Waffengattung des assyrischen Heeres geführt. In der Bibel verwendet der Hirtenjunge David die Schleuder als wirksame Waffe gegen den übermächtigen Goliath (1. Samuel 17).

Erfahrungsgemäß erreicht ein guter Schleuderer Weiten von etwa 200 m. Im Vergleich mit dem Bogen ist die Zielsicherheit beim Schleudern geringer, die Reichweite jedoch größer.

Lit.: vgl. Strommenger a.a.O. (s.o. zu Nr. 3) 46f.

FRÜHDYNASTISCH – AKKAD-ZEIT (ca. 2700-2300 v. Chr.)

7 BECHER   *Abb. 158,7*
Tell Chuera, Bereich F, Palast
Ende Frühdynastisch III/Anfang Akkad-Zeit (ca. 2400-2300 v. Chr.)
Keramik, grünlich-gelblich gebrannt (ergänzte Partien sind hell eingefärbt)
H. 9,1 cm; Randdm. 9,5 cm
Die Becher mit feinem Rändchen gehören zum Standardrepertoire nordsyrischer Keramik dieser Zeit, wobei neben dem leicht abgesetzten Rand vor allem der durch den Brennvorgang erzeugte Farbwechsel vom grünlichen Randzum gelben Bodenbereich auffällt.

Lit.: vgl. W. Orthmann, Tell Chuera (1990) 25f.; U. Moortgat-Correns, Tell Huera in Nordsyrien. Vorläufiger Bericht über die 11. Grabungskampagne 1985 (1988) 17ff. Abb. 26. – Datierung nach mündlicher Information von Harald Klein.

8 BECHER   *Abb. 158,8*
Tell Chuera
Ende Frühdynastisch III/Anfang Akkad-Zeit (ca. 2400-2300 v. Chr.)
Keramik, grünlich-gelblich gebrannt
H. 7,4 cm; Randdm. 8,0 cm
Kleinere Version des oben beschriebenen Gefäßtyps (vgl. Nr. 7).

Lit.: vgl. Nr. 7.

9 WAGENSCHILD   *Abb. 158,9*
Tell Chuera, Oberfläche
Frühdynastisch II-III (ca. 2700-2350 v. Chr.) ?
hellgelb gebrannter Ton erh.
H. 6,1 cm; erhaltene L. 1,6 cm
Fragment eines Wagenkastens. Erhalten blieb nur das Unterteil des Wagenschilds, dessen Außenseite mit Ritzlinien verziert ist. Eine z.T. noch sichtbare horizontale Duchbohrung auf der Seite des Wagens diente zur Führung der Achse, während die Deichsel durch ein schräg in die Stirnplatte gebohrtes Loch eingefügt werden konnte.

Vom Tell Chuera in Nordsyrien stammen zahlreiche Modelle zwei- und vierrädriger Wagen, wie sie in dieser Zeit als Transport- und Streitwagen Verwendung fanden, doch läßt unser Stück keine sichere Zuweisung zu einem dieser Wagentypen zu.

Lit.: vgl. Orthmann a.a.O. 31. Abb. 27-29/2; A. Salonen, Die Landfahrzeuge des alten Mesopotamien (1951) 155ff.

10 RAD   *Abb. 158,10*
Tell Chuera, Oberfläche
Frühdynastisch II-III (ca. 2700-2350 v. Chr.) ?
hellbraun gebrannter Ton
Dm. 5,9 cm

Das Rad, dessen Oberfläche am Rand abgeplatzt ist, läßt sich als Teil eines Wagenmodells interpretieren, gehört jedoch aufgrund der Farbe und des Tons wohl nicht zu dem unter Nr. 9 beschriebenen Fragment eines Wagenschildes.

Lit.: vgl. Nr. 9.

ALTBABYLONISCHE ZEIT (ca. 2000-1600 v. Chr.)

11   FRAGMENT EINER WEIBLICHEN TERRAKOTTA-FIGUR (Bab. 42977)   *Abb. 158,11*

Babylon, Merkes, Wohnviertel
Terrakotta, hellbraun-rotbraun gebrannt
L. 10,2 cm; Br. 4,3 cm

Nackte Frau mit unterhalb der Brüste gefalteten Händen und kräftigen Oberschenkeln; Kopf und Füße sind abgebrochen. Solche Figuren wurden meist aus Formen gedrückt, wobei an den Langseiten ein Wulstrand stehen blieb, der bei diesem Stück nicht mehr abgearbeitet wurde.

Nackte weibliche Gestalten in Vorderansicht gehören zu den häufigsten Motiven altorientalischer Terrakottareliefs. In der Glyptik sind sie häufig in Verbindung mit Gottheiten dargestellt. Ihre Deutung ist immer noch umstritten; die Benennungen reichen von der Liebesgöttin Ischtar oder ihren Trabanten über Priesterinnen bis hin zu 'Freudenmädchen'.

Lit.: vgl. R. Opificius, Das altbabylonische Terrakotta-Relief (1961); F. Blocher, Untersuchungen zum Motiv der nackten Frau in der altbabylonischen Zeit. Münchner Vorderasiatische Studien 4 (1987); O. Reuther, Die Innenstadt von Babylon – Merkes. Wissenschaftliche Veröffentlichungen der Deutschen Orient-Gesellschaft 47 (1926) 11; R. Koldewey, Das wiedererstehende Babylon (1925) 271ff.; N. Wrede, Katalog der Terrakotten der archäologischen Oberflächenuntersuchung (Survey) des Stadtgebietes von Uruk, Baghdader Mitt. 21, 1990, 220ff.

NEUASSYRISCHE ZEIT (ca. 1000-600 v. Chr.)

12   FLASCHE (Ass. 12331a)   *Abb. 159,12*

Assur/Qal`at Schergat, auf Turm 25 des Binnenwalls, Kompositgrab 970
Keramik, hellgelb gebrannt (ergänzte Partien sind hell eingefärbt)

H. 14,2 cm; Randdm. 7,0 cm

Tropfenförmige Flasche, deren Hals durch eine plastische Rippe abgesetzt ist; der Rand ist außen verdickt, der Gefäßkörper läuft zum Boden spitz zusammen. Während kleinere Gefäße an die Wand gelehnt oder auf Standringe gesetzt werden konnten, wurden größere Vorratsgefäße vielfach in den Boden eingelassen. Die Form selbst ist ein markanter Gefäßtyp des frühen 1. Jts. v. Chr. und liegt sowohl aus Gräbern als auch aus Wohnschichten Assurs in zahlreichen Varianten vor. Die Tongefäße scheinen dabei entsprechende tropfenförmige Glasgefäße der neuassyrischen Palastware nachzuahmen.

Lit.: vgl. A. von Haller, Gräber und Grüfte von Assur. Wissenschaftliche Veröffentlichungen der Orient-Gesellschaft 65 (1954) 89 Taf. 5i; W. Andrae, Farbige Keramik aus Assur (1925) Taf. 17.

13   FLASCHE (Ass. 12054g)   *Abb. 159,13*

Assur/Qal`at Schergat, zwischen Binnenwall- und Außenwalltor, Sarkophaggrab 687
Keramik, hellgelb gebrannt (ergänzte Partien sind hell eingefärbt)
H. 20,5 cm; Randdm. 6,5 cm

Tropfenförmige Flasche mit deutlich abgesetztem Hals und leicht ausziehendem, einfachen Rand (vgl. Nr. 12).

Lit.: vgl. von Haller a.a.O. 56 Taf. 5d.

14   KUGELIGES FLÄSCHCHEN (Ass. 10032b)   *Abb. 159,14*

Assur/Qal`at Schergat, cB 5 II, Sarkophaggrab 808
Keramik, rotbraun gebrannt
H. 8,2 cm; Randdm. 4,0 cm

Das kleine Fläschchen ist stellenweise noch mit einem hellem Slip überzogen. Ebenso wie die tropfenförmigen Flaschen (Nr. 12 u. 13) läßt sich dieser Gefäßtyp in neuassyrischen Gräbern und Siedlungsschichten häufig belegen.

Lit.: vgl. von Haller a.a.O. 70 Taf. 3ak.

NEUASSYRISCH-NEUBABYLONISCHE ZEIT (ca. 1000-539 v. Chr.)

15   FRAGMENT EINES DROMEDARS (W 2293t)
                                Abb. 159,15

Uruk/Warka, Eanna-Bezirk, Wohnhaus aus der 1.Hälfte des 1. Jts. v. Chr.

Terrakotta, gelblich gebrannt
erh. H. 7,0 cm; erh. L. 13,2 cm
Fragment eines ziemlich grob mit der Hand geformten Drome-
dars; Kopf und Beine sind abgebrochen; Hals, Höcker, Beine
und Schwanz sind gesondert an den langgestreckten, wenig
durchgebildeten Leib angesetzt.

Aus dem Wohnhaus des frühen 1. Jts. v. Chr. sowie
angrenzenden Bereichen kamen neben vereinzelten menschen-
gestaltigen Terrakotten auch zahlreiche Tierfiguren, darunter
mehr als 140 Dromedare, zum Vorschein. Da die Beziehung
dieses Wohnhauses zum heiligen Bezirk von Eanna noch nicht
hinreichend geklärt ist, reicht das Interpretationsspektrum der
Tierfiguren denn auch vom Spielzeug bis zum Kultgegenstand.

Lit.: vgl. Ziegler a.a (s.o. zu Nr. 1) 165f. 173 Taf. 21; Reallexikon der
Assyriologie 5 (1980) s.v. Kamel (W. Heimpel).

NEUBABYLONISCHE ZEIT (ca. 626-539 v. Chr.)

16 FRAGMENT EINES SCHIFFCHENS (Bab. 15036) *Abb. 159,16*
Babylon, Tell Amr ibn Ali, Südostecke d. Esangila-Tempels
Terrakotta, grünlich gebrannt
H. 9,2 cm; erh. L. 11,5 cm
Schiffchen wurden in Babylon sehr zahlreich gefunden. Heck
und Steven sind gleichmäßig ausladend. Der obere Teil ist
abgeflacht oder endet in einer Volute. In der Mitte ist der
Steven durchbohrt. Die flachbodigen, nicht schwimmfähigen
Schiffchen konnten mittels eines durch das Loch führenden
Fadens gezogen werden.

Während in zahlreichen Vergleichsfunden aus Bayblon
sich im Innern solcher Boote ganze Tierfiguren befinden, so
sind hier nur noch 2 Beinstümpfe erhalten geblieben.

Schiffchen dieser Art werden meist mit Kulthandlungen,
vor allem Götterprozessionen, in Verbindung gebracht, von
denen auch in Texten häufig die Rede ist. Den Schiffen mit
Bildnissen der Gottheiten folgten dabei Boote mit ihren
Symboltieren.

Lit.: vgl. Koldewey a.a.O. (s.o. zu Nr. 11) 251f. Abb. 176. 177; Reallexikon der Assyriologie 3 (1971) s.v. Götterboot (R. Opificius); M.C.
de Graeve, The ships of the ancient near east c. 2000-500 B.C. (1981)
109ff. Pl. 44.

17 KNAUFFLASCHE (W 3140b)   *Abb.159,17*
Uruk/Warka, Eanna-Bezirk, neubabylonisches Wohnhaus
Keramik, hellgelb gebrannt (ergänzte Partien sind hell eingefärbt)
H. (ohne Ergänzung) 14,9 cm; max. Dm. 9,8 cm.
Häufigster und markantester Gefäßtyp neubabylonischer Zeit
ist die sog. Knaufflasche, die auf einem nicht ganz ebenen, massiven Fuß mit geringem Durchmesser steht. Ihr ovaler Rumpf
ist durch eine Hohlkehle vom Hals abgesetzt. Hals und Rand
dieses Stücks wurde nach Vergleichsfunden aus Uruk ergänzt.

Lit.: vgl. B. Salje, Keramik der neubabylonischen Zeit aus den Grabungen in Uruk-Warka, Baghdader Mitt. 23, 1992, 384 Nr. 231 Taf. 78.

18 NAPF (W 10856)   *Abb.159,18*
Uruk/Warka, Eanna-Bezirk, in neubabylonischen Wohn-
schichten
Keramik, hellgelb gebrannt (ergänzte Partien sind hell einge-
färbt)
H. 7,4 cm; Randdm. 12,9 cm
Flachbodiger Napf mit tiefliegendem Umbruch; am Rand durch
2-3 Horizontalriefen verziert.

Gefäße diesen Typs zählen zu den typischen Keramik-
formen neubabylonischer Zeit.

Lit.: vgl. E. Strommenger, Gefäße aus Uruk. Ausgrabungen der
Deutschen Forschungsgemeinschaft in Uruk-Warka 7 (1967) 12 Taf.
4/8; Salje a.a.O. 383 Nr. 489.

19 SCHALE (W 11197)   *Abb. 159,19*
Uruk/Warka, Eanna-Bezirk, Sägegraben III
Keramik, hellgelb-rötlich gebrannt
H. 5,2 cm; Randdm. 15,0 cm
Schale mit nach außen abgeschrägtem Rand.

Lit.: vgl. Salje a.a.O. 382 Nr. 518.

SELEUKIDISCH-PARTHISCHE ZEIT (312 v.-224 n. Chr.)

20 KLEINE SCHALE (Bab. 43888)   *Abb. 160,20*
Babylon, Merkes, Wohnviertel
Keramik, hellgelb-hellbraun gebrannt
H. 5,0 cm; Randdm. 13,6 cm

Kleine Schale mit außen verdicktem Rand; markant sind die ca. 1 cm breiten Drehrillen innen und außen.

Lit.: vgl. U. Finkbeiner, Keramik der seleukidischen und parthischen Zeit aus den Grabungen in Uruk-Warka. Baghdader Mitt. 23, 1992, Nr. 602. 642-3 Taf. 109.

PARTHISCHE ZEIT (247-224 n. Chr.)

21 Reiterfragment (W 55836)   *Abb. 160,21*
Babylon, südlich der inneren Stadtmauer
Terrakotta, hellgelb gebrannt
erh. L. 7,9 cm; erh. H. 8,8 cm
Reiterfiguren zählen zu den häufigen Motiven parthischer Terrakotten. Der Oberkörper des Reiters sowie der Kopf des Pferdes sind abgebrochen; die nur noch ansatzweise erhaltenen Pferdebeine sind blockhaft gestaltet, die Differenzierung zwischen rechts und links wird durch eine Kerbe angegeben. Der Schwanz liegt am Körper an. Die Brustpartie des Pferdes ist abgeflacht, der Körper des Reiters scheibenförmig gestaltet und seitlich spitz zulaufend; die Füße des Reiters sind nicht ausgebildet, sondern abgeschrägt und mit dem Pferdekörper verstrichen.

Figuren dieses Typs, die außer in Heiligtümern auch in Gräbern und Privathäusern zahlreich gefunden wurden, werden zwar oft als Kinderspielzeug gedeutet, stellen aber wohl eher eine Votivgabe dar.

Lit.: vgl. Ziegler a.a.O. (s.o. zu Nr. 1) 126. 185ff. Taf. 39/488. 490. 40/501; Sumer, Assur, Babylon. Ausstellungs-Kat. Hildesheim (1978) Nr. 181.

22 FRAGMENT EINER MÄNNLICHER FIGUR (W 33635)
                                                  Abb. 160,22
Babylon, Palastbereich (Kasr)
Terrakotta, hellgelb-hellbraun gebrannt
erh. H. 6,7 cm, Br. 5,3 cm
Oberteil einer männlichen Figur mit Spitzbart; die Augenbrauen treten wulstartig hervor, der Mund ist unter der kräftig gestalteten Nase nur noch schwach zu erkennen. Die Figur trägt eine hochstehende Kopfbedeckung, den „baschlık", die meist mit reiternomadischen Völkern in Verbindung gebracht und

vielfach als persische oder parthische Mütze bezeichnet wird. Die Oberfläche unseres Stückes ist ziemlich abgegriffen, doch lassen sich noch einige Details erkennen: von der 'Hutspitze' verläuft ein Wulst (Diadem ?) in leichtem Bogen bis über die Ohren; auf der Spitze befindet sich eine knopfartige Erhöhung, die ehemals vielleicht ein Emblem trug.

Lit.: vgl. Ziegler a.a.O. (s.o. zu Nr. 1) 130. 187 Taf. 41/507; N. Wrede a.a.O. (s.o. zu Nr. 11) 254ff.

KLEINASIEN:

CHALKOLITHIKUM

23 KLEINES TÖPFCHEN   *Abb. 162,23*
Südwest-Türkei ?
Frühes Chalkolithikum (2. Hälfte d. 6. Jts. v. Chr.)
Keramik, rot bemalt
H. 4,7 cm; Randdm. 5,6-5,8 cm
Das kleine Töpfchen aus hellbraunem Ton ist gänzlich rotbraun bemalt, außen stellenweise sekundär gebrannt. Seine nächsten Parallelen findet es in der chalkolithischen Keramik von Hacilar (in der Südwest-Türkei).

Lit.: vgl. J. Mellaart, Hacilar II (1970) Pl. 64/27; 70/13.

BRONZEZEIT (ca. 3000-1200 v. Chr.)

24 STEMPELSIEGEL (Knopfsiegel)
Westtürkei ?
schwarzer Stein
H. 2,1 cm; Dm. 2,4 cm
Bronzezeitliches Stempelsiegel mit konvexer Siegelfläche und horizontal durchbohrtem Ösen-henkel, dessen abgeflachter Stumpf mit einem eingeritzten Kreuz verziert ist. Das Siegelbild selbst zeigt ein weitverbreitetes Swastika-ähnliches Motiv.

Das angeblich aus der West-Türkei stammende Stück kann mit entsprechenden Funden des 3.-2. Jts. v. Chr. in Kleinasien in Beziehung gesetzt werden. Außer aus Stein und Metall wurden solche Siegel vielfach aus Terrakotta hergestellt. Nach den Ergebnissen zahlreicher Ausgrabungen lassen sich u.a. folgende Verwendungszwecke belegen: Verzieren von Gefäßen, Webgewichten, Herdstellen, Feuerböcken und Textilien; Siegeln von Gefäßverschlüssen, Tonbullen und Tontafelhüllen.

Lit.: vgl. A. v. Wickede, Prähistorische Stempelglyptik in Vorderasien. Münchner Vorderasiatische Studien 6 (1989) 51ff; H.H. von der Osten, Altorientalische Siegelsteine der Sammlung Hans Silvius von Aulock. Studia Ethnographica Upsaliensia 13 (1957) Abb. 6 Nr. 18. 20; Abb. 4 Nr. 15-16. 43; Abb. 1 Nr. 30.

25 TASSE   Abb. 162,25
Südwest-Türkei ?
Frühe Bronze-Zeit II (ca. 2700-2400 v. Chr.)
Keramik
max. H. 7,1 cm; Randdm. 9,1 cm
Tasse mit schräg abgeschnittenem Rand, sog. 'Kusura cup', benannt nach dem Ausgrabungsort südwestlich von Afyon. Dieser Gefäßtyp erscheint fast ausnahmslos in grau bis schwarzer Ware, deren Oberfläche meist mit einem dünnen, grauen Überzug versehen und streifig poliert wurde. Der Henkel ist abgebrochen; rechts und links des Henkelansatzes sind auf dem Umbruch 2 Knubben angebracht. Auf der gegenüberliegenden Seite sind 3 weitere Knubben in Dreiecksform angeordnet, die sich als stilisierter Stierkopf interpretieren lassen.

Vertikal verlaufen von der Schulter bis zum Boden ca. 1 cm breite Kanneluren. Diese wie auch die scharf voneinander abgesetzten Gefäßpartien weisen auf Metallgefäße als Vorbilder hin, wie sie aus jener Zeit z.B. aus Troja und Alaca Höyük bekannt sind. Dennoch liegt die geographische Verbreitung dieses speziellen Gefäßtyps bislang im Südwesten der Türkei.

Lit.: vgl. S. Lloyd – J. Mellaart, Beycesultan I (1962) 143ff. fig. P 19/4; 25/1-4 Pl. XX/8; H. Müller-Karpe, Handbuch der Vor- und Frühgeschichte, III/3 (1974) Taf. 320/B 4; W. Orthmann, Die Keramik der Frühen Bronzezeit aus Inneranatolien, Istanbuler Forsch. 24 (1963) 87ff.

26 'FRUCHTSTÄNDER'   Abb. 162,26
Kültepe, karum-Kanisch
Mittlere Bronzezeit (altassyrisch, karum-Zeit, ca. 1950-1750 v. Chr.)

Keramik, hellbraun gebrannt, weitgehend rotbraun engobiert (ergänzte Partien dunkel eingefärbt)
erh. H. 8,9 cm; Randdm. 8,6 cm
Sogenannter 'Fruchtständer' mit 2 Henkeln (1 Henkel sowie der hohe Standfuß wurden nach Vergleichsstücken ergänzt). Zwischen den Henkeln sind 2 Knubben auf die Schulter aufgesetzt. Das Gefäß ist außen weitgehend rot engobiert; lediglich zwischen dem Bauch und dem Ansatz des Standfußes ist ein breiter, horizontaler Streifen tongrundig belassen; auch die Innenseite des Gefäßes ist tongrundig.

Nach den Ausgrabungen im karum von Kültepe, dem Zentrum des altassyrischen Handels in Kleinasien, erscheint dieser Gefäßtyp in jedem Haus der Schicht II, wobei hinsichtlich Anzahl und Gestaltung der Henkel, Knubben usw. zahlreiche Varianten vorkommen.
Die Bezeichnung als Fruchtständer ist eine moderne Assoziation, die nichts mit der ursprünglichen Funktion dieser Gefäße zu tun hat.

Lit.: vgl. T. Özgüç, Kültepe-Kaniş II (1986) 56 Pl. B/1-7; Pl. 101/4.

HETHITISCHE GROßREICHSZEIT

27 ANTIKER ABDRUCK EINES HETHITISCHEN KÖNIGSSIEGELS   Abb. 161
aus Privatbesitz; nach Aussage des Vorbesitzers in Boğazköy gefunden
späte Großreichszeit, Regierung Tuthaliya IV. (ca. 1250-1220 v. Chr.)
ungebrannter Ton
erh. Dm. 2,8 cm
Der konkave Abdruck ist auf die für hethitische Königssiegel übliche, stark konvexe Wölbung der Siegelfläche zurückzuführen. Das Mittelfeld des Ädicula- Siegels zeigt einen Berggott: charakteristisch sind die Hörnermütze, das mit Bergschuppen bedeckte Gewand, aus dem einzelne Zacken herausragen, der rechteckige Kinnbart, ein langer, auf den Rücken fallender Zopf sowie Ohrring und Armreifen. Die Figur steht auf der weitgehend erhaltenen Hieroglyphe »tu«; während die rechte Hand eine Keule schwingt, befindet sich über der ausgestreckten Linken das Zeichen für Heil (Dreieck). In spiegelbildlicher

Anordnung folgen das Zeichen für Dolch (hypothetisch als
'Tabarna' gedeutet) und die nur noch teilweise erhaltene Dop-
pelvolute („Groß-[König]"; das Zeichen für König ist hier nicht
mehr erhalten). Die Kartusche wird somit zur großen Ädicula,
die erstmals von Tuthaliya IV. verwendet wurde.

Besser erhaltene Abdrücke dieses Königssiegels lassen
über dem keulenschwingenden Berggott die geflügelte Sonnen-
scheibe erkennen und nennen in umlaufenden Keilschriftringen
Titulatur und Namen des Herrschers.

Lit.: vgl. Th. Beran, Hethitische Glyptik aus Boğazköy, Wissenschaftliche Veröffentlichungen der Deutschen Orient-Gesellschaft 76
(1967) 34 Nr. 160; R.M. Boehmer, Kleinasiatische Glyptik. In:
Propyläen Kunstgeschichte 14 (1975) Nr. 142 h; R.M. Boehme – H.G.
Güterbock, Glyptik aus dem Stadtgebiet von Boğazköy. Boğazköy-
Hattuša XIV (1987) 82 Nr. 259. Reallexikon der Assyriologie 6 (1983)
s.v. Labarna (Starke).

PATRICIA KÖGLER

Felix Bölte und die Faszination der griechischen Landschaft

Archäologische Funde und Forschungen fanden wohl in kaum einer anderen Epoche der deutschen Geschichte eine größere Beachtung durch die Öffentlichkeit als in der Wilhelminischen Ära, - einer Zeit, die vom Ringen der führenden Industrienationen um die Vorherrschaft in Europa bestimmt war. Vor allem das junge Deutsche Reich war bestrebt, sich neben den Supermächten Frankreich und Großbritannien einen Platz an der politischen Spitze zu erobern und ihnen auf keinem Gebiet an Bedeutung nachzustehen. Während man auf militärischem und wirtschaftlichem Sektor schon bald den Anschluß an die beiden Rivalen gefunden hatte, war auf kulturellem Gebiet ein gewaltiger Rückstand aufzuholen.[1] Aufgrund ihrer bereits langjährigen und umfangreichen Grabungsaktivitäten in Ägypten, dem Vorderen Orient und den Ländern der Klassischen Antike konnten Deutschlands Konkurrenten ihre Hauptstädte mit Museen schmücken, die mit den damals bedeutendsten Kunstwerken des Altertums angefüllt waren und für internationale Anerkennung sorgten. Das Deutsche Reich, das auf eine derartige Tradition nicht zurückblicken konnte, war kaum imstande, solchen Glanzlichtern etwas Vergleichbares entgegenzusetzen. Um diesem Schattendasein ein Ende zu bereiten, unternahm die Regierung die größt-

möglichsten Anstrengungen zur Sicherung bedeutender Grabungsstätten und Altertümer für Deutschland und seine Wissenschaftler[2]. Verhandlungen mit den klassischen Ländern, die etwa die Aufteilung der Funde betrafen, wurden auf politischer Ebene, nicht selten von Reichskanzler Bismarck persönlich geführt. Endlich brachten Erfolge wie die deutschen Ausgrabungen in Olympia und der Erwerb der Friesplatten des Zeusaltars zu Pergamon für das Berliner Museum die lang ersehnte Legitimation im kulturpolitischen Bereich. Aufgrund ihrer immensen Bedeutung für das Ansehen Deutschlands wurden solche Ereignisse dann auch entsprechend triumphal gefeiert. Gerade der Pergamonaltar stellt das treffendste Beispiel für die Art und Weise dar, in der antike Kunstdenkmäler im Dienste der imperialen Selbstdarstellung des Reiches Verwendung fanden: 1886 wurde er zusammen mit der Ostfassade des Zeustempels von Olympia zur Ausstellung der Akademie der Künste in Berlin in Originalgröße(!) nachgebildet und für ein internationales Publikum pompös in Szene gesetzt.[3]

Im engen Zusammenhang mit dieser propagandistischen Verwertung klassischer Altertümer standen zweifellos auch einige Neuerungen im Bildungswesen. Durch sie wurde eine Erweiterung der in den Gymnasien ver-

---

1) Zum Folgenden: H.-J. Schalles, Der Pergamonaltar. Zwischen Bewertung und Verwertbarkeit (1986) 8ff.

2) Nicht zu vergessen ist an dieser Stelle auch das starke persönliche Interesse der deutschen Kaiser an den Werken der Antike. Allen voran ging darin Wilhelm II. (1859-1941), indem er den deutschen Grabungsplätzen im Mittelmeergebiet regelmäßig Besuche abstattete, stets über die neuesten Forschungen unterrichtet war und bei Gelegenheit sogar selbst Führungen durch antike Stätten leitete. Auf

seine Veranlassung geht u.a. auch der Wiederaufbau der Saalburg (1897-1900) zurück. Von den Fachkenntnissen des Kaisers gibt sein 1924 erschienenes Buch „Erinnerungen an Korfu", worin er den Ausgrabungen des Artemistempels und dessen Bauskulptur ein ausführliches Kapitel und zahlreiche Photographien widmete, einen Eindruck.

3) Schalles a.a.O. 15 Abb. 8.

mittelten, bislang auf Kenntnisse der alten Sprachen beschränkten humanistischen Bildung durch Kenntnisse von Kunst und Kultur der Völker der Antike vorgenommen.[4] Eine wichtige Funktion dabei übernahm das Archäologische Institut - inzwischen zur Reichsanstalt avanciert -, indem es sich lebhaft an der archäologischen Weiterbildung von Gymnasiallehrern beteiligte. Das Zustandekommen dieser Zusammenarbeit mit den Gymnasien ist im wesentlichen ein Verdienst Alexander Conzes, der seit 1878 das Amt des Generalsekretärs des Archäologischen Instituts bekleidete. Auf seine Anregung hin wurden von Seiten der Regierung ab 1890 (zunächst in Preußen) regelmäßig Ferienkurse für Gymnasiallehrer eingerichtet. Durch Vorträge und Seminare, veranstaltet von erfahrenen Wissenschaftlern, konnten sich die „Schulmänner" über die neuesten Entdeckungen und Forschungen informieren. Außerdem wurde aufgrund eines kaiserlichen Erlasses vom Mai 1893 eines der vier ganzjährigen Reisestipendien, die das Archäologische Institut jährlich an begabte Nachwuchswissenschaftler vergab, in zwei Halbjahresstipendien für Gymnasiallehrer umgewandelt. Damit wurde deutschen Lehrern an öffentlichen Gymnasien, die sich in Lehre und Wissenschaft besonders bewährten, ein längerer Aufenthalt in den klassischen Ländern möglich, durch den sie vorrangig solches Wissen erwerben sollten, das „beim Unterrichte fruchtbringende Verwertung zu finden verspräche".[5] Die ersten beiden dieser Halbjahresstipendien wurden 1894/95 an die Herren Gülenpenning und Wellmann vergeben.[6]

Im Jahre 1903/04 verlieh das Archäologische Institut schließlich eines dieser Stipendien an den Frankfurter Gymnasiallehrer Felix Bölte. Die folgenden Ausführungen sind Leben und Werk dieses Mannes gewidmet.

Felix Fritz Otto Bölte wurde am 4. August 1863 im mecklenburgischen Grevesmühlen als Sohn des Kanzlei-Advokaten, Prokurators und Notars August Wilhelm Bölte geboren. Über Herkunft und Familie Böltes ist nur sehr wenig bekannt. Der Vater entstammte einer mecklenburgischen Akademikerfamilie; seine Großtante Amely Bölte (1811-1891) hatte sich einen Namen als Schriftstellerin gemacht.

Bereits in jungen Jahren brillierte Bölte durch hervorragende schulische Leistungen. So legte er am 16. März 1881 am Gymnasium Fridericianum zu Schwerin, das er seit 1876 besuchte, das Abitur als Zweitbester seines Jahrganges mit Auszeichnung ab. Das Studium der Klassischen Philologie, das Bölte im Anschluß daran aufnahm, beendete er am 23. Juli 1886 als Schüler Hermann Useners an der Universität Bonn erfolgreich mit der Promotion.[7] 1887 kam Bölte schließlich nach Frankfurt, um hier sein erstes Lehramt anzutreten. Seine Wirkungsstätte war zunächst das alte Städtische Gymnasium, wo er Unterricht in Griechisch, Latein, Englisch, Deutsch und Geschichte erteilte. Geleitet wurde diese Anstalt seit 1886 von Karl Reinhardt (1849-1923),[8] der mit Unterstützung des damaligen Frankfurter Oberbürgermeisters Franz Adickes eine auf pädagogischen und psychologischen Überlegungen

---

4) Zum Folgenden: L. Wickert, Beiträge zur Geschichte des Deutschen Archäologischen Instituts von 1879 bis 1929 (1979) 133ff.; s. auch Beitrag Stutzinger.

5) Wickert a.a.O. 136.

6) Arch.Anz. 1895, 90. - Die in der Leitung des Institutes stets umstrittenen Halbjahresstipendien wurden schon bald wieder abgeschafft und 1908/09 zum letzten Mal vergeben (Wickert a.a.O. 137ff.).

7) De artium scriptoribus Latinis quaestiones, Bonn 1886.

8) Karl Reinhardt hatte zunächst in Basel Theologie, dann Philologie bei Friedrich Nietzsche und Jakob Burkhardt studiert. 1875 promovierte er in Bonn, wo er Schüler Hermann Useners und Buechelers war. Er ist nicht zu verwechseln mit seinem im Folgenden häufig zitierten Sohn, dem bekannten Klassischen Philologen Karl Reinhardt.

basierende Erneuerung der gymnasialen Lehrpläne anstrebte.[9] Eine der wesentlichsten Veränderungen, die Reinhardt gegenüber dem alten System einführen wollte, lag im abgestuften Beginn des Sprachunterrichts: Das Erlernen der antiken Sprachen Latein und Griechisch sollte nicht mehr gleichzeitig mit Französisch schon im Anfangsunterricht des Gymnasiums einsetzen, sondern erst ab Untertertia bzw. Untersekunda.[10] Als das Städtische Gymnasium schließlich 1892 in zwei Lehranstalten aufgespalten wurde, erhielt Reinhardt mit dem Goethe-Gymnasium die 'Reformanstalt'[11], die ihm endlich die Umsetzung seiner Pläne in die Praxis gestattete.[12] Mit sich nahm Reinhardt von der Mutteranstalt eine für diesen Zweck ausgesuchte Gruppe von Lehrern: ein Elitekollegium, dem auch Felix Bölte angehörte.

Auf dem Goethe-Gymnasium machte Bölte Bekanntschaft mit dem später als Professor für Klassische Philologie weithin bekannten Karl Reinhardt, der ein Sohn des gleichnamigen Schulreformers war.[13] Bölte unterrichtete ihn ab Obertertia in Latein, Deutsch und Turnen. „*Von da an*", heißt es in den Erinnerungen des jungen Reinhardt an den Lehrer, „*hatten wir genug mit ihm und er genug mit uns zu tun*".[14] Reinhardts Ausführungen vermitteln ein lebendiges Bild von der Persönlichkeit Böltes, der bei seinen Schülern schon allein durch sein auffallendes Äußeres Respekt erlangte. Von kräftiger Statur und muskulös,[15] stets gepflegt gekleidet, war es vor allem 'Eleganz', die sein Wesen in besonderem Maße ausstrahlte. Eine Photographie, die im März des Jahres 1904 in Athen entstand und Bölte im Alter von 40 Jahren zeigt, vermag davon eine Vorstellung zu geben *(Abb. 164)*. Wer käme bei diesem Anblick nicht wie Karl Reinhardt auf den Gedanken, Bölte hätte „*aus einem Herrenmodejournal geschnitten sein können*"?[16]

Felix Böltes hervorragende Leistungen im Schuldienst sind vom heutigen Standpunkt aus nur schwerlich in ihrer wahren Bedeutung zu ermessen.[17] Er war ein begnadeter Pädagoge,[18] dessen hauptsächliche Bestrebung es war, neben den bloßen formalen Aspekten besonders die Inhalte, Sachverhalte und weitergreifenden Zusammenhänge des Gelesenen verständlich zu machen, ganz gleich, ob es sich dabei nun um antike Schriftquellen oder zeitgenössische Literatur handelte. Die star-

---

9) K. Reinhardt, Die Frankfurter Lehrpläne (1892); Verein Ehemaliger Goethe-Gymnasiasten (Hrsg.), Unser Goethe-Gymnasium. Erinnerungen zum Tag der Einweihung des neuen Gebäudes (1959) 7ff., im folgenden zitiert: Unser Goethe-Gymn.

10) Diese Neuerung war aufgrund des immer noch währenden Status des Lateinischen als alte Gelehrten- und Diplomatensprache heftig umstritten.

11) So bezeichnet in einem Artikel des Stadtblattes der Frankfurter Zeitung Nr. 179 vom 3.8.1943.

12) K. Reinhardt leitete das Goethe-Gymnasium, bis er 1904 zu höherer Stelle berufen wurde. - Neben dem Goethe-Gymnasium ging das Lessing-Gymnasium, wo weiterhin nach den alten, allgemeinen Lehrplänen unterrichtet wurde, aus dem Städtischen Gymnasium hervor.

13) K. Reinhardt (1886-1958), später Inhaber eines Lehrstuhls für Klassische Philologie an der Frankfurter Universität, legte Ostern 1905 das Abitur am Goethe-Gymnasium ab (Unser Goethe-Gymn. 92).

14) K. Reinhardt, Erinnerungen an einen Lehrer, in: Die Krise des Helden u.a. Beiträge zur Literatur- und Geistesgeschichte (1962) 168. Dieser Aufsatz ist eine in Einzelheiten veränderte Fassung des bereits 1959 unter dem Titel „Er war ein wunderbarer Lehrer" publizierten Beitrages Reinhardts,in:Unser Goethe-Gymn. 47ff.

15) Bölte war aktiver Rennruderer. Stadtblatt der Frankfurter Zeitung a.a.O.

16) Reinhardt a.a.O. 168.

17) Die folgende Charakterisierung Böltes als Lehrer geht auf die Darstellung seines Schülers Karl Reinhardt (Die Krise des Helden [1962] 167ff.) und einen Artikcl zu Böltes 80stem Geburtstag im Stadtblatt der Frankfurter Zeitung (a.a.O.) zurück. An dieser Stelle sei außerdem verwiesen an die Erinnerungen weiterer Goethe-Gymnasiasten an den Lehrer, in: Unser Goethe-Gymn. 52ff.

18) Reinhardt a.a.O. 169.

ke Realitätsbezogenheit, die steten Verweise *„von der Vergangenheit auf die lebendige Gegenwart"*[19] waren es, die seinen Unterricht auszeichneten: *„... von den realen Grundlagen, auf denen das historische Leben beruht, müssen wir ausgehen; wir kommen damit dem natürlichen Interesse des Knaben und seinem Begriffsvermögen entgegen, wir geben ihm die notwendigen Anschauungen, die erst die Bildung und Verknüpfung der Begriffe ermöglichen und fruchtbar machen. Ein gut Teil der vorhandenen Schulnot wird damit beseitigt."*[20] Die pädagogischen Überlegungen, die dieser Auffassung vom Schulunterricht zugrunde lagen, waren aus der Erfahrung Böltes heraus geboren, daß ein zu theoretischer, zu abstrakt angelegter Unterricht der Denkweise von Gymnasiasten nicht entgegenkam, sie dadurch überforderte und langweilte. Daher suchte der Lehrer nach neuen Wegen, auf welchen ihm eine angemessene und effektive Weitergabe des Lernstoffes möglich war. So stach Bölte nicht nur durch seine modische Erscheinung aus dem Lehrkörper hervor, sondern auch durch seine unkonventionellen Unterrichtsmethoden, die er in diesem Sinne entwickelt hatte. Wiederum ist es Karl Reinhardt, dem wir eine Kostprobe von Böltes diesbezüglicher Kreativität verdanken[21]: Im Zusammenhang mit der Lektüre der ersten Bücher von Goethes „Dichtung und Wahrheit", die der Lehrplan in Obertertia verordnete, lag es Bölte vor allem an einer Hinführung der Schüler zum Ort der Handlung, der Altstadt Frankfurts. Bis an die Zähne mit alten Stadtplänen und Illustrationen bewaffnet, begab er sich mit seinen Schützlingen auf Entdeckungsreise, ließ sie Forscher sein und die historischen Gebäude und Plätze selbst erkunden. Er handelte damit im Sinne Goethes - *„Wer den Dichter will verstehen, Muß in Dichters Lande gehen"*[22] - und erreichte damit, was die Bücher allein nie vermochten: Die ihm Anvertrauten begriffen, was ihnen durch die bloße Lektüre vorenthalten wurde; sie entwickelten Interesse. Man begeisterte sich in solchem Maße, *„daß man, in irgendeinen Winkel gebannt, glatt seine Konfirmandenstunde vergaß"*[23]. Schließlich verbarg sich hinter dieser Unterrichtsauffassung aber noch eine andere, tiefgründigere Motivation, die in stärkerem Maße für Böltes wissenschaftliches Werk ausschlaggebend war.

Bei Ausbruch des 1. Weltkrieges 1914 wurde die Leitung der Schule in die Hände Böltes gelegt, der die Anstalt durch die Wirren der Kriegs- und der Nachkriegsjahre steuerte.[24] Auf das Amt des Direktors, das er aus reinem Pflichtbewußtsein 1915 übernommen hatte,[25] verzichtete er jedoch bereits Ostern 1920 wieder, um sich seinen lange Zeit zurückgestellten wissenschaftlichen Neigungen intensiver widmen zu können. Im Jahr darauf (1921) wurde Bölte als Honorarprofessor mit Lehrauftrag für Klassische Philologie an die Johann Wolfgang Goethe-Universität berufen. 1923 trat er dann vorzeitig, aber endgültig vom Schuldienst zurück und verschrieb sich nun vollkommen der Wissenschaft. Denn obwohl

---

19) Frankfurter Zeitung a.a.O.

20) Die Eigenart der griechischen Landschaft. Vortrag gehalten in der 38. Hauptversammlung des Philologenvereins für Hessen- Nassau und Waldeck zu Frankfurt am Main, am 14. Mai 1913, 11.

21) Reinhardt a.a.O. 168f.

22) Die Eigenart der griechischen Landschaft a.a.O. 11. Bölte zitiert Goethe.

23) Reinhardt a.a.O. 169.

24) Unser Goethe-Gymn. 23f.

25) Bölte war vom 1.8.1914 bis 31.3.1915 stellvertretender Direktor, vom 1.4.1915 bis 31.3.1920 Leiter des Goethe- Gymnasiums (Unser Goethe-Gymn. 77).

Bölte in seinem Beruf aufging, gehörte seine Leidenschaft doch einer anderen großen Sache: der Erforschung der griechischen Landschaft. In der Auswertung der topographischen Kenntnisse vom Griechenland seiner Zeit für die altgriechische Kultur und Geschichte sah Bölte seine eigentliche Aufgabe.[26]

Um es schon einmal vorwegzunehmen: Böltes Schaffen auf diesem Forschungsgebiet verdanken wir mehr als 300 Beiträge zu „Paulys Realencyclopädie der Classischen Altertumswissenschaften", die Landschaften, Flüsse, Quellen, Felsen, Gebirgszüge, Täler und historische Stätten Griechenlands, besonders der Peloponnes, zum Thema haben. Dazu traten ab 1904 eine Reihe von Einzelstudien zu ausgesuchten topographischen Problemen sowie allgemeinere Abhandlungen zu den Eigenarten der griechischen Landschaft, die Bölte in Form von Aufsätzen publizierte. In zahlreichen Fällen gelang es Bölte, die durch antike Autoren genannten Landschaftsteile zu lokalisieren oder wesentlich zu ihrer Ortsbestimmung beizutragen. Seine Werke zeichnen sich aus durch ein hohes Maß an methodischer Klarheit, durch Präzision, Vollständigkeit und durch Scharfsinn bei der Auswertung von Quellenmaterial, Landschaftseigenarten, archäologischen Zeugnissen und den Schilderungen von historischen Ereignissen. Durch Böltes umfassende Kenntnisse in vielen Zweigen der Altertumswissenschaften - besonders der Archäologie und der Alten Geschichte - sowie durch sein ausgezeichnetes Gedächtnis, das er durch Auswendiglernen fortwährend trainierte,[27] entstanden wertvolle fachübergreifende Arbeiten. Schon zu Lebzeiten hatten seine Forschungen

ihm auf diese Weise einen Ruf als Kenner und Autorität auf dem Gebiet der historischen Landeskunde eingebracht.

Was Böltes Antrieb zur Beschäftigung mit der Topographie des zeitgenössischen Griechenland gewesen ist, kann kaum in wenigen Worten beschrieben werden; es fand ein Zusammenwirken mehrerer Faktoren statt. Diese waren zum einen von allgemeinerer Natur und lagen in einer bestimmten Auffassung von den Geisteswissenschaften begründet, die von den Lehren Herders geprägt wurde, daß *„das gesamte geistige Leben eines Volkes in dem Boden seines Landes wurzelt, daß man die Natur des Landes kennen muß, um die Poesie, die Religion eines Volkes zu verstehen"*[28]. Von dieser Einsicht hatte sich noch ein Jahrhundert nach Herder auch Bölte - wie zahlreiche seiner Zeitgenossen - leiten lassen. Für ihn war die Natur des Landes, in dem ein Volk lebte, eine von drei wesentlichen Komponenten, die das Schicksal eines Volkes vorherbestimmten.[29]

Der andere, erheblich stärkere Ansporn zu diesen Forschungen war jedoch tief in Böltes Persönlichkeit verwurzelt. Die antiken Schriftwerke, mit denen der Lehrer sich täglich auseinanderzusetzen hatte, waren für ihn stets mehr als bloß Schriftstücke und Grammatik gewesen. Hier wurde von historischen Ereignissen, von Schlachten, Feldzügen, Belagerungen und Ähnlichem erzählt, und von der Szenerie, in der sie sich ereigneten: von der Landschaft. Es war die vergangene Wirklichkeit, in die sich Bölte hineinversenkte. Vor seinem geistigen Auge wurde jede Einzelheit der Schilderungen wiederholt, jede Möglichkeit eines Handlungsablaufes gedank-

---

26) Frankfurter Zeitung a.a.O. (s.o. Anm. 11).

27) ebenda.

28) Grundlinien altgriechischer Landeskunde, Jahrb. d. Freien Deutschen Hochstifts 1910, 216. Bölte referiert die Lehren Herders und ihre Auswirkungen.

29) ebenda. Die beiden anderen wichtigen Faktoren waren die eigene Anlage eines Volkes und die Weltlage.

lich durchgespielt. Ein Bild von jenen Vorstellungen Böltes vermitteln seine wissenschaftlichen Aufsätze. Mit klarer, erzählerischer Schreibweise vermochte es Bölte, seinen Lesern in lebhaften Bildern längst vergangene Ereignisse zu vergegenwärtigen. Man kann förmlich sehen, wie die Truppen des Lykurgos das Gebirge bei Platanaki überschreiten,[30] wie das Räuberheer des Aitolers Euripidas über den Vlasia-Paß nach Psophis marschiert,[31] oder wie sich die pylischen Kriegswagen im Dunkel der Nacht zur Verteidigung des Passes von Klidi an der Mündung des Minyeios sammeln, sich dort mit den Fußtruppen vereinigen und schließlich, geführt von Neleus, im Morgengrauen über die Höhen östlich von Volantsa zum Alpheios ziehen.[32]

Es war das Anliegen Böltes, den antiken Menschen in dem natürlichen Raum zu betrachten, der ihn umgab und seine Lebensbedingungen diktierte, ihn dadurch beeinflußte und sein Wesen prägte. Zwar war der Mensch schon lange vergangen, aber die Bühne, auf der er agiert hatte - die Landschaft -, sie war noch vorhanden. Intensiv befaßte der Lehrer sich deshalb während seiner Freizeit in seiner gut ausgestatteten häuslichen Bibliothek mit dem Studium der verschiedenen Landschaftselemente Griechenlands, mit Bodenbeschaffenheit und geologischen Bedingungen, mit Klima, Wetter, Vegetation, Fauna, Verkehrsmöglichkeiten, Landschaftsgrenzen, Siedlungswesen, Bewirtschaftung und den jeweils regionalen Unterschieden. Diese Betrachtungsweise des antiken Menschen dringt sogar bei seinen Ausführungen zu den lakonischen Gymnopaidien durch, wo eine anerkennende Bemerkung über die Leistung der Chöre ange-

sichts der großen Hitze, bei der getanzt werden mußte, gefolgt von einer Darstellung der klimatischen Verhältnisse in Sparta zur Aufführungszeit, nicht ausblieb.[33]

Um eine genaue Vorstellung von der realen Landschaft zu gewinnen, in der sich ein Geschehen vor Jahrhunderten ereignet hatte, galt es zunächst aber, zu klären, welchen Weg ein Heer genommen hatte, wo der Paß lag, wo der Fluß, den es überquerte. Meist scheiterte jedoch eine Lokalisierung des Schauplatzes bereits am widersprüchlichen und verwirrenden Schriftquellenmaterial: „*So kommen die Schwierigkeiten, sowie man im Einzelnen interpretieren soll, und das geht überall so. Die Schwierigkeit liegt nicht am Tópos und nicht am Topographen, sondern am Schriftsteller, sei er Prosaiker oder Dichter. Sie haben die Örtlichkeit nicht immer so klar vor Augen, und das Hilfsmittel der Karte fehlt ihnen*".[34]

Dem Topographen Bölte standen für seine Forschungen allerdings auch nur wenige wirklich brauchbare Kartenwerke zur Verfügung. Meist brachten die Karten neue, eigene Probleme mit sich. Sie waren teils längst veraltet, teils ungenau und in den Einzelheiten - auf die es Bölte ja gerade ankam - nicht zutreffend, wie z.B. die französische „Carte de la Morée" von 1832, die 1852 zur „Carte de la Grèce" erweitert wurde.[35] Darüber hinaus wichen die Karten in den Details oft stark voneinander ab und stifteten vielfach noch dadurch zusätzliche Verwirrung, daß selbst bereits seit langer Zeit sicher lokalisierte Stätten - wie etwa das Amyklaion bei Sparta - auf verschiedenen Karten an jeweils anderen Stellen

---

30) Glympeis und Glyppia, in: Beiträge zur Topographie Lakoniens, Athen.Mitt. 34, 1909, 376ff.

31) Leontion in Achaia, Athen.Mitt. 50, 1925, 71ff.

32) Ein pylisches Epos, Rhein.Mus. N.F. 83, 1934, 319ff.

33) Zu lakonischen Festen, Rhein.Mus. N.F. 78, 1929, 127.

34) Reisetagebuch Band II, 166.

35) Bölte hatte die französischen Karten auf seinen Reisen im Gepäck und mußte nur allzuoft feststellen, daß sie mit den tatsächlichen Gegebenheiten nicht übereinstimmten.

verzeichnet waren. Bölte selbst beschrieb einmal die hilflose Situation des Wissenschaftlers angesichts solcher Verhältnisse: *„Was soll nun der Philologe oder Historiker anfangen, der an seinem Schreibtisch die Lage des Amyklaions feststellen will? Dieser Fall ist aber ganz typisch für die Lage, in der die topographische Erforschung Griechenlands sich überhaupt befindet."*[36] In der Tat begreift man erst wirklich, welchen unschätzbaren Beitrag Felix Bölte für die Wissenschaft geleistet hat, wenn man sich den Forschungsstand seiner Zeit vor Augen führt. Bölte faßte ihn als Einführung zu seinen „Grundlinien altgriechischer Landeskunde" 1910 zusammen.[37] Um die Jahrhundertwende existierte nur eine beschränkte Anzahl von Veröffentlichungen, die Böltes Zwecken dienen konnten. Mit diesen Monographien und Einzelstudien verhielt es sich oft aber nicht viel anders als mit den Karten; zur Erforschung landschaftlicher Details reichten sie meist nicht aus. Dies, und besonders auch der akute Mangel an Bildmaterial, ließen dem Forscher zur Klärung topographischer Fragen als Voraussetzung zur Lösung historischer und philologischer Probleme nur den Ausweg der Autopsie vor Ort.

In den Jahren 1904 und 1909 unternahm Bölte zwei jeweils mehrmonatige Griechenlandreisen, die den eigentlichen Nährboden für alle seine Schriften darstellten. Den ersten dieser beiden Griechenlandaufenthalte ermöglichte ihm eines der bereits erwähnten halbjährigen

Reisestipendien für Gymnasiallehrer.[38] Ein unmittelbares Ergebnis dieser Stipendiatenreise von 1904 war eine Studie zur genaueren Lokalisierung von Nisaia und Minoa bei Megara.[39] Die Resultate, die Bölte durch seine kritische Analyse der schriftlichen Überlieferungen und der darin geschilderten Handlungsabläufe in Kombination mit der exzellenten Beobachtung der Landschaft erzielte, fanden durch eine kleine Ausgrabung, die er zusammen mit seinem Fachkollegen Georg Weicker - dem 1904 das andere Halbjahresstipendium dieser Art verliehen wurde - im Auftrag des Deutschen Archäologischen Instituts (DAI) Athen durchführte,[40] eine ausgezeichnete Bestätigung.

Aber es waren nicht eigentlich die speziellen wissenschaftlichen Fragen, die einen Forscher zu Reisen in die Länder der antiken Kulturen veranlaßten. Der Geograph Alfred Philippson[41] beschrieb 1904 die Motive der gebildeten Reisenden folgendermaßen:

"Es sind zweierlei, rein ideale Beweggründe dabei wirksam.

Einmal das historische und künstlerische Interesse an den Denkmälern der großen Vergangenheit, der gewaltigen Kultur des Altertums, der neu sich emporarbeitenden Kunst des Mittelalters, der herrlichen Blüte der orientalischen Kunst in den Ländern des Islam, der Renaissance in Italien und Spanien.

---

36) Beiträge zur Topographie Lakoniens a.a.O. 385.

37) Grundlinien altgriechischer Landeskunde a.a.O. 216ff.

38) Arch.Anz. 1904, 8.

39) F. Bölte - G. Weicker, Nisaia und Minoa, Athen.Mitt. 29, 1904, 79-100. Bei Nisaia handelt es sich um den am saronischen Golf gelegenen Hafen der Stadt Megara; Minoa ist der Name einer kleinen Insel, die Nisaia vorgelagert ist.

40) Arch.Anz. 1904, 96.100; U. Jantzen, Einhundert Jahre Athener Institut 1874-1974 (1986) 93. - Bölte war außerdem seit 1913 korrespondierendes, seit 1914 ordentliches Mitglied des DAI.

41) Prof. Alfred Philippson (1863-1953), zuletzt Inhaber des Lehrstuhls für Geographie an der Universität Bonn, leistete durch langjährige Feldforschungen Pionierarbeit in der geographischen Erforschung Griechenlands und Kleinasiens. Ein Großteil seiner zahlreichen Veröffentlichungen auf diesem Gebiet ist noch heute grundlegend. Auch für die Forschungen Böltes waren Philippsons Werke, besonders seine ausgezeichneten Karten, von großer Bedeutung. Zu. A. Philippson: H. Lehmann, Alfred Philippsons Lebenswerk, in: E. Kirsten, Die griechische Polis als historisch-geographisches Problem des Mittelmeerraumes (1956) 9ff. (mit ausführlicher Biographie).

Dann aber zweitens der Sinn für Naturschönheit, das edelste Erzeugnis einer wahrhaft hohen Geistesbildung."[42]

Auch bei Bölte wirkten die „idealen" Motive. Sein starkes Interesse an der griechischen Geschichte wird genügend durch seine Aufsätze dokumentiert. Von Böltes früher Beschäftigung mit der antiken Kunst berichtet schon Karl Reinhardt: *„Inmitten seiner gepflegten Bibliothek,..., zeigte und erklärte er mit Vorliebe Altgriechisches, Monumentales. Der spätere Kenner und Bearbeiter der griechischen Topographie bereitete sich in ihm vor. Bei ihm sah ich zum ersten Male, an einem unvergeßlichen Frühlingsnachmittag, die Elische Wettläuferin des Vatikans. Es war der erste Eindruck griechischer Plastik, der mich traf. Nicht wenig traf.*"[43] Ein noch beredteres Zeugnis davon geben jedoch die Tagebücher, die Bölte auf seiner Reise im Jahre 1909 geführt hatte.[44] Neben den Athener Monumenten beeindruckten ihn vor allem die sidonischen Sarkophage in Istanbul.[45] Seine besondere Aufmerksamkeit erregten immer wieder die Giebelskulpturen des Zeustempels von Olympia: *„Um 4 Uhr gehe ich ins Museum und bringe den Heldengestalten des Ostgiebels meine Huldigungen dar. Der Westgiebel ist noch tierischer als ich es früher beobach-*

tet hatte; namentlich an dem Centauren, der das Lapithenmädchen packt, zeigt sich das."[46]

In viel stärkerem Maße noch wurde Bölte von einem ausgeprägten Naturgefühl bestimmt. In den Reisetagebüchern kommt zum Ausdruck, was sich in seinen Publikationen nur andeuten kann: Die starke emotionale Faszination, die die Landschaft auf Bölte ausübte, die Ergriffenheit, die beim Anblick der Natur von ihm Besitz nahm. Böltes eigene Worte vermögen dies am treffendsten darzustellen. *„Man könnte die topographischen Probleme zum Teufel wünschen, um diese Herrlichkeit geniessen zu können.*"[47] An einer anderen Stelle schreibt er: *„Die Agogiaten*[48] *gehen ganz rüstig. Ich bin froh, daß ich mich nicht um das Tempo und den Weg zu kümmern brauche, sondern schauen und träumen und pfeifen kann. Die Griechen können es nicht.*"[49]

Mit wachen Sinnen durchstreifte Bölte die unterschiedlichsten Regionen Griechenlands. Sein ausgezeichnetes Einfühlungsvermögen in die Stimmung einer Landschaft - die photographisch einzufangen er sich stets bemühte *(Abb. 166.167; zu Böltes Photographien vgl. den folgenden Beitrag von F. Börner und U. Mandel)* - brachte ihn auf wissenschaftlichem Gebiet zu erstaunlichen Ergebnissen. Böltes Ausführungen zu den

---

42) A. Philippson, Das Mittelmeergebiet. Seine geographische und kulturelle Eigenart (1904) 2.

43) Reinhardt a.a.O. (s.o. Anm. 14) 170. - Zur Elischen Wettläuferin: G. Lippold, Die Skulpturen des Vatikanischen Museums III 2 (1956) 370ff. Taf. 161.162; W. Helbig, Führer durch die öffentlichen Sammlungen klassischer Altertümer in Rom I (1963) 440f. Nr. 558.

44) Böltes Aufzeichnungen sind uns unter dem Titel „Reisen in Griechenland" in 3 Bänden erhalten, die sich im Besitz des Seminars für Alte Geschichte der Universität Frankfurt befinden *(s. Beitrag Scholz)*. Im Folgenden wird für die Reisetagebücher das Sigel „RiG" verwendet.

45) Athen: besonders RiG I; Sidonische Sarkophage: RiG III 38ff.

46) RiG II 34.

47) RiG I 153.

48) Auf seinen wissenschaftlichen Streifzügen, die ihn nur allzuoft in die entlegendsten und unwegsamsten Gebiete führten, nahm Bölte die Dienste einheimischer Führer (Agogiaten) in Anspruch. Zu deren Aufgabe gehörte es, die geeignetste Route aufzuspüren, ein Quartier für die Nacht zu finden und für Reittiere, in der Regel Maulesel, zu sorgen. Da Bölte während seiner Reise nicht auf den Komfort seines bequemen und wanzenfreien Klappbettes verzichten wollte, war außerdem ein Packtier erforderlich.

49) RiG II 14. Mit dem, was die Griechen nicht können, ist wohl das Pfeifen gemeint.

Geschehnissen und Handlungsorten, die im XI. Buch der Ilias, 670ff., geschildert werden,[50] scheinen wesentlich von den auf seiner Reise durch Elis und Triphylien gewonnenen Eindrücken inspiriert zu sein. Im Hotel von Olympia traf er seine Vorbereitungen für diese Etappe: *„Ich lese nach Tisch im 11. Buch der Ilias Nestors Erzählung von seinen Kämpfen am Alpheios, um in die Stimmung der Landschaft hineinzukommen. Es ist eine milde Mainacht. Das Mondlicht durchdringt eben noch die Wolken und erhellt das Tal soweit, dass man den Kronoshügel und die hellen Sandflächen am Fluß und jenseits der Höhen deutlich erkennen kann. ... Die Gedanken kreisen um das wundervolle Volk der Hellenen und schlingen sich in regellosem Lauf durch die lange Reihe der Jahrhunderte. Bald taucht hier ein Kopf auf, bald dort eine Scene - Kampf und Wettkampf, wofür die Griechen ja nur e i n Wort haben.“*[51]

Stets benutzte Bölte seine Phantasie, um den Dingen näher zu kommen und sich die Zusammenhänge zu erschließen. Wenn sie nicht mitarbeiten konnte, war eine Reise trotz zahlreicher aufschlußreicher Beobachtungen in seinen Augen nur ein halber Erfolg.[52] Dabei war der Wissenschaftler Bölte ebensowenig weltfremd wie der Lehrer. Sein Blick war nie allein auf Altertümer und Landschaften gerichtet, wenn er auf Reisen war; er hatte ein lebhaftes Interesse am Griechenland der Gegenwart und seinen Problemen, über die er oft mit den Einheimischen ins Gespräch geriet. Als reisender Philologe und Topograph aus Europa, noch dazu der griechischen Sprache kundig, erregte er natürlich die Neugierde der isoliert lebenden Landbewohner, der Dorflehrer und -ältesten, und stellte sich ihnen in erschöpfenden abendlichen Diskussionen. Das war nicht

immer einfach: *„Die Unterhaltung berührt Fragen, auf die man auch deutsch nur schwer eine Antwort wüsste. Z.B. warum die Griechen, die nach Europa gehen, verkommen, während die Europäer, die nach Griechenland gehen, berühmt werden.“*[53]

Nicht zuletzt auch aus wissenschaftlichen Gründen nahm Bölte regen Anteil an der Kultur der zeitgenössischen Griechen. Er war bestrebt, ihre Mentalität zu begreifen, um so zu einem besseren Verständnis des eigentlich 'Griechischen' zu gelangen: *„Ich setze mich an der Platia vor ein Café und geniesse die frische Luft, den blauen Himmel und das helle Licht. Man muss den Süden auch einmal so durch Nichtstun in sich aufnehmen. Man muss ihm Zeit lassen, einzudringen. Man muss das europäische Wesen, das Wollen und Denken ablegen, und mit den Griechen sich in der Passivität üben. Ich habe das Gefühl, dass man erst dadurch eine gewisse Patina bekommt, die für das Verständnis des ganzen Komplexes von Tatsachen nötig ist.“*[54] Für den rastlosen, stets aktiven, tatendurstigen und lebensfrohen Bölte stellte das Üben in Passivität eine recht ungewöhnliche Maßnahme dar.

Die schwärmerische Begeisterung, mit der Bölte seine Reisetagebücher schrieb, legte er beim Verfassen seiner wissenschaftlichen Arbeiten ab. Wenn auch seine innige Beziehung zur Natur Griechenlands durch seine landschaftskundlichen Vorträge und Aufsätze offengelegt wird, so sind seine Arbeiten doch sachlich nüchtern gehalten und glänzen durch logische Argumentation. Die Landschaft, ausführlich, aber keineswegs emotional beschrieben, wird zum Instrument bei der Lösung historischer wie rein philologischer Probleme. So gelingt es Bölte mittels seiner topographischen Kenntnisse, in einer

---

50) Ein pylisches Epos, Rhein.Mus. N.F. 83, 1934, 319-347.
51) RiG II 34f.
52) RiG I 128.

53) RiG I 140.
54) RiG II 60.

Beschreibung der triphylischen Landschaft durch Strabon diejenigen Passagen zu entlarven, die dieser von anderen Autoren übernommen hat, und das eigentlich 'Strabonische' zu isolieren.[55]

Nicht immer haben sich die Eindrücke, die Landschaft, Natur, Kunst und Kultur der Griechen bei Bölte hinterließen, in seinen Werken direkt niedergeschlagen. Doch ging spürbar von diesen Reiseerlebnissen ebenso der Anstoß zu solchen Arbeiten aus, die mit topographischen Problemen nicht im mindesten in Verbindung stehen, wie etwa seine 1907 veröffentlichten Untersuchungen zur Vortragskunst der Rhapsoden.[56] Feines Einfühlungsvermögen in homerische Verse und menschliche Psyche einerseits, das Vermögen, sich im Geiste die Vortragenden und die Handelnden bildlich vorzustellen andererseits, führten Bölte zu der Erkenntnis, daß die rhapsodischen Darbietungen lebhafte, dramatische Vorträge gewesen sein mußten, die sich durch starken mimischen Ausdruck und Modulation der Stimme auszeichneten, - daß vom vortragenden Künstler wesentlich mehr gefordert wurde als die bloße Fähigkeit des Gesanges. Offensichtlich verarbeitete Bölte bei diesem Werk seine Erfahrungen mit der volkstümlichen griechischen Musik, zu der er einmal bemerkt: *„Hirtenpoesie sind diese griechischen Lieder auch insofern, als sie mit ihrem rücksichtslosen Ausbruch der Empfindung grösste Einsamkeit voraussetzen, Felsenklippen und Bergwald."*[57] Seine Hypothese konnte Bölte durch eine formale Analyse der Verse bestätigen.

Erzielt wurden diese Erkenntnisse in einer Zeit des Umbruchs: Am Ende des 19. Jhs. hatte der eigenartige Stil des gerade in Olympia ans Tageslicht gebrachten frühklassischen Skulpturenschmuckes des Zeustempels große Befremdung ausgelöst.[58] In Berlin empfing man die eindrucksvollen, von Carl Humann in Pergamon ausgegrabenen hochhellenistischen Reliefplatten des Großen Altars mit gemischten Gefühlen: war man einerseits begeistert über diesen kolossalen Erfolg, den deutsche Archäologen und die Kulturpolitik des Reiches erzielt hatten, so bedauerte man anderseits doch, daß die monumentalen Reliefs nicht der Epoche der höchsten Blüte der griechischen Kunst angehörten.[59] Bereits 1834 hatte der Historiker Johann Gustav Droysen den „Hellenismus" als Epoche von historischem Rang 'entdeckt', doch konnte seine positive Beurteilung der Geschichte seit Alexander dem Großen - einer Zeit, die man allgemein als eine Epoche des kulturellen Verfalls geächtet hatte - erst gegen Ende des 19. Jhs. wissenschaftliche Anerkennung finden,[60] als durch die Funde der nun in großem Stil vom deutschen Reich durchgeführten Ausgrabungen in Griechenland und Kleinasien der enge klassizistische Kunst-Horizont um bedeutende Epochen erweitert worden war. Das alte, klassizistische Ideal zerbröckelte, und die Altertumswissenschaften waren vor zahlreiche neue Aufgaben und Probleme

---

55) Triphylien bei Strabon. Eine Quellenuntersuchung, Rhein.Mus. N.F. 87, 1938, 142-160.

56) Rhapsodische Vortragskunst. Ein Beitrag zur Technik des homerischen Epos, Neue Jahrbücher für das Klassische Altertum, Geschichte und deutsche Literatur und für Pädagogik 19, 1907, Abt. 1, 571-581.

57) RiG II 78f. Dies ist auch ein exzellentes Beispiel für die Lehrmeinung vom Abhängigkeitsverhältnis zwischen Kunst und Landschaft.

58) H.-V. Herrmann (Hrsg.), Die Olympia-Skulpturen (1987) 15ff.

59) Schalles a.a.O. (s.o. Anm. 1) 11.

60) J.G. Droysen, Geschichte Alexanders des Großen (1834); ders., Geschichte des Hellenismus, 1. Aufl. 1836-1843, 2. Aufl. 1877. - Als Droysens „Geschichte des Hellenismus" zum ersten Mal veröffentlicht wurde, stieß das Werk auf schroffe Ablehnung. Erst mit dem Erscheinen der zweiten Auflage 1877 gelang dem von Droysen erneuerten Geschichtsbild der Durchbruch. Siehe hierzu: Schalles a.a.O. 13; H.E. Stier, Aus der Welt des Pergamonaltars (1932) 19ff.

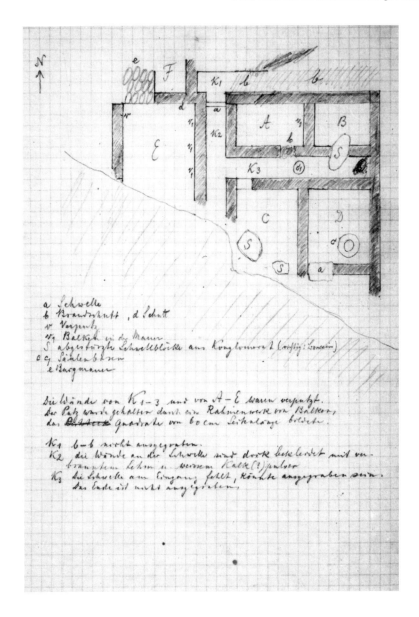

gestellt. Man war zum Umdenken gezwungen. Bölte war dazu bereit und schloß in diesem Sinne seine Ausführungen zur Vortragsweise der Rhapsoden mit den Worten: *„Gerade Homer hat es nötig, daß man aufräumt mit den Begriffen des Pseudoklassizismus, die überall noch nachwirken. Weniger edel werden die Griechen dann gewiß erscheinen und weniger ideal, aber auch wahrer und deshalb schöner."*[61] Als Produkt einer Neuorientierung innerhalb der Klassischen Philologie waren die Forschungsergebnisse Böltes von übergeordneter Bedeutung.

Böltes Publikationen sind oft von exemplarischem Charakter. Meist demonstrieren sie anhand ausgewählter Beispiele, welche großartigen Fortschritte durch die Anwendung topographischer Kenntnisse für die Altertumswissenschaften erzielt werden könnten. Bölte zeigte damit neue Wege und Methoden. Sich und seine Arbeit hatte er in den Dienst eines großen Ganzen gestellt. Von einem Wissenschaftler forderte er vor allem Selbstlosigkeit und Einsatz bei der Arbeit; die Dokumentation betrachtete er als eine Verpflichtung gegenüber Wissenschaft und Nachwelt. Daher erregten besonders die Ausgrabungen Mykenes durch den griechischen Archäologen Chrestos Tsountas (1857-1934) seinen Ärger.[62] Empört über die unzureichende Dokumentation und die verantwortungslose Vorgehensweise des Ausgräbers, nahm Bölte während seiner Reise 1909 an Ort und Stelle Vermessungen vor und fertigte von eigener Hand Detailpläne an, um dadurch wertvolle Informationen für zukünftige Forschergenerationen zu erhalten *(Textabb.)*.[63]

Auf Böltes Unverständnis stieß man ganz besonders durch Verschwendung, und zwar in vielerlei Hinsicht: Verschwendung von Raum, Zeit, Mitteln, Möglichkeiten und Energie. In Athen schreibt er: *„Um 9 kommt Oelmann mit Sieglins Karte, die mit Kiepert's keinen Vergleich verträgt. Auf Strassen verzichtet er gänzlich. Alle diese jungen Leute sind ohne genügende Ausrüstung für Reisen hierher gekommen. Das geht nun aber schon all die Jahre so. Wie viel Arbeitskraft wird da verschwendet. Mangel an Direktion, an Leitung ist der Grundsatz im archäologischen Institut."*[64] Von sich selbst wie von anderen forderte Bölte ein Höchstmaß an Vorbereitung und Ausführung, vor allem wenn es Publikationen betraf. Arbeiten, die vorhandene Möglichkeiten nicht genügend ausschöpften, der wissenschaftlichen Grundlagen entbehrten oder sich durch Nachlässigkeiten auszeichneten, wurden ein Opfer von Böltes erbarmungsloser Kritik: *„Außerdem enthält aber das dürftige Machwerk, in dem diese Stelle steht, soviel offenkundige Torheiten, daß die Berechtigung zu einer Änderung des überlieferten Textes mindestens zweifelhaft ist."*[65] Schon Karl Reinhardt wußte, wie vernichtend die Kritik Böltes sein konnte. *„Da aber legte Bölte los und stampfte das Leichtgefiederte in Grund und Boden, zerraufte, zerrupfte es, daß die Federn flogen"*.[66] Bölte war eben ein Perfektionist, der an die Werke seiner Schüler, mehr noch aber an die wissenschaftlichen Arbeiten seiner Fachkollegen äußerst hohe Ansprüche stellte.

Während die Publikationen den kritischen, sachlichen Bölte dokumentieren, stellen ihn die Reisetagebücher von seiner unbekannten anderen,

---

61) Rhapsodische Vortragskunst a.a.O. 581.

62) RiG II 110.

63) RiG II zwischen S. 109 u. 110. Die Textabb. zeigt eine von Bölte angefertigte Skizze eines Teiles des „House of columns". Böltes Plan unterscheidet sich in Details von den publizierten Plänen; vgl. A.J.B. Wace, Mycenae. An Archaeological History and Guide (1949) Abb. 34.

64) RiG I 41.

65) RE VII 2 (1912) 2622 s.v. Heilesion.

66) Reinhardt a.a.O. (s.o. Anm. 14) 173.

„bezaubernden"[67] Seite dar. Dazu gehört besonders sein feiner Sinn für Humor: *„Um 4 kommt Cunos Bürodiener, der sieben Sprachen spricht. Alle durch die Nase."*[68] Immer wieder begegnet man bei seinen Schilderungen amüsanten Spitzen; so schreibt er zur Landschaft nordwestlich von Kap Sarakiniko, die er vom Schiff aus bewundert: *„Die geringe Feuchtigkeit ruft eine besondere Art der Verwitterung hervor: die grossen Linien, die langen gleichmäßigen Flächen, das gibt der Landschaft den Charakter des Klassischen, was für Manche bekanntlich gleichbedeutend ist mit langweilig."*[69]

Die Reiseaufzeichnungen, vorrangig die stimmungsvollen Landschaftsbeschreibungen, weisen Bölte als einen Menschen mit hervorragenden schriftstellerischen Fähigkeiten aus. Aber er war auch ein begnadeter Erzähler, der es verstand, seine Zuhörer in seinen Bann zu ziehen. Sein Schüler Edgar Salin, später Rechtswissenschaftler und selbst Universitätsprofessor, weiß davon zu berichten: *„Aber durch Bölte erst wurde Geschichte lebendige Gegenwart. Die Bilder, die er von Themistokles und von Perikles zeichnete, haben nicht nur den Knaben begeistert, sondern noch auf der Universität für eigene Forschungen den Weg gewiesen. Und vor allem: die griechische Landschaft, von der er erzählte, wurde in so einzigartiger Weise lebendig, daß der Kampf um die Thermophylen und die Schlacht von Salamis näherückten, als wäre er, ja als wären wir selbst dabei gewesen. Wenn Bölte schilderte, wie er auf einem Eselchen nach Delphi und wie er durch den Peloponnes geritten war, dann wurde nicht nur die Landschaft der Sagen anschaulich, sondern wurden die Sagen selber geschichtliche Ereignisse. Wenn er erzählte, wie er Nestors Burg gesucht und gefunden hatte, dann war es,* *als ob wir einen andern Schliemann auf seinen Entdeckungsfahrten begleiteten. Und ungeduldig zählte ich von da an die Jahre und Monate, bis eigene Kenntnis des Griechischen die Lesung Homers erlaube. Als es dann in Obersekunda endlich soweit war, bin ich oft zu Bölte in die Feuerbachstraße gepilgert und habe mir von ihm Bilder der Landschaft zeigen lassen."*[70]

Die Qualitäten Böltes als Lehrer und als Mensch haben besonders bei seinen Schülern einen bleibenden, starken Eindruck hinterlassen; vielleicht war es sogar wesentlich ein Verdienst der Persönlichkeit und des Wirkens Felix Böltes, daß so mancher von ihnen selbst den Weg zu den Altertumswissenschaften beschritten hat.

Noch bis ins hohe Alter engagierte sich Bölte für die Wissenschaft. Neben seinem Hauptwerk, der Erforschung der griechischen Landschaft, galt sein Interesse philologischen, pädagogischen und religionswissenschaftlichen Problemen. Von seinen Fachgenossen wurde Bölte wegen seiner steten und selbstlosen Bereitschaft zum wissenschaftlichen Austausch geschätzt.[71] Zu seinem 80sten Geburtstage ehrte ihn der damalige Oberbürgermeister der Stadt Frankfurt - Dr. Krebs - für seine Leistungen im Bereich von Lehre und Forschung mit der Plakette für kulturelle Verdienste.

Felix Bölte starb am 11. November 1943 in Frankfurt.

---

67) Reinhardt a.a.O. 171 verlieh ihm dieses Attribut.
68) RiG III 41.
69) RiG III 53.

70) Unser Goethe-Gymn. 55.
71) Frankfurter Zeitung a.a.O. (s.o. Anm. 11)

ANHANG

Als Junggeselle und ohne Nachkommen gestorben, vermachte Bölte seinen Nachlaß der Universität Frankfurt. Neben zahlreichen Photographien griechischer Landschaften und Altertümer gelangte dabei nach dem Ende des Zweiten Weltkrieges eine umfangreiche Sammlung antiker Scherben und Gefäße, die Bölte auf seinen Reisen erworben oder aufgelesen hatte, in den Besitz des Archäologischen Instituts.[72] Da bedauernswerterweise jegliche Aufzeichnungen zu diesem Nachlaß fehlen oder verloren gegangen sind, ist es heute - 50 Jahre nach der Integration in die Institutssammlung - kaum noch möglich, den einstigen Umfang und Inhalt des Komplexes zu bestimmen. Lediglich aus den Reisetagebüchern Böltes können einige Informationen diesbezüglich entnommen werden. Aus ihnen geht hervor, daß der Lehrer auf seinen Streifzügen auch regelmäßig Untersuchungen der vor Ort verstreuten Keramik vornahm und zu diesem Zweck aussagekräftige Scherben aufsammelte. Demnach muß die Sammlung Material in großer Vielfalt von der mykenischen bis zur byzantinischen Epoche aus den unterschiedlichsten Regionen Griechenlands, vorrangig der Peloponnes und Böotiens, umfaßt haben.[73]

Ausgewiesen durch eine beigefügte Notiz von der Hand Böltes, kann mit Sicherheit eine Gruppe von 9 protogeometrischen Scherben aus dem Amyklaion bei Sparta seinem Nachlaß zugewiesen werden (Abb. 163).[74] Als Bölte diese Gefäßfragmente 1904 nach Frankfurt brachte, waren von dieser etwa zwischen 950 und 800 v. Chr. lokal produzierten Keramikgattung

allenfalls Einzelstücke publiziert. Selbst als V.R.d'A. Desborough 1952 sein umfassendes Werk über protogeometrische Keramik verfaßte, standen ihm zur Beurteilung dieser für die Entwicklungsgeschichte der lakonischen Keramik so bedeutenden Ware veröffentlichte Photographien von nur insgesamt 49 Scherben und einem vollständigen Gefäß zur Verfügung.[75] Als Anschauungsmaterial waren - und sind! - diese Keramikproben aus dem Nachlaß Felix Böltes daher für die zu Lehrzwecken angelegte Originalsammlung des Archäologischen Instituts von unschätzbarem Wert.

Seinen Reisetagebüchern zufolge muß Bölte ein ausgezeichneter Kenner griechischer Keramik gewesen sein. Selbst der kleine Scherbenkomplex aus dem Amyklaion läßt deutlich erkennen, mit welcher Sorgfalt Bölte seine Auswahl traf. Die Zusammenstellung der Gruppe zeigt das Bemühen des Lehrers, mit wenigen Fragmenten eine für das gesamte Spektrum der protogeometrischen Amyklaionware repräsentative Sammlung zu erstellen. Da fast 95% aller dort gefundenen Scherben dieser Epoche von offenen Gefäßen wie Skyphoi, Tassen, Tellern und Schalen stammen, sind solche Gefäßformen auch unter den von Bölte ausgesuchten Fragmenten entsprechend häufig vertreten. Die im Amyklaion dominierende Gefäßform war der Skyphos, der hier durch zwei Randfragmente (Kat. 1-2) repräsentiert wird, die überdies unterschiedliche Profiltypen veranschaulichen. Zur Sammlung gehört ebenfalls das Randfragment einer Tasse (Kat. 3), derjenigen Gefäßform, die im Repertoire der Amyklaionkeramik am zweithäufigsten auftritt. Von offenen Gefäßen stammen vermutlich auch die beiden Böden (Kat. 4-5.)

---

72) Nach dem Tode Böltes ging sein kompletter Nachlaß in den Besitz des Historischen Seminars der Universität Frankfurt über. Dort verzierte seine keramische Sammlung zunächst die Regale der Bibliothek, bis sie auf Initiative K. Parlascas, seit 1954 Assistent am Archäologischen Institut, zu angemessener Verwahrung in die dortige Originalsammlung gegeben wurde. Die Sammlung war zu diesem Zeitpunkt leider längst nicht mehr vollständig.

73) Mit hoher Wahrscheinlichkeit gehörten dazu Keramikproben, die Bölte unter anderem auf Ägina, in der Umgebung Thebens (auf dem Weg zum Ptoon und nach Athen) bei Dritsa (Palae Kastro), Vratsi, Pellene, Olympia, Samikon, Mykene, Tiryns, Asine, Asea, im Gebiet von Sparta, Argos, Korinth und beim Heraion von Perarchora aufgesammelt hatte. Da man wohl davon ausgehen darf, daß Bölte in seinen

Aufzeichnungen nicht jeden Scherbenfund erwähnt, ist außerdem mit Material von zahlreichen weiteren seiner Reisestationen zu rechnen.

74) Neben den hier abgebildeten Keramikproben befinden sich noch einige weitere Gefäßfragmente aus dem Amyklaion in der Sammlung des Archäologischen Institutes. Dieses Material, das der mykenischen und protogeometrischen Epoche entstammt, wird in Kürze im CVA Frankfurt publiziert werden (s. hier Beitrag Mandel, Originalsammlung).

75) V.R.d'A. Desborough, Protogeometric Pottery (1952) 284ff. - Bei dem ganzen Gefäß handelt es sich um eine kleine Hydria, die sich im Museum von Sparta befindet: W. v. Massow, Athen.Mitt. 52, 1927, 47 Abb. 27.

Dagegen handelt es sich bei den Wandfragmenten *(Kat. 7 u. 9)* um Raritäten, da sie von Krügen oder Amphoren stammen, geschlossenen Gefäßformen also, die im Amyklaion nur sehr selten vorkommen. Eine Besonderheit ist ebenfalls das Bodenfragment *(Kat. 6)*, dessen Ringdekoration es einer speziellen Gruppe kleiner zweihenkliger Tassen zuweist.[76]

Allgemein ist für die protogeometrische Amyklaionware ein feiner, hart gebrannter Ton kennzeichnend, der im Bruch eine blasse rote Färbung zeigt. Die Gefäße sind in der Regel vollständig von einem kräftigen, dichten Überzug bedeckt, der häufig stark metallisch glänzt und dessen Farbspektrum sich von einem hellen Ziegelrot über Rotbraun und Braun bis Braunschwarz erstreckt. Füße und Böden der Gefäße blieben meist ausgespart.[77]

---

76) v. Massow a.a.O. 48. Die Gefäße dieser Gruppe zeichnen sich dadurch aus, daß sie selten ganz mit Überzug bedeckt und an der Außenseite in der Regel mit zwei, im Innern mit mehreren Ringen verziert sind. Es handelt sich dabei um eine Übergangsware, da solche Gefäße sowohl in den protogeometrischen als auch in den darüberliegenden jüngeren Schichten auftreten.

77) Lit. A.J.B. Wace - M.N. Tod, A Catalogue of the Sparta Museum (1906); J.P. Droop, in: A.J.B. Wace u.a., Excavations at Sparta, 1909, 23-39, 150-157; v. Massow a.a.O. 46ff.; Desborough a.a.O. 283ff.; J.N. Coldstream, Greek Geometric Pottery (1968) 212ff.; I. Margreiter, Frühe lakonische Keramik der geometrischen bis archaischen Zeit (1988).

KATALOG *(Abb. 163)*

1) Skyphos
mit stark nach außen geschwungener Lippe und Horizontalhenkeln
Randfragment mit Henkelansatz
H 4,2cm, D Lippe ca. 11cm
Besonderheiten: auf der Außenseite in der Henkelzone weiße Bemalung; im Innern ein breiter weißer Streifen unterhalb der Lippe und ein feiner weißer Streifen im unteren Scherbenteil.

2) Skyphos
mit leicht nach außen geneigter, stark abgeplatteter Lippe und Horizontalhenkeln
Randfragment mit Henkelansatz
H 4,6cm, D Lippe ca. 10cm

3) Tasse
mit abgeflachter Lippe und breiten, bandförmigen Vertikalhenkeln
Randfragment mit Henkel
H ca. 5cm, D Lippe ca. 15cm

4) Offenes Gefäß
Boden mit Teil der Wand
H 2,5cm, D Boden 4,5cm

5) Offenes Gefäß (?)
Boden mit Teil der Wand
H 2cm, D Boden 4,6cm
Besonderheiten: Überzug im Innern stark metallisch glänzend.

6) Kleine zweihenklige Tasse
Bodenfragment mit Stück der Wand
H 2,4cm, D Boden ca. 4cm
Besonderheiten: im Innern von oben nach unten ein brauner, ein heller und ein brauner Ring, auf der Außenseite rotbraune Streifen.

7) Geschlossenes Gefäß (Krug/Amphora)
Halsfragment
H max. 3,5cm, B max 4,3cm
Besonderheiten: auf der tongrundigen Außenseite eine horizontal verlaufende, ungleichmäßige Wellenlinie von rotbrauner Farbe.

8) Offenes Gefäß
Wandfragment
H max. 3,1cm, B max 4,8cm
Besonderheiten: sehr dünnwandig und fein.

9) Geschlossenes Gefäß (Krug/Amphora)
Bauchfragment
H max ca. 5,5cm, B max ca. 7,8cm

FRANK BÖRNER - URSULA MANDEL

Felix Böltes Photographien

Im Besitz des Archäologischen Institutes der Universität Frankfurt befinden sich aus dem Nachlaß Felix Böltes neben Vasenscherben Hunderte eigenhändiger Landschaftsaufnahmen von seinen Griechenlandreisen. Es handelt sich um Schwarzweiß-Photographien, meist im Format 8x10,5 cm abgezogen und auf grüngraue Pappe von ca. 13x16 cm aufgezogen. Sie sind in 24 Pappkästchen - je bis zu 50 Stück enthaltend - verwahrt, nach Landschaften, Orten oder Routen geordnet und einzeln von Böltes sorgfältiger Hand beschriftet:

Attika, Böotien; Thessalien, Euripos; Megara; Korinthia; Sikyonia, Achaia, Elis, Triphylien; Thyreatis, Argeia, Arkadien; Messenien, Lakonien; Aigina; Aigeis (sic); Kreta und Inseln; Kleinasien; Korfu bis Sparta; Sparta bis Patras; Livadia bis Delphi; Parnaß bis Lamia; Theben, Aigosthena, Tanagra.

Ein Kästchen enthält unter dem Titel „Volksleben" volkskundlich Interessantes aus allen Gegenden.

Dazu gehört eine Sammlung von fast 200 Großdias in Holzkästen, die - vermutlich als Kontaktabzüge - von ausgewählten Negativen hergestellt wurden.[1] Handelt es sich bei den Papierbildern um eine persönliche Studiensammlung Böltes, so waren die Diareihen, die durch Reproduktionen geographischer Karten ergänzt sind, für öffentlich gehaltene Vorträge über „Die griechische Landschaft" bestimmt.[2]

Die meisten Bilder scheinen auf Böltes Reisen im Jahr 1909 entstanden zu sein, zu der sein Tagebuch vorliegt; einige sind aber auch mit dem Datum der ersten Reise (1903/04) versehen, die z.T. denselben Routen folgte. Im Tagebuch von 1909 beschreibt Bölte folgende drei Reise-Etappen:

I. Reise nach Athen und in Mittelgriechenland, 1.3.-22.4.

Von Frankfurt bis Athen; Athen; Aigina; das nordöstliche Attika; Athen; von Tanagra über Chalkis nach Lamia; zurück nach Athen; das südliche Böotien; Athen.

II. Reise im Peloponnes, in Aitolien und Akarnanien, 23.4.- 9.6.

Korinthia; Sikyonia; Pellene; Aigeira; bis Aigion; bis Patras; Olympia; Samikon; Kymbothekra, Platiana; Pylos, Kallidon, Lepreon; über Phigalia nach Kalamata; Kalamata; Thuria, Ampheia, Leondari; Bura, Turkoleka, Chirades, Leondari; bis Sparta; Sparta; Sellasia, Arachova, Luku, Argos, Mykenai; Nauplia, Tripolis, Megalopolis, Lykosura, Hera, Lykaion, Karytena; Gortyn; über Megalopolis, Kyparissia, Patras; Aitolia; Akarnania; Leukas, Ithaka, Patras; nach Athen.

III. Reise in der Aigaiis und Korinthia, 9.6.-31.7.

Athen; Smyrna; Rhodos; Smyrna; nach Konstantinopel; Konstantinopel; über Saloniki, Volos nach Athen; Athen; über Syros nach Thera und zurück; Syros; Athen; Korinthia; Athen; Piräus, Marseille, Frankfurt.

Der Leser des Tagebuchs findet in Böltes Photographien auf den ersten Blick kaum dieselben Eindrücke und Stimmungen von Ansichten, Gegenden und Situationen wieder, die in seinen lebendigen Schilderungen anschaulich werden. Das liegt zum einen an den unterschiedlichen Funktionen der beiden Medien für Böltes Dokumentation, zum anderen an der nicht ganz professionellen photographischen Fähigkeit Böltes.[3]

---

1) Glasmaße: 8,5x8,5; 8,5x10; 9x12 cm. Großbildnegative: ca. 5,5x7; 6x8,5; 8,5x11 cm. Viele Dias sind leider durch Pilzbefall gefährdet.

2) Veröffentlicht ist ein Vortrag vor der 38. Hauptversammlung des Philologenvereins für Hessen-Nassau und Waldeck, s. *hier Beitrag Kögler Anm. 20.*

3) Im Tagebuch notiert Bölte zu Beginn der Reise die Schwierigkeit, bei der Aufnahme an alle nötigen Handgriffe zu denken; später klagt er darüber, daß er bei schlechtem Wetter nicht photographieren kann.

Böltes gebundenes Reisetagebuch in zwei maschinenschriftlichen Exemplaren ist nicht das eigentliche Notiz- und Arbeitsbuch der Reise[4] - wissenschaftliches Ziel und Ergebnis eines Tagesunternehmens werden z.B. in den allerseltensten Fällen mitgeteilt -, sondern es ist eine flüssig und unterhaltsam, nicht selten emphatisch geschriebene Lesefassung, in der Bölte den Forscher häufig bewußt hinter dem vielseitig erlebenden und genießenden Reisenden zurücktreten läßt.

Die Masse der Photographien hat dagegen stärker dokumentarischen Charakter, in ihnen hat der Landeskundler und Geologe möglichst viel Material für spätere wissenschaftliche Auswertungen aufgenommen.

Ein Rückstand der Photographien gegenüber den Landschaftsbeschreibungen besteht in den nicht wiedergegebenen Farben. Im Tagebuch verfolgt man Bölte als einen ausgeprägt ästhetischen Beobachter, der Landschaften quasi in ihrer Bildwirksamkeit erlebt, mit Linienverläufen und Massenverteilungen, Formarten und Formkontrasten, wobei er seine Bevorzugung der „charaktervollen" Formen mit ausdrückt; aber in erster Linie sind Landschaftserlebnisse - Himmel und Wolken eingeschlossen - bei Bölte immer Farberlebnisse!

30.3. Athen, Blick vom Hymettosfuß auf die Akropolis: „*Und in diesem an Formen und Farben überreichen Rahmen erhebt sich als Mittelpunkt die Akropolis, die von dieser Seite sich besonders hoch aufbaut. Ich sah sie zuerst über einem Brachfeld mit rötlichem Boden, auf dem aus graugrünem Kraut gelbweisse Kreuzblumen und viel scharlachrote Anemonen emporwuchsen, während rechts und links Weizen wogte..., es ist etwas in den Formen, die den Berg zusammensetzen, in der Begrenzung der Fläche aus denen sein Hang sich*

zusammensetzt, was Ströme des Entzückens durch uns fluten lässt. Es muss in den Gegensätzen liegen, unten die mannigfach gestalteten Häuser, dann der Kalkfelsblock, stark rot violett gefärbt, in den eigentümlich gebrochenen Flächen, die senkrecht aufsteigenden hellgelben Festungsmauern, an deren Fuss überall Gras hervorspriesst, und oben die herrlichen Formen des Parthenon, den man von diesen Höhen aus bis zu den Stufen hinunter sieht, gelbweiss und rostbraun".[5]

15. Juni, Athen: „*Am Philopappos sitzen wir bis 3/4 8. Nach Sonnenuntergang wird die Luft ganz still und ziemlich warm. Am Akropolisfelsen bildet das verdorrte Gras grosse gelbe Flecken. Der violette Fels, der weisse, kleine Niketempel, die gelben Propyläen, der rostbraune Parthenon, das weisse Erechtheion - eine Skala fein abgetönter Farben und dazu die scharfen, klaren Linien*".[6]

Verehrer der Schwarzweiß-Photographien werden aber finden, daß die Kontrastqualitäten und die Präzision der Zeichnung vieler Dias und Abzüge Böltes den Mangel an Farben voll aufwiegen. Bedenkt man, wie umständlich das Photographieren zu Beginn des Jahrhunderts noch war, wie abhängig die Schärfe des Bildes bei den nötigen langen Belichtungszeiten von einer günstigen Witterung, so ist die Menge der auf strapaziösen Überlandritten gemachten qualitätvollen Aufnahmen erstaunlich. Die Aufnahmen bieten eine Fülle von Objektivierungen der wahrgenommenen Landschaften, die in den Beschreibungen des Tagebuchs fehlen. Die besten Bilder zeichnen sich durch eine klare Gliederung in Zonen und einen Gehalt an charakteristischen Elementen aus *(Abb. 165)*. Deutliche Wiedergabe unterschiedlicher Oberflächenstrukturen (Bewuchsarten,

---

4) Ein detailliertes Notizbuch ist im Tagebuch erwähnt, aber leider nicht auffindbar.

5) RiG I 80f.

6) RiG III 3.

Erdkrumen, Steinverteilung etc.) bringen die Eigenarten der Komponenten vieler Landschaften zur Anschauung. Man entdeckt darunter Bilder, bei denen Gegenstandszeichnung und Stimmungsgehalt einander zu starker Wirkung ergänzen *(Abb. 166.167).*

Wären die leider nicht auffindbaren Negative in größerem Format und professionell mit je spezifischen Verfahren abgezogen, so kämen viele Qualitäten überhaupt erst zu anschaulicher Geltung. Aber auch so dürften Böltes Photographien vom Beginn des Jahrhunderts für die Siedlungsforschung und Historische Geographie ein interessantes Quellenmaterial sein, haben sich seither die 'landschaftlichen' Situationen in Griechenland doch an vielen Orten völlig verändert. Zu den in dieser Hinsicht beeindruckendsten Beispielen gehören die Aufnahmen von Athen.

SIEGMAR V. SCHNURBEIN

Die Römisch-Germanische Kommission des Deutschen Archäologischen Instituts

Die Klassische Antike gehört nicht zu denjenigen Disziplinen, die der Römisch-Germanischen Kommission (im Folgenden: RGK) des Deutschen Archäologischen Instituts als Aufgabe zugedacht waren, als sie 1901 begründet wurde und am 1.10.1902 als erste Forschungseinrichtung des Deutschen Reiches ihre Tätigkeit in Frankfurt aufnahm[1]. Die Verbindung zur Forschung im klassischen Raum und zu klassischen Themen hat aber von Anfang an bestanden, ist nie abgerissen und war in den ersten 30 Jahren ihrer Tätigkeit durch institutionelle und persönliche Verknüpfungen besonders eng. Gerade dieser Aspekt soll hier kurz beleuchtet werden.

Satzungsgemäßes Ziel der RKG war „... *die archäologische Erforschung derjenigen Theile des Deutschen Reiches, die dauernd unter römischer Herrschaft gestanden haben, mit Rath und That zu fördern. Innerhalb dieses Gebietes ist die Kultur von den ältesten Zeiten bis zum Ende der Römerherrschaft gleichmäßig zu untersuchen. Die außerhalb dieser Grenzen namentlich zwischen Elbe und Weser sich findenden Reste sind, soweit die Organisation der Kommissionsarbeit es gestatten wird, in die Forschung einzubeziehen."* Dieser, nach langen Kämpfen, an denen sich maßgeblich auch Theodor Mommsen und Rudolf Virchow beteiligten, gefundene Rahmen erwies sich nach kurzem als viel zu eng gezogen, so daß schon bald sowohl Westeuropa, ganz Mitteleuropa und vor allem Südosteuropa wie selbstverständlich einbezogen worden sind, so weit es wirtschaftlich und politisch möglich war. Das seit 1927

in der Palmengartenstraße 10-12 ansässige Institut verfügt über die führende Bibliothek zur europäischen Vor und Frühgeschichte, betreibt eigene Forschungen, gibt Fachliteratur heraus und pflegt die wissenschaftlichen Beziehungen in alle Länder Europas. Aus fast allen Teilen der Welt kommen Jahr für Jahr rd. 100 ausländische Gäste, um in der Bibliothek – zum Teil über Monate – zu studieren und von hier aus Kontakt zu anderen Institutionen in Deutschland aufzunehmen

Die enge Verbindung zur Klassischen Antike, besonders der Klassischen Archäologie und Alten Geschichte, war für die Kommission seit ihrer Gründung auf drei verschiedenen Ebenen gesichert:

- Die Zugehörigkeit zum Deutschen Archäologischen Institut, einem Reichs- bzw. heute Bundesinstitut mit Sitz in Berlin – mit den schon 1829 in Rom und 1874 in Athen begründeten Zweiginstituten. Heute bestehen Abteilungen bzw. Stationen in Lissabon, Madrid, Istanbul, Ankara, Damaskus, Baghdad, Teheran, Sanaa und Kairo sowie die Kommission für Alte Geschichte und Epigraphik in München und die Kommission für Allgemeine und Vergleichende Archäologie in Bonn. Eine Abteilung, die sich speziell der Archäologie des asiatischen Steppenraumes widmen wird, ist im Aufbau.
- Die Tatsache, daß die fünf Direktoren der Jahre zwischen der Gründung und 1929 Klassische Archäologen und Althistoriker waren.
- Die Mitwirkung namhafter Wissenschaftler der Klassischen Antike in der Kommission, wie Alfred v. Domas-

---

1) Allgemein s. W. Krämer, 75 Jahre Römisch-Germanische Kommission, in: Beiheft zu Bericht der Römisch-Germanischen Kommission 58, 1977 (Mainz 1979) 5-23. Dort auch Nachweise zu den Nachrufen auf die hier behandelten Direktoren sowie weitere Quellennachweise.

zewski, Otto Hirschfeld, Georg Loeschcke und Eduard
Meyer. Welch' hohen Rang damals die an den Frankfurter Gymnasien betriebene Forschung hatte, zeigt sich in
der Mitgliedschaft und eifrigen Mitarbeit des Oberlehrers
und Professors am Kaiser-Friedrich-Gymnasium (heute
Heinrich v. Gagern-Gymnasium) in Frankfurt, Georg
Wolff[2].

Mit der Übernahme der Direktion der RGK durch
den Prähistoriker Gerhard Bersu im Jahre 1929 hat sich
parallel zum starken Aufschwung dieses Faches der
Schwerpunkt der Arbeit der Kommission verlagert und
damit den Weg gewiesen, der bis heute im wesentlichen
beschritten wird. Nach wie vor sind die Klassischen
Altertumswissenschaften durch Mitglieder in der Kommission vertreten.

An dieser Stelle sollen die drei Klassischen Archäologen, die als Direktoren an der RGK tätig waren, in
ihrem Wirken vorgestellt werden, zumal zwei von ihnen,
Friedrich Koepp und Friedrich Drexel, auch als Lehrer an
der Frankfurter Universität in deren Aufbaujahren wirkten (*s. S. 346*).

Mit der Gründung der RGK wurde der bereits als
28jähriger zum Professor an die Universität Basel beru-
fene Klassische Archäologe Hans Dragendorff (1870-
1941)[3] beauftragt (*Abb. 168. 170*). Wie sich zeigte, war
dies eine glückliche Wahl; hat er es doch verstanden, die
bei der Gründung stark divergierenden Kräfte der Forschung in Deutschland zum großen Teil für die Ziele der
Kommission zu gewinnen. Friedrich Drexel schrieb dazu
anläßlich des 25jährigen Jubiläums der RGK: *„Sie ist
nicht ohne Widerstände ins Leben getreten, wie das bei
einer Anstalt begreiflich ist, die dazu bestimmt war, die
bis dahin mannigfach zersplitterten Bestrebungen auf*

*dem Gebiete der west- und süddeutschen Altertumsfor-
schung nach Möglichkeit zusammenzufassen, und ein
Teil der deutschen Geschichte spiegelt sich, wenn auch
im kleinsten Ausmaße, in ihrer Entwicklung wider.“[4]* Die
daraus deutlich werdende besondere Begabung Dragendorffs auf dem Felde der wissenschaftlichen Organisation führte dazu, daß er 1911 als Generalsekretär die Leitung des Kaiserlichen Deutschen Archäologischen Instituts in Berlin übertragen bekam, ehe er 1922 als Ordinarius für Klassische Archäologie nach Freiburg ging. Die
der RGK gestellte Aufgabe löste Dragendorff vor allem
auf zweierlei Weise, die sich auch in den späteren Jahren
bewährte: Das Institut beteiligte sich finanziell und orga-
nisatorisch, in Einzelfällen auch verbunden mit der Übernahme der wissenschaftlichen Leitung, an besonders
wichtigen Ausgrabungsplätzen, z.B. den zu den augusteischen Kriegszügen in Germanien gehörenden Römerla-
gern in Haltern (vgl. *Abb. 170*) und Oberaden an der Lippe, auf verschiedenen Ringwällen wie der den Kelten
zuzurechnenden Altenburg bei Niedenstein in Nordhes-
sen oder der jungsteinzeitlichen Siedlung von Monsheim
bei Worms. Vielfältig waren die Bemühungen um die
systematische Publikation von Museumsbeständen und
Ausgrabungsergebnissen, dokumentiert z.B. in den Katalogen West- und Süddeutscher Altertumssammlungen.

Bereits im 1. Band der „Berichte über die Fortschritte der Römisch-Germanischen Forschung" (1904)
nannte Dragendorff als eines der Ziele, künftig auch „...
*über die Forschungsergebnisse in den außerdeutschen
Nachbargebieten, vornehmlich Englands, Frankreichs,
Belgiens, Hollands, Österreichs und der Donauländer
berichten zu können, um der deutschen lokalen Forschung dieses wichtigste Vergleichsmaterial mehr als*

---

2) *Vgl. auch den Beitrag zu Felix Bölte S. 409 ff.*
3) G. Grimm, Hans Dragendorff, in: R. Lullies – W. Schiering (Hrsg.),
Archäologenbildnisse (1988) 176f.

4) Fr. Drexel, in: Fünfundzwanzig Jahre Römisch-Germanische Kommission (Berlin/Leipzig 1930) VII.

bisher zugänglich zu machen." In den Folgejahren sind trotz des langen Rückschlages durch den 1. Weltkrieg tatsächlich viele Beiträge aus diesen Ländern erschienen.

Die eigene wissenschaftliche Tätigkeit von Hans Dragendorff war in seiner Frankfurter Zeit naturgemäß stark der römischen Epoche in Deutschland und den angrenzenden Gebieten gewidmet, insbesondere der Erforschung der Terra Sigillata, als deren eigentlicher Begründer er zu gelten hat. Zahlreiche Beiträge galten der Geschichte der römischen Okkupation in Deutschland. Seiner ursprünglichen wissenschaftlichen Ausbildung und Ausrichtung lagen die Bemühungen um die umfassende Edition der Igeler Säule und der Denkmäler von Neumagen wesentlich näher, deren Vorarbeiten schon 1909 weit gediehen waren; aber erst 1924 konnten das schließlich von Hans Dragendorff und Ernst Krüger verfaßte, bis heute grundlegende Werk über die Igeler Säule und 1932 von Wilhelm v. Massow *„Die Grabmäler von Neumagen"* erscheinen.

Nicht der Aufgabe als Direktor der RGK, sondern allein der Neigung entsprungen ist sein Vortrag *„Die Frankfurter Athena, ein Werk des Myron"*, den er kurz nach dem 1909 erfolgten Ankauf der berühmt gewordenen, heute im Liebieghaus gezeigten Statue gehalten hat (*s. S. 325 ff.*). Zu dieser Gruppe seines Oeuvres gehört auch der Aufsatz „Grabschmuck und Totenkult der Griechen", den er 1907 im Jahrbuch des Freien Deutschen Hochstiftes vorlegte. Wie weit gespannt Dragendorffs Interessen waren, zeigen die zur selben Zeit erschienenen Artikel über neolithische Brandgräber in der Wetterau, über die Methodik der Ausgrabungen oder über die Verpflegung römischer Soldaten.

Auch nach seinem Weggang aus Frankfurt blieb Hans Dragendorff der RGK besonders eng verbunden, wirkte von Freiburg aus als Mitglied der Kommission und hat 1939, kurz nach Ausbruch des 2. Weltkrieges, es als 70jähriger auf sich genommen, die Leitung der RGK erneut zu übernehmen, da fast alle Bediensteten eingezogen worden waren. Er verstarb am 26.1.1941.

Nachfolger von Hans Dragendorff war von 1911-1914 Emil Ritterling (1861-1928), zuvor und anschließend wieder Direktor des Museums in Wiesbaden, ein Althistoriker, dessen Arbeiten zur römischen Heeresgeschichte ebenso wie seine Publikationen der Ausgrabungen in den Kastellen Hofheim und Niederbieber noch heute grundlegend sind. Hatte er das Amt schon ungern übernommen – er hatte bereits in den Jahren zuvor Rufe auf Direktorenstellen abgelehnt -, so gab er es nach drei Jahren freiwillig wieder ab, um sich ganz seinen Studien und dem Aufbau des Wiesbadener Museums widmen zu können. Der an ihn herangetragene Wunsch, *„daß die Kommission mehr nach außen hervortreten möge"*[5] widersprach zu sehr seiner Natur.

In besonders enger Verbindung mit der 1914 gegründeten Frankfurter Universität steht Walther Barthel (1880-1915), der im selben Jahr die Leitung der RGK übernahm. Althistoriker wie sein Vorgänger, war er zunächst dessen Mitarbeiter an der RGK, hatte sich 1913 an der Frankfurter Akademie für Sozial- und Handelswissenschaften, aus der die Universität hervorging, habilitiert und sollte eigentlich als Extraordinarius für Alte Geschichte an die Universität geholt werden. Die Wahl zum Direktor der RGK durchkreuzte diesen Plan; aber noch ehe er sein Amt antreten konnte, ist er eingezogen worden und am 16.7.1915 gefallen. Von bleibender Bedeutung sind seine Arbeiten zur römischen Limitation in Africa und die Beiträge über mehrere Kastelle am Obergermanisch-Rätischen Limes. Welche Hoffnungen und Erwartungen man in ihn gesetzt hatte, wird deutlich in dem Nachruf, den der an seine Stelle tretende Friedrich

---

5) G. Zedler, Nassauische Heimatblätter 29, 1928, 9.

Koepp gemeinsam mit Wilhelm Weber, dem ersten Ordinarius für Alte Geschichte der Frankfurter Universität, verfaßt hat[6].

Friedrich Koepp (1860-1944)[7] (*Abb. 169. 170*) lehrte seit 1896 in Münster/Westfalen und zwar zunächst sowohl Klassische Archäologie als auch Alte Geschichte. Sein Werk ist einerseits durch ausgeprägte Neigung zur Philologie, namentlich zur Dichtung in Verbindung mit antiken Kunstwerken charakterisiert, andererseits durch vorbildlich wirkende Ausgrabungen speziell im Römerlager Haltern an der Lippe (vgl. *Abb. 170*). Selbst bezeichnete er die ihm zugewachsene Aufgabe dieser Grabung als *„Verhängnis..., da meine Natur im Grunde der Spatenarbeit widerstrebte"*, doch gesteht er, daß ihm dadurch *„Erfolg und mehr als auf irgendeinem anderen (Gebiet) Anerkennung"* beschieden war[8]. Die Grabungen in Haltern und am Limes galten damals als *„die hohe Schule (...), deren Vorbild weithin auf allen Gebieten der Bodenforschung befruchtend gewirkt hat"*[9]. Seit 1900 an den Ausgrabungen in Haltern beteiligt und diese bis 1914 persönlich leitend, hat Koepp an der Entwicklung der Ausgrabungstechnik und nachprüfbaren Publikation der Grabungsergebnisse maßgeblichen Anteil. Die RGK hat sich an diesen Forschungen finanziell und durch Beteiligung von Wissenschaftlern stark engagiert.

Die jahrelange enge Verbindung zur RGK war es, die Friedrich Koepp dazu prädestinierte, nach dem allzu frühen Tod von Walther Barthel 1916 die Leitung der RGK zu übernehmen und nach Frankfurt zu ziehen. Er folgte dem Drängen nicht leichten Herzens und ging, wie er später schrieb, *„schweren Enttäuschungen entgegen"*, verursacht vor allem durch die äußerst schwierige Situation nach Ende des Krieges.

Friedrich Koepps wissenschaftliche Bedeutung lag für die breite Öffentlichkeit in dem noch in Münster entstandenen, sehr populär gewordenen Werk „Die Römer in Deutschland" (drei Auflagen, 1905, 1912 und 1926) ebenso wie in dem unter seiner Leitung in der RGK konzipierten Bilderatlas „Germania Romana" (1922). Eine bemerkenswerte Leistung bilden daneben die in der Sammlung Göschen herausgegebenen vier Bände „Archäologie", in denen das gesamte methodische Spektrum und eine breite Denkmäler-Kunde geboten wurden, ein kleines Hand- und Lehrbuch zugleich. Ergänzt wurden sie durch den gemeinsam mit dem bereits erwähnten Georg Wolff herausgegebenen Band *„Römisch-Germanische Forschung"*. Grundlegend ist ferner noch immer sein Beitrag *„Geschichte der Archäologie"* im Handbuch der Altertumswissenschaften.

Während seiner Zeit als Direktor der RGK war Friedrich Koepp auch Ordentlicher Honorarprofessor an der Frankfurter Universität (*s. S. 449*). Er hat diese Aufgabe sehr ernst genommen, auch aus Neigung dazu. Nach seiner Pensionierung am 1.10.1924 zog er nach Göttingen, wo er sich wieder mehr dem Klassischen Bereich im engeren Sinn zuwandte. Sein Oeuvre umfaßt Beiträge zu fast allen Gebieten der Altertumswissenschaften, zur Bildkunst ebenso wie zu philologischen Problemen; besonders zu nennen sind die frühen Beiträge zu Alexander dem Großen, und – wie betont – zum weiten Feld der Ausgrabungen im römischen Deutschland.

Hans Dragendorff und Friedrich Koepp verkörpern die Altertumswissenschaften in ihrer ganzen Breite, von der Beschäftigung mit besten Kunstwerken und ihrem geistigen Umfeld über das Studium der antiken Texte bis hin zu eigener Ausgrabungstätigkeit (*Abb. 170*) am Ran-

---

6) Bericht der RGK 9, 1916, 1-13.

7) G. Grimm, Friedrich Koepp, in: Lullies u. Schiering a.a.O. 136f.

8) F. Koepp, 55 Jahre im Dienste der Altertumswissenschaft (als Manuskript gedruckt 1933) 16.

9) E. Meyer, in: Fünfundzwanzig Jahre Römisch-Germanische Kommission (Berlin/Leipzig 1930) 1.

de der antiken Welt. Die heute übliche Spezialisierung und die zuweilen zu beobachtende Geringschätzung der Beschäftigung mit unscheinbaren Bodenspuren waren ihnen fremd.

Friedrich Drexel (1885-1930) (*Abb. 171*) hat zunächst, wie sein Vorgänger Koepp und eine erstaunlich große Zahl anderer Altertumswissenschaftler, in Wiesbaden eine gründliche gymnasiale Ausbildung genossen. Zu nennen sind Karl Dilthey (1839-1907), Theodor Wiegand (1864-1936), Ludwig Pallat (1867-1946), Eduard Brenner (1877-1915), Wilhelm Unverzagt (1892-1971), Kurt Stade (1899-1971), Ulrich Fischer (*1915) und Werner Krämer (*1917). Er studierte Klassische Archäologie bei Georg Loeschcke in Bonn, arbeitete anschließend als Assistent bei der Reichs-Limeskommission, erhielt zweimal das Reisestipendium des Deutschen Archäologischen Instituts, das er zu intensiven Studien im Mittelmeergebiet nutzte, und trat 1914 in den Dienst der RGK. Er leitete das Institut von 1924-1930.

Im Gegensatz zu seinen Vorgängern Dragendorff, Ritterling und Koepp hat Drexel offenbar keine Grabungen persönlich durchgeführt, er widmete sich vielmehr mit großer Akribie antiquarischen Studien. Seine Dissertation über alexandrinische Silberarbeiten legte bis heute gültige Grundlagen, ebenso wie die Bearbeitung der Funde aus den Limeskastellen Stockstadt am Main und Faimingen an der Donau. Mit Studien zur Igeler Säule hat er sich 1921 in Frankfurt habilitiert, und aus dem Umfeld dieser Arbeit entstanden weitere Abhandlungen zur Kunst und zur Götterverehrung in Germanien und Gallien.

Unter Drexel erfolgte im Oktober 1927 der Umzug des Instituts in die Palmengartenstraße 10-12. Das Gebäude war zuvor von der Stadt Frankfurt zu diesem Zweck angekauft worden. Verbunden mit dem Einzug war die Feier des 25jährigen Bestehens der RGK, die im Bürgersaal des Rathauses begangen wurde, und zu der

namhafte Altertumsforscher aus England, Österreich, Rußland, Spanien und Ungarn mit Vorträgen beitrugen.

Friedrich Drexel gelang es, gemeinsam mit seinem Stellvertreter und Nachfolger, dem Prähistoriker Gerhard Bersu, nach den schwierigen Kriegs- und Nachkriegsjahren die Römisch-Germanische Kommission zu einer Institution auszubauen, in der seither die gesamte europäische Vor- und Frühgeschichtsforschung beheimatet ist. Es bedeutete einen schweren Verlust für die Altertumsforschung, daß Friedrich Drexel im Jahre 1930 freiwillig aus dem Leben schied. Sein Tod fiel in eine Zeit, in der die Vor- und Frühgeschichtsforschung begann, sich als eigene Disziplin an den Universitäten durchzusetzen, so daß seither die wissenschaftliche Arbeit an der RGK von diesem Fach und der zwischen ihr und den Klassischen Altertumswissenschaften angesiedelten Archäologie der römischen Provinzen getragen wird.

GUSTAV ADOLF SEECK

Ein klassischer Philologe über Kaiser und Vaterland: Hans von Arnim (1859-1931)

Die beiden klassischen Philologen, die bei der Gründung 1914 der Philosophischen Fakultät der Königlichen Universität Frankfurt angehörten, sind von der Muse des Nachruhms sehr unterschiedlich behandelt worden.

Walter F. Otto (1874-1958) ist heute zwar als Verfasser von Untersuchungen zu den von Partizipien abgeleiteten lateinischen Eigennamen und den Wörtern auf -ica und ähnlichem fast vergessen, und die wenigsten wissen überhaupt, daß er eigentlich Latinist war, er ist aber um so bekannter durch seine Arbeiten zu Religion und Mythos der Antike und genießt besonders wegen seiner enthusiastischen Hinwendung zu den „Göttern Griechenlands" inner- und außerhalb des Faches einen legendären Ruf. Zusammen mit seinem späteren Kollegen, dem Gräzisten Karl Reinhardt, wird er völlig zu Recht zu den „*Besonderheiten*"[1] der Universität gerechnet.

Demgegenüber scheint das Bild des Gräzisten Hans v. Arnim nicht nur in Frankfurt etwas verblaßt zu sein. Sehr zu Unrecht. Als v. Arnim 1914 im Alter von 55 Jahren von Wien nach Frankfurt kam, war er längst ein hochangesehener Gelehrter, der auf mehrere Stationen einer sehr erfolgreichen Universitätskarriere zurückblicken konnte. In Frankfurt muß er sich im Kreis seiner Kollegen innerhalb kurzer Zeit große Achtung erworben haben, so daß er bereits für das Amtsjahr 1916/17 zum Rektor gewählt wurde. Man traute ihm also zu, die Universität, die an klangvollen Namen nicht arm war, in schwieriger Zeit nicht nur durch würdiges Auftreten, sondern auch in Wort und Schrift angemessen zu vertreten.

Als Rektor muß er sich erwartungsgemäß zur allgemeinen Zufriedenheit bewährt haben, aber man wußte in Frankfurt auch, was man an ihm als Fachvertreter hatte. Als er 1921 einen Ruf zurück nach Wien annahm, ließen ihn die Frankfurter Kollegen ungern ziehen. Sie erhielten sogar Gelegenheit, das in ganz singulärer Form aktenkundig zu machen. Als v. Arnim auf Grund finanzieller Unklarheiten der Nachkriegszeit zwischen die Stühle zu geraten schien, weil er in Frankfurt bereits ausgeschieden war und die Realisierung der Berufung nach Wien zu scheitern drohte, erklärte die Fakultät, sie werde, wenn eine Wiederaufnahme des bisherigen Dienstverhältnisses formal nicht möglich sei, v. Arnim unico loco auf die für seine Nachfolge zu erstellende Berufungsliste setzen. Da die Wiener Komplikationen sich lösten, erübrigte sich dann dieser Schritt.

Im Fach kennt man v. Arnim vor allem als Herausgeber der „Stoicorum veterum fragmenta", einer nach wie vor imponierenden und allgemein anerkannten Leistung. Der Umfang der dazu notwendigen Lektüre auch abgelegener Autoren bei gleichzeitig wachem Blick für die Systematik des diffizilen philosophischen Stoffes erlaubt Rückschlüsse auf die enorme konzentrierte Arbeitskraft, die v. Arnim besessen haben muß. Seine Arbeiten zu Platon und Aristoteles sind demgegenüber ganz in den Hintergrund getreten, und v. Arnim wird heute weithin als Vertreter einer soliden, aber etwas begrenzten und biederen Philologie angesehen. Das ist ein Bild, das seinem wissenschaftlichen Temperament in keiner Weise gerecht wird. Zwar ist er mit keinen aufre-

---

1) Hammerstein 88ff.

genden Thesen hervorgetreten, aber er war weder phantasiearm noch auf einen engen Kreis traditioneller Philologie beschränkt noch entzog er sich den Fragen, die sich der klassischen Philologie damals wie heute von der Gegenwart her stellen. So einfach und nüchtern sein Stil ist, so spürt man doch stets ein tiefgehendes persönliches Engagement und eine innere Wärme, die sich auch auf seine Hörer übertragen haben muß.

Daß sein Bild heute bis zur Farblosigkeit entstellt ist, hat allerdings Gründe. Das, was er zu sagen hatte, drückte er immer klar und in schlichten Worten aus. Er wollte durch sorgfältige Argumentation überzeugen und nicht durch suggestive Formulierungen beeindrucken. Er hat wohl nie verstanden, daß im 20. Jh. mit dieser Methode allein - jedenfalls zeitweilig - kein wissenschaftlicher Staat mehr zu machen war und nüchterne Sachlichkeit in Verbindung mit innerem Engagement als schulmeisterlich abqualifiziert werden könnte. Darüber hinaus wagte er, zu Aristoteles anderer Meinung zu sein als Werner Jaeger (1888-1961), der 1921 in jungen Jahren Nachfolger des großen Wilamowitz in Berlin geworden war und durch sein Buch „Aristoteles. Grundlegung einer Geschichte seiner Entwicklung" von 1923 in der Aristotelesforschung eine Machtposition errungen hatte, die er rücksichtslos gegen v. Arnim - der übrigens seinerzeit Jaegers Dissertation für den Bonitz-Preis der Wiener Akademie empfohlen hatte - ausspielte. Es half v. Arnim nichts, daß er sich ausführlich zur Wehr setzte und 1928 über Jaegers Buch schrieb, Jaeger sei damit „auf Abwege geraten und von der Bahn der besonnenen Forschung und schlichten Sachlichkeit abgeirrt", was man - abgesehen von der tadelnden Bewertung - fast als heutige communis opinio bezeichnen könnte. Trotzdem ist v. Arnim den Ruf, er habe sich eigensinnig und verständnislos einer neuen Genialität verschlossen,

bis heute nicht losgeworden. Die Wissenschaft hat noch einiges an ihm gutzumachen.

An dieser Stelle soll jedoch nur etwas über die zwei „Frankfurter Universitätsreden", die v. Arnim 1916 gehalten hat, gesagt werden. Es sind sicher keine Dokumente von besonderem historischen Wert, aber sie zeigen, daß v. Arnim den Anlässen entsprechend, bei denen ein wissenschaftlicher Vortrag für ein breiteres Publikum und gleichzeitig ein Eingehen auf die politische Gegenwart erwartet wurde, Gedanken und Worte zu wählen verstand und wissenschaftliche Belehrung und aktuelle Gegenwart nuancenreich aufeinander zu beziehen vermochte.

Schon vor seinem Rektorat war er damit betraut worden, zum 27. Januar 1916 die Rede zu Kaisers Geburtstag zu halten. Diese einst in Deutschland gern wahrgenommene offizielle Gelegenheit, ein politisches Bekenntnis abzulegen, wird heute gewöhnlich indigniert mißbilligt oder ironisch belächelt. Doch ausgerechnet unserer Zeit, deren angeblicher kritischer Sinn zu einem guten Teil darin besteht, streng auf politische Verträglichkeit öffentlicher Meinungsäußerungen zu achten, steht solcher Hochmut schlecht zu Gesicht. Manches, was für heutige Ohren gut klingt, mag eines Tages als opportunistisch und scheinheilig empfunden werden. Die Rede v. Arnims zeigt, daß er die Form zu wahren wußte, ohne deswegen gegenüber dem Kaiser die eigene persönliche und wissenschaftliche Würde auch nur im geringsten preiszugeben.

Geheimrat v. Arnim wird sich der Aufgabe nicht ungern unterzogen haben. Sein Fach bot ihm ein zum Anlaß passendes Thema: „Ein altgriechisches Königsideal"[2]. Was durfte die *„Hochansehnliche Versammlung"* erwarten? Eine Huldigung für Wilhelm II. anhand eines historischen Modells?

---

2) Frankfurter Universitätsreden 4 (1916)

Wie es sich gehörte, geht v. Arnim zu Anfang auf den Anlaß ein, den er als „*volkstümlichen Festtag*" bezeichnet, den alle „*guten Deutschen*" begehen. Da ist von „*hingebungsvoller Erfüllung seiner Herrscherpflichten*" durch den Kaiser die Rede, von dem „*persönlichen inneren Verhältnis zu seinem Kaiser*", das jeder Deutsche, „*mag er wollen oder nicht*", habe, und der Kaiser wird mit einem „*Familienhaupt*" verglichen, an dessen Ehrentage sich das Volk seiner „*Familienpflichten*" erinnere. Es fällt allerdings auf, daß v. Arnim immer nur vom „*Kaiser*" spricht und nie den Namen des Kaisers nennt. Auch das relativierende „*mag er wollen oder nicht*" nimmt sich in einer Geburtstagsrede etwas seltsam aus, und mancher Zuhörer, dem es vielleicht zu hintergründig klang, wird es für entbehrlich gehalten haben. Dann geht v. Arnim auf sein wissenschaftliches Thema ein und kommt erst zum Abschluß noch einmal auf „*unsern Kaiser und König*" zurück.

Der Vortrag ist Platons Dialog „Politikos" gewidmet, dessen Titel gewöhnlich mit „Staatsmann" übersetzt wird. Anders als in seinem großen Dialog über den „Staat", in dem die Regierung einer kleinen Gruppe auserwählter „philosophischer Wächter" anvertraut wird, erörtert Platon hier die Monarchie und den idealen König. Da dieser König über besonderes Wissen verfügt, soll seine weise Regierung nicht durch starre Gesetze behindert werden; er steht also über den Gesetzen und ist absoluter Herrscher. Zu diesem Absolutismus macht v. Arnim eine bemerkenswerte Einschränkung, die so nicht bei Platon zu lesen steht. Die „*vollkommene Einsicht in das Wesen der Herrscherkunst*" soll den König dazu veranlassen, eine bestimmte Grenze nicht zu überschreiten. Als Wissender soll der König die Rechte der Spezialwissenschaften respektieren. Platon wird damit ein Sinn für die „Freiheit der Wissenschaft" suppliert, der ihm wohl eher fremd war. Einen Absolutismus, der auch die Wissenschaft kommandiert, mochte der Wissenschaftler v. Arnim denn doch nicht bei Platon fin-

den und an das Licht der Öffentlichkeit heben. Eine unbeabsichtigte Einladung an den Kaiser und das Berliner Ministerium, ungeniert in die Universität hineinzuregieren, wollte v. Arnim, wie man sieht, auch bei dieser Gelegenheit auf keinen Fall riskieren. Ob er dabei bereits an das auf ihn zukommende Rektorat dachte, muß offenbleiben.

Wenn in einer Rede zu Kaisers Geburtstag vom wissenden idealen König die Rede ist, stellt sich beim Hörer oder Leser unvermeidlich die Frage ein, ob sich dahinter nicht ein Kompliment für Wilhelm II. verbirgt. Aber v. Arnim begibt sich nicht aufs Glatteis. Und damit gar kein Mißverständnis entstehen kann, betont er den Unterschied dieses altgriechischen Ideals zur Gegenwart, er nennt es schlicht „*ganz anders*". Er läßt auch gar keinen Zweifel daran, daß er dies Ideal in der Realität nicht für wünschenswert hält. Ihn stört vor allem Platons Begriff des fertigen, intuitiven Wissens, das nur wenigen vorbehalten ist und der Vorstellung des voranschreitenden Forschens, von dem die Universität lebt, widerspricht. Damit aber markiert er zugleich die Grenzen der Monarchie, jenseits derer sie für ihn „*unannehmbar*" ist. Mancher Zuhörer dürfte das als einen etwas überraschenden Zungenschlag zu Kaisers Geburtstag empfunden haben. Doch v. Arnim formuliert ungerührt seine eigene Definition der deutschen Monarchie. In ihr ist der ideale König gewissermaßen im „*Geist des Volkes*" aufgegangen, den der „*Kaiser und König*" durch seine Regierung „*stärkt und erhält*". Den Gedanken, daß der Kaiser nur als Schirmherr und oberster Repräsentant über dem Volk stehen soll, hätte Wilhelm II. kaum als die artigste aller denkbaren Geburtstagsgaben empfunden.

Es wäre sicher übertrieben, aus dieser Rede eine deutliche Abneigung v. Arnims gegenüber der Person des Kaisers herauszulesen, aber von Verehrung oder gar Bewunderung wegen irgendwelcher Taten oder Entscheidungen findet sich nicht die geringste Spur. Offensichtlich war v. Arnim selbst an Kaisers Geburtstag ein sehr restriktiver Monarchist. Wenn man sich die einleitende Passage seiner Rede hinterher noch einmal ansieht, ist unverkennbar, daß er den Kaiser eigentlich nur als Institution und als Symbol der Einheit des Reiches betrachtet. Um die Person des Kaisers geht es nur dort, wo v. Arnim sich entschieden gegen den Versuch wendet, durch *„Schmähungen und Verläumdungen"* Kaiser und Reich auseinanderzudividieren, um auf diese Weise die *„Einheit"* und *„Wehrhaftigkeit"* Deutschlands zu untergraben.

Für seine Rede zum Antritt seines Rektorats am 25. Oktober 1916 wählte v. Arnim das Thema „Gerechtigkeit und Nutzen in der Griechischen Aufklärungsphilosophie"[3]. Das hätte ein reiner Fachvortrag sein können, aber im dritten Kriegsjahr durfte man vom neu antretenden Rektor ein Wort, wenn nicht zur politischen Situation, so doch zu den Folgen für die Universität erwarten. Gleich zu Anfang spricht v. Arnim davon, daß der fortdauernde Krieg *„unsere Hörsäle verödet"*. Aber schon nach wenigen Sätzen wird deutlich, daß er auch sein eigentliches Thema „Gerechtigkeit und Nutzen" als Frage versteht, die sich in der politischen Gegenwart mehr denn je stelle. Innerhalb der einzelnen Staaten sei im großen und ganzen ein Ausgleich zwischen Nutzen und Gerechtigkeit - heute würde man sagen 'sozialer Friede' - erreicht, so daß das Zusammenleben, d.h. der höhere, gemeinsame Nutzen Vorrang vor der Eigensucht des Einzelnen hat. Mit Bedauern stellt v. Arnim fest, daß zwischen Völkern und Staaten *„noch immer die Gewalt und nicht das Recht regiert"*. Schon in der Geburtstagrede hatte er ausgesprochen, was er konkret damit meinte. Deutschland befinde sich in einem *„Verteidigungskrieg"*, den es *„für den Fortbestand des Reiches gegen die erobernden Weltmächte, England und Rußland"* führen müsse.

In der Rektoratsrede kommt v. Arnim dann auf den Sophisten Antiphon und dessen Unterscheidung von natürlichem und gesetztem Recht zu sprechen, um sich danach dem Historiker Thukydides und dessen *„Theorie der Machtpolitik"* zuzuwenden. Sie läuft nach v. Arnim darauf hinaus, daß in der Außenpolitik unerbittlich das Gesetz gelte, ein Volk könne nur entweder Hammer oder Amboß sein. Damit greift v. Arnim zwar eine zeitgenössische, unthukydideische Metapher auf, versteht sie aber, anders als 1899 der Staatssekretär v. Bülow (anläßlich der zweiten Flottenvorlage) und andere, nicht als unausweichliche Disjunktion und als Direktive für die deutsche Außenpolitik. Den berühmten 'Melierdialog', d.h. den Dialog, der zwischen den mächtigen Athenern und den Bewohnern der kleinen Insel Melos geführt wird, - der übrigens ganz in der Form eines friedlichen Diskurses zwischen vernünftigen Leuten stattfindet und trotzdem nicht verhindert, daß die schwachen Melier von den starken Athenern umgebracht werden - liest v. Arnim als Paradigma dieser Theorie. Für ihn ist es die allgemeine *„Tragödie des Völkerlebens"*, die sich damals im Peloponnesischen Krieg wie jetzt seit 1914 abspielte.

v. Arnim vergißt nicht hinzuzufügen, daß der Hammer statt des nackten Machtstrebens höhere Gründe vorzuschützen pflegt, und er beklagt, daß Deutschland diesem Ränkespiel von *„Lüge, Verleumdung, Heuchelei"* so wenig gewachsen sei. Daß er damit auf England zielte, mußte jedem Zuhörer klar sein. Aber v. Arnim empört sich nicht, er konstatiert nur: Wenn die Theorie des Thukydides der Weisheit letzter Schluß wäre, müsse man England als *„höchstes Vorbild"* bewundern. Über Thukydides und Platon hinausgehend und anders als v. Bülow hofft v. Arnim auf eine höhere Vernunft, die das Zusammenleben der Völker friedlich regelt, aber angesichts der hoffnungslosen Realität resigniert er: *„die*

---

3) Frankfurter Universitätsreden 5 (1916)

Frage zu erörtern reicht heute die Zeit nicht mehr". Diese dem Thema so wenig angemessene Floskel, mit der der Redner scheinbar nur einen technischen Hinweis geben will, ist in Wirklichkeit ein stummes Eingeständnis der gemeinsamen Ratlosigkeit: v. Arnim wollte sich und seinen Zuhörern angesichts der Tragödie des andauernden Krieges einen quälenden Ausflug in die Utopie ersparen.

Auch die Rektoratsrede sollte man zweimal lesen. Wer Wilhelm II., wie es sich heute gehört, nicht mag oder gar für verabscheuenswert hält, wird mit Genugtuung feststellen, daß der Kaiser in dieser Rede überhaupt nicht vorkommt. Als guter Patriot konnte v. Arnim zwar vom Kampf *"fürs Vaterland"* sprechen, aber der Kaiser fiel ihm dabei nicht notwendig ein. Man möchte fast glauben, eine funktionierende deutsche Demokratie wäre ihm genauso lieb gewesen. Trotzdem hielt v. Arnim es zweifellos für seine Pflicht, besonders im Krieg, loyal zu Kaiser und Regierung zu stehen. Aber wenn er Bethmann-Hollwegs berühmtes - heute natürlich berüchtigtes - *"Not kennt kein Gebot"* von 1914 zitiert, nennt er nicht den Reichskanzler als Urheber, sondern beruft sich scheinbar nur auf ein altes Sprichwort. Solidaritätserklärung und distanzierte Reserve gehen auch hier Hand in Hand.

Der Krieg, der für ihn ein *"Verteidigungskrieg"* war, ließ v. Arnim trotz aller Liebe zum Vaterland nicht zum Chauvinisten werden. Zwar vertritt er in der Rektoratsrede wie Kaiser und Reichskanzler die Meinung, daß Deutschland niemand die Freiheit nehmen und nur in friedlicher Arbeit mit anderen Völkern wettstreiten wolle, aber er leitet aus dieser Rechtsposition keinen Anspruch auf den Sieg im gegenwärtigen Krieg ab. Er ist nicht einmal bereit, Optimismus zu predigen. Das Wort „Sieg" kommt bei ihm nicht vor, er denkt nur an den Frieden. Wer genau zuhörte, mußte erkennen, daß der neue Rektor im Oktober 1916 sich einen deutschen Sieg nicht vorstellen konnte und nur auf einen Frieden hoffte, der nicht den *„Fortbestand der deutschen Einheit, Wohlfahrt und Freiheit"* in Frage stellte. Nicht nur aus Thukydides wußte v. Arnim, daß es historische Paradigmen für unerfüllte Hoffnungen gibt, und seine Rede läßt einen Ton der illusionslosen Beklommenheit verspüren, den er nicht zu überspielen versucht.

Am Ende scheint sich der neue Rektor doch in die Utopie zu flüchten. Was blieb ihm auch anderes übrig, wenn er seinen Zuhörern keine Hoffnung auf einen deutschen Sieg oder auch nur einen glimpflichen Verständigungsfrieden machen konnte? Doch v. Arnim war ein Platoniker im eigentlichen Sinne; die Pflege der *„idealen Gesinnnung"*, die er sich von der Universität zum Schluß wünscht, ist kein Rückzug auf die sogenannte deutsche Innerlichkeit und auch kein bloßer Begriff und auch keine transzendente „Idee", sondern wie bei Platon eine Verpflichtung auf die lebendige Praxis der politischen und kulturellen Gemeinschaft, an der die Universität aktiv mitwirkend teilhat.

Wenn man die beiden Reden v. Arnims analytisch liest, könnte man sie für raffinierte Produkte halten, in denen ein geschickter Redner virtuos die Rolle des biederen Staatsbürgers und die des nüchternen Gelehrten zugleich spielt. Das wäre sicher ein ganz falscher Eindruck, der v. Arnims Wesen widerspricht. Raffinement hätte er nicht als Tugend anerkannt. Er wollte anscheinend nicht mehr sein als ein aufrechter Mann, im Leben und in der Wissenschaft.

PETER SCHOLZ

Die „Alte Geschichte" an der Universität Frankfurt 1914-1955

I. Gründung eines eigenständigen Seminars für Alte Geschichte und Einrichtung der ordentlichen Professur für Alte Geschichte[1]

Bei Gründung der Frankfurter Universität verfügte die Philosophische Fakultät insgesamt über elf Ordinarien, zwei ordentliche Honorarprofessoren und sieben Privatdozenten. Nur der kleinere Teil der Professorenschaft entstammte dem Lehrkörper der Akademie für Sozial- und Handelswissenschaften[2], die übrigen Professoren wurden eigens neu berufen. Um insbesondere den Ruf der Altertumswissenschaften, die zu dieser Zeit hoch angesehen waren und dementsprechend innerhalb der Philosophischen Fakultät eine beherrschende Stellung einnehmen sollten, von Beginn an zu sichern, berief man auf die beiden Ordinariate für Klassische Philologie zwei bereits renommierte Gelehrte, Walter F. Otto aus Basel und

Hans von Arnim aus Wien (*s. Beitrag Seeck*). Beide hatten zuvor schon in Wien aufs Beste zusammengearbeitet und schienen geeignet zu sein, die Frankfurter Altertumswissenschaften inhaltlich wie institutionell voranzutreiben. Dieser Gedanke bestimmte das Kuratorium wohl auch bei der Besetzung des Lehrstuhls für Klassische Archäologie. Man entschied sich hier für Hans Schrader, der ebenfalls aus Wien stammte (*s. hier S. 337 ff.*).

Für den dritten Zweig der Altertumswissenschaften, die Alte Geschichte, strebte man in Analogie zum kunsthistorischen Lehrstuhl, der eng mit dem Städelschen Institut zusammenarbeiten sollte, eine personelle und inhaltliche Anbindung an die Römisch-Germanische Kommission (RGK) des Kaiserlich-Archäologischen Instituts an, die am 20.7.1901 ins Leben gerufen worden war und seitdem ihren Sitz in Frankfurt hat[3] (*s. hier S. 429 ff.*) Dementsprechend wurde der Lehrstuhl für Alte

---

1) Für ihre tatkräftige Unterstützung bin ich den Herren Helge Frank und Dr. Helmut Rahn zu Dank verpflichtet. Darüber hinaus möchte ich dem Inst. f. Stadtgesch. und seinen Mitarbeitern sowie dem UA., hier insbesondere Herrn Gerrit Walther für seine aufopferungsvollen Bemühungen, danken. Zur Geschichte der Alten Geschichte an anderen deutschen Universitäten: W. Nippel, Über das Studium der Alten Geschichte (1993) 414-417. 421-423 (Bibliographien); darin fehlt: H. G. Gundel, Die Geschichtswissenschaft an der Universität Gießen im 20. Jahrhundert, in: Ludwigs-Universität – Justus-Liebig-Hochschule 1607-1957. Festschrift zur 350-Jahrfeier (1957), 222-252. Allgemein: K. Christ, Die Entwicklung der Alten Geschichte in Deutschland, Geschichte in Wissenschaft und Unterricht 22, 1971, 577-593 – ders., Römische Geschichte und Deutsche Geschichtswissenschaft III: Wissenschaftsgeschichte (1982), 196-212. Folgende Abkürzungen werden verwendet: FAS 9 = J. Bleiken – Ch. Meier – H. Strasburger (Hrsgg.), Matthias Gelzer und die Römische Geschichte. Frankfurter Althistorische Studien 9 (1977). Kluke = P. Kluke, Die Stiftungsuniversität Frankfurt am Main 1914-1932 (1972). Weber, Lexikon = W. Weber, Biographi-

sches Lexikon zur Geschichtswissenschaft in Deutschland, Österreich und der Schweiz: Die Lehrstuhlinhaber von den Anfängen des Faches bis 1970 (1984).

2) Diese Institution wurde 1901 ins Leben gerufen und sollte in einer Doppelfunktion Handelshochschule und Akademie für Sozialwissenschaften sein. s. hierzu ausführlich: E. Lehnhoff, Geschichte der Akademie für Sozial- und Handelswissenschaften, in: Frankfurter Hochschulkalender (späterer Universitätskalender) 1913/14, 25-38;L. Heilbrunn, Die Gründung der Universität Frankfurt am Main (1915), 19-32; R. Wachsmuth, Die Errichtung der Akademie und ihre Entwicklung zur Universität – Rede zur Feier des 25. Jahrestages der Eröffnung der Akademie für Sozial- und Handelswissenschaften in Frankfurt am Main, Frankfurter Universitätsreden XXIV (1926).

3) Zur Geschichte der RGK: W. Krämer, 75 Jahre Römisch-Germanische Kommission, in: Beih. Ber. RGK 58 1977, 5-23 (mit weiterführender Literatur).

Geschichte als „*Extraordinariat für Archäologie und Alte Geschichte*" ausgeschrieben. Damit war vorgegeben, daß der künftige Vertreter des Lehrstuhls vor allem mit den Limesforschungen gut vertraut sein mußte. Als geeigneter Kandidat empfahl sich Eduard Walter Barthel (*Abb. 172*), der zuvor unter Emil Ritterling drei Jahre in der Kommission gearbeitet hatte und seit Herbst 1913 nebenher an der Akademie für Sozial- und Handelswissenschaft als Privatdozent lehrte[4]. In seiner Dissertation von 1904, die unter Otto Seeck in Greifswald entstanden war, hatte er sich eingehend mit den Anfängen des römischen Städtewesens in Nordafrika („Zur Geschichte römischer Städte in Afrika") beschäftigt. Danach war er nach Freiburg, seinem ersten Studienort, zurückgekehrt und dort von Ernst Fabricius für die römische Limesforschung gewonnen worden. Durch ein Reisestipendium des Deutschen Archäologischen Instituts hatte Barthel darüber hinaus Gelegenheit erhalten, zwei ausgedehnte Reisen zu unternehmen, die ihn 1908 nach Rom und Italien und 1909 nach Griechenland, Kleinasien und Afrika geführt und zu einer minutiösen Rekonstruktion der planmäßigen Vermessung der Provinz Africa angeregt hatten[5]. 1913 schließlich hatte er sich an der Frankfurter Akademie für Sozial- und Handelswissenschaften habilitiert.

Mit der Berufung Barthels an die Frankfurter Universität hatte das Kuratorium allerdings kein Glück, da

diesem unmittelbar nach der Annahme des Rufes die Leitung der Römisch-Germanischen Kommission übertragen wurde[6]. Nach den Vorstellungen der Fakultät sollte er in dieser mißlichen Lage zumindest in einer „*nebenamtlichen Tätigkeit der Universität erhalten bleiben*". Aus diesem Grund ersuchte man am 3. Februar 1915 beim preußischen Minister für geistliche und Unterrichtsangelegenheiten in Berlin um die Ernennung Barthels zum ordentlichen Honorarprofessor, „*um ohne allzu enge Abgrenzung nach der gesamten römischen Geschichte hin hier das Sondergebiet der römisch-germanischen Beziehungen zu vertreten und dadurch den örtlichen Reichtum an römisch-germanischen Ueberlieferungen für den Unterricht an der Universität nutzbar zu machen*"[7]. Mit diesem Anliegen verband Hans von Arnim, der damalige Dekan der Philosophischen Fakultät, zugleich die Bitte um Wiederbesetzung und Umwandlung der bis dahin außerordentlichen Professur in ein Ordinariat. Neben dem Verweis auf die bereits bestehenden Ordinariate für Klassische Philologie und Klassische Archäologie begründete die Fakultät die Notwendigkeit dieses Schritts mit der „*gewaltigen Ausgrabungstätigkeit und der Entwicklung der Orientforschung*", was sämtliche preußische Universitäten veranlaßt habe, die Alte Geschichte zu einem Hauptfach der Philosophischen Fakultät zu machen. Der Antrag wurde in beiden Punkten gebilligt, doch

---

4) Barthel (* 22. 8. 1880 in Elberfeld) hatte in Freiburg und Greifswald Alte Geschichte, Klassische Philologie, Archäologie und Völkerkunde als Schüler von Ernst Fabricius, Otto Puchstein und Otto Seeck studiert. Vgl. zur Biographie: F. Koepp – W. Weber, Wilhelm Barthel zum Gedächtnis, in: Ber. RGK 9, 1916, 1-13 (mit Schriftenverzeichnis und Photo); Frankfurter Universitätskalender (1919/20), 31f. (kurz gefaßter Lebenslauf). Weiteres Photo: Krämer a.a.O. (Anm. 3) Taf. 7,3.

5) „Die Römische Limitation in der Provinz Africa" (1911), Bonner Jahrb. 120, 1911, 39-126. Seine übrigen Schriften entstammten dem Bereich der Limesforschung, s.: F. Koepp – W. Weber a.a.O. 12f.

6) Für das WS 1914/15 hatte Barthel bereits zwei einstündige Vorlesungen zur „Griechischen Geschichte des 5. Jh. v.Chr." und zur „Germania des Tacitus" angekündigt, ferner „Übungen auf dem Gebiet der römischen Verfassungsgeschichte".

7) UA., Philosophische Fakultät: Akte Alte Geschichte (Nr. PhF 74). Daraus stammen auch die folgenden Zitate, soweit nicht anders angegeben.

verhinderte der Kriegsausbruch die Aufnahme der Lehrtätigkeit Barthels. Mit Kriegsbeginn wurde er eingezogen und fiel am 16. Juli 1915[8].

Für die durch die Ablehnung Barthels notwendig gewordene Neubesetzung des nunmehr als „Ordinariat für Alte Geschichte" ausgeschriebenen Lehrstuhls wurde von der Fakultät an erster Stelle Julius Kaerst, damals ordentlicher Professor in Würzburg, vorgeschlagen[9]. Dieser hatte sich durch sein Hauptwerk „Geschichte des Hellenismus"[10] über die Fachkreise hinaus einen großen Ruf erworben. Da er als ausgesprochener Spezialist für die griechische Geschichte gelten konnte, sah man in ihm eine *vortreffliche Ergänzung* zu Barthel. An die zweite Stelle setzte man den in Jena lehrenden Walther Judeich[11]. Judeichs wissenschaftlicher Ruf gründete vor allem auf seinen Untersuchungen zur Geschichte und Landeskunde Kleinasiens[12] sowie auf das von ihm mustergültig verfaßte Handbuch zur Topographie Athens

(1905)[13]. Den dritten Rang schließlich nahm der damals erst 29-jährige, gegenüber den anderen Bewerbern nahezu 30 Jahre jüngere Matthias Gelzer (*Abb. 175. 176*) ein[14]. Er hatte von 1905 an in Basel Klassische Philologie und Geschichte studiert, schon bald, 1907, in Leipzig promoviert und lehrte seit 1912 als Privatdozent für Alte Geschichte an der Universität Freiburg i.Br. Die Fakultät rechtfertigte diese mutige Wahl folgendermaßen: *„Wenn seine Arbeiten an äußerem Umfange naturgemäß hinter den Leistungen älterer Historiker zurückbleiben, so läßt doch ihr Inhalt keinen Augenblick zweifeln, daß in der Folgezeit das Hervorragendste von ihm erwartet werden darf"*. Ihr Urteil stützte sich vor allem auf den Umstand, daß von dem jungen Gelehrten neben seiner Leipziger Dissertation[15] bereits mehrere größere Artikel (Brutus, Tiberius Caligula) für die „Realencyclopädie der classischen Altertumswissenschaften" (RE) vorlagen. Mit seiner Habilitationsschrift „Die Nobilität der römischen Re-

---

8) Barthel starb bei einem Sturmangriff bei Ban-de-Sapt. Zu den nachfolgenden, durch den plötzlichen Tod Barthels verursachten Schwierigkeiten der RGK, ihren Sitz in Frankfurt zu halten: Kluke 196f.

9) Kaerst (* 16.4.1857 in Gräfentonna † 2.1.1930) wurde erst 1898, nachdem er 19 Jahre in Berlin und Gotha als Gymnasiallehrer gewirkt hatte, in Leipzig habilitiert. Photo in: J. Vogt (Hrsg.), Universalgeschichte – Abhandlungen von Julius Kaerst (mit Gedächtnisrede und Schriftenverzeichnis) (1930) Vorsatzblatt.

10) Das zweibändige Werk erschien 1901 und 1909 in erster Auflage; es erfuhr eine zweite (1917 und 1926) und sogar dritte Auflage (1927). Ihm gingen die „Studien zur Entwicklung und theoretischen Begründung der Monarchie im Altertum" (1898) voraus. Zur Biographie: J. Vogt, Julius Kaerst – Gedächtnisrede, in: Vogt a.a.O. VII-XX (XXI-XXIII: Schriftenverzeichnis).

11) * 5.10.1859 in Dresden † 24.2.1942. Zur Biographie: Weber, Lexikon 276. Photo: A. Cartellieri (Hrsg.), Festschrift Walther Judeich zum 70. Geburtstag überreicht von Jenaer Freunden (1929) Vorsatzblatt.

12) Cäsar im Orient – Kritische Übersicht der Ereignisse vom 9. Aug. 48 bis Okt. 47 (1885); Kleinasiatische Studien – Untersuchungen zur griechisch-persischen Geschichte des IV. Jahrhunderts v.Chr. (1892);

Bericht über eine Reise im nordwestlichen Kleinasien, SBAW Berlin 1898, 36.

13) Das Werk wurde im Rahmen der Reihe „Handbuch der Altertumswissenschaft" (Bd. III 2.2) publiziert. Eine zweite, überarbeitete Auflage erschien 1931.

14) Gelzer (* 20. 12. 1886 in Liestal im Baselland), Sohn eines Pfarrers, hatte von 1897 bis 1905 das Humanistische Gymnasium in Basel besucht. Von beiden Elternteilen gehörte er, um seine eigenen Worte zu benutzen, der *„akademischen Nobilität"* an: Sein Großvater Johann Heinrich Gelzer (1813-1889) war 1844-1850 Professor der Geschichte in Berlin, danach in Basel, sein Onkel Heinrich Gelzer (1847-1906) lehrte seit 1878 Klassische Philologie und Alte Geschichte in Jena. Von der mütterlichen Seite war er nicht weniger *„vorbelastet"*: Der Urgroßvater Wilhelm Vischer d.Ä., Professor für Griechische Philologie, und Großvater Wilhelm Vischer d.J., Professor für Geschichte, waren hochangesehene Repräsentanten der Baseler Universität, sein Onkel Eberhard Vischer (1865-1946) schließlich hatte in Basel den Lehrstuhl für Ältere Kirchengeschichte und Neues Testament inne.

15) Studien zur byzantinischen Verwaltung Ägyptens (1909) = Neudruck 1974.

publik"[16], einer ebenso kurzgefaßten wie glänzenden, systematischen Erörterung der sozialen Zusammensetzung der regierenden senatorischen Klasse, stellte er die Erforschung der römischen Republik auf eine neue Grundlage. Durch eine strukturelle Analyse war es ihm gelungen, die sozialen Bedingungen und Wesensmerkmale römischer Politik prägnant herauszuarbeiten und dabei die sog. „Nobilität" zu „entdecken", einen kleinen Kreis von Familien, die sich im Laufe der Zeit aus der übrigen Oberschicht herausgehoben und in der späten römischen Republik eine führende Stellung gewonnen hatten. Die Bezeichnung dieser Führungsgruppe hat bis heute ihre Gültigkeit bewahrt[17]. Im Schlußsatz der kurzen Beurteilung der Person Gelzers verweist der Dekan auf das Urteil seines Lehrers Ulrich Wilcken, der *„ihn unter unseren jüngeren Forschern für den bei weitem Genialsten erklärt und als Lehrer bekennt, einer derartigen speziellen Begabung für historische Probleme bei Schülern noch nie begegnet zu sein"*.

Die Neubesetzung der althistorischen Professur scheiterte jedoch erneut, nun an den finanziellen Nöten der Frankfurter Universität. Nachdem das Kuratorium es abgelehnt hatte, die Mittel für eine ordentliche Professur bereitzustellen, schlug Julius Kaerst, der Wunschkandi-

dat der Fakultät, den Ruf nach längerem Zögern aus. Neue Kandidatenvorschläge wurden so erforderlich.

In dieser zweiten Kandidatenliste für die Besetzung einer „außerordentlichen Professur für Alte Geschichte" führte die Philosophische Fakultät *„ohne Frage"* Wilhelm Weber[18] (*Abb. 174*) an erster Stelle. Dieser Schüler von Alfred von Domaszweski hatte seit Februar 1912 eine ordentliche Professur für Alte Geschichte und römische Altertümer an der königlichen niederländischen Reichsuniversität Groningen inne. Promoviert hatte er 1906 mit den „Untersuchungen zur Geschichte des Kaisers Hadrianus" (1907 = Neudruck 1973), die lange Zeit die maßgebliche Abhandlung zu den beiden großen Reisen des Kaisers (121-125 und 128-134 n.Chr.) blieb. 1911 lag seine schmale Habilitationsschrift „Zwei Untersuchungen zur Geschichte ägyptisch-griechischer Religion" vor[19]. Aus Groninger Berichten hatte die Fakultät überdies den *„Eindruck eines anregenden Lehrtalents"* gewonnen. Darüber hinaus hob man die *„seltene Verbindung historischer Begabung und Schulung mit reichem archäologischen und numismatischem Wissen"*[20] hervor. Hinter Weber plazierte man Oskar Leuze, einen ehemaligen Tübinger Gymnasiallehrer, der vor allem mit seinem Werk „Die römische Jahreszählung" (1909) im Fach hervorgetreten war[21], sowie Erich Ziebarth, Professor am

---

16) Leipzig 1912 [= ders., Kleine Schriften I (1961) 17ff.]. Eine Zusammenfassung der dort vorgetragenen Ansichten gibt der aus einem Vortrag hervorgegangene Aufsatz „Die römische Gesellschaft zur Zeit Ciceros", in: NJ 1920 [= ders. a.a.O. 154ff.].

17) Dazu ausführlich: J. Bleicken, Gedanken zu dem Buch Gelzers über die römische Nobilität, in: FAS 9, 7-28. Zur Entstehungsgeschichte des Werkes und zu den Gründen, warum dieser neue, sozialhistorische Forschungsansatz von Gelzer nicht fortgeführt wurde: Ch. Meier, Matthias Gelzers Beitrag zur Erkenntnis der Struktur von Gesellschaft und Politik der späten römischen Republik, in: FAS 9, 29-56.

18) Wilhelm Weber (* 28.12.1882 in Heidelberg † 21.11.1948 in Berlin) promovierte am 10.1.1906, habilitierte am 30.7.1911, war danach

bis Anfang 1912 Lehramtspraktikant in Heidelberg. Die hier abgebildete Photographie verdanke ich Herrn Prof. Dr. Johannes Straub (Bonn).

19) Aus diesem Themenbereich stammte auch seine Groninger Antrittsrede (1912) „Aegyptisch-griechische Götter im Hellenismus".

20) An späteren, größeren Publikationen sind zu nennen: Princeps – Studien zur Geschichte des Augustus, (1936); Rom, Herrschertum und Reich im 2. Jh.n.Chr. (1937).

21) Leuze (* 30.5.1874 in Beimbach † 19.4.1934), hatte sich 1912 in Halle habilitiert („Geschichte der römischen Censur") und wurde 1921 Ordinarius in Königsberg: Weber, Lexikon 347.

Wilhemsgymnasium in Hamburg[22], dessen Arbeitsgebiete die griechische Rechtsgeschichte und Epigraphik darstellten.

Am 1. September 1916 erhielt schließlich Wilhelm Weber den Ruf nach Frankfurt[23]. Die breitgestreuten Interessen und Kenntnisse Webers, die ein wesentlicher Grund für seine Berufung gewesen waren, spiegelten sich auch in seinem Veranstaltungsangebot wider. Es umfaßte während seiner Frankfurter Zeit zumeist zweistündige Vorlesungen und Seminare zur Religions- und Provinzialgeschichte, zur Topographie Roms, zum Perikleischen Zeitalter, zur politischen Ideengeschichte (Gesellschaftslehren der Kaiserzeit; Der Individualismus im 5. Jh. v. Chr.) und schließlich auch Veranstaltungen zu Fragestellungen, die die Fachgrenzen überschritten[24].

Was die Frage der im Zusammenhang mit der Neubesetzung erörterten Erhebung des Lehrstuhls für Alte Geschichte zu einem Ordinariat anging, zeigte sich die Fakultät Weber gegenüber auch nach seinem Dienstantritt weiterhin zuversichtlich, auch wenn alle Versuche bis dahin fehlgeschlagen waren. Die Philosophische Fakultät war einhellig der Meinung, *„dass wir bei der letzten Entscheidung des Kuratoriums uns nicht beruhigen dürfen"*. Ihrer Ansicht nach war das Anliegen letztlich nur an der unzureichenden Darstellung der Angelegenheit durch den Vorsitzenden des Kuratoriums, Oberbürgermeister Voigt, gescheitert[25]. Daraufhin versuchte die Fakultät das

Kuratorium zu umgehen und wandte sich mit der Bitte um Einrichtung eines Ordinariats unmittelbar an den Unterrichtsminister.

Dabei erinnerte der Dekan (22. Juni 1916) u.a. an die Stellung des Faches an den anderen preußischen Universitäten: *„Das Fach der alten Geschichte ist innerhalb der philosophisch-historischen Disziplinen durchaus ein Hauptfach. Sowohl die Studierenden der Geschichte, wie die der alten Sprachen und der Archaeologie müssen auch Vorlesungen und Uebungen über alte Geschichte hören. Es ist für alle diese Studierenden unmöglich länger an einer Universität zu verweilen, an der das Fach der alten Geschichte nicht vollgültig besetzt ist. Und dass es neben den Fächern der mittleren und neueren Geschichte und den klassischen Sprachen als gleichwertig angesehen wird, beweist schon die Tatsache, dass es an den allermeisten preussischen Universitäten durch einen ordentlichen Professor vertreten wird. Demgemäss bestand ursprünglich auch in Frankfurt die Absicht, nicht ein Extraordinariat, sondern ein Ordinariat für alte Geschichte einzurichten"*. Indes bleib auch dieser Versuch erfolglos. Der Unterrichtsminister verwies die Fakultät wieder an das Kuratorium der Frankfurter Universität, das kurz darauf (29. Juni 1916) den Antrag *„mit Rücksicht auf Finanzlage"* ein weiteres Mal ablehnte.

Daß sich Weber trotz dieser Schwierigkeiten zur Annahme des Frankfurter Rufes entschloß, ist letztlich wohl vor allem auf eine Bibliotheksspende in Höhe von

---

22) Ziebarth (* 31.12.1868 Frankfurt/Oder † 21.10.1944) wurde 1919 Ordinarius in Hamburg. Promotion: 1892 in Göttingen („De iure iurando in iure Graeco quaestiones"). Hauptwerk: Das griechische Vereinswesen (1896 = Neudruck 1969). Einem weiteren Publikumskreis wurden die Publikationen „Aus dem griechischen Schulwesen" (2. Aufl. 1914 = Neudruck 1971) sowie „Kulturbilder aus griechischen Städten" (1912. Dritte Aufl. 1919) bekannt. Zur Biographie: Weber, Lexikon 683.

23) s. hierzu und zum folgenden UA., Personalakte Weber (Aktennr. PhF 167: 20. Juli 1915).

24) So etwa (zusammen mit dem Romanisten Fritz Kern) das Seminar „Die christliche Vision von den Anfängen bis Dante" im WS 1917/18.

25) s. den Brief der Fakultät an Weber in Göttingen vom 20. Juni 1916. Ein Mitglied der Fakultät hatte drei Tage (17. Juni) zuvor das Stiftungsmitglied Dr. Merton zu diesem Fall konsultiert und bei ihm Unmut über *„die souveräne Geschäftserledigung durch den Vorsitzenden des Kuratoriums"* registriert, da es *„dem Buchstaben und Geist der Kuratoriumsverfassung widerspreche"*.

10.000 M zurückzuführen, die zwei Frankfurter Stifter zum Zwecke der Erforschung des Übergangs von antiker zur frühchristlichen Welt, dem damaligen Forschungsgebiet Webers, in Aussicht stellten. Mit dieser Spende war allerdings der Wunsch verbunden, den Lehrstuhl für Alte Geschichte zu einem unabhängigen Institut zu verwandeln. Einer der Stifter, die ursprünglich anonym bleiben wollten, war der Justizrat Adolf Fuld (*Abb. 173*). Er sah die Selbständigkeit des Lehrstuhls als *„entscheidend"* für die Schenkung an. Eine Angliederung an die Klassische Philologie erschien ihm *„zu einseitig"*; vielmehr habe – dem Bericht Webers zufolge – den Stifter *„bei Anregung der Schenkung ... der Gedanke geleitet, der Erforschung des alten Orients einen Antrieb zu geben"*. Ferner versuchte Weber der Forderung der Stifter durch den Hinweis Nachdruck zu verleihen, daß schon Barthel, *„bevor er in dem Kriege den Heldentod gefunden, als Privatdozent der früheren Akademie den Grundstock einer solchen Bücherei, welche von einer Schenkung aus dem Goethe-Gymnasium herrührt, selbständig verwaltet"* habe. Weber versprach sich von der institutionellen Selbständigkeit *„eine gleichmäßige Benutzung"* der althistorischen Bibliothek von Klassischen Philologen und anderen Historikern und verwies dabei auf die Beispiele von Straßburg und Jena. Trotz anfänglicher Bedenken zeigte sich das Kuratorium nach kurzer Zeit bereit, dem Wunsch der Stifter zu entsprechen und diesen auch gegen den ausdrücklichen Willen des Ministeriums durchzusetzen. Selbstbewußt setzte es sich über den negativen Bescheid des Ministers hinweg und begründete sein eigenwilliges Vorgehen in einem Schreiben vom 13. März 1918 damit, daß ein Schenkungsvertrag zur Einrichtung eines althistorischen Seminars für Alte Geschichte abgeschlossen worden sei und daß ein solcher Vertrag nicht der ministeriellen Zustimmung bedürfe. Dem preußischen Unterrichtsminister blieb so keine andere Wahl, als die Gründung eines eigenständigen Seminars für Alte Geschichte – *„vorbehaltlich einer späteren Überführung*

des alt-historischen Apparates an ein zu begründendes Institut für Altertumskunde" – anzuerkennen. Innerhalb des Historischen Seminars stellte das althistorische Seminar von nun an eine besondere Abteilung dar, dessen Leiter zugleich Mitdirektor des Historischen Seminars sein sollte.

Als im Frühsommer 1918 Weber einen Ruf nach Tübingen erhielt und seine Kollegen darüber in Kenntnis setzte, sah sich die Fakultät zu einer neuerlichen Bemühung um die Umwandlung des Lehrstuhls gezwungen. Auf Initiative des Geheimrats Becker gelang es der Philosophischen Fakultät, endlich den hartnäckigen Widerstand des Kuratoriums zu brechen und das Extraordinariat für Alte Geschichte in ein Ordinariat umzuwandeln. In einem Brief an den damaligen Prodekan Friedwagner (2.8.1918) nahm Weber Stellung zu dieser überraschenden Wendung in dieser Frage. Er bedankte sich für die ihm mit diesem Schritt bewiesene Anerkennung seiner Tätigkeit und teilte der Fakultät zugleich seinen Entschluß mit, Frankfurt dennoch verlassen zu wollen. Für diese Entscheidung machte er weniger äußere als vielmehr innere Gründe geltend: *Ich habe die Zukunftsmöglichkeiten Frankfurts abgewogen gegen die Stille der vita speculativa in Tübingen – und muss bekennen, dass ich in meiner Unfertigkeit, mit meiner raschen Laufbahn, die viel zu früh begann und mir viel zu früh grosses auflud, teilweise frühsommerlich gereift, teilweise nicht fertig geworden bin mit dem, woraus jeder Gelehrte zu achten hat, mit meinem wissenschaftlichen Werk. Ich muss, statt an einer grossen Universität zu wirken, noch ein paar Jahre der Sammlung und der schweren Arbeit an mir selber und für mein Werk haben, ehe ich solches wagen kann"*. Für das von ihm aufgebaute Seminar erbittet er weiteres Interesse von seiten des Kuratoriums: *„Noch ist es nicht unter einem Dach – längst müsste es das sein! – aber der Schatz an Büchern, der vorhanden ist, wird ein guter Grundstock sein für altgeschichtliche Studien an der Universität"*. Das SS 1918 blieb somit das letzte Semester Webers in Frankfurt. Im anschließenden Wintersemester las er bereits in Tübingen[26]. Dank der vereinten Bemühungen Webers und der Fakultät waren damit die entscheidenden Weichen für die weitere Entwicklung des Seminars gestellt: Das Extraordinariat war in ein Ordinariat für Alte Geschichte umgewandelt und zugleich ein eigenständiges „Seminar für Alte Geschichte" gegründet worden, das gleichermaßen der Erforschung und dem Studium der Geschichte des Vorderen Orients wie der Griechischen und Römischen Geschichte dienen sollte. Darüber hinaus stand den Althistorikern dank der großzügigen Spenden zweier privater Stifter und des Frankfurter Goethegymnasiums eine ansprechende Bibliothek zur Verfügung.

II. Das Seminar für Alte Geschichte unter Matthias Gelzer 1919-1939

Nachdem die Umwandlung der Professur in ein Ordinariat am 30. Dezember 1918 auch offiziell genehmigt worden war, trat eine Kommission zur Neubesetzung der althistorischen Professur zusamm. „Aus besonderen Gründen" meinte sie sich auf einen Vorschlag beschränken und nur Matthias Gelzer auf die Liste setzen zu dürfen. Für diesen Beschluß führte sie zwei Gründe an: Zum einen hätte Gelzer, der schon auf der ersten Berufungsliste gestanden hätte, ursprünglich bei der zweiten Liste für

die Besetzung der außerordentlichen Professur im Jahre 1915 an die erste Stelle gesetzt werden sollen, wenn ihn nicht kurz zuvor ein Ruf nach Greifswald ereilt hätte. Zum anderen sei der unglückliche Umstand eingetreten, daß Gelzer im WS 1918/19 von Greifswald nach Straßburg berufen und dort infolge des Krieges seiner Professur beraubt worden sei. Ihre Begründung beschließt die Kommission mit den Worten: „Wenn also diesem Manne gegenüber eine vaterländische Verpflichtung besteht, so ist es das Natürlichste, daß sie durch eine Berufung an die Frankfurter Fakultät erfüllt wird". Am 16. Mai 1919 wurde er zum ersten ordentlichen Professor für Alte Geschichte in Frankfurt ernannt[27].

Das Seminar für Alte Geschichte befand sich zu dieser Zeit im zweiten Stock des sog. Jügelbaus (Mertonstr. 3) und bestand nur aus einem einzigen Zimmer (Nr. 211), das dem Lehrstuhlinhaber als Amtssitz diente. Gleich zu Beginn seiner Lehrtätigkeit führte Gelzer heftige Klage über die unzureichende Unterbringung der von seinem Vorgänger angeschafften Bücher in diesem Direktorenzimmer und kam daher mit den Klassischen Philologen überein, daß die Alte Geschichte ihren Bücherbestand auf zwei Regalen(!) in dem bis dahin nur von der Altphilologie genutzten Übungssaal (Nr. 220) unterbringen und diesen gleichfalls als Veranstaltungsraum benutzen durfte[28].

---

26) Vgl. Kluke 311. Von Tübingen aus wechselte Weber 1928 nach Bonn, 1932 nach Berlin. Seine Berliner Zeit behandelt A. Demandt, Alte Geschichte in Berlin 1810-1960, in: R. Hansen – W. Ribbe (Hrsg.), Geschichtswissenschaften in Berlin im 19. und 20. Jahrhundert – Persönlichkeiten und Institutionen (1992) 199f. Weber stellte sich unmißverständlich in den Dienst der Nationalsozialisten. Er arbeitete mit dem Amt Rosenberg zusammen und war Mitglied und Gutachter des Reichsinstituts Walter Frank: V. Losemann, Nationalsozialismus und Antike – Studien zur Entwicklung des Faches Alte Geschichte 1933-1945 (1977) 75-89. 111f. 176f. Zur wissenschaftsgeschichtlichen Einordnung jetzt ausführlich: I. Stahlmann, Imperator Caesar Augustus –

Studien zur Geschichte des Principatsverständnisses in der deutschen Altertumswissenschaft bis 1945 (1988) 155-184.

27) Daß sich Gelzer schon damals auf einen längeren Verbleib in Frankfurt eingerichtet hatte, zeigt der bereits im Sommer desselben Jahres erfolgte Kauf des Hauses Westendstr. 95, das er bis zu seinem Tod bewohnen sollte. Dementsprechend lehnte er auch einen 1920 an ihn ergangenen Ruf an die Göttinger Universität ab.

28) s. UA., Philosophische Fakultät: Akte Alte Geschichte. Die Seminarübungen des Jahres 1919 besuchten 17 Hörer.

Das knappe Lehrangebot in der Alten Geschichte, das in der Regel aus zwei Vorlesungen und einer Übung oder einem Seminar pro Semester bestand, bereicherten in den zwanziger Jahren verschiedene jüngere Privatdozenten. In seinen ersten beiden Frankfurter Jahren (1919/1920) wurde Gelzer dabei von dem etwa gleichaltrigen Privatdozenten Bernhard Laum unterstützt[29]. Da Laum mit seinen Forschungen zu wirtschaftshistorischen und numismatischen Fragen an der Frankfurter Universität eine Tradition begründete und so die Ausbildung einer erst 1962 eingerichteten zweiten Abteilung des Seminars für Alte Geschichte (Provinzialrömische Archäologie/Hilfswissenschaften der Altertumskunde) in gewisser Weise vorwegnahm, soll an dieser Stelle kurz an seine Forschungen und Lehrtätigkeit erinnert werden. Seinen Doktortitel hatte Laum 1908 an der Kaiser-Wilhelm-Universität in Straßburg bei Bruno Keil, einem Spezialisten für griechische Epigraphik, erworben. Als Dissertationsleistung war ihm dabei ein Teil des ersten Bandes seines erst 1914 publizierten Werkes „Stiftungen in der griechischen und römischen Antike – Ein Beitrag zur antiken Kulturgeschichte" anerkannt worden[30]. Es blieb bis in die jüngste Zeit hinein die maßgebliche, zusammenfassende Untersuchung zu diesem Gegenstand (*hier S. 465*). In sei-

ner zweiten Monographie wandte er sich einem numismatischen Thema zu und zeichnet den historischen Prozeß nach, der von den prämonetären Geldformen zur Ausbildung eines Münzwesens führte[31]. 1917 habilitierte Laum sich schließlich bei dem Klassischen Philologen Hans von Arnim mit einer Untersuchung „Über das alexandrinische Akzentuationssystem", doch entwickelte er sich in der Folgezeit auf der Grundlage seiner umfassenden numismatischen Kenntnisse zu einem ausgesprochenen Spezialisten für die antike Sozial- und Wirtschaftsgeschichte[32].

Dieser Interessenswandel spiegelt sich auch in den von ihm angebotenen Lehrveranstaltungen. Führte er noch im Zwischensemester 1919 und 1920 in die Alte Geschichte und die „Technik und Methode des philologisch-historischen Arbeitens" ein, so widmete er sich bereits im SS 1920 in einer zweistündigen Vorlesung „Grundfragen der antiken Wirtschaftsgeschichte" und gab zudem einen einstündigen Überblick über die „Geschichte der Arbeit von der Frühzeit bis auf Byzanz". Aus finanziellen Gründen sah sich Laum 1920 gezwungen, sich an der wirtschafts- und sozialwissenschaftlichen Fakultät für das Fach „Wirtschaftsgeschichte" umzuhabilitieren. Seit dem WS 1920/21 wurde er so mit je-

---

29) Laum (* 12.4.1884 in Velen/Westf.), Sohn eines Mühlen- und Gutsbesitzers, das örtliche Gymnasium in Dorsten und Münster besucht und von 1904-1911 in Bonn, Münster und Straßburg studiert. Nach Ablegung der Staatsprüfung für das höhere Lehramt und der Promotion verfaßte er zwei Abhandlungen, die ihm als Preisaufgaben zum einen von der Philosophischen Fakultät der Straßburger Universität („Über die Entwicklung der Metopenbilder"), zum anderen von der Preußischen Akademie der Wissenschaften („Über die Akzente in den literarischen Papyri") gestellt worden waren. Im Winter 1910/11 bearbeitete er im Auftrag der Wissenschaftlichen Gesellschaft Straßburg die Inschriften für Preisigkes Sammelbuch griechischer Urkunden aus Ägypten. Von 1911 bis 1913 bereiste er Italien, Nordafrika, Kleinasien und Griechenland zunächst als Stipendiat, dann als Assistent des DAI Athen: UA., Personalakte Laum.

30) In der Folgezeit hatte er diese Untersuchung dann noch einmal einer gründlichen Überarbeitung unterzogen und sie durch römische Inschriften nicht unwesentlich ergänzt. Ein Neudruck erschien 1964.

31) Heiliges Geld – Eine historische Untersuchung über den sakralen Ursprung des Geldes (1924).

32) Seine wirtschaftshistorischen Neigungen deuten sich erstmals mit seiner Antrittsvorlesung (24.7.1917 im Hörsaal H) an, die „Der Scheck- und Girozahlverkehr im griechisch- römischen Altertum" zum Thema hatte. Weitere Arbeiten zur antiken Numismatik: „Das Fischgeld von Olbia", Frankfurter Münzztg. 1918, 2-12; Das Eisengeld der Spartaner (1925); Entstehung der öffentlichen Finanzwirtschaft (Altertum und Mittelalter), in: W. Gerloff – F. Meisel (Hrsg.), Handbuch der Finanzwirtschaft (1925) 185-209; Ueber das Wesen des Münzgeldes (1930).

weils drei Lehrveranstaltungen, bestehend aus zwei in der Regel einstündigen Vorlesungen zur antiken und allgemeinen Wirtschaftsgeschichte sowie einer wirtschaftshistorischen Übung im Vorlesungsverzeichnis bei den Wirtschaftswissenschaften geführt[33]. Nachdem er 1921 zum außerordentlichen Professor ernannt worden war, verließ Laum Frankfurt und folgte im Spätsommer 1923 einem Ruf an die Staatliche Akademie im ostpreußischen Braunsberg[34]. Mit seiner Person verlor die Frankfurter Universität einen ungewöhnlich vielseitigen und gegenüber anderen Wissenschaften aufgeschlossenen Altertumswissenschaftler und Wirtschaftshistoriker.

Nach Laums Fortgang sprang Friedrich Koepp, der damalige Direktor der RGK (s. S. 432), dessen Vorlesungen dem Lehrangebot der Archäologen zugeordnet waren, im WS 1920/21 mit einer wöchentlich zweistündigen Vorlesung zur „Geschichte der Rheinlande zur Römerzeit" ein. Im SS 1922 trug auch der erst kurze Zeit zuvor als Honorarprofessor für Klassische Philologie und Altertumswissenschaften ernannte Gymnasialdirektor Felix Bölte (s. S. 409 ff.), mit einer Vorlesung zur „Landeskunde von Alt - Griechenland" zur Erweiterung des Veranstaltungsangebots in der Alten Geschichte bei. Durch eine Studienreise nach Griechenland war der Gymnasialdirektor[35] angeregt worden sich mit Fragen der griechischen Landeskunde auseinanderzusetzen, und hatte sich in der Folgezeit zu einem der besten Kenner der Materie

entwickelt. Bis 1921 schrieb er rund 330 Artikel zur griechischen Landeskunde, insbesondere zu Lakonien und Sparta, für die Realencyclopädie. Diese hatten, wie der damalige Dekan der Philosophischen Fakultät, Walter F. Otto, in seiner Begründung für Böltes Ernennung zum Honorarprofessor gegenüber dem Universitätskuratorium ausführte, *„durch ihre Verbindung streng philologischer Forschung mit naturwissenschaftlich-geographischen Gesichtspunkten zur Klärung schwieriger Fragen der griechischen Landeskunde Erhebliches beigetragen"*, so daß der Autor als *„schätzenswerte Bereicherung unseres Lehrbetriebs der klassischen Altertumswissenschaften"* gelten konnte. In einem Artikel der Frankfurter Zeitung anläßlich seines 80. Geburtstages, wurden u.a. seine pädagogischen Fähigkeiten als Universitätslehrer gerühmt: *„Seine Vorlesungen in den zwanziger Jahren standen vor allem im Dienste der Gymnasiallektüre. Wer sie hörte, durfte lauteres Gold davontragen für die wissenschaftliche Unterbauung des griechischen Unterrichts"*[36]. Kurz nachdem er 1943 zu diesem Geburtstag sowohl von seiten der Stadt mit der Plakette für kulturelle Verdienste als auch von seiten der Frankfurter Universität geehrt worden war, starb Felix Bölte am 11. November. Seine gesamte Bibliothek mitsamt seinen Reisetagebüchern und seiner umfangreichen Photosammlung vermachte er der Universität. Dieser Stiftung verdankt das heutige Seminar für Alte Geschichte den Grundstock

---

33) Sein Vorlesungsprogramm umfaßte dabei vor allem die Wirtschaftsgeschichte der altorientalischen Reiche bis zur Spätantike, daneben traten aber auch Vorlesungen zu „Wirtschaftskreisen und -perioden", zur „Geschichte des Sozialismus und Kommunismus", zur „Geschichte der Arbeit" und zur „Geschichte der sozialen Wohlfahrtspflege".

34) Seinen Wechsel kommentierte er (Vorwort von „Heiliges Geld") mit dem Spruch eines altnordischen Dichters: *„Der Sänger ruft nach Brot, sonst muß der Sang versiegen"*. Seitdem wandte er sich immer mehr von den Altertumswissenschaften ab und publizierte nahezu ausschließlich zu Themen aus der Wirtschafts-, Geld- und Kapitalge-

schichte. 1936 wechselte er nach Marburg über, da er dort eine ordentliche Professur für Volkswirtschaftslehre erhielt, die bis zu seiner Emeritierung (1953) inne hatte.

35) Zu seiner Tätigkeit als Lehrer und Direktor des Goethe-Gymnasiums s. die Erinnerung von: K. Reinhardt, Ein wunderbarer Lehrer, in: Unser Goethe-Gymnasium – Erinnerungen zum Tag der Einweihung des neuen Gebäudes, hrsg.v. Verein Ehemaliger Goethe-Gymnasiasten (1959), 47-52 (nach S. 33 Photo des Lehrerkollegiums von 1904).

36) Frankfurter Zeitung vom 3.8.1943 (Stadtblatt, Nr. 179 mit Photo). Das vorangehende Zitat aus: UA., Personalakte Bölte.

seines Bestandes an landeskundlicher Literatur. Das ehrende Andenken an seine Person, das man ihm in der Todesanzeige (20.11.1943) zu bewahren versprochen hatte, währte nicht lange: 1960 befand sich sein Grab mangels Verwandten in ungepflegtem Zustand und muß, nachdem die Universität sich geweigert hatte, hierfür die Kosten zu tragen, kurz danach geräumt worden sein.

Im SS 1921 begründete Gelzer eine „Althistorische Gesellschaft", möglicherweise um in eine intensivere fachliche Diskussion mit den genannten und anderen jüngeren Gelehrten und Studenten zu treten. Die Gesellschaft trat wöchentlich zusammen und sollte ihren Mitgliedern ein fachwissenschaftliches Forum bieten, ihre aktuellen Forschungsarbeiten vorzustellen[37]. Nach einer dreijährigen Pause trat sie im SS 1926 wieder unter neuem Namen auf („Akademische Gesellschaft für die Klassischen Altertumswissenschaften") und öffnete sich nun auch den anderen Vertretern der Altertumswissenschaften. Diese Form des interdisziplinären Kolloquiums hatte bis zum WS 1931/32 Bestand. Den Kontakt mit den Nachbarwissenschaften pflegte Gelzer über diese abendliche Gesprächsrunden hinaus auch durch Gemeinschaftsveranstaltungen. So bot er in den Jahren 1928 bis 1930, jeweils im Sommersemester, zusammen mit Friedrich Drexel, dem Nachfolger Koepps in der Leitung der RGK, eine Übung zur „Geschichte der römischen Rheinlande" an, in deren Verlauf die erhaltenen Denkmäler in ganz- oder halbtägigen Ausflügen aufgesucht und vor Ort besprochen wurden.

1924 eröffnete sich Gelzer die Möglichkeit, an die Heidelberger Universität überzuwechseln und die Nachfolge von Alfred von Domaszweski anzutreten[38]. Er schlug das lukrative Angebot aus, da er (wie sechs andere Kollegen in demselben Jahr auch) eine gewisse Verpflichtung gegenüber der jungen, gerade den ärgsten Nöten entronnenen Universität fühlte. Als ihm nur zwei Jahre später auch der Freiburger Lehrstuhl angeboten wurde, lehnte er abermals ab, obgleich er in diesem Fall nun ernsthaft einen Wechsel erwogen hatte. Vor allem die Aussicht, in Freiburg eine größere Schülerschaft als in Frankfurt um sich scharen zu können, ließ das Angebot der Nachfolge von Ernst Fabricius bedenkenswert erscheinen. Glücklicherweise kamen die Abwanderungsgedanken des jungen, durch sein Rektorat auch einer breiteren Öffentlichkeit bekannt gewordenen Gelehrten dem damaligen Oberbürgermeister Frankfurts, Ludwig Landmann, zu Gehör, der sogleich die schlimmen Folgewirkungen für die Frankfurter Universität im Falle eines Wechsels des ambitionierten Professors zu dem badischen Konkurrenten bedachte. Umgehend schrieb er einen privaten Brief an Gelzer, in dem er ihn dringlichst darum bat, einen solchen Schritt noch einmal in allen seinen Konsequenzen überdenken zu wollen. Der junge Althistoriker fühlte sich durch die Aufmerksamkeit und persönliche Initiative des höchsten Repräsentanten der Stadt geschmeichelt und nahm denn auch tatsächlich von seinen Abwanderungsplänen wieder Abstand. Er antwortete dem Oberbürgermeister mit der Bemerkung: *„Je mehr mir zum Bewußtsein kommt, was ich hier alles zurücklassen müßte, kann ich diesem Punkt nicht mehr so entscheidende Bedeutung zumessen, und die freundliche Anerkennung, die Sie meiner Frankfurter Wirksamkeit*

---

37) Im WS 1922/23 stellte Victor Ehrenberg beispielsweise seine Kritik des Buches „Griechisches Staatsrecht I: Sparta und seine Symmachie" (1922) vor. Aus ihr entstand der Aufsatz „Spartiaten und Lakedaimonier", Hermes 59, 1924, 23-72.

38) Einige Zeit zuvor (1922) galt er als erster Anwärter auf den Lehrstuhl Eduard Meyers, bevor dessen Professur vom Ministerium aufgehoben wurde.

zollen, bestärkt mich in dem Gedanken, daß ich hier, wo ich mich persönlich sehr wohlfühle, vielleicht doch an der für mich geeigneten Stelle stehe"[39].

Gelzer vermochte durch die Ablehnung der beiden Rufe nach Heidelberg und Freiburg beim Kuratorium neben einem außerordentlichen Zuschuß von 1000 RM eine außerplanmäßige Assistentenstelle für die drei altertumswissenschaftlichen Institute zu gewinnen[40]. In Abstimmung mit den Professoren der Klassischen Philologie (Walter F. Otto, Karl Reinhardt) und der Klassischen Archäologie (Hans Schrader) vergab er diese neu eingerichtete Stelle am 1. April 1925 an den Privatdozenten Victor Ehrenberg[41].

Der durch ein abgebrochenes Studium der Architektur und durch den Kriegsdienst für damalige Verhältnisse nicht mehr junge Student wurde erst am 29. Juli 1920, im Alter von 29 Jahren, mit einer Dissertation über „Die Rechtsidee im frühen Griechentum – Untersuchungen zur Geschichte der werdenden Polis" (1921) promoviert. Die durch den Studienwechsel verloren gegangene Zeit hatte er allerdings in der Folgezeit dadurch wieder

wettgemacht, daß er äußerst zügig die nächste akademische Prüfung bewältigte. Zwei Jahre nach seiner Dissertation wurde er nach Vorlage der Untersuchung „Neugründer des Staates – Ein Beitrag zur Geschichte Spartas und Athens im VI. Jarhundert" (1925) habilitiert. Seit dem SS 1923 las Ehrenberg vorwiegend eine zweistündige „Griechische Geschichte", beginnend mit dem Alten Orient bis zum Hellenismus. Darüber hinaus widmete er der Geschichte Karthagos, Unteritaliens und Siziliens kürzere, zumeist einstündige Vorlesungen. Sein begriffs- und strukturgeschichtlicher Forschungsansatz läßt sich schließlich in Vorlesungen wie „Monarchie und monarchische Idee im Altertum" oder „Staat und Staatslehre der Griechen" fassen. Zur Vertiefung der Vorlesungen bot er Übungen zu den wichtigsten Quellen der jeweils behandelten Epochen an. Während der nüchterne Gelzer von Vorlesungen für eine allgemeinere Zuhörerschaft wenig hielt, war Ehrenberg an einem regem Publikumszuspruch gelegen. Das wird insbesondere an einer von ihm im SS 1923 angebotenen Vorlesung über „Die große Zeit Athens" deutlich, die sich an Hörer aller Fakultäten

---

39) Gelzer an OB Landmann am 5.3.1926 (Magistratsakten S 29, 1a fasc. III, fasc. spec. I, tom. 2). Eine Würdigung der Verdienste Landmanns um die Frankfurter Universität gibt Kluke 462-467.

40) s. seinen Brief an das Kuratorium vom 28.12.1924.

41) Diese Stelle hatte Ehrenberg (* 22.11.1891 in Altona † 25.1.1976) bis Ende März 1927 inne. Auf den Rat seines Bruders, des Philosophen Hans Ehrenberg, begann er 1912 Geschichte und Klassische Philologie zu studieren. In Göttingen (1912-1914) hörte er dabei vor allem Friedrich Leo, in Berlin (1914) Eduard Meyer, mit dem er bis zu dessen Tode 1930 einen Briefwechsel unterhielt: G. von Audring – C. Hoffmann – J. von Ungern Sternberg(Hrsg.), Eduard Meyer – Victor Ehrenberg: Ein Briefwechsel 1914-1930 (1990). Nach Kriegsende und Fronteinsatz wandte er sich zunächst nach Frankfurt, da er dort Weber anzutreffen hoffte. Er fand nur Bernhard Laum vor, der ihn allerdings wieder an das Fach heranzuführen vermochte (G. von Audring a.a.O. 106f.

Nr. 49). Das SS 1919 verbrachte er noch in Frankfurt. Danach siedelte er mit seiner Frau nach Tübingen über, um bei Weber 1919/20 seine Dissertation abzufassen. Eine Würdigung Wilhelm Webers gibt er in seinen „Personal Memoirs" 47, 47a: s. Exemplar im Archiv der „Research Foundation for Jewish Immigration New York". Zu seiner Frankfurter Zeit: UA., Personalakte Ehrenberg. Schriftenverzeichnis (Auswahl), Lebenslauf und Photo: Ancient Society and Institutions – Studies presented to Victor Ehrenberg on his 75th birthday (1966) XI-XV. Eine ausführliche Würdigung seiner Forschungen gibt Hans Schaefer, Victor Ehrenbergs Beitrag zur Erforschung des Griechentums, Historia 10, 1961, 387-408 (mit vollständigem Schriftenverzeichnis: 227 Titel). Photo: K.-F. Stroheker – A. J. Graham (Hrsg.), Victor Ehrenberg: Polis und Imperium – Beiträge zur Alten Geschichte (1965), Vorsatzblatt.

richtete und mit Lichtbildern illustriert wurde[42]. Am 23. Juni 1928 wurde er zum außerordentlichen Professor ernannt. Nach dem SS 1929 verließ Ehrenberg Frankfurt, da er einen Ruf auf den Lehrstuhl für griechische Geschichte und Epigraphik an der deutschen Universität in Prag erhalten hatte[43].

Nach dem Fortgang Ehrenbergs bekleidete der Klassische Archäologe Walter-Herwig Schuchhardt die außerplanmäßige Assistentenstelle (s. S. 344). Sein Nach-

folger wurde mit Beginn des Wintersemsters 1935/36 Hermann Langerbeck, der als Schüler Werner Jaegers aus Berlin nach Frankfurt gekommen war[44]. Die Nachfolge Langerbecks trat am 1. Oktober 1939 der Klassische Philologe Friedrich Mehmel an. Er vermochte allerdings nur einen knappen Monat sein Amt auszuüben, da er bereits am 20. Oktober zum Wehrdienst eingezogen wurde[45]. Obwohl das Kuratorium daraufhin versuchte, die Übernahme des neuen Assistenten zu verweigern, wurde

---

42) In einem Brief an Eduard Meyer vom 13. Februar 1923 (G. von Audring a.a.O. 114f. Nr. 54) schreibt er: *„Ich war und bin tüchtig in der Arbeit. Die richtige Lehrtätigkeit (mit Seminar) beginnt ja erst im Sommer, und dafür bin ich in den Vorarbeiten ... Was das Persönliche angeht, so bin ich mit der Aufnahme, die ich an der Universität gefunden habe, recht zufrieden. Besonders ist Gelzer weiter überaus angenehm und fördernd“.* Im nächsten Brief vom 7. Juni 1923 (116f. Nr. 55) heißt es zum SS 1923: *„Ich stecke bis über die Ohren in Semesterarbeit. ich habe zu meiner großen Freude ganz viel Hörer, natürlich kaum Altphilologen, die ja aussterben, aber Juristen und Nationalökonomen oder neuere Historiker, die von den Themata angelockt sind. Ich lese 2stündig „Staat und Staatslehre der Griechen“ und 1stündig „Die große Zeit Athens“. Außerdem habe ich ein Seminar (allerdings nur 2 Mann) und hatte noch (im wesentlichen des Mammons wegen, da ich dafür Lehrauftrag bekommen „soll“) Römische Rechtskurse für Juristen mit Realschulbildung, also zwar nicht lateinische Grammatik, aber es ist doch ein ziemliches „Holzhacken“. Mit alledem, vor allem natürlich dem Kollegs, habe ich genügend Arbeit, sodaß ich zu anderem gar nicht oder nur sehr wenig komme. ... Die Lehrtätigkeit selber macht mir sehr große Freude, allerdings das Seminar (wo ich ein ganz junges, aber sehr gescheites Semester habe) noch erheblich mehr als das Kolleg, wo man doch manchmal das Gefühl nicht los wird, daß man über die Köpfe hinweg (statt in sie hinein) spricht“.* Im SS 1926 erhielt Ehrenberg dank der intensiven Bemühungen Eduard Meyers ein Stipendium des DAI, das er für eine ausgedehnte Griechenland- und Romreise nutzte.

43) Die Prager Professur hatte er bis 1939 inne. Nach einem knappen Jahr in Prag (23.1.1930) bemerkt er gegenüber Eduard Meyer (G. von Audring a.a.O. 129f. Nr. 62): *„Als schmerzlichstes Manko empfinde ich den Mangel an gutem Studentenmaterial. Die antihumanistische Welle, die in Deutschland doch wohl schon langsam abzuflauen beginnt, ist hier auf dem Höhepunkt. Es gibt fast niemanden mehr, der noch Grie-*

chisch kann! So werde ich, wie ich fürchten muß, es kaum auch nur zu solchen Seminaren bringen, wie ich sie in den letzten Frankfurter Semestern als Privatdozent hatte“. Kurz vor dem deutschen Einmarsch in Prag (10.1.1939) emigrierte Ehrenberg mit Hilfe der „Society for the Protection of Science and Learning“ nach England. Dort lehrte er an verschiedenen Colleges, bis er 1946 Professor der Alten Geschichte an der Universität London (Bedford College) wurde: s. hierzu E. Ehrenberg, Sehnsucht – Mein geliebtes Kind. Erinnerungen und Bekenntnisse (1963) 52-57.

44) * 10.10.1908 in Bremen. Studium: 1927-1933 in Berlin, München, Wien. Promotion (20.7.1933): „Δόξις ἐπιρυσμίη– Studien zu Demokrits Ethik und Erkenntnislehre“ in Berlin. Habilitation (15.12.1939): „Studien zu dem sog. Dionysius Areopagita“ in Göttingen. 1933-1935 und 1940 wissenschaftlicher Hilfsassistent und Lehrbeauftragter in Berlin, 1941-1945 Privatdozent in Königsberg. Am 18. Januar 1943 wurde er in Rußland durch einen Granatsplitter schwer verwundet und war seitdem querschnittgelähmt. Seit SS 1949 Privatdozent, 20.4.1951 außerplanmäßiger Professor, 1952 Inhaber einer Diätendozentur in Frankfurt. Seit 1947 arbeitete er an der von Werner Jaeger initiierten Gesamtausgabe des Gregor von Nyssa, die nach seinem Tod (16.2.1964) von Prof. Dr. Hadwig Hörner weitergeführt wird. s. UA., Personalakte Langerbeck.

45) * 5.12.1911 in Hamburg † 5.7.1951 in Münster/Westf. Studium: 1929-1933 in Hamburg, Berlin, Florenz und München. Promotion 1933: „Valerius Flaccus“ in Hamburg, danach zweijährige Mitarbeit am „Thesaurus Linguae Latinae“ in München. Habilitation 1937: „Virgil und Apollonios Rhodios“. Seit dem 1.5.1937 Mitglied der NSDAP und der SA (Reitersturm 1/12). WS 1937-SS 1939 Assistent und Privatdozent in Hamburg, durch Erlaß vom 14.7.1939 Assistent an die Universität Frankfurt versetzt. Seit 18.1.1944 außerplanmäßiger Professor. s. UA., Personalakte Mehmel.

es vom Ministerium dazu verpflichtet, alle schon vor Kriegsbeginn verpflichteten Assistenten auch zu übernehmen.

1937 wurden die drei Altertumswissenschaften, Klassische Philologie, Klassische Archäologie und Alte Geschichte, nach dem Vorbild der Berliner Universität, zu einem in sich abgeschlossenen „Institut für Altertumskunde" vereinigt. Schon vier Jahre zuvor war die Bibliothek des Archäologischen Seminars der des Seminars für Alte Geschichte angegliedert und gemeinsam in einem Raum untergebracht worden[46]. Der Bücherbestand der neuen Organisationseinheit belief sich auf rund 10.000 Bände, wobei davon 2400 auf das Seminar für Alte Geschichte entfielen. Neuanschaffungen wurden insbesondere durch den Umstand möglich, daß Gelzer 1935 ein zweites Mal dem Ruf auf den Heidelberger Lehrstuhl nicht gefolgt war und für diese Treue gegenüber der Frankfurter Universität[47] ein weiteres Mal mit einem außerordentlichen Zuschuß von 1000 RM bedacht wurde. Der wissenschaftliche Ruf Gelzers hatte mittlerweile weitere Studenten angelockt, so daß sich 1939 die einmalige Konstellation ergab, die sich während seiner gesamten Lehrtätigkeit nicht mehr wiederholen sollte, daß er vier Doktoranden zugleich betreute. Das veranlaßte ihn im SS 1939, abweichend vom üblichen Ver-

anstaltungsangebot, anstelle des Seminars eine „Besprechung wissenschaftlicher Arbeiten" anzusetzen[48].

III. Matthias Gelzer und die Frankfurter Hochschulpolitik 1932-1946

Seit Beginn seiner Lehrtätigkeit in Frankfurt legte Gelzer ein starkes hochschulpolitisches Engagement an den Tag. Bereits 1922/23 ließ er sich zum Dekan der Philosophischen Fakultät wählen und bekleidete nur zwei Jahre später (1924/25) schon das Rektorenamt. Mit seinem Rektoratsjahr war für die Frankfurter Universität der Beginn einer Epoche der Normalisierung und Konsolidierung verbunden. Man war, wie Gelzer es ausdrückte, nun „*frei ... von den dräuenden Schatten, wie sie bisher über dem jungen Leben der Universität geschwebt hatten: Krieg, politische Umwälzung, Geldentwertung und Sorge um das nackte Dasein*"[49]. Auch wenn durch die Inflation das Stiftungsvermögen dahingegangen war und die Stadt Frankfurt und der preußische Staat zu gleichen Teilen die Universität finanzierten, so blieb doch in den Institutionen und in ihren Satzungen die 'Stiftungsuniversität' erhalten. In seinem Rechenschaftsbericht wies er auf einige Probleme der Universität hin, die ihm während seiner Amtszeit besonders am Herzen gelegen und bis dahin

---

46) Diese Angaben aus: W. Platzhoff (Hrsg.), Chronik der Johann Wolfgang Goethe-Universität zu Frankfurt am Main für den Zeitraum vom 1.April 1933 bis 31.März 1939 (1939) 108. Ende 1937 erhielten die drei Seminare auch einen gemeinsamen Fernsprechanschluß.

47) In diesem Zusammenhang ist zu erwähnen, daß Gelzer 1931 dazu ausersehen war, an der Berliner Universität die Nachfolge seines Lehrers Ulrich Wilcken anzutreten. Das Ministerium ließ allerdings – gegen den Willen der Fakultät – den Ruf nicht an Gelzer ergehen.

48) An Gelzer und die sonstigen Vertreter der Frankfurter Altertumswissenschaft vor 1940 erinnert Petzold in einer bislang unveröffentlichten Rede zu seinem 50. Doktorjubiläum. Petzold schreibt darin über dieses Seminar (9): „*Ein Kommilitone berichtete über die verschiede-*

nen Herodot-Bilder der Zeit, wie sie etwa von Focke, Regenbogen, Howald, Hellmann u.a. entworfen worden waren, mit dem Ziel, durch Einzelinterpretationen zu einer eigenen Vorstellung zu gelangen. Der zweite hatte die Aufgabe, das Bild der res publica in Ciceros philippischen Reden mit dem seiner theoretischen Schriften zu vergleichen. Die Symmorien-Rede des Demosthenes war Gegenstand der dritten Arbeit. Nur diese wurde fertiggestellt und publiziert, ihr Autor starb jedoch bald danach. Die beiden anderen wurden Opfer des Krieges*".

49) M. Gelzer, Bericht über das Rektoratsjahr 1924/25. Frankfurter Universitätsreden XXII (1925) 13-24.

noch keine befriedigende Lösung erfahren hatten, so auf die Nöte des „Wissenschaftlichen Instituts der Elsaß-Lothringer im Reich", das auf Einladung der Universität nach Frankfurt gekommen war und noch auf eine „würdige Unterbringung" warte, ferner auf die Unumgänglichkeit des Baues einer Universitätsbibliothek und schließlich auf die auch nach der Umwandlung in eine staatliche Universität fortbestehende Notwendigkeit künftiger Zuwendungen von privater Seite, wobei er insbesondere dem Verein der Freunde und Förderer dankte, der es sich zum Ziel gesetzt hatte, das Werk der ersten Stifter fortzusetzen.

Einige Jahre später spielte Matthias Gelzer allerdings eine äußerst unrühmliche Rolle im Universitätsleben, die einen Schatten auf seine unumstrittenen Verdienste um die Frankfurter Universität wirft: Seit 1929/30 traten die Nationalsozialisten in Form des Studentenbundes immer herausfordernder gegen die Universität als „Hochburg jüdischer Frechheit und marxistischer Unverschämtheit" auf. Der Senat versuchte in den immer heftiger werdenden Auseinandersetzungen zwischen linken und rechten Studentengruppen die Universität „politikfrei" zu halten, indem er grundsätzlich parteipolitische Gruppierungen und politische Versammlungen innerhalb der Universität untersagte. Insbesondere der Nationalsozialistische Studentenbund wurde verboten. Als die Kämpfe dennoch weitergeführt und persönliche Attacken zunehmend die Professoren trafen, stellte sich die Professorenschaft in ziemlicher Geschlossenheit energisch gegen diese Übergriffe. Allein Walter Platzhoff, der Direktor des Historischen Seminars, mochte sich den übrigen Professoren in dieser entschiedenen Ablehnung nicht anschließen. Im November 1932 verbreitete der Nationalsozialistische Studentenbund unter den Studenten das Gerücht, daß der Leiter der Kasse für bedürftige Studenten und Privatdozenten, der Neuhistoriker Rheindorf, ein Schüler Platzhoffs, Gelder in Höhe einer fünfstelligen Summe veruntreut hätte. Es war Gelzer, der diese bösartige, vom Nationalsozialistischen Studentenbund erfundene 'fama' unter den Professoren in Umlauf brachte und der Verleumdung so einen Anschein von Glaubwürdigkeit verlieh[50]. Es bedurfte einer von seiten der Professorenschaft eigens für diese Angelegenheit eingerichteten Untersuchungskommission, um die Urheber dieser Anschuldigungen herauszufinden und diese als unwahr zurückzuweisen. Nach Abschluß ihrer Untersuchungen bat die Kommission den von diesem Vorfall tief getroffenen Rheindorf, von einer Strafanzeige gegen den „professoralen Denunzianten"[51] Abstand zu nehmen. Gelzer nötigte sie zu einer förmlichen Entschuldigung bei Rheindorf.

Die Angelegenheit hatte ein böses Nachspiel nach der Machtübernahme der Nationalsozialisten im April des Jahres 1933: Erneut wurden die alten, haltlosen Verleumdungen von Seiten der Studentenschaft gegen Rheindorf als Leiter der Studentenhilfe laut. Es seien vorzugsweise Juden und Kommunisten unterstützt, Gelder veruntreut und die weiblichen Mitarbeiter von Rheindorf sexuell mißbraucht worden. Ohne daß eine daraufhin erneut eingeleitete Prüfung der Vorwürfe den Verdacht in irgendeiner Weise erhärtet hätte[52], versammelten sich Studenten, SA- und SS-Leute am Vorabend des Juden-

---

50) Zu den durch den Nationalsozialistischen Studentenbund hervorgerufenen Unruhen an der Universität und zu diesem Vorfall: Hammerstein 162-168. Eine Bibliographie zum Thema „Altertumswissenschaften zur Zeit des Nationalsozialismus" bietet: W. Nippel a.a.O. (s. oben Anm. 1), 421-423.

51) Hammerstein 167.

52) Die Untersuchung der Akten ergab rasch, daß Rheindorf keinerlei Angaben zur Religionszugehörigkeit und zum politischen Bekenntnis der Antragsteller vorgelegt hatten; s. hierzu und zum Folgenden: UA., Personalakte Rheindorf.

boykottages vor den Häusern von Rheindorf und des Kurators der Universität, Prof. Riezler, und sorgten für einen Krawall[53]. Vorsorglich wurden daraufhin die beiden Dozenten von der Polizei in Schutzhaft genommen. Nachdem Riezler ins Rathaus überführt und ihm dort ein Beurlaubungsantrag abgepreßt worden war, wurden beide wieder entlassen. Nach einem mehrwöchigen Aufenthalt in Münster am Stein kehrte Rheindorf zwar an die Universität zurück, doch mußte er rasch erkennen, daß ihm in Frankfurt alle Wege zu einer weiteren akademischen Karriere verbaut waren. Er beugte sich schließlich dem Druck der äußeren Verhältnisse. Notgedrungen reichte auch er ein Beurlaubungsgesuch ein und siedelte mit seiner Frau anschließend nach Berlin über. Der Entzug seiner 'venia legendi' Ende des Jahres 1935 ging dabei wiederum auf Gelzer zurück, der als Dekan den entsprechenden Antrag gestellt hatte[54]. Das Vorgehen Gelzers entsprach der „Säuberungspolitik" des Rektors der Frankfurter Universität, Platzhoff, der bis 1937 den Dozentenbundsführer ausdrücklich dazu anhielt, „ehemaligen jüdischen oder politisch unzuverlässigen" Professoren und Dozenten den Titel zu entziehen.

Nach dem zweiten Weltkrieg erfuhr der Fall Rheindorf eine Fortsetzung, als dieser die Universität um ein offizielles Schreiben ersuchte, das ihm bescheinigen sollte, „dass er 1933 aus politischen Gründen und mit politischen Machtmitteln aus seiner Stellung an der Universität entfernt worden war"[55]. Von sonstigen Forderungen sah er voller Verständnis für die schwierige finanzielle Lage der Universität ab. Prorektor Gelzer verweigerte ihm die geforderte Bescheinigung allerdings hartnäckig[56]. Seiner Ansicht nach war Rheindorf nicht berechtigt, Wiedergutmachungsansprüche gegenüber der Universität Frankfurt geltend zu machen, da er im Sommer 1933 von sich aus eine Beurlaubung „aus gesundheitlichen Gründen" und eine damit verbundene Verlegung seines Wohnsitzes beantragt habe. Rheindorf war – aus verständlichen Gründen – nicht bereit, sich mit dieser vom Planungsausschuß und Kuratorium der Universität gemeinsam getragenen Entscheidung zufriedenzugeben und bestand weiterhin auf der Anerkennung seiner Ansprüche. Seinem Anwalt führte er dabei „gewichtige Gründe dafür an, dass er eine Mitwirkung Prof. Dr. Gelzers, noch dazu eine so massgebliche, bei der Ent-

53) Verantwortlich für diesen inszenierten Tumult war nach dem Zeugnis Beyerles das „kulturpolitische Triumvirat", der Intendant des Stadttheaters, der neue Rektor der Universität Kriegk sowie Prof. Wilhelm Klausing. Sie hatten nach den Worten Beyerles „eine kochende Volksseele aufgeboten, welche vor Rheindorfs Wohnung sich sammelte und rief: Heraus mit dem Juden Rheindorf!". Ein Photo, das den Abtransport Riezlers und Rheindorfs zeigt, erschien in der „Times". Der Vorfall war somit sogar weit über die Stadtgrenzen hinaus bekannt geworden.

54) UA., Personalakte Rheindorf. Da Rheindorf vom WS 1933/34 bis zum WS 34/35 keine Vorlesungen angekündigt hatte, machte ihm Gelzer als Dekan am 3.1.1935 die Mitteilung, daß seine venia legendi zu erlöschen drohe. In seinem Antwortschreiben (20.1.1935) wies Rheindorf darauf hin, daß ihm seit SS 1934 keine Aufforderung zur Ankündigung von Vorlesungen von seiten des Ministeriums an ihn ergangen sei und überdies die Universitätssatzungen mit der Neuordnung des Ha-

bilitationswesens vom 13.12.1934 außer Kraft gesetzt worden seien. Am 3.12.1935 wies der Minister die Universität an, Rheindorf aus der Liste der Privatdozenten zu streichen.

55) s. UA., Personalakte Rheindorf: Schreiben Rechtsanwalt Heinz Scherf an Rektor der Universität vom 8. Juni 1946, Anhang: Auszug aus einem Schreiben Rheindorfs an Scherf. Rheindorf benötigte diese Bescheinigung für seine Frau, die sich damals um eine Lehrerstelle bewarb und nur Aussicht hatte, eine solche auch zu erhalten, wenn sie nachzuweisen vermochte, daß ein Mitglied ihrer Familie Opfer politischer Verfolgung im Dritten Reich geworden war.

56) Auf einer von der Philosophischen Fakultät im Oktober 1945 unter der Leitung Gelzers erstellten Liste derjenigen Professoren und Dozenten, die im Dritten Reich entweder zwangpensioniert oder beurlaubt worden waren (UA., PhF und Kuratorium 4/10-40), fehlte bezeichnenderweise der Name Rheindorfs: Hammerstein 609.

scheidung über seinen Fall wegen Befangenheit von Herrn Prof. Dr. Gelzer ablehnen müsste"[57]. Obgleich alle vom Rektor daraufhin eingeholten Gutachten zu den damaligen Vorfällen die Berechtigung der Ansprüche Rheindorfs bestätigt hatten, ließ die Universitätsleitung dennoch mit einer Antwort auf sich warten. Erst als Rheindorf drohte, sich mit seinem Fall *„an Stellen, ausserhalb der Universität zu wenden, bei denen er grösseres Verständnis und wirksame Förderung ... erwarten könne*"[58], zeigte sie sich endlich bereit, seinen Forderungen zu entsprechen, und stellte ihm schließlich die gewünschte Bescheinigung aus[59].

Es liegt der Schluß nahe, daß letztlich differierende Ansichten über Aufgaben und Wesen von Hochschulpolitik und darüber hinaus persönliche Animositäten, die ihrerseits auf weltanschaulichen Gegensätzen gründeten und durch die Zugehörigkeit Rheindorfs zum sog. Riezlerkreis nur gestärkt wurden[60], das Verhalten Gelzers bestimmten, als er den studentischen Anschuldigungen Glauben schenkend Rheindorf blindlings verleumdete und ihm später die Anerkennung als politisches Opfer des Nationalsozialismus verweigerte. Polemische Äußerungen des impulsiven Rheindorf mögen ihn in seiner Hal-

tung durchaus bestärkt haben. Dennoch stellten sie keinen ernsthaften Grund dar, dem durch das 'Dritte Reich' und Krieg über die Maßen geschädigten Mann diese letztlich geringfügige Bitte abzuschlagen. In diesem Punkt zeigte sich Gelzer bis zuletzt starrsinnig und vermochte dem Schicksal Rheindorfs keinerlei Verständnis entgegenzubringen. Weder wollte er sich an den Vorfall von 1930 zurückerinnern noch an die Vorfälle des Jahres 1933 gegen die beiden Fakultätsmitglieder. Die sozialpolitisch bedeutsame Pionierarbeit Rheindorfs am Frankfurter Studentenwerk hatte er nicht zur Kenntnis genommen. Seine eigentümlich eingeschränkte Sichtweise ließ ihn die gesamte Angelegenheit nur als formalrechtlichen Streitfall sehen[61].

In der Zeit des Nationalsozialismus setzte Gelzer seine hochschulpolitischen Aktivitäten unbeirrt fort. Schon sein Verhalten in der „Rheindorf-Affäre" zeigt, daß seine Rolle dabei auf keinen Fall so eindeutig gewesen war, wie es Hermann Strasburger (*Abb. 177*) später suggerieren wollte, wenn er in einem Artikel anläßlich des 70. Geburtstages Matthias Gelzers behauptete, daß dieser *„in den dunklen Jahren der Gewaltherrschaft unerschrocken die Fahne des Geistes und der menschlichen*

---

57) a.a.O. 6.

58) ebenda.

59) Ähnlich verhielt sich Gelzer im Fall des Kunsthistorikers Brinckmann. Dieser war 1935 auf Weisung des Reichskultusministers Rust zwangsweise von Berlin nach Frankfurt versetzt und 1942 aufgrund seiner *„negativen Einstellung zum Staat"* denunziert worden. Nachdem 1949 in einem Spruchkammerverfahren seine antinationalsozialistische Einstellung offiziell anerkannt worden war, bat er die Philosophische Fakultät darum, als Emeritus im Vorlesungsverzeichnis geführt zu werden. Gelzer, der die Antipathien Platzhoffs gegen die Person Brinckmanns teilte, schob in der entsprechenden Fakultätssitzung wiederum einen formalrechtlichen Grund vor, nämlich die unrechtmäßige Aufoktroyierung Brinckmanns auf eine damalige ministerielle Weisung, die es der Fakultät unmöglich mache, ihn als Emeritus zu führen. 1954

mußte schließlich die Fakultät auf Drängen des Senats hin dem Wunsch Brinckmanns entsprechen: Hammerstein 377.

60) Diesem Kreis, der sich um Kurt Riezler geschart hatte und sich dem Geist und Stil Stefan Georges verpflichtet fühlte, gehörten die beiden Altphilologen Walter F. Otto, Karl Reinhardt, die Juristen Beyerle und Burchard, der Paläontologe Drevermann und Kurt Rheindorf an: Kluke 478f.

61) Für Gelzer kann somit durchaus gelten, was Hammerstein 461 als Urteil über die Tätigkeit Platzhoffs in seiner Eigenschaft als Rektor der Universität aussprach: *„Trotz solcher skrupelloser Vermengung privater Antipathien mit Dienstgeschäften, trotz schwerer Verletzungen persönlicher wie akademischer Solidarität ... hat Platzhoff wohl nie an der Rechtmäßigkeit und Richtigkeit seiner Geschäftsführung gezweifelt und damit keinerlei Unrechtsbewußtsein oder gar Schuldgefühle empfunden".*

Würde hochgehalten" habe[62]. Seit den 30er Jahren pflegte Gelzer eine zumindest 'berufliche Freundschaft' mit dem Leiter des Historischen Seminars, Walter Platzhoff, der 1934 das Rektorenamt der Frankfurter Universität übernahm und über zehn Jahre, *„so lange wie kein anderer Rektor des Dritten Reiches amtierte"*[63]. Auch wenn Platzhoff in vielen Punkten, und gerade in universitären Fragen, den Vorstellungen der Partei nicht beistimmen mochte und er es daher so lange wie möglich vermieden hatte, der NSDAP oder anderen NS-Organisationen beizutreten, identifizierte er sich doch mit der nationalsozialistischen Bewegung und hatte keinerlei Bedenken, die Reformierung der Universität im Sinne der nationalsozialistischen Weltanschauung, oder, um mit seinen Worten zu sprechen, die *„Ausmerzung der jüdischen und politisch unzuverlässigen Mitglieder des Lehrkörpers"*[64], voranzutreiben. Von der Überlegenheit der deutschen

Wissenschaft und des nationalsozialistischen Geistes war er zutiefst überzeugt. Dementsprechend bescheinigten ihm die Geheimgutachten des Dozentenbundes absolute Loyalität gegen Führer und Vaterland. Die ganzen Kriegsjahre über, auch noch im Jahr 1944, glaubte Platzhoff unerschütterlich an den Endsieg des deutschen Volkes[65].

Gelzer teilte diese politischen Ansichten nicht. Seine Haltung war von Anfang an zwiespältiger und undurchsichtiger als diejenige Platzhoffs: Mit der nationalsozialistischen Ideologie vermochte er sich nicht anzufreunden und war, zumindest was sein Schrifttum anbetrifft, nicht bereit, der Rasselehre in seinen Forschungen Zugeständnisse irgendeiner Art zu machen, auch wenn er sich äußerlich zunächst in entsprechende Unternehmungen einbinden ließ[66]. Die Nachrichten über 'Säuberungen' an den deutschen Universitäten, über niederträchti-

---

62) FAZ vom 19.12.1956; vgl. die diesbezüglichen Bemerkungen in seinem im Gnomon erschienenen Nachruf auf Gelzer (a.a.O. 5): *„Was solche Exposition* [gemeint ist die Bekleidung des Dekanamtes in der Zeit von 1934 und 35 sowie 1940-1944] *im Dritten Reich an ständigen Anfechtungen und Mutproben mit sich brachte, wenn Einrichtungen und Personen des eigenen Wirkungskreises noch halbwegs erfolgreich verteidigt werden sollten, können wahrscheinlich nur die voll ermessen, die in der gleichen integren Gesinnung auf vergleichbaren Posten kämpften. Ich habe ... aus hinreichender Nähe gesehen, wie unerschrocken er sich oft hart entlang der Grenze zur eigenen Gefährdung bewegte"* mit der Bewertung Hammersteins (361): *„Bei den Historikern mußten zumindest Gelzer im Seminar für Alte Geschichte und Platzhoff im Historischen Seminar zwar nicht als Parteimitglieder oder Nationalsozialisten, doch als einflußreiche, regimestützende Professoren gelten"*. Vor 1933 war Gelzer Mitglied der Deutsch-Nationalen Partei. Von 1934 bis 1945 gehörte er der Nationalsozialistischen Volkswohlfahrt an.

63) Zu seiner Person als *„Repräsentant nationalsozialistischer Universitätspolitik"*: Hammerstein 449-462, bes. 452f. 455.

64) Platzhoff a.a.O. (s. oben Anm. 46) 6. Zur Identifikation mit dem Nationalsozialismus als Bewegung: s. vor allem seine Antrittsvorlesung als Rektor der Universität (UA., Rekoratsakten).

65) s. seine Rede vor Studienanfängern am 14.5.1944: Inst. f. Stadtgesch., Stadtkanzlei 6650.

66) s. den von Joseph Vogt herausgegebenen Sammelband „Rom und Karthago – Ein Gemeinschaftswerk" (1943). In der Einleitung (7) heißt es: *„Für die gegenwärtige Forschung tritt angesichts dieses weltgeschichtlichen Dramas* [zwischen Rom und Karthago] *eine bisher wenig beachtete Frage in den Vordergrund: ist dieser folgenschwere Konflikt durch das Bluterbe der Völker bestimmt gewesen ... ? Und wie hat sich dieser Faktor des Rassengegensatzes ausgewirkt im Staatsaufbau und in der Wirtschaft, in der Diplomatie und Kriegführung, in Religion und Kunst und geschichtlichem Bewußtsein?"*; vgl. damit die zusammenfassenden Schlußbemerkungen des Beitrags von Gelzer („Der Rassengegensatz als geschichtlicher Faktor beim Ausbruch des römisch-karthagischen Krieges", 178-202): *„Die römisch-karthagischen Kriege entwickelten sich aus rein machtpolitischen Gegensätzen. ... Die Rasse der beiden Gegner spielte dabei nicht die geringste Rolle. Doch lehrt die Betrachtung der Kriegsausbrüche, daß je länger je mehr die Verschiedenheit der Rasse verschärfend wirkte auf den Verlauf dieser Auseinandersetzung von weltgeschichtlicher Bedeutung"* (201). In der dem Personalfragebogen des „Military Government of Germany" (vom 17.5.1945) beigelegten Auflistung der zwischen 1933 und 1945 publizierten Schriften und gehaltenen Reden erscheint dieser Aufsatz bezeichnenderweise nicht. Den Fragebogen beschließt Gelzer mit der Bemerkung: *„Ich lehnte aus sittlichen und religiösen Gründen den Eintritt in die NNSDAP* [sic] *ab"*.

ge Denunziationen und einen sich anschließenden Entzug der Lehrerlaubnis für verdienstvolle Wissenschaftler oder hoffnungsvolle Nachwuchskräfte, mußten ihn in seiner Abneigung gegenüber der Politik des NS-Regimes bestärken. Darüber hinaus hatte er in zumindest zwei Fällen aus seiner unmittelbaren Umgebung bittere Erfahrungen mit der nationalsozialistischen 'Säuberungspolitik' machen müssen: Seinem Schüler Hermann Strasburger wurde im Juli 1934 aus 'rassischen' Gründen vom badischen Unterrichtsministerium die Lehrerlaubnis an der Freiburger Universität entzogen. Trotz intensiver Bemühungen Gelzers konnte Strasburger seine gerade begonnene, hoffnungsvolle akademische Laufbahn in Deutschland nicht fortsetzen. Strasburger wurde 1936 vom preußischen Kultusministerium die Habilitation an der Frankfurter Universität zwar zunächst noch gestattet, doch kurz nach Einreichung der Papiere beim Dekan der Philosophischen Fakultät untersagt. Daraufhin stellte Strasburger alle Versuche ein, während des nationalsozialistischen Regimes zu akademischen Ehren und Ämtern zu kommen, und betrieb seine Wissenschaft in den Jahren bis Kriegsbeginn in völliger Zurückgezogenheit. Ein noch abschreckenderes Beispiel menschlicher Gemeinheit bot das Schicksal des Vaters von Hermann Strasburger. Julius Strasburger, Professor der Inneren Medizin, wurde 1934 von den eigenen Habilitanden, da sie sich die Übernahme des Lehrstuhls erhofften, wegen

seiner jüdischen Herkunft den Behörden angezeigt. Am 28. September des Jahres wurde er seines Amtes enthoben und erlag nicht einmal vier Wochen später, am 26. Oktober, einem Herzschlag[67].

Weder diese schlimmen Erfahrungen noch seine persönlichen Schwierigkeiten mit Politik und Weltanschauung der Nationalsozialisten stellten indes aus der Sicht Gelzers einen hinreichenden Grund dar, sein hochschulpolitisches Engagement in irgendeiner Weise einzuschränken[68]. Insbesondere der Zusammenarbeit mit Platzhoff, dem Rektor der Universität, verschloß sich Gelzer nicht, im Gegenteil, in vielen seiner universitätspolitischen Überlegungen und Unternehmungen unterstützte er ihn aktiv[69]. So ist es beispielsweise ihrer gemeinsamen Initiative zuzuschreiben, daß als komplementäre Ergänzung zu dem neu eingerichteten Lehrstuhl für Japanologie das Institut für vorderasiatische Kunst von Marburg nach Frankfurt verlegt und neu begründet wurde (s. S. 395 ff.)[70]. Darüber hinaus unternahmen sie gemeinsam Anstrengungen, an der Frankfurter Universität Lehrstühle für die Fachgebiete Vor- und Frühgeschichte sowie Völkerkunde zu schaffen. Vor allem aber griff er seinem Kollegen unter die Arme, indem er in den Jahren 1934 und 1935 sowie in den Kriegsjahren 1940 bis 1944 in ununterbrochener Folge das Amt des Dekans der Philosophischen Fakultät bekleidete. Seit 1933 nämlich nahm das Amt des Dekans gegenüber den anderen Mit-

---

67) Gemäß Paragraph 6 des Gesetzes vom 7. April 1933 zur Wiederherstellung des Berufbeamtentums: s. UA., Personalakte Julius Strasburger; Hammerstein 230f.

68) Zur Rechtfertigung der Fortführung seines hochschulpolitischen Engagements zur Zeit des Nationalsozialismus führte Platzhoff nach dem Krieg an, daß mit der Besetzung einer universitären Schlüsselposition wie die des Rektorats es ihm möglich wurde, einer personellen Unterwanderung der Professorenschaft durch wissenschaftlich nicht ausgewiesene „Nur- Parteimänner" entgegenzuwirken: Hammerstein 461. Beispielhaft kann das Verhalten Karl Reinhardts, Professor für Klassi-

sche Philologie in Frankfurt, gelten, der nur auf den Druck der Behörden hin seine Professur behielt und sich in späterer Zeit mit seiner eigenen Rolle in der nationalsozialistischen Universität bewußt auseinandersetzte: Akademisches aus zwei Epochen, in: Ders., Die Krise des Helden – Beiträge zur Literatur- und Geistesgeschichte (1962) 153-166.

69) Am 18. August 1944 würdigte Gelzer als Dekan die Verdienste des scheidenden Direktors Platzhoff um die Frankfurter Universität, „die seinen Namen in der Geschichte unserer Hochschule auf immer einen der ehrenvollsten Plätze sichern werden": Hammerstein 541.

70) s. Bundesarchiv Koblenz, R 43 II/940.

gliedern der Fakultät eine herausgehobene Stellung, die eines 'Führers', ein[71]. Er konnte Weisungen erteilen, der die Fakultät Folge zu leisten hatte. Daher besetzten die Nationalsozialisten diese hochschulpolitischen Schlüsselpositionen mit ihrer Ansicht nach 'politisch zuverlässigen' Personen. Für die in diesem Sinne erforderliche Besetzung der Dekansämter kamen dabei aus der Sicht Platzhoffs weniger Nationalsozialisten in Frage, die, was er deutlich sah, zumeist als einzigen Vorzug ihre Parteimitgliedschaft vorzuweisen hatten und so mangels eines gefestigten, wissenschaftlichen Rufs von Beginn an in den Fakultäten isoliert geblieben wären, als vielmehr ihm persönlich vertraute Personen, bei denen einerseits die Bereitschaft erkennbar war, die nationalsozialistische Hochschulpolitik mitzutragen, und die andererseits dafür bürgten, daß der bestehende wissenschaftliche Standard aufrechterhalten wurde.

IV. Das Seminar in der Nachkriegszeit und die Berufung Hermann Strasburgers 1945-1955

Im Laufe des Krieges wurden sämtliche Quellentexte sowie die Bölte-Bibliothek im Keller des Vorgängerbaues des Hauses, das später das Institut für Sozialforschung beziehen sollte, sukzessive ausgelagert. Die Fachliteratur blieb bis auf wenige Ausnahmen an ihren Standorten, in den Übungsräumen des „Instituts für Altertumskunde", und wurde so durch Brand vernichtet[72]. Da durch den Luftangriff vom 18.3.1944 die Bibliothek des Seminars weitgehend zerstört worden war und man nicht einmal mehr über einen für den Lehrbetrieb ausreichenden Grundstock an Quellentexten und Fachliteratur verfügte, sah man sich in dieser Notlage gezwungen, aus der Bibliothek der Missionsanstalt der Pallotiner in Limburg (Lahn) Bücher „zu Studienzwecken" zu entleihen. Am 20. November 1945 erfolgten Bücherräumungsarbeiten. Der neue, gemeinsame Assistent der drei altertumswissenschaftlichen Seminare, Helmut Rahn[73], gelangte dabei zu dem Ergebnis (1.2.1946), daß das Seminar für Alte Geschichte nahezu die Hälfte der Bücher, nämlich 1000 von insgesamt ca. 2400 Bänden, und darüber hinaus sämtliche Landkarten, verloren hatte. In dieser Notlage kam den Seminaren die Schließung der Gießener Universität zu Hilfe. Gemäß der Anordnung des hessischen Bildungsministers durfte die Frankfurter Universität ihre Bestände durch die entsprechenden Fachbibliotheken Gießens auffüllen. Gelzer bekleidete in diesen ersten beiden Nachkriegsjahren das Prorektorat und trug maßgeblichen Anteil am Wiederaufbau der Universität. Damit bewies er erneut sein hohes Verantwortungsgefühl gegenüber der Universität.

Der Wiederaufbau des Seminars war zugleich mit einem Umzug in den ersten Stock des Hauptgebäudes der Universität (Mertonstr. 17-25) verbunden, da der Gebäudetrakt (Mertonstr. 3), der das erste Seminar bis dahin beherbergt hatte, zerstört worden war. Dem Seminar stan-

---

71) s. Platzhoff a.a.O. (s. oben Anm. 53) 5: „*Die Stellung des Rektors wurde, wie an allen Universitäten, nach dem Führerprinzip ausgebaut; der Senat steht ihm beratend zur Seite. Dementsprechend ist der Dekan heute nicht mehr wie früher der primus inter pares, sondern der Führer seiner Fakultät*".

72) Eine Ausnahme bildeten hierbei die Schriften von Wilamowitz-Moellendorf, die auf Anweisung des Direktors des Seminars für Klassische Philologie, Karl Reinhardt, ebenfalls Aufnahme in den Kellerräumen

fanden: Diese und die folgenden Angaben gehen zu einem großen Teil auf ein Gespräch mit Herrn Dr. Helmut Rahn im Februar 1994 zurück.

73) * 16.9.1919 in Frankfurt/Main. Promotion 1944: „Platon und Dion von Prusa – Zur Geschichte des platonischen Stiles". Habilitation 1952: „Tier und Mensch in der homerischen Auffassung der Wirklichkeit – Ein Beitrag zur geisteswissenschaftlichen Selbstkritik", seit 1959 außerplanmäßiger Professor in Frankfurt. Schriftenverzeichnis: F. R. Varwig, ΑΙΝΙΓΜΑ – Festschrift für Helmut Rahn. Bibliothek der Altertumswissenschaften N.F. 2. Reihe 78, 1987, 289-291.

den nunmehr ca. 100 m² zu Forschung und Lehre zur Verfügung[74]. Jeweils drei große und kleine Seminartische, Stühle, einige Leselampen, sechs Holzkarteikästen, zwei tragbare, doppelseitige Wandtafeln, ein Büroschrank und ein Schreibtisch machten die kärgliche erste Einrichtung aus. Noch im Oktober 1948 sah man die nackten Steinböden des Rohbaus. *„Mit Rücksicht auf die bescheidene Ausstattung der Räume 109 und 110 mit Heizkörpern und die gesundheitliche Gefährdung der Studenten"* drang Rahn daher auf die Bewilligung eines *„wärmenden Fußbodenbelags"* durch das Universitätskuratorium. Die Unterbringung im ersten Stock des Hauptgebäudes blieb allerdings eine kurze Episode. 1950 wurden die drei altertumswissenschaftlichen Institute in den vierten Stock verlegt, wo sie bis 1962 verblieben. Die räumliche Verbundenheit mit der Klassischen Philologie und der Klassischen Archäologie blieb so erhalten. Die Verwaltung der drei Institute wurde nach wie vor von einem Assistenten geführt, der in einem gemeinsamen Verwaltungsraum seinen Sitz hatte. Darüber hinaus erhielt die Alte Geschichte einen großen Übungsraum, worin zugleich Kartenmaterial und Bibliothek untergebracht waren, sowie ein weiteres Zimmer für den Direktor des Seminars. Die Zimmer lagen an der Rückseite des Hauptgebäudes und boten einen idyllischen Ausblick auf den damals noch bestehenden Senckenbergpark mit seinem Löschteich[75].

Nachdem Gelzer vom SS 1929/30 ab die Alte Geschichte an der Frankfurter Universität alleine vertreten hatte, trat im WS 1948/49 mit seinem Schüler Hermann Strasburger nach zwanzig Jahren wieder eine zweite Lehrkraft hinzu. Gelzer las die „Geschichte des Altertums" im umfassenden Sinne, wie es Eduard Meyer gelehrt hatte, und begann demzufolge seinen mehrsemestrigen Vorlesungszyklus mit dem sumerischen Reich und ließ ihn mit Justinian enden. Dabei hatte die römische Geschichte infolge seiner intensiven prosopographischen Forschungen zur späten römischen Republik, die in den Biographien der großen Trias Cicero, Cäsar und Pompeius mündeten, ein eindeutiges Übergewicht. Darüber hinaus fand die griechische und römische Historiographie sein besonderes Interesse, hier vor allem, was die griechischen Autoren anbetrifft, Herodot, Thukydides, die Hellenica Oxyrrhynchia, die Alexander-Historiker und Polybios, auf Seiten der römischen die Annalisten, Sallust, Livius, Tacitus und Ammianus Marcellinus. In diesem Zusammenhang ist natürlich auch die Beschäftigung mit den beiden großen Rednern des Altertums, Demosthenes und Cicero, unbedingt zu erwähnen.

Im Mittelpunkt der Lehrveranstaltungen Gelzers stand zumeist die sorgsame Rekonstruktion der politischen Ereignisgeschichte. Übergreifende Fragestellungen vermied er dabei ebenso wie populäre Vortragsveranstaltungen[76]. Durch die Lehramtskandidaten der Ge-

---

74) s. hierzu und zum folgenden UA., Philosophische Fakultät: Akte Alte Geschichte.

75) Vom 16. bis 18. Juni 1950 konnte schließlich wieder die erste Exkursion nach dem Weltkrieg stattfinden.

76) Eine Ausnahme war dabei ein Vortrag, den er im Rahmen der Veranstaltungen des „Bundes der Freunde des humanistischen Lessinggymnasiums" am 28.6.1954 in der überfüllten Aula der Universität hielt („Ein neues Cäsarbild": s. FAZ vom 1.7.1954). An gleicher Stelle und im gleichen Rahmen hatte Strasburger, der dem Verein ebenfalls angehörte, ein halbes Jahr zuvor (12.11.1953) einen Vortragsabend über

„Thukydides – Die Entdeckung der politischen Geschichte" gehalten (s. FAZ vom 14.11.1953). Gelzer zählte zu den Gründern des „Bundes" und war lange Jahre Mitglied des Elternbeirats der Schule. Seine Söhne legten hier auch das Abitur ab. Anläßlich des zehnjährigen Bestehens faßte der Verein am 21.1.1961 den Beschluß, Matthias Gelzer und dem Altphilologen Eduard Bornemann *„in Würdigung ihrer großen Verdienste um die humanistische Bildungstradition und ihrer langjährigen persönlichen Verbundenheit mit dem Lessing-Gymnasium die Ehrenmitgliedschaft zu verleihen"*: Rundschreiben des Bundes der Freunde des Lessing-Gymnasiums Nr.1/2, 1961, 2.

schichte sammelten sich in seinen Proseminaren bis zu 25 Studenten, was für damalige Verhältnisse eine große Zahl darstellte. Für sein Oberseminar beschränkte er die Teilnehmerzahl auf 12 Personen. Das Proseminar blieb dabei die von ihm bevorzugte Veranstaltung, da er hier seine Ideen zu Studium und Universität am besten entwickeln konnte. Sein Unterrichtsstil war streng und nüchtern, seine Pädogogik mitunter hart und unerbittlich. Im Nachruf auf seinen Lehrer schrieb Strasburger: In seinen Proseminaren und Seminaren „machte er es den Teilnehmern bewußt ungemütlich, stellte Ignoranz, mangelnde Vorbereitung oder Aufmerksamkeit rücksichtslos bloß und blieb stolz darauf, dann und wann Mädchen zum Weinen gebracht zu haben. Meiner Generation applizierte er noch ähnliche Maßstäbe, wie sie in seiner eigenen Studienzeit gegolten hatten, später lernte er dem Niedergang der Vorbildung, vor allem der Sprachkenntnisse, Rechnung zu tragen, leistete aber der Aufweichung zähen, hinhaltenden Widerstand"[77]. Erst im 68. Lebens-

jahr ließ sich Gelzer in den Ruhestand versetzen, so daß seine letzte Vorlesung im SS 1954 stattfand[78]. Das hielt ihn allerdings nicht davon ab, auch nach seiner offiziellen Verabschiedung Lehrveranstaltungen, in der Regel ein Proseminar oder eine Lektüreübung zu einem römischen Historiker pro Semester, oft gemeinsam mit einem jüngeren Fachkollegen, anzubieten. Die letzte Veranstaltung dieser Art hielt er im WS 1969/70 zusammen mit Joachim Jahn ab[79].

Im späten November 1954 stellte die mit der Neubesetzung betraute Kommission[80] eine Liste mit vier Kandidaten auf und legte sie sechs Gutachtern vor[81]. An erster Stelle stand, was nicht unproblematisch war, da es sich um einen Kandidaten 'aus dem eigenen Hause' handelte, Hermann Strasburger. Hinter ihm rangierten Friedrich Vittinghoff (Marburg), Herbert Nesselhauf (Freiburg), Karl Friedrich Stroheker (Tübingen). Seine Vertrautheit mit Gelzers Lebenswerk, seine liebenswürdige Art und seine Verbundenheit mit der Klassischen Philo-

---

77) H. Strasburger, Matthias Gelzer, Gnomon 47, 1975, 820f.

78) Diese hatte eine „Kulturgeschichte der römischen Kaiserzeit" zum Thema. Einen ausführlichen Nachruf auf den am 23. Juli 1974 verstorbenen Matthias Gelzer hielt Hermann Strasburger, in: a.a.O. 817-824 = ders., Studien zur Alten Geschichte III (1990) 1-8. Eine Liste aller Nachrufe findet sich in: FAS 9, 97. Darunter seien hervorgehoben: Wolfgang Kunkel, BayAkadWiss Jb 1975, 212-216 (mit Bild); J. Bleicken, SBW GesellJWG 12, 4, 157-164. Zur wissenschaftsgeschichtlichen Einordnung des Werks Gelzers: s. FAS 9; K. Christ, Römische Geschichte und deutsche Geschichtswissenschaft (1982) 113-116. Das Schriftenverzeichnis umfaßt insg. 305 Titel: C. Meier – H. Strasburger (Hrsg.), Matthias Gelzer – Kleine Schriften I-III (1961-64), I 3ff. und die Ergänzungen in: FAS 9, 98-100.

79) An Schülern Gelzers sind neben Hermann Strasburger zu nennen: a) Kurt Stade (* 6.2.1899 in Krautheim/Jagst): Studium: 1919-1926 in Frankfurt. Promotion 1926: „Der Politiker Diokletian und die letzte grosse Christenverfolgung". 1927 DAI-Reisestependium, 1928 Reichs-Limes-Kommission; Habilitation 1929: in Freiburg. 1931-1935 Zweiter Direktor der RKG in Frankfurt, 1936-1941 außerordentlicher Prof. in Gießen, 1941-1945 in Königsberg, seit 1956 in Münster, wo er 1959

zum ordentlichen Professor ernannt und 1967 emeritiert wurde: Weber, Lexikon 562f. b) Karl-Ernst Petzold (* 15.4.1914 in Rochlitz) besuchte das Lessing-Gymnasium in Frankfurt/Main. Studium: 1936-1940 in Frankfurt; Promotion 1940: „Die Eröffnung des zweiten römisch-makedonischen Krieges -Untersuchungen zur spätannalistischen Topik bei Livius". Neue Deutsche Forschungen 286, Abt. Alte Geschichte 8 (1940); 1946-1963 Gymnasiallehrer, 1964 Studienrat im Hochschuldienst; Habilitation 1967: „Studien zur Methode des Polybios und zu ihrer historischen Auswertung". Vestigia 9 (1969), in Frankfurt bei Konrad Kraft. 1968 ordentlicher Professor an der TH Berlin, seit 1970 in Tübingen: Weber, Lexikon 436f.

80) 22.11.1954. Die Kommission setzte sich aus Matthias Gelzer (Alte Geschichte), Paul Kirn, Otto Vossler, Walther Kienast (alle: Mittlere/Neuere Geschichte), Erwin Wolff (Klassische Philologie), Harald Patzer (Klassische Philologie) und Karl Reinhardt (Klassische Philologie) zusammen.

81) Diese waren Joseph Vogt (Tübingen), Helmut Berve (Erlangen), Alfred Heuß (Kiel), Friedrich Taeger (Marburg), Hans Schaefer (Heidelberg), Felix Jacoby (Oxford/Christ Church).

logie ließen Strasburger im vorhinein aus dem Blickwinkel der Kommission als den geeigneten Nachfolger Gelzers erscheinen. Strasburger, obgleich in Bonn geboren, war in Frankfurt aufgewachsen und hatte hier auch von 1920 bis 1927 das Reform-Realgymnasium Musterschule besucht. Nach einem neunsemestrigen Studium der Alten Geschichte und Klassischen Philologie, wovon er drei Semester in München und eines in Innsbruck verbracht hatte, schloß er dieses 1931 mit der Promotion ab[82]. In seiner Dissertation „Concordia ordinum – zur Politik Ciceros" (1931) bemühte er sich um eine Darstellung der Entstehung der ciceronianischen Idee von der Versöhnung von Nobilität und Ritterstand und dessen Entwicklung seit seinem Kosulat von 63 v.Chr. Dabei ging es Strasburger vor allem darum, das politische Programm, das nach Ciceros Vorstellungen zur Rettung der res publica und der traditionellen Ständeordnung beitragen sollte, in Beziehung zu dem durch die Forschungen Gelzers neugewonnenen Bild von der römischen Politik zu setzen. Seine Habilitationsschrift „Ptolemaios und Alexander" (1934) hatte die im Werk Arrians nur indirekt überlieferte Schrift des Gefährten Alexanders und späteren Diadochen Ptolemaios I. zum Thema. Darin unternahm er den Versuch, durch eingehende quellenkritische Analyse und sorgfältige Ausscheidung der anderen von Arrian benutzten Quellen einige Grundlinien des ptolemäischen Werkes wiederzugewinnen. Auch in seiner dritten Monographie „Cäsars Eintritt in die Geschichte" (1938) beschäftigte er sich mit überlieferungsgeschichtlichen Problemen, hier nun mit den Nachrichten über die Anfänge der politischen Karriere Cäsars. Zahlreiche Aufsätze zu verschiedenen Themen festigten weiter seinen hohen wissenschaftlichen Ruf. Besonderes Aufsehen erregte dabei der aus seinen beiden Heidelberger Habilitationsvorträgen vom Sommer 1946 hervorgegangene Aufsatz „Caesar im Urteil seiner Zeitgenossen"[83]. Darin wandte er sich scharf gegen das neuzeitliche Cäsarbild, gegen die immer weiter um sich greifende Verklärung seines politischen Genies, die soweit ging, daß Existenz und Werdegang der europäischen Kultur auf seinen gallischen Kriegstaten zu gründen schien. Um zu einer angemesseneren Beurteilung der Person des Diktators zu gelangen, band Strasburger Cäsar wieder in das senatorische, die römische Politik bestimmende Umfeld ein und stellte so der zum Mythos gewordenen Gestalt die vielen negativen Urteile seiner Zeitgenossen entgegen.[84]

---

82) Nach seiner Promotion erhielt Strasburger einen Lehrauftrag in Freiburg und hielt dort vom SS 1932 bis 1934 „Althistorische Übungen für Anfänger" ab. Nach dem bereits erwähnten Entzug der Lehrerlaubnis und der Verweigerung der Habilitation schien seine Karriere beendet zu sein. 1940 wurde er zur Wehrmacht als Funker eingezogen und im April 1943 in Rußland durch einen Oberschenkelschussbruch schwer verwundet. Nach dem Krieg erhielt er eine Assistentenstelle an der Heidelberger Universität, wo er sich im Juli 1946 auch habilitierte. 1947/48 übernahm er für ein Jahr die Vertretung des Lehrstuhls für Alte Geschichte in München. Nach der Umhabilitierung in Frankfurt wurde ihm im Sommer 1948 zunächst eine Diätendozentur zugesprochen und kurz darauf zum außerplanmäßigen Professor ernannt. Dementsprechend bot er an der Frankfurter Universität seit dem SS 1948 regelmäßig Lehrveranstaltungen an, mit Ausnahme des SS 1950, in dem er

als Austauschprofessor an der Universität Chicago gelehrt hatte. Zu diesen und den folgenden Angaben: s. den der Bewerbung um die Professur beiliegenden Lebenslauf Strasburgers (UA., Personalakte Hermann Strasburger).

83) HZ 175, 1953, 225-264. Eine zweite, durchgesehene und ergänzte und durch ein Nachwort erweiterte Auflage erschien 1957.

84) An weiteren wichtigen Aufsätzen (bis 1954) sind zu nennen: Die RE-Artikel zu den Stichwörtern „Nobiles, Novus Homo, Onesikritos, Optimates, Triumviri; „Alexanders Zug durch die gedrosische Wüste", Hermes 80, 1952, 456-493; „Der soziologische Aspekt der homerischen Epen", Gymnasium 60, 1953, 97-114; „Der Einzelne und die Gemeinschaft im Denken der Griechen", Histor. Zeitschr. 177, 1954, 227-248; „Die Entdeckung der politischen Geschichte durch Thukydides", Saeculum 5, 1954, 395-428.

Die Gutachter sprachen sich eindeutig für die Person Strasburgers aus[85]. Bei Felix Jacoby (25.11.1954) hinterließen vor allem seine Publikationen zur Alexander-Geschichte großen Eindruck, insbesondere die Rezension des Alexanderbuches von W. W. Tarn[86], seine Ausführungen zur homerischen Welt[87] und *„noch mehr ... 'Caesar im Urteil der Zeitgenossen' ..., ein Aufsatz, der mich sehr wider Willen gezwungen hat, mein Urteil über Mommsen's Caesarbild zu revidieren".* Darüber hinaus verweist er auf die soziologischen Aufsätze Strasburgers, *„die mich nicht nur sachlich, sondern auch durch ihre einfache, phrasenlose Darstellung beeindruckten. Sie fördern m.e. diese Probleme wirklich. Das klingt zwar etwas enthusiastisch, aber ich glaube bestimmt, dass Strasburger unter unseren jüngeren Historikern der weitaus begabteste ist".* Fritz Taeger (28.11.1954), der ansonsten auf die Problematik einer Hausberufung aufmerksam macht, nennt Strasburger den *„schärfst profilierten Schüler Herrn Gelzers, der sein Erbe zu treuen Händen verwalten und allseitig ausbauen wird".* Joseph Vogt (29.11.1954) schienen alle genannten Kandidaten gleichermaßen für ein Ordinariat geeignet zu sein. Die Zusammenstellung der Namen zeige, *„daß es ... nicht an gutem Nachwuchs fehlt"* und man glücklicherweise davon absehen könne, Ordinarien in Vorschlag zu bringen. Helmut Berve (30.11.1954) bemerkte am Ende seines Urteils über Strasburger: *„Angesichts dessen, was er an wissenschaftlicher Leistung aufzuweisen hat, muß es fast wunder nehmen, daß er während der letzten Jahre noch nicht auf einen Lehrstuhl berufen worden ist".* Zum Lob sah sich auch Alfred Heuß (12.12.1954) veranlaßt, auch

wenn er dem einige kritische Worte beilegte: *„Die historiographische Analyse ist Strasburgers eigentlich Domäne. Er hat dafür unter den heutigen Althistorikern das schärfste Organ entwikelt. Auch sein 'Eintritt Caesars in die Geschichte' gibt darüber Aufschluss. Zu Hilfe kommt Str. hierbei offenbar auch ein sehr entwickeltes literarisches Verständnis und ein verhältnismäßig weiter geistiger Horizont. In dieser Hinsicht ist er einer unserer besten Leute. Was ich bei ihm ein wenig vermisse, betrifft seine Stosskraft, sobald es sich um die Gesamtheit der historischen Realität handelt und es gilt, die historische Elemente in ein Verhältnis zueinander zu setzen. Er ist – und das ist ein sehr schätzenswerter Vorzug – ausgesprochen problemsichtig, nur habe ich manchmal den Eindruck, dass er den Weg nicht ganz bis zu Ende geht und sich scheut, seine Ansätze an den Konsequenzen zu überprüfen".* Wie zu erwarten war, schloß sich die Berufungskommission dem Votum der Gutachter an. Auf ihrer Vorschlagsliste (vom 20.12.1954) erschien Hermann Strasburger auf dem ersten Listenplatz, pari passu gefolgt von Herbert Nesselhauf und Friedrich Vittinghoff.

Zum WS 1955 trat Hermann Strasburger die Nachfolge seines Lehrers Matthias Gelzers an. Die Gelzer'sche Tradition der historiographischen Analyse führte er in Forschung und Lehre konsequent fort. Dabei lag entsprechend seiner besonderen Forschungsneigungen das Schwergewicht seiner Lehrveranstaltungen auf dem Gebiet der griechischen Geschichte und der späten römischen Republik. Was die griechische Geschichte anbetraf, so galt sein Interesse vor allem dem 5. und 4. Jh. v.Chr., also der Klassischen Zeit (mit Einschluß Alexan-

---

85) s. UA, Philosophische Fakultät Akte Alte Geschichte. Hans Schaefer (28.11.1954) schlug darüber hinaus vor, den mittlerweile 63-jährigen, nach London emigrierten Victor Ehrenberg zurückzuholen, da es für diesen sicherlich ein *nobile officium* bedeute, als Opfer des Dritten Reiches an seine alte Wirkungsstätte zurückzukehren.

86) Bibl. Orient. 9, 1952, 202-211.

87) s. Anm. 84.

der des Großen), wogegen die archaische Zeit, wenn man von Homer absieht, und das hellenistische Zeitalter weitaus seltener von ihm behandelt wurden. In den Vorlesungen wie auch in den Seminaren stand vor allem die eingehende Erörterung der jeweiligen, historiographischen Quellen im Vordergrund. Sein besonderes Interesse galt dabei Homer, den drei großen Geschichtsschreibern Herodot, Thukydides und Xenophon sowie der von Felix Jacoby erarbeiteten, großen Sammlung der Fragmente der griechischen Historiker. In nicht ganz regelmäßigem Wechsel mit Gelzer las Strasburger „Römische Geschichte", hier mit besonderer Vorliebe über Cicero und die römische Republik seit dem 2. Jh. v.Chr. [88]

1963 wechselte Strasburger an die Freiburger Universität, wo er bis 1977 lehrte[89].

Die ordentlichen Professoren des Seminars für Alte Geschichte 1914-1994 (seit 1962: Seminar für Griechische und Römische Geschichte Abt. I und II[90])

Prof. Dr. Barthel (1914-1915)
Prof. Dr. Wilhelm Weber (1917-1918)
Prof. Dr. Matthias Gelzer (1919-1954)
Prof. Dr. Hermann Strasburger (1955-1963)
Prof. Dr. Franz-Georg Maier (1964-1966)
Prof. Dr. Konrad Kraft (1962-1970)
Prof. Dr. Jochen Bleicken (1967-1979)
Prof. Dr. Eberhard Ruschenbusch (1972-1992)
Prof. Dr. Klaus Bringmann (seit 1982)
Prof. Dr. Dr. Manfred Clauss (seit 1993)
Prof. Dr. Aladar Radnoti (II) (1962-1972)
Prof. Dr. Maria Radnoti-Alföldi (II) (1973-1992)
Prof. Dr. Hans-Markus von Kaenel (II) (seit 1993)

---

88) Die letzte Vorlesung an der Frankfurter Universität hielt er im SS 1963 („Griechische Geschichtsschreibung").

89) Einen ausführlichen Nachruf auf den am 4. April 1985 verstorbenen Hermann Strasburger hielt Christian Meier, Chiron 16, 1986, 172-197 = W. Schmitthenner – R. Zoepffel (Hrsg.), Hermann Strasburger – Studien zur Alten Geschichte I-III. Collectanea XLII 1-3 (1990) III 503-529. Sämtliche Nachrufe finden sich aufgelistet in: III 530. Darunter seien hervorgehoben: H. Nesselhauf, Jahrb. d. Heidelb. Akad. d. Wiss.

1985, 115-118; W. Schmitthenner, Gnomon 58,1986, 187-189; J. Bleicken, Sitzungsber. d. Akad. Gesell d. Johann-Wolfgang-Goethe-Univ. 1987, (23. 2.) 45-52. Photo und Schriftenverzeichnis: Studien zur Alten Geschichte a.a.O. I Vorsatzblatt und S. XI-XV (1931-1980); III S. X (1981-1989).

90) Die Professoren der Abteilung II (Geschichte und Kultur der Römischen Provinzen/ Hilfswissenschaften der Altertumskunde) sind durch ein hinter den Namen gestelltes (II) gekennzeichnet.

KLAUS BRINGMANN

Das Frankfurter archäologisch-althistorische Gemeinschaftsprojekt „Schenkungen hellenistischer Herrscher an griechische Städte und Heiligtümer"

Den Anstoß zu dem seit 1984 an der Frankfurter Universität bestehenden gemeinsamen Forschungsprojekt hat Hans von Steuben gegeben. Sein Interesse für das Thema der Stiftungen hellenistischer Herrscher reicht weit zurück. Im Jahre 1974 hielt er eine Vorlesung über „Stiftungen hellenistischer Könige im griechischen Mutterland" und wurde dabei darauf aufmerksam, daß das Thema von archäologischer Seite noch niemals zusammenfassend behandelt worden war. Den damaligen Mitarbeiter und Dozenten am Archäologischen Institut Jürgen Kleine regte er dazu an, in mehreren Lehrveranstaltungen verschiedenen Aspekten des betreffenden Themenkreises nachzugehen. In der Zeit zwischen 1974 und 1977 hielt Dr. Kleine mehrere Vorlesungen und Seminare, die den großen panhellenischen Heiligtümern Olympia und Delos sowie Pergamon, der Metropole des Attalidenreiches, gewidmet waren. Ein Seminar über „Stiftungen pergamenischer Herrscher" und eine Vorlesung über „Die Ptolemäer in Griechenland" standen am Ende der Veranstaltungsreihe.

Dr. Kleine gewann den (sicher richtigen) Eindruck, daß die Gesamtheit der Diadochenstiftungen für ein individuelles Forschungsvorhaben zu umfangreich sei. Er beabsichtigte, sich auf ein begrenztes Projekt zu beschränken, und er wählte als Thema die Stiftungen der Attaliden außerhalb Pergamons. Für diese Wahl mochte nicht nur die Tatsache sprechen, daß die Attaliden, insbesondere Eumenes II., in unserem Quellenmaterial als die großzügigsten Stifter der hellenistischen Zeit in Erscheinung treten, sondern mindestens ebenso der Umstand, daß unter den Stiftungen der Dynastie Bauten

und Statuen einen hervorragenden Platz einnehmen. Zwar beabsichtigte Dr. Kleine, alle Zuwendungen der Attaliden an griechische Städte und Heiligtümer zu berücksichtigen - er erwähnt in seinem Förderungsantrag ausdrücklich Landschenkungen, Naturalien und Geldzahlungen -, aber sein Hauptinteresse galt verständlicherweise den archäologisch faßbaren Stiftungen. Immerhin war vorgesehen, auch die epigraphischen Zeugnisse in die Untersuchung einzubeziehen und neue Übersetzungen der betreffenden Dokumente vorzulegen. Schließlich sollte am Ende der Bestandsaufnahme der einzelnen Monumente und Dokumente eine Auswertung nicht nur unter archäologischen, sondern auch unter historisch-politischen Aspekten stehen.

Im Jahre 1979 stellte Dr. Kleine bei der Deutschen Forschungsgemeinschaft (DFG) einen Antrag auf Gewährung eines Forschungsstipendiums. Dieser Antrag wurde positiv beschieden, doch sah sich Dr. Kleine dann aus beruflichen Gründen nicht in der Lage, das auf zwei Jahre befristete Stipendium anzunehmen. Im Januar 1981 zog die DFG ihre Förderungszusage zurück. Hans von Steuben griff nun seinerseits den Plan in veränderter Form auf und stellte im Herbst 1982 bei der DFG einen Antrag auf Gewährung einer Sachbeihilfe, die es der gerade promovierten Frau Barbara Schmidt ermöglichen sollte, unter seiner Beratung die Stiftungen makedonischer Herrscher in der griechischen Welt zu bearbeiten. Unter makedonischen Herrschern wurden Philipp II., Alexander der Große und ihre Nachfolger in Makedonien verstanden. Auch bei diesem neuen Projekt war daran gedacht, die Monumente in den Mittelpunkt zu stellen, aber es sollte dies gewissermaßen in historischer Absicht geschehen. Die geplante Arbeit war als archäologischer Beitrag zum Verhältnis der makedonischen Herrscher zu den Griechen und als Beitrag zu einem historischen Verständnis der betreffenden Monumente konzipiert. Als weiterführendes Ziel war bereits eine vergleichende Betrachtung dessen in Aussicht gestellt, was die verschiedenen Dynastien der hellenistischen Welt für die Städte und Heiligtümer Griechenlands geleistet hatten.

Die Gutachter der DFG waren sich in dem Urteil einig, daß an der wissenschaftlichen Bedeutung und damit an der Förderungswürdigkeit des vorgeschlagenen Projekts kein Zweifel bestehen könne. Sie empfahlen jedoch angesichts des Umfangs des Unternehmens und angesichts der Bedeutung der historisch-epigraphischen Forschung für das Thema die selbständige Mitarbeit eines Althistorikers und Epigraphikers. Dementsprechend schlugen sie vor, das Projekt, sofern es denn in dem beabsichtigten Umfang bearbeitet werden sollte, in enger Kooperation von Archäologen und Althistorikern zu realisieren und dafür eine Bearbeitungszeit von mindestens vier Jahren (anstelle der beantragten drei) vorzusehen.

Aufgrund dieser Empfehlungen nahm Hans von Steuben mit dem Verfasser, der kurz vorher einen Ruf nach Frankfurt angenommen hatte, Kontakt auf. Gemeinsam entwickelten wir nach Einholung des Rates von Christian Habicht (Princeton) und Peter Herrmann (Hamburg) ein modifiziertes Konzept, das im Herbst 1983 in einem neuen Antrag auf Gewährung einer Sachbeihilfe der DFG vor- gelegt wurde. Obwohl über den Umfang des Quellenmaterials - Monumente, Inschriften, literarische Bezeugungen - keine Klarheit bestand und nach Lage der Dinge auch gar nicht bestehen konnte, kamen wir überein, daß die Gesamtheit der Stiftungen der Dynastien makedonischer Herkunft, also auch die der Ptolemäer und Seleukiden, Gegenstand des Forschungsprojekts sein sollten. Später erkannten wir,

daß die Sammlung des Quellenmaterials sinnvollerweise auch die Stiftungen der übrigen Dynastien einschließen müsse, da nur auf diese Weise dem Desiderat, die Erforschung des monarchischen Euergetismus auf eine breite Quellengrundlage zu stellen, abgeholfen werden konnte.

Es war klar, daß die beabsichtigte Ausweitung des Forschungsprojekts nicht nur die Erweiterung des Mitarbeiterkreises, sondern auch eine Beschränkung auf den ersten Arbeitsschritt notwendig machte: auf die Sammlung und Kommentierung bzw. Übersetzung des (schriftlichen) Quellenmaterials. Für die Bearbeitung der Monumente konnte Frau Barbara Schmidt-Dounas (inzwischen Thessaloniki) gewonnen werden. Für die Bearbeitung der Inschriften wurde Walter Ameling, ein Schüler Reinhold Merkelbachs (Köln), in Aussicht genommen. Nachdem die DFG die beantragte Sachbeihilfe bewilligt hatte, konnte die Arbeit im Frühjahr 1984 (von Frau Dr. Schmidt-Dounas) bzw. im Herbst (von Herrn Dr. Ameling) aufgenommen werden. Beide Mitarbeiter haben, als sie später aus beruflichen Gründen aus dem Arbeitsverhältnis ausschieden, weiter an dem Projekt mitgearbeitet und sich große Verdienste um es erworben. Denn es stellte sich schnell heraus, daß es innerhalb einer Zweijahresfrist nicht möglich war, die Sammlung und Kommentierung des Quellenmaterials bzw. die Übersetzung der Schriftzeugnisse abzuschließen, geschweige denn die Redaktionsarbeit in Angriff zu nehmen. Verlängerungsanträgen von unserer Seite hat die DFG mehrfach entsprochen. Nachdem die Vereinigung der Freunde und Förderer unserer Universität die notwendigen Mittel zur Anschaffung eines Computers zur Verfügung gestellt hatte, konnte im Jahre 1986 auch damit begonnen werden, das Quellenmaterial in eine Datenbank aufzunehmen. Wider Erwarten gestaltete sich die redaktionelle Arbeit besonders mühsam und langwierig. Es war vorgesehen, mit Hilfe der EDV eine druckfertige Textvorlage zu erstellen.

Der zunächst angeschaffte Computer genügte den notwendigen Anforderungen nicht. Wiederum ermöglichte eine großzügige Sachbeihilfe der Vereinigung der Freunde und Förderer, die aufgetretenen Schwierigkeiten zu überwinden. Dennoch führten personeller Wechsel und die Unmöglichkeit, mit unseren Mitteln die griechischen Zahlzeichen darzustellen, zu weiteren erheblichen Verzögerungen der Abschlußarbeiten.

Erst am 15. Januar 1992 konnte dann der DFG unser Abschlußbericht zusammen mit einem Exemplar der damals im wesentlichen druckfertigen kommentierten Quellenedition vorgelegt werden, und mit Schreiben der DFG vom 9. April wurde uns aufgrund der positiven Stellungnahmen der Gutachter Entlastung erteilt. Der Akademie-Verlag (Berlin) wird das aus unserem Gemeinschaftsprojekt hervorgegangene Werk publizieren, und es ist zu hoffen und zu erwarten, daß es noch in diesem Jahr erscheint.

Das von Hans von Steuben initiierte Forschungsprojekt hat im Laufe der gemeinsamen Arbeit einen anderen Charakter angenommen, als ursprünglich intendiert war. Das Ergebnis ist eine umfassende Dokumentation des sogenannten monarchischen Euergetismus der hellenistischen Zeit, und es ist auf diese Weise nach dem Urteil der DFG-Gutachter ein wichtiges Instrument künftiger Forschung geworden. Im Vorwort des vor der Veröffentlichung stehenden Bandes hat Hans von Steuben diesen Sachverhalt so kommentiert:

„*Die Arbeit, dessen erster Teil hier vorgelegt wird, war ursprünglich als ein archäologischer Beitrag zur hellenistischen Kunst und Geschichte gedacht. Als gemeinsames Werk von Archäologen und Althistorikern hat sie ein anderes Gesicht erhalten. Die Ordnung geht nicht mehr von den Monumenten aus, sondern von den literarischen und epigraphischen Quellen, die auch dann gesammelt und aufgenommen wurden, wenn sie sich nicht auf archäologisches Material beziehen. Sie beleuchten jedoch fast immer das historische Umfeld, in*

das auch die Monumente gehören, und können deshalb auch für den Archäologen von Bedeutung sein. Die schriftlichen Zeugnisse zu dem nunmehr so umfassend behandelten Thema sind weitaus zahlreicher als die archäologischen, von denen überdies viele, die in den Quellen erscheinen, verloren sind und nicht mehr dokumentiert werden können. Andererseits wurden immer wieder Monumente mit hellenistischen Herrschern in Verbindung gebracht, auch wenn schriftliche Quellen dafür fehlen. Die Indizien, die an deren Stelle treten, können nicht dasselbe Gewicht beanspruchen wie die Schriftzeugnisse. Oft handelt es sich nur um fragwürdige Argumente und vage Kombinationen. Es hat sich herausgestellt, daß solche Fälle häufiger sind als ursprünglich angenommen. Immerhin gehören sie zu einer wissenschaftlichen Diskussion und erscheinen deshalb in der vorliegenden Sammlung, wenn auch in einem von den Quellen getrennten Teil, oder sie kommen in anderer Weise zur Sprache."

Der Vorlage des Quellenmaterials sollen eine archäologische und eine historische Auswertung folgen. Schließlich ist beabsichtigt, eine abschließende Synthese der archäologischen und historischen Ergebnisse vorzulegen, die sich aus dem gemeinsamen Projekt ergeben haben. Mit der historischen Auswertung hat der Verfasser während eines Forschungsaufenthaltes am Institute for Advanced Study (Princeton) im Wintersemester 1993/94 begonnen. Er bittet Hans von Steuben, er möge die folgenden Mitteilungen über einige Beobachtungen und Schlußfolgerungen, die die historischen Voraussetzungen der dynastischen Baustiftungen in Athen betreffen, als eine hommage betrachten, die der Verfasser dem Anreger des gemeinsamen Forschungsprojekts schuldet.

Aus dem zusammengetragenen Quellenmaterial ist abzulesen, daß die erste Hälfte des zweiten Jhs. v. Chr. die große Epoche der königlichen Baustiftungen war, die der Verschönerung des Stadtbildes dienten. Die gemeinsame Grundlage des Gebens und Nehmens lag dabei nicht mehr, wie es in der Zeit der Diadochenkämpfe und im dritten Jh. der Fall war, auf der Ebene der reinen Machtpolitik. Aus Prestigebedürfnis (um von wirtschaftlichen Motiven hier einmal abzusehen) baten die Städte um die Mittel zur Errichtung von Repräsentationsbauten, und aus einem spezifischen Prestigebedürfnis gaben die Herrscher dem Ersuchen der Städte statt. In einem Ehrendekret des Jonischen Städtebundes wird Eumenes II. gerühmt, weil er den Städten vieles zu errichten geholfen habe, was zu ihrem Ruhm und äußeren Glanz beitrage, und er wird aufgefordert, dies auch in Zukunft zu tun, damit er von seiten der Städte alles erhalte, was seiner Ehre und seinem Ruhm förderlich sei.[1] Die Herrscher stifteten den Städten die Statussymbole der Repräsentationsbauten, der Feste und Agone, und die Städte gaben ihnen die Ehre zurück, die nach der Anschauung der Zeit einen König ausmacht: als Wohltäter der Städte, ja aller Hellenen gerühmt zu werden.[2]

Die erste Voraussetzung für die darin zum Ausdruck kommende Akzentverschiebung monarchischen Euergetismus lag in der Veränderung der politischen Rahmenbedingungen. Mit dem Erscheinen Roms auf der Bildfläche wurde erst Griechenland, dann auch Kleinasien den militärischen Ambitionen rivalisierender hellenistischer Großreiche entzogen. Kriegerischer Ruhm, einst der Stolz eines hellenistischen Königs, war

auch außerhalb dieses Raumes, wie das Beispiel Antiochos' IV. zeigt, nicht mehr zu gewinnen. Was blieb, war der Ruhm des Wohltäters, die zweite Wurzel königlichen Prestiges.

Die andere Voraussetzung lag darin, daß unter den gegebenen Umständen der Status einer Stadt weniger in den Zusammenhängen der großen Politik, sondern in der Attraktivität ihrer öffentlichen und sakralen Bauten, ihrer Bildungseinrichtungen, ihrer Feste und Agone lag, und darauf konnte, zumindest teilweise, ihre Lebensgrundlage beruhen. Alles dies hängt sicher auch mit der Entfaltung eines neuen kulturellen Bewußtseins zusammen, das sich aus sehr heterogenen Quellen speiste. Ich nenne hier nur die Erfahrung eines neuen, auf repräsentative Wirkung berechneten Stadtbildes in den kolonialen und modernisierten Städten, die Breitenwirkung, die die Pflege der griechischen Literatur, Philosophie und Wissenschaft in dem erweiterten Rahmen der hellenistischen Welt gewann, und im Zusammenhang damit die Rückbesinnung auf die altberühmten Stätten des eigentlichen Mutterlands.

Die Zusammenhänge, die hier nur angedeutet werden können, haben bewirkt, daß Athen ein Hauptzentrum wurde, auf das sich die Förderung durch die Könige konzentrierte. Wie die Ausgangslage um die Mitte des dritten Jahrhunderts war, ist dem Reisebericht des Kreters Herakleides zu entnehmen.[3] Er betrat die Stadt beim

---

1) vgl. die Formulierung des vom Jonischen Koinon für Eumenes II. beschlossenen Ehrendekrets, Milet I 9,306, 19-21: καὶ πολλὰ τῶν πρὸς ἐπιφανείαν / καὶ δόξαν ἀνηκόντων ουγκατασκευάζων / ἑκαὸτῇ (sc. τῇ πόλει) und 36f: οὕτω γὰρ καὶ μετὰ ταῦτά με πάν[των τεύξεσθαι τ]ῶν / εἰς τιμὴν καὶ δόξαν ἀνηκόντων. - Dies und das Folgende ist einem Beitrag entnommen, der unter dem Titel „Die Ehre des Königs und der Ruhm der Stadt. Bemerkungen zu königlichen Bau- und Feststiftungen" in den Vestigia veröffentlicht wird.

2) vgl. W. Schubart, Das hellenistische Königsideal nach Inschriften und Papyri, Archiv für Papyrusforschung 12, 1937, 1ff.; K.W. Welwei,

Könige und Königtum im Urteil des Polybios (1963) 123ff.; F. W. Walbank, Cambridge Ancient History VII2 (1984) 75ff.; Ph. Gauthier, Lec cités grecques et leur bienfaiteurs (1985) 40ff.; K. Bringmann, Der König als Wohltäter. Betrachtungen und Überlegungen zur hellenistischen Monarchie, in: J. Bleicken (Hrsg.), Colloquium aus Anlaß des 80. Geburtstags von A. Heuß, Frankfurter Althistorische Studien 13, 1993, 83ff. sowie die ausführliche englische Version: ders., The King as Benefactor. Some Remarks on Ideal Kingship in the Age of Hellenism, in: Images and Ideologies: Self-Definition in the Hellenistic World (1993) 7ff.

Dipylon und fand, was er sah, das Gewirr der Gäßchen und die Armseligkeit der Häuser, eher enttäuschend. Die Agora mit ihrer unattraktiven Platzgestaltung, über die ihn sein Weg führte, überging er mit Stillschweigen. Erst das Theater, der Parthenon auf der Akropolis und das unvollendete Olympieion ließen ihn aufatmen: Dies war *„das Schönste auf der Welt“*. Die drei Gymnasien, die Akademie, das Lykeion und das Kynosarges, lagen außerhalb der Stadtmauern. Er erwähnt ihre Garten- und Parkanlagen und geht dann sofort zu den Abwechslungen über, die die Stadt mit ihren Festen und Philosophen zu bieten hatte: σχολαὶ πολλαί, θέαι συνεχεῖς. Sie bewirken, daß für alle, deren Reisekasse gut gefüllt ist, keine Stadt angenehmer und vergnüglicher ist. An der Attraktivität der Stadt wird also nicht gezweifelt. Doch der erste Eindruck war negativ: *„Das also sollte nun die hochberühmte Stadt der Athener sein!“* Auch wenn man von der schlechten Bausubstanz der Privathäuser und dem unregelmäßigen, gewachsenen Straßennetz absah: Die Agora entsprach in keiner Weise der repräsentativen hellenistischen Platzgestaltung, das von Peisistratos begonnene Olympieion war ein Torso geblieben, und die Gymnasien lagen außerhalb der Stadtmauern und waren nicht, wie es die moderne Konzeption der hellenistischen Zeit vorsah[4], in die Kernstadt integriert.

Unmittelbar nach der Befreiung des Piräus und der attischen Festungen von makedonischer Besatzung (229 v. Chr.) begann in Athen eine Bautätigkeit, die ohne Hilfe der Könige der armen Stadt[5] nicht möglich gewesen wäre. Zwei Gymnasien wurden innerhalb der Stadtmauern errichtet: das Diogeneion, benannt nach dem makedonischen Offizier, der gegen eine Geldzahlung die Besatzungen aus dem Piräus und den attischen Festungen abgezogen hatte, und das Ptolemaion, das König Ptolemaios III. stiftete.[6] Das eine lag etwa 300 m nordöstlich der Akropolis, das andere wahrscheinlich östlich der Agora, in der Nähe des Theseions.[7] Später ließ Eumenes II. die Stoa beim Dionysostheater am Südabhang der Akropolis errichten. Der repräsentative Bau begleitete den Weg zum Theater, diente als Wandelhalle und bot den Theaterbesuchern bei plötzlichen Regengüssen Schutz. Zugleich diente die Anlage zur

---

3) Text, Übersetzung und Kommentar, in: F. Pfister, Die Reisebilder des Herakleides, Sitzungsberichte d. Österr. Akademie d. Wissenschaft in Wien, Philosoph.-Hist. Klasse 227 Heft 2, 1951: das Folgende bezieht sich auf das erste Kapitel des ersten Fragments.

4) vgl. hierzu J. Delorme, Gymnasium. Études sur les monuments consacrés à l'éducation en Grèce (1960) 441ff.: `Le gymnase dans la cité'.

5) Zur relativen Armut in Athen vgl. die Bemerkungen des Herakleides a.a.O. über die Masse geringwertiger Privathäuser (cap. 1) und über den Hunger und den zu geringen Ertrag des Bodens (cap. 2). Im Jahre 229 v. Chr. mußte eine Anleihe für die Freiheit zur Beschaffung der 150 Talente aufgelegt werden, die zum Freikauf des Piräus und der attischen Festungen von makedonischer Besatzung benötigt wurden: IG2 835,5-7 und 786, 4f. Daran beteiligten sich auch die Städte des Böotischen Bundes: IG VII 2406 und 1737/38. Arat von Sikyon bzw. der Achäische Bund trug 20 oder 25 Talente bei: Plut. Arat. 34,5 und Paus. 2,8,6: vgl. hierzu mit älterer Literatur Chr. Habicht, Studien zur Geschichte

Athens in hellenistischer Zeit, Hypomnemata 73, 1982, 79f. Es ist schwer vorstellbar, daß die Stadt ohne Stiftungen zu den Bauleistungen in der Lage gewesen wäre, die nach der Befreiung Attikas von makedonischer Besatzung in Angriff genommen wurden: zu den nach 229 v. Chr. begonnenen Bauten vgl. Chr. Habicht a.a.O. 114.

6) Paus. 1,17,2: Chr. Habicht a.a.O. 112ff. ist die Identifizierung des Stifters mit dem dritten Ptolemäer gelungen. Ohne Kenntnis der Studie Habichts und entgegen dem eindeutigen Zeugnis des Pausanias schreibt H. Lauter, Die Architektur des Hellenismus (1984) 16 das Ptolemaion den Athenern als Eigenleistung zu und datiert es versuchsweise in die Zeit Ptolemaios' II. oder Ptolemaios' IV. Irrig ist auch die Auffassung von J. Delorme a.a.O. 143ff., daß sowohl das Ptolemaion als auch das Diogeneion in das zweite Jh. v. Chr. gehören.

7) Zur Lage der beiden Gymnasien: A. Frantz, Hesperia 48, 1979, 194ff. mit Abb. 3 und H.A. Thompson - R.E. Wycherley, The Agora of Athens, The Athenian Agora XIV (1972) 66 Anm. 179; 125; 205.

Aufbewahrung von Theaterrequisiten.[8] Auch die Modernisierung der Agora wurde entsprechend dem Ideal der repräsentativen architektonischen Rahmung eines Platzareals in Angriff genommen.

Mit dem Bau der sogenannten Mittelstoa ist, wie Virginia Grace anhand der aus der Baugrube geborgenen Amphorenstempel gezeigt hat, um das Jahr 183 v. Chr. begonnen worden. Mit diesem Baubeginn verbindet sie das in Delos gefundene athenische Ehrendekret für Pharnakes I. (und Königin Nysa), aus dem hervorgeht, daß der König einer älteren Verpflichtung trotz seiner finanziellen Schwierigkeiten mit Ratenzahlungen nachkam, und sie nimmt an, daß die ursprüngliche Zusage im Jahre 183 v. Chr. gemacht wurde und der Finanzierung der Baukosten der Mittelstoa galt.[9] Diese Annahme ist durch den von Stephen Tracy geführten Nachweis unhaltbar geworden, daß das Archontenjahr des Tychandros, in dem das Dekret beschlossen wurde, nicht auf 160/59, sondern auf 196/95 v. Chr. zu datieren ist.[10] Immerhin zeigt das Dokument die Bedürftigkeit Athens, und es stützt insoweit die wiederholt geäußerte Vermutung[11], daß der Bau mit dynastischer Unterstützung errichtet worden sein muß.

Inschriftlich gesichert ist, daß Attalos II. die sogenannte Attalosstoa stiftete, und Funde aus der Baugrube datieren den Baubeginn in den Anfang seiner Regierungszeit.[12] Mit beiden repräsentativen Säulenhallen hatte der Platz seine moderne hellenistische Form gewonnen. Die Mittelstoa bildete den Nordabschluß des sogenannten Südhofs, und die Attalosstoa begrenzte die Agora nach Osten.[13]

Bevor die Arbeiten auf der Agora zum Abschluß gekommen waren, begann Antiochos IV. mit der Vollendung des Olympieions. Der Kontrast zwischen der Großartigkeit des Bauplans und dem unvollendeten Zustand des Tempels haben die Besucher Athens sehr stark empfunden. Herakleides sagt in seinem Reisebericht: *„Das Olympieion, zwar nur halbvollendet, aber eindrucksvoll schon durch den Bauplan: Großartig wäre es geworden, wenn es vollendet worden wäre.“*[14] Für Antiochos IV., der vor seiner Thronbesteigung drei Jahre in Athen gelebt hatte[15], war der gewaltige Torso offenbar eine Herausforderung. Er unternahm es, zu realisieren, was bisher nur in der ausmalenden Phantasie sich als der großartigste Tempel des höchsten Gottes dargestellt hatte. *„Für die Prachtentfaltung in Hinblick auf*

---

8) Vitruv 5,9,1 mit der Beschreibung des Baus in : J. Travlos, Bildlexikon zur Topographie des antiken Athen (1971) 660ff. Nach M. Korres, Vorfertigung und Ferntransport eines athenischen Großbaus und zur Proportionierung von Säulen in hellenistischer Literatur, in: Bauplanung und Bautheorie der Antike. Diskussionen zur archäologischen Bauforschung 4 (1983) 201ff. wurde ein großer Teil der für den Aufbau verwendeten Bauteile in Pergamon vorgefertigt. Er erklärt dieses Verfahren mit der Absicht des Königs, einen großen Teil des für den Bau notwendigen Kapital- und Arbeitsaufwandes im eigenen Reich zu erbringen.

9) V. Grace, Hesperia 54, 1985, 1ff.; zur Verknüpfung von IG XI 1056, dem Ehrendekret für Pharnakes I., mit dem Bau der Mittelstoa vgl. 25f. Vorbehalte dagegen bei Chr. Habicht, Hesperia 59, 1990, 573 Anm. 66. - Zur Nutzung der Agora als Marktgebäude s. Grace a.a.O. 26ff.

10) St. V. Tracy, Inscriptiones Deliacae: IG XI 713 and XI 1056, Athen.Mitt. 107, 1992 (mir im Manuskript zugänglich).

11) H.A. Thompson, Hesperia 6, 1937, 217; ders. - R.E. Wycherley a.a.O. (s.o. Anm. 37) 23 und J. Coulton, The Architectural Development of the Greek Stoa (1976) 221.

12) IG II2 3171 mit den Rekonstruktionsvorschlägen von B. Meritt, Hesperia 26, 1957, 83ff. Nr. 31. Zur Datierung vgl. F.S. Kleiner, Hesperia, 44, 1975, 313ff.; V.R. Grace a.a.O. 14f.

13) Zur Platzgestaltung vgl. Thompson - Wycherley a.a.O. 103ff.

14) Herakleides, fr. I 1 in der Ausgabe von H. Pfister (s.o. Anm. 3) 72, 11f.: Ὀλύμπιον ἡμιτελὲς μὲν κατάπληξιν δ' ἔχον τὴν τῆς οἰκοδομίας ὑπογραφήν, γενόμενον δ' ἂν βέλτιστον εἴπερ συνετελέσθη.

15) Ein von St.V. Tracy publiziertes fragmentarisches Ehrendekret hat den Beweis erbracht, daß er bereits im Jahre 178/77 v. Chr. sich in Athen aufhielt: Hesperia 51, 1982, 60-62 Nr. 3.

die Götter", schreibt Livius, Polybios folgend, in seiner Würdigung des Königs, *„kann wohl vor allem der Tempel des Olympischen Zeus Zeugnis ablegen, der einzige, der der Majestät des Gottes würdig begonnen worden ist."*[16]

Pracht und Großartigkeit des erhabensten Zeustempels steigerten den Ruhm der Stadt und die Ehre des Königs. In diesem Zusammenhang wird das Motiv faßbar, das die Könige veranlaßte, auf das Bestreben der Städte nach Steigerung ihrer Attraktivität einzugehen und für Theater, Säulenhallen, Tempel und Gymnasien, Schulen, Feste und Agone erhebliche Mittel aufzuwenden. Gewiß begründete der Ruhm des Wohltäters keine Herrschaft. Aber er war nach einer verbreiteten gesellschaftlichen Anschauung die Grundlage von Macht über Menschen.[17] Der Empfänger von Wohltaten war seinem Wohltäter zu Dankbarkeit verpflichtet, und ihr unmittelbarer Ausdruck war die Ehrung, die im öffentlichen Leben der griechischen Städte eine so herausragende Rolle spielte.[18]

Ehrliebe aber zeichnet einen König per definitionem aus. Die größten Wohltäter wie Hieron II. und Eumenes II. nennt deshalb Polybios in Hinblick auf das sie bestimmende Motiv φιλοδοξότατοι.[19] Die Städte haben nicht gezögert, Nutzen aus der Ruhmsucht der Könige zu ziehen, als das Feld, auf dem Ansehen zu erwarten war, nicht mehr der Krieg, sondern vor allem die Steigerung der kulturellen Attraktivität der Stadt war.

Das erste konkrete Beispiel, das dies belegt, ist die Stiftung des Gymnasiums des Ptolemaios in Athen. Christian Habicht hat als Stifter Ptolemaios III. Euergetes erwiesen und zugleich den politischen Zusammenhang geklärt, in den die Stiftung gehört.[20] Nachdem Athen im Jahre 229 v. Chr. beim Tod Demetrios' II. die Kontrolle über sein ganzes Territorium zurückerhalten hatte, sah es seine Freiheit erneut durch die mächtige Koalition bedroht, die Antigonos Doson gegen König Kleomenes III. von Sparta zusammenbrachte. In dieser Situation muß Ptolemaios III. den Athenern Garantien gegen eine befürchtete makedonische Invasion gegeben haben. Nur so werden die Ehrungen verständlich, die die athenische Volksversammlung für den König nach Analogie der im Jahre 307 v. Chr. den beiden ersten Antigoniden erwiesenen beschloß. Dieser Beschluß erging im Jahre 224/23 v. Chr. Kurz zuvor war eine Art der Ehrung eingeführt worden, die es im Jahre 307 v. Chr. noch nicht gegeben hatte: Nach dem Militärkommandeur, der die makedonischen Besatzungen aus dem Piräus und den attischen Festungen zurückgezogen hatte, wurde ein neu errichtetes Gymnasium Diogeneion genannt. Ptolemaios war bereit, die gleiche Ehrung der eigenen Person selbst zu bezahlen und der Stadt das Ptolemaion zum Geschenk zu machen. *„Das Diogeneion erinnerte"*, schreibt Christian Habicht, *„an den Wohltäter, dem die Erringung der Freiheit, das Ptolemaion an den Wohltäter, dem ihre Erhaltung verdankt wurde"*.[21]

---

16) Liv. 41,20,8 (vgl. Polyb. 26,1,10 f.). Architekt war nach Vitruv 7 prooem. 15 der römische Bürger Cossutius, der auch in IG II2 4099 auf einer Statuenbasis genannt wird. Zum Olympieion vgl. R.E. Wycherley, Greek, Roman and Byzantine Studies 5, 1964, 161ff. und ders., The Stones of Athens (1978) 155ff. sowie Travlos a.a.O. (s.o. Anm. 8) 402ff.

17) Ausführlicher dazu K. Bringmann a.a.O. (s.o. Anm. 2).

18) vgl. dazu A. Henry, Honours and Privileges in Athenian Decrees (1983) und die zitierte Studie von Ph. Gauthier a.a.O. (s.o. Anm. 2).

19) Polyb. 7,8,6; vgl. 1,16,11 und 32,8,5.

20) Chr. Habicht, Studien (s.o. Anm. 5) 112ff.

21) ebenda 115.

CHRISTOF UND URSULA BOEHRINGER

Ein Rom-Panorama

Jeder Archäologe, der in den Jahrzehnten nach dem Zweiten Weltkrieg nach Rom kam, ist sicher einmal die Salita di Sant'Onofrio hinaufgestiegen, jene steile Straße, die von der Piazza Della Rovere auf den Gianicolo führt. An ihrem unteren Ende wird sie von einer Treppe abgeschlossen, und nur ein enges, gewundenes Gässchen läßt seitlich kleine Autos einbiegen, die sich dann mühsam die Salita hochquälen. Den Blick die Straße hinauf begrenzt der arkadengesäumte Vorhof und der Campanile des Klosters S. Onofrio, in dem Tasso starb.

Im Haus Nr. 23, dem höchstgelegenen auf der Talseite der Salita, neben der zuletzt als Treppe heraufführenden Via di S. Onofrio und gegenüber dem Conservatorio Torlonia, wohnte seit den 1930er Jahren im obersten Stockwerk Hermine Speier, aus Frankfurt gebürtige Wahlrömerin und Archäologin.

Schon während ihrer Frankfurter Schulzeit hatte sie von Klassenkameraden den Namen „Spinni" erhalten, wie sie lächelnd selbst erzählte: Hermine Speier war natürlich Minni Speier, und dann war es zu Spinni Meier nicht mehr weit. Doch wollen wir hier nicht das Leben der Spinni erzählen - das hat im Gnomon 1990 Hans von Steuben in einem von Herzen kommenden Nachruf getan. Vielmehr wollen wir den Blick von der Dachterrasse ihres Hauses in Erinnerung rufen, einen Blick, an dem sich keiner sattsehen konnte, der ihn je erlebte. Und wieviele Besucher sahen ihn!

Nach der Arbeit in den Vatikanischen Museen, nach spätem Mittagessen und Siesta empfing die Spinni ihre Gäste: Kollegen, die gerade in Rom weilten, mochten sie Wünsche an sie haben oder nicht, Reisestipendiaten, durchreisende Freunde. Oder sie besprach sich mit ihren „Helbig-Kindern", den meist jüngeren Archäologen, die an der von ihr herausgegebenen vierten Auflage des „Führer durch die öffentlichen Sammlungen klassischer Altertümer in Rom" arbeiteten. Die die Spinni gerade versorgende Haustochter - meist eine Abiturientin, die ein Jahr in Rom leben wollte - hatte pfleglich den Tee vorbereitet, und spätestens vor der Verabschiedung der Gäste ging man auf die Terrasse, wenn der Tee nicht von vornherein dort eingenommen wurde. Diese Stunden mit ihr, dieser Blick über die Stadt prägten das Rombild einer ganzen Generation. Heute ist die Wohnung verkauft, und schaut man am Haus hinauf, mischt sich Wehmut in die Erinnerung: unwiederbringlich.

Das Panorama von der Terrasse aus umfaßte ganz Rom *(Taf. 5)**. Jenseits der Tiberschleife mit den drei Brücken Principe Amedeo, Vittorio Emanuele und Elio die Engelsburg mit ihrem Wahrzeichen (1752) von der Hand des flämischen Bildhauers Verschaffelt, den Goethe später als Direktor der Mannheimer Akademie und ihres Antikensaales antraf. Rechts neben der Engelsburg, in der Lücke bis zu dem neubarocken Protz des Justizpalastes, sah man hindurch bis zur Piazza del Popolo, dahinter der pinienbekränzte Horizont des Pincio mit der Villa Medici, rechts davon die Kuppel von S. Carlo al Corso. Im Vordergrund der Lungotevere, auf dem früher die Circolare ratterte, und S. Giovanni dei Fiorentini, deren Kuppel die Trinità dei Monti verdeckt.

Der Blick schweifte weiter. Das Häusermeer wird beherrscht von dem breitgelagerten, beigen Quirinalspalast. Schaute man genau hin, sah man links von diesem den runden Abschluß der Marcussäule und den Palazzo di Montecitorio. Nach rechts, mehr im Vordergrund, die von Glockentürmchen gerahmte hohe Kuppel von S. Agnese, daneben die flache Kuppel des Pantheon, in der man das Auge zu ahnen glaubte, die Laterne mit Spiralhaube von Borrominis S. Ivo und dahinter eine der Kuppeln und die spitze Haube des Campanile von S. Maria Maggiore, weiter die Torre delle Milizie und der Turm des Palazzo Venezia, das unvermeidliche Gebiss (das Vittorio Emanuele-Denkmal), teilweise gnädig verdeckt durch die Kuppel von S. Andrea della Valle. Dann das Capitol mit S. Maria in Aracoeli und der Senatorenpalast mit seinem schlanken Glockenturm, am Horizont die Dachfiguren der Lateransbasilika. Nahe die Kuppel von S. Carlo ai Catinari und der breit gelagerte Palazzo Farnese, dahinter das Kappengewölbe der Synagoge und der Palatin, am Horizont bei klarer Luft die Albaner Berge.

Der Blick nach Süden verblich oft im Dunst, doch hob sich im Gegenlicht klar die Silhouette des Aventin vom Himmel ab. Deutlich die Bäume des Gartens der Malteser, von dem aus der Schlüsselloch-Blick auf die Kuppel Michelangelos führt, und wer es wußte, sah unten im Tibertal den mächtigen Kontur von S. Paolo fuori le Mura. Nah und drohend der erhöhte Mitteltrakt des Gefängnisses Regina Coeli, in dem die Spinni inhaftiert war, als Hitler nach Rom kam. Dann folgte das Auge dem Hang hinauf und dem Filigran der Pinien entlang auf den Gianicolo, hielt sich fest bei San Pietro in Montorio und bei der Fontana Paola.

Über der Schulter die machtvolle Kuppel der Peterskirche, die sich früher noch höher herausgehoben hatte, bevor sich ein vatikanisches Verwaltungsgebäude davorlegte, ein Stück der Vatikanischen Mauer und die Palmen der Gärten. Schließlich über den Dächern der Monte Mario und das Stadtviertel Prati, davor der Anfang der Via della Conciliazione, der wiederum zur Engelsburg überleitete.

Es war vor einem halben Menschenalter, als wir zuletzt mit der Spinni auf der hohen Terrasse standen.

Ein Zentrum, ein Magnet fehlt, seit sie nicht mehr lebt. Uns ist die Stadt ferner geworden. Die Bilder von ihrem Blick sollen die Erinnerung an sie wachhalten.

---

* Für die prachtvolle Aufnahme danken wir dem Komponisten Francesco Pennisi di Floristella. Rom.

Hanna Philipp

Zur Komposition von Max Beckmanns Triptychon „Departure"

Max Beckmanns vielseitige Darstellungen laden zu immer neuen Interpretationen und Entdeckungen ein, wobei die „Dechiffrierung" seiner Symbole oder symbolischen Gestalten gerne im Mittelpunkt steht, da man dem Reiz, solche Rätsel lösen zu wollen, wie einer Versuchung kaum widerstehen kann. Hier sei nun 'versucht', vor allem die Grundzüge seiner farblichen und formalen Komposition des Bildes „Departure" *(Taf.6)* zu skizzieren, eine Bildaussage nicht nur zu ahnen, sondern auch am Gemälde als Gemälde nachzuvollziehen.

Geht man von weitem auf dieses Triptychon zu, so nimmt einen zunächst ganz unmittelbar das Blau seines Hauptteils gefangen. Dieses Blau wird gerahmt von dem dunklen Ton des Hintergrundes auf den beiden Seitenflügeln, vor dem die Figuren und Gegenstände in vielfältig gebrochenen Linien und kleinen bunten Farbflächen dargestellt sind. Wie aus einem Fenster blickt man auf das Mittelbild, das im Kontrast zu den qualvollen Szenen auf diesen beiden Seitenflügeln das glatte, ruhige Meer zeigt mit einem mit fünf Personen beladenen Boot im Vordergrund.

Bei näherer Betrachtung bemerkt man, daß beide Seitenflügel im Grunde gleich komponiert und so auch formal eng miteinander verbunden sind: Ungefähr ein Viertel der Bildhöhe wird unten von jeweils einer Figur ausgefüllt, die ein rechtwinkliges Dreieck bildet, dessen rechter Winkel im jeweils inneren, unteren rechten bzw. linken Bildwinkel liegt, d.h. die Basislinie des Dreiecks weist jeweils schräg auf das Mittelbild hin (links der Rücken und die ausgestreckten Arme der gefesselten Frau, rechts das schräg geführte Trageband der Trommel des nach rechts schreitenden Trommlers). Beide Figuren ragen mit den Armen bzw. mit dem Kopf in das zweite untere Bildviertel hinein.

Diese Unterteilung hinsichtlich der Bildhöhe wird rechts durch eine Balustrade, die den Bühnencharakter dieses Flügels andeutet, links durch eine nicht genauer bestimmbare, querliegende Bohle über oder hinter der knienden Frau bzw. unter dem Obstteller und dem den Kescher schwingenden Mann angegeben.

Das zweite Viertel nimmt je ein Oberkörper eines Mannes ein: Links der Mann, der den Kescher mit dem Fisch schleudert und mit seiner ausholenden Geste weit in die obere Bildhälfte ragt; rechts der an eine Frau, neben der ein winziger, häßlicher Gnom steht, kopfüber gefesselte Mann, dessen Beine ebenfalls weit in das obere Bildfeld - mit seiner rechten Fußsohle bis an das Kinn der Frau - reichen. - In diesem Teil finden sich kurze querlaufende Linien (Trikot des Mannes links, Fesseln des Mannes rechts), aber aufs Ganze gesehen dominiert die Senkrechte der beiden Figuren jeweils dahinter bzw. darüber. Diese senkrechte Ausrichtung wird durch die dahinter erscheinende Architektur betont: Links sind es drei gedrungene Säulen mit niedrigen, kronenartigen 'metallenen' Kapitellen, die einen dunklen, das Bild abschließenden Balken bzw. Architrav tragen. Die Säulen selbst sind wohl aus buntem Marmor gedacht. Hinter ihnen erscheint eine braune glatte Wand mit hellem, oberen nicht differenziertem Abschluß, noch unter dem dunklen Architrav. Rechts, hinter den beiden stehenden Figuren, sind senkrechte Bohlen einer Tür, eines Verschlages oder aber Falten eines Vorhanges angegeben, den, zugleich als oberer Abschluß der Szene, eine Art Segmentgiebel überspannt.

Ein Durchblick rechts der Säulen auf dem linken Flügel führt auf eine nicht weiter zu bestimmende, senkrecht linierte Architektur, auf dem rechten Flügel hingegen ist auf dem korrespondierenden linken Durchblick ein gelbes Treppengeländer (mit kleinen Gesichtern darüber) vor einer dunklen Wand zu erkennen.

So haben beide Flügel eine gleiche, in den Grundlinien aufeinander bezogene reiche Komposition, was sich auch in der Farbgebung wiederholt, wobei die Farben Blau-Weiß-Rot und ihre Brechungen dominieren; kräftiges Gelb kommt auf dem rechten Flügel vor, etwas Grün links. Die in schräger Draufsicht gezeigten Fußböden sind hell- bzw. dunkelrosa gehalten. - Vertikal gesehen bestimmt die jeweils dem Mittelbild nächste Hälfte die „Farbe" Weiß - Weiß, das ja, pathetisch gesagt, „vernichtete Materie" (F. Piel) bedeutet: Links unten ist es die kniende, gefesselte Frau, deren linker Zeigefinger den Fuß des in gleichem Weiß gehaltenen, an die Säule Gefesselten darüber berührt. Letzterer ist an die hellste der drei Säulen gefesselt. Unterbrochen wird dieses Weiß von dem rosa Korsett der Frau, dem schillernden Meergrün der Glaskugel, vor allem aber in der Mitte von dem dunkelvioletten Trikot des Mannes dort. - Rechts haben wir unten das Weiß von der Bluse des Trommlers und des Trommelfells, an das sich nach oben das Weiß des Gewandes der Frau anschließt, hier in der Mitte unterbrochen von dem leuchtend gelben Hemd des an sie gefesselten Mannes. Entsprechend dem Gefesselten links an der hellen Säule steht rechts die Frau vor der hellen Bohlentür oder Vorhang. - Die Rahmenfiguren, der Gefesselte links in einer Tonne (Johannes, der Evangelist, im Ölkessel?) und der Livrierte rechts (Tobias' Reisebegleiter Raphael als moderner Bote mit dem Fisch zur Heilung des Blinden?), sind mit Mattdunkelrosa und „Königsblau" (dem Blau der Livreen und Uniformen seit König Louis XIV) dunkler abgesetzt. Die komplizierten Kompositionen der Seitenflügel sind also formal und farblich in ihren

Grundzügen symmetrisch zueinander gehalten.

Die vielfach unterbrochenen, kantig umbiegenden Linien und die dadurch entstandenen kleinen Farbflächen geben der Darstellung auf beiden Flügeln eine Lebhaftigkeit, die in starkem Kontrast zu den wie erstarrten Figuren steht. Dadurch wird das Grauen des dargestellten Inhalts nicht gemildert, im Gegenteil. Die Figuren sind außerdem im Grunde augen- bzw. gesichtslos, d.h. entpersönlicht. Es ist der Horror, das Grausame schlechthin, das - in der Antike wie in der Gegenwart - geschieht, geschehen ist, auch immer wieder geschehen wird. - Viele Einzelheiten der Darstellungen auf beiden Flügeln sind schon oft von berufener Seite erörtert worden, was hier nicht wiederholt werden muß. Solche Bilder des Grauens trieben damals bekanntlich nicht nur bildende Künstler wie Beckmann um, sondern auch manche Dichter und Schriftsteller: Man denke nur an die entsetzenerregenden Beschreibungen in F. Werfels 1933, also fast gleichzeitig erschienenem Roman „Die vierzig Tage auf dem Musa Dagh"!

Die beschriebene enge farbliche Korrespondenz und der gleichzeitige Rhythmus im Aufbau der beiden Seitenflügel verbinden, wie gesagt, beide über das Inhaltliche hinaus miteinander. Die beiden Figuren jeweils im unteren Viertel weisen außerdem formal auf das Mittelbild hin wie auch die Schleuderbewegung des Mannes in der Mitte des linken Flügels und die Ausrichtung der weißen Frau rechts.

Der Aufbau dieses Mittelbildes ist einfacher als der der beiden Seitenbilder. Die 'Basis' bildet das Meer im Vordergrund, das auch hier wie auf den Seitenflügeln in etwa das erste untere Viertel einnimmt. Ungefähr die mittleren zwei Viertel füllen die Figuren im Boot aus, und hinter ihnen erscheint wieder das blaue Meer, darüber im oberen Viertel der offene milchigblaue Himmel. Vorder- und Hintergrund bilden also eine - blaue - Einheit, ganz anders als auf den Seitenflügeln. Trotz der ähnlichen vertikalen Unterteilung auf allen drei Bildern ist die Wirkung des mittleren eine völlig andere als auf den beiden seitlichen.

Die Tafel in der Mitte scheint im Vergleich zu den Seitenflügeln wesentlich breiter zu sein, als sie es tatsächlich ist (die Breitendifferenz beträgt nur 15cm). Das liegt an der querlaufenden Bootswand im Vordergrund und an der scharfen Horizontlinie zwischen Meer und Himmel. Die Bootswand verläuft genau gesehen allerdings leicht schräg nach links oben. Damit ist eine mechanisch eintönige Fortsetzung der waagerechten Linie der Balustrade auf dem rechten Flügel vermieden und eine Bewegung des Bootes angedeutet. Das Meer im Vorder- und Hintergrund ist außerdem trotz des engen Hochformates als rechts und links quer weitergehende Fläche zu denken, denn das Boot setzt sich nach rechts und links fort. Es gleitet eindeutig nach links, während der König nach rechts zurückschaut. Das Meer muß sich also nach rechts und links noch weiter ausdehnen. Dies alles gibt dem Mittelbild den Eindruck nicht nur von weitem Horizont in der Tiefe, sondern auch von der Breite, von seitlicher Erstreckung. Ein weiter offener Außenraum bildet den Gegensatz zu den engen, geschlossenen Innenräumen, die auch noch mit Architektur zugestellt sind, auf den Seitenflügeln.

Die drei Hauptgestalten in dem Boot sind nicht wie auf den Seitenflügeln in die Höhe gestaffelt, sondern als eine in die Tiefe gehende dreieckige Gruppe, deren hintere Ecke als hintere Mitte und damit inhaltliche Bildmitte die sitzende Frau mit dem Kind bildet. Hinter ihr erscheint noch der Kopf einer fünften nicht leicht deutbaren Figur. Diese Frau ist auf der gesamten Darstellung die einzige Gestalt, deren Gesicht voll beleuchtet und ganz zu erkennen ist. Auf hohem Hals mit schwerem Schmuck sitzt das kleine Gesicht, das als einziges auch völlig frontal und unverschattet aus dem Bild herausblickt. Eine dunkle haubenartige Frisur (oder eine Art phrygische Mütze?) rahmt das helle Gesicht und den hellen Hals. Auf dem Schoß hält die Frau ein ihr zuge-wandtes, also vom Rücken gezeigtes, unbekleidetes, goldgelocktes Kind, das sich offenbar heftig gebärdet.

Im Vordergrund stehen tief im Boot die beiden monumentalen Gestalten eines 'Fährmannes' und eines 'Königs'. Beide sind größer als die Frau mit dem Kind und auch als die Figuren auf den beiden Flügelbildern. Die Senkrechte dieser Gestalten wird durch ihre leicht schräg fallenden Manteltücher in ihrer Strenge gemildert, bestimmt aber dennoch die Mitte dieses Hauptbildes - im Grunde analog zu den Senkrechten auf den Seitenbildern. Die Mantelflächen selbst werden nur links durch den Arm des Fährmannes und rechts von dem rotgoldenen Gürtel des Königs leicht gegliedert. Feine, räumliche nach hinten gestaffelte Querstreben bilden in der Mitte zwischen den beiden Männern die Unterarme des Fährmannes, der linke Fuß des Kindes, der rechte Arm der Frau sowie der linke des Kindes, wodurch die Gruppe als festgefügte Einheit erscheint, im Gegensatz zur Vereinzelung der Figuren auf den Seitenflügeln.

Dominieren auf den Seitenflügeln die eckig gebrochenen Linien, die kantigen Bewegungen, so in dem Mittelteil leicht gerundete, sanft geschwungene Linien wie beim rechten Arm des Fährmannes, bei der leichten Bauschung seines Mantels, bei der gebogenen Linie, die vom Nacken des Königs über seine Schulter und Arm zum Rand des Fischnetzes schwingt. Sein abgewinkelter Arm ist eng an den Körper gezogen, so daß die Winkelung als solche nicht auffällt.

In dem von links einfallenden Licht glänzen das den Kahn, das eintauchende Ruder und die Fische leicht umspülende Meer am unteren Bildrand wie auch die Fische selbst leicht auf. Licht und Schatten modellieren die Körper und zeichnen feine Bewegungen in den Stoffen; das Licht läßt auch das Gold von Schmuck und Krone bzw. das Metall vom Helm des Fährmannes sowie die Haare des Kindes leuchten. Es sind aber keine dramatischen Schatten, die fallen, und im oberen Bildteil haben wir die Stille des Meeres, eine völlig glatte blaue

Fläche; das Meer regt sich nicht und glänzt nicht, ist nur eine Spur heller als im unteren Teil, im Vordergrund. Darüber liegt, durch eine scharfe Horizontlinie getrennt, ein wolkenloser, unbewegter mattblauer Himmel. Der Helm des Fährmannes, der Kopf der Frau und die Krone des Königs überschneiden diese Horizontlinie. Die Figuren sind also nicht schematisch von ihr begrenzt, sondern ragen sozusagen in den Himmel bzw. stehen oder sitzen frei vor dem weit hinter ihnen liegenden Horizont, ganz anders als die Gestalten auf den Seitenflügeln, die vor einem undurchdringlichen, mit schwerer Architektur geschlossenen Hintergrund stehen.

Das Boot bewegt sich sanft - durch geringe Fahrtwellen, die Richtung des Kahns und des gespannten Netzes kaum merklich angedeutet - gegen die Leserichtung von rechts nach links der Lichtquelle und einem unbekannten Ziel entgegen, wobei der König nach rechts blickt, wohl nach dem Ort des Ablegens.

So haben wir auf dem Mittelbild eine großräumige Bewegung durch das Boot und gelöst-gelassen gezeigte sitzende bzw. stehende Figuren, auf den Seitenflügeln hingegen hochdramatische Vorkommnisse voller Spannung mit wie völlig erstarrten und an ihren Ort gebannten Gestalten, dies ein Teil ihrer Folter. Die klar in die Tiefe geführte, fest gefügte Gruppe, die Weite des Meeres und der Himmelsfläche geben dem Mittelbild ein eigene Ruhe, zu der auch die beiden klaren Mantelflächen und dazwischen die breite, ruhige Gestalt des Königs beitragen. Diese Weite des Meeres und des Himmels kann aber nicht etwa die boden- und grenzenlose, ungegliederte Leere des Chaos meinen, denn die klare, scharfe Horizontlinie bürgt nicht nur für die formal gleichmäßige Einteilung des Bildes (ein Viertel - zwei Viertel - ein Viertel), sondern bringt auch eine inhaltliche Gliederung: hier die Menschen auf dem Boot, dort das Meer und darüber der Himmel.

Obwohl hier offensichtlich kein Thema der griechischen Mythologie dargestellt ist wie bei vielen anderen Arbeiten Beckmanns, die dann auch einen entsprechenden Titel tragen („Odysseus und Kalypso"), wird dieses Triptychon doch häufig in einem Atem mit solchen Werken genannt. Eine primäre Assoziation zur Antike geht von den architektonischen Elementen der Seitenflügel und vor allem vom Mittelbild aus: Das grandiose Blau des Meeres erinnert den Nordländer an das keineswegs immer nur liebliche Blau des Mittelmeeres. Zudem läßt die fast unbekleidete, helle, leicht ponderierte Gestalt des Königs an antike Statuen denken wie ebenso seine Bekleidung nur mit einem Manteltuch; auch das betont scharfe, klare Profil seines Gesichtes gemahnt an 'klassische Profile'. Die Geste seiner rechten Hand mit dem abgewinkelten Ringfinger und kleinen Finger wiederholt die belehrende Geste der antiken Philosophen und Denker und erinnert zusammen mit der Krone an Platons Forderung, die Philosophen sollten Könige sein und umgekehrt (Politeia 473 c d). Es ist aber zugleich die daraus entstandene christliche Geste der lateinischen benedictio, der Segnung: Der Gekrönte segnet, was er verläßt.

Die Gestalt links im Mittelbild, die wegen des Ruders meist als Fährmann bezeichnet wird, ist ähnlich wie der König nur mit einem schräg über die Schulter gelegten Mantel bekleidet und insofern erinnert auch er an Gestalten aus der Antike. Es ist aber fraglich, ob man in ihm auch Charon sehen kann, denn Charon durfte keine Lebenden übersetzen, andererseits ist Charon zum Inbegriff des Fergen schlechthin geworden. Es drängen sich aber auch Assoziationen an die stets riesige Gestalt des Hl. Christophoros auf, der das Jesuskind über den Fluß trägt und zudem Patron für Schiffahrt und Festungen geworden ist. Auch diese Gestalt ist offenbar sehr bedeutend, wie das leuchtende Rot des Manteltuches - equivalent dem Blau des Mantels des Königs - und die prächtigen goldenen Armreifen zeigen. Ihm ist das Ruder zugeordnet und er bewahrt mit beiden Händen einen großen Fisch in der Mitte des Vordergrundes. Es kommen ihm also sichtlich wichtige Aufgaben zu. Trotzdem ist er gesichtslos und damit unpersönlich, denn sein Gesicht ist hinter dem heruntergezogenen Visier eines großen mittelalterlichen Helmes verborgen: Auch Charon ist kein menschliches Individuum ebensowenig wie der Heilige Christophoros.

Erinnern die Gestalten des 'Königs' und des 'Fährmanns' nicht nur an die Antike, sondern auch an das Mittelalter, so weist auf letzteres insbesondere auch der Gesamtaufbau dieses Kunstwerks. Es handelt sich ja um ein Triptychon, wie es nach Vorläufern aus dem Altertum im Mittelalter für Altäre verwendet wurde, und das seitdem - offenbar wegen seiner betonten Mitte und der klaren Dreiteilung - die bildenden Künstler auch im nichtsakralen Bereich häufig faszinierte. - Ganz wie beim „klassischen" mittelalterlichen Triptychon sind hier die Seitenflügel schmaler, obwohl ihre Breite hier größer ist als nur die Hälfte des Hauptbildes wie im Mittelalter. Der Eindruck schmaler Enge wird vor allem durch die Komposition der übereinander gestaffelten Figuren und des zugestellten Hintergrundes hervorgerufen. Umgekehrt wirkt das Hauptbild weniger durch seine absoluten Maße als vielmehr ebenfalls durch die Komposition wesentlich breiter als die Seitenflügel.

Beckmanns Triptychon ist zwar nicht mehr als dreiteiliges Altarbild gedacht, aber inhaltliche Assoziationen führen den Betrachter dennoch zum mittelalterlichen Altarbild. Die sitzende Frau in der Mitte des Hauptbildes mit dem goldgelockten Kind erinnert einerseits wegen ihrer strengen Haltung, wegen ihres schweren, i.e. barbarischen Halsschmuckes und ihres merkwürdigen Kopfputzes durchaus an heidnische Muttergestalten, andererseits aber auch an die Muttergottes in der Mitte eines solchen Altarbildes. Über das Kind hinweg blickt sie aus dem Bild hinaus wie auf mittelalterlichen Darstellungen. Sie trägt zwar keinen blauen Himmelsmantel, ist aber umgeben vom weiten Blau des Meeres und des Himmels, das am Mantel des Königs zu „Königsblau" intensiviert wird und das statt des „unend-

lichen" Goldgrundes mittelalterlicher Bilder den Hintergrund bildet. Das spätestens seit der Renaissance übliche Rot ihres Untergewandes findet sich davor im Mantel des Fährmannes, der sie teilweise verdeckt oder auch umhüllt. Und so entsprechen auch die Gequälten rechts und links auf den Seitenflügeln mittelalterlichen Märtyrern. Ganz wie auf solchen Altarbildern üblich haben die drei Teile auch keinen räumlichen Bezug zueinander; ihre Bildräume bleiben getrennt, auch wenn die Innenräume auf den Seitenflügeln sicherlich zusammengehören, zumindest demselben Gebäude zuzuordnen sind.

Vieles ist über dieses Werk und seine Details schon gesagt worden und manches wäre noch zu sagen, insbesondere weiteres zur farblichen Komposition, was allerdings nur vor dem Original möglich ist, und über seine Einordnung in Beckmanns Oeuvre; es soll Fachleuten und Kennern von Beckmanns Werk überlassen bleiben.

Nur soviel sei angefügt: Dies Gemälde ist das erste von neun Triptychen, die Beckmann schuf, und das letzte Bild, das er noch in Frankfurt begonnen hatte. Beckmann lebte seit 1915 für fast zwanzig Jahre in Frankfurt. Ab 1925 unterrichtete er an der „Vereinten Städelschule-Kunstgewerbeschule". Nach seiner Entlassung 1933 ging er nach Berlin und nahm das 1932 begonnene Triptychon mit, um es dort anders als das „Auferstehungsbild", an dem er so lange gearbeitet hatte, zu vollenden. Wie wichtig ihm dieses Werk „Departure" war, zeigt wohl die Tatsache, daß er sich 1947 vor dem Bild im Museum of Modern Art, New York, photographieren ließ.

Frankfurt ist jedoch nicht nur der Ort, in dem Beckmann dieses Antike und Mittelalter umfassende Triptychon begonnen hatte, sondern hier hatte er offenbar auch entscheidende Anregungen dafür empfangen.

Im Frankfurter Städel befinden sich nämlich seit 1830 die Innenseiten von zwei Altarflügeln von St. Lochner, die, in je sechs Felder unterteilt, Martyrien der Apostel zeigen und zusammen sicher zu einem

Triptychon gehörten. Nach der Entfernung ihrer Übermalung (1930) müssen sie Aufsehen erregt haben, da jetzt erst ihre wahre Bedeutung zutage trat, und es ist höchst unwahrscheinlich, daß Beckmann sie im Städel nicht gesehen haben sollte. Es sei hier nur darauf hingewiesen, daß nicht nur Kleinteiligkeit mit „Registereinteilung" und Hochformat Lochners wie Beckmanns Seitenflügel gleichermaßen bestimmen, sondern sich auch im formalen Konzept einzelne Entsprechungen finden: So ist das linke unterste Bild auf dem linken Flügel von St. Lochner mit der Darstellung der Enthauptung von Jacobus d.Ä. mit dem unteren Teil des linken Flügels bei Beckmann, der die nach rechts kniende Frau und darüber den Kescher schwingenden Mann zeigt, zu vergleichen. In etwas weniger evidenter, etwas verschlüsselterer Weise entsprechen sich auch im formalen Aufbau die rechte untere Szene auf dem rechten Flügel bei St. Lochner mit der Erschlagung des Mathias und das untere Viertel mit dem Trommler auf dem rechten Flügel von Beckmann. Außerdem zeigt das mittlere Register des linken Flügels von St. Lochner in der Abfolge von links nach rechts Rot und Weiß für die beiden Hauptgestalten, den gekreuzigten Andreas und Johannes, den Evangelisten, im Ölkessel. Dem entspricht in derselben Farbabfolge, aber ‚inhaltlich' vertauscht, auf dem linken Flügel von Beckmann oben links die rotgehaltene Figur in einem Bottich und daneben die weiße Gestalt des an die Säule Gefesselten mit gespreizten Beinen.

Der Titel von Beckmanns Triptychon wechselte: Während der Arbeit an demselben nannte er den linken Flügel „Das Schloß", den Mittelteil „Heimkehr" und den rechten Flügel „Die Treppe". Um das Werk vor den Nazis zu verharmlosen, schrieb er auf die Rückseite des linken Flügels „dekorativer Entwurf zu Hamlet in Shakespeare", auf den Mittelteil „der Sturm, dekorativer Entwurf zu Shakespeare" und auf den rechten Seitenflügel „Entwurf zu Lady Macbeth (Shakespeare)". Seit 1938 heißt das Werk dann „Departure" („Abfahrt").

Man sollte diese Titel natürlich nicht überinterpretieren, auch wenn gerade die Hinweise auf Shakespeare dazu reizen und auch gereizt haben. Auch gegen einen konkreten tagespolitischen Bezug hat sich Beckmann selbst ausdrücklich verwahrt, was natürlich nicht grundsätzlich ausschließt, daß nicht ‚äußere' Ereignisse den Anstoß zur Ausformulierung von Grundeinsichten geben können. Die Arbeitstitel „Schloß" und „Treppe" für die Seitenflügel beziehen sich eigentlich eher auf den Ort des Dargestellten als auf den Inhalt, und dem Titel „Heimkehr" des Mittelteils entspricht im Grunde der spätere Titel „Abfahrt-Departure" für das ganze Bild, insofern als beide Bezeichnungen eine Trennung von einem ersten Ort und das Anstreben bzw. Ankommen an einem zweiten implizieren. Es sind neutrale Begriffe, die per se nicht andeuten, ob es ein Aufbruch zu einem besseren Ort oder eine Heimkehr an einen besseren Ort ist. Darüber kann nur das Bild selbst Auskunft geben: Im Hauptteil bewegt sich das Boot auf ein nicht gezeigtes, also nicht bestimmtes, aber helles Ziel zu und ist getrennt von den Räumen der Welt der Gequälten, des Bösen und Schlechten; eine ‚glückliche Fahrt' scheint versprochen, Erinnerungen an „Petri glücklichen Fischzug", an „die Stillung des Sturmes auf dem See Genezareth" werden wach. Auch die Tatsache, daß Beckmann auf der Akme seines Schaffens das angefangene Bild nach Berlin mitnahm und dort vollendete, zeigt, daß er wohl bei seiner „Abfahrt", seinem „Aufbruch" aus Frankfurt nicht an einen hoffnungslosen „Abbruch" seiner Arbeit dachte. Die „Fracht" des Bootes wird einem unbekannten hellen Ziel zugeführt und leitet sich aus dem christlichen Mittelalter und aus der Antike her, - wie auch die Qualen der Gefolterten rechts und links zu allen Zeiten, auch in der Antike und im Mittelalter, geschahen und geschehen. Beckmann hat sich bekanntlich immer wieder mit christlichen Themen und ebenso mit solchen der antiken Mythologie beschäftigt und hier offensichtlich beides zu verbinden gesucht. Es ist diese „Fracht", um derentwillen sich offenbar die Abfahrt zur Reise, die es zu vollenden gilt und die zur Heimkehr führen kann, lohnt. Obwohl dieses Werk kein christlich-kirchliches Triptychon darstellt, ist es doch ein verheißungsvoller Ausblick aus entsetzlichen Innenräumen.

Nicht nur durch Analyse ikonographischer Details und seiner Orientierung an Antike und Mittelalter, sondern auch im Verstehen und Nachvollziehen der alles einbindenden Komposition von Form und Farbe und der engen Verklammerung heterogener Teile erschließen sich Ernst und Gewicht von Beckmanns Bildaussage.

BEMERKUNGEN

Das 1932 in Frankfurt begonnene und 1933 oder 1935 in Berlin beendete Triptychon „Departure" befindet sich unter diesem Titel seit 1942 im „Museum of Modern Art" in New York. Maße: Mittelbild 216x115cm; Flügel je 216x100cm.

Für kritische und anregende Gespräche sei A. Kiock, W. Koenigs, W. Philipp und H.R. Schmid gedankt. Außerdem habe ich B. Brinkmann für hilfreiche Auskünfte zu den beiden Frankfurter Tafeln von St. Lochner mit den Apostelmartyrien sowie für den Hinweis auf den Aufsatz von A. Wolters zu danken. W. Prinz nannte mir dankenswerter Weise den Titel von Lankheits Studie zum Triptychon.

Eine Bibliographie zu Beckmann findet sich bequem in der Taschenbuchausgabe von F.W. Fischer, Der Maler Max Beckmann (1990) 155ff. Außerdem seien genannt:

R. Pagenstecher, Klapptafelbild, Votivtriptychon und Flügelaltar, Arch.Anz. 1919, 9ff. A. Wolters, Lochners Apostelmartyrien im Städelschen Kunstinstitut nach ihrer Wiederherstellung, Städel-Jahrbuch 6, 1930, 109ff. B. Schweitzer, Dea Nemesis Regina, Jahrb. DAI 46, 1931, 175ff. 231f. K. Lankheit, Das Triptychon als Pathosformel (1959). Carla Schulz-Hoffmann - Judith C. Weiß (Hrsg.), Max Beckmann, Retrospektive (1984), Frontispiz: Max Beckmann vor dem Triptychon „Departure". F. Erpel, Max Beckmann, Leben im Werk. Die Selbstbildnisse (1985) Abb. 145.146.148: Glänzende Detailaufnahmen der Köpfe von Fährmann, Mutter mit Kind und weißer Frau links. F.G. Zehnder, in: Stefan Lochner - od., Meister zu Köln, Ausstell. Kat. (1993) 226.227 (Farbtafeln der „Apostelmartyrien"). 468 (zu Kat. Nr. 117, dort Lit. zu diesen Tafeln).

Jeanette Pickrun - Ulrich Schädler

Antike Motive in der Werbung Frankfurter Firmen - gestern und heute

Antike Elemente, sei es in Form bildlicher Darstellungen, sei es als Firmen- oder Markenname, wurden und werden von Frankfurter Firmen und Veranstaltern in ihrer Werbung eingesetzt[1]. Mit der Antike für Produkte oder Dienstleistungen zu werben, die Bedürfnisse der Gegenwart befriedigen sollen, mutet zunächst paradox an. Doch scheint die Antike immer noch Werte bereitzustellen, die für viele potentielle Verbraucher wichtig sind. Im folgenden wollen wir an wenigen Frankfurter Beispielen Motive und Wirkung der Werbung mit Antike betrachten.

Werbung im modernen Verständnis, d.h. auf Plakaten, in Zeitungs- und Zeitschriftenannoncen oder heutzutage durch Rundfunk- und Fernsehspots, ist eine Erscheinung, die eng mit der Industrialisierung und der Entwicklung des kapitalistischen Wirtschaftssystems im 19. Jh. verbunden ist. Hier sind vor allem drei Faktoren hervorzuheben, die für die Produkt- und Firmenwerbung wichtig wurden: das Entstehen eines freien Marktes, die Massenproduktion sowie ein sich veränderndes Verhältnis von Produzent und Konsument. In Frankfurt, wo bis dahin noch die Zunftordnung galt, wurde 1864 die Gewerbefreiheit eingeführt, doch erst nachdem die Stadt 1866 ihre Souveränität eingebüßt hatte und sich der preußischen Gemeindeverfassung unterordnen mußte,

konnten auswärtige Firmen am Markt auftreten. Nun wurde auch Werbung zunehmend notwendig, da sich ja nun Konkurrenzbetriebe in der Stadt ansiedeln konnten. In der neuen Bauordnung von 1891 wurde zum ersten Mal zwischen Wohn- und Fabrikvierteln und Vierteln mit sogenannter Mischnutzung unterschieden, was zu einer verstärkten räumlichen Trennung von Wohnen und Arbeiten führte. Den damit einhergehenden Verlust des unmittelbaren Kontaktes zwischen Produzent und Konsument versuchte man mit Werbung aufzufangen. Etwa zur gleichen Zeit setzten sich neue Technologien und Methoden der Haltbarmachung durch, die eine Güterproduktion in großen Mengen erlaubten.

Anfänglich dominierten Plakate als Werbemedium mit großem Abstand vor der Zeitungs- oder Zeitschriftenwerbung[2]. An günstigen Plätzen angebracht, erreichen Plakate eine viel größere Zahl von Menschen als die in der Auflage limitierten und nur eine spezielle Leserschaft ansprechenden Schrifterzeugnisse. Da die Plakatwerbung potentiell jeden ansprechen muß und vor allem auch Nicht-Leser ansprechen will, kommt bildlichen Darstellungen auf Plakaten eine wesentlich größere Bedeutung zu als in Annoncen, die zudem durch ihr kleines Format sehr beschränkte Gestaltungsmöglichkeiten bieten.

---

1) Zu historischen, nicht antiken, Motiven in der Frankfurter Werbung s. V. Schmidt-Linsenhoff, Historische Motive in der Warenwerbung der Gründerzeit, in: Trophäe oder Leichenstein? Kulturgeschichtliche Aspekte des Geschichtsbewußtseins in Frankfurt im 19. Jahrhundert. Ausstellungskat. Historisches Museum Frankfurt (1978) 232ff. Zur

Antike in der Werbung s. N. Himmelmann, Utopische Vergangenheit. Archäologie und moderne Kultur (1976) 110ff.

2) Seit 1862 gab es in Frankfurt das „Concessionierte Placat-Institut Franz Eckstein", das Litfaßsäulen und Plakatwände betrieb.

Im 19. Jh. und noch über die Jahrhundertwende hinaus war die vorherrschende Form der Plakatwerbung die Allegorie. Verschiedene Epochen kommen dabei durchaus nebeneinander vor - „*Verlegenheitshistorismus*" nannte Helmut Plessner diese Erscheinung[3]. Die Objekte, für die geworben werden soll, werden meistens überhaupt nicht ins Bild gesetzt, sondern deren Nutzen bildlich beschrieben. Bei den antiken Motiven, denen unser Augenmerk gilt, handelt es sich im allgemeinen nicht um auf antiquarische Genauigkeit oder historische Treue bedachte Darstellungen, auch nicht um formale Kopien antiker Vorbilder, sondern um Bilder, die von den jeweiligen Zielgruppen in eindeutige Aussagen, Stimmungen, Empfindungen umgesetzt werden sollten. Entscheidend ist nicht die Orientierung am Original oder die Korrektheit historischer Bezüge, die Anleihen bei der Antike sind im allgemeinen ikonographischer und mythologischer Natur. Bereits um die Jahrhundertwende beginnt eine andere Tendenz in der Werbung zu dominieren: Das Sachplakat tritt in Erscheinung, auf dem das zu bewerbende Produkt den Hauptgegenstand bildet[4]. Häufig ist noch eine Kombination von indirektem Hinweis auf das Produkt und unmittelbarer Darstellung des Produkts festzustellen[5]. Die bürgerliche Bildung, einst Voraussetzung für das Entschlüsseln der Allegorie, ist damit für das Verständnis der Werbebotschaft kaum mehr notwendig.

Die für Ausstellungen konzipierten Plakate warben in der Regel nicht für ein spezielles Produkt.

Ausstellungen sollten in der Praxis der damaligen Zeit nicht nur Produkte der unmittelbaren Gegenwart (Kunst, Industrie) zeigen, sondern auch Orte der Belehrung und Bildung sein, indem sie die Bürger über den gegenwärtigen Stand von Kunst und Gewerbe informierten. Als Beispiele mögen uns die Ankündigungen der Internationalen Elektro-Technischen Ausstellung von 1891 und der Ausstellung für Krankenpflege des Jahres 1900 dienen.

Die Ausstellung für Krankenpflege fand vom 8. bis 18. März 1900 in Verbindung mit einem Kongreß über das Bäderwesen in der Landwirtschaftlichen Halle statt. Aussteller waren öffentliche Wohlfahrtseinrichtungen, Verbände und Firmen[6]. Gezeigt wurde hier, was sowohl zur Hilfeleistung bei häuslicher Krankenpflege als auch im Krankenhaus notwendig war.

Auf dem von J.W. Sachs gestalteten offiziellen Plakat[7] ist zwischen den zwei Schriftzonen in der Mitte eine antike Opferszene zu sehen *(Abb.178)*. Ein bärtiger alter Grieche und ein Knabe stehen vor der auf einem runden Sockel stehenden Statue des Heilgottes Asklepios. Der alte Mann, der seinen rechten Arm zu der Statue ausstreckt, scheint den Gott anzusprechen. Der Jüngling reicht dem Gott mit beiden Händen einen Lorbeerkranz dar. Asklepios, wie in antiken Darstellungen üblich mit einem Mantel bekleidet, der den Oberkörper freiläßt, hält in seiner linken Hand eine Opferschale, im rechten Arm einen Stab, um den sich eine Schlange windet. Zu seinen Füßen liegen schon

---

3) H. Plessner, Die verspätete Nation⁴ (1966) 85.

4) vgl. Schmidt-Linsenhoff a.a.O. 238.

5) Hanna Gagel, Studien zur Motivgeschichte des deutschen Plakats (Dissertation Berlin 1971) 35.

6) So stellte z.B. die Frankfurter Sektion des Vereins zur Verbesserung der Frauenkleidung Reformkleider vor und propagierte das Gesundheitscorsett 'Hygiene'.

7) Historisches Museum Frankfurt, Inv. C 12114; Farblithographie, 52,5 x 70,2; Viktoria Schmidt-Linsenhoff, Kurt Wettengl, Almut Junker (Hrsg.), Plakate 1880-1914. Inventarkatalog der Plakatsammlung des Historischen Museums Frankfurt (1986, im folgenden: Plakate) 390f. Nr. 549.

mehrere andere Lorbeerkränze. Zwischen der Statue und den Opfernden steht ein von Sphingen getragener Dreifuß, auf dem Räucherwerk verbrannt wird. Die Opferszene dominiert das Plakat, so daß die Ansicht Frankfurts darüber in den Hintergrund tritt. Bei genauerem Betrachten kann man die Paulskirche links und den Dom in der Mitte des Bildes erkennen.

Hier lassen sich Zuordnungen erkennen, die auch heute noch Gültigkeit haben. Der sogenannte Aesculapstab ist *„als eines der markantesten, vielleicht als ältestes Beispiel eines werblich verwandten Bildes in der Heilkunde"*[8] aufzufassen. Auch heute wird im medizinischen Bereich mit diesem Zeichen geworben[9]. Ein schönes Frankfurter Beispiel ist die Statue über dem Eingang der Frankfurter Engel-Apotheke an der Ecke Vilbeler Straße/Große Eschenheiner Straße: Die geflügelte, mit einem leichten Gewand bekleidete Frauengestalt, als plastische Umsetzung der Engel-Apotheke konzipiert, hält in der erhobenen linken Hand eine Fackel, um die sich die Aesculap-Natter windet.

Die Internationale Elektro-Technische Ausstellung (IEA) fand vom 16. Mai bis 19. Oktober 1891 auf völlig neu bebautem Gelände in der Nähe des Frankfurter Hauptbahnhofs statt[10]. Ungefähr 50 Gebäude wurden für eine Bausumme von ca. 650.000 Mark auf 77.000 Quadratmetern verteilt. Anlaß dieser Ausstellung war die Frage, ob man sich bei der Elektrifizierung der Stadt für Gleich- oder Wechselstrom entscheiden solle. Es war eine Informationsveranstaltung, die sowohl der Fachwelt als auch den Laien dienen sollte.

Das Plakat *(Abb.179)* ist ein Hymnus auf die Elektrizität und verwendet die für eine Allegorie damals übliche Ikonographie[11]: Eine halbnackte Frauengestalt, die Elektrizität darstellend, hält schräg nach oben in Siegerpose und mit nach oben gerichteten Blick eine elektrische Lampe in den nachtdunklen Himmel. Das Licht der Lampe erhellt das Ausstellungsgelände, das ausschnittsweise im Vordergrund zu sehen ist: In gleißend hellem Licht, das nur von zahllosen Glühbirnen stammen kann, erstrahlen die Gebäude.

Alte (mittelalterliche) und neue (elektrifizierte) Stadt sind kontrastiert. Am Horizont hinter der alten Stadt zieht schon der Morgen (Zukunft) herauf. Die Personifikation der Elektrizität, aus deren Kopf zwei Lichtkegel springen, hält in der Rechten das Ende einer eisernen Kette, die Prometheus, der sich zu ihren Füßen windet, schließlich mit ihrer Hilfe zu zerreißen droht. In der Hand hält er die Blitze des Zeus. Prometheus, Lehrer der Menschen in Künsten und Wissenschaften, raubte den olympischen Göttern das Feuer und brachte es den Menschen. Zur Strafe ließ Zeus ihn an einen Felsblock schmieden. Doch nun sprengt der Titan seine Ketten. Die

---

8) H. Zimmermann, Arzneimittelwerbung in Deutschland vom Beginn des 16. bis Ende des 18. Jahrhunderts. Dargestellt vozugsweise von Archivalien der Freien Reichs-, Handels- und Messe-Stadt Frankfurt am Main (Dissertation Marburg 1968) 16.

9) Man hat lange angenommen, daß die sich um den Stab geringelte Schlange als Sinnbild des Heilgotts Asklepios in Griechenland ihren Ursprung hat. G. Buschan, Über Medizinzauber und Heilkunst im Leben der Völker (1941) 267, machte jedoch darauf aufmerksam, daß dieses Symbol - allerdings in abgeänderter Form - schon um 2500 v.Chr. bei dem babylonischen Heilgott Ningizzida auftrat: dort als ein von zwei Schlangen umringelter Stab.

10) zur IEA s. Ausstellungskat. „Eine neue Zeit..!" Die Internationale Elektrotechnische Ausstellung 1891. Historisches Museum Frankfurt (1991).

11) Historisches Museum Frankfurt, Inv. C 7947 Lithographie, farbig lackiert; 75,5 x 105,4; s. zum Folgenden Ausstellungskat. Die zweite Industrielle Revolution, Frankfurt und die Elektrizität 1800-1914, Historisches Museum Frankfurt (1981) 137 mit Abb. S.136; s. auch Ausstellungskat. „Eine neue Zeit..!" a.a.O. 329 mit Abb. S.328; Plakate 371f. Kat. Nr. 519; Lise Lotte Möller u.a. (Hrsg.), Das frühe Plakat in Europa und den USA. Ein Bestandskatalog, III: Deutschland (1980) 1608.

Menschen haben sich endgültig der göttlichen Kraft Elektrizität bemächtigt und fürchten Strafen des Zeus nicht mehr.

In der ersten Hälfte des 19. Jhs. wurde die Erfindung der Dampfmaschine als Auslöser der industriellen Revolution als die „Entfesselung des Prometheus"[12]. „*Die Umwandlung der Kraft in Licht versinnbildlicht zugleich, wie der heraufdämmernde Morgen am Horizont, Aufbruch in eine neue Zeit, segensreiche Entwicklung und Fortschritt. Die Lichtstrahlen, die aus dem der Zukunft zugewandten Kopf der Elektrizität heraustreten, sind die Strahlen der Erkenntnis, die das Dunkel durchdringen und den Weg nach vorn weisen.*"[13] Die „Entfesselung des Prometheus" findet sich nicht nur in den offiziellen Plakaten, sondern auch in einer Vielzahl unterschiedlicher Werbeaktivitäten und offiziellen Veranstaltungen der IEA[14].

Ebenfalls auf der IEA vertreten war die Helios-Actien-Gesellschaft. Ihre Reklame (*Abb.180*) stellt den Triumph des elektrischen Lichts über die herkömmlichen Beleuchtungsarten dar[15]. Auf einem von drei weißen Pferden gezogenen und als Dynamo ausgebildeten Wagen kommt Helios, der Sonnengott und Namenspatron der Firma, durch die Lüfte herangefahren. Die Sonne erstrahlt als Nimbus hinter seinem Kopf. Putten begleiten ihn und tragen Lampen, die von dem durch die mechanische Kraft der Pferde erzeugten elektrischen Strom gespeist werden. Sonne und Lampen erhellen den Himmel und teilen das Bild in eine helle Zone oben und eine dunkle unten. Drei Gestalten, in mittelalterlich anmutende dunkle Gewänder gekleidet, fliehen vor den Pferden, die sie zu überrennen drohen. Ein Gnom aus dieser Gruppe ist dabei, einen tragbaren Gasbehälter in Sicherheit zu bringen. Neben ihm hält sich einer der Putten, der in der rechten Hand eine Glühbirne hält, mit der linken die Nase zu, um den Gestank des Gases nicht ertragen zu müssen. Die Frauengestalt rechts mit verhülltem Haupt hält ihre rechte Hand schützend über eine Öllampe. Die mittlere Gestalt hält dem heranbrausenden Helios vergeblich einen Vertrag entgegen, den sie mit einer Gasflamme beleuchtet. Dieser „Contract" spielt auf die Verträge zwischen Städten und privaten Gasfabriken an, die normalerweise die Errichtung eines Elektrizitätswerkes ausschlossen. Eine Ausnahme stellte allerdings der letzte Frankfurter Vertrag dar[16], weshalb in diesem Falle der Hinweis auf den Vertrag wirkungslos bleibt. Die Botschaft ist deutlich: Helios, der die Elektrizität verkörpert und gleichzeitig für die Firma steht, vertreibt die dunklen Zeiten des Mittelalters und führt in eine bessere Zukunft.

Der Ausstellungsstand der Helios AG befand sich im Zentrum der von Oskar Sommer entworfenen Großen Maschinenhalle[17]. Die Gestaltung des Ausstellungsstandes[18] griff geschickt die Architektur des Hauptportals

---

12) Ausstellungskat. Die zweite Industrielle Revolution a.a.O. 137.

13) ebenda.

14) s. Ausstellungskat. „Eine neue Zeit..!" a.a.O. 277 (Eintrittskarten). 285 (Karte für das Festmahl zu Ehren der Ausstellungsvorsitzenden Leopold Sonnemann und Oskar von Miller). 311 (offizieller Katalog).

15) Inst. f. Stadtgesch., Magistrats Akte T 2024 I. Die Geschäftsreklame der Helios-Actien-Gesellschaft für elektrisches Licht und Telegraphenbau Köln-Ehrenfeld 1888 mit Vertretung in Frankfurt ist den Magistratsakten über die Errichtung des Frankfurter Elektrizitätswerkes beigelegt. s. zum Folgenden Ausstellungskat. Die zweite Industrielle Revolution a.a.O. 96.

16) Ausstellungskat. Die zweite Industrielle Revolution a.a.O. 98.

17) Zur Architektur der Halle: ebenda 156; Ausstellungskat. „Eine neue Zeit..!" a.a.O. 59ff.

18) Zur Gestaltung des Standes s. ebenda 64 mit Abb. S.63; Ausstellungskat. Die zweite Industrielle Revolution a.a.O. 156 mit Abb. S.157.

- zentraler Bogen mit der Büste Kaiser Wilhelms II., flankiert von zwei durch ionische Pilaster gerahmten Portalen unter halbkreisförmigem Fenster - wieder auf: Ferdinand Karl Heinrich Luthmer entwarf eine Art Triumphbogen, der von zwei mal zwei Karyatiden-Hermen getragen wurde. Die von dem Bildhauer Franz Born ausgeführten Karyatiden *„sollten die gefesselten und zum Dienst am Licht (am 'Guten') gezwungenen Mächte der Finsternis (des 'Bösen') versinnbildlichen"*[19]. Auf dem Bogen befand sich in großen Lettern ausgeschnitten der Firmenname HELIOS und darunter ACT. GES. KÖLN = EHRENFELD. Im Durchgang unter dem Bogen war das Transparent mit der Darstellung des Sonnengottes Helios angebracht, das Hans Thoma entworfen und Karl Nebel ausgeführt hatte. Der Namenspatron der Firma, mit einem langen Mantel bekleidet, der die rechte Schulter freiläßt, fährt diesmal auf einem Viergespann frontal auf den Betrachter zu[20]. Vor dem südlichen Fenster des Mittelbaues installiert, wurden Transparent und Bogen von hinten beleuchtet, und das Sonnenlicht fiel durch die ausgeschnittenen Buchstaben des Namensschildes.

In der Gestaltung des Ausstellungsstandes, vor allem aber in der Firmenreklame, vertritt die durch Helios verkörperte Antike den technischen Fortschritt, während das Mittelalter für Rückständigkeit steht. Gegenüber anderen Perioden der Menschheitsgeschichte wie der Vorgeschichte oder dem Mittelalter scheint einzig die griechisch-römische Antike diese Stellung einnehmen zu können. Hierin offenbart sich eine klassizistische Haltung, die der Antike eine besondere Bedeutung einräumt und in der europäischen Kulturgeschichte eine so lange Tradition hat. Zwar hatte die Antike ihre Funktion als absolutes Ideal im Historismus des 19. Jhs. zugunsten einer Vielfalt möglicher Vorbilder längst eingebüßt. Indessen dürfte für ihr neuerliches Wiederaufleben der Neoklassizismus der Jahrhundertwende verantwortlich sein. Nicht zu übersehen ist allerdings, daß die Helios-Firmenreklame nicht nur an der Schwelle zweier Jahrhunderte steht, sondern auch eine neue Epoche einläutet: Licht, Luft und Bewegung, die die Erscheinung des Sonnengottes alias Elektriziät charakterisieren, sind geradezu Schlüsselbegriffe, mit denen die Moderne den Aufbruch in ein neues Zeitalter beschrieb[21].

Der Mainzer Julius Pfungst begann 1870 mit der industriellen Schmirgelverarbeitung in Frankfurt und erkannte sehr früh die besondere Qualität des auf Naxos vorkommenden Naturschmirgels. Er sicherte sich durch einen mit der griechischen Monopolverwaltung abgeschlossenen Vertrag das europäische Alleinverkaufsrecht. Ein Jahr später gründete er die „Gesellschaft des ächten Naxos-Schmirgels", die hochwertige Schleifmittel und Schleifscheiben herstellte. Als von 1880 an auch Schleifmaschinen produziert wurden, nannte er sie „Naxos-Union-Union Schleifmittel- und Schleifmaschinenfabrik". Als Firmensignet und Schutzmarke wählte er eine Zeichnung der Ariadne auf dem Panther Johann Heinrich Danneckers *(Abb.181)*, die seit 1816 im

---

19) Ausstellungskat. „Eine neue Zeit..!" a.a.O. 64. Gebälktragende Frauenfiguren als Zeichen der Unterwerfung und Bestrafung zu verstehen, ist ein Gedanke, der sich bereits bei Vitruv, Zehn Bücher über Architektur I 1,5, findet und auch die Gestaltung des Augustus-Forums in Rom inspirierte (P. Zanker, Forum Augustum. Das Bildprogramm (o.J.) 12f.).

20) Antike Vorbilder lassen sich nicht nachweisen, zumal in griechischen bzw. römischen Darstellungen Helios/Sol entweder nackt mit kurzem Mantel oder im langärmligen Wagenfahrer-Gewand dargestellt wird; vgl. eine Gemme im Thorvaldsens Museum, Kopenhagen: P. Fossing, Catalogue of The Antique Engraved Gems and Cameos (1929) 144 Nr.903 Taf.11; LIMC IV (1988) 606 Nr.204 Taf.373 s.v. Helios/Sol (Letta).

21) S. Giedieon, Befreites Wohnen (1929, Neudruck 1985) 8.

Bethmannschen Museum stand (s. *Beitrag Appels-häuser*)[22]. Im kreisrunden Bildfeld ist auch der Firmenname „Naxos-Union" zu lesen. Als aussagekräftiges, einprägsames Firmenzeichen mit hohem Wiedererkennungswert war das Naxos-Signet zukunftsweisend[23]. Ariadne, die Theseus geholfen hatte, aus dem Labyrinth zu entkommen, nachdem er den Minotauros getötet hatte, wurde von dem athenischen Helden auf Naxos zurückgelassen. Dort wird sie von Dionysos entdeckt, der sie zur Frau nimmt. Antike Darstellungen der Ariadne wie z.B. die berühmte Statue in den Vatikanischen Museen[24], zeigen die Verlassene meist schlafend, noch vor der Ankunft des Gottes. Danneckers Plastik stellt sie dar, wie sie von dem heiligen Tier des Dionysos, dem Panther, fortgetragen wird. Die Statue war schon kurz nach ihrer Aufstellung und im ganzen 19. Jh. eine der Hauptattraktionen der Stadt. Die Wahl der klassizistischen Statue erweist sich somit als sehr geschickt, stellt sie doch nicht nur eine Verbindung zur Kykladen-Insel Naxos, dem Herkunftsort des Schmirgels her, sondern auch zu Frankfurt, dem Sitz der Naxos-Union.

Auch für Lebensmittel wurde und wird in Frankfurt mit antiken Motiven geworben. Ein Beispiel ist ein Plakat, das kurz vor der Jahrhundertwende für Kathreiner Produkte warb (*Abb.182*)[25]. Das Produkt selbst wird hier nicht gezeigt. Statt dessen ist ein junger Steinmetz, bekleidet mit antikischen Ledersandalen und einem antik

anmutenden, einer Tunika ähnlichen Gewand, das mit Mäanderbordüren verziert ist, zu sehen. In der linken Hand hält er einen Meißel und in der rechten Hand einen Hammer, mit denen er den Namen des Produkts „Kathreiner's H-O Herculo" aus dem dunklen Gestein herausgemeißelt hat. Hinter ihm liegen noch weitere Arbeitsgeräte, ein Winkelmaß, eine Pinzette, ein Stift und ein Meißel. Die Produktbezeichnung „HERCULO" spielt auf die Stärke des antiken Helden an, dessen mythische Kraft sich auf jeden übertrage, der sich mit „H-O" ernährt. Das Plakat suggeriert, daß nicht nur der junge Steinmetz, sondern „jedermann" seine Leistungsfähigkeit durch das Getränk steigern kann. Da es sich um eine auswärtige Firma handelt, deren Produkte zudem weite Verbreitung fanden, hat man darauf verzichtet, eine Verbindung zu Frankfurt herzustellen[26].

Die einzige Frankfurter Firma, die gegenwärtig mit antiken Motiven wirbt, ist die Binding-Brauerei, eine der größten Brauereien Deutschlands[27]. 1870, zur Zeit der Gründung durch Conrad Binding, gab es in Frankfurt zwanzig Brauereien, die um einen Anteil am Markt kämpften. Nach dem Tod des Firmengründers am 17. Dezember 1933 setzte die Stadt Frankfurt ihm ein Denkmal aus Sandstein an einem Portal des seit dem 15. Jh. als Rathaus der Stadt dienenden Hauses Römer. Das erste Faß „Römer-Pils" wurde 1939 angestochen. Auf dem Flaschenetikett und dem dazugehörigen Bier-

---

22) 1812-1814 Ausführung der Marmorskulptur (Höhe ohne die 10cm hohe Plinthe 146cm, Breite 131cm, Tiefe 48 cm) aus Carrara Marmor; seit 1856 im zweiten Ariadneum aufgestellt; am 4. Oktober 1943 beim Bombenangriff auf Frankfurt/M. stark beschädigt; seit Juni 1978 im Liebieghaus, Museum alter Plastik, Frankfurt. Ellen Kemp, Ariadne auf dem Panther. Ausstellungskatalog Liebieghaus, Museum alter Plastik, Frankfurt (1979); jüngst I. Nagel, Johann Heinrich Dannecker, Ariadne auf dem Panther (Frankfurt/M. 1993).

23) Der Markenschutz trat erst 1874 in Kraft. Nach heutigen Erkenntnissen geht man davon aus, daß man ein Zeichen ungefähr 40 mal sehen muß, bevor der Wiedererkennungswert gesichert ist.

24) W. Helbig, Führer durch die öffentlichen Sammlungen klassischer Altertümer in Rom4 I (1963) Nr.144 (Fuchs).

25) Historisches Museum Frankfurt, Inv. C 9219; Farblithographie 58,1 x 100,4cm; um 1895; weiterer Aufbewahrungsort: Stadtmuseum München. Möller a.a.O. (s.o. Anm.11) 4748; Plakate 422ff. Nr.589.

26) Um 1895 gab es einen Generalvertreter für Kathreiner Produkte in Frankfurt: vgl. Kleine Presse. Stadt-Anzeiger und Fremdenblatt, Frankfurt/M. 6.2.1896.

27) Für Auskünfte und Hinweise haben wir Frau Frobel und Herrn Westermann, Brauerei Binding AG, Frankfurt, zu danken.

deckel aus den frühen vierziger Jahren ist das Frankfurter Rathaus abgebildet *(Abb.183)*. Der Markenname „Römer-Pils" bezieht sich also ursprünglich auf den „Römer" und nicht auf die Römer. Erst seit den siebziger Jahren spielt die Brauerei in der Produktwerbung mit der Doppeldeutigkeit des Wortes, indem nicht mehr das Frankfurter Rathaus, sondern eben antike Römer dargestellt werden. Die aktuelle, im Jahre 1991 begonnene Werbekampagne ist ein aus unserer Perspektive in mehrfacher Hinsicht bemerkenswertes Zeugnis der Umsetzung antiker Motive für Werbezwecke. Vielen dürften noch die für „Römer-Pils" durch deutsche Lande galoppierenden römischen Legionäre der siebziger Jahre im Gedächtnis sein, die für die *„kräftige Würze"* des Bieres warben. Ganz anders die vier großformatigen, mit „Das klassische Römer." überschriebenen Plakate, die wir im folgenden betrachten wollen *(Abb.184)*. Die Mitte der einheitlich schwarzen Fläche nimmt ein schlankes, konisches Bierglas ein, dessen Standfläche nicht zu sehen ist. Die goldene Farbe des Bieres hebt dieses deutlich aus dem ansonsten ganz in Schwarzweiß gehaltenen Plakat

heraus. In zwei Fällen rechts, in zwei Fällen links des Glases ist auf dem schwarzen Grund das Wort *„herbfrisch"* (neuerdings *„klassisch gebraut"*)[28] in kursiven Lettern zu lesen. Die jeweils gegenüberliegende Hälfte der Fläche wird ganz von einem römischen Männerporträt eingenommen, das in einem Fall im Profil wiedergegeben wird. Es handelt sich *(Abb.184 oben rechts)* um ein Porträt des Augustus (63 v.Chr.-14 n.Chr.), das in Boston aufbewahrt wird[29], ein Bildnis des Antoninus Pius (86-161 n.Chr.) *(Abb.184 unten rechts)*[30] und eines des Hadrian (76-138 n.Chr.) in Profilansicht *(Abb.184 unten links)*[31] aus den Vatikanischen Museen sowie ein Porträt in Berlin, das Julius Caesar (100-44 v.Chr.) darstellen soll *(Abb.184 oben links)*[32]. Die Gesichter werden von der Seite beleuchtet, wobei mit Ausnahme des Julius Caesar immer die dem Glas zugewandte Gesichtshälfte die helle ist, so daß das Licht geradezu von dem golden leuchtenden Bierglas auszugehen scheint. Die Schaumkrone des Bieres, die genau in Augenhöhe beginnt und die horizontale Linie der Augen fortsetzt, erhebt sich in sanftem Schwung über den Glasrand, läuft aber nicht über und am

---

28) Dir und mir, Informationen für Mitarbeiter 1, 1994, 8. Außerdem wurde am unteren Rand des Plakates als Entsprechung zu dem Schriftzug am oberen Rand „Binding Römer Pils" eingefügt.

29) Gipsabguß im Akademischen Kunstmuseum Bonn eines Kopfes in Boston, Museum of Fine Arts, Inv. 99.344, Henry L. Pierce Fund; Einsatzkopf wohl für eine Panzerstatue, Höhe 44cm; gefunden in Ariccia (zwischen 1787 und 1796); später in der Slg. Despuig, Mallorca. Ergänzt sind der Büstenfuß mit Index, der rechte Ohrrand, ein Stück der Halsbegrenzung an der rechten Seite. Der Rand der linken Ohrmuschel fehlt. Der Wirbel am Hinterkopf ist gesondert gearbeitet, jedoch antik. Datierung: wohl caliguläisch; zuletzt D. Boschung, Die Bildnisse des Augustus (1993) 146 Nr.80 Taf.119,3; 120; 149,9.

30) Gipsabguß im Akademischen Kunstmuseum Bonn eines Kopfes in Rom, Vatikanische Museen, Sala a Croce Greca 595, Inv. 201; Höhe des Antiken 35cm; aus Ostia (1804); ergänzt sind die Büste mit Hals und die Nase; Kopf geputzt, leichte Beschädigungen an mehreren Stellen. Datierung: um 150 n. Chr. (Helbig a.a.O. Nr.28 [von Heintze]);

M. Wegner, Das römische Herrscherbild II 4. Die Herrscherbildnisse in antoninischer Zeit (1939) bes.22ff.145 Taf.4a.

31) Gipsabguß im Akademischen Kunstmuseum Bonn eines Kopfes in Rom, Vatikanische Museen, Museo Chiaramonti 392, Inv. 1230; Höhe 33 cm; ergänzt sind die Nase, das rechte Ohr, der Rand des linken Ohres, der untere Teil des Halses, Büste und Fuß, vier Flicken in den Locken; Sprung durch die Augen; stellenweise durch Brand geschwärzt. Datierung: um 120 n. Chr. (Helbig a.a.O. Nr.296 [von Heintze]); M. Wegner, Das römische Herrscherbild II 3. Hadrian (1956) 27.109 Taf.6.

32) Gipsabguß im Akademischen Kunstmuseum Bonn des Kopfes einer Togastatue in Berlin, Staatliche Museen, alte Inv. 295, jetzt 341; J.J. Bernoulli, Römische Ikonographie I. Die Bildnisse berühmter Römer (1882) 164 Nr.56 Abb.S.175 und Taf.17; schon F.J. Scott, Portraitures of Julius Caesar (1903) 124 Nr.39 Taf.24, fielen Absonderlichkeiten auf, doch erst G. Lippold, Kopien und Umbildungen griechischer Statuen (1923) 261 Anm.55, erkannte den Kopf als moderne Arbeit.

Glas herunter. Eine gewisse räumliche Tiefe wird erzeugt, indem das Glas die Gesichter leicht überschneidet, lediglich im Falle des von der Seite gesehenen Hadrian bleibt die räumliche Beziehung zwischen Glas und Kopf unklar. Das Fehlen der Standfläche von Kopf und Glas bewirkt, daß beide nicht als real zusammen aufgestellt zu denken sind, sondern geradezu wie eine Epiphanie erscheinen. Obwohl hier konkrete Gegenstände - ein Bierglas und Porträts ganz bestimmter Personen - abgebildet werden, weist die Gestaltung des Plakats einen hohen Grad von Abstraktion auf. Erzielt wird dieser durch die strenge Ordnung der Komposition, die zurückhaltende, gediegene Farbgebung, die nicht vollständig wiedergegebenen bzw. erkennbaren Gegenstände, das irreale Größenverhältnis zwischen Glas und Kopf, die unbewegten Gesichter und nicht zuletzt durch die Tatsache, daß nicht die originalen Porträts, sondern Gipsabgüsse abgebildet werden.

Die Auswahl der Köpfe gibt Rätsel auf. Zu drei Kaiserbildnissen tritt der republikanische Caesarkopf hinzu, einem jugendlichen Augustus stehen drei ältere Männer gegenüber. Daß besonders typische Bildnisse der vier Römer ausgesucht worden wären, kann man angesichts des nicht zu den Haupttypen gehörenden Hadrian und des singulären Bostoner Augustus nicht sagen[33]. Letzterer scheint wegen seiner gegenüber anderen Augustus-Porträts weniger strengen, geradezu ein wenig unordentlichen Frisur Aufnahme in die Reihe gefunden zu haben. Auch der Erhaltungszustand scheint nicht unbedingt entscheidend gewesen zu sein, ist doch der Kopf des Antoninus Pius arg bestoßen. Als ausschlaggebendes Kriterium dürfte vielmehr die Wirkung auf den Betrachter zu gelten haben. Der Caesar-Kopf ist nämlich nur noch selten zu sehen, weil er, so eine Mitteilung der Firma, wegen seines gelblichen „Teints", der porösen Oberfläche und des maskenhaften Ausdrucks bei den Konsumenten nicht angekommen sei. Vielleicht trugen aber auch die gegenüber den anderen Darstellungen andere Beleuchtung zu einem weniger guten Eindruck bei sowie die interessante Tatsache, daß der Caesar-Kopf als einziges der vier Bildnisse nicht antik ist: Schon lange wurde er als neuzeitliche Fälschung erkannt. Allen vier Porträts ist immerhin gemeinsam, daß sie gegenüber den realistischen Köpfen der republikanischen Zeit oder den expressiven Bildnissen der Soldatenkaiser idealisierende, „klassizistisch" beruhigte Züge aufweisen. Die drei antiken Köpfe gehören Epochen der römischen Kunst an, die sich bewußt auf griechische Vorbilder des 5. und 4. Jhs.v.Chr. bezogen, das Caesar-Bildnis ist sogar dem neuzeitlichen Klassizismus zuzurechnen.

Ernst, aber nicht verbissen, selbstbewußt und gelassen blicken die vier Römer uns an. Sie strahlen Souveränität aus. Dabei ist es gleichgültig, um wen genau es sich im einzelnen handelt. Zusammen mit der durch senkrechte und waagerechte Linien bestimmten Ordnung vermitteln diese Plakate Stabilität und Kontinuität als positive Werte. Sie bestehen darin, daß das „Römer-Pils" keinem Wandel unterworfen wird, sondern auf „klassische", d.h. traditionelle Weise gebraut wird. Diese Botschaft ist besonders auch vor dem Hintergrund des europäischen Binnenmarktes und der damit verbundenen Debatte um die Erhaltung des deutschen Reinheitsgebotes zu sehen.

Auf einer zweiten Rezeptions- und Bedeutungsebene meint der Begriff „klassisch" weniger „traditio-

---

33) Boschung a.a.O. 146 bezeichnet den Augustus als singuläre Neuschöpfung in Anlehnung an den Typus Prima Porta. Zum Hadrian Wegner a.a.O. (s.o. Anm.31) 109.

34) Auf dem Flaschenetikett ist zu lesen: *„Streng nach dem Reinheitsgebot gebraut reift in den Kellern der Binding-Brauerei ein vollendetes Pils."*

nell" als vielmehr „qualitätvoll"[34]. Dieses Prädikat unterstreichen die Ausgewogenheit der Gestaltung und die gediegene Ästhetik. Dafür daß „Römer-Pils" auch den höchsten Ansprüchen einer verfeinerten Trinkkultur genüge, bürgen die unbestechlichen antiken Persönlichkeiten. In ähnlicher Form hatten sie zu ihrer Zeit mit ihrem Porträt auf Münzen den Geldwert garantiert. Ihre Verbindung mit dem Produkt und das einem Sektkelch ähnelnde Glas setzen das Volksgetränk Bier vom Kneipen- und Trinkhallenmilieu ab und erheben es in eine höhere soziale Stellung[35]. Damit sollen neue Zielgruppen im Bereich kulturell interessierter Kreise mit hohem Bildungsniveau erreicht werden, eine Tendenz, die sich seit wenigen Jahren auch in der Reklame anderer Biermarken erkennen läßt. Dazu gehört auch, daß man sich vom martialischen Auftreten der römischen Legionäre aus den siebziger Jahren distanziert, die mit dem Firmenwappen auf dem Brustpanzer und am Zaumzeug und einer „Bierfahne" in der Hand, durch die deutsche Gebirgslandschaft ritten. An die Stelle historischer Unbekümmertheit ist nun, gerade auch durch die Verwendung von Gipsabgüssen, eine gewisse wissenschaftliche Trockenheit getreten, die Kompetenz signalisiert. Und statt auf Körperkult setzt man auf Charakterköpfe, um sich nicht auf die militärischen, sondern auf die kulturellen Leistungen der Römer zu beziehen[36]. Zu diesen gehörte das Bierbrauen freilich nicht.

Unsere Interpretation wird durch die Brauerei selbst bestätigt, die in einer Publikation für Mitarbeiter ihre Überlegungen zu einer prägnanten Formulierung zusammenfaßt: „*Der edle Römer. Zeichen einer hohen Kultur und Ausdruck von Persönlichkeit und Charakter.*

Premium. Der klassische Römer. Dito das Bier. Das klassische Römer."[37]

Wer ein derartiges Bier konsumiert, drückt also Persönlichkeit, Charakter und hohe Kultur aus, soll sich zu einer Elite zählen, auch wenn dies allein durch die massenhafte Verbreitung dieses Biers konterkariert wird. Aber schließlich ist der Zweck von Werbung nicht die Beschreibung von Wirklichkeit, sondern das Erzeugen von Wunschbildern, Träumen und Hoffnungen.

„*Wenn die moderne Werbung antike Motive verwendet, so verkündet sie eine ganz schlichte Botschaft; die nämlich, daß die betreffende Ware 'klassisch' ist. 'Klassisch' bedeutet hier etwas absolut Gesundes, Starkes, Grundsolides und Zeitloses, es ist ein trivialer Kommentar zu Goethes Formulierung, daß das Klassische das Gesunde sei. Für die Altertumswissenschaftler, die sich seit Anfang dieses Jahrhunderts darüber streiten, ob es etwas wie Klassik überhaupt gäbe und worin es zu suchen sei, ist diese Erscheinung nicht ohne Ironie. Sie beweist, daß es in der modernen Kultur einen vulgären Begriff von Klassik gibt, der mit Hilfe antiker Motive in weiten Kreisen der Bevölkerung wachgerufen werden kann.*"[38] Dieser Feststellung Nikolaus Himmelmanns kann hinzugefügt werden, daß der populäre Klassik-Begriff offensichtlich noch immer im wesentlichen vom Klassizismus geprägt ist. Nicht nur wird die Antike mit ausschließlich positiven Werten verbunden und damit allen anderen Epochen gegenüber herausgehoben, auch sind es klassizistische Kunstwerke, die anscheinend mehr als die klassischen Originale selbst das Bild des „Klassischen" bestimmen.

---

35) Zur Sozialgeschichte des Bieres s. W. Schivelbusch, Das Paradies, der Geschmack und die Vernunft. Eine Geschichte der Genußmittel (1980).

36) Daß es sich ausschließlich um Männerporträts handelt, mag daran liegen, daß das herbe Pils offenbar kaum von Frauen getrunken wird. Noch in den 60er Jahren zierten Frauen die Etiketten von Binding

Export-Flaschen (Internationale Industrie Bibliothek Band 99: Binding Brauerei AG [o.J., um 1963] Abb. S.26). Auf Römer Pils-Bierdeckeln der 70er Jahre steht „*männlich herb*" zu lesen.

37) Dir und mir, Informationen für Mitarbeiter, 3, 1991, 4f.

38) Himmelmann a.a.O. (s.o. Anm.1) 111f.

WOLFGANG KLÖTZER

Von antiker Abkunft: Die „Francofurtia". Stadtsymbol zwischen Allegorie und Werbung

Neben den Kaiserstatuen, die den Frankfurter Römer schmücken, befindet sich auch eine Frauengestalt. Sie steht in halber Höhe an der Ecke zur Limpurger Gasse in der Position einer Hausmadonna. Auf einer Blattkonsole und unter einem prächtigen gotischen Baldachin trägt sie wie Maria coronata eine Krone. Ohne Christuskind könnte man sie, die sich rechts auf ein mächtiges Schwert stützt, auch für eine Hl. Katharina halten. Aber sie hält in der Linken nicht das Märtyrer-Rad, sondern ein Modell des Domturms, und ihre Krone ist ein eigentümlicher Mauerkranz. Nach all dem handelt es sich um „Francofurtia", die Stadtgöttin, die mit dem Schwert der Gerechtigkeit und dem Kaiserdom Macht und Anspruch der ehemaligen Reichsstadt verkörpert und mit der Mauerkrone Schutz und Schirm ihrer Bürger versinnbildlicht. Die hoheitsvoll-elegante Figur ist indes nicht alt, sondern wie die übrige Ausschmückung des Römers spätwilhelminisch. Geschaffen hat sie 1897/98 der Bildhauer Franz Krüger, der auch an Oper und Schauspielhaus und am Frankfurter Hauptbahnhof gearbeitet hat. Von ihm stammt die Panther-Quadriga, die heute auf dem Vordergiebel der Alten Oper steht[1].

Ich muß bekennen, daß mich diese Francofurtia und ihre „Schwestern", seit ich in Frankfurt bin, als Kunstwerk und als Symbol immer fasziniert haben. Aber kein Wissenschaftler oder Journalist hat sich bisher mit ihrem Phänomen beschäftigt, auch nicht die Frankfurter Chronisten Lersner, Fichard, Kirchner, Kriegk, und selbst A. Jaenicke, der einen kunstgeschichtlichen Bildband 1964 „Francofordia" nannte, geht mit keinem Wort auf die Francofurtia ein[2]. Noch 1971 schrieb der Nestor der Frankfurter Wirtschaftsgeschichte, Professor F. Lerner, bei der Beschreibung einer Münze von 1860, die Francofurtia habe „*keinerlei Vorbild in der vaterstädtischen Tradition*"[3].

Dabei ist die Kunstgeschichte voller Allegorien, Sinnbilder und Symbole. Allbekannt ist die „Freiheit" des Romantikers Eugène Delacroix von 1830 im Pariser Louvre, die zur französischen Idealgestalt der „Marianne" wurde, wie nach literarischen Vorlagen in England „John Bull", in Amerika „Uncle Sam", in Deutschland der „Deutsche Michel" geprägt wurden. Man kennt die Personifizierungen der Flüsse - Danubia, Rhenus, Moenus und Mosella u.a. - schon aus Barockplastiken, während die Landessymbole erst durch die Romantik künstlerisch belebt worden sind. Maßstäbe gesetzt haben hier die berühmten Gestalten der Italia und der Germania von Philipp Veit aus seinem großen Fresco „Die Einführung der Künste in Deutschland durch das Christentum" von 1834/36, das heute, auf Leinwand übertragen, im Nazarenersaal des Städelschen Kunstinstituts hängt. Als Großplastiken folgten

---

Leicht veränderter und erweiterter Dia-Vortrag, gehalten am 2. September 1993 im Rotary-Club Frankfurt/Main-Friedenbrücke.

1) H. Traut, Der Römer und die neuen Rathausbauten in Frankfurt am Main (1908) 24; W. Stubenvoll, Der plastische Bildschmuck am Frankfurter Rathaus (1977) 221 u. Abb. 28; H. Weizsäcker - A. Dessoff, Kunst und Künstler in Frankfurt am Main im 19. Jahrhundert II (1909) 80. Zum Giebel der Alten Oper *vgl. hier Beitrag Andres.*

2) A. Jaenicke, Francofordia (1963); ders., Frandofordia sacra (1983).

3) F. Lerner, The Rothschild Love Dollars, in: Geldgeschichtliche Nachrichten 6, 1971, Nr. 23, 3.

Schwanthalers Bavaria an der Münchener Theresien-
wiese und Schillings Germania vor dem Rüdesheimer
Niederwald. Aber auch die romantischen Personifi-
zierungen haben uralte Vorbilder, man denke an die
Gestalten der Synagoga und Ecclesia am Bamberger
Dom und am Straßburger Münster oder an ägyptische
Gottheiten und ihre symbolischen Inhalte.

So steht auch die Francofurtia als glückbringende
und beschützende Stadtgöttin in einer über zweitausend-
jährigen Traditionslinie, die bis zur Tyche von Antiochia
des griechischen Erzbildners Eutychides von Sikyon
zurückreicht. Er schuf die Schicksalsgöttin für die
Hauptstadt Syriens etwa um 300 v. Chr. Das Original
ging zwar verloren, überliefert aber ist es auf zahlreichen
Münzen und in verkleinerten Nachbildungen in Bronze
und Marmor, von denen die vatikanische Replik (Abb.
185) die bekannteste ist. Tyche, oder röm. Fortuna,
Tochter des Okeanos oder des Zeus, wurde von vielen
antiken Städten als Schutzpatronin verehrt und in ihren
Standbildern mit Attributen wie Steuerruder als Sinnbild
lenkender Gewalt, Füllhorn als Zeichen des Segens,
Ähren als Zeichen der Prosperität oder aber, auf die
Flüchtigkeit des Glücks anspielend, mit Flügeln, Kugel
oder Rad dargestellt. Schon in der Antike trägt sie auch
die Mauerkrone als Sinnbild des Schutzes, den die Stadt
gewährt. Die Tyche von Antiochia setzt ihren rechten
Fuß auf die Schulter des Flußgottes Orontes, wie man
Francofurtia später auch in Verbindung mit Moenus findet.

Die Miniatur einer mauergekrönten „Roma"[4] findet
sich etwa um 1000 im Perikopenbuch Kaiser Heinrichs
II. Als „Fortuna" hält sie in der hocherhobenen Rechten
eine „Rotunda", ein mit der Erdscheibe gleichzusetzen-
des Glücksrad, worauf auch die Umschrift der Goldenen
Bulle von 1356 anspielt: „Roma caput mundi regit orbis
frena rotundi" (Rom, die Hauptstadt der Welt, lenkt des
Erdrunds Zügel).

Wann die Gestalt der Francofurtia zuerst bildne-
risch gestaltet wurde, ist nicht ganz klar - hier gibt es
sicher Überlieferungslücken -, denn die schöne Vignette
der Frankfurter Homann-Karte von ca. 1712 mit der mir
bekannten ältesten Darstellung einer Francofurtia (Abb.
186), mit Mauerkrone, Füllhorn, Gesetz- oder
Privilegienbuch und Liktorenbündel als Zeichen der
Amtsgewalt, im übrigen vor einer Germania, dürfte kein
Novum gewesen sein, zumal andere Städte Mitteleuropas
in der Tradition ihrer Stadtgöttin vorangehen. Zum
Beispiel Antwerpen, das seine stadtgeschichtliche
Ausstellung im Hessenhuis als Kulturhauptstadt Europas
1993 mit einer großformatigen Allegorie A.J. van
Nuyssens von 1608 „Scaldis, der Flußgott der Schelde,
reicht Antverpia das Füllhorn" eröffnete. Die
Kombination von Flußgott und weiblicher Allegorie findet sich denn auch in Frankfurt am Main schon 1672, als
der Frankfurter Verleger Johann Baptist Schönwetter
seine Druckerzeugnisse mit einer Vignette zu verzieren
begann, die neben Moenus eine Frauengestalt mit
Füllhorn zeigt. Man erkennt darin zunächst eine
Abundantia, Göttin des Überflusses, die man vielleicht
aber auch schon als Francofurtia deuten darf[5].

Die Figur der Francofurtia mit der femininen
Latinisierung des Stadtnamens dürfte im Humanismus
entstanden sein. Hieß Frankfurt im Mittelalter „Franco-
nofurd", „Frankenfurt", „Vadus Francorum", so kommt
erstmals Ende des 15. Jhs. die Namensform „Francfordia" auf, die im 16. Jh. von vielen Schriftstellern,

---

4) Herder-Lexikon Symbole (1978) 160.

5) H. Starp, Das Frankfurter Verlagshaus Schönwetter 1598-1726
(1956) 697.

Berichterstattern und Panegyrikern aufgegriffen wird[6]. Das weibliche Stadtsymbol Francofurtia lag demnach nahe, doch habe ich es in Renaissance- und frühbarocken Kupferstichen, etwa im Zusammenhang mit den Kaiserwahlen vor 1711, noch nicht feststellen können. Auch nicht in Merians Frankfurt-Stichen, wennschon er die Titelblätter seiner Landes-Topographien mit weiblichen Allegorien - auch mit Mauerkronen - geziert hat[7], die jedoch eher als Fortuna, Abundantia, Justitia, Prudentia, Fortitudo, Architectura, doch auch schon als Borussia, Bavaria und Germania zu deuten sind. Die Homann-Vignette von 1712 steht im Zusammenhang mit der Wahl Karls VI., worauf die Szene im Hintergrund deutet.

Auf die Verehrung Karls VI. bezieht sich auch die nächst überlieferte Darstellung im Frontispiz der Frankfurter Urkundenedition „Privilegia et Pacta" von 1728. In der von dem Nürnberger Engelhart Nunzer entworfenen Titelvignette veranlaßt Merkur, gekennzeichnet durch seinen Heroldstab, dem Caduceus, Francofurtia, gekennzeichnet durch die Mauerkrone, vor einem Monument niederzuknieen, das dem Lobpreis Kaiser Karls VI. gewidmet ist. Im Hintergrund bietet sich die Reichsstadt von Westen (Abb. 187).

Im weiteren Verlauf des 18. Jhs. begegnet Francofurtia auf Münzprägungen im Zusammenhang mit den Kaiserkrönungen 1742, 1764 und 1790, aber auch im ersten von Christian Georg und Franz Schütz gestalteten Vorhang des Frankfurter Nationaltheaters von 1782, wo sie mit Moenus in einer kulturpolitisch deutbaren olympisch-allegorischen Szene posiert[8].

Wir wenden uns den Francofurtien des 19. Jhs. zu, die mit einem Schmuckblatt von Heinrich Rustige zum Mozartfest 1838 beginnen. Es zeigt eine der Italia Veits entlehnte beinüberschlagende Francofurtia vor der Stadtsilhouette, sich links auf den Adlerschild stützend, hinter Gesetzbuch, Kaiserkrone, Anker, Palette, Kreuz und Zirkel, umgeben von allerlei Sangeslustigen (Abb. 188). Bleibt anzumerken, daß die Frankfurter Denkmäler und öffentlichen Bauwerke vor 1840 (Guiolett, Kirchner, Stadtbibliothek, Alte Börse) keine Francofurtia darstellten.

Doch am Frankfurter Gutenbergdenkmal (1840/58) von Eduard Schmidt von der Launitz (vgl. hier Stutziger, Schmidt von der Launitz) fand die Francofurtia eine erste adäquate künstlerisch-plastische Ausformung (Abb. 189). Unter den vier Städtefiguren steht sie in Front in altdeutscher Gewandung mit Mauerkrone, Kaiserkrone und Schwert in der Linken, sich rechts auf den Adlerschild stützend. Das schöne Foto entstand, als das Gutenbergdenkmal versetzt und renoviert wurde und dafür die Einzelteile abgenommen worden waren. Von Schmidt von der Launitz stammt auch das Bethmanndenkmal von 1864/68 in der Friedberger Anlage, das - ebenfalls in Front - eine stilistisch auf Mauerkrone und Kranz (in der Rechten) reduzierte Francofurtia zeigt.

Zahlreich sind die Francofurtien, die in der Folgezeit die Grafik bevölkern: So 1862 in einem Frankfurter Kartenspiel als Caro As vor der Mainfront. Ebenso oder ähnlich - mit der sich rasch verändernden Mainfront - begegnen sie auf vielen Vereinsdrucksachen

---

6) In einem lateinischen Lobgedicht auf Frankfurt von dem Pagen Kaiser Maximilians I. Julius Caesar Scaliger (1484-1558) aus dem Anfang des 16. Jahrhunderts. So auch bei dem Rektor des Frankfurter Gymnasiums Jacobus Mycillus (1503-1558), bei dem Hofdichter Maximilians II. Georg Fabricius (1516-1571): „Francfordia nobilis altas urbs", bei dem Niederländer Hugo Flavolius (1524-1585): „fre-

quens Francfordia dives" und anderen (R. Diehl, Frankfurt am Main im Spiegel alter Reisebeschreibungen vom 15. bis zum 19. Jahrhundert [1939] 211ff.).

7) Kat. Matthaeus Merian d. Ä., Frankfurt a.M. 1993.

8) H. Heym, Frankfurt und sein Theater (1963) 15.

wie Festprogrammen und Eintrittskarten, auf Titelköpfen von Festzeitungen, in Plakaten, Postkarten, Kunstbeilagen und in der Gestaltung von Ehrendiplomen, Versicherungspolicen und Exlibris[9].

Ein besonders schönes und künstlerisch qualitätvoll gestaltetes, wenn auch im Geschmack zeitgebundenes Beispiel ist eine Dankadresse der städtischen Beamten für den scheidenden Oberbürgermeister Heinrich Daniel Mumm von Schwarzenstein aus dem Jahr 1880[10]: eine sehr damenhafte, mauergekrönte Francofurtia zwischen und über allerlei auf Frankfurt bezogenen Allegorien, gemalt von Eugen Klimsch, der auch das Deckengemälde des Frankfurter Palmengartens und deutsche Luxusliner ausgemalt hat. Die unter Arabesken auf einer raffinierten Architektur versammelten, nicht weniger als 18 Gestalten verkörpern oben links die Weisheit mit Buch und Fackel, oben rechts die Gute Führung mit Zügel und Spiegel, unten rechts das Alte Frankfurt Geschichten erzählend, unten links das Neue Frankfurt mit dem Modell der eben eröffneten Neuen Börse, dazwischen die Gruppe des Merkur mit Heroldsstab, einer Frau mit Spinnrocken und einem Bübchen, das mit Schiff und Lokomotive spielt, - glückliche Familie, Fleiß, Prosperität und Fortschritt in einem symbolisierend. Der Naturalismus des Künstlers geht dabei so weit, daß er den üblichen Wappenschild der Francofurtia durch einen leibhaftig flügelschlagenden Adler ersetzt.

In die gleiche Kategorie wilhelminischer Francofurtien im Stil Makarts gehört die Francofurtia von Caspar Scheuren auf einem großen Schmuckblatt von etwa 1890 inmitten von Ansichten aus Frankfurt und den Taunusstädten, altdeutsch gewandet mit Urkundenrolle und Wirtschaftstasche mit Schere an der Seite *(Abb. 190)*[11]. Man kaufte derlei Blätter wie die Leporellos und die in den 70er Jahren aufgekommenen Ansichtskarten mit Bildserien, die bis zum ersten Weltkrieg ebenfalls häufig die Francofurtia zeigen.

Auch die zahlreichen Festzüge der Zeit führten die Francofurtia, dargestellt von einer Schauspielerin, in oft kostbaren Prunkwagen mit, zum Beispiel anläßlich des Deutschen Schützenfestes 1887 mit Merkur auf der Weltkugel am Bug des Wagens oder 25 Jahre später anläßlich des Deutschen Schützenfestes 1912 nach einem jugendstilbeeinflußten Entwurf des Kunstmalers Robert Forell mit dem Stadtadler zwischen Moenus und Nidda am Bug, begleitet von Ehrenjungfrauen und Hellebardierern.

Die spätwilhelminische Zeit war überhaupt die Blütezeit unseres Stadtsymbols. Kaum ein Bildhauer, der in seinen Denkmälern und seinen Bauplastiken auf eine leibhaftige Frankfurt-Allegorie verzichtete: Nicht Franz Krüger, der 1895 seiner Kaiser-Wilhelm-Büste im Frankfurter Hauptpostamt eine sehr mütterliche Francofurtia vorsetzte, deren Knäblein sich mit einem Blumenstrauß dem alten Kaiser zureckt. Nicht Clemens Buscher 1896 an seinem Kaiser-Wilhelm-Reiterdenkmal vor der alten Oper, dessen abgewandte Seite ebenfalls eine lebensgroße Sitzfigur der Francofurtia schmückte. Diese und die meisten anderen Bronzen wurden im Zweiten Weltkrieg zu Kanonen eingeschmolzen, die Francofurtia von Friedrich Schierholz schon 1904 durch den Herkules von Joseph Kowarzik ersetzt. Viele Bauplastiken mögen auch den Bomben des Zweiten Weltkriegs zum Opfer gefallen sein. So auch das

---

9) Die Beispiele befinden sich in der Graphischen Sammlung des Historischen Museums bzw. im Inst. f. Stadtgesch. Frankfurt am Main (Stadtarchiv).

10) Inst. f. Stadtgesch., Einzelstücke, abgebildet im Frankfurt-Archiv F 02081 (Lfg. 1988/I).

11) Frankfurt-Archiv (Lfg. 1986/IV) FE 01055 (Lfg. 1986/IV).

Kriegerdenkmal an der Peterskirche von Rudolf Eckhard (1878), das eine Francofurtia als Sitzfigur im Sockel aufwies.

Erhalten blieb die schöne Stein-Gruppe an dem der Paulskirche zugewandten Portal des Rathaus-Nordbaus vom Anfang des Jahrhunderts, ein drittes Beispiel der Kunst des Österreichers Franz Krüger[12]. Mit Gesetzbuch und Urkundenrolle sitzt Francofurtia über dem Segmentgiebel zwischen links „Voraussicht" mit Spiegel und Steuer, hinter dem die Eule der Weisheit hervorlugt, und rechts dem Halbakt der „Sparsamkeit", die in einer langen Rechnung liest und mit der Rechten eine Kasse fest verschlossen hält, zu Füßen einen Bienenkorb als Symbol des Fleißes, ein Triptychon, das lebhaft an den Dreiklang der Figuren Michelangelos an seinem Florentiner Medicigrab erinnert.

Die kostbarste Francofurtia, ebenfalls aus der Zeit, nämlich von 1903, steht im Frankfurter Ratssilber als Mittelfigur des Großen Tafelaufsatzes, 1 Meter hoch, 1,60 Meter breit, gestiftet vom Geheimen Kommerzienrat Max von Guaita, entworfen von Professor Ferdinand Luthmer, dem Leiter der Frankfurter Kunstgewerbeschule, modelliert von Professor Friedrich Hausmann, dem Schöpfer des Frankfurter Märchenbrunnens, der neben dem Theater jetzt wieder aufgestellt ist, ausgeführt von dem Frankfurter Juwelier Eduard Schürmann, der dafür zum kaiserlichen Hofjuwelier ernannt wurde. Mit einem Palmzweig in der Hand symbolisiert die Francofurtia des Ratssilbers „Frankfurt als Friedensstadt", während die korrespondierenden Frauengestalten links und rechts Frankfurt in Vergangenheit und Gegenwart darstellten[13].

Die vielleicht schönste Francofurtia schuf Friedrich Hausmann um die gleiche Zeit oder etwas später in einer Ehrengabe in Chryselephantine, sehr damenhaft verführerisch, mit einer Rose in der Linken, sich rechts auf den Eschenheimer Turm stützend, der Marmorsockel getragen von vier Schildkröten als Symbol der Festigkeit, Fruchtbarkeit und Unsterblichkeit *(Abb. 191)*[14]. Bemerkenswerterweise trägt diese Francofurtia keine Mauerkrone mehr, das Verständnis für die schützende Kraft der ehemaligen Stadtgöttin ist verloren gegangen.

So ist auch die Mauerkrone einer späten Francofurtia im Art-Deco-Stil des Grafikers Ludwig Enders für den Frankfurter Druckertag 1926 nurmehr ein Schmuckelement, verfremdet und überladen durch Römergiebel und Domturm[15]. Dagegen begegnet sie antikisch gewandet zusammen mit Moenus auf dem Titelblatt der Frankfurt-Satire von Louis Liebmann „Vom alten Helenopolis" (1928).

Später fand ich die Francofurtia nur noch märchenerzählend 1986 in einer Buchillustration von Marie Skoda, umgeben von Figuren aus dem „Struwwelpeter"[16]. „Es war einmal", ähnlich dem „Fuimus", das schon um 1890 unter der Francofurtia von C. Scheuren zu lesen war. Aber man kann der schönen Frankfurterin noch in den Straßen der Stadt an manchem erhaltenen wilhelminischen Wohn- oder Geschäftshaus begegnen, so Roßmarkt 19 (Goldene Kette), Schillerstraße oder Dortelweiler Straße.

Ich könnte hier schließen, doch wäre damit die Vielfalt der Erscheinungen der Francofurtia nicht annähernd umrissen, denn sie begegnet außer in künstlerischer Ausformung besonders im weiten Feld des

---

12) Stubenvoll a.a.O. (s.o. Anm. 1) 239 Abb. 12.

13) P.W. Meister, Das Ratssilber der Stadt Frankfurt am Main (1963) 25f. mit Abb. 18 (nur Allegorie der Vergangenheit); ganz abgebildet jetzt in L. Gall (Hrsg.), FFM 1200. Traditionen und Perspektiven einer Stadt (1994) 265.

14) Photo im Nachlaß Hausmann im Inst. f. Stadtgesch.

15) Photo im Inst. f. Stadtgesch.

16) H.P. Müller, Frankfurt märchenhaft (1986) 5.

Kunstgewerbes, der Karikatur und der Werbung. Auffallend ist das Fehlen dichterischer Bearbeitung. Jedenfalls bin ich hier noch nicht fündig geworden. Frau Dr. Ann Barbara Kersting von der Musik- und Theaterabteilung der Stadt- und Universitätsbibliothek verdanke ich immerhin den Hinweis, daß Georg Philipp Telemann in seiner Frankfurter Serenata „Deutschland grünt und blüht im Friede" von 1716 „Die Stadt Frankfurt" mit mehreren Rezitativen und Arien auftreten ließ. Den Prolog zum Weihespiel für das neue Opernhaus 1880 sprach auch eine mauergekrönte Francofurtia. Zu den genannten Sujets nur noch einige Beispiele:

In der Münzkunst fand ich die Francofurtia zuerst auf dem Revers eines Doppeldukaten zur Krönung 1742, wo sie, kenntlich an Mauerkrone und Adlerschild, Karl VII. auf einem Altar opfert. Ähnlich auf dem Revers einer Silbermedaille von 1764, wo sie als Sitzfigur mit Füllhorn und Steuerruder gestaltet ist[17]. Auf einem recht künstlerisch geprägten Jeton der Frankfurter Bank von 1854 erscheint sie mit zwei Putti, von denen der linke mit den Insignien des Merkur, der rechte mit dem Füllhorn versehen ist[18]. Ein Jahr später wird ihr Bild von den Frankfurter Banknoten aufgenommen. So oder ähnlich findet man sie noch im Frankfurter Notgeld von 1923.

Die größte, auch internationale Berühmtheit erlangte die Francofurtia vom Avers des sog. „Rothschild-Love-Dollars"[19]. 1857 war Frankfurt am Main als Stadtstaat dem Wiener Münzvertrag beigetreten. Die Vereinsländer verpflichteten sich, Taler zu prägen, die auf dem Revers das Landeswappen - das war in Frankfurt der Adler -, auf dem Avers aber das Porträt des Landesherrn tragen sollten. Frankfurt nun hatte keinen Landesvater und wählte deshalb als Landesmutter seine Francofurtia, die der Medailleur Friedrich August von Nordheim auf ausdrückliche Anweisung des Senators von Oven nicht mit Mauerkrone, sondern mit Eichenkranz, durchzogen von einer Perlenschnur, modellierte. Die einen erkannten darin die seinerzeit überaus beliebte Schauspielerin Fanny Janauschek (daher auch „Janauschektaler"), doch hat Nordheim entschieden bestritten, daß sie ihm Modell gesessen habe. Die Amerikaner wollten darin gar die Geliebte Rothschilds sehen, deshalb „Rothschild-Love-Dollar", der in USA nur mit Aufpreis gehandelt wurde.

Von den zahlreichen Karikaturen, die seit Mitte des vorigen Jahrhunderts auch die Francofurtia zum Gegenstand nehmen, greife ich aus der Sammlung des Instituts für Stadtgeschichte nur drei heraus: 1. Wie sie als mauergekrönte Gretel oder Gänseliesel dem Hänsel, nämlich dem neuen Oberbürgermeister Johannes von Miquel, den leeren Kassentopf zeigt *(Abb. 192)*, wobei der Stadtadler zur Gans verkümmert ist (Frankfurter Latern 1882, S. 139). 2. Wie sie selbstbewußt 1892 am Hauptbahnhof eine Gruppe von Amerikanern empfängt, die mit eigenem Eisenbahnzug angereist kamen (Frankfurter Latern, 23.4.1892). 3. Wie sie 1948 mit Bonn und Kassel im Urteil des Paris um die Bundeshauptstadt konkurriert (Frankfurter Abendpost, 2.12.1948).

---

17) Historisches Museum Frankfurt a.M., Münzkabinett. G. Förschner, Frankfurter Krönungsmedaillen (1992) 268.422.

18) E. Neubronner - J. Weschke, Frankfurter Münzen & Medaillen aus der Sammlung der Berliner Handels- und Frankfurter Bank (um 1975) 98.

19) J. Cahn, Die Francofurtia und der Wahlspruch „Stark im Recht" auf den Frankfurter Talern, in: Alt-Frankfurt 1, 1928, H.1, 5-6; ders., Ein Probestempel eines nicht zur Ausgabe gelangten Frankfurter Vereinstalers von 1857 und die Entstehung des „Francofurtia"-Bildes, in: Mitteilungen für Münzsammler 5, 1928, Nr. 51, 145-147; F. Lerner a.a.O. (s.o. Anm. 3).

Schließen möchte ich mit vier Beispielen aus der Werbung, die mit der Francofurtia kurz vor dem Ersten Weltkrieg haussierten: 1. Einige Werbemarken, die man auf Postsendungen aufklebte, reichen noch ins 19. Jh. zurück. Der Adlerschild ist das übliche Symbol, Dom oder Eschenheimer Turm bilden meist den Hintergrund, in der Rechten hält Francofurtia meist das Objekt der Werbung, so in der Löwenbräu-Werbung einen Maßkrug, wobei sie sich statt auf den Adler auf einen Löwen stützt. 2. Mit der Werbung für Frankfurter Würstchen ging das Sujet um die ganze Welt: aus dem Füllhorn quellen die Würste, das geschürzte Knie ist der Justitia vom Römerberg entlehnt *(Abb. 193)*. 3. An der Francofurtia im Innendeckel der gleichnamigen Zigarrensorte haben sich wohl vornehmlich die Frankfurter alten Herren ergötzt. Sie vermißten gewiß nicht die Mauerkrone, an deren Stelle die Perlenschnur getreten ist. 4. Schließlich eine Francofurtia, mit der 1972 das Frankfurter Presse- und Informationsamt plakativ geworben hat. Die Frankfurt-Motive hatte Ferry Ahrlé auf die bloße Haut von „Brigitte" gemalt und mit dem Plakat reißenden Absatz erzielt.

Abgekürzt zitierte Literatur

CVA	Corpus Vasorum Antiquorum
Hammerstein	Notker Hammerstein, Die Johann Wolfgang Goethe-Universität Frankfurt am Main. Von der Stiftungsuniversität zur Staatlichen Hochschule, Bd. 1 1914-1950 (1989)
Inst. f. Stadtgesch.	Institut für Stadtgeschichte Frankfurt am Main
LIMC	Lexicon Iconographicum Mythologiae Classicae
RE	Paulys Realencyclopädie der classischen Altertumswissenschaften
Top.	Denkmaltopographie, herausgegeben vom Magistrat der Stadt Frankfurt am Main (1986)
UA.	Universitätsarchiv Johann Wolfgang Goethe-Universität Frankfurt am Main.

Abbildungen

Adam Elsheimer, Il Contento, um 1607, Edinburgh, National Gallery of Scotland (nach: K. Andrews, Adam Elsheimer [1985] Taf. 77)

E. W. Pose, Campagnalandschaft bei Torre dei Schiavi, 1854, Kunsthandlung J. P. Schneider, Frankfurt am Main (Photo U. Seitz-Gray)

Teller „L'Education d'Achille", Höchster Porzellanmanufaktur, Dm 25,4 cm, blaue Radmarke, Privatbesitz
(nach: H. Reber, Höchster Porzellan aus drei Jahrhunderten [1989] 177)

Giorgio Fuentes, Dekoration zu Mozarts Oper „Titus", 4. Szene, 1. Akt (1799), Aquarell von L. D. Ph. Schmidt,
51x72 cm, nach einem Stich von A. Radl; Städelsches Kunstinstitut Frankfurt am Main (Photo U. Edelmann)

Blick auf Rom von der Wohnung Hermine Speiers in der Salita di Sant' Onofrio (Photo Francesco Pennisi di Floristella, Rom)

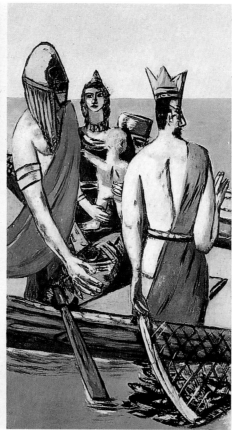

Max Beckmann, Departure, 1932/33, 216x315 cm, New York, Museum of Modern Art
(nach: K. Gallwitz [Hrsg.], Max Beckmann. Die Triptychen im Städel [1981] 36)

1

2

3

Abb. 1
Titelblatt der „Historien und Bücher..." von Flavius Josephus
(Frankfurt 1573). Stadt- und Universitätsbibliothek Frankfurt
am Main

Abb. 2
Titelblatt der „Topographia Romae" von Boissard (Frankfurt
1627). Archäologisches Institut der J.W. Goethe-Universität
Frankfurt am Main

Abb. 3
Aristophanes, „Die Frösche" (Frankfurt, Trajanus-Presse
1961). Stadt- und Universitätsbibliothek Frankfurt am Main

4

5

6

Abb. 4
Marten van Heemskerck, Ansicht des Kapitolplatzes (nach: Hülsen -
Egger II Fol. 72)

Abb. 5
Marten van Heemskerck, Blick auf das Forum Romanum durch den
Titus-Bogen (nach: Hülsen - Egger II Fol. 56)

Abb. 6
Marten van Heemskerck, Blick auf das Kolosseum (links) und das
Septizonium (rechts) vom Konstantin-Bogen aus (nach: Hülsen -
Egger II Fol. 56v)

Abb. 7
Adam Elsheimer „Der Hl. Laurentius vor seinem Martyrium", um 1600/01, London, National Gallery (nach: Keith Andrews, Adam Elsheimer [1985] Taf. 52).

Abb. 8
Adam Elsheimer „Die Steinigung des Hl. Stephanus", um 1603/04, Edinburgh, National Gallery of Scotland (nach: Andrews a.a.O. Taf. 58)

Abb. 9
Adam Elsheimer „Judith und Holofernes", um 1601/03, London, Wellington House (nach: Andrews a.a.O. Taf. 55)

10

11

Abb. 10
Heinrich van der Borcht, Stilleben mit Sammlungs-
gegenständen, Historisches Museum Frankfurt am Main
(Photo Museum)

Abb. 11
Heinrich van der Borcht, Stilleben mit Sammlungs-
gegenständen, Staatliche Eremitage St. Petersburg
(Photo Museum)

12

13

Abb. 12
Christian Georg Schütz d.Ä., Ruinen mit dem
Rundtempel am Tiber (1776), Privatbesitz
(Photo U. Seitz-Gray)

Abb. 13
Christian Georg Schütz d.Ä., Ruinen mit
Rheinlandschaft (1776), Privatbesitz
(Photo U. Seitz-Gray)

14

15

Abb. 14
Christian Georg Schütz d.Ä., Ideale Ruinenlandschaft mit
Kolosseum und Cestiuspyramide (1776), Privatbesitz
(Photo U. Seitz-Gray)

Abb. 15
Christian Georg Schütz d.Ä., Ruinenlandschaft mit
Kolosseum (undat.), Privatbesitz (Photo U. Seitz-Gray)

16

Abb. 16
Carl Morgenstern, „Das Colosseum",
1828, Privatbesitz (Photo H. Frenz)

Abb. 17
Carl Morgenstern, „Das Colosseum in
Rom", 1837, Privatbesitz
(Photo Archiv Verf.)

17

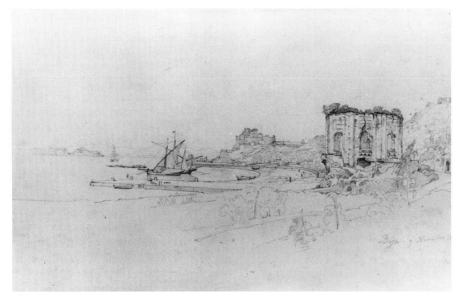

18

19

Abb. 18
Carl Morgenstern, „Der Venustempel
im Golf von Baiae", 1835,
Privatbesitz (Photo Archiv Verf.)

Abb. 19
Carl Morgenstern, „Der Venustempel
im Golf von Baiae" (Photo Archiv
Städel)

20

21

Abb. 20
Carl Morgenstern, „Campagnalandschaft bei
Torre dei Schiavi", Galerie Uwe Opper,
Kronberg (Photo G. Englert)

Abb. 21
Ludwig Metz, „Der Tempel der Minerva
Medica in Rom" (undatiert, wohl 1852),
Städelsches Kunstinstitut Frankfurt am Main
(Photo Archiv Städel)

22

23

Abb. 22
Ludwig Metz, „Das Grabmal der
Cecilia Metella" (undatiert, wohl
1852), Städelsches Kunstinstitut
Frankfurt am Main

Abb. 23
Ludwig Metz, „Der Tempel der Juno
Lacinia in Girgenti" (undatiert, wohl
1852), Städelsches Kunstinstitut
Frankfurt am Main (Photos Archiv
Städel)

24

25

Abb. 24
Friedrich W. Ludwig, „Der Janus Quadrifrons in Rom", 1851,
Städelsches Kunstinstitut Frankfurt am Main

Abb. 25
Friedrich W. Ludwig, „Das Forum Romanum in Rom", 1851,
Städelsches Kunstinstitut Frankfurt am Main (Photos Archiv Städel)

26

27

28

Abb. 26
„Müder Silen", Marmorbild aus
Herculaneum, H 33 cm, Br 42 cm,
Neapel, Museo Nazionale, Inv. 9561
(nach: M. Hamilton Swindler,
Ancient Painting [1929] Abb. 498)

Abb. 27
Kupferstich von Nicolaus Billy nach
einer Zeichnung von Camillo Paderni
(vgl. Abb.26), H 23 cm, Br 30,8 cm
(nach: Le pitture antiche d' Ercolano I
[1757] Taf. 3)

Abb. 28
Kupferstich von François Ange David
(vgl. Abb.26), H 6 cm, Br 8,2 cm
(nach: Antiquités d'Herculanum gravée par F.A. David avec leurs explications par P. Sylvain Maréchal I
[1781] Taf. 7)

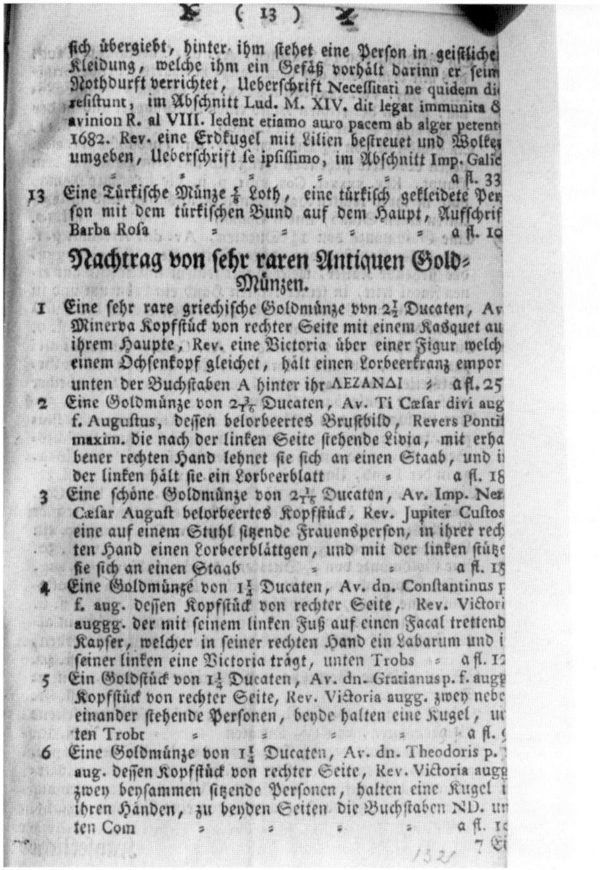

✠ (13) ✠

sich übergiebt, hinter ihm stehet eine Person in geistliche
Kleidung, welche ihm ein Gefäß vorhält darinn er sein
Nothdurft verrichtet, Ueberschrift Necessitati ne quidem di
resistunt, im Abschnitt Lud. M. XIV. dit legat immunita 8
avinion R. al VIII. ledent etiamo auro pacem ab alger petent
1682. Rev. eine Erdkugel mit Lilien bestreuet und Wolke
umgeben, Ueberschrift se ipsissimo, im Abschnitt Imp. Galic
             a fl. 33
13 Eine Türkische Münze ½ Loth, eine türkisch gekleidete Per
son mit dem türkischen Bund auf dem Haupt, Aufschrif
Barba Rosa   a fl. 10

Nachtrag von sehr raren Antiquen Gold-Münzen.

1 Eine sehr rare griechische Goldmünze von 2¼ Ducaten, Av
Minerva Kopfstück von rechter Seite mit einem Kasquet au
ihrem Haupte, Rev. eine Victoria über einer Figur welch
einem Ochsenkopf gleichet, hält einen Lorbeerkranz empor
unten der Buchstaben A hinter ihr ΛΕΖΑΝΔΙ   a fl. 25
2 Eine Goldmünze von 2 7/16 Ducaten, Av. Ti Cæsar divi au
f. Augustus, dessen belorbeertes Brustbild, Revers Pontil
maxim. die nach der linken Seite stehende Livia, mit erha
bener rechten Hand lehnet sie sich an einen Staab, und i
der linken hält sie ein Lorbeerblatt   a fl. 18
3 Eine schöne Goldmünze von 2 7/16 Ducaten, Av. Imp. Ner
Cæsar August belorbeertes Kopfstück, Rev. Jupiter Custos
eine auf einem Stuhl sitzende Frauensperson, in ihrer rech
ten Hand einen Lorbeerblättgen, und mit der linken stütze
sie sich an einen Staab   a fl. 15
4 Eine Goldmünze von 1½ Ducaten, Av. dn. Constantinus p
f. aug. dessen Kopfstück von rechter Seite, Rev. Victori
augg. der mit seinem linken Fuß auf einen Sacal tretend
Kayser, welcher in seiner rechten Hand ein Labarum und i
seiner linken eine Victoria trägt, unten Trobs   a fl. 12
5 Ein Goldstück von 1½ Ducaten, Av. dn. Gratianus p. augg
Kopfstück von rechter Seite, Rev. Victoria augg. zwey nebe
einander stehende Personen, beyde halten eine Kugel, un
ten Trobt   a fl. 9
6 Eine Goldmünze von 1½ Ducaten, Av. dn. Theodoris p.
aug. dessen Kopfstück von rechter Seite, Rev. Victoria augg
zwey beysammen sitzende Personen, halten eine Kugel in
ihren Händen, zu beyden Seiten die Buchstaben ND. un
ten Com   a fl. 10
            7 Ei

29

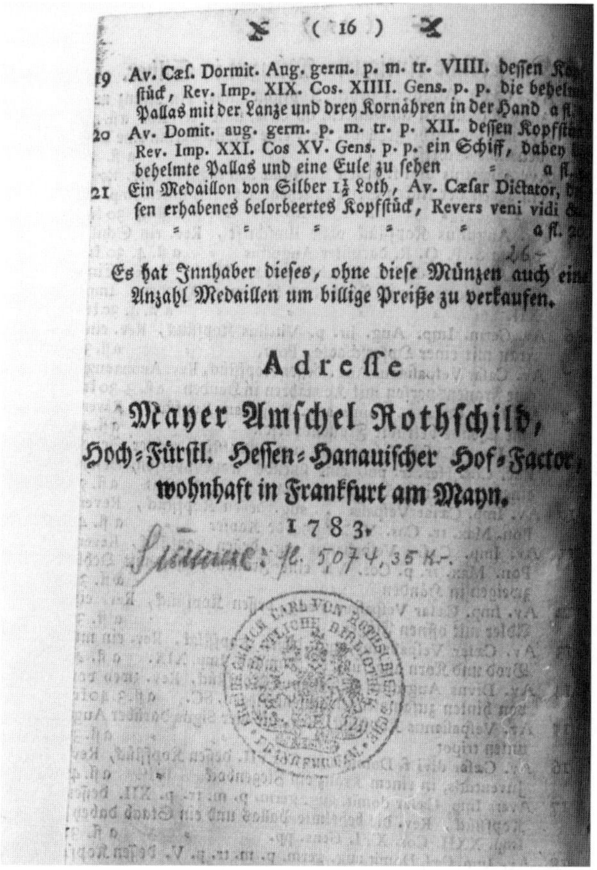

✠ ((16) ✠

19 Av. Cæs. Dormit. Aug. germ. p. m. tr. VIIII. dessen Ko
stück, Rev. Imp. XIX. Cos. XIIII. Gens. p. p. die behel
Pallas mit der Lanze und drey Kornähren in der Hand a fl
20 Av. Domit. aug. germ. p. m. tr. p. XII. dessen Kopfstü
Rev. Imp. XXI. Cos XV. Gens. p. p. ein Schiff, dabey
behelmte Pallas und eine Eule zu sehen   a fl.
21 Ein Medaillon von Silber 1½ Loth, Av. Cæsar Dictator, b
sen erhabenes belorbeertes Kopfstück, Revers veni vidi c
          a fl. 2

Es hat Innhaber dieses, ohne diese Münzen auch ein
Anzahl Medaillen um billige Preiße zu verkaufen.

Adresse

Mayer Amschel Rothschild,
Hoch-Fürstl. Hessen-Hanauischer Hof-Factor,
wohnhaft in Frankfurt am Mayn.

1783.

30

Abb. 29-30
Mayer Amschel Rothschild, Verkaufsverzeichnis Frankfurt 1783, Stadt- und Universitätsbibliothek Frankfurt am Main

Abb. 31-41
Münzen im Historischen Museum Frankfurt
am Main, Münzkabinett

Abb. 31
Constantin III. (407-411 n. Chr.), Solidus

Abb. 32
Gratian (367-383 n. Chr.), Solidus

Abb. 33
Theodosius II. (402-450 n. Chr.), Solidus

Abb. 34
Arcadius (383-408 n. Chr.), Solidus

Abb. 35
Justinian (527-565 n. Chr.), Tremissis

Abb. 36
Valentinian II. (375-392 n. Chr.), Solidus

Abb. 37
Augustus, Denar 15/13 v. Chr., Lyon

Abb. 38
Vitellius (69 n. Chr.), Denar

Abb. 39
Vespasian, Denar 75 n. Chr., Rom

Abb. 40
Domitian, Denar 80 n. Chr. o. später, Rom

Abb. 41
Domitian, Denar 86 n. Chr

42

43

Abb. 42
J. W. Goethe, Federzeichnung der Igeler Säule. Berlin,
Kupferstichkabinett Inv. 3979 (nach: L. Münz, Goethes Zeichnungen
und Radierungen [1949] 143 Abb. 6)

Abb. 43
W. v. Kobell, Zeichnung der Igeler Säule. Trier, Rheinisches
Landesmus. Inv. 55,212 (Photo Rhein. Landesmus. Trier)

44

Abb. 44
Dorische Säulenhalle mit Rundgewölbe und Portal. Aquarell von
G. Fuentes, Städelsches Kunstinstitut, Frankfurt am Main, Graphische
Sammlung (Photo Ursula Edelmann)

45

46

Abb. 45-47
Bertel Thorvaldsen, Bozzettoabguß
für das Frankfurter Goethedenkmal,
Gips März/April 1840, Höhe 45,5 cm.
Thorvaldsens Museum Kopenhagen
A 137 (Photos Ole Woldbye)

Abb. 48
Bertel Thorvaldsen, Bozzettoabguß
für das Frankfurter Goethedenkmal,
Gips Juni 1840, Höhe 69,5 cm.
Thorvaldsens Museum Kopenhagen
A 140 (Photo Ole Woldbye)

47

48

49

50

Abb. 49
Nikolai Abildgaard, Stuhl im „griechischen Stil", ausgeführt von einer
Kopenhagener Werkstatt um 1800. Kunstindustriemuseum
Kopenhagen. (Photo Museum)

Abb. 50
Pompeo Marchesi, Johann Wolfgang von Goethe, Marmor 1837-39,
ehemals in der Vorhalle der Stadtbibliothek Frankfurt am Main
(Photo Inst. f. Stadtgesch.)

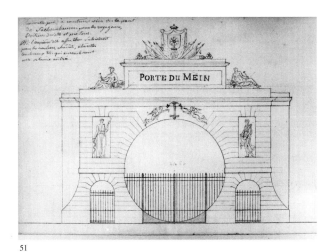

51

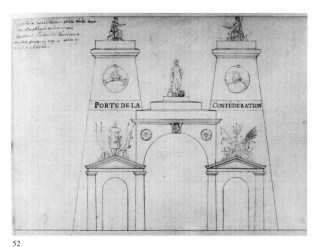

52

Abb. 51
Salins de Montfort, Entwurf „Porte du Mein", Historisches Museum
Frankfurt am Main (Photo Ursula Seitz-Gray, Frankfurt/M.)

Abb. 52
Salins de Montfort, Entwurf „Porte de la Confédération", Historisches
Museum Frankfurt am Main (Photo Ursula Seitz-Gray, Frankfurt/M.)

Abb. 53
Salins de Montfort, Entwurf „Porte d'Alberg", Historisches Museum
Frankfurt am Main (Photo Ursula Seitz-Gray, Frankfurt/M.)

Abb. 54
Salins de Montfort, Entwurf „Porte Neuve", Historisches Museum
Frankfurt am Main (Photo Ursula Seitz-Gray, Frankfurt/M.)

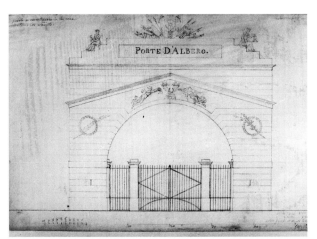

53

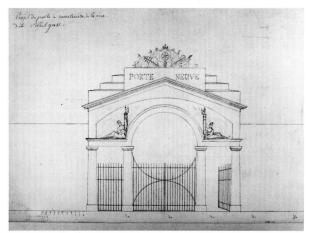

54

55

56

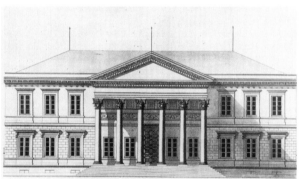

57

60

Abb. 55
Salins de Montfort, Entwurf „Porte de Maience", Historisches
Museum Frankfurt am Main (Photo Ursula Seitz-Gray, Frankfurt/M.)

Abb. 57
Ansicht der Stadtbibliothek. Aquarellierte Zeichnung von J. W.
Strassburger, 1839. Historisches Museum Frankfurt am Main,
C 30111 (nach: Hils a.a.O. Abb. 29)

Abb. 56
Fassadenentwurf vom 20. Januar 1817 für die Stadtbibliothek (nach:
E. Hils, Johann Friedrich Christian Hess. Stadtbaumeister des
Klassizismus in Frankfurt am Main von 1816-1845 [1988] Abb. 24)

Abb. 60
Altes Städelsches Kunstinstitut in der Neuen Mainzer Straße.
Anonyme Bleistiftzeichnung, Historisches Museum Frankfurt am
Main, C 41906 (nach: Hils a.a.O. Abb. 95)

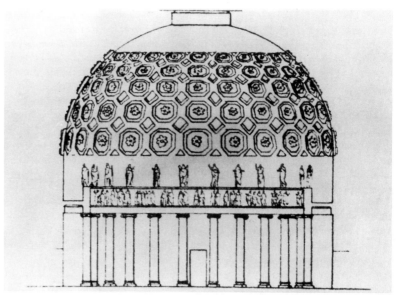

58

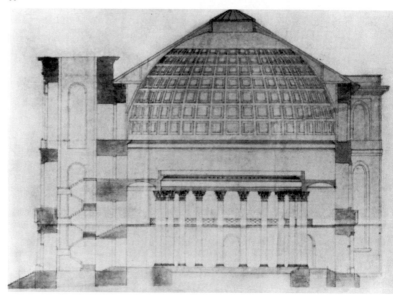

59

Abb. 58
Innenraumentwurf für einen
Zentralraum von J.N.L. Durand,
um 1800 (nach: Hils a.a.O. Abb. 48)

Abb. 59
Innenraumentwurf der Paulskirche
von J.F.C. Hess (nach: Hils a.a.O.
Abb. 47)

61

62

63

Abb. 61
Torbau des Frankfurter Hauptfriedhofs. Stich von F. Rumpf, 1829

Abb. 62
Gruftenhalle des Hauptfriedhofs (Photo R. Köster)

Abb. 63
Tor des jüdischen Friedhofs (Photo R. Köster)

64

65

Abb. 64-85
Grabmäler auf dem Frankfurter
Hauptfriedhof

Abb. 64
Grabmal des Wilhelm von Ellrodt

Abb. 65
Grabmal des Ch.J. Gretschmar

Abb. 66
Obelisk der 1848 an der Paulskirche gefallenen Bürger

Abb. 67
Obelisk für E.A. Welb
(Photos D. Donos)

66

67

68

69

70

Abb. 68
Grabstele für F . M. Hessemer im Gewann F II
(Photo Inst. f. Stadtgesch.)

Abb. 69
Grabstele für S. M. Stiebel an der Mauer 417 (Photo D. Backendorf)

Abb. 70
Grabstele für G. L. Kriegk im Gewann E 93
(Photo Inst. f. Stadtgesch.)

71

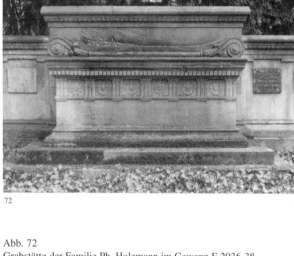

72

Abb. 71
Gruft 7 der Familie von Bethmann (Photo D. Backendorf)

Abb. 73
Sarkophag der Familie Kübler im Gewann GG II,2
(Photo D. Backendorf)

Abb. 72
Grabstätte der Familie Ph. Holzmann im Gewann F 2036-38
(Photo D. Backendorf)

Abb. 74
Grabmal der Familie Holzmann
(Photo G. Lahusen)

73

74

75

76

77   78

Abb. 75
Grabmal der Familie Mouson
(Photo G. Lahusen)

Abb. 76
Grabmal der Familie Feist-Belmont
(Photo G. Lahusen)

Abb. 77
Grabmal der Familie Stroh
(Photo G. Lahusen)

Abb. 78
Grabmal von F. Rumpf
(Photo G. Lahusen)

79

80

81

84

82

83

Abb. 79
Grabmal der Familie Kümmel

Abb. 80
Grabmal der Lina Reinheimer

Abb. 81
Grabmal der Familie Wagner

Abb. 82
Grabmal des Ägyptologen K. Oppel
(Photo Inst. f. Stadtgesch.)

Abb. 83
Grabmal der Hermine Claar-Delia

Abb. 84
Grabmal des Karl Hof

(Photos K. Karakasi-Ntritsou)

85

86

Abb. 85
Grabmal der Familie von Guaita
von E. Schmidt von der Launitz,
Frankfurter Hauptfriedhof
(Photo G. Lahusen)

Abb. 86
Grabfigur des Bildhauers E.
Schmidt v. d. Launitz auf dem
Bad Sodener Friedhof.
Vorderansicht (Photo Dirk
Backendorf)

Abb. 87
Angelehnte Aphrodite in Neapel
(nach: LIMC II 2 [1984] Nr. 185)

Abb. 88
Aphroditestatuette in Dresden
(nach: LIMC II 2 [1984] Nr. 342)

87

88

89

Abb. 89
Die Frankfurter Börse um 1895 (Photo Inst. f. Stadtgesch.)
Abb. 90-99
Bauschmuck der Frankfurter Börse (Photos I. Hagemeier)
Abb. 90
Anton Karl Rumpf, Statue des Handels (1879/80)
Abb. 91
Anton Karl Rumpf, Statue der Industrie (1879/80)
Abb. 92
Friedrich Schierholz, Statue der Schiffahrt (1879/80)
Abb. 93
Friedrich Schierholz, Statue der Eisenbahn (1879/80)

Abb. 94
Rudolf Eckhardt, Statue der Post (1879/80)
Abb. 95
Wilhelm Schwind, Statue der Telegrafie (1879/80)
Abb. 96
Gustav Kaupert, „Krieg und Trauer" (1878)
Abb. 97
Gustav Kaupert, „Frieden und Wohlstand" (1878)
Abb. 98
Gustav Kaupert, Statue des Krieges (1878)
Abb. 99
Gustav Kaupert, Statue des Friedens (1878)

90

91

92

93

94

95

96

97

98

99

100

102

101

Abb. 100
Opernhaus Frankfurt am Main, Zustand vor 1944 (Photo
Historisches Mus. Frankfurt am Main C.26957, Repro
U. Seitz-Gray)

Abb. 101
Opernhaus Frankfurt am Main, Südseite, Zustand vor 1944
(Photo Historisches Mus. Frankfurt am Main C.27127,
Repro U. Seitz-Gray)

Abb. 102
Apollon Kitharoidos, Rom, Kapitolinisches Museum (Photo
nach: G.E. Rizzo, Prassitele [1932] Taf. CXXVI)

103

Abb. 103
Giebel, Opernhaus Frankfurt am Main, Südseite, Zustand
nach 1980 (Photo D. Michel)

104

105

106

107

108

109

Abb. 104–109
Haus Untermainkai 26, Frankfurt
(Photos Archiv der Gruneliusstiftung)

Abb. 104   Fassade

Abb. 105   Diele

Abb. 106   Speisezimmer

Abb. 107   Treppe

Abb. 108   Bibliothek

Abb. 109   Spiegelsaal

110

111

112

113

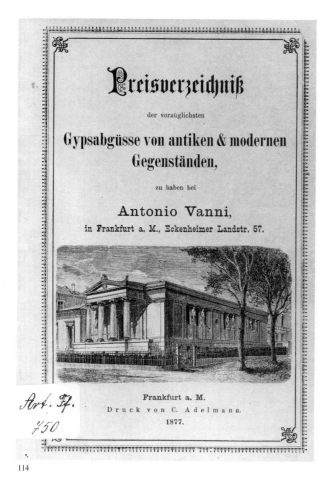

114

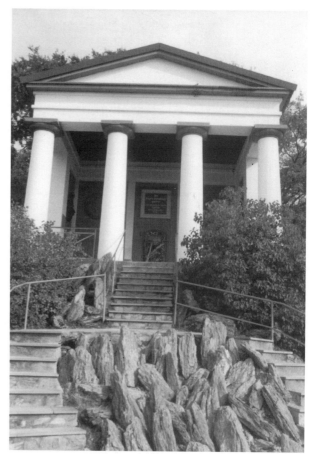

115

Abb. 110
Ateliergebäude in der Adlerflychtstraße 4. Frankfurt am Main -
Nordend (Photo: P. Gamke)

Abb. 111
Kore A vom Erechtheion in Athen (nach: Inst.Neg. DAI Athen
73/670)

Abb. 112
Karyatide, Standbein auf der linken Seite, in der Adlerflychtstraße 4.
Ergänzter Abguß nach dem griechischen Original der Kore A vom
Athener Erechtheion (Photo: P. Gamke)

Abb. 113
Karyatide, Standbein auf der rechten Seite, in der Adlerflychtstraße 4.
Abguß der modernen Nachbildung der Jahrhundertwende (Photo: P.
Gamke)

Abb. 114
Katalog der Gipsformerei Vanni von 1877 mit Abbildung des Vanni-
Museums (Stadt- und Universitätsbibliothek Frankfurt am Main)

Abb. 115
Der Kaisertempel in Eppstein (Photo G. Flindt)

116

117

Abb. 116
F.A. Ramadier, Das Bethmannsche
Museum, Farblithographie aus dem Jahre
1827, Historisches Museum Frankfurt
(Photo U. Seitz-Gray)

Abb. 117
C. Hahnbaum, Empfang im Ariadneum
(1863), Historisches Museum Frankfurt
(Photo U. Seitz-Gray)

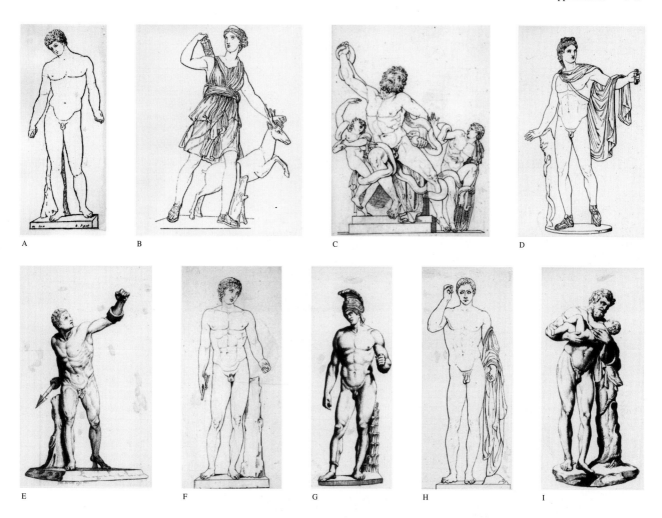

Abb. 118
Die Statuen im ersten Saal des Bethmannschen Museums nach
Kirchner (nach: Le Opere di Ennio Quirino Visconti [1818-1849] I
Taf.14, II Taf.32.39, XVI Taf.33, XVII Taf.1.3; C.O. Müller - F.
Wieseler, Denkmäler der alten Kunst II [1856] Taf.15; S. Reinach,
Repertoire de la Statuaire I [1897] Nr.2426)

119

120

121

Abb. 119
„Antikensaal" im alten Städel, 1875
(Photo J. Bamberger, Städelsches
Kunstinstitut)

Abb. 120
Abguß-Sammlung des Archäologischen
Instituts der Universität Frankfurt unter
Hans Schrader, 1924 (Photo W.
Müller, Universitätsarchiv)

Abb. 121
Abgüsse vom Parthenonfries (vgl. Abb.
120), heute Institut für öffentliche
Wirtschaft, Geld und Währung,
Zustand 1993 (Photo A. Ribbeck)

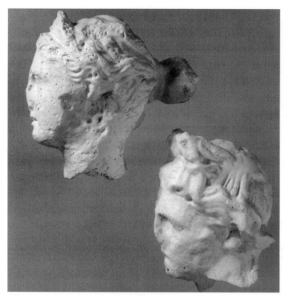

122

123

124

125

Abb. 122
Köpfchen des Apoll vom Belvedere
und der Artemis von Versailles, gefun-
den im südlichen Teil der ehemaligen
Judengasse in Frankfurt, Museum für
Vor- und Frühgeschichte, Frankfurt;
(Photo U. Seitz-Gray)

Abb. 123
F.A. v. Nordheim, Bildnisbüste Eduard
Schmidt von der Launitz, Städelsches
Kunstinstitut, Frankfurt am Main
(Photo Städel Frankfurt)

Abb. 124
Fragment eines Reliefs mit neuattischer
Figur, Museum für Vor- und
Frühgeschichte, Frankfurt am Main
(Photo U. Seitz-Gray)

Abb. 125
Fragment eines Reliefs mit Satyrkopf,
Museum für Vor- und Frühgeschichte,
Frankfurt am Main (Photo U. Seitz-
Gray)

126

127

Abb. 126
Eduard Schmidt von der
Launitz, Modell der
Akropolis,
Archäologisches Institut
Erlangen (Photo
Arch.Inst. Erlangen)

Abb. 127
Eduard Schmidt von der
Launitz, Wandtafel Nr.
18 mit Ansicht der
Akropolis-Südseite,
Archäologisches Institut
Bonn (Photo W.Klein,
Bonn)

128

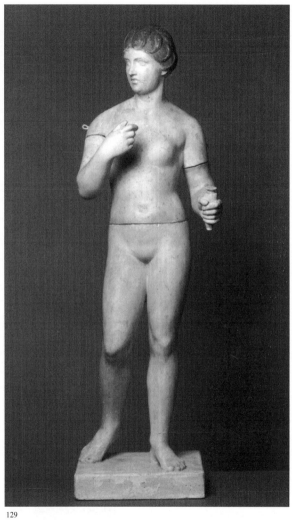

129

Abb. 128, 129
Eduard Schmidt von der Launitz, Modellfiguren für einen Togatus
und eine Matrone
Archäologisches Institut Göttingen (Photo Arch. Inst. Göttingen)

130

131

Abb. 130 Goldmünze des Aphilas, König von Axum (nach: Das Münzkabinett. Kleine Schriften des Historischen Museums Frankfurt am Main, Heft 5 [1964] Nr. 6)

Abb. 131 Ehrenmedaille, Rüppell nach seiner ersten Forschungsreise 1828 überreicht (nach: R. Mertens, Eduard Rüppell. Leben und Werk eines Forschungsreisenden [1949] Bild 36)

Abb. 132 Rüppell-Medaille des Vereins für Geographie und Statistik (nach: ebenda Bild 37)

Abb. 133 Holzsarg der Isetemkheb, von Rüppell 1817/18 in Theben erworben (nach: Ägyptische Kunst im Liebieghaus [1981] Nr. 42)

Abb. 134 Zeichnung Rüppells einer Amphora des Berliner Malers (nach: E. Rüppell, Ägyptische Altertümer auf 8 Blättern gezeichnet [1828] Taf. VIII. Stadt- und Universitätsbibliothek Ffm.)

133

132

134

Abb. 135
Antike Bronzen
der Sammlung
Milani (nach: F.
Günther, Katalog
der Kunst- und
Antiquitäten-
Sammlung des
verstorbenen
Herrn Carl Anton
Milani [1883])

135

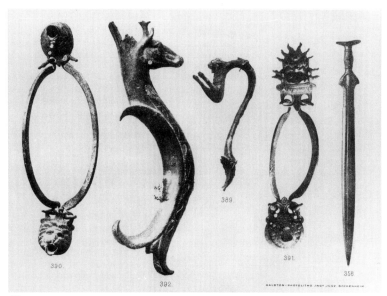

136

137

Abb. 136
Antike Bronzegeräte der Sammlung Milani (nach: Günther a.a.O.)

Abb. 137
Statuenkopf aus Kalkstein aus der Sammlung Milani
(Photo Museum für Vor- und Frühgeschichte Frankfurt am Main)

138

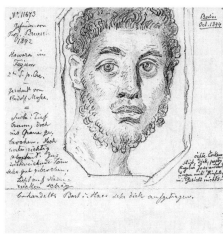

140

139

141

Abb. 138
O. P. Donner, Pompejanisches Interieur, Öl auf Leinwand, Frankfurt, Städelsches Kunstinstitut, Nachlaß Donner (Photo U. Edelmann)

Abb. 139
O. P. Donner, Aktaion und Artemis aus der Casa di Bellerofonte in Pompeji, Bleistift, Frankfurt, Städelsches Kunstinstitut, Nachlaß Donner (Photo U. Edelmann)

Abb. 140
O. P. Donner, Mumienporträt eines Nubiers in Berlin, Bleistift, 1894, Frankfurt, Städelsches Kunstinstitut, Nachlaß Donner (nach Fotokopie)

Abb. 141
O. P. Donner, Selbstporträt, Öl auf Leinwand, Frankfurt, Historisches Museum (Photo H. Ziegenfusz)

142

Abb. 142
Ausgewählte Antiken der Sammlung Donner, Frankfurt,
Museum für Vor- und Frühgeschichte (Photo U. Seitz-Gray)

143

144

145

146

Abb. 143–147
Städtische Galerie Liebieghaus, erste Aufstellung der Antiken

Abb. 143
Ausschnitt aus dem „Antikengang". Links der Torso I.N. 11, eine Statuettenreplik der „Berliner Tänzerin", daneben das Portrait des Kaisers Trajan I.N. 156

Abb. 144
Ausschnitt aus dem „Antikengang". Links unten die sitzende Muse I.N. 163. Darüber der Kopf I.N. 90b, eine Replik des „Münchner Knabensiegers" und der Apollonkopf I.N. 135. Am äußersten rechten Rand fast verdeckt die sitzende Muse I.N. 159 und davor die zunächst als Apollon Musagetes geltende hellenistische Gewandstatue I.N. 93

Abb. 145. 146
Die Athena des Myron, drehbar vor einem blauen Vorhang aufgestellt

147

Abb. 147
Die ehemalige Gemäldegalerie der Villa Liebieg, mit vor allem der
Sammlung Furtwängler gewidmeten Vitrinen

148

149

150

151

152

153

Abb. 148
Hans Schrader 1914 (Photo Kunsthistorisches Museum Wien)

Abb. 149
Ernst Langlotz (nach: R. Lullies – W. Schiering [Hrsg.],
Archäologenbildnisse [1988] Abb. S. 268)

Abb. 150
Marie Luise Kaschnitz und Guido Kaschnitz-Weinberg
(Photo Deutsches Literaturarchiv Marbach am Neckar)

Abb. 151
Porträt Gerhard Kleiner
(nach: R. Lullies - W. Schiering [Hrsg.], Archäologenbildnisse (1988)
305.

Abb. 152
Rotfigurige Lekythos mit Perser und Griechin,
Frankfurt am Main, Archäologisches Institut der Universität

Abb. 153
Anastylose der Ionischen Halle an der Heiligen Straße in
Milet, Zustand 1986 (nach: Istanbuler Mitt. 37, 1987 Taf. 1,2)

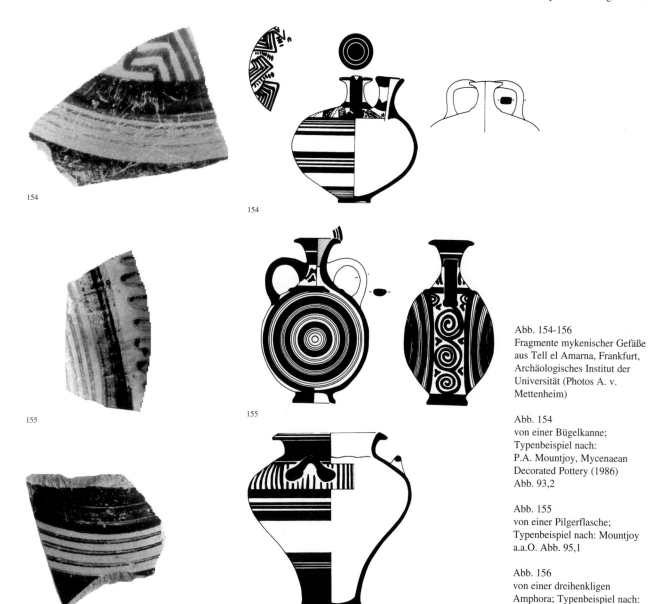

154

154

155

155

156

156

Abb. 154-156
Fragmente mykenischer Gefäße
aus Tell el Amarna, Frankfurt,
Archäologisches Institut der
Universität (Photos A. v.
Mettenheim)

Abb. 154
von einer Bügelkanne;
Typenbeispiel nach:
P.A. Mountjoy, Mycenaean
Decorated Pottery (1986)
Abb. 93,2

Abb. 155
von einer Pilgerflasche;
Typenbeispiel nach: Mountjoy
a.a.O. Abb. 95,1

Abb. 156
von einer dreihenkligen
Amphora; Typenbeispiel nach:
Mountjoy a.a.O. Abb. 81,2

157

160

158

162

161

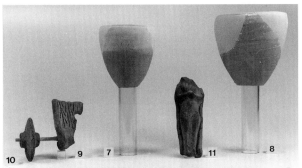

159

Abb. 157-162
Vorderasiatische Antiken aus der Sammlung des Archäologischen
Instituts der J. W. Goethe-Universität
(Photos Becker/Rohmisch)

163

164

165

Abb. 163
Protogeometrische Keramik vom Amyklaion bei
Sparta aus dem Nachlaß F. Böltes, Archäologisches
Institut der J.W. Goethe-Universität
(Photo: U. Dotterweich)

Abb. 164
Felix Bölte, rechts außen sitzend, als DAI-Stipendiat
während seines Athen-Aufenthaltes 1904 im Kreise
von Kollegen: Stehend (von links nach rechts)
v.d. Loeff, Heberdey, Ettlinger und Freericks; sitzend
Weicker und Frau Heberdey (Photo Nachlaß
F. Bölte, Archäologisches Institut der J.W. Goethe-
Univ., Frankfurt)

Abb. 165:
Parnaß bei der Korykischen Grotte (Blick nach Osten
auf die Gipfel) (Photo F. Bölte, Archäologisches
Institut der J.W. Goethe-Universität)

166

167

Abb. 166
Langada-Schlucht westlich von Sparta
(Photo: wie Abb. 165)

Abb. 167
Peneios am Ausgang des Tempetals, Thessalien
(Photo: wie Abb. 165)

168

170

169

171

Abb. 168
Hans Dragendorff

Abb. 169
Friedrich Koepp

Abb. 170
F. Koepp (links) und
H. Dragendorff
(rechts), Ausgrabung
in Haltern 1904,
(Photo: Westfälisches
Museum für Archäo-
logie, Münster)

Abb. 171
Friedrich Drexel

Abb. 172
Eduard Walter
Barthel (Photo RGK)

Abb. 173
Ein Stifter – Adolf
Fuld (Photo Inst. f.
Stadtgesch.)

Abb. 174
Wilhelm Weber
(Photo Johannes
Straub)

Abb. 175
Matthias Gelzer als
Rektor der
Universität 1924/25
(Photo Universitäts-
archiv)

Abb. 176
Matthias Gelzer im
Alter (Photo Inst. f.
Stadtgesch.)

Abb. 177
Hermann Strasburger
(nach W. Schmitt-
henner – R. Zoepfel
[Hrsg.], Hermann
Strasburger –
Studien zur Alten
Geschichte I, Vor-
satzblatt)

172

173

174

175

176

177

Abb.178
Plakat für die
Ausstellung für
Krankenpflege,
1900 (nach: Plakate
1880-1914.
Inventarkatalog der
Plakatsammlung
des Historischen
Museums Frankfurt
[1986] 391)

Abb.179
Internationale
Elektro-Technische
Ausstellung (nach:
Plakate 1880-1914.
Inventarkatalog der
Plakatsammlung
des Historischen
Museums Frankfurt
[1986] 372)

Abb.180
Firmenwerbung der
Helios Actien-
Gesellschaft, um
1895 (nach: Inst. f.
Stadtgesch.,
Magistrats Akte
T 2024 I, Photo
U. Seitz-Gray)

Abb.181
Firmensignet der
Naxos-Union (nach:
V. Rödel,
Fabrikarchitektur in
Frankfurt am Main
1774-1924 [1986]
354)

178

179

180

181

182

183

Abb.182
Reklame für H-O Herculo (nach:
Plakate 1880-1914. Inventarkatalog der
Plakatsammlung des Historischen
Museums Frankfurt [1986] 423)

Abb.183
Binding Römer-Pils, Flaschenetikett,
nach: 1945 bis ca. 1967 (Photo U.
Dotterweich)

Abb.184
Binding Römer-Pils, großformatige
Werbeplakate, 1991-1994 (nach: Dir
und mir 3, 1991, 4)

184

185

186

Abb. 185
Tyche von Antiochia (Rom, Vatikan)

Abb. 186
Francofurtia und Germania in der Homann-Karte Frankfurt am Main um 1712

Abb. 187
Frontispiz aus „Privilegia et Pacta" von 1728

Abb. 188
Schmuckblatt zum Mozartfest 1838

Inst. f. Stadtgesch., Bilder-sammlung (Repros U. Seitz-Gray)

187

188

189

190

191

192

193

Abb. 189
Francofurtia vom
Gutenbergdenkmal

Abb. 190
Francofurtia von Caspar
Scheuren um 1880

Abb. 191
Ehrengabe in Chryselephantine
von Friedrich Hausmann, um
1905

Abb. 192
Francofurtia-Karikatur mit
Oberbürgermeister Miquel 1880

Abb. 193
Frankfurter Würstchen-Werbung
um 1910

Inst. f. Stadtgesch., Bilder-
sammlung (Repros U. Seitz-
Gray)